Schwerpunkte Beulke · Klausurenkurs im Strafrecht III

Klausurenkurs im Strafrecht III

Ein Fall- und Repetitionsbuch für Examenskandidaten

von

Dr. Werner Beulke

o. Professor an der Universität Passau

3., neu bearbeitete und erweiterte Auflage

CFM

C.F. Müller Verlag
Heidelberg

Zitiervorschlag: Beulke, Klausurenkurs III, Rn

Bibliografische Information der Deutschen Nationalbibliothek
Die Deutsche Nationalbibliothek verzeichnet diese Publikation in der Deutschen Nationalbibliografie; detaillierte bibliografische Daten sind im Internet über http://dnb.d-nb.de abrufbar.

ISBN 978-3-8114-8104-6

www.cfmueller-verlag.de

Satz: Claus Hölzer, Hagenbach
Druck: Freiburger Graphische Betriebe, Freiburg

Printed in Germany

Vorwort

Der vorliegende Klausurenkurs im Strafrecht III ist Teil des auf drei Bände ausgelegten Gesamtwerks eines Klausurenkurses im Strafrecht (I: Anfänger-, II: Fortgeschrittenen-, III: Examensklausuren). Er wendet sich speziell an Examenskandidaten. Die Examensklausur unterscheidet sich meiner Erfahrung nach im Schwierigkeitsgrad so stark von den Klausuren, die zur Erreichung der Kleinen und Großen Strafrechtsscheine zu absolvieren sind, dass sie einer gesonderten Erörterung bedarf. Es handelt sich bei den nunmehr fünfzehn ausformulierten Klausuren und Musterlösungen um die Wiedergabe eines in sich geschlossenen Examensklausurenkurses, den ich im Laufe meiner 28-jährigen Lehrtätigkeit an der Juristischen Fakultät der Universität Passau und zum Teil auch an der Juristischen Fakultät der Universität Halle mehrfach getestet habe. Die Fälle sind so aufeinander abgestimmt, dass sie in ihrer Gesamtheit die aus meiner Sicht besonders examensrelevanten Probleme des Strafrechts (Allgemeiner Teil und Besonderer Teil) enthalten und auch im Strafprozessrecht die häufigsten Prüfungsfragen abdecken. Gegenüber den Klausurenkursen I und II ist der vorliegende Klausurenkurs III selbstständig, sodass der Leser Erstere nicht zwangsläufig vorher durchgearbeitet haben muss, um nunmehr den Examenskurs zu verstehen. Er baut jedoch gleichwohl auf den Klausurenkursen I und II auf, sodass deren Kenntnis von Vorteil ist. Inhaltliche (Teil-)Überschneidungen sind unvermeidlich und aus meiner Sicht auch keinesfalls nachteilig, da jede neue Wiederholungsmöglichkeit die Sicherheit des Studenten steigert.

Die Klausuren weisen inhaltlich und aufbautechnisch ein hohes Niveau auf, das an der obersten Grenze dessen liegt, was ein Examenskandidat in fünf Stunden bewältigen kann. Es erscheint mir didaktisch sinnvoll, den Studenten in der Vorbereitungsphase eher zu über- als zu unterfordern, damit es im schriftlichen Examen dann kein böses Erwachen gibt. Wer beim ersten Durcharbeiten nicht alle Probleme in den Griff bekommen hat, braucht nicht zu verzagen. Kein Student beherrscht alle Themen. Vielfaches Wiederholen kniffliger Streitfragen, jeweils gesehen im Kontext der Falllösung, führt aber bei intensiver Arbeit mit diesem Buch zur Sicherheit, das von allen geforderte „Basiswissen" souverän zu beherrschen.

Wie in den Klausurenkursen I und II wird die für Studium und Examen lebensnotwendige Falllösungstechnik kombiniert mit der nicht minder wichtigen Repetitionsmöglichkeit. In den einzelnen Fällen werden zu diesem Zweck die jeweiligen Hauptprobleme gesondert hervorgehoben, sodass man sie notfalls auch separat abrufen kann. Es handelt sich um insgesamt 152 Hauptprobleme, nämlich

- 43 Probleme (75 zusammen mit Klausurenkurs I und II) aus dem Allgemeinen Teil,
- 86 Probleme (110 zusammen mit Klausurenkurs I und II) aus dem Besonderen Teil und
- 23 Probleme aus dem Strafprozessrecht.

Der Student sollte bis zum Examen die hier angesprochenen Probleme wirklich lückenlos beherrschen. Dabei ist es ratsam, die nach jeder Klausur abgedruckten, besonders wichtigen Definitionen auswendig zu lernen. Wer dieses Repetitionsbuch in Kombination mit den „*Wessels*-Büchern" benutzt, kann m. E. beruhigt dem Referendarexamen entgegen sehen.

Für die ausgezeichnete und sehr engagierte Mithilfe an diesem Werk bedanke ich mich vor allem bei meiner wissenschaftlichen Mitarbeiterin *Verena Huber*. Mitgewirkt haben ferner mein wissenschaftlicher Mitarbeiter *Benedikt Edlbauer* und die studentischen Hilfskräfte *Markus Abraham, Maria Anneser und Johanna Jülicher* sowie das gesamte Lehrstuhlteam, nämlich meine wissenschaftliche Assistentin *Dr. Sabine Swoboda*, meine wissenschaftlichen Mitarbeiterinnen und Mitarbeiter *Ingo Bott, Uta Kühn, Stephanie Pommer, Dr. Felix Ruhmannseder, Hannah Stoffer* und *Dr. Tobias Witzigmann* und die studentischen Hilfskräfte *Kathrin Ibrom, Mathias Klement, Theresa Lauterbach, Madina Menkeyeva* und *Anita Würflingsdobler*. Schließlich danke ich herzlich meiner immer freundlichen und hilfsbereiten Sekretärin *Ursula Kuba*.

Die Erfahrung lehrt, dass sich trotz vielfacher Erprobung der vorliegenden Klausuren und trotz intensiven Korrekturlesens immer wieder (hoffentlich nur kleinere) Fehler einschleichen. Inzwischen habe ich große Hilfe erfahren durch viele aufmerksame Leser der Vorauflagen, die mir eine Fülle von Anregungen und Verbesserungsvorschlägen unterbreitet haben. Dafür möchte ich mich an dieser Stelle ganz herzlich bedanken und hoffe auf eine Fortsetzung des Dialogs (e-mail: beulke@uni-passau.de). Jede Zuschrift wird beantwortet, auch wenn es manchmal vielleicht etwas dauert!

Passau, im April 2009 *Werner Beulke*

Aus dem Vorwort zur ersten Auflage

Auch bei diesem Klausurenkurs III konnte ich auf die besondere Mithilfe von zwölf Hörerinnen und Hörern meines Examensrepetitoriums zurückgreifen, die das Buch Probe gelesen haben. Viele ihrer Anregungen und Verbesserungsvorschläge sind von mir aufgegriffen worden. Gedankt sei deshalb den Studentinnen und Studenten *Isabel Bayer, Stefanie Bode, Thomas Eichacker, Michael v. Falkenhausen, Marie-Luise Kapp, Matthias Mock, Korbinian Ortner, Stefan Reckziegel, Anke Sommerfeld, Alexander Tauchert, Johannes Weichbrodt* und *Atina Zirooni-Mosiosian.*

Für die Mitarbeit des über Jahrzehnte entstandenen Buches habe ich mehreren Assistentengenerationen zu danken, wobei es mir unmöglich wäre, alle Namen aufzulisten. Besonders intensive Mithilfe habe ich in früheren Phasen der Konzeption und Ausarbeitung der Fälle durch meinen ehemaligen wissenschaftlichen Assistenten, *Prof. Dr. Helmut Satzger*, meine wissenschaftlichen Assistenten, *Priv.-Doz. Dr. Christian Fahl* und *Dr. Sabine Swoboda*, und meine wissenschaftlichen Mitarbeiterinnen und Mitarbeiter *Dr. Karin Franze, Kai Höltkemeier, Dr. Jutta Reil* und *Klaus Winkler* erfahren. In der Endphase der Arbeit am Klausurenkurs III war insbesondere meine wissenschaftliche Mitarbeiterin *Constanze Webers* unermüdlich im Einsatz. Mitgewirkt haben ferner die wissenschaftlichen Mitarbeiter *Sibylle von Coelln*, *Annika Dießner*, *Antonia Harbusch*, *Christoph Paglotke*, *Stefan Rathsack*, *Wolfgang Tiede*, sowie die studentischen Hilfskräfte *Gloria Berghäuser*, *Sabine Eichhorn*, *Inka Lüdke*, *Jan Schriever*, *Sandra Seidl*, *Anne Thalheim*, *Susanne Zech* und *Martin Strunz.*

Passau, im Juli 2004 *Werner Beulke*

Wichtige Hinweise für die Arbeit mit dem Fallbuch

Die Kombination von Fall- und Repetitionsbuch setzt beim Leser ein erhöhtes Mitdenken voraus:

- Allgemeine Lösungshinweise zu strafrechtlichen Fällen finden sich zunächst bei *Wessels/Beulke*, AT Rn 853 ff sowie bei *Beulke*, Klausurenkurs I Rn 1 ff. Hierauf bauen die folgenden Erörterungen auf.
- Die in den Klausuren eingefügten umrandeten, grau schraffierten Problemkästen sind stets abstrakt gehalten, sodass sie sich auch für eine losgelöste, schnelle Stoffwiederholung eignen. Im Rahmen der Falllösung kann man sie auch überspringen und es verbleibt sodann noch immer eine mustergültige, auf den konkreten Fall bezogene Klausurlösung. Im „Ernstfall" sind die Problemkästen wegzulassen und von ihrem Inhalt ist nur so viel wiederzugeben, wie der Student an abstraktem Wissen parat hat.
- Literatur und Rechtsprechung werden nur minimal zitiert, damit der Leser Einstiegsmöglichkeiten in das vertiefte Studium erhält. Auch in diesem Klausurenkurs steht also der jeweilige Hinweis auf die entsprechenden Passagen in den „Schwerpunktbüchern" im Vordergrund. Es ist daher sinnvoll, das Fallrepetitorium in Kombination mit den „*Wessels*-Bänden" zu benutzen.
- Alle kursiv gedruckten weiterführenden Hinweise bzw Verweisungen sind für eine Klausurlösung im „Ernstfall" wegzulassen. Das betrifft auch die kursiv gedruckten Aufbauhinweise, die niemals in eine abgegebene Lösung aufgenommen werden dürfen, denn der richtige Aufbau muss sich von selbst ergeben.
- Die Problemschwerpunkte können selbstverständlich auch nicht alle Bereiche abdecken, die bei den jeweiligen Studienleistungen (hier: Erste Juristische Staatsprüfung) beherrscht werden müssen. Wegen der Begrenzung auf das absolut Notwendige enthalten diese Klausuren also nur einen Bruchteil der in den „*Wessels*-Bänden" angesprochenen Probleme. Es handelt sich aber um den Kernbestand des Wissens, der nach Einschätzung des Verfassers etwa 60–80% aller einschlägigen Klausuren abdeckt.
- Innerhalb der Problemkästen werden wiederum nur die wichtigsten Lösungsansätze erörtert. Für umfassendere Informationen, speziell über die Hauptprobleme, stehen die „*Wessels*-Bände" sowie die Problemübersichten von *Hillenkamp* (32 Probleme aus dem Strafrecht AT und 40 Probleme aus dem Strafrecht BT) zur Verfügung, im Übrigen die anderen bekannten Lehrbücher und Kommentare.
- Wer Anregungen für weitere Klausuren sucht, findet im Anschluss an jeden Fall einen Hinweis auf andere Musterklausuren, in denen die Hauptprobleme ebenfalls fallbezogen abgehandelt werden. Es handelt sich nur um eine Auswahl besonders gelungener Arbeiten.

- Zwecks leichterer Repetitionsmöglichkeit werden im 2. Kapitel nochmals zusammengestellt:
  - die behandelten Problemschwerpunkte, und zwar inklusive der Klausurenkurse I und II (Rn 731)
  - die wichtigsten Definitionen, und zwar auch hier inklusive der Klausurenkurse I und II (Rn 732)
  - verkürzte Aufbauschemata (Rn 733 ff)
  - Für diejenigen Leser, die bereits mit meinen Klausurenkursen I und II gearbeitet haben, sind die dort abgehandelten Schwerpunkte und Definitionen im kursiven Kleindruck aufgelistet. Alles zusammen gehört zum Kernwissen, das im Rahmen von Examensklausuren seitens der Aufgabensteller vorausgesetzt wird.
- Im 2. Kapitel findet sich schließlich ein Überblick über die derzeit aktuellen Fallanleitungsbücher sowie über die in den letzten Jahren in Fachzeitschriften abgedruckten Klausuren – bezogen auf die Zielgruppe der Examenskandidaten (Rn 738 f).
- Das vorliegende Buch wendet sich an Examenskandidaten. Das bedeutet aber nicht, dass Anfänger oder Teilnehmer der Fortgeschrittenenübung mit ihm überhaupt nichts anzufangen wüssten. Sie müssen nur wissen, dass es sich aus ihrer Perspektive jeweils etwa um fünfzehn Hausarbeiten handelt, bei denen BT-Probleme im Vordergrund stehen. Die Art der Lösungstechnik ist selbstverständlich für Anfänger, Fortgeschrittene und Examenskandidaten im Grundsatz die gleiche. Lediglich die Schwerpunktbildung muss bei Examenskandidaten zum Teil etwas anders ausfallen. Wer neben dem vorliegenden Klausurenkurs III auch die Klausurenkurse I und II durchgearbeitet hat, kann sich als uneingeschränkt examensfit einstufen.

Inhaltsverzeichnis

2. Kapitel

Zur Wiederholung und Vertiefung

Abkürzungsverzeichnis

aA	andere(r) Ansicht
aaO	am angegebenen Ort
abl	ablehnend
Abs	Absatz
Abschn	Abschnitt
abw	abweichend
aE	am Ende
aF	alte Fassung
AG	Amtsgericht
alic	actio libera in causa
allg	allgemein
Alt	Alternative
Anm	Anmerkung
AO	Abgabenordnung
arg	argumentum
Art	Artikel
AT	Allgemeiner Teil
Aufl	Auflage
BA	Blutalkohol
BAK	Blutalkoholkonzentration
BayObLG	Bayerisches Oberstes Landesgericht
Bd	Band
Bem	Bemerkung
Bespr	Besprechung
BGB	Bürgerliches Gesetzbuch
BGBl	Bundesgesetzblatt
BGH	Bundesgerichtshof
BGHR	BGH Rechtsprechung in Strafsachen, hrsg von den Richtern des BGH
BGHSt	Entscheidungen des Bundesgerichtshofes in Strafsachen
Bsp	Beispiel
BT	Besonderer Teil
BT-Drucks	Bundestags-Drucksache (Legislaturperiode/Nummer)
BtMG	Betäubungsmittelgesetz
BVerfG	Bundesverfassungsgericht
BVerfGE	Entscheidungen des Bundesverfassungsgerichts
bzgl	bezüglich
bzw	beziehungsweise
ca	circa
CR	Computer und Recht
DAR	Deutsches Autorecht
ders	derselbe
dh	das heißt
dies	dieselbe
DJZ	Deutsche Juristenzeitung

EGMR	Europäischer Gerichtshof für Menschenrechte
EGStGB	Einführungsgesetz zum Strafgesetzbuch
Einf	Einführung
Einl	Einleitung
EMRK	Europäische Konvention zum Schutz der Menschenrechte und Grundfreiheiten vom 4. 11. 1950 (BGBl 1952 II S 686)
etc	et cetera
evtl	eventuell
EzSt	Entscheidungssammlung zum Straf- und Ordnungswidrigkeitenrecht
f	folgende(r)
FamRZ	Zeitschrift für das gesamte Familienrecht
ff	folgende (Plural)
Fn	Fußnote
FS	Festschrift
GA	Goltdammer's Archiv für Strafrecht
gem	gemäß
GG	Grundgesetz für die Bundesrepublik Deutschland
ggf	gegebenenfalls
GmbH	Gesellschaft mit beschränkter Haftung
GmbHG	Gesetz betreffend die Gesellschaft mit beschränkter Haftung
grds	grundsätzlich
GrS	Großer Senat für Strafsachen
GS	Gedächtnisschrift
GVG	Gerichtsverfassungsgesetz
hA	herrschende Ansicht
hL	herrschende Lehre
hM	herrschende Meinung
hrsg	herausgegeben
Hrsg	Herausgeber
HS	Halbsatz
idF	in der Fassung
idR	in der Regel
iE	im Ergebnis
ieS	im engeren Sinn
iF	im Folgenden
insbes	insbesondere
InsO	Insolvenzordnung
iRd	im Rahmen des
iRv	im Rahmen von
iS	im Sinne
iSd	im Sinne der/des
iSv	im Sinne von
iÜ	im Übrigen
iVm	in Verbindung mit
iwS	im weiteren Sinn
JA	Juristische Arbeitsblätter
JGG	Jugendgerichtsgesetz
JK	Jura-Karteikarten
JR	Juristische Rundschau
Jura	Juristische Ausbildung

JuS	Juristische Schulung
Justiz	Die Justiz; Amtsblatt des Justizministeriums Baden-Württemberg
JW	Juristische Wochenschrift
JZ	Juristenzeitung
Kap	Kapitel
KG	Kammergericht
krit	kritisch
L	Lernbogen der Juristischen Schulung (JuS)
LG	Landgericht
LK	Leipziger Kommentar zum Strafgesetzbuch *(-Bearbeiter)*
LPK	Lehr- und Praxiskommentar
LR	Löwe/Rosenberg, Die Strafprozessordung und das Gerichtsverfassungsgesetz mit Nebengesetzen (*-Bearbeiter*)
m	mit
MDR	Monatsschrift für Deutsches Recht
mE	meines Erachtens
M-G	Meyer-Goßner, Strafprozessordnung
mind	mindestens
MM	Mordmerkmal
MMR	MultiMedia und Recht
mwN	mit weiteren Nachweisen
nF	neue Fassung
NJ	Neue Justiz
NJW	Neue Juristische Wochenschrift
NK	Nomos-Kommentar zum Strafgesetzbuch (*-Bearbeiter*)
Nr	Nummer
NStZ	Neue Zeitschrift für Strafrecht
NStZ-RR	NStZ-Rechtsprechungs-Report
NZV	Neue Zeitschrift für Verkehrsrecht
o	oben
oa	oben angegeben
OLG	Oberlandesgericht
OLGR	Oberlandesgerichtsrat
OWiG	Gesetz über Ordnungswidrigkeiten
Pkw	Personenkraftwagen
ProstG	Prostitutionsgesetz
RG	Reichsgericht
RGSt	Entscheidungen des Reichsgerichts in Strafsachen
Rn	Randnummer
Rspr	Rechtsprechung
Rw	Rechtswidrigkeit
S	Satz, Seite
s	siehe
SK	Systematischer Kommentar zum Strafgesetzbuch *(-Bearbeiter)*
s o	siehe oben
sog	so genannte(r)
S/S	Schönke/Schröder, Strafgesetzbuch *(-Bearbeiter)*
st	ständige(r)

StGB	Strafgesetzbuch
St-K	Studienkommentar *(Joecks)*
StPO	Strafprozessordnung
str	strittig
StraFo	Strafverteidiger-Forum
StrRG	Gesetz zur Reform des Strafrechts
StudZR	Studentische Zeitschrift für Rechtswissenschaft
StV	Strafverteidiger
StVÄG 1999	Strafverfahrensänderungsgesetz 1999 vom 2. 8. 2000 (BGBl I S 1253–1262)
StVG	Straßenverkehrsgesetz
StVO	Straßenverkehrsordnung
s u	siehe unten
TB	Tatbestand
TK	Tatkomplex
u	unten, und
ua	unter anderem, und andere
uä	und ähnliche(s)
usw	und so weiter
uU	unter Umständen
v	von/vom
va	vor allem
Var	Variante
VE	Verdeckter Ermittler
VersR	Versicherungsrecht
vgl	vergleiche
Vor/Vorbem	Vorbemerkung
VRS	Verkehrsrechts-Sammlung
WaffG	Waffengesetz
WiKG	Gesetz zur Bekämpfung der Wirtschaftskriminalität
wistra	Zeitschrift für Wirtschafts- und Steuerstrafrecht
WM	Wertpapiermitteilungen
zB	zum Beispiel
Ziff	Ziffer
ZIS	Zeitschrift für Internationale Strafrechtsdogmatik
zit	zitiert
ZJJ	Zeitschrift für Jugendkriminalrecht und Jugendhilfe
ZPO	Zivilprozessordnung
ZRP	Zeitschrift für Rechtspolitik
ZStW	Zeitschrift für die gesamte Strafrechtswissenschaft
zT	zum Teil
zust	zustimmend
zutr	zutreffend

Literaturverzeichnis

Arzt	Die Strafrechtsklausur, 7. Aufl 2006
Arzt/Weber	Strafrecht, Besonderer Teil, 2000 (zit: *Arzt/Weber*, BT § Rn)
Barton/Jost (Hrsg)	Anwaltsorientierung im rechtswissenschaftlichen Studium, Fälle und Lösungen in Ausbildung und Prüfung, 2002
Basak	Die Irrwege in der Strafgesetzgebung, 1999
Baumann/Arzt/Weber	Strafrechtsfälle und Lösungen, 6. Aufl 1986 (zit: *Baumann/Arzt/ Weber*, [Fall Nr] S)
Baumbach/Lauterbach/ Albers/Hartmann	Zivilprozessordnung, 67. Aufl 2009 (zit: Baumbach/Lauterbach-*Bearbeiter*, ZPO § Rn)
Baumann/Weber/Mitsch	Strafrecht, Allgemeiner Teil, 11. Aufl 2003 (zit: *Baumann/Weber/Mitsch*, AT § Rn)
Beling	Die Lehre vom Verbrechen, 1906
Beulke	Klausurenkurs im Strafrecht I, 4. Aufl 2008 (zit: *Beulke*, Klausurenkurs I, [Fall Nr] Rn)
Beulke	Klausurenkurs im Strafrecht II, 2007 (zit: *Beulke*, Klausurenkurs II [Fall Nr] Rn)
Beulke	Strafprozessrecht, 10. Aufl 2008 (zit: *Beulke*, StPO Rn)
Blei	Strafrecht II, Besonderer Teil, 12. Aufl 1983 (zit: *Blei*, BT § Abschn)
Bockelmann	Strafrecht, Besonderer Teil/1, 2. Aufl 1982 (zit: *Bockelmann*, BT1 S)
Bockelmann/Volk	Strafrecht, Allgemeiner Teil, 4. Aufl 1987 (zit: *Bockelmann/Volk*, S)
Bringewat	Grundbegriffe des Strafrechts, 2. Aufl 2008 (zit: *Bringewat*, Rn)
Bussmann	Verbot familialer Gewalt gegen Kinder. Zur Einführung rechtlicher Regelungen sowie zum (Straf-)Recht als Kommunikationsmedium, 2000 (zit: *Bussmann*, S)
Canaris	Bankvertragsrecht, 3. Aufl 1988
Chowdhury/Meier/Schröder	Standardfälle Strafrecht für Fortgeschrittene, 2007 (zit: *Chowdhury/Meier/Schröder,* [Fall Nr] S)
Coester-Waltjen ua (Hrsg)	Examensklausurenkurs 1. Aufl 2000 (zit: *Bearbeiter*, in: *Coester-Waltjen* ua (Hrsg), Examensklausurenkurs I, S)
Coester-Waltjen ua (Hrsg)	Examensklausurenkurs 2. Aufl 2004 (zit: *Bearbeiter*, in: *Coester-Waltjen* ua (Hrsg), Examensklausurenkurs II, S)
Coester-Waltjen ua (Hrsg)	Examensklausurenkurs 3. Aufl 2008 (zit: *Bearbeiter*, in: *Coester-Waltjen* ua (Hrsg), Examensklausurenkurs III, S)
Coester-Waltjen ua (Hrsg)	Zwischenprüfung, 2004 (zit: *Bearbeiter*, in: *Coester-Waltjen* ua (Hrsg), Zwischenprüfung, S)
Dahs	Handbuch des Strafverteidigers, 7. Aufl 2005 (zit: *Dahs*, Rn)
Dencker	30 Klausuren aus dem Strafrecht, 3. Aufl 1994 (zit: *Dencker*, [Fall Nr] S)

Dencker/Struensee/Nelles/Stein — Einführung in das 6. Strafrechtsreformgesetz, 1998 (zit: *Bearbeiter*, Einführung, S)

Ebert — Strafrecht, Allgemeiner Teil, 3. Aufl 2001 (zit: *Ebert*, AT S)
Ebert — Strafrecht, Allgemeiner Teil, 16 Fälle mit Lösungen, 2003 (zit: *Ebert*, Fälle, [Fall Nr] S)
Eberth/Müller/Schütrumpf — Verteidigung in Betäubungsmittelsachen, 5. Aufl 2008 (zit: *Müller/Eberth/Schütrumpf,* Rn)
Eisele — Strafrecht – Besonderer Teil I, 2008 (zit: *Eisele,* BT1 Rn)
Eisele — Strafrecht – Besonderer Teil II, 2009 (zit: *Eisele,* BT2 Rn)
Eisenberg — Beweisrecht der StPO, 6. Aufl 2008 (zit: *Eisenberg*, Rn)
Engländer — Examens-Repetitorium Strafprozessrecht, 3. Aufl 2007 (zit: *Engländer,* StPO Rn)
Eser/Burkhardt — Juristischer Studienkurs, Strafrecht I, II, 4. Aufl 1992, Strafrecht IV, 4. Aufl 1983

Fahl/Winkler — Definitionen Strafrecht, 2. Aufl 2008
Fahse/Hansen — Übungen für Anfänger im Zivil- und Strafrecht: Eine Anleitung zur Anfertigung von Klausuren und Hausarbeiten, 9. Aufl 2000
Fezer — Strafprozessrecht, Juristischer Studienkurs, 2. Aufl 1995
Fischer — Strafgesetzbuch und Nebengesetze, 56. Aufl 2009 (zit: *Fischer*, § Rn)
Frank — Strafgesetzbuch, 18. Aufl 1931 (zit: *Frank*, StGB § Anm)
Freund — Strafrecht, Allgemeiner Teil, 2. Aufl 2009 (zit: *Freund*, AT § Rn)
Freund — Urkundenstraftaten, 1996 (zit: *Freund*, Urkunden Rn)
Frister — Die strafrechtliche Klausur, 1998 (zit: *Frister*, [Fall Nr] S)
Frister — Strafrecht, Allgemeiner Teil, 3. Aufl 2008 (zit: *Frister,* AT Kap Rn)

Gössel — Strafrecht, Besonderer Teil 2, 1996 (zit: *Gössel*, BT2 § Rn)
Gössel — Strafverfahrensrecht, 1977 (zit: *Gössel*, StVR, S)
Gössel — Strafrecht mit Anleitungen zur Fallbearbeitung und zur Subsumtion, 8. Aufl 2001 (zit: *Gössel,* [Fall Nr] S)
Gössel/Dölling — Strafrecht, Besonderer Teil 1, 2. Aufl 2004 (zit: *Gössel/Dölling*, BT1 § Rn)
Gropp — Strafrecht, Allgemeiner Teil, 3. Aufl 2005 (zit: *Gropp*, AT § Rn)
Gropp/Küpper/Mitsch — Fallsammlung zum Strafrecht. Juristische Examensklausuren, 2003 (zit: *Gropp/Küpper/Mitsch*, [Fall Nr] S)
Grünwald — Das Beweisrecht der Strafprozessordnung, 1993 (zit: *Grünwald*, S)

Haft — Strafrecht, Allgemeiner Teil, 9. Aufl 2004 (zit: *Haft*, AT S)
Haft — Strafrecht, Besonderer Teil Teil I, 8. Aufl 2004 (zit: *Haft*, BT1 S)
Haft — Strafrecht, Besonderer Teil Teil II, 8. Aufl 2005 (zit: *Haft*, BT2 S)
Haft — Strafrecht, Fallrepetitorium zum Allgemeinen und Besonderen Teil, 5. Aufl 2004
Hartmann/Schmidt — Strafprozessrecht, 2. Aufl 2008 (*Hartmann/Schmidt,* StPO Rn)
Hauf — Strafrecht, Allgemeiner Teil, 2. Aufl 2001 (zit: *Hauf*, AT S)
Hauf — Strafrecht, Besonderer Teil I, Vermögensdelikte, 2. Aufl 2002 (zit: *Hauf*, BT1 S)
Hauf — Strafrecht, Besonderer Teil II, Straftaten gegen Persönlichkeitswerte, 1997 (zit: *Hauf,* BT2 S)

Heidelberger Kommentar	zur Strafprozessordnung, hrsg von *Lemke, ua*, 3. Aufl 2001 (zit: HK-*Bearbeiter*, § Rn)
Heinrich, B.	Strafrecht, Allgemeiner Teil I, 2005 (zit: *B. Heinrich*, AT1 Rn)
Heinrich, B.	Strafrecht, Allgemeiner Teil II, 2005 (zit: *B. Heinrich*, AT2 Rn)
Heinrich, M.	Rechtsgutszugriff und Entscheidungsträgerschaft, 2002
v. Heintschel-Heinegg	Prüfungstraining Strafrecht Bd 1 und 2, 1992 (zit: *v. Heintschel-Heinegg*, [Fall Nr] S)
Hellmann	Strafprozessrecht, 2. Aufl 2006 (zit: *Hellmann*, StPO Rn)
Hellmann	Fallsammlung zum Strafprozessrecht, 3. Aufl 2008 (zit: *Hellmann,* Fallsammlung [Fall Nr] S)
Hentschel	Fahrerlaubnis und Alkohol im Straf- und Ordnungswidrigkeitenrecht, 4. Aufl 2005 (zit: *Hentschel,* Fahrerlaubnis Rn)
Hentschel	Straßenverkehrsrecht, 39. Aufl 2007 (zit: *Hentschel*, Straßenverkehrsrecht, § Rn)
Hentschel	Trunkenheit, Fahrerlaubnisentziehung, Fahrverbot, 10. Aufl 2006 (zit: *Hentschel*, Trunkenheit, Rn)
Herzberg	Täterschaft und Teilnahme, 1977 (zit: *Herzberg*, Täterschaft S)
Hilgendorf	Fallsammlung zum Strafrecht, 5. Aufl 2008 (zit: *Hilgendorf*, [Fall Nr] S)
Hillenkamp	Die Bedeutung von Vorsatzkonkretisierungen, 1971
Hillenkamp	32 Probleme aus dem Strafrecht AT, 12. Aufl 2006 (zit: *Hillenkamp*, AT Problem S)
Hillenkamp	40 Probleme aus dem Strafrecht BT, 10. Aufl 2004 (zit: *Hillenkamp*, BT Problem S)
HK-GS	Gesamtes Strafrecht, Handkommentar, hrsg von Dölling, Duttge, Rössner, 2008 (zit.: HK-GS-*Bearbeiter*)
Hohmann/Sander	Strafrecht, Besonderer Teil I, 2. Aufl 2000 (zit: *Hohmann/Sander*, BT1 § Rn)
Hohmann/Sander	Strafrecht, Besonderer Teil II, 2000 (zit: *Hohmann/Sander*, BT2 § Rn)
Hoyer	Strafrecht, Allgemeiner Teil I, 1996 (zit: *Hoyer*, AT1 S)
Jäger	Examens-Repetitorium, Strafrecht Allgemeiner Teil, 3. Aufl 2007 (zit: *Jäger*, AT Rn)
Jäger	Examens-Repetitorium, Strafrecht Besonderer Teil, 2005 (zit: *Jäger*, BT Rn)
Jakobs	Strafrecht, Allgemeiner Teil, 2. Aufl 1991 (zit: *Jakobs*, AT Abschn Rn)
Jescheck	Fälle und Lösungen, 3. Aufl 1996 (zit: *Jescheck*, [Fall Nr] S)
Jescheck/Weigend	Lehrbuch des Strafrechts, Allgemeiner Teil, 5. Aufl 1996 (zit: *Jescheck/Weigend*, § Abschn)
Joecks	Studienkommentar StGB, 8. Aufl 2009 (zit: *Joecks*, St-K, § Rn)
Jung/Müller-Dietz	Anleitung zur Bearbeitung von Strafrechtsfällen, 1983
Karlsruher Kommentar	Strafprozessordnung, hrsg von *Pfeiffer*, 6. Aufl 2008 (zit: KK-*Bearbeiter*, § Rn)
Katholnigg	Strafgerichtsverfassungsrecht, 3. Aufl 1999 (zit: *Katholnigg*, § Rn)
Kaufmann	Die Dogmatik der Unterlassungsdelikte, 1959 (zit: *Kaufmann*, S)
Kern/Langer	Anleitung zur Bearbeitung von Strafrechtsfällen, 8. Aufl 1985
Kienapfel	Strafrechtsfälle, 9. Aufl 1989 (zit: *Kienapfel*, [Fall Nr] S)
Kindhäuser	Strafgesetzbuch, Lehr- und Praxiskommentar, 3. Aufl 2006 (zit: *Kindhäuser*, LPK § Rn)
Kindhäuser	Strafrecht, Allgemeiner Teil, 3. Aufl 2008

	(zit: *Kindhäuser*, AT § Rn)
Kindhäuser	Strafrecht, Besonderer Teil I, 3. Aufl 2007 (zit: *Kindhäuser*, BT1 § Rn)
Kindhäuser	Strafrecht, Besonderer Teil II, 5. Aufl 2008 (zit: *Kindhäuser*, BT2 § Rn)
Kindhäuser	Strafrechtsrepetitorium, Besonderer Teil I, 2. Aufl 2003
Kindhäuser	Strafprozessrecht, 2006 (zit: *Kindhäuser,* StPO § Rn)
Kleinbauer/Schröder/Voigt	Standardfälle Strafrecht für Anfänger Band 1, 2007
Kleinknecht/Müller/ Reitberger	Loseblattkommentar zur Strafprozeßordnung, hrsg von *Fezer/ Paulus*, ab 14. Lieferung von *v. Heintschel-Heinegg/Stöckel*, jeweils mit Ergänzungslieferungen, 8. Aufl ab 1990 (zit: KMR-*Bearbeiter*, § Rn)
Klesczewski	Strafrecht, Allgemeiner Teil, 2008 (zit: *Klesczewksi*, AT Rn)
Klesczewski	Strafrecht, Besonderer Teil, 2. Ausgabe 2002 (zit: *Klesczewksi*, BT S)
Köhler	Strafrecht, Allgemeiner Teil, 1997 (zit: *Köhler*, AT S)
Kohlrausch/Lange	Strafgesetzbuch, 43. Aufl 1961 (zit: *Kohlrausch/Lange*, § Bem)
Kosman	Wie schreibe ich juristische Hausarbeiten?, 2. Aufl 1997
Krey	Deutsches Strafrecht, Allgemeiner Teil, Bd 1, 3. Aufl 2008 (zit: *Krey*, AT1 Rn)
Krey	Deutsches Strafrecht, Allgemeiner Teil, Bd 2, 3. Aufl 2008 (zit: *Krey*, AT2 Rn)
Krey	Strafverfahrensrecht, Bd 1, 2006 (zit: *Krey*, Strafverfahrensrecht 1 Rn)
Krey	Strafverfahrensrecht, Bd 2, 2007 (zit: *Krey*, Strafverfahrensrecht 2 Rn)
Krey/Heinrich M.	Strafrecht, Besonderer Teil, Bd 1, 14. Aufl 2008 (zit: *Krey/M. Heinrich*, BT1 Rn)
Krey/Hellmann	Strafrecht, Besonderer Teil, Bd 2, 15. Aufl 2008 (zit: *Krey/Hellmann*, BT2 Rn)
Kudlich	Prüfe dein Wissen, Rechtsfälle in Frage und Antwort, Strafrecht, Allgemeiner Teil, 2. Aufl 2006 (zit: *Kudlich*, PdW AT S)
Kudlich	Prüfe dein Wissen, Rechtsfälle in Frage und Antwort, Strafrecht, Besonderer Teil I, Vermögensdelikte, 2. Aufl 2007 (zit: *Kudlich*, PdW BT1 S)
Kudlich	Prüfe Dein Wissen, Rechtsfälle in Frage und Antwort, Strafrecht, Besonderer Teil II, Delikte gegen die Person und die Allgemeinheit, 2004 (zit: *Kudlich*, PdW BT2 S)
Kühl	Strafrecht, Allgemeiner Teil, 6. Aufl 2008 (zit: *Kühl*, AT § Rn)
Kühne	Strafprozessrecht, 7. Aufl 2006 (*Kühne*, Strafprozessrecht, Rn)
Küper	Strafrecht, Besonderer Teil, Definitionen und Erläuterungen, 7. Aufl 2008 (zit: *Küper*, BT S)
Küpper	Strafrecht, Besonderer Teil 1, 3. Aufl 2006 (zit: *Küpper*, BT1 § Rn)
Lackner/Kühl	Strafgesetzbuch mit Erläuterungen, 26. Aufl 2007 (zit: *Lackner/ Kühl*, § Rn)
Lagodny	Gesetzestexte suchen, verstehen und in der Klausur anwenden, 2008

Leipziger Kommentar	Strafgesetzbuch, Bde 5,6,7,8,9 hrsg von *Jähnke, Laufhütte, Odersky*, 11. Aufl 1992 ff, Bde 1,2,3,4,10, 11 hrsg von *Laufhütte, Rissing van Saan, Tiedemann*, 12. Aufl 2006 ff (zit: LK-*Bearbeiter*, § Rn)
Lesch	Notwehrrecht und Beratungsschutz, 2000
Lesch	Strafprozeßrecht, 2. Aufl 2001 (zit: *Lesch*, StPO, Kap/Rn)
Löwe/Rosenberg	Die Strafprozeßordnung und das Gerichtsverfassungsgesetz mit Nebengesetzen, Großkommentar, Bde, 3, 6–8 hrsg von *Peter Rieß*, 25. Aufl 1997 ff, Bde 1, 2, 4, 5 hrsg von *Erb, Esser, Franke, Graalmann-Scheerer, Hilger, Ignor*, 26. Aufl (zit: LR-*Bearbeiter*, § Rn)
Maiwald	Der Zueignungsbegriff im System der Eigentumsdelikte, 1970
Marxen	Kompaktkurs Strafrecht, Allgemeiner Teil, 2003 (zit: *Marxen*, AT S)
Marxen	Kompaktkurs Strafrecht, Besonderer Teil, 2004 (zit: *Marxen*, BT S)
Matt	Strafrecht, Allgemeiner Teil I, 1996 (zit: *Matt*, AT1 § Rn)
Maurach/Zipf	Strafrecht, Allgemeiner Teil, Teilband 1, 8. Aufl 1992 (zit: *Maurach/Zipf*, AT1 § Rn)
Maurach/Gössel/Zipf	Strafrecht, Allgemeiner Teil, Teilband 2, 7. Aufl 1992 (zit: *Maurach/Gössel/Zipf*, AT2 § Rn)
Maurach/Schroeder/ Maiwald	Strafrecht, Besonderer Teil, Teilband 1, 9. Aufl 2003 (zit: *Maurach/Schroeder/Maiwald*, BT1 § Rn)
Maurach/Schroeder/ Maiwald	Strafrecht, Besonderer Teil, Teilband 2, 9. Aufl 2005 (zit: *Maurach/Schroeder/Maiwald*, BT2 § Rn)
Mayer	Strafrecht, Allgemeiner Teil, 1967 (zit: *Mayer*, AT S)
Merten	20 Standardfälle Strafrecht: Zur gezielten Vorbereitung auf die Übung für Anfänger, 2000 (zit: *Merten*, [Fall Nr] S)
Meurer	Strafprozeßrecht, 3. Aufl 1991 (zit: *Meurer*, StPO § Abschn)
Meurer/Kahle/Dietmeier	Übungskriminalität für Einsteiger, 2000 (zit: *Meurer/Kahle/ Dietmeier*, [Fall Nr] S)
Meyer-Goßner	Strafprozessordnung, 51. Aufl 2008 (zit: *M-G*, § Rn)
Mitsch	Strafrecht, Besonderer Teil 2, Teilband 1, 2. Aufl 2003, (zit: *Mitsch*, BT2/1 § Rn)
Münchener Kommentar	Strafgesetzbuch, Bd 1 2003, Bd 2/1 2005, Bd 2/2 2005 Bd 3, 2003 und Bd 4, 2006 (zit: MK-*Bearbeiter*, § Rn)
Niederle	20 Standardfälle Strafrecht: Zur gezielten Vorbereitung auf die Übung für Fortgeschrittene, 2000 (zit: *Niederle*, [Fall Nr] S)
Noack	Drittzueignung und 6. Strafrechtsreformgesetz, 1999
Nomos-Kommentar	Strafgesetzbuch, herausgegeben von *Kindhäuser/Neumann/Paeffgen*, Bd 1, 2. Aufl 2005, Bd 2, 2. Aufl 2005 (zit: NK-*Bearbeiter*, § Rn)
Oelmüller/Peters	Die erste Strafrechtshausarbeit, 5. Aufl 2007 (zit: *Oelmüller/ Peters*, [Fall Nr] S)
Otto	Grundkurs Strafrecht, Allgemeine Strafrechtslehre, 7. Aufl 2004 (zit: *Otto*, AT § Rn)

Otto — Grundkurs Strafrecht, Die einzelnen Delikte, 7. Aufl 2005 (zit: *Otto*, BT § Rn)

Otto — Übungen im Strafrecht, 6. Aufl 2005 (zit: *Otto*, [Fall Nr] S)

Palandt — Bürgerliches Gesetzbuch, 68. Aufl 2009 (zit: Palandt-*Bearbeiter*, § Rn)

Peters — Der neue Strafprozeß 1975 (zit: *Peters*, Strafprozeß, § Abschn)

Pfeiffer — Strafprozeßordnung, Kommentar, 5. Aufl 2005 (zit: *Pfeiffer*, StPO § Rn)

Preis/Prütting/Sachs/Weigend — Die Examensklausur, 3. Aufl 2008 (zit: *Preis/Prütting/Sachs/Weigend*, [Fall Nr] S)

Priebe — Fälle zum Strafrecht – mit prozessualen Zusatzfragen, 2. Aufl 2005 (zit: *Priebe*, Fälle, [Fall Nr] S)

Prütting/Stern/Wiedemann — Die Examensklausur, 2. Aufl 2000 (zit: *Prütting/Stern/Wiedemann*, [Fall Nr] S)

Puppe — Strafrecht, Allgemeiner Teil im Spiegel der Rechtsprechung, Bd 1, 2002 (zit: *Puppe*, AT1 § Rn)

Puppe — Strafrecht, Allgemeiner Teil im Spiegel der Rechtsprechung, Bd 2, 2005 (zit: *Puppe*, AT2 § Rn)

Putzke — Juristische Arbeiten erfolgreich schreiben, 2007

Radtke — Zur Systematik des Strafklageverbrauchs verfahrenserledigender Entscheidungen im Strafprozeß, 1994

Ranft — Strafprozeßrecht, 3. Aufl 2005 (zit: *Ranft*, StPO § Rn)

Rengier — Strafrecht, Besonderer Teil I, Vermögensdelikte, 10. Aufl 2008 (zit: *Rengier*, BT1 § Rn)

Rengier — Strafrecht, Besonderer Teil II, Delikte gegen die Person und die Allgemeinheit, 9. Aufl 2008 (zit: *Rengier*, BT2 § Rn)

Rössner — 30 Probleme aus dem Strafprozessrecht, 2. Aufl 2007 (zit: *Rössner*, StPO, Problem Nr S)

Rotsch/Nolte/Peifer/Weitemeyer — Die Klausur im Ersten Staatsexamen, 2003 (zit: *Rotsch/Nolte/Peifer/Weitemeyer*, [Fall Nr] S)

Roxin — Strafrecht, Allgemeiner Teil, Bd 1, Grundlagen, Aufbau der Verbrechenslehre, 4. Aufl 2006 (zit: *Roxin*, AT1 § Rn)

Roxin — Strafrecht, Allgemeiner Teil, Bd 2, Besondere Erscheinungsformen der Straftat, 2003 (zit: *Roxin*, AT2 § Rn)

Roxin — Täterschaft und Tatherrschaft, 8. Aufl 2006 (zit: *Roxin*, Täterschaft S)

Roxin/Schünemann — Strafverfahrensrecht, ein Studienbuch, 25. Aufl 1998 (zit: *Roxin/Schünemann*, StPO § Rn)

Roxin/Achenbach — Prüfe dein Wissen, Rechtsfälle in Frage und Antwort, Strafprozessrecht, 16. Aufl 2006 (zit: *Roxin/Achenbach*, PdW, S)

Roxin/Schünemann/Haffke — Strafrechtliche Klausurenlehre, 4. Aufl 1982 (zit: *Roxin/Schünemann/Haffke*, [Fall Nr] S)

Rudolphi — Fälle zum Strafrecht AT, 5. Aufl 2000 (zit: *Rudolphi*, [Fall Nr] S)

Rüping — Das Strafverfahren, 3. Aufl 1997 (zit: *Rüping*, Rn)

Saal — Das Vortäuschen einer Straftat (§ 145 d) als abstraktes Gefährdungsdelikt, 1997

Samson — Strafrecht I, 7. Aufl 1988 (zit: *Samson*, St 1 [Fall Nr] S)

Samson — Strafrecht II, 5. Aufl 1985 (zit: *Samson*, St 2 [Fall Nr] S)

Sauer — System des Strafrechts, 1954

Schall	Die Schutzfunktionen der Strafbestimmung gegen den Hausfriedensbruch, 1974
Schimmel	Juristische Klausuren und Hausarbeiten richtig formulieren, 7. Aufl 2008
Schlüchter	Bochumer Erläuterungen zum 6. Strafrechtsreformgesetz, 1998 (zit: *Schlüchter*, S)
Schmidhäuser	Strafrecht, Allgemeiner Teil, Studienbuch, 2. Aufl 1984 (zit: *Schmidhäuser*, AT Kap Rn)
Schmidhäuser	Strafrecht, Besonderer Teil, 2. Aufl 1983 (zit: *Schmidhäuser*, BT Kap Rn)
Schmidt	Nachträge und Ergänzungen zu Teil II/Strafprozeßordnung, 1970 (zit: *Schmidt*, Nachträge § Rn)
Schmidt	Strafrecht, Allgemeiner Teil, Grundlagen der Strafbarkeit, Methodik der Fallbearbeitung, 8. Aufl 2009 (*Schmidt,* AT Rn)
Schmidt/Priebe	Strafrecht, Besonderer Teil I, Straftaten gegen die Person und die Allgemeinheit, 8. Aufl 2009 (zit: *Schmidt/Priebe,* BT1 Rn)
Schmidt/Priebe	Strafrecht, Besonderer Teil I, Straftaten gegen das Vermögen, 8. Aufl 2009 (zit: *Schmidt/Priebe,* BT2 Rn)
Schönke/Schröder	Strafgesetzbuch, 27. Aufl 2006, fortgeführt von *Lenckner*, *Cramer*, *Eser*, *Stree*, *Heine*, *Perron* und *Sternberg-Lieben* (zit: S/S-*Bearbeiter*, § Rn)
Scholz/Wohlers	Klausuren und Hausarbeiten im Strafrecht, 3. Aufl 2003
Schroeder	Strafprozeßrecht, 4. Aufl 2007 (zit: *Schroeder*, StPO Rn)
Schroeder/Meindl	Strafprozeßrecht – Fälle und Lösungen, 3. Aufl 1998 (zit: *Schroeder/Meindl*, Fälle, [Fall Nr] S)
Schroth	Strafrecht, Besonderer Teil, 4. Aufl 2006 (zit: *Schroth*, BT S)
Schwabe	Lernen mit Fällen, Strafrecht BT1, Nichtvermögensdelikte, 3. Aufl 2006 (zit: *Schwabe,* BT1 [Fall Nr] S)
Schwabe	Lernen mit Fällen, Strafrecht BT2, Vermögensdelikte, 4. Aufl 2007 (zit: *Schwabe,* BT2 [Fall Nr] S)
Schwind/Franke/Winter	Übungen im Strafrecht für Anfänger, 5. Aufl 2000 (zit: *Schwind/Franke/Winter*, [Fall Nr] S)
Schwind/Nawratil H./ Nawratil G.	Strafrecht leicht gemacht, Der Strafrechtsschein, 15. Aufl 2008
Seelmann	Grundfälle zu den Eigentums- und Vermögensdelikten, 1988
Soergel	Kommentar zum Bürgerlichen Gesetzbuch mit Einführungsgesetzen und Nebengesetzen, Band 14 (Sachenrecht 1 §§ 854–984), 13. Auflage 2002 (zit: Soergel-*Bearbeiter,* § Rn)
Sonnen	Strafrecht Besonderer Teil, 2005 (zit: *Sonnen*, BT S)
Sonnen/Mitto/Nugel	Strafrecht, Besonderer Teil – Fälle, 2006 (zit: *Sonnen/Mitto/Nugel,* Fälle [Fall Nr] S)
Staudinger	Kommentar zum Bürgerlichen Gesetzbuch mit Einführungsgesetz und Nebengesetzen, 13. Bearbeitung und Neubearbeitung 1992 ff, Band: Einleitung zum Sachenrecht, §§ 854–882, 2007 (zitiert: Staudinger-*Bearbeiter* § Rn)
Steinberg	Angewandte juristische Methodenlehre für Anfänger, 2006
Stratenwerth/Kuhlen	Strafrecht, Allgemeiner Teil I, 5. Aufl 2004 (zit: *Stratenwerth/ Kuhlen*, AT § Rn)
Strauß	Strafrecht, Fälle und Lösungen, 3. Aufl 1998 (zit: *Strauß*, [Fall Nr] S)

Systematischer Kommentar — Strafgesetzbuch, bearbeitet von *Rudolphi/Horn/Samson*, fortgeführt von *Günther/Hoyer/Rogall/Stein/Wolter/Wolters*, Loseblattkommentar, 7. teilweise 8. Aufl, Stand: April 2008 (zit: SK/StGB-*Bearbeiter*, § Rn)

Systematischer Kommentar — Strafprozeßordnung und Gerichtsverfassungsgesetz, bearbeitet von *Rudolphi/Degener/Frisch/Frister/Paeffgen/Rogall/Schlüchter/Velten/Weßlau/Wohlers/Wolter* 1. und 2., teilweise 3. Aufl, Loseblattkommentar idF v. Juni 2008 (zit: SK/StPO- *Bearbeiter*, § Rn)

Tegebauer — Die GeldKarte, 2002

Thomsen — Über den Versuch der durch eine Folge qualifizierten Delikte, 1895

Tiedemann — Die Anfängerübung im Strafrecht, 4. Aufl 1999 (zit: *Tiedemann*, [Fall Nr] S)

Tofahrn — Strafrecht, Besonderer Teil II, Straftaten gegen Vermögenswerte, 2008 (zit: *Tofahrn,* BT2 Rn)

Tofahrn — Strafrecht, Besonderer Teil III, Straftaten gegen Gemeinschaftswerte, 2008 (zit: *Tofahrn,* BT3 Rn)

Ulsenheimer — Grundfragen des Rücktritts vom Versuch, 1976

Valerius — Einführung in den Gutachtenstil, 3. Aufl 2009 (zit: *Valerius*, [Fall Nr] S)

Volk — Grundkurs StPO, 6. Aufl 2008 (zit: *Volk*, StPO § Rn)

Wagner — Fälle zum Strafrecht BT, 4. Aufl 1998 (zit: *Wagner*, [Fall Nr] S)

Walter — Kleine Stilkunde für Juristen, 2002

Wank — Die Auslegung von Gesetzen, 3. Aufl 2005

Weber — Betäubungsmittelgesetz, 2. Aufl 2003 (zit: *Weber*, BtMG § Rn)

Welzel — Das deutsche Strafrecht, 11. Aufl 1969 (zit: *Welzel*, S)

Wessels/Beulke — Strafrecht, Allgemeiner Teil, Die Straftat und ihr Aufbau, 38. Aufl 2008 (zit: *Wessels/Beulke*, AT Rn)

Wessels/Hettinger — Strafrecht, Besonderer Teil/1, Straftaten gegen Persönlichkeits- und Gemeinschaftswerte, 32. Aufl 2008 (zit: *Wessels/Hettinger*, BT1 Rn)

Wessels/Hillenkamp — Strafrecht, Besonderer Teil/2, Straftaten gegen Vermögenswerte, 31. Aufl 2008 (zit: *Wessels/Hillenkamp*, BT2 Rn)

Wolters — Fälle mit Lösungen für Fortgeschrittene im Strafrecht, 2. Aufl 2006 (zit: *Wolters*, [Fall Nr] S)

Zieschang — Strafrecht, Allgemeiner Teil, 2005 (zit: *Zieschang*, AT S)

Festschriftenverzeichnis

Jürgen Baumann	Bielefeld 1992
Paul Bockelmann	München 1979
Karl Engisch	Frankfurt a.M. 1969
Wilhelm Gallas	Berlin, New York 1973
Ernst-Walter Hanack	Berlin, New York 1999
Ernst Heinitz	Berlin 1972
Rolf Dietrich Herzberg	Tübingen 2008
Hans Joachim Hirsch	Berlin, New York 1999
Arthur Kaufmann	Strafgerechtigkeit, Heidelberg 1993
Karl Lackner	Berlin 1987
Hermann Lange	Stuttgart 1992
Klaus Lüderssen	Baden-Baden 2002
Reinhart Maurach	Karlsruhe 1972
Hellmuth Mayer	Beiträge zur gesamten Strafrechtswissenschaft, Berlin 1966
Dietrich Oehler	Köln, München 1985
Harro Otto	Köln, Berlin, München 2007
Karl Peters	Einheit und Vielfalt des Strafrechts, Tübingen 1974
Claus Roxin	Berlin, New York 2001
Herbert Schimansky	Köln 1999
Hans Ludwig Schreiber	Heidelberg 2003
Horst Schröder	Gedächtnisschrift, München 1978
Friedrich-Christian Schroeder	Heidelberg, München, Landsberg, Berlin 2006
Günter Spendel	Berlin, New York 1989
Herbert Tröndle	Berlin, New York 1989
Walter Stree/ Johannes Wessels	Beiträge zur Rechtswissenschaft, Heidelberg 1993
Ulrich Weber	Bielefeld 2004
Hans Welzel	Berlin 1974

1. Kapitel

Examensklausuren

Fall 1

Eine „Maidult" mit Folgen

I.

Der Niederbayer A begibt sich in raufiustiger Stimmung zur „Maidult", dem lokalen Jahrmarkt, und stößt dort alsbald auf eine hochdeutsch sprechende Reisegruppe. Um den „Norddeutschen" zu zeigen, woher der Wind in Niederbayern weht, legt A dem F, dem Führer der Reisegruppe, von hinten den Arm um den Hals, drückt kräftig zu und befiehlt dem röchelnden F, die Bayernhymne zu singen, da er sich sonst gezwungen sehe, den F zu erwürgen. F gehorcht daraufhin, säuselt die ihm vage bekannte Bayernhymne so gut wie möglich, worauf A von F ablässt, um in das Bierzelt zu eilen. 1

Dort erwarten ihn bereits seine Freunde B und C in bester Bierlaune und A berichtet begeistert, wie er es den „Preußen" gezeigt habe. Wenig später trifft aber auch F mit seiner Reisegruppe ein. Als F auch noch lautstark „Fräulein, bitte ein Kölsch" ruft, brennen bei den niederbayerischen Freunden alle Sicherungen durch. Spontan stürzen sich A, B und C auf die Mitglieder der „norddeutschen" Reisegruppe und es entsteht über das Bierzelt verteilt eine große Rauferei, an der mindestens 20 Personen teilnehmen, deren genauer Verlauf sich aber nicht mehr rekonstruieren lässt. Fest steht, dass nach ca. fünf Kampfminuten B keine Lust mehr hat und nach Hause geht und wenig später C sogar seinen Kumpel A – den er durchaus erkannt hat – ohne ersichtlichen Grund in den „Schwitzkasten" nimmt. A kann sich dieses Griffes nur durch einen Biss in den Oberarm des C entziehen.

Kurz darauf versetzt A dem F – seinem „Hauptfeind" – mittels eines gekonnten Kung-Fu-Sprungs einen Tritt mit seinem beschuhten Fuß gegen den Oberkörper. F stürzt daraufhin zu Boden. Als er sich gerade wieder aufrichten möchte, nutzt ein nicht mehr zu ermittelnder Teilnehmer der Rauferei die wehrlose Lage des F aus, indem er so auf F einschlägt, dass dessen Kopf am Fuß einer Bierbank auftrifft und F sich eine tödliche Verletzung zuzieht.

Noch bevor irgend jemand die gravierende Verletzung des F zur Kenntnis nimmt, eilt der streitfreudige D herbei und beteiligt sich an der Schlägerei, wobei Einzelheiten wiederum ungeklärt bleiben. Mit der sich alsbald anschließenden Entdeckung des toten F kehrt unverzüglich Ruhe in das Bierzelt ein.

Geschockt stürzt A aus dem Bierzelt. Der Passant P, auf den A zuläuft, ist auf Grund des an sein Ohr gedrungenen Lärms aus dem Bierzelt der Ansicht, A sei auf der Suche nach einer neuen Rauferei und wolle ihn angreifen. Er nimmt daher allen Mut zusammen und verpasst dem körperlich überlegenen A einen gezielten Schlag gegen die Schläfe, worauf A zu Boden geht und P flieht.

Wie haben sich die Beteiligten strafbar gemacht?

Evtl erforderliche Strafanträge sind gestellt.

II.

1. Nennen Sie die wichtigsten Prozessmaximen.
2. Welche Prozessvoraussetzungen kennen Sie? Was sind die prozessualen Folgen in den einzelnen Verfahrensstadien beim Fehlen einer Prozessvoraussetzung?
3. Da der Tod des F (oben I.) in der örtlichen Presse großes Aufsehen erregt hat, möchte die Staatsanwaltschaft den A auf jeden Fall vor dem Landgericht anklagen. Kann sie das, obwohl sie angesichts fehlender Vorstrafen bei A nur mit einer Freiheitsstrafe von maximal drei Jahren rechnet?
4. A wird von der Strafkammer des LG Passau zu einer Freiheitsstrafe von drei Jahren verurteilt. Bei dem Urteil wirkt der Beisitzer R mit. A legt gegen dieses Urteil Revision ein, der das Revisionsgericht stattgibt und die Sache unter Aufhebung des erstinstanzlichen Urteils zur erneuten Verhandlung an die 1. Strafkammer des LG Deggendorf verweist. Dort ist R inzwischen Kammervorsitzender.
   a) Welches Gericht war in diesem Fall Revisionsgericht?
   b) Kann A den R in der erneuten Hauptverhandlung wegen seiner Mitwirkung am später aufgehobenen Urteil des LG Passau mit Erfolg wegen Befangenheit ablehnen?

Gedankliche Strukturierung des Falles (Kurzlösung)

Teil I. (materiell-rechtlicher Teil)

A. Die Bayernhymne (Strafbarkeit des A)

1. § 212 I (–)

2. §§ 212 I, 22, 23 I Alt 1 (–)
- Vorprüfung (+)
- Tatentschluss (–)

3. § 223 I (+)
a) Objektiver Tatbestand (+)
b) Subjektiver Tatbestand (+)
c) Rechtswidrigkeit und Schuld (+)
d) Strafantragserfordernis, § 230 I (+)

4. § 224 I Nr 2 (–), Nr 3 (–), Nr 5 (+)
a) Tatbestand (+)
- Nr 2 (gefährliches Werkzeug) (–)
- Nr 3 (hinterlistiger Überfall) (–)
- Nr 5 (Leben gefährdende Behandlung) (+)

Problem Nr 1: Setzt eine „das Leben gefährdende Behandlung“ iSv § 224 I Nr 5 eine konkrete oder nur eine abstrakte Lebensgefährdung voraus? (Rn 6)

b) Ergebnis

5. § 239 b I Alt 1 (–)
a) Tatbestand (–)
- Entführen (–)
- Sich-Bemächtigen (+)
- Vorsatz (+)
- besondere Nötigungsabsicht (–)

Problem Nr 2: Restriktive Auslegung des § 239 b im Zwei-Personen-Verhältnis (Rn 9)

b) Ergebnis

6. § 239 I Alt 2 (+)

7. § 240 I, II (+)
a) Tatbestand (+)
- Gewalt (+)
- Drohung (+)
- Nötigen (+)
- Vorsatz (+)

b) Rechtswidrigkeit (+)
- Fehlen von Rechtfertigungsgründen (+)
- Positive Verwerflichkeitsprüfung, § 240 II (+)

c) Schuld (+)

8. § 241 I (+)

9. Konkurrenzen
- § 224 – § 223
- § 240 – § 241
- § 224 I Nr 5 – § 239 I Alt 2 – § 240

10. Ergebnis für A im Tatkomplex A 2
A hat sich gem § 224 I Nr 5 – § 52 – § 239 I Alt 2 – § 52 – § 240 I, II strafbar gemacht.

B. Im Bierzelt

I. Strafbarkeit des C

1. § 223 I (+)
a) Tatbestand (+)
b) Rechtswidrigkeit (+)
- Einwilligung (–)

c) Schuld (+)
d) Strafantragserfordernis, § 230 I (+)

2. § 224 I Nr 4 (–), Nr 5 (–)
a) Tatbestand (–)
- Nr 4 (gemeinschaftlich) (–)
- Nr 5 (Leben gefährdende Behandlung) (–)

b) Ergebnis

3. § 239 I Alt 2 (+)

4. § 240 I, II (+)
a) Tatbestand (+)
b) Rechtswidrigkeit (+)
- Fehlen von Rechtfertigungsgründen (+)
- Positive Verwerflichkeitsprüfung, § 240 II (+)

c) Schuld (+)

5. § 231 I (+)
a) Objektiver Tatbestand (+)
- von mehreren verübter Angriff (–) (*aA vertretbar*)
- Schlägerei (+)
- beteiligt (+)

b) Subjektiver Tatbestand (+)
c) Objektive Bedingung der Strafbarkeit (+)
d) Strafbarkeitsausschluss gem § 231 II (–)
e) Ergebnis

6. § 130 I Nr 1 (–)

7. § 125 I Nr 1 Alt 1 (–)

8. Konkurrenzen
- § 223 – § 231
- § 239 I Alt 2 – § 240
- § 223 – § 52 – § 231 und § 240

9. Ergebnis für C im Tatkomplex B
C ist strafbar gem § 240 I, II – § 52 – § 223 I – § 52 – § 231.

II. Strafbarkeit des B

1. § 223 I (–)
- in dubio pro reo (+)

2. §§ 223 I, 27 (–)

3. § 231 I (+)
a) Tatbestand (+)
b) Objektive Bedingung der Strafbarkeit (+)

Problem Nr 3: Zurechnung des Erfolges einer Schlägerei (§ 231), der nach Verlassen der Schlägerei eintritt (Rn 25)

c) Strafbarkeitsausschluss gem § 231 II (–)
d) Rechtswidrigkeit und Schuld (+)
4. Ergebnis für B im Tatkomplex B
B ist strafbar gem § 231 I.

III. Strafbarkeit des A wegen des Bisses in den Oberarm des C
1. § 223 I (–)
a) Tatbestand (+)
b) Rechtswidrigkeit (–)
aa) Einwilligung (–)
bb) Notwehr, § 32 (+)
- Notwehrlage (+)
- Notwehrhandlung (+)
- subjektives Rechtfertigungselement (+)

c) Ergebnis
2. § 224 I Nr 2 (–), Nr 4 (–)
- gem § 32 gerechtfertigt

3. § 231 I (+)
a) Tatbestand (+)
b) Objektive Bedingung der Strafbarkeit (+)
c) Strafbarkeitsausschluss gem § 231 II (–)
d) Rechtswidrigkeit (+)
e) Schuld (+)
4. Ergebnis
A hat sich gem § 231 strafbar gemacht.

IV. Strafbarkeit des A wegen des Kung-Fu-Sprungs gegen F
1. § 212 I (–)
2. § 223 I (+)
3. § 224 I Nr 2 (+), Nr 4 (–), Nr 5 (+)
a) Objektiver Tatbestand (+)
- Nr 2 (gefährliches Werkzeug) (+)
- Nr 4 (gemeinschaftlich) (–) (*aA vertretbar*)
- Nr 5 (Leben gefährdende Behandlung) (+)

b) Subjektiver Tatbestand (+)
4. § 222 (+)
a) Tatbestandsmäßigkeit (+)
- Erfolgseintritt (+)
- Kausalität (+)
- objektive Sorgfaltspflichtverletzung bei objektiver Voraussehbarkeit des Erfolges (+)
- objektive Zurechnung (+)
- Schutzzweckzusammenhang (+)
- Pflichtwidrigkeitszusammenhang (+)
- eigenverantwortliche Selbstgefährdung (–)
- eigenverantwortliches Dazwischentreten Dritter (–)

Problem Nr 4: Wegfall der objektiven Zurechnung wegen eigenverantwortlichen Dazwischentretens eines Dritten? (Rn 32)

b) Rechtswidrigkeit (+)
c) Schuld (+)
- subjektive Vorhersehbarkeit (+)
- subjektive Vermeidbarkeit (+)

5. § 227 I (–)
a) Tatbestand (–)
- Körperverletzung (+)
- fahrlässige Todesherbeiführung (+)
- Kausalität zwischen Fußstoß und Tod (+)
- Unmittelbarkeit (–)

Problem Nr 5: Knüpft § 227 an den Körperverletzungserfolg oder an die Körperverletzungshandlung an? (Rn 35)

b) Ergebnis
6. §§ 227 I, 13 I (–)
7. § 231 I (+)
8. Konkurrenzen
- innerhalb von IV
- III zu IV

9. Ergebnis für A im Tatkomplex B
A hat sich strafbar gemacht gem § 222 – § 52 – § 224 I Nr 2, Nr 5 – § 52 – § 231.

V. Strafbarkeit des D
1. § 223 I (–)
2. § 231 I (+)
a) Tatbestand (+)
b) Objektive Bedingung der Strafbarkeit (+)

Problem Nr 6: Kann demjenigen, der sich erst nach Eintritt der schweren Folge an einer Schlägerei (§ 231) beteiligt, die schwere Folge zugerechnet werden? (Rn 41)

c) Strafbarkeitsausschluss gem § 231 II (–)
d) Rechtswidrigkeit und Schuld (+)
3. Ergebnis für D im Tatkomplex B
D hat sich gem § 231 I strafbar gemacht.

VI. Gesamtergebnis im Tatkomplex B
A: § 222 – § 52 – § 224 I Nr 2, Nr 5 – § 52 – § 231 I
B: § 231 I
C: § 239 I Alt 2 – § 52 – § 240 I, II – § 52 – § 223 I – § 52 – § 231 I
D: § 231 I

C. Außerhalb des Bierzeltes (Strafbarkeit des P)

1. **§ 223 I (–)**
   a) Tatbestand (+)
   b) Rechtswidrigkeit (+)
   - Notwehr (–)
   - Notwehrlage (–)

   c) Schuld (–)
   aa) Art des Irrtums: Erlaubnistatbestandsirrtum
   bb) Behandlung des Erlaubnistatbestandsirrtums

Problem Nr 7: Erlaubnistatbestandsirrtum (Rn 45)

2. **§ 229 (+)**
3. **§ 221 I Nr 1 (–), Nr 2 (–)**
4. **§ 323 c (–)**
   - zumutbar (–)
5. **Ergebnis für P im Tatkomplex C**
   P ist strafbar gem § 229.

D. Gesamtergebnis des materiell-rechtlichen Gutachtens

A: Tatkomplex A: § 224 I Nr 5 – § 52 – § 239 I Alt 2 – § 52 – § 240 I, II – § 53 – Tatkomplex B: § 222 – § 52 – § 224 I Nr 2, Nr 5 – § 52 – § 231 I
B: § 231 I
C: § 240 I, II – § 52 – § 223 I – § 52 – § 231 I
D: § 231 I
P: § 229

Teil II. (prozessualer Teil)

1. **Prozessmaximen**
2. **Prozessvoraussetzungen**
   a) Die wichtigsten Prozessvoraussetzungen
   b) Folgen des (endgültigen) Fehlens einer Prozessvoraussetzung
3. **Zuständigkeit des LG**
4. **Neuverhandlung nach Revision**
   a) Revisionsgericht
   b) Befangenheit bei Neuverhandlung in der Tatsacheninstanz
   aa) Ausschließungsgründe, §§ 24 I Alt 1, 22, 23 StPO
   bb) Ablehnung wegen Besorgnis der Befangenheit, §§ 24 I Alt 2, 24 II StPO

Problem Nr 8: Rückgriff auf die Befangenheitsregelung des § 24 II StPO bei Zurückverweisung gem § 354 II StPO? (Rn 57)

   cc) Verfahren

Ausführliche Lösung von Fall 1

Teil I. (materiell-rechtlicher Teil)

A. Die Bayernhymne (Strafbarkeit des A)

1. § 212 I

3 A könnte dadurch, dass er auf dem Weg in das Bierzelt dem F von hinten den Arm um den Hals legte und ihm androhte, ihn zu erwürgen, wenn er nicht die Bayernhymne singe, einen Totschlag gem § 212 I begangen haben.

F hat die erste Attacke vor dem Bierzelt überlebt. Ein vollendeter Totschlag scheidet deshalb aus.

2. §§ 212 I, 22, 23 I Alt 1

Der Totschlag ist nicht vollendet. Der Versuch ist gem § 212 I iVm § 23 I Alt 1 strafbar.

A müsste Tatentschluss bzgl der Tötung des F gefasst haben. Gerade bei den Tötungsdelikten besteht jedoch eine besonders hohe Hemmschwelle, die hier nicht überschritten ist. A hatte noch keinen endgültigen Tatentschluss gefasst.

3. § 223 I

4 A könnte dadurch, dass er F den Arm um den Hals legte und kräftig zudrückte, eine Körperverletzung begangen haben.

a) Objektiver Tatbestand

Körperliche Misshandlung iSv § 223 I Alt 1 ist jede substanzverletzende Einwirkung auf den Körper des Opfers sowie jede üble, unangemessene Behandlung, durch die das körperliche Wohlbefinden oder die körperliche Unversehrtheit mehr als nur unerheblich beeinträchtigt wird[1]. Der von A vorgenommene „Schwitzkasten" bis zum Röcheln des F stellt eine wesentliche Beeinträchtigung des körperlichen Wohlbefindens des F und damit eine körperliche Misshandlung dar.

Gesundheitsschädigung iSv § 223 I Alt 2 ist das Hervorrufen, Steigern oder Aufrechterhalten eines vom Normalzustand der körperlichen Funktionen des Opfers nachteilig abweichenden krankhaften Zustands körperlicher oder seelischer Art[2]. Die Beeinträchtigung, die F dadurch erfuhr, dass A ihn in einen „Schwitzkasten" nahm, war trotz des „Röchelns" nicht so stark, dass sein Körper einen dadurch bedingten krankhaften Zustand körperlicher oder seelischer Art erlitt. Damit scheidet § 223 I Alt 2 aus.

---

1 *Wessels/Hettinger*, BT1 Rn 255; krit *Murmann*, Jura 2004, 102.
2 *Wessels/Hettinger*, BT1 Rn 257.

b) Subjektiver Tatbestand

A handelte mit dem Willen zur Verwirklichung des Straftatbestandes in Kenntnis aller seiner objektiven Tatumstände[3], also vorsätzlich.

c) Rechtswidrigkeit und Schuld

A handelte rechtswidrig und schuldhaft.

d) Strafantragserfordernis, § 230 I

Der gem § 230 I 1 erforderliche Strafantrag ist gestellt.

4. § 224 I Nr 2, Nr 3, Nr 5

a) Tatbestand

Gefährliches Werkzeug iSv § 224 I Nr 2 Alt 2 ist jeder – nach bisher hM bewegliche – Gegenstand, der nach seiner objektiven Beschaffenheit und der Art seiner Verwendung im konkreten Fall geeignet ist, erhebliche Verletzungen zuzufügen[4]. Körperteile wie der Arm sind keine „Werkzeuge" iSd § 224 I Nr 2 Alt 2[5], sodass diese Alternative nicht erfüllt ist. 5

Überfall iSv § 224 I Nr 3 ist jeder plötzliche, unerwartete Angriff auf einen Ahnungslosen. Hinterlistig ist der Überfall, wenn der Täter seine wahre Absicht planmäßig berechnend verdeckt, um gerade dadurch dem Angegriffenen die Abwehr zu erschweren[6]. Ein plötzlicher Angriff von hinten – wie hier – reicht noch nicht aus[7], sodass § 224 I Nr 3 ausscheidet.

Fraglich ist, ob A die Körperverletzung mittels einer das Leben gefährdenden Behandlung iSv § 224 I Nr 5 begangen hat.

Problem Nr 1: Setzt eine „das Leben gefährdende Behandlung" iSv § 224 I Nr 5 eine konkrete oder nur eine abstrakte Lebensgefährdung voraus? 6

(1) Einige **Literaturstimmen** fordern eine **konkrete Lebensgefährdung** (LK-*Lilie*, § 224 Rn 21; *Stree,* Jura 1980, 281, 291).

Argument: Wegen der hohen Strafdrohung ist eine restriktive Handhabung erforderlich.

(2) Die **hM** und die **Rspr** lassen eine abstrakte Gefährdung genügen; die tatsächliche Verletzung braucht nicht lebensgefährlich zu sein (BGHSt 2, 160, 163; 36, 1, 9; BGH NStZ-RR 2009,15).

Argument: Der Wortlaut des Gesetzes stellt auf die Handlung, nicht aber auf einen Erfolg ab.

Zur Vertiefung: Wessels/Hettinger, BT1 Rn 282.

---

3 Vgl *Wessels/Beulke*, AT Rn 203.
4 Vgl *Wessels/Hettinger*, BT1 Rn 275.
5 *Wessels/Hettinger*, BT1 Rn 276; aA *Hilgendorf*, ZStW 112 [2000], 811, 822 ff.
6 BGH NStZ 2005, 97; *Wessels/Hettinger*, BT1 Rn 279.
7 BGH NStZ 2004, 93; BGH NStZ 2007, 702; *Fischer*, § 224 Rn 10; *Wessels/Hettinger*, BT1 Rn 279.

7 Ein kräftiger Würgegriff ist abstrakt geeignet, das Leben des Gewürgten zu gefährden. Aber auch, wenn man eine konkrete Gefährdung des Lebens für § 224 I Nr 5 voraussetzte, kann man diese hier bejahen, da F bereits röchelte und somit Erstickungserscheinungen zeigte. Eine kurzzeitige Lebensgefahr genügt[8].

Die Ablehnung der abstrakten und konkreten Lebensgefahr ist ebenfalls vertretbar.

A handelte vorsätzlich hinsichtlich des § 223 (*s o Rn 4*), darüber hinaus erkannte er diejenigen Umstände, aus denen sich die Lebensgefährlichkeit ergab. (Nach Ansicht der Rechtsprechung genügt bereits dies in subjektiver Hinsicht.[9]) Er war sich ferner auch der Bedeutung seines Verhaltens bewusst, hat die Gefährlichkeit seines Handelns für das Leben des Opfers wenigstens für möglich gehalten und in Kauf genommen[10].

b) Ergebnis

A hat sich gem § 224 I Nr 5 strafbar gemacht.

5. § 239 b I Alt 1

a) Tatbestand

8 Entführen iSv § 239 b unterwirft das Opfer einer Veränderung seines Aufenthaltsortes mit der Wirkung, dass es der Herrschaftsgewalt des Täters ausgeliefert ist[11]. Es setzt also eine Ortsveränderung voraus, an der es hier fehlt.

A hat jedoch die physische Herrschaft über F erlangt, dh sich dessen bemächtigt (auf eine Ortsveränderung kommt es hier nicht an[12]). Dabei handelte er auch vorsätzlich.

Zweifelhaft erscheint, ob er auch mit der von § 239 b I Alt 1 geforderten Absicht, das Opfer zu einer Handlung, Duldung oder Unterlassung zu nötigen, gehandelt hat.

9 **Problem Nr 2: Restriktive Auslegung des § 239 b im Zwei-Personen-Verhältnis**

Durch Gesetz vom 9. 6. 1989 wurde in die §§ 239 a und b auch das Zwei-Personen-Verhältnis mit aufgenommen und dem Dreiecksverhältnis gleichgestellt. Dadurch entstanden neben der Gefahr einer zu ausgedehnten Strafbarkeit auch Konkurrenzprobleme (beim Zusammentreffen mit den §§ 177, 255), sodass nach allgemeiner Meinung eine restriktive Auslegung für das Zwei-Personen-Verhältnis geboten ist.

(1) Nach Ansicht des 1. Senats des BGH sollte § 239 b nur eingreifen, wenn eine **Außenwirkung**, dh eine Wirksamkeit des abgenötigten Verhaltens außerhalb des unmittelbaren Gewaltverhältnisses, vorlag, sodass seine Anwendbarkeit im Zwei-Personen-Verhältnis zumeist ausschied (BGH MDR 1993, 1039).

---

8 Zum Würgegriff BGH NJW 2006, 11; vgl auch BGH NStZ 2002, 594.

9 BGHSt 19, 353; 36, 1, 15; BGH NJW 1990, 3156; ebenso *Fischer*, § 224 Rn 13.

10 Vgl die Anforderungen der insoweit engeren Literaturauffassung: *Lackner/Kühl*, § 224 Rn 9; NK-*Paeffgen*, § 224 Rn 34; S/S-*Stree*, § 224 Rn 13; *Wessels/Hettinger*, BT1 Rn 284.

11 *Wessels/Hettinger*, BT1 Rn 454.

12 Vgl *Wessels/Hettinger*, BT1 Rn 454.

(2) Der 2. Senat des BGH verlangte für § 239 b, dass aus der Sicht des Opfers der Tod oder die Körperverletzung **unmittelbar bevorstehen** muss. Weil das Opfer im Zwei-Personen-Verhältnis seine Gefahr wegen der Kenntnis der Umstände der Zwangslage besser abschätzen kann, reicht eine abstrakte Sorge wie beim Dreiecksverhältnis nicht aus (BGH NStZ 1994, 430).

(3) Der **Große Senat des BGH** (BGHSt GrS 40, 350 ff) hat das Kriterium der Außenwirkung als generell zu unbestimmt abgelehnt. Auch das Kriterium, ob nach Ansicht des Opfers die Beeinträchtigung unmittelbar bevorsteht, lässt er nicht gelten, weil dies nachträglich kaum rekonstruierbar ist. Zwecks restriktiver Interpretation des § 239 b verlangt er, dass der Täter gerade die durch das Sich-Bemächtigen geschaffene Lage zu einer qualifizierten Nötigung ausnutzt. Dies setzt eine Trennung zwischen dem Nötigungsmittel zum Sich-Bemächtigen einerseits und den qualifizierten Nötigungsmitteln zum Erwirken eines Tuns, Duldens oder Unterlassens des Opfers andererseits iS einer **Zweiaktigkeit des Geschehens** voraus (BGH StV 1999, 649 m Anm *Renzikowski*; BGH StV 2006, 17; *Krey/Hellmann*, BT2 Rn 335 d). Zusätzlich zu einer Beherrschungssituation, die in jeder gewaltsamen Nötigungshandlung liegt, muss sich das Opfer noch einer weitergehende Drucksituation ausgesetzt sehen, die gerade aus der **stabilen Bemächtigungslage** resultiert (BGH StV 2007, 355 m abl Anm *Wolters*).

Argument: § 239 b ist ein zweiaktiges Delikt, bestehend aus Sich-Bemächtigen/Entführen einerseits und weitergehender Nötigung andererseits (im 1. HS nur in der Vorstellung des Täters, im 2. HS objektiv verwirklicht). Zwischen beidem muss ein funktionaler Zusammenhang bestehen, der eben in dem Merkmal des **Ausnutzens** zu sehen ist. Dafür sprechen der Wortlaut des § 239 b, der Aufbau und die systematische Stellung der Vorschrift. Ebenso zeigt ein Vergleich mit den Dreiecksverhältnissen, bei denen auch zwei Teilakte unterschieden werden (Entführen/Sich-Bemächtigen und Nötigung), dass dieselbe Unterscheidung auch im Zwei-Personen-Verhältnis gemacht werden muss.

Zur Vertiefung: Wessels/Hettinger, BT1 Rn 458; Fahl, Jura 1996, 456 ff; B. Heinrich, NStZ 1997, 365 ff; Küper, BT S 271 ff; Müller-Dietz, JuS 1996, 110 ff; Zöller, JA 2000, 467 ff.

Im Interesse einer restriktiven Auslegung des § 239 b, die wegen dessen besonders 10
hohen Strafrahmens geboten erscheint, ist im Anschluss an den Großen Senat des BGH zu verlangen, dass der Täter im Zwei-Personen-Verhältnis über das bloße „einfache“ Sich-Bemächtigen hinausgeht, indem er die von ihm geschaffene Lage des Opfers zu weiteren qualifizierten Drohungen ausnutzen will. Bei der Handlung des A fielen hingegen beide Teilakte zusammen (Würgegriff als Mittel, um sich des F zu bemächtigen und gleichzeitig als Mittel, um F zum Singen der Bayernhymne zu nötigen), sodass § 239 b entfällt.

b) Ergebnis

§ 239 b I Alt 1 ist nicht erfüllt.

6. § 239 I Alt 2

Für die Freiheitsberaubung genügt bereits die nicht ganz unerhebliche und nur vorü- 11
bergehende Beeinträchtigung der Realisierung des Willens, sich fortzubewegen[13]. F

13 *Fischer*, § 239 Rn 6.

befand sich während der gesamten Zeitdauer des Singens der Bayernhymne im Würgegriff des A, sodass ihm für einen erheblichen Zeitraum die Fortbewegungsfreiheit fehlte.

A handelte vorsätzlich.

A hat sich somit gem § 239 I Alt 2 strafbar gemacht.

7. § 240 I, II

a) Tatbestand

12 Gewalt iSd § 240 I ist körperlich wirkender Zwang durch die Entfaltung von Kraft oder durch eine physische Einwirkung sonstiger Art, die nach ihrer Zielrichtung, Intensität und Wirkungsweise dazu bestimmt und geeignet ist, die Freiheit der Willensentschließung oder Willensbetätigung eines anderen aufzuheben oder zu beeinträchtigen[14]. Enger interpretiert das BVerfG[15] den Gewaltbegriff und verlangt eine erhebliche körperliche Kraftentfaltung oder einen physisch wirkenden Zwang. Auch diese gesteigerten Anforderungen hat A durch den kräftigen Druck auf den Hals des F erfüllt.

Drohen ist das auf Einschüchterung des Opfers gerichtete Inaussichtstellen eines künftigen Übels, auf dessen Eintritt der Drohende sich Einfluss zuschreibt[16]. Empfindliches Übel ist ein Nachteil von solcher Erheblichkeit, dass seine Ankündigung geeignet erscheint, den Bedrohten iSd Täterverlangens zu motivieren[17]. Die von A gegenüber F ausgesprochene Todesdrohung war eine Drohung mit einem empfindlichen Übel.

Nötigen heißt, dem Betroffenen ein seinem Willen widerstrebendes Verhalten (Handeln, Dulden oder Unterlassen) aufzwingen wollen[18]. A hat den F dazu gezwungen, die Bayernhymne zu singen (Handlung) und sich nicht frei fortzubewegen (Unterlassen).

A handelte vorsätzlich.

b) Rechtswidrigkeit

Allgemeine Rechtfertigungsgründe sind nicht ersichtlich.

Der Einsatz einer gefährlichen Körperverletzung iSv § 224 I Nr 5 (*s o Rn 5 ff*) ist als Mittel stets verwerflich iSd § 240 II.

Angesichts des unzulässigen Mittels kommt es auf den unzulässigen Zweck und die Mittel-Zweck-Relation nicht mehr an. Irrelevant ist deshalb auch das Problem, ob Einsatz von Gewalt immer zur Bejahung der Verwerflichkeit führt.[19]

c) Schuld

A handelte schuldhaft.

---

14 Vgl BGHSt 41, 182, 183; *Wessels/Hettinger*, BT1 Rn 383.
15 BVerfGE 87, 13; 92, 1.
16 BGHSt 16, 386, 387; *Wessels/Hettinger*, BT1 Rn 402.
17 *Wessels/Hettinger*, BT1 Rn 411.
18 *Wessels/Hettinger*, BT1 Rn 380.
19 Dafür früher BGHSt 23, 46, 55; dagegen heute BVerfGE 92, 1, 14 ff; dagegen jetzt auch hA; vgl statt aller *Wessels/Hettinger*, BT1 Rn 422.

8. § 241 I

A hat F mit der Tötung und damit mit einem Verbrechen (§§ 212 I, 12 I) bedroht. Dass A die Drohung nicht zu realisieren beabsichtigte, ist ebenso irrelevant wie die Frage, ob F an die Realisierung glaubte. Es kommt allein darauf an, dass der Täter objektiv den Eindruck der Ernstlichkeit erweckt[20]. Das war hier der Fall (*gegenteilige Sachverhaltsauslegung vertretbar*). **13**

A hat sich gem § 241 I strafbar gemacht.

9. Konkurrenzen

§ 224 I Nr 5 ist lex specialis gegenüber § 223 I. **14**
§ 241 I tritt hinter § 240 I, II zurück[21].

Da die Nötigung hier nicht nur dazu diente, die Freiheitsberaubung zu ermöglichen, sondern darüber hinaus ging (Bayernhymne singen), wird das Unrecht der Tat weder allein von § 239 I noch von § 240 I noch von dem ebenfalls erfüllten § 224 I Nr 5 vollständig erfasst. Es ist deshalb von Idealkonkurrenz aller drei Straftatbestände auszugehen.

10. Ergebnis für A im Tatkomplex A

A hat sich gem § 224 I Nr 5 – § 52 – § 239 I Alt 2 – § 52 – § 240 I, II strafbar gemacht.

B. Im Bierzelt

I. Strafbarkeit des C

1. § 223 I

Indem C im Bierzelt seinen Kumpel A in den „Schwitzkasten" nahm, könnte er eine Körperverletzung begangen haben. **15**

a) Tatbestand

Durch den „Schwitzkasten" sind bei A keinerlei krankhafte Zustände körperlicher oder seelischer Art herbeigeführt worden.

Der „Schwitzkasten" war jedoch eine üble und unangemessene Behandlung, die das körperliche Wohlbefinden des A in nicht nur unerheblichem Maße beeinträchtigte. Sonstige körperliche Misshandlungen lassen sich dem C auf Grund des weitgehend ungeklärten Geschehensverlaufs nicht mehr nachweisen. Dies ergibt sich bereits aus dem Sachverhalt. Hilfsweise ist auf den Grundsatz in dubio pro reo zu verweisen.

---

20 S/S-*Eser*, § 241 Rn 4.
21 Vgl S/S-*Eser*, § 241 Rn 16.

b) Rechtswidrigkeit

Eine Einwilligung des A in eine Körperverletzung ist, obwohl sich A kampfeslustig in die Rauferei stürzte, nicht gegeben, da nur die „Norddeutschen“ Schläge bekommen sollten.

c) Schuld

C handelte schuldhaft.

d) Strafantragserfordernis, § 230 I

Der gem § 230 I 1 erforderliche Strafantrag ist gestellt.

2. § 224 I Nr 4, Nr 5

a) Tatbestand

16 In Betracht kommt zunächst eine gemeinschaftliche Körperverletzung iSd § 224 I Nr 4. Gemeinschaftlich iSv § 224 I Nr 4 bedeutet, dass die Körperverletzung von mindestens zwei Personen begangen wird, die unmittelbar am Tatort als Angreifer zusammenwirken[22]. Nach hA kann es sich um Mittäter oder Teilnehmer handeln[23]. Ob hier eine derartige „Gemeinschaftlichkeit“ bejaht werden kann, ist problematisch. Selbst wenn man dem Sachverhalt einen gemeinsamen, spontan stillschweigend gefassten Tatentschluss entnehmen sollte, erscheint zweifelhaft, ob bei einer „großen Rauferei“ A, B und C wirklich gemeinsam am Tatort als Angreifer zusammengewirkt haben, sodass ihr Tun der typischen Gefährlichkeit des § 224 I Nr 4 entsprach. Letztendlich wird man dies aber zunächst noch offen lassen können, denn die Körperverletzung richtete sich gegen einen der Angreifer, sodass die typische Gefährlichkeitssituation des § 224 I Nr 4 entfällt. Im Ergebnis scheidet § 224 I Nr 4 aus.

Da diese Form des „Schwitzkastens“ (anders oben im Tatkomplex A, *vgl Rn 4*) keine bedrohliche Entwicklung nahm, ist § 224 I Nr 5 (Körperverletzung mittels einer das Leben gefährdenden Behandlung) hier nicht erfüllt (*Gegenteil vertretbar*).

b) Ergebnis

§ 224 I scheidet aus.

3. § 239 I Alt 2

17 Da eine nur vorübergehende Freiheitsentziehung jenseits der Bagatellgrenze genügt, erfüllt auch der „Schwitzkasten“ den Tatbestand der Freiheitsberaubung (*aA vertretbar, da Tatfrage*).

C hat sich daher gem § 239 I Alt 2 strafbar gemacht.

---

22 *Wessels/Hettinger*, BT1 Rn 281.

23 *Wessels/Hettinger*, BT1 Rn 281; zum Zusammenwirken von Täter und Gehilfe vgl zuletzt BGHSt 47, 383 m Anm *Paeffgen*, StV 2004, 77; *Küper*, GA 2003, 363 ff.

4. § 240 I, II

a) Tatbestand

C nötigte A mit Gewalt, den Schwitzkasten hinzunehmen (Duldung) und sich nicht frei fortzubewegen (Unterlassen). Er handelte vorsätzlich. **18**

b) Rechtswidrigkeit

Allgemeine Rechtfertigungsgründe sind nicht ersichtlich.

Der Einsatz der Körperverletzung gem § 223 ist ein verwerfliches Mittel, sodass die Nötigung als verwerflich iSd § 240 II einzustufen ist (*vgl o Rn 12*).

c) Schuld

C handelte schuldhaft.

5. § 231 I

a) Objektiver Tatbestand

C müsste sich durch das Mitwirken an der Rauferei im Bierzelt an einem von mehreren verübten Angriff oder an einer Schlägerei beteiligt haben. **19**

Ein Angriff mehrerer bezeichnet eine in feindseliger Willensrichtung unmittelbar auf den Körper eines anderen abzielende Einwirkung durch mindestens zwei Personen[24]. Hierbei genügt jedes Zusammenwirken, aus dem sich die Einheitlichkeit des Angriffs, des Angriffsobjekts und des Angriffswillens ergibt[25]. A, B und C hatten zwar mit der norddeutschen Reisegruppe ein gemeinsames „Angriffsobjekt". Sie stürzten sich aber nur spontan auf die „Norddeutschen", ohne direkt durch ein einheitliches Zusammenwirken die Merkmale eines Angriffs zu erfüllen (*Gegenteil vertretbar*).

Schlägerei ist ein mit gegenseitigen Körperverletzungen verbundener Streit, an dem mindestens drei Personen aktiv beteiligt sind[26]. Hier fügten sich insgesamt immer mindestens 20 Personen gegenseitig Körperverletzungen zu.

Beteiligt ist, wer am Tatort anwesend ist und durch physische oder psychische Mitwirkung an den gegen andere gerichteten Tätlichkeiten teilnimmt[27]. C war hier beteiligt.

b) Subjektiver Tatbestand

Der Vorsatz muss lediglich das Wissen umfassen, dass eine Schlägerei stattfindet. Die schwere Folge ist hingegen eine objektive Bedingung der Strafbarkeit. Deshalb ist insoweit kein Vorsatz erforderlich. Hier wusste C um die Schlägerei. Er handelte also vorsätzlich.

---

24 BGHSt 31, 124, 126; *Wessels/Hettinger*, BT1 Rn 347.
25 BGHSt 31, 124, 126.
26 BGHSt 31, 124, 125; *Wessels/Hettinger*, BT1 Rn 345.
27 *Fischer*, § 231 Rn 8; *Wessels/Hettinger*, BT1 Rn 349.

c) Objektive Bedingung der Strafbarkeit

Mit dem Tod des F ist die objektive Bedingung der Strafbarkeit erfüllt.

Voraussetzung ist ferner die Kausalität des Gesamtvorgangs der Schlägerei für die schwere Folge[28]. Geht – wie hier – die schwere Folge unmittelbar aus der Schlägerei hervor, ist diese zu bejahen. Die Tatsache, dass der genaue Verlauf der Schlägerei nicht rekonstruiert werden kann, ist in diesem Zusammenhang unschädlich, da zumindest feststeht, dass eine Schlägerei vorlag und dass diese für die schwere Folge kausal war.

d) Strafbarkeitsausschluss gem § 231 II

§ 231 II (Beteiligung, ohne dass dies vorzuwerfen ist) kann man als Hinweis auf etwaige Rechtfertigungs- oder Entschuldigungsgründe auffassen[29] oder als eine Beschränkung auf Tatbestandsebene[30]. Dies kann hier dahin gestellt bleiben, denn die Teilnahme des C an der Schlägerei erfolgte jedenfalls deshalb in vorwerfbarer Weise, weil C die Rauferei begonnen hat.

e) Ergebnis

C hat sich gem § 231 strafbar gemacht.

6. § 130 I Nr 1

20 Allein die Teilnahme an der Rauferei gegen die „Preußen" war weder eine Aufstachelung, nämlich die Erzeugung einer gesteigerten, über die bloße Ablehnung und Verachtung hinausgehenden feindseligen Haltung[31], zum Hass noch eine Aufforderung zu Gewalt- und anderen Willkürmaßnahmen.

Die „Preußen" (hier iSv die „Norddeutschen" bzw die „Nichtbayern") ergeben auch keine Personenmehrheit, die auf Grund gemeinsamer äußerer und innerer Merkmale als unterscheidbarer Teil der Gesamtheit der Bevölkerung der Bundesrepublik Deutschland abgrenzbar ist. Anders als zB „die Bayern" oder „die Schwaben"[32] bilden die „Nichtbayern" keine homogene Bevölkerungsgruppe, die sich durch ein spezifisches Unterscheidungsmerkmal aus der Allgemeinheit heraushebt. Im Vergleich zu den „Bayern" sind sie die Allgemeinheit und nicht lediglich ein isolierter Bevölkerungsteil.

7. § 125 I Nr 1 Alt 1

21 Einen Landfriedensbruch iSv § 125 I Nr 1 Alt 1 begeht, wer sich an Gewalttätigkeiten gegen Menschen oder Sachen, die aus einer Menschenmenge heraus in einer die öffentliche Sicherheit gefährdenden Weise mit vereinten Kräften begangen werden, als Täter oder Teilnehmer beteiligt.

---

28 *Fischer*, § 231 Rn 6.
29 Hierfür LK-*Hirsch*, § 231 Rn 16; *Maurach/Schroeder/Maiwald*, BT1 § 11 Rn 11.
30 So OLG Celle MDR 1970, 608.
31 BGHSt 40, 97, 102.
32 Vgl *Fischer*, § 130 Rn 5.

Eine Menschenmenge ist eine größere, nicht sofort überschaubare Anzahl von Personen, bei der es auf das Hinzukommen oder Weggehen eines Einzelnen nicht mehr ankommt[33]. Der BGH hält diese Voraussetzung ab 15 bis 20 Personen für gegeben[34]. A, B und C bildeten für sich jedenfalls keine Menschenmenge in diesem Sinn. Betrachtet man die Rauferei insgesamt, an der mindestens 20 Personen beteiligt waren, so ist zwar eine Menschenmenge im genannten Sinn zu bejahen; die Gewalttätigkeiten wurden jedoch lediglich innerhalb der Menge ausgetragen und fallen damit nicht unter § 125[35].

8. Konkurrenzen

Das Unrecht der einzelnen Körperverletzung gegenüber A wird durch eine Bestrafung wegen Beteiligung an der gesamten Schlägerei nicht abgedeckt. § 223 I schützt nur die Gesundheit des einzelnen Verletzten, § 231 das Leben und die Gesundheit aller Personen, die durch die Schlägerei gefährdet werden. Es ist deshalb von Idealkonkurrenz zwischen § 223 und § 231 auszugehen[36]. 22

Das Unrecht der Freiheitsberaubung ist hier als zwangsweise Folge der Nötigung mit abgegolten (*vertretbar auch Vorrang des § 239 I Alt 2*).

Das Unrecht des § 240 wird durch §§ 223, 231, 52 nicht mit abgedeckt. Es ist somit von Tateinheit auszugehen (*vertretbar auch Subsidiarität des § 240 – bzw des § 239 I Alt 2 – gegenüber § 223*).

9. Ergebnis für C im Tatkomplex B

C ist strafbar gem § 240 I, II – § 52 – § 223 I – § 52 – § 231.

II. Strafbarkeit des B

1. § 223 I

Durch die Teilnahme an der Schlägerei könnte sich auch B wegen Körperverletzung strafbar gemacht haben. 23

Zumindest nach dem Grundsatz in dubio pro reo können jedoch keine körperlichen Misshandlungen oder Gesundheitsschädigungen seitens des B angenommen werden.

2. §§ 223 I, 27

Es ist keine Beihilfehandlung – sei es auch nur psychischer Art – zur konkreten Körperverletzung des C (*oben Rn 15*) erkennbar.

33 BGHSt 33, 306; BGH NStZ 1993, 538.
34 BGHSt 33, 306.
35 Vgl *Fischer*, § 125 Rn 7.
36 BGHSt 33, 10, 104; *Wessels/Hettinger*, BT1 Rn 361.

3. § 231 I

a) Tatbestand

24 Zwar liegt kein von mehreren verübter Angriff vor (*s o Rn 19*). B beteiligte sich jedoch – ebenso wie A – an einer Schlägerei.

B handelte mit Wissen und Wollen, also vorsätzlich.

b) Objektive Bedingung der Strafbarkeit

Mit dem Tod des F ist die objektive Bedingung der Strafbarkeit erfüllt, sofern der Tötungserfolg dem B noch zuzurechnen ist.

25 **Problem Nr 3: Zurechnung des Erfolges einer Schlägerei (§ 231), der nach Verlassen der Schlägerei eintritt**

(1) Nach einer **Mindermeinung** erfolgt eine Bestrafung nur, wenn der Täter im Zeitpunkt des Eintritts der schweren Folge am Raufhändel beteiligt ist (*Krey/M. Heinrich*, BT1 Rn 296 f; *Welzel*, S 297).

Argument: Das Gesetz stellt auf das Risiko ab, das sich im Erfolg manifestiert hat. Der Täter muss dieses Risiko geschaffen haben.

(2) Nach Ansicht der **Rspr** und **hL** ist es nicht zwingend erforderlich, dass sich der besondere Erfolg während der Beteiligung des Täters an der Schlägerei verwirklicht hat. Entscheidend ist allein, dass sich der Täter überhaupt an der die schwere Folge verursachenden Schlägerei beteiligt hat (BGHSt 14, 132, 134; *Gössel/Dölling*, BT1 § 15 Rn 14).

Argument: Folgt man der unter (1) dargestellten Mindermeinung, besteht die Gefahr von Beweisproblemen, die § 231 gerade ausschalten will. Da hiernach immer die Feststellung erforderlich wäre, ob der Beschuldigte im konkreten Zeitpunkt tatsächlich noch beteiligt war, und dies, obwohl der Tatbeitrag des Beschuldigten in der Schlägerei fortwirkte, wäre § 231 damit seines wesentlichen Zwecks beraubt. Auf eine konkrete Beteiligung kommt es somit nach dem Sinn des Gesetzes nicht an.

§ 231 ist ein reines Gefährdungsdelikt; wer sich einmal an der Schlägerei beteiligt hat, hat keine Macht mehr darüber, durch Beendigung seiner Beteiligung den Eintritt der schweren Folge zu verhindern.

Erfahrungsgemäß steigert eine Mitwirkung die Streitfreudigkeit der Beteiligten, auch wenn später die Beteiligung aufgegeben wird; die erhöhte Gefährlichkeit wirkt fort.

Zur Vertiefung: Wessels/Hettinger, BT1 Rn 360.

26 Der Umstand, dass F erst zu Fall gebracht wurde und starb, nachdem B bereits das Bierzelt verlassen hatte, hindert die Zurechnung der schweren Folge im Ergebnis nicht. Eine Beteiligung des B am Raufhändel im Zeitpunkt des Eintritts des Tötungserfolgs ist nicht erforderlich, weil § 231 gerade die Beweisschwierigkeiten bzgl des Einflusses des Einzelnen auf die schwere Folge ausschließen soll. Die objektive Bedingung der Strafbarkeit ist also erfüllt.

c) Strafbarkeitsausschluss gem § 231 II

Die Strafbarkeit ist nicht gem § 231 II ausgeschlossen, da B vorwerfbar an der Schlägerei beteiligt war.

d) Rechtswidrigkeit und Schuld

B handelte rechtswidrig und schuldhaft.

4. Ergebnis für B im Tatkomplex B

B ist strafbar gem § 231 I.

III. Strafbarkeit des A wegen des Bisses in den Oberarm des C

1. § 223 I

Indem A im Bierzelt dem C in den Oberarm biss, könnte er sich wegen Körperverletzung strafbar gemacht haben. 27

a) Tatbestand

Der Biss in den Oberarm beeinträchtigte das körperliche Wohlbefinden des C erheblich, stellt also eine körperliche Misshandlung dar. Darüber hinaus führte der Biss bei C zu einem pathologischen Zustand und somit zu einer Gesundheitsschädigung iSv § 223 I Alt 2.

A handelte mit Wissen und Wollen, also vorsätzlich.

b) Rechtswidrigkeit

aa) Einwilligung

Die Teilnahme an einer Schlägerei stellt keine Einwilligung in eine Körperverletzung dar, auch dann nicht, wenn diese von einem Freund (hier: C) ausgeht.

bb) Notwehr, § 32

Das Verhalten des A könnte aber durch Notwehr nach § 32 gerechtfertigt sein.

Fraglich ist zunächst, ob eine Notwehrlage, dh ein gegenwärtiger rechtswidriger Angriff, bestand.

Ein Angriff ist jede durch menschliches Verhalten drohende Verletzung rechtlich geschützter Güter oder Interessen[37]. Der Klammergriff des C stellt einen Angriff auf die Fortbewegungsfreiheit des A dar.

Der Angriff muss gegenwärtig sein, dh er muss zum Tatzeitpunkt unmittelbar bevorstehen, begonnen haben oder noch fortdauern[38]. In dem Moment, als A den C in den Arm biss, hatte der Angriff auf seine Fortbewegungsfreiheit bereits begonnen.

---

37 *Wessels/Beulke*, AT Rn 325.
38 *Wessels/Beulke*, AT Rn 328.

Der Angriff war auch rechtswidrig, da er den Bewertungsnormen des Rechts objektiv zuwiderlief und nicht durch einen Erlaubnissatz gedeckt war[39] (*s o Rn 15ff*).

Die Notwehrhandlung müsste sich gegen den Angreifer richten, objektiv erforderlich und normativ geboten sein.

Der Biss des A richtete sich gegen die körperliche Unversehrtheit des Angreifers C. Er war zur Abwehr des Angriffs geeignet und zudem das mildeste zur Verfügung stehende Gegenmittel, mithin war er objektiv erforderlich.

A hat die Notwehrlage jedenfalls im Verhältnis zum Angreifer C nicht in besonders schuldhafter Weise herbeigeführt. A und C haben sich mit gleicher Intensität in das Kampfgetümmel geworfen. Selbst wenn eine schuldhafte Herbeiführung der Notwehrlage bejaht würde[40], führte dies nur zur Notwehreinschränkung (erst Schutzwehr, dann Trutzwehr). Hier stand A keine andere Möglichkeit der Vermeidung der Rechtsgutsbeeinträchtigung zur Verfügung, sodass diese Art der Trutzwehr gerechtfertigt bliebe. Die Notwehrhandlung war somit auch normativ geboten.

A handelte in Kenntnis der rechtfertigenden Umstände und mit Verteidigungswillen.

c) Ergebnis

A ist durch Notwehr gerechtfertigt, sodass eine Strafbarkeit gem § 223 I ausscheidet.

2. § 224 I Nr 2, Nr 4

Eine möglicherweise verwirklichte gefährliche Körperverletzung wäre jedenfalls durch Notwehr gem § 32 gerechtfertigt (*s o Rn 27*).

3. § 231 I

a) Tatbestand

28 A hat sich vorsätzlich an einer Schlägerei beteiligt.

b) Objektive Bedingung der Strafbarkeit

Mit dem Tod des F ist die objektive Bedingung der Strafbarkeit eingetreten.

c) Strafbarkeitsausschluss gem § 231 II

Die Strafbarkeit ist nicht gem § 231 II ausgeschlossen, da A vorwerfbar an der Schlägerei beteiligt war.

d) Rechtswidrigkeit

Zu trennen ist hier insbes zwischen der Rechtfertigung eines Einzelaktes im Rahmen einer Schlägerei (hier der Biss, *s o Rn 27*) und der Rechtfertigung der Beteiligung an der Schlägerei insgesamt. Letztere ist nicht gegeben.

---

39 Vgl *Wessels/Beulke*, AT Rn 331.

40 Vgl dazu *Beulke*, Klausurenkurs I [5] Rn 213; *Wessels/Beulke*, AT Rn 346 ff.

e) Schuld

A handelte schuldhaft.

4. Ergebnis

A hat sich gem § 231 strafbar gemacht.

IV. Strafbarkeit des A wegen des Kung-Fu-Sprungs gegen F

1. § 212 I

Indem A im Bierzelt seinen Hauptfeind F mittels eines Kung-Fu-Sprungs außer **29**
Gefecht setzte, könnte er sich wegen Totschlags strafbar gemacht haben.

A hat den Tod des F herbeigeführt.

Fraglich ist, ob A hinsichtlich des Todes des F mit Eventualvorsatz handelte. Von der Gefährlichkeit einer Tathandlung darf jedoch aufgrund der gegenüber der Tötung eines anderen Menschen bestehenden hohen Hemmschwelle nicht ohne Weiteres auf den bedingten Tötungsvorsatz geschlossen werden. Vielmehr ist eine eingehende Prüfung anhand aller Umstände des Einzelfalles vorzunehmen[41].

A wollte den F verletzen. Dass er dabei dessen Tod billigend in Kauf nahm, ist nicht ersichtlich.

Die objektive Zurechnung sollte bei Vorsatzdelikten nur in Ausnahmefällen angesprochen werden. Wenn offensichtlich schon der Vorsatz fehlt, braucht diese Hilfskonstruktion der Nichtzurechnung eines Ergebnisses mangels Verantwortung für einen bestimmten Gefahrenkreis nicht bemüht zu werden. Zur Zurechnungsproblematik im Rahmen der Fahrlässigkeit s u Rn 32.

2. § 223 I

Der Fußtritt erfüllt das Merkmal „körperliche Misshandlung". **30**

A handelte rechtswidrig und schuldhaft.

Der gem § 230 I 1 erforderliche Strafantrag ist gestellt.

3. § 224 I Nr 2, Nr 4, Nr 5

a) Objektiver Tatbestand

Ein gefährliches Werkzeug iSd § 224 I Nr 2 kann auch der Schuh am Fuß beim Tritt gegen empfindliche Stellen des Körpers sein[42]. Der Oberkörper des F ist ein derartiges empfindliches Körperteil. § 224 I Nr 2 ist erfüllt.

A könnte zudem die Körperverletzung mit einem anderen Beteiligten gemeinschaftlich iSv § 224 I Nr 4 begangen haben. Jetzt richtete sich der Angriff gegen einen Exter-

---

41 BGH NStZ 2004, 330; BGH NStZ 2006, 36.
42 BGHSt 30, 375; BGH NStZ 2003, 662.

nen. Im Gegensatz zur Strafbarkeit des C (*s o Rn 16*) kommt deshalb eine Strafbarkeit gem § 224 I Nr 4 theoretisch in Betracht, sofern das gemeinsame In-die-Rauferei-Stürzen und das parallele Prügeln als mit anderen Beteiligten gemeinschaftlich ausgeführte Tat eingestuft werden kann. Das dürfte davon abhängen, ob die Rauferei auch lokal als ein zusammengehöriges Tun betrachtet werden konnte. Im Ergebnis ist das hier zu verneinen, da man im Bierzelt weit verteilt agierte (*aA vertretbar*).

Schließlich ist fraglich, ob in dem Fußtritt eine das Leben gefährdende Behandlung iSv § 224 I Nr 5 zu sehen ist. Ein kräftiger Tritt gegen den Oberkörper nach Kung-Fu-Art ist abstrakt geeignet, das Leben des Opfers zu gefährden. Aber auch wenn man eine konkrete Gefährdung des Lebens zur Tatbestandsmäßigkeit des § 224 I Nr 5 voraussetzt (*vgl o Rn 6*), ist diese hier zu bejahen, da sich die Gefährlichkeit sogar im Tod des F realisiert hat.

b) Subjektiver Tatbestand

A handelte vorsätzlich, und zwar auch bzgl § 224 I Nr 5, denn er erkannte diejenigen Umstände, aus denen sich die Lebensgefährlichkeit seiner Handlung ergab, und er war sich darüber hinaus der Bedeutung seines Verhaltens bewusst.

4. § 222

a) Tatbestandsmäßigkeit[43]

31 F ist tot. Der Erfolg ist eingetreten.

Der Kung-Fu-Sprung des A war ursächlich iSd Conditio-sine-qua-non-Formel für den ersten und den zweiten Sturz des F.

Der Kung-Fu-Sprung als vorsätzliche gefährliche Körperverletzung (*s o Rn 30*) verletzte die objektiv erforderliche Sorgfalt. Es war objektiv vorhersehbar, dass F dabei entweder direkt oder durch das Dazwischentreten eines weiteren Teilnehmers der Rauferei zu Tode kommen konnte.

Der Erfolg muss dem A auch objektiv zurechenbar sein. Objektiv zurechenbar ist ein Erfolg nur dann, wenn der Täter eine rechtlich relevante Gefahr geschaffen hat, die sich im tatbestandsmäßigen Erfolg realisiert[44].

Der Schutzzweckzusammenhang entfällt, wenn die verletzte Sorgfaltsnorm gerade nicht dazu dient, Erfolge wie den eingetretenen zu verhindern[45]. Die hier verletzte Sorgfaltsnorm (insbes § 224) will aber gerade solche Nah- und Fernschäden wie den Tod des F vermeiden.

Der Pflichtwidrigkeitszusammenhang entfällt, wenn der Erfolg sowieso unvermeidbar gewesen wäre[46]. Der Sachverhalt ergibt keinerlei Anhaltspunkte dafür, dass der Dritte sowieso auf F eingeschlagen hätte, und F daher auch ohne das Verhalten des A an der

43 Zu den Anforderungen an die Fahrlässigkeit s BGH JZ 2005, 658 m Anm *Walther*; *Wessels/Beulke*, AT Rn 664 ff.
44 *Wessels/Beulke*, AT Rn 179.
45 *Wessels/Beulke*, AT Rn 674.
46 *Wessels/Beulke*, AT Rn 676.

Bierbank aufgeschlagen wäre. Vielmehr hat der Unbekannte gerade die entstandene wehrlose Lage des F zum Anlass für seinen Schlag genommen.

Eine eigenverantwortliche Selbstgefährdung des F ergibt sich aus dem Sachverhalt nicht.

Schließlich könnte uU die Verantwortlichkeit des Erstverursachers für den Erfolg enden, wenn ein Dritter vorsätzlich oder fahrlässig in das Geschehen eingreift.

Problem Nr 4: Wegfall der objektiven Zurechnung wegen eigenverantwortlichen Dazwischentretens eines Dritten? 32

(1) Nach **einer Ansicht** ist auf den sog **Adäquanzzusammenhang** abzustellen, dh die Zurechnung entfällt nur dann, wenn das Dazwischentreten eines eigenverantwortlich handelnden Dritten so sehr außerhalb der allgemeinen Lebenserfahrung liegt, dass mit ihm vernünftigerweise nicht mehr zu rechnen war, oder in Fällen, in denen der später Handelnde an die vorausgehende Tat überhaupt nicht anknüpft (BGH NStZ 2001, 29; *Lackner/Kühl*, § 15 Rn 46; *Zieschang*, AT S 36).

Argument: Die weite Äquivalenztheorie bedarf eines einschränkenden Korrektivs. Nur wenn die fahrlässig gesetzte Bedingung bis zum Erfolg tatsächlich fortwirkt und das Eingreifen des Dritten im Bereich des Vorhersehbaren lag, darf eine strafrechtliche Haftung begründet werden.

(2) Nach **aA** muss die Strafbarkeit des Ersthandelnden durch **Abgrenzung der Verantwortungsbereiche** der Beteiligten bestimmt werden. Die Verantwortung des Erstverursachers endet grundsätzlich dann, wenn ein Dritter vollverantwortlich eine neue, selbstständig auf den Erfolg hinwirkende Gefahr begründet, die sich dann allein im Erfolg realisiert (OLG Rostock NStZ 2001, 199 m Anm *Geppert*, JK 01, StGB § 13/32; *Kühl*, AT § 4 Rn 49, 85, 98; *Trüg*, JA 2001, 365 ff). Eine objektive Zurechnung ist aber ausnahmsweise dann zu bejahen, wenn der Täter die rechtlich relevante Gefahr durch Verletzung von Sicherheitsvorschriften schafft, die gerade dem Schutz vor Vorsatz- oder Fahrlässigkeitstaten Dritter dienen, oder wenn das Verhalten des Dritten so spezifisch mit der Ausgangsgefahr verbunden ist, dass es bereits als typischerweise in der Ausgangsgefahr begründet erscheint (*B. Heinrich*, AT1 Rn 253; LK-*Walter*, Vor § 13 Rn 103 ff; *Otto*, AT § 6 Rn 58; *Wessels/Beulke*, AT Rn 192; so iE auch BGH MDR/D 1956, 526 [„Gnadenschussfall"]).

Argument: Sinn und Zweck strafrechtlicher Normen, das Verhalten ihrer Adressaten zu bestimmen, kann nur die Vermeidung vorhersehbarer und beherrschbarer Erfolge gebieten. Diese Beherrschbarkeit endet für den Erstverursacher, wenn eine andere vollverantwortlich handelnde Person dessen Entschluss durch ihren eigenen ersetzt und dies nicht als typische Folge des Handelns vorhersehbar ist.

Zur Vertiefung: Wessels/Beulke, AT Rn 192 f; Hillenkamp, AT 32. Problem S 187 mwN.

Aus dem Sachverhalt ergibt sich, dass der unbekannte Dritte vorsätzlich gehandelt hat. 33
Legt man die objektive Zurechnung derart restriktiv aus, dass nur solche Fälle die Verantwortlichkeit des A entfallen lassen, in denen das Dazwischentreten eines eigenverantwortlich handelnden Dritten so sehr außerhalb der allgemeinen Lebenserfahrung liegt, dass mit ihm vernünftigerweise nicht mehr gerechnet werden kann (Gesichtspunkte der Adäquanz), ist der Zurechnungszusammenhang zu bejahen, weil im Rahmen von Schlägereien auch mit vorsätzlichen Körperverletzungen seitens anderer

Raufbolde zu rechnen ist. Aber selbst wenn man verstärkt nach objektiven Verantwortungsbereichen abschichtet, ist trotz des Dazwischentreten eines vorsätzlich handelnden Dritten eine Ablehnung der objektiven Zurechnung nicht sachgerecht, wenn das Verhalten des Dritten so spezifisch mit der Ausgangsgefahr verbunden ist, dass es bereits als typischerweise in der Ausgangsgefahr begründet erscheint. Die im vorliegenden Fall durch den Fußtritt gegen den Oberkörper des F geschaffene Lage – also der Sturz und das Sich-Aufrichten im Rahmen einer großen Schlägerei – schafft gerade typischerweise die Gefahr, dass ein anderer Schlägereiteilnehmer die entstandene wehrlose Lage zu eigenen Vorsatztaten ausnutzt. Der Erfolg ist deshalb dem A zurechenbar, unabhängig davon, ob der nicht mehr ermittelbare Dritte vorsätzlich oder fahrlässig auf den F eingeschlagen hat.

b) Rechtswidrigkeit

Rechtfertigungsgründe sind nicht erkennbar.

c) Schuld

Der Tod des F war für A subjektiv voraussehbar und subjektiv vermeidbar.

5. § 227 I

a) Tatbestand

34 A hat gegenüber F eine Körperverletzung begangen (*s o Rn 30*).
Er hat den Tod des F fahrlässig herbeigeführt (*s o Rn 31*).

Der Fußstoß des A gegen F war kausal iSd Conditio-sine-qua-non-Formel für den Tod des F (*s o Rn 31*).

Fraglich ist jedoch, ob der spezifische Gefahrzusammenhang bejaht werden kann.

35 **Problem Nr 5: Knüpft § 227 an den Körperverletzungserfolg oder an die Körperverletzungshandlung an?**

§ 227 ist nach einhelliger Meinung dahingehend restriktiv zu interpretieren, dass die Vorschrift nur solche Körperverletzungen erfasst, denen die **spezifische Gefahr** anhaftet, zum Tode des Verletzten zu führen. Für den gefahrspezifischen Zusammenhang iSv § 227 muss sich aber darüber hinaus diese eigentümliche Gefahr im tödlichen Ausgang **unmittelbar** niedergeschlagen haben (BGHSt 31, 96; BGH NJW 1995, 3194 [zu § 226 aF]).

Umstritten ist, wie die Unmittelbarkeitsbeziehung im Einzelfall beschaffen sein muss und welcher Anknüpfungspunkt dafür in Betracht kommt:

(1) Nach der **früher vom RG** (RGSt 44, 137, 139) und heute in der **Lit noch teilweise** (*Bussmann,* GA 1999, 21, 30; *Geilen*, Welzel-FS, S 655, 681; *Hirsch*, Oehler-FS, S 111, 129 f; *Küpper*, Hirsch-FS, S 615; *Lackner/Kühl*, § 227 Rn 2 mwN) vertretenen sog **Letalitätslehre** darf nur an den vom Täter ursprünglich gewollten Körperverletzungs**erfolg** angeknüpft werden. Maßgeblich ist, ob sich im tödlichen Ausgang gerade die Gefahr realisiert hat, die von Art und Schwere der Verletzung herrührt.

Argument: Nur diese enge Auslegung des § 227 wird der hohen Strafandrohung von mindestens drei Jahren gerecht. Außerdem stellt ein Anknüpfen an die bloße Körperverletzungs-

handlung eine dem Wortlaut der Norm („verletzte Person“) widersprechende und daher unzulässige Auslegung contra legem dar. Sie ist damit als Verstoß gegen das Analogieverbot des Art 103 II GG verfassungsrechtlich unhaltbar. Wenn es schon unbestritten so ist, dass § 227 in seiner vollendeten Form nur auf einer vollendeten Körperverletzung aufbauen kann, dann muss konsequenterweise auch auf den Erfolg des Grunddelikts für den Unmittelbarkeitszusammenhang abgestellt werden.

(2) Nach **neuerer Rechtsprechungsansicht** (BGHSt 14, 110, 112 [„Pistolenfall“]; BGHSt 31, 96 [„Hochsitzfall“]; BGHSt 48, 34, 37; LG Kleve NJW 2003, 3145) und **hL** (*Hauf,* BT2 S 69; *Kindhäuser*, BT1 § 10 Rn 11 f; *S/S-Stree,* § 227 Rn 5; *Wessels/Hettinger,* BT1 Rn 298) schließt „Körperverletzung“ iSv § 227 bereits die die Verletzung bewirkende und begleitende Ausführungshandlung ein. Danach genügt bei Vorliegen einer vollendeten vorsätzlichen Körperverletzung (§ 223 I) bereits ein tatbestandsspezifischer Unmittelbarkeitszusammenhang zwischen Verletzungs**handlung** und Todesfolge.

Weitgehende **Einigkeit** besteht aber darüber, dass die Unmittelbarkeitsbeziehung dann zu verneinen ist, wenn ein **Dritter** durch **grob fahrlässiges** Fehlverhalten oder gar **vorsätzlich** in Ausnutzung der durch die Primärverletzung geschaffenen hilflosen Lage des Opfers den Erfolg herbeiführt (vgl BGHSt 32, 28). Das Opferverhalten schließt dagegen den deliktsspezifischen Gefahrzusammenhang nicht notwendigerweise aus. Bei einem massiven Angriff entspringen unbesonnene Reaktionen des Opfers, wie zB eine waghalsige Flucht oder ein riskanter Sprung aus dem Fenster, dem Selbsterhaltungstrieb und sind damit gerade deliktstypisch. Naheliegende und nachvollziehbare Reaktionen lassen den Unmittelbarkeitszusammenhang nicht entfallen (BGHSt 48, 34, 38 f; *Wessels/Hettinger,* BT1 Rn 301; anders noch BGH NJW 1971, 152).

Argument: Der Wortlaut des § 227 beschränkt den Anknüpfungspunkt keineswegs nur auf den Körperverletzungserfolg. Der Begriff der Körperverletzung kann vielmehr nach allgemeinem Sprachgebrauch das gesamte auf diesen Erfolg abzielende Verhalten erfassen, insbes auch nur das verletzende Handeln. Denn gerade diesem Verhalten sind tatbestandsspezifische Gefahren immanent, so dass es nicht sachgerecht erscheint, dieses als Anknüpfungspunkt für § 227 unberücksichtigt zu lassen.

Die Tatsache, dass für die Bestrafung nach § 227 als Vollendungsdelikt eine vollendete Körperverletzung verlangt wird, trifft nur eine Aussage darüber, ob eine vollendete Körperverletzung mit Todesfolge angenommen werden kann oder bloß eine Versuchskonstellation. Die Antwort auf die Frage nach dem Anknüpfungspunkt für den Unmittelbarkeitszusammenhang ist dadurch nicht vorgezeichnet.

Zur Vertiefung: Wessels/Hettinger, BT1 Rn 297 ff; Beulke, Klausurenkurs II [7] Rn 204; Puppe, AT1 § 10 Rn 1 ff.

Zwar wohnte der von A begangenen Körperverletzung die Gefahr iSd § 222 inne, zum **36**
Tod des F zu führen (*s o Rn 31*). Darüber hinaus muss sich diese eigentümliche Gefahr im tödlichen Ausgang aber unmittelbar niedergeschlagen haben. Dabei ist umstritten, wie die Unmittelbarkeitsbeziehung im Einzelfall beschaffen sein muss und welcher Anknüpfungspunkt dafür in Betracht kommt. Zum Teil stellt man einschränkend auf den Körperverletzungserfolg ab (sog Letalitätstheorie), insbesondere die Rechtsprechung lässt jedoch eine Unmittelbarkeitsbeziehung zwischen Verletzungshandlung und Todesfolge genügen. Dieser Streit kann hier aber offen bleiben, weil der Erfolg der Körperverletzung Ursache für die schwere Folge – den Tod – war.

Allerdings hat sich aufgrund der vorsätzlich ausgeteilten Schläge des unbekannten Schlägereiteilnehmers nicht unmittelbar die Gefahr realisiert, die dem Tritt des A zu eigen war, sondern der Tritt hat lediglich mittelbar zu der tödlichen Verletzung geführt, die der Dritte später unmittelbar herbeigeführt hat. Zwecks restriktiver Interpretation des mit einer sehr hohen Strafdrohung versehenen § 227 genügen derartige mittelbare Folgen zur Begründung einer Strafbarkeit nicht.

b) Ergebnis

Eine Strafbarkeit gem § 227 I entfällt.

6. §§ 227 I, 13 I

37 Auch ein Unterlassen kann zwar eine Bestrafung nach § 227 I nach sich ziehen. Dies gilt jedoch nur, wenn erst durch das Ausbleiben der gebotenen Handlung die spezifische Todesgefahr geschaffen wird, wenn zB der Täter als Garant die zum Tod führende Gewalthandlung nicht verhindert hat[47]. Eine solche Garantenpflicht kann man hier auf Grund des pflichtwidrigen Vorverhaltens des A bejahen. Jedoch wurde die Todesgefahr für F nicht erst durch ein Zuwarten des A geschaffen, sondern in vollem Ausmaße bereits vorher mit dem Tritt gegen den Oberkörper. Insoweit ist hier nur an dieses positive Tun anzuknüpfen.

Hier wurde § 222 vor § 227 geprüft. Dies widerspricht eigentlich dem Aufbauhinweis, spezielle Tatbestände mit eigenständigem Deliktscharakter vor dem generellen Tatbestand zu prüfen (Beulke, Klausurenkurs I Rn 51). Andererseits habe ich mit der vorliegenden Klausur die Erfahrung gemacht, dass die Bearbeiter den Unterschied zwischen der bloßen Kausalitätsprüfung (die für § 222 genügt) und dem zusätzlich erforderlichen spezifischen Gefahrzusammenhang (der für § 227 zur Kausalität hinzukommen muss) besser begreifen bzw darstellen, wenn zunächst § 222 allein gewürdigt wird. Selbstverständlich kann aber auch § 227 vor § 222 geprüft werden.

7. § 231 I

38 Auch während der Ausführung des Fußtrittes setzte A die Tatbestandsverwirklichung gem § 231 fort, die spätestens mit dem Biss in den Oberarm des C begonnen hatte (*vgl o Rn 28*).

8. Konkurrenzen

39 § 224 I Nr 2, Nr 5 verdrängt als lex specialis § 223 I. Es verbleibt also eine denkbare Strafbarkeit durch Erteilen des Fußtrittes gem § 224 I Nr 2, 5, § 222 und § 231. Da jeder Straftatbestand ein eigenes Unrecht abdeckt, ist von Idealkonkurrenz, § 52 I, auszugehen[48].

Bei der unter III und IV festgestellten Strafbarkeit gem § 231 handelt es sich um eine tatbestandliche Handlungseinheit in Form eines Dauerdeliktes[49]. Alle Einzelakte der Schlägerei werden also durch eine einmalige Bejahung der Strafbarkeit gem § 231 ab-

47 BGH NJW 1995, 3194 [zu § 226 aF] m krit Anm *Wolters*, JR 1996, 471.
48 Vgl BGHSt 33, 100, 104; *Lackner/Kühl*, § 231 Rn 6; aA NK-*Paeffgen*, § 231, Rn 22.
49 Vgl *Wessels/Beulke*, AT Rn 761.

gedeckt. § 231 überschneidet sich – zumindest teilweise – mit §§ 224 I Nr 2, Nr 5, 222, sodass insgesamt von Idealkonkurrenz auszugehen ist.

9. Ergebnis für A im Tatkomplex B

A hat sich strafbar gemacht gem § 222 – § 52 – § 224 I Nr 2, Nr 5 – § 52 – § 231 I.

V. Strafbarkeit des D

1. § 223 I

Durch die Mitwirkung an der allgemeinen Rauferei könnte sich auch D wegen Körperverletzung strafbar gemacht haben. 40

Zumindest nach dem Grundsatz in dubio pro reo kann hier von keiner körperlichen Misshandlung oder Gesundheitsschädigung durch D ausgegangen werden.

2. § 231 I

a) Tatbestand

D hat sich mit Wissen und Wollen, also vorsätzlich, an einer Schlägerei beteiligt.

b) Objektive Bedingung der Strafbarkeit

Mit dem Tod des F scheint die objektive Bedingung der Strafbarkeit gegeben zu sein. Allerdings ist D erst nach Eintritt des Todes des F am Tatort eingetroffen.

Problem Nr 6: Kann demjenigen, der sich erst nach Eintritt der schweren Folge an einer Schlägerei (§ 231) beteiligt, die schwere Folge zugerechnet werden? 41

(1) Nach einer **Mindermeinung im Schrifttum** findet zumindest bei nachträglicher Beteiligung keine Zurechnung statt (*Hardtung,* JuS 2008, 1060, 1065; LK-*Hirsch*, § 231 Rn 8; *Rengier*, BT2 § 18 Rn 11; SK/StGB-*Horn/Wolters*, § 231 Rn 8; S/S-*Stree*, § 231 Rn 15).

Argument: Es wurde kein potentieller Beitrag zur Gefährlichkeit der Schlägerei geleistet. Das Ausbleiben einer weiteren schweren Folge zeigt vielmehr, dass trotz des Beitrags des Betreffenden die Gefährlichkeit der Schlägerei dann unter dem strafwürdigen Niveau geblieben ist.

(2) Nach **Ansicht** der **Rspr** und **hL** kommt es auf den Zeitpunkt der Beteiligung nicht an. Eine Zurechnung findet immer statt, solange Kausalität zwischen Schlägerei und Tod besteht (BGHSt 16, 130, 132; *Wessels/Hettinger*, BT1 Rn 359).

Argument: § 231 I verlangt nur eine Kausalität zwischen Schlägerei und Folge, nicht aber zwischen dem einzelnen Schlägereiakt und der Folge. Wenn aber die einzelne Körperverletzung nicht für die Folge kausal sein muss, so muss es auch ohne Bedeutung sein, wann der Einzelne in die Schlägerei schuldhaft verstrickt worden ist. Zudem bestehen gegen die Mindermeinung auch wegen der mit ihr verbundenen Beweisprobleme Bedenken, denn Sinn und Zweck des § 231 ist es gerade, solche auszuschließen (*s o Rn 25*).

Zur Vertiefung: Wessels/Hettinger, BT1 Rn 359ff.

42 Der Umstand, dass D erst nach Eintritt der schweren Folge in das Kampfgeschehen eingetreten ist, vermag ihn jedoch nicht vom Vorwurf der Beteiligung an einer Schlägerei zu entlasten. § 231 soll gerade derartige Beweisschwierigkeiten ausschließen, sodass es für die objektive Bedingung der Strafbarkeit gleichgültig bleiben muss, ob D vor, während oder nach der Todesherbeiführung an der Schlägerei mitgewirkt hat.

c) Strafbarkeitsausschluss gem § 231 II

Die Strafbarkeit ist nicht gem § 231 II ausgeschlossen, da sich D vorwerfbar an der Schlägerei beteiligte.

d) Rechtswidrigkeit und Schuld

D handelte rechtswidrig und schuldhaft.

3. Ergebnis für D im Tatkomplex B

43 D hat sich gem § 231 I strafbar gemacht.

Die Strafbarkeit des F ist nicht zu prüfen. Generell erübrigt sich bei Toten eine Untersuchung, ob diese sich strafbar gemacht haben (vgl Beulke, Klausurenkurs I Rn 10).

VI. Gesamtergebnis im Tatkomplex B

A: § 222 – § 52 – § 224 I Nr 2, Nr 5 – § 52 – § 231 I
B: § 231 I
C: § 240 I, II – § 52 – § 223 I – § 52 – § 231 I
D: § 231 I

C. Außerhalb des Bierzeltes (Strafbarkeit des P)

1. § 223 I

44 Indem P dem A außerhalb des Bierzeltes einen Schlag gegen die Schläfe verpasste, könnte er eine Körperverletzung begangen haben.

a) Tatbestand

Mit dem Schlag hat er A vorsätzlich körperlich misshandelt.

b) Rechtswidrigkeit

Eine evtl Rechtfertigung wegen Notwehr gem § 32 I, II Alt 1 scheitert bereits daran, dass objektiv kein Angriff durch A und damit keine Notwehrlage vorlag, da A nur eilig das Zelt verließ.

P handelte daher rechtswidrig.

c) Schuld

Die Schuld könnte aufgrund eines Irrtums entfallen.

aa) Art des Irrtums: Erlaubnistatbestandsirrtum

P unterlag einem Irrtum, der als Erlaubnistatbestandsirrtum qualifiziert werden könnte.

Ein Erlaubnistatbestandsirrtum liegt vor, wenn sich der Täter über die sachlichen Voraussetzungen eines anerkannten Rechtfertigungsgrundes irrt, dh irrig Umstände für gegeben hält, die im Falle ihres wirklichen Gegebenseins die Tat rechtfertigen würden[50].

Fraglich ist daher, ob bei der Annahme, dass die Vorstellungen des P zutreffend gewesen wären, ein Rechtfertigungsgrund eingreifen würde. Denkbar ist, dass das Verhalten des P dann durch Notwehr nach § 32 I, II Alt 1 gerechtfertigt gewesen wäre.

Nach dem von P irrtümlich angenommenen Sachverhalt stürzte A auf ihn zu, um ihn anzugreifen. Daher ist eine hypothetische Prüfung des § 32 auf Grundlage des Vorstellungsbildes des P notwendig.

Nach Ansicht des P drohte von Seiten des A eine Verletzung der Rechtsgüter des P, insbes dessen körperlicher Integrität. Gründe, welche diesen unmittelbar bevorstehenden Angriff des A rechtfertigen würden, waren nach der Vorstellung des P nicht ersichtlich.

Der gegen A geführte Schlag war aus Sicht des P geeignet, den drohenden Angriff abzuwehren. A war dem P körperlich überlegen; ein milderes Mittel ist nicht ersichtlich. Schließlich war der Schlag zur Abwehr des Angriffes aus Sicht des P auch normativ geboten.

P handelte mit Verteidigungswillen.

Damit liegt ein Erlaubnistatbestandsirrtum in Form der „Putativnotwehr" vor.

bb) Behandlung des Erlaubnistatbestandsirrtums

Problem Nr 7: Erlaubnistatbestandsirrtum 45

(1) Nach der **Vorsatztheorie** (ua *Geerds*, Jura 1990, 421; *Langer*, GA 1976, 193, 208; *Schmidhäuser*, AT Kap 5 Rn 6, Kap 7 Rn 36 u Kap 7 Rn 89) ist das Unrechtsbewusstsein Teil des Vorsatzes. Fehlendes Unrechtsbewusstsein lässt den Vorsatz entfallen, gleichgültig, auf welchem Irrtum das Fehlen beruht. Daher ist, wenn der Täter irrtümlich vom Vorliegen der tatsächlichen Voraussetzungen eines Rechtfertigungsgrundes ausgeht, ein Tatbestandsirrtum gegeben und es entfällt der Vorsatz gem § 16 I 1.

Argument: Ein Abgehen von der Vorsatztheorie verstößt gegen das verfassungsrechtlich (Art 1 und 20 GG) verankerte Schuldprinzip, welches § 17 vorgeht. Nur die Vorsatztheorie gewährleistet, dass eine Bestrafung wegen vorsätzlicher Tat ausschließlich bei aktuellem Unrechtsbewusstsein erfolgt.

(2) Nach der **strengen Schuldtheorie** (ua NK- *Paeffgen*, Vor §§ 32–35 Rn 103 ff, 123; *Zieschang*, AT S 90) bezieht sich der Vorsatz nur auf den objektiven Tatbestand, nicht auch auf die Rechtswidrigkeit.

Argument: Nach der Entscheidung des Gesetzgebers (§ 17) ist das Unrechtsbewusstsein ein selbstständiger Bestandteil der Schuld, sodass umgekehrt das fehlende Unrechtsbewusstsein

50 *Wessels/Beulke*, AT Rn 467.

nur im Rahmen der Schuld von Bedeutung sein kann. In § 17 ist keine Ausnahme für den Fall vorgesehen, dass sich der Irrtum speziell auf die tatsächlichen Voraussetzungen eines Rechtfertigungsgrundes bezieht. Deshalb ist auch insoweit von einem Verbotsirrtum iSv § 17 auszugehen.

(3) Auch nach der **eingeschränkten Schuldtheorie** (**hM**, ua BGHSt 3, 105; *Jäger*, AT Rn 214; *Lackner/Kühl*, § 17 Rn 10 ff; LK-*Vogel,* § 16 Rn 110–126) bleibt der Vorsatz grundsätzlich vom fehlenden Unrechtsbewusstsein unberührt. Jedoch wird die strenge Schuldtheorie insoweit eingeschränkt, als der Irrtum über die tatsächlichen Voraussetzungen eines Rechtfertigungsgrundes aus dem Anwendungsbereich des § 17 herausgenommen und in seinen Rechtsfolgen dem Tatbestandsirrtum gleichgestellt wird.

Argument: Die Ergebnisse der strengen Schuldtheorie sind vielfach mit dem Rechtsgefühl nur schwer vereinbar. Der Täter befindet sich bei einem Erlaubnistatbestandsirrtum einerseits und einem Verbotsirrtum andererseits jeweils in einer völlig unterschiedlichen Lage. Wer einem Erlaubnistatbestandsirrtum unterliegt, setzt sich dem Vorwurf mangelnder Aufmerksamkeit und nachlässiger Einstellung zu den Sorgfaltsanforderungen des Rechts aus, nicht jedoch dem Vorwurf rechtsfeindlicher Gesinnung. Sein Tatbestandsvorsatz ist nicht Ausdruck einer Auflehnung gegen die Wertentscheidungen der Rechtsordnung, wie dies bei einem Täter der Fall ist, der sich in einem Verbotsirrtum befindet. Der im Erlaubnistatbestandsirrtum Handelnde ist an sich rechtstreu. Er ist ein „Schussel", kein „Schurke". Ihn trifft ein Schuldvorwurf, der qualitativ einem Fahrlässigkeitsschuldvorwurf entspricht.

Im Ergebnis entfällt also die Bestrafung wegen vorsätzlicher Tatbegehung. Beruht der Irrtum auf Fahrlässigkeit, wird der Täter wegen fahrlässiger Tatbegehung bestraft, soweit diese im konkreten Fall mit Strafe bedroht ist, § 16 I 2. Die **Herleitung** dieses Ergebnisses ist wiederum **umstritten**.

(a) Nach der **Lehre von den negativen Tatbestandsmerkmalen** (ua *Kaufmann*, JZ 1954, 653) ist § 16 I unmittelbar anzuwenden. Ein Irrtum über die tatsächlichen Voraussetzungen eines Rechtfertigungsgrundes schließt den Vorsatz aus.

Argument: Die einzelnen Rechtfertigungsvoraussetzungen sind „negative Tatbestandsmerkmale". Zum Vorsatz zählt neben der Kenntnis aller positiven Tatbestandsmerkmale die Vorstellung, dass die negativen Tatbestandsmerkmale fehlen. Zumindest darf sich der Täter hierüber überhaupt keine Vorstellungen machen.

Zudem hat der Gesetzgeber die Zuordnung eines Sachverhaltes zur Gruppe der den Tatbestand oder aber zur Gruppe der die Rechtswidrigkeit ausschließenden Gründe mehr oder weniger zufällig und ohne Bezug zur Irrtumslehre getroffen. Es ist deshalb nicht gerechtfertigt, den Irrtum über das Nichtvorhandensein positiver Tatumstände anders zu behandeln als den über das Vorhandensein negativer Tatbestandsmerkmale.

(b) Die eingeschränkte Schuldtheorie ieS (ua *Herzberg*, JA 1989, 243, 299; *Kühl*, AT § 13 Rn 73) wendet § 16 I bei einem Erlaubnistatbestandsirrtum analog an mit der Folge, dass vorsätzliches Unrecht fehlt.

Argument: Die Schuldtheorie muss insoweit eingeschränkt werden, als der Irrtum über die tatsächlichen Voraussetzungen eines Rechtfertigungsgrundes aus dem Anwendungsbereich des § 17 herausgenommen und in seinen Rechtsfolgen dem Tatbestandsirrtum gleichgestellt wird. Ein im Erlaubnistatbestandsirrtum Handelnder will zwar die Rechtsgutsverletzung. Er geht aber davon aus, dass er sie wegen der rechtfertigenden Sachlage herbeiführen dürfe. Sein Wille ist daher ebenso wenig auf einen Erfolgsunwert gerichtet wie beim Tatbestandsirrtum. Damit fehlt es am Handlungsunwert einer vorsätzlichen Tat.

(c) Die **rechtsfolgenverweisende eingeschränkte Schuldtheorie** (ua BGH NJW 2000, 1348; *Fischer*, § 16 Rn 22; *Wessels/Beulke*, AT Rn 478 f) lässt zu Recht bei einem Irrtum über die

Voraussetzungen eines Rechtfertigungsgrundes nicht den Tatbestandsvorsatz als Verhaltensform entfallen, wohl aber die Vorsatzschuld, sodass eine Bestrafung wegen vorsätzlicher Tat ausscheidet. Der Erlaubnistatbestandsirrtum wird somit lediglich in seinen Rechtsfolgen dem in § 16 I 1 geregelten Tatbestandsirrtum gleich gestellt. Beruht die Fehlvorstellung des Täters auf einem Sorgfaltsmangel, kommt analog § 16 I 2 eine Bestrafung wegen fahrlässiger Tatbegehung in Betracht.

Argument: Die oben unter (a) dargestellte Ansicht verkennt die Selbstständigkeit der Erlaubnisnormen, die in atypischen Situationen Eingriffsrechte gewähren, und sieht in ihnen lediglich Einschränkungen der Verbotsnormen. Sie berücksichtigt damit nicht den Wertunterschied zwischen einem von vornherein tatbestandslosen Verhalten und einem Tatgeschehen, das geschützte Rechtsgüter tatbestandlich beeinträchtigt und erst durch einen besonderen Rechtfertigungsgrund noch mit der Rechtsordnung in Einklang gebracht wird. Auch das Gesetz spricht in den §§ 32, 34 von „nicht rechtswidrig" und bringt damit zum Ausdruck, dass Rechtfertigungsgründe nicht schon den Tatbestand als solchen entfallen lassen. Außerdem ist es wegen der akzessorischen Natur von Anstiftung und Beihilfe problematisch, einem Erlaubnistatbestandsirrtum vorsatzausschließende Wirkung beizulegen. Strafbarkeitslücken bei der Haftung eines bösgläubigen Teilnehmers wären unvermeidbar. Es fehlte an einer „vorsätzlich" begangenen Haupttat iSv §§ 26, 27.

Gegen die unter (b) dargestellte Meinung spricht, dass sie die Strafbarkeitslücken nicht vermeiden kann, die dadurch entstehen, dass die konsequente Folge der Verneinung des Vorsatzunrechts die Ablehnung der Strafbarkeit des Teilnehmers ist. Ferner kann der Erlaubnistatbestandsirrtum wertungsmäßig nicht ohne weiteres dem Tatbestandsirrtum gleichgestellt werden.

Die irrige Annahme rechtfertigender Tatumstände ändert nichts daran, dass der Täter den gesetzlichen Tatbestand wissentlich und willentlich verwirklicht. Ein Erlaubnistatbestandsirrtum lässt den „Tatbestandsvorsatz" als solchen also unberührt. Durch die Bejahung des Tatbestandsvorsatzes wird insbes die Bestrafung des Teilnehmers an der Tat eines derartig Irrenden ermöglicht. Das ist kriminalpolitisch wünschenswert.

Zur Vertiefung: Wessels/Beulke, AT Rn 467 ff; dies, AT Rn 888 ff; zu Aufbauproblemen: Beulke, Klausurenkurs I [7] Rn 256; Hillenkamp, AT 10. Problem S 58 ff; Matt, AT § 3 Rn 1 ff.

In Anlehnung an die Vorsatztheorie das Unrechtbewusstsein dem Vorsatzbereich zuzuordnen, ist mit der geltenden Fassung des § 17 unvereinbar. Nicht weniger problematisch erscheint es, entsprechend der strenge Schuldtheorie jeden Irrtum über Rechtfertigungsgründe als Verbotsirrtum iSd § 17 zu behandeln. Im Falle des Irrtum über die tatsächlichen Voraussetzungen eines Rechtfertigungsgrundes lehnt sich der Täter nämlich nicht bewusst gegen die Rechtsordnung auf, sondern obliegt nur einem Sachverhaltsirrtum (der Täter ist ein Schussel, kein Schurke). Deshalb ist die „Putativnotwehr" des P im Ergebnis doch nach Maßgabe des § 16 I 1 zu bewerten. Angesichts des Wertungsunterschiedes zwischen einem von vornherein tatbestandslosen Verhalten und einem Tatgeschehen, das geschützte Rechtsgüter zunächst in tatbestandsmäßiger Weise beeinträchtigt und erst durch einen besonderen Rechtfertigungsgrund erlaubt wird, ist jedoch eine direkte Anwendung der Vorschrift abzulehnen. Auch eine analoge Anwendung des § 16 I 1 muss ausscheiden, weil sonst eine Teilnahmestrafbarkeit mangels einer vorsätzlichen, rechtswidrigen Haupttat nicht möglich wäre. Vorzugswürdig erscheint es deshalb, zwar den Vorsatz zu bejahen, aber den Irrtum über die tatsächlichen Voraussetzungen eines Rechtfertigungsgrundes den Rechtsfolgen nach einem Tatbestandsirrtum gleich zu stellen, indem lediglich die Vorsatzschuld verneint wird 46 (mit Möglichkeit der Teilnehmerstrafbarkeit). Auf der Grundlage dieser sog rechtsfolgenverweisenden eingeschränkten Schuldtheorie hat V hat somit ohne Vorsatzschuld gehandelt.

Eine Strafbarkeit gem § 223 I entfällt.

2. § 229

47 Ob in dieser Situation für einen besonnenen Passanten erkennbar war, dass überhaupt kein Angriff auf die eigene Person vorlag, ist dem Sachverhalt direkt nur schwer zu entnehmen. Zwar war A körperlich überlegen, andererseits muss jeder Bürger vor einem gezielten Schlag gegen die Schläfe eines anderen doch genauer ausloten, ob eine aktuelle Bedrohung gegeben ist. Der Erfolg war also vorhersehbar und bei korrektem Verhalten vermeidbar – und zwar objektiv und subjektiv. P hat sich gem § 229 strafbar gemacht (aA vertretbar).

Der gem § 230 I erforderliche Strafantrag ist gestellt.

3. § 221 I Nr 1, Nr 2

48 In eine hilflose Lage wird ein Mensch versetzt, wenn er unter dem bestimmenden Einfluss des Täters in eine Situation gebracht wird, in der er sich ohne fremde Hilfe nicht gegen Gefahren für sein Leben oder seine Gesundheit schützen kann und er solcher Hilfe entbehrt[51].

Dass A sich in einer hilflose Lage befand, lässt sich dem Sachverhalt nicht eindeutig entnehmen.

4. § 323 c

Es ist nach dem Sachverhalt nicht davon auszugehen, dass P seinen Irrtum bzgl A nachträglich erkannt hat. Ein Hilfeleisten war dem P in seiner Situation daher nicht zumutbar.

5. Ergebnis für P im Tatkomplex C

49 P ist strafbar gem § 229.

D. Gesamtergebnis des materiell-rechtlichen Gutachtens

A: Tatkomplex A: § 224 I Nr 5 – § 52 – § 239 I Alt 2 – § 52 – § 240 I, II – § 53 –
Tatkomplex B: § 222 – § 52 – § 224 I Nr 2, Nr 5 – § 52 – § 231 I
B: § 231 I
C: § 240 I, II – § 52 – § 223 I – § 52 – § 231 I
D: § 231 I
P: § 229

51 *Wessels/Hettinger*, BT1 Rn 199.

Teil II. (prozessualer Teil)

1. Prozessmaximen

Die Prozessmaximen sind: **50**
(1) Die Offizialmaxime, § 152 I StPO
(2) Das Legalitätsprinzip, § 152 II StPO
(3) Der Anklagegrundsatz, § 151 StPO
(4) Der Ermittlungsgrundsatz, insbes § 244 II StPO
(5) Der Grundsatz der freien richterlichen Beweiswürdigung, § 261 StPO
(6) Das Mündlichkeitsprinzip, § 261 StPO
(7) Der Grundsatz der Unmittelbarkeit, insbes §§ 226, 250, 261 StPO
(8) Der Grundsatz „in dubio pro reo" und die Unschuldsvermutung, § 261 StPO, Art 6 II EMRK
(9) Das Beschleunigungsgebot, Art 20 III GG, Art 6 I 1 EMRK
(10) Der Grundsatz der Öffentlichkeit, § 169 S 1 GVG, Art 6 I 1, 2 EMRK
(11) Das Gebot eines fairen Strafverfahrens, Art 20 III GG, Art 6 I 1 EMRK
(12) Der Grundsatz des gesetzlichen Richters, Art 101 GG
(13) Der Grundsatz des rechtlichen Gehörs, Art 103 I GG

(Zur Vertiefung: Beulke, StPO Rn 15ff)

2. Prozessvoraussetzungen

a) Die wichtigsten Prozessvoraussetzungen

Die wichtigsten Prozessvoraussetzungen sind: **51**
(1) Eingreifen der deutschen Gerichtsbarkeit
(2) Rechtsweg nach § 13 GVG
(3) Sachliche und örtliche Zuständigkeit des Gerichts
(4) Strafmündigkeit
(5) Verhandlungsfähigkeit
(6) Keine Immunität
(7) Keine anderweitige Rechtshängigkeit
(8) Keine entgegenstehende Rechtskraft
(9) Keine Strafverfolgungsverjährung
(10) Keine Niederschlagung des Verfahrens
(11) Strafantrag, Ermächtigung, Strafverlangen (§§ 77 ff StGB)
(12) Vorliegen eines wirksamen Eröffnungsbeschlusses
(13) Vorliegen einer wirksamen Anklage

(Zur Vertiefung: Beulke, StPO Rn 273ff)

b) Folgen des (endgültigen) Fehlens einer Prozessvoraussetzung

Es kommt zur Einstellung des Verfahrens. Zu unterscheiden ist aber, nach welcher Vorschrift eingestellt wird. **52**

(1) Fehlt eine Prozessvoraussetzung bereits im Ermittlungsverfahren, stellt die Staatsanwaltschaft gem § 170 II 1 StPO das Verfahren ein.

(2) Wird das Fehlen einer Prozessvoraussetzung im Zwischenverfahren ersichtlich, stellt das Gericht gem § 204 I StPO das Verfahren ein.
(3) Stellt sich das Fehlen einer Prozessvoraussetzung im Hauptverfahren heraus, stellt das Gericht das Verfahren durch Beschluss gem § 206 a I StPO außerhalb der Hauptverhandlung ein. Innerhalb der Hauptverhandlung kann es nur gem § 260 III StPO durch Urteil einstellen.

(Zur Vertiefung: Beulke, StPO Rn 290ff)

3. Zuständigkeit des LG

53 Da hier die Straferwartung unter vier Jahren liegt, ist grundsätzlich das Schöffengericht beim AG sachlich und instanziell zuständig, §§ 24 I Nr 1 und Nr 2, 25, 28 GVG[52].

Die StA kann jedoch gem §§ 74 I 2, 24 I Nr 3 GVG wegen der „besonderen Bedeutung des Falles" Anklage beim LG erheben (sog „bewegliche Zuständigkeit")[53]. Dabei handelt es sich um einen unbestimmten Rechtsbegriff, welcher der StA schon aus verfassungsrechtlichen Gründen (Recht auf gesetzlichen Richter, Art 101 I 2 GG) keinen Ermessensspielraum belässt und daher unbeschränkt gerichtlich überprüfbar ist[54].

Von besonderer Bedeutung ist eine Sache, die sich aus tatsächlichen oder rechtlichen Gründen aus der Masse der durchschnittlichen Straftaten nach oben heraushebt. Ein großes Interesse der Medien und der Öffentlichkeit an der Sache kann die „besondere Bedeutung" begründen[55]. Folglich kann die StA den Fall beim LG anklagen.

(Zur Vertiefung: Beulke, StPO Rn 45)

Anm: Eine Revision ließe sich auf die falsche Ausübung der beweglichen Zuständigkeit allerdings nur bei Willkür der Staatsanwaltschaft stützen (BGH GA 1980, 220; Beulke, StPO Rn 35).

4. Neuverhandlung nach Revision

a) Revisionsgericht

54 Dies ist gem §§ 135 I, 121 GVG der BGH.

b) Befangenheit bei Neuverhandlung in der Tatsacheninstanz

aa) Ausschließungsgründe, §§ 24 I Alt 1, 22, 23 StPO

55 R könnte gem § 24 I StPO abgelehnt werden, wenn er von der Ausübung des Richteramtes ausgeschlossen wäre (§§ 22f StPO).

– §§ 24 I Alt 1, 22 StPO
Ein Ausschließungsgrund aus dem Katalog des § 22 StPO liegt nicht vor.

52 Zur Gerichtszuständigkeit allgemein *Beulke*, StPO Rn 36 ff.
53 Zu den damit verbundenen Problemen *Beulke*, StPO Rn 45.
54 *M-G*, § 24 GVG Rn 5f; das BVerfG (BVerfGE 9, 223, 226) hält die Zuständigkeitsregelung für verfassungskonform, da der StA kein Ermessen zustehe und die Entscheidung der StA der gerichtlichen Kontrolle gem § 209 StPO unterliege; krit dagegen *Herzog*, StV 1993, 609.
55 BGH NJW 1998, 2149, 2150 = JR 1998, 467 m zust Anm *Dietmeier.*

– §§ 24 I Alt 1, 23 I StPO
Der Ausschließungsgrund der Vorbefassung mit der Angelegenheit kommt hier nicht in Betracht, da § 23 I StPO gerade nicht den Fall benennt, dass der Richter in derselben Instanz bereits entschieden hat. Für den Fall, dass die Sache gem § 354 II StPO zurückverwiesen wird, sieht das Gesetz keinen Richterausschluss vor.

bb) Ablehnung wegen Besorgnis der Befangenheit, §§ 24 I Alt 2, 24 II StPO

Als Leitbild dient hier der „vernünftig denkende Angeklagte"[56]. Es wird darauf abgestellt, ob der durchschnittliche Beobachter, der sich in die Rolle des Angeklagten versetzt, bei verständiger Würdigung der Umstände den Verdacht hegen würde, es bestehe eine Voreingenommenheit[57]. 56

Problem Nr 8: Rückgriff auf die Befangenheitsregelung des § 24 II StPO bei Zurückverweisung gem § 354 II StPO? 57

(1) Nach der **Rspr** darf im Regelfall nicht auf die Befangenheitsregelung des § 24 II StPO zurückgegriffen werden. Ein vernünftig abwägender Angeklagter habe nämlich keinen Grund anzunehmen, der Richter werde sich durch seine Mitwirkung am früheren Urteil beeinflussen lassen. Der Gesetzgeber habe auch diese Vorbefassung bewusst nicht in den Ablehnungskatalog des § 23 I StPO aufgenommen (BGHSt 21, 142, 145).

Diese Rspr hat das LG Gießen in einem Fall der Wiederaufnahme des Verfahrens (Fall Weimar-Böttcher) bestätigt (NJW 1996, 2667).

(2) Mit der **hA im Schrifttum** ist hingegen eine Befangenheit iSv § 24 II StPO zu bejahen, weil aus Sicht eines verständigen durchschnittlichen Beobachters, der sich in die Rolle des Angeklagten versetzt, die frühere Urteilsfällung befürchten lässt, der Richter werde nicht mehr unbefangen entscheiden (*Beulke*, StPO Rn 73).

Zur Vertiefung: Beulke, StPO Rn 73 f.

Die Rechtsprechung würde hier einen Rückgriff auf die Befangenheitsregelung des § 24 II SPO ablehnen, zumal dieser Fall nicht im Katalog des § 23 I StPO auftaucht. Zutreffender erscheint es aus der Perspektive des „vernünftig denkenden Angeklagten" jedoch, den bereits zuvor mit der Rechtssache befassten Richter als befangen anzusehen.

cc) Verfahren

– ordnungsgemäßes Ablehnungsgesuch, § 24 I StPO 58
Zunächst ist ein Ablehnungsgesuch iSv § 24 I StPO anzubringen, und zwar bei dem Gericht, dem der Richter angehört, § 26 I StPO.

– Rechtzeitigkeit der Ablehnung, § 25 II StPO
Die Ablehnung müsste unverzüglich gem § 25 II 1 StPO geltend gemacht werden, wobei „unverzüglich" wie im Zivilrecht als „ohne schuldhaftes Zögern" (vgl § 121 I 1 BGB) zu verstehen ist[58].

---

56 BGHSt 43, 16, 18; OLG Hamm StV 1998, 64.
57 BGHSt 1, 34, 39.
58 BGHSt 21, 334, 339.

– Glaubhaftmachung, § 26 II StPO
Der Ablehnungsgrund sowie die Voraussetzungen des rechtzeitigen Vorbringens wären hier glaubhaft zu machen.

Folgt man der hA im Schrifttum, hat ein von A eingebrachtes Ablehnungsgesuch bei Einhaltung der formellen Voraussetzungen Erfolg.

(Vertiefend zur Befangenheit bei Neuverhandlung in der Tatsacheninstanz allgemein Beulke, StPO Rn 63 ff)

Definitionen zum Auswendiglernen

Objektiv zurechenbar iSd Strafrechts ist ein Erfolg dann, wenn der Täter eine rechtlich relevante Gefahr geschaffen hat, die sich im tatbestandsmäßigen Erfolg realisiert (sog Grundformel, *Wessels/Beulke, AT Rn 179*).

Vorsatz iSd **§ 16** ist der Wille zur Verwirklichung eines Straftatbestandes in Kenntnis aller seiner objektiven Tatumstände bzw verkürzt: Wissen und Wollen der Tatbestandsverwirklichung (*Wessels/Beulke, AT Rn 203*).

Erlaubnistatbestandsirrtum ist gegeben, wenn sich der Täter über die sachlichen Voraussetzungen eines anerkannten Rechtfertigungsgrundes irrt, dh irrig Umstände für gegeben hält, die im Falle ihres wirklichen Gegebenseins die Tat rechtfertigen würden (*Wessels/Beulke, AT Rn 467*).

Angriff iSv **§ 32** ist jede durch menschliches Verhalten drohende Verletzung rechtlich geschützter Güter oder Interessen (*Wessels/Beulke, AT Rn 325*).

Gegenwärtig iSv **§ 32** ist der Angriff, der unmittelbar bevorsteht, begonnen hat oder noch fortdauert (*Wessels/Beulke, AT Rn 328*).

Rechtswidrig iSv **§ 32** ist jeder Angriff, der den Bewertungsnormen des Rechts objektiv zuwiderläuft und nicht durch einen Erlaubnissatz gedeckt ist (*Wessels/Beulke, AT Rn 331*).

Erforderlich iSv **§ 32** ist die Verteidigungshandlung, die zur Angriffsabwehr geeignet ist, dh die grundsätzlich dazu in der Lage ist, den Angriff entweder ganz zu beenden oder ihm wenigstens ein Hindernis in den Weg zu stellen, und die das mildeste zur Verfügung stehende Gegenmittel darstellt (*Wessels/Beulke, AT Rn 335*).

Landfriedensbruch iSv **§ 125 I Nr 1 Alt 1** begeht, wer sich an Gewalttätigkeiten gegen Menschen oder Sachen, die aus einer Menschenmenge heraus in einer die öffentliche Sicherheit gefährdenden Weise mit vereinten Kräften begangen werden, als Täter oder Teilnehmer beteiligt (*vgl Gesetzeswortlaut*).

Menschenmenge iSv **§ 125 I** ist eine größere, nicht sofort überschaubare Anzahl von Personen, bei der es auf das Hinzukommen oder Weggehen eines Einzelnen nicht mehr ankommt (*Wessels/Hettinger, BT1 Rn 604*).

Aufstacheln iSv **§ 130 I Nr 1** ist die Erzeugung einer gesteigerten, über die bloße Ablehnung und Verachtung hinausgehenden feindseligen Haltung (*vgl BGHSt 40, 97, 102*).

In eine hilflose Lage versetzt wird ein Mensch iSv **§ 221 I**, wenn er unter dem bestimmenden Einfluss des Täters in eine Situation gebracht wird, in der er sich ohne fremde Hilfe nicht gegen Gefahren für sein Leben oder seine Gesundheit schützen kann und er solcher Hilfe entbehrt (*Wessels/Hettinger, BT1 Rn 199*).

Körperliche Misshandlung
iSv **§ 223 I Alt 1** ist jede substanzverletzende Einwirkung auf den Körper des Opfers sowie jede üble, unangemessene Behandlung, durch die das körperliche Wohlbefinden oder die körperliche Unversehrtheit mehr als nur unerheblich beeinträchtigt wird (*Wessels/Hettinger, BT1 Rn 255*).

Gesundheitsschädigung
iSv **§ 223 I Alt 2** ist das Hervorrufen, Steigern oder Aufrechterhalten eines vom Normalzustand der körperlichen Funktionen des Opfers nachteilig abweichenden krankhaften Zustandes körperlicher oder seelischer Art (*vgl Wessels/Hettinger, BT1 Rn 257*).

Gefährliches Werkzeug
iSd **§ 224 I Nr 2 Alt 2** ist jeder – nach bisher hM bewegliche – Gegenstand, der nach seiner objektiven Beschaffenheit und der Art seiner Verwendung im konkreten Fall geeignet ist, erhebliche Verletzungen zuzufügen (*vgl Wessels/Hettinger, BT1 Rn 275*).

Mit einem anderen Beteiligten gemeinschaftlich
iSd § 224 I Nr 4 verlangt, dass bei der Körperverletzung mindestens zwei Personen unmittelbar am Tatort als Angreifer einverständlich zusammenwirken, sei es in Form der Mittäterschaft, sei es in Form von Täterschaft und Teilnahme (*Wessels/Hettinger, BT1 Rn 281*).

Hinterlistig
iSd **§ 224 I Nr 3** ist ein Überfall, wenn der Täter seine wahre Absicht planmäßig berechnend verdeckt, um gerade dadurch dem Angegriffenen die Abwehr zu erschweren (*Wessels/Hettinger, BT1 Rn 279*).

Überfall
iSd **§ 224 I Nr 3** ist jeder plötzliche, unerwartete Angriff auf einen Ahnungslosen (*Wessels/Hettinger, BT1 Rn 279*).

Eine das Leben gefährdende Behandlung
iSv **§ 224 I Nr 5** liegt vor, wenn die Verletzungshandlung den konkreten Umständen nach objektiv geeignet war, das Leben des Opfers in Gefahr zu bringen; die tatsächlich erlittene Verletzung braucht dabei nicht lebensgefährlich zu sein (*Wessels/Hettinger, BT1 Rn 282*).

Beteiligt
an der Schlägerei iSv **§ 231** ist, wer am Tatort anwesend ist und durch physische oder psychische Mitwirkung an den gegen andere gerichteten Tätlichkeiten teilnimmt (*Wessels/Hettinger, BT1 Rn 349*).

Angriff mehrerer
iSd **§ 231** bezeichnet eine in feindseliger Willensrichtung unmittelbar auf den Körper eines anderen abzielende Einwirkung durch mindestens zwei Personen (*Wessels/Hettinger, BT1 Rn 347*).

Schlägerei
iSv **§ 231** ist ein mit gegenseitigen Körperverletzungen verbundener Streit, an dem mindestens drei Personen aktiv mitwirken (*Wessels/Hettinger, BT1 Rn 345*).

Entführen
iSv **§ 239 b** als Vorstufe des Sich-Bemächtigens unterwirft das Opfer einer Veränderung seines Aufenthaltsortes mit der Wirkung, dass es der Herrschaftsgewalt des Täters ausgeliefert ist (*Wessels/Hettinger, BT1 Rn 454*).

Sich-Bemächtigen
iSv **§ 239 b** bedeutet, einen anderen zwecks Benutzung als Geisel physisch in seine Gewalt zu bringen (*Wessels/Hettinger, BT1 Rn 454*).

Drohen
iSd **§ 240** ist das auf Einschüchterung des Opfers gerichtete Inaussichtstellen eines zukünftigen Übels, auf dessen Eintritt der Drohende sich Einfluss zuschreibt (*Wessels/Hettinger, BT1 Rn 402*).

Empfindliches Übel
iSd **§ 240** ist ein Nachteil von solcher Erheblichkeit, dass seine Ankündigung geeignet erscheint, den Bedrohten iSd Täterverlangens zu motivieren (*Wessels/Hettinger, BT1 Rn 411*).

Gewalt	iSd **§ 240 I** ist der körperlich wirkende Zwang durch die Entfaltung von Kraft oder durch eine physische Einwirkung sonstiger Art, die nach ihrer Zielrichtung, Intensität und Wirkungsweise dazu bestimmt und geeignet ist, die Freiheit der Willensentschließung oder Willensbetätigung eines anderen aufzuheben oder zu beeinträchtigen (*vgl BGHSt 41, 182, 183; Wessels/Hettinger, BT1 Rn 383*).
Nötigen	iSv **§ 240 I** heißt, dem Betroffenen ein seinem Willen widerstrebendes Verhalten (Handeln, Dulden oder Unterlassen) aufzuzwingen (*Wessels/Hettinger, BT1 Rn 380*).

Weitere einschlägige Musterklausuren

Zum Problem der restriktiven Auslegung des § 239 b im Zwei-Personen-Verhältnis:
Britz, JuS 1997, 146; *Britz/Müller-Dietz*, Jura 1997, 313 (zu § 239 a); *Fahl*, JuS 2003, 472; *Gropp/Küpper/Mitsch*, [15] S 269; *Grunewald*, in: *Coester-Waltjen* ua (Hrsg), Examensklausurenkurs II, S 51; *Hartmann*, JA 1998, 946; *Hellmann*, JuS 1996, 522; *Ingelfinger*, JuS 1998, 531; *Kretschmer, B.*, Jura 2006, 219; *Kühl/Schramm*, JuS 2003, 681 (zu § 239 a); *Schwabe*, BT2 [11] S 157; *Strauß*, [16] S 117 (zu § 239 a); *Tag*, JuS 1996, 904; *Wolters*, [4] S 85

Zum Problem der Zurechnung des Erfolges einer Schlägerei (§ 231), der nach Verlassen der Schlägerei eintritt:
Gössel, [1] S 33; *Kett-Straub/Stief*, JuS 2008, 236; *Kretschmer*, Jura 1998, 244; *Lilie/Teyssen*, JuS 1985, 297; *Wagner*, [13] S 133

Zum Problem der sog Hemmschwellentheorie:
Fahl, Jura 2003, 60; *Gropp/Küpper/Mitsch*, [3] S 47, [6] S 115

Zum Problem: Welche Anforderungen stellt § 224 I Nr 4 an die Beteiligungsart und welche Anforderungen sind an die gemeinschaftliche Begehung selbst zu stellen?
Dannecker, JuS 2002, 1087; *Eifert*, JuS 1993, 1032 (zu § 223 a aF); *Gropp/Küpper/Mitsch*, [7] S 133; *Herzberg/Scheinfeld*, JuS 2003, 880; *Kelker*, Jura 1996, 89 (zu § 223 a aF); *Laubenthal*, JA-Übungsblätter 2004, 39; *Schulz*, JA 1999, 203

Zum Problem: Setzt eine „das Leben gefährdende Behandlung" iSv § 224 I Nr 5 eine konkrete oder nur abstrakte Lebensgefährdung voraus?
Berz/Saal, Jura 2003, 205; *Britz/Müller-Dietz*, JuS 1998, 237; *Buttel/Rotsch*, JuS 1996, 327 (zu § 223 a aF); *Dannecker*, JuS 2002, 1087; *Dohmen*, Jura 2006, 143; *Freund/Schaumann*, JuS 1995, 801; *Gropp/Küpper/ Mitsch*, [3] S 47; *Hillenkamp*, JuS 2001, 159; *Hörnle*, Jura 2001, 44; *Ingelfinger*, JuS 1998, 531; *Jahn*, JA 2002, 560; *Laubenthal*, JA-Übungsblätter 2004, 39; *Meurer/Dietmeier*, Jura 1999, 643; *Meurer/Kahle/Dietmeier*, [5] S 77; *Müller-Dietz/Backmann*, JuS 1971, 12 (zu § 223 a aF); *Otto*, Jura 1988, 44 (zu § 223 a aF); *ders*, [A3], S 63; *Pape*, Jura 2008, 147; *Schrödl*, JA 2003, 656; *Siebrecht*, JuS 1997, 1101 (zu § 223 a aF)

Zum Problem des spezifischen Gefahrzusammenhangs:
Berg, in: *Coester-Waltjen* ua (Hrsg), Examenklausurenkurs I, S 56; *Dannecker*, JuS 2002, 1087; *Ebert*, Fälle, [8] 129; *Frisch/Murmann*, JuS 1999, 1196; *Hinderer*, JA-Übungsblätter 2009, 25; *Kargl*, Strafrecht, S 36; *Kett-Straub/Linke*, JuS 2008, 717; *Krey/Fischer*, JA 1997, 204; *Kudlich*, JuS 2003, 32; *Kuhlen/Roth*, JuS 1995, 711; *Laubenthal*, Jura 1989, 99; *Morgenstern*, Jura 2002, 568; *Niederle*, [2] S 10; *Norouzi*, JuS 2006, 531; *Preis/Prütting/Sachs/Weigend*, [20], S 318; *Safferling*, Jura 2004, 64; *Siebrecht*, JuS 1997, 1101 (zu § 226 aF); *Wolter*, JA 2007, 354; *ders*, JA 2008, 605

Zum Problem der schuldhaften Herbeiführung einer Notwehrlage:
Berz/Saal, Jura 2003, 205; *Jescheck*, [44] S 59; *Kudlich*, JuS 2003, 32; *Schrödl*, JA 2003, 656

Zum Problem: Wegfall der objektiven Zurechnung wegen eigenverantwortlichen Dazwischentretens eines Dritten?
Gropp/Küpper/Mitsch, [5] S 93; *Kargl*, Strafrecht, S 136; *Morgenstern*, Jura 2002, 568; *Müller*, Jura 2005, 635; *Namavicius*, JA 2007, 190; *Scholderer*, Jus 1989, 918; *Wolters*, [1] S 1

Zum Problem: Kann demjenigen, der sich erst nach Eintritt der schweren Folge an einer Schlägerei (§ 231) beteiligt, die schwere Folge zugerechnet werden?
Gössel, [1] S 33

Zum Problem des Erlaubnistatbestandsirrtums:
Ambos/Rackow, Jura 2006, 943; *Beulke*, Klausurenkurs I [7] Rn 250; *Brüning*, JuS 2007, 255; *Dohmen*, Jura 2006, 143; *Dürre/Wegerich*, JuS 2006, 712; *Ebert*, Fälle, [8] S 129; *Fahl*, Jura 2009, 234; *Frister*, [1] S 1; *Gössel*, [9] S 154; *Grebing*, Jura 1980, 91; *Helmrich*, JA- Übungsblätter 2006, 351; *Hilgendorf*, [6] S 33; *Ingelfinger*, JuS 1995, 321; *Jescheck*, [57] S 73; *Joerden*, JuS 1996, 622; *Kargl*, Strafrecht, S 83 f; *Kasiske*, JA 2007, 509; *Kienapfel*, S 138 ff; *Kipp/Kummer*, Jura 2008, 792; *Lilie/Teyssen*, JuS 1985, 297; *Merten*, [21] S 63; *Mitsch*, JA 1995, 32; *ders*, Jura 1988, 203; *ders*, JuS 1987, 726; *Norouzi*, JuS 2007, 146; *Oelmüller/Peter*, [5] S 103; *Otto*, [E1] S 145, [RH] S 273; *Priebe*, Fälle, [8] S 109; *Prütting/Stern/Wiedemann*, [20] S 233; *Rotsch/Nolte/Peifer/Weitemeyer*, [19] 269; *Roxin/Schünemann/Haffke*, [4] S 79, [5] S 91; *Rudolphi*, [4] S 39, [15] S 177; *Samson*, St 1 [25] S 118; *Schulz/Richter*, JuS 1985, 798; *Schwind/Franke/Winter*, [2. Hausarbeit] S 63, [2. Klausur] S 111; *Seier*, JA 1992, 206; *ders*, JuS 1984, 205; *Sonnen/Mitto/Nugel*, Fälle, [6] S 53; *Stoffers*, JuS 1994, 948; *Strauß*, [3] S 35; *Tiedemann*, [2] S 171; *Valerius*, [8] S 127; *Walter*, Jura 2002, 415

Fall 2

Ungewollte Mutterfreuden

I.

59 Als M im September 2001 erfährt, dass sie in der zehnten Woche schwanger ist, lässt sie sich in einer anerkannten Schwangerschaftsberatungsstelle sozial beraten und vereinbart sodann mit einem Arzt, dass vier Tage später der Schwangerschaftsabbruch vorgenommen werden soll. Ihr Freund und Vater des Kindes, der V, ist jedoch gegen den Eingriff und möchte, dass M das Kind zur Welt bringt. Da V die M nicht überzeugen kann, das Kind auszutragen, fängt V die M an der Tür der Arztpraxis ab und fährt sie unter einem Vorwand mit seinem PKW wieder nach Hause. Dort nimmt er ihr die Wohnungsschlüssel weg und sorgt dafür, dass M die restlichen neun Tage bis zum Ablauf der zwölften Schwangerschaftswoche die Wohnung nicht verlassen kann. Nach Ablauf der neun Tage gibt V der M die Schlüssel zurück. V ist der Ansicht, allein auf diese Weise das Leben des Kindes retten zu können. Tatsächlich sieht M nun – wie von V erhofft – von einem Schwangerschaftsabbruch ab, da es hierfür zu spät sei, und bringt das gesunde Kind (K) zur Welt.

Als die M am 10. 11. 2002 erfährt, dass sie wieder schwanger ist, diesmal in der sechsten Woche, rät ihr ihre Freundin F, einen erneuten Konflikt zu vermeiden. Entsprechend dem Ratschlag der F, die ebenso wie M der Ansicht ist, M könne nicht noch ein zweites Kind aufziehen, ändert M in der alten Bescheinigung über die soziale Beratung vom 2. 10. 2001 das Datum auf den 2. 11. 2002 und legt diese Bescheinigung noch am 10. 11. 2002 dem Arzt A vor, der in gutem Glauben an eine stattgefundene Beratung den Abbruch der Schwangerschaft vornimmt. M selbst glaubte, auf Grund ihrer Notsituation zu diesem Vorgehen berechtigt zu sein. F teilt diese Ansicht nicht.

Als V hiervon erfährt, ist er zutiefst verärgert und verlässt die M. Er spricht mit seinem Boxfreund B und erzählt ihm, dass er nicht einsähe, noch länger Unterhalt für das „Balg der M“ zu zahlen, wenn die sich so aufführe. Darauf rät ihm B, das Kind K zu töten. Dies allerdings deshalb, weil er dem K eine Zukunft ohne Vater ersparen will. Über die genauen Umstände des Tathergangs macht er sich keine Gedanken. V ist dem B für diese Idee dankbar, weil er seine finanziellen Belastungen damit in einem vertretbaren Rahmen halten kann. Aus diesem Grund lauert V der M auf, als diese sich zum Einkaufen begibt. Den Kinderwagen lässt M vor dem Geschäft stehen, behält ihn aber ständig im Auge. Als M an der Kasse bezahlt und deshalb für einige Minuten den Blickkontakt zum Kind verliert, schleicht sich V an den Kinderwagen heran und erstickt das Kind mit der Decke.

Wie haben sich die Beteiligten strafbar gemacht?

Ggf erforderliche Strafanträge sind gestellt.

II.

Der Polizeibeamte P ist auf einer Fortbildung. Nach Feierabend trifft er bei einem herbstlichen Stadtbummel zufällig seinen Vetter (= Cousin) V, den er schon Jahre nicht mehr gesehen hat. P lädt daraufhin den V auf ein Bier in eine nahe gelegene Kneipe ein. Während des Gesprächs in der Kneipe wird dem P klar, dass er *den* V vor sich hat, der mittlerweile wegen Tötung des K steckbrieflich mit Haftbefehl gesucht wird. Er beschließt aber, die Sache auf sich beruhen zu lassen, und unternimmt nichts. Der V verlässt alsbald nach dem Gespräch unbehelligt die Gaststätte.

Hätte P in irgendeiner Weise dienstlich tätig werden müssen?

Gedankliche Strukturierung des Falles (Kurzlösung)

60 **Teil I. (materiell-rechtlicher Teil)**

A. Das erste Kind

I. Strafbarkeit der M

1. § 218 I (–)
- Abbruch (–)

2. §§ 218 I, 22, 23 I Alt 2 (–)
- für Schwangere straflos, § 218 IV 2

3. Ergebnis für M im Tatkomplex A
M ist straflos.

II. Strafbarkeit des V

1. § 239 I Alt 1 (–)
a) Objektiver Tatbestand (+)
- Einsperren (+)

b) Subjektiver Tatbestand (+)
c) Rechtswidrigkeit (+)
aa) Nothilfe, § 32 (–)
- Nothilfelage (+)

Problem Nr 9: Kann ein nach § 218 a I iVm § 219 II 2 nicht tatbestandsmäßiger Schwangerschaftsabbruch rechtswidrig iSd Rechtswidrigkeit eines Angriffs gem § 32 sein? (Rn 64)

- Nothilfehandlung (–)

Problem Nr 10: Wegfall der Gebotenheit der Nothilfe, wenn der Kindsvater einen nach § 218 a I straflosen Schwangerschaftsabbruch zwangsweise verhindert? (Rn 66)

Eine Rechtfertigung gem § 32 scheidet aus.
bb) Rechtfertigender Notstand, § 34 (–)
- Notstandslage (+)
- Notstandshandlung (–)

Eine Rechtfertigung gem § 34 scheidet aus.
d) Schuld (–)
- Entschuldigender Notstand, § 35 (+)
- – Notstandslage (+)
- – Notstandshandlung (+)
- – Zumutbarkeitsklausel, § 35 I 2 (–)
- – subjektives Element (+)

V ist gem § 35 entschuldigt.

2. § 239 III Nr 1 (–)
- § 35 greift ein

3. § 239 b I Alt 1 (–)
- § 35 greift ein

4. § 240 I, II (–)
a) Tatbestand (+)
b) Rechtswidrigkeit (+)
- Fehlen von Rechtfertigungsgründen (+)
- Positive Verwerflichkeitsprüfung, § 240 II (+)

c) Schuld (–)
- § 35 greift ein

5. § 221 I Nr 1 (–), Nr 2 (–)
- Nr 1: Versetzen in hilflose Lage (–)
- Nr 2: Im-Stich-Lassen in hilfloser Lage (–)

6. § 242 I bzgl Schlüssel (–)
a) Objektiver Tatbestand (+)
b) Subjektiver Tatbestand (–)
- Vorsatz (+)
- Zueignungsabsicht (–)

7. Ergebnis für V im Tatkomplex A
V ist straflos.

B. Das zweite Kind

I. Strafbarkeit des A

1. § 218 I 1 (–)
a) Objektiver Tatbestand (+)
- Schwangerschaftsabbruch nach Nidation (+)
- Tatbestandsausschluss gem § 218 a I (–)

b) Subjektiver Tatbestand (–)
- Tatbestandsirrtum, § 16 I 1 (+)

2. § 218 c I (–)

3. § 223 I (–)
a) Objektiver Tatbestand (+)

Problem Nr 11: Schließt ein de lege artis durchgeführter ärztlicher Eingriff bereits den Tatbestand des § 223 aus oder kommt nur eine Rechtfertigung in Betracht? (Rn 75)

b) Subjektiver Tatbestand (+)
c) Rechtswidrigkeit (+)
- Einwilligung ist sittenwidrig, § 228

d) Schuld (–)
- Erlaubnistatbestandsirrtum (+)

4. § 224 I Nr 2 Alt 2 (–)

5. § 229 (–)

6. Ergebnis für A im Tatkomplex B
A ist straflos.

II. Strafbarkeit der M

1. §§ 218 I 1, 25 I Alt 2 (+)
a) Objektiver Tatbestand (+)
b) Subjektiver Tatbestand (+)
c) Akzessorietätslockerung, § 28 II (+)
- besonderes persönliches Merkmal, § 14 I (+)
- strafmodifizierende Wirkung (+)

d) Rechtswidrigkeit (+)
- Rechtfertigender Notstand, § 34 (–)
- Notstandslage (+)
- Notstandshandlung (–)

e) Schuld (+)
aa) Entschuldigender Notstand, § 35 (–)

- Notstandslage (–)
- *Notstandshandlung (–)*

bb) Verbotsirrtum, § 17 S 1 (–)
- (indirekter) Verbotsirrtum (+)
- Unvermeidbarkeit (–)

f) Strafmilderung gem § 17 S 2 iVm § 49 I (+)

g) Ergebnis

2. § 267 I (+)

a) Objektiver Tatbestand

aa) Verfälschen einer echten Urkunde, Var 2 (+)
- Urkunde (+)
- Verfälschen (+)

Problem Nr 12: Anforderungen an das Verfälschen von Urkunden iSv § 267 I Var 2 (Rn 81)

bb) Herstellen einer unechten Urkunde, Var 1 (+)
- tritt aber hinter Var 2 zurück.

cc) Gebrauchmachen von einer unechten/verfälschten Urkunde, Var 3 (+)

b) Subjektiver Tatbestand (+)
- Vorsatz (+)
- Täuschungsabsicht (+)

c) Rechtswidrigkeit (+)

d) Schuld (+)

e) Verhältnis von Var 2 zu Var 3

Problem Nr 13: Konkurrenzverhältnis zwischen Herstellen bzw Verfälschen und Gebrauchmachen bei § 267 (Rn 83)

- Verfälschen und Gebrauchmachen sind eine Tat.

f) Ergebnis

3. § 274 I Nr 1 (–)

4. § 277 (–)

5. § 279 (–)

6. Konkurrenzen

7. Ergebnis für M im Tatkomplex B

M hat sich gem §§ 218 I 1, 25 I Alt 2, 28 II, 218 III, 17 S 2 – § 52 – §§ 267 I Var 3, 17 S 2 strafbar gemacht.

III. Strafbarkeit der F

1. §§ 218 I 1, 25 I Alt 2 (–)

a) Objektiver Tatbestand (–)

Problem Nr 14: Ist eine mittelbare Täterschaft möglich, wenn der Vordermann in vermeidbarem Verbotsirrtum handelt? (Rn 88)

b) Ergebnis

2. §§ 218 I 1, 26 (+)

a) Objektiver Tatbestand (+)
- vorsätzliche rechtswidrige Haupttat (+)
- Anstiftungshandlung (+)

Problem Nr 15: Wie ist der Begriff des „Bestimmens“ iSv § 26 auszulegen (Rn 90)

b) Subjektiver Tatbestand (+)
- Vorsatz bzgl Haupttat (+)
- Vorsatz bzgl Anstiftungshandlung (+)

c) Akzessorietätslockerung, § 28 II (+)
- F fehlt privilegierender Umstand der Schwangerschaft.

d) Rechtswidrigkeit (+)

e) Schuld (+)

3. §§ 267 I Var 2 und 3, 26 (+)

4. Ergebnis für F im Tatkomplex B

F ist strafbar gem §§ 218 I 1, 26, 28 II – § 52 – §§ 267 I Var 3, 26.

C. Der Tod des Kindes K

I. Strafbarkeit des V

1. § 212 I (+)

2. § 211 (+)

a) Heimtücke (–)
- bzgl Kleinkind K (–)
- bzgl M als schutzbereiter Person (–)

b) Grausam (–)

c) Habgier (+)

d) Sonstige niedrige Beweggründe (–)

e) Konkurrenz
- § 211 verdrängt § 212 I.

3. § 223 I (+)
- § 223 ist subsidiär gegenüber § 211.

4. § 224 I Nr 3 (–), Nr 5 (+)

a) Tatbestand (+)
- Nr 3 (hinterlistiger Überfall) (–)
- Nr 5 (Leben gefährdende Behandlung) (+)

b) Konkurrenz
- § 224 I Nr 5 ist subsidiär gegenüber § 211.

5. § 227 I (+)
- § 227 ist subsidiär gegenüber § 211.

6. § 170 (–)

7. § 171 (–)

8. Ergebnis für V im Tatkomplex C

V ist strafbar gem § 211.

II. Strafbarkeit des B

1. §§ 212 I, 25 II (–)

2. §§ 212 I, 26 (+)

a) Objektiver Tatbestand (+)
- vorsätzliche rechtswidrige Haupttat (+)
- Anstiftungshandlung (+)

b) Subjektiver Tatbestand (+)
- Vorsatz bzgl Haupttat (+)
- Vorsatz bzgl Anstiftungshandlung (+)

c) Rechtswidrigkeit und Schuld (+)

3. §§ 211, 26 (–)

a) Objektiver Tatbestand (+)
- vorsätzliche rechtswidrige Haupttat (+)

- Anstiftungshandlung (+)

b) Subjektiver Tatbestand (+)
- Vorsatz bzgl Habgiermord (+)
- Vorsatz bzgl Anstiftungshandlung (+)

c) Akzessorietätslockerung (+)
- Mordmerkmale in der Person des B (–)
- Fehlen des Mordmerkmals der Habgier (+)

Problem Nr 16: Wie ist das Verhältnis von § 212 zu § 211? Ist § 28 I oder II oder § 29 anwendbar? (Rn 100)

4. Ergebnis für B im Tatkomplex C

B ist strafbar gem §§ 212 I, 26, 29 *(hM: 28 II)*.

D. Gesamtergebnis des materiell-rechtlichen Gutachtens

Tatkomplex A:
M und V sind nicht strafbar.

Tatkomplex B:
A: straflos
F: §§ 218 I 1, 26, 28 II – § 52 – §§ 267 I Var 3, 26
M: §§ 218 I 1, 25 I Alt 2, 28 II, 218 III, 17 S 2 – § 52 – §§ 267 I Var 3, 17 S 2

Tatkomplex C:
B: §§ 212 I, 26, 29 *(hM: 28 II)*
V: § 211

Teil II. (prozessualer Teil)

Polizeiliche/staatsanwaltschaftliche Erforschungs- und Verfolgungspflicht bei außerdienstlicher Kenntniserlangung

Problem Nr 17: Inwieweit sind Polizei/Staatsanwaltschaft bei privater Kenntniserlangung von einer Straftat zur Erforschung und Verfolgung der Tat verpflichtet? (Rn 104)

Ausführliche Lösung von Fall 2

Teil I. (materiell-rechtlicher Teil)

A. Das erste Kind

I. Strafbarkeit der M

1. § 218 I

Abbruch der Schwangerschaft iSv § 218 I ist die Vornahme eines Eingriffs bei einer Schwangeren, der die Abtötung der Leibesfrucht bezweckt oder in Kauf nimmt. Der Taterfolg liegt im Absterben der Leibesfrucht; bleibt dieser Erfolg aus, fehlt es an der Tatvollendung[1]. Da M von ihrem Vorhaben des Schwangerschaftsabbruchs Abstand genommen hat, scheidet § 218 I aus. **61**

2. §§ 218 I, 22, 23 I Alt 2

Der Versuch des Schwangerschaftsabbruchs ist gem § 218 IV 2 für die M als Schwangere straflos. **62**

3. Ergebnis für M im Tatkomplex A

M ist straflos.

II. Strafbarkeit des V

1. § 239 I Alt 1

Indem V die M an der Tür abgefangen und sie nach Hause verbracht und dort eingeschlossen hat, könnte er sich wegen Freiheitsberaubung gem § 239 I Alt 1 strafbar gemacht haben. **63**

a) Objektiver Tatbestand

Einsperren iSv § 239 I Alt 1 ist das Verhindern des Verlassens eines Raumes durch äußere Vorrichtungen[2]. V hat durch Einsperren die M ihrer Freiheit beraubt.

b) Subjektiver Tatbestand

V handelte vorsätzlich.

---

1 *Wessels/Hettinger*, BT1 Rn 225.
2 *Wessels/Hettinger*, BT1 Rn 372.

c) Rechtswidrigkeit

aa) Nothilfe, § 32

In Betracht kommt eine Rechtfertigung durch Nothilfe zugunsten des ungeborenen Kindes als „anderer" iSv § 32 I, II Alt 2.

Fraglich ist zunächst, ob eine Nothilfelage, dh ein gegenwärtiger rechtswidriger Angriff, bestand.

Angriff ist jede durch menschliches Verhalten drohende Verletzung rechtlich geschützter Güter oder Interessen[3]. Die Leibesfrucht wird rechtlich geschützt durch die §§ 218 ff[4] sowie Art 1 I iVm Art 2 II GG[5]. Die Leibesfrucht kann also ein „anderer" iSv § 32 II Alt 2 sein. Durch Abbruch der Schwangerschaft droht die Vernichtung des ungeborenen Lebens.

Gegenwärtig ist ein Angriff, der unmittelbar bevorsteht, begonnen hat oder noch fortdauert[6]. Die Tötung der Leibesfrucht war alsbald zu erwarten, da M mit der Sozialberatung eine Voraussetzung für einen straflosen Schwangerschaftsabbruch iSv § 218 a I durchgeführt hatte, sich gerade zum Arzt begab und dort bereits die Praxistür erreicht hatte.

Gegenwärtig bzw unmittelbar bevorstehend kann ein Angriff auch ohne Eintritt in den Versuchsbereich einer strafbaren Handlung sein, wenn der Angriff sicher zu erwarten und der Wille, ein Rechtsgut zu verletzen, nach außen betätigt ist[7]. Auch wenn die Schwelle zum Versuch des Schwangerschaftsabbruchs noch nicht überschritten sein sollte – was hier letztlich offen bleiben kann –, ist mit dem Erreichen der Praxistür die Gegenwärtigkeit des Angriffs gegeben.

Anders wäre zu entscheiden, wenn der Retter präventiv vorgehen will, wenn also Rettungsmaßnahmen bereits geraume Zeit vor dem Abbruchstermin ergriffen werden. Dann handelt es sich um Fälle einer nur „notwehrähnlichen Lage", auf die nach hM eine analoge Anwendung des § 32 nicht in Betracht kommt[8].

Rechtswidrig ist jeder Angriff, der den Bewertungsnormen des Rechts objektiv zuwiderläuft und nicht durch einen Erlaubnissatz gedeckt ist[9]. Maßgeblich ist, was der Handelnde rechtlich tun darf. Die Rechtmäßigkeit des Verhaltens der Schwangeren könnte sich hier aus § 218 a I ergeben.

64 **Problem Nr 9: Kann ein nach § 218 a I iVm § 219 II 2 nicht tatbestandsmäßiger Schwangerschaftsabbruch rechtswidrig iSd Rechtswidrigkeit eines Angriffs nach § 32 sein?**

Unvereinbarkeit mit Normen des Strafrechts

Nach der Systematik der §§ 218 ff ist im Grundsatz jeder Schwangerschaftsabbruch ab Einnistung (Nidation) strafrechtlich verboten.

---

3 *Wessels/Beulke*, AT Rn 325.
4 BGHSt 28, 11, 15.
5 BVerfGE 39, 1, 41; 88, 203, 252.
6 *Wessels/Beulke*, AT Rn 328.
7 *Fischer*, § 32 Rn 17.
8 BGHSt 39, 133 m Anm *Roxin*, NStZ 1993, 335; *Wessels/Beulke*, AT Rn 329.
9 *Wessels/Beulke*, AT Rn 331.

Im Sinne einer Rechtfertigung ausdrücklich erlaubt ist aber der Abbruch bei medizinisch-sozialer und kriminologischer Indikation (§ 218 a II, III), deren Voraussetzungen hier nicht vorliegen.

Liegen die Voraussetzungen des § 218 a I (sog „beratener Schwangerschaftsabbruch", richtig eigentlich „Schwangerschaftsabbruch innerhalb der ersten zwölf Wochen nach vorgeschriebener Konfliktberatung") vor, ist dagegen bereits der **Tatbestand nicht verwirklicht**. Diese Fälle sollen vom Strafrecht nicht erfasst werden; sie sind nicht „strafrechtswidrig". Der Gesetzgeber hat sich dafür entschieden, in den ersten zwölf Wochen das Leben des Ungeborenen nicht durch Strafdrohung, sondern durch eine obligatorische Beratung zu schützen, was vom BVerfG (BVerfGE 88, 203 ff) akzeptiert wurde (sog Fristenregelung mit Beratungskonzept, *Otto*, Jura 1996, 135, 138; krit *Hoerster*, JuS 1995, 193).

Zu beachten ist aber, dass § 32 ein umfassender Rechtswidrigkeitsbegriff zu Grunde liegt, dh dass jeder Widerspruch des Verhaltens zur Rechtsordnung insgesamt den Angriff rechtswidrig macht, sodass das Recht der Notwehr erhalten bleibt (*Lesch*, Notwehrrecht und Beratungsschutz, S 14; *Otto*, Jura 1996, 135, 139; *Tröndle*, NJW 1995, 3009, 3014; *Wessels/Hettinger*, BT1 Rn 236). Zudem trifft die Tatbestandsmäßigkeit im Strafrecht kein abschließendes Urteil über die Rechtswidrigkeit insgesamt, sondern bestimmt nur, was strafwürdig und strafbedürftig ist (*Otto*, Jura 1996, 135, 139).

Daher ist auch die **Unvereinbarkeit mit der sonstigen Rechtsordnung** zu prüfen.

(1) Nach einer **Mindermeinung** ist ein in den Fällen des § 218 a I durchgeführter Schwangerschaftsabbruch rechtmäßig (NK-*Merkel*, § 218 Rn 142; § 218 a Rn 59 ff, 63).

Argument: Wenn § 218 a I das Verbot des Schwangerschaftsabbruches im geregelten Bereich zurücknimmt, so muss es insoweit ohne jede rechtliche Wirksamkeit sein. Diese vollständige Rücknahme führt zur Rechtmäßigkeit der Handlung. Allenfalls kann dem Gesetz noch ein gegenteiliger moralischer Appell entnommen werden.

(2) Nach der überzeugenden Ansicht des **BVerfG** (BVerfGE 88, 204), dem die Literatur auch bisher weitgehend gefolgt ist (S/S-*Eser*, § 218 a Rn 14), ist § 218 a I dahingehend auszulegen, dass es trotz des Tatbestandsausschlusses bei der Missbilligung des Abbruchs als rechtswidrig verbleibt.

Argument: Art 2 II 1 GG schreibt einen umfassenden Lebensschutz – und damit auch den Schutz des ungeborenen Lebens – vor. Deshalb hat das BVerfG gefordert, dass der Schwangerschaftsabbruch für die gesamte Dauer der Schwangerschaft grundsätzlich als Unrecht angesehen wird und dies auch durch gesetzliche Klarstellung gewährleistet werden muss – bei gleichzeitigem Ausschluss einer zwangsweisen Nothilfe zugunsten des ungeborenen Kindes (BVerfGE 88, 203, 255). Der Gesetzgeber hat diese Forderung nur höchst unvollkommen umgesetzt; allenfalls implizit lässt sich aus einem Umkehrschluss aus § 218 a II, III, in dem ausdrücklich das Unrecht der Tat ausgeschlossen wird, entnehmen, dass bei § 218 a I das Unwerturteil der Rechtsordnung erhalten bleibt (*Otto*, Jura 1996, 135, 139). In jedem Fall folgt dasselbe Ergebnis auch aus einer verfassungskonformen Auslegung des § 218 a unter Berücksichtigung der verfassungsrechtlich gebotenen Schutzpflicht des Staates für das Ungeborene. Folglich ist auch der nach § 218 a I tatbestandslose Schwangerschaftsabbruch rechtswidrig iSd § 32.

Der Gesetzgeber ist aber auch der Vorgabe des BVerfG, gesetzlich sicherzustellen, dass gegen das Handeln der Frau und des Arztes von Dritten Nothilfe zugunsten des Ungeborenen nicht geleistet werden kann, nicht hinreichend nachgekommen. Es kann also nur in Erwägung gezogen werden, über die Verneinung einer anderen Voraussetzung des § 32 als der der Rechtswidrigkeit des Angriffs zu dessen Scheitern zu gelangen.

65 § 218 a I ist bei dem bevorstehenden Abbruch erfüllt (Verlangen der Schwangeren, Nachweis der sozialen Beratung, Abbruch durch Arzt, weniger als zwölf Wochen). Daher liegt auf den ersten Blick keine Strafrechtswidrigkeit vor. Aus der Unvereinbarkeit des von M geplanten Schwangerschaftsabbruchs mit Art 2 II GG ergibt sich jedoch, dass das Vorgehen rechtswidrig bleibt. Eine Nothilfelage ist also zu bejahen.

Die Nothilfehandlung gegenüber dem Angreifer muss erforderlich und geboten gewesen sein.

Das Einsperren der M war geeignet, den Angriff auf die Leibesfrucht sofort und ohne Risiko zu beenden. Ein milderes, ebenso wirksames Mittel ist nicht erkennbar. Die Nothilfehandlung war somit erforderlich.

Fraglich ist, ob sie auch normativ geboten war.

66 **Problem Nr 10: Wegfall der Gebotenheit der Nothilfe, wenn der Kindsvater einen nach § 218 a I straflosen Schwangerschaftsabbruch zwangsweise verhindert?**

Die Gebotenheit hängt von normativen und sozialethischen Erwägungen ab (*Wessels/Beulke*, AT Rn 342 ff). Um den Vorgaben des BVerfG zum Ausschluss der Notwehr/-hilfe zu entsprechen, könnte aus einer historischen und systematischen Gesetzesauslegung gefolgert werden, dass in den ersten zwölf Wochen der Schwangerschaft der Schutz des Kindes am besten ohne jeden Zwang allein durch Beratung gewährleistet ist. Damit nimmt der Gesetzgeber bewusst die Strafbarkeit während dieses Zeitraums zurück, um unproduktive Zwangssituationen zu vermeiden. Dem widerspräche es, wenn zwar strafrechtlicher Zwang ausgeschlossen wäre, jedoch privater Zwang mit demselben Ziel durch den Staat mittelbar gebilligt würde. Die normative Entscheidung für die Beratungslösung muss daher Auswirkungen auch im Bereich der Gebotenheit der Notwehr haben, sodass grundsätzlich eine Nothilfe zugunsten des Kindes ausscheidet.

Dieses Ergebnis entspricht auch der sonstigen Auslegung des Merkmals der „Gebotenheit" der Nothilfehandlung. Die Gebotenheitseinschränkungen sind aus den Grundgedanken der Notwehr herzuleiten (*Jescheck/Weigend*, § 32 III 3; *Roxin*, AT1 § 15 Rn 55 ff; S/S-*Lenckner/Perron*, § 32 Rn 47; krit: *Fischer*, § 218 a Rn 3 f). Nach hM (sog Zwei-Elemente-Theorie, *Roxin*, AT1 § 15 Rn 1; S/S-*Lenckner/Perron*, § 32 Rn 1 f) beruht § 32 auf zwei Grundgedanken:
- dem individualrechtlichen Aspekt (Schutz der Rechtsgüter des Täters bzw des Dritten) und
- dem sozialrechtlichen Aspekt (Rechtsbewährungsprinzip).

Geht der Täter entgegen dem Grundgedanken des Gesetzgebers, der sich mit der Fristenlösung mit Beratungskonzept gerade gegen Zwang ausgesprochen hat, gewaltsam gegen die Kindsmutter vor, so handelt er nicht iS der Rechtsordnung; es fehlt also am sozialrechtlichen Aspekt. Die Notwehrhandlung ist nicht geboten (*Satzger*, JuS 1997, 800; *ders*, Jura 2008, 424, 432; abw *Lesch*, Notwehrrecht und Beratungsschutz, S 72; auch *Kluth*, FamRZ 1993, 1389, verlangt eine klare gesetzliche Regelung als unabdingbare Voraussetzung für einen Nothilfeausschluss, würde also den Weg über die Gebotenheit so wohl nicht gehen wollen).

Zur Vertiefung: Lesch, Notwehrrecht und Beratungsschutz.

67 Dem von M geplanten Schwangerschaftsabbruch innerhalb der ersten zwölf Wochen soll nach der Konzeption des Gesetzgebers im Wesentlichen nur durch die Sozialberatung entgegengewirkt werden. Eine solche Sozialberatung hat stattgefunden. Gäbe man dem V hier ein Nothilferecht, so stünde dies nicht in Übereinstimmung mit dem

Grundgedanken des § 32, der dem Bürger sozusagen stellvertretend nur die Rechte gewährt, die sonst dem Staat zustehen. Die Ausübung von Zwang kann deshalb nicht als „geboten" eingestuft werden.

Eine Rechtfertigung wegen Nothilfe scheidet somit aus.

bb) Rechtfertigender Notstand, § 34

Die Freiheitsberaubung könnte durch Notstand gem § 34 gerechtfertigt sein.

Voraussetzung ist zunächst eine gegenwärtige Gefahr für ein notstandsfähiges Rechtsgut. Notstandsfähig ist jedes Rechtsgut, gleichgültig, ob es dem Täter oder einem Dritten zusteht[10]. Das Leben eines ungeborenen Kindes ist in dieser konkreten Situation schutzbedürftig und schutzwürdig[11]. Dies folgt aus Art 2 II 1 GG und aus der Tatsache, dass ein nicht nach § 218 a II, III gerechtfertigter Abbruch der Schwangerschaft immer als Unrecht angesehen werden muss (*s o Rn 64*). Die Leibesfrucht ist ein „anderer" iSv § 34, dessen notstandsfähiges Rechtsgut bedroht ist. Wenn schon ein gegenwärtiger Angriff vorliegt, dann ist erst recht[12] eine gegenwärtige Gefahr, dh ein Zustand, dessen Weiterentwicklung den Eintritt oder die Intensivierung eines Schadens ernstlich befürchten lässt, sofern nicht alsbald Abwehrmaßnahmen ergriffen werden[13], gegeben.

Das Einsperren der M war geeignet, den Angriff auf die Leibesfrucht sofort und ohne Risiko zu beenden. Ein milderes, ebenso wirksames Mittel ist nicht erkennbar. Die Notstandshandlung war somit erforderlich.

Darüber hinaus muss bei Abwägung der widerstreitenden Interessen das Leben des Kindes die Interessen der Mutter wesentlich überwiegen. Es wurde das Rechtsgut „Leibesfrucht" durch Aufopferung der Fortbewegungsfreiheit der M gerettet. Da das Leben des ungeborenen Kindes voll ausgelöscht werden sollte, die Fortbewegungsfreiheit der Mutter aber nur temporär in minderem Maße beeinträchtigt wurde, überwiegt das Interesse der Leibesfrucht wesentlich. Das Leben des ungeborenen Kindes ist wegen dessen Abhängigkeit von der Mutter nicht weniger schutzwürdig[14].

Schließlich muss die Tat ein angemessenes Mittel zur Abwendung der Gefahr sein, § 34 S 2. Auch hier ist jedoch bedeutsam, dass der Gesetzgeber Zwang gerade nicht als angemessenes Mittel zum Schutz des ungeborenen Lebens ansieht; dabei kann die Entscheidung bei von staatlicher Seite stammendem Zwang nicht anders behandelt werden als die staatlich sanktionierte Anwendung privaten Zwangs[15]. Die Tat war daher kein angemessenes Mittel.

Eine Rechtfertigung durch Notstand gem § 34 scheidet aus.

10 LK-*Zieschang*, § 34 Rn 22.
11 Vgl *Wessels/Hettinger*, BT1 Rn 223.
12 Vgl *Wessels/Beulke*, AT Rn 307.
13 *Wessels/Beulke*, AT Rn 303.
14 HM, BVerfGE 88, 203, 267.
15 AA *Lesch*, Notwehrrecht und Beratungsschutz, S 73.

d) Schuld

Es könnte ein entschuldigender Notstand iSv § 35 I eingreifen.

Das Rechtsgut Leben des Embryos ist von § 35 I erfasst[16]. Das Leben des entstehenden Kindes befand sich in gegenwärtiger Gefahr. Ferner muss ein persönliches Näheverhältnis zwischen dem Täter und dem Träger des geschützten Rechtsguts bestehen. Das ungeborene Kind muss also Angehöriger oder nahestehende Person des V sein. Hier war das im Entstehen befindliche Kind zwar noch kein „Mensch" iSd Strafrechts[17], wohl aber eine „Person" iSv § 11 I Nr 1 a iVm § 35, weil sich die Schutzpflicht des Staates auch auf die Leibesfrucht bezieht, die an der verfassungsrechtlich garantierten Menschenwürde teilhat, und weil dann auch dem Kindesvater dasselbe Verständnis entgegengebracht werden muss wie bei der Rettung eines bereits geborenen Kindes.

Das Einsperren der M war geeignet, den Angriff auf die Leibesfrucht sofort und ohne Risiko zu beenden. Ein milderes, ebenso wirksames Mittel ist nicht erkennbar[18]. Die Nothilfehandlung war somit erforderlich.

Es wurde das Rechtsgut „Leibesfrucht" durch Aufopferung der Fortbewegungsfreiheit der M gerettet.

Die Beeinträchtigung der Fortbewegungsfreiheit der Frau steht auch zur Schwere der Gefahr der Vernichtung für das ungeborene Leben in keinem Missverhältnis.

Dem Täter kann insbes bei eigener Gefahrverursachung zugemutet werden, die Tat hinzunehmen (§ 35 I 2). Wenn der Retter gleichzeitig Vater des Kindes ist, hat er zwar durch Zeugung des Kindes die Gefahrenlage „kausal" herbeigeführt, nach der ratio legis muss aber zumindest ein objektiv pflichtwidriges Vorverhalten gefordert werden[19]. Daran fehlte es hier. Die enge Beziehung zur Mutter machte eine Hinnahme der Gefahr nicht zumutbar, da auch eine enge Beziehung zum Kind bestand.

Eine Duldungspflicht liegt nicht vor, da der Schwangerschaftsabbruch rechtswidrig war und die gesetzliche Wertung im Bereich der persönlichen Vorwerfbarkeit nicht so durchschlägt wie auf der Ebene der Rechtswidrigkeit. Dort geht es nämlich darum, Widersprüchlichkeiten innerhalb der Rechtsordnung zu vermeiden, die dadurch entstünden, dass die Rechtsordnung ausdrücklich ein Verhalten eines Dritten unter ihren Schutz stellt, welches das gesetzgeberische Konzept der §§ 218 ff unterwandert. Bei § 35 steht hingegen der persönliche Konflikt des Täters im Vordergrund.

Anders als beim rechtfertigenden Notstand ist also unter Schuldgesichtspunkten die Zwangseinwirkung des Kindsvaters auf die zum Schwangerschaftsabbruch entschlossene Mutter von der Rechtsordnung letztendlich zu tolerieren (*aA vertretbar*).

---

16 SK/StGB-*Rudolphi*, § 35 Rn 5; S/S-*Lenckner/Perron*, § 35 Rn 5; aA *Lackner/Kühl*, § 35 Rn 3 und *Roxin*, AT1 § 22 Rn 24 unter Hinweis auf das fehlende kriminalpolitische Bedürfnis. Dass dieses Argument nicht überzeugt, zeigt der vorliegende Fall.

17 Zum Beginn des Menschseins im Strafrecht vgl *Herzberg/Herzberg*, JZ 2001, 1106 ff; *Küper*, GA 2001, 515 ff; *Otto*, Jura 2003, 612, 613 f.

18 Zur Prüfung der anderweitigen Abwendbarkeit der Gefahr iRd § 35 I vgl auch BGH NJW 2003, 2464 ff („Haustyrannen-Fall").

19 *Beulke*, Klausurenkurs I [2] Rn 131; LK-*Zieschang*, § 35 Rn 49 ff; SK/StGB-*Rudolphi*, § 35 Rn 15; *Wessels/Beulke*, AT Rn 441.

V handelte auch mit Rettungswillen.

Er ist somit durch § 35 entschuldigt.

Hier wurde erneut die Regel missachtet, spezielle Tatbestände mit eigenständigem Deliktscharakter vor dem generellen Tatbestand zu prüfen (Beulke, Klausurenkurs I Rn 51, vgl auch oben Fall 1 Rn 37). Auch hier glaube ich aber, dass es für den Bearbeiter überschaubarer ist, die schwierige Rechtfertigungsproblematik anhand des einfachen § 239 zu prüfen. Da die Strafbarkeit gem § 239 entweder auf der Ebene der Rechtswidrigkeit oder zumindest auf der Ebene der Schuld entfällt und dasselbe für § 239 b gelten muss, erübrigt sich dort eine Auseinandersetzung mit dem Streit über die restriktive Auslegung des § 239 b im Zweipersonenverhältnis (s o Fall 1, Problem Nr 2 Rn 9).

2. § 239 III Nr 1

V hat die M neun Tage, also länger als eine Woche, der Freiheit beraubt und damit den Tatbestand des § 239 III Nr 1 verwirklicht. Jedoch ist die Tat nach § 35 entschuldigt (*s o Rn 67*). **68**

3. § 239 b I Alt 1

In Betracht kommt auch eine Strafbarkeit wegen Geiselnahme gem § 239 b I Alt 1. Die Tat ist jedoch jedenfalls nach § 35 entschuldigt (*s o Rn 67*). **69**

4. § 240 I, II

a) Tatbestand

V hat M gezwungen, den Schwangerschaftsabbruch nicht vorzunehmen und sich nicht frei fort zu bewegen. Er handelte vorsätzlich. **70**

b) Rechtswidrigkeit

Rechtfertigungsgründe greifen zugunsten des V nicht ein (*s o Rn 63 ff*).

Der Einsatz von Straftaten – hier der Freiheitsberaubung, § 239 I Alt 1 (*s o Rn 63 ff*) und der Geiselnahme, § 239 b I Alt 1 (*s o Rn 69*) – ist als Mittel stets verwerflich.

c) Schuld

§ 35 greift ein (*s o Rn 67*).

5. § 221 I Nr 1, Nr 2

V müsste die M in eine hilflose Lage versetzt oder sie in einer hilflosen Lage im Stich gelassen haben. **71**

In eine hilflose Lage wird ein Mensch versetzt, wenn er unter dem bestimmenden Einfluss des Täters in eine Situation gebracht wird, in der er sich ohne fremde Hilfe nicht gegen Gefahren für sein Leben oder seine Gesundheit schützen kann und er solcher

Hilfe entbehrt[20]. M war in ihrer eigenen Wohnung nicht hilflos. Für eine andere Beurteilung fehlen Sachverhaltshinweise.

Auch für ein Im-Stich-Lassen iSv § 221 I Nr 2 fehlt es bereits an einer hilflosen Lage der M.

6. § 242 I bzgl Schlüssel

a) Objektiver Tatbestand

72 Fremd ist eine Sache (körperlicher Gegenstand), wenn sie im (Allein-, Mit- oder Gesamthands-)Eigentum eines anderen steht, also weder herrenlos iSd §§ 958 ff BGB ist noch ausschließlich dem Täter gehört[21]. Selbst wenn V und M die Wohnung gemeinsam bewohnt haben sollten, ist der Sachverhalt lebensnah dahingehend auszulegen, dass die Wohnungsschlüssel nicht im Alleineigentum des V standen. V hat fremden Gewahrsam an den Schlüsseln gebrochen und eigenen Gewahrsam begründet, mithin die Schlüssel weggenommen.

b) Subjektiver Tatbestand

V hat vorsätzlich gehandelt. Er hatte zudem die Absicht, sich den Schlüssel zumindest vorübergehend anzueignen, dh über den Schlüssel wie ein Eigentümer zu verfügen; er wollte ihn jedoch nach Ablauf der Frist zurückgeben und tat dies auch. Deshalb fehlte ihm von vornherein der Vorsatz, den bisherigen Eigentümer auf Dauer zu enteignen und somit letztlich die Zueignungsabsicht.

Die Straflosigkeit des V könnte auch mit dem kurzen Hinweis auf § 35, der auch den Diebstahl entschuldigen würde, begründet werden.

7. Ergebnis für V im Tatkomplex A

V ist straflos.

B. Das zweite Kind

I. Strafbarkeit des A

1. § 218 I 1

a) Objektiver Tatbestand

73 Der Schwangerschaftsabbruch erfolgte nach dem Abschluss der Einnistung des befruchteten Eies in der Gebärmutter, also nach der Nidation (§ 218 I 2).

Fraglich ist, ob der Tatbestand nach § 218 a I ausgeschlossen ist. Zwar ist eine Bescheinigung vorgelegt worden; diese weist aber nicht die Beratung bzgl der derzeitigen

20 *Wessels/Hettinger*, BT1 Rn 199; ausführlich zur „hilflosen Lage“ im Straftatbestand der Aussetzung *Ebel*, NStZ 2002, 404 ff.

21 *Wessels/Hillenkamp*, BT2 Rn 68.

Schwangerschaft nach und ist daher nicht als Bescheinigung iSv § 218 a I Nr 1 iVm § 219 II 2 anzuerkennen.

b) Subjektiver Tatbestand

A nahm an, dass eine Bestätigung nach § 219 II 2 vorläge. Da die übrigen Voraussetzungen des § 218 a I gegeben waren, ging er von einer Konstellation aus, in welcher der Tatbestand des § 218 nicht verwirklicht wäre[22] (*s o Rn 64*). Dies ist als Tatbestandsirrtum iSv § 16 zu werten. Die Voraussetzungen des § 218 a I müssen also negativ in § 218 I 1 hineingelesen werden und haben daher den Charakter von (negativen) Tatbestandsmerkmalen, über die A irrte. A fehlte somit der Vorsatz.

Eine Strafbarkeit gem § 218 I 1 entfällt.

2. § 218 c I

Es ist keine Tatbestandsvariante erfüllt.

3. § 223 I

A könnte sich durch die Vornahme des Abbruchs der Schwangerschaft wegen Körperverletzung strafbar gemacht haben. 74

a) Objektiver Tatbestand

Fraglich ist, ob A die M körperlich misshandelt hat, denn es ist davon auszugehen, dass ihm kein Kunstfehler unterlaufen ist.

Problem Nr 11: Schließt ein de lege artis durchgeführter ärztlicher Eingriff bereits den Tatbestand des § 223 aus oder kommt nur eine Rechtfertigung in Betracht? 75

(1) Nach **hA** (st Rspr seit RGSt 25, 375; BGHSt 11, 111; 12, 379; *Hardtung,* JuS 2008, 864, 868; *Klesczewski,* BT S 35 f) ist jede die Integrität des Körpers berührende Maßnahme eine tatbestandliche Körperverletzung, und zwar gleichgültig, ob erfolgreich oder missglückt, kunstgerecht oder fehlerhaft, und bedarf daher jeweils einer besonderen Rechtfertigung. Das gilt sowohl für Heileingriffe als auch für alle sonstigen ärztlichen Eingriffe.

(2) Nach der **Gegenansicht** (Nachweise bei S/S-*Eser*, § 223 Rn 30) wird speziell bei den Heileingriffen, sofern sie de lege artis vorgenommen sind, bereits der Tatbestand der Körperverletzungsdelikte ausgeschlossen. Alle übrigen ärztlichen Eingriffe stellen hingegen eine Körperverletzung dar, die uU durch eine Einwilligung gerechtfertigt ist. Innerhalb der Meinung, die den ärztlichen Heileingriff bereits auf Tatbestandsebene privilegiert, variieren die Argumentationsansätze beträchtlich. So wird zB danach differenziert, ob der Heileingriff erfolgreich oder misslungen ist, teils wird auf Substanzverluste abgestellt, teils darauf, ob neue Gefahren geschaffen werden oder ob nur eine Gefahrverringerung stattfindet.

(3) Letztlich kann keine der vertretenen Ansichten vollends überzeugen. Bis zu einer (längst überfälligen) gesetzlichen Normierung ist aber – sieht man einmal von marginalen Wertungswidersprüchen ab, die konstruktiv umgangen werden können – die **Rechtfertigungslösung**

22 Vgl *Wessels/Hettinger*, BT1 Rn 235.

der Rspr und hL – nicht nur bei den allgemeinen ärztlichen Eingriffen, sondern auch im Spezialfall des Heileingriffs – **am konsequentesten** und kann der Rechtssicherheit am meisten dienen.

Zur Vertiefung: Wessels/Hettinger, BT1 Rn 323ff; Kargl, GA 2001, 538ff.

76 Durch den Schwangerschaftsabbruch hat A auch das körperliche Wohlbefinden der M erheblich beeinträchtigt und deren Gesundheit verletzt. Ein de lege artis durchgeführter ärztlicher Eingriff bleibt tatbestandsmäßig.

b) Subjektiver Tatbestand

Problematisch ist, ob der Irrtum über die Echtheit des Beratungsscheins, der bei § 218 I einen Tatbestandsirrtum begründet (*s o Rn 73*), auch bei § 223 I zum Vorsatzausschluss führt.

Dazu muss zunächst geklärt werden, auf welcher Ebene des Verbrechensaufbaus eine Strafbarkeit gem § 223 I entfällt, sofern objektiv tatsächlich alle Voraussetzungen des § 218 a I vorliegen. Man könnte erwägen, dann bereits den objektiven Tatbestand des § 223 I entfallen zu lassen. Das erscheint jedoch nicht sachgerecht, da es allein um den Eingriff bei der Schwangeren geht und diese nur auf der Rechtfertigungsebene nach Einwilligungsgrundsätzen über die körperliche Integrität disponieren kann. Im Falle des Abbruchs gem § 218 a I entfällt also zwar bei § 218 der Tatbestand, bei § 223 I ist hingegen der Tatbestand zu bejahen und es entfällt nur die Rechtswidrigkeit, weil die Schwangere eingewilligt hat[23]. Entsprechend ist der Körperverletzungsvorsatz selbst beim tatbestandslosen Abbruch iSv § 218 a I zu bejahen. Deshalb handelte A, der irrtümlich von einem solchen ausging, vorsätzlich.

c) Rechtswidrigkeit

Der Schwangerschaftsabbruch könnte durch eine Einwilligung der M gerechtfertigt sein.

Da der Gesetzgeber sich für die Straflosigkeit eines Schwangerschaftsabbruchs entschieden hat, sofern die Voraussetzungen des § 218 a I erfüllt sind, muss insoweit auch stets die in dem Schwangerschaftsabbruch enthaltene Körperverletzung an der Schwangeren gerechtfertigt sein. Nach der Wertung des § 218 a I kann auch der Umstand, dass der Eingriff zugleich der Tötung des ungeborenen Lebens dient, nicht die Sittenwidrigkeit der Tat (§ 228) bedingen.

Im hier gegebenen Fall lagen jedoch die Voraussetzungen des straflosen „Fristenabbruchs" objektiv gerade nicht vor. Deshalb kommt hier eine Sittenwidrigkeit der Tat in Betracht. Eine Körperverletzung verstößt gegen die guten Sitten iSv § 228 und ist daher trotz Einwilligung rechtswidrig, wenn sie dem Anstandsgefühl aller billig und gerecht Denkenden widerspricht, wobei es vor allem auf die Beweggründe und Ziele der Beteiligten sowie auf die angewandten Mittel und die Art der Verletzung ankommt[24]. Geht es wie hier sogar um die Abtötung werdenden Lebens, so ist die damit verbunde-

23 Ebenso anscheinend *Fischer*, § 218 a Rn 2.
24 *Wessels/Beulke*, AT Rn 377.

ne Beeinträchtigung der körperlichen Integrität so schwer, dass sie sich bereits dem Bereich des § 216 annähert. Das führt zur Sittenwidrigkeit der Tat[25].

d) Schuld

Die Schuld könnte aufgrund eines Irrtums entfallen.

A ging davon aus, alle Voraussetzungen eines straflosen Abbruchs iSv § 218 a I seien erfüllt. Er nahm also einen Sachverhalt an, der, wenn er zutreffend gewesen wäre, sein Handeln unter dem Gesichtspunkt der Körperverletzung nach Einwilligungsgrundsätzen gerechtfertigt hätte. Er unterlag daher einem Erlaubnistatbestandsirrtum[26]. Nach der zutreffenden rechtsfolgenverweisenden eingeschränkten Schuldtheorie entfällt bei A die Vorsatzschuld.

Eine Strafbarkeit gem § 223 I ist deshalb nicht gegeben.

4. § 224 I Nr 2 Alt 2

Die Instrumente, die A beim Schwangerschaftsabbruch einsetzte, erfüllen zwar dem **77**
Wortlaut nach die Voraussetzungen des gefährlichen Werkzeugs. Indes muss der Tatbestand des § 224 I Nr 2 in Bezug auf de lege artis eingesetzte ärztliche Heilwerkzeuge teleologisch reduziert werden[27]. Unabhängig davon befand sich A wiederum in dem Irrtum, es läge ein Schwangerschaftsabbruch iSv § 218 a I vor, sodass § 224 I Nr 2 wegen des Erlaubnistatbestandsirrtums mangels schuldhaften Handelns ausscheidet.

5. § 229

Dem Arzt kommt zwar – schon im eigenen Interesse – für einen tatbestandslosen **78**
Schwangerschaftsabbruch die Pflicht zu, die Ordnungsmäßigkeit des Beratungsscheins und seines Inhalts zu überprüfen[28]. Aus dem Sachverhalt ergeben sich aber keinerlei Hinweise darauf, dass die Datumsfälschung auf dem Beratungsschein objektiv erkennbar war. Mangels einer objektiven Sorgfaltspflichtverletzung scheidet also eine Fahrlässigkeitsstrafbarkeit aus. Zumindest kann dem Sachverhalt nicht entnommen werden, dass A subjektiv die Datumsfälschung erkennen konnte, sodass jedenfalls die Fahrlässigkeitsschuld entfällt.

6. Ergebnis für A im Tatkomplex B

A ist straflos.

---

25 Vgl *Joecks*, St-K, § 228 Rn 3 f.
26 s o Fall 1 Problem Nr 7 Rn 45.
27 *Wessels/Hettinger*, BT1 Rn 276.
28 *Fischer*, § 218 a Rn 13.

II. Strafbarkeit der M

1. §§ 218 I 1, 25 I Alt 2

a) Objektiver Tatbestand

79 Hier wurde bei M ein Schwangerschaftsabbruch nach der Nidation vorgenommen. Dies geschah zwar innerhalb der ersten zwölf Wochen, aber ohne die notwendige Beratung nach § 219. Die im Jahr zuvor durchgeführte Beratung konnte für diese Schwangerschaft keine Bedeutung haben, sodass die Voraussetzungen des tatbestandslosen Vorgehens nach § 218 a I nicht erfüllt waren.

Allerdings hat M die Schwangerschaft nicht selbst abgebrochen, sondern A. Das Verhalten des A muss sich M jedoch gem § 25 I Alt 2 zurechnen lassen, wenn ein Fall der mittelbaren Täterschaft gegeben ist.

A unterlag als menschliches Werkzeug einem Defekt (Tatbestandsirrtum, *s o Rn 73*), den M kraft Wissens- und Willensherrschaft herbeigeführt hatte. Tatherrschaft hatte daher nur die M[29].

b) Subjektiver Tatbestand

Die Abtötung der Leibesfrucht wurde mit Wissen und Wollen der M durchgeführt. Dass M glaubte, zu ihrem Vorgehen berechtigt zu sein, ist kein Tatsachen-, sondern ein Rechtsirrtum, sodass § 16 ausscheidet. M handelte also vorsätzlich.

c) Akzessorietätslockerung, § 28 II

Die Schwangerschaft der M stellt ein besonderes persönliches Merkmal (§ 14 I) iSv § 28 dar[30]. Dieses Merkmal hat strafmodifizierende Wirkung, da die Schwangerschaft der Betroffenen von der Grundstrafbarkeit gem § 218 I 1 zur Privilegierung des § 218 III führt.

d) Rechtswidrigkeit

Es könnte ein rechtfertigender Notstand, § 34, eingreifen.

Es bestand eine gegenwärtige Gefahr für das Selbstbestimmungsrecht der M in Form einer Dauergefahr.

Fraglich ist die Erforderlichkeit der Handlung. Zwar war das gewählte Mittel geeignet, die Gefahr für das Selbstbestimmungsrecht abzuwenden, es stand aber über den Beratungsweg ein anderer legaler Weg (§ 218 a I) zur Verfügung. Darüber hinaus ist darauf hinzuweisen, dass auch das Selbstbestimmungsrecht der M das Lebensrecht des Ungeborenen nicht wesentlich überwiegt[31].

---

29 Zu den Fallgruppen der mittelbaren Täterschaft – vorbehaltlich der Figur des „Täters hinter dem Täter" – s *Beulke*, Klausurenkurs I [4] Rn 192; *Wessels/Beulke*, AT Rn 537.

30 Vgl auch *Otto*, Jura 1996, 135, 141.

31 BVerfGE 88, 203, 267: Jegliche Differenzierung der Schutzverpflichtung mit Blick auf Alter und Entwicklungsstand des ungeborenen Lebens ist unzulässig; krit *Hilgendorf*, NJW 1996, 758, 761 mwN.

e) Schuld

aa) Entschuldigender Notstand, § 35

§ 35 verlangt eine Gefahr für Leben, Leib oder Freiheit. Hier kommt nur eine Gefahr für das Rechtsgut Freiheit in Betracht. Dabei reicht jedoch eine Gefahr für die Selbstbestimmungsfreiheit nicht aus. Es muss sich um die Fortbewegungsfreiheit handeln[32], die hier nicht gefährdet ist. Es ist deshalb bei M kein gegenüber einer normal verlaufenden Schwangerschaft erhöhter Gefährdungsgrad festzustellen.

Falls Gefahr doch bejaht wird:
In Anbetracht der legalen Abtreibungsmöglichkeit war die Rettungshandlung bereits nicht erforderlich. Zusätzlich ergibt sich aus § 35 I 2 Alt 1 die Ablehnung der Entschuldigung wegen Notstands. Auf Grund der gesetzlichen Wertung hat die Mutter als Garant für das Leben des ungeborenen Kindes gewisse Gefährdungen für ihre eigene Gesundheit hinzunehmen. Dies wird auch in der Ausgestaltung der medizinisch-sozialen Indikation deutlich (vgl § 218 a II).

bb) Verbotsirrtum, § 17 S 1

M glaubte, angesichts ihrer Notsituation berechtigt zu sein, einen manipulierten Beratungsnachweis vorlegen zu können, um problemlos einen Abbruch zu erreichen. Sie ging also von einem nicht existierenden Rechtfertigungsgrund aus bzw interpretierte die Grenzen des § 34 falsch. Sie befand sich somit in einem (indirekten) Verbotsirrtum[33], der jedoch durch Gewissensanspannung, zumindest aber durch Erkundigung bei kompetenter Stelle vermeidbar gewesen wäre.

Ein Irrtum über die tatsächlichen Voraussetzungen eines Entschuldigungsgrundes gem § 35 II lag hingegen nicht vor. M irrte nicht über Tatsachen, sondern wertete nur falsch. Sie unterlag also einem Bewertungs- und damit Rechtsirrtum, der nur als Verbotsirrtum erfasst werden kann[34].

M handelte schuldhaft.

f) Strafmilderung gem § 17 S 2 iVm § 49 I

Auf Grund des vermeidbaren Verbotsirrtums kann gem § 17 S 2 die Strafe nach § 49 I gemildert werden.

g) Ergebnis

M ist strafbar gem §§ 218 I 1, 25 I Alt 2, 28 II, 218 III, 17 S 2.

2. § 267 I

Indem M in der alten Bescheinigung über die soziale Beratung vom 2. 10. 2001 das Datum auf den 2. 11. 2002 änderte, um sie dem A zum Zwecke der Durchführung eines 80

32 *Wessels/Beulke*, AT Rn 436.
33 Vgl *Wessels/Beulke*, AT Rn 458, 482 f.
34 Vgl *Fischer*, § 35 Rn 17; *Wessels/Beulke*, AT Rn 490.

angeblich legalen Schwangerschaftsabbruches vorzulegen, könnte sie sich gem § 267 I strafbar gemacht haben.

a) Objektiver Tatbestand

aa) Verfälschen einer echten Urkunde, Var 2

M könnte eine echte Urkunde verfälscht haben.

Urkunde iSd materiellen Strafrechts ist jede verkörperte Gedankenerklärung, die zum Beweis im Rechtsverkehr geeignet und bestimmt ist und die ihren Aussteller erkennen lässt[35]. Der Beratungsschein dokumentiert und beweist die stattgefundene Beratung und weist die Beratungsstelle als Ausstellerin aus. Es handelt sich also um eine Urkunde. In der ursprünglichen Form stammte die Urkunde von der Beratungsstelle, war also echt.

Zweifelhaft erscheint, ob M die zunächst echte Urkunde „verfälscht" hat.

81 **Problem Nr 12: Anforderungen an das Verfälschen von Urkunden iSv § 267 Var 2**

(1) Nach einer **Mindermeinung** ist für eine Verfälschung iSv § 267 stets erforderlich, dass eine neue unechte Urkunde hergestellt wird (*Küpper*, BT1 Teil II § 1 Rn 43; NK-*Puppe*, § 267 Rn 89; S/S-*Cramer*, § 267 Rn 68). Das hat zur Folge, dass § 267 I Var 2 nicht erfüllt ist, wenn der Aussteller selbst die Urkunde nachträglich verändert. Das Verfälschen von Urkunden ist stets nur ein Unterfall des Herstellens einer unechten Urkunde.

Argument: § 267 schützt das Vertrauen in die Echtheit der Urkunde nur bzgl Identitätstäuschungen. Ansonsten greift § 274 ein.

(2) Nach überzeugender **Rspr** und **hL** ist die Verfälschung einer Urkunde iSv § 267 I Var 2 jede Veränderung der Beweisrichtung und des gedanklichen Inhalts einer echten Urkunde, sodass diese nach dem Eingriff etwas anderes zum Ausdruck bringt als vorher. Es muss der Anschein erweckt werden, dass die Urkunde von vornherein den ihr nachträglich beigelegten Inhalt gehabt und dass der Aussteller die urkundliche Erklärung von Anfang an in der jetzt vorliegenden Form abgegeben habe (BGHSt 9, 235; *Kindhäuser*, LPK § 267 Rn 44 ff; *Wessels/Hettinger*, BT1 Rn 847).

Argument: Folgt man der oben unter (1) wiedergegebenen Lösung und fordert stets die Herstellung einer unechten Urkunde, ist die Tatbestandsvariante des Verfälschens überflüssig, da alle denkbaren Fälle schon von § 267 I Var 1 erfasst werden.

Die hier vertretene Lösung hat zur Folge, dass auch der Aussteller eine Urkundenfälschung begehen kann. Er kann zwar keine unechte Urkunde herstellen, jedoch eine echte verfälschen, wenn er inzwischen die alleinige Verfügungsmacht über die Urkunde verloren hat. Wenn jemand eine echte Urkunde verfälscht, deren Aussteller er nicht selbst ist, so tritt eine zugleich verwirklichte Herstellung einer unechten Urkunde hinter die Variante des Verfälschens einer echten Urkunde zurück (*Wessels/Hettinger*, BT1 Rn 844).

Zur Vertiefung: Wessels/Hettinger, BT1 Rn 842 ff; Beulke, Klausurenkurs II [4] Rn 121.

82 Nach der Manipulation bezeugt die Urkunde nicht mehr, dass im Jahr 2001 eine Beratung stattgefunden habe (so vorher), sondern im Jahr 2002. Es hat also eine Verände-

35 *Wessels/Hettinger*, BT1 Rn 790; vgl hierzu eingehend *Freund*, Urkunden Rn 63 ff.

rung der Beweisrichtung und des gedanklichen Inhalts der vorher echten Urkunde stattgefunden. Der Empfänger der Urkunde glaubt zu Unrecht, die Schwangerschaftsberatungsstelle habe die Urkunde in der jetzigen Form ausgestellt. Bei dieser Konstellation der nachträglichen Veränderung der Urkunde durch einen anderen als den Aussteller bejaht auch die Meinung, welche für die Variante des Verfälschens die Herstellung einer unechten Urkunde fordert, § 267 I Var 2. Damit ist § 267 I in der Variante des Verfälschens einer echten Urkunde gegeben.

bb) Herstellen einer unechten Urkunde, Var 1

Da die Urkunde in der jetzigen Form nicht vom Aussteller (Beratungsstelle), sondern von einem Dritten stammt, liegt in der Verfälschung zugleich die Herstellung einer unechten Urkunde, die jedoch hinter die Variante des Verfälschens zurücktritt.

cc) Gebrauchmachen von einer unechten/verfälschten Urkunde, Var 3

Gebrauchmachen von einer Urkunde iSv § 267 I Var 3 ist gegeben, wenn die Urkunde selbst und nicht nur ihre schlichte Abschrift oder Ablichtung dem zu Täuschenden in der Weise zugänglich gemacht wird, dass er die Möglichkeit zur Kenntnisnahme hat[36]. Die Vorlage bei A gab dem Getäuschten die Möglichkeit der Kenntnisnahme der gefälschten Urkunde.

b) Subjektiver Tatbestand

M handelte vorsätzlich.

Sie wollte die gefälschte Bescheinigung dem A vorlegen und damit die Durchführung des Schwangerschaftsabbruches erreichen. Sie handelte somit auch in der Absicht, mit der gefälschten Urkunde im Rechtsverkehr zu täuschen[37].

c) Rechtswidrigkeit

Rechtfertigungsgründe sind nicht ersichtlich.

d) Schuld

Hier kommt allenfalls ein vermeidbarer Verbotsirrtum, § 17 S 2, in Betracht. Dieser lässt die Schuld unberührt und führt nur zu einer fakultativen Strafmilderung.

e) Verhältnis von Var 2 zu Var 3

Problem Nr 13: Konkurrenzverhältnis zwischen Herstellen bzw Verfälschen und Gebrauchmachen bei § 267 83

Bei der Frage nach dem Verhältnis der Herstellung bzw Verfälschung der Urkunde einerseits und dem Gebrauchmachen andererseits differenziert die **hM** wie folgt:

- Hat der Täter von vornherein einen ganz bestimmten Gebrauch des Falsifikats ins Auge gefasst und sodann realisiert, so wird die schon mit dem Herstellungs- und Verfälschungsakt

---

36 *Wessels/Hettinger*, BT1 Rn 851.

37 Da dolus directus 1. Grades hier zu bejahen ist, kommt es auf den Streit, ob auch dolus directus 2. Grades ausreicht (vgl *Wessels/Hettinger*, BT1 Rn 837), nicht an.

vollendete Straftat erst durch das konkrete Gebrauchen beendet. Es liegt dann nur **eine** Urkundenfälschung iSv § 267 I, dh eine einheitliche Tat im Rechtssinn, vor (BGHSt 5, 291; *Wessels/Beulke*, AT Rn 760). Da Herstellen und Verfälschen materiell Vorbereitungshandlungen sind, ist in solchen Fällen auf den Gebrauch abzustellen. Das gilt selbst dann, wenn von mehreren gefälschten Urkunden gleichzeitig Gebrauch gemacht wird (BGH wistra 2006, 65).

- Wer eine unechte Urkunde herstellt oder eine echte Urkunde verfälscht, deren Verwendung er zu diesem Zeitpunkt aber nur in allgemeinen Umrissen geplant hat, begeht durch den späteren Gebrauch eine neue selbstständige Straftat, die zum vorausgegangenen Fälschungsakt im Verhältnis der **Tatmehrheit** steht (BGHSt 5, 291; 17, 97).

Zur Vertiefung: Geppert, JK 8/06, StGB § 267/33; Beulke, Klausurenkurs II [4] Rn 123; Wessels/Hettinger, BT1 Rn 853.

84 Da M schon beim Fälschen einen Gesamtvorsatz auch hinsichtlich des Gebrauchens hatte, stellt hier das Verfälschen und Gebrauchmachen des Beratungsscheins eine einheitliche Tat dar.

f) Ergebnis

M hat sich gem § 267 I Var 3 strafbar gemacht.

3. § 274 I Nr 1

Der Beratungsschein war vor seiner Veränderung eine echte Urkunde. Eine Urkunde gehört demjenigen, der das Recht hat, die Urkunde zum Beweis zu gebrauchen[38].

Da die M völlig frei darüber bestimmen konnte, ob sie den Beratungsschein benutzt oder ihn zB wegwirft, weil sie sich doch zur Austragung des Kindes entschließt, gehörte der Beratungsschein ausschließlich ihr selbst. § 274 I Nr 1 entfällt bereits im objektiven Tatbestand.

Darüber hinaus ist darauf hinzuweisen, dass die mit der Urkundenfälschung notwendig verknüpfte Urkundenunterdrückung auf Konkurrenzebene hinter § 267 I zurücktreten würde[39].

4. § 277

85 Es fand keine Täuschung von Behörden oder Versicherungsgesellschaften statt.

5. § 279

Es fand keine Täuschung von Behörden oder Versicherungsgesellschaften statt.

---

38 *Wessels/ Hettinger*, BT1 Rn 889.

39 NK-*Puppe*, § 274 Rn 18; *Wessels/Hettinger*, BT1 Rn 845; für Idealkonkurrenz: *Duttge*, Jura 2006, 19; *Krey/M. Heinrich*, BT1 Rn 693.

6. Konkurrenzen

Der Schwangerschaftsabbruch und die Urkundenfälschung überschneiden sich handlungsmäßig zumindest teilweise (beim Gebrauchmachen der unechten Urkunde). Da beide Straftatbestände unterschiedliche Rechtsgüter schützen, ist die Annahme von Idealkonkurrenz (§ 52) sachgerecht. **86**

7. Ergebnis für M im Tatkomplex B

M hat sich gem §§ 218 I 1, 25 I Alt 2, 28 II, 218 III, 17 S 2 – § 52 – §§ 267 I Var 3, 17 S 2 strafbar gemacht.

III. Strafbarkeit der F

1. §§ 218 I 1, 25 I Alt 2

a) Objektiver Tatbestand

F selbst hat keine Schwangerschaft abgebrochen. Sie könnte die Straftat aber im Wege der mittelbaren Täterschaft „durch" M begangen haben, die ihrerseits einen Schwangerschaftsabbruch in mittelbarer Täterschaft begangen hat (*s o Rn 79).* **87**

M unterlag einem „Defekt", da sie sich in einem Verbotsirrtum befand, der allerdings vermeidbar war (s o Rn 79).

Problem Nr 14: Ist eine mittelbare Täterschaft auch dann möglich, wenn der Vordermann in vermeidbarem Verbotsirrtum handelt? **88**

(1) Nach **hM** (Rspr, BGHSt 35, 347, 353 [„Katzenkönig"]; *Haft*, AT S 203; *Wessels/Beulke*, AT Rn 542) ist mittelbare Täterschaft nicht nur bei einem unvermeidbaren Verbotsirrtum denkbar, sondern auch bei einem **vermeidbarem** Verbotsirrtum.

Argument: Dem Vordermann fehlt im konkreten Tatzeitpunkt die Unrechtseinsicht und die bloße Möglichkeit, dass er sie hätte haben können, beseitigt diesen Umstand nicht. Voraussetzung ist aber die vom Täterwillen getragene objektive Tatherrschaft beim Hintermann. Die Abgrenzung erfolgt dabei nach den allgemeinen Regeln, die für die Abgrenzung zwischen Täterschaft und Teilnahme herangezogen werden. Der Hintermann muss den vermeidbaren Verbotsirrtum des unmittelbar handelnden Täters zielstrebig dirigieren und für seine deliktischen Zwecke ausnutzen.

(2) Nach der **Mindermeinung** (*Herzberg*, Jura 1990, 16 ff; *Küper*, JZ 1989, 617 ff; *Schumann*, Anm NStZ 1990, 32) genügt **ein vermeidbarer Verbotsirrtum** für die Innehabung der Tatherrschaft **nicht**.

Argument: Der Vordermann wird wegen seiner Tat bestraft. Dies zeigt, dass es die Tat des Vordermanns ist und nicht die des Hintermanns, dh dass der Vordermann nicht als eigentliches Werkzeug eingestuft werden kann.

Zur Vertiefung: Wessels/Beulke, AT Rn 542; Hillenkamp, AT 21. Problem S 127 ff.

Der Streit, ob eine mittelbare Täterschaft auch dann möglich ist, wenn der Vordermann in vermeidbarem Verbotsirrtum handelt, kann hier letztlich offen bleiben, da auch nach **89** hM im vorliegenden Fall mittelbare Täterschaft ausscheidet. Die F hatte keine Tatherrschaft und auch keinen Willen dazu. Allein M hielt das Geschehen objektiv in den Händen, die F beeinflusste sie nicht in Bezug auf die Erlaubtheit des Verhaltens. F hat den Irrtum nicht zielstrebig dirigiert. Lediglich die innere Einstellung der M und der F waren unterschiedlich, ohne dass sich das auf den Tatablauf ausgewirkt hätte. F ist daher nicht Täterin des Schwangerschaftsabbruchs.

b) Ergebnis

Eine Strafbarkeit nach §§ 218 I 1, 25 I Alt 2 entfällt.

2. §§ 218 I 1, 26

a) Objektiver Tatbestand

Die vorsätzliche rechtswidrige Haupttat liegt in Form des Schwangerschaftsabbruches der M nach § 218 I 1, III vor.

F müsste die M zu dieser Tat bestimmt haben. Welche Anforderungen an das Bestimmen zu stellen sind, ist umstritten.

90 **Problem Nr 15: Wie ist der Begriff des „Bestimmens" iSv § 26 auszulegen?**

(1) Nach einer **Ansicht** (*Kindhäuser,* AT § 41 Rn 10; *Lackner/Kühl* § 26 Rn 2) genügt für eine Anstiftungshandlung jede Verursachung des Tatentschlusses. Daher reicht es zB aus, wenn der Anstifter eine zur Tat anreizende oder die Tat provozierende Situation schafft, ohne mit dem Haupttäter unmittelbar in Kontakt zu treten.

Argument: Zur Vermeidung kriminalpolitisch untragbarer Strafbarkeitslücken müssen die Anforderungen an das „Bestimmen" sehr niedrig gehalten werden. Jede erfolgreiche Einflussnahme – gleich welcher Art – ist daher ausreichend.

(2) Die **herrschende Meinung** (*Amelung,* Schroeder-FS, S 147; *Fischer,* § 26 Rn 3; *Jescheck/Weigend,* § 64 II 1; *Kretschmer,* Jura 2008, 265, 266; *Krüger,* JA 2008, 492; *Kühl,* AT § 20 Rn 172; *Roxin,* AT2 § 26 Rn 74 ff; *Wessels/Beulke,* AT Rn 568) versteht zu Recht unter Bestimmen das Hervorrufen des Tatentschlusses durch eine **Willensbeeinflussung im Wege des offenen geistigen Kontakts**, durch die der Täter zur Begehung der Haupttat zumindest angeregt wird.

Argument: Nur so wird sichergestellt, dass der Anstifter als ein dem Täter vergleichbarer „Miturheber" der Tat angesehen werden kann. § 26 bestimmt, dass der Anstifter „gleich dem Täter" bestraft wird. Eine Strafmilderung wie in § 27 ist nicht vorgesehen. Zudem steht der Versuch der Anstiftung gem § 30 I unter Strafe. Aufgrund dieser hohen Strafandrohung muss gewährleistet sein, dass die Anstiftungshandlung im Unrechtsgehalt der Haupttat nahe kommt. Eine bloß kausale Beziehung zwischen dem Verhalten des Teilnehmers und der Rechtsgutsverletzung wird dem nicht gerecht. Deshalb ist geistiger Kontakt zu fordern.

(3) Einer **Mindermeinung** (*Puppe,* GA 1984, 101; *dies,* NStZ 2006, 424 ; SK-*Hoyer,* § 26 Rn 13) zufolge sind die Anforderungen an das „Bestimmen" noch höher: Anstifter und Haupttäter müssen sich auf einen gemeinsamen Tatplan iSe **„Unrechtspaktes"** verständigen, in dessen Rahmen der Angestiftete dem Teilnehmer das Versprechen der Tatausführung gibt und sich diesem unterordnet. Der Anstifter übt eine **„Motivherrschaft"** über den Haupttäter aus.

Argument: Die gleiche Strafbarkeit für Anstifter und Täter kann nicht nur erfordern, dass der Anstifter die Initialzündung zur Tat liefert, vielmehr muss auch bei der Tatausführung die Einflussnahme in gleicher Intensität fortdauern. Anstifter und Täter muss also ein bewusstes kriminelles Band verbinden.

Zur Vertiefung: Wessels/Beulke, AT Rn 568; Beulke, Klausurenkurs [1] Rn 161; Krüger, JA 2008, 492ff.

F riet M, einen Schwangerschaftsabbruch vorzunehmen. Damit verständigen sich die **90a** beiden zwar nicht auf einen gemeinsamen Tatplan, also nicht auf eine Art „Unrechtspakt". Eine solch hohe Anforderung an das Bestimmen würde aber zu sehr großen Strafbarkeitslücken führen, so dass eine derartige Sichtweise abzulehnen ist. Während ein Teil der Literatur jegliche kausale Verursachung des Tatentschlusses ausreichen lässt, fordern andere eine Willensbeeinflussung im Wege des offenen geistigen Kontakts. Angesichts der Tatsache, dass der Anstifter gleich dem Täter bestraft wird und eine Strafmilderung nicht vorgesehen ist, muss sichergestellt sein, dass der Anstifter als ein dem Täter vergleichbarer „Miturheber" der Tat angesehen wird. Es ist somit der letzteren Ansicht zu folgen. „Bestimmen" iSd § 26 bedeutet daher Hervorrufen des Tatentschlusses durch eine Willensbeeinflussung im Wege des offenen geistigen Kontakts[40]. Durch ihren Ratschlag hat F bei M den Tatentschluss hervorgerufen.

b) Subjektiver Tatbestand

Sowohl hinsichtlich der vorsätzlichen rechtswidrigen Haupttat der M als auch hinsichtlich der eigenen Anstiftungshandlung handelte F vorsätzlich.

c) Akzessorietätslockerung, § 28 II

Der F fehlte der privilegierende Umstand der Schwangerschaft (für M: § 218 III), sodass sie gem § 28 II nach § 218 I 1 bestraft wird.

d) Rechtswidrigkeit

Rechtfertigungsgründe sind nicht ersichtlich.

e) Schuld

F selbst befand sich in keinem Verbotsirrtum. Der vermeidbare Verbotsirrtum der M (*s o Rn 79*) hat für F keine Bedeutung.

3. §§ 267 I Var 2 und 3, 26

Durch ihren Ratschlag hat F die M zudem zur Urkundenfälschung gem § 267 I Var 2 **91** und 3, die als einheitliche Urkundenfälschung gemäß § 267 I behandelt wird (*s o Rn 83*), angestiftet.

40 *Wessels/Beulke*, AT Rn 568.

4. Ergebnis für F im Tatkomplex B

F ist strafbar gem §§ 218 I 1, 26, 28 II – § 52 – §§ 267 I Var 3, 26.

C. Der Tod des Kindes K

I. Strafbarkeit des V

1. § 212 I

92 *Steht eine Strafbarkeit gem §§ 211/212 im Raume, so rate ich, mit § 212 zu beginnen, und zwar auch dann, wenn man § 211 für einen selbstständigen Sondertatbestand hält. Auch die Rspr bestreitet nicht, dass § 212 in § 211 „steckt" (wie § 242 im Sondertatbestand des § 249). Niemals sollte der Aufbau unter Hinweis auf das Verhältnis von § 211 zu § 212 erläutert werden (Einzelheiten auch bzgl des Aufbaus streitig, vgl Wessels/Beulke, AT Rn 863; Beulke, Klausurenkurs I [3] Rn 152ff).*

V hat den Tatbestand des § 212 I vorsätzlich, rechtswidrig und schuldhaft verwirklicht.

2. § 211

93 Fraglich ist, ob die Tötungshandlung des V ein oder mehrere Mordmerkmale erfüllt.

a) Heimtücke[41]

Heimtücke iSv § 211 ist die bewusste Ausnutzung der Arg- und Wehrlosigkeit des Opfers in feindlicher Willensrichtung[42].

Arglos ist, wer sich im Zeitpunkt der Tat keines tätlichen Angriffs auf seine körperliche Unversehrtheit oder sein Leben versieht[43]. Wehrlos ist, wer infolge seiner Arglosigkeit zur Verteidigung außerstande oder in seiner Verteidigung stark eingeschränkt ist[44]. Die Arg- und Wehrlosigkeit nutzt der Täter aus, wenn er die von ihm herbeigeführte oder vorgefundene Lage der Arg- und Wehrlosigkeit im Wege des listigen, hinterhältigen oder planmäßig-berechnenden Vorgehens bewusst zu einem Überraschungsangriff benutzt und das Opfer so daran hindert, sich zu verteidigen, zu fliehen, Hilfe herbeizurufen oder dem Anschlag auf sein Leben sonst wie Hindernisse entgegenzusetzen[45]. Dabei erfordert heimtückisches Handeln kein „heimliches" Vorgehen. Das Opfer kann auch dann arglos sein, wenn der Täter ihm offen feindselig entgegentritt, die Zeitspanne zwischen dem Erkennen der Gefahr und dem unmittelbaren Angriff aber so kurz ist, dass keine Möglichkeit bleibt, dem Angriff irgendwie zu begegnen[46].

---

41 Ausführlich zum Mordmerkmal der Heimtücke: *Kett-Straub,* JuS 2007, 515.

42 BGH NStZ 2005, 688, 689; *Wessels/Hettinger*, BT1 Rn 107; vgl zu diesem Mordmerkmal auch BGHSt 48, 207; *Küper*, JuS 2000, 740 ff sowie *Otto*, Jura 2003, 612, 617 ff.

43 *Wessels/Hettinger*, BT1 Rn 110.

44 *Wessels/Hettinger*, BT1 Rn 112.

45 *Wessels/Hettinger*, BT1 Rn 114.

46 BGH NStZ 2005, 691; 2006, 96.

Dem Kind K fehlte noch die Fähigkeit zum Argwohn. Es konnte weder die böse Absicht des Täters erkennen noch diesem wirksam entgegentreten; ein Kleinkind ist „konstitutionell arglos“[47].

Heimtücke ist allerdings auch zu bejahen, wenn schutzbereite Dritte oder sonstige Hilfspersonen in der Absicht ausgeschaltet werden, einen konstitutionell Arglosen zu töten[48]. Hier war M trotz ihrer momentanen Abwesenheit potenziell schutzbereit, da sie auch vom Geschäft aus sorgsam das Kind bewachte. Das bedeutet aber, dass sie besonders misstrauisch war. Zwar wird für die Ausnutzung der Arg- und Wehrlosigkeit nicht vorausgesetzt, dass der Täter die Schutzlockerung selbst herbeigeführt hat[49], die kurzfristige Ablenkung durch den Zahlvorgang an der Kasse schaffte aber allein keine „Arglosigkeit“. Heimtücke scheidet deshalb aus (*Gegenteil auch gut vertretbar*).

b) Grausam

Grausam tötet, wer dem Opfer im Rahmen der Tötungshandlung aus gefühlloser, unbarmherziger Gesinnung durch Dauer, Stärke oder Wiederholung der Schmerzverursachung besonders schwere Qualen körperlicher oder seelischer Art zufügt[50]. Jenseits des eigentlichen Erstickungsvorgangs sind hier dem Opfer keine besonderen Qualen zugefügt worden. Grausamkeit ist nicht gegeben.

c) Habgier

Habgier bedeutet rücksichtsloses Streben nach Gewinn um jeden Preis, wobei der „Gewinn“ nach hM auch im Ersparen von Aufwendungen liegen kann[51]. V wollte sich zukünftige Unterhaltszahlungen für das Kind ersparen. Er handelte somit habgierig. Die die Habgier begründenden Umstände waren ihm auch bewusst.

d) Sonstige niedrige Beweggründe

Niedrige Beweggründe sind alle Tatantriebe, die nach allgemeiner rechtlich-sittlicher Wertung auf tiefster Stufe stehen, durch hemmungslose Eigensucht bestimmt und deshalb besonders verachtenswert sind[52]. Die Niedrigkeit der Beweggründe für eine Tötung ergibt sich dabei nicht schon aus der fehlenden moralischen Rechtfertigung der Tat[53]. Über die reine Habgier hinaus sind bei V keine sonstigen niedrigen Beweggründe erkennbar. Allein die Vaterschaft des V macht die Tat noch nicht gesteigert verachtenswert.

e) Konkurrenz

§ 211 verdrängt als qualifiziertes Delikt bzw als Sondertatbestand den § 212 I. Im Ergebnis herrscht Einigkeit: § 211 ist lex specialis gegenüber § 212 I.

---

47 BGHSt 4, 11; S/S-*Eser*, § 211 Rn 25 b; *Wessels/Hettinger*, BT1 Rn 121.
48 BGH StV 2008, 353; S/S-*Eser*, § 211 Rn 24 a, 25 b.
49 BGHSt 8, 216, 219.
50 *Wessels/Hettinger*, BT1 Rn 102.
51 BGHSt 10, 399; *Wessels/Hettinger*, BT1 Rn 94 b; krit S/S-*Eser*, § 211 Rn 17 mwN.
52 BGH NStZ 2006, 97; LG Passau NStZ 2005, 101; *Wessels/Hettinger*, BT1 Rn 95.
53 BGH StV 2003, 26; zur Annahme von niedrigen Beweggründen bei „grundloser“ Tötung vgl BGHSt 47, 128 m Anm *Otto*, JZ 2002, 567 f; krit zu diesem Urteil *Saliger*, StV 2003, 38 ff und *Neumann*, JR 2002, 471 ff; BGH NStZ-RR 2005, 309.

3. § 223 I

94 Der objektive Tatbestand ist erfüllt. V handelte auch vorsätzlich, denn nach der herrschenden Einheitstheorie ist in jedem Tötungsvorsatz zwangsläufig der Vorsatz, eine Körperverletzung als notwendiges Durchgangsstadium einer jeden Tötung zu begehen, enthalten[54]. Jedoch ist § 223 I subsidiär gegenüber § 211.

4. § 224 I Nr 3, Nr 5

a) Tatbestand

Ein Überfall ist jeder plötzliche, unerwartete Angriff auf einen Ahnungslosen. Hinterlistig ist der Überfall, wenn der Täter seine wahre Absicht planmäßig berechnend verdeckt, um gerade dadurch dem Angegriffenen die Abwehr zu erschweren. Das bloße Ausnutzen des Überraschungsmomentes genügt für sich jedoch nicht. Vielmehr muss der Täter zur Verschleierung des geplanten Angriffs zuvor weitere Vorkehrungen getroffen haben[55]. Daran mangelt es hier.

Eine Körperverletzung ist mittels einer das Leben gefährdenden Behandlung begangen, wenn die Verletzungshandlung den konkreten Umständen nach objektiv geeignet war, das Leben des Opfers in Gefahr zu bringen[56]. Hier ist sogar der Tod des Opfers eingetreten. Eine gefährliche Körperverletzung liegt somit vor.

b) Konkurrenz

§ 224 I Nr 5 ist subsidiär gegenüber § 211.

5. § 227 I

95 V hat auch den Tatbestand des § 227 I verwirklicht, da „wenigstens fahrlässig" in § 18 auch vorsätzliches Handeln einschließt. § 227 I ist aber subsidiär gegenüber § 211.

Die Prüfung der Körperverletzungsdelikte kann angesichts der ohnehin bestehenden Subsidiarität auch noch kürzer ausfallen. Insbesondere kann § 227 gänzlich weggelassen werden. Zum Teil wird auch vertreten, dass die Körperverletzungsdelikte neben dem vollendeten Totschlag überhaupt nicht geprüft werden sollten (vgl Beulke, Klausurenkurs I [1] Rn 115).

6. § 170

Nach dem Tod des K besteht keine Unterhaltspflicht mehr. § 170 scheidet deshalb aus.

7. § 171

96 Ob die Tötung des leiblichen (nichtehelichen) Kindes, das nach der Trennung des Vaters von der Mutter anscheinend von Letzterer allein erzogen wurde, zugleich die denkbar stärkste Form einer Verletzung der Fürsorgepflicht iSv § 171 darstellt, mag

---

54 *Beulke*, Klausurenkurs I [1] Rn 116; *Wessels/Hettinger*, BT1 Rn 320.
55 BGH NStZ 2005, 40; *Wessels/Hettinger*, BT1 Rn 279.
56 *Wessels/Hettinger*, BT1 Rn 282; vgl o Fall 1 Problem Nr 1 Rn 6.

hier letztendlich dahinstehen (Sinn und Zweck des § 171, dem es um die längerfristige Sorge um das Kind geht, sprechen eher gegen die Einbeziehung der Tötung auf Grund eines einmaligen Kontakts), da § 171 gegenüber § 211 jedenfalls wegen Subsidiarität zurücktritt.

8. Ergebnis für V im Tatkomplex C

V ist strafbar gem § 211.

II. Strafbarkeit des B

1. §§ 212 I, 25 II

B wollte die Tat als fremde (subjektive Theorie). Außerdem bestimmte nicht B, sondern V das Geschehen, hielt dieses also in den Händen, sodass nur V Tatherrschaft zufiel (Tatherrschaftstheorie)[57]. **97**

Nach allen Ansichten ist B also kein Täter.

2. §§ 212 I, 26

a) Objektiver Tatbestand

Die vorsätzliche rechtswidrige Haupttat des V liegt in Form des Totschlages, § 212 I, vor (*s o Rn 92*). **98**

Durch seinen Ratschlag hat B den Tatentschluss des V hervorgerufen.

b) Subjektiver Tatbestand

B handelte sowohl bzgl der vorsätzlichen rechtswidrigen Haupttat des V als auch hinsichtlich der eigenen Anstiftungshandlung vorsätzlich. Der geforderte „doppelte Anstiftervorsatz" liegt somit vor.

c) Rechtswidrigkeit und Schuld

B handelte rechtswidrig und schuldhaft.

3. §§ 211, 26

a) Objektiver Tatbestand

Der Haupttäter V beging einen Mord unter Erfüllung des Mordmerkmals der „Habgier" (*s o Rn 93*). **99**

B hat bei V objektiv den Tatentschluss hervorgerufen.

57 Vgl zur Abgrenzung Täterschaft – Teilnahme bei Beteiligung an einem Begehungsdelikt durch positives Tun u Fall 7, Problem Nr 63, Rn 285.

b) Subjektiver Tatbestand

Das Motiv der Habgier war dem B bekannt. (*Wer oben – Rn 93 – bei V Heimtücke bejaht, muss bei B mangels Kenntnis vom Tathergang den Vorsatz bzgl der Heimtücke verneinen.*)

Bzgl der Anstiftungshandlung handelte B vorsätzlich.

c) Akzessorietätslockerung

B selbst hat keine Mordmerkmale erfüllt.

Wegen des Fehlens des Mordmerkmals der Habgier in der Person des B kommt eine Tatbestandsverschiebung von der Anstiftung zum Mord zur Anstiftung zum Totschlag in Betracht.

100 **Problem Nr 16: Wie ist das Verhältnis von § 212 zu § 211? Ist § 28 I oder II oder § 29 anwendbar?**

(1) Nach Ansicht der **Rechtsprechung** sind die täterbezogenen Merkmale des § 211 – das sind die der 1. und 3. Gruppe des § 211 – besondere persönliche Merkmale iSv § 28. Weiterhin sieht die Rechtsprechung § 211 und § 212 I als **selbstständige, voneinander unabhängige Sondertatbestände** an, die in einem Exklusivitätsverhältnis stehen (BGHSt 1, 368, 370; 6, 329, 330; 22, 375, 377; BGH NJW 2005, 996 m Bespr *Kudlich*, JuS 2005, 1051 u *Valerius* JA 2005, 682; grundsätzlich auch anerkannt von BGHSt GrS 30, 105 ff). Die Mordmerkmale begründen deshalb die Strafe und verschärfen sie nicht lediglich, sodass **§ 28 I** anwendbar ist, falls das vom Haupttäter verwirklichte Mordmerkmal in der Person des Haupttäters fehlt und auch nicht durch ein gleichwertiges anderes Mordmerkmal ersetzt wird (= sog **„gekreuzte Mordmerkmale“**). Im Ergebnis ist im Fall der täterbezogenen besonderen persönlichen Merkmale für den Teilnehmer die Strafe zu mildern, wenn bei ihm dieses Merkmal fehlt.

Argument: Zur Begründung wird vor allem die Systematik des Gesetzes angeführt (Mord [§ 211] vor Totschlag [§ 212]). Außerdem ergibt sich aus dem Wortlaut des § 212 I („ohne Mörder zu sein“), dass ein Mörder gerade kein Totschläger ist. Schließlich zieht die Rechtsprechung eine Parallele zu § 249: Obwohl § 249 den § 242 enthält, ist § 249 ein selbstständiger Tatbestand. Mord beinhaltet gegenüber Totschlag ein wesentlich gesteigertes Unrecht, was schon an der Strafandrohung der lebenslangen Freiheitsstrafe zu erkennen ist.

(2) Auch die **herrschende Lehre** hält die Mordmerkmale der 1. und 3. Gruppe des § 211 für besondere persönliche Merkmale iSv § 28, sieht jedoch § 212 I als **Grundtatbestand** und § 211 als dazu (unselbstständige) **Qualifikation** an (*Gössel*, ZIS 2008, 153; *Kudlich*, PdW BT2 S 8; *Lackner/Kühl*, Vor § 211 Rn 22 ff; S/S-*Eser*, Vorbem § 211 Rn 5). Die Mordmerkmale modifizieren die Strafe nur. Deshalb ist **§ 28 II** anwendbar mit der Folge, dass bei den täterbezogenen Mordmerkmalen des § 211 auf das Vorhandensein dieses Merkmals beim jeweiligen Beteiligten abzustellen ist. Das Verhältnis der Tötungsdelikte kann danach mit allgemeinen Konkurrenzregeln begründet werden. Die §§ 211 und 216 enthalten jeweils den Grundtatbestand des § 212 I und knüpfen zusätzlich wenigstens an ein Merkmal an, das die Strafe schärft bzw mildert.

Argument: § 212 I und § 211 dienen beide dem Schutz des gleichen Rechtsgutes „Leben“ und erfassen mit der Tötung die gleiche Beeinträchtigung, sodass die Annahme artverschiedener, selbstständiger Delikte nicht überzeugend ist. Auch spricht die Gesetzessystematik eher für die Annahme eines Stufenverhältnisses bei den Tötungsdelikten (Grundtatbestand, Privilegierung, Qualifikation). Der Umstand, dass hier die Qualifikation (§ 211) vor dem Grunddelikt (§ 212 I) geregelt wird, erklärt sich aus der überragenden Schwere des Mordvorwurfs.

Erfüllt der Teilnehmer ein besonderes persönliches Merkmal, das beim Täter, der nur einen Totschlag begangen hat, nicht vorliegt, kommt es nach Ansicht der Rechtsprechung – oben Meinung (1) – grundsätzlich nicht zu einer Tatbestandsverschiebung. Der Teilnehmer kann nur wegen Teilnahme am Totschlag bestraft werden. Dies ist jedoch ein unbilliges Ergebnis. Die Korrekturen, die der BGH teilweise vornimmt (siehe insbes die Konstruktion der gekreuzten Mordmerkmale bei § 28 I, bei welcher der Teilnehmer das [täterbezogene] Mordmerkmal des Täters nicht teilt, doch ein eigenes, gleichwertiges [täterbezogenes] Mordmerkmal erfüllt), entbehren jeglicher gesetzlichen Grundlage und sind als bloße Billigkeitsrechtsprechung abzulehnen.

(3) Nach einer **dritten Ansicht** (*Wessels/Beulke*, AT Rn 422, 559) bilden die täterbezogenen Mordmerkmale **spezielle Schuldmerkmale iSd § 29**. Jeder Täter wird danach bestraft, ob gerade in seiner Person ein (täterbezogenes) Mordmerkmal erfüllt ist.

Argument: Die täterbezogenen Mordmerkmale sind nicht lediglich als Reflex des Unrechts zu charakterisieren, sondern prägen unmittelbar und ausschließlich den Gesinnungsunwert des Täters. Einschlägig ist deshalb weder § 28 I noch § 28 II, sondern § 29.

Zur Vertiefung: Wessels/Beulke, AT Rn 422, 559; Wessels/Hettinger, BT1 Rn 134ff.

Im vorliegenden Fall gelangt die Rechtsprechung, die § 211 als einen Sondertatbestand einstuft, zur Anwendbarkeit des § 28 I, dh B haftet akzessorisch wegen Anstiftung zum Mord. Da ihm jedoch das beim Täter gegebene täterbezogene Mordmerkmal der Habgier fehlt, kann seine Strafe gemildert werden. Die Rechtsprechung verkennt jedoch, dass der Mordtatbestand die vorsätzliche Tötung unter Verwirklichung bestimmter Merkmale beschreibt und deshalb als Qualifikation eine vorsätzliche Tötung ohne Verwirklichung gerade dieser Merkmale beinhaltet. Die Systematik der §§ 211 ff spricht also dafür, dass es sich bei § 212 I um das Grunddelikt und bei § 211 um einen qualifizierten Fall des Totschlags handelt. **101**

Die herrschende Ansicht im Schrifttum wendet deshalb § 28 II an, sodass B, der keine täterbezogenen Mordmerkmale in seiner Person erfüllte, wegen Anstiftung zum Totschlag zu bestrafen ist.

Zu demselben Ergebnis gelangt die vorzugswürdige Ansicht, die sämtliche täterbezogenen Mordmerkmale als Schuldmerkmale begreift und die deshalb gem § 29 gegenüber B, der keine täterbezogenen Mordmerkmale erfüllte, vom Vorwurf der Anstiftung zum Mord absieht.

4. Ergebnis für B im Tatkomplex C

B ist nur strafbar gem §§ 212 I, 26, 29 (*hM: § 28 II*).

D. Gesamtergebnis des materiell-rechtlichen Gutachtens

102 Tatkomplex A:
M und V haben sich nicht strafbar gemacht.

Tatkomplex B:
A: straflos
F: §§ 218 I 1, 26, 28 II – § 52 – §§ 267 I Var 3, 26
M: §§ 218 I 1, 25 I Alt 2, 28 II, 218 III, 17 S 2 – § 52 – §§ 267 I Var 3, 17 S 2

Tatkomplex C:
B: §§ 212 I, 26, 29 (*hM: 28 II*)
V: § 211

Teil II. (prozessualer Teil)

103 **Polizeiliche/staatsanwaltschaftliche Erforschungs- und Verfolgungspflicht bei außerdienstlicher Kenntniserlangung**

Für eine Erforschungspflicht auch bei privater Kenntniserlangung spricht der Wortlaut des § 163 I StPO (für die Staatsanwaltschaft: § 160 I StPO): Danach existiert diese Pflicht auch dann, wenn auf anderem Wege als durch Anzeige von dem Verdacht einer Straftat Kenntnis erlangt wurde.

Gegen eine solche Pflicht spricht, dass dem Beamten auch eine rechtlich geschützte Privatsphäre zugebilligt werden muss.

104 **Problem Nr 17: Inwieweit sind Polizei/Staatsanwaltschaft bei privater Kenntniserlangung von einer Straftat zur Erforschung und Verfolgung der Tat verpflichtet?**

(1) Nach einer **Mindermeinung** (*Geerds*, Schröder-GS, S 389 ff; SK/StGB-*Hoyer*, § 258 a Rn 6; *Volk*, StPO § 8 Rn 11) besteht generell keine Pflicht zum Einschreiten.

Argument: Der Schutz der Privatsphäre des Beamten geht allen Strafverfolgungsinteressen vor.

(2) Andere sind der **Ansicht**, dass die Anklagepflicht nur bei Katalogtaten des § 138 StGB (*Geppert*, Jura 1982, 139, 148; *Roxin*, StPO § 37 Rn 3) bzw bei Verbrechen iSv § 12 I StGB (*Hellmann*, StPO Rn 52) besteht.

Argument: Der Bestimmtheitsgrundsatz verlangt, dass ein Überwiegen der öffentlichen Interessen – und damit ein Eingreifen der Strafbarkeit gem §§ 258, 258 a StGB – nur bei den Delikten in Frage kommt, die der Gesetzgeber in den §§ 12 I, 138 StGB als besonders schwer eingestuft hat.

(3) Die **hM** (BGHSt 5, 225, 229; 12, 277, 280 f; *Beulke*, StPO Rn 91; *Fischer*, § 258 a Rn 4 a; *Lackner/Kühl*, § 258 a Rn 4; S/S-*Stree*, § 258 a Rn 11; für Verfassungskonformität dieser Ansicht BVerfG JZ 2004, 303) nimmt eine Abwägung im Einzelfall vor, wobei nicht auf starre Grenzen, sondern auf die Intensität der Verknüpfung mit der Privatsphäre des Staatsanwalts/Polizisten, die Schwere der Tat und den Grad der Gefährdung der Allgemeinheit bei Unterlassen des Einschreitens abgestellt wird. Zu bejahen ist die Verfolgungs-/Anklagepflicht, wenn es sich um schwerwiegende Straftaten handelt, welche die Belange der Öffentlichkeit und der Gesellschaft in besonderem Maße berühren (RGSt 70, 251, 252 f [„Weinzimmer- Fall"] bzgl Staatsanwalt).

Argument: Nur so kann der überragenden Bedeutung des Legalitätsprinzips, das der Durchsetzung des staatlichen Strafanspruchs, dem Schutz der Allgemeinheit vor Straftaten und insbes der Gleichheit vor dem Gesetz zu dienen bestimmt ist, Rechnung getragen werden. Ein Abstellen auf formale Kriterien unter analoger Heranziehung des § 12 I StGB oder des § 138 StGB lässt zu wenig Spielraum für gravierende Fälle mit klar erkennbarem Strafverfolgungsinteresse, ohne dass die starren Voraussetzungen der angeblich analog heranziehbaren Vorschriften erfüllt wären.

Zur Vertiefung: Beulke, StPO Rn 91; Rössner, StPO 4. Problem S 24 ff.

Wenn sich eine Mindermeinung bei privater Kenntnisnahme gegen jede Pflicht zum Einschreiten ausspricht, so misst sie dem das Strafprozessrecht beherrschenden Legalitätsprinzip eine zu geringe Bedeutung bei. Bei schwer wiegenden Straftaten, welche die Belange der Öffentlichkeit und der Gesellschaft in besonderem Maße berühren, muss deshalb auch bei privater Kenntniserlangung ein Strafverfahren von Amts wegen initiiert werden. Zwar wäre im Rahmen der im vorliegenden Fall vorzunehmenden Gesamtabwägung durchaus zu berücksichtigen, dass es sich bei V um den Vetter des P, also einen Verwandten, handelt. Bei Begehung einer besonders schwerwiegenden Straftat wie Mord wird die Öffentlichkeit hingegen aufgrund ihres allgemeinen Sicherheitsinteresses besonders tangiert. Wenn es sich zudem um ein Verbrechen iSv § 12 I StGB handelt und darüber hinaus jeder Bürger im Falle der Kenntniserlangung von der geplanten Tatbegehung bei Nichtanzeige der geplanten Straftat gem § 138 StGB selbst dann bestraft werden könnte, wenn sich die Anzeige gegen einen Angehörigen richten würde (§ 139 III 1 Nr 1 StGB), muss der Aspekt der Privatsphäre des Beamten eindeutig hinter das öffentliche Interesse an der Verfolgung dieser schweren Straftat zurücktreten. Hinzu kommt, dass die Intensität der Verknüpfung mit der Privatsphäre des P insoweit gering ist, als ein Vetter als Verwandter in der Seitenlinie noch nicht einmal zu den Angehörigen iSv § 11 I Nr 1 a StGB zählt. Ihm stünde also im Rahmen eines Strafverfahrens kein Zeugnisverweigerungsrecht zu. 105

V ist also gem § 163 I StPO zur Einleitung eines Ermittlungsverfahrens entweder durch die Polizei selbst oder durch die Staatsanwaltschaft (§ 163 II StPO iVm § 160 I StPO) verpflichtet. Unter Umständen kann sogar eine Festnahme des V durch P gem § 163 I StPO iVm §§ 127 II, 113 II StPO in Betracht kommen.

Definitionen zum Auswendiglernen

Anstifter	ist gem **§ 26**, wer vorsätzlich einen anderen zu dessen vorsätzlich begangener rechtswidriger Tat bestimmt (*vgl Gesetzestext*).
Bestimmen	iSd **§ 26** bedeutet Hervorrufen des Tatentschlusses durch eine Willensbeeinflussung im Wege des offenen geistigen Kontakts (*Wessels/Beulke, AT Rn 568*).
Notstandslage	iSv **§ 34** ist eine gegenwärtige Gefahr für Leben, Leib, Freiheit, Ehre, Eigentum oder ein anderes Rechtsgut, die nicht anders abgewendet werden kann als durch Einwirkung auf ebenfalls rechtlich anerkannte Interessen (*Wessels/Beulke, AT Rn 299*).
Gegenwärtige Gefahr	iSv **§ 34** ist ein Zustand, dessen Weiterentwicklung den Eintritt oder die Intensivierung eines Schadens ernstlich befürchten lässt, sofern nicht alsbald Abwehrmaßnahmen ergriffen werden (*Wessels/Beulke, AT Rn 303*).
Erforderlich	iSv **§ 34** ist, was zur Abwehr der Gefahr geeignet ist und unter Berücksichtigung aller ex ante erkennbaren Umstände aus der Sicht eines sachkundigen objektiven Betrachters als der sicherste Weg zur Erhaltung des gefährdeten Gutes erscheint und was zugleich das relativ mildeste Mittel darstellt (*Wessels/Beulke, AT Rn 308*).
Grausam	iSv **§ 211** tötet, wer dem Opfer im Rahmen der Tötungshandlung aus gefühlloser, unbarmherziger Gesinnung durch Dauer, Stärke oder Wiederholung der Schmerzverursachung besonders schwere Qualen körperlicher oder seelischer Art zufügt (*Wessels/Hettinger, BT1 Rn 102*).
Habgier	iSv **§ 211** ist ein ungezügeltes und rücksichtsloses Streben nach Gewinn um jeden Preis, gleichgültig, ob es dabei um einen Vermögenszuwachs oder um die Vermeidung von Aufwendungen als unmittelbare Folge der Tötungshandlung geht (*Wessels/Hettinger, BT1 Rn 94 b*).
Heimtücke	iSv **§ 211** ist die bewusste Ausnutzung der Arg- und Wehrlosigkeit des Opfers in feindlicher Willensrichtung (*Wessels/Hettinger, BT1 Rn 107*).
Arglos	iSv **§ 211** ist, wer sich im Zeitpunkt der Tat keines tätlichen Angriffs auf seine körperliche Unversehrtheit oder sein Leben versieht (*Wessels/Hettinger, BT1 Rn 110*).
Wehrlos	iSv **§ 211** ist, wer infolge seiner Arglosigkeit zur Verteidigung außer Stande oder in seiner Verteidigung stark eingeschränkt ist (*Wessels/Hettinger, BT1 Rn 112*).
Ausnutzen	der Arg- und Wehrlosigkeit iSv **§ 211** ist gegeben, wenn der Täter die von ihm herbeigeführte oder vorgefundene Lage der Arg- und Wehrlosigkeit im Wege des listigen, hinterhältigen oder planmäßig berechnenden Vorgehens bewusst zu einem Überraschungsangriff benutzt und das Opfer so daran hindert, sich zu verteidigen, zu fliehen, Hilfe herbeizurufen, dem Anschlag auf sein Leben in sonstiger Form zu begegnen oder dessen Durchführung wenigstens zu erschweren (*Wessels/Hettinger, BT1 Rn 114*).
Sonstige niedrige Beweggründe	iSv **§ 211** sind alle Tatantriebe, die nach allgemeiner rechtlich-sittlicher Wertung auf tiefster Stufe stehen, durch hemmungslose Eigensucht bestimmt und deshalb besonders verachtenswert sind (*Wessels/Hettinger, BT1 Rn 95*).

Abbrechen der Schwangerschaft	iSv **§ 218 I** ist die Vornahme eines Eingriffs bei der Schwangeren, der die Abtötung der Leibesfrucht bezweckt oder in Kauf nimmt. Der Taterfolg liegt im Absterben der Leibesfrucht (*Wessels/Hettinger, BT1 Rn 225*).
Nidation	bedeutet Abschluss der Einnistung des befruchteten Eies in der Gebärmutter (*Gesetzeswortlaut § 218 I 2; Wessels/Hettinger, BT1 Rn 219*).
Sittenwidrigkeit	einer Körperverletzung iSv **§ 228** liegt vor, wenn sie dem Anstandsgefühl aller billig und gerecht Denkenden widerspricht, wobei es vor allem auf die Beweggründe und Ziele der Beteiligten sowie auf die angewandten Mittel und die Art der Verletzung ankommt (*Wessels/Beulke, AT Rn 377*).
Einsperren	iSv **§ 239** ist das Verhindern des Verlassens eines Raumes durch äußere Vorrichtungen oder sonstige Vorkehrungen (*Wessels/Hettinger, BT1 Rn 372*).
Fremd	iSv **§§ 242 ff, 303, 306** ist eine Sache, wenn sie im (Allein-, Mit- oder Gesamthands-)Eigentum eines anderen steht, also weder herrenlos iSd §§ 958 ff BGB ist noch ausschließlich dem Täter selbst gehört (*Wessels/Hillenkamp, BT2 Rn 68*).
Urkunde	iSd **materiellen Strafrechts** ist jede verkörperte Gedankenerklärung, die zum Beweis im Rechtsverkehr geeignet und bestimmt ist und die ihren Aussteller erkennen lässt (*Wessels/Hettinger, BT1 Rn 790*).
Verfälschen	einer Urkunde iSv **§ 267 I** ist jede Veränderung der Beweisrichtung und des gedanklichen Inhalts einer echten Urkunde, sodass diese nach dem Eingriff etwas anderes zum Ausdruck bringt als vorher (*Wessels/Hettinger, BT1 Rn 842*).
Gebrauchmachen	einer Urkunde iSv **§ 267 I** ist gegeben, wenn die Urkunde selbst und nicht nur ihre schlichte Abschrift oder Ablichtung dem zu Täuschenden in der Weise zugänglich gemacht wird, dass er die Möglichkeit zur Kenntnisnahme hat (*Wessels/Hettinger, BT1 Rn 851*).
Nicht gehören	iSv § 274 I Nr 1 bedeutet, dass außer dem Täter auch andere dazu befugt sind, die Urkunde/technische Aufzeichnung zum Beweis im Rechtsverkehr zu gebrauchen (*vgl Wessels/Hettinger, BT1 Rn 889*).

Weitere einschlägige Musterklausuren

Zum Problem der Gebotenheit der Nothilfe:
Heinrich/Reinbacher, JA 2007, 264; *Jeßberger*, Jura 2003, 711

Zum Problem: Wie ist der Begriff des „Bestimmens“ iSv § 26 auszulegen?
Chowdhury/Meier/Schröder, [3] S 55, [7] S 159, [9] S 222; *Goeckenjan,* JuS 2008,702; *Kudlich/Pragal*, JuS 2004, 791; *Kett-Straub/Linke*, JuS 2008, 717; *Norouzi*, JuS 2007, 146; *Vogel/Fad,* JuS 2002, 786

Zum Problem: Schließt ein de lege artis durchgeführter ärztlicher Eingriff bereits den Tatbestand des § 223 aus oder kommt nur eine Rechtfertigung in Betracht?
Gropp/Küpper/Mitsch, [2] S 25; *Kipp/Kummer,* Jura 2008, 792; *Merten*, [7] S 25, [8] S 27; *Norouzi,* JuS 2007, 146; *Radtke/Schwer*, JuS 2003, 580; *Rönnau/Hohn*, JuS 2003, 998; *Rudolphi*, [6] S 65; *Samson*, St 1 [13] S 80; *Schlehofer*, Jura 1989, 263

Zum Problem der Anforderungen an das Verfälschen von Urkunden iSv § 267 Var 2:
Ambos, JuS 2008, 810; *Chowdhury/Meier/Schröder,* [9] S 222; *Ellbogen/Richter,* JuS 2004, 601; *Martin,* JuS 2001, 364; *Rotsch,* JuS 2004, 607; *Samson,* St2 [30] S 261; *Zieschang,* JA-Übungsblätter 2008, 192

Zum Problem des Konkurrenzverhältnisses zwischen Herstellen bzw Verfälschen und Gebrauchmachen bei § 267:
Beulke, Klausurenkurs II [4] Rn 90; *Ellbogen/Richter,* JuS 2002, 1192; *Hellmann/Beckemper,* JA 2004, 891; *Roxin/Schünemann/ Haffke,* [15] S 269; *Zieschang,* JA 2008, 192

Zum Problem: Ist eine mittelbare Täterschaft auch dann möglich, wenn der Vordermann in vermeidbarem Verbotsirrtum handelt?
Bottke, JuS 1992, 765; *Rotsch/Nolte/Peifer/Weitemeyer,* [20] 286

Zum Problem des Verhältnisses von Tötungs- und Körperverletzungsvorsatz („Einheitstheorie"):
Baumann/Arzt/Weber, [20] S 118; *Gössel,* [4] S 77; *Heinrich/Reinbacher,* JA 2007, 264; *Kargl,* Strafrecht, S 100; *Meurer/Kahle/Dietmeier,* [3] S 23, [6], 103; *Prütting/Stern/Wiedemann,* [17] S 197; *Roxin/Schünemann/Haffke,* [10] S 195; *Rudolphi,* [11] S 124, [12] S 134; *Samson,* St 1 [34] S 168; *Strauß,* [5] S 49

Zum Problem des Verhältnisses von § 212 zu § 211 und der Anwendbarkeit von § 28 I oder II oder § 29:
Ambos, Jura 2004, 492; *Beulke,* Klausurenkurs I [3] Rn 150; *ders,* Klausurenkurs II [1] Rn 1; *Bosch,* JA 2007, 418; *Chowdhury/Meier/Schröder,* [1] S 7; *Dohmen,* Jura 2006, 143; *Ebert,* Fälle, [15] S 224; *Frister,* [3] S 51; *Geppert,* Jura 2002, 278; *Gössel,* [4] S 77; *Gropp/Küpper/Mitsch,* [7] S 133; *Hohmann,* JuS 1995, 135; *Hohmann/König,* Jura 1990, 200; *Hussels,* Jura 2005, 877; *Ihring/Noak,* Jura 2007, 787; *Kargl,* Strafrecht, S 139 ff; *Krahl,* JuS 2003, 57; *Meurer/Kahle/Dietmeier,* [3] S 23; *Otto,* [A5] S 90; *Priebe,* Fälle, [13] S 197; *Prütting/Stern/Wiedemann,* [17] S 197; *Ranft,* Jura 1994, 660; *Rengier,* JuS 1991, 938; *Roxin/Schünemann/Haffke,* [6] S 119; *Rudolphi,* [7] S 77; *Samson,* St 1[37] S 191 , [38] S 205; *Scholz/Wohlers,* S 97; *Strauß,* [7] S 61; *Sonnen/Mitto/Nugel,* Fälle [1] Rn 13; *Tiedemann,* [9] S 222; *Weißer,* JuS 2009, 135; *Wolters,* [2] S 27; *Zöller,* Jura 2007, 305

Zum Problem: Polizeiliche/staatsanwaltschaftliche Erforschungs- und Verfolgungspflicht bei außerdienstlicher Kenntniserlangung:
Dannecker, Jura 1988, 657; *Rosenau/Witteck,* Jura 2002, 781

Fall 3

Der Fluch der Toten Rosen

I.

Neidvoll bemerkt der Jurastudent A, dass B, der auf dem Nachbargrundstück eine Schreinerei betreibt, Eigentümer der einmalig guten CD-Box der Gruppe „Tote Rosen" ist und diese Musik während der Abrechnung in seinem kleinen Büro im Hinterhaus der Schreinerei häufig abspielt. In der Absicht, die CD-Box an sich zu bringen, schleicht sich A in den Abendstunden in den Nachbargarten und macht sich daran, mit einem besonders scharf geschliffenen Schraubenzieher, den er zwischen Fensterrahmen und Fenster steckt, das Bürofenster der Schreinerei des B in Kippstellung zu bringen, um dann mit der Hand die auf dem Fensterbrett liegende CD-Box herauszuangeln. Da er jedoch plötzlich eine Bewegung der vor diesem Fenster hängenden Gardinen zu erkennen vermeint und fürchtet, B sei wider Erwarten doch anwesend, lässt er von seinem Vorhaben ab. In Wahrheit war B abwesend und ein Luftzug hatte die Gardinen bewegt. Darüber hinaus hätte A das Fenster mit dem Schraubenzieher sowieso nicht öffnen können, da B ein Fensterschloss eingebaut hatte. **106**

Da A jedoch eine Party plant und dabei auf die „Toten Rosen" nicht verzichten möchte, begibt er sich in die Musikabteilung des Supermarktes, um dort die CD-Box zu „entleihen". Es handelt sich um eine aus drei CDs bestehende Box mit einem Verkaufswert von 35 €. A hat vor, die CDs bei sich zu Hause erst auf andere, unbespielte CDs zu kopieren und die Original-CDs dann am nächsten Tag wieder ins Supermarktregal zurückzulegen. In einem günstigen Moment lässt er die Box in die Außentasche seiner Steppjacke gleiten.

Auf dem Weg zur Kasse stellt A zu seiner Überraschung fest, dass die „Toten Rosen" gerade an diesem Tag eine neue CD auf den Markt gebracht haben. A möchte seinem Freund F diese CD gerne zum Geburtstag schenken. Er geht deshalb folgendermaßen vor: Die neu erschienene CD mit den neuen Songs verbirgt er unter einem Karton mit sechs Weinflaschen. Erwartungsgemäß wird er an der Kasse nicht aufgefordert, den schweren Karton mit den Flaschen auf das Förderband zu legen, sondern darf ihn im Wagen stehen lassen. Die Kassiererin E tippt den Betrag für die sechs Weinflaschen ein. A bezahlt, passiert die Kasse und schiebt den Einkaufswagen in Richtung Supermarkt-Parkplatz. Am Ausgang des Gebäudes wird er jedoch vom Kaufhausdetektiv K gestellt, der gesehen hat, wie A die CD-Box in die Jacke gesteckt hatte. A muss alle CDs zurückgeben.

Auch dem Aushilfs-Ladenangestellten C ist A beim Herumstreichen in der Musikabteilung vor dem Stand mit der neuen CD der „Toten Rosen" aufgefallen. Als er sieht, wie A die CD unter den Karton mit den Weinflaschen schiebt, hält er es für möglich, dass A die CD der „Toten Rosen" „mitgehen lassen" will. Da er selbst Musikliebhaber ist und daher Verständnis für A hat, geht er, bevor etwas geschieht und ohne dem K Bescheid zu sagen oder sich sonst darum zu kümmern, in die Kantine.

Vor lauter Frust über den misslungenen CD-Coup plant A, sich an dem Supermarkt zu rächen. Er begibt sich in das Malereifachgeschäft des M. Dort erkundigt er sich, wie eine Spraydose beschaffen sein muss, mit der man Hauswände und Fensterscheiben bemalen kann. Aus den Andeutungen des A entnimmt M, dass A eine heimliche Sprayaktion an einem Gebäude eines Feindes plant. Gleichwohl verkauft er die Spraydose an A zum regulären Preis von 10 €. In der folgenden Nacht schleicht sich A mit der von M erworbenen Spraydose bewaffnet zu dem Supermarkt und sprüht dort auf mehrere Schaufensterscheiben, von denen jede eine Größe von 15 Quadratmetern aufweist, je eine 50 cm große Rose und ein Totenkreuz. Der Supermarkt muss am nächsten Tag die Fenster für 100 € reinigen lassen, um den status quo ante wiederherzustellen.

Wie haben sich A, C und M strafbar gemacht?

Straftatbestände außerhalb des StGB sind nicht zu prüfen. Evtl erforderliche Strafanträge sind gestellt.

II.

1. Was versteht man unter einem „Beweisverwertungsverbot"? Wann kommt ein solches in Betracht?
2. Bei seiner Erstvernehmung wird A von der Polizei nicht über sein Aussageverweigerungsrecht belehrt. Kann das gegenüber dem Polizeibeamten abgegebene Geständnis verwertet werden?
3. X steht im Verdacht, das Tatopfer S in seiner Wohnung überfallen und ihm unter Einsatz einer Waffe ca. 40 000 € entwendet zu haben. Gegenüber der Polizei leugnet er die Tat. Als der Zeuge E der Polizei mitteilt, X habe ihm gegenüber in einem Telefonat seine Täterschaft eingeräumt, veranlasst die Polizei ein weiteres Telefongespräch zwischen E und X, das der Polizeibeamte P an einem Zweithörer mitverfolgt. Tatsächlich bestätigt X in dem Gespräch erneut die von ihm begangene Tat. Kann dies in der Urteilsbegründung als (einziger) Tatnachweis herangezogen werden?

Gedankliche Strukturierung des Falles (Kurzlösung)

107

Teil I. (materiell-rechtlicher Teil)

A. Am Fenster (Strafbarkeit des A)

1. **§§ 242 I, II, 22, 23 I Alt 2 (+)**
   a) Vorprüfung (+)
   b) Tatentschluss (+)
   - Vorsatz (+)
   - Zueignungsabsicht (+)

   c) Unmittelbares Ansetzen (+)

Problem Nr 18: Abgrenzung zwischen Vorbereitung und Versuch (Rn 109)
Problem Nr 19: Abgrenzung zwischen Vorbereitung und Versuch bei Beginn der Verwirklichung eines Regelbeispiels (Rn 111)

   d) Rechtswidrigkeit und Schuld (+)
   e) Rücktritt, § 24 I 1 Alt 1 (–)
   f) Strafzumessung, § 243 I 1, 2 Nr 1 (–)
   - Einbrechen (–)

Problem Nr 20: „Versuch" eines Regelbeispiels (am Beispiel des § 243) (Rn 113)

   g) Strafantragserfordernis, § 248 a (+)

2. **§§ 244 I Nr 1 a (–), Nr 1 b (–), Nr 3 (–), II, 22, 23 I Alt 2 (–)**
   a) Vorprüfung (+)
   b) Tatentschluss (–)
   - § 244 I Nr 1 a (–)

Problem Nr 21: Gefährliches Werkzeug iSv § 244 I Nr 1 a (Rn 116)

   - § 244 I Nr 1 b (–)
   - § 244 I Nr 3 (–)

3. **§ 123 I Alt 1 (+)**
   a) Objektiver Tatbestand (+)
   - Eindringen in einen Geschäftsraum (–)
   - Eindringen in befriedetes Besitztum eines anderen (+)

   b) Subjektiver Tatbestand (+)
   c) Strafantragserfordernis, § 123 II (+)
4. **§§ 303 I Alt 1, III, 22, 23 I Alt 2 (–)**
5. **Konkurrenzen**
6. **Ergebnis für A im Tatkomplex A**
   A ist strafbar gem §§ 242 I, II, 22, 23 I Alt 2 – § 52 – § 123 I Alt 1.

B. Im Supermarkt – Die CD-Box (Strafbarkeit des A)

1. **§ 242 I (Einstecken) (–)**
   a) Objektiver Tatbestand (+)

Problem Nr 22: Gewahrsamsbegründung in fremder Gewahrsamssphäre (Rn 122)
Problem Nr 23: Beobachtete Wegnahme (Rn 124)

   b) Subjektiver Tatbestand (–)
   - Vorsatz (+)
   - Zueignungsabsicht (–) (*aA vertretbar*)

Problem Nr 24: Objekt der Zueignung bei §§ 242 I, 246 I (Rn 126)

2. **§ 246 I (Einstecken) (–)**
   - fremde bewegliche Sache (+)
   - Zueignung (–) (*aA vertretbar*)
3. **§ 263 I (Forderungsbetrug des A gegenüber der Kassiererin, zulasten des Supermarktinhabers zu seinen eigenen Gunsten durch das Passieren der Kasse) (–)**
   a) Objektiver Tatbestand (–)
   - Täuschung (+)
   - Irrtum (+)
   - Vermögensverfügung (–)

   b) Ergebnis
4. **§ 246 I (Passieren der Kasse) (–)**
5. **§ 123 I Alt 1 (–)**

Problem Nr 25: Grenzen eines generellen Zutrittsrechts bei § 123 (Rn 131)

6. **Ergebnis für A im Tatkomplex B**
   A hat sich im Tatkomplex B nicht strafbar gemacht.

C. Im Supermarkt – Die Einzel-CD

I. Strafbarkeit des A

1. **§ 263 I (–)**
   a) Objektiver Tatbestand (–)
   - Täuschung (+)

Problem Nr 26: Abgrenzung von Betrug und Diebstahl beim Passieren der Kasse in SB-Märkten (Rn 133)

   - Irrtum (+)
   - Vermögensverfügung (–)

   b) Ergebnis
2. **§ 242 I (+)**
   a) Objektiver Tatbestand (+)
   b) Subjektiver Tatbestand (+)
   c) Rechtswidrigkeit und Schuld (+)
   d) Strafantragserfordernis, § 248 a (+)
3. **§ 246 I (+)**

4. **Konkurrenzen**
5. **Ergebnis für A im Tatkomplex C**
   A hat sich nach § 242 I strafbar gemacht.

II. Strafbarkeit des C

1. **§§ 242, 13 I (–)**
   - Schwerpunkt auf Unterlassen (+)
   a) Objektiver Tatbestand (–)
   - Erfolg des § 242 (+)
   - Nichtvornahme der gebotenen Handlung trotz physisch-realer Abwehrmöglichkeit (+)
   - Kausalität (+)
   - Garantenstellung (+)
   - Täterschaft (–)

Problem Nr 27: Abgrenzung Täterschaft – Teilnahme bei Beteiligung an einem Begehungsdelikt durch Unterlassen (Rn 139)

   b) Ergebnis
2. **§§ 242 I, 27, 13 I (+)**
   a) Objektiver Tatbestand (+)
   - vorsätzliche rechtswidrige Haupttat (+)
   - Beihilfehandlung (+)
   b) Subjektiver Tatbestand (+)
   - Vorsatz bzgl Haupttat (+)
   - Vorsatz bzgl Beihilfehandlung (+)
   c) Rechtswidrigkeit und Schuld (+)
   d) Ergebnis
3. **§§ 257 I, 13 I (–)**
4. **§§ 258 I, 13 I (–)**
5. **§ 266 I Alt 2 (–)**
6. **Ergebnis für C im Tatkomplex C**
   C hat sich gem §§ 242 I, 27, 13 I strafbar gemacht.

D. Die nächtliche Sprühaktion

I. Strafbarkeit des A

1. **§ 123 I Alt 1 (–)**
2. **§ 303 I Alt 1 (–)**

Problem Nr 28: Sachbeschädigung gem. § 303 I ohne Substanzveränderung oder Brauchbarkeitsminderung (Rn 145)

3. **§ 303 II (+)**
4. **Ergebnis für A im Tatkomplex D**
   A hat sich gem § 303 II strafbar gemacht.

II. Strafbarkeit des M

1. **§§ 303 II, 27**

Problem Nr 29: Strafbarkeit einer neutralen Beihilfehandlung (Rn 146 b)

2. **Ergebnis für M im Tatkomplex D**
   M ist straflos.

E. Gesamtkonkurrenzen

F. Gesamtergebnis des materiellrechtlichen Gutachtens

A: Tatkomplex A: §§ 242 I, II, 22, 23 I Alt 2 – § 52 – § 123 I Alt 1
– § 53 –
Tatkomplex C: § 242 I
– § 53 –
Tatkomplex D: § 303 II

C: §§ 242 I, 27, 13 I

M: straflos

Teil II. (prozessualer Teil)

1. **Beweisverwertungsverbote**
   a) Begriff
   b) Bestimmung

Problem Nr 30: Wie werden Beweisverwertungsverbote ermittelt? (Rn 149)

   c) Fallgruppen
2. **Beschuldigtenbelehrung**

Problem Nr 31: Folgen des Verstoßes gegen Belehrungspflicht gem § 136 I 2 StPO (Rn 151)

3. **Mithörfalle**
   a) Verstoß gegen §§ 100 a ff StPO
   b) Verstoß gegen § 163 a IV 2 iVm § 136 I 2 StPO

Problem Nr 32: Vernehmungsbegriff (Rn 153)

   c) Analogie

Problem Nr 33: Analoge Anwendung des § 136 StPO bei Mithören eines initiierten privaten Telefongesprächs (Rn 154)

Ausführliche Lösung von Fall 3

Teil I. (materiell-rechtlicher Teil)

A. Am Fenster (Strafbarkeit des A)

1. §§ 242 I, II, 22, 23 I Alt 2

Indem A sich daran macht, mit einem Schraubenzieher das Bürofenster der Schreinerei des B in Kippstellung zu bringen, um dann mit der Hand die auf dem Fensterbrett liegende CD-Box herauszuangeln, könnte er sich wegen versuchten Diebstahls strafbar gemacht haben. **108**

a) Vorprüfung

Der Diebstahl wurde nicht vollendet. Die Strafbarkeit des versuchten Diebstahls ergibt sich aus §§ 242 II, 23 I Alt 2.

b) Tatentschluss

A will die dem B gehörende CD-Box – und damit eine für ihn fremde bewegliche Sache, dh einen körperlichen Gegenstand[1] – aus dem Gewahrsam des B entfernen und eigenen Gewahrsam daran begründen.

Es kommt ihm gerade darauf an, sich selbst die CD-Box anzueignen, wobei er die dauernde Enteignung des B jedenfalls billigend in Kauf nimmt.

c) Unmittelbares Ansetzen

Fraglich ist, ob A unmittelbar zur Tatbestandsverwirklichung iSd § 22 angesetzt hat.

Problem Nr 18: Abgrenzung zwischen Vorbereitung und Versuch **109**

(1) Die (heute nicht mehr vertretene) **formal-objektive Theorie** ließ als Anfang der Tatausführung nur den Beginn der „tatbestandsmäßigen Handlung" genügen (RGSt 70, 157, 157).

(2) Demgegenüber wollte die (bedenklich weite) **subjektive Theorie** allein auf das subjektive Vorstellungsbild des Täters abstellen (RGSt 72, 66; BGHSt 6, 302).

(3) Nach der dem Gesetz (vgl § 22 StGB: „nach seiner Vorstellung von der Tat unmittelbar ansetzt") am besten entsprechenden herrschenden sog **gemischt subjektiv-objektiven Theorie** ist zweierlei erforderlich:
- dass der Täter die Schwelle zum **„Jetzt-geht's-los"** überschritten hat und
- dass das Rechtsgut bereits in dem Sinne angegriffen wird, dass das Geschehen bei ungestörtem Fortgang **ohne weitere wesentliche Zwischenschritte** unmittelbar in die Tatbestandsverwirklichung einmündet, mit der Folge, dass aus der Sicht des Täters das

1 *Wessels/Hillenkamp*, BT2 Rn 15, 63.

Angriffsobjekt schon **konkret gefährdet** erscheint (*Fischer*, § 22 Rn 10; BGH NJW 1993, 2125; BGH wistra 2002, 263).

Zur Vertiefung: Wessels/Beulke, AT Rn 599 ff; Beulke, Klausurenkurs I [4] Rn 178; ders, Klausurenkurs II [1] Rn 5; Jäger, AT Rn 294 ff; Zieschang, AT S 121 ff.

110 Nach der überzeugenden gemischt subjektiv-objektiven Theorie muss der Täter subjektiv die Schwelle zum „Jetzt-geht's-los" überschritten und objektiv zur tatbestandsmäßigen Angriffshandlung angesetzt haben. Die wichtigsten Indizien sind, dass es sich jeweils aus der Sicht des Täters bei der Handlung um den unmittelbar letzten Teilakt vor der eigentlichen Tatbestandsverwirklichung handelt und dass das Rechtsgut konkret gefährdet erscheint.

A hat durch die Manipulation mit dem Schraubenzieher am Fenster des B mit der Erfüllung des Regelbeispiels „Einbrechen", dh der gewaltsamen, nicht notwendig substanzverletzenden Öffnung einer dem Zutritt entgegenstehenden Umschließung[2], begonnen. Bei Delikten, die im Falle der Verwirklichung von Regelbeispielen eine schwerere Strafe vorsehen (zB § 243) ist streitig, ob der Beginn mit den erschwerenden Umständen Auswirkungen auf die Versuchsproblematik hat.

111 **Problem Nr 19: Abgrenzung zwischen Vorbereitung und Versuch bei Beginn der Verwirklichung eines Regelbeispiels**

(1) In **Rspr** und **Schrifttum** wird zT behauptet, das **strafbare Versuchsstadium** sei **immer** erreicht, sofern der Täter mit der Verwirklichung des Erschwerungsgrundes beginnt (vgl zB OLG Hamm MDR 1976, 155 m abl Anm *Hillenkamp*, MDR 1977, 242).

Argument: Sobald der Täter eines der Regelbeispiele des § 243 I Nr 1 verwirklicht, ist aus dem Gesamtzusammenhang zu entnehmen, dass sich seine Tätigkeit nicht mehr in einem bloßen Auskundschaften einer Diebstahlsgelegenheit oder in der einfachen Annäherung an den Tatort erschöpft, sondern dass er „zur Ausführung der Tat" in das Gebäude bzw den umschlossenen Raum „einbricht". § 243 verlangt seinem klaren Wortlaut nach nicht, dass man sich bereits in dem Raum befindet.

(2) Zutreffend stellt die **hM** auf den **konkreten Einzelfall** und auf das jeweilige Regelbeispiel ab.

Argument: Die nach der gemischt subjektiv-objektiven Formel auch objektiv erforderliche Rechtsgutsgefährdung kann zwar mit Beginn des Regelbeispiels vorliegen; sie muss dies aber nicht zwangsläufig.

Beim Merkmal des Einbrechens wird das Versuchsstadium mit Beginn der Verwirklichung des Regelbeispiels zumeist gegeben sein. Ganz sicher ist dies der Fall, wenn sich die Wegnahme unmittelbar an das Einbrechen anschließen soll (*Kudlich*, JuS 1999, L 89; *Schramm*, JuS 2008, 773, 777; S/S-*Eser*, § 22 Rn 58).

Zur Vertiefung: Wessels/Beulke, AT Rn 607; Wessels/Hillenkamp, BT2 Rn 209.

---

2 *Wessels/Hillenkamp*, BT2 Rn 215; zur Abgrenzung Eindringen – Einbrechen – Einsteigen vgl auch BGH NStZ 2000, 143 m Anm *Otto*, JK 2000, StGB § 243/4.

Die Verwirklichung des Regelbeispiels bewirkt zwar nicht notwendigerweise den Beginn der Ausführungshandlung für den Diebstahlsversuch, ist aber als Indiz dafür zu werten. Da A sofort im Anschluss an die Öffnung des Fensters die CD-Box wegnehmen will, handelt es sich bei der Öffnung des Fensters um die nach seiner Vorstellung letzte Handlung vor der unmittelbaren Ausführungshandlung. Zudem ist das Rechtsgut auch nach seiner Vorstellung unmittelbar (konkret) bedroht. Ein Anfang der Ausführungshandlung ist also gegeben. Dass der Tatplan von vornherein „untauglich" gewesen ist, weil es aufgrund des Fensterschlosses unmöglich war, das Fenster zu öffnen, hindert ein unmittelbares Ansetzen nicht. Die Strafbarkeit des untauglichen Versuches ergibt sich aus § 23 III[3]. **112**

d) Rechtswidrigkeit und Schuld

A handelt rechtswidrig und schuldhaft.

e) Rücktritt, § 24 I 1 Alt 1

Rücktritt iSd § 24 I 1 Alt 1 bedeutet freiwilliges Aufgeben der Tatbestandsverwirklichung. Dazu dürfte der Versuch aber nicht fehlgeschlagen sein. Fehlgeschlagen ist der Versuch, wenn der Täter erkannt hat, dass er mit den ihm zur Verfügung stehenden Mitteln den tatbestandlichen Erfolg entweder gar nicht mehr oder zumindest nicht ohne zeitlich relevante Zäsur herbeiführen kann[4]. Da A den B hinter der Gardine vermutet (was aber nicht stimmt) und er daher davon ausgeht, die Tat nicht mehr verwirklichen zu können, liegt hier ein fehlgeschlagener Versuch vor. Ein strafbefreiender Rücktritt iSv § 24 I 1 Alt 1 ist daher nicht mehr möglich.

f) Strafzumessung, § 243 I 1, 2 Nr 1

Da es sich bei den Regelbeispielen des § 243 um eine Strafzumessungsnorm handelt (Wessels/Beulke, AT Rn 112), sind beim Versuch des § 242 die Regelbeispiele nach Tatbestandsmäßigkeit, Rechtswidrigkeit, Schuld und Rücktritt zu prüfen (vgl Beulke, Klausurenkurs I Rn 59, 72, 182; Fahl, JuS 2001, 47, 48).

A könnte zur Ausführung der Tat in einen Geschäftsraum eingebrochen sein. Eine Schreinerei gehört zu den umschlossenen Räumen iSv § 243 I 1, 2 Nr 1, nämlich zu den Raumgebilden, die (zumindest auch) zum Betreten durch Menschen bestimmt und mit Vorrichtungen versehen sind, die das Eindringen von Unbefugten abwehren sollen und tatsächlich ein Hindernis bilden, welches ein solches Eindringen nicht nur unerheblich erschwert[5]. Konkret zählt die Schreinerei zu den Räumlichkeiten, die bestimmungsgemäß für gewerbliche, geschäftliche, berufliche, künstlerische oder wissenschaftliche Zwecke verwendet werden[6]. Sie ist also ein Geschäftsraum. Da es sich bei der Schreinerei um keine Wohnung handelt, braucht nicht entschieden zu werden, ob Wohnräume aus dem Anwendungsbereich des § 243 I 1, 2 Nr 1 auszuklammern sind[7].

3 Vgl zum untauglichen Versuch *Wessels/Beulke*, AT Rn 619 ff.

4 *Wessels/Beulke*, AT Rn 628, dort auch die abweichenden Meinungen zur Einordnung der Figur des fehlgeschlagenen Versuchs; siehe auch *Bringewat*, Rn 583.

5 *Wessels/Hillenkamp*, BT2 Rn 213.

6 Vgl *Wessels/Hettinger*, BT1 Rn 580.

7 Siehe unten Fall 9 Problem Nr 89 Rn 420.

A hat das Fenster als eine dem Zutritt entgegenstehende Umschließung gewaltsam öffnen wollen. Ein Eintreten des Diebes in den umschlossenen Raum ist beim „Einbrechen" – anders als beim „Einsteigen" – nicht erforderlich; es genügt das Hineinlangen mit der Hand[8].

Fraglich ist jedoch, ob dennoch ein besonders schwerer Fall abgelehnt werden muss, weil dem A das Einbrechen nicht gelungen ist.

113 **Problem Nr 20: „Versuch" eines Regelbeispiels (am Beispiel des § 243)**

Bei der Konstellation des Versuchs iVm der Verwirklichung eines Regelbeispiels sind drei Fallvarianten zu unterscheiden:

1. Der Tatbestand ist versucht, das Regelbeispiel voll verwirklicht.
2. Tatbestand und Regelbeispiel sind beide nicht voll verwirklicht.
3. Der Tatbestand ist voll, das Regelbeispiel nicht voll verwirklicht.

Bzgl Konstellation (1) ist nahezu unstrittig, dass der Versuch des Tatbestands durch die Verwirklichung eines Regelbeispiels einen besonders schweren Fall darstellen kann. Problematisch sind aber die Fälle (2) und (3). Das Regelbeispiel ist kein Tatbestandsmerkmal. Schon begrifflich kommt ein Versuch einer Strafzumessungsregel nicht in Betracht. Es kann also immer nur um einen Versuch des „Grunddelikts" bei gleichzeitiger Erfüllung eines Regelbeispiels gehen. Da man ein Regelbeispiel allein nicht versuchen kann, darf in Fallvariante (3) bei Vollendung des Tatbestands der Plan, das Regelbeispiel zu verwirklichen, nicht in Ansatz gebracht werden. Der Täter wird nur wegen vollendeter (einfacher) Tat bestraft (BGH NStZ-RR 1997, 293). Problematisch bleibt somit allein Fallgruppe (2).

(1) Der **BGH** (BGHSt 33, 370 ff) hat entschieden, dass ein Regelbeispiel nicht verwirklicht sein muss, um einen besonders schweren Fall zu begründen. Dem hat sich das **BayObLG** (NStZ 1997, 442) inzwischen angeschlossen.

Argument: Regelbeispiele müssen wie Tatbestandsmerkmale behandelt werden, da sie jedenfalls tatbestandsähnlich sind. Grundlage für die Strafzumessung ist die Schuld des Täters, die sich im wenigstens teilweise ausgeführten Tatentschluss widerspiegelt.

(2) Nach **herrschender Meinung** (*Blei*, BT § 54 III; *Otto*, JZ 1985, 21, 24; *Schramm*, JuS 2008, 773, 777; *S/S-Eser*, § 243 Rn 44; *Wessels*, Maurach-FS S 295, 306 f; *Wessels/Hillenkamp*, BT2 Rn 202; *Zieschang*, AT S 125) sowie der früheren Ansicht einiger Obergerichte (BayObLG JR 1981, 118; OLG Düsseldorf NJW 1983, 2712) muss ein Regelbeispiel voll verwirklicht sein.

Argument: Regelbeispiele sind keine Tatbestandsmerkmale. Würde das bloße unmittelbare Ansetzen zur Erfüllung eines Regelbeispiels dem Vorliegen des Regelbeispiels gleichgestellt, liefe das auf eine verbotene Analogie zum Nachteil des Täters hinaus. Den Versuch eines Strafschärfungsgrundes kennt das Gesetz nicht. Wenn schon bei vollendetem „Grunddelikt" der Versuch des Regelbeispiels nicht in Ansatz gebracht wird (Konstellation 3), muss dies erst recht gelten, wenn der Täter weniger Unrecht verwirklicht und auch das Grunddelikt im Versuchsstadium stecken bleibt (Konstellation 2). Das erscheint überzeugend.

Zur Vertiefung: Wessels/Hillenkamp, BT2 Rn 201 ff; Graul, JuS 1999, 852 ff.

114 A hat hier sowohl das „Grunddelikt" (§ 242) als auch das Regelbeispiel nicht voll verwirklicht. Dass der „Versuch eines Regelbeispiels" nicht in Ansatz gebracht werden

8 BGH NStZ 1985, 217; *Wessels/Hillenkamp*, BT2 Rn 215.

kann, ergibt sich vor allem aus der Erwägung, dass A selbst dann nur wegen einfachen Diebstahls bestraft würde, wenn er nach dem Scheitern am Fenster das Nachbarhaus durch die unverschlossene Tür betreten und dort die CD-Box weggenommen hätte. Erst recht muss deshalb das „versuchte" Regelbeispiel unberücksichtigt bleiben, wenn A den Diebstahl bereits im Versuchsstadium abbricht. Es liegt also nur ein versuchter Diebstahl gem §§ 242 I, II, 22, 23 I Alt 2 vor[9].

g) Strafantragserfordernis, § 248 a

Unter einer geringwertigen Sache verstand die Rechtsprechung früher eine solche mit einem Wert von bis zu 50 DM[10]. Dieser Wert wurde inzwischen angehoben auf 50 €[11], nach einer zu restriktiven und deshalb abzulehnenden Mindermeinung nur auf 25/30 €[12]. Die CD-Box hatte einen Wert von 35 € und ist somit noch als geringwertig anzusehen. Ein Strafantrag ist erforderlich und auch gestellt.

2. §§ 244 I Nr 1 a, Nr 1 b, Nr 3, II, 22, 23 I Alt 2

Im Gegensatz zu § 243 handelt es sich bei § 244 um eine Qualifikation zu § 242, bei der **115**
ein Versuch unproblematisch möglich ist, wie schon § 244 II klar stellt.

a) Vorprüfung

Ein vollendeter Diebstahl ist nicht gegeben (*s o Rn 108 ff*). Der Versuch der Qualifikation ist strafbar gem §§ 244 II, 23 I Alt 2.

b) Tatentschluss

Fraglich ist, ob A einen Tatentschluss hinsichtlich eines oder mehrerer der Qualifizierungsmerkmale des § 244 I gefasst hat.

Zweifelhaft erscheint, ob A ein gefährliches Werkzeug iSv § 244 I Nr 1 a bei sich führen will. Der Umstand, dass A den Schraubenzieher nur zum Öffnen des Fensters benutzen will, könnte dagegen sprechen. Fraglich ist, wie der Begriff des gefährlichen Werkzeuges iS dieser Vorschrift zu bestimmen ist. Während ein gefährliches Werkzeug iSd § 224 I Nr 2 nach ganz hM ein beweglicher Gegenstand ist, der nach seiner objektiven Beschaffenheit und der Art seiner Verwendung im konkreten Fall geeignet ist, erhebliche Verletzungen herbeizuführen[13], verlangt § 244 I Nr 1 a nach seinem Wortlaut weder einen tatsächlichen Einsatz noch irgendeine Vorstellung darüber, wie das Werkzeug im konkreten Fall eingesetzt werden soll. Ein Rückbezug auf die zur gefährlichen Körperverletzung entwickelte Definition ist somit nicht ohne weiteres möglich[14]. Es ist umstritten, wie stattdessen die Gefährlichkeit des Werkzeuges iSd § 244 I Nr 1 a zu bestimmen ist.

---

9 In diesem Sinne auch *Wessels/Hillenkamp*, BT2 Rn 202, 207 f.
10 *Wessels/Hillenkamp*, BT2 Rn 311.
11 OLG Hamm StV 2003, 672; OLG Zweibrücken NStZ 2000, 536; *Henseler*, StV 2007, 323; *Wessels/Hillenkamp*, BT2 Rn 311.
12 BGHR StGB § 248 a Geringwertig 1 (25 €); OLG Oldenburg NJW 2005, 1879; *Fischer*, § 248 a Rn 3 (30 €).
13 Vgl *Wessels/Hettinger*, BT1 Rn 275.
14 Vgl *Wessels/Hillenkamp*, BT2 Rn 261; BGH StV 2008, 411.

116 **Problem Nr 21: Gefährliches Werkzeug iSv § 244 I Nr 1 a**

(1) Nach **einer Ansicht** reicht für das gefährliche Werkzeug aus, dass der Gegenstand nach seiner **objektiven Beschaffenheit allgemein** (nach anderer Ansicht nur im konkreten Fall) geeignet erscheint, bei seiner Verwendung als Verletzungsmittel erhebliche Beeinträchtigungen hervorzurufen, wobei zum Teil gefordert wird, dass dem Gegenstand eine „Waffenersatzfunktion" zukommen muss (BGH NStZ 2008, 512 m zust Anm *Mitsch,* NJW 2008, 2865; BayOblG StV 2001, 17; OLG Hamm StV 2001, 352 m Anm *Kindhäuser/Wallau*; *Fischer*, § 244 Rn 22 f; *Schlothauer/Sättele*, StV 1998, 505, 508 f; *Schroth*, NJW 1998, 2861, 2864; *Streng*, GA 2001, 359 ff) bzw der Gegenstand in der konkreten Situation zu nichts anderem als zu einem Einsatz als Angriffs- oder Verteidigungsmittel gegen einen Menschen dienen kann (*Jooß,* Jura 2008, 779; S/S-*Eser* § 244 Rn 5). Zum Teil wird allerdings das Einbruchswerkzeug iSv § 244 I Nr 3 als ein „nicht zur ordnungsgemäßen Öffnung bestimmtes Werkzeug" aus dem Anwendungsbereich des § 244 I Nr 1 a ausgeklammert (*Jäger*, JuS 2000, 651, 655; *Krüger*, Jura 2002, 766).

Argument: Auf die Verwendungsabsicht wird nur in § 244 I Nr 1 b abgestellt. Deshalb muss bei Nr 1 a allein ein objektiver Maßstab gelten.

(2) Nach der **Gegenansicht** soll es bei § 244 I Nr 1 a darauf ankommen, dass der Täter den Gegenstand bewusst und gebrauchsbereit, also in **konkreter Gebrauchsabsicht**, bei sich hat (BGH StV 2005, 606; OLG Celle StV 2005, 336; OLG Schleswig NStZ 2004, 212 m Anm *Hardtung*, StV 2004, 399; *Hörnle*, Jura 1998, 169, 171 f; ähnlich SK/StGB-*Günther*, § 250 Rn 8).

Argument: Schon in den Gesetzesmaterialien wird hervorgehoben, dass auf die Auslegungskriterien zum gefährlichen Werkzeug iSv § 223 a I aF (heute § 224 I Nr 2) zurückgegriffen werden könne, bei dem die Gefährlichkeit des Werkzeugs gerade aus dessen geplantem Einsatz abgeleitet wird (zB Stecknadel gegen die Augen als gefährliches Werkzeug; vgl auch BGH NStZ 2002, 594).

Eine rein objektive Bestimmung der Gefährlichkeit eines Werkzeugs ist zudem unmöglich (zB mitgeführte Champagner-Flasche, Krawatte). Das Beisichführen allgemein zum Verletzen geeigneter Gegenstände würde den Tatbestand unendlich ausweiten, zB bei Brecheisen, scharfen Schraubenziehern etc. Nahezu jeder Einbruchsdiebstahl fiele dann unter § 244 I Nr 1 a.

(3) Vermittelnd wird zutreffend gefordert (OLG Braunschweig NJW 2002, 1735; OLG Frankfurt/M StV 2002, 145; *Küper*, BT S 460 ff; *Schramm,* JuS 2008, 773, 778; *Wessels/Hillenkamp*, BT2 Rn 262 ff), dass die Werkzeuge

- zunächst ihrer **allgemeinen Eignung** nach erhebliche Körperverletzungen bewirken können **und**
- dass diese Wirkung „notfalls" auch ausgenutzt werden soll, sog **Verwendungsvorbehalt**.

Argument: Nur diese teleologische Reduktion begrenzt den Anwendungsbereich des § 244 I Nr 1 a sinnvoll und harmonisiert den Begriff des gefährlichen Werkzeugs innerhalb der §§ 244 I Nr 1 a, 250 I Nr 1 a und § 250 II Nr 1. Es muss auf eine Kombination von allgemeiner Gefährlichkeit und subjektiver Einsatzbereitschaft ankommen.

Zur Vertiefung: Wessels/Hillenkamp, BT2 Rn 260 ff; Hillenkamp, BT 25. Problem S 125 ff; Krüger, JA 2009, 190; Zopf, Jura 2007, 510, 518 ff.

117 Eine konkrete Vorstellung über die Art der Verwendung wird nur bei § 244 I Nr 1 b verlangt. Deshalb kann bei § 244 I Nr 1 a nicht auf die konkrete Gebrauchsabsicht abgestellt werden. Auch die objektive Gefährlichkeit kann nicht entscheidend sein, da diese

bei vielen Gegenständen gar nicht bestimmbar ist, sofern man die Vorstellungen des Täters ausklammert. Der § 244 I Nr 1 a Alt 2 muss deshalb im Sinne einer „vermittelnden" Lösung dahingehend ausgelegt werden, dass der Täter bzgl des Werkzeugs, das nach seiner allgemeinen Eignung erhebliche Körperverletzungen bewirken kann, zumindest einen „Verwendungsvorbehalt" entwickelt hat (teleologische Reduktion des § 244 I Nr 1 a).

Ein Schraubenzieher kann erhebliche Körperverletzungen bewirken, wie sich zB bei einem Stich in die Augengegend leicht ermessen lässt. A hat hier jedoch keinen Einsatz gegen Menschen geplant oder zumindest „vorbehaltlich" der weiteren Entwicklung des Tatgeschehens einkalkuliert. Mangels Verwendungsvorbehalts ist also nicht von einem Beisichführen eines gefährlichen Werkzeugs auszugehen. Der Tatentschluss hinsichtlich § 244 I Nr 1 a entfällt deshalb.

A will mithilfe des Schraubenziehers nur das Fenster öffnen und nicht mit ihm den Widerstand einer anderen Person überwinden. Auch § 244 I Nr 1 b scheidet somit aus.

Eine Wohnung iSv § 244 I Nr 3 besteht aus umschlossenen Räumen (*s o Rn 112*), die als Mittelpunkt des privaten Lebens Selbstentfaltung, -entlastung und vertrauliche Kommunikation gewährleisten[15]. Eine Schreinerei inklusive des dazugehörigen Büros, in die A hier hineingelangen will, kann als bloßer Arbeits- bzw Geschäftsraum nicht zu diesen Räumlichkeiten gezählt werden[16]. Auch bzgl § 244 I Nr 3 liegt damit kein Tatentschluss vor.

Ein Versuch des § 244 I entfällt.

3. § 123 I Alt 1

a) Objektiver Tatbestand

A müsste in einen Geschäftsraum eingedrungen sein. Geschäftsräume sind Räumlich- **118**
keiten, die bestimmungsgemäß für gewerbliche, geschäftliche, berufliche, künstlerische oder wissenschaftliche Zwecke verwendet werden[17]. Die Schreinerei ebenso wie das Büro werden für gewerbliche bzw geschäftliche Zwecke genutzt und sind mithin Geschäftsräume iSv § 123.

Ein Eindringen setzt voraus, dass der Täter mit zumindest einem Teil seines Körpers in die geschützten Räume gelangt ist. Dies ist hier nicht der Fall.

A könnte jedoch in das befriedete Besitztum eines anderen eingedrungen sein. Ein befriedetes Besitztum ist ein Grundstück, das durch zusammenhängende, nicht unbedingt lückenlose Schutzwehren in äußerlich erkennbarer Weise gegen das willkürliche Betreten durch andere gesichert ist[18]. A ist in den Nachbargarten eingedrungen. Zwar wird im Sachverhalt nicht ausdrücklich erwähnt, dass der Garten durch einen Zaun

---

15 *Wessels/Hillenkamp*, BT2 Rn 267; s auch *Schall*, Die Schutzfunktionen der Strafbestimmung gegen den Hausfriedensbruch, S 90 ff; zustimmend OLG Schleswig NStZ 2000, 479 m Anm *Hellmich*, NStZ 2001, 511; *Jäger*, JuS 2000, 651, 657; *Trüg*, JA 2002, 193; für einen restriktiven, aber in § 123 und § 244 I Nr 3 einheitlichen Wohnungsbegriff *Behm*, GA 2002, 153 ff.

16 Vgl auch BGH StV 2001, 624.

17 *Wessels/Hettinger*, BT1 Rn 580.

18 *Wessels/Hettinger*, BT1 Rn 582.

oder dergleichen „umfriedet“ ist, dies ist jedoch nach lebensnaher Auslegung anzunehmen.

b) Subjektiver Tatbestand

A handelt vorsätzlich.

c) Strafantragserfordernis, § 123 II

Ein Strafantrag ist gem § 123 II erforderlich und gestellt.

4. §§ 303 I Alt 1, III, 22, 23 I Alt 2

119 Das Fenster wurde nicht beschädigt. Der Versuch der Sachbeschädigung ist strafbar gem § 303 III.

A hat aber keinen Sachbeschädigungsvorsatz gefasst.

5. Konkurrenzen

120 §§ 242 I, II, 22, 23 I Alt 2 und § 123 I Alt 1 sind durch dieselbe Handlung verwirklicht worden. Die Straftatbestände schützen unterschiedliche Rechtsgüter. A hat den Straftatbestand des Hausfriedensbruches verwirklicht, um einen Diebstahl zu begehen. Es ist deshalb von Idealkonkurrenz, § 52, auszugehen.

6. Ergebnis für A im Tatkomplex A

A ist strafbar gem §§ 242 I, II, 22, 23 I Alt 2 – § 52 – § 123 I Alt 1.

B. Im Supermarkt – Die CD-Box (Strafbarkeit des A)

1. § 242 I (Einstecken)

121 Indem sich A die CD-Box in die Jackentasche steckt, könnte er einen Diebstahl begangen haben.

a) Objektiver Tatbestand

Fraglich ist das Merkmal der Wegnahme. Wegnahme ist Bruch fremden und Begründung neuen (nicht notwendig eigenen) Gewahrsams. Gewahrsam ist die tatsächliche Sachherrschaft eines Menschen über eine Sache, die von einem natürlichen Herrschaftswillen getragen und deren Reichweite von der Verkehrsauffassung bestimmt wird[19]. Nach der herrschenden Apprehensionstheorie kann die Wegnahme schon mit Ergreifen gegeben sein[20]. Problematisch ist, ob es zu einem vollendeten Gewahrsamswechsel kommen kann, solange sich A noch in dem Supermarkt aufhält.

---

19 *Wessels/Hillenkamp*, BT2 Rn 71.

20 BGH NStZ 2008, 624, 625; zu weiteren Theorien, nämlich Kontrektation [Berühren], Ablation [Fortschaffen], Illation [Bergen der Beute] *Wessels/Hillenkamp*, BT2 Rn 109 f.

Problem Nr 22: Gewahrsamsbegründung in fremder Gewahrsamssphäre 122

Bei kleineren Gegenständen genügt für einen Gewahrsamswechsel schon das Verbringen in eine sog **Gewahrsamsenklave**, da der Gewahrsam zwar grundsätzlich rein tatsächlich zu bestimmen, daneben aber die sozial-normative Zuordnung von Gewahrsamssphären zu beachten ist. Danach ist zB eine Jackentasche als Herrschaftssphäre des Jackenträgers anzusehen, sodass bereits mit dem Einstecken in die Tasche der Gewahrsamsbruch vollendet ist, auch wenn sich die Person noch in einem fremden Gewahrsamsbereich aufhält. Dabei kommt es nicht auf das Verbergen an, sondern maßgeblich ist, ob der Zugriff des ursprünglichen Gewahrsamsinhabers auf die Sache sozial auffällig und somit rechtfertigungsbedürftig wäre, was in der Regel dann der Fall ist, wenn der Gegenstand sich im persönlichen Nahbereich einer anderen Person befindet. (BGHSt 16, 271; MK-*Schmitz,* § 242 Rn 55; *Schmidhäuser,* BT Kap 8 Rn 19; *Wessels/Hillenkamp*, BT2 Rn 113).

Zur Vertiefung: Wessels/Hillenkamp, BT2 Rn 113; Beulke, Klausurenkurs II [4] Rn 93.

A hat bereits dadurch, dass er die CD-Box in seine Jackentasche eingesteckt hat, die Sache sozusagen in seine eigene „Gewahrsamsenklave" gebracht. Damit wird jeder Zugriff eines Dritten auffällig und rechtfertigungsbedürftig. Sowohl nach den Anschauungen des alltäglichen Lebens als auch nach sozial-normativen Gesichtspunkten könnte er damit neuen Gewahrsam begründet und so einen Gewahrsamswechsel herbeigeführt haben. 123

Die Wegnahme könnte allerdings auch deshalb nicht vollendet sein, weil K den ganzen Vorgang beobachtet.

Problem Nr 23: Beobachtete Wegnahme 124

(1) Nach einer **Mindermeinung** (OLG Hamm NJW 1954, 523; ähnlich OLG Hamburg NJW 1960, 1920) begründet eine beobachtete Wegnahme nur einen Versuch.

Argument: Von Gewahrsamsbruch kann keine Rede sein, wenn ein eingriffsbereiter Dritter die Wegnahme „geschehen" lässt (vgl das Problem der „Diebesfalle", vgl hierzu ua LG Gera StraFo 2000, 358).

(2) Nach **Rspr** (BGHSt 16, 271; weiter BGH NStZ 1987, 71; BGH NStZ 2008, 624, 625; BayObLG NJW 1997, 3326; OLG Düsseldorf NJW 1990, 1492) und **herrschender Ansicht** im **Schrifttum** (*Wessels/Hillenkamp*, BT2 Rn 114) ist bei einem beobachteten Diebstahl wegen Vollendung zu bestrafen.

Argument: Diebstahl ist „kein heimliches Delikt". Die Gegenansicht führt zu der merkwürdigen und vom Gesetzgeber nicht gewollten Konsequenz, dass bei körperlicher Überlegenheit des eingriffsbereiten Dritten wegen Versuchs zu bestrafen ist, wegen Vollendung dagegen, wenn der Beobachtende gelähmt ist.

Zur Vertiefung: Wessels/Hillenkamp, BT2 Rn 114; Beulke, Klausurenkurs II [3] Rn 79; Hillenkamp, BT 19. Problem S 91 ff.

Obwohl K sozusagen die Wegnahme „geschehen lässt", kann dies noch nichts an der Vollendung der Wegnahme ändern. Der Diebstahl ist nämlich kein heimliches Delikt. Die Beobachtung durch eingriffsbereite Dritte ist insofern nicht erheblich. 125

b) Subjektiver Tatbestand

A hat bzgl der Wegnahme einer fremden beweglichen Sache vorsätzlich gehandelt.

Hinzu kommen müsste bei ihm Zueignungsabsicht, die sich aus der Absicht (mindestens vorübergehender) Aneignung und dem Vorsatz dauernder Enteignung zusammensetzt[21]. Die Absicht, sich die CD-Box jedenfalls vorübergehend anzueignen, ist bei A gegeben. Problematisch ist hier der auf dauernde Enteignung gerichtete Vorsatz (der mindestens in Form des dolus eventualis vorliegen müsste), da A die CD-Box nach dem Kopieren zurückbringen will.

126 **Problem Nr 24: Objekt der Zueignung bei §§ 242 I, 246 I**

(1) Die Rechtsprechung folgte ursprünglich der sog **Substanztheorie** (RGSt 10, 369, 371). Danach liegt das Wesen der Zueignung in der Anmaßung einer eigentümerähnlichen Machtstellung durch die Betätigung des Willens, die fremde Sache selbst ihrer Substanz nach zu gewinnen und sie unter Ausschluss des Berechtigten den eigenen Zwecken des Täters dienstbar zu machen (= se ut dominum gerere).

(2) Später entwickelte die Rechtsprechung die sog **Sachwerttheorie** (RGSt 40, 10). Danach besteht die Zueignung darin, dass die Sache ihrem wirtschaftlichen Wert nach dem eigenen Vermögen zugeführt wird. Dies ist vor allem in den sog „Sparbuchfällen" von Bedeutung geworden.

(3) Heute vertreten Rechtsprechung und herrschende Lehre die sog **Vereinigungstheorie** (RGSt 61, 228, 233; BGHSt 35, 152, 156 f; BGH NStZ 2006, 101; *Wessels/Hillenkamp*, BT2 Rn 133). Danach kann entweder die Sache selbst (Substanztheorie) oder auch der in ihr verkörperte Sachwert (Sachwerttheorie) Gegenstand der Zueignung sein.

Zur Vertiefung: Wessels/Hillenkamp, BT2 Rn 127 ff; Beulke, Klausurenkurs II [5] Rn 140; Fahl, JA 2002, 649 ff; Hillenkamp, BT 20. Problem S 95 ff.

127 Nach heute ganz herrschender Ansicht kann sich der Täter des Diebstahls entweder die Sachsubstanz selbst oder den in ihr verkörperten Sachwert zueignen. Die Substanz selbst will A sich nicht zueignen, da er die CD-Box zurück bringen will. Denkbar ist also allenfalls eine Zueignung unter den Gesichtspunkten der Sachwerttheorie. Das OLG Celle[22] hat im Falle der Entwendung eines Taschenbuches eine Zueignung bejaht, weil ein Buch nach einmaligem Gebrauch (Lesen) nicht mehr dasselbe Buch ist und so unverkäuflich wird. Damit ist aber die Situation der einmaligen Benutzung einer CD nicht vergleichbar, denn sie wird durch einmaliges Abspielen und Überspielen auf eine unbespielte CD nicht in Mitleidenschaft gezogen. Es fehlt deshalb der auf dauernde Enteignung gerichtete Vorsatz. Der subjektive Tatbestand des § 242 I ist somit nicht gegeben.

Eine andere Ansicht ist vertretbar, etwa mit dem Argument, dass das „Beiwerk" (Box, Cover, Begleitheft) so in Mitleidenschaft gezogen wird (durch Entfernen oder Öffnen der Cellophanhülle), dass „die CD" unverkäuflich wird.

---

21 *Wessels/Hillenkamp*, BT2 Rn 136 ff, 149 ff.

22 NJW 1967, 1921; krit dazu *Deubner*, NJW 1967, 1921; *Schröder*, JR 1967, 389.

2. § 246 I (Einstecken)

Nach dem Wegfall des Gewahrsamserfordernisses in § 246 können Diebstahl und Unterschlagung problemlos zusammenfallen. Wegnahme und Zueignung schließen sich nicht aus, sondern die Wegnahme kann auch die Zueignung darstellen. Jeder Diebstahl mit vollendeter Zueignung ist somit zugleich tatbestandsmäßig als Unterschlagung zu werten[23]. **128**

A müsste sich die CD-Box – eine für ihn fremde bewegliche Sache – also zugeeignet haben. Zueignung ist die nach außen offen kundgetane Manifestation des Zueignungswillens. Zwar hat A die CD-Box hier in die Jackentasche gesteckt, jedoch will er die CD-Box zurückbringen. Damit fehlt ihm der für die Zueignung erforderliche Enteignungswille. Das hat im Rahmen des § 246 I wiederum zur Konsequenz, dass bereits das objektive Merkmal der Zueignung nicht gegeben ist.

Vertretbar ist – mit entsprechender Begründung – auch die Bejahung einer Zueignung. § 246 ist dann gegenüber § 242 subsidiär, vgl Wessels/Beulke, AT Rn 790.

Eine Strafbarkeit nach § 246 scheidet aus.

Die rechtswidrige Zueignung ist nach dem Wortlaut des § 246 ein objektives Tatbestandsmerkmal. Dementsprechend ist die Zueignung im objektiven Tatbestand zu prüfen. Andererseits ist Zueignung eine objektiv-subjektive Sinneinheit, die ohne Bestimmung dessen, was der Täter sich bei Vornahme der Zueignungshandlung tatsächlich vorstellt, unmöglich erscheint (Wessels/Hillenkamp, BT2 Rn 280). Es kann deshalb die Manifestation der Zueignung nicht ohne Kenntnis des Zueignungswillens erörtert werden. Somit ist der Enteignungs- und der Aneignungsvorsatz bei dem objektiven Tatbestandsmerkmal der Zueignung mit anzusprechen. Im subjektiven Tatbestand erübrigen sich dann zusätzliche Ausführungen zu diesem Aspekt.

Demgegenüber behauptet ein Teil des Schrifttums, die subjektive Seite der Zueignung entspreche bei § 246 I der des § 242 I. Danach wird auch bei § 246 I eine Zueignungs„absicht" gefordert, die dann auch im subjektiven Tatbestand zu prüfen wäre (ua Küper, BT S 490).

Zutreffend verlangt die herrschende Ansicht hingegen für § 246 I nur Wissen und Wollen des Täters bzgl Enteignung und der Aneignung (dazu auch Rengier, BT1, § 5 Rn 4 und 4 a), danach würde jede Vorsatzform genügen.

Zu prüfen ist § 246 I daher am besten entsprechend dem folgenden Schema:

a. objektiver Tatbestand
  - *aa. fremde bewegliche Sache*
  - *bb. sich oder einem Dritten zueignen*
    - *(1) Zueignungswille*
      - *Enteignungswille (dolus eventualis genügt)*
      - *Aneignungswille (dolus eventualis genügt)*
    - *(2) Manifestation des Zueignungswillens*

b. subjektiver Tatbestand (soweit nicht bereits unter a. vorab geprüft)

---

23 *Mitsch*, BT2/1 § 2 Rn 49; *Wessels/Hillenkamp*, BT2 Rn 277.

3. § 263 I (Forderungsbetrug des A gegenüber der Kassiererin, zulasten des Supermarktinhabers zu seinen eigenen Gunsten durch das Passieren der Kasse)

129 Indem A mit der in seiner Steppjacke verborgenen CD-Box die Kasse passiert, könnte er sich wegen eines Forderungsbetrugs strafbar gemacht haben.

a) Objektiver Tatbestand

In dem Augenblick, in dem A den Kassenbereich verließ, hatte der Supermarktinhaber mangels geschlossenen Kaufvertrages zwar keinen Kaufpreisanspruch gem § 433 II BGB, allerdings bzgl der CD-Box Herausgabeansprüche gem §§ 985, 861 I und 812 BGB. Mit dem Passieren der Kasse erklärte A konkludent, dass solche Ansprüche nicht bestünden. Dadurch erregt er bei der Kassiererin einen entsprechenden Irrtum, zumindest als sachgedankliches Mitbewusstsein.

Fraglich ist aber, ob die Kassiererin durch das Eintippen des Betrages in die Kasse bzw durch das Passierenlassen des A eine Vermögensverfügung getroffen hat. Vermögensverfügung ist jedes tatsächliche Handeln, Dulden oder Unterlassen des Getäuschten, das bei diesem selbst oder bei einem Dritten unmittelbar zu einer Vermögensminderung im wirtschaftlichen Sinne führt[24]. Das Wesen der Vermögensverfügung besteht in einem selbstständigen, auf einer innerlich freien Willensentschließung des Getäuschten beruhenden Verhalten[25]. Mit Ausnahme eines Sachbetrugs (vgl u Rn 135) wird grds kein Verfügungsbewusstsein verlangt[26]. Dennoch darf hier keine Umdeutung des Diebstahls, der bereits im Supermarkt vollendet war, in einen Betrug erfolgen. Es geht hier um den Sachentzug und nicht um den Verzicht auf die Kaufpreisforderung (ein Kaufvertrag ist gar nicht abgeschlossen worden) oder auf die Forderung auf Rückübertragung (der Besitzverlust wird schon durch die Tathandlung der Wegnahme herbeigeführt)[27]. In Betracht käme daher allenfalls ein Sicherungsbetrug. In diesem Fall ist aber ohnehin zweifelhaft, ob ein weiterer Vermögensschaden eintritt. Besitz und Gewahrsam hat der Supermarktbetreiber bereits verloren, als A die CD-Box in seine Jacke steckte. Mit dem Passieren der Kasse wird dieser Zustand nur aufrechterhalten bzw „verfestigt"[28]. Dass der Supermarktbetreiber im Kaufhaus evtl noch die aussichtsreicheren Möglichkeiten hat, die Sache zurückzuerlangen, stellt – selbst nach wirtschaftlicher Betrachtungsweise – keinen selbstständigen Vermögensposten dar. Mit dem Verlassen des Herrschaftsbereichs des Supermarktbetreibers tritt daher kein zusätzlicher Schaden ein.

Aber selbst wenn man mit dem Passieren der Kasse davon ausgehen will, dass dem Eigentümer die Geltendmachung seiner Ansprüche erschwert wird und darin ein Schaden zu erblicken ist, handelt es sich dabei um eine mitbestrafte Nachtat[29]. Der Betrug fällt damit spätestens auf Konkurrenzebene weg.

b) Ergebnis

Eine Strafbarkeit gem § 263 I entfällt.

---

24 *Wessels/Hillenkamp*, BT2 Rn 514.
25 *Wessels/Hillenkamp*, BT2 Rn 627.
26 *Wessels/Hillenkamp*, BT2 Rn 517, 635.
27 Vgl *Hillenkamp*, JuS 1997, 217, 222.
28 *Hillenkamp*, JuS 1997, 217, 222; *Seier*, NJW 1981, 2152, 2155 ff.
29 S/S-*Cramer/Perron*, § 263 Rn 184.

4. § 246 I (Passieren der Kasse)

Nach hier vertretener Lösung hatte A hinsichtlich der CD-Box keine Zueignungsabsicht. Entsprechend liegt im Passieren der Kasse bzgl der CD-Box von vornherein auch keine Zueignung. **130**

Für den Fall, dass oben die Zueignung bejaht wurde, ergibt sich hier die Problematik, ob in einer erneuten Betätigung des Herrschaftswillens durch denjenigen, der sich vorher als Täter eines Vermögensdeliktes in den Besitz der Sache gesetzt hat, keine erneute Zueignung iSv § 246 I liegen kann (so die Rechtsprechungsansicht) oder ob eine Bestrafung aus § 246 aus Konkurrenzgründen ausscheidet (so die hA im Schrifttum; vgl hierzu ausführlich Fall 7, Problem Nr 69, Rn 321).

5. § 123 I Alt 1

Zweifelhaft erscheint, ob das Betreten des Supermarktes ein widerrechtliches Eindringen darstellt.

Problem Nr 25: Grenzen eines generellen Zutrittsrechts bei § 123 **131**

Ein generelles Zutrittsrecht entfällt nicht schon auf Grund des widerrechtlichen Zwecks des Betretens (so aber *Steinmetz*, JuS 1985, 94, 95 f; LK-*Lilie*, § 123 Rn 52). Von einem widerrechtlichen Eindringen kann nur gesprochen werden, wenn das äußere Erscheinungsbild so sehr von dem gestatteten Eintreten abweicht, dass mit einem Einverständnis des Hausrechtsinhabers billigerweise nicht mehr zu rechnen ist (**hM**, *Hauf*, BT2 S 148; *Maurach/Schroeder/Maiwald*, BT1 § 30 Rn 14; S/S-*Lenckner/Sternberg-Lieben*, § 123 Rn 26; *Wessels/Hettinger*, BT1 Rn 591).

Zur Vertiefung: Beulke, Klausurenkurs II [4] Rn 100; Wessels/Hettinger, BT1 Rn 591; Hillenkamp, BT 8. Problem S 36 ff.

Hier unterfällt der A nach seinem äußeren Erscheinungsbild als Käufer der generellen Zutrittserlaubnis des Hausrechtsinhabers, sodass bereits der objektive Tatbestand des § 123 I auf Grund des tatbestandsausschließenden Einverständnisses nicht erfüllt ist.

6. Ergebnis für A im Tatkomplex B

A hat sich im Tatkomplex B nicht strafbar gemacht.

C. Im Supermarkt – Die Einzel-CD

I. Strafbarkeit des A

1. § 263 I

Oft ist es ratsam, das im Ergebnis abzulehnende Delikt zuerst zu prüfen, dh wer § 263 bejahen will, fragt dann zuerst nach der „Wegnahme" im Rahmen des § 242. Wer letztendlich § 242 bejahen will, fängt hingegen mit § 263 an (so die hiesige Vorgehensweise). **132**

Indem A mit der unter dem Karton mit den Weinflaschen verborgenen CD die Kasse passiert, könnte er sich wegen Betruges strafbar gemacht haben.

a) Objektiver Tatbestand

A hat die Kassiererin getäuscht, denn der Kunde erklärt an der Kasse konkludent, keine anderen als die vorgezeigten Waren bei sich zu haben[30]. Dadurch erregt er bei der Kassiererin einen entsprechenden Irrtum.

Fraglich ist aber, ob die Kassiererin durch das Eintippen des Betrages in die Kasse bzw durch das Passierenlassen des A eine Vermögensverfügung getroffen hat. Vermögensverfügung ist jedes tatsächliche Handeln, Dulden oder Unterlassen des Getäuschten, das bei diesem selbst oder bei einem Dritten unmittelbar zu einer Vermögensminderung im wirtschaftlichen Sinne führt[31]. Das Wesen der Vermögensverfügung besteht in einem selbstständigen, auf einer innerlich freien Willensentschließung des Getäuschten beruhenden Verhalten[32]. Deshalb wird ganz allgemein beim Sachbetrug ein Verfügungsbewusstsein gefordert. Fraglich erscheint allerdings, ob eine Kassiererin im SB-Markt bezüglich versteckter Ware Verfügungsbewusstsein hat.

133 **Problem Nr 26: Abgrenzung von Betrug und Diebstahl beim Passieren der Kasse in SB-Märkten**

(1) Nach einer **Auffassung** (OLG Düsseldorf NStZ 1993, 286 [„Milchkastenfall"]) liegt seitens der Kassiererin eine Vermögensverfügung vor, da ein **genereller Verfügungswille** („alles im Wagen") reicht. Dies führt zur Bejahung des Betruges.

Argument: Die Kassiererin lässt den Kunden mit dem Einkaufswagen passieren und gestattet ihm damit, dessen gesamten Inhalt an sich zu nehmen. Dabei verfügt sie auch bewusst, denn sie glaubt, alle Waren im Einkaufswagen erfasst zu haben, so dass sich ihre Gestattung auf diese Gesamtmenge bezieht, auch wenn sie tatsächlich über den konkreten Inhalt des Einkaufswagen irrt.

(2) Der **BGH** (BGHSt 41, 198 ff) und die **hL** (*Fischer*, § 242 Rn 18; *Hillenkamp*, JuS 1997, 217 ff; *Kudlich*, PdW BT1 S 107 f; *Wessels/Hillenkamp*, BT2 Rn 635; *Zopfs*, NStZ 1996, 190) verneinen zu Recht eine Vermögensverfügung, weil der Kassiererin das für eine Vermögensverfügung notwendige **Verfügungsbewusstsein** fehlt, denn ihr ist die Verfügung über die konkrete Ware nicht bewusst. Die Entwendung versteckter Ware im Supermarkt wird also nicht dadurch zum Betrug, dass der Täter an einer Kassiererin vorbeigeht. Die Tat ist vielmehr allenfalls als Diebstahl einzustufen.

Argument: Durch das Eintippen der Preise konkretisiert die Kassiererin diejenigen Gegenstände, über die sie tatsächlich verfügen will. Die Gegenansicht (*s o (1)*), die einen pauschalen Verfügungswillen annimmt, kann nicht richtig sein, da sie der Kassiererin unterstellt, auch über unbezahlte Waren verfügen zu wollen, wodurch diese jedoch gegen ihre Arbeitnehmerpflichten verstoßen würde.

Es fehlt an dem für § 263 unverzichtbaren und neben der Wegnahme selbstständigen, vom Geschädigten personal mitgestalteten Schaden.

---

30 OLG Düsseldorf NStZ 1993, 287; *Krey/Hellmann*, BT2 Rn 45; S/S-*Cramer*, § 263 Rn 13 f; aA *Hillenkamp*, JuS 1997, 221 mwN in Fn 45.

31 *Wessels/Hillenkamp*, BT2 Rn 514.

32 *Wessels/Hillenkamp*, BT2 Rn 627.

Außerdem ist die Ablehnung eines Betruges und damit die Befürwortung eines Diebstahls auch kriminalpolitisch sinnvoll. Wenn nämlich der Täter die Ware noch im Laden in seine körperliche Nahsphäre verbringt (vollendete Wegnahme), kommt im Falle tätlicher Auseinandersetzung hinter der Kasse eine Bestrafung nach § 252 (Verbrechen!) in Betracht. Gleiches muss möglich sein, wenn der Gewahrsamswechsel erst beim Passieren der Kasse stattfindet, da beide Fälle nach der Lebensanschauung ähnlich gelagert sind. Um den Tatbestand des § 252 zu erfüllen, muss aber ein Diebstahl (kein Betrug) vorangegangen sein. Die Verneinung des Verfügungsbewusstseins führt also letztendlich zu einem verbesserten Eigentumsschutz aufgrund der Abschreckungswirkung des § 252 (bei vorangegangenem Betrug käme nur § 240 und § 223 in Betracht) und vermeidet willkürliche Unterschiede in der strafrechtlichen Bewertung sehr ähnlicher Fallkonstellationen.

Zur Vertiefung: Wessels/Hillenkamp, BT2 Rn 617ff; Beulke, Klausurenkurs II [6] Rn 161; Roßmüller/Rohrer, Jura 1994, 471.

Ginge man von einem generellen Verfügungswillen der Kassiererin hinsichtlich des Einkaufswageninhalts aus, wäre ein Verfügungsbewusstsein zu bejahen. Eine derartige Betrachtungsweise erscheint jedoch lebensfremd, weil der Kassiererin nur die Verfügung über die konkrete Ware bewusst ist. Sie hat also nur hinsichtlich der Waren Verfügungsbewusstsein, die sie bemerkt und deren Preise sie in die Kasse eintippt. Deshalb fehlt E im vorliegenden Fall das Verfügungsbewusstsein bzgl der CD. Ein Sachbetrug scheidet damit aus. 134

Der Diebstahl darf auch nicht in einen Forderungsbetrug, bei dem ein Verfügungsbewusstsein nach allgemeiner Ansicht nicht vorliegen muss[33], umgedeutet werden. Es geht hier um den Sachentzug und nicht um den Verzicht auf die Kaufpreisforderung (ein Kaufvertrag ist gar nicht abgeschlossen worden) oder auf die Forderung auf Rückübertragung (der Besitzverlust wird erst durch die Tathandlung herbeigeführt)[34].

Das Tatbestandsmerkmal der Vermögensverfügung ist nicht gegeben.

b) Ergebnis

A hat sich folglich nicht gem § 263 I strafbar gemacht.

2. § 242 I

a) Objektiver Tatbestand

Problematisch ist hier nur die Wegnahme. Allein im Verbergen der CD im Einkaufskorb kann noch keine Begründung neuen Gewahrsams gesehen werden, da der Inhalt des Einkaufswagens nach der Verkehrsanschauung im Unterschied zum Inhalt der Jackentasche dem Einflussbereich des Ladeninhabers noch nicht entzogen ist. 135

Aber durch das Passieren der Kasse (solange diese sich am Ausgang des Geschäfts befindet) wird nach sozial-normativer Betrachtung ein Gewahrsamswechsel vollzogen, denn die Verkehrsanschauung ordnet von da ab den Inhalt des Einkaufswagens dem Gewahrsam des Käufers zu[35].

---

33 *Wessels/Hillenkamp*, BT2 Rn 517, 635.
34 Vgl *Hillenkamp*, JuS 1997, 217, 222.
35 BGHSt 41, 198 ff; *Hillenkamp*, JuS 1997, 217, 222.

Ein Einverständnis des Gewahrsamsinhabers fehlt. Zwar verlässt C den Verkaufsraum ohne gegen A einzuschreiten, als er sieht, dass dieser die CD unter den Karton mit den Weinflaschen schiebt. Dies ist aber nicht mit einem Einverständnis in die Wegnahme gleich zu setzen. Außerdem ist ein Gewahrsam des Aushilfs-Ladenangestellten C ohnehin zweifelhaft. Wenn überhaupt, käme ihm lediglich Mitgewahrsam zu, sodass selbst sein Einverständnis den Bruch des Gewahrsams hinsichtlich des anderen Mitgewahrsamsinhabers nicht zu Fall brächte.

b) Subjektiver Tatbestand

A handelt vorsätzlich. Zudem handelt er in der Absicht, die CD dem F zu schenken. Durch den Schenkungsakt will er sich als Eigentümer aufspielen. Nach der geltenden Fassung des § 242 würde allerdings auch eine Drittzueignung genügen. Nach herrschender Ansicht ist aber im Falle des Verschenkens neben dem schon nach früherer Gesetzeslage[36] gegebenen „Sich-Zueignen" nicht zusätzlich von einer „Drittzueignung" auszugehen[37]. Zueignungsabsicht ist somit gegeben.

c) Rechtswidrigkeit und Schuld

A handelt rechtswidrig und schuldhaft.

d) Strafantragserfordernis, § 248 a

Eine Einzel-CD kostet regelmäßig weniger als 50 €, ein Strafantrag ist somit erforderlich. Er ist gestellt.

3. § 246 I

136 Problematisch ist nur, ob eine Manifestation der Zueignungsabsicht vorliegt. Dafür ist zumindest die objektiv erkennbare Betätigung des Zueignungswillens erforderlich[38]. Wenn – wie dargelegt – mit dem Passieren der Kasse der Gewahrsam vom Ladeninhaber auf den Käufer übergeht, so ist darin ein nach außen hin erkennbarer Akt zu sehen, der nicht nur die „Inbesitznahme", sondern auch die Zueignung betrifft. Das Herausschieben aus dem Verkaufsbereich ist wie ein Beiseiteschaffen zu werten. Letzteres gehört zu den klassischen Fallgruppen der Manifestation des Zueignungswillens[39].

Auch § 246 I ist also erfüllt.

4. Konkurrenzen

137 § 246 ist seinem ausdrücklichen Wortlaut nach subsidiär gegenüber § 242 I[40].

5. Ergebnis für A im Tatkomplex C

A ist wegen Diebstahls an der Einzel-CD gem § 242 I strafbar.

---

36 Vgl *Wessels*, BT2 (19. Aufl) Rn 154.

37 *Jäger*, JuS 2000, 651; *Wessels/Hillenkamp*, BT2 Rn 154; vgl auch *Rönnau*, GA 2000, 410 ff; aA *Krey/Hellmann*, BT2 Rn 80b, c; *Rengier*, BT1 § 2 Rn 73.

38 *Wessels/Hillenkamp*, BT2 Rn 280.

39 *Wessels/Hillenkamp*, BT2 Rn 280.

40 Dazu *Wessels/Beulke*, AT Rn 790.

II. Strafbarkeit des C

1. §§ 242 I, 13 I

Dadurch, dass C gegen A nicht einschreitet, als dieser eine CD unter dem Karton mit den Weinflaschen verbirgt, könnte er sich wegen Diebstahls durch Unterlassen strafbar gemacht haben. Ein positives Tun ist hier nicht erkennbar, und zwar auch nicht in Form einer psychischen Stärkung des Täters, denn A bemerkt das Verhalten des C überhaupt nicht. **138**

a) Objektiver Tatbestand

Eine fremde bewegliche Sache ist durch A weggenommen worden (*s o Rn 135*). C hat es unterlassen, dagegen vorzugehen, was ihm physisch-real möglich gewesen wäre.

Fraglich ist, ob das Verhalten des C für den Erfolg kausal geworden ist. Kausal iSd Strafrechts ist jede Bedingung für einen Erfolg, die nicht hinweggedacht werden kann, ohne dass der Erfolg in der konkreten Gestalt entfiele (conditio sine qua non = sog Äquivalenztheorie[41]). Speziell bei Unterlassungsdelikten bedeutet Kausalität, dass die rechtlich erwartete Handlung nicht hinzugedacht werden kann, ohne dass der tatbestandsmäßige Erfolg entfiele[42]. Ein Einschreiten des C – zB durch Hervorziehen der CD aus dem Wagen des A – hätte den Erfolg des § 242 I (die spätere Wegnahme an der Kasse) verhindert. Die Kausalität ist somit gegeben.

Das Tatbestandsmerkmal der Wegnahme kann auch durch Unterlassen erfüllt werden. Zwar behauptet eine Mindermeinung, „Wegnahme" fordere immer ein aktives Handeln[43]. Hierfür ergeben sich jedoch aus dem Gesetzeswortlaut keinerlei Anhaltspunkte. Es ist üblich, dass Straftatbestände die Erfolgsherbeiführung durch Formulierungen umschreiben, die ein positives Tun nahe legen (zB töten in § 212). Gleichwohl ergibt sich aus § 13 die Möglichkeit der generellen Gleichstellung von Tun und Unterlassen. Aus dem Wesen des Diebstahlstatbestandes ergibt sich keine zwingende Ausnahme[44].

Auch wenn C nur Aushilfs-Ladenangestellter ist, trifft ihn aus seinem Arbeitsvertrag die Pflicht, gegen Diebstähle einzuschreiten.

Fraglich erscheint jedoch, ob C Täter (oder nur Teilnehmer) des Diebstahls ist.

Problem Nr 27: Abgrenzung Täterschaft – Teilnahme bei Beteiligung an einem Begehungsdelikt durch Unterlassen **139**

(1) Nach der **Rspr** (BGH NJW 1966, 1763 [„Schamhaarfall"]; BGH StV 1986, 59 [„Eisenpollerfall"]) sowie einer **Mindermeinung** (*Baumann/Weber/Mitsch,* AT § 29 Rn 59 ff) ist wie bei allen Abgrenzungsfällen zwischen Täterschaft und Teilnahme auch bei der Mitwirkung am Begehungsdelikt durch Unterlassen auf den Täter- bzw Teilnehmerwillen (**subjektive Theorie**) abzustellen.

---

41 *Wessels/Beulke*, AT Rn 156.

42 *Wessels/Beulke*, AT Rn 711.

43 *Krey/Hellmann*, BT2 Rn 357 a.

44 Anders *Roxin*, Täterschaft S 481 f, der den Diebstahl durch Unterlassen unter Hinweis auf das subjektive Tatbestandsmerkmal der Zueignungsabsicht für unmöglich hält (Diebstahl als qualifiziertes Herrschaftsdelikt).

Argument: Es bereitet gerade im Unterlassensbereich besonders große Schwierigkeiten zwischen Täterschaft und Teilnahme nach objektiven Kriterien zu unterscheiden. Das darf aber nicht dazu führen, gegen die vom Gesetz allgemein angeordnete Differenzierung zwischen Täterschaft und Teilnahme zu verstoßen.

(2) Einige Stimmen in der **Literatur** meinen, die Unterlassungsdelikte sind Pflichtdelikte, bei denen **jeder Täter** ist, der die ihm obliegende Garantenpflicht verletzt (*Roxin,* AT2 § 31 Rn 140 ff; *Stratenwerth/Kuhlen*, AT § 14 Rn 23; LK-*Roxin*, [11. Aufl] § 25 Rn 206 ff [mit Ausnahme bei § 242]; iE auch *Frister,* AT 26 Rn 33).

Argument: Der Lehre von der generellen Täterschaft des Erfolgsabwendungspflichtigen ist durch die Fassung des § 13 ausdrücklich Raum gegeben worden. Der Gesetzgeber hat auf die Formulierung, dass der Unterlassungsdelinquent „als Täter oder als Teilnehmer" strafbar sei, bewusst verzichtet.

(3) Eine dritte Ansicht vertritt den Standpunkt, dass ein unterlassender Garant neben einem vorsätzlichen Begehungstäter **grundsätzlich nur Gehilfe** sein kann (*Jescheck/Weigend*, § 64 III 5; *Kühl*, AT § 20 Rn 230, 270; *Puppe*, AT2 § 50 Rn 14 ff).

Argument: Der Handelnde beherrscht als Tatnäherer den Tatverlauf und verstellt dem Unterlassenden den unmittelbaren Zugang zum Erfolg. Der Unterlassende ist nur „mittelbar" beteiligt und hat nur eine dienende Rolle.

(4) Nach einer weiteren Ansicht kommt es für die Abgrenzung zwischen Täterschaft und Teilnahme bei Beteiligung an einem Begehungsdelikt durch Unterlassen entscheidend auf den Inhalt und die Qualität der Garantenpflicht an. Der **Beschützergarant** ist danach **stets Täter**, der **Überwachungsgarant** dagegen lediglich **Teilnehmer** (*Gropp,* AT § 10 Rn 151 f; *Kindhäuser,* AT § 38 Rn 67 ff; *Krey*, AT2 Rn 381 ff; LK-*Schünemann,* § 25 Rn 211 f; S/S-*Cramer/Heine*, Vorbem. §§ 25 ff Rn 101 ff).

Argument: Der Beschützergarant muss das Rechtsgut vor Schaden jeden Ursprungs bewahren, während der Überwachungsgarant nur für eine bestimmte Gefahrenquelle verantwortlich ist. Im Gegensatz zum Beschützergaranten steht der Überwachungsgarant grundsätzlich dem aktiven Gehilfen näher als dem tatbeherrschenden Begehungstäter.

(5) Vorzugswürdig erscheint es, auf die auch sonst geltenden Regeln, nämlich die der **Tatherrschaftslehre** abzustellen (*Joecks,* St-K, § 13 Rn 57 ff; *Maurach/Gössel/Zipf,* AT2 § 50 Rn 72; MK-*Joecks*, § 25 Rn 236; *Wessels/Beulke*, AT Rn 734).

Argument: Die im Bereich der Begehungsdelikte befürwortete Tatherrschaftstheorie (s *Beulke*, Klausurenkurs I [3] Rn 159 und u Rn 285) bietet auch beim Unterlassen ein vernünftiges Abgrenzungskriterium: Tatherrschaft erschöpft sich nicht in der Möglichkeit der Erfolgsverhinderung, sondern weist strengere materielle Voraussetzungen auf, so dass sie auch im Unterlassensbereich eine Unterscheidung ermöglicht.

Die subjektive Theorie – oben (1) – führt wie bei den Begehungsdelikten auch im Bereich der Unterlassungsdelikte zu erheblicher Rechtsunsicherheit, weil sie mit ihren beliebig ausfüllbaren, formelhaften Wendungen die Abgrenzung dem unüberprüfbaren Ermessen des Richters überlässt.

Wer ausschließlich Täterschaftsregeln anwendet – so die oben unter (2) dargestellte Meinung – verzichtet auf Differenzierungen, die den Beteiligten begünstigen, und befürwortet damit eine nicht zu rechtfertigende strengere Behandlung im Bereich der Unterlassungsdelikte.

Die „Gehilfentheorie" – oben (3) – übersieht, dass der pflichtwidrig Unterlassende die Zentralgestalt des Garantengebotstatbestandes sein kann. Die nach § 27 obligatorische Strafrahmenmilderung ist keineswegs in allen der in Betracht kommenden Fälle gerechtfertigt.

Schließlich lässt sich die Einteilung nach täterschaftsbegründenden und nur Beihilfe begründenden Garantenstellungen – so die unter (4) dargestellte Meinung – nicht mit hinreichender Bestimmtheit durchführen. Entweder besteht für den Unterlassenden die Rechtspflicht zum Einschreiten oder sie besteht nicht. Zudem ist eine unterschiedliche Behandlung der Garanten im Gesetz nicht angelegt.

Zur Vertiefung: Wessels/Beulke, AT Rn 734; Beulke, Klausurenkurs II [1] Rn 29; Hillenkamp, AT 20. Problem S 121 ff.

Der Tatbeitrag des C kann diesen nicht etwa schon allein deshalb zum Täter machen, **140** weil ihn eine Garantenpflicht trifft, bzw zum Gehilfen herabstufen, weil er nur untätig bleibt. Auch die Lösung, den C allein wegen seiner Eigenschaft als Beschützergarant zum Täter zu erklären, überzeugt nicht, da sie eine aus dem Gesetz nicht ablesbare generelle Schlechterstellung des Unterlassenden gegenüber dem positiv Handelnden zur Folge hätte. Vielmehr müssen auch bei der Beteiligung an einem Begehungsdelikt durch Unterlassen die allgemeinen Abgrenzungskriterien zwischen Täterschaft und Teilnahme herangezogen werden. Das ist entgegen der Rechtsprechung (subjektive Theorie) nicht vorrangig der Täterwille, sondern die Tatherrschaft. Da der Beitrag des C hier nur eine untergeordnete und unterstützende Rolle spielt, liegt auf der Basis der Tatherrschaftstheorie keine Täterschaft vor.

b) Ergebnis

C hat sich nicht gem §§ 242 I, 13 I strafbar gemacht.

2. §§ 242 I, 27, 13 I

C könnte aber zu dem von A begangenen Diebstahl eine Beihilfe durch Unterlassen **141** geleistet haben.

a) Objektiver Tatbestand

Die vorsätzlich begangene rechtswidrige Haupttat liegt in Gestalt des von A begangenen Diebstahls an der Einzel-CD vor (*s o Rn 135*).

C müsste zu dieser Tat „Hilfe geleistet" haben. Darunter versteht man jedes Erleichtern, Unterstützen oder Fördern der Haupttat[45]. Wie sich bereits im Rahmen der Prüfung der täterschaftlichen Begehung (*s o Rn 138*) gezeigt hat, ist das Unterlassen des C für die Erfolgsherbeiführung kausal geworden, sodass auch die Kausalität der Beihilfehandlung, soweit man sie voraussetzt[46], gegeben ist. Durch das Unterlassen seitens des C ist also die Haupttat gefördert worden. Da C auch eine Garantenpflicht traf und Tatherrschaft ausscheidet, liegt eine Beihilfehandlung durch Unterlassen vor.

b) Subjektiver Tatbestand

C hat bzgl der Haupttat keine ganz konkrete Vorstellung. Fraglich ist, ob dies als Teilnehmervorsatz genügt. Das hängt davon ab, welche Anforderungen an die Konkretheit

45 *Wessels/Beulke*, AT Rn 581 f; vgl auch *Beulke*, Klausurenkurs I [11] Rn 389.

46 Weite Teile der Literatur entgegen der Rspr, vgl *Wessels/Beulke*, AT Rn 582; vgl auch *Beulke*, Klausurenkurs I [11] Rn 389.

und Bestimmtheit der Haupttat zu stellen sind. Der Gehilfe muss den Willen und das Bewusstsein haben, die Tat eines anderen zu fördern, die in dessen Person alle Merkmale einer „vorsätzlich begangenen rechtswidrigen Tat" erfüllt, wobei es im Unterschied zur Anstiftung genügt, dass sein Vorstellungsbild den wesentlichen Unrechtsgehalt der Haupttat erfasst[47]. Im vorliegenden Fall weiß C nicht alle Einzelheiten. Jedoch ist sein Vorsatz durch die gegebenen Umstände (Musikabteilung, Betrug oder Diebstahl als Haupttat) genügend konkretisiert. Da C auch Vorsatz bzgl der Beihilfehandlung sowie der Garantenstellung aufweist, ist der subjektive Tatbestand erfüllt.

c) Rechtswidrigkeit und Schuld

C handelt rechtswidrig und schuldhaft.

d) Ergebnis

C hat sich gem §§ 242 I, 27, 13 I strafbar gemacht.

3. §§ 257 I, 13 I

142 Zwar muss eine Vortat im Zeitpunkt der Hilfeleistung iSv § 257 I noch nicht beendet sein[48], eine Bestrafung des C wegen Begünstigung scheidet aber gem § 257 III 1 wegen dessen Vortatbeteiligung von vornherein aus.

4. §§ 258 I, 13 I

Außerdem könnte C durch sein Untätigbleiben vereitelt haben, dass A wegen des Diebstahls bestraft oder einer Maßnahme der Besserung und Sicherung unterzogen wird. Fraglich ist, ob C auch Garant für den Nichteintritt des Vereitelungserfolges ist. § 258 schützt jedoch nicht den privaten Arbeitgeber des C, sondern die öffentliche Rechtspflege. Die Deliktsverhinderungs- und Aufklärungspflicht des C besteht hingegen nur auf Grund des privatrechtlichen Vertrages mit dem Supermarkt. Darüber hinaus existiert keine allgemeine Rechtspflicht, zur Aufklärung von Straftaten beizutragen[49], sodass es an der nötigen Garantenstellung des C fehlt.

5. § 266 I Alt 2

143 C hat auf Grund seiner Tätigkeit als bloße Aushilfskraft keine Vermögensbetreuungspflicht, da diese nicht als Hauptpflicht eines solchen Arbeitsvertrags angesehen werden kann.

6. Ergebnis für C im Tatkomplex C

C hat sich gem §§ 242 I, 27, 13 I strafbar gemacht.

---

47 BGHSt 42, 135; *Wessels/Beulke*, AT Rn 584.

48 Zu den strittigen Fällen S/S-*Stree*, § 257 Rn 7 f.

49 Vgl zu den seltenen Fällen, in denen eine solche Pflicht zB aus einem öffentlich-rechtlichen Dienstverhältnis herleitbar ist, S/S-*Stree*, § 258 Rn 19.

D. Die nächtliche Sprühaktion

I. Strafbarkeit des A

1. § 123 I Alt 1

Ein Hausfriedensbruch erscheint zwar denkbar, letztlich ergibt sich aus dem Sachverhalt jedoch nicht, dass das Supermarktgelände nachts der Allgemeinheit nicht zugänglich gewesen wäre. **144**

2. § 303 I Alt 1

A könnte eine Sache beschädigt haben. Eine Beschädigung iSv § 303 I Alt 1 liegt vor, wenn der Täter auf die Sache als solche in einer Weise körperlich eingewirkt hat, dass ihre Unversehrtheit oder bestimmungsgemäße Brauchbarkeit mehr als nur unerheblich beeinträchtigt und im Vergleich zu ihrer bisherigen Beschaffenheit nachteilig verändert worden ist[50]. Hier ist die Substanz (Glasscheibe) nicht verändert worden. Bei einer so großen Schaufensterscheibe kann man bei einem kleinen Zeichen (Rose/Totenkreuz) aber auch von keiner Brauchbarkeitsminderung sprechen *(Gegenteil vertretbar)*.

Fraglich erscheint, ob wegen der erforderlichen Säuberungsmaßnahmen gleichwohl eine Sachbeschädigung anzunehmen ist.

Problem Nr 28: Sachbeschädigung gem § 303 I ohne Substanzveränderung oder Brauchbarkeitsminderung **145**

(1) Nach einer **Mindermeinung** (etwa *Kindhäuser*, BT2 § 20 Rn 9; *Maurach/Schroeder/Maiwald*, BT1 § 36 Rn 11; *Momsen*, JR 2000, 172, 174 f) genügt für die Bejahung des § 303 I auch eine **Zustandsveränderung**, soweit diese den Interessen bzw dem Sachherrschaftswillen des Eigentümers zuwider läuft. Zu einer Substanzverletzung oder Funktionsbeeinträchtigung muss es nicht kommen.

Argument: Das Schutzinteresse des Eigentümers ist bei allen Veränderungen an der Sache gleich groß. Aus dem Wort „Beschädigung" ergibt sich bereits, dass jeder Schaden ausreichen muss.

(2) Nach einer weiteren im **Schrifttum** neu entwickelten Auffassung entfaltet im Falle der Veränderung des Erscheinungsbildes einer Sache die Regelung des § 303 II eine **Sperrwirkung** dahingehend, dass bei bloßen Farbanstrichen bereits die Tatbestandsmäßigkeit des § 303 I entfällt (SK/StGB-*Hoyer*, § 303 Rn 16).

Argument: Nur so vermeidet man die nach hM vorzunehmende – unten (3) – schwierige Feststellung, ob sich die Veränderung ohne Beschädigung der ursprünglichen Substanz rückgängig machen lässt (dann keine Sachbeschädigung nach § 303 I) oder ob Ersatzsubstanz aufgetragen werden muss (mit der Folge der Annahme der Sachbeschädigung nach § 303 I).

(3) Zutreffend lehnen **Rspr** und **hL** schon ohne Berücksichtigung des neuen § 303 II die Sachbeschädigung gemäß § 303 I ab (RGSt 43, 204; BGHSt 29, 129; *Satzger*, Jura 2006, 428, 433; *Wessels/Hillenkamp*, BT2 Rn 22). Es bedarf für § 303 I einer Substanzverletzung oder zumin-

---

50 *Wessels/Hillenkamp*, BT2 Rn 27.

dest einer nicht unerheblichen Gebrauchsbeeinträchtigung (OLG Dresden NStZ 2004, 687). Geht eine aufgesprayte Farbe mit dem Untergrund eine Verbindung ein, so kann § 303 I erfüllt sein (OLG Düsseldorf NJW 1999, 1199 m krit Anm *Momsen*, JR 2000, 172 ff). Ist die Farbe hingegen leicht abwaschbar, so stellen Farbsprühaktionen keine Sachbeschädigung gem § 303 I dar (OLG Hamburg StV 1999, 544).

Argument: Gegen die Meinung oben (1) spricht, dass bei der bloßen Verunstaltung der Sache, die ohne Substanzveränderung zu entfernen ist, das Opfer nur mittelbar zu einer Arbeitsleistung gedrängt wird, was dem Sprachgebrauch nach keine „Sachbeschädigung" darstellt. Gegen die Lösung oben (1) spricht zudem der neue „Graffiti-Paragraph" (§ 303 II), der gerade die Fallgruppe der bloßen Zustandsveränderung einer gesonderten strafrechtlichen Regelung unterwirft. Die Meinung oben (2) geht hingegen zu weit, wenn sie aus § 303 II eine generelle Sperrwirkung im Falle der Graffiti-Anbringung befürwortet. Wenn nämlich durch die Veränderung des Erscheinungsbildes zugleich die Substanz verletzt bzw die Brauchbarkeit erheblich herabgesetzt wird, ist das Eingreifen des § 303 I auch in diesem Fall sachgerecht. § 303 II ist dann subsidiär (*Rengier*, BT1 § 24 Rn 25). Fehlt hingegen die Substanzverletzung, so entfällt § 303 I.

Zur Vertiefung: Wessels/Hillenkamp, BT2 Rn 20 ff; Hillenkamp, BT 27. Problem S 137 ff.

Hier können die Schmierereien am nächsten Tag beseitigt werden, sodass eine erhebliche Gebrauchsbeeinträchtigung auf Grund der nur temporären und wegen der geringen Ausmaße des Bildes relativ geringfügigen Störung der Funktion als Schaufensterscheiben nicht ersichtlich ist. Der Umstand, dass der Supermarkt die Fenster reinigen lassen muss, wird von § 303 I nicht erfasst.

3. § 303 II

146 Nach § 303 II macht sich strafbar, wer unbefugt das Erscheinungsbild einer Sache nicht nur unerheblich und nicht nur vorübergehend verändert. Eine Veränderung des Erscheinungsbilds der für A fremden Schaufensterscheibe ist dabei in jeder Maßnahme zu sehen, die zu einem vom ursprünglichen Erscheinungsbild abweichenden Zustand führt. Dies ist bei einer aufgesprayten 50 cm großen Rose mit einem Totenkreuz der Fall. Weiter darf die Veränderung nicht nur unerheblicher oder vorübergehender Natur sein. Dem genügen solche Veränderungen nicht, die nur geringfügig sind, wie dies bei einer nur losen Verbindung zwischen dem Tatobjekt und dem Mittel der Veränderung gegeben ist[51], oder die ohne Aufwand binnen kurzer Zeit von selbst wieder vergehen oder entfernt werden können, wie Verhüllungen, Plakatierung mittels ablösbarer Klebestreifen sowie Kreide- und Wasserfarbenauftrag[52]. Diese Grenze ist bei mehreren Graffiti-Rosen und -Totenkreuzen überschritten. Mangels Zustimmung des Verfügungsberechtigten (Supermarkt) und ohne Recht zur Veränderung ist diese auch unbefugt geschehen[53].

A handelte vorsätzlich.

---

51 OLG Jena NJW 2008, 776.

52 *Wessels/Hillenkamp*, BT2 Rn 31c; s auch *Eisenschmid*, NJW 2005, 3033; *Kühl*, FS-Weber, S 413.

53 Vgl S/S-*Stree*, § 303 Rn 9 c.

Anhaltspunkte für den Ausschluss von Rechtswidrigkeit und Schuld sind nicht erkennbar. A hat sich nach § 303 II strafbar gemacht. Ein nach § 303 c gegebenenfalls erforderlicher Strafantrag ist gestellt.

4. Ergebnis für A im Tatkomplex D

A hat sich gemäß § 303 II strafbar gemacht.

II. Strafbarkeit des M

1. §§ 303 II, 27

M könnte sich dadurch, dass er die Spraydose an A verkauft, wegen Beihilfe zu § 303 II strafbar gemacht haben. Die vorsätzliche rechtswidrige Haupttat eines anderen liegt in Gestalt der von A begangenen Sachbeschädigung in der Variante des Veränderns eines Erscheinungsbildes (§ 303 II) vor (*s o Rn 146*). **146a**

Ohne den Erwerb einer Spraydose hätte A die Tathandlung nicht begehen können (conditio sine qua non). Eine Mittäterschaft des M scheidet mangels Tatherrschaft gleichwohl aus. Somit spricht auf den ersten Blick vieles dafür, dass M eine strafbare Beihilfehandlung begangen hat. Auch eine Beihilfe könnte aber zu verneinen sein, weil es sich bei dem Verkauf um ein „neutrales" Geschäft handelt. Es wird diskutiert, aufgrund des ultima-ratio-Prinzips „neutrale" Verhaltensweisen, denen vordergründig keine „innere Verknüpfung" zum Taterfolg zukommt, aus dem Bereich der strafbaren Beihilfe auszuklammern. Als neutrale, alltägliche Verhaltensweisen werden solche Handlungen eingestuft, die der Ausführende auch einem jeden anderen gegenüber vorgenommen hätte, weil er mit der Handlung tat- und täterunabhängige eigene, rechtlich nicht missbilligte Zwecke verfolgt[54]. Dies trifft auf den Verkauf der Spraydose zu. Ob und wann derartigen „neutralen" Verhaltensweisen der Charakter als Hilfeleistung iSv § 27 aberkannt werden kann, ist jedoch sehr umstritten.

Problem Nr 29: Strafbarkeit einer neutralen Beihilfehandlung **146b**

(1) Die **Rspr** nimmt die Abgrenzung im **subjektiven Tatbestand** vor. Strafbare Beihilfe liegt danach nur dann vor, wenn der Täter bei Vornahme der neutralen Handlung mit **Tatförderungswillen**, dem Bewusstsein und Willen die Tat eines anderen zu fördern, handelt. Dabei reicht also das Wissen um die Tatbegehung allein nicht aus (BGHSt 29, 99; 46, 107; BGH NJW 2006, 522, 528; ähnlich *Roxin*, AT2 § 26 Rn 218 ff: Theorie vom deliktischen Sinnbezug).

Argument: Alltagshandlungen, die letztlich ersetzbar, nicht erforderlich und auch ohne wesentliche Bedeutung für die Tatausführung sind, fördern diese nicht maßgeblich. Wenn der spezielle Förderungswille fehlt, bedarf es deshalb keiner besonderen strafrechtlichen Stigmatisierung.

(2) Eine sehr viel **striktere Ansicht** will im Prinzip die **normalen Regeln** der Beihilfe auch auf neutrale Handlungen anwenden und dem ultima-ratio-Gedanken des Strafrechts durch eine besonders **kritische Vorsatzprüfung** Geltung verschaffen (*B. Heinrich*, AT2 Rn 1331).

54 *Wessels/Beulke*, AT Rn 582 a.

Zum Teil wird auch gefordert, dass die Erfolgschancen der Haupttat „wesentlich" erhöht worden sind (*Krey*, AT2 Rn 301 ff).

Argument: Eine Einschränkung der Gehilfenstrafbarkeit ist nicht gerechtfertigt, da § 27 für jedermann gilt und keine Privilegierung für geschäftsmäßige Tätigkeiten vorsieht (Beispiel: Verkauf eines Messers an einen tatbereiten Mörder). Es ist nicht einzusehen, warum in Teilbereichen die allgemeinen Beihilferegelungen außer Kraft gesetzt werden sollen.

(3) Nach **anderer Ansicht** ist bei neutralen Handlungen eine denkbare Korrektur auf der **Rechtswidrigkeitsebene** vorzunehmen. Zunächst sind die allgemeinen Rechtfertigungsgründe zu prüfen, zusätzlich kommt es auf eine **allgemeine Abwägung** an (*Frisch*, FS-Lüderssen, S. 549; *Müller*, FS-Schreiber, S. 357).

Argument: Alltägliche Geschäftsverrichtungen sind sogar bei ethisch wertvollem Verhalten von Ärzten, Polizisten oder Strafverteidigern zunächst häufig strafrechtlich tatbestandliche Handlungen. Den Handelnden steht dann erst ggf ein Rechtfertigungsgrund zur Seite.

(4) Nach der **überzeugendsten Ansicht** werden **sozialadäquate Verhaltensweisen** schon vom **objektiven** Tatbestand des Hilfeleistens nicht erfasst. Es mangelt an der objektiven Zurechenbarkeit (*Murmann*, JuS 1999, 548, 552; SK/StGB-*Rudolphi*, § 13 Rn 44; zu § 258: *Beulke*, Die Strafbarkeit des Verteidigers, 1989, Rn 78 ff).

Argument: Sozialadäquates Verhalten ist der Regelzustand der sozialen Handlungsfreiheit. Ein Verhalten, das sich vollständig innerhalb der sozialen Ordnung bewegt, kann deshalb keine Hilfeleistung darstellen.

Die subjektive Theorie – oben (1) – führt zu erheblicher Rechtsunsicherheit, weil sie mit ihren beliebig ausfüllbaren, formelhaften Wendungen die Abgrenzung dem unüberprüfbaren Ermessen des Richters überlässt. Neutrale Handlungen sind nach ihr im Grunde genommen dann strafbar, wenn der Gehilfe „etwas Böses im Schilde führt".

Auch die besonders kritische Vorsatzprüfung der extensiven Theorie – oben (2) – sieht sich diesem Vorwurf der Unvorhersehbarkeit ihrer Ergebnisse ausgesetzt. Sofern sie hingegen den Vorsatz nach den normalen Kriterien bejaht, pönalisiert sie Verhaltensweisen, die ihrem sozialen Sinngehalt nach kein strafwürdiges Tun beinhalten (Beispiel: Verkauf von Brötchen in einer Bäckerei an eine hungrige Person, die sich offensichtlich auf einer Diebestour befindet), und sie blockiert wirtschaftliche Tätigkeit in unverhältnismäßigem Maße.

Gegen die Lehre vom Rechtswidrigkeitsausschluss – oben (3) – spricht, dass sie ohne Not einen übergesetzlichen Rechtfertigungsgrund jenseits von § 34 begründen muss.

Zur Vertiefung: Wessels/Beulke, AT Rn 582 a; Hillenkamp, AT 28. Problem S 158 ff.

Nach der Rechtsprechung wäre M wegen des im Fachhandel üblichen Verkaufs der Spraydose nicht wegen Beihilfe zu § 303 II strafbar, weil ihm der in Fällen der „neutralen Beihilfe" zusätzlich erforderliche Tatförderungswille fehlt. Wer hingegen normale Beihilferegeln auf das Verhalten des M anwendet, gelangt trotz kritischster Vorsatzprüfung zur Bejahung der Beihilfe. Durch den Verkauf der Spraydose dürften sich die Erfolgschancen der Haupttat wesentlich erhöht haben. Zu welchem Ergebnis die im Schrifttum ebenfalls propagierte „Rechtfertigungslösung" gelangt, die auf der Rechtfertigungsebene allgemeine Abwägungsgesichtspunkte einbezieht, ist unklar.

Angesichts der Unbestimmtheit der anderen Lösungen und angesichts des Umstandes, dass die Einbeziehung aller neutralen Handlungen in die Strafbarkeit den Wirtschaftsverkehr in besonderem Maße erschweren würde, ohne dass dafür eine gesellschaftspolitische Notwendigkeit erkennbar würde, erscheint es am sachgerechtesten, „neutrale" Beihilfehandlungen, wie die des Verkaufs der Spraydose durch M an A, als sozialadäquate Verhaltensweise einzustufen, die den objektiven Tatbestand der Hilfeleistung iSv § 27 nicht erfüllen.

M hat somit keine Beihilfe zu § 303 II begangen.

2. Ergebnis für M im Tatkomplex D

M hat sich nicht strafbar gemacht.

E. Gesamtkonkurrenzen

Fraglich ist, in welchem Verhältnis die Straftaten des A aus den Tatkomplexen A und C zueinander stehen. **147**

Gegenüber dem versuchten Diebstahl in Tatkomplex A (betrifft: Geschehen am Fenster), der seinerseits mit dem Hausfriedensbruch in Idealkonkurrenz steht, handelt es sich beim Diebstahl in Tatkomplex C (betrifft: Einzel-CD) und auch bei der späteren Sachbeschädigung in Tatkomplex D um jeweils völlig selbstständige Handlungen, sodass im Verhältnis der Tatkomplexe zueinander von Realkonkurrenz, § 53, auszugehen ist.

Konkurrenzverhältnis zwischen Tatkomplexen B und C, wenn auch im Tatkomplex B bzgl der CD-Box § 242 I bejaht wird:

Beide Diebstähle im Supermarkt (CD-Box und Einzel-CD) überschneiden sich, denn der Diebstahl an der CD-Box ist zwar im Zeitpunkt des Einsteckens vollendet, er wäre aber frühestens beim Erreichen des Supermarktausgangs beendet. Zuvor fand der Diebstahl der Einzel-CD statt. Wegen Teilidentität der Ausführungshandlungen (vgl Wessels/Beulke, AT Rn 777) ist deshalb von gleichartiger Idealkonkurrenz auszugehen.

Richtigerweise führt die iterative Begehungsweise eines Delikts, dh die sich wiederholende Tatbestandserfüllung, aber sogar dazu, dass bereits eine tatbestandliche Handlungseinheit und somit nur ein Delikt vorliegt (Wessels/Beulke, AT Rn 763). Der Umstand, dass erst nach Vollendung, aber vor Beendigung des ersten Teilakts der Entschluss zum Diebstahl einer weiteren CD entstanden ist, steht der Annahme einer tatbestandlichen Handlungseinheit nicht entgegen. A hat also insgesamt nur einen Diebstahl begangen.

Hilfsweise ließe sich dieses Ergebnis möglicherweise auch über die Rechtsfigur der natürlichen Handlungseinheit begründen (vgl hierzu Wessels/Beulke, AT Rn 764).

F. Gesamtergebnis des materiell-rechtlichen Gutachtens

A: Tatkomplex A: §§ 242 I, II, 22, 23 I Alt 2 – § 52 – § 123 I Alt 1
– § 53 –
Tatkomplex C: § 242 I
– § 53 –
Tatkomplex D: § 303 II
C: §§ 242 I, 27, 13 I
M: hat sich nicht strafbar gemacht

Teil II. (prozessualer Teil)

1. Beweisverwertungsverbote

a) Begriff

148 Beweisverwertungsverbote sind nur selten ausdrücklich geregelt, zB in § 136 a III StPO. Sie können aus strafprozessualen Normen oder unmittelbar aus der Verfassung folgen. Man unterscheidet Beweiserhebungs- (Unterformen: Beweisthema-, Beweismittel- und Beweismethodenverbote) und Beweisverwertungsverbote. Aber nicht aus jedem Beweiserhebungsverbot folgt auch ein Beweisverwertungsverbot, mag auch eine so klare Lösung der früheren Lehre vorgeschwebt haben. Vielmehr muss in jedem Einzelfall herausgefunden werden, ob aus einem Verstoß gegen eine Verfahrensvorschrift über die Beweiserhebung auch ein Verwertungsverbot folgt.

b) Bestimmung

149 **Problem Nr 30: Wie werden Beweisverwertungsverbote ermittelt?**

(1) Als Versuch einer generellen Problemlösung wird zum Teil die sog **Rechtskreistheorie** des BGH angesehen. Nach dieser für den Fall der Verletzung der Belehrungspflicht nach § 55 II StPO entwickelten Theorie hängt die Revisibilität der Verletzung von Beweiserhebungsverboten (und damit im Ergebnis die Verwertbarkeit der Beweise) davon ab, ob die „Verletzung den Rechtskreis des Beschwerdeführers wesentlich berührt oder ob sie für ihn nur von untergeordneter oder keiner Bedeutung ist" (BGHSt GrS 11, 213, 215; 38, 214, 220).

Argument: Wenn das Gesetz nur eine bestimmte Person schützen will, ist es nicht verständlich, warum sich auch ein anderer auf diesen Schutz berufen können soll.

(2) Im **Schrifttum** wird überwiegend auf den **Schutzzweck** der jeweiligen Norm abgestellt (KMR-*Paulus*, § 244 Rn 516 ff).

Argument: Die „Rechtskreistheorie" ist als allgemeiner Maßstab zur Bestimmung von Beweisverwertungsverboten nicht geeignet, da sie nur einen Teilaspekt der Problematik abdeckt (so auch BGHSt 42, 73, 77; krit zur „Rechtskreistheorie" auch *Fezer*, JuS 1978, 325, 327 ff; *Rudolphi*, MDR 1970, 93, 95 ff; *Eb. Schmidt*, JZ 1958, 596). Die Art der Rechtsfolge lässt sich nur anhand des Normzweckes ermitteln.

(3) Demgegenüber wird nach der sog **Abwägungslehre**, die vor allem von der **Rspr** vertreten wird, das staatliche Interesse an der Strafverfolgung gegen das Individualinteresse des Bürgers abgewogen, wobei als Abwägungskriterien die Schwere des Delikts und das Gewicht des Verstoßes einfließen sollen (BGHSt 42, 372, 377; 47, 172, 179; *Rogall*, ZStW 91 [1979], 1, 31).

Argument: Bei schweren Straftaten ist das Interesse an der Wirksamkeit der Strafrechtspflege besonders bedeutsam. Hier wäre es untragbar, wenn Fehler von Strafverfolgungsorganen zum gänzlichen Erlöschen des Strafverfolgungsanspruchs führten.

(4) Richtigerweise ist zu **differenzieren** zwischen Beweisverwertungsverboten, die sich aus der Verletzung einer Strafverfahrensnorm ergeben einerseits, und solchen, die direkt aus dem Grundgesetz abzuleiten sind andererseits.

Argument: Bei einem Verstoß gegen gesetzliche Vorschriften über das Strafverfahren ist die Abwägung bereits vom Gesetzgeber getroffen worden. Jetzt kommt es auf den Schutzzweck der jeweiligen Norm an. Dagegen muss mangels anderer Kriterien für die Frage, ob aus Grundrechtsverstößen ein Verwertungsverbot ableitbar ist, auf die Abwägungslehre zurückgegriffen werden.

Zur Vertiefung: Beulke, StPO Rn 454ff; ders, Jura 2008, 653; Eisenberg, Rn 362ff; Jäger, GA 2008, 473ff; Jahn, Gutachten C zum 67. DJT 2008, C 38ff.

c) Fallgruppen

Besonders wichtige Fallgruppen sind ua:
(1) Unterbleiben der Zeugenbelehrung bei Angehörigen, § 52 III StPO 150
(2) Unterbleiben der Belehrung über ein Auskunftsverweigerungsrecht, § 55 StPO, sofern es um Bestrafung des als Zeugen Vernommenen selbst geht (Rechtskreistheorie)
(3) heimliche Tonbandaufnahmen
(4) Auswertung von Tagebüchern
(5) Telefonüberwachung trotz fehlender materieller Voraussetzungen des § 100 a StPO.

2. Beschuldigtenbelehrung

Hier hätte A gem § 163 a IV 2 iVm § 136 I 2 StPO über sein Aussageverweigerungs- 151
recht belehrt werden müssen.

Problem Nr 31: Folgen des Verstoßes gegen Belehrungspflicht gem § 136 I 2 StPO

Nach ganz **herrschender**, zutreffender und inzwischen auch vom BGH (seit BGHSt 38, 214 ff) geteilter Ansicht ist die ohne Belehrung gem § 136 I 2 StPO zustande gekommene Einlassung des Beschuldigten so lange unverwertbar, wie nicht schon von einer Kenntnis des Beschuldigten von dem Aussageverweigerungsrecht auszugehen ist.

Zu beachten ist, dass dieses Beweisverwertungsverbot nach Ansicht der Rspr nur dann anerkannt wird, wenn der verteidigte Beschuldigte bis zum Abschluss der Vernehmung des Angeklagten (§ 257 StPO) widerspricht, sog **Widerspruchslösung**.

Zur Vertiefung: Beulke, StPO Rn 117; Rössner, StPO 17. Problem S 81ff.

Die Aussage des A darf nicht verwertet werden. Allerdings muss, wenn dem A ein Verteidiger zur Seite steht, bis zum Abschluss der Vernehmung des Angeklagten (§ 257 StPO) der Verwertung widersprochen werden.

3. Mithörfalle

a) Verstoß gegen §§ 100 a ff StPO

152 Es liegt eine sog „Mithörfalle" vor.

Ein Beweisverwertungsverbot wegen Verstoßes gegen die Vorschriften der Telefonüberwachung (§§ 100 a ff StPO) scheidet aus, da E das Mithören genehmigt hat[55].

b) Verstoß gegen § 163 a IV 2 iVm § 136 I 2 StPO

153 Hier hat E den X jedoch nicht darüber informiert, dass die Polizei mithört und dass er nicht zur Aussage verpflichtet ist. Ob dies ein Verstoß gegen §§ 163 a IV 2, 136 I 2 StPO ist, der nach dem gerade Ausgeführten (*s o Rn 151*) zur Unverwertbarkeit führen müsste, hängt zunächst davon ab, ob es sich um eine „Vernehmung" iSv § 136 StPO handelt.

Problem Nr 32: Vernehmungsbegriff

(1) Eine **Mindermeinung** vertritt dazu den **materiellen Vernehmungsbegriff** (zB *Dencker*, StV 1994, 667, 674). Danach ist immer dann von einer Vernehmung auszugehen, wenn eine Person zur Entäußerung von Wissen durch ein dazu rollenmäßig befugtes Prozessorgan, das nicht notwendig als solches nach außen hin erkennbar geworden sein muss, veranlasst wird.

Argument: Die Strafverfolgungsorgane dürfen keinen Einfluss darauf haben, ob eine Vernehmung vorliegt oder nicht. Der Verdacht muss zwangsläufig die Beschuldigtenrechte entstehen lassen.

(2) Die **hM** geht ebenso wie die **Rspr** von einem **formellen Vernehmungsbegriff** aus (BGHSt GrS 42, 139,145; *Beulke*, StPO Rn 115). Darunter ist eine Befragung zu verstehen, die von einem Staatsorgan in amtlicher Funktion mit dem Ziel der Gewinnung einer Aussage durchgeführt wird. Eine Vernehmung liegt danach nicht vor, wenn die Frageperson nach außen hin keine amtliche Eigenschaft aufweist, wenn es sich also zB um eine Privatperson handelt, die im Auftrag der Polizei forscht.

Argument: § 136 StPO gilt seinem Sinn und Zweck nach nur bei einer formellen Vernehmung durch Polizei, StA und Gericht, weil nur dort Bürger – fälschlicherweise – glauben, diesen gegenüber aussagen zu müssen (BGHSt 40, 211, 213). Außerdem sind die Verdachtsgrade fließend, sodass es einer formell erkennbaren Entscheidung bedarf, wann der Beschuldigte belehrt werden muss. Vor allem führt der materielle Vernehmungsbegriff dazu, dass jedes verdeckte Recherchieren direkt dem strengen Maßstab des § 136 StPO unterfällt. Zudem wird der V-Mann-Einsatz in Frage gestellt. Beide Ergebnisse sind kriminalpolitisch nicht wünschenswert.

Zur Vertiefung: Beulke, StPO Rn 115.

Unter Zugrundelegung des materiellen Vernehmungsbegriffs liegt eine Vernehmung vor, da X de facto ausgehorcht wird. Geht man aber mit der zutreffenden herrschenden Meinung vom formellen Vernehmungsbegriff aus, ist eine Vernehmung ausgeschlossen. X weiß, dass er gegenüber E nichts sagen muss. § 136 StPO scheidet daher aus.

---

55 *Beulke*, StPO Rn 254; anders anscheinend EGMR StV 2004, 1; vgl auch *Geier/Schäl/Twelmeier*, Jura 2004, 121 ff.

c) Analogie

Denkbar wäre aber eine analoge Anwendung des § 136 StPO. 154

Problem Nr 33: Analoge Anwendung des § 136 StPO bei Mithören eines initiierten privaten Telefongesprächs

(1) Die Lösung dieses Falles war – selbst zwischen den verschiedenen Senaten des **BGH** – sehr umstritten. Während der 5. Senat ein Verwertungsverbot annahm (BGH NStZ 1995, 410), lehnten der 1. und 2. Senat dies ab (BGHSt 39, 335, 347; BGH NStZ 1995, 557). Inzwischen hat der **Große Senat** entschieden (BGHSt GrS 42, 139 ff; iE ebenso KMR-*Lesch*, § 136 Rn 30; *Franke*, JR 2000, 470; *Lesch*, StPO 3. Kap Rn 113). Hat eine Privatperson auf Veranlassung der Ermittlungsbehörden mit dem Tatverdächtigen ohne Aufdeckung der Ermittlungsabsicht ein auf die Erlangung von Angaben zum Untersuchungsgegenstand gerichtetes Gespräch geführt, kann dies im Wege des Zeugenbeweises jedenfalls dann verwertet werden, wenn es um die Aufklärung einer Straftat von erheblicher Bedeutung geht und die Erforschung des Sachverhalts unter Einsatz anderer Ermittlungsmethoden erheblich weniger erfolgversprechend oder wesentlich erschwert gewesen wäre.

Argument: Nach Ansicht des Großen Senats kann zwar die heimliche Ausforschung auf dem Umweg über einen privaten Dritten „einem Verstoß gegen den nemo-tenetur-Grundsatz nahekommen", dies führt aber nicht wie bei der eindeutigen „Verletzung" von vornherein zur Unzulässigkeit des Vorgehens der Ermittlungsbehörden, vielmehr muss hier zwischen Rechtsstaatsprinzip und fairem Verfahren auf der einen Seite und Pflicht des Rechtsstaates zur effektiven Strafverfolgung auf der anderen abgewogen werden. Bei Straftaten von erheblicher Bedeutung überwiegt das Aufklärungsinteresse. Nur diese Lösung korrespondiert mit der generellen Befürwortung der Abwägungslehre.

(2) Nach der zutreffenden **herrschenden Ansicht** (ua *Bernsmann*, StV 1997, 116; *Bosch*, Jura 1998, 236; *Dencker*, StV 1994, 671; *Fezer*, NStZ 1996, 289; *Jung*, JuS 1994, 618; *Renzikowski*, JZ 1997, 710; *Roxin*, NStZ 1997, 18; *Weßlau*, ZStW 110 [1998], 1; ebenso EGMR StV 2004, 1; BGH NStZ 1996, 200) ist hier jedoch wegen unerlaubten Erlangens einer Aussage von einem Beweisverwertungsverbot auszugehen.

Argument: Eine unmittelbare Anwendung dieser Vorschriften scheitert zwar daran, dass keine förmliche Vernehmung vorliegt (*s o Rn 153*). Andererseits dürfen aber die Strafverfolgungsbehörden die Belehrungspflicht des § 136 StPO nicht gezielt dadurch unterlaufen, dass sie „private" Vernehmungspersonen einschalten. Eine derart unzulässige Umgehung liegt beim gezielten Einsatz eines Bürgers mit konkretem Ausforschungsauftrag vor, sodass dann gem § 136 StPO analog die Aussage des X unverwertbar ist (*Beulke*, StPO Rn 481g).

Eines Rückgriffs auf § 136 a StPO analog bedarf es nicht, denn der Gesprächspartner am Telefon täuscht nicht schlüssig darüber, dass kein anderer mithört. Wer hingegen von einer solchen (schlüssigen) Täuschung ausgeht und damit eine sog „Hörfalle" bejaht, kann das Verwertungsverbot aus § 136 a StPO analog ableiten, sodass sich am Ergebnis der Unverwertbarkeit des Gesprächs nichts ändert (*Beulke*, StPO Rn 138).

Zur Vertiefung: Beulke, StPO Rn 481g.

Nach Ansicht des BGH kann im Ergebnis im vorliegenden Fall das Telefongespräch als einziger Tatnachweis herangezogen werden, da mit schwerem Raub (§§ 249, 250) eine Straftat von erheblicher Bedeutung in Frage steht. Hier überwiegt demnach das Aufklärungsinteresse, obwohl ein Verstoß gegen den nemo-tenetur-Grundsatz nicht fern liegt. Diese Auffassung ist aber abzulehnen. Zwar liegt tatsächlich keine förmliche

Vernehmung vor, so dass eine unmittelbare Anwendung des § 136 StPO nicht in Betracht kommt. E ist jedoch gezielt auf X angesetzt worden, um die Belehrungspflicht zu umgehen, weshalb die Strafverfolgungsbehörden sich so behandeln lassen müssen, als hätten sie selbst eine Vernehmung durchgeführt. In Analogie zu § 136 StPO ist deshalb die Aussage des X am Telefon unverwertbar.

Definitionen zum Auswendiglernen

Kausal	iSd Strafrechts ist jede Bedingung für einen Erfolg, die nicht hinweggedacht werden kann, ohne dass der Erfolg in seiner konkreten Gestalt entfiele (conditio sine qua non = sog Äquivalenztheorie, *Wessels/Beulke, AT Rn 156*).
Unterlassenskausalität	ist gegeben, wenn die rechtlich erwartete Handlung nicht hinzugedacht werden kann, ohne dass der tatbestandsmäßige Erfolg entfiele (*BGHSt 6, 1, 2; 37, 106, 126; Wessels/Beulke, AT Rn 711*).
Natürliche Handlungseinheit	liegt nach Ansicht der Rspr vor, wenn mehrere im Wesentlichen gleichartige Verhaltensweisen von einem einheitlichen Willen getragen werden und auf Grund ihres räumlich-zeitlichen Zusammenhangs derart eng miteinander verbunden sind, dass das gesamte Tätigwerden objektiv auch für einen Dritten bei natürlicher Betrachtungsweise als ein einheitliches, zusammengehöriges Tun erscheint (*BGHSt 10, 230; vgl Wessels/Beulke, AT Rn 764*).
Unmittelbares Ansetzen	als objektives Unrechtselement des Versuches ist gegeben, wenn der Täter objektiv Handlungen vornimmt, die unmittelbar ohne wesentliche Zwischenakte in die Tatbestandsverwirklichung einmünden sollen, und er subjektiv die Schwelle zum „Jetzt-geht's-los" überschreitet (*Wessels/Beulke, AT Rn 601*).
Fehlgeschlagen	ist der Versuch einer Straftat in erster Linie dann, wenn die zu ihrer Ausführung vorgenommenen Handlungen ihr Ziel nicht erreicht haben und der Täter erkannt hat, dass er mit den ihm zur Verfügung stehenden Mitteln den tatbestandlichen Erfolg entweder gar nicht mehr oder zumindest nicht ohne zeitlich relevante Zäsur herbeiführen kann (*Wessels/Beulke, AT Rn 628*).
Gehilfe	ist gem **§ 27**, wer vorsätzlich einem anderen zu dessen vorsätzlich begangener rechtswidriger Tat Hilfe leistet (*vgl Gesetzestext*).
Hilfeleisten	iSv **§ 27** liegt in jedem Tatbeitrag, der die Haupttat ermöglicht oder erleichtert oder die vom Täter begangene Rechtsgutverletzung verstärkt (*Wessels/Beulke, AT Rn 582*).
Geschäftsräume	iSv **§§ 123 I, 243 I Nr 1** sind Räumlichkeiten, die bestimmungsgemäß für gewerbliche, geschäftliche, berufliche, künstlerische oder wissenschaftliche Zwecke verwendet werden (*Wessels/Hettinger, BT1 Rn 580; Wessels/Hillenkamp, BT2 Rn 214*).
Befriedetes Besitztum	iSv **§ 123 I** ist ein Grundstück, wenn es durch zusammenhängende, nicht unbedingt lückenlose Schutzwehren in äußerlich erkennbarer Weise gegen das willkürliche Betreten durch andere gesichert ist (*Wessels/Hettinger, BT1 Rn 582*).

Eindringen iSv **§ 123 I** ist das Betreten gegen den ausdrücklich erklärten oder mutmaßlichen Willen des Berechtigten (*Wessels/Hettinger, BT1 Rn 584 f*).

Sachen iSv **§§ 242 ff, 303** sind alle körperlichen Gegenstände ohne Rücksicht auf ihren wirtschaftlichen Wert (*Wessels/Hillenkamp, BT2 Rn 15, 63*).

Wegnahme iSv **§§ 242 ff** ist der Bruch fremden Allein- oder Mitgewahrsams und die Begründung neuen, nicht notwendig, aber regelmäßig eigenen Gewahrsams (*Wessels/Hillenkamp, BT2 Rn 71*).

Gewahrsam iSv **§§ 242 ff** ist die tatsächliche Sachherrschaft eines Menschen über eine Sache, die von einem natürlichen Herrschaftswillen getragen und deren Reichweite von der Verkehrsauffassung bestimmt wird (vgl *Wessels/Hillenkamp, BT2 Rn 71 mit der Forderung nach verstärkter Einbeziehung sozial-normativer Komponenten*).

Zueignungsabsicht iSd **§§ 242 ff** ist die Absicht, sich oder einem Dritten die fremde Sache oder den in ihr verkörperten Sachwert anzueignen, gepaart mit dem Vorsatz, den Eigentümer zu enteignen (*vgl Wessels/Hillenkamp, BT2 Rn 136 ff*).

Aneignung iSd **§§ 242 ff** ist das – wenn auch nur vorübergehende – Einverleiben der fremden Sache selbst oder des in ihr verkörperten Sachwertes in das Vermögen des Täters oder eines Dritten (*vgl Wessels/Hillenkamp, BT2 Rn 136 ff*).

Enteignung iSd **§§ 242 ff** bedeutet die endgültige Ausschließung bzw Verdrängung des Eigentümers aus seiner wirtschaftlichen Position. Sie muss auf Dauer angelegt sein (*vgl Wessels/Hillenkamp, BT2 Rn 136, 142*).

Umschlossener Raum iSv **§ 243 I 1, 2 Nr 1** ist jedes Raumgebilde, das (zumindest auch) zum Betreten durch Menschen bestimmt und mit Vorrichtungen versehen ist, die das Eindringen von Unbefugten abwehren sollen und tatsächlich ein Hindernis bilden, das ein solches Eindringen nicht unerheblich erschwert (*Wessels/Hillenkamp, BT2 Rn 213*).

Einbrechen iSv **§§ 243 I 1, 2 Nr 1, 244 I Nr 3** ist das gewaltsame, nicht notwendig substanzverletzende Öffnen einer dem Zutritt entgegenstehenden Umschließung (*Wessels/Hillenkamp, BT2 Rn 215*).

Gering iSv **§§ 243 II, 248 a** ist der Wert der Sache, wenn er nach der allgemeinen Verkehrsauffassung für den Gewinn wie für den Verlust als unerheblich anzusehen ist; dies wird derzeit nach hA bei einem Wert von etwa 50 € angenommen (*Wessels/Hillenkamp, BT2 Rn 242, 310 f*).

Wohnungen iSv **§ 244 I Nr 3** sind umschlossene Räume, die als Mittelpunkt des privaten Lebens Selbstentfaltung, -entlastung und vertrauliche Kommunikation gewährleisten (*Wessels/Hillenkamp, BT2 Rn 267*).

Gefährlich sind mitgeführte Gegenstände iSv **§ 244 I Nr 1 a**, wenn zu ihrer allgemeinen Eignung, erhebliche Körperverletzungen zu bewirken, hinzutritt, dass diese Wirkung bei Umsetzung des inneren Verwendungsvorbehalts auch eintritt – das Werkzeug also „notfalls" eingesetzt wird (*Wessels/Hillenkamp, BT2 Rn 262 b*).

Beschädigt iSv **§ 303 I** ist eine Sache, wenn der Täter auf die Sache als solche in einer Weise körperlich eingewirkt hat, dass ihre Unversehrtheit oder bestimmungsgemäße Brauchbarkeit mehr als nur unerheblich beeinträchtigt und im Vergleich zu ihrer bisherigen Beschaffenheit nachteilig verändert worden ist (*Wessels/Hillenkamp, BT2 Rn 29*).

Weitere einschlägige Musterklausuren

Zum Problem des fehlgeschlagenen Versuchs:
Eisenberg, Jura 1987, 265; *Geppert*, Jura 2002, 278; *Gropp/Küpper/Mitsch*, [1] S 1, [16] S 285; *Hilgendorf*, [7] S 41; *Krack/Schwarzer*, JuS 2008, 140; *Dratvova/Küper*, StudZR 2005, 133; *Laubenthal*, JA-Übungsblätter 2004, 39; *Samson*, St 1 [35] S 173

Zum Problem: Abgrenzung Vorbereitung und Versuch:
Beulke, Klausurenkurs I [3] Rn 150; *ders*, Klausurenkurs II [1] Rn 1; *Berz*, Jura 1982, 317; *Christmann*, in: *Coester-Waltjen* ua (Hrsg), Zwischenprüfung, S 37; *Ellbogen*, JuS 2002, 151; *Geppert*, Jura 2002, 278; *ders*, in: *Coester-Waltjen* ua (Hrsg), Zwischenprüfung, S 41; *Gössel*, [6] S 108; *Kargl*, Strafrecht, S 98 f; *Keiser/Strohmeyer*, JA 2002, 867; *Kudlich*, JuS 2002, 27; *Meurer/Kahle/Dietmeier*, [5] S 77; *Mitsch*, Jura 1989, 485; *Otto*, [A3] S 63; *Roxin/Schünemann/Haffke*, [8] S 149; *Safferling*, Jura 2004, 64; *Samson*, St 1 [28] S 141; *Scholz/Wohlers*, S 108; *Tiedemann*, [8] S 202; *Wagemann*, Jura 2006, 867; *Wolter*, JA 2008, 605

Zum Problem des Versuchs eines Regelbeispiels:
Chowdhury/Meier/Schröder, [2] S 30; *Ebert*, Fälle, [11] 167; *Frister*, [3] S 51; *Gössel*, [2] S 48; *Hoffmann-Holland*, JuS 2008, 430; *Kasiske*, JA 2007, 509; *Kudlich/Roy*, JA 2001, 771; *Laubenthal*, Jura 1989, 99; *Marquardt/von Danwitz*, JuS 1998, 814; *Otto*, [E1] S 145; *Rudolphi*, [9] S 101; *Safferling*, JuS 2005, 135; *Samson*, St 1 [29] S 146; *Schultze*, JA 2002, 777; *Schwabe*, BT2 [3] S 42; *Sonnen/Mitto/Nugel*, Fälle [8] S 79; *Wolters*, [2] S 27; *Zöller*, Jura 2007, 305

Zum Problem des gefährliches Werkzeugs:
Chowdhury/Meier/Schröder, [2] S 30; *Dietmeier*, JuS 2007, 824; *Safferling/Simon*, Jura 2008, 382; *Schwabe*, BT2 [6] S 84; *Sonnen/Mitto/Nugel*, Fälle [7] S 66; *Thoss*, JA 2004, 378 (zu § 250); *Weißer*, JuS 2005, 620; *Zöller*, Jura 2007, 305

Zum Problem der Gewahrsamsbegründung in fremder Gewahrsamssphäre:
Bergmann, JA-Übungsblätter 2008, 504; *Beulke*, Klausurenkurs II [4] Rn 90; *Dedy*, Jura 2002, 137; *Dietmeier*, JuS 2007, 824; *Eisenberg*, Jura 1987, 265; *Fünfsinn*, Jura 1988, 489; *Gierhake*, JA 2008, 429; *Gössel*, [12] S 199; *Gropengießer*, JuS 1997, 1010; *Hilgendorf*, [15] S 118; *Hillenkamp*, JuS 2003, 157; *Pfeiffer*, JA-Übungsblätter 1987, 105; *Rotsch*, JuS 2004, 607; *Roxin/Schünemann/Haffke*, [3] S 67; *Samson*, St2 [2] S 9; *Schwabe*, BT2 [1] S 14; *Sonnen/Mitto/Nugel*, Fälle [7] S 66

Zum Problem der beobachteten Wegnahme:
Beulke, Klausurenkurs II [3] Rn 68; *Dedy*, Jura 2002, 137; *Eisenberg*, Jura 1987, 265; *Fünfsinn*, Jura 1988, 489; *Geppert*, Jura 2002, 278; *Gössel*, [12] S 199; *Niederle*, [4] S 19; *Rotsch*, JuS 2004, 607; *Rudolphi*, [1] S 1; *Schulz*, JA 1998, 127; *Schwabe*, BT2 [1] S 14; *Thoss*, Jura 2002, 351; *Walter*, Jura 2002, 415

Zum Problem: Objekt der Zueignung bei §§ 242 I, 246 I:
Beulke, Klausurenkurs II [5] Rn 129; *Bollweg*, Jura 1985, 605; *Britz/Jung*, JuS 2000, 1194; *Bühler*, Jura 1989, 651; *Gössel*, [3] S 63; *Gropp/Küpper/Mitsch*, [16] S 285; *Kretschmer, B.*, Jura 2006, 227; *Mitsch*, JA 1999, 388; *Noak/Sengbusch*, Jura 2005, 494; *Radtke/Meyer*, Jura 2007, 712; *Rotsch*, JA-Übungsblätter 2004, 532; *ders*, Jura 2004, 777; *Samson*, St2 [5] S 30; *Stein*, JuS 1990, 914; *Wolters*, [4] S 85

Zum Problem der Abgrenzung von Betrug und Diebstahl beim Passieren der Kasse in Selbstbedienungsläden:
Bergmann, JA 2008, 504; *Chowdhury/Meier/Schröder*, [4] S 78; *Fahl*, JuS 2004, 885; *Otto*, [V1] S 127; *Rotsch*, JA 2004, 532; *Walter*, Jura 2002, 415

Zum Problem der Grenzen eines generellen Zutrittsrechts bei § 123:
Bergmann, JA 2008, 504; *Beulke,* Klausurenkurs II [4] Rn 90; *Britz,* JuS 1997, 146; *Chowdhury/Meier/Schröder,* [7] S 159; *Dedy,* Jura 2002, 137; *Freund,* JuS 2001, 475; *Füllkrug,* Jura 1989, 362; *Gropp/Küpper/Mitsch,* [13] S 233, [17] S 305; *Hellmann,* JuS 1996, 522; *Herzberg,* Jura 1986, 102; *Hilgendorf,* [15] S 118; *Ingelfinger,* JuS 1998, 531; *Jerouschek/Kölbel,* JuS 2001, 780; *Koch/Exner,* JuS 2007, 40; *Kohlmann,* JA 1990, 79; *Kreß/Baenisch,* JA 2006, 707; *Laubenthal,* Jura 1989, 99; *Maier/Ebner,* JuS 2007, 651; *Meurer/Dietmeier,* Jura 1999, 643; *Ranft,* Jura 1993, 487; *Schulz,* JA 1998, 127; *Schulz/Richter,* JuS 1985, 798; *Tiedemann/Waßmer,* Jura 2000, 533; *Walter,* Jura 2002, 415; *Weber,* JuS 1988, 885

Zum Problem der Drittzueignung:
Rotsch, Jura 2004, 777

Zum Problem der natürlichen Handlungseinheit bei iterativer Begehungsweise:
Tiedemann/Walter, Jura 2002, 708

Zum Problem der Abgrenzung Täterschaft – Teilnahme bei Beteiligung an einem Begehungsdelikt durch Unterlassen:
Baumann/Arzt/Weber, [9] S 45, [21] S 124; *Beulke,* Klausurenkurs II [1] Rn 1; *Kargl,* Strafrecht, S 141; *Mitsch,* Jura 1988, 203; *Roxin/Schünemann/Haffke,* [8] S 149; *Rudolphi,* [13] S 148; *Samson,* St 1 [42] S 239; *Scholderer,* JuS 1989, 918; *Seibert,* JA-Übungsblätter 2008, 31; *Tiedemann,* [9] S 222; *Tiedemann/Vogel,* JuS 1988, 295; *Tiedemann/Walter,* Jura 2002, 708

Zum Problem der Sachbeschädigung ohne Substanzveränderung oder Brauchbarkeitsminderung:
Gössel, [1] S 33; *Kargl,* Strafrecht, S 159; *Walter,* Jura 2002, 415

Zum Problem der neutralen Beihilfe:
Murmann, in: *Coester-Waltjen* ua (Hrsg), Examensklausurenkurs I, S 67; *Rotsch,* JuS 2004, 607

Zum Problem der Folgen des Verstoßes gegen Belehrungspflicht gem § 136 StPO:
Britz, JuS 1997, 146; *Fad,* Jura 2002, 632; *Freund/Bergmann,* JuS 1991, 221; *Füllkrug,* Jura 1988, 320; *Hohmann,* JuS 1995, 135; *Morgenstern,* Jura 2002, 568

Zum Problem: Wie werden Beweisverwertungsverbote ermittelt?
Dreher, JuS 2007, 459; *Ellbogen,* Jura 2006, 627; *Hohmann,* JuS 1995, 135; *Safferling,* Jura 2004, 64

Zum Problem der Mithörfalle:
Arloth, in: *Coester-Waltjen* ua (Hrsg), Examensklausurenkurs I, S 51

Zum Problem des Vernehmungsbegriffes:
Frisch/Murmann, JuS 1999, 1196; *Otto/Petersen,* Jura 1999, 480

Fall 4

Alter schützt vor Torheit nicht

I.

155 Die Rentner A und B gehen gemeinsam im „Bierbeißer" essen, geraten jedoch alsbald in Streit, sodass A verärgert von B die seit langem fällige und mehrfach angemahnte Rückzahlung früher darlehensweise überlassener 10 € fordert. B vertröstet den A auf einen späteren Termin. Als B sich vorübergehend entfernt – unter Zurücklassung seines Jacketts auf der Stuhllehne –, entnimmt A aus dem im Jackett befindlichen und mit mehreren Geldscheinen gefüllten Portemonnaie des B einen 10-€-Schein im Glauben, dies sei zulässig, da ihm der 10-€-Schein „zustehe". Zutreffend geht er davon aus, B werde das Fehlen des Scheines gar nicht bemerken. Die 10 € gibt er am nächsten Tag für ein gutes Essen in einer Pizzeria aus.

Als A und B den „Bierbeißer" verlassen, sieht A zufällig, dass dem Passanten P auf der Straße ein Goldkettchen aus der Tasche fällt. A hebt es schnell auf und steckt es in die eigene Tasche, um es für sich zu behalten. B, der das Verhalten des A sofort richtig interpretiert, findet das jedoch skandalös und fordert den A auf, P das Kettchen zurückzugeben. Zähneknirschend kommt A dieser Aufforderung nach.

Noch immer enttäuscht über das entgangene Goldkettchen, kommt A auf den Gedanken, aus dem Büro des Verwalters V der Altenwohnanlage „St. Servatius", in der er wohnt, einen wertvollen Briefbeschwerer mitzunehmen, auf den er schon lange ein Auge geworfen hat. A will sich heimlich in das Büro des V schleichen. Als A gerade die – wie üblich unverschlossen gelassene – Tür geöffnet hat, erscheint auf dem Gang die dem A gut bekannte Altenpflegerin Schwester S. A schließt daraufhin die Bürotür schnell wieder, weil er erkennt, dass es angesichts des Betriebes in der Wohnanlage unmöglich ist, ungesehen in das Büro des V zu schleichen. Als A verärgert das Haus, in dem sich das Büro des V befindet, verlässt, fällt ihm auf, dass V sein Bürofenster offen gelassen hat und dass es ihm ein Leichtes ist, über den niedrigen Sims unbemerkt in dessen Büro zu gelangen. Spontan verwirklicht er diesen Plan. Gerade als er den Briefbeschwerer in der Hand hat, überkommt ihn jedoch die Furcht, er könne schwer bestraft werden. Deshalb lässt er von dem Vorhaben ab und begibt sich nach Hause.

Wie hat sich A strafbar gemacht? Evtl erforderliche Strafanträge sind gestellt.

Abwandlungen:

Wie ist A zu bestrafen,

a) wenn er den Briefbeschwerer nur zurücklässt, weil er enttäuscht feststellen muss, dass es sich dabei nicht um das wertvolle Erbstück der Mutter des V, sondern um eine billige Kopie für 5 € handelt, mit der V das Original kürzlich ersetzt hat?

b) wenn er, wie es seine Gewohnheit ist, eine geladene Schreckschusspistole in seiner Hosentasche stecken hat, ohne sich allerdings irgendwelche konkreten Gedanken über deren Einsatzmöglichkeiten zu machen, und den Briefbeschwerer trotz geringen Wertes nur zur Erinnerung mitnimmt?

II.

1. V wird eines Nachts bei einem Diebstahl ertappt. Auf dem Polizeirevier
   a) wird V ordnungsgemäß durch einen Polizeibeamten über seine Beschuldigtenrechte belehrt. V möchte daraufhin zunächst mit seinem Verteidiger sprechen. Dies wird ihm aber mit dem Hinweis verweigert, sein Verteidiger könne ihm nicht die Entscheidung abnehmen, ob er aussagen wolle oder nicht. V legt daraufhin ein umfassendes Geständnis ab.
   b) wird V schon auf dem Flur durch die zufällig anwesende – aber nicht zur Polizei gehörende – Freundin des später vernehmenden Polizeibeamten vom Wortlaut her ordnungsgemäß darauf hingewiesen, dass es ihm freistehe, sich zu einer Beschuldigung zu äußern und sich in jeder Lage des Verfahrens eines Verteidigers zu bedienen. Bei der anschließenden Vernehmung wird V von den Polizeibeamten nicht mehr auf die Beschuldigtenrechte hingewiesen, da diese wissen, dass er über seine Rechte bereits vorher informiert worden ist.
   c) wird V, der große Schwierigkeiten mit der deutschen Sprache hat, über sein Aussageverweigerungsrecht belehrt. Ferner wird er darauf hingewiesen, dass er einen Verteidiger hinzuziehen dürfe. Als V zu erkennen gibt, er wolle von einem Verteidiger unterstützt werden, wird ihm nur ein Branchentelefonbuch vorgelegt, mit dem er nicht umgehen kann. Ein Hinweis auf den in dieser Stadt existierenden anwaltlichen Notdienst unterbleibt. Die vernehmenden Polizisten versprechen sich von diesem Vorgehen ein umfassendes Geständnis, das V auch prompt ablegt.

Kann das Geständnis in den Varianten a, b und c verwertet werden, wenn V zu Beginn der Hauptverhandlung jeweils widerspricht?

2. Im Rahmen der Ermittlungen gegen V (vgl Frage 1) wird auch dessen Ehefrau E nach ordnungsgemäßer Belehrung über ihr Zeugnisverweigerungsrecht befragt. Sie berichtet, dass sie gesehen habe, wie ihr Ehemann mit Einbruchswerkzeugen nachts die Wohnung verließ. Im späteren Strafverfahren möchte das Gericht den Tatnachweis auch auf dieses Indiz stützen. E verweigert jedoch in der Hauptverhandlung die Aussage. Kann nun ihre frühere Aussage in den Prozess eingeführt werden und wenn ja, wie,
   a) wenn E von dem Polizeibeamten P vernommen wurde,
   b) wenn E vor dem Ermittlungsrichter R ihre Aussage tätigte?

Gedankliche Strukturierung des Falles (Kurzlösung)

156 **Teil I. (materiell-rechtlicher Teil) Strafbarkeit des A**

A. Der 10-€-Schein

1. **§ 242 I (–)**
   a) Objektiver Tatbestand (+)
   b) Subjektiver Tatbestand (–)
   - Vorsatz (+)
   - Zueignungsabsicht (+)
   - Rechtswidrigkeit der geplanten Zueignung (–)

Problem Nr 34: Rechtswidrigkeit der Zueignung bei fälligem Anspruch auf die Geldsumme (Rn 158)
Problem Nr 35: Irrtum über die Rechtswidrigkeit der Zueignung (Abgrenzung von Tatbestands- und Verbotsirrtum) (Rn 160)

2. **§ 246 I Alt 1 (durch Einstecken des Geldes) (–)**
   - Tatbestandsirrtum, § 16 I 1 (+)
3. **§ 246 I Alt 1 (durch Ausgeben des Geldes) (–)**
   a) Objektiver Tatbestand (+)
   b) Subjektiver Tatbestand (–)
   - Tatbestandsirrtum, § 16 I 1 (+)
4. **§§ 263 I, 13 I (–)**
5. **Ergebnis für A im Tatkomplex A**
   A ist straflos.

B. Das Goldkettchen

1. **§ 242 I (–)**
   a) Objektiver Tatbestand (–)
   - fremde bewegliche Sache (+)
   - Wegnahme (–)
   b) Ergebnis
2. **§ 246 I Alt 1 (+)**
   a) Objektiver Tatbestand (+)

Problem Nr 36: Zueignungshandlung iSv § 246 I (Rn 167)

   b) Subjektiver Tatbestand (+)
   c) Rechtswidrigkeit und Schuld (+)
   d) „Tätige Reue" (–)

Problem Nr 37: Ist „tätige Reue" analogiefähig? (Rn 169)

3. **Ergebnis für A im Tatkomplex B**
   A ist strafbar gem § 246 I Alt 1.

C. Der Briefbeschwerer

1. **§ 242 I (–)**
   - fremde bewegliche Sache (+)
   - Wegnahme (–)
2. **§§ 242 I, II, 22, 23 I Alt 2 (–)**
   a) Vorprüfung (+)
   b) Tatentschluss (+)
   c) Unmittelbares Ansetzen (+)
   d) Rechtswidrigkeit und Schuld (+)
   e) Rücktritt, § 24 I 1 Alt 1 (–)
   - Versuch nicht fehlgeschlagen (+)

Problem Nr 38: Rücktritt bei mehraktigem Geschehen (Rn 173)

   - unbeendeter Versuch (+)
   - Freiwilligkeit (+)

Problem Nr 39: Freiwilligkeit des Rücktritts iSd § 24 (Rn 175)

   f) Ergebnis
3. **§ 123 I Alt 1 (+)**
   a) Objektiver Tatbestand (+)
   b) Subjektiver Tatbestand (+)
   c) Rechtswidrigkeit und Schuld (+)
   d) Strafantragserfordernis, § 123 II (+)
4. **Ergebnis für A im Tatkomplex C**
   A ist strafbar gem § 123 I Alt 1.

D. Gesamtkonkurrenzen

E. Gesamtergebnis des materiell-rechtlichen Gutachtens

A: Tatkomplex B: § 246 I Alt 1
– § 53 –
Tatkomplex C: § 123 I Alt 1

Abwandlung a)

1. **§§ 242 I, II, 22, 23 I Alt 2 (+)**
   a) Tatbestandsmäßigkeit, Rechtswidrigkeit und Schuld (+)
   b) Rücktritt, § 24 I 1 Alt 1 (–)
   - Freiwilligkeit (–)

Problem Nr 40: Rücktritt bei wertlosen Gegenständen (Rn 180)

   c) Strafzumessung, § 243 I 1, 2 Nr 1 (+)
   - Nr 1 (Einsteigen) (+)
   - Ausschluss gem § 243 II (–)
   d) Strafantragserfordernis, § 248 a (–)

2. **§§ 244 I Nr 3, II, 22, 23 I Alt 2 (–)**
   - Nr 3 (Wohnungseinbruchsdiebstahl) (–)
3. **§ 123 I Alt 1 (+)**
4. **Konkurrenzen**
5. **Gesamtergebnis in Abwandlung a)**
   A: §§ 242 I, II, 22, 23 I Alt 2, 243 I 1, 2 Nr 1 – § 52 – § 123 I Alt 1

Abwandlung b)

1. **§ 249 I (–)**
   - Wegnahme einer fremden beweglichen Sache (+)
   - Gewaltanwendung/Drohung (–)
2. **§§ 249 I, 22, 23 I Alt 1 (–)**
   - Vorprüfung (+)
   - Tatentschluss (–)
3. **§ 242 I (+)**
   a) Tatbestandsmäßigkeit (+)
   b) Rechtswidrigkeit und Schuld (+)
   c) Strafzumessung, § 243 I 1, 2 Nr 1 (+)
      - Nr 1 (Einsteigediebstahl) (+)
      - Ausschluss gem § 243 II (–)

Problem Nr 41: „Bezieht" sich die Tat bei § 243 auf eine geringwertige Sache, wenn der Täter eine wertvolle Sache stehlen will und dann eine billige mitnimmt? (Rn 185)

   d) Strafantragserfordernis, § 248 a (–)
4. **§ 244 I Nr 1 a Alt 1 (–), Alt 2 (–), Nr 1 b (–)**
   - Nr 1 a Alt 1 (Beisichführen einer Waffe) (–)

Problem Nr 42: Waffeneigenschaft geladener Schreckschusspistolen (Rn 188)

   - Nr 1 a Alt 2 (Beisichführen eines gefährlichen Werkzeugs) (–)
   - Nr 1 b (Beisichführen eines sonstigen Werkzeugs oder Mittels) (–)
5. **§ 123 I Alt 1 (+)**
6. **Konkurrenzen**

Problem Nr 43: Konkurrenzverhältnis zwischen Diebstahl in einem besonders schweren Fall und Hausfriedensbruch (*bzw Sachbeschädigung*) (Rn 191)

7. **Gesamtergebnis in Abwandlung b)**
   A: §§ 242 I, 243 I 1, 2 Nr 1

Teil II. (prozessualer Teil)

1. **Beweisverwertungsverbote**
   a) Beweisverwertungsverbot bei Verletzung des Rechts auf Verteidigerkonsultation
   b) Beweisverwertungsverbot bei Belehrung durch eine außerhalb der Strafverfolgungsbehörden stehende Person
   c) Beweisverwertungsverbot bei Verwehrung der Kontaktaufnahme mit einem Verteidiger
2. **Verwertbarkeit der Aussage der E**
   a) Aussage vor dem Polizeibeamten
   b) Aussage vor dem Ermittlungsrichter

Problem Nr 44: Beinhaltet § 252 StPO auch für eine richterliche Vernehmung ein Beweisverwertungsverbot? (Rn 197)

Ausführliche Lösung von Fall 4

Teil I. (materiell-rechtlicher Teil) Strafbarkeit des A

A. Der 10-€-Schein

1. § 242 I

157 Indem A dem Portemonnaie des B einen 10-€-Schein entnahm, könnte er einen Diebstahl begangen haben.

a) Objektiver Tatbestand

Der 10-€-Schein ist für ihn eine fremde bewegliche Sache.

Wegnahme bedeutet Bruch fremden und Begründung neuen Gewahrsams. Gewahrsam bezeichnet die tatsächliche, von einem Herrschaftswillen getragene Sachherrschaft, wobei es allerdings sozial-normative Einschränkungen gibt. Danach bleibt der Gewahrsam an Sachen bestehen, wenn sich der Gewahrsamsinhaber vorübergehend von ihnen entfernt[1]. Das gilt für das Jackett und erst recht für die darin befindliche Geldbörse. Zudem gilt fremder Gewahrsam insbes dann als begründet, wenn ein Gegenstand in die Taschen von eigenen Kleidungsstücken verbracht wird, sog Gewahrsamsenklaven[2]. Dieselbe sozial-normative Zuordnung muss dann auch umgekehrt gelten, wenn eine Wegnahme aus einer Jacketttasche in Rede steht. Auch entfällt der Herrschaftswille nicht etwa deshalb, weil der Gewahrsamsinhaber das Fehlen des Geldscheins nicht bemerkt. A hat den Gewahrsam des B gebrochen und neuen, eigenen begründet. Er hat den 10-€-Schein folglich weggenommen.

b) Subjektiver Tatbestand

A handelte vorsätzlich. Ferner hatte er Zueignungsabsicht, denn er wollte die Sache dem B auf Dauer entziehen und sich aneignen.

Fraglich ist, ob er auch in Bezug auf die Rechtswidrigkeit der Zueignung vorsätzlich handelte. Die Rechtswidrigkeit der Zueignung ist gegeben, wenn der Täter keinen fälligen und durchsetzbaren Anspruch gegen das Opfer hat.

Merke: Die Rechtswidrigkeit der geplanten Zueignung ist ein Merkmal des objektiven Tatbestandes. Insoweit reichen dementsprechend auch alle Vorsatzformen.

A hatte einen fälligen Anspruch auf Zahlung von 10 €, § 488 I 2 BGB.

158 **Problem Nr 34: Rechtswidrigkeit der Zueignung bei fälligem Anspruch auf die Geldsumme**

(1) Nach einer **älteren Auffassung** (*Hirsch*, JZ 1963, 149 ff; *Kohlrausch/Lange*, § 242 Bem III 2 d; *Sauer*, System des Strafrechts, S 37; *Welzel*, S 345 f) handelt der Täter selbst dann in

1 *Wessels/Hillenkamp*, BT2 Rn 80.
2 Siehe oben Fall 3, Problem Nr 22, Rn 122.

der Absicht **rechtswidriger** Zueignung, wenn er einen fälligen einredefreien Anspruch auf Übereignung der konkret weggenommenen Sache hat.

Argument: Das Strafrecht schützt die Eigentumsordnung, dann muss aber auch der Anspruchsberechtigte die Eigentumslage so lange respektieren, bis ihm die Sache zu Eigentum übertragen wird. Dass der von der Eigentumsordnung gewollte Zustand hergestellt wird, trifft schon deshalb nicht zu, weil der Wegnehmende dadurch noch nicht zum Eigentümer wird. Zwar muss er die Sache nicht zurückgeben (Einrede des dolo agit, qui petit, quod statim redditurus est), dadurch entfällt aber die Widerrechtlichkeit des eigenmächtigen Vorgehens nicht.

(2) Nach der im Vordringen befindlichen **Wertsummentheorie** (*Ebel*, JZ 1983, 175; *Lackner/Kühl*, § 242 Rn 27; *Roxin*, H. Mayer-FS, S 467; SK/StGB-*Hoyer*, § 242 Rn 103; S/S-*Eser*, § 242 Rn 59; *Wessels/Hillenkamp*, BT2 Rn 189) entfällt die Rechtswidrigkeit der Zueignung bei Geldschulden bereits, wenn der Täter einen Anspruch auf die entsprechende **Wertsumme** hat.

Manche Autoren (*Gribbohm*, NJW 1968, 240; *Otto*, BT [2. Aufl 1984], S 157) beschränken dies nicht einmal auf Geld, sondern lassen die Rechtswidrigkeit der Zueignung bei jeder Gattungsschuld entfallen (*Kindhäuser*, BT2 § 2 Rn 73 f), wenn die Ausübung des Wahlrechts dem Schuldner keinen wirtschaftlichen Vorteil bringen kann, gleich, ob eine Spezies-, Gattungs- oder Geldschuld vorliegt.

Argument: Rechtswidrig ist die Zueignung nur dann, wenn sie der Eigentumslage widerspricht, die materiell erreicht werden soll. Das ist zunächst einmal nicht der Fall, wenn der Täter einen fälligen Anspruch auf die Sache hat. Aber auch bei einer Wertsummenschuld bzw einer Gattungsschuld muss die Rechtswidrigkeit der Zueignung entfallen, weil in der Verletzung des Auswahlrechts des Schuldners keine wirtschaftliche Interessenbeeinträchtigung liegt.

(3) Nach der überzeugenderen **hA in Rspr** (BGHSt 17, 87; BGH StV 1994, 128) **und Schrifttum** (*Fischer*, § 242 Rn 50; *Haft*, BT1 S 13; *Maurach/Schroeder/Maiwald*, BT1 § 3 Rn 53) ist die beabsichtigte Zueignung nur dann nicht rechtswidrig, wenn ein fälliger, einredefreier **Anspruch auf Übereignung gerade dieser Sache** besteht. Bei Stückschulden ist dies der Fall; Gattungs- und Geldschulden müssen hingegen erst konkretisiert werden. Wird eine Sache aus der Gattung vor der Konkretisierung weggenommen, so verbleibt es trotz des Gattungsanspruchs bei der Rechtswidrigkeit der geplanten Zueignung.

Argument: Bei der Rechtswidrigkeit der Zueignung muss es darauf ankommen, ob dem Gläubiger die Sache de facto bereits „gehört". Dabei ist die zivilrechtliche Eigentumsordnung entscheidend. Auf bestimmte Sachen aus der Gattung, so zB auf bestimmte Geldscheine, hat der Gläubiger jedoch keinen Anspruch, denn die Auswahl bei Gattungsschulden gebührt gem § 243 I BGB dem Schuldner (BGHSt 17, 87).

Zur Vertiefung: Wessels/Hillenkamp, BT2 Rn 189; Beulke, Klausurenkurs II [3] Rn 81; Hillenkamp, BT 21. Problem S. 101 ff.

Der Zahlungsanspruch von A bedeutet nicht, dass er bereits einen fälligen und einredefreien Anspruch auf Übereignung dieses konkreten Geldscheins nach § 488 I 1, 2 BGB gehabt hätte. Die Wertsummentheorie, die bei einem fälligen Zahlungsanspruch die Rechtswidrigkeit der Zueignung verneint und die beim eigenmächtigen Wechseln von Geld noch eine gewisse Berechtigung haben mag, geht hier zu weit, weil sie die zivilrechtliche Eigentumsordnung ganz vernachlässigt. Die Rechtswidrigkeit der Zueignung ist also gegeben. **159**

Fraglich ist, wie sich der Umstand auswirkt, dass sich A möglicherweise über die Rechtswidrigkeit der Zueignung geirrt hat.

160 **Problem Nr 35: Irrtum über die Rechtswidrigkeit der Zueignung (Abgrenzung von Tatbestands- und Verbotsirrtum)**

(1) Nach der herkömmlichen Einstufung liegt es nahe, einen Irrtum in Bezug auf die Konkretisierungsbefugnis eher als einen **Verbotsirrtum** gem § 17 anzusehen (so zum Teil auch S/S-*Eser,* § 242 Rn 65; vgl *Wessels/Hillenkamp*, BT2 Rn 190), sodass auf der Schuldebene die Vermeidbarkeit zu prüfen und wegen der hohen Anforderungen, die daran üblicherweise gestellt werden, nämlich äußerste Gewissensanspannung, im Zweifel Einholung des Rates eines Rechtskundigen, auch zu bejahen wäre.

Argument: Es handelt sich um einen Irrtum über das Recht.

(2) Die **Rspr** (BGHSt 17, 87; BGH StV 2004, 207) nimmt zwar – wie dargelegt – bei Wegnahme eines Geldscheins bei gleichzeitigem Bestehen einer Geldforderung in gleicher Höhe die objektive Rechtswidrigkeit der Zueignung an, baut dem Täter jedoch insoweit eine goldene Brücke, als sie diesen Irrtum als **Tatbestandsirrtum** einstuft. Dies ist iE die sachgerechtere Lösung.

Argument: Wer als Gläubiger einer Forderung der Ansicht ist, dass er die im Besitz des Schuldners befindlichen Geldscheine als die ihm geschuldeten beanspruchen darf, hat eine Vorstellung, die iE der Vorstellung desjenigen entspricht, der sich als Gläubiger einer Stückschuld nur über die Identität der von ihm weggenommenen Sache irrt.

Bei einem **Irrtum über ein normatives Tatbestandsmerkmal**, um den es sich hier handelt („Rechtswidrigkeit" der Zueignung), ist generell wie folgt zu unterscheiden: Ein Irrtum innerhalb der **Parallelwertung in der Laiensphäre** (Beispiel: Der Täter „hat nicht einmal laienmäßig erkannt", dass es sich bei einem Bierfilz um eine Urkunde handelt) wird als Tatbestandsirrtum gem § 16 bewertet. Liegt der Irrtum außerhalb der Parallelwertung der Laiensphäre (Beispiel: Der Täter erkennt laienmäßig, dass der Bierfilz zum Beweis dient, meint aber, echte Urkunden seien nur solche, die unterschrieben werden), liegt ein nach § 17 zu behandelnder sog **Subsumtionsirrtum** vor. Insofern führt der Irrtum über ein normatives Tatbestandsmerkmal entgegen weitverbreiteter Ansicht, Irrtümer über Tatbestandsmerkmale müssten stets auch zum Tatbestandsirrtum führen, häufig nicht zum Tatbestandsirrtum iSv § 16. Glaubt nun der Täter, er dürfe auch bei Gattungsschulden eigenmächtig zugreifen, so hat er das Unrecht der Tat zumindest laienmäßig erkannt und sein Irrtum liegt damit im Bereich des § 17. Glaubt der Täter aber, eine Geldschuld sei eine Stückschuld, so hat er nicht einmal laienmäßig erfasst, dass er irgendetwas getan hat, wozu er zivilrechtlich und strafrechtlich nicht befugt ist. Eine solche Vorstellung kann man der Bevölkerung – was der BGH nur andeutet – unterstellen. Dann hat der BGH Recht, wenn er einen **Tatbestandsirrtum** annimmt.

Zur Vertiefung: Beulke, Klausurenkurs II [3] Rn 83; Gropp, Weber-FS, S 127ff; Wessels/Beulke, AT Rn 242f.

161 Der Irrtum des A, dass ihm der 10 €-Schein „zustehe", könnte als Irrtum über das normative Tatbestandsmerkmal „Rechtswidrigkeit" der Zueignung sowohl ein Tatbestands- als auch ein Verbotsirrtum sein. Da A hier angenommen hat, er habe einen Stückschuldanspruch auf diesen Schein, hat er das Unrecht seines Tuns noch nicht einmal laienmäßig erkannt. Es liegt deshalb ein Irrtum innerhalb der Parallelwertung in der Laiensphäre vor, der als Tatbestandsirrtum gewertet wird. Da § 242 I in der Fahrläs-

sigkeitsvariante nicht strafbar ist, führt dieser Tatbestandsirrtum gem § 16 zur Straflosigkeit.

2. § 246 I Alt 1 (durch Einstecken des Geldes)

Unter Zueignung iSv § 246 I versteht man die Manifestation des Zueignungswillens[3]. **162**
Das heimliche Einstecken des Geldes stellte eine solche Manifestation des Zueignungswillens dar. In diesem Moment fehlte aber wegen des Tatbestandsirrtums, der das normative Tatbestandsmerkmal der Rechtswidrigkeit der Zueignung iSv § 246 umfasst[4], der Vorsatz.

3. § 246 I Alt 1 (durch Ausgeben des Geldes)

a) Objektiver Tatbestand

Fraglich ist, ob darüber hinaus auch im Ausgeben des Geldes eine erneute Zueignung **163**
iSv § 246 liegen kann. Grundsätzlich wäre ein Ausgeben des Geldes als Manifestation eines Zueignungswillens zu werten. Es ist umstritten, ob es eine erneute Zueignung eines vorher gestohlenen Gegenstandes überhaupt geben kann[5]. Der Meinungsstreit kann hier jedoch dahingestellt bleiben. Das vorangegangene Ansichnehmen des Geldes war nämlich gerade nicht strafbar, da sich A im Tatbestandsirrtum befand (*s o Rn 161 f*). Das Ausgeben des Geldes muss also wie eine Erstzueignung gewertet werden. Objektiv liegt eine rechtswidrige Zueignung vor.

b) Subjektiver Tatbestand

A unterlag jedoch auch beim Ausgeben des Geldes noch immer demselben Tatbestandsirrtum. Der Vorsatz entfällt gem § 16 I 1.

A hat sich nicht gem § 246 I Alt 1 strafbar gemacht.

4. §§ 263 I, 13 I

Für einen Betrug durch Unterlassen der Aufklärung des B, dass er die 10 € zurückfor- **164**
dern könne (§ 859 II BGB), fehlt es jedenfalls an der Aufklärungs-(Garanten-)pflicht. Außerdem fehlte A der Vorsatz bzgl der Rechtswidrigkeit der Bereicherung.

5. Ergebnis für A im Tatkomplex A

A ist straflos.

---

3 *Wessels/Hillenkamp*, BT2 Rn 280.
4 Vgl *Wessels/Hillenkamp*, BT2 Rn 294.
5 S u Fall 7, Problem Nr 69, Rn 321.

B. Das Goldkettchen

1. § 242 I

165 Dadurch, dass A das gefundene Goldkettchen des P in seine eigene Jackentasche steckte, könnte er sich wegen Diebstahls strafbar gemacht haben.

a) Objektiver Tatbestand

Das Kettchen war für A eine fremde bewegliche Sache.

A müsste das Kettchen weggenommen haben. Wegnahme bedeutet Bruch fremden und Begründung neuen Gewahrsams. Fraglich ist, ob P bereits mit dem Herausfallen des Kettchens aus der Tasche seinen Gewahrsam daran verloren hatte, sodass fremder Gewahrsam ausscheidet. Gewahrsam ist die tatsächliche, willensgetragene Sachherrschaft, die an verlorenen Gegenständen (anders als bei „vergessenen") grundsätzlich nicht mehr besteht[6]. Hier hat P den Verlust gerade nicht bemerkt; das Kettchen ist also verloren. Er konnte seinen Gewahrsam nicht aus eigener Kraft wiederherstellen. Deshalb ist die Sache gewahrsamslos geworden, sodass A keinen fremden Gewahrsam mehr brechen konnte.

Hätte P den Verlust bemerkt und sich in dem Moment umgedreht, in dem der Täter zugriff und mit dem Kettchen verschwand, wäre der Gewahrsam nach der Verkehrsauffassung bestehen geblieben und ein Diebstahl möglich gewesen.

b) Ergebnis

Eine Strafbarkeit gem § 242 I scheidet aus.

2. § 246 I Alt 1

166 Durch Einstecken des Goldkettchens könnte A jedoch eine Unterschlagung begangen haben.

a) Objektiver Tatbestand

Nach der früheren Rechtslage war unklar, ob eine Unterschlagung eine zeitlich vorausgegangene Gewahrsamserlangung voraussetzt. Diese Problematik stellt sich nach dem Wegfall des Besitz- und Gewahrsamserfordernisses in § 246 I nicht mehr[7].

Umstritten ist jedoch nach wie vor die Frage, welche Anforderungen an eine Zueignungshandlung iSv § 246 I zu stellen sind.

167 **Problem Nr 36: Zueignungshandlung iSv § 246 I**

(1) Eine in der Literatur vertretene **Ansicht** verlangt über die äußere Manifestation eines inneren Zueignungswillens hinaus eine inhaltliche Verwirklichung der Zueignungselemente „dauernde Enteignung" und „zumindest vorübergehende Aneignung".

6 *Wessels/Hillenkamp*, BT2 Rn 97.
7 Dazu *Wessels/Hillenkamp*, BT2 Rn 276.

(a) Teilweise wird gefordert, es müsse sich jedenfalls die **Aneignung** schon objektiv vollzogen haben; bzgl der Enteignung reiche dagegen Vorsatz aus (*Krey/Hellmann*, BT2 Rn 161; *Noack*, Drittzueignung und 6. StrRG, S 123).

(b) Andere legen das Gewicht auf die **Enteignung**: Zueignung setzt voraus, dass der Sachverlust (höchstwahrscheinlich) eintreten wird. Der Täter muss diesen „Gefahrerfolg" bereits herbeigeführt haben (*Maiwald*, Der Zueignungsbegriff im System der Eigentumsdelikte, S 191 ff; *Degener*, JZ 2001, 388, 398 f; *Dencker*, in: Einführung, S 23 ff; *Gropp*, JuS 99, 1041, 1045).

(c) Wieder andere verbinden beide Ansätze miteinander und verlangen den Vollzug **sowohl** der **Aneignung als auch** der **Enteignung** (*Basak*, Die Irrwege der Strafgesetzgebung 1999, S 188 ff; *Mitsch*, BT2/1 § 2 Rn 35 ff).

Argument: Nur durch Verwirklichung materiellen Zueignungsunrechts wird der Charakter des § 246 als Erfolgsdelikt deutlich. Wer auf solche Erfolgskriterien verzichtet, verlagert den Vollendungszeitpunkt so weit nach vorn, dass praktisch kein Raum für den Versuch bleibt.

(2) Die **hM** in Literatur (*Küper*, Jura 1996, 205, 206 f; *Lackner/Kühl*, § 246 Rn 4; S/S-*Eser*, § 246 Rn 11) und Rspr (BayObLG NJW 1992, 1777; BayObLG wistra 1994, 322; OLG Düsseldorf NStZ 1992, 298) lässt für die Zueignungshandlung des § 246 I eine objektiv erkennbare Betätigung („Manifestation") des Zueignungswillens genügen. Der in alle Umstände eingeweihte objektive Betrachter muss auch ohne Berücksichtigung des Zueignungswillens auf den Zueignungsvorsatz schließen können.

Argument: Die oben unter (1) (c) genannte Ansicht verkürzt den Anwendungsbereich der Unterschlagung unsachgemäß. Die Meinungen (1) (a) und (b) können nicht überzeugend erklären, warum auf nur eines zweier gleichwertiger Momente der Zueignung abgestellt werden sollte. Nach richtiger Wertung setzt Zueignung als objektives Merkmal nur ein auch äußerlich erkennbares Verhalten voraus, das gerade Ausdruck der Zueignung ist und daher den Rückschluss auf den Zueignungsvorsatz zwingend zu Tage treten lässt. Handlungen, die bei Würdigung aller Umstände mehrdeutig bzw auch bei fehlendem Zueignungsvorsatz zu erwarten sind, scheiden als Zueignungshandlungen iSv § 246 I aus. Ist aber ein eindeutiges Verhalten feststellbar, so ist das Rechtsgut objektiv erkennbar verletzt.

Zur Vertiefung: Wessels/Hillenkamp, BT2 Rn 279 ff; Hillenkamp, BT 23. Problem S 110 ff.; Küper, BT S 489 ff.

Generell zu Problemen des § 246: Duttge/Sotelsek, Jura 2002, 526 ff; Jäger, JuS 2000, 1167 ff; speziell zum Zueignungsbegriff: Börner, Jura 2005, 389 ff; Degener, JZ 2001, 388 ff; Kudlich, JuS 2001, 767 ff; Sinn, NStZ 2002, 64 ff.

Nach überzeugender Ansicht kann jede Manifestation des Zueignungswillens, dh jedes nach außen erkennbare Verfahren des Täters mit der Sache, aus dem der objektive Beobachter auf den Zueignungsvorsatz schließen kann, eine Zueignungshandlung iSv § 246 I darstellen. 168

Das Aufheben der Sache ist als neutrale Handlung im Regelfall unverfänglich, da es auch zu Rückgabezwecken erfolgen kann[8]. Selbst wenn man im Zeitpunkt des Aufhebens mit Zueignungswillen gehandelt hat, liegt daher allein im Akt des An-sich-Nehmens noch keine Manifestation des Zueignungswillens. Vielmehr kommt eine Zueignung nur dann in Betracht, wenn sie schon durch die Art und Weise der Besitzverschaf-

8 *Wessels/Hillenkamp*, BT2 Rn 292.

fung indiziert wird[9], etwa weil nur Geldscheine aus einem gefundenen Portemonnaie aussortiert werden.

Zunächst war hier durch das Aufheben des Kettchens ein objektiv mehrdeutiges Verhalten gegeben. Allerdings musste auch ein objektiver Betrachter davon ausgehen, dass A das Kettchen nicht zurückgeben wollte, da er durch das Einstecken in die Tasche sofort Gewahrsam begründete, statt den nur wenige Meter entfernten P auf seinen Verlust hinzuweisen. Es liegt daher eine objektiv eindeutige Manifestation des Zueignungswillens vor.

b) Subjektiver Tatbestand

A handelte mit Wissen und Wollen, dh vorsätzlich.

c) Rechtswidrigkeit und Schuld

A handelte rechtswidrig und schuldhaft.

d) „Tätige Reue"

Fraglich ist, ob die spätere Rückgabe des Kettchens an der Strafbarkeit noch etwas zu ändern vermag. Ein Rücktritt (§ 24) vom vollendeten Delikt ist nicht möglich.

169 **Problem Nr 37: Ist „tätige Reue" analogiefähig?**

(1) Nach einer **Mindermeinung** ist eine Gesamtanalogie zu den ausdrücklich gesetzlich geregelten Fällen (zB §§ 139 IV, 306 e II, 314 a III) im Einzelfall möglich (*Jescheck/Weigend*, § 51 V 2; S/S-*Eser*, § 24 Rn 117).

Argument: Da den gesetzlichen Regeln offenbar kein anderes Prinzip als das des Zufalls zu Grunde liegt, müssen diese je nach Sachlage analoge Anwendung finden.

(2) Nach **herrschender** und überzeugender **Ansicht** ist eine tätige Reue nur dort möglich, wo sie ausdrücklich gesetzlich vorgesehen ist (*Wessels/Beulke*, AT Rn 654).

Argument: Eine Gesamtanalogie zu solchen Vorschriften wäre zwar zugunsten des Täters nach allgemeinen Grundsätzen möglich. Es fehlt aber die für eine Analogie notwendige planwidrige Regelungslücke. Der Gesetzgeber hat die Straffreiheit wegen tätiger Reue bewusst auf einige wenige Ausnahmestraftatbestände beschränkt. Eine Analogie ist daher zu verneinen. Das Verhalten nach der Tat kann stattdessen nur im Rahmen der Strafzumessung gem § 46 II 2 aE (Schadenswiedergutmachung) berücksichtigt werden.

Zur Vertiefung: Wessels/Beulke, AT Rn 654.

170 Auch eine analoge Anwendung der Vorschriften über die tätige Reue (vgl §§ 139 IV, 306 e II, 314 a III) kommt nicht in Betracht. Es fehlt insoweit an der für eine Analogie notwendigen planwidrigen Regelungslücke.

3. Ergebnis für A im Tatkomplex B

A hat sich gem § 246 I Alt 1 strafbar gemacht.

9 *Kindhäuser*, BT2 § 6 Rn 21.

C. Der Briefbeschwerer

1. § 242 I

Der Briefbeschwerer war für A eine fremde bewegliche Sache. Zur vollendeten Wegnahme kann es hier von vornherein nur insoweit gekommen sein, als A den Briefbeschwerer, nachdem er durch das Fenster in das Büro eingedrungen war, in die Hand nahm. Ein solches Ergebnis wäre nur mit der Kontrektationstheorie zu bejahen, die auf das bloße Berühren der Sache abstellt. Diese wird heute aber nicht mehr vertreten. Auch die Illationstheorie, die das Bergen der Beute für erforderlich hält, ist als zu weit abzulehnen. Mit der herrschenden Apprehensionstheorie[10] ist vielmehr darauf abzustellen, ob es infolge der Ergreifung der Sache zu einem Gewahrsamswechsel gekommen ist. Neuer Gewahrsam wurde aber allein durch das Aufheben des Briefbeschwerers vom Tisch nicht begründet. 171

Eine Strafbarkeit wegen vollendeten Diebstahls scheidet aus.

2. §§ 242 I, II, 22, 23 I Alt 2

Indem A in der Altenwohnanlage zunächst die Tür des Büros öffnete und später sogar noch durch das Fenster in den Raum gelangte, um einen Briefbeschwerer mitzunehmen, könnte er sich wegen eines versuchten Diebstahls strafbar gemacht haben. 172

a) Vorprüfung

Ein vollendeter Diebstahl ist nicht gegeben. Der Versuch ist strafbar gem §§ 242 II, 23 I Alt 2.

b) Tatentschluss

A wollte den Briefbeschwerer, eine für ihn fremde bewegliche Sache, aus dem Gewahrsam des V entfernen und eigenen Gewahrsam daran begründen. Zudem kam es ihm darauf an, sich den Briefbeschwerer anzueignen, wobei er mindestens billigend in Kauf nahm, den V zu enteignen. Auch bzgl der Rechtswidrigkeit der Zueignung handelte er vorsätzlich.

c) Unmittelbares Ansetzen

Indem er den Briefbeschwerer in die Hand nahm, hatte A bereits mit der Tatbestandshandlung (Wegnahme) begonnen und damit auch unmittelbar zur Tatbegehung iSd § 22 angesetzt.

d) Rechtswidrigkeit und Schuld

A handelte rechtswidrig und schuldhaft.

e) Rücktritt, § 24 I 1 Alt 1

Für einen strafbefreienden Rücktritt nach § 24 I 1 Alt 1 ist zunächst erforderlich, dass der Versuch nicht fehlgeschlagen ist. Fehlgeschlagen ist er dann, wenn der Täter er-

10 Dazu *Wessels/Hillenkamp*, BT2 Rn 110.

kannt hat, dass er sein Ziel mit den ihm zur Verfügung stehenden Mitteln entweder gar nicht oder zumindest nicht ohne zeitlich relevante Zäsur erreichen kann[11]. Ein Fehlschlag könnte hier darin liegen, dass A die Schwester S auf dem Gang kommen sah und erkennen musste, dass es ihm unmöglich war, unbemerkt in das Büro zu gelangen. Nach dem Eindringen durch das Fenster hätte er hingegen seinen Plan verwirklichen können. Würde man die beiden Handlungsakte (Tür und Fenster) jeweils gesondert behandeln, so müsste man auch tatsächlich zu einem fehlgeschlagenen Versuch bzgl des Eindringens durch die Tür und zu einem erneuten Versuch bzgl des Eindringens durch das Fenster gelangen. Nur von diesem zweiten Versuch könnte A dann noch uU strafbefreiend zurücktreten. Die Strafbarkeit wegen des ersten Versuchs bliebe aber bestehen.

Ob eine solche Bewertung angemessen ist, ist umstritten.

173 **Problem Nr 38: Rücktritt bei mehraktigem Geschehen**

(1) Nach der **Tatplantheorie** (BGHSt 14, 75; 22, 227) ist für den Rücktritt die Tätervorstellung bei Beginn der Tat entscheidend. Hat der Täter einen fest umrissenen Tatplan von vornherein auf einen einzelnen Tätigkeitsakt beschränkt, ist der Versuch nach Vornahme dieses Aktes fehlgeschlagen und ein Rücktritt ausgeschlossen.

Argument: Wie sonst auch beim Versuch ist primär auf die Vorstellung des Täters bei Beginn der Tathandlung abzustellen (vgl § 22: „nach seiner Vorstellung von der Tat").

(2) Die **Einzelaktstheorie** besagt, dass unabhängig von den Tätervorstellungen zu Beginn oder am Ende der Ausführung jede einzelne auf den Erfolg gerichtete und vom Täter bereits für sich als geeignet angesehene Handlung einen selbstständigen Versuch darstellt. Ein früherer Rücktritt vom Versuch wäre also gegenüber einem späteren Rücktritt von einem anderen Versuch völlig selbstständig zu behandeln (*Geilen*, JZ 1972, 335, 337 f; *Jakobs*, AT Abschn 26 Rn 14 ff; *ders*, JuS 1980, 714 ff; *ders*, ZStW 104 [1992], 82, 89 ff; *Kühl*, JuS 1981, 193, 195; *Ulsenheimer*, Grundfragen des Rücktritts vom Versuch, 1976, S 230 ff).

Argument: Es darf nicht sein, dass der Zufall dem Täter die Rücktrittsmöglichkeit wieder eröffnet, wenn zB der erste Schuss daneben geht. In diesem Falle war der Versuch bereits beendet, sodass nach der Wertung des § 24 I 1 Alt 1 der Täter schon die Vollendung verhindert haben müsste.

(3) Die **Gesamtbetrachtungslehre** (auch Theorie von der natürlichen Versuchseinheit genannt) geht davon aus, dass der Täter auch nach einem oder mehreren erfolglosen („fehlgeschlagenen") Teilakten, den Erfolg herbeizuführen, die Möglichkeit behält, vom Versuch *insgesamt* zurückzutreten. Abzustellen ist auf den **Rücktrittshorizont** im Moment der letzten Ausführungshandlung (seit BGHSt 31, 170; BGH NStZ 2005, 150 m Bespr *Valerius*, JA 2005, 410; BGH NStZ 2008, 393; BGH NStZ 2009, 25; *Puppe*, AT2 § 36 Rn 10).

Argument: Die Tatplantheorie „prämiert" die besondere kriminelle Energie eines Täters, dem es zu Beginn der Tat gleichgültig ist, wie er ans Ziel gelangen kann. Für ihn wäre ein Rücktritt leichter als für denjenigen, der sich eine bestimmte Art der Tatbegehung vorstellt. Die Einzelaktstheorie reißt einen einheitlichen Lebensvorgang auseinander und verbaut unnötig die Rücktrittsmöglichkeiten. Wer durch sein Verhalten zeigt, dass sein verbrecherischer Wille nicht stark genug ist, das Verbrechen zu Ende zu führen, soll auf den Boden der Legalität zurückkehren dürfen. Dem Täter muss möglichst auch im fortgeschrittenen Versuchsstadium

11 *Wessels/Beulke*, AT Rn 628.

eine „Goldene Brücke" zur Umkehr gebaut werden. Deshalb ist es sinnvoll, mehrere Versuchsakte als Einheit zu betrachten, sofern eine enge zeitliche und örtliche Verbindung existiert. So wird der Täter auch noch bei einem späteren Teilakt zum Rücktritt motiviert und kann sich noch insgesamt die Straffreiheit „erarbeiten". Dem ist zuzustimmen.

Zur Vertiefung: Wessels/Beulke, AT Rn 631 ff; Beulke, Klausurenkurs I [9] Rn 323; Hillenkamp, AT 18. Problem S 106 ff; Roxin, AT2 § 30 Rn 175 ff.

Die Einzelaktstheorie sowie die Tatplantheorie bejahen hier zwei selbstständige Diebstahlsversuche. Der erste Diebstahlsversuch wäre fehlgeschlagen. Diese Lösungen beschränken jedoch die Rücktrittsmöglichkeiten und somit auch den Opferschutz zu stark. Im Sinne der Gesamtbetrachtungslehre sind vielmehr die zwei Handlungsakte zu einer rücktrittsfähigen Einheit zusammenzufassen, da sie einen einheitlichen Lebensvorgang mit enger örtlicher und zeitlicher Nähe (entsprechend den Regeln der natürlichen Handlungseinheit) betreffen. Da es für § 24 auf den Zeitpunkt des Rücktrittshorizontes ankommt, lag in dem Moment, als A den Briefbeschwerer wieder auf den Schreibtisch zurücklegte, kein fehlgeschlagener Versuch vor. 174

Auch für die Frage, ob es sich bei dem Geschehen um einen unbeendeten oder einen beendeten Versuch handelt, ist nach dem Dargelegten nicht etwa vom ursprünglichen Tatplan auszugehen. Ein solches Vorgehen würde den alle Alternativen minutiös planenden Täter bevorzugen. Vielmehr ist der Rücktrittshorizont nach Abschluss der letzten Ausführungshandlung maßgebend. Als A den Briefbeschwerer in der Hand hielt, glaubte er, noch nicht alles Erforderliche getan zu haben. Aus seiner Sicht war daher im relevanten Zeitpunkt der Versuch unbeendet.

Fraglich ist, ob er die weitere Tatausführung freiwillig aufgegeben hat.

Problem Nr 39: Freiwilligkeit des Rücktritts iSd § 24 175

Freiwillig tritt der Täter zurück, der von der Tatausführung absieht, weil er sie nicht mehr will, hingegen nicht, weil die Tat in seiner Vorstellung unausführbar geworden ist.

(1) Nach der **Frank'schen Formel** (*Frank*, StGB, § 46 Anm II) galt früher:
- Freiwillig tritt zurück, wer denkt: „Ich will nicht zum Ziel kommen, selbst wenn ich könnte."
- Unfreiwillig handelt, wer denkt: „Ich kann nicht zum Ziel kommen, selbst wenn ich wollte."

(2) Eine weitere Ansicht will nur den Rücktritt zulassen, der nach den **„Maßstäben der Verbrechervernunft"** als nicht zwingend geboten erscheint (*Roxin*, Heinitz-FS, S 251 ff).

(3) Die heute ganz **hA** (*Bockelmann/Volk*, S 213 f; *Safferling*, JuS 2005, 138; *Zieschang*, AT S 140) unterscheidet nach **autonomen** und **heteronomen** Motiven:

Freiwillig ist ein Rücktritt, der auf **autonomen**, dh situationsunabhängigen Motiven beruht und nicht dem Täter durch äußere Umstände aufgezwungen wird. Sittlich hochwertig müssen die Tätermotive nicht sein. Der Verdienst des Täters besteht schon in der nicht erzwungenen „Rückkehr zur Legalität". Der Anstoß zum Umdenken kann auch von außen kommen, solange dem Täter noch ein echtes Wahlrecht zwischen Durchführung und Aufgabe der Tat verbleibt.

Unfreiwillig ist der durch **heteronome**, außerhalb des Täterwillens liegende Gründe veranlasste Rücktritt, dh wenn die Tatausführung objektiv unmöglich ist (sofern nicht schon ein Fehlschlag vorliegt) oder der Täter aus psychischen Gründen nicht mehr Herr seiner Entschlüsse ist oder sich die Situation so zu seinen Ungunsten verändert hat, dass er die mit der Tatausführung verbundenen Risiken nicht mehr für tragbar hält.

Argument: Während die viel zu weit geratene Frank'sche Formel – oben Meinung (1) – nur einen groben Anhaltspunkt liefern kann, spricht gegen die unter (2) dargestellte Meinung, dass die Verbrechervernunft kaum objektiv hilfreiche Abgrenzungskriterien an die Hand gibt. Nur die Unterscheidung zwischen autonomen und heteronomen Motiven ermöglicht eine hinreichend bestimmte Abgrenzung.

Zur Vertiefung: Wessels/Beulke, AT Rn 651 ff; Beulke, Klausurenkurs I [4] Rn 180.

176 A hätte weiterhandeln können, das wollte er aber nicht mehr. Nach der sog Frank'schen Formel war sein Rücktritt also freiwillig. Das Aufgeben widersprach ferner der Verbrechervernunft. Schließlich handelt es sich bei der Angst vor Strafe grundsätzlich auch um ein autonomes Motiv[12]. Die unterschiedlichen Auffassungen über die Bestimmung der Freiwilligkeit bei § 24 ergeben im vorliegenden Fall damit übereinstimmend, dass A die Tatausführung freiwillig aufgegeben hat.

f) Ergebnis

A hat sich nicht gem §§ 242 I, II, 22, 23 I Alt 2 strafbar gemacht.

3. § 123 I Alt 1

a) Objektiver Tatbestand

177 Die Wohnanlage bestand aus einer Vielzahl von Wohnungen iSd § 123, mithin aus Räumlichkeiten, die einzelnen oder mehreren Personen als Unterkunft dienen oder zur Benutzung frei stehen, einschließlich der zugehörigen Nebenräume wie Treppen, Keller, Wasch- und Trockenräume[13]. Das Betreten der Wohnanlage, in der A wohnte, war durch ein generelles Zutrittsrecht gedeckt, da sich für einen objektiven Betrachter nicht der Eindruck aufdrängte, dass A dem Willen des Hausrechtsinhabers zuwider handelte[14]. Allerdings erfüllt das Betreten des Büros des V den Tatbestand des Eindringens, weil dies offensichtlich der generellen Zutrittserlaubnis widerspricht.

b) Subjektiver Tatbestand

A handelte vorsätzlich.

c) Rechtswidrigkeit und Schuld

A handelte rechtswidrig und schuldhaft.

---

12 *Wessels/Beulke*, AT Rn 651; s auch *Beulke*, Klausurenkurs I [4] Rn 186.
13 *Wessels/Hettinger*, BT1 Rn 579.
14 Vgl o Fall 3, Problem Nr 25, Rn 131.

d) Strafantragserfordernis, § 123 II

Der gem § 123 II erforderliche Strafantrag ist gestellt.

4. Ergebnis für A im Tatkomplex C

A ist lediglich strafbar gem § 123 I Alt 1.

D. Gesamtkonkurrenzen

Gegenüber der Unterschlagung in Tatkomplex B handelt es sich bei dem Hausfriedensbruch in Tatkomplex C um eine völlig selbstständige Handlung, sodass von Realkonkurrenz (§ 53) auszugehen ist. **178**

E. Gesamtergebnis des materiell-rechtlichen Gutachtens

A: Tatkomplex B: § 246 I Alt 1
– § 53 –
Tatkomplex C: § 123 I Alt 1

Abwandlung a)

1. §§ 242 I, II, 22, 23 I Alt 2

a) Tatbestandsmäßigkeit, Rechtswidrigkeit und Schuld

A wollte einen Diebstahl begehen und er hat unmittelbar zur Tatbestandsverwirklichung angesetzt (*s o Rn 172*). A handelte rechtswidrig und schuldhaft. **179**

b) Rücktritt, § 24 I 1 Alt 1

Problematisch sind hier in Abwandlung der obigen Konstellation die Rücktrittsvoraussetzungen. Da A den Briefbeschwerer nur deshalb zurückgelassen hat, weil er enttäuscht feststellen musste, dass es sich bei dem Briefbeschwerer nicht um das wertvolle Erbstück der Mutter des V, sondern um eine billige Kopie für 5 € handelte, fragt sich, ob hier noch von Freiwilligkeit (im obigen Sinne) zu sprechen ist.

Problem Nr 40: Rücktritt bei wertlosen Gegenständen **180**

(1) Für diejenigen, die den Fehlschlag als eine eigenständige Fallgruppe außerhalb des § 24 begreifen, dürfte der **Versuch fehlgeschlagen** sein, weil der anvisierte Gegenstand nicht da ist. Damit wird jedoch außer Acht gelassen, dass der Täter noch immer den geringwertigen Gegenstand mitnehmen könnte (anders natürlich, wenn schon die physisch-reale Möglichkeit ausscheidet, wie etwa in dem „Holzkugel-Beispiel", wenn der vermeintliche Gummiball in Nachbars Garten in Wirklichkeit eine im Boden verankerte schwere Holzkugel ist).

(2) Wer den „Fehlschlag" an dem Begriff der Freiwilligkeit misst, muss unterscheiden: Bei oberflächlicher Betrachtung ließe sich davon sprechen, der Täter, der vor der Mitnahme wert-

loser Gegenstände zurückschreckt, habe es immerhin aus „autonomen" Motiven aufgegeben, diese Gegenstände mitzunehmen. So argumentierte **früher die Rspr**, wenn sie einen freiwilligen Rücktritt annahm, sofern der Täter einen wertlosen Gegenstand zurückließ, weil er einen teuren Gegenstand entwenden wollte (RGSt 39, 37, 40: Hier ließ der Täter die Holzkugel, die er für einen Gummiball gehalten hatte, zurück; iE ebenso RGSt 55, 66). Mit dieser Sichtweise wird aber vernachlässigt, dass es mehr oder weniger sinnvoll und daher auch mehr oder weniger „verdienstvoll" sein kann, von der Mitnahme wertloser Gegenstände abzusehen.

(3) Spätere Entscheidungen (RGSt 70, 1: Täter eines Straßenraubes sah von der Mitnahme von 20 bis 30 Pfennig ab) haben zutreffend zwar die Abstandnahme von der Mitnahme des geringwertigen Gegenstands, nicht aber den Rücktritt im Ganzen als freiwillig angesehen (zustimmend BGHSt 4, 56, 59; BGH NStZ 2004, 333 und **hM**, vgl S/S-*Eser*, § 24 Rn 48: „unfreiwillig, wenn nicht sogar bereits fehlgeschlagen").

(4) Die **Strafzwecktheorie** stellt auf die „Maßstäbe der Verbrechervernunft" ab (*Roxin*, Heinitz-FS, S 251; SK/StGB-*Rudolphi*, § 24 Rn 25). Für diese Ansicht ist entscheidend, dass eine Mitnahme zwar möglich, aber nicht sinnvoll ist. Sie geht also auch von einem Fehlschlag bzw einer unfreiwilligen Aufgabe aus.

Zur Vertiefung: Wessels/Hillenkamp, BT2 Rn 250 f.

181 Zwar sollte das Zurücklassen der billigen Kopie nicht einfach als Fehlschlag bewertet werden. A hätte schließlich immer noch die Möglichkeit gehabt, diesen Gegenstand mitzunehmen. Dennoch ist der Rücktritt in diesem Fall weder von autonomen Motiven bestimmt noch nach den Maßstäben der Verbrechervernunft als freiwillig anzusehen. Für einen Täter, der einen wertvollen Briefbeschwerer haben will, wäre es nämlich nicht sinnvoll, eine wertlose Kopie mitzunehmen. Das Liegenlassen der billigen Imitation kann somit nicht als freiwillig getroffene Entscheidung gewertet werden. Ein Rücktritt nach § 24 I 1 Alt. 1 scheidet aus.

c) Strafzumessung, § 243 I 1, 2 Nr 1

In Betracht kommt ein Einsteigen. Dies bezeichnet ein Hineingelangen in einen umschlossenen Raum durch eine zum ordnungsgemäßen Eintritt nicht bestimmte Öffnung unter Überwindung von Hindernissen und Schwierigkeiten, die sich aus der Eigenart der Umfriedung des umschlossenen Raumes ergeben[15]. Das Betreten durch eine offene Tür ist danach kein Einsteigen, wohl aber das vorsätzliche Hineingelangen in das Büro durch das Fenster. Da das Regelbeispiel voll verwirklicht wurde, ist in dieser Konstellation der Versuch des Diebstahls unter Erfüllung eines Regelbeispiels unproblematisch[16].

Gem § 243 II ist jedoch ein besonders schwerer Fall ausgeschlossen, wenn sich die Tat auf eine geringwertige Sache bezieht, wobei umstritten ist, ob sich „beziehen" auf das objektive Vorliegen oder die subjektive Vorstellung des Täters von der Geringwertigkeit bezieht[17]. Da § 22 von „seiner Vorstellung von der Tat" spricht, ist aber einhellige Meinung, dass es beim Versuch nur auf die subjektive Vorstellung des Täters an-

15 BGHSt 10, 132; *Wessels/Hillenkamp*, BT2 Rn 216.
16 Siehe oben Fall 3, Problem Nr 20, Rn 113.
17 Siehe unten Problem Nr 41, Rn 185.

kommt[18]. Hier wollte A das teure Original mitnehmen. Der wirkliche Wert der vorgefundenen Sache ist daher nicht entscheidend. Danach ist hier ein besonders schwerer Fall gem § 243 I 1, 2, Nr 1 zu bejahen.

d) Strafantragserfordernis, § 248 a

§ 248 a greift beim Versuch nur ein, wenn sich (auch) der Vorsatz auf eine geringwertige Sache bezieht[19]. Es bedarf also bzgl des Diebstahls keines Strafantrages.

2. §§ 244 I Nr 3, II, 22, 23 I Alt 2

Eine Wohnung iSd § 244 I Nr 3 besteht aus umschlossenen Räumen, die als Mittelpunkt des privaten Lebens Selbstentfaltung, -entlastung und vertrauliche Kommunikation gewährleisten[20]. Ein Büro gehört nicht dazu.

3. § 123 I Alt 1

A hat sich wegen Hausfriedensbruchs strafbar gemacht (*s o Rn 177*). **182**

4. Konkurrenzen

Der versuchte Diebstahl gem §§ 242 I, II, 22, 23 I Alt 2, 243 I 1, 2 Nr 1 und der Hausfriedensbruch gem § 123 I Alt 1 erfassen unterschiedliche Rechtsgüter und stehen deshalb in Idealkonkurrenz, § 52.

5. Gesamtergebnis in Abwandlung a)

A: §§ 242 I, II, 22, 23 I Alt 2, 243 I 1, 2 Nr 1 – § 52 – § 123 I Alt 1

Abwandlung b)

1. § 249 I

Zwar hat A eine fremde bewegliche Sache weggenommen. Er hat jedoch weder Gewalt angewandt noch mit gegenwärtiger Gefahr für Leib oder Leben gedroht. **183**

2. §§ 249 I, 22, 23 I Alt 1

Der Raub wurde nicht vollendet. Der versuchte Raub ist strafbar gem §§ 249 I, 23 I Alt 1.

Da A weder einen Einsatz von Gewalt noch eine Drohung konkret plante, scheidet jedoch auch ein versuchter Raub aus.

---

18 S/S-*Eser*, § 243 Rn 54.
19 *Fischer*, § 248 a Rn 5.
20 *Wessels/Hillenkamp*, BT2 Rn 267.

3. § 242 I

a) Tatbestandsmäßigkeit

184 A hat den Briefbeschwerer – eine für ihn fremde bewegliche Sache – vorsätzlich und in der Absicht rechtswidriger Zueignung weggenommen.

b) Rechtswidrigkeit und Schuld

A handelte rechtswidrig und schuldhaft.

c) Strafzumessung, § 243 I 1, 2 Nr 1

A hat das Regelbeispiel des § 243 I 1, 2 Nr 1 („Einsteigediebstahl") vorsätzlich erfüllt (*s o Rn 181*). Gem § 243 II ist ein besonders schwerer Fall ausgeschlossen, wenn sich die Tat auf eine geringwertige Sache „bezieht". A wollte eine wertvolle Sache stehlen und hat dann eine billige mitgenommen. Fraglich ist, welche Bedeutung dieser „Objekts- und Vorsatzwechsel" innerhalb der Tatausführung für die Strafzumessungsregel hat.

185 **Problem Nr 41: „Bezieht" sich die Tat bei § 243 auf eine geringwertige Sache, wenn der Täter eine wertvolle Sache stehlen will und dann eine billige mitnimmt?**

(1) Eine **Mindermeinung** in der Literatur (*Braunsteffer*, NJW 1975, 1570, 1571) will allein auf die objektiven Gegebenheiten abstellen. Entscheidend ist danach die Geringwertigkeit des tatsächlich Weggenommenen.

Argument: Nur dies führt auch in den Irrtumsfällen (Täter hält eine wertvolle Sache fälschlich für geringwertig und umgekehrt) zu sachgerechten Ergebnissen. Es handelt sich bei § 243 um keinen Tatbestand, sondern um eine Strafzumessungsregel, deshalb kann der auf Hoch- oder Geringwertigkeit gerichtete Vorsatz nicht entscheidend sein.

(2) Eine **differenzierende** Lösung will zwar von einem besonders schweren Fall ausgehen, dessen Strafe soll aber in entsprechender Anwendung der §§ 23 II, 49 I nach Versuchsregeln gemindert werden (*Kindhäuser*, BT2 § 3 Rn 50).

Argument: Zwar kann nicht geleugnet werden, dass sich die Tat im Versuchsstadium auf eine Sache von Wert bezieht, andererseits ist der Erfolgsunwert doch nicht voll verwirklicht.

(3) Nach überwiegender **Rspr** und **hL** ist es gänzlich unwesentlich, ob sich der Diebstahlsvorsatz während der Tat „verengt, erweitert oder sonst verändert" (BGHSt 22, 350, 351; 26, 104, 105; BGH NStZ 1987, 71; *Fahl*, JuS 1998, 258; *Wessels/Hillenkamp*, BT2 Rn 249). Wollte der Täter in irgendeinem Stadium der Tatbegehung eine hochwertige Sache wegnehmen und verwirklichte er dazu die Regelbeispielsmerkmale des § 243, so lag bereits ein Diebstahl in einem besonders schweren Fall vor. Der spätere Vorsatzwechsel berührt weder den Fortbestand des Diebstahlsvorsatzes als solchen noch die Einheitlichkeit und Zusammengehörigkeit des Geschehens, sodass die Tat insgesamt ohne Rücksicht auf den geringen Wert der letztlich erzielten Beute gem §§ 242, 243 als Diebstahl in einem besonders schweren Fall zu beurteilen ist.

Argument: Es ist nicht einzusehen, warum der bereits verwirklichte versuchte Diebstahl in einem besonders schweren Fall nachträglich entfallen soll. Die Strafzumessungsregel würde selbst dann durchgreifen, wenn der Täter gar nichts mitgenommen hätte (*s o Abwandlung a*).

Der zu einem besonders schweren Fall führende, gegenüber dem einfachen Diebstahl erhöhte Unwert liegt auch vor, wenn der Täter nur „versucht", eine höherwertige Sache mitzunehmen (weil er sich irrt oder sein Vorsatz im Laufe der Tat wechselt).

Zur Vertiefung: Wessels/Hillenkamp, BT2 Rn 245 ff.

Richtigerweise kann es bei § 243 II angesichts eines einheitlichen Geschehensablaufs nicht darauf ankommen, ob sich der Diebstahlsvorsatz während der Tat verengt, erweitert oder sonst wie verändert. Wenn A in irgendeinem Stadium der Begehung des Diebstahls nicht nur eine geringwertige, sondern eine höherwertige Sache wegnehmen wollte, „bezieht" sich sein Diebstahl nicht auf eine geringwertige Sache, sodass § 243 II ausscheidet. Da A hier zunächst einen kostbaren Briefbeschwerer wegnehmen wollte, verbleibt es bei der Möglichkeit, das Regelbeispiel in Ansatz zu bringen, obwohl die mitgenommene Sache nur 5 € wert war. **186**

d) Strafantragserfordernis, § 248 a

Nach hA[21] ist § 248 a stets dann unanwendbar, wenn nach den obigen Grundsätzen bereits ein besonders schwerer Fall vorliegt. Denn nur, wenn man den Vorsatzwechsel bei § 248 a genauso behandelt wie bei § 243, lassen sich Friktionen vermeiden. Im Übrigen spricht der Wortlaut von „den Fällen des § 242", nicht aber des § 243[22]. Trotz Geringwertigkeit des Mitgenommenen ist somit kein Strafantrag gem § 248 a erforderlich, da A zu Beginn eine hochwertige Sache stehlen wollte.

4. § 244 I Nr 1 a Alt 1, Alt 2, Nr 1 b

A könnte einen Diebstahl mit Waffen begangen haben. Eine Waffe führt bei sich, wer sie irgendwann zwischen Versuchsbeginn und Vollendung bewusst gebrauchsbereit bei sich hat[23]. A hat während des Diebstahls die Schreckschusspistole in Kenntnis ihrer Gebrauchsfähigkeit in der Hosentasche gehabt, also bei sich geführt. Waffe ist jeder Gegenstand, der nach der Art seiner Anfertigung geeignet und schon hiernach oder nach allgemeiner Verkehrsauffassung dazu bestimmt ist, durch seinen üblichen Gebrauch Menschen durch seine mechanische oder chemische Wirkung körperlich zu verletzen[24]. Ob es sich bei einer geladenen Schreckschusspistole um eine Waffe im technischen Sinne handelt, erscheint zweifelhaft. **187**

Problem Nr 42: Waffeneigenschaft geladener Schreckschusspistolen **188**

(1) Der **Große Senat des BGH** hat die Waffeneigenschaft der geladenen Schreckschusspistole bejaht (BGHSt 48, 197 m Bespr *Baier*, JA 2004, 12 und krit Anm *Erb*, JuS 2004, 653; *Fischer*, NStZ 2003, 569; s auch BGH NJW 2006, 73; BGH StV 2006, 23). Er hat damit die geladene Schreckschusspistole der geladenen Gaspistole gleichgestellt.

---

21 BGHSt 26, 104; *Eser*, Strafrecht IV, S 75; *Fischer*, § 248 a Rn 2; S/S-*Eser*, § 248 a Rn 17.
22 BGHSt 26, 104.
23 *Joecks*, St-K, § 244 Rn 14.
24 *Wessels/Hillenkamp*, BT2 Rn 255.

Argument: Geladene Schreckschuss- und Gaspistolen sind gleichermaßen gefährlich, weil sie generell geeignet sind, erhebliche Verletzungen herbeizuführen. Der Umstand, dass ihre Benutzung im Einzelfall eine Gefährlichkeit ausschließt, steht der Waffeneigenschaft nicht entgegen, denn auch sonst können Schusswaffen in bestimmten Anwendungssituationen ungefährlich sein, ohne dass damit ihre rechtliche Einstufung in Frage gestellt wird. Kriminalpolitisch ist es auch sinnvoll, den Einsatz solcher Geräte unabhängig von der konkreten Verwendungsabsicht des Täters unter erhöhte Strafe zu stellen, weil sich letztere häufig nicht aufklären lassen wird.

(2) Nach einer weit verbreiteten, **überzeugenden Ansicht** (BGH NStZ 2002, 31, 33; *Wessels/Hillenkamp*, BT2 Rn 255) stellen Schreckschusspistolen keine Waffen im technischen Sinne dar, sondern nur gefährliche Werkzeuge, sofern der Täter dem Opfer bei einer geringen Schussdistanz oder bei einem Schuss mit auf die Körperoberfläche aufgesetzter Laufmündung durch die austretenden Explosionsgase und Munitionspartikel ggf erhebliche Verletzungen beibringen oder mit einer solchen Vorgehensweise drohen will.

Argument: Nur bei einem derartig konkret geplanten Einsatz entfaltet die Schreckschusspistole die gefährliche Wirkung, die einer Waffe im technischen Sinne immer zukommen muss. Benutzt man die Schreckschusspistole hingegen nicht in unmittelbarer Nähe des Opfers, so kann sie ihr Gefährdungspotential gerade nicht entfalten. Dieser Differenzierung wird eine Eingruppierung der Schreckschusspistole als gefährliches Werkzeug besser gerecht, weil dann auf die geplante Verwendungsart abgestellt werden kann.

Ist dem Straftäter kein Vorsatz in Form des körpernahen Einsatzes der Schreckschusspistole nachweisbar, so ist auch kriminalpolitisch kein Grund erkennbar, warum ihn die schwere Strafe des § 244 treffen sollte.

Zur Vertiefung: Wessels/Hillenkamp, BT2 Rn 255.

189 Nach zutreffender Ansicht ist eine geladene Schreckschusspistole nur dann als Waffe im technischen Sinne einzustufen, wenn ihr Einsatz so körpernah erfolgen soll, dass sie erhebliche Verletzungen beim Opfer herbeiführen kann. Im Übrigen kommt ihr keine der typischen Gefährlichkeiten zu, die einer Waffe im technischen Sinne anhaften müssen. Ein Diebstahl mit Waffen nach § 244 I Nr 1 a Alt 1 scheidet also aus.

Auch ein Diebstahl unter Beisichführen eines anderen gefährlichen Werkzeuges gem § 244 I Nr 1 a Alt 2 ist nicht gegeben, da eine Schreckschusspistole nicht objektiv gefährlich ist und sich A keinerlei Vorstellungen über den späteren Einsatz der Pistole, und sei es auch nur in Form eines Verwendungsvorbehaltes, gemacht hat[25].

Mangels konkreter Vorstellungen über die Einsatzmöglichkeiten der Schreckschusspistole kann auch nicht angenommen werden, dass A hier ein Werkzeug einsetzen wollte, um den Widerstand einer anderen Person durch Gewalt oder Drohung mit Gewalt zu verhindern oder zu überwinden. § 244 I Nr 1 b entfällt ebenfalls.

A hat sich nicht gem § 244 strafbar gemacht.

5. § 123 I Alt 1

190 A hat sich wegen Hausfriedensbruchs strafbar gemacht (*s o Rn 177*).

25 Vgl zum Begriff des gefährlichen Werkzeugs iSv § 244 I Nr 1 a oben Fall 3 Problem Nr 21 Rn 116.

6. Konkurrenzen

Fraglich ist hingegen das Verhältnis von §§ 242 I, 243 I 1, 2 Nr 1 zu § 123 I Alt 1.

Problem Nr 43: Konkurrenzverhältnis zwischen Diebstahl in einem besonders schweren Fall und Hausfriedensbruch (bzw Sachbeschädigung) 191

(1) Eine im Vordringen befindliche **Mindermeinung** nimmt **Tateinheit** zwischen § 123 I (das Gleiche gilt für § 303) und einem Diebstahl unter Erfüllung eines Regelbeispiels iSv § 243 I 1, 2 Nr 1 u 2 an (*Krey/Hellmann*, BT2 Rn 106; *Zieschang*, Jura 1999, 561, 567).

Dieser Ansicht hat sich nunmehr auch der **BGH** zunächst in einem Fall angeschlossen, in dem eine Sachbeschädigung mit ihrem eigenen Unrechtsgehalt über das hinausging, was sie lediglich als typische und deshalb konsumierte Begleittat eines besonders schweren Diebstahlfalles erscheinen lassen könnte (BGH NStZ 2001, 642 m Anm *Sternberg-Lieben* u *Kargl/Rüdiger*, NStZ 2002, 202; *Geppert*, JK 5/02, StGB § 243/5; *Rengier*, JuS 2002, 850 ff). In derselben Entscheidung hat der BGH jedoch angedeutet, in Zukunft generell von Tateinheit ausgehen zu wollen, unabhängig vom konkreten Schweregrad der Begleittat. Deshalb ist zu erwarten, dass der BGH auch zwischen Hausfriedensbruch und Diebstahl unter Erfüllung eines Regelbeispiels Idealkonkurrenz annehmen wird (ebenso *Rengier*, JuS 2002, 850, 854).

Argument: Eine Strafzumessungsregel kann keine Strafnorm verdrängen.

Bei dem Opfer des Diebstahls einerseits und dem der Begleittat andererseits kann es sich um unterschiedliche Rechtsgutsträger handeln.

Angesichts der modernen technischen Entwicklung erscheint es fraglich, ob man bzgl der Sachbeschädigung wirklich von einer typischen Begleittat sprechen kann (zB Umgehung einer Alarmanlage).

Schließlich führt die hL zu Wertungswidersprüchen, wenn man gerade in dem Fall besonders positiver täterbezogener Merkmale auf Grund einer Gesamtwürdigung § 243 entfallen lässt, mit der Folge, dass dann die Begleittaten wieder aufleben müssten.

(2) Nach der (noch) **hM** wird § 123 I *(das Gleiche gilt für § 303)* hingegen von einem Diebstahl unter Erfüllung eines Regelbeispiels iSv § 243 I 1, 2 Nr 1 u 2 **konsumiert** (KG JR 1979, 249 m Anm *Geerds*; *Kindhäuser*, BT2 § 3 Rn 65; LK-*Rissing-van Saan*, Vor §§ 52 ff Rn 146; *Wessels*, Maurach-FS S 295, 308).

Argument: Es handelt sich hier geradezu um den „klassischen“ Fall einer Konsumtion, bei der ein Straftatbestand in einem anderen zwar nicht notwendigerweise enthalten ist, die eine Tat aber regelmäßig und typischerweise mit der Begehung der anderen zusammentrifft, sodass ihr Unrechts- und Schuldgehalt durch die schwerere Deliktsform mit erfasst und aufgezehrt wird.

Gegen die oben unter (1) dargestellte Mindermeinung spricht insbesondere, dass nicht die Strafzumessungsnorm des § 243, sondern der Diebstahl gem §§ 242, 243 I 1, 2 Nr 1 und Nr 2 den § 123 bzw den § 303 verdrängt.

Zwar gibt es in der Tat Fälle der §§ 242, 243 I 1, 2 Nr 1 und Nr 2, bei denen die Straftatbestände der §§ 123, 303 nicht erfüllt sind. Typischerweise sind aber beide Delikte verwirklicht. Gerade auf diesem Phänomen baut die Rechtsfigur der Konsumtion auf.

Werden unterschiedliche Rechtsgutsträger geschädigt, so kann man wegen der völligen Atypik von der Konsumtion abweichen; eine generelle Ablehnung der Konsumtion in diesen Fallgruppen ist hingegen nicht zu befürworten, zumal hierfür auch kein kriminalpolitisches Bedürfnis erkennbar ist.

Zur Vertiefung: Wessels/Beulke, AT Rn 791; Wessels/Hillenkamp, BT2 Rn 236; Fahl, JA 2002, 541.

192 Unter Hinweis auf den Strafzumessungscharakter des § 243, der keine Strafnorm verdrängen kann, könnte Idealkonkurrenz zwischen Hausfriedensbruch und Diebstahl in einem besonders schweren Fall anzunehmen sein. Nach der nach wie vor noch überzeugenden bislang hM in der Literatur wird jedoch der Hausfriedensbruch als typische Begleittat des Diebstahls in einem besonders schweren Fall von §§ 242 I, 243 I 1, 2 Nr 1 konsumiert.

7. Gesamtergebnis in Abwandlung b)

A: §§ 242 I, 243 I 1, 2 Nr 1

Teil II. (prozessualer Teil)

1. Beweisverwertungsverbote

a) Beweisverwertungsverbot bei Verletzung des Rechts auf Verteidigerkonsultation

193 Hier könnte sowohl ein Verstoß gegen die Belehrungspflicht der §§ 163 a IV, 136 I 2 StPO als auch gegen das Recht auf Verteidigerkonsultation aus § 137 I 1 StPO vorliegen. Zwar ist V zunächst ordnungsgemäß über seine Beschuldigtenrechte belehrt worden. Durch den irritierenden Hinweis der Polizeibeamten wurde diese Belehrung aber letztlich für den Betroffenen wieder eingeschränkt. Das Recht, sich einen Verteidiger zu nehmen, gehört zu den elementaren Rechten des Beschuldigten, wie auch die Normierung in Art 6 III c EMRK deutlich macht. Der Beschuldigte soll dadurch während des gesamten Verfahrens zur Wahrung seiner Rechte auf den Gang und das Ergebnis des Strafverfahrens Einfluss nehmen können[26]. Damit liegt hier ein Verstoß gegen das Belehrungsgebot vor, der nach dem Widerruf zur Unverwertbarkeit des Geständnisses führt.

Zur Vertiefung: BGHSt 38, 372 m Anm Roxin, JZ 1993, 426; Beulke, StPO Rn 468f.

b) Beweiswertungsverbot bei Belehrung durch eine außerhalb der Strafverfolgungsbehörden stehende Person

194 Fraglich ist auch hier wieder, ob eine ordnungsgemäße Belehrung über die Beschuldigtenrechte stattgefunden hat. Zwar war die Belehrung inhaltlich ordnungsgemäß. Problematisch ist aber, ob auch die Belehrung durch eine Person außerhalb der Strafverfolgungsbehörden ausreicht. Eine Belehrung durch die Strafverfolgungsbehörden hat vorliegend nicht stattgefunden. Nach ganz hM ist mittlerweile anerkannt, dass die Einlassung des Beschuldigten zumindest so lange unverwertbar ist, als nicht von einer Kenntnis des Beschuldigten vom Aussageverweigerungsrecht auszugehen ist[27]. Eine Verwertung ist aber nach Ansicht des BGH insbes dann zuzulassen, wenn der Beschuldigte seine Rechte kennt. Im Zweifel ist jedoch vom Fehlen der Kenntnis auszugehen.

26 BGHSt 38, 372, 374.
27 BGHSt 38, 214, 220; 39, 349, 350; *Beulke*, StPO Rn 117.

Hier hatte V seine Rechte akustisch richtig verstanden. Von einer Kenntnis des Beschuldigten ist aber vom Sinn und Zweck der Beschuldigtenbelehrung nur dann auszugehen, wenn der Beschuldigte bereits mehrfach in früheren Verfahren belehrt wurde bzw er Kenntnis von Seiten der Strafverfolgungsorgane erhalten hat. Im hier geschilderten Fall rührte seine Kenntnis nur von einer Person außerhalb der Strafverfolgungsbehörden her, sodass davon auszugehen ist, dass V die „Belehrung“ möglicherweise nicht ernst genommen hat. Im Zweifel muss daher davon ausgegangen werden, dass V keine sichere Kenntnis über seine Rechte hatte.

Es liegt daher ein Verstoß gegen die Belehrungspflicht vor, die nach hM beim Widerruf des Geständnisses in der Hauptverhandlung zu einem Verwertungsverbot führt.

c) Beweisverletzungsverbot bei Verwehrung der Kontaktaufnahme mit einem Verteidiger

In Frage steht ein Verwertungsverbot für das von V abgegebene Geständnis. Eine ordnungsgemäße Belehrung iSd §§ 163 a IV, 136 I 2 StPO ist erfolgt. Jedoch kann auch allein das Verwehren der Kontaktaufnahme mit einem Verteidiger zu einem Verstoß gegen §§ 136, 137 StPO und gegen Art 6 III c EMRK führen. Zudem verstieße ein solches Verhalten der vernehmenden Personen gegen den Grundsatz des fairen Verfahrens[28]. Eine Wahrheitsfindung um jeden Preis ist im Strafverfahren abzulehnen[29]. Ein direktes Verwehren der Verteidigerkonsultation liegt hier zwar nicht vor, schließlich hatte V die theoretische Möglichkeit, einen Verteidiger anzurufen. Allerdings muss die Verteidigerbefragung auch praktisch möglich sein. Insoweit bestehen für die Strafverfolgungsbehörden Hilfeleistungspflichten für diejenigen Beschuldigten, die sich nicht ausreichend verständigen können. Konkret hätten hier die vernehmenden Beamten den V auf den anwaltlichen Notdienst hinweisen und ggf einen Kontakt mit diesem herstellen müssen. 195

Daher folgt aus dem Unterlassen der „Ersten Hilfe“ im vorliegenden Fall die Verletzung des § 136 I 2 StPO und somit ein Verwertungsverbot, nachdem V in der Hauptverhandlung der Verwertung des Geständnisses widersprochen hatte.

Zur Vertiefung: BGHSt 42, 15, 20 (grundlegend); Beulke, NStZ 1996, 257; ders, StPO Rn 13; Fahl, JA 1996, 747; Geppert, JK 1996, StPO § 136 I/12; Schroeder, StPO Rn 136; abw später BGHSt 42, 170, 171; s auch BGHSt 46, 93, 103; BGH NJW 2002, 975 u 1279.

2. Verwertbarkeit der Aussage der E

a) Aussage vor dem Polizeibeamten

Zunächst sollte E als Zeugin vernommen werden. Als Ehefrau steht ihr aber gem § 52 I Nr 2 StPO ein Zeugnisverweigerungsrecht zu, von dem sie in der Hauptverhandlung Gebrauch macht. Da E als Zeugin jetzt nicht mehr zur Verfügung steht, kommt vorrangig eine Verlesung des Protokolls der früheren polizeilichen Vernehmung in Betracht. Gem § 252 StPO ist eine solche Protokollverlesung aber verboten. 196

28 BGHSt 38, 372, 373.
29 *Beulke*, StPO Rn 13.

Dann ist eine Einführung des Inhalts der früheren Aussage nur noch denkbar, indem P über die Aussage der E als Zeuge vom Hörensagen vernommen wird.

Zweifelhaft erscheint, ob auch dieser Weg durch § 252 StPO versperrt ist. Dem Wortlaut nach ergibt sich aus der Norm nämlich nur ein Verlesungsverbot. Nach ganz hM[30] und Rspr[31] lässt sich darüber hinaus aus § 252 StPO auch ein Beweisverwertungsverbot hinsichtlich der früheren Aussage herleiten. Nur so kann der Schutz der Angehörigensphäre voll umfänglich gewährt werden. Sofern die Vernehmung durch einen Polizeibeamten oder durch die Staatsanwaltschaft durchgeführt wurde, ist dies heute nahezu unstreitig. Die Aussage der E vor dem Polizeibeamten kann somit weder durch Verlesung des Protokolls noch durch Vernehmung des P in die Hauptverhandlung eingeführt und somit auch nicht im Urteil verwertet werden.

b) Aussage vor dem Ermittlungsrichter

197 Möglicherweise besteht bzgl der Aussage der E auch im Falle der Vernehmung durch den Ermittlungsrichter R ein Beweisverwertungsverbot aus § 252 StPO.

Problem Nr 44: Beinhaltet § 252 StPO auch für eine richterliche Vernehmung ein Beweisverwertungsverbot?

(1) Die **Rspr** (BGHSt 2, 99, 106; 21, 218; 46, 189, 195; 49, 72, 77) und ein **Teil der Lit** (KK-*Diemer,* § 252 Rn 22; LR-*Ignor/Bertheau,* § 52 Rn 39; *Kühne,* StPO Rn 945; *M-G,* § 252 Rn 13) entnehmen dem § 252 StPO zwar ein uneingeschränktes **Verlesungs**verbot, bei der Verwertungsmöglichkeit wird hingegen differenziert: Ein **Verwertungs**verbot wird nur bei Vernehmungen durch die Polizei oder die Staatsanwaltschaft anerkannt, nicht jedoch für richterliche Vernehmungen, sofern der Richter seinerseits den Zeugen in dieser Eigenschaft ordnungsgemäß belehrt, der Zeuge diese Belehrung auch verstanden und wirksam auf sein Recht verzichtet hat.

Argument: Zwar besteht heute – im Gegensatz zur Rechtslage bis 1964 – auch bei einer polizeilichen und staatsanwaltschaftlichen Vernehmung gegenüber dem Angehörigenzeugen eine Belehrungspflicht (§ 52 III iVm § 163 a V bzw § 161 a I 2 StPO), gleichwohl ist eine höhere Qualität der richterlichen Vernehmung zu erkennen. Dass eine Differenzierung zwischen richterlichen und nichtrichterlichen Verhörspersonen sinnvoll ist, zeigt auch die parallele Reglung zur Verlesungsproblematik von Protokollen über frühere Zeugenvernehmungen in § 251 SPO. Richterliche Vernehmungsprotokolle dürfen in stärkerem Maße verlesen werden als nichtrichterliche. Die frühere Aussage kann dann also durch Vernehmung des Richters als Zeuge in die Urteilsfindung einbezogen werden.

(2) **Eine im Schrifttum stark vertretene Ansicht** (*Beulke,* StPO Rn 420; *Eisenberg,* Rn 1288; *Hartmann/Schmidt,* StPO Rn 918; *Hellmann,* StPO Rn 670; *Kindhäuser,* StPO § 21 Rn 66; *Roxin/Achenbach,* PdW S 295) befürwortet nicht nur ein voll umfängliches **Verlesungs**verbot, sondern auch ein ungeschränktes **Verwertungs**verbot, das die Vernehmung jeglicher (früherer) Verhörspersonen – auch die des Richters – ausschließt.

Argument: Da Polizei, Staatsanwaltschaft und Richter jeweils dieselben Belehrungspflichten haben und dieselbe Gewähr für einen ordnungsgemäßen Vernehmungsablauf bieten, müssen

30 *Beulke,* StPO Rn 419; *Kühne,* Strafprozessrecht Rn 943; *M-G,* § 252 Rn 12 f; krit *Rogall,* Otto-FS S 973.
31 BVerfG NStZ-RR 2004, 18; BGHSt 2, 18.

alle Vernehmungen gleich behandelt werden. Eine „besondere“ Qualität richterlicher Vernehmungen im Ermittlungsverfahren existiert nicht. Im Regelfall dürfte es sich bei Zeugen um juristische Laien handeln, die solche Wertungsunterschiede sowieso nicht nachvollziehen und somit ihre Aussageentscheidung nicht von der „Qualität“ der Verhörsperson abhängig machen können.

Vertiefend: Beulke, StPO Rn 418ff; Engländer, StPO Rn 214.

Unter Hinweis auf eine „besondere“ Qualität einer richterlichen Belehrung und Vernehmung gegenüber der Belehrung und Vernehmung durch einen Polizeibeamten oder durch die Staatsanwaltschaft könnte man im Sonderfall der richterlichen Vernehmung eine Ausnahme vom Beweisverwertungsverbot annehmen. Auch ein Vergleich zur Regelung der sonstigen Verlesungsmöglichkeiten bei Vernehmungsprotokollen gem § 251 StPO zeigt, dass der Gesetzgeber einer richterlichen Vernehmung größere Bedeutung beimisst. Dies spricht dafür, den R als Zeugen vom Hörensagen in der Hauptverhandlung gegen V heranzuziehen. Eine solche Lösung übersieht aber, dass Polizei bzw Staatsanwaltschaft dieselben Belehrungspflichten (§ 52 III iVm § 163 a V bzw § 161 a I 2 StPO) treffen wie einen Richter (§ 52 III StPO) und sie ebenso einen ordnungsgemäßen Vernehmungsverlauf gewähren müssen. Außerdem dürfte kaum ein Laie bei seiner Aussageentscheidung im Rahmen der früheren Vernehmung den rechtlichen Unterschied zB zwischen einem Staatsanwalt und einem Richter als Verhörsperson verinnerlicht haben. Angesichts der heutigen Selbstverständlichkeit des rechtsstaatlichen Vorgehens aller Strafverfolgungsorgane existiert eine irgendwie geartete „besondere“ Qualität der richterlichen Belehrung nicht. Daher gilt das Beweisverwertungsverbot des § 252 StPO auch für richterlichen Vernehmungen, so dass R nicht als Zeuge vom Hörensagen in der Hauptverhandlung vernommen werden darf. Die Aussage der E vor R kann damit im Urteil nicht verwertet werden.

Definitionen zum Auswendiglernen

Tatbestandsirrtum	iSv **§ 16 I 1** liegt vor, wenn der Täter bei Begehung der Tat einen Umstand nicht kennt, der zum gesetzlichen Tatbestand (dh zu den vorsatzbezogenen Merkmalen des objektiven Unrechtstatbestandes) gehört (*vgl Gesetzestext; Wessels/Beulke, AT Rn 244, 455, 823*).
Verbotsirrtum	iSv **§ 17** liegt vor, wenn dem Täter bei Begehung der Tat die Einsicht fehlt, Unrecht zu tun (*vgl Gesetzestext; Wessels/Beulke, AT Rn 456, 461*).
Subsumtionsirrtum	ist gegeben, wenn der Täter irrig glaubt, ein Merkmal, das er seinem Wesen nach kennt, falle nicht unter die gesetzliche Begriffsbestimmung (*vgl Wessels/Beulke, AT Rn 242*).
Freiwillig	ist ein Rücktritt vom Versuch iSd **§ 24**, wenn er nicht durch zwingende Hinderungsgründe veranlasst wird, sondern der eigenen autonomen Entscheidung des Täters entspringt (*Wessels/Beulke, AT Rn 651*).
Unfreiwillig	ist ein Rücktritt vom Versuch iSd **§ 24**, wenn er durch heteronome Gründe veranlasst wird, nämlich durch Hinderungsgründe, die vom Willen

des Täters unabhängig sind, unüberwindliche Hemmungen in ihm auslösen oder die Sachlage zu seinen Ungunsten so wesentlich verändern, dass er die damit verbundenen Risiken oder Nachteile nicht mehr für tragbar hält oder sie nicht in Kauf nehmen will (*Wessels/Beulke, AT Rn 652*).

Wohnung iSv **§ 123** ist der Inbegriff der Räumlichkeiten, die einzelnen oder mehreren Personen als Unterkunft dienen oder zur Benutzung freistehen, einschließlich der zugehörigen Nebenräume wie Treppen, Keller, Wasch- und Trockenräume (*Wessels/Hettinger, BT1 Rn 579*).

Einsteigen iSv **§§ 243 I, 2 Nr 1, 244 I Nr 3** ist jedes Hineingelangen in ein Gebäude oder einen umschlossenen Raum durch eine zum ordnungsgemäßen Eintritt nicht bestimmte Öffnung unter Überwindung von Hindernissen oder Schwierigkeiten, die sich aus der Eigenart des Gebäudes oder der Umfriedung des umschlossenen Raumes ergeben (*Wessels/Hillenkamp, BT2 Rn 216*).

Waffe iSd **§§ 224 I Nr 2 Alt 1, 243 I 1, 2 Nr 7, 244 I Nr 1 a, 250 I Nr 1 a** bzw des **§ 1 II WaffenG** ist jeder Gegenstand, der nach Art seiner Anfertigung geeignet und schon hiernach oder nach allgemeiner Verkehrsauffassung dazu bestimmt ist, durch seinen üblichen Gebrauch Menschen durch seine mechanische oder chemische Wirkung körperlich zu verletzen (sog Waffe im technischen Sinn, *Wessels/Hettinger, BT1 Rn 273; Wessels/Hillenkamp, BT2 Rn 255*).

Beisichführen einer Waffe (oder eines gefährlichen Werkzeugs) iSd **§ 244 I Nr 1 a** bedeutet, diese irgendwann zwischen Versuchsbeginn und Vollendung bewusst gebrauchsbereit bei sich zu haben (*Joecks, St-K, § 244 Rn 14*).

Weitere einschlägige Musterklausuren

Zum Problem der Rechtwidrigkeit der Zueignung bei fälligem Anspruch auf die Geldsumme:
Laue, JuS 2002, 359

Zum Problem der Abgrenzung von Tatbestands- und Verbotsirrtum:
Breuer, JA-Übungsblätter 1983, 203; *Cantzler*, JA 1999, 859; *B. Heinrich*, Jura 1999, 585; *Kipp/Kummer*, Jura 2008, 792; *Kudlich*, JuS 2003, 243; *Kühl*, JuS 2007, 743; *Mitsch*, JuS 2007, 555; *Roxin/Schünemann/Haffke*, [21] S 363; *Samson*, St 1 [14] S 91, [15] S 93, [16] S 95; *Wahle*, JuS 1969, 428

Zum Problem der Zueignungshandlung iSv § 246 I:
Baumann/Arzt/Weber, [26] S 168 (zu § 246 aF); *Chowdhury/Meier/Schröder*, [1] S 7, [3], 55; *Dannecker/Gaul*, JuS 2008, 345; *Dedy*, Jura 2002, 137; *Küper*, Jura 1996, 205 (zu § 246 aF); *Noak/Sengbusch*, Jura 2005, 494; *Park*, JuS 1999, 887; *Samson*, St2 [9] S 87; *Weigend*, Jura 1980, 651 (zu § 246 aF)

Zum Problem: Ist „tätige Reue" analogiefähig?
Frisch/Murmann, JuS 1999, 1196; *Hillenkamp*, JuS 1997, 821

Zum Problem der Freiwilligkeit des Rücktritts iSd § 24:
Baumann/Arzt/Weber, [22] S 131; *Beulke*, Klausurenkurs I [4] Rn 175; *Dannecker/Gaul*, JuS 2008, 345; *Ebert*, Fälle, [9] 145, [10] 156; *Frister*, [2] S 25; *Gropp/Küpper/Mitsch*, [1] S 1; *Hörnle*,

Jura 2001, 44; *Kress/Weisser*, JA 2006, 115; *Kudlich/Schuhr*, JA 2005, 349; *Oelmüller/Peters*, [3] S 63; *Perron/Bott/Gutfleisch*, Jura 2006, 706; *Rotsch*, JuS 2002, 887; *Roxin/Schünemann/Haffke*, [8] S 149; *Rudolphi*, [12] S 134; *Safferling*, JuS 2005, 135; *Samson*, St 1 [34] S 168; *Schwind/Franke/Winter*, [2. Hausarbeit] S 63; *Siebrecht*, JuS 1997, 1101; *Valerius* [10] S 149; *Wolters*, [4] S 85

Zum Problem des Rücktritts bei mehraktigem Geschehen:
Bernsmann, Jura 1992, 491; *Beulke*, Klausurenkurs I [9] Rn 300; *Bock*, JuS 2006, 603; *Ebert*, Fälle, [4] 62, [10] 156; *Gössel*, [14] S 229; *Kienapfel*, S 145 ff; *Krack/Schwarzer*, JuS 2008, 140; *Krahl*, JuS 2003, 57; *Lilie/Teyssen*, JuS 1985, 297; *Mürbe*, Jura 1992, 324; *Murmann*, in: *Coester-Waltjen* ua (Hrsg), Examensklausurenkurs I, S 67; *Otto*, [A4] S 77; *Perron/Bott/Gutfleisch*, Jura 2006, 706; *Rudolphi*, [12] S 134; *Safferling*, Jura 2004, 64; *Schapiro*, JA 2005, 615; *Siebrecht*, JuS 1997, 1101; *Stein*, JuS 1990, 914; *Strauß*, [4] S 43

Zum Problem: „Bezieht" sich die Tat bei § 243 auf eine geringwertige Sache, wenn der Täter eine wertvolle Sache stehlen will und dann eine billige mitnimmt?
Fahl, JuS 2001, 47; *Gössel*, [2] S 48; *Laubenthal/Baier*, JA 1993, 101; *Pfeiffer*, JA-Übungsblätter 1987, 105; *Rotsch/Nolte/Peifer/Weitemeyer*, [23] 348; *Wolters*, [4] S 85

Zum Problem: Ist trotz Geringwertigkeit des Mitgenommenen ein Strafantrag gem § 248 a erforderlich, wenn der Täter ursprünglich eine hochwertige Sache stehlen wollte?
Fahl, JuS 2001, 47

Zum Problem des Konkurrenzverhältnisses zwischen Diebstahl in besonders schwerem Fall und Hausfriedensbruch (bzw Sachbeschädigung):
Roxin/Schünemann/Haffke, [9] S 175, [12] S 225; *Sonnen/Mitto/Nugel*, Fälle [8] S 79

Zum Problem der Verletzung des Rechts auf Verteidigerkonsultation:
Britz, JuS 1997, 146; *Dannecker*, JuS 2002, 1087

Zum Problem: Beinhaltet § 252 StPO auch für eine richterliche Vernehmung ein Beweisverwertungsverbot?
Golla, JuS 1984, 128; *Hackling*, JuS 1993, 398; *Noak/Sengbusch*, Jura 2005, 494; *Priebe*, Fälle, [15] S 230; *Schroeder/Meindl*, Fälle, [6] S 71

Fall 5

Ostfriesland in Not

I.

198 S und F, die beide obdachlos sind, gehen ins „Café am Deich". Da S weiß, dass er nicht genug Geld für Kaffee und Kuchen hat, und auch fürchtet, der Wirt W könne irgendwelche Nachfragen stellen, möchte er die Bestellung nicht selbst aufgeben. Er bittet deshalb den etwas besser gekleideten F, bei dem S davon ausgeht, dass dieser von seinem Geldmangel nichts weiß, für ihn zu bestellen, und sucht selbst eilig die Toilette auf. F durchschaut S, will ihm aber gerne den Gefallen tun, den W bzgl der Zahlungsfähigkeit des S hinters Licht zu führen. F selbst meint, genug Geld für eine Tasse Kaffee und das Sahnetörtchen, das er sich ausgesucht hat, dabei zu haben. F bestellt beim Wirt W eine Tasse Kaffee und Torte für sich und „für meinen Freund S ebenfalls eine Tasse Kaffee und ein Stück Kuchen". W hat zwar Zweifel, ob die beiden Herren zahlungskräftig sind, in Anbetracht der nicht so hohen Zeche hofft er aber, dass S und F schon zahlen können. Das Schicksal will es, dass, nachdem W wieder in der Küche verschwunden ist, der F durch einen Griff in seine Hosentasche den Verlust seiner Geldbörse feststellen muss, sodass auch er nicht bezahlen kann. Als W das Bestellte vor ihn auf den Tisch stellt, lässt F sich aber nichts anmerken und schweigt. Nachdem S wieder zum Tisch zurückgekehrt ist, verzehren S und F Kaffee, Kuchen und Torte und verlassen, nachdem sie sich gegenseitig offenbart haben, das Café ohne zu bezahlen.

S benötigt dringend Geld. Er hat sich deshalb einer im ostfriesischen Raum arbeitenden „Drückerkolonne" angeschlossen, die mit Wissen des Verlages V um jeden Preis Zeitschriften an den Mann oder die Frau bringt. Einer seiner Vermittlungsversuche führt ihn zur Villa der wohlhabenden 78-jährigen gehbehinderten D. Dieser will er dort ein Jahresabonnement der wöchentlich erscheinenden FKK-Zeitschrift „Aktiv an der Nordsee", die ausschließlich Hochglanzbilder und keinen sinnvollen Text enthält, zum üblichen Jahres-Abonnement-Preis von 190 € aufschwatzen. S weiß, dass die D damit nichts anfangen kann. Als D ausdrücklich nach dem Inhalt der Zeitschrift fragt, versichert ihr der S aber, es handele sich um eine christlich geprägte Zeitschrift, die speziell für ältere Generationen konzipiert sei, indem sie Anregungen für die Ausfüllung des Lebensabends im Nordseeraum enthalte. Zudem behauptet S wahrheitswidrig, mit der Provision (die tatsächlich 75 € beträgt) würde der Hochseerettungsdienst unterstützt. Bei so vielen guten Argumenten unterschreibt die D schließlich den Bestellauftrag und zusätzlich eine extra Belehrung über ihr Widerrufsrecht innerhalb von zwei Wochen, von dem sie jedoch keinen Gebrauch macht. Nach drei Wochen flattert ihr das erste Nackedei-Heft ins Haus. D ist entsetzt. Um Unannehmlichkeiten zu entgehen, lässt sie während des gesamten Bezugsjahres monatlich das Entgelt für die Zeitung von ihrem Konto abbuchen, wirft aber die Hefte nach Erhalt ungelesen in den Müll.

S trifft unterdessen den ihm bekannten Dealer G. Dieser bietet ihm ein Gramm Heroin in Pulverform zum Dumpingpreis von 55 € zum Kauf an. Da S mittlerweile auf Grund der vom Verlag V an ihn ausgezahlten Provision wieder „flüssig" ist, stimmt er zu. Er plant, die einmalige Gelegenheit zu nutzen und das Heroin später selbst zu konsumieren, wozu es dann aber nicht mehr kommt: Gegen Bezahlung des vereinbarten Kaufpreises händigt G – wie von ihm von vornherein beabsichtigt – dem ahnungslosen S ein in gesundheitlicher Hinsicht völlig harmloses Zucker-Zimt-Gemisch (Gesamtwert: 0,10 €) aus, welches jedoch in einer Weise abgepackt und portioniert ist, wie es sonst nur mit Rauschgift geschieht.

Schließlich benutzt S das ihm von der Provision verbliebene Geld, um von einem öffentlichen Fernsprecher aus den Telefonsexdienst „Extase-Club Aurich" des B anzurufen, der in der Werbung „Ohne Vorspiel – jede Minute heißes Liebesgeflüster!" verspricht. Gesprächspartnerin ist die von B für diese Zwecke angestellte Hausfrau H. Nachdem S bereits 20 € mit der H vertelefoniert hat, legt er frustriert auf, obwohl er noch immer kein „Liebes"-Geflüster gehört hat, denn B hat veranlasst, dass den Anrufern zunächst mindestens zehn Minuten belanglose Fragen gestellt werden, bevor die Gesprächspartnerin dann den eigentlichen Dienst erbringt. Von den 20 € werden dem B 15 € gut geschrieben.

S ist über die Telefonsex-Branche empört und beschließt sie in Zukunft kostenlos zu nutzen. Durch technische Manipulation an seinem Telefon gelingt es ihm, bei einem vom Anbieter C betriebenen Telefonsexdienst eine Stunde mit der dort tätigen Jurastudentin J zu sprechen, ohne dass bei ihm oder irgendeinem Dritten Gebühren anfallen oder C Geld bekommt, obwohl die J ihrerseits alle gewünschten Leistungen erbringt.

Wie haben sich S, F, G und B strafbar gemacht?

II.

S wird wegen des Verkaufs der Zeitschrift „Aktiv an der Nordsee" vor dem Schöffengericht Norden angeklagt und der Anwalt P als sein Pflichtverteidiger bestellt. P rät dem S, er solle in der Hauptverhandlung behaupten, beim Verkauf der Zeitschriften darüber aufgeklärt zu haben, dass es sich um eine FKK-Zeitschrift handele und dass er selbst das Geld aus der Provision bekomme. S folgt diesem Rat und wird daraufhin vom Vorwurf des Betrugs freigesprochen.

1. Ist eine solche Beratung zulässig? Hängt die Beantwortung der Frage von der Rechtsstellung des Strafverteidigers ab?
2. Könnte wegen dieser Beratung die Pflichtverteidigerbestellung des P widerrufen werden? Wer wäre für den Widerruf zuständig?

Bearbeitervermerk:

Delikte zugunsten und zulasten der Betreiber des Telekommunikationsdienstes sind nicht zu prüfen.

Bei Heroin handelt es sich um ein Betäubungsmittel iSv § 29 I Nr 1 BtMG. Ein Gramm Heroin ist weder eine „geringe Menge" iSv § 29 V BtMG noch eine „nicht geringe Menge" iSv § 29 a I Nr 2 BtMG.

Das BtMG ist abgedruckt im

- Sartorius I, Ordnungsnummer 275 und im
- Schönfelder-Ergänzungsband Ordnungsnummer 86.

Gedankliche Strukturierung des Falles (Kurzlösung)

199 **Teil I. (materiell-rechtlicher Teil)**

A. Im Café

I. Strafbarkeit des F

1. § 263 I bei der Bestellung (F ggü W, zulasten des W, zugunsten des F) (–)
- Täuschung (+)
- Vorsatz (–)

2. § 263 I bei Entgegennahme des Bestellten (F ggü W, zulasten des W, zugunsten des F) (–)

a) Objektiver Tatbestand (–)

Problem Nr 45: Täuschungshandlung und Aufklärungspflicht bei nachträglich erkannter Leistungsunfähigkeit im Rahmen von Austauschverträgen (Rn 202)

b) Ergebnis

3. § 263 I (F ggü W, zulasten des W, zugunsten des S) (+)

a) Objektiver Tatbestand (+)
- konkludente Täuschung durch F (+)
- kausaler Irrtum des W (+)

Problem Nr 46: Irrtum im Rahmen des § 263 bei Zweifeln des Getäuschten (Rn 205)

- kausale Vermögensverfügung durch W (+)
- kausaler Vermögensschaden bei W (+)

b) Subjektiver Tatbestand (+)
- Vorsatz (+)
- Absicht stoffgleicher rechtswidriger Bereicherung für S (+)

c) Rechtswidrigkeit und Schuld (+)

d) Strafantragserfordernis, §§ 263 IV, 248 a (+)

4. § 242 I (–)

5. § 246 I (–)

6. § 123 I Alt 1 (–)

7. Ergebnis für F im Tatkomplex A

F ist strafbar gem § 263 I.

II. Strafbarkeit des S

1. §§ 263 I, 25 II (S ggü W, zulasten des W, zugunsten des S) (–)
- gemeinsamer Tatentschluss (–)

2. §§ 263 I, 25 I Alt 2 (S ggü W, zulasten des W, zugunsten des S) (–)

a) Objektiver Tatbestand (–)
- Täuschung durch S selbst (–)
- Täuschung durch F (–)

Problem Nr 47: Vermeintliche mittelbare Täterschaft: Werkzeug ist bösgläubig, Hintermann hält ihn für gutgläubig (Rn 210)

b) Ergebnis

3. §§ 263 I, II, 22, 23 I Alt 2, 25 I Alt 2 (S ggü W, zulasten des W, zugunsten des S) (+)

a) Vorprüfung (+)

b) Tatentschluss (+)
- Vorsatz bzgl Täuschung in mittelbarer Täterschaft (+)
- Vorsatz bzgl kausalen Irrtums, kausaler Vermögensverfügung und kausalen Vermögensschadens (+)
- Absicht stoffgleicher rechtswidriger Bereicherung (+)

c) Unmittelbares Ansetzen (+)

Problem Nr 48: Versuchsbeginn bei mittelbarer Täterschaft (Rn 213)

d) Rechtswidrigkeit und Schuld (+)

e) Strafantragserfordernis, §§ 263 IV, 248 a (+)

4. §§ 263 I, 26 (+)

a) Objektiver Tatbestand (+)
- vorsätzliche rechtswidrige Haupttat (+)
- Anstiftungshandlung (+)

b) Subjektiver Tatbestand (+)
- Vorsatz bzgl vorsätzlicher rechtswidriger Haupttat (+)
- Vorsatz bzgl Anstiftungshandlung (+)

Problem Nr 49: Anstiftungsvorsatz als Minus mit im Tätervorsatz enthalten? (Rn 216)

c) Strafantragserfordernis, §§ 263 IV, 248 a (+)

5. § 246 I (–)

6. Konkurrenzen

7. Ergebnis für S im Tatkomplex A

S ist strafbar gem §§ 263 I, 26.

III. Gesamtergebnis des ersten Tatkomplexes

F: § 263 I
S: §§ 263 I, 26

B. Das Abonnement (Strafbarkeit des S)

1. § 263 I (S ggü D, zulasten der D, zugunsten des S) (–)

a) Objektiver Tatbestand (+)
- Täuschung (+)

- kausaler Irrtum der D (+)
- kausale Vermögensverfügung (+)
- kausaler Vermögensschaden (+)

Problem Nr 50: Lehre vom subjektiven Schadenseinschlag (Rn 220)

Problem Nr 51: Übertragbarkeit der Grundsätze des Bettelbetruges auf Austauschverträge (Rn 222)

b) Subjektiver Tatbestand (–)
- Vorsatz (+)
- Absicht stoffgleicher rechtswidriger Bereicherung (–)

2. § 263 I (S ggü D, zulasten der D, zugunsten des V) (+)

a) Objektiver Tatbestand (+)
- Täuschung (+)
- kausaler Irrtum der D (+)
- kausale Vermögensverfügung (+)
- kausaler Vermögensschaden (+)

b) Subjektiver Tatbestand (+)
- Vorsatz (+)
- Absicht stoffgleicher rechtswidriger Bereicherung für V (+)

c) Rechtswidrigkeit und Schuld (+)

d) Strafantragserfordernis, §§ 263 IV, 248 a (–)

3. § 263 I (S ggü V, zulasten des V, zugunsten des S) (–)
- Täuschung (–)

4. Ergebnis für S im Tatkomplex B

S ist strafbar gem § 263 I.

C. Das „Heroinpulver"

I. Strafbarkeit des S

1. § 29 I 1 Nr 1 BtMG (–)

2. § 29 I 1 Nr 1, II BtMG iVm §§ 22, 23 I Alt 2 StGB (+)

a) Vorprüfung (+)

b) Tatentschluss (+)

c) Unmittelbares Ansetzen (+)

d) Rechtswidrigkeit und Schuld (+)

e) § 29 V BtMG (–)

3. § 29 a I Nr 2 BtMG iVm §§ 22, 23 I Alt 2 StGB (–)

4. Ergebnis für S im Tatkomplex C

S ist strafbar gem § 29 I 1 Nr 1, II BtMG iVm §§ 22, 23 I Alt 2 StGB.

II. Strafbarkeit des G

1. § 29 I 1 Nr 1 BtMG (–)

2. § 29 VI iVm I 1 Nr 1 BtMG (+)

a) Objektiver Tatbestand (+)
- Imitat (+)
- Veräußern (–)
- Handeltreiben (+)

b) Subjektiver Tatbestand (+)

c) Rechtswidrigkeit und Schuld (+)

3. § 29 a I Nr 1, Nr 2 BtMG (–)

4. § 263 I (G ggü S, zulasten des S, zugunsten des G) (–)

a) Objektiver Tatbestand (–)
- Täuschung (+)
- kausaler Irrtum (+)
- kausale Vermögensverfügung (+)
- kausaler Vermögensschaden (–)

Problem Nr 52: Strafrechtlicher Vermögensbegriff (Rn 232)

b) Ergebnis

5. Ergebnis für G im Tatkomplex C

G ist strafbar gem § 29 VI iVm I Nr 1 BtMG.

D. Das erste Sex-Telefonat

I. Strafbarkeit des B

1. § 263 I (B ggü S, zulasten des S, zugunsten des B) (+)

a) Objektiver Tatbestand (+)
- Täuschung (+)
- kausaler Irrtum (+)
- kausale Vermögensverfügung (+)
- kausaler Vermögensschaden (+)

Problem Nr 53: Ist ein Vertrag, der die Erbringung von Telefonsex gegen Entgelt zum Inhalt hat, sittenwidrig iSd § 138 I BGB? (Rn 235)

b) Subjektiver Tatbestand (+)
- Vorsatz (+)
- Absicht stoffgleicher rechtswidriger Bereicherung für B (+)

c) Rechtswidrigkeit und Schuld (+)

d) Strafzumessung, § 263 III 2 Nr 1 (–)
- § 263 IV iVm § 243 II (+)

e) Strafantragserfordernis, §§ 263 IV, 248 a (+)

2. § 261 I, II Nr 2, V

3. Ergebnis für B im Tatkomplex D

B ist strafbar gem § 263 I.

II. Strafbarkeit des S

E. Das zweite Sex-Telefonat (Strafbarkeit des S)

1. § 263 I (S ggü J, zulasten des C, zugunsten des S) (+)

a) Objektiver Tatbestand (+)
- Täuschung (+)
- kausaler Irrtum der J (+)
- kausale Vermögensverfügung der J über das Vermögen des C (+)
- kausaler Vermögensschaden des C (+)

Bei Bejahung der Sittenwidrigkeit des Telefonsexvertrages:
- *Vermögensschaden des C (–)*

Problem Nr 54: Aufwendung von Arbeitsleistung zu sittenwidrigen Zwecken (Rn 238)

b) Subjektiver Tatbestand (+)
c) Rechtswidrigkeit und Schuld (+)

2. Ergebnis für S im Tatkomplex E
S ist strafbar gem § 263 I.

F. Gesamtkonkurrenzen

G. Gesamtergebnis des materiellrechtlichen Gutachtens

B: § 263 I
F: § 263 I
G: § 29 VI iVm I Nr. 1 BtMG
S: Tatkomplex A: §§ 263 I, 26
– § 53 –
Tatkomplex B: § 263 I
– § 53 –
Tatkomplex C: § 29 I 1 Nr 1, II BtMG iVm §§ 22, 23 I Alt 2 StGB
– § 53 –
Tatkomplex E: § 263 I
Tatkomplex D: straflos

Teil II. (prozessualer Teil)

1. Prozessuale Zulässigkeit der Beratung

Problem Nr 55: Die Rechtsstellung des Strafverteidigers und seine Wahrheitspflicht (Rn 241)

2. Widerruf der Pflichtverteidigerbestellung

Ausführliche Lösung von Fall 5

Teil I. (materiell-rechtlicher Teil)

A. Im Café

I. Strafbarkeit des F

1. § 263 I bei der Bestellung (F gegenüber W, zulasten des W, zugunsten des F)

Wird ein Betrug geprüft, sollte wegen der Möglichkeit des Auseinanderfallens von Getäuschtem, Geschädigtem und Bereichertem bei Dreieckskonstellationen bereits in der Überschrift angezeigt werden, gegenüber wem, zu wessen Lasten und zu wessen Gunsten der Betrug erfolgt sein könnte. 200

Man könnte auch mit § 242 beginnen und dann im Rahmen der Prüfung der Wegnahme darlegen, dass keine Wegnahme sondern eine Vermögensverfügung iSv § 263 vorliegt.

F könnte dadurch, dass er für sich selbst eine Tasse Kaffee und ein Sahnetörtchen bestellte, einen Betrug gegenüber dem Wirt W zu eigenen Gunsten begangen haben.

F müsste den W zunächst getäuscht haben. Täuschung bedeutet Vorspiegeln falscher Tatsachen[1]. F hatte bei der Bestellung objektiv kein Geld, war also von vornherein objektiv zahlungsunfähig. Subjektiv war er hingegen anfangs zahlungswillig. Erst als er später den Verlust seines Portemonnaies bemerkte, wurde er auch zahlungsunwillig. Im Zeitpunkt der Bestellung kann also eigentlich noch nicht von einer „Vorspiegelung“ gesprochen werden. „Vorspiegeln“ stellt eine objektiv-subjektive Sinneinheit dar, die das Bewusstsein der Unrichtigkeit des Behaupteten voraussetzt[2]. Da F dieses Bewusstsein nicht hatte, täuschte er nicht. Nach anderer Ansicht entfällt hier nicht das Merkmal „Täuschungshandlung“, vielmehr ist von einem Vorsatzmangel auszugehen[3]. Unstrittig entfällt jedenfalls im Ergebnis eine Strafbarkeit des F gem § 263 I, da er seine eigene Zahlungsunfähigkeit nicht kannte.

2. § 263 I bei Entgegennahme des Bestellten (F gegenüber W, zulasten des W, zugunsten des F)

F könnte einen Betrug begangen haben, indem er den W nicht über seine nachträglich eingetretene Zahlungsunfähigkeit aufklärte und sich Kaffee und Sahnetorte servieren ließ. 201

a) Objektiver Tatbestand

Zu prüfen ist, ob F eine Täuschungshandlung begangen hat. Das wäre der Fall, wenn der Entgegennahme von Kaffee und Kuchen die unwahre Behauptung zu entnehmen war, er, A, sei weiterhin zahlungsfähig und -willig.

1 *Wessels/Hillenkamp*, BT2 Rn 497.
2 *Küper*, BT S 289; *Wessels/Hillenkamp*, BT2 Rn 493.
3 NK-*Kindhäuser*, § 263 Rn 58.

202 **Problem Nr 45: Täuschungshandlung und Aufklärungspflicht bei nachträglich erkannter Leistungsunfähigkeit im Rahmen von Austauschverträgen**

(1) Nach einer **Mindermeinung im Schrifttum** (*Hirsch*, NJW 1969, 853; *Maurach/Schroeder/Maiwald*, BT1 § 41 Rn 42) ist der Entgegennahme weiterer Vorleistungen die **schlüssige Erklärung** zu entnehmen, weiterhin zur Zahlung in der Lage und bereit zu sein. Wenn der Vertragspartner tatsächlich inzwischen in Vermögensverfall geraten ist, liegt also eine Täuschung durch positives Tun über den Fortbestand der Leistungsfähigkeit und -bereitschaft vor.

Argument: Der Wirtschaftsverkehr weist bei langen Dauerschuldverhältnissen den Partnern Offenbarungspflichten über die Zahlungsfähigkeit zu, sodass der objektive Erklärungsinhalt im Zeitpunkt der Entgegennahme über ein bloßes Unterlassen der Aufklärung über wirtschaftliche Schwierigkeiten hinausgeht.

(2) Die **frühere Rechtsprechung** des BGH (BGHSt 6, 198) ging zwar davon aus, dass die Entgegennahme der Leistung keine schlüssige Erklärung über das Bestehen der Zahlungsfähigkeit enthält, dass vielmehr von einem **Unterlassen** auszugehen ist. Im Einzelfall kann sich jedoch auch ohne ausdrückliche Spezialregelung im Vertrag eine **Pflicht** ergeben, den vorleistungspflichtigen Vertragspartner über die eigene Leistungsunfähigkeit **aufzuklären**.

Argument: Bei sehr hohen Vorleistungswerten stellt es einen Verstoß gegen Treu und Glauben (§ 242 BGB) dar, den Vertragspartner weiterhin erfüllen zu lassen, obwohl er keinen Gegenwert erhalten wird. Dies ist eine ungeschriebene Nebenpflicht aus dem Vertrag.

Ferner ergibt sich eine Aufkärungspflicht aus vorangegangenem Tun: Der Vertragsschluss bildet die Ursache für das Vertrauen des Vertragspartners, dass die ursprünglich richtige Vorstellung von der Leistungsfähigkeit des Vertragsgegners auch berechtigt bleibt.

(3) Nach **heute ganz herrschender Lehre** (*Krey/Hellmann,* BT2 Rn 345, 352 ff; *Küper*, BT S 291; *Lackner/Kühl*, § 263 Rn 9; LK-*Tiedemann,* § 263 Rn 39; *Rengier*, BT1 § 13 Rn 9 ff; *Wessels/Hillenkamp,* BT2 Rn 499, 506), der sich inzwischen auch die **Rechtsprechung** (BGHSt 46, 196, 202) angeschlossen hat, ist von einem **Unterlassen** auszugehen, das idR keine Täuschungshandlung iSd § 263 darstellt, weil für den Leistungsempfänger keine Offenbarungspflicht besteht. Eine Rechtspflicht zur Aufklärung ist nur in Ausnahmefällen anzuerkennen, nämlich dann, wenn sie sich auf Umstände bezieht, die für die Willensentschließung des anderen erkennbar von wesentlicher Bedeutung sind, **und** wenn im Einzelfall Besonderheiten vorliegen, die ein Verschweigen dieser Umstände als eine nach Sozialüblichkeit und Gepflogenheit des redlichen Geschäftsverkehrs unzulässige Überbürdung des Geschäfts- und Orientierungsrisikos erscheinen lassen. Dafür ist die Gefahr eines besonders großen Schadens, eines übereilten Entschlusses durch einen geschäftlich ganz Unerfahrenen oder gar das Bestehen besonderer Beziehungen im zwischenmenschlichen Bereich jeweils für sich **kein** hinreichender Grund. Offenbarungspflichten kommen jedoch dann in Betracht, wenn die Vertragsanbahnung erkennbar mit der **Erwartung einer fachkundigen Beratung** verbunden ist oder wenn das Vertragsverhältnis gerade dem **Zweck** dient, den anderen Teil **vor Schaden zu bewahren**.

Der Sache nach kann man auch mit der Frage beginnen, ob eine **konkludente Erklärung** vorliegt, eine solche dann aber nur bejahen, wenn eine Aufklärungspflicht besteht. Sofern das nicht der Fall ist – wie zB bei der bloßen Entgegennahme früher vereinbarter Leistungen –, entfällt auch auf diesem Weg die Täuschungshandlung iSv § 263 (vgl BGH NStZ 2002, 144; LK-*Lackner* [10. Aufl], § 263 Rn 28 ff).

Argument: Es widerspricht dem Bestimmtheitsgebot (Art 20 III GG), wenn die unter (1) dargestellte Ansicht jede Vertragsbeziehung als ausreichende Grundlage für die Bejahung von Aufklärungspflichten ansieht oder aus § 242 BGB eine generelle Offenbarungspflicht ableitet. Nicht jede schlichte zivilrechtliche Vertragswidrigkeit ist ein Betrug iSd § 263 StGB, weil sonst weite Teile des Wirtschaftsverkehrs ohne Notwendigkeit pönalisiert würden. Dies liefe dem ultima-ratio-Gedanken des Strafrechts zuwider. Die zivilrechtlichen Schutzmöglichkeiten reichen aus, um die Interessen des Geschäftspartners zu wahren (insbes durch Eigentumsvorbehalt). Derjenige, der Verträge schließt, bei denen jeder Teil seine Interessen und seinen Vorteil zu wahren sucht, darf nicht erwarten, dass sein Partner ihm das verkehrsübliche Geschäfts- und Orientierungsrisiko durch Aufdeckung all dessen abnimmt, was sich für ihn ungünstig auswirken könnte.

Zur Vertiefung: Wessels/Hillenkamp, BT2 Rn 505 f; Beulke, Klausurenkurs II [3] Rn 72; LK-Tiedemann, § 263 Rn 28 ff; Hillenkamp, BT2 8. Problem S 143 ff.

Hält man den Vertragspartner, der Vorleistungen empfängt, für verpflichtet, über eine nachträglich erkannte Leistungsunfähigkeit aufzuklären, hat F eine Täuschungshandlung entweder durch schlüssiges Verhalten oder durch pflichtwidriges Unterlassen der gebotenen Aufklärung begangen. F könnte mithin – vorausgesetzt, die übrigen Tatbestandsmerkmale sind erfüllt – aus § 263 I bestraft werden. Diese Meinung, die eine generelle Aufklärungspflicht annimmt, geht jedoch zu weit, da nicht jede zivilrechtliche Vertragswidrigkeit einen Betrug darstellt (Strafrecht als ultima ratio). Eine Aufklärungspflicht lässt sich nur aus besonderen Umständen herleiten, nicht jedoch aus jedem Vertrag alltäglicher Art. Das Geschäfts- und Orientierungsrisiko wird vom Vorleistenden freiwillig übernommen und kann nur in Ausnahmefällen auf den anderen Vertragspartner verlagert werden. Da eine generelle Aufklärungspflicht somit abzulehnen ist und bei einem alltäglichen Bewirtungsvertrag mit relativ geringfügigem Vorleistungsrisiko keine Besonderheiten ersichtlich sind, welche eine Ausnahme rechtfertigen würden[4], ist mit der überzeugenden herrschenden Meinung davon auszugehen, dass F rechtlich nicht verpflichtet war, den Irrtum des W über die fortbestehende Zahlungsfähigkeit durch einen Hinweis zu beseitigen. Mangels Aufklärungspflicht kann der Entgegennahme und Verzehr von Speis und Trank im Café deshalb kein Aussagewert über die Leistungsfähigkeit entnommen werden. Dementsprechend liegt weder eine Täuschung durch schlüssiges Verhalten noch eine Täuschung durch pflichtwidriges Unterlassen vor. 203

Bei dieser Lösung wird offen gelassen, ob von einem Tun oder einem Unterlassen auszugehen ist. Selbstverständlich könnte auch zunächst dargelegt werden, dass ein Unterlassen vorliegt (Schwerpunkt des Verhaltens liegt in der Nichtoffenbarung des Vermögensverfalls), dass jedoch für eine Strafbarkeit die Garantenpflicht fehlt (diesen Weg wählte noch die Vorauflage).

b) Ergebnis

Ein Betrug gem § 263 I scheidet aus (*aA vertretbar*).

3. § 263 I (F gegenüber W, zulasten des W, zugunsten des S)

F könnte dadurch, dass er für seinen Freund S ebenfalls eine Tasse Kaffee und ein Stück Kuchen bestellte, einen Betrug begangen haben. 204

4 OLG Hamburg NJW 1969, 335.

a) Objektiver Tatbestand

Eine konkludente Täuschung durch F über die Zahlungsfähigkeit des S liegt mit der Bestellung gegenüber W vor.

Fraglich ist, ob W sich geirrt hat. Irrtum iSd § 263 I ist jede unrichtige, der Wirklichkeit nicht entsprechende Vorstellung über Tatsachen[5]. W könnte sich über die Zahlungsfähigkeit und Zahlungswilligkeit des S geirrt haben. Problematisch ist, ob man einen Irrtum annehmen kann, wenn der Getäuschte Zweifel hegt. Wem die Wahrheit nämlich ganz gleichgültig ist, der irrt nicht[6].

205 **Problem Nr 46: Irrtum im Rahmen des § 263 bei Zweifeln des Getäuschten**

(1) Nach einer zutreffenden **Mindermeinung** schließen bereits **Zweifel** den Irrtum aus, allerdings nur dann, wenn sie auf konkreten Anhaltspunkten beruhen (so *Beulke*, NJW 1977, 1073; *ders*, JR 1978, 388, 390). ZT wird diese Ansicht dahingehend modifiziert, dass der Getäuschte die vorgespiegelte Tatsache zumindest für **„wahrscheinlich"** wahr, die Wahrheit der Tatsache also für wahrscheinlicher als ihre Unwahrheit halten muss (*Krey*, BT2, 12. Aufl, Rn 373 ff).

Argument: Ein zu geringer Überzeugungsgrad des Getäuschten lässt dessen Schutzbedürftigkeit entfallen (viktimologischer Ansatz).

(2) Nach ganz **herrschender Ansicht** (BGH JR 2003, 382 m Anm *Krack* und *Krüger*, wistra 2003, 297; *Fahl*, Jura 1996, 75; *Kindhäuser*, JuS 2006, 197; *Krey/Hellmann* BT2 Rn 372a ff; S/S-*Cramer/Perron*, § 263 Rn 40; *Wessels/Hillenkamp*, BT2 Rn 510) reicht es für die Annahme eines Irrtums, dass das Opfer die vorgespiegelte Tatsache für **„möglicherweise"** wahr hält. Ein tatbestandsmäßiger Irrtum ist erst dann nicht mehr gegeben, wenn der Getäuschte zwar die vorgespiegelte Tatsache für möglich hält, aber zur Frage der Wahrheit innerlich nicht Stellung bezieht, ihm der Wahrheitsgehalt gleichgültig ist und er die Vermögensverfügung unabhängig von ihrer Wahrheit trifft.

Argument: Der viktimologisch motivierte Ansatz zur Einschränkung des Betrugstatbestandes wegen geringerer Schutzbedürftigkeit des zweifelnden Tatopfers findet im Wortlaut des § 263 keine Stütze. Zudem nimmt er den strafrechtlichen Schutz vor Angriffen auf das Vermögen durch Täuschung unangemessen weit zurück. Das Strafrecht schützt selbst das leichtfertige Opfer. Es verlangt nicht, dass sich das Tatopfer, wenn es denn Zweifel an den vorgespiegelten Tatsachen hegt, vergewissern oder gar von einer schädigenden Vermögensverfügung Abstand nehmen muss. Alles andere hieße, ein tatbestandsausschließendes Mitverschulden des Opfers zu konstruieren. Ein solches Konstrukt ist dem deutschen Strafrecht jedoch fremd.

Zur Vertiefung: Wessels/Hillenkamp, BT2 Rn 510; Hillenkamp, BT 29. Problem S 147 ff.

206 Nach herrschender Ansicht genügt für einen Irrtum des W, dass er die vom Täter vorgespiegelte Tatsache für „möglicherweise" wahr hielt. Dass W dies getan hat, ergibt sich aus dem Sachverhalt. Aber auch die Gegenansicht, die bei Zweifeln, die auf konkreten Anhaltspunkten beruhen, einen Irrtum verneint, kommt hier zu keinem abweichenden Ergebnis, da W keine handfesten Anhaltspunkte für eine akute Zahlungsunfähigkeit von S hatte. Ein Irrtum liegt also nach allen Ansichten vor.

5 *Wessels/Hillenkamp*, BT2 Rn 508.
6 *Mitsch*, BT2/1 § 7 Rn 59.

W müsste eine Vermögensverfügung getroffen haben. Eine Vermögensverfügung umfasst jedes tatsächliche Handeln, Dulden oder Unterlassen des Getäuschten, das bei diesem selbst oder bei einem Dritten unmittelbar zu einer Vermögensminderung im wirtschaftlichen Sinne führt[7]. Die Vermögensverfügung besteht hier im Abschluss des Vertrages und der späteren Übereignung der Ware.

Schließlich müsste bei W ein Vermögensschaden eingetreten sein. Ein Vermögensschaden tritt ein, wenn ein Vergleich zwischen dem Vermögensstand vor und nach der Vermögensverfügung ergibt, dass eine nachteilige Vermögensdifferenz eingetreten ist, ohne dass diese Einbuße durch ein unmittelbar aus der Vermögensverfügung fließendes Äquivalent wirtschaftlich voll ausgeglichen wird[8]. Das Vermögen des W ist bereits durch den Abschluss des Vertrages konkret gefährdet, sodass ein Vermögensschaden besteht (Eingehungsbetrug), der durch die spätere Übereignung der Speisen noch vertieft wurde (Erfüllungsbetrug).

b) Subjektiver Tatbestand

F handelte vorsätzlich.

Zudem müsste er in der Absicht stoffgleicher rechtswidriger Bereicherung für S („sich oder einem Dritten") gehandelt haben. Die Absicht, sich oder einem Dritten einen rechtswidrigen Vermögensvorteil zu verschaffen, ist gegeben, wenn es dem Täter auf die Erlangung des Vorteils, auf den kein rechtlich begründeter Anspruch besteht, ankommt, mag dieser von ihm auch nur als Mittel zu einem anderweitigen Zweck und damit als Zwischenziel erstrebt werden[9]. Dabei muss der Täter den rechtswidrigen Vermögensvorteil in der Weise erstreben, dass er unmittelbar zulasten des geschädigten Vermögens geht und damit die Kehrseite des Schadens bildet (sog „Stoffgleichheit"[10]). W hat das Eigentum an dem Kaffee und dem Kuchen verloren, das S unmittelbar erlangt hat. Stoffgleichheit ist also gegeben. Die Bereicherung des S hat F erstrebt. Es handelt sich auch um einen rechtswidrigen Vermögensvorteil, auf den S keinen Anspruch hat. Insoweit handelte F jedenfalls mit dolus eventualis[11].

c) Rechtswidrigkeit und Schuld

F handelte rechtswidrig und schuldhaft.

d) Strafantragserfordernis, §§ 263 IV, 248 a

Kaffee und Kuchen hatten einen Wert von unter 50 €. Gemäß § 263 IV iVm § 248 a ist somit ein Strafantrag erforderlich.

4. § 242 I

Bis zur Entgegennahme der Speisen handelt es sich zwar für F noch um fremde Sachen. Es liegt aber ein tatbestandsausschließendes Einverständnis des W vor[12]. W **207**

7 *Wessels/Hillenkamp*, BT2 Rn 514.
8 *Wessels/Hillenkamp*, BT2 Rn 538.
9 *Wessels/Hillenkamp*, BT2 Rn 579, 581.
10 *Wessels/Hillenkamp*, BT2 Rn 585.
11 Eventualvorsatz reicht bzgl der Rechtswidrigkeit des erstrebten Vorteils aus, *Wessels/Hillenkamp*, BT2 Rn 579.
12 Näher zur Abgrenzung von Vermögensverfügung und Wegnahme s u Fall 6, Problem Nr 57, Rn 249.

hat den Gewahrsam an dem Bestellten freiwillig auf F bzw S übertragen. Deshalb scheitert der Diebstahl am Merkmal der Wegnahme.

5. § 246 I

Die Entgegennahme der Speisen durch F erfolgte aufgrund eines zwar wegen arglistiger Täuschung anfechtbaren (§ 123 BGB), zunächst aber gleichwohl wirksamen Vertrages. Daher liegt im Zeitpunkt der Entgegennahme keine rechtswidrige Zueignung vor.

Eine Unterschlagung durch den Verzehr scheidet aus, weil es sich bei den Speisen dann nicht mehr um fremde Sachen und damit um taugliche Unterschlagungsobjekte handelte. Mit dem Servieren hat W an seine Gäste ein Übereignungsangebot abgegeben, das diese angenommen haben.

F hat sich nicht gem § 246 I strafbar gemacht.

Hätte dagegen noch keine Übereignung stattgefunden, wäre eine Unterschlagung tatbestandlich möglich. Bei der Bestellung in einem Café, in dem nicht sofort bezahlt wird, kann zwar eine Übereignung unter der aufschiebenden Bedingung vollständiger Zahlung ausbedungen werden, wodurch im Verbrauch/Verzehr dann eine typische Manifestation der Zueignung läge (Wessels/Hillenkamp, BT2 Rn 281). Ein solcher Eigentumsvorbehalt ist im Gaststättengewerbe aber der Ausnahmefall, sodass ein Sachverhaltshinweis auf eine AGB-Klausel oder eine Individualvereinbarung notwendig wäre. In Ermangelung eines solchen Hinweises muss daher von einer sofortigen und unbedingten Übereignung ausgegangen werden.

6. § 123 I Alt 1

208 F und S haben das Café wie gewöhnliche Gäste betreten, sodass eine Strafbarkeit aufgrund tatbestandsausschließenden Einverständnisses des W ausscheidet.

7. Ergebnis für F im Tatkomplex A

F ist strafbar gem § 263 I wegen Betrugs zulasten des W zugunsten des S. Ein Strafantrag muss gem §§ 263 IV, 248 a noch gestellt werden.

Da dies (innerhalb der Frist des § 77 b) nachträglich möglich ist, darf die Prüfung des § 263 nicht über den Hinweis auf den fehlenden Strafantrag umgangen werden.

II. Strafbarkeit des S

1. §§ 263 I, 25 II (S gegenüber W, zulasten des W, zugunsten des S)

209 Indem S den F bat, für ihn zu bestellen, könnte er sich wegen Betruges strafbar gemacht haben.

S selbst spiegelte dem W keine Tatsachen vor. Möglicherweise muss er sich aber die Täuschung des F als eigene nach den Regeln der Mittäterschaft zurechnen lassen, § 25 II. Erste Voraussetzung dafür ist ein gemeinsamer Tatentschluss. Hier ging S von der

Gutgläubigkeit des F aus. Er wollte daher den Betrug nicht in bewusstem und gewolltem Zusammenwirken mit F gemeinsam begehen.

S hat sich nicht gem §§ 263 I, 25 II strafbar gemacht.

2. §§ 263 I, 25 I Alt 2 (S gegenüber W, zulasten des W, zugunsten des S)

a) Objektiver Tatbestand

S selbst spiegelte dem W keine Tatsachen vor. Fraglich ist, ob eine dem S nach § 25 I Alt 2 zurechenbare Täuschung durch F erfolgte. F hat konkludent durch die Aufgabe der Bestellung für S über die äußere Tatsache der Zahlungsfähigkeit des S getäuscht (*s o Rn 201*). S müsste mittelbarer Täter und F Werkzeug sein. F war aber wider Erwarten bösgläubig.

Problem Nr 47: Vermeintliche mittelbare Täterschaft: Werkzeug ist bösgläubig, Hintermann hält es für gutgläubig 210

(1) Die **Rechtsprechung**, die Täterschaft und Teilnahme nach dem entsprechenden Beteiligtenvorsatz, also nach dem animus auctoris bzw animus socii, abgrenzt (*vgl u Fall 7, Problem Nr 63, Rn 285*), kann problemlos trotz eines voll verantwortlichen Tatmittlers mittelbare Täterschaft bejahen (BGHSt 40, 218, 237).

Argument: Für die volle Strafwürdigkeit muss es aus kriminalpolitischen Gründen genügen, wenn sich aus der Sicht des Hintermanns die Tat als von ihm gesteuert darstellt, gleichgültig wie die tatsächlichen Verhältnisse sein sollten. Es liegt lediglich eine unwesentliche Abweichung vom vorgestellten Kausalverlauf vor.

(2) Dagegen muss mit der **Tatherrschaftslehre** eine Strafbarkeit aus dem vollendeten Delikt schon im objektiven Tatbestand scheitern.

Argument: Der Wille zur tatbeherrschenden Rolle allein genügt nicht, wenn diese Tatherrschaft tatsächlich fehlt. Das erscheint auch folgerichtig. Anders wären Täter- und Teilnehmerstellung beliebig austauschbar.

Lässt man aber mit der zutreffenden Tatherrschaftslehre eine Bestrafung wegen vollendeter mittelbarer Täterschaft entfallen, so ist **innerhalb des Schrifttums umstritten**, welche Konsequenzen dies für die strafrechtliche Haftung des Hintermannes hat.

(a) Zum Teil wird nur ein Versuch der mittelbaren Deliktsbegehung angenommen (*Gropp*, AT § 10 Rn 77; *Herzberg*, Täterschaft, S 45; *Kretschmer*, Jura 2003, 535, 537; *Maurach/Gössel/Zipf*, AT2 § 48 Rn 39 ff; *Seier*, JuS 2000, L 85; SK/StGB-*Hoyer*, § 25 Rn 145; *Zieschang*, AT S 171).

Argument: In der Vorstellung des „Hintermanns“ lagen zumindest alle Voraussetzungen für die Tatverwirklichung als mittelbarer Täter vor. Unmittelbares Ansetzen kann spätestens beim Ansetzen des (vermeintlich) vorsatzlos handelnden Werkzeugs bejaht werden.

(b) Es empfiehlt sich, mit der herrschenden Lehre im Schrifttum eine **vollendete Anstiftung** zum Delikt neben der Versuchsstrafbarkeit als mittelbarer Täter in Erwägung zu ziehen (*Jescheck/Weigend*, § 62 III 1; *Kühl*, AT § 20 Rn 87; S/S-*Cramer/Heine*, Vorbem § 25 Rn 79).

Argument: Der Nachteil der bloßen Versuchslösung ist, dass aus dem Schuldspruch nicht erkennbar wird, dass es unter Beteiligung des „Hintermanns“ tatsächlich zu einer Rechtsgutsverletzung kam.

Zur Vertiefung: Wessels/Beulke, AT Rn 549; Beulke, Klausurenkurs I [8] Rn 284, 288.

211 Für die Rechtsprechung, die Täterschaft und Teilnahme vorrangig nach subjektiven Kriterien abgrenzt, stellt sich in dieser Konstellation nur ein Vorsatzproblem. Ungeachtet der nicht tatbeherrschenden Rolle würde ihr der Wille des S zur Tatherrschaft in Form des § 25 I Alt 2 genügen, um S nach §§ 263 I, 25 I Alt 2 zu bestrafen. Aber eine reine Gesinnungsstrafbarkeit wird den Anforderungen an eine mittelbare Täterschaft nicht gerecht. Täter kann nur sein, wer die Tatherrschaft innehat. Diese liegt regelmäßig nur dann vor, wenn der Vordermann selbst tatbestandslos, gerechtfertigt oder schuldlos handelt, denn nur dann kann man von einem Handeln „kraft überlegenen Wissens" sprechen. Da F hier aber alles durchschaute, fehlte dem S die erforderliche Wissensüberlegenheit, sodass dem S objektiv keine Tatherrschaft zufiel.

b) Ergebnis

S hat sich nicht gem §§ 263 I, 25 I Alt 2 strafbar gemacht.

3. §§ 263 I, II, 22, 23 I Alt 2, 25 I Alt 2 (S gegenüber W, zulasten des W, zugunsten des S)

a) Vorprüfung

212 Ein vollendeter Betrug in mittelbarer Täterschaft liegt nicht vor (*s o Rn 209 ff*). Der Versuch ist strafbar gem §§ 263 II, 23 I Alt 2.

b) Tatentschluss

S hielt F für gutgläubig und sein eigenes Wissen für überlegen. Er meinte deshalb, Tatherrschaft zu haben. Somit handelte er bzgl der Täuschungshandlung in mittelbarer Täterschaft vorsätzlich.

Er hatte auch hinsichtlich des Irrtums des W über seine (des S) Zahlungsfähigkeit Vorsatz. Selbst wenn S von den Zweifeln des W an seiner Zahlungsfähigkeit gewusst hätte, so hinderte das nicht, den Vorsatz des S hinsichtlich des Irrtums des W zu bejahen (*s o Rn 205*).

S hatte den Vorsatz, den W zu einer Vermögensverfügung durch den Abschluss des Vertrages und die Übereignung von Speisen und Getränken zu veranlassen.

Auch wusste S, dass die Zahlungsforderung, die W gegen ihn erhielt, aufgrund seiner Zahlungsunfähigkeit nicht einbringbar war. Er handelte somit auch bzgl des kausalen Vermögensschadens vorsätzlich.

Der von S beabsichtigte Wertzuwachs (Ansprüche aus dem Vertrag, später Eigentum an Kaffee und Kuchen) stellt den kehrseitigen Schaden des W (Lieferungspflicht/Eigentumsverlust) dar. Auch hinsichtlich der stoffgleichen rechtswidrigen Bereicherung handelte S also mit der erforderlichen Absicht. Der Tatentschluss ist damit gegeben.

c) Unmittelbares Ansetzen

Wann zur Verwirklichung des Tatbestandes unmittelbar angesetzt wird, ist im Falle der mittelbaren Täterschaft streitig.

Problem Nr 48: Versuchsbeginn bei mittelbarer Täterschaft 213

(1) Nach der **Gesamtlösung** (*Gössel,* JR 1976, 248, 250; *Krack,* ZStW 110 [1998], 611, 628 ff) kommt es erst auf das unmittelbare Ansetzen des gutgläubigen Werkzeugs selbst an.

Argument: Zum einen ist vor diesem Zeitpunkt objektiv noch keine Gefahr für das zu schützende Rechtsgut entstanden. Zum anderen darf das Versuchsstadium nur aufgrund der Einschaltung eines Dritten nicht zulasten des Täters vorverlegt werden.

(2) Dagegen sieht die **Einzellösung** schon die Einwirkung auf das Werkzeug selbst als unmittelbares Ansetzen zum Versuch der Tat an (*Baumann,* JuS 1963, 89, 92 f; *Puppe,* JuS 1989, 361, 363 f).

Argument: Schon das Einwirken auf den Tatmittler setzt den Kausalverlauf in Gang, den der mittelbare Täter nicht mehr in vollem Umfang kontrollieren kann.

(3) Eine **andere Ansicht** differenziert dagegen danach, ob der Tatmittler gut- oder bösgläubig ist. Ist er gutgläubig, dann genügt für ein unmittelbares Ansetzen zum Versuch schon die Einwirkung auf das Werkzeug, andernfalls ist auf den Zeitpunkt des unmittelbaren Ansetzens des Werkzeugs selbst abzustellen (LK-*Busch* [9. Aufl], § 43 Rn 33).

Argument: Beim bösgläubigen Werkzeug ist bis zu dessen Tätigwerden noch offen, ob es sich tatsächlich zugunsten einer Rechtsgutsbeeinträchtigung entscheiden wird.

(4) Dagegen wendet die **herrschende Meinung** zu Recht auch auf den Versuchsbeginn in mittelbarer Täterschaft die Regeln zur unmittelbaren Täterschaft an (BGHSt 30, 363; 40, 257, 268; BGH StV 2001, 272; *Kudlich,* PdW AT S 205 f; LK-*Schünemann,* § 25 Rn 150–154 mwN; S/S-*Eser,* § 22 Rn 54 a). Das hat zur Folge, dass das Versuchsstadium idR schon dann beginnt, wenn der Täter den Tatmittler aus seinem Einwirkungsbereich entlässt, spätestens aber, sobald der Tatmittler zur Vornahme der Tatbestandshandlung unmittelbar ansetzt. Dies gilt nicht nur bei Gutgläubigkeit, sondern auch bei Bösgläubigkeit des Tatmittlers.

Argument: Auch bei mittelbarer Täterschaft hat der Täter entsprechend den allgemeinen Versuchsregeln die Schwelle zum Versuch frühestens überschritten, wenn er das von ihm in Gang gesetzte Geschehen so „aus der Hand gegeben" hat, dass der daraus resultierende Angriff auf das Opfer nach seiner Vorstellung von der Tat ohne weitere wesentliche Zwischenschritte und ohne längere Unterbrechung im nachfolgenden Geschehensablauf unmittelbar in die Tatbestandsverwirklichung einmünden soll. Indiz dafür ist die Rechtsgutsgefährdung.

Zur Vertiefung: Wessels/Beulke, AT Rn 613 ff; Beulke, Klausurenkurs I [4] Rn 194; ders, Klausurenkurs II [4] Rn 115; Hillenkamp, AT 15. Problem S 89 ff.

Die Streitentscheidung kann hier dahingestellt bleiben, da das „Werkzeug" F bereits die Täuschungshandlung gegenüber W ausgeführt, also ein Tatbestandsmerkmal des § 263 erfüllt hat. Selbst nach der engsten Auslegung – der sog Gesamtlösung – ist damit ein Anfang der tatbestandlichen Ausführungshandlung gegeben. 214

Es liegt also ein untauglicher Versuch (vgl § 23 III) eines Betruges, begangen in mittelbarer Täterschaft, vor.

d) Rechtswidrigkeit und Schuld

S handelte rechtswidrig und schuldhaft.

e) Strafantragserfordernis, §§ 263 IV, 248 a

Ein Strafantrag muss gem §§ 263 IV, 248 a gestellt werden.

Ein versuchter Betrug in mittelbarer Täterschaft ist also gegeben.

Es liegt ein Betrugsversuch – in Form des untauglichen Versuchs – vor, der in mittelbarer Täterschaft begangen wird, und nicht nur eine „versuchte mittelbare Täterschaft", bei der die Haupttat nicht einmal in das Versuchsstadium übergeht. Eine versuchte mittelbare Täterschaft wäre zB gegeben, wenn schon die Einwirkung auf F gescheitert wäre, so wenn F nicht bereit gewesen wäre, die Bestellung für S abzugeben. Ob eine derartige versuchte mittelbare Täterschaft strafbar ist, ist streitig. Zum Teil wird im Schrifttum eine Anwendbarkeit des § 30 I in Betracht gezogen (dafür SK/StGB-Hoyer § 30 Rn 5–10).

Zwar lässt der Wortlaut des § 30 I („einen anderen zu bestimmen versucht, ein Verbrechen zu begehen") diese Interpretation zu, gleichwohl lehnt die ganz hM im Falle der versuchten mittelbaren Täterschaft jegliche Strafbarkeit ab, weil sie das „Bestimmen" nur iS einer Anstiftung interpretiert (LK-Schünemann, § 30 Rn 23; S/S-Cramer/Heine, § 30 Rn 31 f). Die dadurch auftretenden Wertungswidersprüche (Strafbarkeit der versuchten Anstiftung – Straflosigkeit der „schwereren" Beteiligungsform der versuchten mittelbaren Täterschaft) nimmt sie in Kauf.

Da also der „Betrugsversuch in mittelbarer Täterschaft" ganz andere Rechtsfolgen hat als der „Versuch der mittelbaren Täterschaft hinsichtlich eines Betruges", sollte bereits die Überschrift deutlich machen, dass es im vorliegenden Fall um erstere Konstellation geht: §§ 263 I, II, 22, 23 I Alt 2, 25 I Alt 2. Das ist besser als die Überschrift §§ 263 I, II, 25 I Alt 2, 22, 23 I Alt 2 zu wählen, welche nur das Missverständnis provoziert, der Verfasser prüfe eine versuchte mittelbare Täterschaft.

4. §§ 263 I, 26

215 S könnte den F zu dessen Betrug gegenüber und zulasten des W sowie zugunsten des S angestiftet haben.

a) Objektiver Tatbestand

Die vorsätzliche rechtswidrige Haupttat liegt im durch F begangenen Betrug (§ 263 I, *s o Rn 201 ff*). Durch seine Bitte hat S bei F den Tatentschluss hervorgerufen.

b) Subjektiver Tatbestand

S müsste zunächst hinsichtlich der vorsätzlichen rechtswidrigen Haupttat mit Vorsatz gehandelt haben. Problematisch ist, dass S einen eigennützigen Betrug begehen wollte, während in Wahrheit durch F ein fremdnütziger Betrug (zugunsten des S) begangen wurde (*s o Rn 201 ff*). Dies ist aber als eine unwesentliche Abweichung vom vorgestellten Kausalverlauf zu werten, die den Vorsatz unberührt lässt.

Zudem müsste S bzgl seiner Anstiftungshandlung vorsätzlich gehandelt haben. S wollte eigentlich mittelbarer Täter sein und nicht Anstifter. Möglicherweise genügt dies aber für die Bejahung des Anstiftungsvorsatzes.

Problem Nr 49: Anstiftungsvorsatz als Minus mit im Tätervorsatz enthalten? 216

(1) Innerhalb der **Tatherrschaftslehre** wird von vielen in der vorliegenden Konstellation ein Anstiftervorsatz verneint (*Gropp*, AT § 10 Rn 77; *Herzberg*, Täterschaft, S 45; LK-*Schünemann*, § 25 Rn 144; *Maurach/Gössel/Zipf*, AT2 § 48 Rn 41).
Argument: Wer Täterwillen hat, dem fehlt gerade der anders geartete Anstiftungsvorsatz.

(2) Die **herrschende Gegenmeinung** bejaht zu Recht einen Anstiftervorsatz (*Kühl*, AT § 20 Rn 87; *Wessels/Beulke*, AT Rn 549).
Argument: Der Wille zur Anstiftung ist als ein „qualitatives Minus" im Willen zur Täterschaft enthalten. Wer eine Tat als eigene begehen wollte, dem kann ohne Verstoß gegen rechtsstaatliche Grundsätze wenigstens eine minderschwere Beteiligungsform zum Vorwurf gemacht werden. Hätte der Beteiligte gewusst, dass die Täterschaft einem anderen zukam, so hätte er doch mindestens noch Anstifter sein wollen.

Möglich ist diese Konstellation allerdings nur dort, wo das Gesetz für einen Anstifter nicht höhere Strafen vorsieht als für einen Täter. Im Verhältnis von § 160 zu § 154 und § 271 zu § 348 ist die Umdeutung vom Täter- in einen Anstiftervorsatz zB ausgeschlossen, weil eben dort die Strafandrohung für die Täterschaft gem § 160 bzw § 271 geringer ist als für die Anstiftung zu § 154 bzw § 348.

Sind die Strafandrohungen von Täterschaft und Anstiftung jedoch (wie zumeist) gleich, steht der Weg über § 26 grundsätzlich offen.

Zur Vertiefung: Wessels/Beulke, AT Rn 549; Beulke, Klausurenkurs I [8] Rn 284, 288.

Der Vorsatz der mittelbaren Täterschaft ist der weitergehende, der auch das „Minus" 217 des Anstiftungsvorsatzes mit enthält. Die Strafandrohung zu §§ 263 I, 25 I Alt 2 entspricht der von §§ 263 I, 26. Wird der Tatentschluss zur mittelbaren Täterschaft bei S in das „qualitative Minus" eines Anstiftungsvorsatzes umgedeutet, hat das also keine schärfere Bestrafung des S zur Folge. Hätte S gewusst, dass F vorsätzlich handelte, so hätte er zumindest Anstifter zum Betrug gegenüber W sein wollen. Es erscheint deshalb sachgerecht, ihn aus §§ 263 I, 26 zur Verantwortung zu ziehen.

c) Strafantragserfordernis gem §§ 263 IV, 248 a

Ein Strafantrag muss gem §§ 263 IV, 248 a gestellt werden.

5. § 246 I

Eine Strafbarkeit nach § 246 I scheidet aus (*s o Rn 207*). 218

6. Konkurrenzen

Im Ergebnis wurden hier also ein versuchter Betrug in mittelbarer Täterschaft (§§ 263 I, II, 22, 23 I Alt 2, 25 I Alt 2) sowie eine vollendete Anstiftung zum Betrug bejaht. Gegenüber der vollendeten Anstiftung zum Betrug muss der versuchte Betrug auf Konkurrenzebene ausscheiden (Gesetzeskonkurrenz in Form der Subsidiarität wie auch sonst beim Versuch gegenüber der Vollendung), um nicht zur Verdoppelung des

Unrechts zu gelangen[13]. *(Ebenfalls vertretbar – wenn auch mit Bedenken – ist eine Idealkonkurrenz iSv § 52, dafür LK-Roxin [11. Aufl], § 25 Rn 146f.)*

7. Ergebnis für S im Tatkomplex A

S hat sich wegen Anstiftung zum vollendeten Betrug strafbar gemacht (§§ 263 I, 26).

III. Gesamtergebnis des ersten Tatkomplexes

F: § 263 I
S: §§ 263 I, 26

B. Das Abonnement (Strafbarkeit des S)

1. § 263 I (S gegenüber D, zulasten der D, zugunsten des S)

219 Durch den Verkauf des Abonnements der FKK-Zeitschrift an D könnte S einen Betrug begangen haben.

a) Objektiver Tatbestand

S hat über den Inhalt des Zeitschriften-Abonnements (FKK-Bilder statt christlich geprägter Lebenstipps für das Älterwerden) und über den Verwendungszweck der Provision getäuscht.

Dadurch hat S bei D eine positive Fehlvorstellung über Tatsachen und somit einen Irrtum erregt.

D müsste hierdurch zu einer Verfügung über ihr Vermögen veranlasst worden sein. Bereits mit der Bestellung des Abonnements hat D durch das Eingehen einer Verbindlichkeit eine Belastung ihres Vermögens bewirkt, die sich wirtschaftlich gesehen als negativer Bilanzposten erweist. Folglich resultiert bereits daraus eine wirtschaftliche Vermögensminderung, sodass eine Vermögensverfügung vorliegt.

Schließlich müsste aufgrund der Vermögensverfügung bei D ein Vermögensschaden eingetreten sein. Vermögensschaden bezeichnet eine nachteilige Vermögensdifferenz, die nicht durch ein unmittelbar aus der Vermögensverfügung fließendes Äquivalent wirtschaftlich voll ausgeglichen wird[14].

Möglicherweise ist ein Vermögensschaden bereits von vornherein ausgeschlossen, weil D problemlos ihre Vertragsbindung aufheben konnte. In Betracht kommt bei einer Bestellung aufgrund von Hausbesuchen zunächst nur ein Eingehungsbetrug[15], der sich dadurch auszeichnet, dass es in der Vertragsabschlussphase zunächst nur zu einer schadensgleichen Vermögensgefährdung kommt. Eine solche ist aber von vornherein nicht gegeben, wenn sich die Gefahr des endgültigen Vermögensverlustes seitens des Getäuschten schnell und einfach beheben lässt. Diese Konstellation ist hier jedoch nicht

13 *Gropp*, AT § 10 Rn 77; *Maurach/Gössel/Zipf*, AT2 § 48 Rn 37 ff.
14 BGHSt 16, 321; 34, 199; *Wessels/Hillenkamp*, BT2 Rn 538.
15 Vgl *Wessels/Hillenkamp*, BT2 Rn 539.

gegeben. Zwar würde eine Anfechtung (die hier aufgrund arglistiger Täuschung gem § 123 I BGB binnen Jahresfrist, § 124 I BGB, möglich wäre) den Abonnement-Vertrag beseitigen, jedoch bliebe dabei das Prozessrisiko, da der Anfechtende regelmäßig beweispflichtig ist. Für § 263 I genügt ein derartiger Gefährdungsschaden.

Deshalb spricht auch ein möglicherweise für D existierendes Widerrufsrecht nicht zwangsläufig gegen die Annahme eines Vermögensschadens. Vorliegend handelt es sich um einen Vertrag, der die regelmäßige Lieferung von Sachen gleicher Art zum Gegenstand hat, sodass für D gem § 505 I 1 Nr 2 BGB ein Widerrufsrecht nach § 355 BGB in Betracht käme. Allerdings scheitert ein solches hier daran, dass der Preis für das Abonnement 190 € und damit nicht mehr als 200 € beträgt (§§ 505 I 2, 3, 491 II Nr 1 BGB). Jedoch besteht aufgrund der Haustürsituation gemäß § 312 I 1 Nr 1 BGB ein Widerrufsrecht nach § 355 BGB, da die Subsidiaritätsklausel des § 312 a BGB nicht eingreift. D ist über ihr Widerrufsrecht belehrt worden. Der Widerruf muss innerhalb von zwei Wochen erklärt werden (§ 355 I 2 BGB). Die Frist beginnt mit dem Zeitpunkt, zu welchem dem Verbraucher eine ordnungsgemäße Belehrung über sein Widerrufsrecht in Textform mitgeteilt worden ist (§ 355 II 1 BGB).

Im vorliegenden Fall ist die Widerrufsfrist bereits abgelaufen, sodass der D nur noch das Anfechtungsrecht über § 123 I BGB verbleibt. Aber auch vor Ablauf der Frist scheitert die Annahme eines Vermögensschadens nicht zwangsläufig an der Existenz des Widerrufsrechts, denn wirtschaftlich gesehen besteht gleichwohl eine starke Gefährdung des Vermögens. Wie man am Beispiel der D sieht, machen viele Verbraucher aus unterschiedlichen Gründen (zB aus Scham) von ihrem Widerrufsrecht keinen Gebrauch. Das kalkuliert der Täuschende von vornherein ein. Das gesetzliche Widerrufsrecht beseitigt somit nicht die Schutzwürdigkeit des Opfers. Ein wirtschaftlich orientierter Vermögensbegriff kann diese Vermögensgefährdung problemlos und kriminalpolitisch sinnvoll als Schaden erfassen[16].

Fraglich ist jedoch, ob der Vermögensschaden nicht deshalb entfällt, weil D eine gleichwertige Gegenleistung erhalten hat, da das Abonnement zum regulären Preis von 190 € vereinbart wurde. Objektiv gesehen hat D zwar durch die Bestellung zunächst nachteilig über ihr Vermögen disponiert, dieser Vermögensnachteil wurde jedoch unmittelbar durch ein wirtschaftliches Äquivalent in Form des Lieferanspruchs bzgl der Zeitschriften ausgeglichen. Andererseits ist anerkannt, dass die Gegenleistung nicht immer den Schaden beseitigt.

Hier könnte gegen die Schadenskompensation zunächst sprechen, dass die D die Zeitschrift nicht gebrauchen konnte.

Problem Nr 50: Lehre vom subjektiven Schadenseinschlag 220

Ausgangspunkt ist die **Rechtsprechung** im „Melkmaschinenfall" (BGHSt 16, 321 ff). Danach wird ein Schaden trotz Gegenleistung in drei Fällen anerkannt:

1. wenn die Gegenleistung für das Opfer **nicht** oder nicht in vollem Umfang zu dem **vertraglich vorausgesetzten Zweck** oder in anderer zumutbarer Weise verwendet werden kann, wobei dies aus Sicht eines sachlichen Beobachters zu beurteilen ist oder

16 So auch BGHSt 34, 199, 202, für den Fall eines vertraglichen Widerrufsrechts; vertiefend *Krey/Hellmann*, BT2 Rn 451 ff.

2. wenn der Getäuschte durch die eingegangene Verpflichtung **zu vermögensschädigenden Maßnahmen genötigt** wird oder
3. wenn das Opfer infolge der Verpflichtung **nicht mehr über die Mittel verfügen** kann, die zur ordnungsgemäßen Erfüllung seiner Verbindlichkeiten oder sonst für eine seinen persönlichen Verhältnissen angemessene Wirtschafts- und Lebensführung unerlässlich sind.

Zur Vertiefung: Wessels/Hillenkamp, BT2 Rn 547.

221 Insoweit kommt die Lehre vom subjektiven Schadenseinschlag zum Tragen. Da D laut Sachverhalt wohlhabend ist, scheidet zwar eine Schadensfeststellung wegen Nötigung zu vermögensschädigenden Maßnahmen bzw wegen persönlicher Verarmung aus. Nachdem D aber auf ausdrückliches Nachfragen versichert wurde, es handle sich um eine für sie brauchbare Zeitschrift, ist die Fallgruppe der fehlenden Verwendungsmöglichkeit einschlägig. Mit dem ausdrücklichen Versichern ist der Inhalt der Zeitschrift auch zum Inhalt des Abonnement-Vertrages geworden. D kann die Zeitschrift aber nicht zu dem vertraglich vereinbarten Zweck verwenden. Da für sie auch eine anderweitige zumutbare Verwendung nicht in Betracht kommt, ist von einem Vermögensschaden der D auszugehen. Selbst eine in diesen Fällen übliche nachträgliche Stornierungsbereitschaft des Verlages ließe einen Schaden nicht entfallen, da dies nur einer nachträglichen reparatio damni gleichkäme.

Denkbar ist, dass der Schaden zusätzlich auch aus einer sozialen Zweckverfehlung abgeleitet wird. In Rechtsprechung und Literatur ist anerkannt, dass ein Schaden auch darin liegen kann, dass eine einseitige Spende ihren sozialen Zweck nicht erfüllt und daher zu einer wirtschaftlich sinnlosen und damit schädigenden Ausgabe führt (sog Bettelbetrug). Im Unterschied zur Bettelei handelt es sich aber vorliegend um einen zweiseitigen Vertrag.

222 **Problem Nr 51: Übertragbarkeit der Grundsätze des Bettelbetrugs auf Austauschverträge**

(1) Nach **einer Ansicht** (OLG Düsseldorf NJW 1990, 2397) besteht kein Unterschied zum Bettelbetrug.

Argument: Steht im Zeitpunkt der Vermögensverfügung fest, dass der verfolgte soziale Zweck nicht erreicht werden kann, wird die eingegangene Verpflichtung nicht voll ausgeglichen. Ein Vermögensschaden liegt vor.

(2) Nach der überzeugenden Ansicht der **herrschenden Meinung** (OLG Hamm NStZ 1992, 593; S/S-*Cramer/Perron*, § 263 Rn 101 ff; *Wessels/Hillenkamp*, BT2 Rn 550) kann allein in der Verfehlung eines sozialen Zwecks noch kein Vermögensschaden liegen.

Argument: § 263 schützt weder den guten Glauben im Geschäftsverkehr noch die Dispositionsfreiheit. Zum Schutz der Verfügungsfreiheit reichen die Institutionen des Zivilrechts aus. Für § 263 ist bei wirtschaftlich ausgeglichenen zweiseitigen Verträgen deshalb kein Raum.

Zur Vertiefung: Wessels/Hillenkamp, BT2 Rn 547ff, 550ff.

223 Ein Vermögensschaden allein unter dem Gesichtspunkt sozialer Zweckverfehlung kommt bei derartigen Austauschverträgen nicht in Betracht. Andernfalls würde doch die Dispositionsfreiheit der D unter den Schutz des § 263 gestellt, obwohl die Instrumente des Zivilrechts insofern ausreichen. Es verbleibt aber bei dem bereits festgestellten (*s o Rn 220 f*) Vermögensschaden trotz Gegenleistung nach den Maßstäben des subjektiven Schadenseinschlags.

b) Subjektiver Tatbestand

S handelte vorsätzlich.

Darüber hinaus handelte S zwar in der Absicht rechtswidriger Bereicherung. Der bei S eingetretene Vermögensvorteil müsste aber auch stoffgleich mit dem Vermögensnachteil der D gewesen sein. S erhielt seinen in der Provision liegenden Vermögensvorteil erst durch eine weitere Handlung vom Verlag V. Der im Abschluss des Abonnement-Vertrages liegende Schaden der D – sie musste die Zeitschrift monatlich bezahlen – ist daher nicht die Kehrseite des Vermögensvorteils bei S, der sofort mit Auszahlung der Provision eintritt. Die Stoffgleichheit ist also zu verneinen.

S hat somit keinen Betrug gegenüber D zulasten der D zu eigenen Gunsten begangen.

2. § 263 I (S gegenüber D, zulasten der D, zugunsten des V)

a) Objektiver Tatbestand

S hat die D getäuscht (*s o Rn 219*). Hierdurch hat S bei D eine positive Fehlvorstellung 224
über Tatsachen, mithin einen Irrtum, erregt. Durch den in ihr erregten Irrtum hat S die Getäuschte D zu einer Verfügung über ihr Vermögen veranlasst (*s o Rn 219*). Der D ist aufgrund ihrer Vermögensverfügung ein Vermögensschaden entstanden (*s o Rn 223*).

b) Subjektiver Tatbestand

S handelte vorsätzlich. Darüber hinaus müsste er in der Absicht stoffgleicher rechtswidriger Bereicherung zugunsten des Verlages V gehandelt haben.

Zweifelhaft ist, ob es S tatsächlich auf einen Vermögensvorteil des Verlages ankam, ob er also in der spezifischen Bereicherungs„absicht" gehandelt hat. Zwar handelte S letzten Endes nur mit Blick auf seine eigene Bereicherung. Um diese in Form der Provision zu erhalten, musste er aber die Bereicherung des V als „notwendiges Zwischenziel" zur eigenen Provision anvisieren, sodass die Bereicherung des Verlages von seiner eigennützigen Absicht mitumfasst war[17].

Zudem ist wiederum die Stoffgleichheit fraglich. Die Unmittelbarkeitsbeziehung soll von der Funktion her das Wesen des Betruges als Vermögensverschiebungsdelikt herausstellen. Daher muss ein Vermögensvorteil in einer Weise erstrebt werden, dass er unmittelbar zulasten des geschädigten Vermögens geht. Der Vorteil muss gewissermaßen die Kehrseite des Schadens darstellen, braucht aber nicht mit diesem identisch zu sein[18]. In den Fällen des subjektiven Schadenseinschlags und des Bettelbetrugs ist es zweifelhaft, ob Vor- und Nachteil korrespondieren, soweit es um einen nichtwirtschaftlichen Schaden des Opfers geht. Das Merkmal der Stoffgleichheit oder Unmittelbar-

17 Zum Problem vgl *Wessels/Hillenkamp*, BT2 Rn 579.
18 *Wessels/Hillenkamp*, BT2 Rn 585.

keit könnte verneint werden. Unproblematisch ist die Stoffgleichheit aber zu bejahen, sofern der Schaden in der Eingehung der Zahlungsverpflichtung liegt. Es reicht, dass Schaden und Vorteil durch ein und dieselbe Vermögensverfügung vermittelt werden[19]. Damit ist auch im Verhältnis D – V die Stoffgleichheit zu bejahen, da aus der Vermögensverfügung der D (Unterschreiben des Vertrages und spätere Zahlung) unmittelbar der Vorteil des Verlages V (Abonnement/Gelderhalt) resultierte.

c) Rechtswidrigkeit und Schuld

S handelte rechtswidrig und schuldhaft.

d) Strafantragserfordernis, §§ 263 IV, 248 a

Da der Preis des Abonnements 190 € betrug, besteht kein Strafantragserfordernis wegen Geringwertigkeit (Grenze: 50 €; *vgl o Rn 114*).

3. § 263 I (S gegenüber V, zulasten des V, zugunsten des S)

225 S könnte auch gegenüber V einen Betrug begangen haben.

In Provisionsvertreterfällen ist stets ein Anfechtungsrecht der Kunden aus § 123 I BGB zu bedenken. Der Schaden des Verlages läge danach in der Auszahlung der Provision, obwohl der Vertrag später rückgängig gemacht werden könnte oder müsste. Vorliegend arbeitete die „Drückerkolonne" aber auch bzgl des Einsatzes unredlicher Werbemethoden mit Wissen und Billigung des Verlages. Damit fehlte es schon an einer Täuschung, da es dem Verlag offensichtlich vollkommen gleichgültig war, wie ein Abonnement-Vertrag zustande kam. Auch ein Irrtum ist infolgedessen ausgeschlossen. Ein Betrug zulasten des Verlages scheidet aus.

Vgl die Formulierung im Sachverhalt „mit Wissen des Verlages um jeden Preis". Wer dennoch Mitwisserschaft des Verlages verneint, kann § 263 I bejahen. Insgesamt liegt dann aber immer noch nur ein einziger Betrug vor (fremd- und eigennützig), vgl BGHSt 21, 384.

4. Ergebnis für S im Tatkomplex B

S ist strafbar gem § 263 I.

C. Das „Heroinpulver"

I. Strafbarkeit des S

1. § 29 I 1 Nr 1 BtMG

226 S müsste Betäubungsmittel unerlaubt erworben haben.

Zwar ist Heroinpulver ein Betäubungsmittel iSv § 1 I iVm Anlage I BtMG (Diamorphin). Objektiv hat S jedoch lediglich ein Zucker-Zimt-Gemisch erhalten.

19 BGHSt 6, 115; 21, 384.

Eine Vollendungsstrafbarkeit greift auch nicht über § 29 VI BtMG ein, da dort die Variante des Erwerbs zum Zwecke des Eigenkonsums nicht erfasst wird.

Eine Strafbarkeit nach § 29 I 1 Nr 1 BtMG entfällt.

2. § 29 I 1 Nr 1, II BtMG iVm §§ 22, 23 I Alt 2 StGB

a) Vorprüfung

Der unerlaubte Erwerb von Betäubungsmitteln wurde nicht vollendet (*s o Rn 226*). Der **227**
Versuch ist strafbar gem § 29 II BtMG iVm §§ 22, 23 I Alt 2 StGB.

b) Tatentschluss

S wollte das Betäubungsmittel Heroin erwerben, dh die eigene tatsächliche Verfügungsgewalt auf abgeleitetem Weg erlangen, um die Verfügungsgewalt ausüben zu können[20], ohne hierfür eine entsprechende Erlaubnis zu besitzen.

c) Unmittelbares Ansetzen

Indem S das vermeintliche Heroinpulver an sich nahm, hat er unmittelbar zur Tatausführung angesetzt.

Dass der Tatplan von vornherein „untauglich" war, weil es an einem tauglichen Tatmittel – „Betäubungsmittel" – fehlte, steht der Bejahung eines unmittelbaren Ansetzens nicht entgegen[21].

d) Rechtswidrigkeit und Schuld

S handelte rechtswidrig und schuldhaft.

e) § 29 V BtMG

Ein Absehen von Strafe kommt nicht in Betracht. Zwar sollte der Kauf zum Zweck des Eigenverbrauchs erfolgen. Ein Gramm Heroin ist jedoch laut Bearbeitervermerk keine geringe Menge iSv § 29 V BtMG.

3. § 29 a I Nr 2 BtMG iVm §§ 22, 23 I Alt 2 StGB

Eine Strafbarkeit scheitert wiederum daran, dass es sich bei einem Gramm Heroin laut **228**
Bearbeitervermerk nicht um eine „nicht geringe Menge" iSv § 29 a I Nr 2 BtMG handelt.

4. Ergebnis für S im Tatkomplex C

S ist strafbar gem § 29 I 1 Nr 1, II BtMG iVm §§ 22, 23 I Alt 2 StGB.

---

20 *Weber*, BtMG § 29 Rn 509.
21 Vgl zum untauglichen Versuch auch § 23 III; *Wessels/Beulke*, AT Rn 619 f.

II. Strafbarkeit des G

1. § 29 I 1 Nr 1 BtMG

229 G müsste mit Betäubungsmitteln unerlaubt Handel getrieben oder sie, ohne Handel zu treiben, veräußert haben.

Zwar ist Heroinpulver ein Betäubungsmittel iSv § 1 I iVm Anlage I BtMG (Diamorphin). Objektiv hat G jedoch lediglich ein Zucker-Zimt-Gemisch veräußert.

Eine Strafbarkeit nach § 29 I Nr 1 BtMG entfällt.

2. § 29 VI iVm I 1 Nr 1 BtMG

a) Objektiver Tatbestand

230 G müsste einen Stoff veräußert bzw mit ihm Handel getrieben haben, der nicht Betäubungsmittel ist, aber als solches ausgegeben wird (Imitat).

Das Zucker-Zimt-Gemisch ist kein Betäubungsmittel iSv § 1 I iVm Anlage I BtMG. G hat diesen Stoff (§ 2 I Nr 1 BtMG) jedoch als Heroin – ein Betäubungsmittel im genannten Sinn – ausgegeben.

Veräußern ist das Abgeben von Betäubungsmitteln aufgrund entgeltlicher rechtsgeschäftlicher Vereinbarung, wobei auf Seiten des Veräußerers kein Eigennutz gegeben sein darf[22]. G und S haben ein entgeltliches Rechtsgeschäft in Form eines Kaufvertrages (auf die zivilrechtliche Wirksamkeit kommt es für die Strafbarkeit nicht an) geschlossen. G hat die tatsächliche Verfügungsgewalt auf S übertragen. G kam es jedoch auf seinen persönlichen Vorteil, insbesondere auf die Erzielung von Gewinn an. Er handelte somit eigennützig[23]. Ein Veräußern scheidet mithin aus.

Handeltreiben ist jedes eigennützige Bemühen, das darauf gerichtet ist, den Umsatz von Betäubungsmitteln zu ermöglichen oder zu fördern[24]. Hierunter fallen auch Rechtsgeschäfte, wobei es auf die zivilrechtliche Wirksamkeit nicht ankommt[25]. Durch den Abschluss des „Kaufvertrages" hat G mit dem Imitat Handel getrieben.

b) Subjektiver Tatbestand

G handelte vorsätzlich.

c) Rechtswidrigkeit und Schuld

G handelte rechtswidrig und schuldhaft.

3. § 29 a I Nr 1, Nr 2 BtMG

231 § 29 a BtMG scheidet schon deswegen aus, weil G objektiv nicht mit Betäubungsmitteln, sondern lediglich mit einem Imitat Handel getrieben hat.

---

22 *Eberth/Müller/Schütrumpf*, Rn 96; *Weber*, BtMG § 29 Rn 424, 430.
23 *Weber*, BtMG § 29 Rn 140.
24 *Weber*, BtMG § 29 Rn 82.
25 *Weber*, BtMG § 29 Rn 90, 98.

4. § 263 I (G gegenüber S, zulasten des S, zugunsten des G)

a) Objektiver Tatbestand

G spiegelte dem S vor, er übergebe ihm vereinbarungsgemäß ein Gramm Heroinpulver.

Dadurch erregte er bei S eine entsprechende positive Fehlvorstellung, mithin einen Irrtum.

Indem S den vereinbarten Kaufpreis zahlte, verfügte er irrtumsbedingt über sein Vermögen.

S müsste aufgrund seiner Vermögensverfügung einen Vermögensschaden erlitten haben. S bezahlte für die Lieferung von Heroinpulver, welches Betäubungsmittel iSd § 1 I iVm Anlage I BtMG (Diamorphin) ist. Nach § 134 BGB iVm § 29 a I Nr 1 BtMG ist ein solcher Vertrag wegen Verstoßes gegen ein gesetzliches Verbot nichtig, sodass S trotz Bezahlung keinen Anspruch auf die Gegenleistung hatte. Es bestand lediglich eine durch die tatsächliche Lebenserfahrung begründete Erwartung (Exspektanz), dass der Kunde erhält, worauf er keinen rechtlich fundierten Anspruch hat. Fraglich ist deshalb, ob auch Vermögensdispositionen im Rahmen solcher (gesetzeswidriger und somit nichtiger) Verträge bzw Exspektanzen vom Strafrecht geschützt werden.

Problem Nr 52: Strafrechtlicher Vermögensbegriff 232

(1) Nach dem **(rein) juristischen Vermögensbegriff** ist Vermögen nur die Summe der von der Rechtsordnung anerkannten und mit ihr auch durchsetzbaren Vermögensrechte und -pflichten (RGSt 3, 332, 333; 11, 72). Wirtschaftliche Werte spielen keine Rolle. Vermögensschaden ist demnach auch nur der Verlust eines solchen Rechts oder die Belastung mit einer derartigen Verbindlichkeit.

Argument: Zur Wahrung der Einheit der Rechtsordnung kann als Vermögen nur das angesehen werden, was als Vermögensrecht oder -pflicht von ihr anerkannt ist. Rein tatsächliche Beziehungen zu einer Sache können nicht ihre Zugehörigkeit zu einem bestimmten Vermögen bewirken. Betrug lässt sich infolgedessen auch als „Rechtsraub" umschreiben.

(2) Die Gegenposition des **(rein) wirtschaftlichen Vermögensbegriffs** betrachtet als strafrechtlich geschütztes Vermögen alle geldwerten Güter ohne Rücksicht auf ihre rechtliche Anerkennung (RGSt 44, 230; BGHSt 2, 364; *Hauf,* BT1 S 96). Auch die neuere Rechtsprechung hält an diesem Prinzip fest, wobei sie den Schutzbereich zunehmend – in teilweiser Übereinstimmung mit der juristisch-ökonomischen Vermittlungslehre – zur Vermeidung von Wertungswidersprüchen zwischen Zivilrecht und Strafrecht durch Einbeziehung normativer Wertungen ergänzt und korrigiert (vgl zuletzt: BGH NStZ 2002, 33 [Heroinfall]; BGH NJW 2002, 2117 m Bespr *Mitsch*, JuS 2003, 122; KG NJW 2001, 86 m Bespr *Hecker*, JuS 2001, 228 ff).

Argument: Nur durch das Abstellen auf die wirtschaftlichen Gegebenheiten werden rechtsfreie Räume vermieden. Andernfalls würde man dem Täuschenden einen „Freibrief" geben, sich Vermögenswerte, die der Getäuschte zu unerlaubten Zwecken riskiert, zu eigenem Nutzen zu verschaffen.

(3) Nach dem **personalen Vermögensbegriff** bedeutet Vermögen die wirtschaftliche Potenz des Vermögensträgers (vgl *Alwart*, JZ 1986, 563; *D. Geerds*, Jura 1994, 309).

Argument: Das Individuum selbst muss über die Zusammensetzung seines Vermögens entscheiden können.

(4) Die Rechtslehre vertritt zunehmend den **juristisch-ökonomischen Vermögensbegriff** und geht damit einen Mittelweg zwischen erst- und zweitgenannter Theorie. Sie zählt zum Vermögen einer Person alle Positionen, denen ein wirtschaftlicher Wert beizumessen ist und die (so die 1. Variante) unter dem Schutz der Rechtsordnung stehen (*Lenckner*, JZ 1967, 105; S/S-*Cramer/Perron*, § 263 Rn 82 ff) oder die (so die 2. Variante) wenigstens von der Rechtsordnung nicht ausdrücklich missbilligt werden (*Franzheim*, GA 1960, 269 ff; ähnlich auch SK/StGB-*Hoyer*, § 263 Rn 88 f, 118).

Argument: Der (rein) juristische Vermögensbegriff ist einerseits zu weit, da er auch wirtschaftlich absolut wertlose Vermögensrechte erfasst, andererseits jedoch zu eng, da einige im Wirtschaftsverkehr anerkannte und schutzwürdige Güter (zB Besitz, Arbeitskraft, Geschäftsgeheimnisse, Exspektanzen) außen vor bleiben. Die rein rechtliche Definition des Vermögensbegriffes ist für § 263 daher ungeeignet und wird heute auch nicht mehr vertreten.

Der Schutz des (rein) wirtschaftlichen Vermögensbegriffes geht zu weit. Auch wenn im kriminellen Milieu eine Weitergeltung der Strafrechtsordnung prinzipiell erwünscht ist, so beschwört die rein wirtschaftliche Betrachtungsweise doch Widersprüche in der Rechtsordnung herauf. Außerdem wird der Begriff mangels rechtlicher Bestimmbarkeit der Zugehörigkeit zu einem Vermögen konturlos, was im Widerspruch zum Bestimmtheitsgebot steht.

Nur die juristisch-ökonomische Vermögenslehre wird dem Umstand gerecht, dass einerseits auch wirtschaftliche Positionen schutzwürdig sind, denen kein rechtlicher Anspruch zugrunde liegt, dass aber andererseits das Strafrecht ein von der Rechtsordnung nicht gedecktes Verhalten nicht auch noch strafrechtlich abstützen darf. Deshalb sollte bei von der Rechtsordnung ausdrücklich missbilligten Positionen kein strafrechtlich geschütztes Vermögen anerkannt werden. Wer seine Vermögensobjekte zur Erreichung illegaler Zwecke einsetzt, schädigt sich selbst; wer bei diesen Geschäften getäuscht wird, hat den Vermögensschutz verwirkt (so iE auch *Mitsch,* BT2/1 § 7 Rn 41; LG Regensburg NStZ-RR 2005, 312; S/S-*Cramer/Perron,* § 263 Rn 150).

Die Ablehnung des Betrugs ist auch kriminalpolitisch nicht zu beanstanden, denn es entfällt lediglich die Betrugsstrafbarkeit, der Täuschende bleibt jedoch aufgrund des zugrundeliegenden gesetzeswidrigen Verhaltens (zB § 29 BtMG) strafbar.

Zur Vertiefung: Wessels/Hillenkamp, BT2 Rn 530ff; Beulke, Klausurenkurs II [6] Rn 179; Hillenkamp, BT 31. Problem S 159ff; Swoboda, NStZ 2005, 476ff.

233 Während sowohl nach dem wirtschaftlichen als auch nach dem personalen Vermögensbegriff eine Begrenzung des Vermögensschutzes beim Einsatz von Vermögen zu gesetzeswidrigen Geschäften nicht stattfindet, ist mit der dem Opferschutz am angemessensten erscheinenden juristisch-ökonomischen Vermittlungslehre danach zu fragen, ob der Vermögensschutz von der Rechtsordnung ausdrücklich missbilligt wird. Ist dies der Fall, so kann der Einsatz von Geld oder sonstigen Vermögenswerten keinen Schaden iSv § 263 bewirken. S setzte das in sein Eigentum übergegangene Geld ein, um Betäubungsmittel zu erwerben. Der versuchte Erwerb von Betäubungsmitteln ist gem § 29 I 1 Nr 1 iVm II BtMG strafbar (*s o Rn 227*). Der Vermögensschutz wird somit ausdrücklich missbilligt. Ein Vermögensschaden des S ist folglich zu verneinen. Ein anderes Ergebnis lässt sich auch nicht mit der Erwägung rechtfertigen, dass der Täuschende G damit einen Freibrief erhalten würde, sich auf Kosten des selbst gesetzwidrig handelnden S zu bereichern. Die Vertreter dieser Ansicht verkennen, dass das Verhalten des G nach § 29 VI iVm I Nr 1 BtMG strafbar bleibt (*aA vertretbar*).

b) Ergebnis

G hat sich nicht gem § 263 I strafbar gemacht.

5. Ergebnis für G im Tatkomplex C

G ist strafbar gem § 29 VI iVm I Nr 1 BtMG.

D. Das erste Sex-Telefonat

I. Strafbarkeit des B

1. § 263 I (B gegenüber S, zulasten des S, zugunsten des B)

Indem B den S durch die Werbung veranlasste, mit dem Telefonsexdienst zu telefonieren, könnte er einen Betrug gegenüber und zulasten des S begangen haben. 234

a) Objektiver Tatbestand

B könnte durch die Werbung „Jede Minute heißes Liebesgeflüster" den S getäuscht haben. Zwar handelt es sich in einer solchen Werbe-Annonce zunächst nur um eine unverbindliche Anpreisung, sodass insofern eine objektive Täuschung ausscheidet. Es liegt eher eine übliche Übertreibung vor, wenn von „heißem" Geflüster die Rede ist. Ein solches nicht verobjektivierbares Werturteil ist dem Beweise nicht zugänglich; vielmehr steht „heißes Geflüster" einer breiten Interpretation offen, sodass jeder etwas anderes darunter versteht und eine Täuschung insofern zweifelhaft ist.

Dagegen wurde durch die Ankündigung „jede Minute" und „ohne Vorspiel" konkludent versprochen, dass der Kunde den Service vom Anfang des Telefonats an erhält. Dieser Teil der Werbung ist eine objektivierbare und dem Beweise zugängliche Tatsache, die in Verbindung mit dem „heißen Geflüster" einen objektiven Durchschnittsleser täuscht, wenn bei einem Telefonat zunächst nur Belanglosigkeiten ausgetauscht oder erzählt werden. Denn dass ein Gespräch solcher Art kein „heißes Geflüster" „ohne Vorspiel" ist, dürfte jedem objektiven Zuhörer klar sein, gleichgültig, was im Einzelnen unter „heißem Geflüster" verstanden wird. Sozusagen der zweite Akt dieser Täuschungshandlung ist der Beginn des Gesprächs, bei dem – im Zusammenhang mit der Werbung – von der Telefonpartnerin schlüssig erklärt wird, sogleich zu den „heißesten" Gesprächsthemen überzugehen. Das Verhalten der H muss sich B insoweit gem § 25 II (*uU über § 25 I Alt 2, wenn H zB gutgläubig war*) zurechnen lassen.

B erregte bei S eine positive Fehlvorstellung, mithin einen Irrtum.

Die Vermögensverfügung des S bestand im Einwerfen der Münzen in den öffentlichen Fernsprecher.

S müsste aufgrund seiner Vermögensverfügung einen Vermögensschaden erlitten haben. S bezahlte (anders als bei einem normalen Telefongespräch) nicht nur für die Aufrechterhaltung der Sprechverbindung, sondern auch für die sexuellen Dienste, die er nicht bekam. Zweifelhaft erscheint die Frage, ob ein solcher Vertrag nach § 138 I BGB wegen Verstoßes gegen die guten Sitten nichtig ist.

235 **Problem Nr 53: Ist ein Vertrag, der die Erbringung von Telefonsex gegen Entgelt zum Inhalt hat, sittenwidrig iSd § 138 I BGB?**

(1) Nach **früher wohl herrschender Ansicht** ist die Sittenwidrigkeit von Telefonsex zu bejahen (BGH NJW 1998, 2895; OLG Düsseldorf MMR 2001, 699; OLG Stuttgart MMR 2001, 697).

Argument: Ein bestimmtes Sexualverhalten der potentiellen Kunden wird in verwerflicher Weise kommerziell ausgenutzt, der Intimbereich wird zur Ware gemacht. Es spielt dabei keine Rolle, dass ein unmittelbarer körperlicher Kontakt nicht stattfindet; die Gesprächspartnerin wird gerade auch deshalb zum Objekt herabgewürdigt.

(2) Nach **herrschender Ansicht** hat sich mittlerweile ein Wandel der Wertvorstellungen in der Bevölkerung vollzogen, welcher Telefonsex grundsätzlich nicht mehr als sittenwidrig erscheinen lässt (BGH JA 2008, 384; OLG Saarbrücken OLGR Saarbrücken 2001, 463; Brandenburgisches OLG OLGR Brandenburg 2002, 26; Thüringer OLG MDR 2001, 78; Palandt-*Ellenberger*, § 138 Rn 52 a). Dies gilt jedenfalls dann, wenn keine schutzwürdigen Interessen der Allgemeinheit, der Mitarbeiter des Anbieters oder der Kunden verletzt werden (OLG Köln MMR 2001, 43).

Argument: Die Einstellung weiter Teile der Bevölkerung zu Fragen der Sexualität hat sich zunehmend liberalisiert. Telefonsexgespräche mögen so zwar moralisch nach wie vor zu missbilligen sein; dies allein kann aber das Verdikt der Sittenwidrigkeit und die daraus resultierende rechtliche Unwirksamkeit des Vertrages nicht rechtfertigen.

Auch der **Gesetzgeber** hat dem durch die im *Gesetz zur Regelung der Rechtsverhältnisse der Prostituierten (ProstG)* normierte Einklagbarkeit des Prostituiertenlohnes Rechnung getragen. Wenn nach dem ausdrücklichen Gesetzeswortlaut bereits die Vornahme „sexueller Handlungen“, dh sexueller Dienstleistungen mit körperlichem Kontakt zum Kunden, gegen ein vereinbartes Entgelt (zur Abschichtung der sexuellen Handlung von Reden mit sexuellem Inhalt § 176 IV Nr 1 einerseits und Nr 3 andererseits) eine rechtswirksame Forderung begründet, muss dies per argumentum ad minus erst recht für sexuelle Dienstleistungen ohne körperlichen Kontakt, wie Telefonsex, gelten.

Darüber hinaus wird die Gesprächspartnerin schon deshalb nicht zum bloßen Objekt degradiert, da sie sich einem entwürdigenden oder für sie unangenehmen Gespräch jederzeit zu entziehen vermag, ohne dass dies der Kunde verhindern kann.

Zur Vertiefung: Kretschmer, StraFo 2003, 191 ff.

236 Aufgrund eines Wandels der Wertvorstellungen in der Bevölkerung, welcher insbesondere auch in § 1 ProstG und der darin normierten Legalisierung der Prostitution zum Ausdruck kommt, kann ein Vertrag, der die Erbringung von Telefonsex-Diensten zum Inhalt hat, nicht (mehr) als sittenwidrig iSd § 138 I BGB angesehen werden (*aA vertretbar*). S hat also das Geld zu nicht sittenwidrigen Zwecken eingesetzt. Folglich ist hierdurch die Zahlung der 20 € ein Schaden in Höhe von 15 € (Entgelt für das Sexgespräch) zu bejahen. Um den Teil, den die Betreiber des Telekommunikationsdienstes für die Aufrechterhaltung der Verbindung bekamen, wurde S dagegen nicht geschädigt, da er diese Gegenleistung erhalten hat.

b) Subjektiver Tatbestand

B handelte vorsätzlich.

Zudem müsste er in der Absicht rechtswidriger und stoffgleicher Bereicherung gehandelt haben. B wollte gerade den Teil des Geldes erlangen, für den keine Gegenleistung erbracht wurde.

Allerdings erfolgte die Abrechnung der maßgeblichen 15 Euro zunächst über das Telekommunikationsunternehmen, welches B den Betrag anschließend als Gutschrift zuwies. Die Stoffgleichheit der Bereicherung entfällt wegen dieses Zwischenschritts jedoch nicht, da Vorteil des B und Schaden des S noch in der erforderlichen Unmittelbarkeitsbeziehung zueinander stehen (*aA insoweit vertretbar*).

Wer die Stoffgleichheit ablehnt, sollte zumindest darauf hinweisen, dass dann ein Betrug des B gegenüber S zulasten des S zugunsten des Telekommunikationsunternehmens nahe läge, der allerdings laut Bearbeitervermerk nicht zu prüfen ist.

c) Rechtswidrigkeit und Schuld

B handelte rechtswidrig und schuldhaft.

d) Strafzumessung, § 263 III 2 Nr 1

Fraglich ist, ob B einen Betrug in einem besonders schweren Fall begangen hat. Gem § 263 III 2 Nr 1 liegt in der Regel ein besonders schwerer Fall des Betruges vor, wenn der Täter gewerbsmäßig handelt. Gewerbsmäßig handelt, wer sich aus der wiederholten Tatbegehung eine fortlaufende Einnahmequelle von einigem Umfang und einer gewissen Dauer verschaffen will[26]. B warb für seinen Telefonsexdienst, beabsichtigte somit, möglichst viele Kunden anzulocken. Er wollte diese auf dieselbe Art betrügen, wie er S betrogen hat, was die interne Weisung belegt, generell mit jedem Anrufer in den ersten zehn Minuten lediglich Belanglosigkeiten auszutauschen. Hierdurch beabsichtigte er, sich selbst zu bereichern. B handelte somit gewerbsmäßig.

Gem § 263 IV iVm § 243 II ist ein besonders schwerer Fall jedoch ausgeschlossen, wenn sich die Tat auf eine iSv § 248 a geringwertige Sache bezieht. Geringwertigkeit wird von der Rechtsprechung bis 50 € bejaht[27]. Der B erzielte eine Gutschrift von nur 15 €, sodass Geringwertigkeit zu bejahen und ein besonders schwerer Fall des Betruges mithin zu verneinen ist.

e) Strafantragserfordernis, §§ 263 IV, 248 a

Wegen der Geringwertigkeit der von B erzielten Gutschrift ist ein Strafantrag erforderlich.

2. § 261 I, II Nr 2, V

Eine Strafbarkeit wegen Geldwäsche gem § 261 I, II Nr 2, V erscheint zwar denkbar, weil das von S bezahlte und von dem Telekommunikationsunternehmen an B (wertmäßig) weitergereichte Geld uU aus einer gewerbsmäßigen Betrugshandlung gegenüber

26 BGH NStZ 2004, 265; *Wessels/Hillenkamp*, BT2 Rn 590, 230.
27 Siehe oben Fall 3 Rn 114.

D stammte. Es gibt aber keinerlei Anhaltspunkte im Sachverhalt, dass B bzgl der Herkunft des Geldes vorsätzlich oder leichtfertig handelte.

3. Ergebnis für B im Tatkomplex D

B ist strafbar gem § 263 I.

II. Strafbarkeit des S

Eine Strafbarkeit wegen Geldwäsche kommt zwar in Betracht, da das Geld uU aus gewerbsmäßig begangenen Betrugshandlungen stammte. Sie scheitert aber jedenfalls an § 261 IX 2, weil S wegen Beteiligung an der Vortat – er ist sogar der Täter – strafbar ist.

S hat sich also in Tatkomplex D nicht strafbar gemacht.

E. Das zweite Sex-Telefonat (Strafbarkeit des S)

1. § 263 I (S gegenüber J, zulasten des C, zugunsten des S)

237 Indem S am nächsten Tag mit einem manipulierten Telefon mit dem Sexdienst des C telefonierte, könnte er sich wegen Betruges gegenüber der J zulasten des C und zu eigenen Gunsten strafbar gemacht haben.

a) Objektiver Tatbestand

S täuschte die J konkludent über die unwahre Tatsache der kontinuierlich erfolgenden Zahlung.

Er erregte bei der Jurastudentin J einen entsprechenden Irrtum.

J müsste deswegen eine Vermögensverfügung getroffen haben. J hat S sexuelle Dienste zukommen lassen. Durch den Arbeitsvertrag zwischen J und C ist die persönliche Arbeitsleistung der J zum Gegenstand einer vermögensrechtlichen Beziehung und damit zum Bestandteil des Vermögens des C geworden. Dass damit die Getäuschte und Verfügende (J) mit dem Geschädigten (C) nicht identisch ist, steht einem Betrug nicht entgegen. Es muss sich lediglich bei dem Getäuschten und dem Verfügenden um dieselbe Person handeln. Der Geschädigte kann hingegen ein Dritter sein. Dieser Fall des sog Dreiecksbetrugs setzt allerdings voraus, dass sich der Verfügende zum Geschädigten in einem Näheverhältnis befindet, sodass die Verfügungen unmittelbar zulasten des Geschädigten wirken. Wie dieses Näheverhältnis beschaffen sein muss, ist zwar vielfach umstritten[28], wenn jedoch – wie hier – die verfügende Person ausdrücklich zu dieser Verfügung zulasten des Dritten ermächtigt worden ist, besteht an der erforderlichen Nähebeziehung kein Zweifel.

Fraglich ist, ob dem C infolge der Vermögensverfügung ein Vermögensschaden entstanden ist. Ein Vermögensschaden könnte darin liegen, dass S die Arbeitsleistung, die J für C erbringt, erlangt hat, ohne dafür zu bezahlen.

---

28 Einzelheiten s u Fall 6, Problem Nr 56, Rn 246; *Wessels/Hillenkamp*, BT2 Rn 637 ff.

Teilweise wurde die Ansicht vertreten, die Arbeitskraft eines Menschen sei eine seiner Fähigkeiten, nicht aber Bestandteil seines Vermögens[29].

Überzeugender erscheint die in der Literatur und der Rechtsprechung vorgenommene Differenzierung zwischen Arbeitskraft und Arbeitsleistung. Danach kann zwar die Arbeitskraft, dh die Fähigkeit eines Menschen, durch Einsatz geistiger oder körperlicher Kräfte Leistungen von wirtschaftlichem Wert zu erbringen, als solche nicht Vermögensbestandteil sein[30], wohl aber grundsätzlich die Arbeitsleistung iS eines objektivierten und realisierten Einsatzes der Arbeitskraft zur wirtschaftlichen Nutzung[31].

Wie bereits oben (*Rn 236 bei der Würdigung des ersten Sex-Telefonats*) festgestellt, ist ein Vertrag zwischen dem Nutzer und dem Telefonsexdienst zivilrechtlich wirksam. Die von J aufgewendete Arbeitsleistung gehörte somit zum geschützten Vermögen des C. C hat durch die Vermögensverfügung der J einen Vermögensschaden erlitten.

Wer die Sittenwidrigkeit bejaht, könnte wie folgt fortfahren: **238**

Somit stellt sich die Frage, ob die Aufwendung von Arbeitsleistung zu sittenwidrigen Zwecken in den Bereich des von § 263 StGB geschützten Vermögens fällt.

Problem Nr 54: Aufwendung von Arbeitsleistung zu sittenwidrigen Zwecken

*(1) Mit dem **(rein) wirtschaftlichen Vermögensbegriff** (s o Rn 232) könnte ein Vermögensschaden zu bejahen sein. Die von einer Telefondame wie der J geleistete „Arbeit" stellt einen Vermögenswert dar.*

***Argument:** Solange es für eine Leistung einen Markt gibt, auf dem diese gegen Entgelt angeboten werden kann, liegt auch ein Vermögensschaden vor, wenn das Entgelt nicht entrichtet wird. Juristische Betrachtungen werden hier nicht berücksichtigt.*

Andererseits misst der BGH, der den rein wirtschaftlichen Vermögensbegriff favorisiert, der zu sittenwidrigen Zwecken aufgewandten Arbeitskraft gerade keinen Marktwert zu (so BGHSt 4, 373; BGH StV 1987, 484 zu den sog Dirnenlohnfällen; ablehnend Krey/Hellmann, BT2 Rn 433 ff).

*(2) Nach dem **juristisch-ökonomischen Vermögensbegriff** wird der Schaden hingegen weitgehend abgelehnt (s o Rn 232).*

***Argument:** Aus einem sittenwidrigen Telefonsex-Vertrag ist kein Anspruch auf Bezahlung entstanden. Wer in Kenntnis der Nichtigkeit eines Vertrages leistet, macht dies auf eigenes Risiko. Bei „Wortbordellen" darf sich das Strafrecht nicht in Widerspruch zur übrigen Rechtsordnung setzen und nicht bestehenden Ansprüchen, die aus unsittlichen Geschäften hergeleitet werden, Schutz gewähren (OLG Mannheim NJW 1995, 3398; Wessels/Hillenkamp, BT2 Rn 534, 566 ff; zu diesem Fall auch Geppert, JK 1996, StGB § 263/44).*

*(3) Überzeugend wird hingegen im Schrifttum auch auf der Basis des **juristisch-ökonomischen Vermögensbegriffes** beim Einsatz der Arbeitskraft zu sittenwidrigen Zwecken der Vermögensschaden bejaht (Abrahams/Schwarz, Jura 1997, 355; Scheffler, JuS 1996, 1070).*

***Argument:** Die Rechtsordnung verbietet derartige Serviceleistungen nicht ausdrücklich. Hier hatte es der Getäuschte unterlassen, auf einer Vorauszahlung in Geld zu bestehen, was er*

---

29 *Lampe*, Maurach-FS S 375, 386; *Tröndle/Fischer*, 48. Aufl, § 263 Rn 27 a aE.

30 RGSt 25, 371; *B. Heinrich*, GA 1997, 24, 25; *Mitsch*, BT2/1 § 7 Rn 86.

31 *B. Heinrich*, GA 1997, 24, 26 f; S/S-*Cramer/Perron*, § 263 Rn 96.

sicherlich getan hätte, wenn er die mangelnde Zahlungsbereitschaft des Kunden gekannt hätte.

Zur Vertiefung: Wessels/Hillenkamp, BT2 Rn 534.

Unter wirtschaftlichen Gesichtspunkten ist die von J aufgewandte Arbeitskraft schutzwürdig. Sie stellt einen Marktwert dar. Da der Einsatz der Arbeitskraft von der Rechtsordnung nicht ausdrücklich missbilligt wird, liegt auch auf der Grundlage der juristisch-ökonomischen Vermittlungslehre ein Vermögensschaden des C vor.

b) Subjektiver Tatbestand

239 S handelte vorsätzlich sowie in der Absicht rechtswidriger stoffgleicher Bereicherung.

c) Rechtswidrigkeit und Schuld

S handelte rechtswidrig und schuldhaft.

2. Ergebnis für S im Tatkomplex E

S ist strafbar gem § 263 I.

Ein Leser der Vorauflage hat vorgeschlagen, wegen der Verwendung des technisch manipulierten Telefons hier noch eine Strafbarkeit gem §§ 263 a I, 265 a StGB zu prüfen. Abhängig von der Art der Manipulation, zu der der Sachverhalt aber keine Angaben macht, könnte S mit dem zweiten Anruf § 263a I Var 3 StGB verwirklicht haben. Ihm kam es ja gerade auf den vermögenswerten Inhalt der erschlichenen Telekommunikationsleistung an (andernfalls wäre § 265a StGB einschlägig; vgl. S/S-Cramer/Perron, § 263a Rn 15). Angesichts der Einschränkung im Bearbeitervermerk Delikte zugunsten und zulasten der Betreiber des Telekommunikationsdienstes nicht zu prüfen, konnte dies hier jedoch unterbleiben. Wer insoweit bei seiner Bearbeitung doch tiefer in die Problematik eingedrungen ist, sollte bei diesem zweiten Anruf zumindest § 263 a I zulasten des C mangels Unmittelbarkeit der Manipulation für die Herbeiführung des Vermögensschaden bei C ablehnen, weil der Schaden erst durch die Vermögensverfügung der J – dh durch die von ihr erbrachten Dienste – herbeigeführt werden muss (vgl dazu Lackner/Kühl, § 263 a Rn 18).

F. Gesamtkonkurrenzen

240 Die von S in den Tatkomplexen A (§§ 263 I, 26), B (§ 263 I), C (§ 29 I 1 Nr 1, II BtMG iVm §§ 22, 23 I Alt 2 StGB) und E (§ 263 I) begangenen strafbaren Handlungen sind völlig selbstständige Handlungen, sodass Realkonkurrenz besteht.

G. Gesamtergebnis des materiell-rechtlichen Gutachtens

B: § 263 I
F: § 263 I
G: § 29 VI iVm I Nr 1 BtMG
S: Tatkomplex A: §§ 263 I, 26
– § 53 –
Tatkomplex B: § 263 I
– § 53 –
Tatkomplex C: § 29 I 1 Nr 1, II BtMG iVm §§ 22, 23 I Alt 2 StGB
– § 53 –
Tatkomplex E: § 263 I
Tatkomplex D: straflos

Teil II. (prozessualer Teil)

1. Prozessuale Zulässigkeit der Beratung

Problem Nr 55: Die Rechtsstellung des Strafverteidigers und seine Wahrheitspflicht 241

(1) Im neueren Schrifttum (LR-*Lüderssen*, Vor § 137 Rn 33 ff; *Ostendorf*, NJW 1978, 1345, 1349) findet sich die Ansicht, der Verteidiger sei **einseitiger Interessenvertreter seiner Partei**. Einige dieser Autoren (zB *Bernsmann*, StraFo 1999, 227, 230; zT auch *Fezer*, Stree/Wessels-FS S 682) ziehen daraus den Schluss, der Verteidiger dürfe alles, was der Mandant ungestraft tun könne. Deshalb sei auch die Anstiftung zur Lüge erlaubt.

Argument: Eine Wahrheitspflicht triebe einen Keil zwischen den Beschuldigten und seinen Verteidiger. Nur ein reiner Parteiinteressenvertreter kann im Sinne der Herstellung von Waffengleichheit dem Beschuldigten den uneingeschränkten Schutz gewähren, den er gegen die „Übermacht" der staatlichen Strafverfolgungsorgane benötigt.

(2) Nach **herrschender Meinung** (BVerfG NJW 1998, 296; BGHSt 9, 20, 22; 38, 345, 347; 46, 36, 43; *Beulke*, StPO Rn 150; *Dahs*, Rn 11 ff, 43; *Krey*, Strafverfahrensrecht 1, Rn 218 ff; *Lesch*, StPO, 3/172; *Schroeder*, StPO Rn 91; SK/StPO-*Rogall*, Vor § 133 Rn 95) ist der Verteidiger Beistand des Beschuldigten und **Organ der Rechtspflege**, hingegen kein einseitiger Interessenvertreter. Dies hat zur Folge, dass er nicht ebenso zu behandeln ist wie der Beschuldigte. Der Beschuldigte selbst kann lügen, ohne dass er dafür bestraft werden könnte (zT wird gesagt, er dürfe lügen, zT er dürfe zwar nicht lügen, eine Lüge habe jedoch keine strafrechtlichen Konsequenzen), der Verteidiger darf hingegen aufgrund seiner Organstellung den Beschuldigten nicht in der Form beraten, dass er ihn zu einer Lüge anstiftet oder für ihn eine unwahre Einlassung erfindet.

Argument: Die Wahrheitspflicht gehört bei allem Einsatz für den Mandanten zu den grundlegenden Erfordernissen einer wirksamen Strafverteidigung, weil der Verteidiger sonst insgesamt unglaubwürdig wird. Der Verteidiger hat viele Sonderrechte (zB Akteneinsichtsrecht, § 147 StPO, Kontaktrecht mit dem inhaftierten Mandanten, § 148 StPO), die ihm das Verfahrensrecht nur gewährt, weil er im Gegenzug garantiert, den Kernbereich der Effektivität der Rechtspflege nicht zu gefährden, sog eingeschränkte Organtheorie. Die Interessenvertretungstheorie ist daher abzulehnen.

Zur Vertiefung: Beulke, StPO Rn 150 ff.

P könnte ein Recht dazu haben, seinen Mandanten S zur Lüge anzustiften, wenn er als Verteidiger lediglich ein einseitiger Interessenvertreter seiner Partei wäre, der wie der Beschuldigte ungestraft die Unwahrheit vortragen darf. Richtigerweise unterliegt P jedoch als Organ der Rechtspflege, das zahlreiche Sonderrechte genießt (vgl. nur §§ 147, 148 StPO) und im Gegenzug die Effektivität der Rechtspflege nicht gefährden darf, der Wahrheitspflicht. Demnach ist der von P an S erteilte Rat zu lügen unzulässig.

In der Fallfrage ist die Strafbarkeit des Verteidigers, § 258 I, ausgeklammert. Es geht allein um die prozessuale Zulässigkeit.

2. Widerruf der Pflichtverteidigerbestellung

242 Gegenüber P kommt ein Widerruf der Pflichtverteidigerbestellung gem § 143 StPO oder eine Ausschließung des Verteidigers gem § 138 a StPO in Betracht.

Pflichtverteidiger werden gem §§ 141, 142 StPO vom Gerichtsvorsitzenden bestellt. Die Rücknahme der Pflichtverteidigerbestellung ist höchst lückenhaft geregelt. Nach der ausdrücklichen gesetzlichen Regelung gibt es nur eine Zurücknahme gem § 143 StPO, wenn ein anderer Verteidiger gewählt wird.

Nach herrschender Meinung ist über den Wortlaut des § 143 StPO hinaus die Bestellung zu widerrufen, wenn ein „wichtiger Grund" vorliegt[32]. Eine prozessordnungswidrige Beratung zur Lüge – die nach herrschender Meinung sogar eine Strafbarkeit gem § 258 I zur Folge haben kann – ist ein solch wichtiger Grund, wenn sich der Verteidiger dadurch als unfähig erwiesen hat, den Mandanten sachgemäß zu verteidigen. Daher kann in einem solchen Ausnahmefall aufgrund der gerichtlichen Fürsorgepflicht der Widerruf der Verteidigerbestellung geboten sein. Zuständig für einen Widerruf nach § 143 StPO analog ist der Vorsitzende des Gerichts, § 142 StPO iVm § 143 StPO[33].

Im Falle einer Strafvereitelung gem § 258 kommt auch ein Ausschließungsverfahren gem § 138 a I Ziff 3 StPO in Betracht. Die Entscheidung über ein Ausschließungsverfahren trifft das OLG bzw in seltenen Fällen der BGH, vgl § 138 c StPO. Ausgesprochen unklar ist nach dem derzeitigen Diskussionsstand allerdings, in welchem Verhältnis die Widerrufsmöglichkeit gem § 143 StPO zu der nach § 138 a I Nr 3 StPO steht.

Von der inzwischen herrschenden Ansicht wird der Standpunkt vertreten, der Widerruf der Pflichtverteidigerbestellung aus „wichtigem Grund" richte sich allein nach den Regeln der Ausschließung des Verteidigers, §§ 138 a ff StPO[34].

Die neuere Rechtsprechung greift auch für den Pflichtverteidiger auf die Ausschließungsmöglichkeit gem §§ 138 a ff StPO zurück. Allerdings verbleibt es ihrer Ansicht nach wahlweise daneben bei der Rücknahmemöglichkeit gem § 143 StPO[35], denn der Pflichtverteidiger bedarf desselben Schutzes wie der Wahlverteidiger.

32 OLG Frankfurt StV 1995, 11; *Beulke*, StPO Rn 169.
33 *M-G*, § 141 Rn 6.
34 *Roxin*, StPO § 19 Rn 51.
35 BGHSt 42, 94, 95 f m zT krit Anm *Weigend*, NStZ 1997, 47; OLG Hamburg NStZ 1998, 586.

Diese Lösung ist jedoch in sich nicht konsequent, da sie bei Widerrufsgründen jenseits des Anwendungsbereichs des § 138 a StPO doch wiederum auf § 143 StPO rekurriert.

Wenn § 143 StPO analog angewandt wird, kann es daneben keine zweite Schiene des Widerrufs geben. Die Voraussetzungen von § 143 StPO einerseits und § 138 a StPO andererseits sind völlig verschieden; auch bzgl des zur Entscheidung berufenen Gerichts darf es kein Wahlrecht geben (Recht auf den gesetzlicher Richter, Art 101 GG).

Nach richtiger Ansicht kann also die Pflichtverteidigerbestellung wegen der von P begangenen Strafvereitelung nur aus wichtigem Grund gem § 143 StPO analog widerrufen werden. Zuständig ist der Gerichtsvorsitzende (§ 141 IV StPO). Ein Ausschließungsverfahren gem § 138 a StPO findet nur gegen den Wahlverteidiger, nicht jedoch gegen den Pflichtverteidiger statt.

Definitionen zum Auswendiglernen

Mittelbarer Täter	iSv § 25 I Alt 2 ist, wer die Straftat durch einen anderen begeht (*vgl Gesetzestext*).
Täuschungshandlung	iSv **§ 263** ist das Vorspiegeln falscher Tatsachen oder die Entstellung oder Unterdrückung wahrer Tatsachen (krit: *Wessels/Hillenkamp, BT2 Rn 493*).
Irrtum	iSv **§ 263** ist jede unrichtige, der Wirklichkeit nicht entsprechende Vorstellung über Tatsachen (*Wessels/Hillenkamp, BT2 Rn 508*).
Vermögensverfügung	iSv **§ 263** umfasst jedes freiwillige tatsächliche Handeln, Dulden oder Unterlassen des Getäuschten, das bei diesem selbst oder bei einem Dritten unmittelbar zu einer Vermögensminderung im wirtschaftlichen Sinne führt (*Wessels/Hillenkamp, BT2 Rn 514*).
Vermögen	iSd **§ 263** umfasst nach dem **wirtschaftlichen Vermögensbegriff** alle geldwerten Güter einer Person (vgl *Wessels/Hillenkamp*, BT2 Rn 531).
Vermögen	iSd **§ 263** umfasst nach der **juristisch-ökonomischen Vermittlungslehre** alle Güter und Positionen, denen ein wirtschaftlicher Wert beizumessen ist und die mangels ausdrücklicher rechtlicher Missbilligung unter dem Schutz der Rechtsordnung stehen (*Wessels/Hillenkamp, BT2 Rn 532, 535*).
Vermögensschaden	iSd **§ 263** bezeichnet eine nachteilige Vermögensdifferenz, die nicht durch ein unmittelbar aus der Vermögensverfügung fließendes Äquivalent wirtschaftlich voll ausgeglichen wird (*Wessels/Hillenkamp, BT2 Rn 538*).
Bereicherungsabsicht	iSd **§ 263** ist gegeben, wenn es dem Täter auf die Erlangung eines rechtswidrigen Vermögensvorteils für sich oder einen Dritten ankommt, mag dieser Vorteil von ihm auch nur als Mittel zu einem anderweitigen Zweck und damit als Zwischenziel erstrebt werden (*Wessels/Hillenkamp, BT2 Rn 579*).
Rechtswidrig	ist der erstrebte Vermögensvorteil iSd **§ 263**, wenn auf ihn kein rechtlich begründeter Anspruch besteht (*Wessels/Hillenkamp, BT2 Rn 581*).

Stoffgleichheit der beabsichtigten rechtswidrigen Bereicherung iRd **§ 263** liegt vor, wenn der Täter den rechtswidrigen Vermögensvorteil in der Weise erstrebt, dass er unmittelbar zulasten des geschädigten Vermögens geht und damit die Kehrseite des Schadens bildet (*Wessels/Hillenkamp, BT2 Rn 585*).

Gewerbsmäßig iSv **§§ 243 I 1, 2 Nr 3, 260 I Nr 1, 263 III Nr 1** handelt, wer sich aus der wiederholten Tatbegehung eine fortlaufende Einnahmequelle von einigem Umfang und einer gewissen Dauer verschaffen will (*Wessels/Hillenkamp, BT2 Rn 230, 590, 889*).

Veräußern iSv **§ 29 BtMG** ist das Abgeben von Betäubungsmitteln aufgrund entgeltlicher rechtsgeschäftlicher Vereinbarung, wobei auf Seiten des Veräußerers kein Eigennutz gegeben sein darf (*Weber, BtMG § 29 Rn 424, 430*).

Handeltreiben iSv **§ 29 BtMG** ist jedes eigennützige Bemühen, das darauf gerichtet ist, den Umsatz von Betäubungsmitteln zu ermöglichen oder zu fördern (*Weber, BtMG § 29 Rn 82*).

Weitere einschlägige Musterklausuren

Zum Problem: Abgrenzung aktives Tun – Unterlassen:
Baumann/Arzt/Weber, [15] S 85; *Beulke/Mayer*, JuS 1987, 125; *Dannecker*, Jura 1988, 657; *Gropp/Küpper/Mitsch*, [2] S 25, [3] S 47, [4] S 73, [5] S 93; *Hilgendorf*, [12] S 91; *Kienapfel*, S 153 ff; *Meurer/Kahle/Dietmeier*, [2] S 13, [6], S 103; *Otto*, [A2] S 51, [AH] S 110, [RH] S 173; *Rotsch*, JuS 2004, 607; *Roxin/Schünemann/Haffke*, [7] S 133

Zum Problem: Täuschung durch Unterlassen:
Bergmann, JA-Übungsblätter 2008, 504; *Braum*, JuS 2004, 225; *Eisele*, Jura 2002, 59; *B. Heinrich*, Jura 1997, 366; *Kelker*, Jura 1996, 89; *Samson*, St2 [15] S 138; *Schwabe*, BT2 [15] S 200

Zum Problem: Irrtum im Rahmen des § 263 bei Zweifeln des Getäuschten:
Braum, JuS 2004, 225; *Hillenkamp*, JuS 2003, 157

Zum Problem der vermeintlichen mittelbaren Täterschaft:
Beulke, Klausurenkurs I [8] Rn 275; *Kudlich*, JuS 2003, 755

Zum Problem: Versuchsbeginn bei mittelbarer Täterschaft:
Beulke, Klausurenkurs I [4] Rn 175; *ders*, Klausurenkurs II [4] Rn 90; *Cantzler*, JA 1999, 859; *Frister*, [5] S 96; *Gössel*, [5] S 92; *v. Hentschel-Heinegg*, [5] S 45; *Hilgendorf*, [16] S 129; *Kargl*, Strafrecht, S 103 f; *Krack/Schwarzer*, JuS 2008, 140; *Krahl*, JuS 2003, 1187; *Küper/Dratvova*, StudZR 2008, 57; *Meurer/Kahle/Dietmeier*, [3] S 23, [4] S 49, [8] S 165; *Mitsch*, JuS 1988, 468; *Montenbruck/Schubert* in: *Coester-Waltjen* ua (Hrsg), Examensklausurenkurs III, S 64; *Preis/Prütting/Sachs/Weigend*, [19] S 303; *Rackow*, JA 2003, 218; *Rönnau/Nebendahl*, JuS 1990, 745

Zum Problem: Teilnehmervorsatz als Minus mit im Tätervorsatz enthalten?
Hörnle, Jura 2001, 44; *Norouzi*, JuS 2007, 146

Zum Problem des Vermögensschadens bei § 263 StGB:
Beulke, JuS 1977, 35; *Chowdhury/Meier/Schröder*, [1] S 7; *Dannecker/Gaul*, JuS 2008, 345; *Geppert*, Jura 1987, 102; *Gössel*, [10] S 169; *Gröseling*, JuS 2003, 1097; *B. Heinrich*, Jura 1999, 585; *Hölck/Hohn*, JuS 2005, 245; *Kerner/Trüg*, JuS 2004, 140; *Popp/Schnabl*, JuS 2006, 326; *Rössner/Guhra*, Jura 2001, 403; *Samson*, St2 [20] S 185, [21] S 196; *Tiedemann/Walter*, Jura 2002, 708

Zum Problem der schadensgleichen Vermögensgefährdung:
Burger/Peglau, Jura 2002, 854; *Gössel*, [3] S 63; *B. Heinrich*, Jura 1999, 585; *Jordan*, Jura 2001, 554; *Kerner/Trüg*, JuS 2004, 140; *Seier*, JuS 2002, 237; *Wiegend*, Jura 1980, 651

Zum Problem der Lehre vom subjektiven Schadenseinschlag:
Britz/Jung, JuS 2000, 1194; *Chowdhury/Meier/Schröder,* [4] S 78; *Dedy*, Jura 2002, 137; *Gössel*, [3] S 63; *Samson,* St2 [20] S 185; *Schwabe,* BT2 [13] S 174; *Seier*, JuS 2002, 237; *Wagner*, [8] S 75

Zum Problem der Lehre von der sozialen Zweckverfehlung:
Esser, Jura 2004, 273; *Gössel*, [3] S 63; *Mitsch*, JA 1995, 32; *Roxin/Schünemann/Haffke*, [16] S 283; *Schwabe,* BT2 [14] S 190; *Tiedemann/Walter*, Jura 2002, 708

Zum Problem des strafrechtlichen Vermögensbegriffes:
Bernsmann, Jura 1992, 491; *Beulke,* Klausurenkurs II [6] Rn 157; *Braum*, JuS 2004, 225; *Freund/Bergmann*, JuS 1991, 221; *Frister*, [5] S 96; *Füllkrug*, Jura 1992, 154; *Geerds*, Jura 1986, 438; *Gierhake*, JA 2008, 429; *Gössel*, [3] S 63; *Graul*, JuS 1999, 562; *Gropp/Küpper/Mitsch*, [15] S 269; *Jäger,* JA 2007, 604; *Jordan*, Jura 2001, 554; *ders*, Jura 1999, 304; *Käßner/Seibert,* JuS 2006, 810; *Kudlich/Roy/Tyszkiewicz,* JA 2006, 779; *Kunz*, Jura 1997, 152; *Meier*, Jura 1991, 142; *Murmann*, in: *Coester-Waltjen* ua (Hrsg), Examensklausurenkurs I, S 67; *Namavicius*, JA 2007, 190; *Neumann*, JuS 1993, 746; *Otto/Labsch*, Jura 1985, 384; *Preis/Prütting/Sachs/Weigend,* [18], S 291; *Priebe*, Fälle, [12] S 176; *Prütting/Stern/Wiedemann*, [20] S 233; *Radtke*, JuS 1994, 589; *Roxin/Schünemann/Haffke*, [16] S 283; *Schwabe,* BT2 [16] S 213; *Sengbusch*, Jura 2007, 623; *Vogt/Brand*, Jura 2008, 305

Zum Problem: Ist ein Vertrag, der die Erbringung von Telefonsex gegen Entgelt zum Inhalt hat, sittenwidrig iSd § 138 I BGB?
Murmann, in: *Coester-Waltjen* ua (Hrsg), Examensklausurenkurs I, S 67

Zum Problem der Aufwendung von Vermögenswerten zu sittenwidrigen oder verbotenen Zwecken:
Fad, Jura 2002, 632; *Hillenkamp*, JuS 2003, 157; *Murmann*, in: *Coester-Waltjen* ua (Hrsg), Examensklausurenkurs I, S 67; *Prütting/Stern/Wiedemann*, [20] S 233; *Rudolphi*, [5] S 52; *Samson,* St2 [21] S 196

Zum Problem der Aufwendung von Arbeitsleistung zu sittenwidrigen Zwecken:
Dannecker/Gaul, JuS 2008, 345; *Neumann*, JuS 1993, 746; *Prütting/Stern/Wiedemann*, [20] S 233

Zum Problem der Rechtsstellung des Strafverteidigers und dessen Wahrheitspflicht
Hardtung, JuS 2006, 54

Fall 6

Du sollst nicht begehren des Kommilitonen ...

I.

243 Jurastudent A im achten Semester suchte die Wohnung der ihm bekannten Studentin B auf, die sich, wie er wusste, gerade im juristischen Seminar befand, und bat die Mutter der B, ihm den „Palandt" auszuhändigen. Wahrheitswidrig erklärte er ihr, B habe ihn gebeten, ihr den Kommentar ins Seminar zu bringen. A hatte vor, ihr den „Palandt" nach dem Examenstermin zurückzugeben, da dann ohnehin eine Neuauflage erscheinen sollte. Die Mutter M zweifelte an den Angaben des A, schöpfte Verdacht und händigte ihm das Buch nicht aus.

A wandte sich nunmehr an den befreundeten Kommilitonen C, der, wie er wusste, einen „Palandt" besaß. Tatsächlich war C auch bereit, ihm den „Palandt" zu verkaufen. A nahm ihn gegen Zahlung von 25 € gleich mit. In Wahrheit hatte C den „Palandt" aus der Stadtbibliothek ausgeliehen, was er dem A jedoch verschwieg und was auch am Buch objektiv nicht erkennbar war, da es sich um eine Sondererstausleihe vor der eigentlichen Katalogisierung handelte. Aufgrund aktueller Geldnöte kam ihm die „Finanzspritze" gerade recht. Er hatte vor, das Buch später zurückzukaufen, wenn er wieder zu Geld gekommen sein würde, um es dann innerhalb der Ausleihfrist an die Stadtbibliothek zurückzugeben.

Als es dazu nicht kam, verklagte die Stadt den C vor dem sachlich und örtlich zuständigen Gericht auf Rückgabe. Im Prozess trug C vor, er habe den „Palandt" bereits zurückgegeben. Zum Beweis legte er eine Rückgabequittung vor, die er bei der Rückgabe eines anderen Buches erhalten und in der er die Signatur ausradiert und durch die des „Palandt" ersetzt hatte. Erwartungsgemäß wies der Richter R daraufhin die Klage ab.

Als B von ihrer Mutter erfuhr, dass A ihren „Palandt" stehlen wollte, war sie sehr aufgebracht. In einem Anfall von Wut griff sie zum Telefon und wählte die Handy-Nummer des A, der jedoch sein Handy während der Pfingstferien an D verliehen hatte. Als sich dieser mit „Hallo" meldete, nannte sie ihn ein „Kameradenschwein" und legte auf. Später dachte sie darüber nach, dass die Stimme des vermeintlichen A eigentlich sehr anders geklungen habe. Sie reimte sich deshalb den wahren Geschehensablauf zusammen und rief nach den Pfingstferien auf dem Festnetztelefon von A an. Dessen Empfang war auf Anrufbeantworter geschaltet, auf den B „Du falsche Drecksau" sprach. Das Band wurde von der inzwischen ohne Wissen der B bei A eingezogenen neuen Freundin F des A abgehört, die meinte, sie werde von einer eifersüchtigen ehemaligen Freundin des A beschimpft.

Wie haben sich A, B und C strafbar gemacht?

Erforderliche Strafanträge sind gestellt.

II.

1. A fuhr kurz darauf seine Ex-Freundin E mit seinem Pkw nach Hause. Er hielt auf einem Parkplatz, wo er zudringlich wurde und die E bedrängte, mit ihm geschlecht-

lich zu verkehren. Taxifahrer T eilte der E zu Hilfe. A floh daraufhin mit seinem Auto. Die Staatsanwaltschaft klagte den A wegen sexueller Nötigung an. E will sich aktiv am Gerichtsverfahren beteiligen. Was kann sie unternehmen?

2. Der bereits erwähnte D steht wegen eines bewaffneten Bankraubes vor Gericht. Außerdem laufen gegen ihn noch mehrere Ermittlungsverfahren wegen verschiedener Einbruchsdiebstähle. D leugnet die Tat. In einer Verhandlungspause kommt es zu einem vom Strafkammervorsitzenden angeregten Gespräch zwischen diesem, der Sitzungsvertreterin S der Staatsanwaltschaft und dem Verteidiger V des D. Dieses Gespräch hat die Frage zum Gegenstand, ob D ein Geständnis ablegt. Ergebnis der Unterredung war aus der Sicht des V, dass im Falle eines Geständnisses D zu einer Freiheitsstrafe von acht Jahren verurteilt wird, die Staatsanwaltschaft aber die anderen Verfahren gem § 154 StPO einstellt. Auch der Strafkammervorsitzende hat dieses Gespräch so verstanden. Im Anschluss an die Unterredung wird die Hauptverhandlung fortgesetzt und der Inhalt des Gesprächs offen gelegt. Nach Ablegung des angekündigten Geständnisses stellt sich im nächsten Hauptverhandlungstermin allerdings heraus, dass die S die Erörterungen nur auf das laufende Verfahren beschränkt wissen wollte. Sie kündigt noch während der Hauptverhandlung an, dass sie zwar eine achtjährige Freiheitsstrafe für den Bankraub beantragen, die anderen Ermittlungsverfahren wegen der Einbruchsdiebstähle aber weiterbetreiben wolle.
   a) War das Vorgehen der Strafkammer zulässig?
   b) Welche Bedenken bestehen ganz generell gegen eine „Verständigung im Strafverfahren"?
   c) Wie muss die Strafkammer jetzt weiter verfahren?

Gedankliche Strukturierung des Falles (Kurzlösung)

244 **Teil I. (materiell-rechtlicher Teil)**

A. Das Täuschungsmanöver gegenüber der Mutter (Strafbarkeit des A)

1. §§ 263 I, II, 22, 23 I Alt 2 (A ggü M, zulasten der B, zugunsten des A) (+)
a) Vorprüfung (+)
b) Tatentschluss (+)

Problem Nr 56: Der sog „Dreiecksbetrug" (Rn 246)

c) Unmittelbares Ansetzen (+)
d) Rechtswidrigkeit und Schuld (+)
e) Rücktritt, § 24 I 1 Alt 1 (–)
- Versuch nicht fehlgeschlagen (–)

f) Strafantragserfordernis, §§ 263 IV, 248 a (–)

2. §§ 242 I, II, 22, 23 I Alt 2, 25 I Alt 2
a) Vorprüfung (+)
b) Tatentschluss (–)
- fremde bewegliche Sache (+)
- Wegnahme (–)

Problem Nr 57: Schließen sich Wegnahme und Verfügung aus? (Rn 249)

3. §§ 246 I, III, 22, 23 I Alt 2 (+)
a) Vorprüfung (+)
b) Tatentschluss (+)
c) Unmittelbares Ansetzen (+)
d) Subsidiarität gegenüber § 263 I (+)

4. Ergebnis für A im Tatkomplex A
A hat sich gem §§ 263 I, II, 22, 23 I Alt 2 strafbar gemacht.

B. Der „Palandt"-Verkauf

I. Strafbarkeit des C

1. § 263 I (C ggü A, zulasten des A, zugunsten des C) (+)
a) Objektiver Tatbestand (+)
- Täuschung (+)
- Irrtum (+)
- Vermögensverfügung (+)
- Vermögensschaden (+)

Problem Nr 58: Gutgläubiger Erwerb als Vermögensschaden? (Rn 252)

b) Subjektiver Tatbestand (+)

2. § 263 I (C ggü A, zulasten der Stadtbibliothek, zugunsten des C) (–)
- zurechenbare Vermögensverfügung (–)

3. § 246 I, II (+)
a) Tatbestand (+)
b) Rechtswidrigkeit und Schuld (+)
c) Qualifikation, § 246 II (+)
d) Strafantragserfordernis, § 248 a (–)

4. Konkurrenzen

5. Ergebnis für C im Tatkomplex B
C hat sich gem § 263 I – § 52 I – § 246 II strafbar gemacht.

II. Strafbarkeit des A

1. §§ 246 I, 26 (–)
- vorsätzliche rechtswidrige Haupttat (+)
- Anstiftungshandlung (+)
- Vorsatz bzgl vorsätzlicher rechtswidriger Haupttat (–)

2. §§ 246 I, 27 (–)
- Vorsatz bzgl vorsätzlicher rechtswidriger Haupttat (–)

3. Ergebnis für A im Tatkomplex B
A ist straflos.

C. Der Prozess (Strafbarkeit des C)

1. § 263 I (C ggü R, zulasten der Stadt, zugunsten des C) (+)
a) Objektiver Tatbestand (+)

Problem Nr 59: Der sogenannte Prozessbetrug (Rn 258)

b) Subjektiver Tatbestand (+)
c) Rechtswidrigkeit und Schuld (+)
d) Strafantragserfordernis, §§ 263 IV, 248 a (–)

2. § 267 I Var 1, Var 2, Var 3 (Quittung) (+)
a) Objektiver Tatbestand (+)
b) Subjektiver Tatbestand (+)
c) Konkurrenzen

3. § 274 I Nr 1 (ursprüngliche Signatur) (–)
a) Objektiver Tatbestand (–)
- Urkunde (+)
- Vernichten (+)
- nicht oder nicht ausschließlich gehören (–)

b) Ergebnis

4. § 271 I (–)
a) Objektiver Tatbestand (–)
- öffentliche Urkunde, §§ 415 I, 417 ZPO (+)
- Beweiskraft bezieht sich gerade auf unwahren Inhalt (–)

b) Ergebnis

5. § 153 (–)

6. § 266 I Alt 1, Alt 2 (ggü der Stadt) (–)

7. Konkurrenzen

8. Ergebnis für C im Tatkomplex C
C ist strafbar gem § 263 I – § 52 – § 267 I.

D. Das erste Telefonat (Strafbarkeit der B)

1. **§ 185 Alt 1 (ggü D) (+)**
   a) Objektiver Tatbestand (+)
   b) Subjektiver Tatbestand (+)

Problem Nr 60: Error in objecto vel persona (Irrtum über das Handlungsobjekt) (Rn 266)

   c) Rechtswidrigkeit (+)
      aa) Notwehr, § 32 (–)
      bb) Wahrnehmung berechtigter Interessen, § 193 (–)
   d) Schuld (+)
   e) Strafantragserfordernis, § 194 (+)
2. **§ 186 (–)**

Problem Nr 61: Die Systematik der Beleidigungsdelikte (§§ 185 – 187) (Rn 268)

3. **Ergebnis für B im Tatkomplex D**
   B hat sich gem § 185 Alt 1 strafbar gemacht.

E. Das zweite Telefonat (Strafbarkeit der B)

1. **§ 185 Alt 1 (ggü F) (–)**
   a) Objektiver Tatbestand (+)
   b) Subjektiver Tatbestand (–)

Problem Nr 62: Behandlung der aberratio ictus (Rn 271)

2. **§§ 185, 22, 23 I Alt 2 (–)**
3. **Fahrlässige Beleidigung (–)**
4. **Ergebnis für B im Tatkomplex E**
   B ist straflos.

F. Gesamtkonkurrenzen (Strafbarkeit des C)

- §§ 246 II, 263 I, 52 – § 267 I

G. Gesamtergebnis des materiell-rechtlichen Gutachtens

A: Tatkomplex A: §§ 263 I, II, 22, 23 I Alt 2
B: Tatkomplex D: § 185 Alt 1
C: Tatkomplex B: § 263 I – § 52 – § 246 II
– § 53 –
Tatkomplex C: § 267 I

Teil II. (prozessualer Teil)

1. **Nebenklage, §§ 395 ff StPO**
2. **Die Absprache im Strafverfahren**
   a) Zulässigkeit
   b) Einwände gegen die Absprache
   c) Fehlgeschlagene Absprache

Ausführliche Lösung von Fall 6

Teil I. (materiell-rechtlicher Teil)

A. Das Täuschungsmanöver gegenüber der Mutter (Strafbarkeit des A)

1. §§ 263 I, II, 22, 23 I Alt 2 (A gegenüber M, zulasten der B, zugunsten des A)

245 A könnte dadurch, dass er der Mutter der B vorschwindelte, er solle ihrer Tochter den „Palandt" in die Universität bringen, einen versuchten Betrug begangen haben.

a) Vorprüfung

Da M dem A nicht glaubte und ihm deshalb das Buch nicht aushändigte, ist kein Vermögensschaden eingetreten und somit der Betrug nicht vollendet. Der Versuch ist strafbar gem §§ 263 II, 23 I Alt 2.

b) Tatentschluss

A hatte den Tatentschluss bzgl Täuschungshandlung und Irrtum gefasst. Selbst Zweifel seitens der M hätten einen Irrtum mangels konkreter Anhaltspunkte nicht ausgeschlossen[1].

Fraglich ist, ob A auch eine Vermögensverfügung seitens der M wollte. Vermögensverfügung ist jedes Handeln, Dulden oder Unterlassen, das sich unmittelbar vermögensmindernd auswirkt. Geschädigter und Verfügender müssen dabei nicht personengleich sein. Welche weiteren Anforderungen erfüllt sein müssen, damit die Verfügung des personenverschiedenen Dritten dem Geschädigten als eigene zugerechnet werden kann, ist umstritten.

246 **Problem Nr 56: Der sog „Dreiecksbetrug"**

(1) Nach der sog **Befugnis- oder Ermächtigungstheorie** (*Krey/Hellmann,* BT2 Rn 413, 417; *Schünemann,* GA 1969, 46, 53 ff; SK/StGB-*Hoyer,* § 263 Rn 144 ff) ist eine Verfügung dem Geschädigten dann als eigene zuzurechnen, wenn der Dritte zu dieser Verfügung rechtlich befugt war (zB als Insolvenzverwalter, Testamentsvollstrecker, Bevollmächtigter oder gesetzlicher Vertreter) bzw sich subjektiv für befugt hielt (sog subjektivierte Befugnistheorie, vgl *Kindhäuser,* ZStW 103 [1991], 398, 417; *Küper,* BT S 406; *Otto,* BT § 51 Rn 44).

Argument: Ob die von einem Dritten getroffene Verfügung als eigene erscheint, kann nur nach den klaren Regeln des Zivilrechts entschieden werden. Eine Zurechnung setzt eine rechtliche Befugnis im Verhältnis zum Geschädigten voraus.

(2) Nach der sog **faktischen Nähetheorie,** die vor allem von der Rechtsprechung vertreten wird (BGHSt 18, 221 [Sammelgarage]), reicht es für eine dem Geschädigten zurechenbare Vermögensverfügung zwar nicht aus, dass der Dritte aus irgendeinem Grund gerade im

1 Siehe oben Fall 5, Problem Nr 46, Rn 205.

Tatzeitpunkt in der Lage ist, über die Sache zu verfügen, aber doch, dass er (zB als Mitgewahrsamsinhaber) in gewisser Nähe zum Verfügungsobjekt steht.

Argument: Der Verfügende muss, um dem Geschädigten die Verfügung als Selbstschädigung zurechnen zu können, „näher an der Sache dran sein" als der Täter. Wenn er dies aber ist, entspricht das Tatbild dem eines Betruges und nicht eines Diebstahls.

(3) Überzeugender ist die sog **Lagertheorie** der herrschenden Meinung (S/S-*Cramer/Perron*, § 263 Rn 66; *Wessels/Hillenkamp*, BT2 Rn 641). Danach muss der Verfügende – jedenfalls beim Sachbetrug – im „Lager" oder im „Machtkreis" des Geschädigten stehen. Dies verlangt mehr als nur die faktische Einwirkungsmöglichkeit und weniger als eine rechtliche Befugnis.

Argument: Die streng zivilrechtliche Orientierung der Befugnistheorie – oben Meinung (1) – passt nicht zu dem rein wirtschaftlich ausgerichteten Vermögens- und Verfügungsbegriff des § 263. Außerdem führt sie zu einer kriminalpolitisch unerwünschten Straflosigkeit in den Fällen, in denen mangels Verfügungsbefugnis des Getäuschten der Betrug entfällt und nur noch eine Wegnahme verbleibt, der Diebstahl aber an einer fehlenden Zueignungsabsicht scheitert.

Die faktische Nähetheorie – oben Meinung (2) – erschwert hingegen eine Abgrenzung zum Diebstahl in mittelbarer Täterschaft, da dort ebenfalls logisch vorausgesetzt wird, dass das Werkzeug faktisch auf die Sache einwirken kann.

Der Verfügende muss vielmehr als der Repräsentant des Geschädigten erscheinen, nur dann kann von einer Selbstschädigung die Rede sein.

Zur Vertiefung: Wessels/Hillenkamp, BT2 Rn 639 ff; Beulke, Klausurenkurs II [4] Rn 113; Hillenkamp, BT 30. Problem S 153 ff.

Schon wegen der familienrechtlichen Verbundenheit stand die Mutter hier im Lager **247**
der Tochter. Ebenso ist auch ein Näheverhältnis im Sinne eines Mitgewahrsams zu bejahen, da es der Mutter tatsächlich möglich war, das im Eigentum der Tochter stehende Buch auszuhändigen. Allein nach dem von manchen verlangten Erfordernis einer rechtlichen Befugnis erscheint die Verfügung zweifelhaft. Die Mutter war nicht mehr gesetzliche Vertreterin ihrer Tochter. Ebenso fehlte eine Bevollmächtigung. Da diese Ansicht aber ohnehin zu enge Grenzen setzt und ihr deshalb nicht zu folgen ist, kann eine Verfügung innerhalb eines Dreiecksverhältnisses bejaht werden.

A müsste zudem den Vermögensschaden in seinen Tatentschluss aufgenommen haben. Vermögensschaden ist jede Vermögensminderung infolge täuschungsbedingter Verfügung und mithin der Wertverlust des Vermögens im Vergleich vorher und nachher. Der Schaden sollte im Besitz- und Gebrauchsverlust für B bestehen. Eine Rückgabeabsicht ließe diesen Schaden auch nicht entfallen, sodass der Nutzungsverlust auf Zeit auch nachträglich bestehen bliebe.

Der Täter muss absichtlich handeln, dh es muss ihm gerade darauf ankommen, für sich oder einen Dritten einen rechtswidrigen stoffgleichen Vorteil aus der Vermögensminderung beim Geschädigten zu ziehen. Jede günstigere Gestaltung der Vermögenslage genügt. Hier wären das der Besitz und die Gebrauchsmöglichkeit des „Palandt" gewesen, die für die fragliche Zeit von B auf A übergehen sollten. A handelte also auch in Bereicherungsabsicht. Mangels fälligen einredefreien Anspruchs auf diesen „Palandt" handelte A auch bzgl der Rechtswidrigkeit der Bereicherung vorsätzlich.

c) Unmittelbares Ansetzen

Indem A die Mutter der B bat, ihm den „Palandt" auszuhändigen, hat er unmittelbar zur Tatbestandsverwirklichung iSd § 22 angesetzt.

d) Rechtswidrigkeit und Schuld

A handelte rechtswidrig und schuldhaft.

e) Rücktritt, § 24 I 1 Alt 1

Möglicherweise greift der persönliche Strafaufhebungsgrund des Rücktritts vom Versuch nach § 24 I 1 Alt 1 ein. Der Versuch könnte jedoch schon fehlgeschlagen sein. Fehlgeschlagen ist ein Versuch, der aus Sicht des Täters mit den ihm zur Verfügung stehenden Mitteln gar nicht mehr oder zumindest nicht ohne zeitlich relevante Zäsur zum tatbestandlichen Erfolg geführt werden kann[2].

A ist gegenüber der Mutter mit seinem Vorgehen gescheitert. Aus seiner Sicht konnte er mit anderen Mitteln nicht mehr zum Ziel kommen. Es liegt ein fehlgeschlagener Versuch vor. Ein strafbefreiender Rücktritt vom Versuch nach § 24 I 1 Alt 1 scheidet somit aus.

(Nach aA, die eine eigenständige Fallgruppe des fehlgeschlagenen Versuchs nicht anerkennt, wurde der Versuch nur unfreiwillig aufgegeben, s Beulke, Klausurenkurs I [4] Rn 179 f, [10] 342.)

f) Strafantragserfordernis, §§ 263 IV, 248 a

Bei dem „Palandt" handelte es sich objektiv um eine Sache mit einem Wert von über 50 €. Ein Strafantrag gem § 263 IV iVm § 248 a ist daher nicht erforderlich. (*Sofern der „Palandt" als geringwertig eingestuft wird, ist der Strafantrag gestellt.)*

2. §§ 242 I, II, 22, 23 I Alt 2, 25 I Alt 2

248 In dem Verhalten gegenüber der Mutter der B könnte auch ein versuchter Diebstahl liegen.

a) Vorprüfung

Ein vollendeter Diebstahl liegt mangels Gewahrsamswechsels nicht vor. Der Versuch ist strafbar gem §§ 242 II, 23 I Alt 2.

b) Tatentschluss

A müsste einen Tatentschluss hinsichtlich der Wegnahme des „Palandt" – einer für ihn fremden beweglichen Sache – gefasst haben.

Wegnahme ist der Bruch fremden und die Begründung neuen, nicht notwendig eigenen Gewahrsams an einer Sache. A selbst hat den „Palandt" nicht aus dem Gewahrsam der B entfernen wollen. Es kommt aber ein Diebstahl in mittelbarer Täterschaft unter Einbeziehung der Mutter als gutgläubiges Tatwerkzeug in Betracht, § 25 I Alt 2. Zuvor wurde allerdings bereits ein versuchter Betrug bejaht.

---

2 *Wessels/Beulke*, AT Rn 628.

Problem Nr 57: Schließen sich Wegnahme und Verfügung aus? 249

(1) Einer **Mindermeinung** zufolge ist es keineswegs ausgeschlossen, hinsichtlich ein und derselben Handlung in Bezug auf dieselbe Sache sowohl eine Wegnahme, also einen Diebstahl, als auch eine Vermögensverfügung, dh einen Betrug, (in Tateinheit) anzunehmen (*Herzberg*, ZStW 89 [1977], 367; *Puppe*, GA 1982, 143, 162 f; *dies*, JR 1984, 229 ff; *Schröder*, ZStW 60 [1949], 33).

Argument: Nur um eine strafrechtliche Doppelbewertung des Unrechts zu vermeiden, wird von der herrschenden Meinung eine Exklusivitätsthese aufgestellt. Das ist gar nicht erforderlich. Das Problem kann im Rahmen der Konkurrenzen gelöst werden.

(2) Nach **herrschender** und überzeugender **Ansicht** (S/S-*Cramer/Perron*, § 263 Rn 63; *Wessels/Hillenkamp*, BT2 Rn 647) schließen sich (freiwillige) Verfügung und (unfreiwillige) Wegnahme gegenseitig aus.

Argument: Die Tatbestände regeln exklusiv unterschiedliche Sachgestaltungen. Wird im Rahmen der Wegnahme ein Dritter eingeschaltet, ist danach zu fragen, ob er auf Seiten des Geschädigten steht und damit zurechenbar verfügt (Selbstschädigung) oder ob er als Außenstehender in keinerlei Obhutsbeziehung zur Sache auf diese zugreift. Dann liegt ein Trickdiebstahl und somit ein Fremdschädigungsdelikt vor.

Merke: Die Exklusivität von Diebstahl einerseits und Betrug andererseits gilt nur, solange es sich um ein und denselben Geschädigten (Rechtsgutsinhaber) handelt. Ist aber der Eigentümer der weggenommenen Sache nicht identisch mit dem Geschädigten (zB A verkauft das vor dem Haus des B stehende Fahrrad als sein angeblich eigenes an den gutgläubigen K, der nach Bezahlung an A mit dem Fahrrad wegfährt), so liegen Diebstahl (bzgl des Fahrrades) und Betrug (bzgl des Geldes) in Idealkonkurrenz vor.

Zur Vertiefung: Wessels/Hillenkamp, BT2 Rn 637 f.

Wie bereits hervorgehoben (*s o Rn 246*), handelte B mit dem Vorsatz, eine Vermögensverfügung durch M zu bewirken. Nachdem es sich hier um ein und dieselbe Tathandlung und dasselbe Rechtsgut handelt und Diebstahl und Betrug insoweit zueinander im Verhältnis der Exklusivität stehen, scheidet ein Diebstahlsversuch aus.

Zu beachten ist, dass vorliegend ein versuchter Diebstahl in mittelbarer Täterschaft geprüft wird. Die Strafbarkeit scheitert am fehlenden Tatentschluss hinsichtlich der Wegnahme. Würde man weiter prüfen, käme man im Rahmen des unmittelbaren Ansetzens zu dem Ergebnis, dass A den Vordermann noch nicht aus seinem Einwirkungsbereich entlassen hat – A redete noch auf M ein – und damit ein unmittelbares Ansetzen des Hintermanns ausscheidet (zur Abgrenzung s Problem Nr 48 Rn 213). In Betracht käme daher nur noch eine versuchte mittelbare Täterschaft, die aber nach hM straflos ist (vgl o Rn 214).

3. §§ 246 I, III, 22, 23 I Alt 2

a) Vorprüfung

Die Unterschlagung wurde nicht vollendet. Der Versuch ist strafbar gem §§ 246 III, 23 I Alt 2. 250

b) Tatentschluss

Fraglich ist, ob A hinsichtlich aller Merkmale des § 246 I Vorsatz hatte. A wollte B dauerhaft enteignen. Zwar plante er auch, den „Palandt" nach dem Examen und nach Erscheinen der Neuauflage zurückzugeben, der Rückgabewille schließt jedoch mit der um Sachwertgesichtspunkte ergänzten Substanztheorie[3] einen Enteignungsvorsatz nicht aus. Wer während der Dauer der aktuellen Auflage den „Palandt" benutzen will, geriert sich als Eigentümer. Die spätere Rückgabe des nach Erscheinen der Neuauflage im Wert geminderten Buches führt nicht zum Ausschluss der Enteignung (Vergleichsfall: Rückgabe des Gummibootes am Ende des Sommers).

A wollte sich den „Palandt" zudem aneignen. Für eine gewisse Zeit sollten Besitz und Nutzen des Buches ausschließlich ihm selbst zustehen. Diese Zueignung sollte auch rechtswidrig sein.

c) Unmittelbares Ansetzen

A hatte hier schon mit der tatbestandlichen Ausführungshandlung begonnen und daher unmittelbar iSd § 22 zur Unterschlagung angesetzt.

d) Subsidiarität gegenüber § 263 I

Die Tat steht schon gem §§ 263 I, II, 22, 23 I Alt 2 unter Strafe, sodass die gesetzliche Subsidiaritätsklausel des § 246 I eingreift und eine Bestrafung gem §§ 246 I, III, 22, 23 I Alt 2 ausscheidet.

4. Ergebnis für A im Tatkomplex A

A hat sich gem §§ 263 I, II, 22, 23 I Alt 2 strafbar gemacht.

B. Der „Palandt"-Verkauf

I. Strafbarkeit des C

1. § 263 I (C gegenüber A, zulasten des A, zugunsten des C)

251 Durch den Verkauf des „Palandt" der Stadtbibliothek an A könnte C sich wegen Betruges gem § 263 I zulasten des A strafbar gemacht haben.

a) Objektiver Tatbestand

C müsste A zunächst getäuscht, dh bei ihm eine positive Fehlvorstellung über Tatsachen hervorgerufen haben. C täuschte A schlüssig (nicht durch Unterlassen) darüber, dass er der Eigentümer des Buches sei und A damit als Verfügungsberechtigter Eigentum daran verschaffen könne.

Ein entsprechender Irrtum des A wurde erregt.

Eine Vermögensverfügung liegt bereits im Abschluss des Kaufvertrages über den „Palandt", spätestens jedoch in der Zahlung des Kaufpreises.

3 Siehe oben Fall 3, Problem Nr 24, Rn 126.

Der Vermögensschaden wird über den Vergleich der Vermögenswerte vor und nach der Verfügung bestimmt. Hier ist zu bedenken, dass C bereits im Besitz des Buches war, als er es an A übereignete. Dementsprechend ist das Buch der Bibliothek nicht abhanden gekommen, sodass A das Eigentum über §§ 929 S 1, 932 I 1 BGB gutgläubig erwerben konnte und auch erworben hat. § 935 BGB schließt dann einen gutgläubigen Erwerb nicht mehr aus. Ob gleichwohl ein Vermögensschaden gegeben sein kann, ist streitig.

Problem Nr 58: Gutgläubiger Erwerb als Vermögensschaden? 252

(1) Nach der heute schon **herrschenden Ansicht im Schrifttum** (S/S-*Cramer/Perron*, § 263 Rn 111; für den Regelfall auch SK/StGB-*Hoyer*, § 263 Rn 259 f) wird ein Schaden, der sich nur aus der „Bemakelung" des Eigentums herleiten soll, verneint.

Argument: Gutgläubig erworbenes Eigentum ist auch wirtschaftlich dem vom Berechtigten erworbenen Eigentum gleichwertig. Auch verbietet der wirtschaftliche Vermögensbegriff eine Ungleichbehandlung aus diesem Gesichtspunkt im Rahmen des § 263 I. Die Gefahr, mit einem ungerechtfertigten Prozess überzogen zu werden, ist außerdem nicht größer als für jeden anderen Eigentümer, dessen Eigentum bestritten wird.

(2) Die sog **Makeltheorie** erkennt einen Vermögensschaden des Erwerbers deswegen an, weil er sein Eigentum über § 932 I BGB nur „sittlich bemakelt" erhalten konnte (so noch RGSt 73, 61).

Argument: Der Berechtigte könnte sich aufgrund von Sitte und Anstand („sittlicher Makel") genötigt sehen, den zu Eigentum erworbenen Gegenstand wieder herauszugeben.

(3) Überzeugender ist die heute in der **Rechtsprechung** vertretene modifizierte Makeltheorie, die zwar die generelle Bemakelung des gutgläubig erworbenen Eigentums ablehnt, jedoch im Einzelfall gleichwohl einen Schaden für möglich hält (seit BGHSt 3, 370; 15, 83; *Arzt/Weber*, BT § 20 Rn 98; *Wessels/Hillenkamp*, BT2 Rn 575).

Argument: Trotz gutgläubigen Erwerbs kann das Eigentum wirtschaftlich weniger wert sein, weil das Eigentum bestritten werden könnte. Eine schadensgleiche konkrete Vermögensgefährdung ist auch darin zu sehen, dass der Erwerber Gefahr läuft, vom früheren Eigentümer mit einem Prozess überzogen zu werden, in dem die Gutgläubigkeit seines Erwerbs bestritten wird.

Zur Vertiefung: Wessels/Hillenkamp, BT2 Rn 574 ff; Hillenkamp, BT 32. Problem S 166 ff.

Der Eigentumserwerb des A ist zwar zivilrechtlich wirksam erfolgt, dennoch besteht 253
die Gefahr, dass er bzgl der Frage seiner Gutgläubigkeit beim Erwerb mit einem Prozess überzogen wird. Das liegt gerade bei einem Buch, das sich vorher im Eigentum der Stadt befand, besonders nahe. In diesem konkreten Fall kann man dann ausnahmsweise von einem „Makel" des Eigentums sprechen. Im Vergleich zwischen seinen Vermögenswerten vor und nach der Verfügung hat A für die Kaufpreiszahlung nur ein angreifbares Eigentum erhalten und somit einen Nachteil erlitten (*aA aber ebenso gut vertretbar).*

b) Subjektiver Tatbestand

C handelte vorsätzlich und in der Absicht rechtswidriger Bereicherung.

Er hat sich gem § 263 I strafbar gemacht.

2. § 263 I (C gegenüber A, zulasten der Stadtbibliothek, zugunsten des C)

254 Indem C den „Palandt" der Stadtbibliothek an A verkaufte und übereignete, könnte er sich auch wegen Betruges gem § 263 I zulasten der Stadtbibliothek strafbar gemacht haben.

Eine solche Strafbarkeit setzt voraus, dass der Verfügende in einem Näheverhältnis zum Geschädigten steht (Dreiecksbetrug, *s o Rn 246)*. Hier stand A in keinerlei Nähebeziehung zur Bibliothek und auch der Umstand, dass sein guter Glaube ihm gem §§ 929 S 1, 932 I 1 BGB zu einem Eigentumserwerb verhalf, der mit einem Vermögensschaden (Eigentumsverlust) auf Seiten der Bibliothek korrespondiert, transferiert ihn nicht in das Lager der geschädigten Bibliothek.

3. § 246 I, II

255 C könnte dadurch, dass er den aus der Stadtbibliothek entliehenen „Palandt" an A verkaufte, eine Unterschlagung begangen haben.

a) Tatbestand

C müsste sich den „Palandt" – eine für ihn fremde bewegliche Sache – zugeeignet haben. Zueignung ist die nach außen offen kundgetane Manifestation des Zueignungswillens. Eine Zueignungshandlung liegt nach hA bereits in dem Verkaufsangebot bzw in der Annahme des Kaufangebotes des A. C hat sich damit eine logische Sekunde vor Veräußerung der Sache an A die Position eines Eigentümers widerrechtlich angemaßt. Die Betätigung des Zueignungswillens ist objektiv erkennbar. Aber auch wer mit einer Mindermeinung bei § 246 einen Vollzug der Zueignung verlangt[4], gelangt hier angesichts der Übergabe des verkauften „Palandt" zur vollendeten Zueignung. Nach der Neufassung des § 246 I ist auch die Drittzueignung strafbar, sodass offen bleiben kann, worauf sich genau die Zueignung des C bezog. Nach dem Sachverhalt spricht vieles dafür, dass er die Sache über den Verkauf nur dem eigenen Vermögen einverleiben wollte.

Auch die nachträgliche Rückkaufabsicht lässt eine Zueignung nicht entfallen. Zum einen konnte C nicht unbedingt damit rechnen, dass A den „Palandt" wieder verkaufen würde, zum anderen genügt schon die Übertragung des Eigentums an einen Dritten, um den wahren Berechtigten dauerhaft zu enteignen, zumal zivilrechtlich umstritten ist, ob im Rückkaufsfall das Eigentum automatisch wieder an den alten Eigentümer zurückfällt oder nicht[5].

Weitere Ausführungen zur subjektiven Seite erscheinen hier überflüssig. Richtig ist jedoch, auch den Zueignungswillen hier schon im objektiven Tatbestand zu prüfen (s o Rn 128).

b) Rechtswidrigkeit und Schuld

C handelte rechtswidrig und schuldhaft.

---

4 Vgl SK/StGB-*Hoyer*, § 246 Rn 22; zum Streitstand: *Wessels/Hillenkamp*, BT2 Rn 279 und oben Fall 4, Problem Nr 36, Rn 167.

5 Palandt-*Bassenge*, § 932 Rn 17.

c) Qualifikation, § 246 II

Veruntreuende Unterschlagung liegt vor, wenn die Sache dem Täter anvertraut wurde. Anvertraut sind solche Sachen, deren Gewahrsam der Täter vom Eigentümer oder von einem Dritten mit der Verpflichtung erlangt hat, sie zu einem bestimmten Zweck zu verwenden, aufzubewahren oder auch nur zurückzugeben[6], insbesondere gemietete, geliehene oder in Verwahrung gegebene Sachen[7]. In diesem Fall war das Buch an C verliehen, ihm also anvertraut. § 246 II geht als Qualifikation dem § 246 I vor.

d) Strafantragserfordernis, § 248 a

Ein Strafantrag ist angesichts des Wertes eines neuen „Palandt", wie ihn sich C ausgeliehen hat, nicht erforderlich.

Käme man zu einem anderen Ergebnis, wäre der Strafantrag laut Sachverhalt gestellt.

4. Konkurrenzen

Zu untersuchen ist das Konkurrenzverhältnis zwischen Betrug und veruntreuender Unterschlagung. Die Subsidiaritätsklausel des § 246 I gilt nach ganz herrschender Ansicht auch für § 246 II[8]. Das Verkaufsangebot (§ 246 II) ist schon der Beginn der Ausführungshandlung zum Betrug. Es liegt also nur eine einzige Handlung vor. Dies spräche dafür, bezüglich des Betrugs gegenüber A und der Unterschlagung gegenüber der Bibliothek eine „Tat" im Sinne von § 246 I aE zu bejahen, sodass die Unterschlagung hier als subsidiäres Delikt entfiele. Hinzu kommt, dass nach herrschender Ansicht der Tatbegriff bei § 246 sehr weit ausgelegt und Subsidiarität des § 246 auch gegenüber Nichtvermögensdelikten angenommen wird[9]. Auf der anderen Seite werden hier durch die Unterschlagung einerseits und den Betrug andererseits ganz unterschiedliche Rechtsgutsträger geschädigt. Somit kann das Unrecht der Tat nur dann sinnvoll zum Ausdruck gebracht werden, wenn (ebenso wie bei Betrug und Diebstahl gegenüber verschiedenen Rechtsgutsträgern) Idealkonkurrenz, § 52 I, zwischen beiden Delikten angenommen wird. 256

(*Selbstverständlich ist auch Gesetzeskonkurrenz vertretbar; ferner aber auch Realkonkurrenz, wenn man die Geschehnisse bzgl Unterschlagung und Betrug in zwei Handlungen aufspaltet.*)

5. Ergebnis für C im Tatkomplex B

C hat sich gem § 263 I – § 52 I – § 246 II strafbar gemacht.

---

6 BGHSt 9, 90; 16, 280.
7 *Wessels/Hillenkamp*, BT2 Rn 295.
8 BGHSt 47, 243, 244.
9 *Wessels/Hettinger*, BT1 Rn 790.

II. Strafbarkeit des A

1. §§ 246 I, 26

257 Die vorsätzliche rechtswidrige Haupttat liegt in Form der von C begangenen Unterschlagung vor. Eine objektive Anstiftungshandlung des A kann in der Unterbreitung des Kaufangebotes gesehen werden. A fehlte es jedoch am Vorsatz bezüglich der Haupttat. Er wusste nicht, dass der „Palandt" eine für C fremde Sache war.

2. §§ 246 I, 27

A fehlte es am Vorsatz bezüglich der Haupttat.

3. Ergebnis für A im Tatkomplex B

A ist straflos.

C. Der Prozess (Strafbarkeit des C)

1. § 263 I (C gegenüber R, zulasten der Stadt, zugunsten des C)

258 C könnte dadurch, dass er im Zivilprozess eine eigenmächtig veränderte Quittung vorlegte, sodass die gegen ihn erhobene Klage abgewiesen wurde, einen Betrug begangen haben.

a) Objektiver Tatbestand

Problem Nr 59: Der so genannte Prozessbetrug

Ein sog Prozessbetrug liegt vor, wenn der Richter oder ein anderes Organ der Rechtspflege durch Täuschung zu einer das Vermögen des Prozessgegners schädigenden Entscheidung veranlasst wird.

Der Richter muss einer *Täuschung* unterliegen, nicht der Kläger bzw der Beklagte, denn dieser kennt den wahren Sachverhalt.

Daraus muss entsprechend ein *Irrtum* des Richters bewirkt worden sein (zweifelhaft ist dieses Merkmal nur im automatisierten Mahnverfahren).

Eine *Verfügung* des Richters erfolgt durch Urteil zulasten der anderen Partei.

Den *Schaden* stellt die Abweisung der Klage dar, ohne Rücksicht auf eine Rechtsmittelfähigkeit. Wird das verneint, so liegt zumindest eine schadensgleiche Vermögensgefährdung vor. Für eine Klageabweisung ist auch die Unmittelbarkeit der Vermögensminderung grundsätzlich zu bejahen (was in anderen Fällen, in denen etwa das durch Täuschung erschlichene Urteil auf Herausgabe einer Sache lautet und erst noch durch den Gerichtsvollzieher vollstreckt werden muss, zweifelhafter erscheint). Zu beachten ist, dass es beim Prozessbetrug stets um Forderungen, Rechte oder Erwerbspositionen geht, auch wenn etwa die Herausgabe einer Sache eingeklagt wird.

Verfügender ist der Richter, Geschädigter der Kläger. Wie immer in Dreieckskonstellationen müssen Getäuschter und Verfügender, nicht aber Verfügender und Geschädigter, identisch sein, jedoch muss in diesen Konstellationen des Sachbetrugs der Verfügende im Lager des Geschädigten stehen. Auf den unabhängigen Richter trifft das nicht zu.

(1) Eine früher vertretene **Mindermeinung** (OLG Hamm DJZ 1908, Sp. 1020; *Grünhut,* JW 1925, 1498) hielt aus diesem und aus anderen Gründen einen Prozessbetrug niemals für möglich: Der Betrug setze zwar nicht Personengleichheit, aber doch voraus, dass die Schädigung als das „eigene Werk" des Geschädigten erscheine; davon könne aber beim Prozessbetrug keine Rede sein. Die Stellung des Prozessrichters würde völlig verkannt, wollte man annehmen, er vertrete den Willen einer Partei.

(2) Vereinzelte **Mindermeinungen** im Schrifttum versuchen eine eigenständige Begründung der Zulässigkeit des Prozessbetruges. Entweder das „Nähekriterium" gelte nicht für den Forderungsbetrug (str; OLG Celle NJW 1994, 142 m zust Anm *Linnemann,* wistra 1994, 167 ff, der jetzt ein Näheverhältnis auch für Forderungsbetrug für erforderlich hält) oder aber die oben genannten Theorien seien falsch und zeigten, dass sie in Wahrheit nur taugen, wo es um die Abgrenzung zum Diebstahl geht.

(3) Die ganz **herrschende Meinung** problematisiert dies heute nicht mehr, sondern lässt den Prozessbetrug als mehr oder minder eigenständige Fallgruppe seit jeher zu (*Fischer,* § 263 Rn 24; *Wessels/Hillenkamp,* BT2 Rn 584, 649, der für eine sachgemäße Reduzierung der an das Näheverhältnis zu stellenden Anforderungen in diesen Fällen eintritt).

Zur Vertiefung: Wessels/Hillenkamp, BT2 Rn 584, 649; Fahl, Jura 1996, 74, 77 f.

Die Vorlage der veränderten Quittung stellt eine Täuschungshandlung des C gegenüber R dar. Aufgrund der gefälschten Beweise hat der Richter irrtumsbedingt über das Vermögen der Stadt zu ihrem Schaden verfügt, indem er die Klage abgewiesen hat. Beim sog Prozessbetrug muss man von geringeren Anforderungen bzgl des „Näheverhältnisses" des Richters zur Klägerpartei ausgehen. 259

b) Subjektiver Tatbestand

C handelte vorsätzlich und in der Absicht rechtswidriger, stoffgleicher Bereicherung.

c) Rechtswidrigkeit und Schuld

C handelte rechtswidrig und schuldhaft.

d) Strafantragserfordernis, §§ 263 IV, 248 a

Ein Strafantrag ist angesichts des Wertes eines neuen „Palandt", wie ihn sich C ausgeliehen hat, nicht erforderlich.

Käme man zu einem anderen Ergebnis, wäre der Strafantrag laut Sachverhalt gestellt.

2. § 267 I Var 1, Var 2, Var 3 (Quittung)

Indem C die Signatur auf der Quittung ausradierte und durch die des „Palandt" ersetzte, könnte C eine Urkundenfälschung begangen haben. 260

a) Objektiver Tatbestand

Die Herstellung einer unechten Urkunde (Var 1) könnte im Eintragen der Signatur des „Palandt" in die Rückgabequittung liegen. Eine Urkunde ist eine verkörperte Gedankenerklärung, die zum Beweis im Rechtsverkehr geeignet und bestimmt ist und ihren

Aussteller erkennen lässt[10]. Mit der Rückgabequittung soll nach dem Willen des Ausstellers (der Bibliothek) eine Rückgabebestätigung für ein bestimmtes Buch (Beweisfunktion) dauerhaft festgehalten werden.

Eine Urkunde ist unecht, wenn sie nicht von demjenigen herrührt, der aus ihr als Hersteller (Erklärender) hervorgeht[11]. Herstellen einer unechten Urkunde ist demnach gegeben, wenn eine Identitätstäuschung über den wahren Aussteller erwirkt werden soll. Die Neueintragung ging in Wahrheit nicht mehr auf die Bibliothek, sondern auf den C als eigentlichen Aussteller der Urkunde zurück.

C hat also eine unechte Urkunde hergestellt.

Darüber hinaus könnte C eine echte Urkunde verfälscht haben (Var 2). Verfälschen ist jede unbefugte nachträgliche Veränderung der Beweisrichtung und des gedanklichen Inhalts einer echten Urkunde, sodass diese nach dem Eingriff etwas anderes zum Ausdruck bringt als vorher[12]. Es wird also die Beweisrichtung geändert und der vorhandenen (echten) Urkunde wird eine andere Erklärung untergeschoben.

Soweit darin gleichzeitig ein Herstellen einer unechten Urkunde liegt, tritt die erste Variante hinter den spezielleren Verfälschungstatbestand zurück[13], so auch hier.

Schließlich könnte C von einer verfälschten oder unechten Urkunde Gebrauch gemacht haben (Var 3). Gebrauchmachen bedeutet, die verfälschte oder unechte Urkunde dem zu Täuschenden im Rechtsverkehr so zugänglich zu machen, dass er die Möglichkeit zur Kenntnisnahme erhält[14]. Diese Variante ist ebenfalls erfüllt.

b) Subjektiver Tatbestand

C handelte vorsätzlich.

Darüber hinaus müsste er in der Absicht der Täuschung im Rechtsverkehr gehandelt haben. Es muss keine Absicht im technischen Sinn vorliegen, es genügt, dass der Täter – wie hier – sicher weiß, mit der Vorlage der unechten oder verfälschten Urkunde eine Täuschung im Rechtsverkehr zu bewirken.

c) Konkurrenzen

Ein Gebrauchmachen war hier von vornherein geplant, damit liegt nur eine Urkundenfälschung im Rechtssinne gem § 267 I vor[15].

3. § 274 I Nr 1 (ursprüngliche Signatur)

261 Durch Veränderung der später dem Gericht vorgelegten Quittung könnte C eine Urkunde, die ihm nicht ausschließlich gehörte, vernichtet haben.

10 *Wessels/Hettinger*, BT1 Rn 821.
11 *Wessels/Hettinger*, BT1 Rn 842.
12 *Wessels/Hettinger*, BT1 Rn 844, s o Fall 2, Problem Nr 12, Rn 81.
13 *Wessels/Hettinger*, BT1 Rn 851.
14 Vgl o Fall 2, Problem Nr 13, Rn 83.
15 *Wessels/Hettinger*, BT1 Rn 891.

a) Objektiver Tatbestand

Vernichten bedeutet die völlige Beseitigung der beweiserheblichen Substanz einer Urkunde[16]. Durch Ausradieren der ursprünglichen Signatur ist dies erfolgt.

Nicht oder nicht ausschließlich gehört dem Täter eine Urkunde, wenn auch andere dazu befugt sind, die Urkunde zum Beweis im Rechtsverkehr zu gebrauchen[17]. Beweisbefugt mit der ursprünglichen Urkunde war aber allein C, der die Quittung ebenso gut auch hätte wegwerfen können.

b) Ergebnis

C hat sich nicht gem § 274 I Nr 1 strafbar gemacht.

4. § 271 I

Durch Herbeiführung eines klageabweisenden Urteils mittels Vorlage einer gefälschten Quittung könnte C eine mittelbare Falschbeurkundung begangen haben. **262**

a) Objektiver Tatbestand

Bei dem Urteil des Zivilgerichts müsste es sich um eine öffentliche Urkunde mit Beweiskraft für und gegen jedermann gerade hinsichtlich der hier unwahren Tatsachen handeln[18].

Öffentliche Urkunden sind solche, die von einer öffentlichen Behörde oder von einer mit öffentlichem Glauben versehenen Person innerhalb ihrer sachlichen Zuständigkeit in der vorgeschriebenen Form aufgenommen sind[19].

Fraglich erscheint hier jedoch, ob der Richter in dem Urteil Tatsachen mit Beweiskraft für und gegen jedermann bezeugt hat, denn zivilrechtliche Urteile haben nur Wirkung zwischen den Parteien.

Andererseits erbringt das Urteil gegenüber jedermann den Beweis, dass das Gericht zulasten der hier klagenden Partei dem von ihr geltend gemachten Anspruch nicht stattgegeben hat. Die Urkunde dieses Inhalts wurde auch durch eine dazu bevollmächtigte Person (Richter) im Rahmen seiner Amtsbefugnisse ausgestellt und beweist iSd § 417 ZPO eine behördliche Erklärung.

Es muss sich aber die Beweiskraft der öffentlichen Urkunde gerade auf die Inhalte beziehen, die zu öffentlichem Glauben beurkundet worden sind. Beurkundet wurde hier nur der Richterspruch (Tenor), nicht die dieser Entscheidung zugrunde liegende Vorlage falscher Beweise bzw das Nichtbestehen eines Anspruchs auf Herausgabe oder auf Schadensersatz. Die öffentliche Urkunde erbringt nur vollen Beweis darüber, dass die behördliche Willenserklärung tatsächlich abgegeben wurde, nicht aber dass sie sachlich richtig ist oder die tatsächlichen und juristischen Voraussetzungen hierfür vorlagen[20].

---

16 *Wessels/Hettinger*, BT1 Rn 889.
17 SK/StGB-*Hoyer*, § 274 Rn 4.
18 *Wessels/Hettinger*, BT1 Rn 905.
19 BGHSt 25, 95, 96 f; Baumbach/Lauterbach-*Hartmann*, ZPO § 415 Rn 4 iVm § 417 Rn 1; SK/StGB-*Hoyer*, § 271 Rn 9.
20 Vgl hierzu u Fall 10, Problem Nr 101, Rn 481.

Hier gelangte der Richter aufgrund der Beweislage zu dem Ergebnis, der Anspruch der klägerischen Partei sei unbegründet. Nur auf diese Entscheidung des Richters bezog sich die Beweiskraft der öffentlichen Urkunde. Insoweit ist aber auch nichts iSd § 271 I unrichtig beurkundet worden. Dass die Entscheidung aufgrund des unwahren Parteivorbringens nicht der wirklichen Rechtslage entsprach, ist irrelevant.

b) Ergebnis

Eine Strafbarkeit nach § 271 I ist nicht gegeben.

5. § 153

263 Die Bekundungen des C vor Gericht könnten uU eine falsche uneidliche Aussage darstellen.

C war aber nicht Zeuge oder Sachverständiger, sondern Partei. Für eine Strafbarkeit nach § 153 fehlt es C daher an einem notwendigen Tätermerkmal.

6. § 266 I Alt 1, Alt 2 (gegenüber der Stadt)

Nach herrschender Meinung wird eine Vermögensbetreuungspflicht sowohl bei der ersten als auch bei der zweiten Alternative des § 266 I benötigt („Spezialitätslösung“[21]). Zwischen dem C und der Stadt bestand zwar ein Leihvertrag. Aus diesem ergab sich aber keinesfalls die Hauptpflicht des C, das Vermögen der Stadt zu betreuen. Es scheiden deshalb beide Alternativen des § 266 I aus.

7. Konkurrenzen

264 Nach herrschender Ansicht[22] besteht zwischen § 263 I und § 267 I Idealkonkurrenz, wenn die Urkunde gerade zur Täuschung im Rechtsverkehr konkret hergestellt wurde. Nach aA besteht zwischen der Herstellungs- und der Verfälschungsvariante des § 267 I einerseits und dem Betrug andererseits Realkonkurrenz, zwischen der dritten Variante des § 267 I und dem § 263 I hingegen Idealkonkurrenz, § 52[23].

Dieser Streit ist in gewisser Weise die Fortsetzung des oben bereits angesprochenen Konkurrenzproblems der verschiedenen Varianten der Urkundenfälschung untereinander. Wird – wie dies oben erfolgte – das Gebrauchmachen der Urkunde, das mit § 263 I in einem Akt zusammenfällt, mit dem Fälschen in einer tatbestandlichen Handlungseinheit zusammengezogen, so ist wegen der zeitlichen Überschneidung zwischen Urkundenfälschung und Betrug Tateinheit anzunehmen.

(Zu der Frage, ob der Prozessbetrug als Sicherungsbetrug hinter den Betrug/die Unterschlagung aus Komplex B zurücktritt, s u Rn 273)

8. Ergebnis für C im Tatkomplex C

C ist strafbar gem § 263 I – § 52 – § 267 I.

---

21 *Lackner/Kühl*, § 266 Rn 21.
22 *Maurach/Schroeder/Maiwald*, BT2 § 65 Rn 79.
23 NK-*Zaczyk*, § 185 Rn 21; *Wessels/Beulke*, AT Rn 763.

D. Das erste Telefonat (Strafbarkeit der B)

1. § 185 Alt 1 (gegenüber D)

Die B könnte dadurch, dass sie am Handy den D ein „Kameradenschwein“ nannte, eine **265**
Beleidigung begangen haben.

a) Objektiver Tatbestand

Durch die Kundgabe des Ausdrucks „Kameradenschwein“ hat B gegenüber D ihre Missachtung bzw Nichtachtung der Person durch Zuschreibung negativer Qualitäten zum Ausdruck gebracht und D damit beleidigt.

b) Subjektiver Tatbestand

Fraglich ist, ob der Umstand, dass B in Wahrheit nicht den D, sondern den A beleidigen wollte, gem § 16 I 1 den Vorsatz entfallen lässt, weil sie sich in der Person des Opfers geirrt hat. Der Vorsatz muss gem § 16 I 1 bei Begehung der Tat vorliegen. Zu unterscheiden sind hier der error in persona vel objecto und die aberratio ictus.

Beim error in objecto vel persona trifft der Verletzungserfolg das Objekt, das anvisiert wurde; jedoch hat der Täter eine Fehlvorstellung von dessen Identität, sodass eine reine Objektverwechslung vorliegt. Bei der aberratio ictus handelt es sich dagegen um das Fehlgehen der Tat (des Angriffs), wobei der Verletzungserfolg an einem anderen als dem anvisierten Objekt eintritt („daneben geschossen“).

Als B das Wort „Kameradenschwein“ äußerte, wollte sie damit genau den Teilnehmer beleidigen, der sich am anderen Ende der Leitung mit „Hallo“ gemeldet hatte (Identität zwischen Angriffs- und Verletzungsobjekt). Es handelt sich somit um einen Fall des error in persona.

Problem Nr 60: Error in objecto vel persona (Irrtum über das Handlungsobjekt) **266**

Bei einem Irrtum über das Handlungsobjekt kommt es darauf an, ob sich die strafrechtliche Bewertung ändern würde, wenn die Vorstellung des Täters zutreffend wäre. Nur dann ist die Abweichung beachtlich.

Sind vorgestelltes und tatsächlich angegriffenes Objekt **nicht tatbestandlich gleichwertig**, ist der Vorsatz des Täters nach § 16 I 1 ausgeschlossen. In diesem Fall kann der Täter nur wegen Versuchs bezüglich des vorgestellten Objekts (falls dieser strafbar ist), ggf in Tateinheit mit fahrlässiger Tat bezüglich des getroffenen Objekts, bestraft werden.

Sind die Objekte, um die es nach der Sachverhaltsvorstellung des Handelnden geht, dagegen **tatbestandlich gleichwertig**, so ist die Objektverwechslung für die Strafbarkeit des Irrenden ohne Bedeutung. Sie stellt (wie ein Irrtum im Beweggrund) die Existenz des Tatbestandsvorsatzes nicht in Frage. Insoweit handelt es sich lediglich um einen unbeachtlichen Motivirrtum. § 16 I 1 erfasst als Bezugspunkt nur die äußeren Tatumstände, nicht aber Beweggründe oder Fernziele der Tat.

Zur Vertiefung: Wessels/Beulke, AT Rn 247 ff; s a Beulke, Klausurenkurs I [1] Rn 153.

Angesichts der tatbestandlichen Gleichwertigkeit der Objekte ist die Tatsache, dass die **267**
B die angesprochene Person – nämlich D – für A hielt, ein unbeachtlicher Motivirrtum

(in der Form des error in persona), der für ihren Vorsatz unbeachtlich ist. Beleidigungsvorsatz bzgl des D liegt damit vor.

c) Rechtswidrigkeit

aa) Notwehr, § 32

Ein Angriff des D auf Rechtsgüter der B lag nicht vor. Auch auf der Grundlage eines Irrtums der B wäre das Vorliegen einer Notwehrlage zu verneinen. Der Angriff des vermeintlichen Tatopfers A war zu diesem Zeitpunkt nicht mehr gegenwärtig.

bb) Wahrnehmung berechtigter Interessen, § 193

In Betracht kommt die Wahrnehmung berechtigter Interessen iSd § 193 als spezieller Rechtfertigungsgrund für Beleidigungen. Allerdings ist dort nur die berechtigte Kritik erfasst. Beleidigungen, deren beleidigender Charakter sich schon aus der Form der Äußerung ergibt (Formalbeleidigungen), sind dagegen nie gerechtfertigt. Hier liegt aber eine Formalbeleidigung vor.

d) Schuld

B handelte schuldhaft.

e) Strafantragserfordernis, § 194

Der gem § 194 erforderliche Strafantrag ist gestellt.

2. § 186

268 **Problem Nr 61: Die Systematik der Beleidigungsdelikte (§§ 185–187)**

Werturteil		**Tatsachenbehauptung (beachte jeweils § 192!)**
ggü dem Beteiligten:	**§ 185**	**§ 185** Unwahrheit ist ungeschriebenes Tatbestandsmerkmal
ggü Dritten:	**§ 185**	**§ 186** Nichterweislichkeit der behaupteten Tatsache ist objektive Bedingung der Strafbarkeit **§ 187** Unwahrheit ist Tatbestandsmerkmal

Zur Vertiefung: Wessels/Hettinger, BT 1 Rn 489ff; Geppert, Jura 2002, 820ff.

269 Eine Strafbarkeit wegen übler Nachrede scheitert bereits an der fehlenden Tatsachenbehauptung.

3. Ergebnis für B im Tatkomplex D

B hat sich gem § 185 Alt 1 strafbar gemacht.

E. Das zweite Telefonat (Strafbarkeit der B)

1. § 185 Alt 1 (gegenüber F)

Indem B auf den Anrufbeantworter die Worte „Du falsche Drecksau" sprach und die F dies abhörte, könnte sich B erneut wegen Beleidigung strafbar gemacht haben. **270**

a) Objektiver Tatbestand

Eine Kundgabe von Missachtung oder Nichtachtung der Person des Gegenübers liegt mit der Äußerung „Du falsche Drecksau" vor. Auch das persönliche „Du" kann für sich genommen bereits eine Beleidigung sein.

Kommen mehrere Äußerungsformen zusammen, liegt aber nur eine Beleidigung vor (tatbestandliche Handlungseinheit).

b) Subjektiver Tatbestand

In dieser Tatvariante könnte ein Fehlgehen der Tat und damit eine aberratio ictus vorliegen. Der Vorsatz von B war nicht auf irgendeine Person konkretisiert, die das Band abhörte, und B hielt auch nicht etwa die F für den A. Vielmehr erwartete sie, dass eine ganz bestimmte Person, nämlich der A, die Beleidigung vernahm. Mit F wurde daher nach der konkreten Tätervorstellung das falsche Opfer getroffen. Es liegt damit eine aberratio ictus vor. (*Die erneute Annahme eines error in persona ist bei guter Begründung ebenfalls vertretbar.*)

Fraglich ist, ob deshalb der Beleidigungsvorsatz abgelehnt werden muss.

Problem Nr 62: Behandlung der aberratio ictus **271**

(1) Eine **Mindermeinung** (*Daleman/Heuchemer*, JA 2004, 460; *Loewenheim,* JuS 1966, 313; für die Verletzung nicht höchstpersönlicher Rechtsgüter auch *Hillenkamp*, Die Bedeutung von Vorsatzkonkretisierungen, 1971, S 85 ff) will wie beim error in persona nach der Gleichwertigkeit unterscheiden. Sind die Objekte tatbestandlich gleichwertig, soll aus dem vollendeten Delikt bestraft werden.

Argument: Der Täter wollte einen Menschen treffen (subjektiv) und hat auch einen Menschen getroffen (objektiv).

(2) Eine **andere Meinung** (NK-*Puppe*, § 16 Rn 95 ff; *dies*, JZ 1989, 728, 730 ff; *dies*, GA 1981, 1, 14 ff; *Welzel,* S 73 f) stellt darauf ab, ob das Fehlgehen der Tat für den Täter vorhersehbar war. War es das, kommt eine Bestrafung wegen vollendeten Delikts in Betracht.

Argument: Die aberratio ictus ist ein Unterfall des Irrtums über den Kausalverlauf. Abweichungen, die noch im Rahmen der allgemeinen Lebenserfahrung liegen, sind wie sonst auch unbeachtlich.

(3) Nach der überzeugenden **herrschenden Meinung** (*B. Heinrich*, AT2 Rn 1108; *Rath,* JA 2005, 709; *Wessels/Beulke,* AT Rn 250 ff; *Zieschang*, AT S 44) führt die aberratio ictus gegebenenfalls zur Bestrafung des Täters wegen Versuchs am anvisierten und wegen Fahrlässigkeit hinsichtlich des getroffenen Objekts.

Argument: Dem Täter zu unterstellen, er habe überhaupt ein (beliebiges) Objekt treffen wollen, widerspricht dem Schuldprinzip. Dass er entgegen der Vorhersehbarkeit ein gleichwertiges anderes Objekt getroffen hat, begründet einen Fahrlässigkeitsvorwurf. Anders verhält es sich, wenn der Täter mit dolus eventualis in Kauf genommen hat, auch ein anderes Opfer zu verletzen. Dann ergibt sich die Strafbarkeit aus dem vollendeten vorsätzlichen Delikt.

Zur Vertiefung: Wessels/Beulke, AT Rn 250 ff; Beulke, Klausurenkurs I [1] Rn 271; Hillenkamp, AT 9. Problem S 53 ff.

272 Parallel zur Behandlung des error in persona könnte man auch im Falle der aberratio ictus den Vorsatz bejahen, weil der anvisierte A und die tatsächlich betroffene F gleichwertige Tatobjekte sind. Dieses Ergebnis könnte man auch damit begründen, dass der Erfolgseintritt am falschen Objekt noch im Rahmen der allgemeinen Lebenserfahrung liegt, weil es immer vorkommen kann, dass ein anderer den Anrufbeantworter abhört. Solche Lösungen, die dem Täter unterstellen, er habe ein beliebiges Objekt treffen wollen, sind aber mit dem Schuldprinzip unvereinbar. Nach der zutreffenden herrschenden Meinung hat die B, die nur die A treffen wollte, durch ihr bzgl einer Beleidigung der F unvorsätzliches Handeln – auch dolus eventualis liegt insoweit nicht vor – an A eine Beleidigung versucht und an F fahrlässig begangen.

2. §§ 185, 22, 23 I Alt 2

Die versuchte Beleidigung ist nicht strafbar, §§ 23 I, 12 I.

3. Fahrlässige Beleidigung

Die fahrlässige Beleidigung ist nicht strafbar, § 15.

4. Ergebnis für B im Tatkomplex E

B ist straflos.

F. Gesamtkonkurrenzen (Strafbarkeit des C)

273 Nachdem derselbe Rechtsgutsträger um denselben Wert geschädigt wurde, tritt der Prozessbetrug aus Tatkomplex C im Wege der Gesetzeskonkurrenz (mitbestrafte Nachtat) gegenüber § 246 II aus dem Tatkomplex B zurück. Es liegt eine typische Sicherungs- und Bewahrungshandlung vor. Das wäre auch dann der Fall, wenn im Tatkomplex B der Betrug gegenüber A die Unterschlagung des Buches als subsidiäres Delikt verdrängen würde.

Dem Prozessbetrug kommt gegenüber der Unterschlagung auch nicht deshalb ein eigenes Gewicht zu, weil der Stadt ein erneuter Schaden in Form der Prozesskosten entstanden ist. Der Vermögenszuwachs des C (= rechtskräftig festgestelltes Eigentum an dem „Palandt") ist nämlich insoweit nicht stoffgleich zu diesem Vermögensschaden der Stadt[24].

Dazu steht die im Prozess begangene Urkundenfälschung, § 267 I, in Tatmehrheit, § 53.

---

24 BGHSt 42, 191, 194; dazu *Beulke/Satzger*, JuS 1997, 1072, 1079.

G. Gesamtergebnis des materiell-rechtlichen Gutachtens

A: Tatkomplex A: §§ 263 I, II, 22, 23 I Alt 2
B: Tatkomplex D: § 185 Alt 1
C: Tatkomplex B: § 263 I – § 52 – § 246 II
– § 53 –
Tatkomplex C: § 267 I

Teil II. (prozessualer Teil)

1. Nebenklage, §§ 395 ff StPO

E kann den Anschluss als Nebenklägerin erklären (§§ 395 I Nr 1 a, 396 StPO), um ihr **274** persönliches Genugtuungsinteresse zu befriedigen und um auf eine Bestrafung des A hinzuwirken. § 177 gehört zu den Katalogtaten des § 395 I Nr 1 a StPO. Durch diese Möglichkeit soll neben dem öffentlichen Kontroll- und Aufklärungsinteresse auch zum Opferschutz beigetragen werden.

Zur Vertiefung: Beulke, StPO Rn 606, 593ff.

2. Die Absprache im Strafverfahren

a) Zulässigkeit

Das Vorgehen der Strafkammer war zulässig. Der Vorsitzende darf Rechtsgespräche **275** bzw Absprachen im Strafverfahren, sog „Deals", anregen. Dieses Rechtsinstitut ist heute gewohnheitsrechtlich anerkannt, wenn auch seine Entwicklung praeter legem und zT auch contra legem erfolgte. Vor allem Praktiker betonen seine Unumgänglichkeit zur sachgerechten Erledigung von Strafverfahren. Allerdings muss das Gericht bestimmte Mindestbedingungen[25] beachten:

(1) Das Gericht darf nicht vorschnell auf eine Urteilsabsprache ausweichen, ohne zuvor pflichtgemäß anhand der Akten die Anklage in tatsächlicher und rechtlicher Hinsicht überprüft zu haben.
(2) Das abgesprochene Geständnis darf kein „inhaltsleeres Formalgeständnis" sein.
(3) Der Schuldspruch darf nicht zum Gegenstand der Urteilsabsprache gemacht werden.
(4) Die Willensentscheidung des Betroffenen darf nicht dadurch beeinflusst werden, dass ihm eine unverhältnismäßig große Sanktionsschere angedroht wird.
(5) Aus dem Fair-trial-Grundsatz ergibt sich, dass zumindest das erkennende Gericht an eine zulässige Absprache gebunden ist, es sei denn, es ergeben sich „schwerwiegende" neue Umstände. Nur beim Vorliegen neuer Erkenntnisse und auch beim Bekanntwerden von relevanten tatsächlichen oder rechtlichen Umständen, die schon beim Vorliegen der Urteilsabsprache vorlagen, darf also das Gericht von seiner Zusage abweichen. Vorher muss allerdings ein rechtlicher Hinweis nach § 265 StPO gegeben werden.

---

25 S auch den Gesetzentwurf zur Regelung der Verständigung im Strafverfahren vom 9. 1. 2009, http://www.bmj.bund.de.

(6) Das Gericht darf im Rahmen einer Urteilsabsprache an der Erörterung eines Rechtsmittelverzichtes nicht mitwirken und auf einen Verzicht nicht hinwirken.

Zusätzlich zu diesen Mindestbedingungen ist insbesondere zu beachten:

- Eine Kontaktaufnahme des Gerichts mit den Prozessbeteiligten darf grundsätzlich auch außerhalb der Hauptverhandlung erfolgen, wenn hierdurch das Verfahren gefördert und zur Stellung sachgerechter Anträge angeregt werden soll. Die Grundsätze der Mündlichkeit und Öffentlichkeit dürfen aber nicht umgangen werden. Vielmehr müssen Ergebnis und wesentlicher Inhalt der Absprache in der Hauptverhandlung offen gelegt und im Protokoll vermerkt werden.
- Eine Strafmilderung für den Fall eines Geständnisses setzt im Hinblick auf §§ 33, 261 StPO die Gelegenheit aller Verfahrensbeteiligten zur Äußerung voraus.
- Ein sog. „Handel mit der Gerechtigkeit“ oder das Abschließen von „Vergleichen im Gewande des Urteils“ ist dem Gericht untersagt. Das bedeutet insbes., dass das Gericht keine festen Zusagen zum Strafmaß abgeben darf. Schuldangemessene Obergrenzen dürfen vereinbart werden.
- Dem Angeklagten dürfen nur Leistungen abverlangt werden, die einen sachlichen Zusammenhang mit der beabsichtigten Gegenleistung des Gerichts aufweisen (Konnexität).
- Im Hinblick auf die Befangenheitsregeln muss sich das Gericht bei der Absprache möglichst zurückhalten.

Diese Leitlinien hat das Gericht hier eingehalten.

Zur Vertiefung: BGHSt GrS 50, 40; Beulke, StPO Rn 394ff; Rössner, StPO 2. Problem, S 10ff.

b) Einwände gegen die Absprache

276 Bedenken werden geltend gemacht im Hinblick auf:

- den „fair-trial-Grundsatz“ (Beschuldigter wird zum Objekt des Verfahrens),
- das Legalitätsprinzip (der staatliche Strafanspruch sei nicht disponibel, es käme zu einem Handel mit der Gerechtigkeit),
- den Untersuchungsgrundsatz (weil um der schnellen Erledigung willen uU auch einem falschen Geständnis Glauben geschenkt und auf andere Beweiserhebungen verzichtet wird),
- die Grundsätze der Öffentlichkeit, Mündlichkeit und Unmittelbarkeit (weil die Absprache idR hinter den Kulissen erfolgt),
- Anwesenheits- und Mitwirkungsrechte der Prozessbeteiligten (zumindest wenn die Staatsanwaltschaft nicht informiert wird),
- die Unschuldsvermutung (weil Ausgangspunkt eines „Deals“ gerade die vermutete Schuld des Angeklagten ist),
- den „nemo-tenetur"-Grundsatz (weil auf den Angeklagten Druck ausgeübt wird mitzuwirken und sich selbst zu belasten),
- § 136 a StPO,
- den Grundsatz „in dubio pro reo“ (weil man dem Angeklagten auch im Falle eines fehlgeschlagenen Einigungsversuchs nicht mehr glauben wird und weil die Gefahr besteht, dass die Richter aufgrund der Absprache schon voreingenommen sind).

Zur Vertiefung: Beulke, StPO Rn 395; Beulke/Swoboda, JZ 2005, 67.

c) Fehlgeschlagene Absprache

Die Strafkammer kann das erfolgte Geständnis nicht mehr ungeschehen machen, wird aber ein Beweisverwertungsverbot hinsichtlich des fälschlich zustande gekommenen Geständnisses annehmen und das Geständnis seiner Beweiswürdigung nicht zugrunde legen. Statt dessen muss sie mit allen anderen zu Gebote stehenden Mitteln versuchen, den Sachverhalt aufzuklären, § 244 II StPO. **277**

Ein Prozesshindernis besteht nach einhelliger Meinung nicht. Nach Ansicht des BGH darf das Geständnis zwar bei der Schuldfrage nicht zulasten des Angeklagten verwendet werden, es muss aber bei der Straffrage zu seinen Gunsten herangezogen werden[26]. Nach aA ist ein eigenständiger Strafmilderungsgrund anzunehmen. Problematisch ist in jedem Fall, dass auch bei Rücknahme des Geständnisses nun mit einer Befangenheit des Richters zu rechnen sein kann.

Zur Vertiefung: Beulke, StPO Rn 396a.

Definitionen zum Auswendiglernen

Aberratio ictus	(Fehlgehen der Tat) ist ein Sachverhalt, bei dem der Täter seinen Angriff auf ein bestimmtes, von ihm individualisiertes Tatobjekt lenkt, dieser Angriff jedoch fehlgeht und ein anderes Objekt trifft, das der Täter nicht anvisiert hatte und gar nicht verletzen wollte (*Wessels/Beulke, AT Rn 250*).
Error in objecto vel persona	(Irrtum über das Handlungsobjekt) ist eine Fehlvorstellung, die sich auf die Identität oder sonstige Eigenschaften des Tatobjekts oder der betreffenden Person bezieht (*Wessels/Beulke, AT Rn 247*).
Anvertraut	iSd **§ 246 II** sind solche Sachen, deren Gewahrsam der Täter vom Eigentümer oder von einem Dritten mit der Verpflichtung erlangt hat, sie zu einem bestimmten Zweck zu verwenden, aufzubewahren oder auch nur zurückzugeben (*Wessels/Hillenkamp, BT2 Rn 295*).
Unecht	ist eine Urkunde iSv **§ 267 I**, wenn sie nicht von demjenigen herrührt, der aus ihr als Aussteller („Erklärender") hervorgeht (*Wessels/Hettinger, BT1 Rn 821*).
Herstellen	einer unechten Urkunde iSv **§ 267 I Var 1** liegt vor, wenn eine Identitätstäuschung über den wahren Aussteller bewirkt werden soll, dh ein Handeln zum Zwecke der Herbeiführung oder Aufrechterhaltung eines Irrtums über die Person des wirklichen Ausstellers (*Wessels/Hettinger, BT1 Rn 821*).
Vernichten	einer Urkunde iSv **§ 274 I Nr 1** bedeutet die völlige Beseitigung der beweiserheblichen Substanz (*Wessels/Hettinger, BT1 Rn 891*).
Öffentliche Urkunde	(§ 415 I ZPO) ist eine Urkunde, die von einer öffentlichen Behörde innerhalb der Grenzen ihrer Amtsbefugnisse oder von einer mit öffentlichem Glauben ausgestatteten Person innerhalb des ihr zugewiesenen Geschäftskreises in der ihr vorgeschriebenen Form aufgenommen wurde (*Fischer, § 275 Rn 2 iVm § 273 Rn 2*).

26 BGH StV 2000, 177.

Beleidigen	iSd **§ 185** ist die Kundgabe von Missachtung oder Nichtachtung (*Wessels/Hettinger, BT1 Rn 508*).

Weitere einschlägige Musterklausuren

Zum Problem des sog „Dreiecksbetruges":
Beulke, Klausurenkurs II [4] Rn 90; *Bühler*, Jura 1989, 651; *Eisele*, Jura 2002, 59; *Geppert*, Jura 1987, 102; *Gropp/Küpper/Mitsch*, [16] S 285; *Gröseling*, JuS 2003, 1097; *B. Heinrich*, Jura 1999, 585; *Hellmann/Beckemper*, JuS 2001, 1095; *dies*, JA 2004, 891; *v. Hentschel-Heinegg*, [10] S 110; *Kerner/Trüg*, JuS 2004, 140; *Kindhäuser/Nikolaus*, JuS 2006, 293; *Maier/Ebner*, JuS 2007, 651; *Marxen*, BT S 340; *Peterek/Ingelfinger*, StudZR 2005, 431; *Popp/Schnabl*, JuS 2007, 326; *Priebe*, Fälle, [1] S 1; *Radtke/Meyer*, Jura 2007, 712; *Ranft*, in *Coester- Waltjen* ua (Hrsg), Examenklausurenkurs II, S 61; *Rönnau/Golombek*, JuS 2007, 348; *Rössner/Guhra*, Jura 2001, 403; *Rotsch*, JA-Übungsblätter 2004, 532; *Roxin/Schünemann*, JuS 1969, 372; *Roxin/Schünemann/Haffke*, [14] S 255; *Samson,* St2 [17] S 159; *Schwabe,* BT2 [18] S 240; *Seier*, JA-Übungsblätter 1979, 161, 188; *Steffan,* JuS 2006, 723; *Uhlig/Brockhaus,* Jura 2006, 311; *Wagner*, [2] S 12; *Wolters*, [5] S 120

Zum Problem: Schließen sich Wegnahme und Verfügung aus?
Fünfsinn, Jura 1988, 489; *Gössel*, [2] S 48; *Hillenkamp*, JuS 2003, 157; *Seier*, JA-Übungsblätter 1979, 161, 188; *Werner, K.*, JuS 1991, 576

Zum Problem: Gutgläubiger Erwerb als Vermögensschaden?
Dannecker/Gaul, JuS 2008, 345

Zum Problem des Prozessbetruges:
Meier/Loer, Jura 1999, 424; *Montenbruck/Schubert* in: *Coester-Waltjen* ua (Hrsg), Examensklausurenkurs III, S 64; *Priebe*, Fälle, [9] S 125; *Runte/Werner, S.*, Jura 1991, 40; *Sengbusch*, Jura 2007, 623

Zum Problem des error in objecto vel persona (Irrtum über das Handlungsobjekt):
Ambos, Jura 2004, 492; *Baumann/Arzt/Weber*, [23] S 145; *Beulke*, Klausurenkurs I [3] Rn 150; *Buttel/Rotsch*, JuS 1996, 327; *Dohmen*, Jura 2006, 143; *Ebert*, Fälle, [4] S 62; *Fahl,* Jura 2005, 237; *Frister*, [3] S 51; *Gössel*, [5] S 92, [16] S 260; *Gropp/Küpper/Mitsch*, [4] S 73, [16] S 285; *Hecker*, JuS 1991, L 85; *Heger,* JuS 2008, 859; *v. Hentschel-Heinegg*, [3] S 21; *Hilgendorf*, [5] 25; *Jescheck*, [37] S 50, [40] S 54; *Kargl*, Strafrecht, S 46; *Kaspar*, JuS 2004, 409; *Kudlich*, JA-Übungsblätter 2009, 185; *Merten*, [18] S 55; *Meurer/Kahle/Dietmeier*, [6] S 103; *Müller-Dietz/Backmann*, JuS 1971, 412; *Noltensmeier/Henn*, JA 2007, 772; *Norouzi*, JuS 2006, 531; *Oelmüller/Peters,* [1] S 19; *Otto*, [A5], S 90; *Priebe*, Fälle, [11] S 159; *Prütting/Stern/Wiedemann*, [20] S 233; *Reinbacher*, Jura 2007, 382; *Rönnau/Nebendahl*, JuS 1990, 745; *Rotsch/Nolte/Peifer/Weitemeyer*, [19] 269; *Roxin/Schünemann/Haffke*, [6] S 119; *Rudolphi*, [7] S 77; *Samson*, St 1 [19] S 103; *Scholz/Wohlers*, S 108; *Schwind/Franke/Winter*, [1. Klausur] S 49; *Strauß*, [7] S 61; *Valerius*, [7] S 117; *Vassilaki/Hütig*, Jura 1997, 266; *Wolters*, [2] S 27

Zum Problem der Beleidigungsdelikte (§§ 185–187):
Beulke, Klausurenkurs II [2] Rn 36; *Bohnert,* Jura 2004, 640; *Hilgendorf*, [10] S 70; *Krahl*, JuS 2003, 1187; *Meyer*, JuS 1988, 554; *Reinbacher*, Jura 2007, 382; *Roxin/Schünemann/Haffke*, [11] S 205; *Samson*, St 1 [12] S 69; *Schwind/Franke/Winter*, [2. Hausarbeit] S 63; *Swoboda,* Jura 2007, 224; *Wagner*, [12] S 122

Zum Problem der aberratio ictus:
Baumann/Arzt/Weber, [23] S 145; *Beulke*, Klausurenkurs I [3] Rn 150; *Daleman/Heuchemer*, JA-Übungsblätter 2004, 460; *Dohmen,* Jura 2006, 143; *Ebert*, Fälle, [4] 62; *Frister*, [3] S 51; *Gössel*,

[5] S 92; *Gropp/Küpper/Mitsch*, [4] S 73; *Hefendehl*, Jura 1992, 374; *Hilgendorf*, [5] 25; *Hohmann*, JuS 1994, 860; *Kargl*, Strafrecht, S 46, 71 f; *Kudlich*, JA-Übungsblätter 2009, 185; *Merten*, [18] S 55, [19] S 59; *Meurer/Dietmeier*, Jura 1999, 643; *Meurer/Kahle/Dietmeier*, [4] S 49, [7], S 137; *Mitsch*, Jura 1989, 485; *Morgenstern*, JuS 2006, 251; *Otto*, [A5], S 90; *Prütting/Stern/Wiedemann*, [20] S 233; *Reinbacher*, Jura 2007, 382; *Rönnau/Nebendahl*, JuS 1990, 745; *Roxin/Schünemann/Haffke*, [6] S 119; *Rudolphi*, [7] S 77; *Samson*, St 1 [18] S 100; *Schwind/Franke/Winter*, [1. Klausur] S 49; *Sternberg-Lieben/von Ardenne*, Jura 2007, 149; *Stoffers*, JuS 1994, 948; *Strauß*, [6] S 55; *Tiedemann*, [8] S 202; *Valerius*, [7] S 117; *Wolters*, [2] S 27

Zum Problem des Deals im Strafverfahren:
Momsen/Moldenhauer, JA 2002, 415

Fall 7

Alles im Eimer

I.

278 K ist als Maler beim Unternehmen „Pleitebau“ des Unternehmensinhabers P angestellt, das zur Ausführung der jeweiligen Arbeiten die notwendigen Materialien zur Verfügung stellt, darunter auch die Wandfarbe für die Innenrenovierung. Bei einem Großauftrag in einem neu errichteten Bürohaus hat P versehentlich erheblich mehr Farbe auf der Baustelle bereitgestellt als notwendig gewesen wäre, sodass nach Ausführung des Auftrags 30 große Farbeimer übrig bleiben, deren Existenz P nicht bewusst ist.

Eines Abends spricht K mit seinem ebenfalls bei P als Polier und Materialwart beschäftigten Vater V über diese Sachlage und deutet dabei an, wie schade es sei, dass man diese Farbreste nicht sinnvoller – insbesondere gewinnbringender – nutzen kann. K rechnet damit, dass ihn V, der für seinen redlichen Lebenswandel bekannt ist, für dieses unehrliche Ansinnen sofort rügen würde, was bei K zu dem Erfolg geführt hätte, dass er aufgrund der Autorität, die V für ihn darstellt, sofort von diesen Ideen abgekommen wäre. Zu seiner Überraschung passiert aber nichts dergleichen, vielmehr hört V sich die Ausführungen des K geduldig an, ohne etwas zu sagen, obwohl er weiß, dass ein Wort von ihm genügt hätte, um K von dem Vorhaben abzubringen. Das bewirkt, dass K endgültig den Entschluss fasst, sämtliche 30 Farbeimer für sich zu verwenden.

In Ausführung dieses Plans geht er in verschiedenen Schritten vor. Zunächst findet er in dem in alles eingeweihten H einen Abnehmer von 20 Farbeimern zum Preis von 5 € pro Eimer. Wie zwischen K und H verabredet, kommt H mit seinem Kleintransporter um exakt 21.00 Uhr zur Baustelle. Dort wartet bereits K am unverschlossenen, provisorischen Tor der Baustelle zur Straße. K hat die Farbeimer aus dem Bürohaus herausgetragen und an der Innenseite des Tores auf einer großen Schubkarre gestapelt. Als K den H heranfahren hört, öffnet er das Tor und schiebt die Schubkarre durch das Tor auf die Straße, wo H die Farbeimer auf den Transporter verlädt. Dabei kommt H auch die Aufgabe zu, die Baustelleneinfahrt im Auge zu behalten, um den Abtransport vor der Baustelle vor unerwarteten Störungen zu sichern. Bevor H die Baustelle verlässt, erhält K die vereinbarten 100 €.

Die Vermarktung der restlichen 10 Farbeimer gestaltet sich schwieriger, da K dafür keinen Käufer findet. Er transportiert sie deshalb eine Woche später nach Feierabend mit dem eigenen Pkw zu sich nach Hause, in der Hoffnung, alsbald einen Abnehmer zu finden. Als seine Arbeitskollegen Andeutungen über die „verschwundenen“ Farbeimer machen, fürchtet K, man könne die Ware bei ihm finden. Er bittet deshalb seinen Freund F, die Farbeimer vorübergehend in dessen Garage unterstellen zu dürfen, um so die problemlose Verwertung der Ware sicherzustellen. Aus alter Freundschaft erfüllt der in alles eingeweihte F diese Bitte, ohne dafür eine Bezahlung zu erhalten.

Nunmehr erfährt K, dass E sein Haus renovieren will. Um nicht selbst in Erscheinung treten zu müssen, bittet K seinen Bruder B, dem er verspricht, ihn anteilig am Erlös zu beteiligen, den gutgläubigen E auf die Möglichkeit des (legalen) Ankaufs von zehn

Farbeimern anzusprechen. Falls E Interesse zeigt, soll B zwecks Besprechung der genauen Modalitäten ein Treffen zwischen K und E vereinbaren. Hierbei schreibt K dem B genau vor, wie er vorzugehen hat und wo und wann das Treffen stattfinden soll. Entsprechend den Wünschen des K wendet sich B brieflich an E. Den Brief schreibt seine in alles eingeweihte Lebensgefährtin S. E ist zunächst begeistert, auf diese Weise billig Wandfarbe erwerben zu können, und ist zu einem Treffen mit K bereit. Aufgrund eines Verkehrsstaus trifft aber E nicht zur vereinbarten Zeit am Treffpunkt ein. Da E die Farbe sofort benötigt, kauft er sie sich unmittelbar danach regulär im Supermarkt. K holt die 10 Eimer später von F zurück und verbraucht sie mit Wissen des V für seinen eigenen Hausbau.

Wie haben sich die Beteiligten strafbar gemacht?

II.

1. Was ist der Unterschied zwischen einem Beschuldigten, einem Angeschuldigten und einem Angeklagten?
2. Wie wird man Beschuldigter?
3. Als P gerüchteweise vom Verschwinden der Farbe auf seiner Baustelle hört, schaltet er die Kriminalpolizei ein. Kriminalhauptkommissar X erscheint daraufhin auf der Baustelle, um die Angelegenheit aufzuklären. Ohne irgendjemanden über seine Verfahrensrechte zu belehren, führt X in diesem „Verfahren gegen Unbekannt“ folgende „Gespräche“:
   a) Als er K trifft, erklärt dieser ihm ungefragt, dass er die Farbeimer genommen hat.
   b) X befragt alle Mitarbeiter der Baustelle nacheinander, ob sie etwas wüssten. K bekennt dabei seine Täterschaft.
   c) Schon als P die Polizei ruft, hat er Strafanzeige gegen K erstattet, den er als Täter in Verdacht hat. Als K befragt wird, gesteht er gegenüber X die Tat.

   K widerruft später sein Geständnis. Kann es gleichwohl (durch Vernehmung des X als Zeugen) verwertet werden?
4. Welche verschiedenen Grade des Verdachts der Tatbegehung sind Ihnen im Rahmen des Strafverfahrens geläufig?

Gedankliche Strukturierung des Falles (Kurzlösung)

279 **Teil I. (materiell-rechtlicher Teil)**

A. Die ersten 20 Farbeimer

I. Strafbarkeit des K

1. § 242 I (+)
a) Objektiver Tatbestand (+)
b) Subjektiver Tatbestand (+)
c) Rechtswidrigkeit und Schuld (+)
d) Strafzumessung, § 243 I 1, 2 Nr 1 (–)
- Einbrechen (–)
- Einsteigen (–)
- Eindringen mit falschem Schlüssel (–)

e) Ergebnis

2. § 246 I, II (+)
- aber subsidiär

3. § 266 I Alt 1, Alt 2 (–)
a) Objektiver Tatbestand (–)
- Missbrauchstatbestand (Alt 1) (–)
- Treubruchstatbestand (Alt 2) (–)

b) Ergebnis

4. § 123 I Alt 1 (+)
a) Objektiver Tatbestand (+)
b) Subjektiver Tatbestand (+)
c) Strafantragserfordernis, § 123 II (+)

5. Konkurrenzen

6. Ergebnis für K im Tatkomplex A
K ist strafbar gem § 242 I – § 52 – § 123 I Alt 1.

II. Strafbarkeit des H

1. §§ 242 I, 25 II (–)
a) Objektiver Tatbestand (–)
- Wegnahme durch H (–)
- Wegnahme durch K, § 25 II (–)

Problem Nr 63: Abgrenzung Täterschaft – Teilnahme bei Beteiligung an einem Begehungsdelikt durch positives Tun (Rn 285)

b) Ergebnis

2. §§ 242 I, 27 (+)
a) Objektiver Tatbestand (+)
- vorsätzliche rechtswidrige Haupttat (+)
- Beihilfehandlung (+)

Problem Nr 64: Abgrenzung zwischen sukzessiver Beihilfe und Begünstigung (Rn 288)

b) Subjektiver Tatbestand (+)
- Vorsatz bzgl Haupttat (+)
- Vorsatz bzgl Beihilfehandlung (+)

c) Rechtswidrigkeit und Schuld (+)
d) Ergebnis

3. §§ 246 I, 27 (+)
- aber subsidiär

4. § 257 I (–)
a) Objektiver Tatbestand (–)
- Vortat iSd § 257 I (+)
- Hilfeleistung (–)
- *jedenfalls § 257 III (+)*

b) Ergebnis

5. § 258 I (–)
- rechtswidrige Vortat eines anderen (+)
- Tathandlung: Verfolgungsvereitelung (–)

6. § 259 I (+)
a) Objektiver Tatbestand (+)
- Tatobjekt (+)
- Vollendung der Vortat (+)

Problem Nr 65: Überschneidung von Hehlerei, § 259, mit der Beihilfe zur Vortat (Rn 293)

- Rechtswidrigkeit der Vortat (+)
- durch Vortat erlangte Sache (+)
- Tathandlung: Sichverschaffen (+)

b) Subjektiver Tatbestand (+)

7. § 261 II Nr 1 (–)

8. §§ 123 I Alt 1, 27 (+)
a) Objektiver Tatbestand (+)
- vorsätzliche rechtswidrige Haupttat (+)
- Beihilfehandlung (+)

b) Subjektiver Tatbestand (+)
- Vorsatz bzgl Haupttat (+)
- Vorsatz bzgl Beihilfehandlung (+)

c) Strafantragserfordernis, § 123 II (+)

9. Konkurrenzen

10. Ergebnis für H im Tatkomplex A
H ist strafbar gem §§ 242 I, 27 – § 52 – § 259 I – § 52 – §§ 123 I Alt 1, 27.

III. Strafbarkeit des V

1. §§ 242 I, 13 I (–)
- Schwerpunkt auf Unterlassen (+)
- Kausalität (+)
- Garantenpflicht (+)
- Nichtvornahme der gebotenen Handlung trotz physisch-realer Abwehrmöglichkeit (+)
- Täterschaft (–)

2. §§ 242 I, 26, 13 I (–)
a) Objektiver Tatbestand (–)
- vorsätzliche rechtswidrige Haupttat (+)
- Anstiftungshandlung (–)

Problem Nr 66: Anstiftung durch Unterlassen (Rn 299)

b) Ergebnis

3. §§ 242 I, 27, 13 I (+)
a) Objektiver Tatbestand (+)
- vorsätzliche rechtswidrige Haupttat (+)
- Beihilfehandlung (+)
- Garantenstellung (+)

- Nichtvornahme der gebotenen Handlung trotz physisch-realer Abwehrmöglichkeit (+)
- Kausalität (+)

b) Subjektiver Tatbestand (+)
- Vorsatz bzgl Haupttat (+)
- Vorsatz bzgl Beihilfehandlung sowie Garantenstellung (+)

c) Rechtswidrigkeit und Schuld (+)
d) Ergebnis

4. § 266 I Alt 2 (–)

5. §§ 246 I, II, 27, 13 I (+)

a) Grundtatbestand, § 246 I (+)
b) Qualifikation, § 246 II (+)
c) Konkurrenzen

6. §§ 123 I Alt 1, 27, 13 I (–)

7. Ergebnis für V im Tatkomplex A

V ist strafbar gem §§ 242 I, 27, 13 I.

B. Die restlichen zehn Farbeimer

I. Strafbarkeit des K als Täter

1. § 242 I (+)

2. § 246 I (+)
- aber subsidiär

3. § 123 I Alt 1 (+)

4. Konkurrenzen

5. Ergebnis für K im Tatkomplex B

K ist strafbar gem § 242 I – § 52 – § 123 I Alt 1.

II. Strafbarkeit des F

1. §§ 242 I, 27 (–)
- vorsätzliche rechtswidrige Haupttat (+)
- Beihilfehandlung (–)

2. § 257 I (+)

a) Objektiver Tatbestand (+)
b) Subjektiver Tatbestand (+)
c) Rechtswidrigkeit und Schuld (+)

3. § 259 I (–)

a) Objektiver Tatbestand (+)
- Tatobjekt (+)
- Tathandlung (+)
  - sich oder einem Dritten verschaffen (–)
  - Absetzen (–)
  - Absetzen helfen (+)

Problem Nr 67: Vollendungszeitpunkt bei der Absatzhilfe (Rn 307)

b) Subjektiver Tatbestand (–)
- Vorsatz bzgl aller Tatbestandsmerkmale (+)
- Bereicherungsabsicht für sich oder einen Dritten (–)

Problem Nr 68: Kommt als Dritter iSd § 259 I auch der Vortäter in Betracht? (Rn 309)

4. Ergebnis für F im Tatkomplex B

F ist strafbar gem § 257 I.

III. Strafbarkeit des E

1. §§ 259 I, III, 22, 23 I Alt 2 (–)
- Tatentschluss (–)

2. Ergebnis für E im Tatkomplex B

E hat sich nicht strafbar gemacht.

IV. Strafbarkeit des B

1. §§ 242 I, 27 (–)
- vorsätzliche rechtswidrige Haupttat (+)
- Beihilfehandlung (–)

2. § 259 I (+)

a) Objektiver Tatbestand (+)
- Tatobjekt (+)
- Tathandlung (+)
  - Absetzen (–)
  - Absetzen helfen (+)

b) Subjektiver Tatbestand (+)
c) Rechtswidrigkeit und Schuld (+)
d) Keine Strafausschließungsgründe (+)
e) Ergebnis

3. Ergebnis für B im Tatkomplex B

B hat sich gem § 259 I strafbar gemacht.

V. Strafbarkeit der S

1. § 259 I (–)
- Tatobjekt (+)
- Tathandlung (–)

2. §§ 259 I, 27 (+)

a) Objektiver Tatbestand (+)
- vorsätzliche rechtswidrige Haupttat (+)
- Beihilfehandlung (+)

b) Subjektiver Tatbestand (+)
- Vorsatz bzgl Haupttat (+)
- Vorsatz bzgl Beihilfehandlung (+)

c) Rechtswidrigkeit und Schuld (+)

3. Ergebnis für S im Tatkomplex B

S ist strafbar gem §§ 259 I, 27.

VI. Strafbarkeit des V

1. §§ 242 I, 27, 13 I (+)

2. §§ 246 II, 27, 13 I (+)

3. Ergebnis für V im Tatkomplex B

V ist strafbar gem §§ 242 I, 27, 13 I.

VII. Teilnehmerstrafbarkeit des K

1. §§ 257 I, 26 (bzgl F) (+)

a) Objektiver Tatbestand (+)
- vorsätzliche rechtswidrige Haupttat (+)
- Anstiftungshandlung (+)

b) Subjektiver Tatbestand (+)
- Vorsatz bzgl Haupttat (+)
- Vorsatz bzgl Anstiftungshandlung (+)

c) Rechtswidrigkeit und Schuld (+)
d) Kein Ausschließungsgrund gem § 257 III (+)
e) Ergebnis

2. §§ 259 I, 26 (bzgl B) (+)
a) Objektiver Tatbestand (+)
- vorsätzliche rechtswidrige Haupttat (+)
- Anstiftungshandlung (+)

b) Subjektiver Tatbestand (+)
- Vorsatz bzgl Haupttat (+)
- Vorsatz bzgl Anstiftungshandlung (+)

c) Ergebnis

3. §§ 260 I, 26 (bzgl B) (–)
4. Konkurrenzen innerhalb der Teilnehmerstrafbarkeit
5. Ergebnis der Teilnehmerstrafbarkeit des K im Tatkomplex B
K ist strafbar gem §§ 257 I, 26 (bzgl B).
6. Konkurrenz zur täterschaftlichen Begehung
7. Gesamtergebnis für K im Tatkomplex B
K ist strafbar gem § 242 I – § 52 – § 123 I Alt 1 – § 53 – §§ 257 I, 26.

C. Der Verbrauch der Farbe

I. Strafbarkeit des K
1. § 246 I (+)
a) Objektiver Tatbestand (+)

Problem Nr 69: Erneute Zueignung einer durch ein mit Zueignungsabsicht begangenes Vermögensdelikt erlangten Sache (Rn 321)

b) Subjektiver Tatbestand (+)
c) Rechtswidrigkeit und Schuld (+)

2. § 303 I Alt 2 (+)
3. Konkurrenzen
4. Ergebnis für K im Tatkomplex C
K hat sich nicht erneut strafbar gemacht.

II. Strafbarkeit des V
1. §§ 246 I, 27, 13 I (+)
a) Objektiver Tatbestand (+)
- vorsätzliche rechtswidrige Haupttat (+)
- Beihilfehandlung (+)
- Garantenstellung (+)
- Nichtvornahme der gebotenen Handlung trotz physisch-realer Abwehrmöglichkeit (+)
- Kausalität (+)

b) Subjektiver Tatbestand (+)
- Vorsatz bzgl Haupttat (+)
- Vorsatz bzgl Beihilfehandlung sowie Garantenstellung (+)

c) Rechtswidrigkeit und Schuld (+)

2. §§ 303 I Alt 2, 27, 13 I (+)
3. Konkurrenzen
4. Ergebnis für V im Tatkomplex C
V hat sich nicht erneut strafbar gemacht.

D. Gesamtkonkurrenzen

1. Strafbarkeit des K

Problem Nr 70: Fortsetzungszusammenhang (Rn 327)

2. Strafbarkeit des V

E. Gesamtergebnis des materiellrechtlichen Gutachtens

B: § 259 I
E: hat sich nicht strafbar gemacht.
F: § 257 I
H: §§ 242 I, 27 – § 52 – § 259 I – § 52 – §§ 123 I Alt 1, 27
K: Tatkomplex A: § 242 I – § 52 – § 123 I Alt 1
– § 53 –
Tatkomplex B (Täter): § 242 I – § 52 – § 123 I Alt 1
– § 53 –
Tatkomplex B (Teilnehmer): §§ 257 I, 26
S: §§ 259 I, 27
V: §§ 242 I, 27, 13 I

Teil II. (prozessualer Teil)

1. Begriffsbestimmung: Beschuldigter – Angeschuldigter – Angeklagter
2. Beschuldigtenstellung

Problem Nr 71: Wie wird die Beschuldigtenstellung einer Person begründet? (Rn 331)

3. Verwertung von Äußerungen
a) Spontanäußerung
b) Informatorische Befragung
c) Konkludent begründete Beschuldigtenstellung

4. Grade des Verdachts der Tatbegehung im Rahmen des Strafverfahrens

Ausführliche Lösung von Fall 7

Teil I. (materiell-rechtlicher Teil)

A. Die ersten 20 Farbeimer

I. Strafbarkeit des K

1. § 242 I

Durch den Abtransport der ersten 20 Farbeimer könnte K einen Diebstahl begangen haben. **280**

a) Objektiver Tatbestand

K müsste die Farbeimer – für ihn fremde bewegliche Sachen – weggenommen haben. Wegnahme bedeutet Bruch fremden und Begründung neuen, nicht notwendig eigenen Gewahrsams[1]. Gewahrsam ist nach herrschender Lehre die tatsächliche Sachherrschaft eines Menschen über eine Sache, die von einem natürlichen Herrschaftswillen getragen und deren Reichweite von der Verkehrsauffassung bestimmt wird[2]. Allerdings wäre es lebensfremd, das für den Gewahrsam notwendige Herrschaftsverhältnis nur nach der tatsächlichen Macht zu beurteilen. Vielmehr ergibt sich eine sinnvolle Deutung des Gewahrsamsbegriffs nur im Zusammenhang mit der sozial-normativen Zuordnung einer Sache zur Herrschaftssphäre einer Person[3]. Danach war hier Unternehmensinhaber P Gewahrsamsinhaber bzgl der Farbeimer, obwohl er nicht auf der Baustelle weilte. Dass P keine Kenntnis von der Existenz der Farbeimer hatte, schadet nicht, da ein genereller Gewahrsamswille bzgl eines Gewahrsamsbereichs für die Gewahrsamsbegründung ausreicht.

Daneben hatten auch die auf dem Bau Beschäftigten, mithin auch der Angestellte K, (untergeordneten[4]) Mitgewahrsam. Der Bruch von Mitgewahrsam reicht aber für einen Gewahrsamsbruch iSd § 242 I aus[5], jedenfalls dann, wenn dieser durch den untergeordneten Mitgewahrsamsinhaber gegenüber dem übergeordneten Mitgewahrsamsinhaber begangen wird[6].

Spätestens in dem Zeitpunkt, in dem K die Schubkarre mit den Farbeimern durch das Tor auf die Straße schob, hat er den Mitgewahrsam des P gebrochen und neuen Gewahrsam begründet.

1 RGSt 48, 58.
2 *Lackner/Kühl*, § 242 Rn 8 a ff; *Mitsch*, BT2/1 § 1 Rn 40 ff.
3 BGHSt 16, 271 im Anschluss an *Welzel*, GA 1960, 257; OLG Karlsruhe NStZ-RR 2005, 140; *Wessels/Hillenkamp*, BT2 Rn 71.
4 Krit gegenüber diesem Begriff *Wessels/Hillenkamp*, BT2 Rn 84.
5 BGHSt 8, 273, 276.
6 BGH NStZ-RR 1996, 131; *Wessels/Hillenkamp*, BT2 Rn 84.

b) Subjektiver Tatbestand

K wusste, dass die Farbeimer im Eigentum und zumindest im (Mit-)Gewahrsam eines anderen, des P, standen und dass er durch sein Vorgehen den (Mit-)Gewahrsam des P brach. Vorsatz ist somit gegeben.

Er müsste darüber hinaus in der Absicht gehandelt haben, die Sache sich oder einem Dritten rechtswidrig zuzueignen. Da K sich eine Eigentümerstellung anmaßte, als er für eigene Rechnung die Farbeimer an H verkaufte, ist Zueignungsabsicht zu bejahen.

c) Rechtswidrigkeit und Schuld

K handelte rechtswidrig und schuldhaft.

d) Strafzumessung, § 243 I 1, 2 Nr 1

Fraglich ist, ob K das Regelbeispiel des § 243 I 1, 2 Nr 1 erfüllt hat.

Einbrechen bedeutet gewaltsames, nicht notwendig substanzverletzendes Öffnen einer dem Zutritt entgegenstehenden Umschließung[7]. Hier war das provisorische Tor offen, sodass ein gewaltsames Einbrechen ausscheidet.

Einsteigen ist jedes Hineingelangen in ein Gebäude oder einen umschlossenen Raum durch eine zum ordnungsgemäßen Eintritt nicht bestimmte Öffnung unter Überwindung von Hindernissen und Schwierigkeiten, die sich aus der Eigenart des Gebäudes oder der Umfriedung des geschlossenen Raumes ergeben[8]. K betrat das Gebäude, dh das durch Wände und Dach begrenzte, mit dem Erdboden fest verbundene Bauwerk, das den Eintritt von Menschen gestattet und Unbefugte fernhalten soll[9], auf ordnungsgemäßem Wege, sodass ein „Einsteigen" entfällt.

Auch ein Eindringen mit einem falschen, dh mit einem zur Tatzeit vom Berechtigten nicht oder nicht mehr zum Öffnen des betreffenden Verschlusses bestimmten[10], Schlüssel ist nicht gegeben.

e) Ergebnis

K hat sich gem § 242 I strafbar gemacht.

2. § 246 I, II

Die zugleich verwirklichte Unterschlagung gem § 246 I tritt kraft gesetzlicher Subsidiarität hinter § 242 I zurück.

Eine veruntreuende Unterschlagung, § 246 II, scheidet hier aus, da K lediglich als Maler eingestellt ist. Er bekommt die Farbe vom Materialwart für den jeweiligen Arbeitstag zugeteilt (aA vertretbar).

---

7 *Wessels/Hillenkamp*, BT2 Rn 215.
8 *Wessels/Hillenkamp*, BT2 Rn 216.
9 *Wessels/Hillenkamp*, BT2 Rn 214.
10 *Wessels/Hillenkamp*, BT2 Rn 217.

3. § 266 I Alt 1, Alt 2

Fraglich ist, ob K durch den Abtransport der ersten 20 Farbeimer eine Untreue in Form des Missbrauchstatbestandes (Alt 1) oder des Treubruchstatbestandes (Alt 2) begangen hat. **281**

a) Objektiver Tatbestand

Dem K war keine Befugnis eingeräumt, nach außen über fremdes Vermögen zu verfügen[11]. Der Missbrauchstatbestand des § 266 I Alt 1 scheidet somit aus.

In Frage kommt allein eine Verletzung des Treubruchstatbestandes gem § 266 I Alt 2. Eine Vermögensbetreuungspflicht ist die Pflicht zur Wahrnehmung fremder Vermögensinteressen, welche den typischen und wesentlichen Inhalt des rechtlich begründeten oder faktisch bestehenden Treueverhältnisses bildet, also dessen Hauptgegenstand und nicht eine bloße Nebenpflicht ist[12]. Aus dem Arbeitsvertrag des K, der lediglich als Maler eingestellt war, ergab sich jedoch nicht die Hauptpflicht, die Vermögensinteressen seines Arbeitgebers P wahrzunehmen. Zudem müsste der Verpflichtete selbstständig handeln dürfen. Mangels Dispositionsbefugnis des K über die Farbeimer fehlt auch dieses Merkmal, sodass eine Vermögensbetreuungspflicht nicht gegeben ist.

b) Ergebnis

§ 266 I Alt 1, Alt 2 ist nicht erfüllt.

4. § 123 I Alt 1

a) Objektiver Tatbestand

K müsste in die Baustelle, welche ein befriedetes Besitztum eines anderen darstellte, eingedrungen sein. Eindringen bedeutet Betreten gegen den Willen des Berechtigten[13]. **282**

Zwar hat der Arbeitgeber seinen Arbeitnehmern grundsätzlich das Betreten der Baustelle gestattet; dieses Einverständnis war aber an die stillschweigende Bedingung geknüpft, dass es sich um die reguläre Arbeitszeit handelt. Da es sich um eine Nacht-und-Nebel-Aktion handelte, war die fehlende Berechtigung auch nach außen erkennbar.

b) Subjektiver Tatbestand

K handelte vorsätzlich.

c) Strafantragserfordernis, § 123 II

Gem § 123 II ist ein Strafantrag erforderlich.

5. Konkurrenzen

Da die Straftatbestände des Diebstahls und des Hausfriedensbruchs jeweils unterschiedliche Rechtsgüter schützen, stehen sie zueinander in Idealkonkurrenz (§ 52). **283**

---

11 Vgl hierzu u Fall 10, Problem Nr 102, Rn 483.
12 *Wessels/Hillenkamp*, BT2 Rn 769.
13 *Wessels/Hettinger*, BT1 Rn 584.

6. Ergebnis für K im Tatkomplex A

K ist strafbar gem § 242 I – § 52 – § 123 I Alt 1.

II. Strafbarkeit des H

1. §§ 242 I, 25 II

284 H könnte durch die Mitwirkung bei dem Abtransport der ersten 20 Farbeimer einen Diebstahl begangen haben.

a) Objektiver Tatbestand

Fraglich ist, ob H die 20 Farbeimer weggenommen hat. Als er sie von K übernahm, hatte dieser bereits Alleingewahrsam (*s o Rn 280*). K seinerseits war mit der Gewahrsamsübertragung einverstanden, sodass insoweit eine Wegnahme ausscheidet. In Frage kommt deshalb nur, dass sich H die zuvor von K vorgenommene Wegnahme zurechnen lassen muss. Eine solche Zurechnung ist zu bejahen, wenn es sich bei K und H um Mittäter iSv § 25 II handelt. Über die Abgrenzung von Täterschaft von Teilnahme besteht Streit.

285 **Problem Nr 63: Abgrenzung Täterschaft – Teilnahme bei Beteiligung an einem Begehungsdelikt durch positives Tun**

(1) Nach der älteren **formal-objektiven Theorie** konnte nur Täter sein, wer die Ausführungshandlung ganz oder teilweise selbst vornahm (ua *Beling*, Die Lehre vom Verbrechen, S 408 ff; *Freund*, AT § 10 Rn 35 ff).

Argument: Die formal-objektive Theorie ermöglicht eine klare Abgrenzung zwischen Täterschaft und Teilnahme, da sie an klare, gesetzlich fixierte Kriterien anknüpft. Wertende Betrachtungsweisen werden vermieden, wodurch eine größtmögliche Rechtssicherheit erreicht wird.

(2) Die überwiegend von der **Rechtsprechung** (ua RGSt 2, 160; BGHSt 2, 150 ff; BGH StV 2000, 261; BGH NJW 2004, 3051; aber auch *Fischer*, Vor § 25 Rn 2 ff) vertretene **subjektive Theorie** grenzt Täterschaft und Teilnahme vor allem nach der Willensrichtung des Beteiligten ab. Bei Täterwillen (animus auctoris) wird der Beteiligte als Täter bestraft, wobei allerdings für die Beurteilung der Willensrichtung auch die Maßstäbe der Tatherrschaftslehre angeführt werden. Wer hingegen die Tat „als fremde" will, handelt mit bloßem Teilnehmerwillen (animus socii) und kann auch nur als solcher strafbar sein. In einer wertenden Betrachtung werden dabei alle von der Vorstellung der Beteiligten umfassten Umstände herangezogen. Wesentliche Anhaltspunkte für diese Wertung sind das eigene Interesse am Taterfolg, der Umfang der Tatbeteiligung und die Tatherrschaft bzw der Wille hierzu. Auch ein lediglich im Vorbereitungsstadium mit Täterwillen erbrachter Tatbeitrag kann nach der subjektiven Theorie Mittäterschaft begründen (BGH NStZ 1999, 609).

Argument: Die soziale Bedeutung eines Verhaltens kann nur dann adäquat beurteilt werden, wenn man den Willen des Handelnden mit berücksichtigt. Nur wer den geistigen Beitrag ins Zentrum der Betrachtung rückt, läuft nicht Gefahr, einerseits infolge einer Überbewertung der „Eigenhändigkeit" den bloßen Handlanger als Täter einzustufen und andererseits infolge einer Unterbewertung der geistigen Leistung den Hintermann zu entlasten.

(3) Die **herrschende Meinung** sieht zu Recht in Anlehnung an den Wortlaut des § 25 I Alt 1 in der **Tatherrschaft** das Leitprinzip der Abgrenzung (ua *Jäger*, BT Rn 226; *Joecks*, St-K, § 25

Rn 5 f; *Kudlich*, PdW AT S 238; *Kühl*, AT § 20 Rn 25 ff; *Lackner/Kühl*, Vor § 25 Rn 6; LK-*Schünemann*, § 25 Rn 32 ff; *Maurach/Gössel/Zipf*, AT2 § 47 Rn 84 ff; *Walther*, NStZ 2005, 661; *Wessels/Beulke*, AT Rn 518). Im Fall der Mittäterschaft kommt es auf die „funktionelle Tatherrschaft" an. Tatherrschaft meint „das vom Vorsatz umfasste In-den-Händen-Halten des Geschehensablaufs". Täter ist, wer das Geschehen planvoll lenkt und mitgestaltet, Teilnehmer hingegen, wer die Tat nur als Randfigur veranlasst oder auf irgendeine Weise fördert.

Argument: Gegen die oben unter (1) dargestellte Ansicht spricht, dass nach ihr mittelbare Täterschaft nur selten möglich wäre. Zudem kann die gesamte Banden- und Organisationskriminalität mit dieser Konzeption nicht erfasst werden. (*Die Theorie oben [1] wird deshalb heute nicht mehr vertreten. Sie muss daher nicht mehr unbedingt erwähnt werden.*)

Die subjektive Theorie – oben (2) – lässt Täter und Teilnehmer als nahezu beliebig austauschbar erscheinen. Selbst wer alle Merkmale des gesetzlichen Tatbestandes in seiner Person erfüllt, kann nach ihr bloßer Gehilfe sein (RGSt 74, 84 [„Badewannenfall"]).

Der objektive Ansatz der Tatherrschaftstheorie trägt demgegenüber zur Rechtssicherheit bei. Das Abstellen auf die objektive und subjektive Beherrschung des Tatgeschehens gewährleistet durch die Anknüpfung an den objektiven Tatbeitrag und seine Einordnung in das Gesamtgeschehen im Vergleich zur subjektiven Theorie wesentlich bestimmtere und berechenbarere Ergebnisse.

Allerdings ist **innerhalb der Tatherrschaftslehre umstritten**, wie das Merkmal des „In-den-Händen-Haltens" des Geschehensablaufs auszulegen ist:

(a) Ein Teil der Lehre fordert eine wesentliche Mitwirkung im **Ausführungsstadium** (*Bloy*, GA 1996, 424; *Bottke*, GA 2001, 463, 472; *M. Heinrich*, Rechtsgutszugriff und Entscheidungsträgerschaft, S 291; *Herzberg*, ZStW 99 [1987], 49, 58; *Köhler*, AT S 518; LK-*Schünemann*, § 25 Rn 182; *Rudolphi*, Bockelmann-FS S 369 ff; *Zieschang*, ZStW 107 [1995], 361).

Argument: Die Tatherrschaft muss bei Verwirklichung der Tatbestandshandlung vorliegen. Wer nur bei der Vorbereitung mitwirkt, kann zwar das Geschehen beeinflussen, es aber nicht beherrschen. Strafbarkeitslücken entstehen nicht, da etwa der Bandenchef, der im Vorbereitungsstadium wichtige Tatbeiträge liefert, als mittelbarer Täter in der Form des sog „Täters hinter dem Täter" bestraft werden kann.

(b) Ein anderer Teil (ua *Ebert*, AT S 202; *Jescheck/Weigend*, § 63Abschn III 1; *Klesczewski*, AT Rn 623; *Küpper*, GA 1986, 444; S/S-*Cramer/Heine*, § 25 Rn 66 f; *Stratenwerth/Kuhlen*, AT § 12 Rn 93 f; *Wessels/Beulke*, AT Rn 528 f) verlangt für den gesamten Geschehensablauf einheitlich nur eine funktionelle Tatherrschaft; dh auch der, der nur im **Vorbereitungsstadium** mitwirkt, kann Täter sein, solange er sein „Minus" bei der Tatausführung durch ein „Plus" im Vorbereitungsstadium ausgleichen kann (Planungs- oder Organisationshoheit).

Argument: Die Tat als Gesamtgeschehen darf nicht in engen zeitlichen Grenzen gesehen werden. Daher ist die unter (a) dargestellte Ansicht abzulehnen. Insbesondere der Bandenchef ist infolge seiner Tatplanung und des Gehorsams, den ihm die Bandenmitglieder bei der Ausführung des Planes entgegenbringen, als Mittäter einzustufen. Seine geistige Leistung verschafft ihm eine Herrschaft über das Geschehen, welche bis in das Ausführungsstadium weiterwirkt.

Zur Vertiefung: Wessels/Beulke, AT Rn 510 ff, 529; Beulke, Klausurenkurs I [3] Rn 159; ders, Klausurenkurs II [1] Rn 20; Hillenkamp, AT 19. Problem S 115 ff; Joecks, St-K, § 25 Rn 2 ff.

Eine Streitentscheidung kann hier jedoch unterbleiben: H besaß nicht die planvoll-lenkende oder mitgestaltende Tatherrschaft, vielmehr nahm er an einer von K geplanten und gestalteten Tat teil. Daran ändert auch nichts, dass er dem K die gestohlene Sache abkaufen wollte und somit ein gewisses Eigeninteresse an der Tat hatte. Er wollte sie trotzdem nicht als eigene. Alle Ansichten gelangen hier somit zur Ablehnung der Mittäterschaft. 286

b) Ergebnis

Eine Strafbarkeit gem §§ 242 I, 25 II scheidet aus.

2. §§ 242 I, 27

a) Objektiver Tatbestand

287 Die vorsätzliche rechtswidrige Haupttat eines anderen liegt in Gestalt des von K begangenen Diebstahls (§ 242 I) vor (*s o Rn 280*).

H müsste K zu dieser Tat Hilfe geleistet haben. Ein „Hilfeleisten" liegt in jedem Tatbeitrag, der die Haupttat ermöglicht, erleichtert oder die vom Täter begangene Rechtsgutsverletzung verstärkt[14]. Im vorliegenden Fall kann es zu Abgrenzungsproblemen zwischen Beihilfe iSv § 27 und einer Begünstigungshandlung iSv § 257 kommen. Bestünde die Mitwirkung des H allein in Tathandlungen vor Vollendung des Diebstahls, käme nur eine Beihilfe in Betracht. Wenn er sich hingegen auf Handlungen im Zeitraum nach Beendigung des Diebstahls beschränkte, käme von vornherein nur eine Begünstigung in Frage. Hier ist H erst tätig geworden, nachdem K die Farbeimer durch das Tor geschoben hatte. Der Diebstahl war zwar in diesem Zeitpunkt vollendet, jedoch noch nicht beendet, da K noch keinen gesicherten Gewahrsam an den Eimern begründet hatte, solange sich die Farbeimer noch im Gesamtbereich der Baustelle inklusive der Straße befanden. Somit wurde H nach Vollendung und vor Beendigung des Diebstahls tätig[15]. Die Behandlung dieser Konstellation ist umstritten. Fraglich ist, ob bei Mitwirkungsakten in dieser Phase der Deliktsbegehung eine Beihilfehandlung vorliegen kann. Es handelt sich dann um eine sog sukzessive Beihilfe.

288 **Problem Nr 64: Abgrenzung zwischen sukzessiver Beihilfe und Begünstigung**

(1) Nach einer im Vordringen befindlichen Ansicht im **Schrifttum** ist eine sukzessive Beihilfe im Stadium zwischen Vollendung und Beendigung von vornherein ausgeschlossen, sodass hier eine Beihilfehandlung ausscheidet (*Kühl*, JuS 2002, 729, 733 f mwN; LK-*Schünemann*, § 27 Rn 42 ff; *Wessels/Hillenkamp*, BT2 Rn 804).

Argument: Die Hilfeleistung nach der Tat ist vom Gesetzgeber durch die §§ 257, 258, 259, 261 nur partiell unter Strafe gestellt worden, was durch eine extensive Anwendung der Beihilfe umgangen würde.

(2) Nach **anderer Ansicht** (RGSt 58, 14; 73, 333; *Haft*, BT1 S 58) können Beihilfe und Begünstigung nebeneinander vorliegen.

Argument: Das zeigt schon die Existenz des § 257 III. Ein Exklusivitätsverhältnis je nach Willensrichtung des Mitwirkenden – s u Ansicht (3) – muss ausscheiden, weil die Strafandrohung des § 257 so gering ist, dass die subjektive Ansicht des Täters nicht darüber entscheiden kann, ob er wegen Mitwirkung an der Vortat oder wegen § 257 haftet; deshalb muss beides gegeben sein.

(3) Die noch **herrschende Meinung im Schrifttum und in der Rechtsprechung** hält zutreffenderweise eine sukzessive Beihilfe für möglich (BGHSt 4, 132; OLG Köln NJW 1990, 587;

14 *Wessels/Beulke*, AT Rn 582.

15 Nach Beendigung der Tat ist eine sukzessive Beihilfe nicht mehr möglich, vgl BGH wistra 2008, 20.

Hauf, BT1 S 127; S/S-*Cramer/Heine*, § 27 Rn 17; *Wessels/Beulke*, AT Rn 583 mwN). Die Abgrenzung zwischen Teilnahme und Begünstigung bei Handlungen nach Vollendung und vor Beendigung der Tat nimmt sie nach der Willensrichtung des Mitwirkenden vor: Will er die Haupttat fördern, ist Beihilfe einschlägig, will er dagegen nur die Vorteile der Tat sichern, Begünstigung.

Argument: Unter einer Hilfeleistung kann man dem natürlichen Sprachgebrauch nach jede Unterstützung bis zur endgültigen Beeinträchtigung des Rechtsguts, dh bis zum Zeitpunkt der Deliktsbeendigung verstehen. Auch die der Vollendung unmittelbar nachfolgende Abschlussphase gehört sachlich noch zum tatbestandlich vertypten Unrecht und zur Realisierung der Rechtsgutsbeeinträchtigung. Wer hingegen nach Vollendung tätig wird, ohne dass ihn die Vortat interessiert, will seinen Tatbeitrag nicht der Begehung der Vortat zugute kommen lassen und nicht ihre Beendigung fördern. Vielmehr sieht er sich lediglich als „Bewahrer" der rechtswidrigen Folgen der Vortat. Seine Unterstützungshandlung stellt dann keine Beihilfehandlung dar. Umgekehrt liegt nur eine Beihilfe- und keine Begünstigungshandlung vor, wenn es dem Täter gerade darum geht, dass die Vortat abgeschlossen werden kann.

Zur Vertiefung: Wessels/Hillenkamp, BT2 Rn 804; Beulke, Klausurenkurs II [9] Rn 257.

Diese Form der Teilnahme hält eine verbreitete Auffassung für ausgeschlossen, weil **289**
die §§ 257 ff die Hilfeleistung nach der Tat strafrechtlich abschließend erfassen. Eine andere Ansicht will angesichts des § 257 III zumindest ein Nebeneinander von Beihilfe und Begünstigung zulassen, um nicht die Strafandrohung von der Willensrichtung des Täters abhängig zu machen. Mit der herrschenden Meinung ist eine sukzessive Beihilfe im Stadium zwischen Vollendung und Beendigung jedoch ohne diese Einschränkung möglich. Auch in der Abschlussphase des Delikts, die gleichermaßen zum tatbestandlich vertypten Unrecht gehört, kann bei der Beeinträchtigung eines Rechtsguts nämlich noch Hilfe geleistet werden. H ging es hier nicht darum, dem K lediglich die Vorteile der Tat zu sichern. Durch das Zurverfügungstellen des Autos, das Aufpassen und die Hilfe beim Aufladen der Eimer nahm er vielmehr Handlungen vor, die der Beendigung des Diebstahls, dh der Vortat, zugute kamen. H handelt in der inneren Einstellung, die Haupttat zu fördern und zum Abschluss zu bringen. Sein Verhalten stellt daher eine Beihilfehandlung iSv § 27 dar.

b) Subjektiver Tatbestand

H handelte sowohl bzgl des von K begangenen Diebstahls als auch bzgl seiner eigenen Beihilfehandlung mit Wissen und Wollen, also vorsätzlich.

c) Rechtswidrigkeit und Schuld

H handelte rechtswidrig und schuldhaft.

d) Ergebnis

H hat sich wegen Beihilfe zum Diebstahl gem §§ 242 I, 27 strafbar gemacht.

3. §§ 246 I, 27

Die zugleich verwirklichte Beihilfe zur Unterschlagung gem §§ 246 I, 27 tritt kraft gesetzlicher Subsidiarität hinter §§ 242 I, 27 zurück.

4. § 257 I

a) Objektiver Tatbestand

290 Mit dem Diebstahl des K liegt eine (gegen das Vermögen eines anderen gerichtete) rechtswidrige Vortat eines anderen iSd § 257 I vor, die auch mindestens das Versuchsstadium erreicht hat.

H müsste K Hilfe geleistet haben. Dies bedeutet Vornehmen einer Handlung, die objektiv geeignet und subjektiv darauf gerichtet ist, die durch die Vortat erlangten oder entstandenen Vorteile dagegen zu sichern, dass sie dem Vortäter zugunsten des Verletzten wieder entzogen werden (Restitutionsvereitelungsabsicht)[16]. Wie bereits dargelegt, trug H hier nicht zur Sicherung eines schon erlangten Vorteils, sondern zur Erlangung des Vorteils selbst bei, sodass keine Begünstigungshandlung, sondern eine Beihilfehandlung vorliegt (*s o Rn 288 f*).

Wenn dennoch vom Vorliegen einer Begünstigungshandlung ausgegangen wird[17], greift zumindest § 257 III ein, da H nach oben (*Rn 288 f*) vertretener Ansicht an der Vortat teilgenommen hat.

b) Ergebnis

Eine Strafbarkeit gem § 257 I scheidet aus.

5. § 258 I

291 Die rechtswidrige Vortat eines anderen ist der von K begangene Diebstahl.

H verhinderte oder verzögerte durch seine Handlung nicht die Strafverfolgung des K wegen des Diebstahls.

H ist nicht gem § 258 I strafbar.

6. § 259 I

a) Objektiver Tatbestand

292 Die 20 Farbeimer als Tatobjekt sind die durch eine rechtswidrige Tat eines anderen erlangten Sachen.

Fraglich ist zunächst, ob H ein „anderer" ist, obwohl er selbst als Teilnehmer an der Vortat mitgewirkt hat. Dies ist zu bejahen, denn für den Teilnehmer der Vortat handelt es sich nicht um „seine" Straftat, sondern um die Straftat eines „anderen". Nach herrschender Ansicht macht sich deshalb auch derjenige der Hehlerei schuldig, der an der Vortat teilnimmt und im Anschluss daran hehlerisch tätig wird, selbst in den Fällen, in denen die Vortatteilnahme von vornherein darauf abzielt, sich die Beute zur eigentümergleichen Verwendung zu verschaffen[18].

Der § 259 I verlangt, dass der Vortäter die Sache bereits durch die Vortat „erlangt hat". Daran könnte es hier fehlen, weil der Abschluss der Vortat (Diebstahl) und die mög-

16 BGHSt 4, 122; LK-*Ruß*, § 257 Rn 13; *Wessels/Hillenkamp*, BT2 Rn 806.
17 So zB S/S-*Stree*, § 257 Rn 8.
18 BGHSt 33, 50, 52.

liche Hehlereihandlung des H („Abnahme" der Eimer) eng miteinander verzahnt waren.

Problem Nr 65: Überschneidung von Hehlerei, § 259, mit der Beihilfe zur Vortat 293

(1) Nach einer **Mindermeinung im Schrifttum** (*Geppert*, JK 3/03, StGB § 259/21; *Lackner/ Kühl*, § 259 Rn 6; *Otto*, Jura 1985, 148, 151; *Rudolphi*, JA 1981, 1, 6; OLG Stuttgart JZ 1960, 289 [aufgegeben durch OLG Stuttgart JZ 1990, 1144]; OLG Karlsruhe Justiz 1972, 319) ist der Tatbestand der Hehlerei auch dann erfüllt, wenn die Vortat zuvor noch nicht vollendet ist, sondern deren Vollendung erst durch eine Verfügung zugunsten des Hehlers erfolgt.

Argument: Eine klare Trennung ist dann nicht möglich, aber auch überflüssig, wenn die Zueignungshandlung iSd Eigentumsdelikte und das Sichverschaffen iSv § 259 durch einen Übertragungsakt an den Abnehmer erfolgt.

(2) Nach einer weiteren **Mindermeinung in der Rechtsprechung** (OLG Hamburg NJW 1966, 2226) kommt es für das Vorliegen der Hehlerei nicht auf die Vollendung der Vortat, sondern deren Beendigung an.

Argument: Erst wenn die Vortat beendet ist, kann die rechtswidrige Vermögensposition perpetuiert werden.

(3) Nach **herrschender Meinung im Schrifttum und in der Rechtsprechung** (RGSt 67, 72; 58, 230; BGH StV 1989, 435; BGH StV 2002, 542; BGH NStZ- RR 2003, 13; OLG Stuttgart NStZ 1991, 285; *Eser*, Strafrecht IV, S 193; LK-*Ruß*, § 259 Rn 11) muss der Makel des rechtswidrigen Vorerwerbs der Sache im Zeitpunkt der Hehlereihandlung bereits anhaften. Hiernach liegt keine Hehlerei vor, wenn die rechtswidrige Vermögenslage erst durch das Zusammenwirken von Vortäter und vermeintlichem Hehler begründet wird.

Argument: Gegen die unter (1) dargestellte Ansicht spricht, dass sie den Tatbestand der Hehlerei in einer Weise erweitert, dass er nicht mehr vollständig dem Gesetzestext entspricht. Die Ansicht (2) wiederum fasst den Hehlereitatbestand zu eng.

Das Wort „gestohlen" als typischstes Beispiel für eine Vortat iSd § 259 setzt einen vollendeten Diebstahl voraus. Dies muss dann auch für andere Vortaten gelten. Das Wesen der Hehlerei als Perpetuierungsdelikt besteht in der Aufrechterhaltung einer rechtswidrigen Vermögenslage und verlangt deshalb zumindest eine vollendete Vortat.

Einschränkungen: Kritisch ist gleichwohl anzumerken, dass zwar ein klares Abgrenzungskriterium geschaffen wird, indem man die Vollendung der Vortat durch den Vortäter verlangt. Zugleich besteht jedoch die Gefahr, dass wichtige Fälle aus dem Anwendungsbereich der Hehlerei herausgenommen werden, obwohl diese wertungsmäßig hier einzuordnen sind. Zu Recht werden deshalb an die Zeitspanne, die zwischen der Sacherlangung und der Hehlereihandlung liegen muss, nur minimale Anforderungen gestellt, sodass beide unmittelbar aufeinander folgen und nahezu ineinander übergehen können. Es muss jedoch jedenfalls eine theoretische Trennung der beiden Handlungen möglich sein (BGHSt 13, 403 [Schrottentwendungsfall]; BGH NJW 1959, 1377 [Tankabfüllfall]; *Maurach*, JZ 1960, 290; *Stree*, NStZ 1991, 285; *Wessels/Hillenkamp*, BT2 Rn 835).

Zur Vertiefung: Wessels/Hillenkamp, BT2 Rn 834f; Hillenkamp, BT 38. Problem S 194ff.

Zu Problemen des § 259 vgl auch Kudlich, JA 2002, 672ff.

Das enge Ineinandergreifen von Diebstahl und Hehlerei ist aber ohne Belang, da beide Handlungen (Diebstahl und Hehlerei) nahezu ineinander übergehen können, wenn 294 trotzdem eine theoretische Möglichkeit besteht, eine Grenzlinie zu ziehen. Diese ist hier darin zu sehen, dass K die Farbeimer ohne die Hilfe des H bis zur Baustellentür und durch diese hindurch transportierte und damit den Diebstahl vollendete. Erst im Anschluss daran begann die Hehlereihandlung des H, der die Beute übernahm. Es liegt also eine abgeschlossene Vortat eines anderen vor.

H müsste sich die Farbeimer verschafft haben. Sichverschaffen bedeutet Übernahme der tatsächlichen Verfügungsgewalt zu eigenen Zwecken im Wege des abgeleiteten Erwerbs und des einverständlichen Zusammenwirkens mit dem Vortäter oder dem sonstigen Vorbesitzer[19]. Hier ist der Unterfall des Ankaufens im einvernehmlichen Handeln mit dem Vortäter K erfüllt.

b) Subjektiver Tatbestand

H handelte hinsichtlich der objektiven Tatbestandsmerkmale mit Wissen und Wollen und zudem in der Absicht, sich zu bereichern.

7. § 261 II Nr 1

295 Eine Strafbarkeit des H gem § 261 II Nr 1 wegen des Entgegennehmens der 20 Farbeimer scheidet von vornherein aus, da es sich bei dem von K begangenen Diebstahl gem § 242 I (*s o Rn 280*) mangels Gewerbsmäßigkeit bzw bandenmäßiger Begehung um keine geeignete Vortat iSv § 261 I 2 Nr 4 a handelt.

8. §§ 123 I Alt 1, 27

a) Objektiver Tatbestand

296 Die vorsätzliche rechtswidrige Haupttat ist der von K begangene Hausfriedensbruch (§ 123 I Alt 1; *s o Rn 282*).

Die Beihilfehandlung des H zum (hier vollendeten, aber noch nicht beendeten) Dauerdelikt[20] des Hausfriedensbruches besteht im Überwachen der Baustelleneinfahrt während der Abtransportphase.

b) Subjektiver Tatbestand

H handelte sowohl hinsichtlich des Hausfriedensbruches des K als auch hinsichtlich seiner Beihilfehandlung vorsätzlich.

c) Strafantragserfordernis, § 123 II

Für die Strafverfolgung ist ein Strafantrag gem § 123 II erforderlich.

9. Konkurrenzen

Die Delikte wurden durch dieselbe Handlung begangen, nämlich das Abnehmen der Farbeimer. Sie beziehen sich jeweils auf ganz unterschiedliche Rechtsgüter und stehen deshalb zueinander jeweils in Idealkonkurrenz (§ 52).

---

19 BGH NStZ-RR 2005, 374; *Wessels/Hillenkamp*, BT2 Rn 848.
20 Zur Zulässigkeit derartiger Konstruktionen vgl BGH NStZ 2004, 44.

10. Ergebnis für H im Tatkomplex A

H hat sich gem §§ 242 I, 27 – § 52 – § 259 I – § 52 – §§ 123 I Alt 1, 27 strafbar gemacht.

III. Strafbarkeit des V

1. §§ 242 I, 13 I

V könnte sich wegen Diebstahls durch Unterlassen strafbar gemacht haben. **297**

V hat K nicht von der Begehung des Diebstahls abgehalten. Fraglich ist zunächst, ob sein Beitrag als Tun oder Unterlassen zu qualifizieren ist.

Tun ist die Ingangsetzung oder das In-eine-bestimmte-Richtung-Lenken eines Kausalgeschehens durch Einsatz von Energie. Dies kann auch durch konkludentes Verhalten erfolgen. Unterlassen liegt dagegen vor, wenn den Dingen ihr Lauf gelassen wird und von der Möglichkeit einzugreifen kein Gebrauch gemacht wird. Mit der herrschenden Meinung ist darauf abzustellen, wo bei normativer Betrachtung und bei Berücksichtigung des sozialen Handlungssinns der *Schwerpunkt* des strafrechtlich relevanten Verhaltens liegt[21].

V hat sich weder aktiv noch durch konkludentes Verhalten in das Geschehen eingeschaltet. Er hat nur sehenden Auges zugelassen, dass K seinen Tatentschluss fasste. Sein Verhalten ist daher als Unterlassen zu werten.

Sein Unterlassen ist für die Straftatbegehung kausal geworden.

V müsste eine Garantenpflicht obliegen. Die Garantenpflicht des V könnte sich aus seiner Vaterstellung ergeben. Zweifelhaft ist aber, ob Eltern eine Garantenstellung in Bezug auf die Taten ihrer volljährigen Kinder haben[22].

Dies kann aber hier dahingestellt bleiben, da V jedenfalls als Polier und Materialwart des Unternehmens des P eine Garantenstellung zukam, indem er für die Materialien des Unternehmens und damit auch für die Farbeimer verantwortlich war (Schutzpflicht für bestimmte Rechtsgüter[23]).

V hat durch die nicht erfolgte Aufforderung an K, die Tat nicht zu begehen, die ihm mögliche und zumutbare sowie zur Erfolgsabwendung objektiv gebotene Handlung unterlassen.

Der Umstand, dass eine Garantenpflicht besteht, führt nicht dazu, dass V automatisch zum Täter avanciert. Auch bei der Mitwirkung durch Unterlassen am Begehungsdelikt ist die Abgrenzung von Täterschaft und Teilnahme nach den Grundsätzen der Tatherrschaftslehre vorzunehmen[24]. V hat hier weder Tatherrschaft noch den Willen zur Tatherrschaft. Er ist deshalb kein Täter.

Eine Strafbarkeit gem §§ 242 I, 13 I scheidet aus.

---

21 Vertiefend *Wessels/Beulke*, AT Rn 699 ff.

22 Zu Recht ablehnend *Wessels/Beulke*, AT Rn 724.

23 Vgl *Wessels/Beulke*, AT Rn 720.

24 Siehe oben Fall 3, Problem Nr 27, Rn 139.

2. §§ 242 I, 26, 13 I

a) Objektiver Tatbestand

298 Die vorsätzliche rechtswidrige Haupttat ist der von K begangene Diebstahl (§ 242 I).

V müsste in K den Tatentschluss hervorgerufen haben. Fraglich ist, ob ein strafwürdiger Anstiftungsbeitrag des V erkennbar ist. Da es sich hier nur um ein Unterlassen handelt (*s o Rn 297*), stellt sich das Problem, ob auch durch ein Unterlassen ein „Bestimmen" zur Tat iSv § 26 möglich ist.

299 **Problem Nr 66: Anstiftung durch Unterlassen**

(1) Nach einer **Mindermeinung** genügt bereits das bloße Verursachen des Tatentschlusses (*Bloy*, JA 1987, 490).

Argument: § 26 enthält keine ausdrückliche Differenzierung nach der Art des „Bestimmens".

(2) Nach **herrschender Meinung** (*Fischer*, § 26 Rn 3 f; *Jescheck/Weigend*, § 64 II 1; *Otto*, JuS 1982, 557, 560; *Wessels/Beulke*, AT Rn 568) bedarf es für ein „Bestimmen" einer Willensbeeinflussung im Wege des offenen geistigen Kontakts. Es kommt auf die psychische Einflussnahme an, die bei einem Unterlassen fehlt.

Argument: Gemäß § 26 wird der Anstifter wie der Täter bestraft. Vergleicht man die kriminelle Energie, die der Haupttäter bei der Begehung seiner Tat aufbringt mit dem geringen Aufwand, den der Anstifter betreiben muss, wenn jede Verursachung des Tatentschlusses genügen würde, wird die Diskrepanz deutlich. Aus diesem Grunde kann das bloße Verursachen des Tatentschlusses ohne psychische Einflussnahme nicht als Bestimmen iSd § 26 verstanden werden. Eine Anstiftung muss vielmehr immer aktiv erfolgen.

Zur Vertiefung: Wessels/Beulke, AT Rn 568.

300 Zwar enthält der Wortlaut des § 26 keine ausdrückliche Unterscheidung nach der jeweiligen Form des Bestimmens. Dennoch ist der Begriff so auszulegen, dass er eine Willensbeeinflussung durch offenen geistigen Kontakt iS einer psychischen Einflussnahme voraussetzt. Andernfalls würde der Anstifter V für seine Unterlassung „gleich einem Täter" bestraft, was angesichts des erheblich größeren Aufwands und der höheren kriminellen Energie, mit denen K im Vergleich zu V vorgeht, nicht sachgerecht erscheint. Ein bloßes Unterlassen seitens des V stellt also kein Bestimmen iSv § 26 dar.

b) Ergebnis

V ist nicht gem §§ 242 I, 26, 13 I strafbar.

3. §§ 242 I, 27, 13 I

a) Objektiver Tatbestand

301 Die vorsätzliche rechtswidrige Haupttat ist der durch K begangene Diebstahl.

V müsste dem K hierzu Hilfe geleistet haben. Dabei muss die Beihilfehandlung der Förderung der Haupttat durch psychische oder physische Unterstützung dienen. Eine Beihilfe kann auch durch Unterlassen erfolgen, da es im Gegensatz zur Anstiftung nicht auf ein Einwirken auf den Haupttäter ankommt, sondern lediglich auf ein Verhalten, das die Tat des Haupttäters fördert[25].

V ist Garant und sein Unterlassen ist für die Durchführung des Diebstahls kausal geworden. Es liegt also eine Beihilfehandlung durch Unterlassen vor.

b) Subjektiver Tatbestand

V handelte sowohl hinsichtlich des von K begangenen Diebstahls als auch hinsichtlich seiner Beihilfehandlung sowie der Garantenstellung vorsätzlich.

c) Rechtswidrigkeit und Schuld

V handelte rechtswidrig und schuldhaft.

d) Ergebnis

V hat sich gem §§ 242 I, 27, 13 I strafbar gemacht.

4. § 266 I Alt 2

Eine Strafbarkeit des V gem § 266 I Alt 2 scheitert – wie bei K (*s o Rn 281*) – daran, **302**
dass V hier keine Vermögensbetreuungspflicht gegenüber seinem Chef P hatte. Auch ein Polier ist nicht hauptsächlich dazu da, das Vermögen des Bauunternehmers zu betreuen; vielmehr soll er nur für den reibungslosen Ablauf an der Baustelle Sorge tragen. Die Obhutspflicht für das Material (*s o Rn 297*) ist nur eine Nebenpflicht aus dem Anstellungsvertrag.

5. §§ 246 I, II, 27, 13 I

a) Grundtatbestand, § 246 I

Vorsätzliche rechtswidrige Haupttat ist die durch K begangene Unterschlagung. Die Beihilfehandlung des V liegt darin, dass er es unterlassen hat, K von der Unterschlagung abzuhalten. V handelte vorsätzlich bzgl der Unterschlagung und bzgl der dazu geleisteten Beihilfehandlung.

b) Qualifikation, § 246 II

Für eine Beihilfe zur qualifizierten Unterschlagung fehlt es eigentlich an einer entsprechenden Haupttat, denn K hat nur § 246 I erfüllt. Andererseits handelt es sich bei dem Anvertrautsein um ein besonderes persönliches Merkmal iSv § 28 II[26], so dass es ausreicht, dass dem Gehilfen V als Polier und Materialwart die Farbeimer im Rahmen des Arbeitsverhältnisses anvertraut waren. V wusste um seine Stellung als Polier und Materialwart gegenüber seinem Chef P, besaß also auch bzgl der veruntreuenden Unterschlagung Vorsatz.

---

25 *Wessels/Beulke*, AT Rn 582.
26 BGH StV 1995, 84; *Wessels/Beulke*, AT Rn 558; *Wessels/Hillenkamp*, BT2 Rn 297.

c) Konkurrenzen

Die Beihilfe zur qualifizierten Unterschlagung gemäß §§ 246 II, 27, 13 I geht als lex specialis der Beihilfe zur einfachen Unterschlagung vor. Zweifelhaft ist das Konkurrenzverhältnis zwischen §§ 246 II, 27, 13 I und §§ 242, 27, 13 I. Zwar ist allgemein anerkannt, dass die Subsidiaritätsklausel des § 246 I auch für § 246 II gilt (*s o Rn 256*). Jedoch ist nach dem Gesetzeswortlaut eine Strafbarkeit nach § 246 dann gegeben, „wenn die Tat nicht in anderen Vorschriften mit schwererer Strafe bedroht ist". Gemeint hat der Gesetzgeber damit anscheinend, dass § 246 nur dann entfällt, wenn ein anderer Straftatbestand mit einer höheren Strafdrohung ebenfalls erfüllt ist[27]. Der Strafrahmen für Diebstahl nach § 242 und der für veruntreuende Unterschlagung nach § 246 II ist hingegen gleich. Dementsprechend sind auch bei §§ 242, 27, 13 I einerseits und §§ 246 II, 27, 13 I andererseits gleiche Strafrahmen zugrunde zu legen. Die Tat ist damit in anderen Vorschriften nicht mit schwererer Strafe bedroht, so dass auf den ersten Blick die Subsidiaritätsklausel nicht eingreift. Andererseits wird durch beide Vorschriften (zumindest auch) das Rechtsgut Eigentum geschützt. Der Unterschlagung kommt gegenüber dem Diebstahl nur eine Auffangfunktion zu[28]. Bei – wie hier – gleichem Strafrahmen muss deshalb letztlich die Beihilfe zur veruntreuenden Unterschlagung gegenüber der Beihilfe zum Diebstahl doch im Wege der Gesetzeskonkurrenz zurücktreten, wobei es offen bleiben kann, ob sich dies aus einer erweiterten Auslegung der Subsidiaritätsklausel ergibt, oder ob von Konsumtion auszugehen ist.

6. §§ 123 I Alt 1, 27, 13 I

Da V nichts von der konkreten Tatausführung wusste, hatte er bzgl des Hausfriedensbruches keinen Vorsatz.

7. Ergebnis für V im Tatkomplex A

V ist strafbar gem §§ 242 I, 27, 13 I.

B. Die restlichen zehn Farbeimer

I. Strafbarkeit des K als Täter

1. § 242 I

303 Auch bzgl der restlichen zehn Farbeimer, die K zunächst zu sich nach Hause transportierte, hat K einen Diebstahl begangen.

2. § 246 I

Die zugleich verwirklichte Unterschlagung gem § 246 I tritt kraft gesetzlicher Subsidiarität hinter § 242 I zurück.

---

27 *Mitsch*, 111 [1999], 65, 96; MK-*Hohmann*, § 246 Rn 59.

28 *Jäger*, JuS 2000, 1171; S/S-*Eser*, § 246 Rn 32.

3. § 123 I Alt 1

K ist erneut in das befriedete Besitztum eines anderen widerrechtlich eingedrungen. **304**
Für die Strafverfolgung ist ein Strafantrag erforderlich, § 123 II.

4. Konkurrenzen

Der Diebstahl und der Hausfriedensbruch stehen in Idealkonkurrenz zueinander (§ 52).

5. Ergebnis für K im Tatkomplex B

K hat sich gem § 242 I – § 52 – § 123 I Alt 1 strafbar gemacht.

II. Strafbarkeit des F

1. §§ 242 I, 27

Indem F in seiner Garage die zehn Farbeimer vorübergehend aufbewahrte, könnte er **305** eine Beihilfe zum Diebstahl begangen haben. Die vorsätzliche rechtswidrige Haupttat ist der Diebstahl des K hinsichtlich der zehn Farbeimer (*s o Rn 280*). Im Zeitpunkt der Tathandlung des F war die Tat des K aber bereits beendet. Das Verhalten des F kann deshalb keine Beihilfehandlung darstellen.

2. § 257 I

a) Objektiver Tatbestand

Die rechtswidrige Vortat eines anderen ist in Form des Diebstahls gegeben (*s o Rn 280*).

K musste befürchten, als Täter entdeckt zu werden. Diese Gefahr wurde durch das Unterstellen in der Garage des F verringert. Es liegt deshalb eine Hilfeleistung iSv § 257 I vor.

b) Subjektiver Tatbestand

F handelte vorsätzlich sowie mit Vorteilssicherungsabsicht.

c) Rechtswidrigkeit und Schuld

F handelte rechtswidrig und schuldhaft.

3. § 259 I

Durch das Aufbewahren der zehn Farbeimer könnte F auch eine Hehlerei begangen **306** haben.

a) Objektiver Tatbestand

Die zehn Farbeimer sind durch eine rechtswidrige Tat eines anderen erlangte Sachen.

F könnte die Farbeimer sich oder einem Dritten verschafft haben. F erhielt die Sache hier aber nur zur Ingewahrsamsnahme, sodass das Verschaffen iSd Erlangung einer quasi dinglichen Verfügungsgewalt als Tathandlung ausscheidet.

Absetzen bedeutet das selbstständige Unterstützen eines anderen beim entgeltlichen Weiterverschieben der „bemakelten" Sache an Dritte[29]. Ein solches Absetzen ist hier seitens der Person des F nicht ersichtlich.

F könnte jedoch beim Absetzen der Farbeimer geholfen haben. Absatzhilfe ist jede weisungsabhängige, unselbstständige Unterstützung, die dem Vortäter bei dessen Absatzbemühungen gewährt wird[30]. Durch die Lagerung der Farbe in der Garage des F hat dieser dem K die Farbe nicht nur erhalten wollen (dies wird von § 257 erfasst, *s o Rn 305*), sondern er wollte ihn auch beim Weiterverkauf unterstützen (*andere Auslegung denkbar*).

Strittig ist aber, ob das Absetzen oder die Absatzhilfe ein Gelingen des Absetzens voraussetzt.

307 **Problem Nr 67: Vollendungszeitpunkt bei der Absatzhilfe**

(1) Nach einem Teil der **Literatur** (*Berz*, Jura 1980, 57 ff; *Lackner/Kühl*, § 259 Rn 13; *Maurach/Schroeder/Maiwald*, BT1 § 39 Rn 34; S/S-*Stree*, § 259 Rn 32, 38) ist durch die Änderung des Gesetzeswortlauts des § 259 durch Art 19 Nr 132 EGStGB v 2. März 1974 (BGBl I S 469) auch eine veränderte Auslegung beabsichtigt. Eine als Hehlerei strafbare Absatzhilfe liegt hiernach nur vor, wenn das Verhalten tatsächlich zum Absatz der Ware geführt hat.

Argument: Das Absetzen ist nur die Kehrseite des Verschaffens, sodass beide Begehungsformen deckungsgleich ausgelegt werden müssen und deshalb die durch die Vortat geschaffene rechtswidrige Vermögenslage erst dann aufrechterhalten wird, wenn die tatsächliche Verfügungsgewalt auf den Abnehmer übergegangen ist.

(2) Insbesondere die **Rechtsprechung**, aber auch weite Teile des Schrifttums (BGHSt 26, 358; 27, 45; BGH wistra 2006, 16; *Arzt/Weber*, BT § 20 Rn 19; *Fischer*, § 259 Rn 18; *Wessels/Hillenkamp*, BT2 Rn 865 ff) halten am Merkmal des „Mitwirkens zum Absatz" iSd § 259 aF fest und lassen auch weiterhin für die Deliktsvollendung bei § 259 jede Tätigkeit genügen, die geeignet ist, den Vortäter bei seinen Bemühungen, die Beute wirtschaftlich zu verwerten, zu unterstützen. Hierbei kommt es insbesondere nicht darauf an, dass die konkrete Unterstützung zum Absatzerfolg führt. Allerdings muss sich die Handlung in einen bereits festgelegten Absatzplan fördernd einfügen und aus der Sicht des Täters den Beginn des Absatzvorganges darstellen, ansonsten ist nur von einer straflosen Vorbereitungshandlung auszugehen (BGH NStZ 2008, 152).

Argument: Diese zutreffende Ansicht wird der sprachlichen Fassung des § 259 besser gerecht, steht in Übereinstimmung mit dem Willen des Gesetzgebers und berücksichtigt auch die kriminalpolitischen Notwendigkeiten. Angesichts der Tragweite der Absatzhilfehandlungen, auch wenn sie nicht zum Erfolg führen, und der Tatsache, dass die rechtswidrige Vermögenslage nicht nur aufrechterhalten wird, wenn die Sache an einen Erwerber weitergegeben wird, sondern auch durch den Besitz des Absetzenden und seiner Gehilfen selbst, muss die Vollendung der Absatzhilfe auch dann angenommen werden, wenn kein Absatzerfolg eingetreten ist. Hierbei ist auch zu bedenken, dass es oftmals gerade die Zusage eines anderen ist, bei dem Absatz der Ware zu helfen, die den Vortäter bei der Begehung seiner Tat unterstützt.

Zur Vertiefung: Wessels/Hillenkamp, BT2 Rn 865; Hillenkamp, BT 40. Problem S 202 ff.

29 *Wessels/Hillenkamp*, BT2 Rn 863, 868.
30 *Wessels/Hillenkamp*, BT2 Rn 863.

Insbesondere infolge der Änderung des Gesetzeswortlauts könnte § 259 nunmehr so auszulegen sein, dass das Absetzen als Kehrseite des Verschaffens den Übergang der tatsächlichen Verfügungsgewalt auf den Abnehmer als Erfolg voraussetzt. Dann hätte F noch keine vollendete Absatzhilfe geleistet. Dagegen spricht aber, dass der Gesetzgeber – seinem ausdrücklichen Bekunden nach – gegenüber der früheren Regelung, die keinen Absatzerfolg verlangte, nichts ändern wollte, ferner, dass die rechtswidrige Vermögenslage schon durch die Absatzaktivitäten aufrecht erhalten wird, unabhängig vom tatsächlichen Absatzerfolg. Entscheidend muss daher allein sein, ob die Tätigkeit des F sich dazu eignet, den Vortäter K bei seinen Absatzbemühungen zu unterstützen. Davon ist hier auszugehen. Hingegen ist nicht erforderlich, dass K die Farbe erfolgreich verkauft hat. Es liegt somit objektiv eine vollendete Absatzhilfe vor. **308**

b) Subjektiver Tatbestand

F handelte vorsätzlich.

Darüber hinaus müsste er in der Absicht gehandelt haben, sich oder einen Dritten zu bereichern. Eine Bereicherung zugunsten des F selbst fand nicht statt, da F die Farbe unentgeltlich unterstellen ließ. Es kann aber auch ein Dritter bereichert sein. Als Dritter kommt hier lediglich K in Betracht. K war aber zugleich Vortäter. Fraglich ist, ob auch der Wille, den Vortäter zu bereichern, zur Strafbarkeit des Helfers gem § 259 I führt.

Problem Nr 68: Kommt als Dritter iSd § 259 I auch der Vortäter in Betracht? **309**

(1) Nach **einer Ansicht** kann Dritter iSd § 259 I auch der Vortäter sein (BGH JR 1980, 213; S/S-*Stree*, § 259 Rn 50).

Argument: Eine Differenzierung zwischen Vortäter und „anderen" Dritten ergibt sich aus dem Gesetzeswortlaut nicht.

(2) Nach **anderer Ansicht** reicht die ausschließliche Bereicherung des Vortäters nicht aus (BGH NStZ 1995, 595; BGH JR 1996, 344; *Fischer*, § 259 Rn 27; *Krey/Hellmann*, BT2 Rn 603; *Lackner/Kühl*, § 259 Rn 17 f; *Wessels/Hillenkamp*, BT2 Rn 876).

Argument: Für die ablehnende Haltung spricht neben der Entstehungsgeschichte des § 259 auch der Wortlaut des § 259 I, der zwischen einem anderen (= Vortäter) und einem Dritten (= Bereicherten) unterscheidet. Zudem soll die Hilfeleistung dem Vortäter keinen über den Besitz der Sache hinausgehenden Gewinn oder Vorteil bringen, sodass sich eine Tat wie die vorliegende als Begünstigung darstellt. Wäre sie auch als Hehlerei strafbar, käme es zu einer Auflösung der Grenzen zwischen § 257 und § 259.

Zur Vertiefung: Wessels/Hillenkamp, BT2 Rn 876.

Nach richtiger Ansicht reicht eine Bereicherung des K als Vortäter nicht aus, weil dieser Fall allein durch § 257 erfasst werden soll. F ist daher nicht gem § 259 I strafbar. **310**

4. Ergebnis für F im Tatkomplex B

F ist strafbar gem § 257 I.

III. Strafbarkeit des E

1. §§ 259 I, III, 22, 23 I Alt 2

311 E könnte durch den Plan, die gestohlenen zehn Farbeimer anzukaufen, wegen versuchter Hehlerei strafbar sein. E war jedoch gutgläubig. Er wusste nichts von dem Diebstahl und glaubte an einen legalen Ankauf, sodass eine Strafbarkeit ausscheidet.

2. Ergebnis für E im Tatkomplex B

E hat sich nicht strafbar gemacht.

IV. Strafbarkeit des B

1. §§ 242 I, 27

312 B könnte sich dadurch, dass er den Kontakt zu E zwecks Ankaufs der zehn Farbeimer herstellte, wegen Beihilfe zum Diebstahl schuldig gemacht haben. Als teilnahmefähige Haupttat kommt nur der Diebstahl des K (§ 242 I, *s o Rn 280*) in Betracht. Dieser war aber, als B tätig wurde, bereits beendet, sodass das Verhalten des B keine Beihilfehandlung darstellen kann.

2. § 259 I

B könnte sich jedoch wegen Hehlerei strafbar gemacht haben.

a) Objektiver Tatbestand

Tatobjekt ist die durch eine rechtswidrige Tat eines anderen erlangte Sache; hier sind es die zehn Farbeimer.

Für ein Absetzen fehlt es hier an einer gewissen Selbstständigkeit bei der Weitergabe.

Durch das Arrangieren des Treffens mit E auf Geheiß des K könnte B dem K Hilfe beim Absatz seiner Beute geleistet haben. Die von B an den Tag gelegten Aktivitäten halfen dem Dieb bei dessen Absatzbemühungen. Das Verhalten des B hat zwar nicht zum Absatz der Ware geführt. Dies ist jedoch für die Absatzhilfe auch nicht erforderlich (*s o Rn 307*). Eine vollendete Absatzhilfe liegt somit vor.

b) Subjektiver Tatbestand

B handelte vorsätzlich und mit Bereicherungsabsicht, denn ihm wurde von K ein Anteil am Erlös in Aussicht gestellt.

c) Rechtswidrigkeit und Schuld

B handelte rechtswidrig und schuldhaft.

d) Keine Strafausschließungsgründe

Eine dem § 258 VI vergleichbare Regelung existiert bei § 259 nicht.

e) Ergebnis

Eine Strafbarkeit gem § 259 I ist gegeben.

3. Ergebnis für B im Tatkomplex B

B hat sich gem § 259 I strafbar gemacht.

V. Strafbarkeit der S

1. § 259 I

Auch die Lebensgefährtin S könnte dadurch, dass sie für B den Brief an den anvisierten Käufer schrieb, eine Hehlerei begangen haben. **313**

Tatobjekt sind die durch den Diebstahl des K erlangten Farbeimer.

Als Tathandlung iSd § 259 I kommt allenfalls eine Absatzhilfe in Betracht. Es ist davon auszugehen, dass S hier jedoch nicht zugunsten des Vortäters K, sondern zugunsten des Hehlers B, ihres Lebensgefährten, tätig wurde. Absatzhilfe liegt daher nicht vor[31].

Eine Strafbarkeit gem § 259 I scheidet aus.

2. §§ 259 I, 27

a) Objektiver Tatbestand

Die vorsätzliche rechtswidrige Haupttat liegt in Gestalt der von B begangenen Hehlerei vor (*s o Rn 312*). Die Beihilfehandlung besteht im Schreiben des Briefes. **314**

b) Subjektiver Tatbestand

S handelte sowohl hinsichtlich der Haupttat als auch bzgl ihrer Beihilfehandlung vorsätzlich.

c) Rechtswidrigkeit und Schuld

S handelte rechtswidrig und schuldhaft.

3. Ergebnis für S im Tatkomplex B

S ist strafbar gem §§ 259 I, 27.

VI. Strafbarkeit des V

1. §§ 242 I, 27, 13 I

Auch bzgl der restlichen zehn Farbeimer hat V – wie bei den ersten 20 Farbeimern (*s o Rn 301*) – eine Beihilfe zum Diebstahl durch Unterlassen begangen. **315**

---

31 Vgl *Wessels/Hillenkamp*, BT2 Rn 864.

2. §§ 246 II, 27, 13 I

Gleiches gilt für eine Beihilfe zur veruntreuenden Unterschlagung durch Unterlassen, die jedoch von der Beihilfe durch Unterlassen zum Diebstahl im Wege der Gesetzeskonkurrenz verdrängt wird (*s o Rn 302*).

3. Ergebnis für V im Tatkomplex B

V hat sich gem §§ 242 I, 27, 13 I strafbar gemacht.

VII. Teilnehmerstrafbarkeit des K

1. §§ 257 I, 26 (bzgl F)

316 K könnte dadurch, dass er den F dazu brachte, die gestohlenen zehn Farbeimer für K in seiner – des F – Garage zu lagern, eine Anstiftung zur Begünstigung begangen haben.

Niemals darf die Teinahme zu mehreren Delikten gleichzeitig geprüft werden (zB hier Beihilfe zu §§ 257, 259, 260; s Beulke, Klausurenkurs I Rn 97).

a) Objektiver Tatbestand

Die vorsätzliche rechtswidrige Haupttat eines anderen ist die von F begangene Begünstigung (*s o Rn 305*). Die Anstiftungshandlung liegt in der Aufforderung an den F, die Farbeimer in seiner Garage unterzustellen.

b) Subjektiver Tatbestand

K handelte sowohl bzgl der vorsätzlichen rechtswidrigen Haupttat als auch hinsichtlich seiner Anstiftungshandlung vorsätzlich.

c) Rechtswidrigkeit und Schuld

K handelte rechtswidrig und schuldhaft.

d) Kein Ausschließungsgrund gem § 257 III

Ein Beteiligter an der Vortat wird nicht bestraft (§ 257 III 1). Für K könnte die Strafbarkeit daher aufgrund des von ihm zuvor begangenen Diebstahls ausgeschlossen sein. Hier greift jedoch § 257 III 2 ein. Für den Vortäter verbleibt eine gesonderte Strafbarkeit wegen Anstiftung zur Begünstigung, wenn er einen an der Vortat Unbeteiligten angestiftet hat. Das war hier bei F der Fall. Es besteht also kein Ausschließungsgrund.

e) Ergebnis

K hat sich gem §§ 257 I, 26 (bzgl F) strafbar gemacht.

2. §§ 259, 26 (bzgl B)

317 Durch die an seinen Bruder B herangetragene Bitte, ihm beim Absatz der zehn Farbeimer zu helfen, könnte sich K wegen Anstiftung zur Hehlerei strafbar gemacht haben.

a) Objektiver Tatbestand

Die vorsätzliche rechtswidrige Haupttat ist die von B begangene Hehlerei (*s o Rn 312*). Die Anstiftungshandlung liegt in der Aufforderung an B, den E auf die Möglichkeit des Ankaufs der zehn Farbeimer anzusprechen.

b) Subjektiver Tatbestand

K handelte sowohl bzgl der Haupttat als auch hinsichtlich seiner Anstiftungshandlung vorsätzlich.

c) Ergebnis

Eine Anstiftung zur Hehlerei ist damit gegeben.

3. §§ 260 I, 26 (bzgl B)

Für den Anstifter K könnte es sich um eine Anstiftung zu qualifizierter Hehlerei, nämlich zu gewerbsmäßiger Hehlerei handeln, und zwar – gem § 28 II – selbst dann, wenn nur der Anstifter gewerbsmäßig handelt[32]. Gewerbsmäßig handelt, wer sich aus der wiederholten Tatbegehung eine fortlaufende Einnahmequelle von einigem Umfang und einer gewissen Dauer verschaffen will[33]. K hat hier zwar mehrere Eimer gestohlen. Aus dem Sachverhalt ergibt sich aber nicht, dass er auf eine fortlaufende Einnahmequelle abzielte. Es bleibt also dabei, dass für K nur eine Anstiftung zum Grunddelikt des § 259 gegeben ist. **318**

4. Konkurrenzen innerhalb der Teilnehmerstrafbarkeit

Die Anstiftung zur Hehlerei ist mitbestrafte Nachtat zum Diebstahl[34]. Die Anstiftung zur Begünstigung enthält hingegen ein selbstständiges Unrecht. **319**

5. Ergebnis der Teilnehmerstrafbarkeit des K im Tatkomplex B

K ist gem §§ 257 I, 26 (bzgl B) strafbar.

6. Konkurrenz zur täterschaftlichen Begehung

K hat als Täter einen vollendeten Diebstahl in Idealkonkurrenz mit einem vollendeten Hausfriedensbruch begangen (*s o Rn 304*). Die Anstiftung zur Begünstigung ist demgegenüber eine selbstständige Handlung mit eigenem Unrecht. Es ist deshalb von Realkonkurrenz (§ 53) auszugehen.

7. Gesamtergebnis für K im Tatkomplex B

K hat sich strafbar gemacht gem § 242 I – § 52 – § 123 I Alt 1 – § 53 – §§ 257 I, 26.

---

32 *Lackner/Kühl*, § 260 Rn 2.
33 *Wessels/Hillenkamp*, BT2 Rn 889.
34 Vgl *Wessels/Hillenkamp*, BT2 Rn 883.

C. Der Verbrauch der Farbe

I. Strafbarkeit des K

1. § 246 I

320 Durch den Verbrauch der Farbe könnte K zusätzlich eine Unterschlagung begangen haben.

a) Objektiver Tatbestand

K hat sich die zehn Farbeimer – für ihn fremde bewegliche Sachen – rechtswidrig zugeeignet.

321 **Problem Nr 69: Erneute Zueignung einer durch ein mit Zueignungsabsicht begangenes Vermögensdelikt erlangten Sache**

(1) Nach Ansicht der **Rechtsprechung** stellen erneute Betätigungen des Herrschaftswillens durch denjenigen, der sich vorher als Dieb, Betrüger, Erpresser etc in den Besitz der Sache gesetzt hat, keine erneuten Zueignungsakte dar (BGHSt 14, 38 – sog **Tatbestandslösung**).

Argument: Dem Wortsinn nach ist Zueignung die Herstellung der eigentümerähnlichen Herrschaft bzw die erstmalige Verfügung über eine Sache. Die bloße Ausnutzung einer Herrschaftsstellung wird nicht als Zueignung bezeichnet.

Außerdem würde andernfalls derjenige, der dem Täter bei der sog zweiten Zueignung hilft, sich der Beihilfe zur Unterschlagung strafbar machen, obwohl das Gesetz diese Anschlusstaten nur unter den Voraussetzungen der §§ 257, 259 für strafbar erachtet.

Schließlich spricht gegen die Konkurrenzlösung der herrschenden Meinung (*s u (2)*), dass bei Bejahung der Tatbestandmäßigkeit von erneuten Zueignungen der Diebstahl zum Dauerdelikt wird. Wenn die erste Zueignung so lange zurückliegt, dass bzgl des Diebstahls Verjährung eingetreten ist, dann dürfen aber die folgenden Zueignungen nicht über § 246 doch noch zur Strafe führen, da § 242 sonst praktisch nie verjähren würde.

(2) Nach **herrschender und überzeugender Ansicht im Schrifttum** liegt ebenso wie bei der gleichzeitigen Zueignung durch Diebstahl und Unterschlagung auch bei späteren Verwertungsakten nach einem vorangegangenen Diebstahl etc eine (Zweit-)Zueignung vor. Eine Bestrafung wegen § 246 scheitert nur aus Konkurrenzgründen, denn § 246 ist eine mitbestrafte Nachtat (*Maurach/Schroeder/Maiwald*, BT1 § 34 Rn 23; S/S-*Eser*, § 246 Rn 19; *Wessels/Hillenkamp*, BT2 Rn 303 – sog **Konkurrenzlösung**).

Argument: Die Aneignung fremder Sachen ist ebenso wiederholbar wie ihre Enteignung. Das wird auch von der Rechtsprechung für den Fall anerkannt, dass jemand zB in nüchternem Zustand die Zueignung einer Sache wiederholt, die er als Volltrunkener (§ 323 a) gestohlen hat (BGH MDR/D 1971, 546). Genauso wie in jenem Fall Strafbarkeitslücken vermieden werden sollen, muss auch bei einer Teilnahme an einer zweiten Zueignungshandlung eine Bestrafung nach §§ 246, 27 möglich sein, da es sonst zu unerträglichen Ergebnissen kommt, wenn der Beteiligte zB mangels Bereicherungs- bzw Vorteilssicherungsabsicht nicht nach §§ 257, 259 zu bestrafen ist.

Ferner spricht für die Tatbestandsmäßigkeit einer Zweitzueignung, dass die Neufassung des § 246 I, die auf das Gewahrsamsverhältnis verzichtet, gerade alle denkbaren Aneignungshandlungen im Wege des Auffangtatbestandes erfassen will.

Dieser Streit wird richtigerweise nicht nur relevant, wenn der Täter die Sache ein zweites Mal sich selbst zueignet, sondern kommt auch dann zum Tragen, wenn die Zweitzueignung eine Drittzueignung ist, denn für das Opfer – den Eigentümer – macht es keinen Unterschied, wem die Sache zugeeignet wird.

Zur Vertiefung: Wessels/Hillenkamp, BT2 Rn 301 ff; Eckstein, JA 2001, 25 ff; Hillenkamp, BT 24. Problem S 118 ff.

Der Verbrauch der Farbe könnte indes kein selbstständiger, sondern nur ein neuerlicher Zueignungsakt sein, der als bloße Ausnutzung der Herrschaftsstellung nicht mehr unter den Tatbestand des § 246 fällt. Nach herrschender und überzeugender Ansicht im Schrifttum liegt ebenso wie bei der gleichzeitigen Zueignung durch Diebstahl und Unterschlagung aber auch bei späteren Verwertungsakten nach einem vorangegangenen Diebstahl etc eine (Zweit-)Zueignung vor. Die Neufassung des Unterschlagungstatbestands soll gerade alle denkbaren Aneignungshandlungen erfassen. Eine Beschränkung der Strafbarkeit in dieser Hinsicht kann sich deshalb erst auf Konkurrenzebene ergeben. 322

b) Subjektiver Tatbestand

K handelte vorsätzlich, auch bzgl der Rechtswidrigkeit der Zueignung.

c) Rechtswidrigkeit und Schuld

K handelte rechtswidrig und schuldhaft.

2. § 303 I Alt 2

Eine Sache ist zerstört iSv § 303 I Alt 2, wenn sie auf Grund der erfolgten Einwirkung in ihrer Existenz vernichtet oder so wesentlich beschädigt ist, dass sie ihre bestimmungsgemäße Brauchbarkeit völlig verloren hat[35]. Durch den Verbrauch der Farbe war diese nicht mehr als solche verwendbar. Andererseits verschönert die Farbe jetzt das Haus des K und man könnte sich auf den Standpunk stellen, dass der bestimmungsgemäße Gebrauch/Verbrauch der Sache generell keine Sachbeschädigung darstellt[36]. Hiergegen spricht jedoch, dass bei lebensnaher Sachverhaltsauslegung der Firmeninhaber P bestimmt hat, dass die Farbe in seinem Betrieb zu verarbeiten ist und nicht an fremden Häusern. Bei sachgerechter Interpretation dessen, was unter dem „bestimmungsgemäßen" Gebrauch/Verbrauch zu verstehen ist, kann es nicht nur auf eine generalisierende, sondern muss es auf eine konkrete „Widmung" der Sache ankommen. Warum sollte der Eigentümer nicht davor geschützt werden, dass sein Gebrauchsgut an völlig fremden Orten und von völlig fremden Personen eingesetzt wird[37]? Da P die Farbe nicht mehr in seinem Betrieb verwenden kann, ist sie „zerstört". K hat also eine Sachbeschädigung iSv § 303 I Alt 2 begangen. 323

35 *Wessels/Hillenkamp*, BT2 Rn 31.
36 Dafür anscheinend: S/S-*Stree,* § 303 Rn 10; *Wessels/Hillenkamp,* BT2 Rn 31.
37 So auch: *Kindhäuser*, BT 2 § 20 Rn 26.

Die Behandlung dieser Fallgruppen ist sehr umstritten. Diesen Streit würde ich aber hier nicht vertiefen, da die Sachbeschädigung sowieso im nächsten Prüfungspunkt (Konkurrenzen) als mitbestrafe Nachtat wieder „verschwindet".

3. Konkurrenzen

Die Strafbarkeit gem § 246 I einerseits sowie § 303 I Alt 2 andererseits entfällt wegen Subsidiarität dieser Straftatbestände. Es handelt sich gegenüber dem Diebstahl um mitbestrafte Nachtaten.

4. Ergebnis für K im Tatkomplex C

K hat sich nicht erneut strafbar gemacht.

II. Strafbarkeit des V

1. §§ 246 I, 27, 13 I

324 V könnte durch Nichtverhinderung des Verbrauchs der Farbe eine Beihilfe zur Unterschlagung begangen haben.

a) Objektiver Tatbestand

Die vorsätzliche rechtswidrige Haupttat ist die von K begangene Unterschlagung (*s o Rn 320*).

V müsste zu dieser Tat Hilfe geleistet haben. V hat es unterlassen, gegen den Verbrauch der Farbe durch K einzuschreiten, was ihm problemlos möglich gewesen wäre. Dieses Unterlassen hat die Haupttat gefördert und ist für die Begehung der Haupttat kausal geworden, sodass auch die Kausalität der Beihilfehandlung, soweit man sie voraussetzt[38], gegeben ist.

V traf aus seinem Arbeitsvertrag die Pflicht, gegen Vermögensdelikte, die seinen Arbeitgeber schädigen, einzuschreiten.

b) Subjektiver Tatbestand

V handelte sowohl bzgl der Haupttat als auch im Hinblick auf seine Beihilfehandlung sowie seiner Garantenstellung vorsätzlich.

c) Rechtswidrigkeit und Schuld

V handelte rechtswidrig und schuldhaft.

Eine veruntreuende Unterschlagung scheidet hier aus. Nachdem K sich die Farbeimer erstmalig zugeeignet hatte (s o Rn 303, 320) waren sie V nicht mehr anvertraut.

2. §§ 303 I Alt 2, 27, 13 I

325 Auch bzgl der von K begangenen Sachbeschädigung (*s o Rn 323*) ist seitens des V eine Beihilfe durch Unterlassen gegeben.

38 Weite Teile der Literatur entgegen der Rechtsprechung, vgl *Wessels/Beulke*, AT Rn 582; *Beulke*, Klausurenkurs I Rn 364.

3. Konkurrenzen

Die §§ 246 I, 27, 13 I und §§ 303 I Alt 2, 27, 13 I sind mitbestrafte Nachtaten gegenüber §§ 242 I, 27, 13 I (*s o Rn 323*).

4. Ergebnis für V im Tatkomplex C

V hat sich nicht erneut strafbar gemacht.

D. Gesamtkonkurrenzen

1. Strafbarkeit des K

K hat bei zwei Gelegenheiten (oben Tatkomplexe A und B) jeweils einen Diebstahl **326**
(§ 242 I) in Tateinheit gem § 52 mit einem Hausfriedensbruchs (§ 123 I Alt 1) begangen. Fraglich ist, ob bei diesen beiden Taten eine fortgesetzte Handlung anzunehmen ist, sodass beide Taten zu einer Tat im Rechtssinne zusammengefasst werden können.

Problem Nr 70: Fortsetzungszusammenhang

(1) Die Lehre vom Fortsetzungszusammenhang wurde von der **älteren Literatur und Recht-** **327**
sprechung vertreten. Voraussetzungen hierfür waren:

1. Die Einzelakte der Handlungsreihe mussten sich gegen das gleiche Rechtsgut richten (hier das Eigentum des P an den Farbeimern).
2. Sie mussten in der Begehungsweise gleichartig sein (was hier eventuell problematisch wäre, da nur in einem Fall der H an der Tat beteiligt war; eine Gleichartigkeit der Begehungsweise für K wäre jedoch gegeben, da H nur Gehilfe gewesen ist).
3. Zudem musste ein Gesamtvorsatz gefasst worden sein (K hatte vor Beginn der Tathandlungen den Vorsatz gefasst, alle 30 Farbeimer für sich zu verwenden).

Argument: Zweck der fortgesetzten Tat ist es, den Anwendungsbereich der Realkonkurrenz bei Serientätern und Handlungsreihen mit gleichartig wiederkehrender Tatbestandsverwirklichung einzuschränken. Zugleich dient sie der Praktikabilität und der Prozessökonomie.

(2) Nach der Rechtsprechungsänderung des **Großen Senats des BGH** (BGHSt GrS 40, 138) wurde die Rechtsfigur der fortgesetzten Handlung zwar nicht aufgegeben, praktisch aber zur Bedeutungslosigkeit verurteilt. Von einer fortgesetzten Handlung ist nunmehr nur noch unter der Voraussetzung auszugehen, dass diese Einordnung zur sachgerechten Erfassung des verwirklichten Unrechts und der Schuld unumgänglich ist, was nur anhand des einschlägigen Straftatbestandes beurteilt werden kann. Gemäß dieser Entscheidung ist der Fortsetzungszusammenhang jedenfalls bei den §§ 173, 174, 176 und bei § 263 abzulehnen. Ebenso verhält es sich bei §§ 242, 246, 266 (BGHSt StV 1995, 298).

Argument: Das gesetzliche System des Strafrechts orientiert sich an einzelnen, rechtlich selbstständigen Straftaten, die grundsätzlich nur beim Zusammentreffen in einem Handlungsteil, nicht aber allein auf Grund eines vom Täter geschaffenen Sinnzusammenhanges oder anderer kriminologischer Gemeinsamkeiten zu einer rechtlichen Handlungseinheit verbunden sind.

Zur Vertiefung: Wessels/Beulke, AT Rn 769ff; Beulke, Klausurenkurs I [4] Rn 199.

328 Nach der vorzugswürdigen und gesetzeskonformen Ansicht der neueren Rechtsprechung ist die Konstruktion der fortgesetzten Tat grundsätzlich abzulehnen. Die sachgerechte Erfassung des verwirklichten Unrechts verlangt hier nicht, von rechtlicher Handlungseinheit auszugehen. Vielmehr sind die Einzelakte als selbstständige Straftaten zu behandeln. Es ist keine fortgesetzte Tat anzunehmen und es bleibt bei einer Einordnung als Realkonkurrenz gem § 53.

2. Strafbarkeit des V

329 V hat es aber als Polier während des gesamten Zeitraumes unterlassen, K von den zwei in Realkonkurrenz stehenden Diebstählen abzuhalten. Der Sachverhalt ist so zu verstehen, dass es nur zu einem Gespräch zwischen K und seinem Vater V gekommen ist. Das Schweigen während dieses Gesprächs ist die Tathandlung sowohl bzgl der Beihilfe zum Diebstahl der 20 Farbeimer als auch zum weiteren Diebstahl der zehn Farbeimer. V selbst wusste gar nicht, wie viele einzelne Diebstähle begangen werden sollten. Es ist also nicht von zwei selbstständigen Beihilfehandlungen durch Unterlassen auszugehen, sondern von einer einzigen Unterlassung. Besteht eine Beihilfe aus einer einzigen Unterlassung, so ist sie auch dann, wenn der Haupttäter – wie hier – mehrere rechtlich selbstständige Straftaten begeht, als eine einheitliche Tat zu bewerten[39].

V hat sich also nur in einem Fall wegen Beihilfe durch Unterlassen zum Diebstahl strafbar gemacht.

E. Gesamtergebnis des materiell-rechtlichen Gutachtens

B: § 259 I
E: hat sich nicht strafbar gemacht.
F: § 257 I
H: §§ 242 I, 27 – § 52 – § 259 I – § 52 – §§ 123 I Alt 1, 27
K: Tatkomplex A: § 242 I – § 52 – § 123 I Alt 1
– § 53 –
Tatkomplex B (Täter): § 242 I – § 52 – § 123 I Alt 1
– § 53 –
Tatkomplex B (Teilnehmer): §§ 257 I, 26
S: §§ 259 I, 27
V: §§ 242 I, 27, 13 I

39 BGH NStZ 2000, 83; *Wessels/Beulke*, AT Rn 758.

Teil II. (prozessualer Teil)

1. Begriffsbestimmung: Beschuldigter – Angeschuldigter – Angeklagter

Die StPO bezeichnet denjenigen, demgegenüber das Strafverfahren betrieben wird, je nach Lage des Verfahrens unterschiedlich: 330

Beschuldigter ist er während des gesamten Verfahrens[40]; er heißt jedoch

Angeschuldigter, wenn gegen ihn die öffentliche Klage erhoben ist (§ 157 Alt 1 StPO), dh wenn die Anklageschrift eingereicht worden ist (§ 170 I StPO) und

Angeklagter, wenn die Eröffnung des Hauptverfahrens beschlossen ist (§ 157 Alt 2 StPO).

2. Beschuldigtenstellung

Problem Nr 71: Wie wird die Beschuldigtenstellung einer Person begründet? 331

(1) Nach **einer Ansicht** (**materieller Beschuldigtenbegriff**) genügt bereits der objektiv bestehende Tatverdacht, um die Beschuldigtenstellung einer Person zu begründen (*Schmidt*, Nachträge, vor § 158 Rn 2, 10).

(2) Nach **herrschender Ansicht** (**formeller Beschuldigtenbegriff**) reicht allein der Tatverdacht noch nicht dazu aus, eine Person zum Beschuldigten zu machen (BGHSt 10, 8, 12; 37, 48, 51; *Beulke*, StPO Rn 111). Hinzutreten muss vielmehr noch ein Willensakt einer Strafverfolgungsbehörde, in dem zum Ausdruck kommt, dass sie das Strafverfahren gegen den Verdächtigen als Beschuldigten betreiben will. Dies ist der Fall, wenn ein förmliches Strafverfahren gegen eine Person als Beschuldigter eingeleitet wird, nachdem sich Verdachtsmomente zu einem Anfangsverdacht verdichtet haben, dh konkrete tatsächliche Anhaltspunkte vorliegen, die nach den kriminalistischen Erfahrungen die Beteiligung des Betroffenen an einer verfolgbaren Straftat als möglich erscheinen lassen (BGH StV 1988, 441). Hierbei steht der Strafverfolgungsbehörde ein Beurteilungsspielraum zu (BGHSt 37, 48, 52; *Beulke*, StV 1990, 180). Dabei ist mittlerweile anerkannt, dass die Begründung der Beschuldigteneigenschaft auch konkludent erfolgen kann, was insbesondere aus dem Rechtsgedanken des § 397 I Abgabenordnung (AO) gefolgert wird (BGHSt 38, 214, 228). Dies ist beispielsweise dann der Fall, wenn gegen eine Person Maßnahmen angeordnet oder beantragt werden, die nur gegen einen Beschuldigten zulässig sind, wie zB ein Haftbefehl etc.

Zur Vertiefung: Beulke, StPO Rn 111, 112; Rössner, StPO 3. Problem S 18ff.

3. Verwertung von Äußerungen

a) Spontanäußerung

Bei sog Spontanäußerungen ist die Beschuldigtenbelehrung (insbes über das Schweigerecht) schon faktisch unmöglich. Es liegt keine Vernehmung iSv §§ 136, 163 a IV 2 StPO vor. Es besteht Einigkeit darüber, dass die Spontanäußerung auf dem Wege der Vernehmung des X als Zeuge in das Verfahren eingeführt und uneingeschränkt verwertet werden darf[41]. 332

40 BGHSt 26, 367, 371.
41 BGH NStZ 1990, 43.

b) Informatorische Befragung

333 Hier sind zwar alle befragten Mitglieder in bestimmtem Umfang tatverdächtig, die Ermittlungen haben sich jedoch noch nicht auf einen oder mehrere Verdächtige konzentriert, vielmehr soll durch die Befragung sämtlicher Mitarbeiter erst erforscht werden, gegen wen gegebenenfalls als Beschuldigten zu ermitteln ist. Da bisher ein Willensakt der Polizei fehlt, die Befragten zu Beschuldigten zu erklären, und das Unterlassen dieser Erklärung nicht willkürlich ist, handelt es sich noch nicht um Beschuldigtenvernehmungen, sondern um informatorische Befragungen von Verdächtigen, bei denen keine Belehrungspflicht gem §§ 136, 163 a IV 2 StPO besteht. Ob in diesem Fall die Aussage trotz fehlender Belehrung später verwertet werden kann, ist derzeit umstritten. Die herrschende Rechtsprechung und Lehre spricht sich für die Verwertbarkeit aus[42]. Nach richtiger Ansicht gebietet die Interessenlage jedoch die Unverwertbarkeit; außerdem könnte anderenfalls die Belehrungspflicht zu leicht umgangen werden[43]. Die frühere Aussage darf also nicht durch Zeugenvernehmung des X in das Strafverfahren eingeführt und für die Urteilsfindung verwertet werden.

c) Konkludent begründete Beschuldigtenstellung

334 Hier erfolgte die Vernehmung des K aufgrund einer gegen ihn erstatteten Strafanzeige. Leitet die Strafverfolgungsbehörde aufgrund einer solchen Anzeige Ermittlungen ein, so bringt sie damit **konkludent** zum Ausdruck, dass sie das Verfahren gegen den Betroffenen als Beschuldigten betreibt. Derjenige, gegen den sich die Anzeige richtet, ist also stets Beschuldigter und zwingend als solcher zu vernehmen[44]. K hätte also über seine Rechte belehrt werden müssen, §§ 136 I 2, 163 a IV 2 StPO. Wenn er sein Schweigerecht nicht kannte, so ist die ohne Belehrung zustande gekommene Aussage unverwertbar[45].

Zur Vertiefung: Beulke, StPO Rn 112.

4. Grade des Verdachts der Tatbegehung im Rahmen des Strafverfahrens

335 Der Anfangsverdacht (**Möglichkeit** der Tatbegehung) ist nicht identisch mit den intensiveren Verdachtsgraden, die an anderen Stellen von der StPO gefordert werden.

Ein **hinreichender** Tatverdacht ist Voraussetzung der Anklageerhebung (§ 170 I iVm § 203 StPO); unter hinreichendem Tatverdacht ist die Wahrscheinlichkeit zu verstehen, dass der Beschuldigte eine strafbare Handlung begangen hat und verurteilt werden wird.

Ein **dringender** Tatverdacht ist Voraussetzung einer Reihe einschneidender Zwangsmaßnahmen, wie zB der Verhängung von U-Haft (§ 112 I 1 StPO). Dringender Tatverdacht ist gegeben, wenn die hohe Wahrscheinlichkeit besteht, dass der Beschuldigte Täter oder Teilnehmer einer Straftat ist.

---

42 So wohl auch BGHSt 38, 214, 228; unverwertbar sind jedoch gem § 252 StPO die aufgrund informatorischer Befragung erlangten Aussagen zeugnisverweigerungsberechtigter Angehöriger: LG Schweinfurt StraFo 2008, 30.

43 So AG München StV 1990, 104.

44 LR-*Hannack*, § 136 Rn 7; *M-G*, Einl Rn 77; aA *Kohlhaas*, NJW 1965, 1254, 1255.

45 BGHSt 38, 214, 220.

Somit entsteht – dem Verdachtsgrad nach – eine Stufenleiter:

Vermutungen	**Anfangsverdacht**	**hinreichender Tatverdacht**	**dringender Tatverdacht**
	Möglichkeit der Tatbegehung (Tatsachen / Indizien liegen vor)	*Wahrscheinlichkeit*, dass der Beschuldigte eine strafbare Handlung begangen hat und verurteilt werden wird	*hohe Wahrscheinlichkeit*, dass der Beschuldigte eine strafbare Handlung begangen hat
Ermittlungsverfahren unzulässig	*Pflicht* zur Einleitung eines *Ermittlungsverfahrens*, § 152 II StPO (Beurteilungsspielraum)	*Pflicht zur Anklageerhebung*, § 170 I 1 StPO	Bestimmte Zwangsmaßnahmen werden zulässig, zB U-Haft, § 112 I 1 StPO

Zur Vertiefung: Beulke, StPO Rn 114.

Definitionen zum Auswendiglernen

Mittäterschaft iSv **§ 25 II** ist die gemeinschaftliche Begehung einer Straftat durch bewusstes und gewolltes Zusammenwirken (*Wessels/Beulke, AT Rn 524*). Erforderlich sind also ein gemeinsamer Tatplan und eine gemeinsame Tatausführung.

Tatherrschaft bedeutet das vom Vorsatz umfasste In-den-Händen-Halten des tatbestandsmäßigen Geschehensablaufs (*Wessels/Beulke, AT Rn 512*).

Gebäude iSv **§ 243 I 1, 2 Nr 1** ist ein durch Wände und Dach begrenztes, mit dem Erdboden fest verbundenes Bauwerk, das den Eintritt von Menschen gestattet und Unbefugte fernhalten soll (*Wessels/Hillenkamp, BT2 Rn 214*).

Falscher Schlüssel iSv **§ 243 I 1, 2 Nr 1** ist jeder Schlüssel, der zur Tatzeit vom Berechtigten nicht oder nicht mehr zum Öffnen des betreffenden Verschlusses bestimmt ist (*Wessels/Hillenkamp, BT2 Rn 217*).

Hilfeleisten iSd **§ 257 I** stellt eine Handlung dar, die objektiv geeignet und subjektiv darauf gerichtet ist, die durch die Vortat erlangten oder entstandenen Vorteile gegen Entziehung zugunsten des Verletzten zu sichern (*Wessels/Hillenkamp, BT2 Rn 806 ff*).

Sichverschaffen iSv **§ 259 I** bedeutet die bewusste und gewollte Übernahme der tatsächlichen Verfügungsgewalt zu eigenen Zwecken im Wege des abgeleiteten Erwerbs und des einverständlichen Zusammenwirkens mit dem Vortäter oder dem sonstigen Vorbesitzer (*Wessels/Hillenkamp, BT2 Rn 848*).

Absetzen iSv **§ 259 I** bedeutet das selbstständige Unterstützen eines anderen beim entgeltlichen Weiterverschieben der bemakelten Sache an Dritte (*Wessels/Hillenkamp, BT2 Rn 863, 868*).

Absetzen helfen iSv **§ 259 I** bedeutet jede weisungsabhängige, unselbstständige Unterstützung, die dem Vortäter bei dessen Absatzbemühungen gewährt wird (*Wessels/Hillenkamp, BT2 Rn 863*).

Zerstört iSv **§ 303 I** ist eine Sache, wenn sie auf Grund der erfolgten Einwirkung in ihrer Existenz vernichtet oder so wesentlich beschädigt ist, dass sie ihre bestimmungsgemäße Brauchbarkeit völlig verloren hat (*Wessels/Hillenkamp, BT2 Rn 31*).

Weitere einschlägige Musterklausuren

Zum Problem der Abgrenzung Täterschaft – Teilnahme: Können Tatbeiträge im Vorbereitungsstadium Mittäterschaft begründen?
Berz, Jura 1990, 313; *Britz*, JuS 1997, 146; *Eisenberg/Müller*, JA 1989, 160; *Gaede*, JuS 2003, 774; *Geppert*, Jura 2002, 278; *Gropp/Küpper/Mitsch*, [1] S 1; *Kargl*, Strafrecht, S 132, 139; *Kunz*, JuS 1997, 242; *Küper*, Jura 1996, 205; *Morgenstern*, Jura 2008, 625; *Murmann*, Jura 2001, 258; *Radtke*, JuS 1995, 427; *ders*, JuS 1994, 589; *Radtke/Krutisch*, JuS 2001, 258; *Rössner/Guhra*, Jura 2001, 403; *Rotsch/Nolte/Peifer/Weitemeyer*, [20] 286; *Rudolphi*, [9] S 101

Zum Problem der Abgrenzung Täterschaft – Teilnahme bei Beteiligung an einem Begehungsdelikt durch positives Tun:
Ambos, JuS 2000, 465; *ders*, Jura 2004, 492; *Beulke*, Klausurenkurs I [3] Rn 150; *ders*, Klausurenkurs II [1] Rn 1; *Bottke*, JuS 1983, 377; *Gaede*, JuS 2003, 774; *Geerds*, Jura 1986, 438; *Hilgendorf*, [9] S 59; *Ingelfinger*, JuS 1998, 531; *Kargl*, Strafrecht, S 130 f; *Kinzig/Luczak*, Jura 2002, 493; *Kunz*, JuS 1997, 242; *Merten*, [15] S 45, [16] S 49; *Meurer/Kahle/Dietmeier*, [3] S 23; *Mitsch*, JuS 2004, 323; *Morgenstern*, Jura 2008, 625; *Noltenius*, JuS 2006, 988; *Oelmüller/Peters*, [1] S 19; *Preis/Prütting/Sachs/Weigend*, [17], S 276; *Roxin/Schünemann/Haffke*, [6] S 119; *Rudolphi*, [7] S 77, [8] S 89; *Safferling*, Jura 2004, 64; *Safferling/Simon*, Jura 2008, 382; *Samson*, St 1 [39] S 209; *Schwind/Franke/Winter*, [3. Hausarbeit] S 129; *Seier*, JA 1992, 206; *Stoffers*, JuS 1994, 948; *Tiedemann*, [7] S 196; *Uhlig/Brockhaus*, Jura 2006, 311; *Wolters*, [2] S 27, [5] S 120; *Zöller*, Jura 2007, 305

Zum Problem der erneuten Zueignung einer durch ein mit Zueignungsabsicht begangenes Vermögensdelikt erlangten Sache:
Beulke, Klausurenkurs II [4] Rn 90; *Dedy*, Jura 2002, 137; *Gössel*, [8] S 140, [12] S 199; *Gropp/Küpper/Mitsch*, [14] S 251, [17] S 305; *B. Heinrich*, Jura 1999, 585; *Kudlich/Roy*, JA 2001, 771; *Kunz*, JuS 1997, 242; *Laubenthal/Baier*, JA 1993, 101; *Mitsch*, JuS 2004, 323; *Noltenius*, JuS 2006, 988; *Prütting/Stern/Wiedemann*, [19] S 220; *Roxin/Schünemann/Haffke*, [16] S 283 (zu § 246 aF); *Schultze*, JA 2002, 777; *Sternberg-Lieben/Sternberg-Lieben*, JuS 2002, 576; *Strauß*, [15] S 107; *Wagner*, [5] S 41; *Weigend*, Jura 1980, 651 (zu § 246 aF)

Zum Problem der Abgrenzung zwischen sukzessiver Beihilfe und Begünstigung:
Beulke, Klausurenkurs II [9] Rn 250; *Eisenberg*, Jura 1987, 265

Zum Problem der Anstiftung durch Unterlassen:
Norouzi, JuS 2007, 146; *Vogel/Fad*, JuS 2002, 786

Zum Problem der Überschneidung von § 259 I mit der Beihilfe zur Vortat:
Baumann/Arzt/Weber, [28] S 182; *Bühler*, Jura 1989, 651; *Koch/Exner*, JuS 2007, 40; *Küper*, Jura 1996, 205; *Müller*, JA- Übungsblätter 1987, 147; *Wagner*, [2] S 12

Zum Problem des Vollendungszeitpunkts bei der Absatzhilfe:
Freund/Bergmann, JuS 1991, 221; *Gössel*, [8] S 140; *Hilgendorf*, [16] S 129; *Kinzig/Luczak*, Jura 2002, 493; *Kunz*, Jura 1997, 152; *Mitsch*, JuS 1999, 372; *Samson*, St2 [27] S 240; *Schultze*, JA 2002, 777; *Schwabe*, BT2 [21] S 285

Zum Problem: Kommt als Dritter iSd § 259 I auch der Vortäter in Betracht?
Baumann/Arzt/Weber, [26] S 168; *Mitsch*, JuS 1999, 372; *Namavicius*, JA 2007, 190; *Schultze*, JA 2002, 777; *Strauß*, [13] S 95; *Wagner*, [3] S 22

Zum Problem: Wie wird die Beschuldigtenstellung einer Person begründet?
Hantschel, Jura 2001, 472; *Preis/Prütting/Sachs/Weigend*, [17], S 276; *Priebe*, Fälle, [15] S 230

Zum Problem der Spontanäußerung:
Frisch/Murmann, JuS 1999, 1196

Fall 8

Leichen pflastern seinen Weg

I.

Der 25-jährige A will den Sport des „Autosurfens" ausprobieren. Dabei müssen sich eine oder mehrere Personen auf dem Dach eines Kleinlasters liegend bzw hockend halten, während das Fahrzeug eine ländliche Buckelpiste von 100 m überwindet. Bei der Piste handelt es sich um einen nur dem A zugänglichen Privatweg des Großbauern X, des Vaters des A. Wer die Fahrt, die durch Klopfzeichen jederzeit unterbrochen werden kann, schafft, soll zur Belohnung eine Flasche Champagner bekommen, die der jeweilige Fahrer bezahlt. Im Falle des Misserfolges sollen hingegen die Heruntergefallenen den Champagner finanzieren. Durch Los fällt die Aufgabe des Autofahrens dem A zu, während sein 23 Jahre alter Freund F sowie sein 21-jähriger Lieblingsbruder B, der mit A gemeinsam ein Zimmer im Haushalt des X bewohnt, auf das Dach klettern. Unerwartet hat sich sogar der neunjährige P der Gruppe zugesellt. Dem Drängen von P, mitsurfen zu dürfen, gibt A nur zögerlich nach. A fährt mit einer Geschwindigkeit von 20 km/h, während sich F, B und P oben tapfer auf dem Dach halten. Alle Beteiligten erkennen zwar ein erhebliches Risiko, vertrauen aber aufgrund ihrer Sportlichkeit fest darauf, dass die Fahrt ohne jegliche Verletzungen und erst recht ohne einen tödlichen Ausgang ablaufen wird. Schon nach wenigen Metern zeigt sich aber, dass alle Beteiligten das Risiko falsch eingeschätzt haben. Als A gerade die erste Kurve passiert, fallen nämlich B, F und P vom Dach herunter. F bricht sich durch einen unglücklichen Aufschlag auf dem Feldweg das Genick und verstirbt. B erleidet einen schweren Kniegelenkbruch und P verstaucht sich einen Knöchel, der stark anschwillt. Die Polizei findet zwar den Toten F, vermag jedoch die Hintergründe des Geschehens nicht aufzuklären. **336**

Als P zu Hause seinem Vater V berichtet, wie er sich die Stauchung zugezogen hat, erteilt dieser ihm spontan eine schallende Ohrfeige, um ihn von der Wiederholung des Abenteuers abzuhalten.

Eines Abends treffen sich A, der sich in akuter Geldnot befindet, und sein Freund E in ihrer Stammkneipe. A nutzt die Gelegenheit und fasst den Entschluss, sich die ec-Karte des E vorübergehend „auszuleihen" und mit Hilfe der – wie er weiß – auf der Karte notierten PIN das Konto des wohlhabenden E zu seinen Gunsten ein wenig zu erleichtern. Mit diesem Plan und in der Absicht, dem E die Karte sofort nach einmaligem „Gebrauch" wieder zukommen zu lassen, entnimmt er in einem Moment, in dem E gerade seine Bestellung aufgibt und daher abgelenkt ist, unbemerkt der offen herumliegenden Brieftasche des E die Karte.

Seinem Plan entsprechend geht A noch in derselben Nacht zum nächstgelegenen Geldautomaten der D-Bank, bei welcher das Konto des E geführt wird und die auch die ec-Karte an E ausgegeben hat. Er gibt die PIN ein und verschafft sich auf diese Weise 300 €. Am nächsten Morgen steckt A dem E die Karte unbemerkt wieder zu.

Einige Tage später gerät A wieder in Geldschwierigkeiten. Er geht daher mit seiner eigenen ec-Karte zum Bankautomaten der Z-Bank. Unter Verwendung der PIN hebt er 400 € ab, wohl wissend, dass sein Konto bei der Y-Bank schon über die Grenze des Dispositionskredits belastet ist. Auch ein Sachbearbeiter der Bank hat ihn bereits schriftlich auf die Unterdeckung des Kontos hingewiesen. Nach den Allgemeinen Geschäftsbedingungen der Y-Bank hätte er dort deswegen keine weiteren Abhebungen tätigen dürfen. Aufgrund des zwischen den Banken geltenden Garantievertrages für Auszahlungen bis zur Höhe von 400 € erstattet die Y-Bank der Z-Bank jedoch die ausgezahlten 400 €. A ist sich zum Zeitpunkt der Geldabhebung auch bewusst, dass er auf längere Zeit die Unterdeckung nicht wird ausgleichen können.

Als A einige Tage später durch die belebte Altstadt schlendert, wird zufällig in seiner Nähe der Mafiosi M von dem Mitglied einer rivalisierenden anderen Bande auf offener Straße erschossen. Der Täter taucht in der Menge unter. Da A jetzt das Erscheinen der Polizei befürchtet, mit der er wegen der Geschehnisse im Zusammenhang mit dem Tod des F nichts zu tun haben möchte, verlässt er schnellen Schrittes den Tatort. Wegen dieses auffälligen Verhaltens hält ihn der Zeuge Z irrtümlich für den Mörder. Z stürzt sich deshalb auf A und hält ihn so lange im „Schwitzkasten“ fest, bis die Polizei erscheint. A erleidet dabei einige kleinere blaue Flecken.

Wie haben sich A, V und Z strafbar gemacht?

Evtl erforderliche Strafanträge sind gestellt.

Bearbeitervermerk:

Gehen Sie davon aus, dass die Auszahlung am Geldautomaten zunächst aus dem Vermögen der D-Bank erfolgt, die Bank sogleich jedoch nach den zugrunde liegenden (rechtlich einwandfreien) Vertragsbedingungen berechtigt ist, Belastungsbuchungen auf dem Konto des E vorzunehmen. Ein Rückerstattungsanspruch des E gegen die D-Bank ist ausgeschlossen.

Gehen Sie des Weiteren davon aus, dass im Magnetstreifen der ec-Karte gespeichert sind: die Bankleitzahl der kartenausgebenden Bank, die Kontonummer des Kunden sowie das Datum der letzten Verfügung und der am Tag abgehobene Betrag. Dabei sind Bankleitzahl und Kontonummer von Menschen eingegeben, während Datum und Höhe der letzten Auszahlung bei Bedienung des Geldautomaten maschinell selbsttätig ermittelt und gegebenenfalls auch abgeändert werden.

Bei der Abhebung am Automaten wird das Datum der letzten Abhebung in der Kodierung des Magnetstreifens der ec-Karte verändert, um eine Überschreibung des Tageslimits (= pro Tag abhebbarer Höchstbetrag) zu verhindern.

II.

A hat sich als Beschuldigter im Rahmen einer von Kommissar K geführten Vernehmung zur Sache eingelassen und alle Taten gestanden. In der Hauptverhandlung verweigert er die Aussage. Das Gericht möchte nunmehr das Protokoll der polizeilichen Vernehmung in der Hauptverhandlung verlesen.

a) Ist das zulässig? Gibt es weitere Möglichkeiten, das Geständnis für die Urteilsfindung heranzuziehen?
b) K ist inzwischen verstorben. Kann das Gericht nunmehr das polizeiliche Vernehmungsprotokoll verlesen?

Gedankliche Strukturierung des Falles (Kurzlösung)

337

Teil I. (materiell-rechtlicher Teil)

A. Die Fahrt auf dem Privatweg

I. Strafbarkeit des A bzgl des Todes des F

1. § 212 I (–)

a) Objektiver Tatbestand (+)

b) Subjektiver Tatbestand (–)

Problem Nr 72: Abgrenzung dolus eventualis – bewusste Fahrlässigkeit (Rn 339)

- dolus eventualis bzgl Herbeiführung des Erfolges (–)

2. § 223 I (–)

3. § 222 (–)

a) Tatbestandsmäßigkeit (–)
- Erfolgseintritt (+)
- Kausalität (+)
- objektive Sorgfaltspflichtverletzung bei objektiver Voraussehbarkeit des Erfolges (+)
- objektive Zurechnung (–)

Problem Nr 73: Teilnahme an einer Selbstgefährdung und einverständliche Fremdgefährdung (Rn 342)

b) Ergebnis

4. § 229 (–)
- objektive Zurechnung (–)

5. § 315 c I (–)
- (öffentlicher) Straßenverkehr (–)

6. § 142 I (–)
- (öffentlicher) Straßenverkehr (–)

7. § 123 I Alt 1 (–)
- Eindringen (–)

8. Ergebnis für A bzgl des Todes des F

A ist straflos.

II. Strafbarkeit des A bzgl der Verletzungen des B

1. § 223 I (–)
- Vorsatz (–)

2. § 229 (–)

a) Tatbestand (–)
- Verletzungserfolg (+)
- pflichtwidriges Verhalten (+)
- Kausalität (+)
- objektive Zurechnung (–)

Problem Nr 74: Überlagert die Garantenstellung das Prinzip der Eigenverantwortlichkeit? (Rn 348)

b) Ergebnis

3. Ergebnis für A bzgl der Verletzungen des B

A ist straflos.

III. Strafbarkeit des A bzgl der Verletzungen des P

1. § 223 I (–)
- Vorsatz (–)

2. § 229 (+)

a) Tatbestand (+)

Problem Nr 75: Der Maßstab der Eigenverantwortlichkeit (Rn 352)

b) Rechtswidrigkeit (+)
- Einwilligung (–)

c) Schuld (+)

d) Strafantragserfordernis, § 230 I 1 (+)

3. Ergebnis für A bzgl der Verletzungen des P

A ist strafbar gem § 229.

IV. Ergebnis für A im Tatkomplex A

A ist nur bzgl der Verletzungen des P strafbar nach § 229.

B. Die Ohrfeige (Strafbarkeit des V)

1. § 223 I Alt 1 (–)

a) Objektiver Tatbestand (–)
- üble Behandlung (+)
- unangemessene Behandlung (–)

Problem Nr 76: Das Züchtigungsrecht von Erziehungsberechtigten (Rn 356)

b) Ergebnis

2. § 185 Alt 2 (–)

3. Ergebnis für V im Tatkomplex B

V ist straflos.

C. In der Stammkneipe (Strafbarkeit des A)

1. § 242 I (–)

a) Objektiver Tatbestand (+)
- fremde bewegliche Sache (+)
- Wegnahme (+)

b) Subjektiver Tatbestand (–)
- Vorsatz (+)
- Zueignungsabsicht (–)
  - Aneignungsabsicht (+)
  - Enteignungsvorsatz (–)

Problem Nr 77: Der Sachwertbegriff iRd § 242 I: „lucrum ex re“ oder „lucrum ex negotio cum re“? (Rn 360)

c) Ergebnis

2. **§ 246 I (–)**
   - Zueignung (–)
3. **§ 274 I Nr 1 (–)**
   a) Objektiver Tatbestand (+)
      - Urkunde (+)
      - technische Aufzeichnung (+)
      - nicht oder nicht ausschließlich gehören (+)
      - Unterdrücken (+)
   b) Subjektiver Tatbestand (–)
      - Vorsatz (+)
      - Nachteilszufügungsabsicht (–)
   c) Ergebnis
4. **§ 274 I Nr 2 (–)**
   a) Objektiver Tatbestand (+)
      - beweiserhebliche Daten iSv § 202 a II (+)
   b) Subjektiver Tatbestand (–)
      - Vorsatz (+)
      - Nachteilszufügungsabsicht (–)
   c) Ergebnis
5. **§ 303 a I Var 2 (+)**
6. **§ 202 a I (–)**
   a) Objektiver Tatbestand (–)
      - Daten iSv § 202 a II (+)
      - nicht für Täter bestimmt (+)
      - gegen unberechtigten Zugriff besonders gesichert (+)
      - sich verschafft (–)
   b) Ergebnis
7. **Ergebnis für A im Tatkomplex C**
   A ist strafbar gem § 303 a I Var 2.

D. Am Geldautomaten der D-Bank (Strafbarkeit des A)

1. **§ 242 I (bzgl der Geldscheine) (–)**
   a) Objektiver Tatbestand (–)
      - Wegnahme (–)

Problem Nr 78: Gewahrsamsbruch an aus Geldautomaten erlangtem Bargeld? (Rn 367)

   b) Ergebnis
2. **§ 246 I (bzgl der Geldscheine) (–)**
   a) Objektiver Tatbestand (–)
      - fremde bewegliche Sache (–)

Problem Nr 79: Übereignung des vom Geldautomaten ausgegebenen Geldes durch die Bank an den unbefugten Kartenbenutzer nach § 929 S 1 BGB? (Rn 370)

   b) Ergebnis
3. **§ 246 I (bzgl der ec-Karte) (–)**
   - Enteignungsvorsatz (–)
4. **§ 263 I (A ggü der Bank, zulasten der Bank, zugunsten des A) (–)**
   - Täuschung (–)
5. **§ 263 a I Var 3 (zulasten der Bank, zugunsten des A) (–)**
   a) Objektiver Tatbestand (–)
      - Daten (+)
      - verwendet (+)
      - unbefugt (+)

Problem Nr 80: „Unbefugte" Verwendung von Daten iSv § 263 a I Var 3 (Rn 373)

      - Beeinflussung des Ergebnisses eines Datenverarbeitungsvorganges (+)

Problem Nr 81: Umfasst die Beeinflussung eines Datenverarbeitungsvorganges iSd § 263 a I auch das Ingangsetzen eines solchen Vorganges? (Rn 375)

      - nachteilige Vermögensdifferenz (–)
   b) Ergebnis
6. **§ 263 a I Var 3 (zulasten des E, zugunsten des A) (+)**
   a) Objektiver Tatbestand (+)
   b) Subjektiver Tatbestand (+)
   c) Rechtswidrigkeit und Schuld (+)
   d) Strafantragserfordernis, §§ 263 a II, 263 IV, 248 a (–)
   e) Ergebnis
7. **§ 266 b I (–)**
   - berechtigter Karteninhaber (–)
8. **§ 265 a I Alt 1 (–)**
   a) Objektiver Tatbestand (–)
      - Erschleichen (–)
   b) Ergebnis
9. **§ 269 I (–)**
   a) Objektiver Tatbestand
      aa) Eingabe der PIN
         - beweiserhebliche Daten (+)
         - Speichern (–)
      bb) Verändern der Daten auf dem Magnetstreifen
         - beweiserhebliche Daten (+)
         - verändern (+)
         - unechte „Quasiurkunde" (–)
   b) Ergebnis
10. **§ 267 I (–)**
11. **§ 268 I Nr 1, III (–)**
    - technische Aufzeichnung (+)
    - unecht (–)
12. **§ 274 I Nr 1 (–)**
    a) Objektiver Tatbestand (+)
       - technische Aufzeichnung (+)
       - beschädigt (+)
    b) Subjektiver Tatbestand (–)
       - Vorsatz (+)
       - Nachteilszufügungsabsicht (–)
    c) Ergebnis

13. § 274 I Nr 2 (–)
- Nachteilszufügungsabsicht (–)

14. § 303 a I Var 4 (+)
15. § 281 I 1, II (–)
16. Konkurrenzen
17. Ergebnis für A im Tatkomplex D
A ist strafbar gem § 263 a I Var 3.

E. Am Geldautomaten der Z-Bank (Strafbarkeit des A)

1. § 242 I (–)
2. § 246 I (–)
3. § 263 I (A gegenüber der Z-Bank, zulasten der Y-Bank, zugunsten des A) (–)
4. § 263 I Var 3 (A gegenüber der Z-Bank, zulasten der Y-Bank, zugunsten des A) (+)
a) Objektiver Tatbestand (+)
- Daten (+)
- verwendet (+)
- unbefugt (+)

Problem Nr 82: Ist bei einem Überschreiten der Befugnis zur Abhebung durch den berechtigten Karteninhaber ein täuschungsäquivalentes Verhalten gegeben? (Rn 386)

- Beeinflussung des Ergebnisses eines Datenverarbeitungsvorganges (+)
- nachteilige Vermögensdifferenz (+)

b) Subjektiver Tatbestand (+)
c) Rechtswidrigkeit der Schuld (+)
d) Ergebnis

5. § 266 I (–)
6. § 266 b I (–)
a) Objektiver Tatbestand (–)
- Scheck- oder Kreditkarte (–)

Problem Nr 83: § 266 b bei vertragswidriger Abhebung von Bargeld bei einer fremden Bank durch den berechtigten Karteninhaber (Rn 388)

b) Ergebnis
7. Ergebnis für A im Tatkomplex E
A ist gem § 263 a I Var 3 strafbar.

F. Die Vorgänge nach der Schießerei

I. Strafbarkeit des Z
1. § 239 I (–)
a) Objektiver Tatbestand (+)
- Freiheitsberaubung (+)
- nicht unerhebliche Dauer (+)

b) Subjektiver Tatbestand (+)
c) Rechtswidrigkeit (+)
- vorläufiges Festnahmerecht, § 127 I 1 StPO (–)

Problem Nr 84: Setzt § 127 I 1 StPO eine tatsächlich begangene Straftat voraus? (Rn 391)

d) Schuld (–)
- Vorsatzschuld (–) (Erlaubnistatbestandsirrtum)

e) Ergebnis
2. § 223 I (–)
- Vorsatzschuld (–) (Erlaubnistatbestandsirrtum)

3. § 229 (–)
- Sorgfaltsmangel bei Entstehung des Irrtums (–)

4. § 240 I, II (–)
- Vorsatzschuld (–) (Erlaubnistatbestandsirrtum)

5. Ergebnis für Z im Tatkomplex E
Z ist straflos.
II. Strafbarkeit des A
- § 223 I (–)

G. Gesamtkonkurrenzen

H. Gesamtergebnis des materiellrechtlichen Gutachtens

A: Tatkomplex A: § 229
– § 53 –
Tatkomplex D: § 263 a I Var 3
– § 53 –
Tatkomplex E: § 263 a I Var 3
V: straflos
Z: straflos

Teil II. (prozessualer Teil) Durchbrechung des Grundsatzes der persönlichen Vernehmung

1. Verlesung von Protokollen über Vernehmung des Beschuldigten durch Verhörspersonen
2. Verlesung von Protokollen über Vernehmung des Beschuldigten durch mittlerweile verstorbene Verhörspersonen

Ausführliche Lösung von Fall 8

Teil I. (materiell-rechtlicher Teil)

A. Die Fahrt auf dem Privatweg

I. Strafbarkeit des A bzgl des Todes des F

1. § 212 I

338 Durch die Fahrt auf dem Privatweg, die zur Folge hatte, dass F zu Tode kam, könnte A einen Totschlag begangen haben.

a) Objektiver Tatbestand

A hat als Fahrer den Tötungserfolg kausal iSd conditio sine qua non herbeigeführt. Ob ihm dieser Erfolg auch zugerechnet werden kann, dh, ob der Erfolg letztlich wirklich das Werk des A und nicht das des Opfers F selbst ist, kann hier jedoch dahingestellt bleiben, wenn der subjektive Tatbestand eindeutig entfällt.

Es bietet sich hier an, die Entscheidung über die Erfüllung des objektiven Tatbestandes klausurtaktisch zu umgehen, da der BGH die Verneinung der objektiven Zurechnung wegen Teilnahme an einer Selbstgefährdung bisher nur im Rahmen der Fahrlässigkeitstat anerkannt hat.

b) Subjektiver Tatbestand

Fraglich ist, ob A auch vorsätzlich, dh mit Wissen und Wollen der Tatbestandsverwirklichung, gehandelt hat. Er erkannte zwar das Risiko, vertraute aber auf das Ausbleiben eines Tötungserfolges. Mithin hat er weder absichtlich noch mit direktem Vorsatz gehandelt. Möglicherweise kann ihm jedoch zumindest Eventualvorsatz vorgeworfen werden. Bei dieser Vorsatzform sind weder Wissens- noch Willenselement (kognitives – voluntatives Element) voll ausgeprägt. Sie nähert sich deshalb stark dem Bereich der bewussten Fahrlässigkeit. Die hierfür maßgeblichen Kriterien sind äußerst umstritten.

339 **Problem Nr 72: Abgrenzung dolus eventualis – bewusste Fahrlässigkeit**

(1) Nach der sog **Möglichkeitstheorie** genügt es, dass der Täter die konkrete Möglichkeit des Erfolgseintritts erkannt und gleichwohl gehandelt hat (*Langer*, Jura 2003, 135, 138; *Otto*, Anm NJW 1979, 2414; *Schmidthäuser*, JuS 1980, 241).

Argument: Es ist logisch zwingend, dass derjenige, der die konkrete Möglichkeit des Erfolgseintritts erkennt und gleichwohl handelt, den Erfolgseintritt akzeptiert.

(2) Nach der sog **Wahrscheinlichkeitstheorie** handelt der Täter mit Eventualvorsatz, wenn er den Erfolgseintritt für wahrscheinlich hält (*Mayer*, AT S 121).

Argument: „Wahrscheinlich" ist mehr als nur „möglich". Ab der Bewusstseinsstufe des Für-Wahrscheinlich-Befindens kann das Wissenselement die willentliche Inkaufnahme klar indizieren.

(3) Die **Gleichgültigkeitstheorie** bejaht dolus eventualis, wenn der Täter einer Verletzung des geschützten Rechtsguts gleichgültig gegenüber gestanden hat (*Engisch*, NJW 1955, 1688; *Schroth*, JR 2003, 250; S/S-*Cramer/Sternberg-Lieben*, § 15 Rn 84).

Argument: Vorsatz ist gegenüber der Fahrlässigkeit die schwerere Schuldform. Es bedarf folglich eines zusätzlichen Gesinnungsunwertes. Dieser findet in der Gleichgültigkeit gegenüber der Rechtsverletzung seinen Ausdruck.

(4) Rspr und hL verlangen für dolus eventualis zu Recht neben dem Erfordernis, dass der Täter die konkret drohende Gefahr einer Rechtsgutsverletzung erkannt hat, ferner, dass er diese Gefahr auch „ernst genommen" und sich schließlich mit dem Risiko der Tatbestandsverwirklichung „abgefunden" hat (*Hoyer*, AT1 S 56; *Wessels/Beulke*, AT Rn 224, 219 ff). Wer dagegen auf das Ausbleiben der Rechtsgutsverletzung fest „vertraut", handelt nur bewusst fahrlässig. Viele Urteile des BGH (BGHSt 36, 1, 9; 44, 99 m Anm *Roxin*, NStZ 1998, 616; BGH NStZ 1999, 507; BGH wistra 2000, 177; BGH NStZ 2008, 451) verwenden auch die sog Billigungstheorie, die sozusagen eine Spielart dieser **„Ernstnahmetheorie"** darstellt und die dolus eventualis bei dem Täter bejaht, der den für möglich gehaltenen Erfolg „billigend in Kauf genommen" hat, wobei auch unerwünschte Erfolge billigend in Kauf genommen werden können, wenn sich der Täter mit ihnen „abgefunden" hat (BGHSt 7, 363 [„Lederriemenfall"]).

Argument: Der Unterschied zwischen Vorsatz und Fahrlässigkeit liegt in der bewussten Entscheidung für eine mögliche Tatbestandserfüllung. Während Möglichkeits- und Wahrscheinlichkeitstheorie einseitig auf die Wissenskomponente abstellen und sich die Gleichgültigkeitstheorie einzig am Wollen des Täters orientiert, findet man hier eine ausgewogene Berücksichtigung beider Aspekte, welche der Vielschichtigkeit des Vorgangs am ehesten gerecht wird.

Zur Vertiefung: Wessels/Beulke, AT Rn 214 ff; Beulke, Klausurenkurs I [1] Rn 107; Hillenkamp, AT 1. Problem S 1 ff; Jäger, AT Rn 75 ff.

Grundvoraussetzung für vorsätzliches Handeln ist nach allgemeiner Meinung, dass der Täter den Taterfolg ernstlich für möglich oder wahrscheinlich hält. Zur Abgrenzung zur bewussten Fahrlässigkeit ist aber nach (str) Ansicht für den Eventualvorsatz ebenfalls erforderlich, dass der Täter den Erfolgseintritt hinnimmt, sich mit ihm abfindet oder ihn in sonstiger Form „billigt". Dabei kann der Erfolg dem Täter auch höchst unerwünscht sein. 340

Das „Autosurfen" war aus der Sicht des A nicht mehr als eine abenteuerliche Form der Freizeitgestaltung, bei der zwar Gefahr und Risiko beabsichtigt waren, mehr aber auch nicht.

Die Annahme einer „Billigung" liegt zwar nahe, wenn der Täter sein Vorhaben trotz äußerster Gefährlichkeit durchführt, ohne auf einen glücklichen Ausgang vertrauen zu können, und wenn er es dem Zufall überlässt, ob sich die von ihm erkannte Gefahr verwirklicht oder nicht"[1].

A vertraute aber mit aus seiner Sicht gutem Grund auf einen glücklichen Ausgang, da er um die Sportlichkeit der Beteiligten wusste und dadurch das Risiko als minimal einschätzte. Er überließ auch die Verwirklichung der Gefahr insofern nicht dem Zufall, als die Fahrt vereinbarungsgemäß jederzeit durch Klopfzeichen unterbrochen werden

1 BGH NJW 2006, 386.

konnte. Hier gingen alle Beteiligten somit ernsthaft davon aus, zu Stürzen und Verletzungen würde es auf der kurzen Strecke nicht kommen.

Zu bestrafen ist beim Vertrauen auf das Ausbleiben des Erfolges allenfalls wegen bewusst fahrlässigen Handelns. Ein Tötungsvorsatz ist mithin zu verneinen.

2. § 223 I

Mangels Vorsatzes entfällt auch eine vorsätzliche Körperverletzung.

3. § 222

a) Tatbestandsmäßigkeit

341 A hat den Taterfolg, dh den Tod des F, äquivalent durch das Führen des Fahrzeuges über die Buckelpiste verursacht.

Bei der Erfolgsverursachung müsste er objektiv sorgfaltswidrig, dh trotz Vorhersehbarkeit und Vermeidbarkeit des Erfolges und unter Außerachtlassung der im Verkehr erforderlichen Sorgfalt gehandelt haben[2]. Zum Teil wird zusätzlich noch vom Täter die Erkenntnis der Rechtswidrigkeit seines Tuns gefordert[3].

Durchfährt man mit einem Pkw in nicht ganz geringem Tempo mit einer auf dem Dach knienden Person eine unebene ländliche Strecke, so muss ein umsichtig handelnder Mensch aus dem Verkehrskreis des Täters einen schweren, uU auch tödlichen, Sturz dieser Person nach der allgemeinen Lebenserfahrung als mögliche Folge in Betracht ziehen. Vermeidbar war diese freiwillige Freizeitbeschäftigung für A ebenfalls.

Die Rechtswidrigkeit dieses Verhaltens war auch jedem objektiv erkennbar. Selbst wenn die Beteiligten diese Freizeitgestaltung als zeitgemäß empfunden haben sollten, so wird sie allein schon wegen ihrer bekannten Gefährlichkeit nicht von der Rechtsordnung geduldet. A handelte objektiv sorgfaltswidrig.

Der Erfolg müsste A zudem objektiv zurechenbar sein. Objektiv zurechenbar ist dem Täter der Erfolg, wenn er eine rechtlich relevante Gefahr geschaffen hat, die sich im tatbestandsmäßigen Erfolg realisiert[4]. Hierbei hat sich das Prinzip der Eigenverantwortlichkeit zu einem selbstständigen Zurechnungskriterium herausgebildet.

Im vorliegenden Fall könnte eine Selbstgefährdung anzunehmen sein, da das Opfer F nicht nur freiwillig auf das Auto stieg, sondern auch die damit verbundenen Gefahren ebenso wie der Fahrzeugführer kannte und quasi als Spielregeln akzeptierte. Damit ist zu prüfen, ob F für sich selbst die Gefahr verursachte und A nur bei dieser Gefahrsetzung mitwirkte, oder ob nicht vielmehr ein Fall der einverständlichen Fremdgefährdung vorliegt, dh das Opfer sich dem von ihm als gefährlich erkannten Tun des Täters aus eigenem Willen aussetzte. Im Fall der einverständlichen Fremdgefährdung könnte sich aus §§ 216, 228 ergeben, dass die Tötung trotz Einwilligung strafbar bleibt.

---

2 *Wessels/Beulke*, AT Rn 667.
3 *Fischer*, § 15 Rn 14, 18.
4 *Wessels/Beulke*, AT Rn 179.

Problem Nr 73: Teilnahme an einer Selbstgefährdung und einverständliche Fremdgefährdung 342

(1) Abgrenzung der Fallgruppen

Entscheidender Gedanke bei der Entwicklung beider Fallkonstellationen ist das Prinzip der Eigenverantwortlichkeit. Die objektive Zurechnung eines Erfolges zum pflichtwidrigen Täterverhalten endet dort, wo der Verantwortungsbereich des Betroffenen beginnt (BGHSt 32, 262; BayObLG NZV 1989, 80; *Hammer,* JuS 1998, 785, 787; *Schünemann,* JA 1975, 185 ff). Eine Abgrenzung der beiden Fallkonstellationen wird allgemein anhand des Kriteriums der **Tatherrschaft** vorgenommen (BayObLG JR 1990, 473 m Anm *Dölling*; OLG Nürnberg NJW 2003, 454; *Roxin*, AT I, § 11 Rn 105 ff; *Saal*, NZV 1998, 49, 53).

- Eine Mitwirkung an einer **freiverantwortlichen Selbstgefährdung** oder **Selbstschädigung** liegt danach dann vor, wenn das Opfer die schädigende Handlung selbst vornimmt oder sich in eine schon bestehende Gefahr wissentlich hineinbegibt, während ein anderer dieses selbstschädigende Verhalten lediglich veranlasst, ermöglicht oder sonst irgendwie fördert.
- Eine einverständliche **Fremdgefährdung** verlangt dagegen, dass sich das Opfer in vollem Risikobewusstsein der Gefahr aussetzt, die von einem anderen ausgeht, dh wenn das Geschehen allein in den Händen des Täters liegt und das Opfer bloßes Objekt der Wirkungen des Täterhandelns ist.

(2) Die strafrechtliche Behandlung der Teilnahme an einer Selbstgefährdung

(a) Nach **früherer Ansicht** entfällt eine Strafbarkeit wegen Mitwirkung an fremder fahrlässiger Selbstgefährdung nur bei fehlender Pflichtwidrigkeit des Täterverhaltens (BGHSt 7, 112, 114; BGH NJW 1981, 2015). Es ist sowohl die Mitwirkung an fremder Selbstgefährdung als auch die mit Einwilligung vorgenommene Fremdgefährdung strafbar, sofern das Verhalten letztlich zu schweren Körperverletzungen beim Opfer oder zu dessen Tod führt.

Argument: Den §§ 216, 228 ist zu entnehmen, dass das Opfer nicht wirksam in schwere eigene Körperverletzungen bzw in den eigenen Tod einwilligen kann. Wenn eine Gefährdung zur Verwirklichung dieses Risikos führt, muss die Verursachung des Erfolges für den Dritten strafbar sein.

(b) Die **hM** geht heute zu Recht vom **Prinzip der Eigenverantwortlichkeit** und damit mangels objektiver Zurechenbarkeit von einer Straflosigkeit fahrlässiger bzw bedingt vorsätzlicher Mitwirkung an einer Selbstgefährdung aus, auch wenn sich das Risiko schwerer Körperverletzungen bzw des Todes realisiert (BGHSt 32, 262; *Hammer*, JuS 1998, 785, 787; S/S-*Lenckner/Eisele*, Vorbem §§ 13 ff Rn 101 ff; *Wessels/Beulke*, AT Rn 185 ff).

Argument: Aus der Straflosigkeit der (*vorsätzlichen*) Teilnahme am Suizid (mangels tatbestandsmäßiger Haupttat) ist zu folgern, dass auch die *fahrlässige* Mitwirkung an fremder Selbst*tötung* und dann erst recht die fahrlässige Mitwirkung an fremder Selbst*gefährdung* stets straflos sein müssen (*Roxin*, AT I § 11 Rn 91; *Zieschang*, AT S 36 [mit Kritik an der Lehre von der objektiven Zurechnung]).

(3) Die strafrechtliche Behandlung einer Fremdgefährdung auf Verlangen oder mit Einwilligung des Betroffenen

(a) Nach **hA** kann die Einwilligung in die Fremdgefährdung niemals die objektive Zurechnung beseitigen. Vielmehr handelt es sich allein um ein Problem des Rechtfertigungsgrundes „Einwilligung" (statt aller OLG Düsseldorf NStZ-RR 1997, 325; *Trüg*, JA 2002, 214). Führt die Fremdgefährdung zu schweren Körperverletzungen oder zum Tode, so ist die Einwilligung unwirksam (BGHSt 49, 166; so grds auch *Krey*, AT1 Rn 634).

Argument: Bei jeder Einwilligung sind die Grenzen der §§ 216, 228 zu respektieren. Eine Einwilligung in eine Fremdgefährdung mit tödlichem Ausgang darf deshalb keine rechtfertigende Wirkung entfalten.

(b) Nach einer **Gegenmeinung** entfällt auch bei der Einwilligung in die Fremdgefährdung die objektive Zurechnung, wenn die festgestellte Fremdgefährdung in allen relevanten Aspekten einer Selbstgefährdung gleicht (*Roxin*, Gallas-FS, S 241, 252; *ders*, NStZ 1984, 411, 412; *ders*, AT I, § 11 Rn 100; generell die Fallgruppen gleichstellen will *Schünemann*, JA 1975, 715, 723, womit sich eine Unterscheidung der Fallgruppen aber dann erübrigen würde). Die objektive Zurechnung entfällt trotz Realisierung des tödlichen Risikos, wenn folgende Voraussetzungen erfüllt sind:

- Der Gefährdete muss das Risiko zunächst im selben Umfang übersehen wie der Gefährdende.
- Der Schaden muss die Folge des eingegangenen Risikos und nicht hinzukommender anderer Fehler sein.
- Der Gefährdete muss für das gemeinsame Tun dieselbe Verantwortung tragen wie der Gefährdende (*Schünemann*, JA 1975, 715, 722 ff; *Otto*, Jura 1984, 536, 540; s auch *Hammer*, JuS 1998, 785, 788; *Saal*, NVZ 1998, 49, 53).

Argument: Es gibt keine klare Grenzlinie zwischen straffreier Selbstgefährdung und einer wegen §§ 216, 228 strafbedrohten einverständlichen Fremdgefährdung. Diese Ungleichbehandlung gleichartiger Tatbestände führt zu willkürlichen und lebensfremden Ergebnissen. So kann es beispielsweise keinen Unterschied machen, ob sich jemand Heroin selbst spritzt, welches der andere reicht, oder ob jeweils der eine dem anderen die Heroinspritze setzt.

(c) Eine **dritte** und überzeugende **Ansicht** spricht sich ebenfalls für eine Gleichstellung der Mitwirkung an fremder Selbstgefährdung und der einverständlichen Fremdgefährdung aus, wenn die unter (b) aufgelisteten Kriterien erfüllt sind, meint aber, dies könne auch im Rahmen der rechtfertigenden Einwilligung geschehen (AG Saalfeld VRS 107 [2004], 181; *Beulke*, Otto-FS S 207; S/S-*Lenckner*, Vorbem §§ 32 ff Rn 104; *Wessels/Beulke*, AT Rn 189; wohl auch OLG Zweibrücken NZV 1994, 35, 36).

Argument: Die herkömmliche Dogmatik spricht dafür, das Problem auf der Rechtfertigungsebene anzusiedeln. Die bei Meinung (b) aufgelisteten Voraussetzungen sind typische Kriterien für die Wirksamkeit der Einwilligung. Dabei kann die Einwilligung trotz Eintrittes der Todesfolge rechtfertigende Kraft entfalten, denn es wird nicht in den Tod, sondern nur in die entsprechende „Gefahr" eingewilligt. Aus dem Wortlaut der §§ 216, 228 ergibt sich nicht, dass auch eine solche Fremdgefährdung mit Einwilligung unzulässig sein soll.

Zur Vertiefung: Wessels/Beulke, AT Rn 185 ff.

343 Die Abgrenzung, ob eine Mitwirkung an fremder Selbstgefährdung oder eine Fremdgefährdung mit Einwilligung seitens des Opfers vorliegt, erfolgt aus dem Gesichtspunkt der Tatherrschaft.

A hat das Fahrzeug geführt und mit seiner Fahrweise die Letztursache für den tödlichen Sturz des F gesetzt. Die herrschende Ansicht bejaht deshalb hier keine Mitwirkung an fremder Selbstgefährdung, sondern eine einverständliche Fremdgefährdung. Die rechtfertigende Kraft der Einwilligung soll dann am Rechtsgedanken der §§ 216, 228 scheitern[5].

5 So im Ergebnis auch OLG Düsseldorf NStZ-RR 1997, 325, allerdings ohne genauere Begründung.

Dagegen ist aber einzuwenden, dass sich F in Kenntnis aller Risiken auf die Fahrt eingelassen hat. Zumindest bis zum tatsächlichen Fahrtantritt hatte er ebenso viel Tatherrschaft über die Ereignisse wie alle anderen Beteiligten.

Allerdings hat der Fahrer A im Zeitpunkt des Anfahrens die Kontrolle über das Geschehen übernommen. Er hat selbstständig Geschwindigkeit und Risiko der Fahrt bestimmt. Hätte F keine Einflussmöglichkeit mehr auf das Geschehen gehabt, so läge die Tatherrschaft im Zeitpunkt des Unfalls eindeutig bei A. Die Autosurfgruppe hatte aber zusätzlich vereinbart, die Fahrt könne jederzeit durch Klopfen auf das Autodach unterbrochen werden, dh auch die „Surfer" hatten noch jederzeit nach Fahrtantritt die Möglichkeit, die Fahrt und die eigene Gefährdung zu beenden. F hat auf diese Möglichkeit verzichtet. Die Tatherrschaft des A geht in allen relevanten Gesichtspunkten nicht über die des F hinaus. Man könnte auch sagen, A setzte nur eine notwendige Bedingung zur Vornahme der gefährlichen Handlung durch das Opfer selbst.

Folglich liegt hier nur ein Fall von Mitwirkung an einer Selbstgefährdung vor, die für den Mitwirkenden straflos ist, auch wenn sich das tödliche Risiko realisiert (*aA vertretbar*). Einschränkungen etwa aus dem Rechtsgedanken der §§ 216, 228 greifen bei dieser Konstellation nach ganz herrschender Ansicht ohnehin nicht ein.

b) Ergebnis

Eine Strafbarkeit des A nach § 222 scheidet mangels objektiver Zurechnung des Erfolges aus.

4. § 229

Auch eine Strafbarkeit des A wegen fahrlässiger Körperverletzung scheidet mangels objektiver Zurechnung des Körperverletzungserfolges aus. **344**

5. § 315 c I

A könnte durch die Fahrt auf der Buckelpiste eine Gefährdung des Straßenverkehrs nach § 315 c I begangen haben.

Voraussetzung hierfür ist, dass er „im Straßenverkehr" ein Fahrzeug unter den weiteren von § 315 c I vorausgesetzten Modalitäten geführt hat. § 315 c schützt jedoch nur den öffentlichen Straßenverkehr, dh neben den dem allgemeinen Straßenverkehr gewidmeten Straßen, Wegen und Plätzen solche Verkehrsflächen, die jedermann oder allgemein bestimmten Gruppen von Verkehrsteilnehmern (zB Rad- oder Fußwege) dauernd oder vorübergehend zur Benutzung offen stehen[6].

Der Weg, auf dem sich das Geschehen abspielte, stand im Eigentum des Vaters X des A. Die Bezeichnung „Privatweg" verdeutlicht, dass eine Benutzung durch jedermann bzw auch nur durch bestimmte Gruppen von Verkehrsteilnehmern gerade nicht von X gestattet war.

Eine Strafbarkeit des A nach § 315 c I ist daher schon mangels Öffentlichkeit des Straßenverkehrs abzulehnen.

---

6 *Wessels/Hettinger*, BT1 Rn 978.

6. § 142 I

Aus demselben Grund scheidet eine Strafbarkeit nach § 142 I aus, denn auch diese Vorschrift setzt voraus, dass sich der Unfall im öffentlichen Straßenverkehr ereignet hat[7].

7. § 123 I Alt 1

345 A ist – unabhängig von der Frage, ob der Weg zum befriedeten, also eingehegten, Besitztum des X gehörte (was aus dem Sachverhalt nicht eindeutig hervorgeht) – jedenfalls nicht eingedrungen iSv § 123 I Alt 1. Es ist davon auszugehen, dass sich A auf dem seinem Vater gehörenden Grundstück mit dessen (tatbestandsausschließendem) Einverständnis aufhielt.

8. Ergebnis für A bzgl des Todes des F

A ist straflos.

II. Strafbarkeit des A bzgl der Verletzungen des B

1. § 223 I

346 Alle Beteiligten vertrauten ernsthaft darauf, dass keinerlei Verletzungen eintreten würden. Dem A fehlt deshalb der Vorsatz bzgl der Verletzungen des B.

2. § 229

a) Tatbestand

347 A hat durch sein pflichtwidriges Verhalten äquivalent und adäquat kausal die Ursache für den schweren Unfall und damit für die Körperverletzung des B gesetzt.

Die Besonderheit dieser Konstellation besteht darin, dass A, der an der Selbstgefährdung der „Surfer" mitgewirkt hat (*vgl o Rn 343*), hinsichtlich des B auch noch ein Garant iSv § 13 sein könnte. Eine Garantenstellung ergibt sich aus enger persönlicher Verbundenheit und verwandtschaftlichem Vertrauensverhältnis. Unter Brüdern ist eine solche Garantenstellung nach hA[8] zumindest solange anzunehmen, solange beide – wie hier – in häuslicher Gemeinschaft miteinander leben und eng miteinander vertraut sind.

Obwohl hier ein aktives Tun vorliegt, könnte diese Garantenstellung insoweit relevant werden, als sie unter Umständen iRd objektiven Zurechnung das Prinzip der Eigenverantwortlichkeit bei der Selbstgefährdung des Opfers überlagert, sodass der Erfolg in Form der Verletzung des B jetzt doch – im Gegensatz zum Tod des F (*s o Rn 342*) – dem A zuzurechnen ist.

---

7 Vgl *Fischer*, § 142 Rn 8 mit § 315 b Rn 3.
8 *Haft*, AT S 184; *Wessels/Beulke*, AT Rn 718; zT enger LG Kiel NStZ 2004, 157 mwN.

Problem Nr 74: Überlagert die Garantenstellung das Prinzip der Eigenverantwortlichkeit? 348

(1) Teilweise wird eine solche Überlagerung bejaht (*Jakobs*, ZStW 89 [1977], 1, 23; SK/StGB-*Rudolphi*, Vor § 1 Rn 72; S/S-*Lenckner/Eisele*, Vorbem §§ 13 ff Rn 101 d).

Argument: Hat der Unterlassungstäter bei Kenntnis der Situation die Pflicht, Schädigungen des Rechtsguts zu verhindern, dann muss er für einen Verletzungserfolg an diesem von ihm zu schützenden Rechtsgut gerade auch dann einstehen, wenn er selbst aktiv die Gefährdung und Verletzung herbeiführt. Dabei kann es auch keinen Unterschied machen, ob etwa eine Garantenpflicht aus Ingerenz (BGHSt 37, 179; BGH NStZ 1984, 452) oder aus personen- und sachbezogenen Sicherungspflichten hergeleitet wird (S/S-*Lenckner/Eisele*, Vorbem §§ 13 ff Rn 101 d).

(2) Dagegen wendet sich zu Recht die ganz **herrschende Meinung**, nach der auch der Garant nicht für die Mitwirkung an der eigenverantwortlichen Selbstschädigung des Opfers verantwortlich gemacht werden kann (*Sowada*, Jura 2003, 244; *Wessels/Beulke*, AT Rn 188).

Argument: Abgesehen von den dogmatischen Problemen, die eine Bestrafung aus Begehungsdelikt wegen Verletzung einer Garantenpflicht mit sich bringt, ist gegen die oben unter (1) dargestellte Ansicht zweierlei einzuwenden: Zum einen sollte der freie Wille des Opfers unabhängig davon respektiert werden, wer an der Selbstgefährdung mitwirkt. Zum anderen soll ein Beschützergarant den eigenverantwortlich Handelnden nicht vor sich selbst, sondern vor Gefahren von außen schützen.

Aus den genannten Gründen ergibt sich, dass auch der Garant nicht zu bestrafen ist, wenn er an einer eigenverantwortlichen Selbstgefährdung mitwirkt.

Zur Vertiefung Wessels/Beulke, AT Rn 185 ff.

Der Garant soll jedoch nur vor Gefahren von außen und nicht vor Selbstgefährdungen schützen. Deshalb vermag der Aspekt der Garantenstellung hier das Prinzip der Eigenverantwortlichkeit nicht außer Kraft zu setzen. Auch die Verletzungen des Bruders B können A also nicht zugerechnet werden. 349

b) Ergebnis

A hat sich nicht nach § 229 strafbar gemacht.

3. Ergebnis für A bzgl der Verletzungen des B

A ist straflos.

III. Strafbarkeit des A bzgl der Verletzungen des P

1. § 223 I

Auch bzgl der Verletzungen des P hatte A keinen Vorsatz. Aus dem Sachverhalt ergibt sich ausdrücklich, dass alle Beteiligten auf das Ausbleiben einer Körperverletzung (inklusive leichter Blessuren) vertraut haben. 350

2. § 229

a) Tatbestand

351 A hat den Erfolg durch ein objektiv sorgfaltswidriges Verhalten (Fahren mit ungesicherten Menschen auf dem Dach des Kleinlasters) kausal herbeigeführt.

Fraglich ist, ob auch bzgl der Verletzungen des P die objektive Zurechenbarkeit verneint werden muss. Zwar hat auch P in die Gefährdung seiner Person eingewilligt, sodass es nahe liegt, eine straflose Mitwirkung des A an fremder Selbstgefährdung zu bejahen. Andererseits ist P jedoch erst neun Jahre alt. Es ist anerkannt, dass eine – den Zurechnungszusammenhang ausschließende – eigenverantwortliche Selbstgefährdung ausscheidet, wenn entweder das Recht dem Opfer infolge von Defektzuständen oder Unreife etc keine autonome Entscheidung über die Gefährdung seiner Rechtsgüter zutraut oder wenn der Dritte die Gefährlichkeit der Situation kraft überlegenen Sachwissens besser einzuschätzen vermag als das Opfer[9].

Umstritten ist hierbei vor allem, welche Maßstäbe für die Eigenverantwortlichkeit der Entscheidung des Opfers zu gelten haben.

352 **Problem Nr 75: Der Maßstab für die Eigenverantwortlichkeit**

(1) Eine Ansicht zieht die Exkulpationsregeln der §§ 20, 35 und des § 3 JGG entsprechend heran (*Dölling,* GA 1984, 71, 78 f).

Argument: Die Abschichtung von Verantwortungsbereichen hat im gesamten Strafrecht nach den gleichen Kriterien zu erfolgen. Ob jemand für das eigene Handeln zur Verantwortung gezogen werden kann oder nicht, beurteilt sich auch im Rahmen der Fremdschädigung nach den Exkulpationsregeln.

(2) Die **herrschende Meinung** orientiert sich zu Recht an der Einwilligungsfähigkeit des (späteren) Opfers (*Frisch*, NStZ 1992, 62, 63 f; *Otto,* Tröndle-FS, S 157, 174; S/S-*Lenckner/Eisele*, Vorbem §§ 13 ff Rn 101c). Sie stellt darauf ab, ob der Zustimmende nach seiner geistigen und sittlichen Reife Wesen, Tragweite und Auswirkungen des seine Interessen berührenden Eingriffs voll erfasst.

Argument: An die Mangelfreiheit der Willensbildung sind bei einer Gefährdung des eigenen Lebens die gleichen (hohen) Anforderungen zu stellen, wie bei einer Einwilligung in eine Körperverletzung oder bei der in § 216 geforderten „Ernstlichkeit" des Todeswillens.

Zur Vertiefung: Wessels/Beulke, AT Rn 189.

353 Im vorliegenden Fall gelangt man sowohl über § 3 JGG als auch über eine Prüfung der Einwilligungsfähigkeit zu der Frage, ob P nach seiner geistigen und sittlichen Reife imstande war, Bedeutung und Tragweite des Rechtsgutsverzichtes zu erkennen. Zwar dürfte einerseits auch ein Neunjähriger bereits begreifen, dass „Surfen" auf fahrenden Kraftfahrzeugen mit erheblichen Risiken verbunden ist. Andererseits ist jedoch nicht anzunehmen, dass P die von einem Auto ausgehende Gefährlichkeit wirklich einzuschätzen vermochte. Insbesondere die Folgen der Geschwindigkeit, wie Triebkraft und

9 BGHSt 32, 262, 264 f; BGH NStZ 1985, 25; *Fischer*, Vor § 13 Rn 36.

Aufprallintensität, kann ein Neunjähriger nicht überblicken. Nach § 3 JGG wird eine Einsichtsfähigkeit des Jugendlichen ohnehin erst mit vierzehn Jahren angenommen.

Eine autonome Entscheidung des P liegt danach nicht vor. Der Verantwortungsbereich des A bleibt eröffnet, die Körperverletzung ist ihm zuzurechnen.

b) Rechtswidrigkeit

Die durch die Tatbestandsmäßigkeit des Verhaltens indizierte Rechtswidrigkeit entfällt, wenn P wirksam in die Körperverletzung eingewilligt hat.

Ein Verzicht auf das Rechtsgut der körperlichen Unversehrtheit ist – wie sich bereits aus § 228 ergibt – grundsätzlich möglich. P war weiterhin alleiniger Träger des geschützten Interesses und damit darüber verfügungsbefugt. Da P die Gefahrensituation jedoch nicht überblickte, scheidet seine Einwilligungsfähigkeit wie dargelegt aus.

P konnte daher nicht wirksam in die Tat einwilligen.

c) Schuld

Der Verletzungserfolg war für A auch subjektiv vorhersehbar und vermeidbar. A handelte schuldhaft.

d) Strafantragserfordernis, § 230 I 1

Der nach § 230 I 1 erforderliche Strafantrag ist gestellt.

3. Ergebnis für A bzgl der Verletzungen des P

A hat sich gem § 229 strafbar gemacht. 354

IV. Ergebnis für A im Tatkomplex A

A ist lediglich hinsichtlich der Verletzungen des P strafbar nach § 229.

B. Die Ohrfeige (Strafbarkeit des V)

1. § 223 I Alt 1

V könnte sich dadurch, dass er dem P eine Ohrfeige versetzte, wegen Körperverletzung 355
strafbar gemacht haben.

a) Objektiver Tatbestand

Körperliche Misshandlung iSd § 223 I Alt 1 ist jede üble und unangemessene Behandlung, durch die das körperliche Wohlbefinden mehr als nur unerheblich beeinträchtigt wird. Umfasst werden neben substanzverletzenden Einwirkungen sogar nicht schmerzhafte Eingriffe, sofern die Einwirkung auf Körper und Betroffenen von nicht nur geringem Gewicht ist. Die Ohrfeige des V war kein liebevoller oder scherzhafter Klaps, sondern eine schallende und schmerzhafte Sanktion für die riskante Mutprobe. Das körperliche Wohlbefinden des P wird davon in nicht nur unerheblichem Maß betroffen.

Es verbleibt aber die Frage nach der (Un-)Angemessenheit dieser Behandlung. Im Rahmen von Erziehungsmaßnahmen sind dabei als Grundlage des elterlichen Erziehungsrechts insbesondere auch Art 6 II 1 GG und §§ 1626, 1631 BGB zu beachten. Nach dem zuletzt im Jahre 2000 geänderten § 1631 II BGB haben Kinder ein Recht auf gewaltfreie Erziehung. In § 1631 II 2 BGB heißt es ausdrücklich: „Körperliche Bestrafungen, seelische Verletzungen und andere entwürdigende Maßnahmen sind unzulässig." Es ist strittig, ob es auf dieser Grundlage noch ein körperliches Züchtigungsrecht der Eltern gegenüber ihren Kindern geben kann.

356 **Problem Nr 76: Das Züchtigungsrecht von Erziehungsberechtigten**

(1) Nach der **ehemals herrschenden** und neuerdings auch wieder vertretenen **Meinung** ist das elterliche Züchtigungsrecht als Ausfluss von Art 6 II 1 GG und §§ 1626, 1631 I BGB als Rechtfertigungsgrund in Betracht zu ziehen (BGHSt 12, 62, 64; 6, 263; 11, 241; *Kindhäuser*, LPK Vor § 32 Rn 61; *Krey/M. Heinrich*, BT1 Rn 312; *Kühl*, AT § 9 Rn 58; *Lackner/Kühl*, § 223 Rn 11; *Marxen*, AT S 99; *Thomas*, ZRP 1977, 184).

Argument: Die spezielle zivilrechtliche Regelung in § 1631 II BGB verbietet ihrem Wortlaut nach diese Lösung nicht. Sofern zivilrechtlich jeder Einsatz von körperlicher Gewalt unterbunden werden sollte, kann das für das Strafrecht keine Bindungswirkung haben.

(2) Die **derzeit hM** entnimmt dem § 1631 II BGB, dass das körperliche Züchtigungsrecht der Eltern gegenüber den Kindern nicht mehr existiert. Eine Mutter, die ihr Kind ohrfeigt, bleibt also auch dann gem § 223 strafbar, wenn es sich um eine erzieherisch gemeinte Maßnahme handelt (AG Köln vom 16. 10. 2003, positiv besprochen von *Riemer*, ZJJ 2005, 403). Eine Straffreiheit der Eltern soll allein auf prozessualem Wege herbeigeführt werden, nämlich durch Einstellung des Strafverfahrens aus Opportunitätsgründen gem **§§ 153 ff StPO** (*Bohnert*, Jura 1999, 533, 534; *Bussmann*, S 379 ff; *Hillenkamp*, JuS 2001, 159, 165; *Jäger*, AT Rn 165; *Kargl*, NJ 2003, 59; *Kellner*, NJW 2001, 796; *Otto*, Jura 2001, 670; *Roxin*, JuS 2004, 177; *Zieschang*, AT S 81; zT auch *Hoyer*, FamRZ 2001, 521; SK/StGB-*Horn/Wolters*, § 223 Rn 13; *Noack*, JR 2002, 406 hält deshalb § 1631 II BGB für verfassungswidrig).

Argument: Die Neufassung des § 1631 II BGB, welche aufgrund des Gebots der Einheit der Rechtsordnung auch auf das Strafrecht ausstrahlt, stellt klar, dass Gewalthandlungen stets unzulässig und damit einer Rechtfertigung gerade nicht zugänglich sind.

(3) Die überzeugende sogenannte **Tatbestandslösung** will schließlich die Probleme der Bewertung elterlicher Züchtigungshandlungen bei § 223 I auf der Tatbestandsebene in der Prüfung des Merkmals „körperliche Misshandlung" im Unterpunkt „Angemessenheit" behandeln (*Beulke*, Hanack-FS S 539 f; *ders*, Schreiber-FS, S 29; *Wessels/Beulke*, AT Rn 387 f).

Argument: Die oben unter (1) dargestellte Meinung ignoriert zu Unrecht die Bestrebungen des Gesetzgebers, das körperliche Züchtigungsrecht der Eltern gegenüber den Kindern soweit wie möglich zurückzudrängen. Im Prinzip sind Schläge gegenüber Kindern unerwünscht. Die Meinung (2) verkennt, dass bereits die Eröffnung eines Strafverfahrens zu erheblichen Belastungen für eine Familie führen kann. Eine Verlagerung der materiell-rechtlichen Abgrenzungsfragen auf die Staatsanwaltschaft löst das eigentliche Problem nicht.

Die Tatbestandslösung entspricht am ehesten den Intentionen des Gesetzgebers. Geringe körperliche Züchtigungen stellen keine „unangemessene" Behandlung dar. Zugleich respektiert sie das durch Art 6 II 1 GG geschützte elterliche Erziehungsrecht.

Die Tatbestandslösung ist auch mit dem Wortlaut des § 1631 II BGB nF vereinbar, denn die „anderen entwürdigenden Maßnahmen" stellen den Oberbegriff dar, sodass „körperliche Bestrafungen" nur insoweit erfasst werden, als ihnen ein entwürdigender Charakter zukommt.

Der neuen Wertung des § 1631 II BGB iVm Art 6 II 1 GG muss aber dadurch Rechnung getragen werden, dass an die Bejahung der Angemessenheit strenge Anforderungen zu stellen sind.

Zur Vertiefung: Wessels/Beulke, AT Rn 387 ff.

Angesichts der Neuformulierung des § 1631 II BGB könnte ein körperliches Züchtigungsrecht der Eltern generell entfallen sein. In Bagatellfällen käme dann allenfalls eine Einstellung des Strafverfahrens in Betracht (§§ 153 ff StPO). Diese Lösung steht aber im Widerspruch zu Art 6 II 1 GG. Nach der überzeugenden sog Tatbestandslösung hat die Neufassung des § 1631 II BGB zwar bewirkt, dass das elterliche Züchtigungsrecht seinen Charakter als umfassender Rechtfertigungsgrund verloren hat. Bei maßvollen Erziehungsreaktionen aber uU bereits der objektive Tatbestand des § 223 mangels Unangemessenheit der Behandlung entfallen kann. **357**

Akzeptiert man entgegen der noch hM die (geringfügige) Gewaltanwendung als Mittel der Erziehung, so ist die Nachricht, ein neunjähriger Sohn habe soeben eine lebensgefährliche Mutprobe mit nicht ganz geringfügigen Verletzungen bestanden, sicherlich ein geeigneter Anlass für eine angemessene Erziehungsmaßnahme, zumindest in Form einer geringfügigen Ohrfeige. Dies gilt umso mehr, als die Wiederholung dieser Mutprobe durch das Kind mit dann uU tödlichem Ausgang zu befürchten ist.

Zu fragen bleibt dann nur noch, ob V im konkreten Fall übertrieben hat, ob also die Ohrfeige zu kräftig ausgefallen ist. Eine schmerzhafte Ohrfeige ist nicht gefährlich und P hat mit seinem Vorverhalten genügend Anlass für eine nicht nur geringfügige Sanktion gesetzt. Zu beachten ist dabei auch das erhöhte Maß der Erregung und wohl auch des Schreckens, unter dessen Einfluss sich V im Zeitpunkt der Handlung befand. Unter diesen Aspekten hat V nicht die Grenzen des Erforderlichen bei der Anwendung dieser Erziehungsmaßnahme überschritten (*aA vertretbar*).

Mangels Unangemessenheit der Behandlung entfällt somit der objektive Tatbestand der Körperverletzung.

b) Ergebnis

V ist nicht gem § 223 I strafbar.

2. § 185 Alt 2

V könnte P durch die Ohrfeige beleidigt haben. **358**

Beleidigen iSd § 185 bedeutet die Kundgabe von Missachtung oder Nichtachtung[10]. Zwar kann Miss- bzw Nichtachtung auch durch eine unmittelbare körperliche Einwirkung auf den anderen ausgedrückt werden, wie der Qualifikationstatbestand der tätlichen Beleidigung in § 185 Alt 2 zeigt.

Die als Erziehungsmaßnahme dem eigenen Kind versetzte Ohrfeige drückt aber – insbesondere unter Heranziehung der oben (*Rn 356 f*) getroffenen Wertungen – keinerlei Miss- oder Nichtachtung des V gegenüber P aus. Sie zielte nicht auf die Ehre[11] des P,

10 *Wessels/Hettinger*, BT1 Rn 508.
11 Vgl zu diesem Begriff MK-*Regge*, Vor §§ 185 ff, Rn 7 ff.

sondern diente lediglich dazu, dem Kind die Gefahren seines Tuns deutlich vor Augen zu führen und es – zu seinem eigenen Schutz – vor der Wiederholung der Mutprobe zu warnen.

3. Ergebnis für V im Tatkomplex B

V hat sich nicht strafbar gemacht.

C. In der Stammkneipe (Strafbarkeit des A)

1. § 242 I

359 Indem A die ec-Karte des E aus dessen Brieftasche entnommen und mit ihr die Kneipe verlassen hat, könnte er sich wegen Diebstahls gem § 242 I strafbar gemacht haben.

a) Objektiver Tatbestand

Zunächst müsste die ec-Karte des E – eine bewegliche Sache – für A fremd gewesen sein. Fremd ist eine Sache, wenn sie im (Allein-, Mit- oder Gesamthands-)Eigentum eines anderen steht, also weder herrenlos iSd §§ 958 ff BGB ist noch ausschließlich dem Täter selbst gehört[12]. Zwar werden die Eigentumsverhältnisse an einer ec-Karte unterschiedlich bewertet (Eigentum bei Bank[13] oder bei Kontoinhaber[14]). Auf jeden Fall ist jedoch A nicht Eigentümer der ec-Karte.

Zur Erfüllung des Tatbestandsmerkmals der Wegnahme gem § 242 I müsste A den Gewahrsam des E an der ec-Karte gebrochen und neuen Gewahrsam an der Karte begründet haben[15]. A hat die ec-Karte des E dessen Brieftasche entnommen und mit ihr die Kneipe verlassen. Eine Wegnahme iSd § 242 I ist gegeben.

b) Subjektiver Tatbestand

A handelte vorsätzlich.

Er müsste darüber hinaus auch in der Absicht gehandelt haben, sich die Karte rechtswidrig zuzueignen. Zueignungsabsicht erfordert Aneignungsabsicht und Enteignungsvorsatz.

A müsste somit zunächst in der Absicht gehandelt haben, sich eine eigentümerähnliche Verfügungsgewalt zu eigenen Zwecken anzumaßen; dies geschieht durch die Betätigung des Willens, die fremde Sache oder den in ihr verkörperten Sachwert – wenn auch nur vorübergehend – dem eigenen Vermögen einzuverleiben[16]. A kam es gerade darauf an, mit der ec-Karte Beträge von dem ihm damit zugänglichen Konto des E abzuheben. Er wollte sich deshalb die ec-Karte zumindest vorübergehend aneignen.

Problematisch ist der Enteignungsvorsatz. Er ist gegeben, wenn sich der Täter zum Zeitpunkt der Wegnahme zumindest mit dolus eventualis unter endgültiger Ausschlie-

---

12 *Wessels/Hillenkamp*, BT2 Rn 68.
13 *Ranft*, wistra 1987, 79, 80; *Wessels/Hillenkamp*, BT2 Rn 163.
14 *Altenhain*, JZ 1997, 752, 753 mit Fn 14; *Canaris*, Bankvertragsrecht, Rn 527c.
15 *Wessels/Hillenkamp*, BT2 Rn 71.
16 *Wessels/Hillenkamp*, BT2 Rn 136.

ßung des Eigentümers ganz oder teilweise wirtschaftlich an dessen Stelle setzen will[17]. A wollte E die Karte jedoch alsbald wieder zukommen lassen. Ob trotz einer solchen Absicht ein Enteignungsvorsatz bejaht werden kann oder ob eine straflose Gebrauchsanmaßung gegeben ist, entscheidet sich danach, was im Rahmen des § 242 I als maßgeblicher Zueignungsgegenstand zu betrachten ist[18].

Nach der überzeugenden Vereinigungslehre können sowohl die Substanz einer Sache als auch deren wirtschaftlicher Wert Zueignungsgegenstand des § 242 I sein. Weil A dem E die Karte wieder zukommen lassen wollte, hatte er jedenfalls keinen Enteignungsvorsatz hinsichtlich der Substanz der ec-Karte. Jedoch könnte A, der mit der ec-Karte des E Geldbeträge von dessen Konto abheben wollte, den Vorsatz gehabt haben, E den Sachwert der ec-Karte zu entziehen.

Problem Nr 77: Der Sachwertbegriff iRd § 242 I: „lucrum ex re" oder „lucrum ex negotio cum re"? 360

(1) Der **extensive Sachwertbegriff** (BGHSt 4, 236; 17, 87, 92; zu § 246 I: BGH NStZ 1994, 542; BGHSt 40, 8, 18; 41, 187, 194) umfasst nicht nur den in der Sache steckenden und aus ihr gewonnenen Wert (lucrum ex re), sondern auch den unter Verwendung der Sache zu erzielenden Wert (**lucrum ex negotio cum re**).

Argument: Der Täter eignet sich auch dann den wirtschaftlichen Wert einer Sache zu, wenn er bei ihrer Verwendung einen Nutzen oder Vorteil im weiteren Sinne, uU auch nur mittelbar, erlangt.

(2) Demgegenüber vertritt die überzeugende **herrschende Meinung** (BGHSt 19, 387; 35, 152, 156 ff; BGH StV 1990, 407; *Gropp*, JuS 1999, 1041, 1043 f; *Jäger*, JuS 2000, 651; *Mitsch*, BT2/1 § 1 Rn 141 f; *Rengier*, BT1 § 2 Rn 47, 51; *Wessels/Hillenkamp*, BT2 Rn 134 f) einen **restriktiven Sachwertbegriff**, welcher lediglich den in der Sache selbst steckenden, unmittelbar in ihr verkörperten Wert (**lucrum ex re**) umfasst.

Argument: Vom Sachwert soll nicht jede Verwendungsmöglichkeit der Sache umfasst sein. Der Gesetzeswortlaut der §§ 242 I, 246 I stellt auf die Sache selbst ab. Die Zugrundelegung eines extensiven Sachwertbegriffs würde den erklärten Willen des Gesetzgebers umgehen und eine Ausuferung des Sachwertgesichtspunktes zur Folge haben. Die Eigentumsdelikte der §§ 242 I, 246 I würden zu bloßen Vermögens- bzw Bereicherungsdelikten umfunktioniert. Im Gegensatz zu den Vermögens- und Bereicherungsdelikten schützt § 242 I jedoch nicht das Vermögen als Ganzes, sondern nur die Verfügungsgewalt an einer bestimmten Sache (BGHSt 35, 152, 156 ff; *Stoffers*, Jura 1995, 113, 116 f).

Eine Verkörperung des wirtschaftlichen Werts in der Sache wird beispielsweise in den **Sparbuchfällen** bejaht: Ein Sparbuch ist ein Legitimationspapier iSd § 808 BGB (*Wessels/Hillenkamp*, BT2 Rn 160) und verkörpert über seinen stofflichen Substanzwert hinaus einen wirtschaftlichen Wert, den man ihm bei Teilabhebungen in äußerlich erkennbarer Weise entziehen kann, bis schließlich nur noch eine „Hülse ohne Kern" übrig bleibt (*Wessels/Hillenkamp*, BT2 Rn 133, 166).

Zur Vertiefung: Wessels/Hillenkamp, BT2 Rn 133; Hillenkamp, BT 20. Problem S 95 ff.

---

17 *Wessels/Hillenkamp*, BT2 Rn 136, 142.
18 Siehe oben Fall 3, Problem Nr 24, Rn 126.

361 Es erscheint fraglich, ob dieser durch die Verwendung der ec-Karte zu erzielende Sachwert, das sog. lucrum ex negotio cum re, der maßgebliche Zueignungsgegenstand sein kann. Eine entsprechend extensive Begriffsbestimmung ließe im Ergebnis unberücksichtigt, dass § 242 I nicht das Vermögen insgesamt, sondern nur die Verfügungsgewalt über eine konkrete Sache schützen soll. Legt man daher mit der Vereinigungslehre den zustimmungswürdigen restriktiven Sachwertbegriff zugrunde, könnte die sichere Aussicht des A, durch die Benutzung von ec-Karte und PIN des E Geldbeträge aus dem Geldautomaten zu erlangen, von § 242 I nur erfasst sein, wenn der wirtschaftliche Wert dieser tatsächlichen Erwerbschance schon in der entwendeten Karte selbst verkörpert wäre. Eine ec-Karte beweist jedoch weder die Höhe der Forderung noch legitimiert sie deren Besitzer als den Gläubiger, der zur Verfügung über das betreffende Konto noch der PIN bedarf[19]. Damit ist die ec-Karte im Gegensatz zum Sparbuch kein Legitimationspapier iSd § 808 BGB. Durch eine missbräuchliche Verwendung verliert sie auch nichts von dem Funktionswert, den ihre Existenz für den Berechtigten hat. Eine ec-Karte ist somit vergleichbar mit einem bloßen Automatenschlüssel, der die Möglichkeit zur Erlangung wirtschaftlicher Werte, dh von lucra ex negotio cum re, eröffnet[20]. Die Absicht des A, Geldbeträge vom Konto des E abzuheben, genügt den Anforderungen an die Zueignungsabsicht iSd § 242 I somit nicht.

c) Ergebnis

A hat sich nicht wegen Diebstahls gem § 242 I strafbar gemacht.

2. § 246 I

Auch eine Unterschlagung scheidet aus. Es ist kein Zueignungswille gegeben, der sich irgendwie manifestiert haben könnte.

3. § 274 I Nr 1

362 Durch Einstecken der ec-Karte könnte sich A wegen Unterdrückung einer Urkunde oder einer technischen Aufzeichnung gem § 274 I Nr 1 strafbar gemacht haben.

a) Objektiver Tatbestand

Fraglich ist, ob die von A entwendete ec-Karte eine Urkunde iSd § 274 I Nr 1 darstellt. Eine Urkunde ist jede verkörperte und optisch-visuell wahrnehmbare Gedankenerklärung, die zum Beweis im Rechtsverkehr geeignet und bestimmt ist und ihren Aussteller erkennen lässt[21].

Die auf der ec-Karte handschriftlich notierte PIN ist keine Gedankenerklärung, sondern nur eine Gedächtnisstütze. Sie kann die Urkundenqualität nicht begründen.

Die im Magnetstreifen der Karte gespeicherten Daten (Bankleitzahl des Kreditinstituts, Kontonummer des Kunden sowie das Datum der letzten Verfügung und der am

---

19 BGHSt 35, 152, 157 f; *Altenhain*, JZ 1997, 752, 753; *Canaris*, Bankvertragsrecht, Rn 527b.
20 *Wessels/Hillenkamp*, BT2 Rn 166.
21 *Wessels/Hettinger*, BT1 Rn 790, 794.

Tag abgehobene Betrag[22]) sind nicht optisch-visuell wahrnehmbar[23] und begründen deshalb ebenfalls keine Urkundenqualität.

Auf der Karte stehen aber zusätzlich der Name des Karteninhabers E sowie die Kontonummer und der Name der kartenausgebenden Bank. Insoweit handelt es sich um eine Gedankenerklärung. Diese Angaben auf der ec-Karte sind auch geeignet und dazu bestimmt, für den zwischen der D-Bank und E abgeschlossenen ec-Kartenvertrag Beweis zu erbringen. Schließlich müsste die ec-Karte den Aussteller als Garanten der Erklärung erkennen lassen. Aussteller ist nach der herrschenden Geistigkeitstheorie nicht derjenige, der die Urkunde körperlich hergestellt hat, sondern derjenige, der als geistiger Urheber für die Erklärung einsteht[24]. Die ec-Karte benannte als Aussteller ausdrücklich die D-Bank.

Die sichtbaren Angaben auf der ec-Karte geben ihr somit die Urkundenqualität iSd § 274 I Nr 1.

Überdies könnte die entwendete ec-Karte eine technische Aufzeichnung iSd §§ 274 I Nr 1 iVm 268 II darstellen. Der Begriff der technischen Aufzeichnung erfordert in Abgrenzung zum Urkundenbegriff eine Darstellung, die durch ein technisches Gerät ganz oder zum Teil selbsttätig bewirkt wird. Eine Darstellung iSd § 268 II erfordert Zeichen von einiger Dauerhaftigkeit, die von einem technischen Gerät aufgezeichnet sind und die Vorstellung eines Sinngehalts vermitteln[25]. Im Unterschied zum Urkundenbegriff muss die Darstellung nicht optisch-visuell wahrnehmbar sein[26]. Damit könnten nicht nur die Angaben auf der ec-Karte, sondern auch die elektromagnetische Fixierung von Daten im Magnetstreifen der Karte dem Begriff der technischen Aufzeichnung genügen.

Die Darstellung muss weiterhin aber selbsttätig durch das Gerät bewirkt sein. Die Leistung des Geräts muss darin bestehen, durch einen in Konstruktion oder Programmierung festgelegten automatischen Vorgang einen Aufzeichnungsinhalt mit neuem Informationsgehalt hervorzubringen, dh die Maschine muss nicht nur die Produktion der Zeichen, sondern auch die Wahrnehmung des Sachverhalts und seine Zuordnung zu einzelnen lesbaren Zeichen übernehmen[27]. Die Daten auf der Oberfläche der ec-Karte sowie die im Magnetstreifen gespeicherte Bankleitzahl und Kontonummer sind vom Menschen eingegeben. Datum und Höhe der letzten Auszahlung im Magnetstreifen werden jedoch von der jeweiligen Maschine selbsttätig ermittelt und gegebenenfalls auch abgeändert[28]. Letztere Daten stellen also eine technische Aufzeichnung iSd §§ 274 I Nr 1 iVm 268 II dar.

Gemäß § 274 I Nr 1 dürfte die ec-Karte A nicht oder zumindest nicht ausschließlich gehört haben. Diese Formulierung meint nicht die dinglichen Eigentumsverhältnisse, sondern das Recht, mit dem Tatobjekt im Rechtsverkehr Beweis zu erbringen. Dieses

22 Vgl *Nauroth*, CR 1987, 441, 442.

23 SK/StGB-*Hoyer*, § 267 Rn 28; *Wessels/Hettinger*, BT1 Rn 794; aA *Canaris*, Bankvertragsrecht, Rn 527 b; *Tegebauer*, Die GeldKarte, S 32 f.

24 *Wessels/Hettinger*, BT1 Rn 801.

25 *Lackner/Kühl*, § 268 Rn 3.

26 S/S-*Cramer/Heine*, § 268 Rn 8.

27 *Lackner/Kühl*, § 268 Rn 4; *Samson*, JuS 1970, 369, 371.

28 Vgl zum im Magnetstreifen gespeicherten Tageslimit: *Gössmann*, Schimansky-FS, S 145 ff.

Recht kommt hier E zu. Damit gehörte die ec-Karte dem E, nicht aber dem A iSd § 274 I Nr 1.

Indem A die ec-Karte des E weggenommen hat, hat er den Berechtigten zumindest vorübergehend an der Benutzung des Tatobjekts als Beweismittel gehindert und damit die Karte unterdrückt[29].

b) Subjektiver Tatbestand

A handelte vorsätzlich.

Er müsste zugleich in der Absicht gehandelt haben, einem anderen einen Nachteil zuzufügen. Nach hM genügt hinsichtlich der Nachteilszufügung im Rahmen des § 274 I dolus directus zweiten Grades[30]. Der Täter muss als sicher voraussehen, dass die Benutzung gerade des gedanklichen Inhalts der Urkunde bzw des Darstellungsinhalts der Aufzeichnung in einer aktuellen Beweissituation vereitelt wird[31]. A handelte in der Absicht, E finanzielle Werte zu entziehen. Dieser Nachteil sollte aber nicht aus der Vereitelung der Beweisfunktion entstehen, sondern erst aus einer weiteren missbräuchlichen Nutzung der Karte. A könnte als sichere Folge seines Tuns auch angesehen haben, dass sich E am Geldautomaten nicht als Kontoinhaber ausweisen kann. Der Umstand, dass A dem E die Karte schnellstmöglich wieder zustecken wollte, zeigt jedoch, dass A damit rechnete, E würde den Verlust der Karte bis zur Rückgabe nicht bemerken. Direkter Vorsatz des A hinsichtlich der Vereitelung der Beweisfunktion iSd § 274 I ist nicht gegeben[32] (*aA vertretbar*).

c) Ergebnis

A hat sich nicht gem § 274 I Nr 1 strafbar gemacht.

4. § 274 I Nr 2

363 A könnte sich wegen Unterdrückung beweiserheblicher Daten strafbar gemacht haben.

a) Objektiver Tatbestand

Der Begriff „beweiserhebliche Daten" umfasst entsprechend der Legaldefinition in § 202 a II ausschließlich elektronisch, magnetisch oder sonst nicht unmittelbar wahrnehmbar gespeicherte oder übermittelte Daten[33]. Die im Magnetstreifen der Karte gespeicherten Daten sind beweiserhebliche Daten iSd § 202 a II, nicht dagegen die auf der ec-Karte vermerkte PIN, denn diese ist unmittelbar wahrnehmbar.

b) Subjektiver Tatbestand

A hat vorsätzlich, aber nicht in der von § 274 I vorausgesetzten Absicht gehandelt (*s o Rn 362*).

---

29 *Wessels/Hettinger*, BT1 Rn 893.
30 *Wessels/Hettinger*, BT1 Rn 896.
31 *Fischer*, § 274 Rn 6; *S/S-Cramer/Heine*, § 274 Rn 15.
32 Vgl *Spahn*, Jura 1989, 513, 519.
33 *Wessels/Hettinger*, BT1 Rn 558.

c) Ergebnis

A hat sich nicht gem § 274 I Nr 2 strafbar gemacht.

5. § 303 a I Var 2

Mit der Wegnahme der ec-Karte hat A vorsätzlich, rechtswidrig und schuldhaft Daten iSv § 202 a II (*s o Rn 363*) unterdrückt, dh zeitweilig dem Zugriff des Berechtigten entzogen. **364**

A hat sich nach § 303 a I Var 2 strafbar gemacht. Ein nach § 303 c ggf erforderlicher Strafantrag ist gestellt.

6. § 202 a I

Mit der Wegnahme der Karte könnte A sich unbefugt Daten iSd § 202 a II (*s o Rn 363*) verschafft haben. **365**

a) Objektiver Tatbestand

Die im Magnetstreifen der Karte gespeicherten Daten dürften nicht für den Täter bestimmt gewesen sein, dh sie hätten nach dem Willen des Berechtigten nicht in den Herrschaftsbereich des Täters gelangen dürfen. Berechtigter iSd § 202 a I ist die speichernde Stelle sowie ein Dritter, wenn der Berechtigte dem Dritten die Daten zugänglich gemacht hat[34]. Mit der Aushändigung der ec-Karte und der vertraulichen Mitteilung der PIN sowie mit der Festlegung von Sorgfaltspflichten des Karteninhabers[35] hat die Bank als Berechtigte allein E die bewussten Daten zugänglich gemacht.

Die Daten müssten gegen unberechtigten Zugriff besonders gesichert gewesen sein. Eine Zugangssicherung iSd § 202 a I muss objektiv geeignet und subjektiv dazu bestimmt sein, den Zugriff auf die Daten auszuschließen oder wenigstens nicht unerheblich zu erschweren[36]. Nach dem Willen der Bank dient die PIN gerade dazu, Nichtberechtigten den Zugang zu den im Magnetstreifen gespeicherten Daten unmöglich zu machen. Bei Beachtung der gebotenen Sorgfaltspflichten dürfte damit auch ein wirksamer Schutz verwirklicht sein.

A müsste sich die fraglichen Daten verschafft haben. Verschafft iSd § 202 a I sind Daten nicht nur, wenn der Täter von ihnen optisch oder akustisch Kenntnis genommen hat, sondern auch, wenn der Täter den körperlichen Datenträger in seine Verfügungsgewalt gebracht hat[37].

Die Tathandlung muss aber unter Überwindung der Zugangssicherung erfolgen[38]. Zur Wegnahme der Karte hat A die Zugangssicherung der PIN nicht überwinden müssen.

Die PIN an sich ist bereits kein Datum iSd § 202 a II (*s o Rn 363*). Darüber hinaus hat A sich die PIN auch nicht verschafft iSd § 202 a I, denn sie war nicht gegen unbefugten Zugang besonders gesichert.

---

34 S/S-*Lenckner*, § 202 a Rn 6.
35 Vgl Dokumentation in WM 1996, 2356 f, Nr II.7.
36 *Lackner/Kühl*, § 202 a Rn 4.
37 S/S-*Lenckner*, § 202 a Rn 10.
38 *Hilgendorf*, JuS 1996, 702, 705.

b) Ergebnis

A hat sich nicht gem § 202 a I strafbar gemacht.

7. Ergebnis für A im Tatkomplex C

A ist strafbar gem § 303 a I Var 2.

D. Am Geldautomaten der D-Bank (Strafbarkeit des A)

1. § 242 I (bzgl der Geldscheine)

366 A könnte mit der Entnahme der vom Geldautomaten der D-Bank ausgegebenen 300 € einen Diebstahl nach § 242 I begangen haben.

a) Objektiver Tatbestand

Fraglich ist bereits, ob die 300 € für A fremd gewesen oder gem § 929 S 1 BGB von der Bank an ihn übereignet worden sind. Dies kann hier jedoch noch dahingestellt bleiben, wenn jedenfalls keine Wegnahme iSd § 242 I gegeben ist. Wegnahme bedeutet den Bruch fremden Allein- oder Mitgewahrsams und die Begründung neuen, nicht notwendig aber regelmäßig eigenen Gewahrsams[39]. Fremder Gewahrsam wird dadurch gebrochen, dass die Sachherrschaft des bisherigen Gewahrsamsinhabers gegen seinen Willen oder zumindest ohne sein Einverständnis aufgehoben wird[40].

Möglicherweise war hier die Bank mit der Wegnahme einverstanden.

367 **Problem Nr 78: Gewahrsamsbruch an aus Geldautomaten erlangtem Bargeld?**

(1) Zum einen wird die **Ansicht** (BayObLG NJW 1987, 663 f; BayObLG NJW 1987, 665) vertreten, die Bank wolle ein Einverständnis zur Änderung der Sachherrschaft an den vom Geldautomaten ausgegebenen Scheinen nur an den berechtigten Karteninhaber abgeben.

Argument: Dies ergibt sich zum einen daraus, dass ec-Karte und PIN ausschließlich und streng vertraulich an den Kontoinhaber ausgehändigt werden (BayObLG NJW 1987, 663, 664; BayObLG NJW 1987, 665), zum anderen daraus, dass den Geldinstituten im Falle des Missbrauchs der Codekarte ein finanzielles Restrisiko verbleibt und dass diese generell ein Interesse am Funktionieren des Geldautomatensystems haben (BayObLG NJW 1987, 663, 664).

(2) Die **herrschende Meinung** (BGHSt 35, 152, 158 ff; BGHSt 38, 120, 122; *Wessels/Hillenkamp*, BT2 Rn 168 mwN, 171) bejaht zu Recht ein tatbestandsausschließendes Einverständnis der Bank zum Gewahrsamswechsel, sofern der Geldautomat nur ordnungsgemäß in Betrieb genommen worden ist.

Argument: Die Ausgabe der ec-Karte und die Mitteilung der PIN nur an den Berechtigten kann auch so gedeutet werden, dass Missbräuche im Normalfall ausgeschlossen sind und dass das Geld damit an jeden übereignet werden soll, der das Gerät funktionsgerecht bedient (OLG Hamburg NJW 1987, 336; vgl *Kleb-Braun*, JA 1986, 249, 269).

---

39 *Wessels/Hillenkamp*, BT2 Rn 71.
40 *Wessels/Hillenkamp*, BT2 Rn 103.

Der eigentliche Unrechtsgehalt des funktionsgemäßen Missbrauchs von Geldautomaten liegt mehr in der unbefugten Inanspruchnahme einer Computerleistung, die durch § 263 a erfasst werden soll, als in einem Besitzerwerb durch Gewahrsamsbruch (BGHSt 35, 152, 160; BGHSt 38, 120, 122).

Zur Vertiefung: Wessels/Hillenkamp, BT2 Rn 168 ff.

Da der Geldautomat ordnungsgemäß in Betrieb genommen worden ist und die Bank dies als alleinige Voraussetzung für die Gewahrsamsübertragung sieht – die computermäßigen Manipulationen sollen durch § 263 a erfasst werden – ist von einem tatbestandsausschließenden Einverständnis der Bank zum Gewahrsamswechsel auszugehen. Das Einverständnis beschränkt sich damit nicht auf den berechtigten Karteninhaber, sondern richtet sich generell an denjenigen, der wie A den Geldautomaten funktionsgerecht bedient. Eine Wegnahme iSd § 242 I ist nicht erfolgt. **368**

b) Ergebnis

A hat sich nicht gem § 242 I strafbar gemacht.

2. § 246 I (bzgl der Geldscheine)

A könnte sich durch die Entnahme der Geldscheine aus dem Automaten der D-Bank wegen Unterschlagung nach § 246 I strafbar gemacht haben. **369**

a) Objektiver Tatbestand

Dann müsste sich A eine fremde bewegliche Sache zugeeignet haben.

Fraglich ist, ob die vom Geldautomaten ausgegebenen Banknoten für A fremd gewesen oder nach § 929 S 1 BGB von der Bank an ihn übereignet worden sind. Voraussetzungen einer Übereignung nach § 929 S 1 BGB sind Einigung und Übergabe[41].

Problematisch ist allein, ob die Bank konkludent erklären wollte, dass das Eigentum an vom Automaten ausgegebenen Geldscheinen auch auf den unberechtigten Karteninhaber übergehen soll. Ein Übereignungsangebot der Bank könnte bereits im Aufstellen des Geldautomaten[42] sowie in der Ausgabe der ec-Karte und Mitteilung der Geheimnummer oder auch erst im Bereitstellen des Geldes im Automatenfach zu sehen sein[43]. Die Annahme des A würde sodann konkludent in der Entgegennahme des Geldes liegen, wobei die Bank auf deren Zugang nach § 151 S 1 BGB verzichtet hätte[44].

Problem Nr 79: Übereignung des vom Geldautomaten ausgegebenen Geldes durch die Bank an den unbefugten Kartenbenutzer nach § 929 S 1 BGB? **370**

(1) Der **BGH** (BGHSt 35, 152, 161 ff) hat einen Willen der Bank zur Übereignung an den unberechtigten Karteninhaber verneint.

41 Anders für den Übereignungsakt am Geldautomaten: *Ranft*, NJW 1994, 2574, 2575 für eine Gestattung zur Besitzverschaffung gem § 854 II BGB.

42 *Canaris*, Bankvertragsrecht, Rn 527e.

43 BayObLG NJW 1987, 665.

44 Vgl *Canaris*, Bankvertragsrecht, Rn 527e.

Argument: Der Wille der Bank geht dahin, die Benutzung des Geldautomaten nicht jedermann, sondern nur dem Kontoinhaber zu erlauben, dem ec-Karte und Geheimzahl persönlich zugeteilt worden sind (BGHSt 35, 152, 162 f; *Eisele/Fad*, Jura 2002, 305, 306).

(2) Nach der vorzugswürdigen Gegenansicht, die inzwischen wohl auch schon der **herrschenden Ansicht** entsprechen dürfte, ist bei vorschriftsmäßiger Bedienung des Geldautomaten eine Einigungserklärung der Bank anzunehmen, die sich an jeden richtet, der (ausgewiesen durch die Codekarte und die Kenntnis der Geheimzahl) die Leistung des Geldautomaten in Anspruch nimmt (*Wessels/Hillenkamp*, BT2 Rn 171).

Argument: Durch Ausgabe der ec-Karte und Mitteilung der PIN nur an den Berechtigten ist ein Missbrauch im Normalfall praktisch ausgeschlossen, sodass angenommen werden kann, dass die Bank eine Übereignung an den erstrebt, der das Gerät durch Erbringen des doppelten Berechtigungsnachweises funktionsgerecht bedient (*Lenckner/Winkelbauer*, wistra 1984, 83, 85 f).

Ferner ist die Übergabe ein Realakt und als solcher bedingungsfeindlich (*Kleb-Braun*, JA 1986, 249, 260; *Neumann*, JuS 1990, 535, 538; *Ranft*, wistra 1987, 79, 82).

Besonders bedeutsam dürfte schließlich sein, dass es widersprüchlich erscheint, die Frage der Eigentumsübertragung anders zu beurteilen als die der einverständlichen Gewahrsamsübertragung (*s o Rn 367; Wessels/Hillenkamp*, BT2 Rn 171).

Zur Vertiefung: Wessels/Hillenkamp, BT2 Rn 168 ff.

371 Gegen einen Übereignungswillen der Bank könnte jedoch sprechen, dass die Benutzung des Geldautomaten nur dem berechtigten Kontoinhaber erlaubt sein soll. Durch das Erfordernis des PIN-Codes sind Missbräuche aber so gut wie ausgeschlossen, so dass die Bank das Bargeld offenbar an jeden übereignen will, der die korrekte Geheimnummer eingibt. Insofern enthält die Übereignungserklärung also einen ähnlichen Aussagegehalt wie das Einverständnis in die Gewahrsamsübertragung (*s o Rn 367 f*). Folglich hat A Eigentum an den vom Automaten im Ausgabefach bereitgestellten 300 € erlangt. Eine Unterschlagung nach § 246 I ist somit mangels Fremdheit des Tatobjekts für A ausgeschlossen.

b) Ergebnis

A hat sich nicht gem § 246 I strafbar gemacht.

3. § 246 I (bzgl der ec-Karte)

Die von vornherein geplante Rückgabe der ec-Karte führt auch hinsichtlich ihrer Benutzung am Geldautomaten dazu, dass keine Zueignung gegeben ist (*vgl o Rn 361*).

4. § 263 I (A gegenüber der Bank, zulasten der Bank, zugunsten des A)

372 A könnte den Geldautomaten über seine Zugangsberechtigung iSd § 263 I getäuscht haben. Eine Täuschung ist ein Verhalten, das einen bestimmten Erklärungswert hat und der Irreführung anderer dient[45]. Eine Maschine kann jedoch nicht irren und folglich auch nicht getäuscht werden[46]. A hat sich nicht gem § 263 I strafbar gemacht.

45 *Wessels/Hillenkamp*, BT2 Rn 493.
46 *Wessels/Hillenkamp*, BT2 Rn 598.

5. § 263 a I Var 3 (zulasten der Bank, zugunsten des A)

Indem A den Geldautomaten der D-Bank zu einer Auszahlung iHv 300 € aus dem Kontoguthaben des E veranlasst hat, könnte er einen Computerbetrug gem § 263 a I Var 3 zulasten der Bank begangen haben.

a) Objektiver Tatbestand

Daten iS dieses Straftatbestandes sind die dem Kontoinhaber zugeteilte Geheimnummer (PIN) und die im Magnetstreifen gespeicherten Informationen[47].

Diese hat A verwendet, indem er sie in den Verarbeitungsvorgang des Geldautomaten eingeführt hat[48].

Fraglich ist jedoch, ob die Verwendung der Daten durch A auch unbefugt iSd § 263 a I Var 3 gewesen ist.

Problem Nr 80: „Unbefugte" Verwendung von Daten iSd § 263 a I Var 3 373

(1) Nach der **subjektivierenden Auslegung** handelt unbefugt, wer Daten entgegen dem ausdrücklichen oder mutmaßlichen Willen des Verfügungsberechtigten verwendet (*Eisele/Fad,* Jura 2002, 305, 306; *Hilgendorf,* JuS 1997, 130, 134; zu § 263a I Alt 4 OLG Braunschweig NJW 2008, 1464 m abl Anm *Niehaus/Augustin,* JR 2008, 436) bzw wessen Verwendung dem Willen des Betreibers oder dem „vertraglich vereinbarten Dürfen" widerspricht (BGHSt 40, 331, 334).

Argument: In § 17 UWG wird das Tatbestandsmerkmal „unbefugt" nach allgemeiner Ansicht iSv „gegen den ausdrücklichen oder mutmaßlichen Willen des Geheimnisinhabers" interpretiert. Weil der veränderte § 17 UWG ebenso wie § 263 a durch das WiKG eingeführt wurde, ist anzunehmen, dass nach dem Willen des Gesetzgebers der in beiden Bestimmungen auftauchende Ausdruck „unbefugt" dieselbe Bedeutung haben soll. Diese Ansicht wird durch die Nähe der Schutzgüter unterstützt. Beide Vorschriften schützen das Vermögen (*Hilgendorf,* JuS 1997, 130, 132; BayObLG NJW 1991, 438, 440).

(2) Die **computerspezifische Auslegung** verlangt zur Bejahung des Tatbestandsmerkmals „unbefugt", dass sich der der Datenverwendung entgegenstehende Wille des Betreibers im Computerprogramm niedergeschlagen hat (*Achenbach,* JR 1994, 289, 295; *Eisele/Fad,* Jura 2002, 305, 306) und sodann durch eine ordnungswidrige Einwirkung auf den Ablauf des Computerprogramms überwunden wird (OLG Dresden StV 2005, 443; *Neumann*, JuS 1990, 535, 537).

Argument: Da es § 263 a speziell um die Erfassung von Computermanipulationen geht, müssen auch die Gestaltung des Computerprogramms und die Art der Einwirkung auf das Programm entscheidend sein.

(3) Nach der **herrschenden** und zutreffenden **betrugsspezifischen Auslegung** muss eine Datenverwendung, um unbefugt zu sein, Täuschungswert iSd § 263 I aufweisen (*Eisele/Fad,* Jura 2002, 305, 306 mwN in Fn 18; *Tiedemann/Waßmer,* Jura 2000, 533, 536 mwN in Fn 30; *Wessels/Hillenkamp,* BT2 Rn 609 mwN). Täuschungsäquivalenz ist gegeben, wenn die Verwendung der Daten gegenüber einer Person Täuschungscharakter hätte.

---

47 *Wessels/Hillenkamp*, BT2 Rn 602.
48 Vgl *Hilgendorf*, JuS 1997, 130, 131; LK-*Tiedemann*, § 263 a Rn 36.

Argument: Gegen die subjektivierende Auslegung – oben (1) – spricht entscheidend, dass sie zu einer nahezu uferlosen Weite des Tatbestandes des § 263 a I Var 3 führt: Durch vertragliche Ausgestaltung der AGB könnten die Banken jede nicht genehme Auszahlung als Vertragsbruch und damit als tatbestandsmäßig iSd § 263 a I Var 3 qualifizieren. Der Computerbetrug würde in eine reines Vertragsunrecht einbeziehende allgemeine Computeruntreue verwandelt (S/S-*Cramer/Perron*, § 263 a Rn 8 ff; *Wessels/Hillenkamp*, BT2 Rn 609).

Gegen die computerspezifische Auslegung – oben (2) – spricht, dass die Vorschrift des § 263 a I Var 3 bei einem solchen Verständnis auf den Computermissbrauch nicht anwendbar ist, obwohl sie gerade für diesen Fall geschaffen wurde.

Die Vorschrift des § 263 a wurde in das StGB eingefügt, um Lücken im Vermögensschutz zu schließen. Es galt, neue Manipulationsformen zu bekämpfen, deren Besonderheit im Vergleich zum Betrug (§ 263) darin besteht, dass nicht ein Mensch getäuscht und zu einer irrtumsbedingten Vermögensverfügung veranlasst, sondern der Schaden durch die Manipulation eines Datenverarbeitungssystems herbeigeführt wird. Dementsprechend übernimmt § 263 a die Struktur des Betrugstatbestandes, ersetzt aber die Täuschungshandlung durch verschiedene Möglichkeiten der Computermanipulation. Will man die Struktur- und Wertgleichheit mit dem Betrug sowie die Auffangfunktion des § 263 a wahren, muss man eine der Täuschungshandlung iSd § 263 vergleichbare Tathandlung fordern (BGHSt 47, 160, 162; *Eisele/Fad*, Jura 2002, 305, 306 f; *Kudlich*, JuS 2001, 20, 21; *Wessels/Hillenkamp*, BT2 Rn 598 ff).

Zur Vertiefung: Valerius, JA 2007, 778, 779 f; Wessels/Hillenkamp, BT2 Rn 609 ff.

374 Nach der subjektivierenden Auslegung müsste A gegen den mutmaßlichen Willen des Verfügungsberechtigten E bzw des Automatenbetreibers, der Bank, gehandelt haben. A hat gegen den mutmaßlichen Willen des E und auch der Bank verstoßen, indem er sich ungefragt Zugang zum Konto des E verschafft hat.

Nach der computerspezifischen Auslegung wäre das Tatbestandsmerkmal „unbefugt" iSd § 263 a I Var 3 zu verneinen: Zwar hat A eine nicht für ihn bestimmte Zugangsberechtigung verwendet, indem er sie in den Datenverarbeitungsvorgang eingeführt hat, doch hat er den Geldautomaten selbst funktionsgemäß bedient.

Nach der hM, die eine betrugsspezifische Auslegung befürwortet, müsste schließlich das Verhalten des A täuschungsäquivalent sein. Wer von einem Menschen aufgrund eines ihm nicht zustehenden Berechtigungsausweises die Auszahlung von Geld beansprucht, erklärt zumindest schlüssig, dass er Inhaber der Berechtigung sei[49]. Entsprechend hat A durch die Eingabe der PIN und Verwendung der ec-Karte schlüssig seine Verwendungsberechtigung vorgespiegelt, welche vom Computerprogramm des Geldautomaten sodann auch geprüft und akzeptiert worden ist. Die betrugsspezifische Auslegung ist vorzugswürdig, weil § 263 a gerade dem Umstand Rechnung tragen soll, dass ein Automat nicht irren kann, während im Übrigen alle Betrugsbestandteile gegeben sein sollen. A hat also unbefugt Daten iSd § 263 a I Var 3 verwendet.

Mit der unbefugten Verwendung von Daten müsste A das Ergebnis eines Datenverarbeitungsvorgangs beeinflusst haben. Durch die Eingabe der Daten hat A den Automatismus des Geldautomaten in Gang gesetzt und die Auszahlung von 300 € verursacht.

49 *Wessels/Hillenkamp*, BT2 Rn 509.

Folglich ist ein unmittelbar vermögensmindernd wirkender[50] Datenverarbeitungsvorgang gegeben. Zweifelhaft erscheint, ob hier eine „Beeinflussung" des Datenverarbeitungsvorganges vorliegt. Beeinflusst wird das Ergebnis eines Datenverarbeitungsvorgangs, wenn eine der im Gesetz genannten Tathandlungen in den Verarbeitungsvorgang des Computers Eingang findet, seinen Ablauf irgendwie mitbestimmt und eine Vermögensdisposition auslöst[51]. Umstritten ist, ob die Beeinflussung iSd § 263 a I einen bereits in Gang befindlichen Datenverarbeitungsvorgang voraussetzt oder ob auch ein Ingangsetzen des Vorgangs genügt.

Problem Nr 81: Umfasst die Beeinflussung eines Datenverarbeitungsvorganges iSd § 263 a I auch das Ingangsetzen eines solchen Vorganges? 375

(1) Nach **einer Ansicht** (*Kleb-Braun*, JA 1986, 249, 259; *Ranft*, wistra 1987, 79, 83) genügt das bloße Ingangsetzen eines Datenverarbeitungsvorgangs dem Gesetzeswortlaut des § 263 a I nicht.

Argument: Der Begriff der Beeinflussung des Datenverarbeitungsvorgangs impliziert einen bereits laufenden Vorgang. Zudem sind die ersten drei Alternativen des Tatbestandes Unterfälle der vierten Alternative. Die vierte Alternative setzt nach ihrem Wortlaut („oder sonst durch unbefugte Einwirkung auf den Ablauf") ausdrücklich einen bereits in Gang befindlichen Datenverarbeitungsvorgang voraus. Auf diesen muss in der Weise eingewirkt werden, dass das Ergebnis in seiner Ist-Beschaffenheit von der Soll-Beschaffenheit abweicht.

(2) Die zutreffende **herrschende Meinung** (BGHSt 38, 120, 121; BayObLG NJW 1991, 438, 440; *Eisele/Fad*, Jura 2002, 305, 306 mwN; *Wessels/Hillenkamp*, BT2 Rn 602) sieht den Tatbestand des § 263 a I auch dann als erfüllt an, wenn ein Datenverarbeitungsvorgang in Gang gesetzt wird.

Argument: Die Auslösung eines Datenverarbeitungsvorgangs ist die wohl denkbar stärkste Art der Beeinflussung (*Spahn*, Jura 1989, 513, 519). Auf das Ergebnis eines Datenverarbeitungsvorgangs wird nicht nur dann Einfluss genommen, wenn es sich aufgrund einer Beeinflussung als inhaltlich falsch erweist, sondern auch dann, wenn der Kausalverlauf unter Verwendung bestimmter Mittel in Gang gesetzt wird, die von Dritten geschaffen und bereitgestellt wurden, um ein anderes Ergebnis, nämlich die Auszahlung an den Berechtigten, zu erzielen (BGHSt 38, 120, 121). Dem steht auch nicht der Wortlaut der vierten Alternative des § 263 a I („oder sonst") entgegen, welcher nur die Eigenschaft als Auffangtatbestand kenntlich machen soll (BayObLG NJW 1991, 438, 440). Gegen eine Beschränkung des § 263 a I auf die Fälle der Manipulation eines Datenverarbeitungsvorgangs spricht gerade, dass anderenfalls § 263 a I Var 3 nicht auf den Geldautomatenmissbrauch angewendet werden könnte, obwohl § 263a I Var 3 gerade zur Erfassung desselben geschaffen worden ist (zum Gesetzeszweck des § 263 a I Var 3 S/S-*Cramer/Perron*, § 263 a Rn 18).

Zur Vertiefung: Wessels/Hillenkamp, BT2 Rn 609.

Da das Ingangsetzen des Datenverarbeitungsvorgangs die intensivste Form der Beeinflussung darstellt, genügt sie für die Bejahung des § 263 a I. A hat also mit der unbefugten Verwendung von Daten das Ergebnis eines Datenverarbeitungsvorgangs beeinflusst. 376

50 *Wessels/Hillenkamp*, BT2 Rn 603.
51 *Wessels/Hillenkamp*, BT2 Rn 602.

Durch die Beeinflussung des Datenverarbeitungsvorgangs ist jedoch keine nachteilige Vermögensdifferenz der Bank eingetreten. Der Bearbeitervermerk stellt insofern klar, dass die Bank zur Vornahme von Belastungsbuchungen berechtigt ist und den abgehobenen Betrag E auch nicht zu erstatten hat.

[Hinweis: Dass die Bank dem berechtigten Karteninhaber den von seinem Konto abgehobenen Betrag nicht zu erstatten hat, ergibt sich aus III.1.4. der ec-Bedingungen (Dokumentation in WM 1996, 2353). Danach haftet der Karteninhaber für die grob fahrlässige Verletzung seiner Pflichten. Grobe Fahrlässigkeit liegt insbesondere vor, wenn die persönliche Geheimzahl auf der Karte vermerkt war.]

b) Ergebnis

A hat sich nicht wegen Computerbetrugs gem § 263 a I Var 3 zulasten der Bank strafbar gemacht.

6. § 263 a I Var 3 (zulasten des E, zugunsten des A)

377 A könnte sich aber wegen Computerbetrugs zulasten des E gem § 263 a I Var 3 strafbar gemacht haben.

a) Objektiver Tatbestand

Diese Konstellation entspricht der des Dreiecksbetrugs im Rahmen des § 263[52]. Die vom Geldautomaten getätigte Auszahlung der 300 € müsste, um die Strukturgleichheit zum Betrugstatbestand (*s o Rn 373*) zu wahren, E zugerechnet werden können. Entscheidend ist – wie beim Dreiecksbetrug – das Näheverhältnis zwischen dem Verfügenden und dem Geschädigten[53]. Die Bank war aus dem ec-Kartenvertrag (§ 675 I BGB) mit E verpflichtet, jederzeit auf dessen Weisung iSd § 665 BGB hin Geldbeträge auszuzahlen. Indem A sich der ec-Karte und PIN des E bediente, gab er sich als der Weisungsberechtigte aus. Damit ist E die Einwirkung auf sein Vermögen nach allen Ansichten über die Anforderungen, die an ein Näheverhältnis beim Dreiecksbetrug zu stellen sind, zuzurechnen.

b) Subjektiver Tatbestand

A hat vorsätzlich und in der Absicht gehandelt, sich einen rechtswidrigen Vermögensvorteil zu verschaffen, der unmittelbar zulasten des Vermögens des E ging: A hat die Auszahlung von 300 € erstrebt und damit eine Aufwendung der Bank iSd § 670 BGB, welche die Bank jedoch sogleich berechtigterweise durch die Vornahme von Belastungsbuchungen auf dem Konto des E kompensierte (*vgl Bearbeitervermerk*). Die Stoffgleichheit zwischen erstrebtem Vorteil und Schaden, die auch § 263 a I StGB voraussetzt, war daher gegeben.

c) Rechtswidrigkeit und Schuld

A handelte rechtswidrig und schuldhaft.

---

52 Vgl *Wessels/Hillenkamp*, BT2 Rn 636 ff.

53 Siehe oben Fall 6, Problem Nr 56, Rn 246.

d) Strafantragserfordernis, §§ 263 a II, 263 IV, 248 a

Ein Strafantrag ist mangels Geringwertigkeit des Tatobjekts (mehr als 50 €[54]) nicht notwendig.

e) Ergebnis

A hat sich wegen Computerbetrugs gem § 263 a I Var 3 zulasten des E strafbar gemacht.

7. § 266 b I

§ 266 b I setzt voraus, dass der Täter selbst berechtigter Karteninhaber ist[55]. A ist kein **378**
tauglicher Täter eines Scheckkartenmissbrauchs nach § 266 b I.

8. § 265 a I Alt 1

A könnte sich wegen Erschleichens von Leistungen eines Automaten gem § 265 a I Alt 1 strafbar gemacht haben.

a) Objektiver Tatbestand

Ein Geldautomat ist ein Warenautomat[56]. Fraglich ist, ob § 265 a I Alt 1 nur sogenannte Leistungsautomaten, dh solche Automaten, die nur sonstige, nicht in der Hergabe von Sachen bestehende Leistungen erbringen, umfasst[57] oder ob nicht vielmehr auch Warenautomaten, dh technische Geräte, die dadurch, dass mit der Entrichtung des Entgelts ein Mechanismus oder ein elektronisches Steuerungssystem in Funktion gesetzt wird, selbsttätig bestimmte Gegenstände abgeben, dem § 265 a I Alt 1 unterfallen[58]. Eine Entscheidung des Streits kann hier jedoch dahingestellt bleiben. Die Tathandlung des Erschleichens erfordert nämlich, dass der Mechanismus bzw das technische System in ordnungswidriger Weise betätigt wird[59]. A hat den Geldautomaten zwar unberechtigt, aber nicht funktionswidrig in Gang gesetzt.

b) Ergebnis

A hat sich nicht gem § 265 a I Alt 1 strafbar gemacht.

9. § 269 I

Allerdings könnte A durch das Abheben des Geldes § 269 I verwirklicht haben.

---

54 Siehe oben Fall 3, Rn 116.
55 *Wessels/Hillenkamp*, BT2 Rn 792 ff.
56 *Eisele/Fad*, Jura 2002, 305, 307.
57 So die noch hM: *Arzt/Weber*, BT § 21 Rn 12; *Krey/Hellmann*, BT2 Rn 517; *Lackner/Kühl*, § 265 a Rn 2; S/S-*Lenckner/Perron*, § 265 a Rn 4.
58 So *Mitsch*, JuS 1998, 313; s auch *Fischer*, § 265 a Rn 11; *Wessels/Hillenkamp*, BT2 Rn 674.
59 *Wessels/Hillenkamp*, BT2 Rn 670.

a) Objektiver Tatbestand

aa) Eingabe der PIN

379 Die PIN stellt durch ihre Zurechnungsfunktion ein beweiserhebliches Datum iSd § 269 I dar. Fraglich ist jedoch, ob durch diesen Vorgang Daten gespeichert werden. Sieht man in der bloßen Eingabe von Daten in eine EDV-Anlage ein Speichern[60], ist dieses Tatbestandsmerkmal erfüllt. Dabei wird aber nicht berücksichtigt, dass § 269 dem Tatbestand der Urkundenfälschung sehr ähnlich ist und auch vom Wortlaut ausdrücklich gefordert wird, dass bei „Wahrnehmung eine unechte oder verfälschte Urkunde" vorliegen muss. Für ein Speichern ist die bloße Dateneingabe daher nicht ausreichend, vielmehr muss auch dem Gedanken der Perpetuierung Rechnung getragen werden. Die Daten müssen demzufolge dauerhaft verkörpert sein, also auf einem Medium gespeichert werden. Aus Sicherheitsgründen ist dies aber bei der PIN nicht der Fall: Sowohl bei der erstmaligen Zuweisung als auch bei der späteren Eingabe in den Geldautomaten erfolgt keine Speicherung auf einem Medium.

bb) Verändern der Daten auf dem Magnetstreifen

Die im Magnetstreifen der ec-Karte gespeicherte Höhe sowie das Datum der letzten Auszahlung sind beweiserhebliche Daten iSd § 269, welche die bestehende Guthabenforderung des E gegen die Bank an einem bestimmten Tag belegen.

Als A den Geldautomaten zu einer Auszahlung iHv 300 € veranlasst hat, hat der Automat das Datum der letzten Abhebung in der Kodierung des Magnetstreifens der Karte verändert.

Ergebnis der Tathandlung müsste ein Datenbestand sein, der (würde er sichtbar gemacht) als unechte Urkunde („Quasiurkunde") zu qualifizieren wäre. Hier scheitert der Tatbestand auf jeden Fall daran, dass eine solche Quasiurkunde nicht unecht iSd § 269 ist. Die Bank ist nämlich nicht nur vermeintlicher, sondern auch tatsächlicher Aussteller der Daten.

b) Ergebnis

Mangels Speicherung bzw mangels unechter Urkunde hat A weder durch die Eingabe der PIN noch durch das Ändern der Daten auf dem Magnetstreifen § 269 I verwirklicht.

10. § 267 I

380 Die im Magnetstreifen gespeicherten Angaben zur letzten Abhebung, auf die A eingewirkt hat, sind keine Urkunden iSd § 267 (*s o Rn 362*).

A hat sich nicht wegen Urkundenfälschung nach § 267 I strafbar gemacht.

11. § 268 I Nr 1, III

A könnte sich wegen Herstellung einer unechten technischen Aufzeichnung gem § 268 I Nr 1, III strafbar gemacht haben.

60 *Eisele/Fad*, Jura 2002, 305, 307; S/S-*Cramer/Heine*, § 269 Rn 16.

Unecht ist eine technische Aufzeichnung, wenn sie nicht das Ergebnis eines in seiner Selbsttätigkeit von Störungshandlungen unbeeinflussten Aufzeichnungsvorgangs ist, obwohl sie diesen Anschein erweckt[61]. A hat den Geldautomaten aber ordnungsgemäß bedient und dessen Selbsttätigkeit in der Aufzeichnung nicht gestört.

A hat sich nicht gem § 268 I Nr 1, III strafbar gemacht.

12. § 274 I Nr 1

A könnte eine technische Aufzeichnung (*s o Rn 362*) beschädigt und damit den Tatbestand des § 274 I Nr 1 erfüllt haben. **381**

a) Objektiver Tatbestand

Die Beschädigung einer technischen Aufzeichnung setzt voraus, dass die Aufzeichnung in ihrem Wert als Beweismittel beeinträchtigt wird[62]. Durch das Ingangsetzen des Datenverarbeitungsvorgangs hat A eine Überschreibung der Daten zum Tageslimit verursacht. Wird einer Aufzeichnung ein neuer Beweisinhalt gegeben, ist sie in ihrem Beweisinhalt beeinträchtigt und beschädigt.

b) Subjektiver Tatbestand

A hat vorsätzlich gehandelt. Weiterhin müsste er nach hM als sicher vorausgesehen haben, dass infolge seines Tuns die Beweisfunktion des Inhalts der Aufzeichnung vereitelt wird (*s o Rn 362*). Nach den Ausführungen im Tatkomplex C spricht der Sachverhalt aber eher für die Annahme, dass A davon ausging, E würde das Fehlen der ec-Karte bis zur Rückgabe nicht bemerken und somit auch nicht auf die fraglichen Daten zurückgreifen wollen, um den Bestand des Tageslimits zu beweisen. A hat somit hinsichtlich der Daten zum Tageslimit nicht mit dolus directus gehandelt.

c) Ergebnis

A hat sich nicht gem § 274 I Nr 1 strafbar gemacht.

13. § 274 I Nr 2

Durch Bedienung des Geldautomaten könnte A die bisherigen Daten zum Tageslimit gelöscht und folglich auch unterdrückt, unbrauchbar gemacht und verändert haben. Eine Strafbarkeit nach § 274 I Nr 2 kommt aber mangels der von § 274 I vorausgesetzten Absicht nicht in Betracht (*s o Rn 381*). **382**

14. § 303 a I Var 4

Indem A eine Veränderung der Daten zum Tageslimit durch den Geldautomaten verursacht hat (*s o Rn 379*), hat er den objektiven Tatbestand des § 303 a I Var 4 vorsätzlich, rechtswidrig und schuldhaft verwirklicht. Ein gem § 303 c gegebenenfalls erforderlicher Strafantrag ist gestellt.

61 *Wessels/Hettinger*, BT1 Rn 871.
62 *Wessels/Hettinger*, BT1 Rn 892.

15. § 281 I 1, II

Die ec-Karte ist zum einen nicht von einer hoheitlichen Stelle ausgestellt worden und dient zum anderen nicht dem Nachweis über die Identität einer Person, sondern allenfalls dem Nachweis einer Forderungsberechtigung. Damit ist sie weder ein Ausweispapier iSd § 281 I noch eine andere Urkunde iSd § 281 II[63]. A hat sich nicht wegen Missbrauchs von Ausweispapieren nach § 281 I 1, II strafbar gemacht.

16. Konkurrenzen

383 Die Verwirklichung des Delikts des § 303 a I Var 4 wird von der des § 263 a I Var 3 als zwangsläufige Folge eines Computerbetrugs, welche den Schuld- und Unrechtsgehalt der Tat nicht wesentlich vertieft, konsumiert.

17. Ergebnis für A im Tatkomplex D

A ist strafbar gem § 263 a I Var 3.

E. Am Geldautomaten der Z-Bank (Strafbarkeit des A)

1. § 242 I

384 A könnte mit der Entnahme der vom Geldautomaten der Z-Bank ausgegebenen 400 € einen Diebstahl nach § 242 I begangen haben.

Zu beachten ist aber, dass der Geldautomat ordnungsgemäß in Betrieb genommen worden ist und die Bank dies als alleinige Voraussetzung für die Gewahrsamsübertragung sieht – die computermäßigen Manipulationen sollen durch § 263 a erfasst werden. Die Bank ist daher mit dem Gewahrsamswechsel einverstanden[64]. Eine Wegnahme iSd § 242 I ist damit – unabhängig von der Frage, ob die Geldscheine fremd waren – nicht erfolgt.

K hat sich nicht gem § 242 I strafbar gemacht.

2. § 246 I

A könnte sich durch die Entnahme der Geldscheine wegen Unterschlagung (§ 246 I) strafbar gemacht haben.

Dann müsste sich A eine fremde bewegliche Sache zugeeignet haben. Wie bereits dargelegt[65], ist jedoch im Aufstellen der Geldautomaten ein Übereignungsangebot zu erblicken, das durch die Entgegennahme der Geldscheine konkludent unter Verzicht auf den Zugang der Erklärung (§ 151 S 1 BGB) durch A angenommen wurde. Eine Unterschlagung nach § 246 I ist somit mangels Fremdheit des Tatobjekts für A ausgeschlossen.

---

63 Vgl auch *Fischer*, § 281 Rn 2.
64 Vgl o Problem Nr 78 Rn 367.
65 Vgl o Problem Nr 79 Rn 370.

3. § 263 I (A gegenüber der Z-Bank, zulasten der Y-Bank, zugunsten des A)

A könnte den Geldautomaten über ihre Zugangsberechtigung iSd § 263 I getäuscht haben. Wie bereits hervorgehoben (*s o Rn 372,*) scheidet ein Irrtum seitens der Maschine und damit § 263 I aus.

4. § 263 a I Var 3 (A gegenüber der Z-Bank, zulasten der Y-Bank, zugunsten des A)

Indem A den Geldautomaten der Z-Bank zu einer Auszahlung iHv 400 € veranlasst hat, könnte er einen Computerbetrug gem § 263 a I Var 3 zulasten der Y-Bank begangen haben. **385**

a) Objektiver Tatbestand

Daten (dh kodierte Informationen[66]) iS dieses Straftatbestandes sind die dem Kontoinhaber zugeteilte Geheimnummer (PIN) und die im Magnetstreifen gespeicherten Informationen[67].

Diese hat A verwendet, indem sie sie in den Verarbeitungsvorgang des Geldautomaten eingeführt hat[68].

Fraglich ist jedoch, ob die Verwendung der Daten durch A auch unbefugt iSd § 263 a I Var 3 gewesen ist[69].

Nach der subjektivierenden Auslegung hat A die Daten „unbefugt" iSd § 263 a I Var 3 verwendet, da er durch die vertragswidrige Abhebung des Geldes gegen den Willen der Z-Bank verstoßen hat.

Folgt man der computerspezifischen Auslegung, ist das Tatbestandsmerkmal „unbefugt" iSd § 263 a I Var 3 zu verneinen: A hat den Geldautomaten selbst funktionsgemäß bedient.

Nach der hM schließlich, die eine betrugsspezifische Auslegung befürwortet, muss das Verhalten des A täuschungsäquivalent sein. Diese betrugsspezifische Auslegung ist vorzugswürdig, weil § 263 a gerade dem Umstand Rechnung tragen soll, dass ein Automat nicht irren kann, während im Übrigen alle Betrugsbestandteile gegeben sein sollen. Umstritten ist allerdings innerhalb dieser Ansicht, ob auch im Falle des berechtigten Karteninhabers, der lediglich die ihm im Innenverhältnis eingeräumte Befugnis zur Abhebung überschreitet, eine Strafbarkeit nach § 263 a gegeben ist. Diese Entscheidung hängt davon ab, wie derjenige fiktive Bankangestellte beschaffen sein muss, auf den im Rahmen der Frage abgestellt wird, ob das Verhalten des Karteninhabers Täuschungsäquivalenz hat.

---

66 *Wessels/Hillenkamp*, BT2 Rn 602.
67 *Wessels/Hillenkamp*, BT2 Rn 607.
68 Vgl *Hilgendorf*, JuS 1997, 130, 131; LK-*Tiedemann*, § 263 a Rn 36.
69 Vgl o Problem Nr 80 Rn 373.

386 **Problem Nr 82: Ist bei einem Überschreiten der Befugnis zur Abhebung durch den berechtigten Karteninhaber ein täuschungsäquivalentes Verhalten gegeben?**

(1) Der **BGH** (BGHSt 47, 160; *Fischer,* § 263 a Rn 14 f; HK-GS-*Duttge,* § 263 a Rn 17; SK/StGB-*Hoyer,* § 263 a Rn 35; *Tofahrn,* BT2 Rn 630) lehnt hier eine Täuschungsäquivalenz ab.

Argument: Im Rahmen des Computerbetruges kann als Vergleichsperson nur ein solcher Bankangestellter herangezogen werden, der all diejenigen Umstände in seine Entscheidung über die Geldauszahlung einbezieht, die auch bei der Geldausgabe am Automaten berücksichtigt werden. Hierzu zählen aber allein die Berechtigung des Karteninhabers und der ihm eingeräumte Verfügungsrahmen, nicht aber die Deckung des Kontos.

(2) Nach der **im Schrifttum wohl herrschenden Auffassung** (*Lackner/Kühl,* § 263 a Rn 14; *Wessels/Hillenkamp,* BT2 Rn 610) liegt auch hier täuschungsäquivalentes Verhalten vor.

Argument: Der Bankangestellte würde in einem solchen Fall auch die Bonität des Inhabers prüfen. Letzterer könnte also eine Auszahlung nur dann erreichen, wenn er den Bankangestellten hierüber täuscht. Nur diese Auslegung bewirkt den von § 263 a gewollten Schutz der Bank vor den Gefahren aus der computermäßigen Abwicklung der Kundenbetreuung.

Zur Vertiefung: Wessels/Hillenkamp, BT2 Rn 609 ff.

387 Auf der Grundlage der betrugsspezifischen Auslegung kommt es darauf an, welche Überlegungen ein „fiktiver Bankangestellter" anstellt, ob er nämlich nur die Fähigkeit des Bankkunden testet, die geheime PIN-Nummer wiederzugeben (Berechtigung des Kontoinhabers) oder ob er auch die Bonität des Kunden (Kontendeckung) prüft. Nur die zweite Auslegung entspricht der (für den Kunden erkennbaren) Interessenlage der Bank und garantiert den von § 263 a angestrebten Schutz der Bank vor den Gefahren der computermäßigen Abwicklung der Bankgeschäfte. Ein (fiktiver) Bankangestellter hätte also die Bonität des A in seine Entscheidung einbezogen. A hätte die Auszahlung am Bankschalter nur erreichen können, wenn er den Bankangestellten über ihre Bonität getäuscht hätte. Das Verhalten des A hat folglich die erforderliche Täuschungsäquivalenz. Damit ist im Abheben des Geldes durch A eine unbefugte Verwendung von Daten zu sehen (*aA gut vertretbar*).

Mit der unbefugten Verwendung von Daten müsste A das Ergebnis eines Datenverarbeitungsvorgangs beeinflusst haben. Durch die Eingabe der Daten hat A den Automatismus des Geldautomaten in Gang gesetzt und die Auszahlung von 400 € verursacht. Folglich ist ein unmittelbar vermögensmindernd wirkender[70] Datenverarbeitungsvorgang gegeben. Zweifelhaft erscheint, ob hier eine „Beeinflussung" des Datenverarbeitungsvorganges vorliegt. Beeinflusst wird das Ergebnis eines Datenverarbeitungsvorgangs, wenn eine der im Gesetz genannten Tathandlungen in den Verarbeitungsvorgang des Computers Eingang findet, seinen Ablauf irgendwie mitbestimmt und eine Vermögensdisposition auslöst[71]. Auch ein Ingangsetzen des Vorgangs reicht hiefür aus[72].

Durch die Beeinflussung des Datenverarbeitungsvorgangs muss eine nachteilige Vermögensdifferenz der Bank eingetreten sein. Der Z-Bank ist kein Vermögensnachteil

70 Vgl *Wessels/Hillenkamp*, BT2 Rn 603.
71 *Wessels/Hillenkamp*, BT2 Rn 602.
72 Vgl o Problem Nr 81 Rn 375.

erwachsen, da ihr die 400 € aufgrund des zwischen den Banken geltenden Garantievertrages für Auszahlungen von der Y-Bank erstattet wurden. Durch diese Rückerstattung ist jedoch der Y-Bank ein entsprechender Vermögensnachteil erwachsen.

b) Subjektiver Tatbestand

A handelte vorsätzlich und in der Absicht, sich einen Vermögensvorteil zu verschaffen.

c) Rechtswidrigkeit und Schuld

A handelte rechtswidrig und schuldhaft.

d) Ergebnis

A hat sich gem § 263 a I Var 3 strafbar gemacht.

5. § 266 I

Eine Strafbarkeit der A gem § 266 I scheitert jedenfalls daran, dass den (berechtigten) Karteninhaber gegenüber der Bank keine Vermögensbetreuungspflicht, dh eine Pflicht zur Wahrnehmung fremder Vermögensinteressen[73], trifft.

6. § 266 b I

a) Objektiver Tatbestand

Als berechtigter Karteninhaber ist A tauglicher Täter des § 266 b, sodass in der Geldabhebung bei der Z-Bank trotz fehlender Deckung des Kontos ein Missbrauch von Scheckkarten gesehen werden könnte.

Umstritten ist jedoch, ob auch in der hier gegebenen Konstellation, in der ein berechtigter Karteninhaber seine ec-Karte vertragswidrig bei einer fremden Bank zur Abhebung von Bargeld nutzt, § 266 b einschlägig ist.

Problem Nr 83: § 266 b bei vertragswidriger Abhebung von Bargeld bei einer fremden Bank durch den berechtigten Karteninhaber 388

(1) Die **herrschende Ansicht in Rechtsprechung** (BGHSt 47, 160) **und Literatur** (*Brand*, JR 2008, 496; S/S-*Lenckner/Perron*, § 266 b Rn 8) bejaht die Anwendbarkeit des § 266 b auch auf ec-Karten und für den Fall, dass mit deren Hilfe an Geldautoamten einer fremden Bank (nicht aber der eigenen Bank) Bargeld abgehoben wird.

Argument: Die Barabhebung am Geldautomaten einer Drittbank mit Hilfe einer Codekarte ist durchaus mit der Verwendung einer Scheckkarte vergleichbar. Zwar erfolgt hier der Ausgleich nicht aufgrund einer der Karte innewohnenden Garantiefunktion, sondern aufgrund von Vereinbarungen zwischen den Banken. Durch diese wird jedoch die kartenausstellende Bank in gleicher Weise zu einer Zahlung iSd § 266 b veranlasst, da die auszahlende gegenüber der kartenausstellenden Bank einen unbedingten Ausgleichsanspruch erhält. Dass sich die Veranlassung zu einer Zahlung aus einem Garantievertrag im technischen Sinne ergeben müsse, geht aus § 266 b nicht hervor.

73 *Wessels/Hettinger*, BT1 Rn 769.

(2) Überzeugender erscheint die **Gegenansicht** (*Wessels/Hillenkamp*, BT2 Rn 795), welche davon ausgeht, dass eine ec-Karte keine Scheckkarte iSd § 266 b ist und eine Strafbarkeit daher ausscheidet, wenn der berechtigte Karteninhaber mit Hilfe dieser Karte an einem Geldautomaten (sei es der eigenen oder einer fremden Bank) abredewidrig Bargeld abhebt.

Argument: Bei Einführung des § 266 b bestand die gesetzgeberische Intention darin, nur solche Verwendungen von Scheck- und Kreditkarten zu erfassen, bei denen der Inhaber die sich aus der Karte ergebende Garantiefunktion dazu nutzt, die ausstellende Bank zum Ausgleich der einem Dritten gegenüber entstandenen Rechnung zu verpflichten (sog Drei-Partner-System). Dagegen erfolgt die Auszahlung an Geldautomaten mit Hilfe der ec-Karte nicht aufgrund einer Garantiefunktion der Karte, sondern aufgrund von Vereinbarungen zwischen den Banken. Die ec-Karte wird daher in einem solchen Fall allein als Automatenschlüssel verwendet. Hinzu kommt noch, dass mit dem Ende des Scheckverkehrs seit 1. 1. 2002 der ec-Karte, bei der es sich zuvor um eine Kombination von Scheck- und Codekarte gehandelt hatte, nunmehr ohnehin nur noch Bedeutung als Codekarte zukommt, es sich also gar nicht mehr um eine Scheckkarte mit Garantiefunktion im technischen Sinne handelt. Letzteres ist jedoch Voraussetzung für die Anwendung von § 266 b. Hätte der Gesetzgeber neben Scheck- und Kreditkarten noch andere Karten mit Garantiefunktion in den Anwendungsbereich dieser Vorschrift fallen lassen wollen, hätte er dies wie in § 152 b IV ausdrücklich erwähnt.

Zur Vertiefung: Wessels/Hillenkamp, BT2 Rn 795; Brand, JR 2008, 496

389 Nach Aufgabe des garantierten Euroscheckverkehrs zum 31. 12. 2001 handelt es sich bei der ec-Karte nicht mehr um eine Scheckkarte iSv § 266 b, sondern um eine Codekarte, die wie ein Automatenschlüssel benutzt wird. Die Y-Bank muss der Z-Bank den Betrag nicht deshalb erstatten, weil A die der Karte innewohnende Garantiefunktion genutzt hat (sog Drei-Partner-System), sondern weil die Banken ein solches Ausgleichssystem intern vereinbart haben. Eine Strafbarkeit gem § 266 b scheidet somit aus.

b) Ergebnis

A hat sich nicht gem § 266 b I strafbar gemacht.

7. Ergebnis für A im Tatkomplex E

A ist gem § 263a I Var 3 strafbar.

F. Die Vorgänge nach der Schießerei

I. Strafbarkeit des Z

1. § 239 I

390 Z könnte dadurch, dass er den A in den „Schwitzkasten“ nahm und ihn dadurch am Weggehen hinderte, eine Freiheitsberaubung begangen haben.

a) Objektiver Tatbestand

Freiheitsberaubung ist die Beeinträchtigung der (potentiellen) persönlichen Fortbewegungsfreiheit[74] für eine nicht unerhebliche Dauer durch Einsperren, Festhalten oder

74 BGHSt 32, 183; 14, 314.

sonst irgendwie Verhindern, dass sich das Opfer nach seinem Willen frei von einem bestimmten Ort entfernen kann. Z hat A durch körperlich wirkende, gewaltsame Maßnahmen über einen Zeitraum von nicht unerheblicher Dauer am Verlassen des Tatorts gehindert.

Der objektive Tatbestand des § 239 I ist erfüllt.

b) Subjektiver Tatbestand

Z handelte vorsätzlich.

c) Rechtswidrigkeit

Z könnte durch das Recht der vorläufigen Festnahme gem § 127 I 1 StPO gerechtfertigt gewesen sein.

Voraussetzung des Festnahmerechts ist das Betreffen des Festgehaltenen auf frischer Tat bei Begehung einer Straftat oder einer rechtswidrigen Tat iSd § 11 I Nr 5. In diesem Fall darf jedermann Maßnahmen nach § 127 I 1 StPO ergreifen. Der Festgehaltene muss zudem der Flucht verdächtig bzw seine Identität nicht sofort feststellbar sein. Wie bei allen Rechtfertigungsgründen sind vom Handelnden die Grenzen der Geeignetheit, Erforderlichkeit und Angemessenheit bei der Berufung auf das Festnahmerecht der StPO zu beachten[75].

A legte zwar ein verdächtiges Verhalten an den Tag, begangen hat er die von Z vermutete Straftat aber nicht. Ob auch in einem solchen Fall der gutgläubig handelnde Täter aus § 127 I 1 StPO gerechtfertigt werden kann, mit der Folge, dass vom Festgehaltenen selbst eigene Rechtfertigungsgründe – etwa aus § 32 – gegen den Festnehmenden nicht geltend gemacht werden können, ist umstritten.

Problem Nr 84: Setzt § 127 I 1 StPO eine tatsächlich begangene Straftat voraus? 391

(1) Mehrheitlich wird in der **Rechtsprechung** und **Lehre** von einem solchen Erfordernis abgesehen. Danach genügt es für eine Rechtfertigung, wenn die objektiven Umstände einen *dringenden Tatverdacht* nahe legen und der Festnehmende aus der nach pflichtgemäßer Prüfung gewonnenen Überzeugung gehandelt hat, dass die Voraussetzungen des § 127 I 1 StPO gegeben sind (BayObLG NJW 1981, 745 f; BayObLG MDR 1986, 956; OLG Zweibrücken NJW 1981, 2016; *Fincke*, JuS 1973, 87 ff; *ders*, GA 1971, 41 ff; *Jäger*, AT Rn 166; *Pfeiffer*, StPO § 127 Rn 2; SK/StPO-*Paeffgen*, § 127 Rn 11).

Argument: Eine Verfahrensnorm wie § 127 I StPO kann nicht materiell die Täterschaft voraussetzen, wenn diese doch erst im nachfolgenden Prozess festgestellt wird.

Auch ist der Private, der im Einklang mit der Rechtsordnung einen Straftäter festhalten will, schutzwürdig, sofern er nach pflichtgemäßer Prüfung der Sachlage von einer tatsächlichen Straftat ausgehen durfte. Dann dürfen aber auch nicht etwaige Notwehrrechte gegen ihn durch den vermeintlich „Flüchtigen" ausgeübt werden können. Eine strengere Handhabung des § 127 I 1 StPO würde außerdem jeden Privaten von der Ausübung dieses Rechts abhalten, was ebenfalls nicht dem öffentlichen Interesse an der Aufklärung von Straftaten und an der Bestrafung der Täter dienlich wäre.

75 *Beulke*, StPO Rn 234 ff; *Wessels/Beulke*, AT Rn 353 ff.

Schließlich wird auch für den festnehmenden Beamten nach § 127 II StPO mehrheitlich vertreten, dass ein dringender Tatverdacht nach pflichtgemäßer Prüfung der objektiven Umstände zur Festnahme genügt. Dann können für Private keine strengeren Anforderungen gelten.

(2) Von **Teilen** der **Rechtsprechung** und einigen Stimmen der **Literatur** wird dagegen zu Recht die Notwendigkeit einer tatsächlich vom Festgenommenen begangenen Straftat (mit Erfüllung aller Voraussetzungen von Tatbestand, Rechtswidrigkeit und Schuld) bejaht (OLG Hamm NJW 1977, 590, 591; OLG Düsseldorf NJW 1991, 2716; *Beulke*, StPO Rn 235; *Geppert*, Jura 1991, 269, 273; *Maurach/Zipf*, AT1 § 29 Rn 13; *M-G*, § 127 Rn 4; *Satzger*, Jura 2009, 107, 110; *Wessels/Beulke*, AT Rn 354).

Argument: Dem unschuldig Festgenommenen gebührt mindestens ebensoviel Schutz wie dem gutgläubig handelnden Privaten. Ihm müssen gegen solch unbegründete Maßnahmen Notwehrrechte zustehen. Notfalls werden diese Befugnisse über das Merkmal der „Gebotenheit" eingeschränkt, sofern dem Festgenommenen der Irrtum des Festnehmenden offensichtlich ist.

Auch muss der festnehmende Private bei schuldlosem Irrtum über das Vorliegen einer Straftat des Festgehaltenen keine Strafbarkeit aus §§ 239, 240 oder 223 befürchten, da er insoweit in einem schuldausschließenden (str, *s o Fall 1, Problem Nr 7, Rn 45*) Erlaubnistatbestandsirrtum handelt. Lediglich eine Fahrlässigkeitsstraftat nach § 229 kommt für ihn in Betracht. Gegenüber der Meinung (1) führt die theoretische Möglichkeit einer Fahrlässigkeitshaftung gleichwohl zu keiner Ausweitung der Strafbarkeit des gutgläubig Handelnden, denn wenn die Voraussetzungen eines dringenden Tatverdachts aus objektiven Gesichtspunkten gegeben sind, wird es auch iRd § 229 an einer Sorgfaltspflichtverletzung des Festnehmenden fehlen.

Des Weiteren legt die Formulierung des § 127 I StPO im Vergleich zu § 127 II StPO eine solche Interpretation nahe. In Abs 1 wird auf ein Betreffen auf frischer *Tat* abgestellt, in Abs 2 dagegen eindeutig nur auf den dringenden Tatverdacht (als unabdingbare Voraussetzung für den Haft- oder Unterbringungsbefehl).

Schließlich macht auch eine unterschiedliche Behandlung Privater im Vergleich zu den in Abs 2 genannten Beamten Sinn, denn nur Letztere sind zur Festnahme aufgrund dringenden Tatverdachts verpflichtet und genießen im Gegenzug dann ein Irrtumsprivileg.

Zur Vertiefung: Beulke, StPO Rn 235; Hillenkamp, AT 8. Problem S 48ff.

392 Wenn die herrschende Ansicht im Interesse des Festnehmenden den dringenden Tatverdacht bzgl eines Deliktes ausreichen lässt, so schießt sie über das Ziel hinaus, denn sie missachtet die zumindest gleichrangigen Belange des Festgenommenen. Außerdem widerspricht sie dem Wortlaut des Gesetzes. Im Interesse des Opferschutzes ist vielmehr der strengeren Auslegung des § 127 I 1 StPO zu folgen, die angesichts des regelmäßigen Vorliegens eines Erlaubnistatbestandsirrtums letztlich auch nicht zu einer erhöhten Strafbarkeit führt. Unabdingbare Voraussetzung ist damit, dass der Festgehaltene tatsächlich die ihm vom Festnehmenden vorgeworfene Tat begangen hat. Da A diese Bedingung nicht erfüllte, war Z nicht aus § 127 I 1 StPO zur Festnahme berechtigt und handelte rechtswidrig.

d) Schuld

Allerdings befand sich Z in einem Irrtum bzgl des von ihm angenommenen Vorliegens der tatsächlichen Voraussetzungen des Rechtfertigungsgrundes aus § 127 I 1 StPO.

Die Behandlung eines solchen Erlaubnistatbestandsirrtums ist umstritten[76]. Nach der zutreffenden rechtsfolgenverweisenden eingeschränkten Schuldtheorie entfällt bei Z in Anwendung der Rechtsfolgen des § 16 I 1 die Vorsatzschuld.

e) Ergebnis

Z ist nicht gem § 239 I strafbar.

2. § 223 I

Zwar hat Z dem A einige geringfügige Verletzungen zugefügt und damit vorsätzlich und rechtswidrig (*s o Rn 390*) eine Körperverletzung an A begangen, doch entfällt auch bei dieser Tat aufgrund des Erlaubnistatbestandsirrtums die Vorsatzschuld des Täters. Auf der Grundlage der Vorstellung des Z greift nämlich auch insoweit § 127 I 1 StPO als Rechtfertigungsgrund ein, weil er selbst kleinere körperliche Beeinträchtigungen legitimiert. Erst gravierendere Einwirkungen würden das Festnahmerecht auch bei Vorliegen seiner tatsächlichen Voraussetzungen nicht mehr erfassen[77]. **393**

Eine Strafbarkeit nach § 223 I entfällt.

3. § 229

In Betracht kommt in analoger Anwendung der Rechtsfolge des § 16 I 2 nur die Strafbarkeit aus der Fahrlässigkeitstat. Dabei ist entscheidend, ob dem Täter ein Sorgfaltsmangel bei Annahme der tatsächlichen Voraussetzungen des ins Feld geführten Rechtfertigungsgrundes vorzuwerfen ist. **394**

Hier wurde der Irrtum durch das auffällige Verhalten des A am Tatort verursacht. Für den objektiven Betrachter lag die Annahme einer Flucht vom Ort des Verbrechens nahe. Dass Z den Tatvorgang selbst dabei offensichtlich nicht wahrgenommen hat und so erst einen Verdacht gegenüber A hegen konnte, darf ihm nicht zum Vorwurf gemacht werden. Auch ohne direkt Augenzeuge gewesen zu sein, konnte er nach pflichtgemäßer Prüfung durchaus zu dem Ergebnis kommen, der davon eilende A habe etwas mit dem Geschehen zu tun. Insbesondere konnte er auch nicht die weitere Sachverhaltsaufklärung – etwa durch andere Zeugen – abwarten, da in der Situation schnelles Handeln geboten schien.

Ein Sorgfaltsmangel kann ihm bei seiner Reaktion auf die vorangegangenen Ereignisse also nicht vorgeworfen werden.

Z hat sich auch nicht nach § 229 strafbar gemacht.

4. § 240 I, II

Eine Strafbarkeit wegen der an sich an A verwirklichten Nötigung entfällt gleichfalls. Die körperlichen Zwangsmaßnahmen (Gewalt iSd § 240 I), um A zum Verbleib am Tatort zu zwingen, erfolgten zwar vorsätzlich und rechtswidrig, nicht aber schuldhaft (Erlaubnistatbestandsirrtum).

---

76 Siehe oben Fall 1, Problem Nr 7, Rn 45.
77 Vgl hierzu BGH NJW 2000, 1348 m Anm *Mitsch*, JuS 2000, 848 ff.

5. Ergebnis für Z im Tatkomplex E

Z ist straflos.

II. Strafbarkeit des A

223 I

395 Aus dem Sachverhalt wird nicht ersichtlich, dass Z oder andere Personen Verletzungen oder andere Beeinträchtigungen durch das Verhalten des A erlitten hätten.

A ist im Tatkomplex E straflos.

G. Gesamtkonkurrenzen

396 Fraglich ist das Konkurrenzverhältnis von Tatkomplex C (Strafbarkeit gem § 303 a I Var 2) zu Tatkomplex D (Strafbarkeit gem § 263 a I Var 3). Die Datenunterdrückung im Tatkomplex C ist als mitbestrafte Vortat anzusehen, denn sie ist notwendiges und regelmäßiges Mittel zur Begehung eines Computerbetruges. Die Konstellation ist vergleichbar mit dem Fall der Unterschlagung des Fahrzeugschlüssels mit nachfolgendem Fahrzeugdiebstahl: die Unterschlagung wird insoweit ebenfalls als mitbestrafte Vortat angesehen[78].

Die von A in den Tatkomplexen A, D und E verwirklichten Delikte sind als völlig selbstständige Handlungen einzustufen. Sie stehen zueinander in Realkonkurrenz, § 53.

H. Gesamtergebnis des materiell-rechtlichen Gutachtens

A: Tatkomplex A: § 229
– § 53 –
Tatkomplex D: § 263 a I Var 3
– § 53 –
Tatkomplex E: § 263 a I Var 3
V: straflos
Z: straflos

Teil II. (prozessualer Teil)

Durchbrechung des Grundsatzes der persönlichen Vernehmung

1. Verlesung von Protokollen über Vernehmung des Beschuldigten durch Verhörspersonen

397 Da es sich bei der früheren Vernehmung des A nicht um eine richterliche Vernehmung handelt, darf das Vernehmungsprotokoll in der Hauptverhandlung nicht verlesen werden (§ 254 I StPO).

78 OLG Hamm MDR 79, 421.

Auch wenn A sich nunmehr zulässigerweise auf sein Aussageverweigerungsrecht beruft (§ 243 IV 1 StPO), besteht hinsichtlich der polizeilichen Vernehmung jedoch kein Verwertungsverbot (anders als in den Konstellationen des § 252 StPO).

Der Polizeibeamte K kann deshalb als Zeuge vernommen werden und über diesen Zeugenbeweis kann das frühere Geständnis in die Urteilsfindung einfließen.

Zur Vertiefung: Beulke, StPO Rn 416.

2. Verlesung von Protokollen über Vernehmung des Beschuldigten durch mittlerweile verstorbene Verhörspersonen

Auch nach dem Tod des K erlaubt § 254 I StPO dem eindeutigen Wortlaut nach keine **398**
Verlesung des polizeilichen Protokolls. § 251 I Nr 2 StPO, der für Zeugen, Sachverständige und Mitbeschuldigte gilt, ist für die Vernehmung des Beschuldigten nicht einschlägig und darf auch nicht analog herangezogen werden, da § 254 StPO insoweit eine abschließende Spezialregelung enthält. Zutreffend haben OLG Köln StV 1983, 97 und OLG Frankfurt StV 1996, 202 die Verlesung des polizeilichen Protokolls für unzulässig erklärt. Da K verstorben ist und nicht mehr als Zeuge vernommen werden kann, gibt es keine Möglichkeit mehr, das polizeiliche Geständnis in die Hauptverhandlung einzubringen.

Zur Vertiefung: Beulke, StPO Rn 411–413, 416 und 433.

Definitionen zum Auswendiglernen

Daten	iSv **§ 202 a** sind nur solche Informationen, die elektronisch, magnetisch oder sonst nicht unmittelbar wahrnehmbar gespeichert oder übermittelt werden (*vgl Gesetzeswortlaut § 202 a II*).
Nicht bestimmt	iSv **§ 202 a** für den Täter sind Daten, wenn sie ihm nach dem Willen des Berechtigten im Zeitpunkt der Tathandlung nicht zur Verfügung stehen sollen (*S/S-Lenckner, § 202 a Rn 6*).
Berechtigter	iSv **§ 202 a** ist idR die speichernde Stelle sowie ein Dritter, wenn der Berechtigte dem Dritten die Daten zugänglich gemacht hat (*S/S-Lenckner, § 202 a Rn 6*).
Besonders gesichert gegen unberechtigten Zugriff	iSv **§ 202 a** sind Daten, wenn Vorkehrungen getroffen sind, die objektiv geeignet und subjektiv nach dem Willen des Berechtigten dazu bestimmt sind, den Zugriff auf die Daten auszuschließen oder wenigstens nicht unerheblich zu erschweren (*S/S-Lenckner, § 202 a Rn 7*).
Verschafft	iSv **§ 202 a** sind Daten zunächst, wenn der Täter bzw der Dritte durch optische bzw akustische Wahrnehmung von ihnen tatsächlich Kenntnis genommen hat, ferner ohne vorherige Kenntnisnahme aber auch dann, wenn der Täter den (körperlichen) Datenträger in seine oder des Dritten Verfügungsgewalt bringt oder wenn er die Daten auf einem solchen fixiert. Die Tathandlung muss unter Überwindung der Zugangssicherung erfolgen (*S/S-Lenckner, § 202 a Rn 10*).
Unbefugte Verwendung	von Daten iSv **§ 263 a I Var 3** setzt nach der herrschenden **betrugsspezifischen Auslegung** Täuschungsäquivalenz voraus: Sie ist gegeben,

wenn die Verwendung der Daten gegenüber einer Person Täuschungscharakter hätte (*Wessels/Hillenkamp, BT2 Rn 609*).

Beeinflusst iSv **§ 263 a I Var 3** wird das Ergebnis eines Datenverarbeitungsvorgangs, wenn eine der im Gesetz genannten Tathandlungen in den Verarbeitungsvorgang des Computers Eingang findet, seinen Ablauf irgendwie mitbestimmt und eine Vermögensdisposition auslöst. Dass der Datenverarbeitungsvorgang bereits in Gang befindlich ist, setzt dessen Ergebnisbeeinflussung nicht voraus (*Wessels/Hillenkamp, BT2 Rn 602*).

Aussteller einer Urkunde iSv **§§ 267, 274 I Nr 1** ist nicht, wer die Urkunde körperlich hergestellt hat, sondern derjenige, dem das urkundlich Erklärte im Rechtsverkehr zugerechnet wird und von dem die Erklärung in diesem Sinne geistig herrührt, weil er sich zu ihr als Urheber bekennt (sog Geistigkeitstheorie; *Wessels/Hettinger, BT1 Rn 801*).

Technische Aufzeichnung iSv **§§ 268, 274 I Nr 1** ist in § 268 II gesetzlich definiert. Unter einer „Darstellung" im dort genannten Sinn ist nach jetzt hM nur eine Aufzeichnung zu verstehen, bei der die geräteautonom produzierte Information in einem selbstständig verkörperten, vom Gerät abtrennbaren Stück enthalten ist (*vgl Gesetzestext [§ 268 II]; Wessels/Hettinger, BT1 Rn 862*).

Unecht iSv **§ 268** ist eine **technische Aufzeichnung**, wenn sie überhaupt nicht oder nicht so, wie sie vorliegt, das Ergebnis eines in seiner Selbsttätigkeit von Störungshandlungen unbeeinflussten Aufzeichnungsvorgangs ist, obwohl sie diesen Anschein erweckt (*Wessels/Hettinger, BT1 Rn 871*).

Beschädigen iSv **§ 274 I Nr 1** bedeutet eine derartige Veränderung der Urkunde, dass sie in ihrem Wert als Beweismittel beeinträchtigt ist (*Wessels/Hettinger, BT1 Rn 892*).

Unterdrücken iSv **§ 274 I Nr 1, Nr 2** ist jede Handlung, durch die dem Beweisführungsberechtigten die Benutzung des Beweismittels dauernd oder zeitweilig entzogen oder vorenthalten wird (*Wessels/Hettinger, BT1 Rn 893*).

Ausweispapier iSv **§ 281 I** ist ein Papier, das dem Nachweis der Identität oder der persönlichen Verhältnisse dienen soll und von einer hoheitlichen Stelle ausgestellt ist (*S/S-Cramer/Heine, § 281 Rn 3*).

Öffentlich iSd Verkehrsstrafrechts (**§§ 315 ff**) sind neben den dem allgemeinen Straßenverkehr gewidmeten Straßen, Wegen und Plätzen auch solche Verkehrsflächen, die jedermann oder allgemein bestimmten Gruppen von Verkehrsteilnehmern (zB Rad- oder Fußwege) dauernd oder vorübergehend zur Benutzung offen stehen (*Wessels/Hettinger, BT1 Rn 978*).

Weitere einschlägige Musterklausuren

Zum Problem: Teilnahme an einer Selbstgefährdung und einverständliche Fremdgefährdung:

Beulke/Mayer, JuS 1987, 125; *Esser*, Jura 2004, 273; *Fricker*, StudZR 2005,309; *Gropp/Küpper/Mitsch*, [5] S 93; *Helmrich*, JA-Übungsblätter 2006, 351; *Hillenkamp*, JuS 2001, 159; *Käßner/Seibert*, JuS 2006, 810; *Kienapfel*, S 153 ff; *Meurer/Kahle/Dietmeier*, [7] S 137; *Norouzi*, JuS 2007, 146; *Otto*, [RH] S 179; *Scholderer*, JuS 1989, 918; *Schrödl*, JA 2003, 656; *Sternberg-Lieben*, JuS 1998, 428; *Thoss*, Jura 2005, 128; *Trüg*, JA 2002, 214; *Walter/Uhl*, JA-Übungsblätter 2009, 31; *Wittig*, in: *Coester-Waltjen* ua (Hrsg), Examensklausurenkurs I, S 45

Zum Problem: Überlagert die Garantenstellung das Prinzip der Eigenverantwortlichkeit?
Beulke/Mayer, JuS 1987, 125; *Sternberg-Lieben*, JuS 1998, 428; *Thoss*, JA 2001, 951

Zum Problem des Maßstabes für die Eigenverantwortlichkeit:
Beulke/Mayer, JuS 1987, 125; *Bindzus/Ludwig*, JuS 1998, 1123; *Brüning*, JuS 2007, 255; *Gropp/ Küpper/Mitsch*, [11] S 203; *Otto*, [RH] S 179; *Rackow*, JA 2003, 218

Zum Problem der Abgrenzung dolus eventualis – bewusste Fahrlässigkeit:
Ambos, Jura 2004, 492; *Berg*, in: *Coester-Waltjen* ua (Hrsg), Examensklausurenkurs I, S 56; *Berz/ Saal*, Jura 2003, 205; *Beulke*, Klausurenkurs I [1] Rn 101; *Beulke/Mayer*, JuS 1987, 125; *Ebert*, Fälle, [1] S 19; *Edlbauer*, Jura 2007, 941; *Eisenberg*, Jura 1989, 41; *Eschenbach*, Jura 1999, 88; *Fahl*, Jura 2003, 60; *Gropp/Küpper/Mitsch*, [2] S 25, [11] S 203; *Hillenkamp*, JuS 1994, 769; *Kargl*, Strafrecht, S 43, 45 f; *Kienapfel*, S 138 ff; *Lilie/Teyssen*, JuS 1985, 297; *Merten*, [2] S 9; *Meurer/Kahle/Dietmeier*, [1] S 1, [6] S 103; *Müller*, JA-Übungsblätter 1985, 58; *Murmann*, Jura 2001, 1258; *Otto*, [E1] S 145; *Perron/Bott/Gutfleisch*, Jura 2006, 706; *Phillips/Boley*, Jura 1993, 256; *Preis/Prütting/Sachs/Weigend*, [20], S 318; *Radtke*, JuS 1995, 427; *Rössner/Guhra*, Jura 2001, 403; *Rotsch/Nolte/Peifer/Weitemeyer*, [22] 326; *Rudolphi*, [6] S 65, [10] S 113, [15] S 177; *Samson*, St 1 [9] S 46; *Theiß/Winkler*, JuS 2006, 1083, *Wittig*, in: *Coester-Waltjen* ua (Hrsg), Examensklausurenkurs I, S 45; *Wolters*, [1] S 1, [3] S 59

Zum Problem des Züchtigungsrechts von Erziehungsberechtigten:
Bohnert, Jura 1999, 532; *Ebert*, Fälle, [5] 82; *Bott/Kühn*, Jura 2009, 72; *Fahl*, Jura 2009, 234 ff; *Gössel*, [6] S 108 (bzgl Lehrer); *Hillenkamp*, JuS 2001, 159; *Pape*, Jura 2007, 147

Zum Problem: (Kredit-/ec-Karte als) Objekt der Zueignung iSd §§ 242 I, 246 I:
Baumann/Bühler, JuS 1989, 49; *Gössel*, [10] S 169; *Herzberg/Seier*, Jura 1985, 49; *Laue*, JuS 2002, 359; *Ranft*, JuS 1993, 856

Zum Problem des Sachwertbegriffs iRd § 242 I:
Ambos/Rackow , JuS 2008, 810; *Kipp/Kummer*, Jura 2008, 792; *Priebe*, Fälle, [2] S 16; *Samson*, JuS 2003, 263

Zum Problem: Gewahrsamsbruch an aus Geldautomaten erlangtem Bargeld?
Arloth, in: *Coester-Waltjen* ua (Hrsg), Examensklausurenkurs I, S 51; *Gössel*, [10] S 169; *Graul*, Jura 2000, 204; *Herzberg/Seier*, Jura 1985, 49; *Kauerhof*, Jura 2005, 750; *Ranft*, JuS 1993, 856; *Schmitz*, Jura 2001, 335; *Strauß*, [15] S 107; *Thoss*, JA 2000, 671

Zum Problem: Übereignung des vom Geldautomaten ausgegebenen Geldes durch die Bank an den unbefugten Kartenbenutzer nach § 929 S 1 BGB?
Arloth, in: *Coester-Waltjen* ua (Hrsg), Examensklausurenkurs I, S 51; *Baumann/Bühler*, JuS 1989, 49; *Gössel*, [10] S 169; *Herzberg/Seier*, Jura 1985, 49; *Schmitz*, Jura 2001, 335

Zum Problem: „Unbefugte“ Verwendung von Daten iSd § 263 a I Var 3:
Arloth, in: *Coester-Waltjen* ua (Hrsg), Examensklausurenkurs I, S 51; *Graul*, Jura 2000, 204; *Hellmann/Beckemper*, JuS 2001, 1095; *Hilgendorf*, [13] S 104; *Jerouschek/Kölbel*, JuS 2001, 780; *Kretschmer*, Jura 2006, 219; *Laue*, JuS 2002, 359; *Schmitz*, Jura 2001, 335; *Stein*, JuS 1990, 914; *Tiedemann/Waßmer*, Jura 2000, 533; *Walter*, Jura 2002, 415; *Vogt/Brand*, Jura 2008, 305; *Zöller*, Jura 2003, 637

Zum Problem: Umfasst die Beeinflussung eines Datenverarbeitungsvorganges iSd § 263 a auch das Ingangsetzen eines solchen Vorganges?
Gössel, [10] S 169; *Graul*, Jura 2000, 204; *Schmitz*, Jura 2001, 335; *Strauß*, [15] S 107; *Tiedemann/ Waßmer*, Jura 2000, 533; *Weber*, JA 1990, 125

Zum Problem der Quasiurkunde iSd § 269 I:
Fad, Jura 2002, 632

Zum Problem: Setzt § 127 I 1 StPO eine tatsächlich begangene Straftat voraus?
Ebert, Fälle, [6] 98; *Grebing*, Jura 1980, 91; *Ranft*, in: *Coester-Waltjen* ua (Hrsg), Examensklausurenkurs II, S 61; *Schwind/Franke/Winter*, [2. Hausarbeit] S 63; *Strauß*, [1] S 17; *Valerius*, [9] S 137

Fall 9

Bewegte Knochen

I.

399 Dem Hobbyarchäologen K fehlt in seiner wertvollen Knochensammlung noch der kürzlich gefundene Vorderzehenknochen eines Archäopteryx, der sich in der Privatsammlung seines Konkurrenten S befindet. Da S aber unter keinen Umständen zu Verkäufen bereit ist, engagiert K für 50 000 € den ihm bekannten, erfahrenen Auftragsräuber X. K übergibt diesem einen genauen Plan der Villa des S und erklärt ihm, wie dessen Sicherungssystem zu überwinden ist. Er schärft dem X ein, die Tat unbewaffnet und zu einem Zeitpunkt zu begehen, an dem sich, wie K aus verlässlicher Quelle weiß, niemand im Haus des S aufhalten wird, weil K ausschließen möchte, dass X jemanden antrifft und die ganze Sache eskaliert.

Als X sich am vorgesehenen Tag maskiert und im Schutz der Dunkelheit zur Villa des S begibt, nimmt er jedoch vorsichtshalber eine Pistole mit, um einem ihm möglicherweise entgegengebrachten Widerstand durch reine Warnschüsse entgegenzuwirken. Dank der Anleitung des K verschafft er sich unbemerkt durch ein gekipptes Kellerfenster Zutritt zur Villa. Als sich X in dem Raum befindet, in dem der Knochen offen ausgestellt ist, hört er plötzlich schnelle Schritte und Sekunden später steht ihm der Wachmann W gegenüber, der zu einer Wachtruppe gehört, die S – was K nicht wissen konnte – für die Zeit seiner Abwesenheit eingestellt hat. W richtet seine sehr grelle Taschenlampe auf X. Dieser zieht darauf die Pistole und warnt den W: „Zieh Leine oder du bist ein toter Mann!“ Um diesen Worten Nachdruck zu verleihen, gibt X einen Warnschuss ab, wobei er aber W keinesfalls verletzen will, sodass er auf einen Punkt zwei Meter neben dem Schein der Taschenlampe zielt. Der Schuss geht zwar an W vorbei, trifft aber exakt den zweiten, von X aufgrund des hellen Lichts der Taschenlampe nicht wahrgenommenen Wachmann P, der sofort stirbt. Als X bestürzt feststellt, was passiert ist, nutzt er den Schock des W und flieht ohne Beute, obwohl es ihm ein Leichtes gewesen wäre, diese noch mitzunehmen. Aufgrund des unerwarteten Zwischenfalls hat er kein Interesse mehr daran.

Aufgrund der Beschreibungen des W hegt S, der von den gesamten Vorgängen unterrichtet worden ist, den Verdacht, dass es sich um einen Coup des auch ihm bekannten X handelt. Er möchte diesen listigen Täter, dem man bisher nie etwas nachweisen konnte, endlich überführen. Er bestellt X daher zu sich und sagt ihm zu, ihm den Siegelring des Passauer Fürstbischofs Antonius, der sich im Eigentum des Sammlers Z befindet, zum Preis von 125 000 € abzukaufen, wenn er ihm diesen beschaffe. In Wirklichkeit beauftragt S Privatdetektive, um X ununterbrochen zu überwachen und seine sofortige Festnahme zu veranlassen, sobald er das Anwesen des Z betreten hat. Damit will er von vornherein verhindern, dass das Eigentum des – völlig ahnungslosen – Z gefährdet wird. X will die Sache dieses eine Mal nicht allein durchführen. Er schaltet deshalb den Boss B einer ihm bekannten größeren Diebesbande sowie das Bandenmitglied Y ein, obwohl er selbst – X – dieser Bande nicht angehört. B legt das genaue Vorgehen fest. X und Y sollen die Tat nach seinen Anweisungen ausführen. Auf jeden Gewalteinsatz soll verzichtet werden. In der nächsten Nacht gehen X und Y ans Werk. Aufgrund einer

Unaufmerksamkeit der Privatdetektive gelingt es X und Y allerdings, durch ein offenes Fenster ungehindert in die Villa des Z einzudringen. Dabei sind sich X und Y entgegen der früheren Absprache einig, notfalls bei Widerstand Dritter Gewalt anzuwenden. X und Y finden den Ring und X steckt ihn in seine Hosentasche. Plötzlich hören sie den Z herannahen. Damit ihr Plan nicht durchkreuzt wird, verstecken sich X und Y hinter der Tür. Durch Zeichengebung verständigen sie sich über das weitere Vorgehen. Als Z den Raum betritt, schlägt X diesen mit einem gezielten Schlag gegen die Schläfe bewusstlos, noch ehe Z den Eindringling bemerkt hat. Im nächsten Moment stürmt jedoch die Polizei, welche die Privatdetektive doch noch alarmieren konnten, in das Haus. Allerdings können X und Y durch einen waghalsigen Sprung aus dem Fenster fliehen, bevor die Beamten den Raum betreten.

Y verschwindet in der Dunkelheit. X bricht einen am Straßenrand geparkten VW Golf des Eigentümers E auf und fährt stadtauswärts. Den Golf will er einige Tage später wieder zurückbringen. Kurz vor Erreichen seines Verstecks streift er ein geparktes Fahrzeug des G und beschädigt den linken Kotflügel. In der Aufregung denkt X jedoch, das Geräusch rühre vom Auspuff des Golfs her. Als er allerdings wenige Minuten später und fast 1 km weiter aussteigt, erkennt er die tiefen Kratzer auf der Beifahrerseite des Golfs und ihm wird klar, woher das Geräusch stammte. Zur Unfallstelle zurückfahren will X allerdings nicht mehr. Dafür stellt er – wie von Anfang an geplant – das beschädigte Fahrzeug wieder vor der Haustür des E ab.

Wie haben sich K, S, B, X und Y strafbar gemacht?

Evtl erforderliche Strafanträge sind gestellt.

II.

1. Aufgrund der von S gelieferten Informationen möchte die Polizei den X jetzt auf andere Weise überführen. Sie schleust den getarnten Polizisten V in die Verbrecherszene ein, der tatsächlich mit X in Kontakt kommt und bei langen Gesprächen in dessen Wohnung von ihm Einzelheiten über die Straftat bezüglich des Passauer Siegelrings erfährt. Diese Informationen gibt V an die Staatsanwaltschaft weiter. Gegen X wird nunmehr ein Strafverfahren eingeleitet. Allerdings weigert sich die oberste Dienstbehörde des V, diesen in der Hauptverhandlung aussagen zu lassen, weil V weiterhin in der Szene tätig sein soll. Wer durfte den Einsatz des V anordnen? Gibt es eine Möglichkeit, die Aussage des V in das Verfahren einzubringen und zu verwerten?
2. Dürfte V vernommen und seine Aussage verwertet werden, wenn es sich bei ihm nicht um einen Polizeibeamten, sondern um einen von Fall zu Fall mit der Polizei kooperierenden berufsmäßigen Straftäter handelt?
3. Können Straftaten verfolgt werden, zu denen ein polizeilicher Lockspitzel eine Person angestiftet hat, die vorher nicht tatgeneigt war und die noch nie Straftaten dieser Art begangen hat?

Gedankliche Strukturierung des Falles (Kurzlösung)

400 **Teil I. (materiell-rechtlicher Teil)**

A. Der Vorderzehenknochen des Archäopteryx

I. Strafbarkeit des X

1. § 222 (+)

a) Tatbestandsmäßigkeit (+)
- Erfolgseintritt (+)
- Kausalität (+)
- objektive Sorgfaltspflichtverletzung bei objektiver Voraussehbarkeit des Erfolges (+)
- objektive Zurechnung (+)

b) Rechtswidrigkeit (+)

c) Schuld (+)
- subjektive Vorhersehbarkeit (+)
- subjektive Vermeidbarkeit (+)

2. §§ 251, 22, 23 I Alt 1 (–)

Problem Nr 85: Aufbauschema erfolgsqualifiziertes Delikt (Rn 403)

a) Vorprüfung (+)

Problem Nr 86: Versuch des erfolgsqualifizierten Delikts (Rn 405)

b) Tatentschluss bzgl Grunddelikt (+)

c) Unmittelbares Ansetzen bzgl Grunddelikt (+)

d) Rechtswidrigkeit und Schuld (+)

e) Qualifizierende Folge (+)

f) Spezifischer Gefahrzusammenhang (+)

g) Fahrlässigkeit bzgl schwerer Folge (+)

h) Rücktritt, § 24 II (+)
- Rücktritt bei mehreren Tatbeteiligten (+)

Problem Nr 87: Rücktritt vom erfolgsqualifizierten Versuch (hier: § 251) (Rn 407)

- Versuch nicht fehlgeschlagen (+)
- Verhinderung der Tatvollendung (+)
- Freiwilligkeit (+)

i) Ergebnis

3. §§ 249 I, 250 I Nr 1 a (+), II Nr 1 (+), 22, 23 I Alt 1 (–)
- Vorprüfung (+)
- Tatentschluss (+)
- I Nr 1 a (Waffe bei sich führen) (+)
- II Nr 1 (Waffe verwenden) (+)
- Unmittelbares Ansetzen (+)
- Rücktritt, § 24 II (+)

4. §§ 253 I, II, 255 iVm §§ 250 I Nr 1 a Alt 2, II Nr 1 Alt 1, 22, 23 I Alt 1 (–)

a) Vorprüfung (+)

b) Tatentschluss (–)

Problem Nr 88: Abgrenzung Raub – räuberische Erpressung (Rn 411)

- Vorsatz bzgl Vermögensverfügung (–)

5. §§ 242 I, II, 244 I Nr 1 (+), Nr 3 (+), II, 22, 23 I (–)
- Rücktritt, § 24 II (+)

6. §§ 246 I, III, 22, 23 I Alt 2 (–)
- Rücktritt, § 24 II (+)

7. § 240 I, II bzgl W (+)

a) Objektiver Tatbestand (+)
- Gewalt (–)
- Drohung mit empfindlichem Übel (+)
- Kausalität zwischen Nötigungsmittel und Nötigungserfolg (+)

b) Subjektiver Tatbestand (+)

c) Rechtswidrigkeit und Schuld (+)
- allgemeine Rechtfertigungsgründe (–)
- § 240 II (+)

8. § 241 I bzgl W (+)
- aber subsidiär ggü § 240 I, II

9. § 123 I Alt 1 (+)

10. Konkurrenzen

11. Ergebnis für X im Tatkomplex A

X hat sich gem § 222 – § 52 – § 240 I, II – § 52 – § 123 I Alt 1 strafbar gemacht.

II. Strafbarkeit des K

1. § 222 (–)
- Erfolgseintritt (+)
- Kausalität (+)
  - objektive Sorgfaltspflichtverletzung (–)
  - objektive Zurechnung (–)

2. §§ 249 I, 22, 23 I Alt 1, 25 II (–)
- Exzess des X

3. §§ 242 I, II, 22, 23 I Alt 2, 25 II (+)

a) Vorprüfung (+)

b) Tatentschluss (+)

c) Unmittelbares Ansetzen (+)

d) Rechtswidrigkeit und Schuld (+)

e) Rücktritt, § 24 II (–)

f) Strafzumessung, § 243 I 1, 2 Nr 1 (–), Nr 3 (–), Nr 5 (–)
- Nr 1 (Einsteigen in ein Gebäude) (–)

Problem Nr 89: Erfasst § 243 I 1, 2 Nr 1 den „Wohnungseinbruchsdiebstahl"? (Rn 420)

- Nr 3 (gewerbsmäßig) (–)
- Nr 5 (Sache von Bedeutung für Wissenschaft in öffentlicher Sammlung) (–)

g) Ergebnis

4. §§ 244 I Nr 1 a (–), Nr 3 (+), II, 22, 23 I Alt 2, 25 II (+)
- Vorprüfung (+)
- Tatentschluss (+)

- Nr 1 a (Waffe bei sich führen) (–) (Exzess des X)
- Nr 3 („Wohnungseinbruchsdiebstahl") (+)
- Unmittelbares Ansetzen (+)
- Rücktritt, § 24 II (–)

5. §§ 246 I, III, 22, 23 I Alt 2, 25 II (+)
- aber subsidiär gem § 246 I aE

6. §§ 123 I Alt 1, 25 II (+)

7. Konkurrenzen

8. Ergebnis für K im Tatkomplex A
K hat sich gem §§ 244 I Nr 3, II, 22, 23 I Alt 2, 25 II – § 52 – §§ 123 I Alt 1, 25 II strafbar gemacht.

B. Der Siegelring

I. Strafbarkeit des X

1. § 242 I (+)
a) Objektiver Tatbestand (+)
b) Subjektiver Tatbestand (+)
c) Rechtswidrigkeit und Schuld (+)
d) Strafzumessung, § 243 I 1, 2 Nr 3 (+)
- Nr 3 (gewerbsmäßig) (+)
- § 243 II (–)

2. § 244 I Nr 2 (–), Nr 3 (+)
a) Objektiver Tatbestand (+)
- Nr 2 („Bandendiebstahl") (–)
- Nr 3 („Wohnungseinbruchsdiebstahl") (+)

b) Subjektiver Tatbestand (+)

3. § 249 I (–)
- Gewalteinsatz (+)
- Wegnahme fremder beweglicher Sache (+)
- finale Verknüpfung (–)

4. §§ 249 I, 22, 23 I Alt 1 (–)
a) Vorprüfung (+)
b) Tatentschluss (+)
c) Unmittelbares Ansetzen (–)
d) Ergebnis

5. §§ 252, 249 (+)
a) Objektiver Tatbestand (+)
- vollendeter Diebstahl (+)
- auf frischer Tat betroffen (+)

Problem Nr 90: Zuvorkommen des Betroffenwerdens iSv § 252 durch Einsatz von Gewalt (Rn 430)

- Gewalt gegen eine Person (+)

b) Subjektiver Tatbestand (+)
- Vorsatz (+)
- Absicht, sich im Besitz der Beute zu erhalten (+)

6. §§ 252, 250 I Nr 1 c (–), Nr 2 (–), II Nr 3 a (–), Nr 3 b (–)
- I Nr 1 c (Gefahr schwerer Gesundheitsschädigung) (–)
- I Nr 2 (als Mitglied einer Bande) (–)
- II Nr 3 a (schwere körperliche Misshandlung) (–)
- II Nr 3 b (Gefahr des Todes) (–)

7. § 246 I (+)
- aber subsidiär gem § 246 I aE

8. § 223 I (+)

9. § 224 I Nr 3 (+), Nr 4 (+)
- Nr 3 (hinterlistiger Überfall) (+)
- Nr 4 (mit einem anderen Beteiligten gemeinschaftlich) (+)

10. § 240 I, II (+)

11. § 123 I Alt 1 (+)

12. Konkurrenzen

13. Ergebnis für X im Tatkomplex B
X hat sich gem §§ 252, 249 – § 52 – § 224 I Nr 3, Nr 4 – § 52 – § 123 I Alt 1 strafbar gemacht.

II. Strafbarkeit des Y

1. §§ 242 I, 25 II (+)
a) Objektiver Tatbestand (+)
b) Subjektiver Tatbestand (+)
c) Rechtswidrigkeit und Schuld (+)
d) Strafzumessung, § 243 I 1, 2 Nr 3 (+)
- Nr 3 (gewerbsmäßig) (+)

2. §§ 244 I Nr 2 (+), Nr 3 (+), 25 II (+)
a) Objektiver Tatbestand (+)
- Nr 2 („Bandendiebstahl") (+)

Problem Nr 91: Diebstahl unter „Mitwirkung" eines Bandenmitgliedes iSv § 244 I Nr 2 (Rn 438)

- Nr 3 („Wohnungseinbruchsdiebstahl") (+)

b) Subjektiver Tatbestand (+)

3. §§ 244 a I, 25 II (+)

4. §§ 252, 249, 25 II (+)

5. §§ 252, 250 I Nr 2, 25 II (–)
- unter Mitwirkung eines anderen Bandenmitgliedes (–)

6. §§ 246 I, 25 II (+)
- aber subsidiär gem § 246 I aE

7. §§ 223 I, 25 II (+)

8. §§ 224 I Nr 3 (+), Nr 4 (+), 25 II (+)
- Nr 3 (hinterlistiger Überfall) (+)
- Nr 4 (mit einem anderen Beteiligten gemeinschaftlich) (+)

9. §§ 240 I, II, 25 II (+)

10. § 123 I Alt 1 (+)

11. Konkurrenzen

12. Ergebnis für Y im Tatkomplex B
Y hat sich gem §§ 252, 249, 25 II – § 52 – §§ 244 a I, 25 II – § 52 – §§ 224 I Nr 3, Nr 4, 25 II – § 52 – 123 I Alt 1 strafbar gemacht.

III. Strafbarkeit des B

1. §§ 242 I, 25 II (+)
- Tatherrschaft (+) (Bandenchef)
- § 243 I 1, 2 Nr 3 (gewerbsmäßig) (+)

2. §§ 244 I Nr 2 (+), Nr 3 (+), 25 II (+)
- Nr 2 („Bandendiebstahl") (+)
- Nr 3 („Wohnungseinbruchsdiebstahl") (+)

3. §§ 244 a I, 25 II (+)

4. §§ 246 I, 25 II (+)
- aber subsidiär gem § 246 I aE

5. §§ 252, 249, 25 II (–)
- Vorsatz (–)

6. §§ 223 I, 25 II (–)
- Vorsatz (–)

7. §§ 240 I, II, 25 II (–)
- Vorsatz (–)

8. §§ 123 I Alt 1, 25 II (+)

9. Konkurrenzen

10. Ergebnis für B im Tatkomplex B
B ist strafbar gem §§ 244 a I, 25 II.

IV. Strafbarkeit des S

1. §§ 242 I, 25 II (–)
- Mittäterschaft (–)

2. §§ 242 I, 26 (–)
a) Objektiver Tatbestand (+)
- vorsätzliche rechtswidrige Haupttat (+)
- Anstiftungshandlung (+)

b) Subjektiver Tatbestand (–)
- doppelter Anstiftervorsatz (–)

Problem Nr 92: Agent provocateur (Rn 451)

3. §§ 123 I Alt 1, 26 (+)
a) Objektiver Tatbestand (+)
b) Subjektiver Tatbestand (+)
c) Rechtswidrigkeit (+)
d) Schuld (+)

4. §§ 240 I, II, 26 (–)
- Vorsatz (–)

5. §§ 252, 249, 26 (–)
- Vorsatz (–)

6. §§ 223 I, 26 (–)
- Vorsatz (–)

7. §§ 259 I, III, 22, 23 I Alt 2 (–)
- Vorprüfung (+)
- Tatentschluss (–)

8. Ergebnis für S im Tatkomplex B
S ist strafbar gem §§ 123 I Alt 1, 26.

C. Die Flucht des X (Strafbarkeit des X)

1. § 303 I Alt 1 bzgl Pkw des E (Aufbrechen) (+)

2. § 242 I bzgl Pkw des E (–)
a) Objektiver Tatbestand (+)
b) Subjektiver Tatbestand (–)
- Vorsatz bzgl Wegnahme einer fremden beweglichen Sache (+)
- Zueignungsabsicht (–)

Problem Nr 93: Enteignungsvorsatz bei Rückführungswillen (Rn 458)

3. § 248 b I (+)
- Strafantragserfordernis, § 248 b III (+)

4. § 246 I bzgl Pkw des E (–)

5. § 242 I bzgl Benzin (–)
- subsidiär ggü § 248 b

6. § 303 I Alt 1 bzgl Pkw des E und Pkw des G anlässlich der Kollision (–)
- Vorsatz (–)

7. § 142 I (–)
a) Objektiver Tatbestand (+)
- Unfallbeteiligter iSv Abs 5 (+)
- Nr 1 (Anwesenheits- und Vorstellungspflicht) (+)
- Nr 2 (Wartepflicht) (+)
- Entfernen vom Unfallort

Problem Nr 94: Wie ist der Begriff des „Unfallorts" iSv § 142 I auszulegen (Rn 464)

b) Subjektiver Tatbestand (–)
- Vorsatz (–) (Tatbestandsirrtum)

Problem Nr 95: Wann muss der Vorsatz für das Entfernen iSv § 142 vorliegen (Rn 466)

8. §§ 142 I, 13 I

9. § 142 II Nr 2 (–)
a) Objektiver Tatbestand (–)
- Nr 2 (berechtigtes oder unentschuldigtes Entfernen vom Unfallort) (–)

Problem Nr 96: Unvorsätzliches Entfernen als „berechtigtes oder unentschuldigtes" Entfernen iSv § 142 II Nr 2 (Rn 469)

b) Ergebnis

10. Konkurrenzen

11. Ergebnis für X im Tatkomplex C
X hat sich gem § 248 b I – § 52 – § 303 I Alt 1 strafbar gemacht.

D. Gesamtkonkurrenzen

E. Gesamtergebnis des materiellrechtlichen Gutachtens

B: Tatkomplex B: §§ 244 a I, 25 II
K: Tatkomplex A: §§ 244 I Nr 3, II, 22, 23 I Alt 2, 25 II – § 52 – §§ 123 I Alt 1, 25 II
S: Tatkomplex B: §§ 123 I Alt 1, 26
X: Tatkomplex A: § 222 – § 52 – § 240 I, II – § 52 – § 123 I Alt 1
– § 53 –
Tatkomplex B: §§ 252, 249 – § 52 – § 224 I Nr 3, Nr 4 – § 52 – § 123 I Alt 1
– § 53 –
Tatkomplex C: § 248 b I – § 52 – § 303 I Alt 1
Y: Tatkomplex B: §§ 252, 249, 25 II – § 52 – §§ 244 a I, 25 II – §§ 224 I Nr 3, Nr 4, 25 II – § 52 – § 123 I Alt 1

Teil II. (prozessualer Teil)

1. Der Verdeckte Ermittler

Problem Nr 97: Systematik der Bedingungen, von denen die Behörde die Sperrung von Gewährspersonen für das gerichtliche Verfahren abhängig machen kann („Stufentheorie“) (Rn 474)

2. Der V-Mann; Der Zeuge vom Hörensagen

Problem Nr 98: Die Zulässigkeit des V-Mann-Einsatzes (Rn 475)

Problem Nr 99: Die Zulässigkeit der Heranziehung des Zeugen vom Hörensagen und deren Grenzen (Rn 476)

3. Lockspitzeleinsatz von V-Männern

Problem Nr 100: Grenzen des Lockspitzeleinsatzes von V-Männern und Konsequenzen ihrer Überschreitung (Rn 477)

Ausführliche Lösung von Fall 9

Teil I. (materiell-rechtlicher Teil)

A. Der Vorderzehenknochen des Archäopteryx

I. Strafbarkeit des X

1. § 222

401 Durch die Abgabe des „Warnschusses", welcher unvorhergesehen den P tödlich traf, könnte sich X wegen fahrlässiger Tötung strafbar gemacht haben.

a) Tatbestandsmäßigkeit

P ist tot, der Erfolg somit eingetreten. Diesen Erfolg hat X äquivalent durch die Abgabe des Schusses verursacht.

Bei der Erfolgsverursachung müsste er weiterhin objektiv sorgfaltswidrig, dh trotz Vorhersehbarkeit und Vermeidbarkeit des Erfolges und unter Außerachtlassung der im Verkehr erforderlichen Sorgfalt, gehandelt haben[1]. Gibt man, obwohl man durch eine Lichtquelle geblendet wird, einen Schuss in einen dunklen Raum hinein ab, so muss ein umsichtig handelnder Mensch aus dem Verkehrskreis des Täters eine schwere, uU auch tödliche Verletzung einer für ihn nicht sichtbaren Person nach der allgemeinen Lebenserfahrung als mögliche Folge in Betracht ziehen. Vermeidbar war die Abgabe des Schusses für X ebenfalls. X handelte objektiv sorgfaltswidrig.

Der Erfolg ist dem X auch objektiv zuzurechnen.

b) Rechtswidrigkeit

X handelte rechtswidrig.

c) Schuld

Der Tod des P war für X subjektiv voraussehbar und subjektiv vermeidbar.

X ist gem § 222 strafbar.

2. §§ 251, 22, 23 I Alt 1

402 Durch sein Verhalten in der Villa des S könnte X einen versuchten Raub mit Todesfolge begangen haben.

Zum Aufbau: Hier wird ausnahmsweise nicht mit §§ 249, 22, 23 I Alt 1 angefangen, obwohl sonst generell zu raten ist, zunächst das Grunddelikt zu prüfen. Klammert man jedoch den Todeserfolg zunächst aus, übersieht man später uU den Streit, ob angesichts des Eintritts dieser Erfolgsqualifikation ein Rücktritt überhaupt noch möglich ist.

---

1 *Wessels/Beulke*, AT Rn 667.

Problem Nr 85: Aufbauschema erfolgsqualifiziertes Delikt 403

Vollendetes erfolgsqualifiziertes Delikt		**Versuchtes erfolgsqualifiziertes Delikt**
hiesiger Aufbau	im Schrifttum vielfach empfohlener (gleichwertiger) Aufbau	nur hiesiger Aufbau
1. Tatbestand des Grunddelikts a) Objektiver Tatbestand b) Subjektiver Tatbestand	1. Tatbestand a) Objektiver Tatbestand des Grunddelikts b) Subjektiver Tatbestand des Grunddelikts c) Qualifizierende Folge d) Spezifischer Gefahrzusammenhang e) (objektive) Fahrlässigkeit	1. Vorprüfung – Delikt nicht vollendet – Strafbarkeit des Versuchs **Problem:** Versuch des erfolgsqualifizierten Delikts 2. Tatentschluss bzgl Grunddelikt 3. Unmittelbares Ansetzen bzgl Grunddelikt
2. Rechtswidrigkeit 3. Schuld 4. Qualifizierende Folge 5. Spezifischer Gefahrzusammenhang 6. Fahrlässigkeit bzgl schwerer Folge (mind Fahrlässigkeit oder aber Leichtfertigkeit [zB § 251]) – objektive Fahrlässigkeitselemente – subjektive Fahrlässigkeitselemente	2. Rechtswidrigkeit 3. Schuld – inkl subjektiver Fahrlässigkeit bzgl Erfolgseintritt und spezifischem Gefahrzusammenhang	4. Rechtswidrigkeit 5. Schuld 6. Qualifizierende Folge 7. Spezifischer Gefahrzusammenhang 8. Fahrlässigkeit bzgl schwerer Folge (mind Fahrlässigkeit oder aber Leichtfertigkeit [zB § 251]) – objektive Fahrlässigkeitselemente – subjektive Fahrlässigkeitselemente

Zur Vertiefung: Wessels/Beulke, AT Rn 879; Zieschang, AT S 101.

a) Vorprüfung

Zumindest das Grunddelikt – Raub – wurde mangels Wegnahme – X hat die Beute nicht einmal berührt – nicht vollendet. 404

Da § 249 I ein Verbrechen (§ 12 I) ist, steht der Versuch unter Strafe. Zweifelhaft ist, ob dies auch für § 251 gilt. Er ist zwar ebenfalls ein Verbrechen, zugleich aber ein erfolgsqualifiziertes Delikt. Es ist umstritten, ob der Versuch eines erfolgsqualifizierten Delikts möglich ist.

Problem Nr 86: Versuch des erfolgsqualifizierten Delikts 405

Grundsätzlich gelten die erfolgsqualifizierten Delikte als Vorsatzdelikte, soweit die zum Grunddelikt gehörende Tathandlung Vorsatz voraussetzt, § 11 II, sodass ein Versuch begrifflich möglich erscheint.

(1) Anerkannt (speziell zu § 251 vgl BGH NStZ 2001, 534) ist dabei der *Versuch der Erfolgsqualifikation*. Dieser ist bei versuchtem (str, bejahend: *Jescheck/Weigend*, § 49 VII 2 b;

S/S-*Cramer/Sternberg-Lieben,* § 18 Rn 10; verneinend: *Maurach/Schroeder/Maiwald,* BT1 § 9 Rn 27) oder verwirklichtem Grunddelikt, aber nur versuchter Erfolgsqualifikation gegeben, wenn der Täter die qualifizierende Folge in seinen Vorsatz aufgenommen hat, ihr Eintritt aber ausbleibt.

(2) Umstritten ist, ob und wann ein *erfolgsqualifizierter Versuch* möglich ist. Dieser kommt dann in Betracht, wenn der Täter die qualifizierende Folge bereits durch den Versuch des Grunddelikts herbeiführt und hinsichtlich der schweren Folge fahrlässig handelt.

(a) Eine **enge Ansicht** (*Maurach/Gössel/Zipf,* AT2 § 43 Rn 117; iE auch *Altenhain,* GA 1996, 30, 35) bejaht die Möglichkeit eines erfolgsqualifizierten Versuchs nur bei Delikten, bei denen die schwere Folge eines erfolgsqualifizierten Delikts auch vorsätzlich herbeigeführt werden kann (zB §§ 239 III, IV, 178, 251, 306 c).

Argument: Sonst würde nicht an die spezielle Gefährlichkeit des Grunddelikts, sondern an zufällige Unachtsamkeiten im Zuge der Tathandlung angeknüpft werden.

(b) Nach der **Gegenansicht** (*Otto,* AT § 18 Rn 83 ff; *Schroeder,* JZ 1967, 368; *Stree,* GA 1960, 289, 292 f; *Wolter,* JuS 1981, 168, 173, 178) liegt unabhängig von der Struktur des Delikts ein Versuch eines erfolgsqualifizierten Delikts vor, wenn der Versuch des Grunddelikts bereits die schwere Folge herbeigeführt hat.

Argument: Die besondere Gefährlichkeit des versuchten Grunddelikts hat sich bei allen Versuchsvarianten verwirklicht. Eine Haftung für den Erfolgseintritt, obwohl insoweit der Vorsatz fehlt, wird durch § 18 vorgeschrieben.

(c) Zutreffend differenziert die **herrschende Meinung** (BGH NStZ 2001, 534; 2003, 149; *Haft,* AT S 239; *Fischer,* § 18 Rn 7; *Lackner/Kühl,* § 18 Rn 9; *Rath,* JuS 1999, 140; S/S-*Cramer/Sternberg-Lieben,* § 18 Rn 9; *Wessels/Beulke,* AT Rn 617; *Zieschang,* AT S 119) danach, ob der qualifizierende Erfolg mit der Tat*handlung* verknüpft ist (dann erfolgsqualifizierter Versuch möglich) oder ob auf den *Erfolg* des Grunddelikts aufgebaut wird (dann kein erfolgsqualifizierter Versuch möglich).

Argument: Die oben dargestellte Ansicht (a), die nur wegen der Erfolgsherbeiführung aus dem Fahrlässigkeitsdelikt bestraft, missachtet den Umstand, dass von dem Versuch, das Grunddelikt zu begehen, eine spezielle Gefährlichkeit ausgeht.

Andererseits kann auch die uneingeschränkte Befürwortung der Möglichkeit des erfolgsqualifizierten Versuchs – oben Meinung (b) – nicht überzeugen: Wenn der Straftatbestand die spezielle Gefährlichkeit gerade aus dem vorsätzlich herbeigeführten Erfolg des Grunddeliktes ableitet, ist es systemwidrig, trotz Ausbleibens dieses Erfolges die (Versuchs-)Strafbarkeit zu verschärfen.

Zur Vertiefung: Wessels/Beulke, AT Rn 617; Hillenkamp, AT 16. Problem S 97 ff.

406 Die Variante, dass der Täter den Erfolg anstrebt (Versuch der Erfolgsqualifikation), scheidet hier aus. Zwar ist die besondere Folge des § 251 – Tod eines anderen Menschen – eingetreten, allerdings handelte X diesbezüglich nicht einmal mit dolus eventualis.

Vielmehr ist die Konstellation des versuchten Grunddelikts mit eingetretenem Qualifikationserfolg, also der sog erfolgsqualifizierte Versuch, gegeben. Manche wollen diese Form des Versuchs nur bei Delikten zulassen, bei denen die schwere Folge auch vorsätzlich herbeigeführt werden kann. Andere halten im Hinblick auf § 18 unabhängig von der Deliktsstruktur einen erfolgsqualifizierten Versuch immer für möglich. Zutreffend ist jedoch zu differenzieren. Ein erfolgsqualifizierter Versuch kann unter Strafe stehen, wenn der Straftatbestand die spezielle Gefährlichkeit bereits aus der Tathandlung des Grunddelikts ableitet. § 251 ist ein Delikt, das die Erfolgsqualifikation – den Tod – nicht an den „Rauberfolg" sondern an die Gefährlichkeit der „Raubhandlung" anknüpft, nämlich an die Drohung mit gegenwärtiger Gefahr für Leib oder Leben oder die Gewaltanwendung gegen eine Person.

Ein strafbarer Versuch gem §§ 251, 22, 23 I Alt 1 ist also möglich.

b) Tatentschluss bzgl Grunddelikt

Fraglich ist, ob X Gewalt gegen eine Person anwenden wollte.

Die Schusswaffe war nur zur Abgabe von Warnschüssen gedacht, also zur Drohung mit gegenwärtiger Gefahr für Leib und Leben eines anderen, um dessen Widerstand gegen die Mitnahme des Knochens zu brechen. Gewalt gegen eine Person ist hingegen die Ausübung körperlich wirkenden Zwanges durch eine unmittelbare oder mittelbare Einwirkung auf einen anderen, die nach der Vorstellung des Täters dazu bestimmt und geeignet ist, einen tatsächlich geleisteten oder erwarteten Widerstand zu überwinden oder unmöglich zu machen[2].

Zwar hat der BGH teilweise die Drohung mit einem Schusswaffeneinsatz bereits dann als Gewaltausübung iSd § 249 eingestuft, wenn die Bedrohung mit einer Waffe vom Opfer „als gegenwärtiges Übel sinnlich empfunden" wurde[3]. Mittlerweile handhaben jedoch sowohl das BVerfG als auch der BGH den Gewaltbegriff zu Recht restriktiver, indem sie einen physischen Zwang oder eine körperliche Kraftentfaltung verlangen[4].

Der Streit kann dahinstehen, denn richtiger Ansicht nach ist auch auf der Grundlage des herkömmlichen Gewaltbegriffs die Drohung mit einer Schusswaffe nicht als Gewalt, sondern als klassische Drohung einzustufen[5]. X wollte also keine Gewalt anwenden, sondern mit einer gegenwärtigen Gefahr für Leib und Leben eines anderen drohen, um dessen Widerstand gegen die Mitnahme des Knochens zu brechen.

Fraglich ist, ob eine Wegnahmehandlung angestrebt wurde. Die Rechtsprechung bestimmt die Wegnahme im Sinne des § 249 – in Abgrenzung zur räuberischen Erpressung nach §§ 253, 255 – grundsätzlich nach dem äußeren Erscheinungsbild des vermögensschädigenden Verhaltens des Verletzten[6]. Sie bejaht eine Wegnahme, wenn sich der Täter die Sache selbst nimmt und das Opfer dies nur dulden muss, hingegen verneint sie die Wegnahme, wenn sich der Täter die Sache vom Opfer geben lässt. Im vorliegenden Fall wollte X sich den Knochen selbst nehmen, so dass eine Wegnahme vorgenommen werden sollte. Zu demselben Ergebnis gelangt auch die herrschende Lehre, welche den Gewahrsamsbruch unabhängig vom Akt des Nehmens bzw. Gebens bestimmt[7]. Da W keinerlei Entscheidungsspielraum verbleiben sollte, wollte X den Knochen ohne ein Einverständnis des W – der insoweit im Lager des S stand – aus dem Gewahrsam des S (Haus) entfernen und eigenen Gewahrsam am Knochen begründen.

2 *Wessels/Hillenkamp*, BT2 Rn 319.
3 BGHSt 23, 126, 127.
4 BVerfGE 92, 1; BGHSt 41, 231; zustimmend *Sonnen*, BT S 124; zu weiteren Einzelheiten zum Gewaltbegriff vgl Fall 12, Problem Nr 128, Rn 600.
5 *Jäger*, BT Rn 283; *Wessels/Hillenkamp*, BT2 Rn 319.
6 BGH NStZ 1999, 350.
7 *Wessels/Hillenkamp*, BT2 Rn 731.

Außerdem müsste X in Zueignungsabsicht gehandelt haben. X wollte den Knochen dem S dauerhaft entziehen und zumindest vorübergehend in das Vermögen des Dritten K überführen. Zueignungsabsicht ist somit gegeben. X wusste auch um die Rechtswidrigkeit der Zueignung.

c) Unmittelbares Ansetzen bzgl Grunddelikt

Nach allen Ansichten hat der Täter spätestens dann mit der Ausführung des Tatbestandes begonnen, wenn schon teilweise Tatbestandsmerkmale durch ihn verwirklicht wurden. X hat durch die an W gerichtete Aufforderung und die Abgabe des Schusses bereits die Drohung ausgesprochen.

d) Rechtswidrigkeit und Schuld

X handelte rechtswidrig und schuldhaft.

e) Qualifizierende Folge

Der in § 251 sanktionierte Todeserfolg ist bei P eingetreten (*s o Rn 401*).

f) Spezifischer Gefahrzusammenhang

Zusätzlich zu den üblichen Kausalitätserfordernissen wird beim erfolgsqualifizierten Delikt noch ein gefahrspezifischer Zurechnungszusammenhang zwischen versuchtem Grunddelikt und der schweren Folge verlangt. Der Tod muss „durch den Raub verursacht" worden sein, dh es muss sich ein für den Raub typisches Risiko im Todeserfolg niedergeschlagen haben. Dabei ist mit den oben genannten Argumenten auf die Realisierung der spezifischen Gefahr der Gewaltanwendung bzw Drohung beim Raub abzustellen. Allein durch die Wegnahmehandlung wird eine Todesgefahr eher selten akut. Der Warnschuss war jedoch Teil der Drohung im Rahmen der qualifizierten Nötigung des § 249 I. Dass durch Einsatz dieses Nötigungsmittels jemand zu Tode kommt, ist eine typische Gefahr des Raubes[8].

g) Fahrlässigkeit bzgl schwerer Folge

Der Tod des P war objektiv vorhersehbar und vermeidbar (*s o Rn 401*). Die von § 251 speziell geforderte Leichtfertigkeit im Sinne einer groben Fahrlässigkeit[9] ist beim Einsatz einer Schusswaffe ebenfalls gegeben.

Der Eintritt der schweren Folge war auch subjektiv vorhersehbar und vermeidbar.

h) Rücktritt, § 24 II

X verwirklichte den versuchten Raub zwar als unmittelbarer Täter. An der Straftat war aber noch K als Mittäter oder Teilnehmer beteiligt. In diesem Fall richten sich die Rücktrittsvoraussetzungen nach § 24 II[10].

X müsste gem § 24 II 1 die Vollendung des Raubes mit Todesfolge, § 251, verhindert haben. Fraglich ist, ob die Regeln über den Rücktritt vom Versuch, § 24, beim hier ge-

8 *Wessels/Hillenkamp*, BT2 Rn 355.
9 *Wessels/Hillenkamp*, BT2 Rn 356.
10 *Beulke*, Klausurenkurs I [4] Rn 184.

gebenen erfolgsqualifizierten Versuch überhaupt anwendbar sind, da zwar die Wegnahme nicht vollendet wurde, jedoch der qualifizierende Todeserfolg bereits eingetreten ist.

Problem Nr 87: Rücktritt vom erfolgsqualifizierten Versuch (hier: § 251) 407

(1) Zum einen wird in der **Literatur** vertreten (*Fischer*, § 18 Rn 10 mwN; *Jäger*, NStZ 1998, 161; *Thomsen*, Über den Versuch der durch eine Folge qualifizierten Delikte, 1895, S 18 ff, 60 f, 72; *Ulsenheimer*, Bockelmann-FS S 405, 414 f; *Wolter*, JuS 1981, 168, 178), von einem (materiell) vollendeten erfolgsqualifizierten Delikt sei kein Rücktritt mehr möglich.

Dies gelte auch im Fall des § 251, wenn die tatbestandsmäßige Handlung, von der die Gefährdung ausgeht, die schwere Folge des Todes leichtfertig bewirkt hat.

Argument: Das Gerechtigkeitsgefühl erfordert eine Bestrafung nach der qualifizierten Norm. Zudem entspricht dies am ehesten der ratio der Erfolgsqualifikation. Wesentlich für die Erfolgsqualifikation ist bei § 251 allein die tatbestandsmäßige Handlung, da allein von ihr die Gefahr des Eintritts der besonderen Folge ausgeht. Das noch fehlende Schlussstück des Grundtatbestandes, dh die Wegnahme, ist für die Qualifikation nicht mehr erforderlich, sodass zwar nicht von einer formellen Vollendung, wohl aber einer Vollendung im materiellen Sinn gesprochen werden kann.

(2) Nach der überzeugenden **herrschenden Ansicht** ist hingegen ein Rücktritt trotz Eintritts der Erfolgsqualifikation möglich (BGHSt 42, 158, 160; *Kindhäuser*, AT § 32 Rn 33; *Schapiro*, JA 2005, 618; SK/StGB-*Rudolphi*, § 18 Rn 8 a).

Argument: Der Wortlaut des § 24 lässt den Rücktritt vom Grunddelikt zu. Daran ändert auch der Eintritt des qualifizierenden Erfolges nichts mehr. Entfällt aber der Grundtatbestand, so besteht kein Anknüpfungspunkt mehr für eine Strafbarkeit nach § 251. Dieser baut auf dem Grunddelikt auf. Die Einführung eines materiellen Vollendungsbegriffs würde den Grundtatbestand des § 249 I in ein Unternehmensdelikt umdeuten, der Vollendungszeitpunkt würde vorverlagert. Dies wäre eine teleologische Reduktion des § 24 zulasten des Täters, die ebenso wie eine Analogie zulasten des Täters nach Art 103 II GG unzulässig sein muss (BGH 42, 158, 161).

Die Ergebnisse sind auch nicht grob unbillig, da zumindest die Fahrlässigkeitstat ausreichend nach §§ 222, 229 bestraft werden kann.

Zur Vertiefung: Wessels/Beulke, AT Rn 653 a; Wessels/Hillenkamp, BT2 Rn 358.

Gegen die Anerkennung eines Rücktritts vom erfolgsqualifizierten Versuch spricht, 408 dass im Grunde genommen der Eintritt der Todesfolge bereits eine Vollendung im materiellen Sinn darstellt. Andererseits enthält jedoch der Wortlaut des § 24 keine Einschränkung für die vorliegende Konstellation. Deshalb bestand nach vorzugswürdiger Ansicht im Tatzeitpunkt trotz des eingetretenen Todes des P noch immer die Möglichkeit des Rücktritts vom erfolgsqualifizierten Versuch. Eine anderweitige Auslegung stellte eine unzulässige Analogie zulasten des Täters dar. Diese Lösung ist auch nicht grob unbillig, da eine Strafbarkeit des X aus § 222 (*s o Rn 401*) bestehen bleibt.

Der Rücktritt nach § 24 II ist hier auch nicht wegen Fehlschlags ausgeschlossen, da X nach seiner Vorstellung die Tat hätte vollenden können.

X hat es unterlassen, den Knochen zu entwenden und ist ohne die Beute geflüchtet. Auch ein solches Unterlassen ist – im Gegensatz zur Auslegung des Begriffs „Verhinderung der Vollendung“ in § 24 I, wo nur aktives Tun erfasst wird – als mögliche Rücktrittshandlung anerkannt, wenn dadurch – wie hier – sichergestellt wird, dass die Tatvollendung nicht erfolgen kann[11].

Fraglich ist, ob X freiwillig von einer Vollendung des Tatbestandes Abstand genommen hat[12]. X handelte freiwillig iSd Frank'schen Formel. Seinem Rücktritt stand auch kein zwingendes Hindernis im Weg. Obwohl eine gewisse Zwangslage infolge der Entdeckung vorlag, hatte sie auf X keine Auswirkungen in der Form, dass er sich nicht mehr in der Lage sah, die Tat zu vollenden. Er verlor nur den Willen dazu.

Im Sinne der Theorie von der Verbrechervernunft hätte ein „abgebrühter“ Verbrecher die Tat hier noch vollendet, solange sie objektiv möglich war. Indem X auf eine Wegnahme verzichtete, erwies er sich als weniger gefährlich.

Schließlich handelte es sich auch um autonome Motive. Hier ist X zwar durch die Wachmänner entdeckt worden, ein Rücktritt allein aus diesem Grund wäre daher heteronom motiviert und deshalb unfreiwillig gewesen. Allerdings war W so geschockt, dass X trotz der Entdeckung seine Tat zum Erfolg hätte führen können, zumal er maskiert war und eine Identifizierung nicht zu fürchten brauchte. Entscheidendes Motiv des Aufgebens war damit nicht die Angst vor Identifizierung oder davor, gefasst zu werden, sondern vielmehr sein aufgrund des Zwischenfalls verlorenes Interesse an der Tat, also ein autonomes Motiv.

Nach allen Ansichten handelt es sich also um einen freiwilligen Rücktritt des X.

i) Ergebnis

Damit ist X nach § 24 II strafbefreiend vom Versuch des § 251 zurückgetreten.

3. §§ 249 I, 250 I Nr 1 a, II Nr 1, 22, 23 I Alt 1

409 Der Raub wurde nicht vollendet (*s o Rn 404*). Die Strafbarkeit des Versuchs folgt aus § 23 I Alt 1 iVm § 249 I bzw § 250 I, II.

A wollte einen Raub begehen und dabei eine geladene Schusswaffe bei sich führen, § 250 I Nr 1 a, und diese notfalls auch verwenden iSv § 250 II Nr 1, denn für Letzteres genügt schon ein Einsatz als Drohmittel[13].

X hat auch zur Tatbestandsverwirklichung unmittelbar angesetzt. Er ist jedoch freiwillig zurückgetreten (*vgl o Rn 408*) und hat somit bzgl des versuchten einfachen und schweren Raubes Straffreiheit erlangt.

4. §§ 253 I, II, 255 iVm §§ 250 I Nr 1 a Alt 2, II Nr 1 Alt 1, 22, 23 I Alt 1

Obwohl ein versuchter schwerer Raub nur wegen des Rücktritts abgelehnt wurde – Tatentschluss und unmittelbares Ansetzen lagen vor –, ist §§ 253, 255, 22, 23 I Alt 1 dennoch zu prüfen. Im Rahmen des Tatentschlusses zu §§ 249 I, 22, 23 I Alt 1 wurde zwar Vorsatz bzgl der Wegnahme bejaht. Angesichts der Tatsache, dass dieses Tatbestands-

11 BGH NStZ 1989, 317, 318; S/S-*Eser*, § 24 Rn 89; *Wessels/Beulke,* AT Rn 649.
12 Siehe oben Fall 4, Problem Nr 39, Rn 175.
13 BGH NStZ-RR 1999, 102.

merkmal allerdings sowohl nach der Rspr als auch nach der hL vorlag, wurde der Streit hinsichtlich des Verhältnisses zwischen Raub und räuberischer Erpressung nicht geklärt und muss nun im Folgenden dargestellt werden.

X könnte dadurch, dass er möglichen Widerstand gegen die Mitnahme des Knochens durch den Einsatz der Schusswaffe brechen wollte, eine versuchte räuberische Erpressung begangen haben. **410**

a) Vorprüfung

Das Delikt wurde nicht vollendet. Der Versuch ist strafbar gem §§ 253, 255, 22, 23 I Alt 1.

b) Tatentschluss

X wollte durch die Abgabe von Warnschüssen, also durch eine Drohung mit gegenwärtiger Gefahr für Leib und Leben, die Duldung der Mitnahme des Knochens durch W erzwingen und dadurch dem S einen Vermögensschaden zufügen.

Fraglich ist, welche Anforderungen an das abgenötigte Verhalten iRd §§ 253, 255 zu stellen sind, insbesondere, ob die durch Nötigung erzwungene Duldung eine Vermögensverfügung darstellen muss oder ob jedes Opferverhalten ausreichend ist.

Problem Nr 88: Abgrenzung Raub – Räuberische Erpressung **411**

(1) Nach **Ansicht der Rechtsprechung** (BGHSt 7, 252; 14, 386; 25, 224; 32, 88; 41, 123; 42, 196) und **Teilen des Schrifttums** (*Arzt/Weber,* BT § 18 Rn 25; *Erb,* Herzberg-FS S 711; *Hecker,* JA 1998, 300, 305; *Kindhäuser*, BT2 § 17 Rn 211 ff; *Kretschmer, B.*, Jura 2006, 221; *Lüderssen,* GA 1968, 257; *Mitsch,* JA 1997, 655, 664; *Schroth,* BT S 216 ff; SK-*Günther,* § 253 Rn 16, Vor § 249 Rn 13) verlangen die §§ 253, 255 auf der Opferseite keine Vermögensverfügung, sondern es genügt jedes Opferverhalten.

Argument: Der Gesetzeswortlaut erzwingt keine andere Auslegung. Durch diese Lösung ist zwar jeder Raub (§ 249) zugleich auch eine räuberische Erpressung (§§ 253, 255). Dies ist jedoch sinnvoll: Im Regelfall geht § 249 den §§ 253, 255 als lex specialis vor. Entfällt hingegen eine Strafbarkeit gem § 249 mangels Zueignungsabsicht, so kann über §§ 253, 255 die durch Gewalt gegen eine Person verübte vermögensschädigende Handlung als Verbrechen erfasst werden. Wenn die Gegenansicht in dieser Konstellation die Gewaltanwendung allein über § 240 ahnden möchte, so wird sie der bei gewaltsamer Gebrauchsanmaßung gesteigerten Unrechtsdimension nicht gerecht.

Auf der Basis dieser Ansicht erübrigt sich auch die Unterscheidung zwischen vis compulsiva und vis absoluta, denn selbst der Täter, der die vermögensschädigende Handlung selbst vornimmt (typischer Fall der Wegnahme) wird vom Tatbestand der §§ 253, 255 erfasst.

Deswegen kann die Abgrenzung zwischen § 249 und §§ 253, 255 problemlos nach dem äußeren Erscheinungsbild der Tat (**§ 249: Wegnahme** [§ 253 ist jetzt subsidiär] – **§§ 253, 255: Hingabe**) erfolgen und es müssen keine komplizierten Prüfungen vorgenommen werden.

(2) Die in der **Literatur herrschende Ansicht** (*Haft,* BT1 S 47 f; *Lackner/Kühl*, § 253 Rn 3; *Maurach/Schoeder/Maiwald,* BT1 § 42 Rn 6 ff; MK-*Sander,* § 253 Rn 16 f; *Otto,* BT § 53 Rn 4; *Rengier*, BT1 § 11 Rn 29; S/S-*Eser,* § 253 Rn 3 u 8; *Wessels/Hillenkamp,* BT2 Rn 707) verlangt zu Recht eine Vermögensverfügung des Genötigten, da §§ 253, 255 von ihrem

Charakter her – wie der Betrugstatbestand (§ 263) – Selbstschädigungsdelikte sind, die von § 249 als Fremdschädigungsdelikt abzugrenzen sind.

Argument: Das Exklusivitätsverhältnis von §§ 253, 255 und § 249 zeigt sich zum einen in der Überschrift des zwanzigsten Abschnitts („Raub und Erpressung"), zum anderen in der **Systematik des Gesetzes**. Wäre § 249 Spezialnorm zu §§ 253, 255, wie es die Rechtsprechung annimmt, so müsste die Generalnorm systematisch vor der lex specialis stehen, nicht aber umgekehrt wie bei § 249 und §§ 253, 255.

Auch die Ausnahme von dieser Regel, die systematische Stellung der §§ 211, 212, rechtfertigt kein anderes Ergebnis, denn dort steht die Spezialregelung des § 211 nur wegen ihrer besonderen historischen Bedeutung an erster Stelle im Gesetz.

§ 263 weist zu § 253 I eine **parallele Struktur** auf. Beides sind **Selbstschädigungsdelikte**. Die Delikte unterscheiden sich nur dadurch, dass die vermögensschädigende Verfügung (Selbstschädigung) dort durch eine Täuschung erschlichen und hier durch Nötigung erzwungen wird.

Vor allem darf die Entscheidung des Gesetzgebers, die bloße **Gebrauchsanmaßung** iRd § 249 mangels Zueignungsabsicht straflos zu lassen, nicht durch eine Anwendung der §§ 253, 255 **unterlaufen** und der Täter letztlich doch „gleich einem Räuber" (§ 255) bestraft werden. Dass dieses Verhalten nicht von den herkömmlichen Eigentums- und Vermögensdelikten erfasst werden soll, beweist schon die Existenz des § 248 b, der als Sondertatbestand in Bezug auf Fahrzeuge die Gebrauchsanmaßung ausnahmsweise unter Strafe stellt. Das über die Gebrauchsanmaßung hinausgehende Element der Gewalttätigkeit kann vollumfänglich durch § 240 abgedeckt werden.

Zur Vertiefung: Wessels/Hillenkamp, BT2 Rn 707 ff; Hillenkamp, BT 33. Problem S 170 ff.

412 Vornehmlich die Rechtsprechung hält eine Vermögensverfügung seitens des erpressten Opfers nicht für notwendig. Die §§ 253, 255 StGB werden demnach möglichst weit ausgelegt, um alle als gleich gefährlich beurteilten Handlungen, die nicht unter den Raubtatbestand fallen, strafrechtlich zu erfassen. Nach überzeugender Ansicht erfordern die §§ 253, 255 aufgrund ihrer parallel zu § 263 erfolgten Ausgestaltung als Selbstschädigungsdelikt jedoch eine Vermögensverfügung, dh ein willensgetragenes, die Vermögensverschiebung bewusst herbeiführendes Verhalten des Genötigten. Im vorliegenden Fall wollte X mit dem Einsatz der Schusswaffe die Duldung der Mitnahme des Knochens erzwingen. Dem Opfer sollte also keinerlei Entscheidungsspielraum bleiben. X fehlte somit der Vorsatz bzgl einer Vermögensverfügung des W. Das Geschehen ist dementsprechend nur als eine Wegnahmehandlung iSv § 249 einzustufen (*s o 2 b, Rn 406*)

[Wer mit der Rechtsprechung jedes Opferverhalten genügen lässt, kann zwar Tatentschluss und unmittelbares Ansetzen bzgl §§ 253, 255 bejahen. Es greifen dann jedoch die Regeln des Rücktritts ein.]

5. §§ 242 I, II, 244 I Nr 1, Nr 3, II, 22, 23 I

413 Der im versuchten Raub enthaltene versuchte Diebstahl ist wegen des freiwilligen Rücktritts ebenfalls straflos.

6. §§ 246 I, III, 22, 23 I Alt 2

Auch von der versuchten Unterschlagung ist X strafbefreiend zurückgetreten.

7. § 240 I, II bzgl W

X könnte einen Menschen mit Gewalt zu einer Unterlassung genötigt haben. **414**

a) Objektiver Tatbestand

Die Abgabe von Warnschüssen gegenüber W stellt nur dann Gewalt dar, sofern man – wie die frühere Rechtsprechung – auch psychisch vermittelte, psychosomatische Auswirkungen in den Gewaltbegriff einbezieht. Dies wurde jedoch oben (*Rn 406*) bereits abgelehnt.

Drohung iSd § 240 I ist das auf Einschüchterung des Opfers gerichtete Inaussichtstellen eines zukünftigen Übels, auf dessen Eintritt der Drohende sich Einfluss zuschreibt[14]. Mit einschüchternden Worten, unterstützt durch den Warnschuss, hat X in Aussicht gestellt, einen weiteren, gezielten Schuss abzugeben, um so Leib und Leben des W zu gefährden.

Zwischen dem Nötigungsmittel (Warnschuss) und dem Nötigungserfolg (Unterlassung weiterer Maßnahmen gegen X durch W) bestand auch der notwendige Kausal- und Zurechnungszusammenhang.

b) Subjektiver Tatbestand

X handelte vorsätzlich. Zwar wusste er nicht, dass sein Schuss durch die Tötung des P eine noch größere abschreckende Wirkung bei W hervorrufen würde, als von ihm ursprünglich geplant war. Bzgl des § 240 handelt es sich aber nur um eine für den Vorsatz des X unbeachtliche Abweichung vom vorgestellten Kausalverlauf[15].

c) Rechtswidrigkeit und Schuld

Allgemeine Rechtfertigungsgründe sind nicht ersichtlich.

Der Einsatz des Nötigungsmittels (die Abgabe eines Warnschusses) zum angestrebten Nötigungszweck (eine Wachperson davon abzuhalten, einen Diebstahl zu verhindern) ist als verwerflich iSv § 240 II einzustufen.

X handelte zudem schuldhaft.

X hat sich gem § 240 I, II strafbar gemacht.

8. § 241 I bzgl W

Indem X die Pistole zog und den W warnte: „Zieh Leine oder du bist ein toter Mann!“, **415**
hat er den W mit der Begehung eines gegen ihn gerichteten Verbrechens, nämlich mit einem Totschlag iSv § 212 I (eventuell sogar mit einem Mord), bedroht.

§ 241 I tritt jedoch im Wege der Subsidiarität hinter § 240 I zurück[16].

---

14 *Wessels/Hettinger*, BT1 Rn 402.
15 *Wessels/Beulke*, AT Rn 258 ff.
16 Vgl *Fischer*, § 241 Rn 7.

9. § 123 I Alt 1

X hat das Grundstück und die Villa des S ohne dessen Einverständnis betreten. Er ist in das befriedete Besitztum und die Wohnung eingedrungen.

X handelte vorsätzlich. Er hat sich nach § 123 I Alt 1 strafbar gemacht. Der gem § 123 II erforderliche Strafantrag ist gestellt.

10. Konkurrenzen

416 § 222 und § 240 I, II wurden durch eine Handlung begangen, schützen aber verschiedene Rechtsgüter. Daher liegt Idealkonkurrenz, § 52, vor.

Zwischen § 222 – § 52 – § 240 I, II einerseits und § 123 I Alt 1 andererseits besteht gleichfalls Idealkonkurrenz, da der Hausfriedensbruch begangen wurde, um den (wegen Rücktritts straffreien) versuchten Diebstahl zu begehen[17].

11. Ergebnis für X im Tatkomplex A

X hat sich gem § 222 – § 52 – § 240 I, II – § 52 – § 123 I Alt 1 strafbar gemacht.

II. Strafbarkeit des K

1. § 222

417 Die Beauftragung des X durch K war Ursache für den Tod des zweiten Wachmanns iSd Conditio-sine-qua-non-Formel.

Es erscheint bereits höchst zweifelhaft, ob es für einen umsichtig handelnden Menschen aus dem Verkehrskreis des Täters vorhersehbar war, dass die Beauftragung eines professionellen Diebes bei Tatausführung mit dem Tod eines Menschen enden könnte, zumal ausdrücklich Gewalteinsatz ausgeschlossen und von der Abwesenheit von Menschen ausgegangen wurde. Zumindest führt der weisungswidrige vorsätzliche Entschluss des X, eine Waffe mitzunehmen, dazu, dass der Tod des P nicht mehr in den Verantwortungsbereich des K fällt und ihm somit nicht objektiv zurechenbar ist (eigenverantwortliches Dazwischentreten eines Dritten[18]).

K hat sich nicht gem § 222 strafbar gemacht.

2. §§ 249 I, 22, 23 I Alt 1, 25 II

418 Der Raub wurde mangels Wegnahme nicht vollendet. Der versuchte Raub ist strafbar gem §§ 249, 23 I Alt 1.

K hatte weder Vorsatz bzgl einer Drohung noch bzgl einer Gewaltanwendung gegenüber einem anderen Menschen. Insoweit lag ein Exzess des X vor, der K nicht zugerechnet werden kann.

---

17 Vgl *Wessels/Beulke*, AT Rn 779.
18 Siehe oben Fall 1, Problem Nr 4, Rn 32.

3. §§ 242 I, II, 22, 23 I Alt 2, 25 II

K könnte dadurch, dass er den X beauftragte, in der Villa des S den Knochen zu holen, **419**
einen versuchten Diebstahl in Mittäterschaft begangen haben.

a) Vorprüfung

Der Diebstahl wurde nicht vollendet. Der versuchte Diebstahl ist strafbar gem §§ 242 II, 23 I Alt. 2.

b) Tatentschluss

K wollte den Gewahrsam an dem Vorderzehenknochen, einer für ihn fremden beweglichen Sache, erlangen. Da er den Gewahrsamsbruch jedoch nicht selbst durchführen wollte, ist zu fragen, ob und wie ihm die Tat des X zugerechnet werden kann.

K könnte Mittäter iSd § 25 II sein, obwohl er bei der Ausführungshandlung selbst nicht einmal am Tatort anwesend war, geschweige denn eines der Tatbestandsmerkmale in eigener Person erfüllt hat. Mittäterschaft ist die gemeinschaftliche Begehung einer Straftat in bewusstem und gewolltem Zusammenwirken[19]. Ein gemeinsamer Tatplan liegt vor. Fraglich ist allein, ob eine gemeinsame Tatausführung gegeben ist. Insoweit ist eine Abgrenzung zur Teilnahme vorzunehmen[20].

Nach der von der Rechtsprechung im Ausgangspunkt noch immer vertretenen subjektiven Theorie kommt es für die Abgrenzung von Täterschaft und Teilnahme maßgeblich auf den Täterwillen an. Entscheidend für den Täterwillen des K spricht hier, dass X den Diebstahl nur begehen sollte, damit K in den Besitz des Knochens gelangt. Er hatte also das Hauptinteresse am Taterfolg. Er wollte nicht ausschließlich eine fremde Tat fördern. Vielmehr wollte er die Tat als eigene. Danach ist K Mittäter (*aA mit guter Argumentation vertretbar*).

Nach der Tatherrschaftslehre ist Täter, wer als Zentralgestalt des Geschehens die planvoll-lenkende oder mitgestaltende Tatherrschaft besitzt, die Tatbestandsverwirklichung somit nach seinem Willen hemmen oder ablaufen lassen kann. Teilnehmer ist, wer ohne eigene Tatherrschaft als Randfigur des realen Geschehens die Begehung der Tat veranlasst oder sonst wie fördert. K war zwar an der Ausführungshandlung selbst nicht beteiligt. Sein Verhalten im Vorbereitungsstadium war aber so bestimmend für die Ausführungshandlung, dass es einen gleichgewichtigen Beitrag zur Tat darstellte. Sein „Beteiligungsminus" wird hierdurch ausgeglichen. Auch nach der hier befürworteten Tatherrschaftstheorie ist K deshalb Mittäter iSd § 25 II (*aA mit guter Argumentation vertretbar*).

K hatte folglich Vorsatz bzgl einer mittäterschaftlich begangenen Wegnahme.

Zudem handelte er in der Absicht rechtswidriger Zueignung.

19 *Wessels/Beulke* AT Rn 524.
20 Siehe oben Fall 7, Problem Nr 63, Rn 285.

c) Unmittelbares Ansetzen

Nach der ganz herrschenden Gesamtlösung[21] beginnt für jeden Mittäter der Versuch bereits dann, wenn einer der Mittäter im Rahmen des gemeinsamen Tatentschlusses zur Tatausführung unmittelbar ansetzt. Das unmittelbare Ansetzen des X wirkt somit auch für K.

d) Rechtswidrigkeit und Schuld

K handelte rechtswidrig und schuldhaft.

e) Rücktritt, § 24 II

K ist durch eigenes Verhalten weder kausal für die Nichtvollendung der Wegnahme geworden noch hat er sich ernsthaft bemüht, die Vollendung zu verhindern. Er selbst hat die Voraussetzungen des § 24 II nicht erfüllt.

Der Rücktritt des X wirkt nicht auch für K, da es sich beim Rücktritt nach hM um einen persönlichen Strafaufhebungsgrund iSv § 28 II handelt, der nur für den Rücktretenden selbst strafbefreiende Wirkung entfaltet[22].

f) Strafzumessung, § 243 I 1, 2 Nr 1, Nr 3, Nr 5

Da es sich bei § 243 um eine Strafzumessungsnorm handelt (Wessels/Beulke, AT Rn 112), sind die Regelbeispiele beim Versuch des § 242 erst nach Tatbestandsmäßigkeit, Rechtswidrigkeit, Schuld und Rücktritt zu prüfen (s o Fall 3 Rn 112 mwN).

Ein besonders schwerer Fall des Diebstahlsversuchs ist nach hM dann unproblematisch möglich, wenn der Diebstahl im Versuch steckengeblieben ist, das Regelbeispiel allerdings dabei voll verwirklicht wurde[23]. Der Täter hat sich dann durch Verwirklichung des Regelbeispiels als besonders gefährlich erwiesen[24].

K könnte gem § 25 II im Rahmen des gemeinsamen Tatplanes die Erfüllung des tatbezogenen Regelbeispiels des Einsteigediebstahls iSv § 243 I 1, 2 Nr 1 Alt 1 durch X zuzurechnen sein. Dann müsste zunächst X den § 243 I 1, 2 Nr 1 Alt 1 erfüllt haben, indem er zum Zwecke des Diebstahls in die Villa des S einstieg.

Die Villa gehört zu den umschlossenen Räumen iSv § 243 I 1, 2 Nr 1, nämlich zu den Raumgebilden, die (zumindest auch) zum Betreten durch Menschen bestimmt und mit Vorrichtungen versehen sind, die das Eindringen von Unbefugten abwehren sollen und tatsächlich ein Hindernis bilden, das ein solches Eindringen nicht unerheblich erschwert[25].

Zugleich handelt es sich um eine Wohnung iSv § 244 I Nr 3, denn die Villa bestand aus umschlossenen Räumen, die als Mittelpunkt des privaten Lebens Selbstentfaltung, -entlastung und vertrauliche Kommunikation gewährleisten[26].

---

21 *V. Heintschel-Heinegg*, Prüfungstraining 1, Rn 536; *Wessels/Beulke*, AT Rn 611; *Beulke*, Klausurenkurs I [11] Rn 380; aA die Einzellösung, wonach der Tatbeitrag jedes Mittäters für sich genommen auf die Versuchsqualität untersucht wird.

22 S/S-*Eser*, § 24 Rn 4 f; *Wessels/Beulke*, AT Rn 493, 495, 626.

23 Siehe oben Fall 3, Problem Nr 20, Rn 113.

24 S/S-*Eser*, § 243 Rn 44; *Wessels/Hillenkamp*, BT2 Rn 201 ff.

25 Vgl *Wessels/Hillenkamp*, BT2 Rn 213.

26 *Wessels/Hillenkamp*, BT2 Rn 267.

Fraglich ist damit, ob Wohnräume dem Anwendungsbereich des § 243 I 2 Nr 1 unterfallen.

Problem Nr 89: Erfasst § 243 I 1, 2 Nr 1 den „Wohnungseinbruchsdiebstahl"? 420

Das 6. StrRG hat die vormals dort mit aufgeführte Wohnung aus den umschlossenen Räumen des § 243 I 1, 2 Nr 1 herausgelöst und das zur Ausführung eines Diebstahls vorgenommene Einbrechen, Einsteigen, etc in eine Wohnung als Wohnungseinbruchsdiebstahl in § 244 I Nr 3 zu einer weiteren Qualifikation erhoben. Umstritten ist nunmehr, ob der Wohnungseinbruchsdiebstahl ausschließlich von §§ 244, 244 a oder nach wie vor auch von § 243 I 1, 2 Nr 1 erfasst wird.

(1) Nach **einer Ansicht** erfüllt der Wohnungseinbruchsdiebstahl sowohl den Tatbestand der §§ 242, 243 I 1, 2 Nr 1 als auch den des § 244 I Nr 3 (*Fahl*, NJW 2001, 1699; *Hörnle*, Jura 1998, 169, 171; *Schmidt/Priebe,* BT2 Rn 250; *Zieschang*, JuS 1999, 49, 52; *Zopfs,* Jura 2007, 421, 423 f).

Argument: „Umschlossener Raum" ist der Oberbegriff für „Wohnung" und „Dienst- oder Geschäftsraum". Allein durch die Entfernung des Unterbegriffes „Wohnung" aus dem Gesetzestext des § 243 I 1, 2 Nr 1 konnte der Gesetzgeber an der Rechtslage nichts ändern. Sind danach im konkreten Fall sowohl § 243 I 1, 2 Nr 1 als auch § 244 I Nr 3 erfüllt, werden die §§ 242, 243 I 1, 2 Nr 1 erst auf der Ebene der Konkurrenzen von §§ 244 und 244 a (im Wege der Spezialität: *Fahl*, NJW 2001, 1699; für Subsidiarität *Wessels/Hillenkamp,* BT2 Rn 214) verdrängt.

(2) Nach überzeugender **anderer Ansicht** (*Gropp*, JuS 1999, 1041, 1049; *Jäger*, JuS 2000, 651, 657; *Mitsch*, BT2/1 Rn 190, 263) ist eine Heranziehung des § 243 I 1, 2 Nr 1 neben § 244 I Nr 3 ausgeschlossen. Ein Rückgriff auf §§ 242, 243 I 1, 2 Nr 1 kommt nur in Betracht, wenn § 244 I Nr 3 ausscheidet, so zB mangels Vorsatzes (*Krey/Hellmann*, BT2 Rn 102a).

Argument: § 243 I 1, 2 Nr 1 ist kein Tatbestandsmerkmal, sondern lediglich eine Strafzumessungsregel. Eine Heranziehung des § 243 I 1, 2 Nr 1 neben § 244 I Nr 3 verstößt gegen das Doppelverwertungsverbot des § 46 III.

Zur Vertiefung: Wessels/Hillenkamp, BT 2 Rn 267, 214.

Dafür, dass ein Wohnungseinbruchsdiebstahl gem § 244 I Nr 3 zugleich auch einen Diebstahl unter Erfüllung des Regelbeispiels des § 243 I 2 Nr 2 darstellen kann, spricht der Umstand, dass der Wortlaut des Regelbeispiels keine entsprechende Einschränkung enthält. Das bedeutete, dass der Diebstahl unter Erfüllung eines Regelbeispiels erst auf Konkurrenzebene entfiele. Nach überzeugender Ansicht schließen sich jedoch § 243 I 1, 2 Nr 1 und § 244 I Nr 3 aus, da der Unrechtsgehalt bereits durch den Qualifikationstatbestand des § 244 I Nr 3 erfasst wird und eine erneute Berücksichtigung im Rahmen der Strafzumessung nicht erfolgen darf. X – und damit auch K – haben folglich keinen versuchten Diebstahl unter Erfüllung eines Regelbeispiels nach § 243 I 1, 2 Nr 1 begangen. 421

K könnte das Regelbeispiel des § 243 I 1, 2 Nr 3 („gewerbsmäßig stiehlt") erfüllt haben. Da K nicht selbst handelt, hat auch die Erfüllung dieses Regelbeispiels zur Voraussetzung, dass es zunächst in der Person des X vorliegt. Gewerbsmäßigkeit ist gegeben, wenn der Täter sich aus wiederholten Diebstählen eine nicht nur vorübergehende Einnahmequelle von einigem Umfang und einer gewissen Dauer verschaffen möchte[27]. Dies ist bei dem Auftragsräuber X zu bejahen. Folglich hat X hier das Regelbeispiel des § 243 I 1, 2 Nr 3 verwirklicht.

Problematisch erscheint, ob sich K dies zurechnen lassen muss. Eine allgemeine Zurechnung über § 25 II kommt wegen mangelnder Tatbestandsqualität der Regelbeispiele nicht in Betracht. Es muss vielmehr für jeden Täter selbstständig im Sinne einer Gesamtabwägung festgestellt werden, ob ein besonders schwerer Fall vorliegt[28]. Nahe liegt eine Analogie zur Regelung des § 28 II, da die Voraussetzungen für die Annahme eines besonders schweren Falles bei mehreren Tatbeteiligten für jeden von ihnen gesondert zu prüfen sind[29]. Das täterbezogene Merkmal der Gewerbsmäßigkeit führt daher nur bei demjenigen zur Anwendung des § 243 I 1, 2 Nr 3, der dieses Merkmal auch selbst erfüllt[30]. K erfüllte dieses Regelbeispiel nicht selbst. Ein besonders schwerer Fall gem § 243 I 1, 2 Nr 3 entfällt somit.

Auch § 243 I 1, 2 Nr 5 ist nicht erfüllt, da die Sammlung des S nicht öffentlich zugänglich war.

g) Ergebnis

K hat sich somit nur wegen eines versuchten einfachen Diebstahls in Mittäterschaft ohne Erfüllung eines Regelbeispiels strafbar gemacht, §§ 242 I, II, 22, 23 I Alt 2, 25 II.

4. §§ 244 I Nr 1 a, Nr 3, II, 22, 23 I Alt 2, 25 II

422 Das Delikt wurde nicht vollendet. Der Versuch ist strafbar gem §§ 244 II, 23 I Alt 2.

X führte eine Schusswaffe mit sich (§ 244 I Nr 1 a). Insoweit ging X aber über den gemeinsamen, mit K vereinbarten Tatplan hinaus. Aus Sicht des K handelte es sich diesbezüglich um einen Exzess, der auch im Rahmen des Versuchs nicht vom Zurechnungsprinzip des § 25 II umfasst ist.

K wollte aber, dass der Mittäter X in eine Wohnung eindringt, § 244 I Nr 3 (*vgl o Rn 419 aE*).

Der Versuchsbeginn des X wirkt auch für K, nicht aber der Rücktritt (*s o Rn 419*).

K hat sich nach §§ 244 I, Nr 3, II, 22, 23 I Alt 2, 25 II strafbar gemacht.

5. §§ 246 I, III, 22, 23 I Alt 2, 25 II

423 Die im versuchten Diebstahl (notwendigerweise) enthaltene versuchte Unterschlagung ist subsidiär gem § 246 I aE.

6. §§ 123 I Alt 1, 25 II

Bzgl des Hausfriedensbruchs stimmten der Tatplan von K und X und die tatsächliche Ausführung durch X überein.

---

27 *Wessels/Hillenkamp,* BT2 Rn 230.
28 *Fischer*, § 46 Rn 105.
29 BGHSt 29, 239, 244; LK-*Ruß*, § 243 Rn 39 mwN; S/S-*Eser*, § 243 Rn 47.
30 Im Ergebnis ebenso *Fischer*, § 46 Rn 105 u § 243 Rn 29.

Nach hL kann der Hausfriedensbruch mittäterschaftlich auch von einer Person begangen werden, die das Haus nicht selbst betritt[31].

7. Konkurrenzen

§§ 244 I Nr 3, II, 22, 23 I Alt 2, 25 II sind leges speciales zu §§ 242 I, II, 22, 23 I Alt 2, 25 II. **424**

Im versuchten Diebstahl nach §§ 244 I Nr 3, II, 22, 23 I Alt 2, 25 II kommt nicht zum Ausdruck, dass § 123 I Alt 1 – der seinerseits ein völlig anderes Rechtsgut schützt – bereits vollendet ist. Deshalb stehen diese Delikte zueinander in Idealkonkurrenz, § 52.

8. Ergebnis für K im Tatkomplex A

K hat sich gem §§ 244 I Nr 3, II, 22, 23 I Alt 2, 25 II – § 52 – §§ 123 I Alt 1, 25 II strafbar gemacht.

B. Der Siegelring

I. Strafbarkeit des X

1. § 242 I

Da X alle Tatbestandsmerkmale selbst erfüllt hat, sollte hier kein Wort über die Mittäterschaft verloren werden. Auch in der Überschrift entfällt deshalb der Hinweis auf § 25 II (vgl Wessels/Beulke, AT Rn 882; Beulke, Klausurenkurs I [11] Rn 362). **425**

Dadurch, dass X in die Villa des Z eindrang und dort den Siegelring an sich nahm, könnte er sich wegen Diebstahls strafbar gemacht haben.

a) Objektiver Tatbestand

Indem X den Ring des Z – eine für ihn fremde bewegliche Sache – in die Hosentasche steckte, verbrachte er diesen in seinen Gewahrsam und begründete daran Alleingewahrsam (Gewahrsamsenklave). Der Gewahrsam des Z wurde damit gebrochen. X hat den Ring folglich weggenommen.

b) Subjektiver Tatbestand

X handelte vorsätzlich und mit Zueignungsabsicht in der Hinsicht, dass er die Sache dem Vermögen eines Dritten (des S) rechtswidrig einverleiben wollte.

c) Rechtswidrigkeit und Schuld

X handelte rechtswidrig und schuldhaft.

d) Strafzumessung, § 243 I 1, 2 Nr 3

§ 243 I 2 Nr 1 wird aus den oben (Rn 420) genannten Gründen nicht geprüft.

---

31 *Lackner/Kühl*, § 123 Rn 12.

Der „Auftragsräuber“ X verschaffte sich durch wiederholte Diebstähle eine Einnahmequelle iSv § 243 I 2 Nr 3. Vorsatz diesbezüglich war gegeben. Der Ring ist keine geringwertige Sache iSv § 243 II.

2. § 244 I Nr 2, Nr 3

426 X könnte, indem er den Diebstahl mit Y zusammen ausführte, Täter eines Bandendiebstahls iSd § 244 I Nr 2 gewesen sein.

a) Objektiver Tatbestand

Voraussetzung hierfür ist, dass X selbst als Mitglied einer Bande handelte. Dies ist jedoch nicht der Fall.

Selbst wenn Y als Bandenmitglied gestohlen hätte, wäre dies dem X auch nicht über § 25 II zuzurechnen, da die Bandenmitgliedschaft ein besonderes persönliches Merkmal iSv § 28 II ist[32]. X hat keinen Bandendiebstahl begangen.

X ist jedoch in die Villa des Z eingedrungen und hat damit objektiv einen Wohnungseinbruchsdiebstahl iSd § 244 I Nr 3 begangen.

b) Subjektiver Tatbestand

X handelte vorsätzlich.

3. § 249 I

427 Der Angriff auf die Person des Z erfolgte nicht zu dem Zweck, die Wegnahme zu ermöglichen und Widerstand dagegen zu verhindern oder zu überwinden. Im Rahmen des § 249 I ist es nicht notwendig, dass die Gewaltanwendung für die Wegnahme objektiv erforderlich und damit kausal ist. Vielmehr genügt es, dass sie nach der subjektiven Zwecksetzung des Täters als wesentlicher Bestandteil der Tat dazu dienen soll, die Wegnahme durch Ausschaltung oder Überwindung eines in Rechnung gestellten Widerstandes zu ermöglichen[33]. Der Gewalteinsatz (Schlag gegen die Schläfe des Z) diente hier nicht der Wegnahme des Ringes, da diese schon vollendet war. Daher fehlt es an der finalen Verknüpfung zwischen der Gewaltanwendung und der Wegnahme.

4. §§ 249 I, 22, 23 I Alt 1

a) Vorprüfung

428 Der Raub wurde nicht vollendet. Die Strafbarkeit des versuchten Raubes folgt aus §§ 249, 23 I Alt 1.

---

32 Vgl *Wessels/Hillenkamp*, BT2 Rn 270.

33 BGHSt 48, 365 m Anm *Gössel*, JR 2004, 254; *Walter*, NStZ 2004, 623; *ders*, NStZ 2005, 240; *Wessels/Hillenkamp*, BT2 Rn 322.

b) Tatentschluss

X hatte zumindest den Eventualvorsatz, einen anderen, welcher der Wegnahme Widerstand entgegensetzen könnte, gewaltsam auszuschalten und damit die Wegnahme zu ermöglichen. Er handelte auch in Zueignungsabsicht.

c) Unmittelbares Ansetzen

Grundsätzlich setzt derjenige zum Versuch eines mehraktigen Deliktes unmittelbar an, der mit der Ausführung eines Teilaktes beginnt[34], dh es müsste bereits dann ein Raubversuch bejaht werden, wenn der Täter zum Diebstahl unmittelbar ansetzt und in diesem Zeitpunkt mindestens Eventualvorsatz hinsichtlich der Gewaltanwendung zum Zwecke der Ermöglichung der Wegnahme hat. Allerdings würde dann etwa § 244 I Nr 1 b weitgehend leer laufen. Denn in diesem Fall (Diebstahl und Einsatzwille bzgl des Werkzeugs oder Mittels) würde regelmäßig schon ein Raubversuch (und damit ein Verbrechen, § 12 I!) vorliegen. Aufgrund dieser gesetzlichen Wertung ist daher der Versuchsbeginn beim Raub zu modifizieren. Erst mit dem effektiven Einsatz der Raubmittel liegt ein Raubversuch vor[35].

Der Gewalteinsatz (Schlag gegen die Schläfe des Z) diente aber nicht mehr der Wegnahme des Ringes, da diese schon vollendet war, und kann deshalb nicht als Raubmittel angesehen werden.

d) Ergebnis

X hat keinen versuchten Raub begangen.

5. §§ 252, 249

X könnte sich dadurch, dass er nach Einstecken des Ringes dem Z einen Schlag gegen die Schläfe versetzte, wegen räuberischen Diebstahls strafbar gemacht haben. **429**

a) Objektiver Tatbestand

X hat einen vollendeten Diebstahl begangen (*s o Rn 425*).

Auf frischer Tat betroffen ist, wer alsbald nach der Vollendung der Wegnahme am Tatort oder in dessen unmittelbarer Nähe von einem anderen wahrgenommen, bemerkt oder schlicht angetroffen wird[36].

Problematisch ist hier die Tatsache, dass X mit seinem Schlag gerade einer Entdeckung zuvorgekommen ist.

Problem Nr 90: Zuvorkommen des Betroffenwerdens iSv § 252 durch Einsatz von Gewalt **430**

(1) Nach einer **Mindermeinung** ist iSd § 252 nur betroffen, wer wahrgenommen bzw bemerkt wird (*Geppert*, Jura 1990, 554, 556 f; *Krey/Hellmann*, BT2 Rn 211; *Marxen*, BT S 316).

34 S/S-*Eser*, § 22 Rn 38.
35 Vgl *Wessels/Hillenkamp*, BT2 Rn 331.
36 Vgl *Wessels/Hillenkamp*, BT2 Rn 364.

Argument: Der Wortsinn von „Betreffen" setzt mindestens ein Wahrnehmen oder sonstiges Bemerken voraus. Wer der Wahrnehmung zuvorkommt, wird eben gerade nicht betroffen, sondern verhindert das Betroffenwerden im Vorfeld. Alles über den Wortsinn Hinausgehende wäre eine verbotene Analogie zulasten des Täters.

(2) Nach der überzeugenden **Rechtsprechung und herrschenden Meinung in der Literatur** wird auch auf frischer Tat „betroffen", wer dem Bemerktwerden zuvorkommt (BGHSt 26, 95; *Fischer*, § 252 Rn 6; *Hauf*, BT1 S 63; LK-*Herdegen*, § 252 Rn 12; SK/StGB-*Günther*, § 252 Rn 13).

Argument: Das Gesetz meint mit diesem Ausdruck nur ein räumlich-zeitliches Zusammentreffen von Täter und Opfer. Der Täter ist gleich gefährlich, egal ob er (zufälligerweise) wahrgenommen wurde oder nicht.

Ansonsten ergäbe sich auch eine Lücke im Strafrechtsschutz für den Zeitraum zwischen Vollendung der Wegnahme beim Raub und dem Bemerktwerden bei § 252. Gewalteinsatz vor Vollendung der Wegnahme eröffnet §§ 249 ff direkt, Gewalteinsatz nach Bemerktwerden ebenfalls, allerdings vermittelt über § 252. Eine Gewaltanwendung nach Vollendung aber vor dem Bemerktwerden unterfiele nicht der Raubstrafbarkeit, sondern könnte nur als Vergehen (Nötigung, Körperverletzung etc) geahndet werden.

Zur Vertiefung: Wessels/Hillenkamp, BT2 Rn 368; Hillenkamp, BT 26. Problem S 134 ff.

431 Setzte man für ein „Auf-frischer-Tat-betroffen"-Sein voraus, dass das Opfer den Täter wahrnimmt oder auf andere Weise bemerkt, wäre dieses Merkmal gegenüber X nicht erfüllt. Der Gesetzeswortlaut erzwingt eine solche Auslegung jedoch keineswegs. Vielmehr ist dem Umstand Rechnung zu tragen, dass sich die beiden Fallgruppen (tatsächliches Bemerktwerden einerseits – Zuvorkommen dem Bemerktwerden andererseits) wertungsmäßig völlig gleichen. Der Gesetzeswortlaut des § 252 deckt auch eine Interpretation, die sinnvollerweise nur ein räumlich-zeitliches Zusammentreffen von Täter und Opfer verlangt. X wurde also „betroffen", obwohl es für das Opfer Z gar nicht mehr möglich war, den Täter vor dessen Gewalteinsatz wahrzunehmen.

Gewalt gegen eine Person ist gegeben.

b) Subjektiver Tatbestand

X handelte vorsätzlich sowie in der Absicht, sich im Besitz der Beute zu erhalten.

X hat sich gem §§ 252, 249 strafbar gemacht.

6. §§ 252, 250 I Nr 1 c, Nr 2, II Nr 3 a, Nr 3 b

432 X könnte zusätzlich Erschwerungsgründe des § 250 verwirklicht haben.

Für die Gefahr einer schweren Gesundheitsschädigung iSv § 250 I Nr 1 c ist erforderlich, aber auch ausreichend, dass das Opfer in eine ernste langwierige Krankheit verfällt oder seine Arbeitskraft erheblich beeinträchtigt wird[37]. Dies ist bei einer nur vorübergehenden Bewusstlosigkeit nicht der Fall.

X hat auch nicht als Mitglied einer Bande, die sich zur fortgesetzten Begehung von Raub oder Diebstahl verbunden hat, unter Mitwirkung eines anderen Bandenmitglieds

37 Vgl *Wessels/Hillenkamp*, BT2 Rn 347.

gehandelt, § 250 I Nr 2, denn er war gerade kein Bandenmitglied. Selbst wenn Y dieses Qualifikationsmerkmal erfüllt hätte, wäre dies dem X auch nicht über § 25 II zuzurechnen (*s o Rn 426*).

Eine schwere körperliche Misshandlung iSv § 250 II Nr 3 a setzt vorsätzlich herbeigeführte schwere Gesundheitsschädigungen iSv § 250 I Nr 1 c oder neben einer nicht unerheblichen Beeinträchtigung der Körperintegrität besonders rohe Misshandlungen voraus[38]. Auch diese Voraussetzungen erfüllt ein zu bloß vorübergehender Bewusstlosigkeit führender Schlag gegen die Schläfe nicht.

Ebenso scheidet ein lebensgefährlicher räuberischer Diebstahl iSv § 250 II Nr 3 b aus, denn X hat den Z durch den Faustschlag nicht in die konkrete Gefahr des Todes gebracht.

X hat sich folglich nicht wegen schweren räuberischen Diebstahls strafbar gemacht.

7. § 246 I

X hat jedoch eine Unterschlagung begangen. Das Delikt ist aber subsidiär gem § 246 I aE.

8. § 223 I

Der Schlag des X gegen die Schläfe des Z war eine vorsätzliche körperliche Misshandlung sowie eine vorsätzliche Gesundheitsschädigung. **433**

9. § 224 I Nr 3, Nr 4

Möglicherweise hat X die Körperverletzung mittels eines hinterlistigen Überfalles begangen, § 224 I Nr 3. Ein Überfall ist jeder plötzliche, unerwartete Angriff auf einen Ahnungslosen[39]. Hinterlistig ist der Überfall, wenn der Täter seine wahre Absicht planmäßig berechnend verdeckt, um gerade dadurch dem Angegriffenen die Abwehr zu erschweren. Das bloße Ausnutzen des Überraschungsmoments genügt für sich allein nicht; vielmehr muss der Täter zur Verschleierung des geplanten Angriffs zuvor weitere Vorkehrungen getroffen haben[40]. Da X nicht nur plötzlich von hinten zugeschlagen, sondern sich auch hinter der Tür versteckt hat, erfolgte die Körperverletzung mittels eines hinterlistigen Überfalls (*aA vertretbar*).

Außerdem handelte X mit einem anderen Beteiligten gemeinschaftlich, § 224 I Nr 4[41].

10. § 240 I, II

X nötigte Z vorsätzlich mit Gewalt (Schlag gegen die Schläfe) zur Duldung der Beendigung der Wegnahme des Ringes. **434**

---

38 *Wessels/Hillenkamp*, BT2 Rn 352.
39 RGSt 65, 66.
40 *Wessels/Hettinger*, BT1 Rn 279.
41 Vgl hierzu o Fall 1, Rn 16.

11. § 123 I Alt 1

X ist vorsätzlich gegen den Willen des Z in dessen Wohnung eingedrungen.

12. Konkurrenzen

435 § 244 I Nr 3 verdrängt als lex specialis §§ 242, 243 I 1, 2 Nr 3.

§§ 252, 249 verdrängen als leges speciales § 244 I Nr 3[42].

Ebenso wird § 240 I, II durch §§ 252, 249 verdrängt[43].

§ 123 I Alt 1 würde bei einer Verurteilung aus § 244 I Nr 3 zwar verdrängt werden[44]. Da § 244 I Nr 3 aber selbst aufgrund Gesetzeskonkurrenz nicht zur Anwendung gelangt, muss § 123 I Alt 1 in Ansatz gebracht werden, um zu verdeutlichen, dass der räuberische Diebstahl bei Begehung eines Hausfriedensbruchs stattfand[45]. Es besteht also Tateinheit, § 52.

§ 224 I Nr 3, Nr 4 verdrängt als lex specialis § 223 I.

Da es sich um unterschiedliche Schutzgüter handelt, stehen § 224 I Nr 3, Nr 4 und §§ 252, 249 zueinander in Idealkonkurrenz, § 52[46].

13. Ergebnis für X im Tatkomplex B

X hat sich gem §§ 252, 249 – § 52 – § 224 I Nr 3, Nr 4 – § 52 – § 123 I Alt 1 strafbar gemacht.

II. Strafbarkeit des Y

1. §§ 242 I, 25 II

a) Objektiver Tatbestand

436 Y muss sich die Wegnahme des Ringes durch X als Mittäter iSd § 25 II zurechnen lassen, denn beide handelten aufgrund eines gemeinsamen Tatplans und in gemeinsamer Tatausführung.

b) Subjektiver Tatbestand

Y handelte vorsätzlich und mit Zueignungsabsicht in der Hinsicht, dass er die Sache dem Vermögen eines Dritten (des S) einverleiben wollte.

c) Rechtswidrigkeit und Schuld

Y handelte rechtswidrig und schuldhaft.

d) Strafzumessung, § 243 I 1, 2 Nr 3

§ 243 I 2 Nr 1 wird aus den oben (Rn 420) genannten Gründen nicht geprüft.

---

42 *Fischer*, § 252 Rn 12.
43 *Fischer*, § 252 Rn 12.
44 S/S-*Eser*, § 243 Rn 59 iVm § 244 Rn 35.
45 S/S-*Eser*, § 243 Rn 59 für den insoweit vergleichbaren Fall, dass nur aus § 242 I verurteilt wird.
46 BGH NJW 1968, 2386.

Auch das Bandenmitglied Y verschaffte sich durch wiederholte Diebstähle eine Einnahmequelle iSv § 243 I 1, 2 Nr 3. Vorsatz diesbezüglich ist gegeben. Der Ring ist keine geringwertige Sache iSv § 243 II.

2. §§ 244 I Nr 2, Nr 3, 25 II

a) Objektiver Tatbestand

Y könnte als Mitglied einer Bande, die sich zur fortgesetzten Begehung von Raub oder Diebstahl verbunden hat, unter Mitwirkung eines anderen Bandenmitglieds gestohlen haben (§ 244 I Nr 2). 437

Bande ist der Zusammenschluss von mindestens drei Personen, die sich mit dem Willen verbunden haben, künftig für eine gewisse Dauer mehrere selbstständige, im Einzelnen noch ungewisse Straftaten des im Gesetz genannten Deliktstyps zu begehen. Ein „gefestigter Bandenwille" oder ein „Tätigwerden in einem übergeordneten Bandeninteresse" ist nicht erforderlich[47].

Y war Mitglied einer Bande, die sich zur fortgesetzten Begehung von Diebstählen (Diebesbande) verbunden hat. Dass X selbst nicht Mitglied der Bande war, steht der Annahme eines Bandendiebstahls nicht entgegen, da die Wegnahmehandlung selbst auch durch einen bandenfremden Täter ausgeführt werden kann[48].

Y müsste unter „Mitwirkung" eines anderen Bandenmitglieds gestohlen haben. Da der am Tatort anwesende X nicht zur Bande gehörte, ist dies nur dann der Fall, wenn auch der Bandenboss B als Täter am Bandendiebstahl mitgewirkt hat. Fraglich ist insoweit, wie sich der Umstand auswirkt, dass B selbst nicht unmittelbar vor Ort anwesend war.

Problem Nr 91: Diebstahl unter „Mitwirkung" eines Bandenmitgliedes iSv § 244 I Nr 2 438

(1) Nach Ansicht der **früheren Rechtsprechung** kann Täter eines Bandendiebstahls nur ein Bandenmitglied sein, das am Tatort (wenn auch nicht unbedingt körperlich) selbst tätig wird (BGHSt 8, 205; 25, 18; 33, 50; *Mieke,* StV 1997, 248).

Argument: Von einer „Mitwirkung" eines Bandenmitglieds kann nur bei Anwesenheit gesprochen werden. Auch geht die vom Gesetz erfasste „Aktionsgefahr" nur von dem aus, der vor Ort das Geschehen mitbeeinflusst.

(2) Später hat der **BGH** diese Rechtsprechung aufgegeben und zwischenzeitlich dahingehend **abgeändert**, dass ein Mitglied einer Diebesbande auch dann Täter eines Bandendiebstahls sein kann, wenn es zwar nicht an der Ausübung des Diebstahls unmittelbar beteiligt war, aber auf andere, als täterschaftlichen Tatbeitrag zu wertende Weise daran mitgewirkt hat. Gefordert wurde aber immer noch, dass zumindest zwei Mitglieder der Bande am Tatort der Wegnahme zusammenwirkten (BGHSt 46, 120; BGHSt 46, 138 [betrifft § 250 I Nr 2]; *Zopfs,* Jura 2007, 510, 516).

Argument: Die „Mitwirkung" charakterisiert nicht die besondere Gefährlichkeit des Täters, sondern die der Tat. Dem Grundsatz nach müssen deshalb (sofern ohnehin mindestens zwei

47 BGHSt GrS 46, 321 ff; aA *Wessels/Hillenkamp*, BT2 Rn 271 f: zwei Personen, die gleichberechtigt oder mittäterschaftlich zusammenwirken oder ein übergeordnetes Bandeninteresse verfolgen.

48 BGHSt GrS 46, 321 ff.

Mitglieder der Bande am Tatort anwesend sind) die allgemeinen Regeln der Abgrenzung von Täterschaft und Teilnahme gelten. Dies ist auch deshalb erforderlich, weil sonst die Mittäterschaft bei einzelnen Delikten sinnlos „gesplittet“ werden müsste.

(3) Nach der überzeugenden, jetzt auch von der **allerneuesten Rechtsprechung** vertretenen Ansicht setzt der Tatbestand des Bandendiebstahls nicht voraus, dass wenigstens zwei Bandenmitglieder örtlich und zeitlich den Diebstahl zusammen begehen. Es reicht vielmehr aus, wenn ein Bandenmitglied als Täter und ein anderes Bandenmitglied beim Diebstahl in irgendeiner Weise zusammenwirken (BGHSt GrS 46, 321 ff m Bespr *Joerden*, JuS 2002, 329 ff; zust *Ellbogen*, wistra 2002, 11 f; *Kindhäuser*, BT2 § 4 Rn 35; *Krey/Hellmann*, BT2 Rn 137b; *Rengier*, BT1 § 4 Rn 94 ff; *Schramm*, JuS 2008, 773, 778; ebenso *Altenhain*, ZStW 113 [2001], 112, 143 f; krit *Erb*, NStZ 2001, 561 ff; *Schmitz*, NStZ 2000, 477, 478; *Wessels/Hillenkamp*, BT2 Rn 272 f). Erst recht genügt es für den Fall, dass mehr als ein Bandenmitglied am Tatort anwesend ist, wenn einer als Täter und die anderen als Teilnehmer fungieren (BGHSt GrS 46, 321 ff; ebenso BGHSt 47, 214).

Argument: Sinn und Zweck des Tatbestandes des Bandendiebstahls zwingen nicht dazu, besondere Anforderungen an die Mitwirkung der Bandenmitglieder zu stellen. Die „Aktionsgefahr“ kann nicht nur durch gemeinschaftliches Handeln am Ort der Wegnahme, sondern ebenso durch jedes arbeitsteilige Zusammenwirken wenigstens zweier Bandenmitglieder bei Planung und Vorbereitung der Tat oder bei tatbegleitenden Maßnahmen gesteigert werden.

Zur Vertiefung: Wessels/Hillenkamp, BT2 Rn 272 f; Zopfs, Jura 2007, 510, 514 ff.

439 Legt man die Kriterien der früher in der Rechtsprechung vertretenen Ansichten zu Grunde, hat Y nicht unter Mitwirkung eines anderen Bandenmitglieds gestohlen, da er das einzige am Ort der Wegnahmehandlung anwesende Bandenmitglied war. Eine Einschränkung des Tatbestandsmerkmals „Mitwirkung“ auf die Fälle, in denen mindestens zwei Bandenmitglieder örtlich und zeitlich zusammenarbeiten, lässt sich jedoch dem Wortlaut des § 244 I Nr 2 nicht entnehmen und käme einer teleologischen Reduktion gleich, für welche keine überzeugenden Gründe ersichtlich sind. Ausreichend ist vielmehr, dass der am Tatort nicht anwesende und auch nicht über Kommunikationsmittel simultan zur Tatzeit mit den Ausführenden verbundene Bandenboss B im Vorfeld eine dominante Rolle bei der Vorbereitung und Planung der Tat einnahm. B hat den gesamten Einbruch geplant und aus dem Hintergrund auch geleitet. Y hat somit zusammen mit B als Bandenmitglied an dem Diebstahl mitgewirkt. Der objektive Tatbestand der §§ 244 I Nr 2, 25 II ist damit erfüllt.

Y ist darüber hinaus in die Villa des Z eingedrungen iSv § 244 I Nr 3.

b) Subjektiver Tatbestand

Vorsatz und die Absicht rechtwidriger Zueignung sind gegeben.

3. §§ 244 a I, 25 II

Da Y als Mitglied einer Bande iSd § 244 a I den Diebstahl unter den Voraussetzungen des § 244 I Nr 3 (Wohnungseinbruchsdiebstahl, *s o Rn 437 ff*) begangen hat, ist die Qualifikation erfüllt.

4. §§ 252, 249, 25 II

Y muss sich den von X begangenen räuberischen Diebstahl gem § 25 II zurechnen lassen. 440

5. §§ 252, 250 I Nr 2, 25 II

Y könnte sich wegen gemeinschaftlichen schweren räuberischen Diebstahls strafbar gemacht haben. Dann müsste er als Täter den räuberischen Diebstahl als Mitglied einer Bande, die sich zur fortgesetzten Begehung von Raub oder Diebstahl verbunden hat, unter Mitwirkung eines anderen Bandenmitglieds begangen haben. Insoweit fehlt es jedoch an der Mitwirkung eines anderen Bandenmitgliedes, da der Bandenboss B gerade eine Gewaltanwendung ablehnte.

6. §§ 246 I, 25 II

Y muss sich die von X begangene Unterschlagung gem § 25 II zurechnen lassen. Das Delikt ist jedoch subsidiär gem § 246 I aE. 441

7. §§ 223 I, 25 II

Y muss sich die von X durch den Schlag gegen die Schläfe des Z begangene Körperverletzung gem § 25 II zurechnen lassen.

8. §§ 224 I Nr 3, Nr 4, 25 II

Die Körperverletzung erfolgte mittels eines hinterlistigen Überfalls sowie mit einem anderen Beteiligten gemeinschaftlich.

9. §§ 240 I, II, 25 II

Die Nötigung ist Y gem § 25 II zuzurechnen.

10. § 123 I Alt 1

Y ist vorsätzlich gegen den Willen des Z in dessen Wohnung eingedrungen.

11. Konkurrenzen

§§ 244 I Nr 2, Nr 3, 25 II verdrängen als leges speciales §§ 242 I, 25 II, 243 I 1, 2 Nr 3. 442

§§ 244 a I, 25 II verdrängen wiederum als leges speciales §§ 244 I Nr 2, Nr 3, 25 II.

§§ 252, 249 verdrängen zwar grundsätzlich § 244 a I. Hier muss jedoch etwas anderes gelten, um das Element der bandenmäßigen Begehung des Diebstahls in Ansatz zu bringen, das bei §§ 252, 249 nicht zum Ausdruck kommt, da § 250 abgelehnt wurde (*s o Rn 440*). §§ 252, 249, 25 II und §§ 244 a I, 25 II stehen also zueinander in Idealkonkurrenz, § 52 (*aA vertretbar*).

Ebenso werden §§ 240 I, II, 25 II von §§ 252, 249, 25 II verdrängt[49]. Zwischen § 123 I Alt 1 und §§ 252, 249, 25 II besteht Tateinheit, § 52 (*s o Rn 435*).

§§ 224 I Nr 3 und Nr 4, 25 II verdrängen §§ 223 I, 25 II.

§§ 224 I Nr 3 und Nr 4, 25 II und §§ 252, 249, 25 II stehen zueinander in Idealkonkurrenz, § 52 (*s o Rn 435*).

12. Ergebnis für Y im Tatkomplex B

Y hat sich gem §§ 252, 249, 25 II – § 52 – §§ 244 a I, 25 II – § 52 – §§ 224 I Nr 3, Nr 4, 25 II – § 52 – 123 I Alt 1 strafbar gemacht.

III. Strafbarkeit des B

1. §§ 242 I, 25 II

443 Auch der in der Planungsphase tätig gewordene Bandenchef könnte sich wegen Diebstahls in Mittäterschaft strafbar gemacht haben. B war als Bandenchef Inhaber der Tatherrschaft. Nach der zutreffenden herrschenden, wenn auch sehr umstrittenen Ansicht kann auch derjenige Mittäter sein, dessen Tatbeitrag im Vorbereitungsstadium geleistet wird[50]. Das Minus der Tatherrschaft im Ausführungsstadium wird durch die dominante Rolle im Vorbereitungsstadium ausgeglichen. B hat den gesamten Einbruch geplant und aus dem Hintergrund auch geleitet.

B handelte vorsätzlich und in Zueignungsabsicht.

Er erfüllte auch das Regelbeispiel der Gewerbsmäßigkeit, § 243 I 1, 2 Nr 3.

2. §§ 244 I Nr 2, Nr 3, 25 II

444 B könnte als Mitglied einer Bande, die sich zur fortgesetzten Begehung von Raub oder Diebstahl verbunden hat, unter Mitwirkung eines anderen Bandenmitglieds gestohlen haben. Der Umstand, dass B nicht am Tatort anwesend war, steht angesichts der besonderen Gefährlichkeit, welche die bandenmäßig geplante und von anderen Bandenmitgliedern ausgeführte Tat kennzeichnet, richtiger Ansicht nach einer Bestrafung gem §§ 244 I Nr 2, 25 II nicht im Wege (*s o Rn 438*).

Darüber hinaus hat B in Mittäterschaft einen Diebstahl begangen, bei dem zur Ausführung der Tat in eine Wohnung eingebrochen wurde, §§ 244 I Nr 3, 25 II.

3. §§ 244 a I, 25 II

445 Da die Voraussetzungen des § 244 I Nr 3 erfüllt sind (*s o Rn 444*) und B zudem unter Mitwirkung eines anderen Bandenmitgliedes (Y) als Mitglied einer Bande handelte, die sich zur fortgesetzten Begehung von Raub oder Diebstahl verbunden hat, hat er sich auch wegen schweren Bandendiebstahls in Mittäterschaft strafbar gemacht.

---

49 *Fischer*, § 252 Rn 12.
50 Siehe oben Fall 7, Problem Nr 63, Rn 285.

4. §§ 246 I, 25 II

Das Einstecken des Ringes durch X erfüllt auch den Tatbestand der Unterschlagung. B muss sich dies als Mittäter zurechnen lassen. Das Delikt ist jedoch subsidiär gem § 246 I aE.

5. §§ 252, 249, 25 II

Der räuberische Diebstahl war nicht vom Vorsatz des B umfasst. **446**

6. §§ 223 I, 25 II

Auch die Körperverletzungen durch die Ausführenden X und Y sind Exzesstaten, die nicht vom Vorsatz des B umfasst waren.

7. §§ 240 I, II, 25 II

B ist nicht Mittäter der Nötigung, denn nach dem gemeinsamen Tatplan sollte auf jeden Gewalteinsatz verzichtet werden. **447**

8. §§ 123 I Alt 1, 25 II

Der Hausfriedensbruch war Teil des gemeinsamen Tatplans. Auch insoweit hat sich B somit als Mittäter strafbar gemacht.

9. Konkurrenzen

§ 244 I Nr 3 verdrängt § 123 I Alt 1 (Konsumtion[51]). **448**

§§ 244 a I, 25 II sind gegenüber §§ 244 I Nr 2, Nr 3, 25 II und §§ 242 I, 243 I 1, 2 Nr 3, 25 II die spezielleren Gesetze.

10. Ergebnis für B im Tatkomplex B

B ist strafbar gem §§ 244 a I, 25 II.

IV. Strafbarkeit des S

1. §§ 242 I, 25 II

Auch S, der den X beauftragt hat, um ihn einer Straftat zu überführen, könnte sich wegen eines Diebstahls strafbar gemacht haben. **449**

S selbst hat die Tat nicht ausgeführt. Eine Zurechnung des Verhaltens des X kommt nur über die Rechtsfigur der Mittäterschaft, § 25 II, in Betracht. Dabei sind die oben genannten Abgrenzungskriterien der Tatherrschaft bzw des Willens dazu zugrunde zu legen. Zum einen wollte hier S die Tat nicht als „eigene". Zum anderen oblag die Tatausführung allein dem X, sodass auch keine Tatherrschaft des S bejaht werden kann.

S hat sich nicht gem §§ 242 I, 25 II strafbar gemacht.

---

51 Vgl *Fischer*, § 123 Rn 45.

2. §§ 242 I, 26

a) Objektiver Tatbestand

450 Eine vorsätzliche rechtswidrige Haupttat liegt im Diebstahl des Siegelrings durch X (*s o Rn 436*).

S muss X zur Tat bestimmt haben. Indem S ihm das Angebot für den Ankauf der Beute machte, rief er den Tatentschluss des X hervor, Die beiden schlossen sogar eine Art „Unrechtspakt", so dass nach jeder Ansicht ein Bestimmen zur Tat vorliegt[52].

b) Subjektiver Tatbestand

S müsste doppelten Anstiftervorsatz gehabt haben, dh Vorsatz bzgl einer Vollendung der Haupttat und Vorsatz bzgl der Anstiftungshandlung. Hier wollte S von Anfang an das Eigentum des Z nicht in Gefahr bringen, was er dadurch sicherzustellen glaubte, dass er die Privatdetektive engagierte, die sofort nach Versuchsbeginn eingreifen sollten. Fraglich ist deshalb, ob er überhaupt eine vollendete Haupttat wollte.

451 **Problem Nr 92: Agent provocateur**

Nach einhelliger Meinung soll der agent provocateur straflos sein.
Streit besteht nur darüber, wo die Grenzziehung bzgl dieser Straflosigkeit anzusetzen ist.

(1) Nach der **herrschenden Meinung** fehlt der Anstiftervorsatz nur dann, wenn der agent provocateur die Tat von vornherein im Versuchsstadium stecken lassen will. Hingegen soll Vollendungsvorsatz gegeben sein, wenn der Anstifter eine auch nur formelle Vollendung in seinen Vorsatz aufnimmt (RGSt 44, 172, 174).

Argument: Diese Lösung ergibt sich aus dem Wortlaut des § 26 und sie ist auch sachlich richtig, denn nur solange noch nicht alle Tatbestandsmerkmale vollendet sind, ist das Rechtsgut noch nicht so gefährdet, dass ein Strafvorwurf von vornherein unterbleiben kann. Nach diesem Zeitpunkt muss sich eine Straflosigkeit aus anderen Gesichtspunkten, insbesondere aus dem der Interessenabwägung iRd Notstandes, ergeben.

(2) Dagegen will eine zutreffende **Gegenmeinung** die Grenze zur Straflosigkeit weiter ziehen. Am Anstiftervorsatz fehlt es auch dann, wenn der Wille des Täters zwar die formelle Vollendung, nicht aber die materielle Beendigung der Haupttat oder zumindest keine irreparable Rechtsgutsverletzung umfasst (S/S-*Cramer/Heine*, § 26 Rn 20; *Wessels/Beulke*, AT Rn 573).

Argument: Es kann keinen Unterschied machen, ob der Anstifter direkt die Vollendung verhindert oder ob er eine materielle Verletzung des Rechtsgutes nach Vollendung durch rechtzeitiges Eingreifen verhindert.

Zur Vertiefung: Wessels/Beulke, AT Rn 573; Hillenkamp, AT 24. Problem S 140 ff.

452 S wollte es nur zum unmittelbaren Ansetzen, nicht aber zur Vollendung der Wegnahme kommen lassen. Nach allen Ansichten liegt deshalb die klassische Situation des „agent provocateur" vor, sodass eine Anstiftung zum Diebstahl nach §§ 242 I, 26 ausscheidet.

Dies betrifft auch die Anstiftung zum qualifizierten Diebstahl – §§ 244, 244 a – sofern insoweit überhaupt ein Vorsatz des S bestand.

52 Vgl Fall 2 Problem Nr 15 Rn 90.

3. §§ 123 I Alt 1, 26

a) Objektiver Tatbestand

Die vorsätzliche rechtswidrige Haupttat ist mit dem Hausfriedensbruch des X gegeben (*s o Rn 433*). **453**

Den Tatentschluss des X hat S objektiv hervorgerufen.

b) Subjektiver Tatbestand

S wollte es bis zum Eindringen des X in den Garten kommen lassen, dh er nahm die Vollendung des Hausfriedensbruchs billigend in Kauf. Selbst wenn man derjenigen Auffassung folgt, die einen Anstiftervorsatz des agent provocateur auch dann verneint, wenn er zwar die Vollendung, nicht aber die materielle Beendigung der Tat will, so ändert dies nichts am Ergebnis. Mit Betreten des Grundstücks wurde das Hausrecht des Z endgültig und irreparabel verletzt, selbst wenn es sich nur um einen kurzen Zeitraum handelte. S hatte insoweit doppelten Anstiftervorsatz.

c) Rechtswidrigkeit

Eine Rechtfertigung kommt weder unter dem Gesichtspunkt der Notwehr (kein gegenwärtiger Angriff) noch unter dem des rechtfertigenden Notstandes (keine gegenwärtige Gefahr) in Betracht. S handelte rechtswidrig.

d) Schuld

S handelte schuldhaft.

4. §§ 240 I, II, 26

Bezüglich eines Gewalteinsatzes gegenüber Z hatte S keinen Vorsatz. **454**

5. §§ 252, 249, 26

Insoweit handelt es sich um eine Exzesstat, hinsichtlich der S der Vorsatz fehlte.

6. §§ 223 I, 26

Auch diesbezüglich ist kein Vorsatz gegeben.

7. §§ 259 I, III, 22, 23 I Alt 2

Die Hehlerei wurde nicht vollendet. Die Strafbarkeit des Versuchs ergibt sich aus §§ 259 III, 23 I Alt 2. **455**

S wollte den Ring nicht ankaufen, sondern gab dies nur vor. Es fehlt also bereits am Tatentschluss.

8. Ergebnis für S im Tatkomplex B

S ist strafbar gem §§ 123 I Alt 1, 26.

C. Die Flucht des X (Strafbarkeit des X)

1. § 303 I Alt 1 bzgl Pkw des E (Aufbrechen)

456 Indem X den Pkw des E aufbrach, beschädigte er eine fremde Sache vorsätzlich.

2. § 242 I bzgl Pkw des E

457 Indem X den Pkw des E aufbrach und mit ihm wegfuhr, könnte er einen Diebstahl begangen haben.

a) Objektiver Tatbestand

X hat eine für ihn fremde bewegliche Sache weggenommen.

b) Subjektiver Tatbestand

X hatte Vorsatz bzgl der Wegnahme einer fremden beweglichen Sache.

Fraglich ist, ob er auch mit Zueignungsabsicht handelte. Zwar hatte er die Absicht, das Auto zur Flucht zu nutzen; er wollte es sich damit vorübergehend aneignen. Problematisch ist aber, ob sein Vorsatz auch umfasste, eine dauerhafte Enteignung des E zu bewirken. X hatte im Zeitpunkt der Wegnahme die Absicht, das Fahrzeug an den ursprünglichen Standort zurückzubringen.

458 **Problem Nr 93: Enteignungsvorsatz bei Rückführungswillen**

Ein Rückführungswille schließt den Enteignungsvorsatz dann aus, wenn der Täter bei der Wegnahme bzw bei der Ingebrauchnahme mit dem Willen handelt, den rechtmäßigen Zustand im Sinne der früheren Lage unter Wahrung der Eigentumsordnung alsbald wieder herzustellen. Notwendig ist dazu die Bereitschaft, die Sache
- ohne Identitätswechsel,
- ohne wesentliche Wertminderung und
- ohne Eigentumsleugnung

so an den Berechtigten zurückgelangen zu lassen, dass dieser die ursprüngliche Verfügungsgewalt ohne besonderen Aufwand und nicht lediglich als Folge des reinen Zufalls wieder ausüben kann.

In den Fällen, in denen es um die Ingebrauchnahme fremder Kraftfahrzeuge ging, hat die Rspr (BGH NStZ 1996, 38) als Beweisanzeichen ua berücksichtigt, an welchem Ort der Täter das Fahrzeug später abgestellt hatte (etwa vor der Polizeiwache) und ob der Täter es ggf durch Verschließen der Wagentür gegen den unbefugten Zugriff Dritter gesichert hatte (näher BGHSt 22, 45). Diebstahl statt Gebrauchsanmaßung iSv § 248 b ist hier jeweils angenommen worden, wenn die Wegnahme erwiesenermaßen von dem Willen getragen war, das Fahrzeug nach dem Gebrauch wahllos preiszugeben und es dem Zufall zu überlassen, ob, wann und in welchem Zustand der Eigentümer es zurückbekommen würde (BGH NStZ 1982, 420).

Zur Vertiefung: Wessels/Hillenkamp, BT2 Rn 143 f.

459 X beabsichtigte keine wahllose Preisgabe des Kfz, sondern E sollte nach seiner Vorstellung wieder ohne besonderen Aufwand (Abstellen des Kfz vor der Haustür des E) in den Besitz des Autos gelangen. Da er das Fahrzeug auch nur kurzzeitig verwenden

wollte, sollte auch keine wesentliche Wertminderung erfolgen. Die Beschädigung zum Zwecke des Aufbrechens des Fahrzeugs wird man nicht als wesentliche Wertminderung ansehen können. Dass nach der Wegnahme das Fahrzeug durch die Kollision beschädigt wurde, sodass es bei der Rückgabe am nächsten Tag entsprechende Beeinträchtigungen aufwies, kann bei der Frage des Rückführungswillens im Zeitpunkt der Wegnahme keine Beachtung finden.

Folglich handelte es sich lediglich um eine Gebrauchsanmaßung.

X hat sich bzgl des Pkw des E nicht gem § 242 I strafbar gemacht.

3. § 248 b I

Die Benutzung des Pkw erfüllt den Tatbestand des § 248 b I. **460**

Die in Abs 1 bestimmte Subsidiarität gilt nur für Vorschriften mit gleichem oder ähnlichem Schutzzweck[53], sodass die Strafbarkeit aus § 303 I Alt 1 den § 248 b I nicht verdrängt. Der gem § 248 b III erforderliche Strafantrag ist gestellt.

4. § 246 I bzgl Pkw des E

Eine Strafbarkeit nach § 246 I scheidet mangels Zueignung aus.

5. § 242 I bzgl Benzin

Bzgl des während der Fahrt mit dem Pkw des E verbrauchten Benzins (ebenso Schmiermittel) hatte X zwar Zueignungsabsicht, allerdings ist dieser Tatbestand gegenüber dem des § 248 b subsidiär, da § 248 b ansonsten auf Kraftfahrzeuge – wegen der Subsidiaritätsklausel in § 248 b – regelmäßig unanwendbar wäre, was offensichtlich nicht Zweck der Bestimmung sein kann, da Kraftfahrzeuge gerade den Hauptanwendungsbereich dieser Norm darstellen[54]. **461**

6. § 303 I Alt 1 bzgl Pkw des E und Pkw des G anlässlich der Kollision

Hinsichtlich dieser Sachbeschädigungen handelte S lediglich fahrlässig. Strafbar ist jedoch nur die vorsätzliche Sachbeschädigung. **462**

7. § 142 I

a) Objektiver Tatbestand

Indem X mit dem Pkw des E das parkende Fahrzeug des G streifte, verursachte er einen Unfall im Straßenverkehr. Er ist Unfallbeteiligter iSv § 142 V. **463**

Sein Verhalten genügte weder der Anwesenheits- und Vorstellungspflicht des § 142 I Nr 1, noch der Wartepflicht der Nr 2, sodass es nicht darauf ankommt, ob feststellungsbereite Personen am Tatort anwesend waren.

---

53 *Fischer*, § 248 b Rn 11.

54 *Fischer*, § 248 b Rn 11; *Gössel*, BT2 § 18 Rn 36; S/S-*Eser*, § 248 b Rn 15; *Wessels/Hillenkamp*, BT2 Rn 403.

Des Weiteren muss sich X vom Unfallort entfernt haben. Obwohl er den VW Golf streifte, fuhr er weiter. Allerdings stieg er wenige Minuten später aus. Fraglich ist, ob er sich zu diesem Zeitpunkt bereits vom „Unfallort" iSv § 142 I StGB entfernt hat.

464 **Problem Nr 94: Wie ist der Begriff des „Unfallorts" iSv § 142 I auszulegen?**

(1) Eine Mindermeinung in der **Lit** (S/S-*Cramer/Sternberg-Lieben*, § 142 Rn 42) will unter den Begriff des Unfallorts lediglich die Unfallstelle und den unmittelbaren Umkreis subsumieren, „innerhalb dessen das unfallbeteiligte Fahrzeug durch den Unfall zum Stillstand gekommen ist oder – unter Beachtung der den Fahrer bei geringfügigen Schäden nach § 34 I Nr 2 StVO treffende Pflicht, unverzüglich beiseite zu fahren – hätte angehalten werden können".

Argument: Je enger der Begriff „Unfallort" gefasst ist, desto schneller greift § 142 I. Dies entspricht dem Schutzzweck der Norm.

(2) Das **BVerfG** (BVerfG NJW 2007, 1666) schlägt dagegen eine verfassungskonforme Auslegung dahingehend vor, nicht nur die unmittelbare Unfallstelle unter den Begriff „Unfallort" zu subsumieren, sondern den Begriff weiter auszudehnen (Grenze noch unklar, vgl OLG Düsseldorf NStZ-RR 2008, 88).

Argument: Der Begriff des Unfallortes ist nicht statisch, vielmehr ist auf den Einzelfall abzustellen. § 142 I verlangt im Gegensatz zu § 142 II keinen abgeschlossenen Vorgang. Ein weiteres Entfernen vom Unfallort ist auch dann noch möglich, wenn sich der Täter bereits von der Unfallstelle wegbewegt hat.

(3) Die **hL** (*Brüning,* ZIS 2007, 317, 322; *Fischer,* § 142 Rn 20; *Geppert,* JK 8/08, StGB § 142/24; Bespr *Jahn,* JuS 2007, 689; *Lackner/Kühl,* § 142 Rn 11; *Mitsch,* NZV 2008, 217; SK/StGB-*Rudolphi,* § 142 Rn 35) vertritt eine mittlere Position und legt den Begriff des Unfallorts zu Recht in dem Sinne aus, dass der Bereich mit dem Unfallgeschehen in einem „unmittelbaren räumlichen" Zusammenhang steht. Feststellungsbereite Personen müssen an diesem Ort noch ohne weiteres zu erwarten sein.

Argument: Eine weitere Ausdehnung des Begriffs „Unfallorts" würde die Wortlautgrenze erreichen, insbesondere indem der empirische Begriff des „Unfallorts" mit normativen Wertungen überfrachtet wird. Eine Ausdehnung dieses Tatbestandsmerkmals würde dazu führen, dass bei einem vorsätzlich handelnden Täter die Tat des § 142 I erst sehr spät, nämlich zu einem Zeitpunkt, bei dem jener eventuell gar nicht mehr als Unfallbeteiligter zu erkennen ist, vollendet wird. Dies widerspräche dem Schutzzweck der Norm.

§ 142 I verbietet nur das aktive Entfernen, normiert jedoch keine Rückkehrpflicht. Bei einer extensiven Auslegung des Tatbestandsmerkmals „Unfallort" wären die Feststellungspflichten jedoch nur erfüllbar, wenn der Täter zur Unfallstelle zurückkehrt.

465 Während eine Mindermeinung in der Literatur den Begriff des „Unfallorts" sehr eng auslegt und nur die Unfallstelle und den unmittelbaren Umkreis darunter fasst, schlägt das BVerfG eine sehr weite Auslegung vor. Nach Sinn und Zweck des § 142 I, der vor allem den Schutz zivilrechtlicher Ansprüche durch die Ermöglichung der Feststellung der Unfallbeteiligung bezweckt, ist aber davon auszugehen, dass der Unfallort alles das umfasst, was mit der Unfallstelle in einem „unmittelbaren räumlichen" Zusammenhang steht. Stellen, an denen mit feststellungsbereiten Personen grds nicht mehr zu rechnen ist, scheiden daher aus dem Begriff aus. So wird auch eine etwaige Überfrachtung eines empirischen Begriffes mit normativen Wertungen – anders als bei der Lösung des BVerfG – verhindert und die Wortlautgrenze nicht überspannt.

X ist wenige Minuten später und etwa einen Kilometer weiter stehengeblieben. Innerorts stellt ein Kilometer eine beträchtliche Entfernung dar. Mit wenigen Minuten ist immerhin ein nicht nur unerheblicher Zeitraum vergangen[55]. Von feststellungsbereiten Personen kann nicht erwartet werden, in einem solchen Umkreis noch nach Unfallbeteiligten zu suchen. X hat sich somit bereits vom Unfallort entfernt.

b) Subjektiver Tatbestand

X hat den Unfall jedoch nicht unmittelbar wahrgenommen. Zum Zeitpunkt des Sich-Entfernens fehlte ihm somit der Vorsatz. Erst als er einige Minuten später aus dem Fahrzeug aussteigt, erkennt er den Schaden und es wird ihm klar, was passiert ist. Fraglich ist, ob dies ausreicht.

Problem Nr 95: Wann muss der Vorsatz für das Entfernen iSv § 142 vorliegen? 466

(1) Das **BVerfG** (BVerfG NJW 2007, 1666) und ein **Teil der Lit** (*Blum,* NZV 2008, 495; *Laschewski,* NZV 2007, 444) wollen es genügen lassen, wenn der Täter den Entfernens-Vorsatz grundsätzlich bis zur Beendigung der Tat, also auch noch nach Vollendung, bildet.

Argument: § 142 I verlangt nicht, dass der Vorgang des Entfernens bereits abgeschlossen ist – anders als § 142 II. Hat sich der Täter von der Unfallstelle bereits wegbewegt, kann er sich immer noch weiter entfernen, auch wenn er sich durch ein vorsätzliches Verlassen des Unfallortes bereits strafbar gemacht hätte. Somit kann der Vorsatz auch noch nach Entfernen von der Unfallstelle bis zur endgültigen Beendigung (Abschluss der Fahrt) gebildet werden.

(2) Die **hL** (*Brüning,* ZIS 2007, 317, 320 f; *Küper,* NStZ 2008, 597, 604) verlangt dagegen Vorsatz zu dem Zeitpunkt, zu dem sich der Täter vom Unfallort entfernt.

Argument: Die eigentliche Tathandlung ist das Verlassen der Unfallstelle. Sofern der Autofahrer sich diesem Bereich entzogen hat, ist die Tat vollendet und beendet (strittig). Die spätere Erkenntnis über das Unfallgeschehen kann nur als dolus subsequens eingestuft werden, der nach allgemeinen Regeln unbeachtlich ist. Für diese Lösung spricht auch, dass bis heute noch keine genaue Konkretisierung der Phase zwischen Vollendung und Beendigung gelungen ist (wann sollte zB die Tat beendet sein, wenn der Fahrer noch 400 km fährt?) und eine Anknüpfung an den Beendigungszeitpunkt mithin gegen Art 103 II GG verstieße.

Der Täter kann sich zwar nach dem Entfernen vom Unfallort noch weiter entfernen und 467
dann nach einer zwischenzeitlichen Information die Fahrt in Kenntnis des Unfallgeschehens fortsetzen. Sein dann gewonnenes Vorstellungsbild stellt jedoch nur einen unbeachtlichen dolus subsequens dar.

X unterlag somit im Zeitpunk des Verlassens des Unfallortes einem Tatbestandsirrtum, der gem § 16 I den Vorsatz entfallen lässt. Die spätere Kenntnis ist für § 142 I Nr 1 irrelevant.

8. §§ 142 I, 13 I

Möglicherweise hat sich X dadurch, dass er nicht zu der Unfallstelle zurückkehrte, obwohl er wenige Minuten später den Unfall bemerkte, gem §§ 142 I Nr 1, 13 I strafbar gemacht.

55 Vgl nur OLG Düsseldorf NStZ-RR 2008, 88.

Die Voraussetzungen für eine Unterlassungsstrafbarkeit sind jedoch in § 142 II normiert. Diese zusätzlichen Anforderungen dürfen nicht durch eine Anwendung des § 13 I unterlaufen werden. Eine Strafbarkeit gem §§ 142 I Nr 1, 13 I scheidet somit aus[56].

9. § 142 II Nr 2

a) Objektiver Tatbestand

468 X hätte eine Pflicht zur nachträglichen Ermöglichung der Feststellungen iSv § 142 II Nr 2, wenn er sich „berechtigt oder entschuldigt" vom Unfallort entfernt hätte.

Fraglich ist, ob auch ein unvorsätzliches Entfernen diese nachträgliche Feststellungspflicht auslöst.

469 **Problem Nr 96: Unvorsätzliches Entfernen als „berechtigtes oder entschuldigtes" Entfernen iSv § 142 II Nr 2**

(1) Nach **früherer Rspr und einem Teil der Lit** ist § 142 II Nr 2 auch dann anwendbar, wenn sich der Täter zunächst unvorsätzlich entfernt, dann aber noch innerhalb eines zeitlichen und räumlichen Zusammenhangs mit dem Unfallgeschehen seine Unfallbeteiligung erkennt (BGHSt 28, 129; BayObLG MDR 1982, 427 f; OLG Düsseldorf JZ 1985, 544; LK-*Geppert*, § 142 Rn 136).

Argument: „Entschuldigt" meint nicht nur das Vorliegen von Entschuldigungs- und Schuldausschließungsgründen, sondern erlaubt eine eigenständige Auslegung, da der Gesetzgeber sich nicht in den Streit um die dogmatische Einordnung des Vorsatzes im Verbrechensaufbau einmischen wollte.

Hält man § 142 II Nr 2 für nicht anwendbar, entsteht eine Strafbarkeitslücke, die sachlich nicht gerechtfertigt ist, wenn man beispielsweise die Fälle vergleicht, in denen der Täter den Unfall nicht erkennt (und daher nach der Gegenmeinung straflos bleibt) und diejenigen, in denen der Täter durch Unfallschock in einen schuldausschließenden Zustand gerät (worauf Abs 2 unstrittig Anwendung findet). Die Besserstellung des unvorsätzlich Handelnden erscheint nicht gerechtfertigt.

§ 142 StGB soll die zivilrechtlichen Ansprüche des Geschädigten sichern. Ein umfassender Schutz ist jedoch nur gewährleistet, wenn die Fälle des unvorsätzlichen Entfernens mit erfasst sind.

(2) Zutreffend verneinen jedoch ein **Teil der Lit**, das **BVerfG** sowie die **neuere Rspr** eine Anwendung des § 142 II Nr 2 auf den sich unvorsätzlich entfernenden Täter (BVerfG NJW 2007, 1666; OLG Düsseldorf, NStZ-RR 2008, 88; *Beulke*, NJW 1979, 400; *Haft*, BT2, S 250; *Kindhäuser*, BT1 § 70 Rn 43; *Mitsch*, NZV 2005, 350; SK/StGB-*Rudolphi*, § 142 Rn 40; S/S-*Cramer/Sternberg-Lieben*, § 142 Rn 55; *Tofahrn*, BT3 Rn 118).

Argument: Der klare Wortlaut verbietet die Subsumtion des unvorsätzlichen Verhaltens unter den Tatbestand; ansonsten läge eine Analogie zulasten des Täters vor. Auch in der Alltagssprache wird zwischen unvorsätzlichem und entschuldigtem Verhalten unterschieden. Dies ist nicht nur eine Feinheit der juristischen Fachsprache.

Dass der Gesetzgeber alle Fälle des straflosen Entfernens unter § 142 II Nr 2 fassen wollte, ergibt sich nicht eindeutig aus den Gesetzesmaterialien. Allein aufgrund des Schutzzwecks

---

56 *Niemann*, Jura 2008, 135, 141.

der Norm kann eine bestimmte Auslegung nicht vorgenommen werden. Eine Verankerung im Gesetzeswortlaut ist dennoch erforderlich.

Ein Täter, der den Unfall wahrgenommen hat, sich aber gerechtfertigt oder ohne Schuld entfernt, wird vom Appell des Tatbestandes erreicht. Dies ist aber nicht der Fall, wenn der Täter den Unfall nicht bemerkt. Während es sich bei „berechtigt" und „entschuldigt" um ein normatives Element handelt, ist die Frage des „Vorsatzes" rein empirisch. Es handelt sich somit um nicht miteinander vergleichbare Fallkonstellationen.

Rechtfertigungs- und Entschuldigungs- bzw Schuldausschließungsgründe lassen sich regelmäßig nachweisen. Die Einlassung dagegen, sich unvorsätzlich entfernt zu haben, wird man häufig nicht glaubhaft machen können, sodass die Pflichten des Abs 2 den sich unvorsätzlich Entfernenden zu stark in seinem Selbstbegünstigungsrecht beschneiden.

Auch verstößt die herrschende Auslegung des § 142 II insoweit schon gegen das Bestimmtheitsgebot des Art 103 II GG, als die Rückkehrpflicht nur bei örtlichem und zeitlichem Zusammenhang zum Unfallgeschehen bejaht wird. Für diese Kriterien ergeben sich aus dem Gesetzeswortlaut aber keinerlei Anhaltspunkte.

Zur Vertiefung: Wessels/Hettinger, BT1 Rn 1013f; Hillenkamp, BT 17. Problem S 80ff.

Nach früherer Rspr war X trotz des fehlenden Vorsatzes bei Verlassen des Unfallortes feststellungspflichtig, wenn er noch innerhalb eines zeitlichen und räumlichen Zusammenhangs seine Unfallbeteiligung erkennt. So wollte man Strafbarkeitslücken durch eine sehr extensive Interpretation der Tatbestandsmerkmale „berechtigt oder entschuldigt" vermeiden. Diese schon immer sehr umstrittene Auslegung ist inzwischen durch das BVerfG zu Recht für verfassungswidrig erklärt worden. Der Fall der unvorsätzlichen Entfernung vom Unfallort wird nämlich vom Wortlaut des § 142 II Nr 2 gerade nicht mehr erfasst. Die Bejahung einer Rückkehrpflicht, sofern noch ein örtlicher und zeitlicher Zusammenhang zum Unfallgeschehen besteht, stellt deshalb eine Analogie zulasten des Täters und damit einen Verstoß gegen Art 103 II GG dar. **470**

b) Ergebnis

X hat sich nicht gem § 142 II Nr 2 strafbar gemacht.

[Mit der früheren hM wäre der Tatbestand des § 142 II Nr 2 zu bejahen, da X vorsätzlich seiner nachträglichen Feststellungspflicht nicht nachgekommen ist und er sich auch nicht auf die Unzumutbarkeit normgemäßen Verhaltens berufen kann, nur weil er auf der Flucht ist und sich einer Strafverfolgung entziehen will.]

10. Konkurrenzen

Da es sich um unterschiedliche Rechtsgüter handelt, steht § 248 b I zu der Sachbeschädigung am Pkw des E in Tateinheit, § 52. **471**

11. Ergebnis für X im Tatkomplex C

X hat sich gem § 248 b I – § 52 – § 303 I Alt 1 strafbar gemacht.

D. Gesamtkonkurrenzen

472 Die von X in den Tatkomplexen A, B und C verwirklichten Delikte stellen zueinander selbstständige Handlungen dar. Sie stehen deshalb in Realkonkurrenz, § 53.

E. Gesamtergebnis des materiell-rechtlichen Gutachtens

B: Tatkomplex B: §§ 244 a I, 25 II
K: Tatkomplex A: §§ 244 I Nr 3, II, 22, 23 I Alt 2, 25 II – § 52 – §§ 123 I Alt 1, 25 II
S: Tatkomplex B: §§ 123 I Alt 1, 26
X: Tatkomplex A: § 222 – § 52 – § 240 I, II – § 52 – § 123 I Alt 1
– § 53 –
Tatkomplex B: §§ 252, 249 – § 52 – § 224 I Nr 3, Nr 4 – § 52 – § 123 I Alt 1
– § 53 –
Tatkomplex C: § 248 b I – § 52 – § 303 I Alt 1
Y: Tatkomplex B: §§ 252, 249, 25 II – § 52 – §§ 244 a I, 25 II – § 52 – §§ 224 I Nr 3, Nr 4, 25 II – § 52 – § 123 I Alt 1

Teil II. (prozessualer Teil)

1. Der Verdeckte Ermittler

473 V ist ein verdeckter Ermittler (im Weiteren nur VE) iSv § 110 a II StPO, nämlich ein Beamter des Polizeidienstes, der unter einer ihm verliehenen, auf Dauer angelegten, veränderten Identität (Legende) ermittelt. Zur Aufklärung von Straftaten von erheblicher Bedeutung, welche gewerbsmäßig begangen worden sind, ist der Einsatz eines VE zulässig, § 110 a I 1 Nr 3 StPO, soweit die Aufklärung auf andere Weise aussichtslos oder wesentlich erschwert wäre. Über den Einsatz des VE entscheidet die Polizei. Sie bedarf jedoch der Zustimmung der Staatsanwaltschaft, § 110 b I 1 StPO. Einsätze, die sich wie hier gegen einen bestimmten Beschuldigten richten oder bei denen der VE eine Wohnung betritt, die nicht allgemein zugänglich ist, bedürfen der Zustimmung des Richters, § 110 b II 1 StPO[57].

Wenn die Behörde die Identität des VE nicht preisgeben will, weil sonst die Möglichkeit der weiteren Verwendung des V gefährdet würde, kann sie eine „Sperrerklärung" aussprechen, §§ 96 S 1, 110 b III 3 StPO. Die Behörde kann die Sperrung von bestimmten Bedingungen abhängig machen, um den Geheimhaltungsinteressen des Staates bestmöglich Rechnung zu tragen:

474 **Problem Nr 97: Systematik der Bedingungen, von denen die Behörde die Sperrung von Gewährspersonen für das gerichtliche Verfahren abhängig machen kann („Stufentheorie")**

Die Rechtsprechung (BGHSt GrS 32, 115 ff; BGHSt 33, 83 ff; 34, 15 ff; 36, 159 ff; vgl auch SK/StPO-*Schlüchter*, § 251 Rn 58 ff) hat folgende Systematik der Bedingungen, von denen

57 BGHSt 42, 103, 105; *Beulke*, StPO Rn 267.

die Behörde die Sperrung von Verdeckten Ermittlern abhängig machen kann, herausgearbeitet. Die Behörde darf dabei immer nur diejenige Stufe wählen, die das justizielle Interesse an der Wahrheitsermittlung **am geringsten beeinträchtigt** (BVerfGE 57, 250):

1. Stufe: Äußere Einschränkungen bei der Vernehmung des VE vor Gericht

Beispiele: Verschweigen des Wohnortes, § 68 II StPO; Geheimhaltung der Identität (anonymer Zeuge), § 68 III StPO und §§ 110 b III 3, 96 StPO; Ausschluss der Öffentlichkeit, § 172 Nr 1 a GVG; Videosimultanübertragung, § 247 a S 1 StPO. Allerdings wird so in den seltensten Fällen die Identität des VE geheim gehalten werden können, auch wenn der Angeklagte zusätzlich nach § 247 S 2 StPO aus der Hauptverhandlung entfernt wird.

2. Stufe: Kommissarische Vernehmung des VE durch beauftragten oder ersuchten Richter, §§ 223 f, 251 II Nr 1 StPO und Verlesung des dabei angefertigten Protokolls in der Hauptverhandlung nach § 251 II Nr 1 StPO.

3. Stufe: Verzicht auf Vernehmung des VE und **Verlesung der polizeilichen Vernehmungsprotokolle** (§ 251 I Nr 2 StPO) bzw Abspielen von Videoaufzeichnungen früherer Vernehmungen (insbes §§ 58 a I 2 Nr 2, 168 e S 4, 255 a StPO, dazu s BGH NStZ 2005, 43), soweit durch den Rückgriff auf audiovisuelle Medien nicht die Preisgabe der Identität des Zeugen zu befürchten ist, oder eine Vernehmung der (zumeist polizeilichen) Vernehmungsbeamten als Zeugen vom Hörensagen (*vgl u Rn 476*).

Dabei muss die Beweisaufnahme möglichst so erfolgen, wie das vom Gesetz bei regulären Vernehmungen vorgesehen wird, deshalb ist es dem Beschuldigten zB gestattet, einen schriftlichen Fragenkatalog an den VE einzureichen (BGH StV 1993, 171).

Hinweis: Bzgl des Einsatzes der Videotechnologie bei der V-Mann-Vernehmung sind die Einzelheiten – insbes Fragen der Zulässigkeit einer Vermummung und Stimmverzerrung auf Grundlage des geltenden Rechts – derzeit noch ungeklärt (vgl Beulke, ZStW 113 [2001], 709, 726; Diemer, NStZ 2001, 393, 397; KK-Senge, Vor §§ 48–71 Rn 71; Schlüchter/Greff, Kriminalistik 1998, 530; Wieder, StV 2000, 48).

Zur Vertiefung: Beulke, StPO Rn 427.

Da im vorliegenden Fall äußere Einschränkungen bei der Vernehmung des VE vor Gericht und eine kommissarische Vernehmung durch einen beauftragten oder ersuchten Richter den Schutz des VE noch nicht in ausreichendem Maße gewährleisten, kommt eine Verlesung der polizeilichen Vernehmungsprotokolle in Betracht. Die Zulässigkeit der Verlesung des Protokolls der polizeilichen Vernehmung ergibt sich dann aus § 251 I Nr 2 StPO, da der Zeuge auf absehbare Zeit gerichtlich nicht vernommen werden kann. Allerdings darf sich das Gericht nicht einfach mit der „Sperrerklärung“ abfinden. Die Behörde muss vielmehr ihre Entscheidung – soweit dies mit den Geheimhaltungsgründen vereinbar ist – begründen, und das Gericht trifft die Pflicht, eventuell eine Überprüfung der behördlichen Entscheidung zu verlangen[58].

2. Der V-Mann; Der Zeuge vom Hörensagen

Nunmehr ist V kein Verdeckter Ermittler, sondern ein (sonstiger) V-Mann. 475

58 BVerfGE 57, 250, 288; BGHSt GrS 32, 115, 126; BGHSt 36, 159, 161; Problematik insgesamt sehr umstritten.

Problem Nr 98: Die Zulässigkeit des V-Mann-Einsatzes

Die Zulässigkeit des Einsatzes von V-Männern hat der Gesetzgeber nicht geregelt. Ein Umkehrschluss aus der Zulässigkeit des VE auf die Unzulässigkeit der Informationsbeschaffung durch V-Männer kann aber nicht gezogen werden, da der Gesetzgeber diesen Bereich bewusst offengelassen hat (BGH JZ 1995, 970).

(1) Teilweise wird in einem solchen Einsatz ein unzulässiger Eingriff in das Recht auf informationelle Selbstbestimmung gesehen und daher eine gesetzliche Ermächtigung gefordert (so zB *Duttge*, JZ 1996, 556; *Eschelbach*, StV 2000, 390; *Fezer*, JZ 1995, 972; *Lagodny*, StV 1996, 167; *Lilie/Rudolph*, NStZ 1995, 514; SK/StPO-*Rudolphi*, Vor § 94 Rn 48, § 110 a Rn 14; sehr krit auch *Hamm*, StV 2001, 81).

Argument: Jenseits der Generalermächtigung für leichte Grundrechtsbeeinträchtigungen (§ 163 I 2 StPO) bedürfen alle Eingriffe in die Freiheitssphäre des Bürgers einer speziellen Rechtsgrundlage. Da sie beim Einsatz eines V-Mannes gerade fehlt, handelt es sich um ein rechtswidriges Vorgehen der Strafverfolgungsbehörden.

(2) Die **Gegenansicht** (BGHSt 32, 115, 121 ff; 40, 211, 213; 45, 321; *M-G*, § 163 Rn 34 a; *Rogall*, NStZ 2000, 490, 493) hält den V-Mann-Einsatz für zulässig.

Argument: Die V-Personen sind keine Angehörigen der Strafverfolgungsbehörden und sie nehmen keine staatliche Aufgabe mit staatlichen Mitteln wahr. Es handelt sich daher nur um eine Informationsbeschaffung durch Zeugenbeweis (*Hilger*, NStZ 1992, 523 Fn 128).

Durch das StVÄG 1999 wurde § 163 StPO zudem zu einer Ermittlungsgeneralklausel umgestaltet, wodurch nunmehr auch Grundrechtseingriffe wie der Einsatz eines V-Mannes auf diese Norm gestützt werden können (so auch *Lesch*, JA 2000, 725; abw *Murmann/Grassmann*, Beilage zu JuS Heft 3/2001 S 6; *Hetzer*, Kriminalistik 2001, 690).

Schranken setzt dem Ausweichen des Staates auf „private" Informationsbeschaffung jedoch das **Rechtsstaatsprinzip**:

Zumindest der längerfristige V-Mann-Einsatz ist nicht schrankenlos zulässig, sondern nur bei Bekämpfung und Aufklärung **besonders gefährlicher und schwer aufklärbarer Kriminalität**, so zB bei Rauschgifthandel und Bandenkriminalität (BVerfGE 57, 250, 284; BVerfG StV 1995, 561; BGHSt 32, 115, 122; BGH StV 2000, 57, 61).

Begrenzt sein muss ferner vor allem der **Einsatz von Lockspitzeln** (*s u Rn 477*).

Im Übrigen muss für alle noch nicht geregelten Fragen nach wie vor auf die Grundsätze der Rechtsprechung zum V-Mann-Einsatz zurückgegriffen werden, insbes auf das **Grundsatzurteil BGHSt 32, 115 ff**. Eine analoge Heranziehung der für die VE geltenden §§ 110 a ff StPO (insbes hinsichtlich der formellen Voraussetzungen) auf sonstige V-Männer scheidet hingegen wegen der anderen Qualität der Maßnahme aus (BGH NStZ 1995, 513; zum Teil enger *Zaczyk*, StV 1993, 490, 493).

Zur Vertiefung: Beulke, StPO Rn 424.

Im Schrifttum halten viele den V-Mann-Einsatz mangels einer gesetzlichen Ermächtigung für unzulässig. Dem ist aber entgegen zu halten, dass V-Personen keine staatliche Aufgabe wahrnehmen und ihr Einsatz nur einer Informationsbeschaffung durch Zeugenbeweis entspricht. Die Ermittlungsgeneralklausel des § 163 StPO lässt deshalb – jedenfalls bei besonders gefährlicher und schwierig aufzuklärender Kriminalität – den Einsatz von V-Leuten zu, solange die Schranken des Rechtsstaatsprinzips beachtet werden.

Die Tat des X fällt in den Bereich der Schwerkriminalität. Deshalb ist der Einsatz des V durch die Strafverfolgungsbehörden hier durch die generelle Befugnisnorm des § 163 I 2 StPO gedeckt.

Bei einer Aussage des V vor Gericht ist zu beachten, dass es sich um einen Zeugen vom Hörensagen handelt. **476**

Problem Nr 99: Die Zulässigkeit der Heranziehung des Zeugen vom Hörensagen und deren Grenzen

Der Zeuge vom Hörensagen ist ein **(mittelbarer) Zeuge**, der von einem anderen (unmittelbaren) Zeugen eine Tatschilderung vernommen hat.

(1) Teilweise wird in der **Literatur** (*Grünwald*, S 119; *Peters*, Strafprozeß, § 39 II) behauptet, der Zeuge vom Hörensagen dürfe dann nicht vernommen werden, wenn es einen unmittelbaren Zeugen gibt.

Argument: Aus § 250 S 1 StPO folgt der Grundsatz, dass jeweils der tatnächste Zeuge zu vernehmen ist.

(2) Die überzeugende **herrschende Meinung in Literatur und Rechtsprechung** hält die Vernehmung des (mittelbaren) Zeugen vom Hörensagen für zulässig.

Argument: Die Gegenmeinung – oben (1) – widerspricht der Systematik des Gesetzes. § 250 S 1 und 2 StPO sind zusammen zu lesen, sodass aus dieser Vorschrift nur ein Vorrang des Personalbeweises gegenüber dem Urkundsbeweis, nicht aber eine Subsidiarität des mittelbaren gegenüber dem unmittelbaren Zeugen entnommen werden kann.

Die StPO enthält keinen ausdrücklichen Vorrang des „nahen" (unmittelbaren) vor dem „fernen" (mittelbaren) Zeugen. Zudem ist der Zeuge vom Hörensagen ein **unmittelbares Beweismittel** bzgl der von ihm wahrgenommenen früheren Aussage des anderen Zeugen. Der Rückgriff auf ihn verletzt auch nicht den Grundsatz des fairen Verfahrens (BVerfG NStZ 1991, 445).

So kann zB in den Fällen des Verbots der Protokollverlesung die Verhörsperson als Zeuge vom Hörensagen darüber vernommen werden, was der Angeklagte oder der Zeuge früher über das Tatgeschehen gesagt hat, sofern nicht ausnahmsweise ein Beweisverwertungsverbot (zB § 252 StPO) eingreift.

Die **Grenze der Zulässigkeit** der Heranziehung des Zeugen vom Hörensagen anstelle des unmittelbaren Zeugen ergibt sich allein aus dem **Grundsatz der richterlichen Aufklärungspflicht, § 244 II StPO** (BVerfGE 57, 250, 277; BGHSt 6, 209, 210; 17, 382, 384; 36, 159, 162 – zu diesem Grundsatz *Beulke,* StPO Rn 406; gute Darstellung bei *Geppert*, Jura 1991, 538). Ein Gericht kann gegen den Grundsatz der umfassenden Sachaufklärung verstoßen, wenn es nur einen mittelbaren Zeugen vernimmt, obwohl die Vernehmung des unmittelbaren Zeugen möglich wäre.

Auch muss das Gericht den **geringeren Beweiswert** der Aussage eines mittelbaren Zeugen bei der Beweiswürdigung besonders beachten (BGHSt 17, 382, 385; 34, 15, 18). Die Unsicherheit des Beweiswerts eines Zeugen vom Hörensagen bedingt, dass das Beweisergebnis zumeist durch weitere Indizien bestätigt werden muss (BVerfG NJW 2001, 2245; BGHSt 42, 15, 25). Mit der Zahl der „Zwischenglieder" nehmen die Fehlermöglichkeiten zu, und das Gericht muss sich dieser Beweisferne bewusst werden (BGHSt 34, 15, 20).

Zur Vertiefung: Beulke, StPO Rn 422; Lagodny, StV 1996, 167.

Der Wortlaut des § 250 S 1 StPO deckt die Auslegung, die dem tatnächsten Zeugen jeweils den Vorrang vor dem tatferneren einräumt. Sachgerechter erscheint es hingegen, dem § 250 S 1 StPO nur den Vorrang des Personal- gegenüber dem Urkundsbeweis zu entnehmen. Immerhin ist auch der Zeuge vom Hörensagen ein unmittelbares Beweismittel, das in den Grenzen des § 244 II StPO herangezogen werden kann. Nach hA ist hier also der V-Mann-Einsatz zulässig und V kann vor Gericht als Zeuge gehört werden. Dieser Zeugenbeweis darf verwertet werden, wobei sich das Gericht allerdings des geringeren Beweiswertes des Zeugen vom Hörensagen bewusst sein muss.

3. Lockspitzeleinsatz von V-Männern

477 **Problem Nr 100: Grenzen des Lockspitzeleinsatzes von V-Männern und Konsequenzen ihrer Überschreitung**

Das Rechtsstaatsprinzip erfordert eine Begrenzung des Einsatzes von Lockspitzeln, also von V-Leuten, die bewusst andere Personen zur Begehung von strafbaren Handlungen auffordern. Ebenso wie VE dürfen auch V-Männer, die als Lockspitzel arbeiten, nur gegen Personen eingesetzt werden, gegen die schon ein **Verdacht iSv §§ 152, 160 I StPO** besteht, Straftaten aus dem Bereich der besonders gefährlichen und schwer aufklärbaren Kriminalität zu planen oder darin verwickelt zu sein (BGHSt 45, 321, 339; 47, 44, 48). Die Konsequenzen der Überschreitung dieser Grenzen sind jedoch umstritten:

(1) Der **EGMR** hat in der Sache „Teixeira de Castro vs. Portugal" einen Verstoß gegen Art 6 I EMRK (faires Verfahren) anerkannt (EGMR StV 1999, 127 m Anm *Kempf* und NStZ 1999, 47 m Anm *Sommer*). De Castro habe von Anfang an kein faires Verfahren gehabt. Der EGMR hat De Castro für die in diesem Verfahren erlittene Freiheitsstrafe von drei Jahren eine finanzielle Entschädigung durch den Staat Portugal zugesprochen.

(2) Der **BGH** (BGHSt 45, 321) ist zwar der Ansicht, diese Entscheidung müsse auch von den deutschen Gerichten beachtet werden. Das führe aber nicht zu einem Prozesshindernis. Im deutschen Strafverfahren könne auf der Strafzumessungsebene, durch Absehen von Strafe oder sonst durch Anwendung oder Auslegung des Straf- und des Strafverfahrensrechts, dem Verstoß gegen das Fairnessgebot in angemessener Weise Rechnung getragen werden.

Argument: Selbst schwerste Rechtsverstöße (zB Folter) bedingen kein Verfahrenshindernis, sondern nur ein Verwertungsverbot, § 136 a III 2 StPO. Es muss auch nicht generell ein Beweisverwertungsverbot anerkannt werden, wenn die zulässigen Grenzen der Tatprovokation überschritten sind (so aber *Kühne*, Strafprozessrecht, Rn 537). Angemessen ist die Anerkennung eines besonderen, gewichtigen und schuldunabhängigen Strafmilderungsgrundes, der zur Unterschreitung der sonst schuldangemessenen Strafe führt (**Strafzumessungslösung**). Zu denken ist auch an §§ 153, 153 a StPO (Einstellung) und § 59 StGB (Verwarnung mit Strafvorbehalt).

Zur Vertiefung: Beulke, StPO Rn 288, 424; BGH StV 2000, 57, 62; Rössner, StPO 13. Problem S 59.

Eine noch nicht tatgeneigte Person darf seitens des Staates und seiner Helfer (V-Männer) nicht zu Straftaten angestachelt werden. Dies widerspräche dem Rechtsstaatsprinzip. Es muss zumindest ein Anfangsverdacht dahingehend bestehen, dass Delikte dieser Art von dem Angestifteten begangen werden.

Definitionen zum Auswendiglernen

Bande	iSd **§ 244 I Nr 2** und des **§ 244 a I** ist der Zusammenschluss von mindestens drei Personen, die sich mit dem Willen verbunden haben, künftig für eine gewisse Dauer mehrere selbstständige, im Einzelnen noch ungewisse Straftaten des im Gesetz genannten Deliktstyps zu begehen. Ein „gefestigter Bandenwille" oder ein „Tätigwerden in einem übergeordneten Bandeninteresse" ist nicht erforderlich (*BGHSt GrS 46, 321 ff*).
Vermögensverfügung	iSv **§ 253** [Tatbestandsvoraussetzung nach hL] umfasst jedes bewusste und willensgetragene Verhalten des Genötigten, das bei diesem selbst oder bei einem Dritten unmittelbar zu einer Vermögensminderung im wirtschaftlichen Sinne führt (*Wessels/Hillenkamp, BT2 Rn 713*).
Gewalt gegen eine Person	iSv **§§ 249 ff** ist die Ausübung körperlich wirkenden Zwanges durch eine unmittelbare oder mittelbare Einwirkung auf einen anderen, die nach der Vorstellung des Täters dazu bestimmt und geeignet ist, einen tatsächlich geleisteten oder erwarteten Widerstand zu überwinden oder unmöglich zu machen (*Wessels/Hillenkamp, BT2 Rn 319*).
Für die Gefahr einer schweren Gesundheitsschädigung	iSv **§ 250 I Nr 1 c** ist erforderlich, aber auch ausreichend, dass das Opfer in eine ernste langwierige Krankheit verfällt oder seine Arbeitskraft erheblich beeinträchtigt wird (*vgl Wessels/Hillenkamp, BT2 Rn 347*).
Schwere körperliche Misshandlung	iSv **§ 250 II Nr 3 a** setzt vorsätzlich herbeigeführte schwere Gesundheitsschädigungen iSv § 250 I Nr 1 c oder neben einer nicht unerheblichen Beeinträchtigung der Körperintegrität besonders rohe Misshandlungen voraus (*Wessels/Hillenkamp, BT2 Rn 352*).
Auf frischer Tat betroffen	iSv **§ 252** ist der Täter dann, wenn er bei der Ausführung alsbald nach Vollendung der Wegnahme am Tatort oder in dessen unmittelbarer Nähe von einem anderen wahrgenommen, bemerkt oder schlicht angetroffen wird (*Wessels/Hillenkamp, BT2 Rn 364*).

Weitere einschlägige Musterklausuren

Zum Problem des Versuchs des erfolgsqualifizierten Delikts:
Baumann/Arzt/Weber, [22] S 131; *Beulke*, Klausurenkurs II [7] Rn 191; *Chowdhury/Meier/Schröder*, [6] S 138; *Ebert*, Fälle, [4] 62, [13] 193; *Engelhart/Burchard* in: *Coester-Waltjen* ua (Hrsg), Examensklausurenkurs III, S 56; *Frisch/Murmann*, JuS 1999, 1196; *Frister*, [2] S 25; *Heger*, JuS 2008, 859; *Kress/Weisser*, JA 2006, 115; *Kudlich*, JuS 2003, 32; *Kühl*, JuS 2007, 742; *Miehe*, JuS 1996, 1000; *Müller*, Jura 2005, 635; *Norouzi*, JuS 2006, 531; *Reinbacher*, in: *Coester-Waltjen* ua (Hrsg), Zwischenprüfung, S 26; *Safferling*, Jura 2004, 64; *Schrödl*, JA 2003, 656

Zum Problem der Abgrenzung Raub – Räuberische Erpressung:
Berz, JA 1990, 246; *Beulke*, Klausurenkurs II [2] Rn 36; *Chowdhury/Meier/Schröder*, [5] S 107; *Eifert*, JuS 1993, 1032; *Esser*, Jura 2004, 273; *Frister*, [2] S 25; *Gössel*, Fälle und Lösungen, S 27 ff; *Graul*, Jura 2000, 204; *dies*, JuS 1999, 562; *Grebing*, Jura 1980, 91; *v. Hentschel-Heinegg*, [16] S 218; *Hohmann*, JuS 1994, 860; *Ingelfinger*, JuS 1998, 53; *Jäger*, JA 2007, 604; *Kohlmann*, JA 1990, 79; *Krehl*, Jura 1989, 646; *Kretschmer, B.*, Jura 2006, 219; *Kudlich/Roy/Tyszkiewicz*, JA 2006, 779; *Kühl/Schramm*, JuS 2003, 681; *Küper*, Jura 1983, 206; *Laubenthal*, Jura 1989, 99; *Mitsch*, JA 1997, 655; *Morgenstern*, Jura 2008, 627; *Namavicius*, JA 2007, 190; *Niederle*, [7] S 29; *Noak/Sengbusch*, Jura 2005, 494; *Otto*, [E2] S 164; *ders*, Jura 2008, 954; *Perron/Bott/Gutfleisch*,

Jura 2006, 706; *Priebe*, Fälle, [8] S 109; *Ranft*, Jura 1993, 487; *ders*, JuS 1993, 856; *Rudolphi*, [1] S 1; *Samson*, St2 [11] S 105; *Schmitt*, Jura 1986, 492; *Schulz/Richter*, JuS 1985, 798; *Schwabe*, BT2 [8] S 124, [9] S 136; *Sonnen/Mitto/Nugel*, Fälle [11] S 104; *Sternberg-Lieben/Sternberg-Lieben*, JuS 2002, 576; *Strauß*, [16] S 117, [19] S 137; *Swoboda*, Jura 2007, 224; *Tag*, JuS 1996, 904; *Uhlig/Brockhaus*, Jura 2006, 311; *Weber*, JuS 1988, 885; *Werner, K.*, JuS 1991, 576; *Werner, S.*, Jura 1990, 599; *Wolter*, JA-Übungsblätter 2008, 605; *Wolters*, [4] S 85

Zum Problem des Versuchsbeginns bei Mittäterschaft:
Ambos, Jura 2004, 492; *Britz*, JuS 1997, 146; *Ebert*, Fälle, [3] S 46; *Hörnle*, Jura 2001, 44; *Otto/Petersen*, Jura 1999, 480; *Scholz/Wohlers*, S 108; *Stoffers*, JuS 1994, 948

Zum Problem: Erfasst § 243 I 1, 2 Nr 1 den „Wohnungseinbruchsdiebstahl"?
Gaede, JuS 2003, 774

Zum Problem des Zuvorkommens des Betroffenwerdens iSv § 252 durch Einsatz von Gewalt:
Geppert, Jura 1985, 542; *Gössel*, [5] S 92; *Mitsch*, JA 1997, 655; *Pfeiffer*, JA-Übungsblätter 1987, 105; *Priebe*, Fälle, [4] S 46; *Rotsch/Nolte/Peifer/Weitemeyer*, [23] 348; *Samson*, St2 [12] S 118; *Schwabe*, BT2 [7] S 112; *Seibert* , JA-Übungsblätter 2008, 31; *Zöller*, Jura 2007, 305

Zum Problem des Bandenbegriffes:
Gaede, JuS 2003, 774; *Gropp/Küpper/Mitsch*, [1] S 1; *Hillenkamp*, JuS 2003, 157; *Kinzig/Luczak*, Jura 2002, 493; *Kunz*, JuS 1997, 242; *Priebe*, Fälle, [10] S 142; *Wolter*, JA-Übungsblätter 2008, 605

Zum Problem: Diebstahl unter „Mitwirkung" eines Bandenmitgliedes iSv § 244 I Nr 2:
Gaede, JuS 2003, 774; *Geppert*, in: *Coester-Waltjen* ua (Hrsg), Zwischenprüfung, S 46; *Gropp/Küpper/Mitsch*, [1] S 1; *Safferling/Simon*, Jura 2008, 382; *Schwabe*, BT2 [5] S 74; *Weißer*, JuS 2005, 620

Zum Problem des agent provocateur:
Engelhart/Burchard in: *Coester-Waltjen* ua (Hrsg), Examensklausurenkurs III, S 56; *Geppert*, Jura 2002, 278; *v. Hentschel-Heinegg*, [16] S 218; *Mitsch*, JuS 2007, 555; *Preis/Prütting/Sachs/Weigend* [16] S 263

Zum Problem des Enteignungsvorsatzes bei Rückführungswillen:
Graul, JuS 1999, 562; *Kipp/Kummer*, Jura 2008, 792; *Kunz*, Jura 1997, 152; *Meurer/Dietmeier*, Jura 1999, 643; *Roxin/Schünemann/Haffke*, [9] S 175

Zum Problem des Rücktritts vom erfolgsqualifizierten Versuch:
Chowdhury/Meier/Schröder, [6] S 138; *Kress/Weisser*, JA 2006, 115; *Schapiro*, JA 2005, 615

Zum Problem: Unvorsätzliches Entfernen als „berechtigtes oder entschuldigtes" Entfernen iSv § 142 II Nr 2?
Bühler, Jura 1989, 651; *Buttel/Rotsch*, JuS 1996, 327; *Eisenberg*, Jura 1983, 267; *Gössel*, [15] S 243; *Krüger/Steinhilper*, Jura 1981, 660; *Mitsch*, JA 1995, 2; *Sonnen/Mitto/Nugel*, Fälle [15] S 136; *Wolters*, [3] S 59

Zum Problem des Verdeckten Ermittlers:
Kinzig/Luczak, Jura 2002, 493

Zum Problem der „Sperrerklärung":
v. Hentschel-Heinegg, [16] S 218; *Ranft*, Jura 1993, 487

Zum Problem des V-Mannes:
Paulus, Jura 1984, 147

Zum Problem des Zeugen vom Hörensagen:
Paulus, Jura 1984, 147

Zum Problem des Lockspitzeleinsatzes von V-Männern:
Ranft, Jura 1993, 487

Fall 10

Der schlagkräftige Mieter

I.

Mieter M ist aufgrund des mit der T-GmbH abgeschlossenen Mietvertrages, deren alleinvertretungsberechtigter Geschäftsführer A ist, verpflichtet, eine Mietkaution in Höhe von 2500 € (zwei Monatsmieten) zu leisten. Dieser Betrag wird von M zunächst bei der Sparkasse X auf ein unter seinem – des M – Namen eingerichtetes Sonderkonto mit einer besonderen Sparurkunde unter einer besonderen Kontonummer angelegt. In den allgemeinen Bedingungen für die Eröffnung eines Mietkautionskontos heißt es: „Dieses Mietkautionskonto ist nicht dafür bestimmt, eigenen Zwecken des Kontoinhabers zu dienen. Es dient nur der Einzahlung der Mietkaution. Nur der Vermieter ist der Bank gegenüber allein verfügungsbefugt. Zur Sicherung der Ansprüche aus dem Mietverhältnis verpfändet der Mieter das gesamte Guthaben einschließlich Zinsen an den Vermieter.“ Das Sparbuch übergibt M dem A. Als A jedoch in Zahlungsschwierigkeiten gerät, veranlasst er die Überweisung der Mietkaution vom Sonderkonto auf ein allein der T-GmbH zustehendes Konto bei derselben Sparkasse, hebt das Geld ab und gibt es für private Zwecke aus. 478

Als M hiervon Kenntnis erlangt, ist er äußerst aufgebracht. Da es sich hierbei nicht um die erste Verfehlung des A gegenüber M handelt, beschließt er, dem A eine deftige Abreibung in Form einer Tracht Prügel zu verpassen, ohne dem A aber ernsthafte Verletzungen zuzufügen. Der Nachbar N, der mit A bereits ähnliche Erfahrungen gemacht hat, rät dem M, als er von dessen Vorhaben erfährt, zur Verwirklichung seines Plans doch etwas härter zuzuschlagen und auf alle Fälle einen Knüppel mitzunehmen, da der A sehr kräftig gebaut sei.

M nimmt sich den Rat des N zu Herzen. Er lauert dem A deshalb wenige Tage später vor der Treppe zu dessen Haustür mit einem Knüppel auf. Als dieser aus der Tür tritt, führt M einen kräftigen Schlag mit dem Knüppel in Richtung Oberkörper des A aus. Dieser wird von dem Schlag ganz benommen und gerät ins Taumeln. Dadurch kann er sich auf dem Treppenabsatz nicht mehr halten, verliert das Gleichgewicht und stürzt die Treppe hinunter, wo er bewusstlos liegen bleibt. Bei diesem Sturz wird ein Halswirbel schwer verletzt, was zu einer vollständigen, nicht mehr zu heilenden Lähmung des A führt.

M eilt zu dem bewusstlosen A und prüft, ob dieser noch Lebenszeichen von sich gibt. Als er sich sicher ist, den Tod des A bewirkt zu haben, rennt er auf der Stelle zu N und teilt diesem entsetzt dieses unerwünschte Ergebnis mit. Beide beschließen, dass es das Beste sei, die Polizei zu verständigen und sich als Zeugen eines Raubüberfalls auszugeben, um gar keinen Verdacht gegen sich selbst aufkommen zu lassen. M und N fahren zur nächsten Polizeidienststelle, wo sie dem diensthabenden Polizisten P schildern, wie ein Unbekannter – von ihnen zufällig beobachtet – den A aufforderte: „Geld raus oder es knallt“ und, als dieser sich weigerte, mit einem Knüppel auf A einschlug, was dessen „Todessturz“ zur Folge gehabt hätte.

Wie haben sich A, M und N strafbar gemacht?

II.

1. Der bisher strafrechtlich nie in Erscheinung getretene, im Alkoholkonsum ungeübte und allseits bekannte Schauspieler S tritt nach einem Empfang in angetrunkenem Zustand (BAK 0,9 ‰) mit seinem Pkw den Heimweg an, wobei er sich aufgrund von Fahrlässigkeit für fahrtauglich hält. Aufgrund seiner Alkoholisierung gelingt es ihm jedoch nicht, das Fahrzeug immer auf der rechten Fahrbahn zu halten, sodass er seinen Kurs immer wieder abrupt korrigieren muss, um nicht im linken oder rechten Straßengraben zu landen. Als ihm das Fahrzeug des X entgegenkommt, gerät er aus Versehen auf die linke Fahrbahn, sodass eine Kollision der Pkw nur im letzten Moment durch ein besonnenes Verhalten des Fahrers des anderen Pkw vermieden werden kann. In der Presse findet der Fall außergewöhnliche Beachtung.

   Der geständige S bittet die Staatsanwaltschaft um Einstellung des Strafverfahrens. Wer wird darüber wie entscheiden?

2. Erst in der Hauptverhandlung stellt das Gericht auf Antrag des S das Verfahren gegen ihn aus Opportunitätsgründen ein, wobei es weder Auflagen noch Weisungen festsetzt. Später stellt sich heraus, dass S einschlägig vorbestraft war und er außerdem bei Fahrtantritt seine Fahruntüchtigkeit positiv kannte. Kann die Staatsanwaltschaft das Verfahren neu aufrollen?

Gedankliche Strukturierung des Falles (Kurzlösung)

Teil I. (materiell-rechtlicher Teil)

A. Die Mietkaution (Strafbarkeit des A)

1. § 266 I Alt 1 (ggü M) (+)
a) Objektiver Tatbestand (+)
- Verfügungsbefugnis (+)
- Missbrauchshandlung (+)
- Vermögensbetreuungspflicht (+)

Problem Nr 101: Vermögensbetreuungspflicht als Voraussetzung des Missbrauchstatbestandes (Rn 481)

Problem Nr 102: Vermögensbetreuungspflicht (allgemeiner Umfang) (Rn 483)

Problem Nr 103: Treuepflicht iSd § 266 I bei Mietkaution (Rn 485)

- Verletzung der Vermögensbetreuungspflicht (+)
- Vermögensnachteil (+)

b) Subjektiver Tatbestand (+)
c) Rechtswidrigkeit und Schuld (+)
d) Ergebnis

2. § 266 I Alt 2 (ggü M) (+)
a) Objektiver Tatbestand (+)
- Verletzung der Vermögensbetreuungspflicht (+)
- Vermögensnachteil (+)

b) Subjektiver Tatbestand (+)

3. § 266 I Alt 1 (ggü der T-GmbH) (–)
a) Objektiver Tatbestand (–)
- Missbrauch durch Transfer auf GmbH-Konto (–)
- Missbrauch durch die Auszahlung (–)
- Missbrauch durch Verbrauch (–)

b) Ergebnis

4. § 266 I Alt 2 (ggü der T-GmbH) (+)
a) Objektiver Tatbestand (+)
- Verletzung der Vermögensbetreuungspflicht (+)
- Vermögensnachteil (+)

b) Subjektiver Tatbestand (+)
c) Ergebnis

5. § 242 I (–)
- fremde bewegliche Sache (+)
- Wegnahme (–)

6. § 246 I, II (+)
a) Objektiver Tatbestand (+)
- fremde bewegliche Sache (+)
- Zueignung (+)
- veruntreuende Unterschlagung (+)

b) Subjektiver Tatbestand (+)

7. § 263 I (A ggü der Bank, zulasten des M, zugunsten des A) (–) 479
a) Objektiver Tatbestand (–)
b) Ergebnis

8. § 263 I (A ggü der Bank, zulasten der T-GmbH, zugunsten des A) (–)

9. § 263 a I (–)

10. Konkurrenzen

11. Ergebnis für A im Tatkomplex A
A hat sich gem § 266 I Alt 1 – § 52 – § 266 I Alt 2 strafbar gemacht.

B. Die folgenschwere Tracht Prügel

I. Strafbarkeit des M

1. §§ 212 I, 22, 23 I Alt 1 (–)
- Tatentschluss (–)

2. § 223 I (+)
a) Objektiver Tatbestand (+)
- körperliche Misshandlung (+)
- Gesundheitsschädigung (+)
- Kausalität (+)
- objektive Zurechnung (+)

b) Subjektiver Tatbestand (+)
c) Rechtswidrigkeit und Schuld (+)
d) Strafantragserfordernis, § 230 I (–)

3. § 224 I Nr 2 (+), Nr 3 (–), Nr 4 (–), Nr 5 (+)
a) Objektiver Tatbestand (+)
- Nr 2 (gefährliches Werkzeug) (+)
- Nr 3 (hinterlistiger Überfall) (–)
- Nr 4 (gemeinschaftlich) (–)
- Nr 5 (Leben gefährdende Behandlung) (+)

b) Subjektiver Tatbestand (+)

4. § 226 I Nr 3 (+)
a) Verwirklichung des Grunddelikts (+)
b) Qualifizierende Folge (+)
- Lähmung (+)

c) Spezifischer Gefahrzusammenhang (+)
d) Fahrlässigkeit bzgl schwerer Folge (+)
e) Ergebnis

5. § 226 II (–)

6. § 221 I Nr 1 (+), Nr 2 (–)
a) Objektiver Tatbestand (+)
- Nr 1 (Versetzen in eine hilflose Lage) (+)

Problem Nr 104: „Versetzen" in eine hilflose Lage iSv § 221 I Nr 1 (Rn 498)

- Nr 2 (Im-Stich-Lassen in hilfloser Lage trotz Beistandspflicht) (+)
- dadurch Gefahr einer schweren Gesundheitsschädigung (+)

b) Subjektiver Tatbestand (+)
- Nr 1 (+)
- Nr 2 (–)

7. § 221 II Nr 2 (+)

8. § 323 c (–)

a) Objektiver Tatbestand (+)
- Unglücksfall (+)
- keine Hilfeleistung (+)
- objektive Erforderlichkeit der Hilfe (+)
- Zumutbarkeit der Hilfeleistung (+)

b) Subjektiver Tatbestand (–)

9. Konkurrenzen

10. Ergebnis für M im Tatkomplex B

M hat sich gem § 226 I Nr 3 strafbar gemacht.

II. Strafbarkeit des N

1. §§ 223 I, 26 (–)
- omnimodo facturus (+)

2. §§ 224 I Nr 2 (+), Nr 5 (–), 26 (+)

a) Objektiver Tatbestand (+)
- vorsätzliche rechtswidrige Haupttat (+)
- Anstiftungshandlung (+)

Problem Nr 105: „Hochstiftung" bzw „Aufstiftung" (Rn 503)

b) Subjektiver Tatbestand (+)
- Vorsatz bzgl vorsätzlicher rechtswidriger Haupttat (+)
- bzgl § 224 I Nr 2 (+)
- bzgl § 224 I Nr 5 (–)
- Vorsatz bzgl Anstiftungshandlung (+)

c) Rechtswidrigkeit und Schuld (+)

3. §§ 226 I Nr 3, 26 (+)

a) Objektiver Tatbestand (+)
- vorsätzliche rechtswidrige Haupttat (+)
- Anstiftungshandlung (+)

b) Subjektiver Tatbestand (+)
- Vorsatz bzgl vorsätzlicher rechtswidriger Haupttat (+)
- Vorsatz bzgl Anstiftungshandlung (+)
- Fahrlässigkeit bzgl schwerer Folge (+)

4. §§ 221 II Nr 2, 26 (–)

a) Objektiver Tatbestand (+)
- vorsätzliche rechtswidrige Haupttat (+)
- Anstiftungshandlung (+)

b) Subjektiver Tatbestand (+)
- Vorsatz bzgl vorsätzlicher rechtswidriger Haupttat (–)

5. Konkurrenzen

6. Ergebnis für N im Tatkomplex B

N ist strafbar gem §§ 226 I Nr 3, 26.

C. Die Meldung bei der Polizei (Strafbarkeit von M und N)

1. §§ 164 I, 25 II (–)

2. §§ 258 I, 25 II (–)

3. §§ 145 d I Nr 1, 25 II (–)

a) Objektiver Tatbestand (–)
- zur Entgegennahme von Anzeigen zuständige Stelle (+)
- Vortäuschen einer rechtswidrigen Tat (–)

Problem Nr 106: Aufbauschen einer tatsächlich begangenen rechtswidrigen Tat als Vortäuschen iSd § 145 d? (Rn 510)

b) Ergebnis

4. §§ 145 d II Nr 1, 25 II (+)

a) Objektiver Tatbestand (+)
- zur Entgegennahme von Anzeigen zuständige Stelle (+)
- bereits begangene rechtswidrige Tat (+)
- Täuschung über den Beteiligten (+)
- kein Eingreifen des Selbstbegünstigungsprivilegs (+)

b) Subjektiver Tatbestand (+)
- Vorsatz (+)
- wider besseres Wissen (+)

c) Rechtswidrigkeit und Schuld (+)

5. § 153 (–)

6. Ergebnis für M und N im Tatkomplex C

M und N haben sich jeweils gem §§ 145 d II Nr 1, 25 II strafbar gemacht.

7. Konkurrenz zwischen den Tatkomplexen B und C

D. Gesamtergebnis des materiellrechtlichen Gutachtens

A: Tatkomplex A: § 266 I Alt 1 – § 52 – § 266 I Alt 2

M: Tatkomplex B: § 226 I Nr 3
– § 53 –
Tatkomplex C: §§ 145 d II Nr 1, 25 II

N: Tatkomplex B: §§ 226 I Nr 3, 26
– § 53 –
Tatkomplex C: §§ 145 d II Nr 1, 25 II

Teil II. (prozessualer Teil)

1. Einstellung des Verfahrens durch die Staatsanwaltschaft

Problem Nr 107: Voraussetzungen einer Einstellung des Verfahrens nach § 153 StPO (Rn 514)

Problem Nr 108: Voraussetzungen einer Einstellung des Verfahrens nach § 153 a StPO (Rn 515)

2. Beschränkte Rechtskraft des Beschlusses nach § 153 II StPO

Problem Nr 109: Umfang der beschränkten Rechtskraft des Beschlusses nach § 153 II StPO (Rn 516)

Ausführliche Lösung von Fall 10

Teil I. (materiell-rechtlicher Teil)

A. Die Mietkaution (Strafbarkeit des A)

1. § 266 I Alt 1 (gegenüber M)

A könnte dadurch, dass er das Sparbuch bei der Bank vorlegte und die Überweisung 480
der Mietkaution auf das allein der T-GmbH zustehende Konto veranlasste, eine Untreue gem § 266 I Alt 1 (Missbrauchstatbestand) begangen haben.

a) Objektiver Tatbestand

A müsste eine ihm rechtswirksam (durch Gesetz, behördlichen Auftrag oder Rechtsgeschäft) eingeräumte Befugnis, über fremdes Vermögen zu verfügen[1], missbraucht haben. Ob eine solche Verfügungsbefugnis bei der Mietkaution besteht, erscheint zweifelhaft.

Exkurs: *Eine Mietkaution kann in verschiedenen Formen gestellt werden:*

(1) Üblicherweise wird vereinbart, dass der Mieter dem Vermieter einen bestimmten Geldbetrag übergibt, den der Vermieter während der Vertragslaufzeit auf ein Mietkautionskonto einzahlt (sog Barkaution). Nach Ablauf der Mietzeit erhält der Mieter das Geld zurück, abzüglich des Betrages, den der Mieter dem Vermieter noch schuldet. Die Mietkaution wird dann zivilrechtlich als unregelmäßiges Pfandrecht am übergebenen Geld behandelt, verfügungsbefugter Eigentümer wird der Vermieter (OLG Düsseldorf NJW 1978, 2511; Palandt-Weidenkaff, Einf v § 535 Rn 120ff), dh nur ein dem übergebenen Geldbetrag entsprechender Betrag, nicht die konkreten Zahlungsmittel sind zurückzugewähren. Dies wäre häufig auch gar nicht möglich, so bei Banküberweisung oä. Das Mietkautionskonto ist nicht dafür bestimmt, eigenen Zwecken des Kontoinhabers zu dienen. Es dient nur der Einzahlung der Mietkaution. Gleichwohl ist allein der Vermieter der Bank gegenüber berechtigt und verpflichtet.

(2) Alternativ besteht auch die Möglichkeit, dass der Mieter selbst die Kaution anlegt und die Forderung gegen die Bank an den Vermieter verpfändet (§§ 1273 ff BGB, vgl Palandt-Sprau, § 808 Rn 6). Die Anlagepflicht soll den Mieter für den Fall des Vermögensverfalls des Vermieters sichern, indem die Gläubiger des Vermieters keinen Zugriff auf eine getrennt angelegte Kaution haben (§§ 47 ff InsO bzw über § 771 I ZPO).

Hier ist Alternative (2) gewählt worden.

Problematisch ist, ob der Vermieter über die Kaution verfügen darf. A müsste dafür eine Rechtsmacht gehabt haben, den Dritten (den Mieter) nach außen rechtlich wirksam zu binden. Eine solche Verfügungsbefugnis des Vermieters ist früher vom BGH abgelehnt worden[2]. Heute enthalten die (abgedruckten) Allgemeinen Geschäftsbedin-

1 Beispiele bei *Wessels/Hillenkamp*, BT2 Rn 751.
2 BGHSt 41, 224.

gungen jedoch eine ausdrückliche Verfügungsbefugniserteilung für den Vermieter. Er kann nach außen – nämlich gegenüber der Bank – rechtswirksam verfügen. Als Geschäftsführer der T-GmbH hatte A das Recht, diese Verfügungsbefugnis auszuüben, § 35 GmbHG. Eine Vermögensverfügungsbefugnis ist also gegeben.

Ein Missbrauch der (Verpflichtungs- oder) Verfügungsbefugnis ist gegeben, wenn der Täter im Rahmen seines rechtsverbindlich wirkenden Könnens die Grenzen des im Innenverhältnis einzuhaltenden rechtlichen Dürfens bewusst überschreitet[3]. Hier konnte A als alleinvertretungsberechtigter Geschäftsführer der T-GmbH (§ 35 GmbHG) eine Zahlung der Bank an die T-GmbH bewirken, die rechtswirksam war (die Bank ist von der Zahlungspflicht frei geworden). Intern, dh im Verhältnis zwischen dem Treugeber (M) und dem Treunehmer (T-GmbH), durfte die T-GmbH – und somit über § 14 I Nr 1 auch A – so nicht handeln, weil die Mietkaution nur zur Sicherung der Ansprüche des Vermieters gegen den Mieter aus dem Mietverhältnis dient.

Fraglich ist, ob darüber hinaus auch bei § 266 I Alt 1 eine Vermögensbetreuungspflicht verletzt werden muss. Diese kann zwar eigentlich nur dem Vermieter – also der T-GmbH – obliegen. Auch insoweit ergibt aber § 14 I Nr 1, dass A als Geschäftsführer der GmbH so behandelt wird, als wäre er Inhaber der Vermögensbetreuungspflicht.

481 **Problem Nr 101: Vermögensbetreuungspflicht als Voraussetzung des Missbrauchstatbestandes**

(1) Nach **früher herrschender Ansicht und auch heute noch weit verbreiteter Lehre** genügte für die Erfüllung des Missbrauchstatbestandes allein die Verletzung einer Verfügungsbefugnis (*Labsch*, Jura 1987, 343, 345; *Miehe*, JuS 1980, 261, 262; *Otto*, BT § 54 Rn 7 ff).

Argument: Der Missbrauch ist ein so eklatanter Verstoß gegen die eingeräumte Rechtsmacht, dass er immer strafwürdig erscheint. Nur beim Treubruchstatbestand bedarf es der Vermögensbetreuungspflicht, um den zu weit geratenen Tatbestand sinnvoll einzugrenzen.

(2) Demgegenüber steht die **heute herrschende Ansicht** zu Recht auf dem Standpunkt, dass auch der Missbrauchstatbestand die Verletzung einer Vermögensbetreuungspflicht voraussetzt (BGHSt 24, 386; 33, 244, 250; BGH wistra 1991, 307; *Krey/Hellmann*, BT2 Rn 542; *Lackner/Kühl*, § 266 Rn 4; *Maurach/Schroeder/Maiwald*, BT1 § 45 Rn 18; *Rengier*, BT1 § 18 Rn 2, 8; *Schreiber/Beulke*, JuS 1977, 656, 657).

Argument: Ansonsten würde der Missbrauchstatbestand auch Fallgestaltungen erfassen, deren krimineller Unwertgehalt weit unter dem des Treubruchstatbestandes liegt. § 266 muss aber wegen seiner zu weiten Fassung bei gleichzeitig hoher Strafdrohung restriktiv ausgelegt werden.

Zur Vertiefung: Wessels/Hillenkamp, BT2 Rn 750; Hillenkamp, BT 34. Problem S 175 ff.

482 Die nach überzeugender Ansicht auch beim Missbrauchstatbestand zu fordernde Vermögensbetreuungspflicht erscheint im Falle des hier gegebenen Verhältnisses zwischen Vermieter (T-GmbH, vertreten durch A) zu Mieter M zweifelhaft. Dazu ist zunächst zu klären, welche Voraussetzungen generell an die Vermögensbetreuungspflicht zu stellen sind.

3 *Wessels/Hillenkamp*, BT2 Rn 753.

Problem Nr 102: Vermögensbetreuungspflicht (allgemeiner Umfang) 483

Wie bereits hervorgehoben, muss nach **herrschender Meinung in Rechtsprechung und Lehre** der Missbrauchstatbestand ebenso wie der Treubruchstatbestand wegen seiner tatbestandlichen Weite einschränkend ausgelegt werden (BGHSt 1, 186; 22, 190; *Küper*, BT S 375, 378; *Wessels/Hillenkamp*, BT2 Rn 769). Danach muss das Treueverhältnis von **Fremdnützigkeit** geprägt sein und die Wahrnehmung fremder Vermögensinteressen muss den typischen und wesentlichen Inhalt ausmachen, wobei diese Wahrnehmungspflicht **Hauptpflicht** des Rechtsverhältnisses sein muss. Zudem ist eine gewisse **Erheblichkeit der Pflicht** zu fordern, die sich nach der Rechtsprechung im jeweiligen Einzelfall anhand einer Gesamtschau verschiedener – allerdings unverbindlicher – Indizien ergibt. Dazu zählen die **Art** und der **Umfang der Tätigkeiten** (nicht bloß untergeordnete oder rein mechanische Tätigkeiten) sowie die **Dauer des Treueverhältnisses**, der **Grad der Selbstständigkeit**, die Bewegungsfreiheit und die Verantwortlichkeit und schließlich der Spielraum des Treupflichtigen bei der Erfüllung der Obliegenheiten.

Argument: Ohne diese einschränkenden Kriterien würde die Strafbarkeit viel zu weit ausgedehnt. So wäre zB jede vorsätzliche zivilrechtliche Verletzung von Nebenpflichten (§ 280 I BGB) strafbares Unrecht.

Eine Auseinandersetzung mit noch restriktiveren Auslegungsvorschlägen im Schrifttum sowie mit den grundsätzlichen Bedenken, die § 266 im Hinblick auf den Bestimmtheitsgrundsatz aufwirft (statt aller Arzt/Weber, BT § 22 Rn 60; LK-Schünemann, § 266 Rn 29 ff; SK/StGB-Samson/Günther, § 266 Rn 27 ff), ist im Rahmen von Klausuren und zumeist auch von Hausarbeiten nicht erforderlich.

Zur Vertiefung: Wessels/Hillenkamp, BT2 Rn 769 ff; Matt, NJW 2005, 389.

Eine Vermögensbetreuungspflicht iSv § 266 der T-GmbH, vertreten durch deren Geschäftsführer A, kommt nur in Betracht, wenn die Verpflichtung bzgl des Umgangs mit der Mietkaution eine fremdnützige Pflicht ist, die zu den Hauptpflichten der T-GmbH gehört und die der T-GmbH eine gewisse Selbstständigkeit belässt. Für den Fall der Mietkaution schreibt § 551 III 1 BGB eine Anlagepflicht einer vom Mieter von Wohnraum geleisteten Mietkaution vor, die gem § 551 IV BGB unabdingbar ist. Die Geldsumme ist getrennt vom Vermögen des Vermieters aufzubewahren. Fraglich ist, ob konkret diese Anlagepflicht hinsichtlich einer Mietkaution nach den Kriterien von Rechtsprechung und Lehre eine Vermögensbetreuungspflicht begründet. 484

Problem Nr 103: Treuepflicht iSd § 266 I bei Mietkaution hinsichtlich Wohnraummiete 485

(1) Eine **Mindermeinung** (*Saliger*, JA 2007, 326, 327) verneint eine Vermögensbetreuungspflicht bzgl der Mietkaution.

Argument:

(a) Es **fehlt** an einer **fremdnützigen Hauptpflicht**. Das Verhältnis zwischen Vermieter und Mieter ist nämlich dadurch geprägt, dass fremde Vermögensinteressen auf gegenläufige eigene treffen und jeder Vertragsteil nur seine eigenen Vorteile verfolgt (OLG Düsseldorf NJW 1989, 1171). Sinn der Mietkaution ist in erster Linie die Sicherung des Vermieters für etwaige Ansprüche gegen den Mieter aus dem Mietverhältnis, sodass das eigene Interesse des Vermieters dominiert. Daran ändert auch § 551 III BGB nichts, da damit zwar Interessen des Mieters berücksichtigt werden, aber nur ein Ausgleich zwischen dem Sicherungsinteresse des Vermieters und dem des Mieters bezweckt wird. Bei der Anlagepflicht des Vermieters handelt es sich damit nur um eine Nebenpflicht aus dem Mietvertragsverhältnis.

(b) Die **Anlagepflicht** ist auch **nicht erheblich**. Inhaltlich beschränkt sich die Anlagepflicht auf die bloße Auswahl einer beliebigen Bank. Dem Vermieter fehlt somit ein eigenständiger Entscheidungsspielraum. Dieser ist aber für die Annahme einer Vermögensbetreuungspflicht erforderlich, um eine Abgrenzung zu bloßen Vertragsverletzungen, die nicht strafbar sind, zu ermöglichen. Das Strafrecht will keinen umfassenden Eigentums- und Vermögensschutz gewähren.

(2) Zu Recht bejaht die **herrschende Lehre und Rechtsprechung** die Treuepflicht iSv § 266 (BGHSt 41, 224)[4].

Argument:

(a) Für die **Fremdnützigkeit** ist anzuführen, dass die Mietkaution im Gegensatz zu einer Barkaution, die ausschließlich Sicherungszwecken des Sicherungsnehmers dient, auch dem Mieter zugute kommt, was erst zur Einführung der besonderen Anlagepflicht geführt hat (LG Hamburg MDR 1990, 269). Unbeachtlich ist, dass die Anlagepflicht nach § 551 III 1 BGB zivilrechtlich nur als „Nebenpflicht" eingestuft wird (Palandt-*Weidenkaff*, § 551 Rn 12). Eine solche Einstufung ist kein sicheres Erkennungszeichen gegen eine Vermögensbetreuungspflicht iSd § 266. Auch wenn die Mehrzahl der Pflichten im Verhältnis Mieter – Vermieter nicht auf die Wahrnehmung von Vermögensinteressen bezogen ist, hat der Gesetzgeber das Geldüberlassungsverhältnis in § 551 III BGB als Treuhandverhältnis (nach dem Vorbild der für die Anlegung des Mündelgeldes geltenden Vorschriften) ausgestaltet (vgl §§ 1806, 1807 I Nr 5 BGB), da die Regelung des § 551 III BGB einen Ausgleich zwischen dem Sicherungsbedürfnis des Vermieters einerseits und dem Schutzbedürfnis des Mieters auf der anderen Seite herstellt. Mit dieser Ausgestaltung der Mietkautionsüberlassung als neuer Rechtsfigur im BGB hat der Gesetzgeber die Pflicht des Vermieters, die Kaution in bestimmter Weise anzulegen, zu einem wesentlichen und nicht nur beiläufigen Gegenstand der gegenseitigen Rechtsbeziehungen erhoben (BGHSt 41, 224; BGH NStZ 2008, 455).

(b) Für die **Erheblichkeit** der Pflicht spricht, dass die Anlagepflicht während des gesamten Mietverhältnisses besteht und nicht nur eine völlig untergeordnete, mit rein mechanischen Tätigkeiten zu vergleichende Aufgabe des Vermieters ist.

Betrachtet man die Art der Tätigkeit und die Selbstständigkeit, mit welcher der Pflicht nachzukommen ist, kommt dem Vermieter zwar nur ein relativ enger Entscheidungsspielraum nach § 551 III 1 BGB zu, was eher gegen eine Vermögensbetreuungspflicht spricht (so auch S/S-*Lenckner/Perron*, § 266 Rn 23). Bei genauerer Betrachtung steht dies allein jedoch einer Vermögensbetreuungspflicht nicht entgegen. Das Kriterium der eingeengten Handlungsfreiheit des Verpflichteten soll nur dazu dienen, „Dienste und Handreichungen" auszuscheiden, wie sie etwa von Kellnern und Boten erbracht werden (BGH NStZ 1996, 81). Diesen darf der Vermieter als treuhänderischer Verwalter aber nicht gleichgestellt werden. Außerdem wird auch beim Notar, Rechtsanwalt und Steuerberater, die ihren Mandanten zustehendes Geld empfangen und einbehalten, um es schließlich an diese auszukehren, eine solche Pflicht bejaht, obwohl nur ein enger Entscheidungsspielraum besteht.

Zur Vertiefung: Wessels/Hillenkamp, BT2 Rn 771; Satzger, Jura 1998, 570ff.

486 Angesichts der Ähnlichkeit mit der Verwaltung von Mandantengeldern durch Notare, Rechtsanwälte und Steuerberater und der in § 551 III 1 BGB sehr umfassend geregelten Pflicht des Vermieters liegen ausreichende Anhaltspunkte dafür vor, von einer fremdnützigen Hauptpflicht mit hinreichender Selbstständigkeit, also von einem Treueverhältnis zwischen dem Vermieter und dem Mieter zu sprechen.

---

4 Anders jedoch bei der Gewerberaummiete, die Vermögensbetreuungspflicht verneinend: BGHSt 52, 182, 185 ff.

Durch den bereits bejahten (*s o Rn 480*) Missbrauch seiner Rechtsmacht hat A diese Vermögensbetreuungspflicht verletzt.

Durch die Pflichtverletzung muss dem zu betreuenden Vermögen ein Nachteil erwachsen sein. Der Begriff des Nachteils ist dabei ebenso zu verstehen wie die Vermögensbeschädigung in § 263[5]. Hier kommt ein Vermögensnachteil durch den Verlust der besonderen Sicherung in Betracht, die das bürgerliche Recht dem Mieter in § 551 III 1 BGB zugedenkt.

Insbesondere im Falle einer Barkaution erscheint die Bejahung eines Vermögensschadens jedoch problematisch. Schließlich steht dem Mieter immer noch der Rückzahlungsanspruch gegen den Vermieter zu. Zwar kann ein Nachteil iSv § 266 I auch in einer schadensgleichen Vermögensgefährdung bestehen, dies ist aber nur dann der Fall, wenn die Gefährdung nach wirtschaftlicher Betrachtung bereits eine Verschlechterung der gegenwärtigen Vermögenslage darstellt. Durch die Überweisung der Kaution auf das Konto der T-GmbH verliert M zwar im Insolvenzfalle sein Aussonderungsrecht und die generelle Möglichkeit, Gläubiger des Vermieters vom Zugriff auf die Kaution auszuschließen. Soweit die T-GmbH aber jederzeit bereit und fähig ist, den Betrag aus eigenen flüssigen Mitteln aufzubringen, reicht die bloße abstrakte Möglichkeit, dass Gläubiger der T-GmbH auf die Gelder Zugriff nehmen, für eine schadensgleiche Vermögensgefährdung nicht aus[6]. Vielmehr müsste bereits zu diesem Zeitpunkt eine drohende Überschuldung des Vermieters bestehen, so dass ein Zugriff der Gläubiger zu erwarten sei. Allerdings hat M der T-GmbH nicht wie im Fall der Barkaution das Geld übereignet, vielmehr ist er selbst Kontoinhaber und damit Inhaber der Forderung gegen die Bank. Indem A das Geld auf das Konto der T-GmbH überweist, verliert M diese Zugriffsmöglichkeit, seine gegenwärtige Vermögenslage hat sich dadurch, auch ohne drohende Überschuldung der T-GmbH verschlechtert. Dem steht auch nicht entgegen, dass dem Mieter weiterhin ein Rückzahlungsanspruch gegen den Vermieter rechtlich zusteht, denn es verbleibt gleichwohl die Gefährdung des Vermögens des Mieters.

b) Subjektiver Tatbestand

A handelte vorsätzlich.

c) Rechtswidrigkeit und Schuld

A handelte rechtswidrig und schuldhaft.

d) Ergebnis

A hat durch die Überweisung der Mietkaution auf das Konto der T-GmbH eine Untreue gem § 266 I Alt 1 gegenüber M begangen.

---

5 BGHSt 40, 287, 294 ff; BGH NStZ 2004, 205; *Ransiek*, ZStW 116 [2004], 634; *Wessels/Hillenkamp*, BT2 Rn 775 ff.

6 BGH NStZ 2008, 453.

2. § 266 I Alt 2 (gegenüber M)

487 Durch die Vorlage des Sparbuches und die Veranlassung der Überweisung des Geldes auf das allein der T-GmbH zustehende Konto könnte auch § 266 I Alt 2 (Treubruchstatbestand) erfüllt sein.

a) Objektiver Tatbestand

A müsste eine Vermögensbetreuungspflicht verletzt haben. Darunter ist jedes Handeln und Unterlassen zu verstehen, das im Widerspruch zur Treuepflicht steht[7]. Der Guthabentransfer auf das Konto der T-GmbH widerspricht der gesetzlichen Pflicht, sodass eine Pflichtverletzung vorliegt. Der Missbrauch stellt also zugleich eine Treuepflichtverletzung dar.

Ein Vermögensnachteil ist gegeben (*s o Rn 486*).

b) Subjektiver Tatbestand

A handelte vorsätzlich.

Auch die Alternative des Treubruchstatbestandes ist damit erfüllt.

3. § 266 I Alt 1 (gegenüber der T-GmbH)

488 A könnte auch gegenüber der T-GmbH den Missbrauchstatbestand erfüllt haben.

a) Objektiver Tatbestand

Durch die Überweisung des Geldbetrages auf das Konto der T-GmbH hat A als handelndes Organ der T-GmbH (§ 35 I GmbHG) gegenüber M eine Vertragsverletzung aus dem Mietvertrag begangen. Wie bereits dargelegt, stellte diese Vertragsverletzung zugleich eine im Außenverhältnis (T-GmbH gegenüber Bank) wirksame Verfügung dar. Im Innenverhältnis hingegen war sie verboten. Diese Verbotswidrigkeit stellt im Innenverhältnis aber keinen Missbrauch iSv § 266 I Alt 1 dar. Interne Vorgänge zwischen dem Treugeber und dem Treunehmer sind allenfalls unter den Treubruchstatbestand, § 266 I Alt 2, zu subsumieren.

Aus demselben Grund ist auch die spätere Auszahlung des Geldes an A nicht als Missbrauch iSd § 266 I Alt 1 einzustufen, soweit es um das Verhältnis zwischen der T-GmbH und ihrem Geschäftsführer A geht[8].

Dasselbe betrifft den Umstand, dass A das Geld später ausgegeben hat. Auch eine widerrechtliche Verwendung des bis zu diesem Zeitpunkt uU sogar noch im Eigentum der T-GmbH stehenden Geldes zu eigenen Zwecken betrifft nicht das Außen-, sondern das Innenverhältnis zwischen dem Geschäftsführer und der GmbH und kann deshalb allenfalls unter den Treubruchstatbestand fallen.

b) Ergebnis

A hat gegenüber der T-GmbH nicht den Missbrauchstatbestand, § 266 I Alt 1, erfüllt.

---

7 *Wessels/Hillenkamp*, BT2 Rn 769.

8 Vgl auch S/S-*Lenckner/Perron*, § 266 Rn 19; *Wessels/Hillenkamp*, BT2 Rn 753 ff; aA anscheinend BGHSt 6, 316.

4. § 266 I Alt 2 (gegenüber der T-GmbH)

a) Objektiver Tatbestand

Die Überweisung des Geldes vom Kautionskonto des Mieters M auf das Konto der T-GmbH stellte intern eine verbotene Vermögensdisposition dar. Deshalb liegt die Verletzung einer Vermögensbetreuungspflicht vor. Erst recht war dem A verboten, sich das Geld auszahlen zu lassen und es zu verbrauchen. **489**

Fraglich erscheint, ob und ggf ab wann der T-GmbH ein Vermögensschaden entstanden ist. Die T-GmbH ist schließlich weiterhin gegenüber ihrem Mieter M nach Ablauf des Mietvertrages zur Zahlung eines der Kaution entsprechenden Betrages verpflichtet.

Im Zeitpunkt der Überweisung ist zwar für das Vermögen des Mieters M eine Gefährdung erkennbar, die sich allerdings erst im Falle einer Insolvenz aktualisieren würde. Für die T-GmbH ist hingegen noch keine Gefährdung eingetreten. Solange es noch nicht zur Auszahlung des Geldes an A gekommen war, lag lediglich ein Transfer von einem Konto auf ein anderes vor. Auf beide Konten hatte die T-GmbH gleichermaßen Zugriff.

Durch die Auszahlung des Geldes ging das Eigentum an dem Geld nicht etwa auf A über. Vielmehr handelte A nach außen – gegenüber der Bank – als Geschäftsführer der GmbH (§ 35 GmbHG). Deshalb erwarb A in Vertretung für die GmbH Eigentum. § 181 BGB steht dem nicht entgegen. Dem Geschäftsführer ist es im Regelfall gestattet, Forderungen der GmbH gegen die Bank zu realisieren und für die GmbH Eigentum an dem Geld zu erwerben. Da also die T-GmbH Eigentümerin wurde, ist im Zeitpunkt der Auszahlung allenfalls eine Vermögensgefährdung eingetreten. Ob sie letztlich zur Bejahung eines Vermögensnachteils ausreicht, kann dahingestellt bleiben, denn zumindest durch den Verbrauch des Geldes für eigene Zwecke hat sich A das Geld endgültig selbst zugeeignet. In diesem Eigentumsverlust liegt der Vermögensnachteil der T-GmbH.

b) Subjektiver Tatbestand

A handelte vorsätzlich.

c) Ergebnis

A ist strafbar gem § 266 I Alt 2 (Treubruchstatbestand) gegenüber der T-GmbH.

5. § 242 I

Dadurch, dass sich A das Geld auszahlen ließ und es ausgab, könnte er auch einen Diebstahl begangen haben. **490**

Die Geldmittel standen zunächst im Eigentum der Bank. Sie könnten dem A von dieser wirksam übereignet worden sein, sodass es am Erfordernis einer fremden Sache fehlen würde. Die Bank übereignet an denjenigen, der die Kontovollmacht vorlegen kann. Damit ist hier an die T-GmbH, vertreten durch A, übereignet worden. Es handelte sich also um für A fremde Sachen.

Fraglich ist die Wegnahmehandlung. Aufgrund einer wirksamen Besitzübertragung an A als Organ der T-GmbH fehlte es zunächst an einem Bruch fremden Gewahrsams. Eine Wegnahme könnte allerdings in dem Moment erfolgt sein, in dem A das Geld ausgegeben hat. Fraglich ist, ob A hier den Gewahrsam der T-GmbH gebrochen hat. Dies müsste zumindest ohne den Willen der T-GmbH erfolgt sein. Nachdem A aber selbst das Organ der T-GmbH war und den Organbesitz ausübte (von einem übergeordneten Organbesitz ist hier nicht auszugehen), geschah auch das Ausgeben des Geldes sozusagen mit dem Willen der T-GmbH, sodass auch hier eine Wegnahme nicht in Betracht kommt.

6. § 246 I, II

a) Objektiver Tatbestand

491 A müsste sich eine fremde bewegliche Sache zugeeignet haben. Die von der Bank übereigneten Geldmittel waren für A fremde bewegliche Sachen. Nachdem die Bank auch nur an die T-GmbH übereignet hatte, blieb das Geld für A persönlich fremd.

Indem A das Geld für private Zwecke ausgab, hat er sich die Position eines Eigentümers widerrechtlich angemaßt und damit seinen Zueignungswillen bzgl der im Eigentum der T-GmbH stehenden Geldscheine manifestiert. Er hat sich folglich die Geldscheine rechtswidrig zugeeignet.

Zudem hatte er bezüglich des Geldes der T-GmbH eine Vermögensbetreuungspflicht, der bei § 246 II das „Anvertrauen" entspricht. Damit ist zugleich auch der objektive Tatbestand der veruntreuenden Unterschlagung erfüllt.

b) Subjektiver Tatbestand

A handelte vorsätzlich.

7. § 263 I (A gegenüber der Bank, zulasten des M, zugunsten des A)

492 A könnte dadurch, dass er das Sparbuch bei der Bank vorlegte, einen Betrug gegenüber der Bank zulasten des Mieters M und zu eigenen Gunsten begangen haben.

a) Objektiver Tatbestand

A könnte dem Bankangestellten vorgespiegelt haben, er dürfe über das Geld auf dem Kautionskonto verfügen, und ihn damit getäuscht haben. Fraglich ist aber, ob allein die Vorlage des Sparbuchs dies zum Ausdruck bringt.

Erst recht ist zweifelhaft, ob dadurch auch ein Irrtum erregt wurde. Irrtum ist jede unrichtige Vorstellung über Tatsachen[9], wobei auch ein sachgedankliches Mitbewusstsein bereits zur Bejahung eines Irrtums ausreicht[10]. Hier war jedoch die Verfügungsberechtigung nach außen gegeben, nachdem A das Sparbuch vorlegte und die Überweisung auf das allein der T-GmbH zustehende Konto veranlasste. Auf etwaige Einschränkungen aus dem Innenverhältnis zu M ist hierbei keine Rücksicht zu nehmen.

Es fehlt also zumindest an einem Irrtum seitens der Bank.

9 *Wessels/Hillenkamp*, BT2 Rn 508.
10 *Wessels/Hillenkamp*, BT2 Rn 509.

b) Ergebnis

§ 263 I gegenüber der Bank zulasten des M durch Auszahlung des Geldes scheidet aus.

8. § 263 I (A gegenüber der Bank, zulasten der T-GmbH, zugunsten des A)

Es mangelt auch insoweit jedenfalls an einem Irrtum der Bank. § 263 I ist nicht erfüllt.

9. § 263 a I

A könnte durch die Veranlassung der Überweisung einen Computerbetrug begangen 493
haben. Dann müsste er das Ergebnis eines Datenverarbeitungsvorganges durch unbefugte Verwendung von Daten beeinflusst haben.

Dies ist schon deshalb abzulehnen, weil die zur Vornahme der Überweisung benötigten Informationen wie Bankleitzahl und Kontonummer keine Daten iSv § 202 a II sind, da diese Informationen weder elektronisch oder magnetisch noch sonst unmittelbar wahrnehmbar gespeichert sind.

10. Konkurrenzen

Durch die Vorlage des Sparbuches und die Veranlassung der Überweisung des Geldes auf das allein der T-GmbH zustehende Konto hat sich A sowohl nach § 266 I Alt 1 (Missbrauchstatbestand) als auch nach § 266 I Alt 2 (Treubruchstatbestand) zulasten des M strafbar gemacht. § 266 I Alt 1 (Missbrauchstatbestand) verdrängt nach hM[11] als lex specialis den § 266 I Alt 2 (Treubruchstatbestand).

Fraglich ist das Verhältnis der Untreue gegenüber M (§ 266 I Alt 1) zur Untreue gegenüber der T-GmbH (§ 266 I Alt 2). Die Untreue gegenüber M war bereits in dem Zeitpunkt vollendet, in dem das Geld vom Mietkautionskonto auf das Konto der T-GmbH überwiesen wurde. Die Untreue gegenüber der T-GmbH wurde hingegen erst durch den Verbrauch des Geldes durch A vollendet. Letztere gelangte aber bereits in das Versuchsstadium, als der Transfer vom Mietkautionskonto auf das Konto der T- GmbH stattfand. Es liegt also zumindest eine Teilüberschneidung[12] vor, sodass von Idealkonkurrenz, § 52, auszugehen ist. (*Vertretbar erscheint auch, von einer tatbestandlichen Handlungseinheit – also von der Begehung nur einer Untreue auszugehen.)*

§ 246 I, II scheidet schon wegen der heute ausdrücklich gesetzlich vorgeschriebenen Subsidiarität aus (§ 246 I aE), die auch den Fall der veruntreuenden Unterschlagung mit umfasst.

11. Ergebnis für A im Tatkomplex A

A hat sich gem § 266 I Alt 1 – § 52 – § 266 I Alt 2 strafbar gemacht.

---

11 Vgl *Wessels/Hillenkamp*, BT2 Rn 749.
12 Vgl hierzu *Wessels/Beulke*, AT Rn 777 ff.

B. Die folgenschwere Tracht Prügel

I. Strafbarkeit des M

1. §§ 212 I, 22, 23 I Alt 1

494 Durch den Schlag des M mit dem Knüppel auf den Oberkörper des A könnte sich M wegen einer versuchten vorsätzlichen Tötung strafbar gemacht haben.

M handelte jedoch nicht mit Tötungsvorsatz, da er dem A keine ernsthaften Verletzungen zufügen wollte.

2. § 223 I

In Betracht kommt eine Strafbarkeit wegen Körperverletzung.

a) Objektiver Tatbestand

Der Schlag des M war sowohl für eine körperliche Misshandlung als auch für eine Gesundheitsschädigung des A kausal.

Fraglich ist jedoch, ob M der konkrete Körperverletzungserfolg objektiv zurechenbar ist. Objektiv zurechenbar ist der Erfolg nur dann, wenn der Täter eine rechtlich relevante Gefahr geschaffen hat, die sich im tatbestandlichen Erfolg realisiert[13]. Ein solcher Zusammenhang könnte hier abgelehnt werden, wenn ein völlig atypischer Kausalverlauf[14] vorläge.

Der Knüppelschlag hat bereits zu einem zurechenbaren Körperverletzungserfolg geführt. Durch den Schlag mit dem Knüppel hat M aber zudem eine weitere Gefahr für Leib und Gesundheit des A geschaffen, indem dieser infolge der Benommenheit taumelte und stürzte. Zwar ist dieser Körperverletzungserfolg auf andere Art und Weise eingetreten als unmittelbar durch eine Verletzung mit dem Knüppel. Es liegt aber nicht außerhalb jeder Wahrscheinlichkeit, dass jemand infolge eines solchen Angriffs benommen wird und dann auf einem Treppenabsatz das Gleichgewicht verliert und stürzt. Es liegt deshalb kein völlig atypischer Kausalverlauf vor, der die Zurechnung beseitigt. Vielmehr handelt es sich um eine unwesentliche Abweichung vom vorgestellten Kausalverlauf, die an der rechtlichen Bewertung nichts ändert.

b) Subjektiver Tatbestand

Wegen der Unwesentlichkeit der Abweichung vom vorgestellten Kausalverlauf handelte der M auch vorsätzlich.

c) Rechtswidrigkeit und Schuld

Rechtfertigungs- bzw Entschuldigungsgründe sind nicht ersichtlich.

d) Strafantragserfordernis, § 230 I

Der gem § 230 I erforderliche Strafantrag ist bisher noch nicht gestellt.

---

13 *Wessels/Beulke*, AT Rn 179.

14 Vgl *Wessels/Beulke*, AT Rn 196.

3. § 224 I Nr 2, Nr 3, Nr 4, Nr 5

a) Objektiver Tatbestand

M könnte eine gefährliche Körperverletzung mittels eines gefährlichen Werkzeugs begangen haben, § 224 I Nr 2. Unter einem gefährlichen Werkzeug versteht man einen Gegenstand, der nach der konkreten Art seiner Verwendung und des Körperteils, auf den er angewendet wird, geeignet ist, erhebliche Verletzungen hervorzurufen[15]. Hier wurde der Knüppel gegen den Oberkörper geschlagen. Somit ist das Tatbestandsmerkmal „gefährliches Werkzeug" erfüllt. **495**

Möglicherweise hat M die Körperverletzung mittels eines hinterlistigen Überfalles begangen, § 224 I Nr 3. Ein Überfall ist jeder plötzliche, unerwartete Angriff auf einen Ahnungslosen[16]. Hinterlistig ist der Überfall, wenn der Täter seine wahre Absicht planmäßig berechnend verdeckt, um gerade dadurch dem Angegriffenen die Abwehr zu erschweren. Das bloße Ausnutzen des Überraschungsmoments genügt für sich allein nicht; vielmehr muss der Täter zur Verschleierung des geplanten Angriffs zuvor weitere Vorkehrungen getroffen haben[17]. Trotz des Auflauerns hat M seine wahren Absichten nicht planmäßig berechnend verdeckt.

M könnte die Körperverletzung mit einem anderen Beteiligten gemeinschaftlich begangen haben, § 224 I Nr 4. Die Auslegung des Merkmals „mit einem anderen Beteiligten gemeinschaftlich" ist nach der Neufassung durch das 6. StrRG problematisch geworden. Einerseits sollte durch die Einfügung des Wortes „Beteiligter" klargestellt werden, dass Mittäterschaft nicht mehr vorausgesetzt wird, vgl § 28 II[18]. Andererseits impliziert die Beibehaltung des Begriffes „gemeinschaftlich" aus § 25 II, der die Mittäterschaft regelt, dass man ebenfalls der Ansicht sein kann, nach wie vor bedürfe es einer mittäterschaftlichen Begehung. Unstreitig ist, dass § 224 I Nr 4 voraussetzt, dass mindestens zwei Personen unmittelbar am Tatort als Angreifer zusammenwirken[19], da sich daraus gerade die erhöhte Gefährlichkeit ergibt. Hier ist es zwar zu einer vorherigen Unterredung zwischen M und N gekommen. Am Tatort war M jedoch allein. § 224 I Nr 4 ist daher nicht erfüllt.

Schließlich könnte M eine Körperverletzung mittels einer das Leben gefährdenden Behandlung begangen haben, § 224 I Nr 5. Eine das Leben gefährdende Behandlung iSv § 224 I Nr 5 liegt vor, wenn die Verletzungshandlung den konkreten Umständen nach objektiv geeignet war, das Leben des Opfers in Gefahr zu bringen[20]. Hierbei ist streitig, ob eine abstrakte Eignung der Behandlung zur Lebensgefährdung ausreicht[21] oder ob eine konkrete Lebensgefährdung zu fordern ist[22]. Der durch die Handlung des M in zurechenbarer Weise verursachte Sturz die Treppe hinunter war sowohl abstrakt als auch konkret geeignet, das Leben des M zu gefährden.

---

15 Vgl BGHSt 3, 105, 109; *Wessels/Hettinger*, BT1 Rn 275.
16 RGSt 65, 66.
17 *Wessels/Hettinger*, BT1 Rn 279.
18 *Fischer*, § 224 Rn 11; so jetzt auch BGHSt 47, 383: Die Zusammenwirkung von Täter und Gehilfe am Tatort ist ausreichend, wenn der Gehilfe die Wirkung der Körperverletzungshandlung des Täters bewusst in einer Weise verstärkt, welche die Lage des Verletzten zu verschlechtern geeignet ist.
19 *Wessels/Hettinger*, BT1 Rn 281.
20 *Wessels/Hettinger*, BT1 Rn 282.
21 *Fischer*, § 224 Rn 12.
22 LK-*Hirsch*, § 223 a Rn 21; s o Fall 1, Problem Nr 1, Rn 6.

b) Subjektiver Tatbestand

Für den subjektiven Tatbestand ist allein auf den Zeitpunkt der Tathandlung abzustellen, also darauf, was M wusste und wollte, als er mit dem Knüppel zuschlug. M hat in diesem Moment die Qualifikationsmerkmale des 224 I Nr 2 vorsätzlich erfüllt.

Das trifft auch auf § 224 I Nr 5 zu. Zwar mag er das Ausmaß der konkreten Gefahr nicht voll ermessen haben, er kannte jedoch die tatsächlichen Umstände, welche die Gefahr ausmachten. Somit handelte er vorsätzlich.

4. § 226 I Nr 3

a) Verwirklichung des Grunddelikts

496 M hat das Grunddelikt in Gestalt der Körperverletzung iSd § 223 I verwirklicht (*s o Rn 494*).

b) Qualifizierende Folge

A könnte in eine Lähmung verfallen sein, § 226 I Nr 3. Unter Lähmung wird die erhebliche Beeinträchtigung zumindest eines Körperteils verstanden, die sich auf die Bewegungsfähigkeit des ganzen Körpers nachteilig auswirkt[23]. Es ist eine vollständige Lähmung des A durch die Verletzung des Halswirbels eingetreten. Dies macht die Bewegung des Gesamtkörpers unmöglich. Das Merkmal „Lähmung“ ist bei A somit erfüllt.

c) Spezifischer Gefahrzusammenhang

Weiter muss eine Unmittelbarkeitsbeziehung zwischen dem Grunddelikt (Körperverletzung) und dem besonderen Erfolg als zusätzliche Voraussetzung des erfolgsqualifizierten Delikts bestehen. Der Schlag auf den Oberkörper führte zwar nicht direkt zur Lähmung. Durch die Wirkung des Schlages ist A jedoch ins Taumeln geraten und deshalb die Treppe herunter gefallen. Die Lähmung resultierte deshalb aus dem Erfolg der Körperverletzung. Ein spezifischer Gefahrzusammenhang ist somit zu bejahen, ohne dass es auf die Problematik ankäme, ob § 226 auch die Folgen erfasst, die bereits aus der Körperverletzungshandlung (im Gegensatz zum Körperverletzungserfolg) erwachsen[24].

d) Fahrlässigkeit bzgl schwerer Folge

Die Lähmung war sowohl objektiv als auch subjektiv voraussehbar und vermeidbar. M konnte unter den gegebenen Umständen erkennen, dass der Schlag auf dem Treppenabsatz eine Absturzgefahr begründete.

e) Ergebnis

M ist gem § 226 I Nr 3 strafbar.

---

23 RGSt 21, 223; *Wessels/Hettinger*, BT1 Rn 294.
24 Vgl auch oben Fall 1, Problem Nr 5, Rn 35; zurückhaltender *Puppe*, AT1 § 11 Rn 1 ff.

5. § 226 II

Es ist nicht ersichtlich, dass M absichtlich oder wissentlich bzgl der schweren Folge gehandelt hat.

6. § 221 I Nr 1, Nr 2

a) Objektiver Tatbestand

M könnte einen Menschen in eine hilflose Lage versetzt haben, § 221 I Nr 1. In eine hilflose Lage wird ein Mensch versetzt, wenn er unter dem bestimmenden Einfluss des Täters in eine Situation gebracht wird, in der er sich ohne fremde Hilfe (aus eigener Kraft) nicht gegen Gefahren für sein Leben oder seine Gesundheit schützen kann und er solcher Hilfe entbehrt[25]. Hilflosigkeit bedeutet also das Fehlen hypothetisch geeigneter sächlicher Faktoren oder hilfsfähiger (und generell auch hilfsbereiter) Personen[26]. Fraglich ist, ob für das Versetzen jede Herbeiführung der hilflosen Lage ausreicht oder ob ein räumliches Verbringen des Hilflosen aus seiner bisherigen relativ gesicherten Situation in eine neue Lage zu fordern ist. 497

Problem Nr 104: „Versetzen" in eine hilflose Lage iSv § 221 I Nr 1 498

(1) Eine Mindermeinung (*Hohmann/Sander*, BT2 § 5 Rn 4; *Krey/M. Heinrich*, BT1 Rn 134; *Nolte* in: *Schlüchter*, S 30) fordert – wie dies bislang für § 221 aF galt – auch für § 221 I Nr 1 nF ein räumliches Verbringen.

Argument: Der Gesetzesbegründung zu § 221 nF ist nicht zu entnehmen, dass der Gesetzgeber auf die räumliche Komponente der alten Fassung verzichten wollte. Dies kommt auch im Gesetzeswortlaut zum Ausdruck, denn das Gesetz lässt nicht jede Verursachung einer hilflosen Lage ausreichen. Es meint mit Versetzen in eine hilflose Lage ein Verbringen, welches eine Ortsveränderung impliziert.

(2) Die **herrschende Meinung** (BGHSt 52, 153, 156 m Bespr *Jahn,* JuS 2008, 649 u m Anm *Hardtung,* JZ 2008, 951; *Fischer*, § 221 Rn 8; *Heger,* ZStW 2007, 593, 597; *Hörnle*, Jura 1998, 169, 177; *Küper*, ZStW 111 [1999], 30, 42; *Lackner/Kühl*, § 221 Rn 3; *Rengier*, BT2 § 10 Rn 7; *Schroth*, NJW 1998, 2861, 2863; SK/StGB-*Horn/Wolters*, § 221 Rn 4; *Sternberg-Lieben/Fisch*, Jura 1999, 45, 46; *Wessels/Hettinger*, BT1 Rn 199) lässt hingegen auch andere Tatformen ohne räumliche Veränderung genügen, so zB wenn der Täter das Opfer im Freien alkoholisiert und in strenger Kälte seinem Schicksal überlässt.

Argument: Zwar ist der typische Fall der Deliktsverwirklichung mit einer Veränderung des Aufenthaltsortes des Opfers verbunden. Es besteht allerdings keine Veranlassung, den Tatbestand auf diese Variante zu reduzieren. Insbesondere der systematische Vergleich mit § 221 I Nr 2, bei dem eine räumliche Distanzierung nicht erforderlich ist, der jedoch dieselbe Strafandrohung wie die Nr 1 aufweist, spricht dafür, dass der Begriff des Versetzens in eine hilflose Lage keine Veränderung des Aufenthaltsortes des Schutzobjektes verlangt.

Zur Vertiefung: Wessels/Hettinger, BT1 Rn 199; Hillenkamp, BT 3. Problem S 13 ff.

25 *Wessels/Hettinger*, BT1 Rn 199.
26 BGH NStZ 2008, 395; SK/StGB-*Horn/Wolters,* § 221 Rn 3.

499 Unter Hinweis auf § 221 aF, bei dem die hA ein räumliches Verbringen verlangte, könnte Gleiches auch auf der Basis der Neuregelung des § 221 Nr 1 gelten. Heute ergibt sich jedoch aus einem Vergleich des § 221 I Nr 1 mit der Nr 2, bei der unstreitig keine räumliche Trennung erforderlich ist, die aber dieselbe Strafandrohung aufweist, dass für ein Versetzen in eine hilflose Lage iSv § 221 I Nr 1 keine räumliche Veränderung des Opfers erforderlich ist. Indem M den zur Lähmung des A führenden Sturz bewirkt hat, hat er A damit in eine hilflose Lage versetzt.

Darüber hinaus könnte M einen Menschen trotz bestehender Beistandspflicht in einer hilflosen Lage im Stich gelassen haben, § 221 I Nr 2. M hatte durch sein vorhergehendes rechtswidriges Tun eine Garantenstellung aus Ingerenz gegenüber A, sodass er tauglicher Täter dieses Sonderdeliktes war. Er hat sich seiner Beistandsleistung entzogen, obwohl er in der Lage gewesen wäre, Hilfe zu leisten. Nachdem bei einer Lähmung die Schwere auch davon abhängt, wie lange der Betroffene nach dem Lähmungsereignis ohne einschlägige Behandlung bleibt, hat M durch das Im-Stich-Lassen die Gefahr einer noch schwerwiegenderen Lähmung und damit einer schweren Gesundheitsschädigung begründet.

b) Subjektiver Tatbestand

M handelte hinsichtlich des Versetzens in eine hilflose Lage (§ 221 I Nr 1) jedenfalls mit bedingtem Vorsatz, denn er kannte die tatsächlichen Umstände, welche die Gefahr des Todes bzw der schweren Gesundheitsschädigung ausmachten. Aus dem Sachverhalt ist nicht zu entnehmen, dass M an eine baldige Hilfe durch andere Hausbewohner oder Passanten glaubte.

Anders ist die Situation bzgl § 221 I Nr 2 zu werten. M hielt A in dem Moment des Im-Stich-Lassens für tot und damit nicht mehr für ein taugliches Tatobjekt, sodass er einem Tatbestandsirrtum iSd § 16 unterlag und es ihm daher am Vorsatz mangelte. Eine Bestrafung gem § 221 I Nr 2 scheidet somit aus.

7. § 221 II Nr 2

Da eine Lähmung als Unterfall einer schweren Körperverletzung iSv § 226 I Nr 3 eine „schwere Gesundheitsschädigung des Opfers" iSv § 221 II Nr 2 darstellt und M insoweit fahrlässig handelte (*vgl o Rn 496*), hat er auch § 221 II Nr 2 erfüllt.

8. § 323 c

500 M könnte bei einem Unglücksfall keine Hilfe geleistet haben, obwohl dies erforderlich und ihm den Umständen nach zuzumuten war.

a) Objektiver Tatbestand

Ein Unglücksfall ist jedes plötzlich eintretende Ereignis, das die unmittelbare Gefahr eines erheblichen Schadens für andere Menschen oder fremde Sachen von bedeutendem Wert hervorruft[27]. Auch das Niederschlagen und Verlassen des Opfers einer gefährlichen Körperverletzung reicht hierfür aus[28].

27 BGHSt 3, 65, 66; *Wessels/Hettinger*, BT1 Rn 1044.
28 BGH EzSt § 265 StPO Nr 3; *Fischer*, § 323 c Rn 3.

M hat die objektiv erforderliche Hilfe nicht geleistet.

Die Hilfeleistung war ihm auch zumutbar. Die Gefahr einer Strafverfolgung wegen schuldhafter Verursachung des Unglücksfalls befreit nicht von der Pflicht zur Hilfeleistung[29].

b) Subjektiver Tatbestand

M ging aufgrund einer extra vorgenommenen Prüfung davon aus, dass A bereits tot war. Daher war nach seiner Vorstellung die Hilfeleistung nicht mehr erforderlich bzw möglich. Er unterlag somit einem Tatbestandsirrtum, § 16. Im Schrifttum wird der Tatbestand des § 323 c zum Teil noch extensiver gehandhabt. Es wird gesagt, dass immer geholfen werden müsse, solange nicht ein sachkundiger Beobachter endgültig festgestellt habe, dass eine Hilfeleistung sinnlos ist.[30] Danach wird dem M der Verweis auf den Tatbestandsirrtum abgeschnitten, weil er keinen Arzt hinzugezogen hat, der sachkundig Auskunft über den Tod des A hätte geben können. Für eine solche Überdehnung des Tatbestandes ergeben sich jedoch aus dem Gesetzeswortlaut keinerlei Anhaltspunkte. Vielmehr gelten die allgemeinen Grundsätze über den Tatbestandsirrtum auch bei § 323 c.

Eine Bestrafung gem § 323 c scheidet aus.

Wer den Tatbestand von § 323 c objektiv und subjektiv bejaht, muss § 323 c auf Konkurrenzebene zurücktreten lassen (Subsidiarität gegenüber § 226 I Nr. 3).

9. Konkurrenzen

Gegenüber § 223 I ist § 224 I Nr 2, Nr 5 lex specialis. Letzterer wiederum steht in Gesetzeskonkurrenz zu § 226 I Nr 3, der als lex specialis vorgeht[31]. **501**

§ 221 II Nr 2 verdrängt als lex specialis § 221 I Nr 1.

Das Gefährdungsdelikt des § 221 II Nr 2 ist gegenüber dem Verletzungsdelikt des § 226 I Nr 3 subsidiär *(auch Idealkonkurrenz vertretbar[32]).*

10. Ergebnis für M im Tatkomplex B

M hat sich gem § 226 I Nr 3 strafbar gemacht.

II. Strafbarkeit des N

1. §§ 223 I, 26

Dadurch, dass N dem M riet, bei der Attacke gegenüber A einen Knüppel mitzunehmen, könnte er eine Anstiftung zur Körperverletzung begangen haben. **502**

Die vorsätzliche rechtswidrige Haupttat liegt in der von M begangenen Körperverletzung (*s o Rn 494*). M war jedoch von Anfang an zu einer Tracht Prügel für A und damit

29 BGHSt 11, 353; 39, 164, 166.
30 *Günther*, JuS 1988, 386; siehe auch SK/StGB-*Rudolphi/Stein*, § 323 c Rn 23.
31 *Fischer*, § 224 Rn 16.
32 Vgl *Fischer*, § 221 Rn 28.

zu einer Körperverletzung entschlossen, sog omnimodo facturus[33]. N konnte den M daher nicht mehr iSd § 26 zu diesem Delikt bestimmen, sodass eine Anstiftung insoweit ausscheidet.

2. §§ 224 I Nr 2, Nr 5, 26

a) Objektiver Tatbestand

Die vorsätzliche rechtswidrige Haupttat liegt in Gestalt der von M begangenen gefährlichen Körperverletzung, § 224 I Nr 2, Nr 5, vor (*s o Rn 495*).

N müsste den M zu dieser Tat bestimmt haben. Die Anstiftungshandlung liegt hier in dem speziellen Rat, härter zuzuschlagen und ein gefährliches Werkzeug (*s o Rn 495*) mitzunehmen, dessen Einsatz uU auch Lebensgefahren heraufbeschwören kann. Insoweit hatte M vorher noch keinen Tatentschluss.

Fraglich ist jedoch, ob N den M zu einer gefährlichen Körperverletzung anstiften konnte, nachdem Letzterer bereits zu einer einfachen Körperverletzung entschlossen war.

503 **Problem Nr 105: „Hochstiftung“ bzw „Aufstiftung“**

(1) Nach einer **engen Ansicht** ist eine Anstiftung nur zu einem echten aliud möglich. Nur für einen neu hinzukommenden selbstständigen Tatbestand (Unrechtsplus) haftet der Täter dann nach den Grundsätzen der Anstiftung; im Übrigen wird ihm bzgl des aufgrund der Aufstiftung begangenen schwereren Delikts („mehr“) eine psychische Beihilfe zur Last gelegt (analytisches Trennungsprinzip: SK/StGB-*Hoyer*, § 26 Rn 20).

Argument: Nur bei dieser restriktiven Auslegung werden dem Anstifter keine Unrechtsteile angelastet, die nicht auf seinen Anstoß zurückzuführen sind.

(2) Im **Schrifttum** wird zT gefordert, dass es sich bei dem Delikt, zu dem „hochgestiftet“ wird, zumindest um eine Qualifikation des ursprünglich ins Auge gefassten Deliktes handeln muss (*Krey*, AT2 Rn 266; *Lackner/Kühl*, § 26 Rn 2 a).

Argument: Schon das qualifizierte Delikt gehört einer neuen Wertungsstufe an, sodass der Anstifter eine selbstständige Unrechtseinheit in Gang setzt.

(3) Nach der überzeugenden **Rechtsprechung und herrschenden Lehre** wird jede „Hochstiftung“ erfasst, sofern durch die Beeinflussung der Unwertgehalt der Tat wesentlich gesteigert wird (BGHSt 19, 339).

Argument: Bereits eine erhebliche Unwertsteigerung rechtfertigt es, von einer Tat zu sprechen, zu der der Täter noch nicht entschlossen war.

Zur Vertiefung: Wessels/Beulke, AT Rn 571; Hillenkamp, AT 25. Problem S 144 ff.

504 Da es sich bei § 224 um eine Qualifikation gegenüber dem Grundtatbestand des § 223 handelt, führte der Ratschlag des N, härter zuzuschlagen und einen Knüppel mitzunehmen, zu einem ganz neuen Unwertgehalt der Tat, sodass eine Anstiftung im Sinne einer „Hochstiftung“ zum qualifizierten Delikt zu bejahen ist. Es erschiene hingegen nicht

33 *Wessels/Beulke*, AT Rn 569.

sachgerecht, für eine „Hochstiftung“ stets die Beeinflussung im Sinne der Begehung eines ganz anderen Delikts (aliud) zu fordern.

b) Subjektiver Tatbestand

N handelte vorsätzlich bzgl § 224 I Nr 2, nicht jedoch bzgl § 224 I Nr 5 (*aA vertretbar; Auslegungsfrage*).

Hinsichtlich seiner Anstiftungshandlung handelte er gleichfalls vorsätzlich.

c) Rechtswidrigkeit und Schuld

Rechtfertigungs- bzw Entschuldigungsgründe sind nicht ersichtlich.

3. §§ 226 I Nr 3, 26

a) Objektiver Tatbestand

Die vorsätzliche rechtswidrige Haupttat liegt mit der von M begangenen schweren **505**
Körperverletzung, § 226 I Nr 3, vor (*s o Rn 496 ff*). Der Umstand, dass der Haupttäter bzgl der schweren Folge des § 226 I Nr 3 nur fahrlässig handelte, steht einer Anstiftung, die eigentlich nur zu einer vorsätzlichen Tat denkbar ist, nach der ausdrücklichen Regelung für die erfolgsqualifizierten Delikte gem § 11 II nicht entgegen.

Die Anstiftungshandlung des N liegt in dem Rat, stärker zuzuschlagen und einen Knüppel mitzunehmen.

b) Subjektiver Tatbestand

N müsste hinsichtlich der vorsätzlichen rechtswidrigen Haupttat vorsätzlich gehandelt haben.

Bzgl des Grunddelikts des § 223 I handelte N vorsätzlich. Bzgl der schweren Folge des § 226 ist nach § 11 II kein Vorsatz erforderlich.

Auch in Bezug auf die Anstiftungshandlung (härter zuschlagen/Mitnahme des Knüppels) hatte N Vorsatz. Dass er nicht an die Lähmung dachte, ist gem § 11 II unschädlich. Es genügt, dass er zur vorsätzlichen gefährlichen Körperverletzung iSv § 224 anstiften wollte.

Gem § 18 (iVm § 29)[34] muss dem Teilnehmer bzgl der schweren Folge wenigstens Fahrlässigkeit zur Last fallen. Wer einem anderen zur Verwendung eines Knüppels gegen einen anderen Menschen rät, handelt möglicherweise sogar vorsätzlich, indem er mögliche schwere Folgen billigend in Kauf nimmt. Aber selbst wenn N keinen Vorsatz bzgl dieser schweren Folge hatte, wovon im konkreten Sachverhalt auszugehen ist, ist doch zumindest Fahrlässigkeit gegeben. N handelte daher bzgl einer schweren Folge objektiv fahrlässig.

N hätte auch subjektiv voraussehen und vermeiden können, dass der Einsatz eines Knüppels schwere gesundheitliche Folgen für das Opfer haben kann.

N hat sich gem §§ 226 I Nr 3, 26 strafbar gemacht.

---

34 *Wessels/Beulke*, AT Rn 693.

4. §§ 221 II Nr 2, 26

a) Objektiver Tatbestand

506 Die vorsätzliche rechtswidrige Haupttat liegt mit der von M begangenen Aussetzung vor (*s o Rn 499*).

Die Anstiftungshandlung des N liegt wiederum in dem Rat, härter zuzuschlagen und einen Knüppel mitzunehmen. Erst dadurch ist die Gesundheitsschädigung iSv § 221 II entstanden.

b) Subjektiver Tatbestand

Aus dem Sachverhalt ist nicht zu entnehmen, dass N konkrete Vorstellungen über den Tatablauf hatte. Er musste zwar mit erheblichen Körperverletzungen rechnen, konnte aber nicht voraussehen, dass M den A in eine „hilflose Lage" versetzen würde.

5. Konkurrenzen

Die §§ 226 I Nr 3, 26 verdrängen die §§ 224 I Nr 2, 26 als leges speciales.

6. Ergebnis für N im Tatkomplex B

N ist strafbar gem §§ 226 I Nr 3, 26.

C. Die Meldung bei der Polizei (Strafbarkeit von M und N)

1. §§ 164 I, 25 II

507 Dadurch, dass M und N bei der Polizei den angeblich beobachteten Überfall falsch darstellten, könnten sie sich wegen einer falschen Verdächtigung strafbar gemacht haben.

Die Verdächtigung „eines anderen" bedeutet jedes Tätigwerden, durch das ein Verdacht auf eine bestimmte andere Person gelenkt oder ein bereits bestehender Verdacht bestärkt wird[35]. Eine Anzeige gegen Unbekannt – wie hier – erfüllt diese Voraussetzung dagegen nicht[36].

2. §§ 258 I, 25 II

508 Sofern M (dasselbe gilt für N) sich selbst einer Strafverfolgung entziehen wollte, scheidet § 258 I bereits auf der Tatbestandsebene aus. Der „Begünstigte" ist dann kein „anderer".

Sofern M (dasselbe gilt umgekehrt für N) seinen „Mittäter" N einer Strafverfolgung entziehen wollte, scheitert eine Bestrafung an § 258 V.

35 *Wessels/Hettinger*, BT1 Rn 692.
36 *Wessels/Hettinger*, BT1 Rn 690.

3. §§ 145 d I Nr 1, 25 II

M und N könnten einer zur Entgegennahme von Anzeigen zuständigen Stelle vorgetäuscht haben, dass eine rechtswidrige Tat begangen worden sei. 509

a) Objektiver Tatbestand

Die Polizei ist eine zur Entgegennahme von Anzeigen zuständige Stelle, § 158 I 1 StPO.

Vortäuschen iSv § 145 d I ist das Erregen oder Verstärken des Verdachts einer rechtswidrigen Tat durch eine (auch konkludente) Tatsachenbehauptung, durch Schaffung einer verdachtserregenden Beweislage oder Selbstbezichtigung[37]. Die vorgetäuschte Tat darf nicht begangen worden sein, weil nur dann die Inanspruchnahme der zuständigen Organe ungerechtfertigt ist[38]. Fraglich ist, ob hier das Aufbauschen der schweren Körperverletzung zu einem Raub mit Todesfolge unter das Vortäuschen einer rechtswidrigen Tat fällt.

Problem Nr 106: Aufbauschen einer tatsächlich begangenen rechtswidrigen Tat als Vortäuschen iSd § 145 d? 510

(1) Nach einer **sehr weiten Auffassung** ist jede Verfälschung der Realität gegenüber den Ermittlungsbehörden als „Täuschung über eine rechtswidrige Tat" iSv § 145 d I anzusehen, und zwar sogar unabhängig davon, ob durch die Täuschung im Einzelfall tatsächlich die Gefahr behördlicher Mehrarbeit hervorgerufen wird (*Saal*, Das Vortäuschen einer Straftat (§ 145 d StGB) als abstraktes Gefährdungsdelikt, S 162).

Argument: Nur so wird man dem Deliktscharakter des § 145 d als abstraktes Gefährdungsdelikt gerecht.

(2) Nach der **Rechtsprechung** ist der Tatbestand des § 145 d nur dann erfüllt, wenn sich der Ermittlungsaufwand für die Strafverfolgungsbehörden wesentlich erhöht. Die Grenze ist überschritten, wenn die Tat durch die falschen Angaben ein völlig anderes Gepräge bzw einen völlig anderen Charakter erhält (OLG Hamm NStZ 1987, 558; NJW 1982, 60; BayObLG NJW 1988, 83).

Argument: Werden bei einer wirklich begangenen Tat Umstände nur übertrieben oder vergröbert dargestellt und dies in einer Weise, die den Ermittlungsaufwand der Strafverfolgungsbehörden nicht wesentlich erhöht, ist der Sinn und Zweck der Strafdrohung des § 145 d, nämlich Schutz der Strafrechtspflege vor ungerechtfertigter Inanspruchnahme des Strafverfolgungsapparates und Schwächung der Verfolgungsintensität, nicht erfüllt (BGH NStZ 1984, 360; BayObLG NJW 1988, 83).

(3) Nach einer **noch engeren Ansicht in der Literatur** soll ein Vortäuschen im Sinne des § 145 d I Nr 1 sogar erst dann gegeben sein, wenn die tatsächlich begangene und die vorgetäuschte Straftat nicht mehr dasselbe deliktische Geschehen sind, zB wenn die Tat statt als Vergehen als Verbrechen dargestellt wird oder wenn statt eines Antrags- oder Privatklagedeliktes ein Offizialdelikt angezeigt wird (*Krümpelmann*, ZStW 96 [1984], 999, 1022; *ders*, JuS 1985, 763, 765; SK/StGB-*Rudolphi/Rogall*, § 145 d Rn 19 f).

Argument: Nur wenn eine Tat vorgespiegelt wird, die juristisch anders zu werten ist, ist die Pönalisierung sinnvoll, weil jetzt die zuständigen Organe in eine ganz andere Richtung ermitteln.

---

37 *Wessels/Hettinger*, BT1 Rn 706.
38 *Wessels/Hettinger*, BT1 Rn 706.

(4) Zu Recht lehnt jedoch eine **Mindermeinung im Schrifttum** bei tatsächlichem Vorliegen einer Straftat die Anwendbarkeit des § 145 d I Nr 1 generell ab (*Wessels/Hettinger*, BT1 Rn 709 f).

Argument: Die bisherige Diskussion hat ergeben, dass keine klaren Konturen für die Abgrenzung zwischen Strafbarkeit und Straflosigkeit existieren. Der Bestimmtheitsgrundsatz bedingt deshalb den Verzicht auf jede Pönalisierung. Bei tatsächlich gegebenen Straftaten müssen die zuständigen Organe ohnehin recherchieren. Ein kriminalpolitisches Bedürfnis für eine spezielle Anwendbarkeit des § 145 d I Nr 1 ist – insbesondere angesichts der Existenz des § 145 d II – nicht erkennbar.

Zur Vertiefung: Wessels/Hettinger, BT1 Rn 709 ff.

Zu diversen Problemen des § 145 d: Geppert, Jura 2000, 383 ff.

511 Bei der tatsächlich begangenen Körperverletzung gem § 226 I Nr 3 handelt es sich um ein schweres Delikt. Der jetzt angezeigte Raub mit Todesfolge ist aber ebenfalls ein schweres Delikt. In jedem Fall müsste die Polizei also intensive Ermittlungen aufnehmen. Der Ermittlungsaufwand bleibt nahezu derselbe. Gleichwohl könnte unter Hinweis auf die Einordnung des § 145 d als abstraktes Gefährdungsdelikt die Strafbarkeit vorliegend bejaht werden. Wer hingegen verlangt, dass durch die falschen Angaben sich der Ermittlungsaufwand wesentlich erhöht, weil das dargestellte Delikt ein völlig anderes Gepräge wie das begangene hat, müsste § 145 d hier ablehnen. Zum selben Ergebnis käme wer verlangt, dass die vorgetäuschte Tat sogar einer ganz anderen Deliktsart zugehörig sein soll. Richtiger Ansicht nach ist allerdings die Anwendbarkeit des § 145 d I Nr 1 sowieso generell abzulehnen, wenn tatsächlich eine Straftat stattgefunden hat, weil es bisher nicht gelungen ist, brauchbare Kriterien dafür zu entwickeln, in welchem Ausmaß die vorgetäuschte Straftat von der wirklich begangenen abweichen muss. Es wurde hier also keine Straftat vorgetäuscht.

b) Ergebnis

§§ 145 d I Nr 1, 25 II sind nicht erfüllt.

4. §§ 145 d II Nr 1, 25 II

512 M und N könnten eine zur Entgegennahme von Anzeigen zuständige Stelle (hier: die Polizei, *s o Rn 509*) über den Beteiligten an einer rechtswidrigen Tat getäuscht haben.

a) Objektiver Tatbestand

Eine bereits begangene rechtswidrige Tat ist die von M verübte schwere Körperverletzung iSd § 226 I Nr 3 (*s o Rn 496*).

Eine Täuschungshandlung iSd § 145 d II Nr 1 ist gegeben, wenn der Tatverdacht auf Unbeteiligte gelenkt wird oder die Strafverfolgungsorgane durch konkrete Falschangaben zu unnützen Maßnahmen in die falsche Richtung veranlasst werden sollen[39]. Geht die Initiative vom Täter selbst aus, kann die Tat auch durch eine mit konkreten Hinweisen angereicherte Strafanzeige gegen Unbekannt begangen werden[40].

39 *Wessels/Hettinger*, BT1 Rn 713.
40 BGHSt 6, 251, 255; *Wessels/Hettinger*, BT1 Rn 714.

M und N waren hier Beteiligte der Straftat des § 226 I Nr 3. Indem sie die Schilderung über den Raub mit Todesfolge abgaben, täuschten sie über ihre Beteiligung an der Straftat.

Fraglich ist, ob das Selbstbegünstigungsprivileg hier eingreift. Dieses wirkt jedoch nur insoweit, als ein Beteiligter lediglich den Verdacht durch Bestreiten von sich selbst ablenken will. So ist zB Leugnen erlaubt, auch wenn dadurch der Verdacht auf einen Dritten fällt[41]. Hier ergriffen M und N aber die Initiative, indem sie eine Anzeige gegen Unbekannt erstatteten. Das erfüllt den Tatbestand des § 145 d II Nr 1[42].

M und N handelten gemeinschaftlich, § 25 II.

b) Subjektiver Tatbestand

M und N handelten vorsätzlich sowie wider besseres Wissen.

c) Rechtswidrigkeit und Schuld

Rechtfertigungs- bzw Entschuldigungsgründe sind nicht ersichtlich.

5. § 153

Eine Strafbarkeit nach § 153 scheidet sowohl für M als auch für N aus, da die Polizei keine zur eidlichen Vernehmung von Zeugen und Sachverständigen zuständige Stelle ist, arg e contrario § 161 a I 3 StPO.

6. Ergebnis für M und N im Tatkomplex C

M und N haben sich jeweils gem §§ 145 d II Nr 1, 25 II strafbar gemacht.

7. Konkurrenz zwischen den Tatkomplexen B und C

Es liegen sowohl bei M als auch bei N zwei völlig selbstständige Handlungen vor, **513**
sodass von Realkonkurrenz, § 53, auszugehen ist.

D. Gesamtergebnis des materiell-rechtlichen Gutachtens

A: Tatkomplex A: § 266 I Alt 1 – § 52 – § 266 I Alt 2
M: Tatkomplex B: § 226 I Nr 3
– § 53 –
Tatkomplex C: §§ 145 d II Nr 1, 25 II
N: Tatkomplex B: §§ 226 I Nr 3, 26
– § 53 –
Tatkomplex C: §§ 145 d II Nr 1, 25 II

41 *Wessels/Hettinger*, BT1 Rn 714.
42 BGHSt 6, 251, 252.

Teil II. (prozessualer Teil)

1. Einstellung des Verfahrens durch die Staatsanwaltschaft

514 Möglich erscheint eine Einstellungsverfügung durch die StA nach § 153 oder § 153 a StPO.

Problem Nr 107: Voraussetzungen einer Einstellung des Verfahrens nach § 153 StPO

(1) Es muss ein **Vergehen, § 12 II**, in Rede stehen.

(2) Die (hypothetisch zu beurteilende) **Schuld** des Täters muss als **gering** anzusehen sein. Dies ist nur dann der Fall, wenn sie bei Vergleich mit Vergehen gleicher Art nicht unerheblich unter dem Durchschnitt liegt (*M-G*, § 153 Rn 4). Zur Bestimmung des Maßes der Schuld kann dabei von § 46 ausgegangen werden (KK-*Schoreit*, § 153 Rn 18).

(3) Darüber hinaus darf **kein öffentliches Verfolgungsinteresse** bestehen. Bejahen lässt sich ein solches aus Spezial- und Generalprävention, aber auch wegen des Interesses der Allgemeinheit an der konkreten Tat.

Zur Vertiefung: Beulke, StPO Rn 334; Krey, Strafverfahrensrecht 1 Rn 424 ff; LR-Beulke, § 153 Rn 40 ff.

Hier geht es um ein Verfahren wegen fahrlässiger Gefährdung des Straßenverkehrs (§ 315 c I Nr 1 a, III Nr 2), welche ein Vergehen darstellt (§ 12 II).

Von einer geringen (hypothetischen) Schuld des S kann hier ausgegangen werden, da weder Personen- noch Sachschäden eingetreten sind, die Tatausführung kein besonders verwerfliches Verhalten aufzeigt und die Tat dem Täter persönlichkeitsfremd ist, da er zuvor strafrechtlich nicht in Erscheinung getreten ist. Im Übrigen ist er kein geübter Trinker. Er war auch nur relativ fahruntauglich[43], da seine BAK unter 1,1‰ lag und erst seine rauschbedingten Ausfallerscheinungen zur Bewertung seines Zustands als „fahruntauglich" führten.

Für ein öffentliches Interesse an der Strafverfolgung spricht, dass der S eine Person des öffentlichen Lebens und damit des öffentlichen Interesses[44] ist und zudem die Tatsache, dass der Fall besonders große Beachtung in den Printmedien gefunden hat[45]. Aufgrund dieser Umstände ist ein öffentliches Verfolgungsinteresse zu bejahen.

Eine Einstellung nach § 153 I StPO scheidet demzufolge aus (*aA vertretbar*).

515 Es kommt aber eine Einstellung nach § 153 a I StPO in Betracht. Die Voraussetzungen dafür sind:

Problem Nr 108: Voraussetzungen einer Einstellung des Verfahrens nach § 153 a StPO

(1) Es besteht **hinreichender Tatverdacht bzgl eines Vergehens, § 12 II.**

(2) Die **Schwere der Schuld darf einer Einstellung nicht entgegen stehen.**

43 Vgl hierzu u Fall 12, Problem Nr 118, Rn 558.
44 LR-*Beulke* [23. Aufl], § 153 Rn 20, 21 mwN.
45 KK-*Schoreit*, § 153 Rn 25.

(3) Ein **öffentliches Interesse an der Strafverfolgung** besteht zwar. Es kann aber durch dem Beschuldigten auferlegte **Auflagen und Weisungen** beseitigt werden.

(4) Zwar ist grundsätzlich die **Zustimmung des Gerichts** erforderlich. Diese ist jedoch unter den Voraussetzungen des § 153 I 2 StPO in den Fällen des § 153 a I 2 Nr 1 bis 5 StPO entbehrlich, § 153 a I 7 StPO. Das bedeutet: Nur bei Straßenverkehrsseminaren (§ 153 a I 2 Nr 6 StPO) und den unbenannten Auflagen ist die Zustimmung des Gerichts zwingend. Ansonsten entscheidet in der Praxis die StA weitgehend allein über die Einstellung nach § 153 a StPO.

(5) Der **Beschuldigte muss zustimmen,** § 153 a I 1 StPO.

Die Einstellung durch die StA führt aber nur zu einer *vorläufigen* Einstellung. Erst mit Erfüllung der Auflagen/Weisungen tritt ein endgültiges Verfahrenshindernis ein, sodass die Tat nicht mehr als Vergehen verfolgt werden kann (*beschränkter Strafklageverbrauch*, § 153 I 5 StPO).

Zur Vertiefung: Beulke, StPO Rn 337 a ff; Krey, Strafverfahrensrecht 1 Rn 435 ff; LR-Beulke, § 153 a Rn 31 ff.

Hier besteht hinreichender Tatverdacht bzgl des Vergehens einer fahrlässigen Straßenverkehrsgefährdung (*s o Rn 514*). Zudem hat S nur mit geringer Schuld gehandelt (*s o Rn 514*). Die dem Beschuldigten aufzuerlegenden Auflagen und Weisungen sind geeignet, das öffentliche Interesse an der Strafverfolgung zu beseitigen. Denkbar wäre hier, die Zahlung eines Geldbetrages zugunsten einer gemeinnützigen Einrichtung aufzuerlegen (§ 153 a I 2 Nr 2 StPO).

Zwar muss das Gericht grundsätzlich der Einstellung zustimmen. Hier könnte diese Voraussetzung aber aufgrund von § 153 a I 7 iVm § 153 I 2 StPO entfallen. Gem § 38 II ist das Mindestmaß der zeitigen Freiheitsstrafe ein Monat. Die Geldstrafe wird in Tagessätzen verhängt. Sie beträgt mindestens fünf Tagessätze, § 40 I. Ein Vergehen, das mit einer im Mindestmaß erhöhten Strafe bedroht ist, ist ein Vergehen, dessen Mindeststrafe über diesen Grenzen liegt. § 315 c I, III sieht als Mindeststrafe jedwede Geldstrafe vor. Folglich ist die in § 315 c III angedrohte Strafe nicht im Mindestmaß erhöht. Zudem erschöpfen sich die Folgen der Tat in einer Gefährdung und sind daher gering.

Schließlich hat der Beschuldigte S der Einstellung zugestimmt.

Die StA kann damit das Verfahren zunächst vorläufig einstellen. Mit Erfüllung der Auflagen und Weisungen durch S tritt dann der beschränkte Strafklageverbrauch ein.

2. Beschränkte Rechtskraft des Beschlusses nach § 153 II StPO

Die StA kann wegen der inzwischen zutage getretenen neuen Umstände, welche die **516**
Tat in einem neuen Licht erscheinen lassen (insbes wegen der Anwendbarkeit des § 315 c I, III Nr 1), erneut Anklage erheben, wenn die Einstellung gem § 153 II StPO nicht in Rechtskraft erwachsen ist. Trotz Fehlens einer ausdrücklichen gesetzlichen Regelung besteht Einigkeit über die grundsätzliche Rechtskraft des Beschlusses gem § 153 II StPO, deren Grenzen jedoch umstritten sind.

Problem Nr 109: Umfang der beschränkten Rechtskraft des Beschlusses nach § 153 II StPO

(1) Es wäre **denkbar**, § 373 a I StPO analog anzuwenden und die Wiederaufnahme des Ermittlungsverfahrens davon abhängig zu machen, dass neue Tatsachen oder Beweismittel beigebracht sind, die geeignet sind, eine Verurteilung wegen eines Verbrechens zu begründen (vgl *Heinitz*, JZ 1963, 133).

Argument: Wenn ein Gericht entscheidet, besteht ein besonders großer Vertrauensschutz. Dies betrifft nicht nur das Urteil und den rechtskräftigen Strafbefehl, sondern auch die Einstellung gem § 153 II StPO.

(2) Anderer Ansicht nach ist § 153 a I 5 StPO analog heranzuziehen und zu verlangen, dass sich die Tat nunmehr als Verbrechen darstellt (BGHSt 48, 331 m Anm *Beulke*, JR 2005, 37; *Loos*, JZ 1978, 592, 598; *Radtke*, Zur Systematik des Strafklageverbrauchs verfahrenserledigender Entscheidungen im Strafprozeß, S 174 ff).

Argument: Die Rechtslage des § 153 II StPO ähnelt der des § 153 a StPO, der eine ausdrückliche Rechtskraftregelung enthält. Der Gesetzgeber hat die Frage bewusst nicht selbst geregelt, sondern die Lösung insoweit Rspr und Literatur überlassen.

(3) Nach **überzeugender Ansicht** genügen für die Durchbrechung der Rechtskraft neue Tatsachen oder Beweismittel, aufgrund derer die Schuld nun nicht mehr als gering anzusehen bzw das öffentliche Verfolgungsinteresse zu bejahen wäre (analoge Anwendung der §§ 174 II, 211 StPO, 45 III 4, 47 III JGG). Der zusätzlichen Heraufstufung vom Vergehen zum Verbrechen bedarf es nicht. Allerdings legitimiert allein schon die Bewertung der Tat als Verbrechen die Fortführung des Verfahrens, auch wenn keine neuen Tatsachen oder Beweismittel vorliegen (also lediglich ein Subsumtionsirrtum zu korrigieren ist, dem die StA oder das Gericht früher erlegen sind), weil Verbrechen keinesfalls in den Anwendungsbereich des § 153 StPO fallen sollen (ebenso OLG Hamm GA 1993, 231).

Argument: Gegen die oben unter (1) dargestellte Ansicht spricht, dass man dann den Beschuldigten in noch stärkerem Maße schützen würde als im Fall des § 153 a StPO, bei dem – trotz Erbringung erheblicher Leistungen – für eine Wiederaufnahme keine neuen Tatsachen oder Beweismittel erforderlich sind.

Gegen die oben unter (2) dargestellte Meinung spricht, dass eine Gleichstellung nicht sachgerecht erscheint, da bei der Einstellung nach § 153 a StPO der Beschuldigte eine Leistung in Form der Erfüllung von Auflagen bzw Weisungen erbringt, bei der nach § 153 StPO hingegen nicht.

Ausreichend muss es deshalb sein, wenn wesentliche neue Tatsachen oder Beweismittel auftauchen, die der Tat aufgrund des erhöhten Schuldgehalts ein ganz anderes rechtliches Gepräge geben.

Zur Vertiefung: Beulke, StPO Rn 336; Beulke, JR 2005, 37; LR-Beulke, § 153 Rn 88; Rössner, StPO 26. Problem S 108 ff.

Würde man eine Rechtskraftdurchbrechung davon abhängig machen, dass die Tat sich nunmehr als Verbrechen darstellt (Analogie zu § 153 a I 5 StPO) oder würde man zusätzlich zu dem neu auftretenden Verbrechensvorwurf auch noch neue Tatsachen und Beweismittel verlangen (Analogie zu § 373 a I StPO), wäre hier Rechtskraft eingetreten, da sich die Tat noch nicht als Verbrechen darstellt (vgl §§ 315 c I, III Nr 1, 12 I). Damit wäre aber zu Unrecht der Vertrauensschutz des Angeklagten bei § 153 II StPO genauso groß wie im Falle des § 153 a StPO oder eines Strafbefehls, was nicht gerechtfertigt erscheint, weil der Beschuldigte im Falle des § 153 II StPO – im Gegensatz zu § 153 a StPO und zum Strafbefehl – keine Gegenleistung erbringt.

Nach überzeugender Ansicht ist deshalb hinsichtlich der Möglichkeit einer Wiederaufnahme des gem § 153 II StPO eingestellten Verfahrens nur eine Analogie zu den §§ 174 II, 211 StPO, 45 III 4, 47 III JGG sachgerecht. Die neu zutage getretenen erschwerenden Umstände (Vorstrafe, Vorsatz des S bzgl Fahruntauglichkeit) erlauben es danach im konkreten Fall der StA, die Tat erneut anzuklagen.

Definitionen zum Auswendiglernen

Omnimodo facturus ist ein zur konkreten Tat schon fest Entschlossener, der nicht mehr angestiftet werden kann (*Wessels/Beulke, AT Rn 569*).

Vortäuschen iSv **§ 145 d I** ist das Erregen oder Verstärken des Verdachts einer rechtswidrigen Tat durch (auch konkludente) Tatsachenbehauptung, durch Schaffen einer verdachtserregenden Beweislage oder Selbstbezichtigung (*Wessels/Hettinger, BT1 Rn 706*).

Täuschungshandlung iSd **§ 145 d II Nr 1** ist gegeben, wenn der Tatverdacht auf Unbeteiligte gelenkt wird oder die Strafverfolgungsorgane durch konkrete Falschangaben zu unnützen Maßnahmen in die falsche Richtung veranlasst werden sollen (*Wessels/Hettinger, BT1 Rn 713*).

Verdächtigung eines anderen iSv **§ 164** bedeutet, dass ein Verdacht auf eine bestimmte Person gelenkt oder ein bereits bestehender Verdacht verstärkt wird (*Wessels/Hettinger, BT1 Rn 692*).

Lähmung iSv **§ 226 I Nr 3** bedeutet eine erhebliche Beeinträchtigung (zumindest) eines Körperteils, die sich auf die Bewegungsfähigkeit des ganzen Körpers nachteilig auswirkt (*Wessels/Hettinger, BT1 Rn 294*).

Verfügungsbefugnis iSv **§ 266 I** ist eine Rechtsstellung, die den Täter nach außen in den Stand setzt, Vermögensrechte eines anderen wirksam zu ändern, zu übertragen oder aufzuheben (S/S-*Lenckner/Perron, § 266 Rn 4*).

Verpflichtungsbefugnis iSv **§ 266 I** ist eine Rechtsstellung, die den Täter nach außen in den Stand setzt, einen anderen mit Verbindlichkeiten zu belasten (*S/S-Lenckner/Perron, § 266 Rn 4*).

Missbrauchshandlung iSd **§ 266 I Alt 1** ist gegeben, wenn der Täter im Rahmen seines rechtsverbindlich wirksamen Könnens die Grenzen des im Innenverhältnis einzuhaltenden rechtlichen Dürfens bewusst überschreitet (*Wessels/Hillenkamp, BT2 Rn 753*).

Vermögensbetreuungspflicht iSv **§ 266 I** ist die Pflicht zur Wahrnehmung fremder Vermögensinteressen, welche den typischen und wesentlichen Inhalt des rechtlich begründeten oder faktisch bestehenden Treueverhältnisses bildet, also dessen Hauptgegenstand und nicht eine bloße Nebenpflicht ist (*Wessels/Hettinger, BT1 Rn 769*).

Verletzung der Vermögensbetreuungspflicht iSd **§ 266 I Alt 2** ist jedes Tun oder Unterlassen, das im Widerspruch zur Treuepflicht steht (*Wessels/Hillenkamp, BT2 Rn 769*).

Unglücksfall	iSv **§ 323 c** und **§ 315 III Nr 1** ist jedes plötzlich eintretende Ereignis, das die unmittelbare Gefahr eines erheblichen Schadens für andere Menschen oder fremde Sachen von bedeutendem Wert hervorruft (*Wessels/Hettinger, BT1 Rn 1044*).

Weitere einschlägige Musterklausuren

Zum Problem der Vermögensbetreuungspflicht als Voraussetzung des Missbrauchstatbestandes:
Braum, JuS 2004, 225; *Meier*, Jura 1991, 142; *Schwabe,* BT2 [19] S 252; *Seier/Löhr*, JuS 2006, 241; *Wagner*, [4] S 29

Zum Problem Vermögensbetreuungspflicht (allgemeiner Umfang):
Eisele, Jura 2002, 59; *Maier/Ebner*, JuS 2007, 651; *Otto/Labsch*, Jura 1985, 384; *Samson,* St2 [9] S 87; *Schwabe,* BT2 [19] S 252; *Sternberg-Lieben*, JA 1997, 124

Zum Problem der Missbrauchs- und Treubruchsalternative des § 266 I:
Seier, JuS 2002, 237; *Vogt/Brand*, Jura 2008, 305

Zum Problem des Versetzens in eine hilflose Lage iSv § 221 I Nr 1:
Baier, JA 2000, 300; *Ellbogen*, JuS 2002, 151; *Gössel*, [7] S 124; *Gropp/Küpper/Mitsch*, [8] S 151

Zum Problem der „Hochstiftung“ bzw „Aufstiftung“:
Berz/Saal, Jura 2003, 205; *Ebert*, Fälle, [7] S 111; *Esser/Krickl*, JA 2008, 787; *Hussels*, Jura 2005, 877; *Ingelfinger*, JuS 1995, 321; *Kaspar*, JuS 2004, 409; *Laubenthal*, JA-Übungsblätter 2004, 39; *Petrovic/Hillenkamp*, StudZR 2008, 65; *Preis/Prütting/Sachs/Weigend*, [16] S 263; *Rudolphi*, [10] S 113; *Sternberg-Lieben*, JuS 1996, 136

Zum Problem: Fällt auch das Aufbauschen einer tatsächlich begangenen rechtswidrigen Tat unter das Vortäuschen iSd § 145 d?
Sternberg-Lieben, Jura 1996, 544

Zum Problem der Voraussetzungen einer Einstellung des Verfahrens nach § 153 StPO/§ 153 a StPO:
Eifert, Jus 1993, 1032; *Fünfsinn*, Jura 1988, 489; *Hardtke*, JuS 1992, 669; *Pfeiffer*, JA-Übungsblätter 1987, 105

Fall 11

Freundschaftsdienste

I.

A ist wegen Diebstahls vor dem Amtsgericht (AG) angeklagt. Er befürchtet, für diese Tat, die er auch tatsächlich begangen hat, zu einer Haftstrafe verurteilt zu werden. Daher sucht er seine beiden Freunde B und C, die bereits als Zeugen geladen sind, nacheinander zu Hause auf und bittet sie, vor Gericht gegebenenfalls unter Eid auszusagen, dass er mit ihnen am Tatabend (27. Januar) einen Kneipenbummel gemacht habe. A, B und C treffen sich zwar häufiger zu derartigen Unternehmungen, doch gerade am Tatabend hatten sich die Freunde nicht gesehen. **517**

A geht bei dem Gespräch mit B davon aus, dass der stets etwas zerstreut wirkende B tatsächlich der Auffassung ist, dass der Kneipenbummel am 27. Januar stattgefunden habe. In Wahrheit weiß B aber genau, dass er am Tatabend nicht mit A ausgegangen ist, sondern zu Hause mit seiner Frau den gemeinsamen Hochzeitstag gefeiert hat. Aus alter Freundschaft sagt er dies dem A aber nicht und tut ihm den Gefallen, in der Hauptverhandlung gemäß der Bitte des A auszusagen. Nach seiner Aussage wird B vereidigt.

C hingegen, bei dem A fest davon ausging, dass er sich daran erinnert, dass am fraglichen Abend gerade kein Kneipenbummel stattgefunden hat, ist – aufgrund der Unterredung mit A – der festen Überzeugung, dass er den Abend des 27. Januar mit A und B in diversen Kneipen verbracht hat, sodass A in seinen Augen gar nicht der Täter des Diebstahls sein kann. In der Hauptverhandlung sagt C dementsprechend aus und wird anschließend ebenfalls vereidigt.

A schweigt in der Hauptverhandlung zum Schuldvorwurf. Die Staatsanwaltschaft beantragt eine Freiheitsstrafe. Nur aufgrund der gemeinsamen Aussagen von B und C kann das Gericht nicht zu der Überzeugung gelangen, dass A den Diebstahl wirklich begangen hat. A wird daher freigesprochen.

Die Staatsanwaltschaft legt jedoch gegen das freisprechende Urteil das Rechtsmittel der Berufung ein. Daraufhin kommt es zu einer erneuten Hauptverhandlung. Inzwischen ist A mit der volljährigen V verlobt, die ihm gegenüber mehrfach erklärt hat, sie bedaure, dass A nicht sie als Zeugin benannt habe, denn sie sei selbstverständlich bereit, wahrheitswidrig zu bekunden, dass sie den Tatabend mit A verbracht habe. In der neuen Verhandlung benennt A nunmehr die V als Zeugin. Sie sagt uneidlich aus, beide hätten während der Tatzeit Canasta gespielt. A nimmt zu dieser Aussage nicht Stellung. A wird aufgrund der Aussage der V erneut freigesprochen.

Wie haben sich A, B, C und V aufgrund der Vorgänge in den beiden Hauptverhandlungen strafbar gemacht?

II.

1. In der Hauptverhandlung merkt A, dass das Gericht sich nicht sicher ist, ob er den Diebstahl begangen hat. Er stellt daraufhin den Antrag, ein Sachverständiger möge ihn mittels eines Polygraphen (Lügendetektors) befragen. Wer wird wie entscheiden?
2. Das Gericht fällt auf die Manipulationen des A nicht herein. Es kann aber nach Ausschöpfung sämtlicher Beweismöglichkeiten nicht eindeutig feststellen, ob A den Diebstahl selbst ausgeführt hat oder ob A das bei ihm sichergestellte Diebesgut einige Tage später als gestohlen aufgekauft hat. Andere Möglichkeiten scheiden nach Überzeugung des Gerichts aus.
   a) Kann das Tatgericht den A deshalb trotzdem (richtige Anklage und Eröffnungsbeschluss vorausgesetzt) verurteilen?
   b) Wie hat das Tatgericht zu entscheiden, wenn die Staatsanwaltschaft den A nur wegen Diebstahls angeklagt hat und eine Nachtragsklage (§ 266 I StPO) nicht zustande gekommen ist?
   c) Wie entscheidet das Revisionsgericht (hier: OLG), wenn das Tatgericht nicht wegen des allein angeklagten Diebstahls, sondern wegen „Diebstahl oder Hehlerei“ verurteilt hat und der Beschuldigte seine Revision auf eine nicht ordnungsgemäße Anklageerhebung stützt?

Gedankliche Strukturierung des Falles (Kurzlösung)

518

Teil I. (materiell-rechtlicher Teil)

A. Die erste Hauptverhandlung

I. Strafbarkeit des B

1. § 153 (+)

a) Objektiver Tatbestand (+)
- tauglicher Täter (+)
- zuständige Stelle (+)
- Angaben, die der Wahrheitspflicht unterliegen (+)
- „falsch" aussagen (+)

Problem Nr 110: Wann ist eine Aussage „falsch" iSd §§ 153, 154 I? (Rn 520)

b) Subjektiver Tatbestand (+)

c) Rechtswidrigkeit und Schuld (+)

2. § 154 I (+)

a) Objektiver Tatbestand (+)

b) Subjektiver Tatbestand (+)

3. § 258 I (+)

a) Objektiver Tatbestand (+)
- strafbare Tat eines anderen (+)
- Vereiteln der gesetzlichen Bestrafung (+)
- Kausalität zwischen Falschaussage und Freispruch (+)

b) Subjektiver Tatbestand (+)

4. § 164 I (–)

5. § 145 d II Nr 1 (–)

6. Konkurrenzen

7. Ergebnis für B im Tatkomplex A

B hat sich gem § 154 I – § 52 – § 258 I strafbar gemacht.

II. Strafbarkeit des C

1. § 153 (–)

a) Objektiver Tatbestand (+)

b) Subjektiver Tatbestand (–)

2. § 161 I (–)

a) Tatbestand (–)
- Fahrlässigkeit (–)

b) Ergebnis

3. § 258 I (–)

a) Objektiver Tatbestand (+)

b) Subjektiver Tatbestand (–)

4. Ergebnis für C im Tatkomplex A

C ist straflos.

III. Strafbarkeit des A bzgl der Aussage des B

1. §§ 154 I, 25 I Alt 2 (–)
- mittelbare Täterschaft (–) (eigenhändiges Delikt)

2. §§ 154 I, 26 (–)

a) Objektiver Tatbestand (+)
- vorsätzliche rechtswidrige Haupttat (+)
- Anstiftungshandlung (+)

b) Subjektiver Tatbestand (–)
- Vorsatz bzgl vorsätzlicher rechtswidriger Haupttat (+/–)
- Vorsatz bzgl Anstiftungshandlung (–)
- Anstiftervorsatz als „Minus" zum Tätervorsatz (–)

3. § 160 I (–)

a) Tatbestandsmäßigkeit (–)
- Meineid durch die Beweisperson (+)
- Verleiten (–)

Problem Nr 111: Verleitung einer vermeintlich gutgläubigen Beweisperson zur Falschaussage (Rn 531)

b) Ergebnis

4. §§ 160 I, II, 22, 23 I Alt 2 (+)

a) Vorprüfung (+)

b) Tatentschluss (+)
- Vorsatz bzgl Falschaussage der Beweisperson (+)
- Vorsatz bzgl des Verleitens hierzu (+)

c) Unmittelbares Ansetzen (+)

d) Rechtswidrigkeit und Schuld (+)

5. §§ 258 I, 25 I Alt 2 (–)
- „anderer" iSv § 258 I (–)

6. §§ 258 I, 26 (–)
- § 258 V (+)

7. Ergebnis für A im Tatkomplex A bzgl der Aussage des B

A hat sich gem §§ 160 I, II, 22, 23 I Alt 2 strafbar gemacht.

IV. Strafbarkeit des A bzgl der Aussage des C

1. § 160 I (–)

a) Objektiver Tatbestand (+)
- Falschaussage durch die Beweisperson (+)
- Verleiten (+)

b) Subjektiver Tatbestand (–)
- Vorsatz (–)

Problem Nr 112: Verleitung einer vermeintlich bösgläubigen Beweisperson zur Falschaussage (Rn 536)

2. §§ 153, 26 (–)

a) Objektiver Tatbestand (–)

Problem Nr 113: Anstiftung bei vorsatzloser uneidlicher Aussage der vermeintlich bösgläubigen Beweisperson (Rn 538)

b) Ergebnis

3. §§ 153, 159, 30 I (+)

a) Vorprüfung (+)

b) Tatentschluss (+)

- Vorsatz bzgl Haupttat (+)
- Vorsatz bzgl Anstiftungshandlung (+)

c) Unmittelbares Ansetzen (+)
d) Rechtswidrigkeit und Schuld (+)
e) Ergebnis

4. §§ 154 I, 30 I (+)
a) Vorprüfung (+)
b) Tatentschluss (+)
c) Unmittelbares Ansetzen (+)

5. §§ 258 I, 25 I Alt 2 (–)
- „anderer" iSv § 258 I (–)

6. §§ 258 I, 26 (–)

7. Konkurrenzen

8. Ergebnis für A im Tatkomplex A bzgl der Aussage des C
A hat sich gem §§ 154 I, 30 I strafbar gemacht.

V. Konkurrenzen für A im Tatkomplex A

VI. Ergebnis für A im Tatkomplex A
A hat sich gem §§ 160 I, II, 22, 23 I Alt 2 – § 53 – §§ 154 I, 30 I strafbar gemacht.

B. Die zweite Hauptverhandlung

I. Strafbarkeit der V

1. § 153 (+)
a) Objektiver Tatbestand (+)
b) Subjektiver Tatbestand (+)
c) Rechtswidrigkeit und Schuld (+)
d) Strafzumessung, § 157 I (+)

2. § 154 I (–)

3. § 258 I (–)
a) Objektiver Tatbestand (+)
- Vereitelungshandlung (+)
- für geraume Zeit (+)

b) Subjektiver Tatbestand (+)
- Vorsatz (+)
- Absicht der Herbeiführung des Vereitelungserfolges (+)

c) Persönlicher Strafausschließungsgrund, § 258 VI (+)
- §§ 258 VI, 11 I Nr 1 a (+) (Verlobte)

4. Ergebnis für V im Tatkomplex B
V hat sich gem § 153 strafbar gemacht.

II. Strafbarkeit des A

1. §§ 153, 26 (–)
- vorsätzliche rechtswidrige Haupttat (+)
- Anstiftungshandlung (–) (omnimodo facturus)

2. §§ 153, 27 (–)

3. §§ 153, 27, 13 I (–)
a) Objektiver Tatbestand (–)
- vorsätzliche rechtswidrige Haupttat (+)
- Beihilfehandlung durch Nichteinschreiten (+)
- Eintritt des tatbestandlichen Erfolges (+)
- Nichtvornahme der erfolgsverhindernden Maßnahme (+)
- Kausalität des Unterlassens für den Erfolg (+)
- Garantenstellung des A (–)

Problem Nr 114: Garantenstellung aus Ingerenz aufgrund des Benennens einer Person als Zeuge und Pflicht zum Einschreiten gegen die Falschaussage des anderen? (Rn 548)

b) Ergebnis

4. §§ 258 I, 27, 13 I (–)
- Garantenpflicht (–)
- § 258 V (+)

5. Ergebnis für A im Tatkomplex B
A ist straflos.

C. Gesamtergebnis des materiellrechtlichen Gutachtens

A: Tatkomplex A: §§ 160 I, II, 22, 23 I Alt 2 – § 53 – §§ 154 I, 30 I
B: § 154 I – § 52 – § 258 I
C: straflos
V: § 153

Teil II. (prozessualer Teil)

1. Der Polygraph als Beweismittel im Strafprozess

Problem Nr 115: Die Zulässigkeit des Einsatzes eines Lügendetektors als Beweismittel (Rn 552)

2. Die Verurteilung auf wahldeutiger Tatsachengrundlage
a) Die „Wahlfeststellung"

Problem Nr 116: Voraussetzungen der „Wahlfeststellung" (Rn 553)

b) Der prozessuale Tatbegriff

Problem Nr 117: Der prozessuale Tatbegriff bei Alternativität von Handlungsabläufen (Rn 554)

c) Entscheidung des Revisionsgerichts

Ausführliche Lösung von Fall 11

Teil I. (materiell-rechtlicher Teil)

A. Die erste Hauptverhandlung

I. Strafbarkeit des B

1. § 153

B könnte sich dadurch, dass er in der Hauptverhandlung aussagte, am 27. Januar mit A einen Kneipenbummel gemacht zu haben, nach § 153 strafbar gemacht haben. **519**

a) Objektiver Tatbestand

Er müsste vor Gericht als Zeuge uneidlich falsch ausgesagt haben.

B wurde als Zeuge vor Gericht vernommen und ist damit tauglicher Täter des § 153.

Aussage ist im Falle der Zeugenaussage die Wiedergabe von äußeren oder inneren Tatsachen, dh von konkreten Vorgängen oder Zuständen der Vergangenheit oder Gegenwart, die wahrnehmbar in die Wirklichkeit getreten und infolgedessen dem Beweis zugänglich sind[1]. Der Wahrheitspflicht unterliegen dabei alle, aber auch nur die Angaben, die Gegenstand der Vernehmung (§ 68 StPO) sind. Hier bestand eine Wahrheitspflicht des B bzgl der von ihm verlangten Angaben über die Tatsache des Verbleibs des A am Tatabend.

Fraglich ist, ob die Aussage des B „falsch" war. Es bestehen Meinungsverschiedenheiten darüber, wie das Merkmal „falsch" auszulegen ist. Dabei basieren alle Ansichten auf der Grundidee, dass sich bei einer „falschen" Aussage Inhalt und Gegenstand des Geäußerten nicht decken, umstritten ist nur, worin der Gegenstand der Aussage besteht.

Problem Nr 110: Wann ist eine Aussage „falsch" iSd §§ 153, 154 I? **520**

Im Wesentlichen werden subjektive und objektive Ansatzpunkte vertreten:

(1) Nach der von einer Mindermeinung vertretenen **subjektiven Theorie** muss der Aussagende sich eines Widerspruchs zwischen seiner Aussage und dem eigenen Vorstellungsbild von dem Geschehen bewusst sein. Wissen und Aussageinhalt müssen divergieren (*Gallas*, GA 1957, 315; *Schaffstein*, JW 1938, 145, 146 f; OLG Bremen NJW 1960, 1827).

Argument: Zeugnis kann der Einzelne immer nur über das geben, was er selbst wahrgenommen und wie er das Geschehen verstanden hat. Gegenstand einer Aussage kann daher nie die objektive Wahrheit sein, sondern nur das, was der Einzelne nach seinem Wissen für die Wahrheit hält. Mehr als das, was der Einzelne subjektiv wiederzugeben vermag, kann die Rechtsordnung auch nicht von ihm verlangen. Auch der Gesetzgeber muss der Tatsache Rechnung tragen, dass jede Aussage nur ein von menschlicher Unvollkommenheit beeinflusstes Vorstellungsbild wiedergibt.

1 *Wessels/Hettinger*, BT1 Rn 746, 492.

(2) Die vermittelnde **Pflichttheorie** will dagegen nur die Aussage als „falsch" ansehen, mit der der Aussagende seine Wahrheitspflicht verletzt. Erfasst sind damit Äußerungen, mit denen der Aussagende bewusst nicht sein Wissen über die Geschehnisse wiedergibt, bzw Aussagen, die er bei kritischer Prüfung seiner Erinnerungen und Wahrnehmungen so nicht gemacht hätte (NK-*Vornbaum*, § 153 Rn 79; *Otto*, Jura 1985, 389; *Schmidhäuser*, BT Kap 23 Rn 10).

Argument: Geeignete Grundlage für eine Beweiswürdigung ist nur, was von dem Aussagenden im Zeitpunkt der Vernehmung nach kritischer Selbstprüfung für eine richtige Wiedergabe des Geschehens gehalten wird.

Nur daraus lässt sich auch erklären, weshalb das Gericht weiter zur Wahrheitserforschung durch Nachfragen und Anzweifeln des Aussageinhalts berufen ist. Pflichtgemäß ist nur die vom Aussagenden als wahr empfundene und von ihm auch genügend hinterfragte Aussage.

(3) Nach der überzeugenden herrschenden **objektiven Aussagetheorie** ist die Aussage des Täters „falsch", sofern der Inhalt der Äußerung nicht mit dem wirklichen Geschehen in Einklang steht (BGHSt 7, 147; *Dedes,* JR 1977, 441, 444; *Fischer*, § 153 Rn 5; *Geppert*, Jura 2002, 173, 175; *Hruschka/Kässer,* JuS 1972, 709, 710; *Kaufmann,* Baumann-FS, S 119; LK-*Ruß,* Vor § 153 Rn 13; *Wolf,* JuS 1991, 177 mwN).

Argument: Die Rechtspflege ist an dem tatsächlich Vorgefallenen interessiert und nicht an dem, was dem Täter als „wahr" in Erinnerung geblieben ist. Die subjektive Theorie setzt in systemwidriger Weise die subjektive Pflichtwidrigkeit mit dem objektiven Tatbestandsmerkmal „falsch" gleich. Auch zeigt die Strafbarkeit eines Verleitens zur Falschaussage nach § 160 I, dass für das Gesetz ein Eid auch dann „falsch" geleistet wird, wenn der Aussagende selbst meint, das Geschehen habe sich auch genauso zugetragen, wie er es vorträgt. Zudem bleibt für § 161 nach der subjektiven Theorie nur ein geringer Anwendungsbereich. Auch bedeutet die Ablehnung des subjektiven Ansatzes nicht, dass derjenige, der nach bestem eigenem Wissen tatsächlich falsche Vorgänge schildert, sogleich des Verbrechens „Meineid" schuldig ist. Er befindet sich dann einfach in einem vorsatzausschließenden Tatbestandsirrtum nach § 16 I. Den Tatbestandsirrtum gäbe es nach der subjektiven Theorie im Bereich der Aussagedelikte merkwürdigerweise überhaupt nicht.

Zur Vertiefung: Wessels/Hettinger, BT1 Rn 741 ff; Hillenkamp, BT 10. Problem S 47 ff.; Kargl, GA 2003, 791 ff.

Zu Grundfragen der Aussagedelikte vgl Geppert, Jura 2002, 173 ff.

521 Hier kann der Meinungsstreit um die subjektive bzw objektive Auslegung des Begriffs der „Falschaussage" offen bleiben, denn nach allen Auffassungen hat der bewusst die Unwahrheit sagende B „falsch" ausgesagt.

b) Subjektiver Tatbestand

B handelte vorsätzlich.

c) Rechtswidrigkeit und Schuld

B handelte rechtswidrig und schuldhaft.

2. § 154 I

522 B könnte zusätzlich vor Gericht „falsch geschworen" haben.

a) Objektiver Tatbestand

§ 154 I meint damit das Beschwören einer falschen Aussage im oben (*Rn 520*) dargelegten Sinn[2]. B wurde nach seiner falschen Aussage vereidigt und beschwor damit seine unwahre Aussage.

b) Subjektiver Tatbestand

Sein Vorsatz bezog sich auch auf den Eid.

3. § 258 I

B könnte sich durch die falschen Angaben vor Gericht wegen Strafvereitelung strafbar **523**
gemacht haben.

a) Objektiver Tatbestand

Er müsste absichtlich oder wissentlich ganz oder zum Teil vereitelt haben, dass ein anderer dem Strafgesetz gemäß wegen einer rechtswidrigen Tat bestraft wird.

Eine rechtswidrige und schuldhafte Vortat eines anderen, für die alle weiteren Voraussetzungen der Strafbarkeit vorliegen, ist gegeben. A hat den Diebstahl tatsächlich begangen.

Eine Vereitelungshandlung ist ein Verhalten, das seiner Art und Zielsetzung nach darauf ausgerichtet ist, die Realisierung des in § 258 I umschriebenen Ahndungs- und Anordnungsrechts durch eine Besserstellung des Vortäters ganz oder teilweise zu verhindern[3].

Eine Falschaussage vor Gericht ist eine typische Vereitelungshandlung[4]. Die Aussage des B stellt somit eine Vereitelungshandlung zugunsten eines anderen, des A, dar. Da § 258 I Alt 1 ein sog Erfolgsdelikt ist, reicht allein die Vornahme der Vereitelungshandlung zur Deliktsvollendung nicht aus. Vielmehr muss es tatsächlich mindestens zu einer Besserstellung des Vortäters kommen (Vereitelungserfolg). A wurde infolge der Aussage des B freigesprochen, sodass der Vereitelungserfolg eingetreten ist.

Schließlich muss die Vereitelungshandlung für den Verhinderungserfolg (die Verhinderung der Realisierung des Ahndungsrechts) kausal geworden sein. Das Gericht sprach A nur aufgrund der Aussagen von B und C frei, dh beide Aussagen sind für den Urteilsspruch in Form einer kumulativen Kausalität kausal geworden, denn nur beide Aussagen zusammen konnten dieses Beweisergebnis bewirken.

b) Subjektiver Tatbestand

B hat die Besserstellung des A erstrebt und damit diesbezüglich mit der erforderlichen Absicht gehandelt. Hinsichtlich der übrigen Tatbestandsmerkmale handelte er vorsätzlich.

---

2 *Wessels/Hettinger*, BT1 Rn 756.
3 *Wessels/Hettinger*, BT1 Rn 724.
4 RGSt 54, 41.

4. § 164 I

524 B hat den Verdacht auf keinen bestimmten anderen Menschen gelenkt. § 164 I scheidet deshalb aus.

5. § 145 d II Nr 1

Die Ermittlungsorgane wurden hier auf keine falsche Spur gelenkt. Wer dem Täter ein falsches Alibi verschafft, ohne die Behörde dabei mittelbar auf eine falsche Fährte zu weisen, macht sich nicht gem § 145 d II strafbar[5].

6. Konkurrenzen

525 § 154 I ist lex specialis zu § 153.

Die durch eine Handlung verwirklichten §§ 154 I und 258 I schützen verschiedene Rechtsgüter (die gerichtliche Rechtspflege – Strafverfolgung insgesamt). Sie erfassen eine jeweils völlig unterschiedliche Angriffsart und stehen deshalb in Idealkonkurrenz, § 52, zueinander[6].

7. Ergebnis für B im Tatkomplex A

B hat sich gem § 154 I – § 52 – § 258 I strafbar gemacht.

II. Strafbarkeit des C

1. § 153

526 C könnte sich dadurch, dass er vor Gericht angab, am 27. Januar mit A in der Kneipe gewesen zu sein, gleichfalls nach § 153 strafbar gemacht haben.

a) Objektiver Tatbestand

C hat vor Gericht als Zeuge Angaben über Tatsachen gemacht, wobei er der prozessualen Wahrheitspflicht unterlag.

Fraglich ist wiederum, ob seine Aussage „falsch“ war.

Nach der objektiven Theorie (*s o Rn 520*) ist eine Aussage „falsch“, deren Inhalt das tatsächliche Geschehen nicht widerspiegelt. Bei der Aussage des C war das der Fall.

Nach der subjektiven Theorie (*s o Rn 520*) genügt dagegen die bloße Diskrepanz von Aussageinhalt und wahrem Geschehensablauf nicht, vielmehr muss der Täter gegen sein Wissen aussagen. Ausgangspunkt ist das eigene Vorstellungsbild vom Geschehen. Dieses stimmte bei C aber mit dem Ausgesagten überein. Danach wäre die Aussage nicht „falsch“ iSd Tatbestandes.

Zu demselben Ergebnis kommt die Theorie von der Pflichtwidrigkeit (*s o Rn 520*). Auch bei weiterer kritischer Prüfung seines Erinnerungsvermögens hätte C keine andere Aussage für wahr erachtet. Er hat die Aussage in diesem Sinne pflichtgemäß getätigt, also keine „falsche“ Aussage gemacht.

---

5 BayObLG JR 1985, 294 m Anm *Kühl; Wessels/Hettinger*, BT1 Rn 714.

6 S/S-*Stree*, § 258 Rn 42.

Nur mit der objektiven Theorie kommt man somit zum Ergebnis, dass C eine „falsche“ Aussage getätigt hat. Für diese Ansicht der hM sprechen aber auch gewichtige Argumente. Insbesondere ist nur mit ihr § 160 I richtig erklärbar; Fehlvorstellungen sind auch im Bereich der Aussagedelikte nach § 16 zu berücksichtigen.

C hat folglich „falsch“ ausgesagt.

b) Subjektiver Tatbestand

Da C von der Richtigkeit seiner Aussage überzeugt war, unterlag er einem Tatbestandsirrtum iSd § 16 I 1. Er handelte folglich nicht vorsätzlich.

2. § 161 I

C könnte sich jedoch wegen fahrlässigen Falscheides strafbar gemacht haben. **527**

a) Tatbestand

Er wurde nach seiner falschen Aussage vereidigt und hat damit „falsch geschworen“ iSv § 154 I.

Fahrlässigkeit setzt voraus, dass der Schwörende die ihm zumutbare Sorgfalt beim gründlichen Überlegen außer Acht lässt. Das ist hier zu verneinen, Anzeichen für ein Außerachtlassen der erforderlichen Sorgfalt durch C sind nicht ersichtlich.

Insbesondere hat der Zeuge keine Pflicht, sich durch Auffrischen des Gedächtnisses auf die Verhandlung vorzubereiten oder sich gar durch Nachforschungen weitere, genauere Kenntnisse über die Tatumstände zu verschaffen[7].

b) Ergebnis

C hat sich nicht nach § 161 I strafbar gemacht.

3. 258 I

a) Objektiver Tatbestand

Eine rechtswidrige und schuldhafte Vortat eines anderen, für die alle weiteren Voraussetzungen der Strafbarkeit gegeben sind, ist der von A begangene Diebstahl. **528**

Die Falschaussage des C, welche zum Freispruch des A führte, ist eine Vereitelungshandlung iSv § 258 I.

Die Vereitelungshandlung war (zusammen mit der Aussage des B kumulativ) kausal für den Freispruch des A.

b) Subjektiver Tatbestand

C hatte keinen Vorsatz zur Begehung einer Strafvereitelung. Er ging davon aus, dass A den Tatabend mit ihm verbracht hatte und folglich den Diebstahl gar nicht begangen haben konnte.

---

7 S/S-*Lenckner*, § 163 Rn 3.

4. Ergebnis für C im Tatkomplex A

C ist straflos.

III. Strafbarkeit des A bzgl der Aussage des B

1. §§ 154 I, 25 I Alt 2

529 A könnte sich dadurch, dass er B aufgefordert hat, so auszusagen, wie es B später getan hat, wegen Meineides in mittelbarer Täterschaft strafbar gemacht haben.

Meineid ist ein eigenhändiges Delikt[8]. Daher ist keine mittelbare Täterschaft möglich.

2. §§ 154 I, 26

Indem A den B bat, ggf unter Eid auszusagen, dass am 27. Januar der gemeinsame Kneipenbummel stattgefunden hat, könnte er sich wegen einer Anstiftung zum Meineid strafbar gemacht haben.

a) Objektiver Tatbestand

Eine vorsätzliche rechtswidrige Haupttat ist mit dem Meineid des B gegeben (*s o Rn 522*).

Das Bestimmen zur Tat, dh das Hervorrufen des Tatentschlusses, liegt in der an B gerichteten Bitte des A, vor Gericht entsprechend seiner Angaben auszusagen.

b) Subjektiver Tatbestand

A müsste hinsichtlich der Begehung der Haupttat vorsätzlich gehandelt haben. A hielt B jedoch für gutgläubig und ging folglich nicht davon aus, dass B das Verbrechen des Meineids vorsätzlich bewirken würde.

Ob hier die Vorsätzlichkeit des B gegenüber der von A angenommenen Unvorsätzlichkeit eine unwesentliche Abweichung vom vorgestellten Kausalverlauf darstellt, kann dahingestellt bleiben, denn über den Vorsatz bzgl der Haupttat hinaus müsste A bzgl des Bestimmens vorsätzlich gehandelt haben.

A hatte genau genommen keinen Anstiftungs-, sondern Tätervorsatz bzgl einer Verleitung zur Falschaussage nach § 160 I. Nach den allgemeinen Anstiftungsregeln wird zwar in weiten Teilen des Schrifttums vertreten, im Tätervorsatz sei der Anstiftungsvorsatz als „Minus" mit enthalten[9]. Fraglich ist aber, ob diese Ansicht auf die Aussagedelikte übertragen werden kann. Gegen eine Übertragung spricht die in § 160 I im Falle der Verleitung zum Meineid angedrohte Strafe (Freiheitsstrafe bis zu zwei Jahren oder Geldstrafe). Der Anstifter zum Meineid wird nach §§ 154 I, 26 aber mit nicht unter einem Jahr Freiheitsstrafe bestraft. Eine Begrenzung nach oben gibt es nicht, dh nach § 38 II sind bis zu fünfzehn Jahre Freiheitsstrafe möglich. Das bedeutet, der Gesetzge-

8 S/S-*Cramer/Heine*, § 25 Rn 45–48; S/S-*Lenckner*, Vorbem §§ 153 ff Rn 33; *Wessels/Hettinger*, BT1 Rn 739.

9 Siehe oben Fall 5, Problem Nr 49, Rn 216.

ber sieht für die „mittelbare Täterschaft“ zu § 154 I, verglichen mit der Strafbarkeit des Anstifters, eine mildere Bestrafung vor. Eine Übertragung der Regeln aus dem Allgemeinen Teil auf die Aussagedelikte wäre damit unvereinbar. Die im Gesetz vorgesehene Privilegierung der mittelbaren Täterschaft würde unterlaufen. Bei den Eidesdelikten ist der Anstiftungsvorsatz folglich kein „Minus“ im Vergleich zum Vorsatz der Verleitung zur Falschaussage nach § 160, sondern gegenüber diesem ein „Plus“[10].

Es entfällt deshalb die Möglichkeit, den fehlenden Vorsatz der Anstiftung durch den Vorsatz der mittelbaren Täterschaft zu ersetzen. Damit ist der subjektive Tatbestand endgültig nicht gegeben.

A ist bzgl der Aussage des B nicht gem §§ 154 I, 26 strafbar.

3. § 160 I

Dadurch, dass A den B gebeten hat, in seinem (des A) Sinne auszusagen, könnte er sich 530
wegen Verleitung zur Falschaussage nach § 160 I strafbar gemacht haben.

a) Tatbestandsmäßigkeit

Die Beweisperson B hat einen Meineid geleistet (*s o Rn 522*).

Verleiten meint ein Einwirken auf die Beweisperson in der Hinsicht, dass diese etwas aussagt, was sie selbst für richtig hält[11]. Hier scheitert eine solche Verleitung des B zur Aussage an dessen Bösgläubigkeit. B wusste, dass seine Aussage nicht der Wahrheit entsprach.

Fraglich erscheint, ob § 160 I auch bei Veranlassung einer vorsätzlichen falschen Aussage verwirklicht wird, dh wenn die Beweisperson weiß, dass ihre Aussage nicht wahrheitsgemäß ist.

Problem Nr 111: Verleitung einer vermeintlich gutgläubigen Beweisperson zur Falschaussage 531

(1) Nach **herrschender Meinung** hindert die irrige Annahme des Verleitenden, die Beweisperson handle gutgläubig, während sie in Wahrheit bösgläubig ist und der Täter sie nur für gutgläubig hält, nicht die Bestrafung aus (vollendetem) § 160 I (BGHSt 21, 116; *Hruschka*, JZ 1967, 210; *Lackner/Kühl*, § 160 Rn 4; SK/StGB-*Rudolphi*, § 160 Rn 4; S/S-*Lenckner*, § 160 Rn 9).

Argument: Den allgemeinen Täterkriterien (Tatherrschaft; Wille zur Tatherrschaft oder nur der Täterwille) kommt bei Aussagedelikten aufgrund ihres Charakters als höchstpersönliche Pflichtdelikte weder bei der Abgrenzung von Täterschaft und Teilnahme noch bei der Auslegung von § 160 I eine Bedeutung zu. Aufgabe des § 160 I ist nicht, nach allgemeinen Täterkriterien bestimmte Fälle der mittelbaren Täterschaft zu erfassen, sondern allein diejenigen Fälle einer „Anstiftung“ zu pönalisieren, die wegen des Fehlens einer vorsätzlichen Haupttat oder auch wegen des fehlenden Vorsatzes bzgl der Begehung einer solchen vorsätzlichen Haupttat durch einen anderen nicht mehr als Anstiftung nach § 26 bestraft werden können. Diese Fälle sind zum einen jene, in denen die Aussageperson vorsatzlos handelt, zum anderen jene, in

10 *Wessels/Hettinger*, BT1 Rn 783.
11 *Wessels/Hettinger*, BT1 Rn 785.

denen der „Anstifter“ nicht weiß, dass die Aussageperson vorsätzlich handelt (SK/StGB-*Rudolphi*, § 160 Rn 4).

Strafgrund für § 160 I ist die Gefährdung der Rechtspflege. Eine solche ist nicht nur dann gegeben, wenn eine Beweisperson gutgläubig die Unwahrheit sagt, sondern auch, wenn die Beweisperson bösgläubig ist (BGHSt 21, 116, 117 f). Ob die Beweisperson gut- oder bösgläubig ist, ist nur im Hinblick auf deren eigene Strafbarkeit relevant. Zwar stellt die Bösgläubigkeit der Beweisperson für den Hintermann einen Exzess dar, aber würde man dies bei § 160 I dergestalt berücksichtigen, dass § 160 I nur die Veranlassung einer gutgläubig gemachten Aussage erfassen soll (Hintermann hält Beweisperson für gutgläubig, was auch zutrifft, und die Beweisperson macht gutgläubig eine falsche Aussage), so würde der Hintermann doppelt privilegiert: Einmal durch die Nichtanwendung von §§ 153, 154 I, 26 und einmal durch die Nichtanwendung des vollendeten § 160 I (*Hruschka*, JZ 1967, 210). Dies erscheint unbillig, da ja der Hintermann die Tatherrschaft insoweit behalten hat, als die Beweisperson genau das aussagt, was er wollte. Die Motivation bzw die Gut- oder Bösgläubigkeit der Beweisperson kann für die Bestrafung des Hintermannes keine Rolle spielen.

(2) Nach überzeugender **anderer Ansicht** ist eine Bestrafung wegen vollendeter Verleitung zur Falschaussage (§ 160 I) nur möglich, wenn die Beweisperson tatsächlich entsprechend der Erwartung des Hintermannes gutgläubig ist (RGSt 11, 418; *Eschenbach*, Jura 1993, 407; *Kretschmer*, Jura 2003, 535, 537; *Krey/M. Heinrich*, BT1 Rn 572; *Wessels/Hettinger*, BT1 Rn 783).

Argument: Der Vorsatz des Hintermannes ist auf eine gutgläubige Beweisperson gerichtet. Ist die Beweisperson dagegen bösgläubig, so stellt dies für den Verleitenden einen Exzess dar, der ihm nicht mehr als von ihm vorsätzlich bewirkt zugerechnet werden kann. Insbesondere setzt die bösgläubige Beweisperson durch den Exzess eine neue Ursache für die Rechtsgutsgefährdung. Sie nimmt dem Verleiter in freiem Entschluss den Gefährdungserfolg aus der Hand und macht ihn zu ihrem eigenen Werk. Die objektiv tatsächlich vorliegende Anstiftungshandlung ist kein „maius“, sondern ein „aliud“ zur vorgestellten Täterschaft und kann deren objektives Vorliegen nicht ersetzen.

Eine Bestrafung wegen (vollendeten) § 160 I ist auch nicht erforderlich, da der Hintermann wegen Versuchs bestraft werden kann, § 160 II.

Meineid ist wesensmäßig etwas anderes als der bloß fahrlässige Falscheid, von dem der Hintermann bei der Beweisperson ausgeht (BGHSt 21, 116, 117; über die Motive der Entscheidung RGSt 11, 418).

§ 160 I weicht nicht von den in §§ 25 ff vertypten Beteiligungsnormen ab, sodass die hM, die § 160 I als Auffangtatbestand für jedwede Willensbeeinflussung versteht, einen Systembruch darstellt (*Eschenbach*, Jura 1993, 409).

Allein dadurch, dass jemand durch seinen Beitrag eine ihm obliegende Sonderpflicht verletzt, wird er noch nicht automatisch zum Täter (so aber SK/StGB-*Rudolphi*, § 160 Rn 4), solange ihm der eingetretene Unrechtserfolg nicht objektiv zurechenbar ist. Die objektive Zurechnung richtet sich nach dem Willen des Gesetzgebers nur nach den Kriterien des § 25 I Alt 2 (*Eschenbach*, Jura 1993, 410).

Maßgeblich ist allein das durch den Verleitenden verwirklichte Unrecht, das in dem Fall, in dem die letzte Entscheidungsgewalt beim bösgläubigen Zeugen verbleibt, nicht so hoch anzusetzen ist wie in dem Fall, in dem der Hintermann selbst die Entscheidung zur Rechtsgutsverletzung trifft (*Eschenbach*, Jura 1993, 410).

Zur Vertiefung: Wessels/Hettinger, BT1 Rn 783; Geppert, Jura 2002, 173, 180.

Nach den allgemeinen Regeln kann der Umstand, dass B nicht gutgläubig war, nur dazu führen, dass – entgegen der Ansicht des BGH – ein vollendetes Delikt ausscheidet. Für eine Abweichung von diesen Grundsätzen ist auch bei § 160 I kein Raum. Das Wort „Verleiten“ meint die mittelbare Täterschaft. Eine Interpretation des § 160 I als allgemeiner Auffangtatbestand für alle Fälle der Verursachung einer unvorsätzlichen Falschaussage wäre eine unzulässige Analogie zulasten des Täters, die auch kriminalpolitisch nicht erforderlich erscheint, da die Versuchsstrafbarkeit verbleibt. **532**

b) Ergebnis

A hat sich bzgl der Aussage des B nicht gem § 160 I strafbar gemacht (*aA vertretbar*).

4. §§ 160 I, II, 22, 23 I Alt 2

a) Vorprüfung

Die Verleitung zur Falschaussage wurde nicht vollendet (*s o Rn 532*). Der Versuch ist strafbar gem §§ 160 II, 23 I Alt 2. **533**

b) Tatentschluss

A handelte bzgl des Meineides des B vorsätzlich. Auch hinsichtlich des Tatbestandsmerkmales der Verleitung handelte er vorsätzlich, da er von der Gutgläubigkeit der Beweisperson B ausging.

Der Tatentschluss ist somit gegeben.

c) Unmittelbares Ansetzen

A müsste zur Verwirklichung des § 160 I unmittelbar iSd § 22 angesetzt haben. Der Täter setzt zur Tatbestandsverwirklichung unmittelbar an, wenn er eine Handlung vornimmt, die nach seiner Vorstellung von der Tat bei ungestörtem Fortgang ohne längere Unterbrechung im Geschehensablauf unmittelbar zur Verwirklichung des Tatbestandes führen soll. Der Täter muss das Gefühl haben, die Schwelle zum „Jetzt-geht-es-los“ überschritten zu haben, das Angriffsobjekt muss aus seiner Sicht bereits konkret gefährdet sein[12].

A hatte seine Einwirkung auf B bereits abgeschlossen und so nach seiner Vorstellung mit der Ausführung der tatbestandlichen Handlung bereits begonnen. Folglich hat er auch nach der strengsten Ansicht unmittelbar zur Tatbestandsverwirklichung angesetzt.

d) Rechtswidrigkeit und Schuld

A handelte rechtswidrig und schuldhaft.

5. §§ 258 I, 25 I Alt 2

In der Bitte an B könnte eine Strafvereitelung liegen. **534**

---

12 Siehe oben Fall 3, Problem Nr 18, Rn 109.

A ist als Angeklagter, zu dessen Gunsten die Tat begangen wird, selbst nicht tauglicher Täter des Delikts und kann damit auch nicht mittelbarer Täter sein. Er ist kein „anderer“ iSd § 258 I.

6. §§ 258 I, 26

Es fehlt am Vorsatz des A bzgl einer vorsätzlichen Haupttat. Darüber hinaus folgt aus § 258 V, dass die vom Vortäter zu eigenen Gunsten begangene Anstiftung zur Strafvereitelung ohnehin nicht strafbar ist.

7. Ergebnis für A im Tatkomplex A bzgl der Aussage des B

A hat sich bzgl der Aussage des B aus §§ 160 I, II, 22, 23 I Alt 2 strafbar gemacht.

IV. Strafbarkeit des A bzgl der Aussage des C

1. § 160 I

535 A könnte sich dadurch, dass er C bat, den gemeinsamen Kneipenbesuch am 27. Januar vor Gericht zu bestätigen, wegen Verleitung zur Falschaussage nach § 160 I strafbar gemacht haben.

a) Objektiver Tatbestand

C hat vor Gericht falsch ausgesagt (*s o Rn 526*).

A hat C hierzu verleitet, dh auf den gutgläubigen C in der Weise eingewirkt, dass er eine Aussage machte, die er für richtig hielt.

b) Subjektiver Tatbestand

Fraglich ist, ob A vorsätzlich handelte. Er hielt C fälschlich für bösgläubig. Umstritten ist, ob auch in diesem Fall eine vollendete Verleitung zur Falschaussage vorliegt.

536 **Problem Nr 112: Verleitung einer vermeintlich bösgläubigen Beweisperson zur Falschaussage**

(1) Nach **einer Ansicht** (*Hruschka*, JZ 1967, 210, 212; *Hruschka/Kässer*, JuS 1972, 709, 713) liegt vollendete Verleitung zur Falschaussage vor.

Argument: Bei einer Verurteilung lediglich wegen Versuchs der Verleitung zur vorsätzlichen Falschaussage käme nicht zum Ausdruck, dass der Hintermann den von ihm erstrebten äußeren Erfolg, dh die uneidliche Falschaussage der Beweisperson, erreicht hat. Eine versuchte Verleitung zur vorsätzlichen Falschaussage kann nämlich auch dann vorliegen, wenn es gar nicht zur uneidlichen Falschaussage kommt. Eine Verurteilung auch wegen vollendeter Verleitung zur Falschaussage brächte demgegenüber zum Ausdruck, dass die Rechtspflege hier bereits in einem über den bloßen Verleitungsversuch hinausgehenden Maß durch den Hintermann gefährdet worden ist.

(2) Dagegen verneint die **herrschende Meinung** überzeugend eine Strafbarkeit aus § 160.

Argument: Da der Hintermann die Aussageperson für bösgläubig hält, hat er selbst nur Teilnahmevorsatz und keinen für § 160 erforderlichen Tätervorsatz.

Der beim Hintermann uU vorhandene Anstiftungsvorsatz könnte den fehlenden Verleitungsvorsatz auch nicht im Wege eines „Plus-Minus-Verhältnisses" ersetzen, denn die Struktur des vom Hintermann gewollten vorsätzlichen Aussagedeliktes ist wegen der dort geforderten Eigenhändigkeit der Tatbegehung mit der des § 160 nicht kompatibel.

Zur Vertiefung: Wessels/Hettinger, BT1 Rn 783 aE.

Angesichts des Umstandes, dass A die Beweisperson C für bösgläubig hielt, handelte er bzgl einer mittelbaren Täterschaft nicht vorsätzlich. Obwohl der erstrebte äußerliche Erfolg, nämlich die Falschaussage des C, bereits eingetreten ist, kann der subjektive Tatbestand des § 160 I also nicht bejaht werden. Bei A ist nur von einem Teilnahmevorsatz auszugehen. **537**

2. §§ 153, 26

A könnte sich wegen Anstiftung zur falschen uneidlichen Aussage strafbar gemacht haben.

a) Objektiver Tatbestand

Umstritten ist, ob vollendete Anstiftung vorliegt, wenn der Haupttäter (hier: C) ohne Vorsatz hinsichtlich einer Falschaussage handelt, es also an einer vorsätzlichen Haupttat fehlt.

Problem Nr 113: Anstiftung bei vorsatzloser uneidlicher Falschaussage der vermeintlich bösgläubigen Beweisperson **538**

(1) Nach einer **Mindermeinung** (*Tröndle/Fischer*, bis 51. Aufl, § 160 Rn 3 iVm Vor § 25 Rn 10) ist trotz des Fehlens einer vorsätzlichen Haupttat vollendete Anstiftung gegeben.

Argument: Allein die subjektive Vorstellung des Veranlassers entscheidet über die Qualifizierung als Anstifter.

Da eine mittelbare Täterschaft mangels Täterqualität bei eigenhändigen Delikten nicht möglich ist, muss die vollendete Anstiftung als „Auffangbeteiligungsform" eingreifen.

(2) Nach der überzeugenden **herrschenden Meinung** ist diese Ansicht abzulehnen, da sie sich in Widerspruch zu dem Grundsatz setzt, nach dem Teilnahme nur an einer vorsätzlichen Haupttat möglich ist (*Fischer*, § 160 Rn 7 iVm Vor § 25 Rn 9; *Kretschmer*, Jura 2003, 535).

Argument: Dies zeigt auch der Wortlaut von § 26, der von „Bestimmen" zur Tat spricht, dh vom Hervorrufen des Tatentschlusses, was der Hintermann bei einem gutgläubig falsch Aussagenden gerade nicht geschafft hat.

Ein „Plus-Minus-Verhältnis" vermag zwar in den allgemeinen Fällen jenseits der Aussagedelikte den Anstiftungsvorsatz als vom Vorsatz der mittelbaren Täterschaft mitumfasst zu erklären. Ein Abgehen vom Erfordernis des § 26, dass eine vorsätzliche Haupttat vorliegen muss, wäre jedoch verfassungsrechtlich schon nach allgemeinen Regeln nicht tragbar (Art 103 II GG).

Zur Vertiefung: Wessels/Hettinger, BT1 Rn 783; Wessels/Beulke, AT Rn 548.

539 C handelte ohne Vorsatz hinsichtlich einer Falschaussage bzw hinsichtlich der Begehung eines Meineides. Es fehlt also an der von § 26 ausdrücklich geforderten vorsätzlichen Haupttat. Nach den allgemeinen Regeln muss eine Anstiftung ausscheiden.

b) Ergebnis

A ist nicht gem §§ 153, 26 strafbar.

3. §§ 153, 159, 30 I

540 *Viele Studenten prüfen den § 159 als selbstständigen Straftatbestand. Das ist nicht richtig. Vielmehr kann § 159 nur als Ergänzung zu § 30 bzgl §§ 153, 156 gesehen werden. Falsch sind auch folgende beliebte Paragraphen-Ketten: „§§ 153, 159, 22, 23, 30 I" oder „§§ 153, 159, 30 I, 22, 23 I, 12 I, 26". Die §§ 22, 23 sind überflüssig, da § 30 den Versuch der Anstiftung bereits ausreichend zum Ausdruck bringt. Richtig ist also allein die hier gewählte Paragraphen-Kette „§§ 153, 159, 30 I" bzw „§§ 153, 30 I, 159".*

a) Vorprüfung

Der Anstiftungserfolg ist nicht eingetreten. Eine vollendete Anstiftung zur falschen uneidlichen Aussage ist somit nicht gegeben. Die Strafbarkeit der versuchten Anstiftung zu § 153 ergibt sich – da es sich um kein Verbrechen handelt – aus § 159 iVm § 30 I.

b) Tatentschluss

A handelte mit dem erforderlichen doppelten Anstiftungsvorsatz. Insbesondere stellte sich A vor, C werde die wahre Sachlage erkennen und die Haupttat vorsätzlich und rechtswidrig verwirklichen.

c) Unmittelbares Ansetzen

Ansatzzeitpunkt der Anstiftung ist der Beginn der Einwirkung auf den Haupttäter. Diese Einwirkung auf C hat A sogar beendet. A hat damit zur Einwirkung auf den Haupttäter unmittelbar angesetzt.

d) Rechtswidrigkeit und Schuld

A handelte rechtswidrig und schuldhaft.

e) Ergebnis

Eine versuchte Anstiftung zu § 153 ist also gegeben.

4. §§ 154 I, 30 I

541 *Bei der Anstiftung zum Meineid ist aufgrund dessen Einstufung als Verbrechen ein Hinweis auf § 159 überflüssig.*

a) Vorprüfung

Der Anstiftungserfolg ist nicht eingetreten. Die versuchte Anstiftung zum Meineid ist strafbar gem § 30 I, da Meineid ein Verbrechen iSd § 12 I ist.

b) Tatentschluss

A handelte mit dem erforderlichen Doppelvorsatz, dh vorsätzlich sowohl bzgl der Begehung einer vorsätzlichen und rechtswidrigen Haupttat durch C als auch hinsichtlich der eigenen diesbezüglichen Anstiftungshandlung.

c) Unmittelbares Ansetzen

A hat die Einwirkung auf den vermeintlichen Haupttäter sogar schon abgeschlossen und damit unmittelbar zur Tatbestandsverwirklichung angesetzt.

5. §§ 258 I, 25 I Alt 2

A könnte durch die Aufforderung an C, vor Gericht auszusagen, er habe am Tatabend einen Kneipenbummel mit A unternommen, eine Strafvereitelung in mittelbarer Täterschaft begangen haben. **542**

C handelte vorsatzlos, da er glaubte, dass A am Tatabend tatsächlich mit ihm in diversen Kneipen war und deshalb den Diebstahl gar nicht begangen haben konnte. Er könnte daher ein nicht voll deliktisch handelndes Werkzeug iSd § 25 I Alt 2 sein.

§§ 258 I, 25 I Alt 2 kommen aber nicht in Betracht, weil A als Angeklagter, dh als derjenige, zu dessen Gunsten die Tat begangen wird, selbst nicht tauglicher Täter dieses Delikts ist. A ist kein „anderer" iSd § 258 I. Also scheidet er auch als mittelbarer Täter aus.

6. §§ 258 I, 26

Es liegt keine vorsätzliche rechtswidrige Haupttat des C vor (*s o Rn 528*). Außerdem folgt aus § 258 V, dass die vom Vortäter zu eigenen Gunsten begangene Anstiftung zur Strafvereitelung sowieso nicht strafbar wäre.

7. Konkurrenzen

Die §§ 153, 159, 30 I treten aus Spezialitätsgründen hinter §§ 154 I, 30 I zurück. **543**

8. Ergebnis für A im Tatkomplex A bzgl der Aussage des C

A hat sich gem §§ 154 I, 30 I strafbar gemacht.

V. Konkurrenzen für A im Tatkomplex A

A hat die Gespräche mit B und C zu verschiedenen Zeitpunkten geführt. Es handelt sich also um selbstständige Handlungen, sodass die §§ 160 I, II, 22, 23 I Alt 2 bzgl der Aussage des B und die §§ 154 I, 30 I bzgl der Aussage des C zueinander in Realkonkurrenz, § 53, stehen.

VI. Ergebnis für A im Tatkomplex A

A hat sich gem §§ 160 I, II, 22, 23 I Alt 2 – § 53 – §§ 154 I, 30 I strafbar gemacht.

B. Die zweite Hauptverhandlung

I. Strafbarkeit der V

1. § 153

544 V könnte sich dadurch, dass sie vor Gericht aussagte, am 27. Januar mit A Canasta gespielt zu haben, nach § 153 strafbar gemacht haben.

a) Objektiver Tatbestand

Sie hat als Zeugin vor Gericht über äußere Tatsachen, die der prozessualen Wahrheitspflicht unterlagen, falsch ausgesagt, indem sie ein falsches Alibi schilderte.

b) Subjektiver Tatbestand

V handelte vorsätzlich.

c) Rechtswidrigkeit und Schuld

V handelte rechtswidrig und schuldhaft.

d) Strafzumessung, § 157 I

Das Gericht kann die Strafe gem §§ 157 I, 49 II mildern bzw ganz von Strafe absehen (uneidliche Aussage), da V als Verlobte des A dessen Angehörige iSv § 11 I Nr 1 a ist und sie gerade deshalb die Unwahrheit gesagt hat, um von ihm die Gefahr einer Bestrafung abzuwenden.

2. § 154 I

Das Qualifikationsmerkmal der Vereidigung fehlt.

3. § 258 I

545 V könnte sich wegen Strafvereitelung strafbar gemacht haben.

a) Objektiver Tatbestand

Durch ihre falsche uneidliche Aussage hat sie den staatlichen Anspruch auf Verhängung einer Strafe zumindest für geraume Zeit vereitelt.

b) Subjektiver Tatbestand

V handelte vorsätzlich sowie in der Absicht der Herbeiführung des Vereitelungserfolges.

c) Persönlicher Strafausschließungsgrund, § 258 VI

A und V sind verlobt. Nach §§ 258 VI, 11 I Nr 1 a ist V daher nicht gem § 258 I strafbar.

4. Ergebnis für V im Tatkomplex B

V ist nur nach § 153 strafbar.

II. Strafbarkeit des A

1. §§ 153, 26

A könnte dadurch, dass er die V entsprechend einer mit ihr vorher getroffenen Absprache als Zeugin benannte, eine Anstiftung zur uneidlichen Falschaussage begangen haben. **546**

Eine vorsätzliche rechtswidrige Haupttat liegt in Gestalt der von V begangenen uneidlichen Falschaussage vor (*s o Rn 544*).

A hat in V jedoch nicht einen entsprechenden Tatentschluss hervorgerufen, da diese zur Tatbegehung bereits fest entschlossen war (omnimodo facturus).

2. §§ 153, 27

Der Schwerpunkt des Verhaltens des A liegt nicht im Benennen der V als Zeugin, sondern im Schweigen vor Gericht (vorher liegt bzgl § 153 nur Vorbereitungsphase vor). Es ist deshalb nicht von einem Tun, sondern von einem Unterlassen auszugehen. **547**

3. §§ 153, 27, 13 I

Das Verhalten des A im Zusammenhang mit V könnte eine Beihilfe durch Unterlassen zur uneidlichen Falschaussage darstellen.

a) Objektiver Tatbestand

Eine vorsätzliche rechtswidrige Haupttat liegt in der von V begangenen uneidlichen Falschaussage (*s o Rn 544*).

A müsste zu dieser Tat Beihilfe geleistet haben. A wurde zwar nicht im Sinne eines positiven Tuns aktiv, sondern schritt im Prozess lediglich gegen die Falschaussage der V nicht ein. In dem Nichteinschreiten könnte jedoch eine Beihilfehandlung durch Unterlassen liegen.

Der tatbestandliche Erfolg ist mit der Falschaussage der V eingetreten.

A hat die zur Erfolgsverhinderung objektiv erforderlichen Maßnahmen trotz physisch-realer Möglichkeit hierzu nicht vorgenommen, denn er hätte im Prozess die V im Rahmen ihrer Aussage korrigieren können.

Das Unterlassen dieser Korrektur ist für den tatbestandlichen Erfolg kausal geworden.

Fraglich ist, ob A eine Garantenstellung iSv § 13 I innehatte, aufgrund derer er verpflichtet war, gegen die Falschaussage der V einzuschreiten. In Betracht kommt eine Garantenstellung aus Ingerenz durch die Benennung der V als Zeugin.

548 **Problem Nr 114: Garantenstellung aus Ingerenz aufgrund des Benennens einer Person als Zeuge und Pflicht zum Einschreiten gegen die Falschaussage des anderen?**

Umstritten ist, inwieweit unter dem Aspekt der Ingerenz (Benennen als Zeuge) eine Pflicht zum Einschreiten gegen die Falschaussage eines anderen besteht.

(1) Nach der **Rechtsprechung** besteht eine pflichtbegründende Vorhandlung dann, wenn die durch die Falschaussage begünstigte Person die Aussageperson in eine „prozessunangemessene besondere Gefahr der Falschaussage" gebracht hat, die nicht mehr von der allgemeinen Gefahr einer Falschaussage umfasst wird.

Dafür sind besondere Umstände erforderlich: Besondere Umstände in diesem Sinne werden bejaht, wenn die Aussageperson durch eine Intensivierung der Liebesbeziehung und ein Heiratsversprechen durch die durch die Falschaussage begünstigte Person in besonderer Weise der Gefahr einer Falschaussage ausgesetzt wird (BGHSt 2, 129, 134; 14, 229, 230; *Wessels/Hettinger*, BT1 Rn 786).

Argument: (BGHSt 2, 129, 134) „Im Rahmen einer Liebesbeziehung verspüren beide Teile häufig die Verpflichtung oder Neigung, schädliche Folgen für den anderen abzuwehren". Zwar ging es im konkreten Fall des BGH um eine Falschaussage im Rahmen eines Scheidungsprozesses, sodass das Bekanntwerden der Beziehung – in Anbetracht des damals geltenden Schuldprinzips im Scheidungsverfahren – schädliche Folgen für die begünstigte Prozesspartei gerade im Rahmen des Scheidungsverfahrens gehabt hätte. Aber diese Wertung hinsichtlich der Neigung, schädliche Folgen für den anderen abzuwehren, dürfte auch auf den Strafprozess zu übertragen sein. So hat das OLG Hamm (StV 1994, 132) die Benennung des Mittäters als Zeugen als inadäquate Gefahrenlage ausreichen lassen.

(2) Das **Schrifttum** lehnt diese Rechtsprechung von der prozessinadäquaten, besonderen Gefahr zu Recht überwiegend ab (S/S-*Lenckner*, Vorbem §§ 153 ff Rn 40).

Vielmehr kann eine Pflicht, gegen die Falschaussage eines anderen einzuschreiten, nur unter zwei kumulativen Voraussetzungen bestehen:

(a) Das vorangegangene Tun des Unterlassenden muss über seine Gefährlichkeit hinaus auch pflichtwidrig sein und die Pflichtwidrigkeit muss dabei gerade im Hinblick auf die Falschaussage bestehen (SK/StGB-*Rudolphi*, Vor § 153 Rn 53). Die Benennung eines Zeugen ist aber für sich noch nicht pflichtwidrig.

(b) Die eigenen Pflichten des Unterlassenden enden grundsätzlich dort, wo ein fremder Verantwortungsbereich beginnt.

Argument: Die Aussageperson ist selbst für ihre Aussage verantwortlich und bleibt dies auch, wenn sie einer prozessinadäquaten, besonderen Gefahr der Falschaussage ausgesetzt wird. Das diese Gefahr hervorrufende Verhalten des Unterlassenden (zB die Intensivierung der Liebesbeziehung oder ein Heiratsversprechen) kann grundsätzlich nicht als pflichtwidriges Vorverhalten zur Begründung einer Garantenstellung aus Ingerenz eingestuft werden (*Wessels/Hettinger*, BT1 Rn 786).

Das Kriterium der Rechtsprechung („prozessinadäquate, besondere Gefahr") ist nicht klar abgrenzbar.

Es ist nicht einzusehen, warum im Hinblick auf eine Beihilfe zum Meineid durch Unterlassen ein nur „gefährliches" Vorverhalten genügen sollte, in anderen Fällen des § 13 aber auch von der Rechtsprechung das Vorliegen eines pflichtwidrigen (also nicht nur eines gefährlichen) Vorverhaltens verlangt wird (zum Pflichtwidrigkeitserfordernis bei § 13: BGHSt 25, 218; OLG Köln NJW 1973, 861; S/S-*Stree*, § 13 Rn 35).

Insbesondere in Fallkonstellationen, in denen sich die prozessinadäquate Gefahr aus einer Anstiftung des Aussagenden zur Falschaussage ergeben soll, würde eine Pflicht zum Einschreiten gegen den nemo-tenetur-Grundsatz verstoßen. Der Unterlassende wäre nämlich gleichsam gezwungen, seine Anstiftung offen zu legen (MK-*Müller,* § 153 Rn 106).

Eine Beihilfe durch Unterlassen des Einschreitens gegen eine fremde Falschaussage ist daher nur im Ausnahmefall möglich (S/S-*Lenckner*, Vorbem §§ 153 ff Rn 40), etwa bei starker persönlicher Abhängigkeit des Zeugen vom Täter oder bei unerkennbarer, dem Täter aber bekannter Geisteskrankheit.

Zur Vertiefung: Wessels/Hettinger, BT1 Rn 786; Geppert, Jura 2002, 173, 178f; Hillenkamp, BT 11. Problem S 51ff.

Nach Ansicht der Rechtsprechung läge hier eine pflichtenbegründende Vorhandlung **549**
des A in Form der Intensivierung des Liebesverhältnisses vor, sodass er durch sein Nichteinschreiten Beihilfe durch Unterlassen geleistet hat. Die Rechtsprechung spricht insoweit von einer „prozessunangemessenen besonderen Gefahr der Falschaussage". Demgegenüber wird von der hL auch hier zu Recht in Übereinstimmung mit § 13 I und den allgemeinen Regeln zur Unterlassungsstrafbarkeit ein pflichtwidriges Vorverhalten gefordert. Daran fehlt es. Deshalb bestand für A auch keine Rechtspflicht, gegen eine Falschaussage der V einzuschreiten.

Damit fehlt es mangels Rechtspflicht des A zum Einschreiten gegen die Falschaussage der V an einer Beihilfe durch Unterlassen. Der objektive Tatbestand der §§ 153, 27, 13 I liegt somit nicht vor.

(AA nach der Rspr und mit guter Begründung hier vertretbar, dann hätte sich A hier nach §§ 153, 27, 13 I strafbar gemacht.)

b) Ergebnis

A hat sich nicht gem §§ 153, 27, 13 I strafbar gemacht.

4. §§ 258 I, 27, 13 I

Nach der hier vertretenen Ansicht (*s o Rn 548*) hatte A zum einen keine Garanten- **550**
pflicht, die Strafvereitelungshandlung der V zu verhindern, und konnte somit schon nicht den objektiven Tatbestand erfüllen.

Zum anderen ergibt sich aus § 258 V (persönlicher Strafausschließungsgrund), dass der Vortattäter nicht wegen Beihilfe zur Strafvereitelung zu seinen Gunsten strafbar ist[13].

A hat sich nicht nach §§ 258 I, 27, 13 I strafbar gemacht.

5. Ergebnis für A im Tatkomplex B

A ist straflos.

13 S/S-*Stree*, § 258 Rn 38.

C. Gesamtergebnis des materiell-rechtlichen Gutachtens

551 **A:** Tatkomplex A: §§ 160 I, II, 22, 23 I Alt 2
– § 53 –
§§ 154 I, 30 I
B: § 154 I – § 52 – § 258 I
C: straflos
V: § 153

Teil II. (prozessualer Teil)

1. Der Polygraph als Beweismittel im Strafprozess

552 Bei dem Antrag des A handelt es sich um einen Beweisantrag iSd § 244 StPO, über den das Gericht gem § 244 VI StPO durch Beschluss entscheiden muss. Der Beweisantrag darf nur aus den besonderen Gründen der Absätze III-V des § 244 StPO abgelehnt werden[14]. Hier kommt eine Ablehnung wegen Unzulässigkeit der Beweiserhebung (§ 244 III 1 StPO) oder wegen völliger Ungeeignetheit des Beweismittels (§ 244 III 2 StPO) in Betracht.

Problem Nr 115: Die Zulässigkeit des Einsatzes eines Lügendetektors als Beweismittel

(1) Einer Ansicht nach darf der Lügendetektor mit Einwilligung des Betroffenen verwendet werden (*Amelung,* NStZ 1982, 38; *Prittwitz,* MDR 1982, 886; *Schünemann,* Kriminalistik 1990, 131).

Argument: Wenn der Beschuldigte diesen Beweismitteleinsatz wünscht, bedarf er dagegen keines Schutzes.

(2) Nach **herrschender Ansicht** im Schrifttum ist der Lügendetektor ein unzulässiges Beweismittel, da sein Einsatz unter die nicht abschließende Regelung des § 136 a StPO fällt (*Beulke,* StPO Rn 141).

Argument: Gegen die oben unter (1) dargestellte Ansicht spricht, dass durch die Zulässigkeit des Lügendetektoreinsatzes im Falle der Einwilligung des Betroffenen mittelbar Druck auf den leugnenden Beschuldigten ausgeübt wird (BVerfG NJW 1982, 375; LG Düsseldorf, StV 1998, 647; SK/StPO-*Rogall,* § 136 a Rn 76).

Da der Lügendetektor unbewusste Reaktionen des Vernommenen aufzeichnet, ist die Einflussmöglichkeit des Betroffenen praktisch völlig aufgehoben. Dadurch wird der Kernbereich der Menschenwürde verletzt (BGHSt 5, 332, 333). Außerdem widerspricht die Anwendung des technischen Hilfsmittels dem „nemo-tenetur-Prinzip".

Ein entsprechender Beweisantrag ist deshalb wegen Unzulässigkeit der Beweiserhebung abzulehnen, § 244 III 1 StPO.

(3) Nach der **neueren Rechtsprechung des BGH** (BGHSt 44, 308, 315) ist ein Polygrapheneinsatz mit Zustimmung des Beschuldigten ein ungeeignetes Beweismittel iSv § 244 III 2 Var 4 StPO.

---

14 Einzelheiten *Beulke*, StPO Rn 439 ff.

Argument: Zwar liegt kein Verstoß gegen den „nemo-tenetur-Grundsatz" vor, wenn der Beschuldigte zustimmt. Jedoch sind die Ergebnisse dieses Tests so unsicher, dass er deswegen als völlig ungeeignetes Beweismittel einzustufen ist.

Zur Vertiefung: Beulke, StPO Rn 141.

Im Ergebnis ist mit der ganz hM der Beweisantrag abzulehnen. Der Polygraphentest ist entweder als ein wegen seiner menschenunwürdigen Funktionsweise unzulässiges, § 244 III 1 StPO, oder als ein wegen seiner Fehleranfälligkeit ungeeignetes, § 244 III 2 Var 4 StPO, Beweismittel anzusehen. Selbst bei einer Zustimmung des Beschuldigten ist der Beweisantrag deshalb abzulehnen.

2. Die Verurteilung auf wahldeutiger Tatsachengrundlage

a) Die „Wahlfeststellung"

Weder Diebstahl (§ 242 I) noch Hehlerei (§ 259 I Alt 1 „Ankaufen") sind dem A nach 553 Ausschöpfung sämtlicher Beweismöglichkeiten zur vollen, für eine Verurteilung notwendigen Überzeugung des Gerichts (§ 261 StPO) nachzuweisen. Gleichzeitig steht aber nach der Überzeugung des Gerichts fest, dass entweder der eine oder der andere Tatbestand verwirklicht wurde.

Da das Ergebnis, den A nun nach dem Grundsatz in dubio pro reo wegen eines jeden der beiden Tatbestände freisprechen zu müssen, unbillig wäre, hat die Rechtsprechung seit jeher in engen Grenzen auch die Möglichkeit einer „alternativen" Verurteilung zugelassen.

Problem Nr 116: Voraussetzungen der „Wahlfeststellung"

Voraussetzungen für eine Verurteilung auf „wahldeutiger" Tatsachengrundlage sind:

(1) Sämtliche **Beweismöglichkeiten** wurden in tatsächlicher Hinsicht **ausgeschöpft** (für Bagatellfälle aA OLG Zweibrücken NJW 1966, 1828 f).

(2) Andere als die wahlweise festgestellten **Handlungen** sind **sicher ausgeschlossen** (BGH bei *Holtz*, MDR 1985, 282, 285).

(3) Auch nach dem Grundsatz **in dubio pro reo** kann **keine eindeutige Tatsachengrundlage** geschaffen werden; dh wenn der für den Täter günstigere Sachverhalt als ein „rechtliches Minus" in dem sonst in Betracht kommenden ungünstigeren enthalten ist („Stufenverhältnis"), so ist der Täter auf der Grundlage des für ihn günstigeren Sachverhalts zu verurteilen (BGHSt GrS 9, 390, 397; 11, 100, 101; 15, 63, 66).

(4) Die beiden alternativ verwirklichten Tatbestände müssen im Fall der sog **ungleichartigen Wahlfeststellung rechtsethisch und psychologisch vergleichbar** sein. Nach anderer Ansicht (zB *Deubner*, JuS 1962, 21, 23; *Jakobs,* GA 1971, 257, 270; *Jescheck/Weigend*, § 16 III 3; LK-*Dannecker*, Anh § 1 Rn 148 ff; *Löhr*, JuS 1976, 715, 720; *Otto,* Peters-FS, S 373, 389 ff; *ders*, AT, § 24 II 2 b) ist auf den gleichen „Kerngehalt" oder die **„Identität des Unrechtskerns"** abzustellen.

Bei der sog **gleichartigen Wahlfeststellung**, bei der unsicher bleibt, welche von mehreren Handlungen (zum Beispiel welcher von mehreren Schüssen) den(selben) Tatbestand erfüllt hat (sog „Tatsachenalternativität") oder welche von mehreren Alternativen ein und desselben Tatbestandes erfüllt ist, **erübrigt sich dies** (so die ständige Rechtsprechung und zB *Peters*, Strafprozeß, § 37 III 2; *Sax*, JZ 1965, 745 ff; S/S-*Eser*, § 1 Rn 109; enger *Baumann/Weber/Mitsch*, AT § 10 Rn 21).

Zur Vertiefung: Beulke, StPO Rn 521 ff; Beulke/Fahl, Jura 1998, 262; Noack, Jura 2004, 539.

Eine wahldeutige Verurteilung kommt nur in Betracht, wenn die alternativ verwirklichten Tatbestände rechtsethisch und psychologisch vergleichbar sind. Eine solche „Vergleichbarkeit" ist im Verhältnis von Diebstahl und Hehlerei, Hehlerei und Begünstigung usw zu Recht stets bejaht worden. Bei vielen anderen Tatbeständen wird heftig darum gestritten. Hier kann jedoch das Gericht A auf wahldeutiger Tatsachengrundlage verurteilen, vorausgesetzt die Staatsanwaltschaft hat eine solche „alternative" Anklage erhoben (*s u Rn 554*).

(Zur Frage der Wahlfeststellung zwischen Täterschaft und Teilnahme: Wessels/Beulke, AT Rn 588; Fallbeispiel angelehnt an: Otto, Übungen im Strafrecht, S 39 f)

b) Der prozessuale Tatbegriff

554 Das Gericht kann nur dann verurteilen, wenn die Tat, wegen der es verurteilen will, auch angeklagt ist (Anklagegrundsatz). Andere als die angeklagten Taten darf das Gericht nicht zum Gegenstand seiner Urteilsfindung machen, § 264 I StPO.

Hat die Staatsanwaltschaft den A nur wegen Diebstahls (§ 242 I), nicht aber „alternativ" auch wegen der Hehlerei (§ 259 I Alt 1) angeklagt, so kommt es für die Frage, ob das Tatgericht den A wahlweise wegen Diebstahl oder Hehlerei verurteilen kann, darauf an, ob es sich bei den Geschehnissen noch um dieselbe „Tat" iSd § 264 I StPO handelt. Der Begriff der prozessualen Tat ist heftig umstritten. Man versteht darunter im Allgemeinen „den geschichtlichen Vorgang, der nach der Lebensauffassung ein einheitliches Geschehen bildet, sodass die Aufsplitterung in Teile als unnatürliche Aufspaltung eines einheitlichen Lebensvorgangs empfunden würde"[15]. Anhaltspunkte sind der Tatort, die Tatzeit, das Tatobjekt und die Angriffsrichtung.

Problem Nr 117: Der prozessuale Tatbegriff bei Alternativität von Handlungsabläufen

(1) Die **ältere Rechtsprechung** (RGSt 8, 135, 139 ff; BGH bei *Dallinger*, MDR 1954, 17) nahm in den „Alternativ-Fällen" stets einen einheitlichen Lebensvorgang iSv § 264 StPO an, wenn sich beide wahlweise in Betracht kommende Delikte nur auf dasselbe Tatobjekt bezogen. In diesem Fall galt die Abweichung vom Tatvorwurf als „unwesentlich".

(2) BGHSt 35, 60, 64 hat jedoch zu Recht die Tatidentität mit Rücksicht auf die innere Tatseite, die verschiedenen Tatorte usw verneint.

Argument: Bei dem alleinigen Abstellen auf das Tatobjekt würden uU sehr weit auseinanderliegende tatsächliche Geschehnisse – der Ankauf erfolgte möglicherweise erst Tage später – willkürlich zu einer Einheit verklammert.

Zur Vertiefung: Beulke, StPO Rn 520 ff; Beulke/Fahl, Jura 1998, 262.

15 Vgl *Beulke*, StPO Rn 513 mwN.

Da die Begehung des Diebstahls oder der Hehlerei uU zwei weit voneinander entfernt liegende tatsächliche Geschehnisse betreffen kann, liegt zwischen beiden keine Tatidentität iSv § 264 StPO vor. Deshalb darf das Gericht hier nur dann wahldeutig verurteilen, wenn die StA von vornherein auch wahlweise wegen der beiden Delikte Anklage erhoben hat.

Hat sie dies versäumt und ist es nicht zu einer Nachtragsanklage gemäß § 266 I StPO gekommen[16], so ist folgendermaßen zu verfahren:

Bezüglich des allein angeklagten Diebstahls, hinsichtlich dessen das Gericht sich aber nicht von der Schuld des A überzeugen konnte, ist freizusprechen.

Bezüglich der nicht angeklagten Alternative der Hehlerei darf mangels ordnungsgemäßer Anklageerhebung überhaupt keine Entscheidung ergehen. Wegen dieser Alternative könnte nachfolgend erneut Anklage erhoben werden[17].

c) Entscheidung des Revisionsgerichts

Bezüglich der nicht angeklagten Alternative wird das Revisionsgericht das Verfahren wegen Fehlens der Prozessvoraussetzung der ordnungsgemäßen Anklageerhebung gem § 260 III StPO durch Urteil einstellen. Wegen dieser Alternative könnte nachfolgend erneut Anklage erhoben werden. **554a**

Bezüglich des angeklagten Diebstahls, hinsichtlich dessen das Tatgericht sich nicht von der Schuld des A überzeugen konnte, muss Freispruch erfolgen, der in Rechtskraft erwächst[18].

Will die StA dieses Ergebnis vermeiden, muss sie – wie unter a) dargelegt – von vornherein wahldeutig wegen beider Alternativen (hier: Diebstahl und Hehlerei) Anklage erheben.

Definitionen zum Auswendiglernen

Aussage	iSv **§§ 153 ff** ist im Falle der Zeugenaussage die Wiedergabe von äußeren oder inneren Tatsachen, dh von konkreten Vorgängen oder Zuständen der Vergangenheit oder Gegenwart, die wahrnehmbar in die Wirklichkeit getreten und infolgedessen dem Beweis zugänglich sind (*Wessels/Hettinger, BT1 Rn 746 iVm 492*).
Falsch	iSd **§§ 153 ff** ist eine Aussage, wenn sie mit der Wirklichkeit nicht übereinstimmt (so die objektive Theorie, *Wessels/Hettinger, BT1 Rn 742*).
Falsch schwören	iSv **§ 154 I** meint das Beschwören einer falschen Aussage (*Wessels/Hettinger, BT1 Rn 756*).
Verleiten	iSv **§ 160 I** meint ein Einwirken auf die Beweisperson in der Hinsicht, dass diese etwas aussagt, was sie selbst für richtig hält (*Wessels/Hettinger, BT1 Rn 785*).

16 Vertiefend zur Nachtragsanklage *Beulke*, StPO Rn 384 ff.
17 Zum Vorgehen des Staatsanwalts *Kudlich*, JuS 2005, 236; des Verteidigers *Thomas Schröder*, JuS 2005, 707.
18 BGHSt 35, 80; 38, 172, 174; *Beulke*, StPO Rn 521.

Vereitelungshandlung	iSv **§ 258 I** ist ein Verhalten, das nach seiner Zielsetzung darauf gerichtet ist, die Realisierung des in § 258 I umschriebenen Ahndungs- oder Anordnungsrechts durch eine Besserstellung des Vortäters ganz oder teilweise zu verhindern (*Wessels/Hettinger, BT1 Rn 724*).
Tat im prozessualen Sinn	ist das gesamte Verhalten des Beschuldigten, soweit es mit dem in Anklage, Eröffnungsbeschluss oder Urteil bezeichneten geschichtlichen Vorkommnis nach der Auffassung des Lebens einen einheitlichen Vorgang bildet (*vgl Beulke, StPO Rn 513*).

Weitere einschlägige Musterklausuren

Zum Problem: Wann ist eine Aussage „falsch" iSd §§ 153, 154 I?
Aldejohann, JA-Übungsblätter 1989, 7; *Chowdhury/Meier/Schröder*, [7] S 159; *Fad*, Jura 2002, 632; *Frister*, [4] S 71; *Gaede*, JuS 2003, 774; *Goeckenjan*, JuS 2008, 702; *Golla/Meindl*, JuS 1984, 873; *Gropp/Küpper/Mitsch*, [9] S 169; *Hilgendorf*, [11] S 80; *Hruschka/Kässer*, JuS 1972, 709; *Kelker*, Jura 1996, 89; *Niederle*, [15] S 54; *Samson/Riettiens*, JA 1990, 27; *Sengbusch*, Jura 2007, 623

Zum Problem: Verleitung einer vermeintlich gutgläubigen Beweisperson zur Falschaussage:
Aldejohann, JA-Übungsblätter 1989, 7; *Cantzler*, JA 1999, 859; *Chowdhury/Meier/Schröder*, [7] S 159; *Eisele*, JA 2003, 40; *Gropp/Küpper/Mitsch*, [9] S 169; *Hilgendorf*, [19] S 161; *Kohlmann*, JA 1990, 79; *Prütting/Stern/Wiedemann*, [18] S 205; *Samson/Riettiens*, JA 1990, 27; *Schultze*, JA 2002, 777; *Wagner*, [8] S 75

Zum Problem: Verleitung einer vermeintlich bösgläubigen Beweisperson zur Falschaussage:
Goeckenjan, JuS 2008, 702; *Hilgendorf*, [19] S 161; *Hruschka/Kässer*, JuS 1972, 709

Zum Problem: Garantenstellung aus Ingerenz aufgrund des Benennens einer Person als Zeuge und Pflicht zum Einschreiten gegen die Falschaussage des anderen?
Ebert, JuS 1970, 400; *Hilgendorf*, [19] S 161; *Kelker*, Jura 1996, 89

Zum Problem: Die Zulässigkeit des Einsatzes eines Lügendetektors als Beweismittel
Schroeder/Meindl, Fälle, [7] S 93

Zum Problem der Wahlfeststellung:
Baumann/Arzt/Weber, [25] S 158, [27] S 177; *Cantzler*, JA 1999, 859; *Dencker*, JuS 1980, 210; *Ebert*, Fälle, [4] S 62; *Günther*, JuS 1988, 386; *Hamm*, JuS 1992, 1031; *Priebe*, Fälle, [5] S 60; *Seibert* , JA-Übungsblätter 2008, 31; *Siebrecht*, JuS 1997, 1101

Zum Problem des prozessualen Tatbegriffs:
Fahl, JuS 1999, 903; *Geppert*, Jura 1980, 204; *Hellmann*, Fallsammlung [8] S 129; *Pfeiffer*, JA-Übungsblätter 1987, 105; *Tiedemann/Walter*, Jura 2002, 708; *unbekannt*, JA-Übungsblätter 1981, 15 und 43

Fall 12

Hochprozentige Verkehrssicherheit

I.

Nach einem anstrengenden Arbeitstag beschließt A, auf dem Heimweg in seiner Stammkneipe vorbeizufahren. Dort trifft er seinen Stammtischfreund B. Zusammen gönnen sich A und B eine Reihe von Bierchen. Schließlich erhebt sich A und will – leicht schwankend – gehen. B schließt sich ihm an. Als beide vor die Kneipe treten, regnet es in Strömen, sodass A von seinem vor dem Kneipenbesuch gefassten Entschluss, das Auto stehen zu lassen und nach Hause zu laufen, Abstand nimmt. Bei diesem Wetter kann auch B das Angebot des A, ihn nach Hause zu fahren, nicht abschlagen, obwohl er erkennt, dass A ziemlich betrunken ist. A weist zu diesem Zeitpunkt einen BAK-Wert von 1,8‰ auf. B ist erheblich weniger alkoholisiert. Beide steigen ein und A bringt B bis vor dessen Haustür, ohne dass B irgend etwas gesagt hätte. Unterwegs hat A allerdings einem Baum am Straßenrand nur mit knapper Not ausweichen können. **555**

Nachdem B aus dem Wagen des A ausgestiegen ist, kommt B wieder in den Sinn, dass ihm seine Freundin T – die erwachsene Tochter des A – wenige Tage zuvor den Laufpass gegeben hat, und er entschließt sich, ihr einen „Denkzettel" zu verpassen, damit sie ihre Haltung ändert und zu ihm zurückkehrt. In der Absicht, ihr durch einen kleinen Unfall „einen richtigen Schrecken einzujagen", geht er zu dem in der Nachbarschaft abgestellten Pkw der T und durchtrennt an diesem den zum rechten Hinterrad führenden Bremsschlauch. Dabei nimmt B billigend in Kauf, dass es infolge des Unfalls zu leichten Körperverletzungen kommen könnte. Darüber hinausgehende Folgen hält er für ausgeschlossen.

A befindet sich inzwischen auf der Heimfahrt. Kurz vor Erreichen seines Ziels läuft ihm plötzlich der dunkel gekleidete Fußgänger F vor das Auto. A fährt ihn an. Sowohl in nüchternem Zustand als auch bei einer auf seinen Trunkenheitsgrad ausgerichteten Geschwindigkeit hätte A diesen Unfall nicht verhindern können. F erleidet bei dem Unfall einen Schädelbasisbruch und bleibt besinnungslos liegen. A hält gleichwohl nicht an. Zwar erkennt er die Unvermeidbarkeit des Unfalls, dennoch hat er Angst davor, seinen Führerschein zu verlieren. Dabei vertraut er fest darauf, dass sich F nur leicht verletzt hat und nicht in Lebensgefahr befindet und dass durch das Liegenbleiben keine schweren Gesundheitsschädigungen drohen. Er geht davon aus, dass hinter ihm fahrende Fahrzeuge anhalten und dem F ebenso schnell und effektiv, wie er es selbst könnte, helfen werden. Tatsächlich bleibt das Geschehen aber zunächst unbemerkt. Erst eine Stunde später passiert zufällig ein Passant die Unfallstelle, findet F und verständigt die Polizei sowie den Rettungsdienst. Als dieser eintrifft, ist F bereits seinen schweren Verletzungen erlegen. Wäre der Rettungsdienst sofort nach dem Unfall verständigt worden, hätte F gerettet werden können.

Am nächsten Tag unternimmt T eine Fahrt in ihrem Pkw. Nachdem die T 300 Meter mit einer Geschwindigkeit von 40 km/h gefahren ist, kommt sie an eine Ampel, die auf „rot" steht. Bei Betätigung des Bremspedals bemerkt sie zu Tode erschrocken, dass die Fußbremse nicht funktioniert. Instinktiv greift sie zur Handbremse und kann damit den

Pkw auf dem Fußgängerüberweg, auf dem sich gerade niemand befindet, zum Stillstand bringen.

A bereut später sein Verhalten zutiefst. Unter dem Eindruck seiner Schuld wandelt er sich zum Autogegner. Sein erklärtes Ziel ist ein autofreies Passau. In der Morgendämmerung eines Januartages geht A deshalb auf der rechten Fahrbahn einer zweispurigen Straße unmittelbar neben der Mittellinie einen Kilometer zu seiner Arbeitsstelle. Auf seinem Rücken trägt er einen Rucksack mit zwei Reflektoren. Durch seine Aktion will A den Fahrbahnverkehr behindern und die Autofahrer zwingen, um ihn herum zu fahren. Auf diesem Wege will A gegen den Verkehr protestieren und auf sein Ziel einer autofreien Stadt aufmerksam machen. Der hinter A kommende Autofahrer R, der A in letzter Sekunde wahrnimmt, kann nur mit Mühe bremsen.

Wie haben sich A und B nach dem StGB strafbar gemacht?

II.

1. Im Fall (I.) wird A wegen Straftaten im Zusammenhang mit dem Verlassen der Unfallstelle angeklagt. Könnte das Gericht, das diese Vorwürfe nicht in vollem Umfang für erwiesen erachtet, auch die Herbeiführung des Unfalls in seine rechtliche Bewertung miteinbeziehen?
2. Welche Beweismittelarten gibt es im Strafprozess?
3. X und Y stehen im Verdacht, gemeinsam einen Betrug begangen zu haben. Zunächst wurde ein einheitliches Ermittlungsverfahren eingeleitet. Y ist dann jedoch verstorben. Am Verfahren gegen X soll nunmehr E, die Ehefrau des verstorbenen Y, als Zeugin darüber vernommen werden, ob sie mitangehört hat, wie X und Y beim Weihnachtspunsch den Betrug geplant haben.
   a) Muss der Richter die E über ein Zeugnisverweigerungsrecht belehren?
   b) Führt eine unterlassene Belehrung zur Unverwertbarkeit der Zeugenaussage?
4. Der Geschäftsmann G steht im Verdacht, eine Steuerhinterziehung in Millionenhöhe begangen zu haben. Im Rahmen des Ermittlungsverfahrens vernimmt der Kriminalkommissar K auch den Buchhalter B, von dem K zu Recht vermutet, dass ohne dessen Mithilfe die Steuerhinterziehung gar nicht möglich gewesen wäre. Gleichwohl belehrt K den B nicht. B belastet seinen Arbeitgeber G. Im späteren Verfahrensverlauf beruft sich B dann auf sein Auskunftsverweigerungsrecht. Kann die Aussage des B gegenüber K verwertet werden?
5. G und B werden im Fall II. 4 beide von vornherein als Beschuldigte einer Steuerhinterziehung vernommen; gleichwohl belehrt K beide nicht über ihr Aussageverweigerungsrecht. Später stehen G (wegen Täterschaft der Steuerhinterziehung) und B (wegen Beihilfe) gemeinsam vor Gericht. G und B schweigen in der Hauptverhandlung. Können jetzt die Aussage des B (vor dem Kriminalkommissar K) gegen G und umgekehrt die Aussage des G gegen B als Beweismittel herangezogen werden?

Gedankliche Strukturierung des Falles (Kurzlösung)

Teil I. (materiell-rechtlicher Teil)

A. Die Autofahrt von A und B

I. Strafbarkeit des A

1. § 316 I (+)

a) Objektiver Tatbestand (+)

Problem Nr 118: Alkoholbedingte Fahruntüchtigkeit (Rn 558)

b) Subjektiver Tatbestand (+)
c) Rechtswidrigkeit (+)
d) Schuld (+)

2. § 315 b I Nr 3 (–)

a) Objektiver Tatbestand (–)

Problem Nr 119: Beeinträchtigung des Straßenverkehrs durch einen „ähnlichen, ebenso gefährlichen Eingriff" iSv § 315 b I Nr 3 (Rn 560)

b) Ergebnis

3. § 315 c I Nr 1 a (–)

a) Objektiver Tatbestand (+)
- Führen eines Fahrzeuges (+)
- Fahruntüchtigkeit (+)
- konkrete Gefährdung für Leib oder Leben eines anderen (+)

Problem Nr 120: Notwendiges Ausmaß der Gefährdung des Beifahrers iRd § 315 c (Rn 562)

Problem Nr 121: Gehören tatbeteiligte Mitfahrer zu dem durch § 315 c geschützten Personenkreis? (Rn 564)

- Kausalität Fahruntüchtigkeit – konkrete Gefahr (+)
- objektive Zurechnung, insbes Pflichtwidrigkeitszusammenhang (+)

b) Subjektiver Tatbestand (–)
- Vorsatz bzgl alkoholbedingter Fahruntüchtigkeit (+)
- Vorsatz bzgl konkreter Gefahr (–)

4. § 315 c I Nr 1 a, III Nr 1 (+)

a) Tatbestand (+)
- § 315 c I Nr 1 a (+)
- Vorsatz bzgl alkoholbedingter Fahruntüchtigkeit (+)
- Fahrlässigkeit bzgl konkreter Gefahr (+)

b) Rechtswidrigkeit (+)

Problem Nr 122: Einwilligung des Gefährdeten bei § 315 c (Rn 567)

c) Schuld (+)
- Schuldfähigkeit (+)
- subjektive Sorgfaltspflichtverletzung (+)

5. Konkurrenzen 556

6. Ergebnis für A im Tatkomplex A

A ist strafbar gem § 315 c I Nr 1 a, III Nr 1.

II. Strafbarkeit des B

1. §§ 315 c I Nr 1 a, III Nr 1, 27 (–)
- Beihilfehandlung (–)

2. §§ 315 c I Nr 1 a, III Nr 1, 27, 13 I (–)
- Garantenpflicht (–)

3. Ergebnis für B im Tatkomplex A

B ist straflos.

B. Die Manipulation am Bremsschlauch (Strafbarkeit des B)

1. §§ 212 I, 22, 23 I Alt 1, 25 I Alt 2 (–)
- Vorprüfung (+)
- Tatentschluss (–)

2. §§ 223 I, II, 22, 23 I Alt 2, 25 I Alt 2 (+)

a) Vorprüfung (+)
b) Tatentschluss (+)
c) Unmittelbares Ansetzen (+)
d) Strafantragserfordernis, § 230 I (+)

3. §§ 224 I Nr 2 (+), Nr 5 (–), II, 22, 23 I Alt 2, 25 I Alt 2 (+)

a) Vorprüfung (+)
b) Tatentschluss (+)
- Nr 2 (gefährliches Werkzeug) (+)
- Nr 5 (Leben gefährdende Behandlung) (–)

c) Unmittelbares Ansetzen (+)

4. § 315 b I Nr 1 (–)

a) Objektiver Tatbestand (–)
- Beschädigen eines Fahrzeuges (+)
- dadurch Beeinträchtigung der Sicherheit des Straßenverkehrs (+)
- dadurch konkrete Gefahr für Leib oder Leben eines anderen (–)

Problem Nr 123: Konkretheit der Gefahr bei § 315 b I (Rn 574)

b) Ergebnis

5. §§ 315 b I Nr 1, II, 22, 23 I Alt 2 (+)

a) Vorprüfung (+)
b) Tatentschluss (+)
c) Unmittelbares Ansetzen (+)
d) Rechtswidrigkeit und Schuld (+)
e) Ergebnis

6. §§ 315 b I Nr 1, II, III, 22, 23 I Alt 1 iVm § 315 III Nr 1 a (+)

a) Vorprüfung (+)
b) Tatentschluss (+)
c) Unmittelbares Ansetzen (+)

7. § 303 I Alt 2 (Bremsschlauch) (+)

8. Konkurrenzen

9. Ergebnis für B im Tatkomplex B
B ist strafbar gem §§ 315 b I Nr 1, II, III, 22, 23 I Alt 1 iVm § 315 III Nr 1 a – § 52 – §§ 224 I Nr 2, II, 22, 23 I Alt 2, 25 I Alt 2 – § 52 – § 303 I Alt 2.

C. Der Unfall (Strafbarkeit des A)

1. § 316 I (+)
a) Objektiver Tatbestand (+)
b) Subjektiver Tatbestand (+)
c) Rechtswidrigkeit und Schuld (+)

2. § 222 (–)
a) Tatbestandsmäßigkeit (–)
- Erfolgseintritt (+)
- Kausalität (+)
- objektive Sorgfaltspflichtverletzung (+)
- objektive Zurechnung, insbes Pflichtwidrigkeitszusammenhang (–)

Problem Nr 124: Maßstab des rechtmäßigen Alternativverhaltens bei Unfällen während einer Trunkenheitsfahrt (Rn 581)

b) Ergebnis

3. § 229 (–)
- Pflichtwidrigkeitszusammenhang (–)

4. § 315 c I Nr 1 a, III Nr 1 (–)
- Pflichtwidrigkeitszusammenhang (–)

5. § 221 I Nr 1 (–)
- Vorsatz (–)

6. Ergebnis für A im Tatkomplex C
A ist strafbar gem § 316 I.

7. Konkurrenz zum Tatkomplex A

D. Die Weiterfahrt nach dem Unfall (Strafbarkeit des A)

1. §§ 212 I, 13 I (–)
- Vorsatz (–)

2. §§ 223 I, 13 I (–)
- Vorsatz (–)

3. §§ 222, 13 I (+)
a) Tatbestand (+)
- Erfolgseintritt (+)
- Unterlassen (+)
- Kausalität (+)
- Garantenpflicht (+)

Problem Nr 125: Garantenpflicht bei vorangegangenem pflichtgemäßen Tun (Rn 587)

- Objektive Sorgfaltspflichtverletzung (+)

b) Rechtswidrigkeit (+)
c) Schuld (+)
- Subjektive Sorgfaltspflichtverletzung und subjektive Vermeidbarkeit (+)

4. § 142 I Nr 2 (+)
a) Objektiver Tatbestand (+)
b) Subjektiver Tatbestand (+)
c) Rechtswidrigkeit und Schuld (+)

5. § 221 I Nr 2 (–)

6. § 323 c (+)
a) Objektiver Tatbestand (+)
- Unglücksfall (+)
- Hilfspflicht (+)
- Erforderlichkeit (+)
- Zumutbarkeit (+)

Problem Nr 126: Kann sich auf die Unzumutbarkeit der Hilfe berufen, wer sich durch die Hilfeleistung der Gefahr einer Strafverfolgung aussetzen würde? (Rn 592)

b) Subjektiver Tatbestand (+)

7. § 316 I (+)

8. Konkurrenzen

9. Ergebnis für A im Tatkomplex D
A ist strafbar gem § 222 – § 52 – § 142 I Nr 2 – § 52 – § 323 c – § 52 – § 316 I.

10. Konkurrenzen zu den früheren Tatkomplexen

Problem Nr 127: Verhältnis von § 315 c durch Herbeiführung des Unfalls zur Weiterfahrt nach dem Unfall (Rn 596)

E. Das Fahrbahngehen (Strafbarkeit des A)

1. § 315 b I Nr 2 (–), Nr 3 (–)
a) Objektiver Tatbestand (–)
- Nr 2 (Hindernisbereiten) (–)
- Nr 3 (ähnlicher, ebenso gefährlicher Eingriff) (–)

b) Ergebnis

2. § 240 I, II (–)
a) Objektiver Tatbestand (–)
- Gewalt (–)

Problem Nr 128: Genügt das bloße Blockieren der Fahrbahn für die Annahme von Gewalt iSd § 240 I? (Rn 600)

- Drohung mit empfindlichem Übel (–)

b) Ergebnis

3. Ergebnis für A im Tatkomplex E
A ist straflos.

F. Gesamtergebnis des materiellrechtlichen Gutachtens

A: § 315 c I Nr 1 a, III Nr 1
– § 53 –
§ 222 – § 52 – § 142 I Nr 2 – § 52 – § 323 c – § 52 – § 316 I

B: §§ 315 b I Nr 1, II, III, 22, 23 I Alt 1 iVm § 315 III Nr 1 a – § 52 – §§ 224 I Nr 2, II, 22, 23 I Alt 2, 25 I Alt 2 – § 52 – § 303 I Alt 2

Teil II. (prozessualer Teil)

1. **Unfallgeschehen und „Unfallflucht" als eine Tat im prozessualen Sinn?**
2. **Beweismittelarten im Strafprozess**
3. **Zeugnisverweigerungsrecht des Angehörigen eines Beschuldigten in einem einheitlichen Verfahren gegen Dritte**
   a) Belehrungspflicht

Problem Nr 129: Steht dem Angehörigen eines verstorbenen Beschuldigten im Prozess gegen Mitbeschuldigte ein Zeugnisverweigerungsrecht zu? (Rn 605)

   b) Beweisverwertungsverbot
4. **Auskunftsverweigerungsrecht des § 55 I StPO**

Problem Nr 130: Führt die Verletzung der Belehrungspflicht über das Auskunftsverweigerungsrecht des § 55 I StPO zu einem Beweisverwertungsverbot? (Rn 607)

5. **Fehlen der Belehrung gem § 136 I 2 StPO im Verfahren gegen Dritte**

Ausführliche Lösung von Fall 12

Teil I. (materiell-rechtlicher Teil)

A. Die Autofahrt von A und B

I. Strafbarkeit des A

1. § 316 I

557 Dadurch, dass A den B nach Hause fuhr, könnte er sich gem § 316 I strafbar gemacht haben.

a) Objektiver Tatbestand

A hat ein Fahrzeug im Verkehr geführt.

A müsste infolge des Genusses alkoholischer Getränke nicht in der Lage gewesen sein, das Fahrzeug sicher zu führen. Fahruntüchtigkeit liegt vor, wenn der Fahrzeugführer nicht fähig ist, ein Fahrzeug über eine längere Strecke sicher zu führen[1]. Die Fahruntüchtigkeit muss dabei die Folge geistiger oder körperlicher Mängel sein, wobei die Ursache des Genusses alkoholischer Getränke oder anderer berauschender Mittel (§ 315 c I Nr 1 a) nur einen Unterfall zu den geistigen und körperlichen Mängeln (§ 315 c I Nr 1 b) bildet.

558 **Problem Nr 118: Alkoholbedingte Fahruntüchtigkeit**

Es ist zwischen der **relativen Fahruntüchtigkeit ab etwa 0,3‰** und der **absoluten Fahruntüchtigkeit exakt ab 1,1‰ BAK** zu unterscheiden (BGHSt 37, 89).

Relative Fahruntüchtigkeit ist anzunehmen, wenn die Blutalkoholkonzentration weder zur Fahrtzeit noch zu einem späteren Zeitpunkt den Grenzwert von 1,1‰ erreicht, der Fahrzeugführer aber in seinen (körperlichen) Funktionen so beeinträchtigt ist, dass er über längere Strecken schwierige Verkehrslagen nicht sicher meistern kann. Die Fahruntüchtigkeit wird also nicht ausschließlich anhand der BAK ermittelt, sondern bedarf zur Feststellung der Fahrunsicherheit zusätzlicher Indizien, zB Ausfallerscheinungen oder alkoholbedingte Fahrfehler (*Hentschel*, Straßenverkehrsrecht, § 316 Rn 15).
Wird die „relative Fahruntüchtigkeit" festgestellt, so bedeutet dies, dass – wie bei der absoluten Fahruntüchtigkeit – die Fahruntüchtigkeit iSv § 316 I bejaht wird. Der Unterschied zur absoluten Fahruntüchtigkeit besteht nur darin, dass im Bereich der „relativen Fahruntüchtigkeit" der Gegenbeweis der Fahrtüchtigkeit überhaupt möglich ist.

Bei der **absoluten Fahruntüchtigkeit** ist der Gegenbeweis der Fahrtüchtigkeit ausgeschlossen (*Hentschel*, Straßenverkehrsrecht, § 316 Rn 12).

Von der absoluten und der relativen Fahruntüchtigkeitsgrenze des § 316 I ist der (feste) **0,5‰** BAK-Grenzwert des **§ 24 a I StVG** zu unterscheiden. Führt jemand im Straßenverkehr ein Fahrzeug, obwohl er eine BAK von 0,5‰ oder mehr aufweist, so begeht er eine Ordnungswid-

1 *Wessels/Hettinger*, BT1 Rn 986.

rigkeit. Nach § 21 I 1 OWiG entfällt jedoch die Ahndung der Ordnungswidrigkeit, sofern ein Straftatbestand (hier insbes: § 316 I) eingreift.

Zur Vertiefung: Wessels/Hettinger, BT1 Rn 986; Beulke, Klausurenkurs II [7] Rn 209; Hentschel, Fahrerlaubnis Rn 149 ff; Kopp, JA 1999, 943.

Zu § 316 vgl i.Ü. Geppert, Jura 2001, 559 ff.

Zur Tatzeit hatte A eine BAK, die mit 1,8‰ über dem Grenzwert von 1,1‰ liegt. **559**
Er war damit absolut fahruntüchtig, ohne dass ihm die Möglichkeit offen stand, den Beweis seiner Fahrtüchtigkeit zu erbringen.

§ 316 I ist ein abstraktes Gefährdungsdelikt. Der Nachweis einer konkreten Gefährdung ist daher nicht erforderlich.

b) Subjektiver Tatbestand

Der Vorsatz liegt bei § 316 I bereits vor, wenn der Täter weiß, dass er fahrunsicher ist bzw damit rechnet und sich mit dieser Möglichkeit abfindet. Allerdings kann auf den Vorsatz nicht bereits aus einer hohen BAK zur Tatzeit geschlossen werden, da es keinen Erfahrungssatz gibt, dass derjenige, der in erheblichen Mengen Alkohol getrunken hat, sich seiner Fahrunsicherheit bewusst ist bzw diese billigend in Kauf nimmt[2]. Über den Genuss erheblicher Mengen Alkohol hinaus hat A jedoch bewusst seinen im Vorfeld gefassten Entschluss, sein Auto nach dem Kneipenbesuch stehen zu lassen, angesichts des schlechten Wetters verworfen. Dies lässt erkennen, dass er mit seiner alkoholbedingten Fahrunsicherheit gerechnet und sich mit ihr abgefunden hat. Er handelte mithin vorsätzlich.

c) Rechtswidrigkeit

Alleiniges Schutzgut des § 316 I ist die allgemeine Sicherheit des Straßenverkehrs. Eine Dispositionsbefugnis über dieses Schutzgut ist daher bei § 316 I unstreitig nicht gegeben, sodass eine Einwilligung des B ohne rechtfertigende Wirkung ist. A handelte rechtswidrig.

d) Schuld

Entschuldigungsgründe sind nicht ersichtlich.

2. § 315 b I Nr 3

a) Objektiver Tatbestand

Fraglich ist bereits, ob A durch die Autofahrt einen „ähnlichen, ebenso gefährlichen Eingriff" iSv § 315 b I Nr 3 vorgenommen und dadurch die Sicherheit des Straßenverkehrs beeinträchtigt hat.

2 OLG Hamm NZV 2003, 47 ff.

560 **Problem Nr 119: Beeinträchtigung des Straßenverkehrs durch einen „ähnlichen, ebenso gefährlichen Eingriff" iSv § 315 b I Nr 3**

In Abgrenzung zu § 315 c gilt § 315 b nach Rechtsprechung und herrschender Lehre nur für „verkehrsfremde" Eingriffe, die in „verkehrsfeindlicher Absicht" die Sicherheit des Straßenverkehrs beeinträchtigen (BGH NZV 2001, 352 m Anm *Fahl*, JA 2002, 18; BGH VRS 45, 38; BGHSt 25, 306; *Wessels/Hettinger*, BT1 Rn 979).

Dagegen werden von § 315 c alle Vorgänge im fließenden oder ruhenden Verkehr erfasst.

(1) Eine **Mindermeinung** in der Literatur (*Saal*, NVZ 1998, 49, 52) will den „verkehrsfremden Eingriff" nach rein objektiven Kriterien bestimmen.

Argument: Es kann nicht darauf ankommen, dass der Täter die Sicherheit des Straßenverkehrs gar nicht beeinträchtigen will, wenn doch sichere Folge seiner Tat ist, dass er es tut und ihm das auch bewusst ist. Statt auf eine „feindliche Gesinnung" abzustellen, ist vielmehr auf Kriterien wie etwa eine „grobe Einwirkung von einigem Gewicht" zurückzugreifen. Mit der Rechtsprechung müsste dem Täter stets eine Verletzungsabsicht nachgewiesen werden, was aber im Hinblick auf die gleichzeitig im Gesetz vorgesehene Möglichkeit einer Vorsatz-Fahrlässigkeits-Kombination (§ 315 b IV) bzw einer Fahrlässigkeits-Fahrlässigkeits-Kombination (§ 315 b V) nicht schlüssig erscheint.

(2) Ein „verkehrsfremder" Eingriff kann jedoch nach der überzeugenden Ansicht von **Rechtsprechung und herrschender Lehre** nur dann vorliegen, wenn ein Verkehrsverstoß unter bewusster Zweckentfremdung des Fahrzeugs begangen wird (BGHSt 41, 231, 239; 48, 119, 124; 48, 233, 237 m Bespr *Dreher*, JuS 2003, 1159; *Hentschel*, Straßenverkehrsrecht, § 315 b Rn 13 ff; S/S-*Cramer/Sternberg-Lieben*, § 315 b Rn 8).

Argument: Gegen die unter (1) dargestellte Ansicht spricht, dass durch die Beschränkung der Prüfung auf rein objektive Kriterien zu viele „einfache" Verkehrsverstöße, die nur unter bestimmten Voraussetzungen nach § 315 c mit Strafe bedroht sind, § 315 b I Nr 3 unterfallen würden. Das kann aber nicht Sinn der differenzierten Regelung der §§ 315 b, 315 c und 316 sein.

Vielmehr muss der Täter bei § 315 b bewusst einen Verkehrsvorgang „pervertieren". Beispielsfälle sind etwa das gezielte Zufahren auf Polizeibeamte oder Fußgänger (BGHSt 28, 87, 91), die Mitnahme eines Angefahrenen auf der Kühlerhaube (BGHSt 26, 51) und das absichtliche Auffahren auf ein Fahrzeug (BGH, NStZ 1995, 31). Verkehrsfeindlichkeit setzt somit nach hM eine gezielte Verkehrsbehinderung von nicht unerheblichem Gewicht voraus, dh ein absichtliches Verhalten (*Hammer*, JuS 1998, 785, 786).

(a) Die **neuere Rspr** (BGHSt 48, 233; OLG Hamm StV 2008, 588) verlangt darüber hinaus (mindestens bedingten) Schädigungsvorsatz des Täters; ein Handeln allein mit Gefährdungsvorsatz ist nicht ausreichend.

Argument: Nur so lässt sich eine exakte Abgrenzung zu § 315 c vornehmen. Viele alltägliche, bewusst regelwidrige Verkehrsverstöße, wie zB die Verletzung von Vorfahrtsregeln, weisen einen Nötigungscharakter auf. In den meisten dieser Fälle nimmt der Täter auch in Kauf, dass andere Verkehrsteilnehmer durch sein Verhalten gefährdet werden.

(b) Ein **Teil der Lit** (*König*, NStZ 2004, 175; *Seier/Hillebrand*, NZV 2003, 490) lehnt dieses zusätzliche Erfordernis dagegen ab.

Argument: § 315 b ist ein konkretes Gefährdungsdelikt und kein Verletzungsdelikt. Das Erfordernis eines Schädigungsvorsatzes wäre hierzu widersprüchlich. In der Praxis sind darüber hinaus erhebliche Beweisschwierigkeiten vorprogrammiert.

Zur Vertiefung: Wessels/Hettinger, BT1 Rn 979 ff; Kudlich, JuS 2004, 832 ff.

Allein der objektive Umstand, dass A im Straßenverkehr während einer Trunkenheitsfahrt durch normale Verkehrsvorgänge den Verkehr behindert hat, genügt für die Bejahung eines ähnlichen, ebenso gefährlichen Eingriffs nicht. Erforderlich gewesen wäre hierfür eine Zweckentfremdung des Fahrzeugs (zB als Waffe), die im vorliegenden Fall fehlt.

b) Ergebnis

A ist nicht strafbar gem § 315 b I Nr 3.

3. § 315 c I Nr 1 a

a) Objektiver Tatbestand

A hat im Straßenverkehr ein Fahrzeug geführt, obwohl er infolge des Genusses alkoholischer Getränke nicht in der Lage war, das Fahrzeug sicher zu führen (*s o Rn 559*). **561**

Hierdurch müsste eine konkrete Gefährdung für Leib oder Leben eines anderen oder für Sachen eines anderen von bedeutendem Wert eingetreten sein, was in jedem Einzelfall nachgewiesen werden muss[3]. Konkrete Gefährdung bezeichnet dabei eine nach der Lebenserfahrung im Einzelfall zu beurteilende naheliegende Gefahr, die auf einen unmittelbar bevorstehenden Unfall hindeutet[4].

Fraglich ist zunächst, ob der Beifahrer im Täterfahrzeug überhaupt dem Schutzbereich des § 315 c unterfällt. Vom Wortlaut her ist der Beifahrer als „anderer Mensch“ iSv § 315 c zunächst ein potentielles Gefährdungsopfer. Unklar ist jedoch, ob über das bloße Mitfahren hinaus noch weitere Voraussetzungen vorliegen müssen, um zu einer konkreten Gefahr zu kommen.

Problem Nr 120: Notwendiges Ausmaß der Gefährdung des Beifahrers iRd § 315 c **562**

(1) Die **frühere Rechtsprechung** (BGH NStZ 1985, 263, 264) stellte über das bloße Mitfahren hinaus an eine konkrete Gefährdung zunächst keine weiteren Anforderungen. Sie ließ also allein die längere Dauer des Gefährdetseins von Autoinsassen für eine konkrete Gefahr ausreichen. Um der dadurch eintretenden Verwischung der Grenzen von § 315 c und § 316 entgegenzuwirken, verlangte sie in der Folge noch weitere objektive Indizien, wie zB Schlangenlinienfahren, kurzzeitiges Abkommen von der Fahrbahn etc (BGH NStZ 1989, 73, 74).

Argument: Die Mitfahrt in einem Pkw, dessen Fahrer stark alkoholisiert ist, bewirkt für jeden Autoinsassen eine erhebliche Gefahr.

(2) Nach der **heutigen Rechtsprechung und der herrschenden Lehre** (BGH NJW 1995, 3131; BayObLG NJW 1990, 133; OLG Köln NJW 1991, 3291; *Hentschel*, Straßenverkehrsrecht, § 315 c Rn 3) kann eine konkrete Gefährdung von Beifahrern nicht allein aus dem Umstand abgeleitet werden, dass der Fahrer infolge des Genusses alkoholischer Getränke absolut fahruntüchtig ist. Hinzutreten muss vielmehr, dass der Fahrer nicht mehr zur Betätigung der wesentlichen technischen Einrichtungen des Fahrzeugs fähig ist, da erst dann die Fahruntüchtigkeit des Fahrers einen solchen Grad erreicht hat, dass er nicht mehr in der Lage ist, kontrollierte Fahrmanöver auszuführen (BGH NStZ 1996, 83 ff). In dieser Situation muss – was nach

3 *Fischer*, § 315 c Rn 2; S/S-*Cramer/Sternberg-Lieben*, § 315 c Rn 33 f.
4 BGHSt 18, 271, 272.

der allgemeinen Lebenserfahrung aufgrund einer objektiv nachträglichen Prognose zu beurteilen ist – die Sicherheit einer bestimmten Person oder Sache so stark beeinträchtigt worden sein, dass es nur noch vom „Zufall“ abhängt, ob das Rechtsgut verletzt wird oder nicht (**„Beinahe-Unfall“**).

Argument: Die oben unter (1) dargestellte Ansicht verwischt die Unterscheidung zwischen konkreter Gefahr einerseits und allgemeiner (abstrakter) Gefahr andererseits.

Zur Vertiefung: Wessels/Hettinger, BT1 Rn 992; Beulke, Klausurenkurs II [7] Rn 214; Geppert, Jura 1996, 639.

563 Angesichts des Umstandes, dass A einem Baum am Straßenrand nur mit Mühe ausweichen konnte, kommen hier sowohl die ältere Auffassung der Rechtsprechung, die das bloße Mitfahren im Auto eines betrunkenen Fahrers als Gefahrherbeiführung genügen ließ, als auch die neue Rechtsprechung und Lehre, die einen „Beinahe-Unfall“ verlangt, bei dem ein guter Ausgang bei lebensnaher objektiver Betrachtung nur noch vom Zufall abhängt, zu dem Ergebnis, dass dem Grundsatz nach eine Gefahrherbeiführung iSv § 315 c I Nr 1 a gegeben ist.

Zusätzlich könnte es eine Rolle spielen, dass B uU an der Tat des A beteiligt war, wobei hier von vornherein nur eine Beihilfe in Betracht kommt.

564 **Problem Nr 121: Gehören tatbeteiligte Mitfahrer zu dem durch § 315 c geschützten Personenkreis?**

(1) Eine **Mindermeinung** (OLG Stuttgart, NJW 1976, 1904; *Hillenkamp*, JuS 1977, 167; *Rengier*, BT2 § 44 Rn 8; SK/StGB-*Wolters/Horn*, Vor § 306 Rn 9) bezieht den tatbeteiligten Insassen ohne Einschränkung in den Schutzbereich des § 315 c I mit ein. Schutzgut des § 315 c ist somit zum einen der allgemeine Straßenverkehr, zum anderen jede gefährdete Person oder Sache.

Argument: Der Wortlaut des § 315 c lässt keine Beschränkung auf „Tatfremde“ erkennen. Die These, dass derjenige, der selbst gegen die Rechtsordnung verstößt, seinen strafrechtlichen Schutz verwirkt habe, lässt sich dem Gesetz nicht entnehmen. Vielmehr gelten die Strafgesetze auch im Verhältnis von Straftätern zueinander (vgl dazu die Lehre zum Betrug und zu anderen Vermögensdelikten). Zudem darf es eine „Verwirkung“ bei einem Delikt, das den allgemeinen Straßenverkehr schützt, nicht geben.

(2) Nach Ansicht der **Rechtsprechung und herrschenden Lehre** (BGHSt 6, 100, 102; 11, 199, 203; BGH NJW 1991, 1120; *Fischer*, § 315 Rn 15; *Graul*, JuS 1992, 321; *Hentschel*, Trunkenheit Rn 404; *ders*, Straßenverkehrsrecht, § 315 c Rn 4; *Joecks*, St-K, Vor § 306 Rn 6) ist hingegen der tatbeteiligte Mitfahrer (Anstifter oder Gehilfe) nicht geschützt.

Argument: Der Tatbeteiligte steht auf Seiten des Täters und nicht stellvertretend für die Allgemeinheit. Er ist deshalb vom Schutzzweck der Norm nicht erfasst. Die unter (1) dargestellte Ansicht überzeugt nicht, da dem Grundsatz nach in die Selbstgefährdung bis zur Grenze der Lebensgefährdung eingewilligt werden kann.

Zur Vertiefung: Beulke, Klausurenkurs II [7] Rn 216; Joecks, St-K, Vor § 306 Rn 6.

565 Eine Tatbeteiligung des B wäre generell unerheblich, wenn der Schutz der allgemeinen Sicherheit des Straßenverkehrs nicht durch eine solche Form der „Verwirkung“ begrenzt werden könnte. Ein tatbeteiligter Mitfahrer steht jedoch nicht stellvertretend für die Gemeinschaft, sondern allein auf der Seite des Täters. B kann in eine Selbstgefährdung bis hin zur Lebensgefährdung wirksam einwilligen. Sofern B Tatbeteiligter in Form des Gehilfen gewesen sein sollte, zählt er nicht zu dem durch § 315 c geschützten Personenkreis.

Allerdings ist hier sehr fraglich, ob B durch das Einsteigen in das Auto und seine Anwesenheit im Auto des A diesem bei einer Gefährdung des Straßenverkehrs Hilfe geleistet hat. Grundsätzlich kann eine Hilfeleistung sowohl physischer als auch psychischer Art sein[5]. Hierfür ist zumindest irgendein positives Verhalten zu fordern. Das Verhalten des B erschöpfte sich jedoch allein im Einsteigen und der Anwesenheit im Auto, ohne dass er durch irgendeine Regung bestärkend oder aufmunternd auf A eingewirkt hätte. Damit scheidet zumindest eine aktive Beihilfe aus.

Auch eine psychische Beihilfe setzt einen durch Handeln erbrachten Tatbeitrag voraus. Zwar kann auch das bloße „Dabeisein" bzw „Mitfahren" ein solcher Tatbeitrag sein, jedoch nur, wenn der Haupttäter gerade durch die Mitfahrt in seinem Tatentschluss bestärkt wird[6]. Davon kann hier nicht ausgegangen werden.

In Betracht kommt daher nur eine Beihilfe durch Unterlassen. Hierfür ist jedoch eine Garantenpflicht erforderlich. Diese könnte sich vorliegend allenfalls aus Ingerenz, also pflichtwidrigem gefährdendem Vorverhalten, ergeben. Gemeinsames Trinken allein begründet aber noch kein derart pflichtwidriges Vorverhalten. Zudem reicht eine bloße Zufallsgemeinschaft von Zechkumpanen generell nicht aus, um – etwa aus Lebens- oder Gefahrengemeinschaft – eine Garantenpflicht zu begründen[7]. Ferner wäre diese Garantenpflicht bezüglich der Verhinderung einer Gefährdung des Straßenverkehrs gegenüber einem schuldfähigen Fahrer nicht einschlägig[8]. A hat allein zu entscheiden, ob er eine strafbare Handlung begehen will oder nicht. Eine Zurechnung für den untätig gebliebenen B scheidet aus.

B ist mithin kein Tatbeteiligter. Dieser Aspekt steht also einer konkreten Gefährdung des B durch A nicht entgegen.

Hier wird die Beteiligung des B inzident geprüft. Derartige inzidente Prüfungen sind zwar möglichst zu vermeiden, hier aber ausnahmsweise geboten. Wer dies umgehen will, müsste einen anderen Aufbau wählen und zunächst nur § 316 I, begangen durch A, prüfen. Sodann wäre zu untersuchen, ob auch B § 316 I verwirklicht hat. Nach Verneinung des § 316 I bzgl B könnte nunmehr im Rahmen der Prüfung der Strafbarkeit des A gem § 315 c I Nr 1 a darauf verwiesen werden, dass sich bereits vorher ergeben hat, dass B hinsichtlich der Trunkenheitsfahrt kein strafrechtlich relevanter Beteiligungsvorwurf trifft (so zB Ellbogen/Richter, JuS 2002, 1195, insbes Fn 31).

ME sind beide Wege zulässig. Da ich von einer gesonderten Prüfung aller Beteiligten bei den jeweiligen Straftatbeständen abrate, finde ich die Vorgehensweise, auch hier die einzelnen Beteiligten zunächst vollständig durchzuprüfen, besser. Die Notwendigkeit der inzidenten Prüfung der Strafbarkeit des B nehme ich ausnahmsweise in Kauf.

5 *Fischer*, § 27 Rn 9; *Wessels/Beulke*, AT Rn 581.
6 BGH StV 1995, 363.
7 BGH NJW 1954, 1047.
8 *Kopp*, JA 1999, 943.

Ob auch der Baum als Sache von bedeutendem Wert gefährdet wurde, lässt sich aus dem Sachverhalt nicht klar erkennen.

Die Fahruntüchtigkeit des A war Conditio-sine-qua-non für die konkrete Gefährdung des B.

Auch der Pflichtwidrigkeitszusammenhang ist gegeben.

b) Subjektiver Tatbestand

A handelte zwar hinsichtlich der alkoholbedingten Fahruntüchtigkeit, nicht aber bzgl der konkreten Gefährdung vorsätzlich.

A hat sich nicht gem § 315 c I Nr 1 a strafbar gemacht.

4. § 315 c I Nr 1 a, III Nr 1

a) Tatbestand

566 A hat den Tatbestand des § 315 c I Nr 1 a erfüllt (*s o Rn 561*). Dabei handelte er bezüglich der alkoholbedingten Fahruntüchtigkeit vorsätzlich.

Hinsichtlich der Verursachung der konkreten Gefahr für Leib und Leben des B handelte A objektiv sorgfaltswidrig. Die objektive Sorgfaltspflicht bestand hier darin, keine Beifahrer im Straßenverkehr zu gefährden. Indem A in fahruntüchtigem Zustand den B als Beifahrer mitnahm und den „Beinahe-Unfall" verursachte, handelte er nicht mehr sorgfaltsgerecht.

b) Rechtswidrigkeit

Die Rechtswidrigkeit könnte durch eine Einwilligung des B entfallen sein. Fraglich ist, ob der Gefährdete in eine Gefährdung des Straßenverkehrs mit rechtfertigender Wirkung einwilligen kann.

567 **Problem Nr 122: Einwilligung des Gefährdeten bei § 315 c**

(1) Nach **einer Ansicht** (*Joecks*, St-K, § 315 c Rn 18; *S/S-Cramer/Sternberg-Lieben*, § 315 c Rn 43) ist eine rechtfertigende Einwilligung auch im Rahmen von § 315 c möglich.

Argument: Der Unrechtsschwerpunkt bei § 315 c liegt allein in der konkreten Individualgefährdung. Die Allgemeinheit wird dagegen durch § 316 ausreichend geschützt. Im Gegensatz zu § 315 b hat der Gesetzgeber schließlich in § 315 c nicht das Merkmal der Beeinträchtigung der Sicherheit des Straßenverkehrs aufgenommen.

(2) Nach einer **differenzierenden Meinung** (*Geppert*, ZStW 83 [1971], 947, 986; *Hillenkamp*, JuS 1977, 166, 177; *Joecks*, St-K § 315 c Rn 18; *S/S-Cramer/Sternberg-Lieben*, § 315 c Rn 43) wirkt die Einwilligung nur insoweit rechtfertigend, als durch andere Strafvorschriften die allgemeine Sicherheit des Straßenverkehrs ausreichend geschützt ist.

Argument: Die allgemeine Sicherheit des Straßenverkehrs wird durch § 316 und die einschlägigen Vorschriften der StVO geschützt. Neben der allgemeinen Verkehrssicherheit hat § 315 c vor allem individualschützende Wirkung. Nur in diesen Teil wirkt die Einwilligung hinein, sodass eine Dispositionsbefugnis zu bejahen ist.

(3) Nach der überzeugenden **herrschenden Auffassung** (BGHSt 23, 261; OLG Stuttgart NJW 1976, 1904; *Hentschel*, Straßenverkehrsrecht, § 315 c Rn 43; *Lackner/Kühl*, § 315 c

Rn 32; *Wessels/Hettinger*, BT1 Rn 993) ist eine Einwilligung in § 315 c generell nicht möglich.

Argument: Das hauptsächliche Schutzgut des § 315 c ist die allgemeine Sicherheit des Verkehrs. Das Individualrechtsgut Leben ist dagegen im Rahmen des § 315 c nur ein Schutzgut von untergeordneter Bedeutung. Dies ergibt sich bereits aus dem systematischen Standort der Vorschrift des § 315 c im Kapitel der „gemeingefährlichen Straftaten". Danach fehlt die Dispositionsbefugnis des Einzelnen, eine Einwilligung ist deshalb unwirksam.

Zur Vertiefung: Wessels/Hettinger, BT1 Rn 993; Geppert, Jura 1996, 47ff; Hillenkamp, BT 16. Problem S 74ff.

Zu § 315 c vgl i.Ü. Geppert, Jura 2001, 559ff; generell zur Einwilligung: Rönnau, Jura 2002, 595ff.

Die Möglichkeit einer Rechtfertigung kann nur bejahen, wer bei § 315 c den Unrechtsschwerpunkt in der konkreten Individualgefährdung des B sieht, während die Gefährdung des Straßenverkehrs im Falle der Einwilligung durch das Opfer von § 316 ausreichend erfasst wird. Dagegen spricht aber, dass § 315 c zwar auch Leib und Leben sowie Vermögen des Einzelnen, in erster Linie aber eben doch gerade die Sicherheit des Straßenverkehrs und damit die Allgemeinheit schützt. Bzgl dieses letzteren Rechtsguts fehlt dem B die Dispositionsbefugnis. Einer Einwilligung des B konnte deshalb keine rechtfertigende Kraft zukommen. **568**

A handelte rechtswidrig.

c) Schuld

A müsste schuldfähig gewesen sein. Eine verminderte Schuldfähigkeit iSv § 21 kommt im Rahmen einer Gesamtwürdigung der Umstände erst ab einer BAK von etwa 2,0‰ in Betracht[9]. A war demnach bei 1,8‰ schuldfähig.

Darüber hinaus hat A eine für ihn vorhersehbare und vermeidbare Sorgfaltspflichtverletzung begangen.

Entschuldigungsgründe sind nicht ersichtlich.

5. Konkurrenzen

§ 316 I ist subsidiär gegenüber § 315 c I Nr 1 a, III Nr 1[10].

6. Ergebnis für A im Tatkomplex A

A ist strafbar gem § 315 c I Nr 1 a, III Nr 1.

II. Strafbarkeit des B

1. §§ 315 c I Nr 1 a, III Nr 1, 27

B könnte sich dadurch, dass er sich von A in dessen Auto mitnehmen ließ, wegen Beihilfe zu § 315 c I Nr 1 a, III Nr 1 strafbar gemacht haben. Aus § 11 II ergibt sich, dass **569**

9 BGHSt 43, 66, 75; *Hentschel*, Trunkenheit Rn 271; *Wessels/Beulke*, AT Rn 413.
10 *Fischer*, § 315 c Rn 24; S/S-*Cramer/Sternberg-Lieben*, § 316 Rn 33.

der Umstand, dass es sich bei der Haupttat des A nur um eine fahrlässige Gefahrverursachung iSv § 315 c III Nr 1 handelt, nicht entgegensteht.

Eine Beihilfe durch positives Tun ist jedoch nicht gegeben (*s o Rn 565*).

2. §§ 315 c I Nr 1 a, III Nr 1, 27, 13 I

Eine Beihilfe durch Unterlassen ist ebenfalls bereits ausgeschlossen worden (*s o Rn 565*).

3. Ergebnis für B im Tatkomplex A

B ist nicht strafbar.

B. Die Manipulation am Bremsschlauch (Strafbarkeit des B)

1. §§ 212 I, 22, 23 I Alt 1, 25 I Alt 2

570 Der Totschlag ist nicht vollendet. Der Versuch ist strafbar gem §§ 212 I, 23 I Alt 1.

B hat nur leichte Körperverletzungen billigend in Kauf genommen, nicht aber schwerere Folgen wie den Tod eines Menschen. Daher fehlte ihm der Vorsatz bzgl eines Totschlags.

2. §§ 223 I, II, 22, 23 I Alt 2, 25 I Alt 2

a) Vorprüfung

571 Eine vollendete Körperverletzung ist nicht gegeben. Der Versuch ist strafbar gem §§ 223 II, 23 I Alt 2.

b) Tatentschluss

B hat mit leichten Körperverletzungen gerechnet. Zwar wollte B nicht selbst die letzte Ursache für die Herbeiführung der Körperverletzung setzen – diese sollte im Losfahren durch T liegen. Da aber die T gutgläubig war, liegt insofern ein Fall der mittelbaren Täterschaft vor. Das Opfer wird als Tatmittler gegen sich selbst eingesetzt[11]. Zumindest liegt eine Konstellation vor, deren Struktur mit der der mittelbaren Täterschaft „verwandt" ist[12]. A hatte also Tatentschluss bzgl einer in mittelbarer Täterschaft begangenen einfachen Körperverletzung gefasst.

c) Unmittelbares Ansetzen

B hat mit Abschluss des Durchtrennens des Bremskabels die körperliche Unversehrtheit der T gefährdet. Die Tat sollte ohne weitere Zwischenakte alsbald nach Antritt der Fahrt durch T vollendet werden.

---

11 *Wessels/Beulke*, AT Rn 539a.

12 BGHSt 43, 177, 180; *Beulke*, Klausurenkurs I [9] Rn 318.

Die T hätte ihren Wagen auf der Stelle benutzen können, sodass B auch nach seiner subjektiven Sichtweise bereits mit dem Abschluss der Manipulation am Auto unmittelbar zur Tatbegehung angesetzt hat.

Die Situation ähnelt jener der mittelbaren Täterschaft, bei welcher der Versuch beginnt, wenn die Einwirkung auf das Werkzeug abgeschlossen ist und das Werkzeug die Herrschaftssphäre des Hintermannes verlassen hat[13].

D hat damit zur Tatbegehung unmittelbar angesetzt.

d) Strafantragserfordernis, § 230 I

Gem § 230 I ist ein Strafantrag erforderlich.

3. §§ 224 I Nr 2, Nr 5, II, 22, 23 I Alt 2, 25 I Alt 2

a) Vorprüfung

Eine vollendete gefährliche Körperverletzung liegt nicht vor. Der Versuch ist strafbar **572**
gem §§ 224 II, 23 I Alt 2.

b) Tatentschluss

B könnte den Entschluss gefasst haben, die Tat mittels eines „anderen gefährlichen Werkzeugs" iSv § 224 I Nr 2 zu begehen. Als gefährliches Werkzeug kommt jeder Gegenstand in Frage, der nach seiner Beschaffenheit und Art seiner Verwendung als Angriffs- oder Verteidigungsmittel im konkreten Falle geeignet ist, erhebliche Verletzungen zuzufügen[14].

Fraglich ist zunächst, auf welches Werkzeug abzustellen ist. Zum einen kommt das Werkzeug in Betracht, mit dem B den Bremsschlauch des Kfz durchtrennte. Sinnvoll kann es hier aber nur sein, auf das Fahrzeug der T abzustellen, das durch seine Funktionsstörung erst die relevante Risikoschwelle überschreitet. Auch ein Kraftfahrzeug kann unter den Begriff eines gefährlichen Werkzeugs fallen[15]. Zwar wird ein Kfz in seiner Eigenschaft als gefährliches Werkzeug zumeist nicht gegen Fahrzeuginsassen eingesetzt. Sie sind jedoch als Bezugsobjekte anzusehen, wenn ihnen – wie hier der T – durch das Fahrzeug, in dem sie sich befinden, erhebliche Verletzungen drohen[16]. B hatte demnach Tatentschluss bezüglich des Einsatzes des Wagens der T als gefährliches Werkzeug.

Darüber hinaus könnte B den Entschluss gefasst haben, die Tat mittels einer das Leben gefährdenden Behandlung iSv § 224 I Nr 5 zu begehen. B hat aber lebensgefährliche Verletzungen gerade nicht in seinen Vorsatz aufgenommen. Seiner Meinung nach sollte es nur zu leichten Körperverletzungen kommen.

c) Unmittelbares Ansetzen

B hat unmittelbar zur Tatbestandsverwirklichung angesetzt (*s o Rn 571*).

---

13 Vgl *Wessels/Beulke*, AT Rn 539 a iVm Rn 613 sowie Fall 5, Problem Nr 48, Rn 213.
14 Vgl *Wessels/Hettinger*, BT1 Rn 275.
15 BGH VRS 14 [1958], 286; 56 [1979], 189.
16 Vgl KG NZV 2006, 111; einschränkend BGH NStZ 2006, 572, NStZ 2007, 405.

4. § 315 b I Nr 1

573 Durch die Manipulation am Fahrzeug der T könnte sich B gem § 315 b I Nr 1 strafbar gemacht haben.

a) Objektiver Tatbestand

Indem er den Bremsschlauch durchtrennte, hat B ein Fahrzeug beschädigt.

Hierdurch wurde die Sicherheit des Straßenverkehrs beeinträchtigt.

Infolgedessen müsste eine konkrete Gefahr für Leib oder Leben eines anderen oder für fremde Sachen von bedeutendem Wert eingetreten sein. Die T konnte ihren Pkw hier trotz der Manipulation am Bremsschlauch unbeschadet anhalten. Auch wurden keine Fußgänger gefährdet. Fraglich ist, ob gleichwohl eine konkrete Gefahr iSv § 315 b I bejaht werden kann.

574 **Problem Nr 123: Konkretheit der Gefahr bei § 315 b I**

(1) Nach **früherer Ansicht der Rechtsprechung** (BGH NStZ 1985, 263 m Anm *Geppert*; BGH NZV 1989, 119 m Anm *Berz*) reichte bereits aus, dass der betroffene Fahrer sein Fahrzeug startete, um am Straßenverkehr teilzunehmen, solange der Fahrer die Beschädigung der Bremsen nicht schon nach einer Fahrstrecke von wenigen Metern und vor dem Einbiegen in eine Straße bemerkte.

Argument: Die Inbetriebnahme eines Kfz ohne wirksame Fußbremse birgt schon für sich genommen ein hohes Unfallrisiko, weil der Fahrzeugführer bei einem notwendig werdenden Lenk- oder Bremsmanöver seinen Wagen nicht mehr in der Hand hat.

(2) **Inzwischen** stellen **Rechtsprechung und herrschende Lehre** (BGH NZV 1995, 325 zu § 315 c; BGH NStZ 1996, 83 zu § 315 c; OLG Düsseldorf NJW 1993, 3212; OLG Hamm NZV 1998, 212; vgl auch BGH NZV 2000, 213 zu § 315 c; *Hentschel*, Straßenverkehrsrecht, § 315 b Rn 2 b) zutreffend an die konkrete Gefahr strengere Anforderungen. Über die der Tathandlung innewohnende latente Gefahr hinaus muss die Handlung im Hinblick auf einen bestimmten Vorgang zu einer kritischen Situation geführt haben, in der die Sicherheit einer bestimmten Person oder Sache so stark beeinträchtigt wurde, dass es nur noch vom Zufall abhing, ob das Rechtsgut verletzt wurde oder nicht (**„Beinahe-Unfall“**).

Zum Teil wird auch das Kriterium der „hochgradigen Existenzkrise für das Rechtsgut“ diskutiert (OLG Frankfurt NZV 1994, 365; *Berz*, NStZ 1996, 85).

Argument: Diese restriktive Interpretation des § 315 b erscheint sachgerecht, weil nur so einer Verwischung der Grenzen von abstrakter und konkreter Gefahr entgegengewirkt werden kann.

Zur Vertiefung: Geppert, Jura 1996, 639, 641.

575 Es bestand zwar ein hohes Unfallrisiko beim Fahren mit defekten Bremsen. Dabei handelt es sich jedoch nur um eine abstrakte Gefahr. Zu einem „Beinahe-Unfall“ bzw einer hochgradigen Existenzkrise für das geschützte Rechtsgut ist es nicht gekommen. In Übereinstimmung mit der neueren Rechtsprechung scheidet eine konkrete Gefährdung iSv § 315 b I Nr 1 aus.

b) Ergebnis

B hat sich nicht nach § 315 b I Nr 1 strafbar gemacht.

5. §§ 315 b I Nr 1, II, 22, 23 I Alt 2

a) Vorprüfung

Der gefährliche Eingriff in den Straßenverkehr wurde nicht vollendet (*s o Rn 573 ff*). **576**
Der Versuch ist strafbar gem §§ 315 b II, 23 I Alt 2.

b) Tatentschluss

B handelte bezüglich der Beschädigung des Fahrzeugs sowie hinsichtlich der dadurch aufgetretenen Beeinträchtigung der Sicherheit des Straßenverkehrs vorsätzlich.

Er nahm billigend in Kauf, dass infolge der Manipulation am Bremsschlauch ein Unfall geschah. Somit handelte B auch bzgl der Herbeiführung der konkreten Gefahr vorsätzlich. Der Umstand, dass T selbst letztlich diese Gefahr herbeiführen sollte, steht der Bejahung des Tatentschlusses nicht entgegen. Es liegt, wie bereits dargelegt, insoweit ein Fall vor, der der mittelbaren Täterschaft zumindest ähnlich ist.

c) Unmittelbares Ansetzen

Wer bereits ein Tatbestandsmerkmal verwirklicht, setzt im Regelfall zur Tatbestandsverwirklichung unmittelbar an[17]. B hat durch die Manipulation des Bremsschlauchs bereits das Tatbestandsmerkmal des Beschädigens eines Fahrzeugs erfüllt und so unmittelbar angesetzt.

d) Rechtswidrigkeit und Schuld

Rechtfertigungs- und Entschuldigungsgründe sind nicht ersichtlich.

e) Ergebnis

B hat sich gem §§ 315 b I Nr 1, II, 22, 23 I Alt 2 strafbar gemacht.

6. §§ 315 b I Nr 1, II, III, 22, 23 I Alt 1 iVm § 315 III Nr 1 a

a) Vorprüfung

Der gefährliche Eingriff in den Straßenverkehr wurde nicht vollendet (*s o Rn 573 ff*). **577**
Der Versuch ist strafbar gem §§ 315 b III, 23 I Alt 1 iVm § 315 III Nr 1 a.

b) Tatentschluss

B müsste zusätzlich zum Tatentschluss bzgl § 315 b I Nr 1 auch noch die Absicht gehabt haben, einen Unglücksfall herbeizuführen. Unglücksfall bezeichnet dabei den plötzlichen Eintritt eines durch die Gefahr drohenden Schadens; eine bloße – wenn auch erhebliche – Gefahr reicht dafür nicht[18]. Hier kam es B darauf an, dass die T infol-

17 Siehe oben Fall 3, Problem Nr 18, Rn 109.
18 *Fischer*, § 315 Rn 22.

ge des Durchtrennens des Bremskabels in einen Unfall mit möglicherweise leichten Körperverletzungen verwickelt wurde. Der Umstand, dass bzgl der Körperverletzung nur dolus eventualis gegeben war, steht der Bejahung der Absicht der Herbeiführung des Unglücksfalles nicht entgegen[19]. Falls Körperverletzungen eintreten sollten, handelte es sich bei diesen um ein notwendiges Zwischenziel zur Erreichung des weiteren Zieles der Herbeiführung eines Unglücksfalles. Damit kann auch die Absicht bzgl der Herbeiführung eines Unglücksfalles bei B bejaht werden.

c) Unmittelbares Ansetzen

B hat mit dem Ende der Manipulationshandlung am Bremskabel aus seiner Sicht alles Erforderliche getan, um die Tatbestandsverwirklichung von selbst eintreten zu lassen. Es war nur noch eine Frage der Zeit, wann die T das Auto benutzen würde. Am nächsten Tag hat T dann auch das Fahrzeug in Gang gesetzt. Das Rechtsgut war also konkret gefährdet. Weitere Zwischenakte musste B nicht mehr vornehmen.

7. § 303 I Alt 2 (Bremsschlauch)

578 B hat den Bremsschlauch – eine für ihn fremde Sache – vorsätzlich so wesentlich beschädigt, dass er seine bestimmungsgemäße Brauchbarkeit völlig verloren hat. Er hat ihn also zerstört[20].

8. Konkurrenzen

Die §§ 315 b I Nr 1, II, III, 22, 23 I Alt 1 iVm § 315 III Nr 1 a verdrängen im Wege der Spezialität die §§ 315 b I Nr 1, II, 22, 23 I Alt 2.

Die §§ 224 I Nr 2, II, 22, 23 I Alt 2, 25 I Alt 2 verdrängen im Wege der Spezialität die §§ 223 I, II, 22, 23 I Alt 2, 25 I Alt 2.

Da alle verbleibenden Straftatbestände gesondertes Unrecht abdecken, ist von Idealkonkurrenz auszugehen.

9. Ergebnis für B im Tatkomplex B

B ist strafbar gem §§ 315 b I Nr 1, II, III, 22, 23 I Alt 1 iVm § 315 III Nr 1 a – § 52 – §§ 224 I Nr 2, II, 22, 23 I Alt 2, 25 I Alt 2 – § 52 – § 303 I Alt 2.

C. Der Unfall (Strafbarkeit des A)

1. § 316 I

579 Dadurch, dass A nach dem Absetzen des B die Fahrt fortsetzte und dabei den F anfuhr, könnte er sich gem § 316 I strafbar gemacht haben.

---

19 *Fischer*, § 15 Rn 6.
20 Vgl *Wessels/Hillenkamp*, BT2 Rn 31.

a) Objektiver Tatbestand

A hat im Verkehr iSd §§ 315 bis 315 d ein Fahrzeug geführt, obwohl er infolge des Genusses alkoholischer Getränke mit 1,8‰ nicht in der Lage war, das Fahrzeug sicher zu führen.

b) Subjektiver Tatbestand

A handelte hinsichtlich der Autofahrt in angetrunkenem Zustand vorsätzlich.

c) Rechtswidrigkeit und Schuld

Rechtfertigungs- und Entschuldigungsgründe sind nicht ersichtlich.

2. § 222

Indem A den F angefahren hat, könnte er sich wegen fahrlässiger Tötung gem § 222 strafbar gemacht haben. 580

a) Tatbestandsmäßigkeit

A hat den tatbestandlichen Erfolg – den Tod eines anderen Menschen – verursacht.

Zudem müsste A eine objektive Sorgfaltspflicht bei objektiver Vorhersehbarkeit des Erfolges verletzt haben. Er hätte als Kraftfahrer nach bewusstem Alkoholkonsum damit rechnen müssen, dass er infolge des Alkoholgenusses fahrunsicher sein könnte, und daher die Fahrt unterlassen müssen. Es war nach allgemeiner Lebenserfahrung auch voraussehbar, dass ihm unter den gegebenen Umständen ein Fahrfehler unterlaufen könnte, der zum Tod eines Menschen führt.

Weiter muss der Erfolg dem Täter objektiv zurechenbar sein. Das ist dann der Fall, wenn der Täter eine rechtlich relevante Gefahr geschaffen hat, die sich im tatbestandsmäßigen Erfolg realisiert[21]. Zwar hat A für das Leben des F eine rechtlich missbilligte Gefahr geschaffen. Fraglich ist aber, ob sie sich im konkreten Fall auch realisiert hat. Der Erfolg muss seinen Grund gerade in der Sorgfaltspflichtverletzung haben. Das durch das pflichtwidrige Täterverhalten begründete Risiko schlägt sich dann nicht im Erfolg nieder, wenn dieser auch bei einem pflichtgemäßen Alternativverhalten mit an Sicherheit grenzender Wahrscheinlichkeit eingetreten wäre[22]. Es entfällt dann der Pflichtwidrigkeitszusammenhang. Zweifelhaft ist, auf welches Alternativverhalten für die Vermeidbarkeit des Erfolges abzustellen ist.

Problem Nr 124: Maßstab des rechtmäßigen Alternativverhaltens bei Unfällen während einer Trunkenheitsfahrt 581

(1) Nach der **Rechtsprechung des BGH und einiger Oberlandesgerichte** (BGHSt 24, 31; BayObLG NStZ 1997, 388 m abl Anm *Puppe*; OLG Celle VRS 36 [1969], 276; OLG Koblenz DAR 1974, 25; VRS 71 [1986], 281) ist das maßgebende Alternativverhalten im Fahren in alkoholisiertem Zustand mit entsprechend angepasster Geschwindigkeit (§ 3 I 2 StVO) zu

21 *Wessels/Beulke*, AT Rn 179.
22 *Wessels/Beulke*, AT Rn 197.

sehen. Zu fragen ist also, ob der Unfall vermieden worden wäre, wenn der Fahrer seine Geschwindigkeit seinem Zustand entsprechend verringert hätte.

Argument: Eine abstrakt gefährliche Handlung ist in der Regel nur deshalb sorgfaltswidrig, weil insoweit keine zusätzlichen Sicherungsvorkehrungen getroffen wurden.

(2) Nach der überzeugenden **herrschenden Literaturansicht**, die auch von **Teilen der Rechtsprechung** vertreten wird, ist für das Alternativverhalten auf das Fahren im nüchternen Zustand abzustellen (BayObLG bei *Mühlhaus*, DAR 1970, 125, 127; *Hentschel*, Trunkenheit, Rn 415 f; *Hofmann*, VersR 1971, 1103, 1104 f; *Knauber*, NJW 1971, 627; *Kühl*, AT § 17 Rn 63; *Möhl*, JR 1971, 249, 250; *Mühlhaus*, DAR 1970, 125, 126; *ders*, DAR 1972, 169, 171 ff; *Wessels/Beulke*, AT Rn 680).

Argument: Da Trunkenheitsfahrten generell gefährlich sind und deshalb eigentlich immer unterlassen werden müssen, darf beim rechtmäßigen Alternativverhalten nicht auf einen „sorgfältigen" Betrunkenen abgestellt werden.

Zur Vertiefung: Wessels/Beulke, AT Rn 678 ff; Hentschel, Trunkenheit, Rn 415 f.

582 Stellt man angesichts der generellen Gefährlichkeit von Trunkenheitsfahrten, die eigentlich jedes Fahren verbietet, für das Alternativverhalten auf das Fahren in nüchternem Zustand ab, hätte A hier den Unfall nicht vermeiden können. Damit entfiele nach dieser vorzugswürdigen Ansicht der Pflichtwidrigkeitszusammenhang. Im vorliegenden Fall wäre allerdings der Unfall und damit der Tod des F selbst dann eingetreten, wenn A seine Fahrgeschwindigkeit dem alkoholisierten Zustand angepasst hätte und erheblich langsamer gefahren wäre. Damit ist hier nach allen Ansichten die objektive Zurechnung mangels Pflichtwidrigkeitszusammenhanges abzulehnen.

b) Ergebnis

A hat sich nicht wegen fahrlässiger Tötung gem § 222 strafbar gemacht.

3. § 229

Auch eine Strafbarkeit wegen fahrlässiger Körperverletzung scheidet wegen des fehlenden Pflichtwidrigkeitszusammenhanges aus. Die Körperverletzung war für A unvermeidbar.

4. § 315 c I Nr 1 a, III Nr 1

583 Auch diesbezüglich scheitert eine Strafbarkeit am fehlenden Pflichtwidrigkeitszusammenhang zwischen dem Alkoholkonsum und der konkret eingetretenen Gefährdung. Die Gefahr muss gerade durch die gesetzlich typisierten Verhaltensweisen entstanden sein und darf nicht allein bei Gelegenheit eines derartigen Verhaltens eintreten[23].

5. § 221 I Nr 1

Mangels Vorsatzes, den F in eine hilflose Lage zu versetzen, scheitert eine Strafbarkeit gem § 221 I Nr 1 von vornherein.

23 *Eisele*, JA 2003, 40, 46; *Fischer*, § 315 c Rn 16; *Joecks*, St-K, § 315 c Rn 20.

6. Ergebnis für A im Tatkomplex C

A ist strafbar nach § 316 I. **584**

7. Konkurrenz zum Tatkomplex A

§ 316 I ist mit Beginn der Fahrt (Abfahrt zusammen mit B) vollendet und wird sodann als Dauerdelikt weiter erfüllt. Es handelt sich also bis zum Anfahren des F um eine einzige Trunkenheitsfahrt iSd § 316 I. Sie ist subsidiär gegenüber dem in Tatkomplex A bejahten § 315 c I Nr 1 a, III Nr 1.

Es verbleibt somit bei einer Strafbarkeit des A gem § 315 c I Nr 1 a, III Nr 1.

D. Die Weiterfahrt nach dem Unfall (Strafbarkeit des A)

1. §§ 212 I, 13 I

A könnte sich dadurch, dass er den Unfallort verlassen und sich nicht um den Verletzten F gekümmert hat, wegen Totschlags durch Unterlassen strafbar gemacht haben. **585** Unabhängig von der Frage, ob A eine Garantenstellung aus Ingerenz zukommt, scheitert eine Strafbarkeit wegen Totschlags schon am fehlenden Vorsatz. A vertraute fest darauf, dass sich F in keiner Lebensgefahr befand.

2. §§ 223 I, 13 I

Auch eine Strafbarkeit wegen Körperverletzung durch Unterlassen scheitert am fehlenden Vorsatz. **586** A vertraute fest darauf, dass andere Personen sofort ebenso effektiv helfen werden, wie er es gekonnt hätte.

3. §§ 222, 13 I

In Frage kommt jedoch eine Strafbarkeit wegen fahrlässiger Tötung durch Unterlassen.

a) Tatbestand

Der tatbestandliche Erfolg ist mit dem Tod des F eingetreten. Auch der Vorwurf einer fahrlässigen Tötung darf nicht an die Herbeiführung des Unfalles anknüpfen, sondern lediglich an das Wegfahren, das als ein Unterlassen der Hilfe zu werten ist.

Hätte A geholfen bzw Hilfe herbeigeholt, was er problemlos gekonnt hätte, so wäre F gerettet worden. Sein Verhalten war somit kausal.

Fraglich ist jedoch, ob A eine Garantenpflicht traf. In Betracht kommt hier allenfalls eine Garantenpflicht aus Ingerenz. Zwar hat A insofern pflichtwidrig gehandelt, als er in angetrunkenem Zustand noch seinen Wagen gesteuert hat. Bezüglich dieses Verhaltens und des Unfalls fehlt jedoch der Pflichtwidrigkeitszusammenhang, sodass diese Sorgfaltspflichtverletzung als Anknüpfungspunkt ausscheidet. Da A den Unfall auch in nüchternem Zustand nicht hätte verhindern können, mangelt es an einem einschlägigen pflichtwidrigen Vorverhalten. Es ist umstritten, ob die Ingerenzhaftung auch bei pflichtgemäßem Vorverhalten eingreift.

587 **Problem Nr 125: Garantenstellung bei vorangegangenem pflichtgemäßen Tun**

(1) Einer **Mindermeinung** nach genügt jedes gefahrverursachende Verhalten, um eine Garantenstellung aus Ingerenz zu begründen (*Arzt*, JA 1980, 712, 715).

Argument: Jeder, der eine Gefahr verursacht hat, soll schon aus dem allgemeinen Verantwortungsgefühl heraus Schutzmaßnahmen zu ergreifen haben. Den Gefährdeten völlig schutzlos (friedlos) zu stellen, ist mit der Rechtsordnung nicht vereinbar.

(2) Die **herrschende Ansicht** (BGHSt 23, 327; 25, 218; *Fischer*, § 13 Rn 28; *Joecks*, St-K, § 13 Rn 42; so derzeit noch *Wessels/Beulke*, AT Rn 726; *Zieschang*, AT S 152) bejaht hingegen zutreffend eine Garantenpflicht aus Ingerenz nur bei pflichtwidrigem Vorverhalten.

Argument: Nur demjenigen, der andere pflichtwidrig in eine Gefahrenlage bringt, ist eine besondere Hilfsmaßnahme zuzumuten. Es ist nicht einzusehen, weshalb der sorgfaltsgemäß Handelnde mehr strafrechtliche Pflichten tragen soll als ein zufällig anwesender Dritter. Bei pflichtgemäßem Vorverhalten ist eine Verantwortung nach § 323 c zum Schutz des Opfers ausreichend.

(3) Eine **überzeugende vermittelnde Ansicht** differenziert danach, ob das Verhalten nur mit einer schlechthin alltäglichen Gefährdung oder mit einem darüber hinausgehenden Sonderrisiko verbunden ist (*Jakobs*, AT 29/42; *Kindhäuser*, LPK § 13 Rn 51; Sympathie dafür auch bei *Wessels/Beulke*, AT Rn 727).

Argument: Das Bestehen einer zivilrechtlichen Gefährdungshaftung, insbesondere bei Betrieb eines Kraftfahrzeugs (*Frister*, Kap 22 Rn 30), ist ein taugliches Indiz dafür, dass rechtlich zulässige Gefahren nicht als erlaubtes Risiko gewertet werden können. Die Schaffung dieser Gefahren zieht dann Rettungspflichten nach sich.

Zur Vertiefung: Wessels/Beulke, AT Rn 725ff; Beulke, Klausurenkurs I [6] Rn 244; Hillenkamp, AT, 29. Problem S 173ff.

588 Bejaht man dies, müsste bereits das gefahrverursachende Verhalten an sich die Pflicht zu bestimmten Schutzmaßnahmen begründen. Nach anderer Ansicht kann ein rechtmäßiges Vorverhalten hingegen keine Garantenpflicht begründen. Der Täter befindet sich insoweit nur in der Situation eines „normalen" Bürgers, den keine gesteigerten Pflichten treffen. Überzeugender erscheint es aber gerade im Falle des Betriebs eines Kraftfahrzeugs ein Sonderrisiko anzuerkennen, mit dem eine strafrechtliche Garantenpflicht einhergeht. Dafür spricht vor allem, dass die zivilrechtliche Gefährdungshaftung nach § 7 I StVG allein an den Betrieb eines Kraftfahrzeugs anknüpft. Eine Garantenpflicht des A ist also gegeben (*aA hier noch die Vorauflage*).

Bei der Erfolgsverursachung müsste A darüber hinaus objektiv sorgfaltswidrig, dh trotz Vorhersehbarkeit und Vermeidbarkeit des Erfolges und unter Außerachtlassung der im Verkehr erforderlichen Sorgfalt, gehandelt haben. Wer als Fahrer eines Kraftfahrzeugs erkennt, dass ein anderer Unfallbeteiligter verletzt ist, muss als umsichtig handelnder Verkehrsteilnehmer eine sofortige medizinische Versorgung, zumindest durch Benachrichtigung des Rettungsdienstes oder der Polizei, gewährleisten. Mit tödlichen Folgen ist bei einem Zusammenstoß von Auto und Fußgänger immer zu rechnen. A handelte objektiv sorgfaltswidrig.

b) Rechtwidrigkeit

Er handelte rechtswidrig.

c) Schuld

Der Tod des F war für A subjektiv voraussehbar und vermeidbar.

A ist gem § 222 strafbar.

4. § 142 I Nr 2

Das Verlassen der Unfallstelle nach Verletzung des F könnte ein strafbares unerlaubtes **589**
Entfernen vom Unfallort gem § 142 I Nr 2 darstellen.

a) Objektiver Tatbestand

A müsste sich als Unfallbeteiligter nach einem Unfall im Straßenverkehr unter Verletzung der Wartepflicht vom Unfallort entfernt haben.

Unter einem Verkehrsunfall ist jedes für zumindest einen der Beteiligten plötzliche, mit dem Straßenverkehr und seinen Gefahren ursächlich zusammenhängende Ereignis zu verstehen, das einen nicht völlig belanglosen Personen- oder Sachschaden zur Folge hat[24]. Das Anfahren des Fußgängers durch A ist ein Unfall im genannten Sinn.

A ist Unfallbeteiligter iSd § 142 V.

A hat den unmittelbaren Unfallbereich verlassen, ohne eine angemessene Zeit auf das Eintreffen einer Person zu warten, die bereit gewesen wäre, Unfallfeststellungen zu treffen.

b) Subjektiver Tatbestand

A handelte vorsätzlich.

c) Rechtswidrigkeit und Schuld

Rechtfertigungs- und Entschuldigungsgründe sind nicht ersichtlich.

5. § 221 I Nr 2

Eine Strafbarkeit wegen Im-Stich-Lassens in hilfloser Lage gem § 221 I Nr 2 scheitert **590**
zwar nicht an der fehlenden Garantenpflicht bzw Obhutspflicht des A gegenüber F (*s o Rn 586 f*). Insoweit gelten die Regeln des unechten Unterlassungsdeliktes entsprechend[25]. Allerdings vertraute A darauf, dass F nur leicht verletzt ist und keine schweren Gesundheitsschädigungen drohen. Es fehlte ihm somit der nach § 221 I erforderliche Vorsatz[26] bzgl der konkreten Gefahr.

A hat sich nicht nach § 221 I Nr 2 strafbar gemacht.

---

24 BGHSt 24, 382, 383; *Wessels/Hettinger*, BT1 Rn 1004.
25 *Wessels/Hettinger*, BT1 Rn 202.
26 *Lackner/Kühl*, § 221 Rn 5.

6. § 323 c

a) Objektiver Tatbestand

591 Ein Unglücksfall ist ein plötzlich eintretendes Ereignis, das die unmittelbare Gefahr eines erheblichen Schadens für andere Menschen oder fremde Sachen von bedeutendem Wert hervorruft[27].

Grundsätzlich war A zur Hilfe verpflichtet. Allerdings lässt die sichere Gewähr für sofortige anderweitige Hilfe diese Pflicht mangels Erforderlichkeit entfallen[28]. Hier hat sich A jedoch vorgestellt, es werde unverzüglich Hilfe kommen. Zwar ist die Erforderlichkeit der Hilfeleistung ex situatione zu beurteilen, sie entfällt jedoch nur, wenn objektive Anhaltspunkte für sofortige anderweitige Hilfe bestehen und diese sicher ist. Davon kann im vorliegenden Fall nicht ausgegangen werden.

Auch die mangelnde Zumutbarkeit könnte die Hilfeleistungspflicht entfallen lassen. A hatte Angst vor einer Strafverfolgung, die uU zum Verlust seines Führerscheins führen könnte. Fraglich ist, ob die Gefahr einer Strafverfolgung grundsätzlich der Annahme der Zumutbarkeit im Wege steht.

592 **Problem Nr 126: Kann sich auf die Unzumutbarkeit der Hilfeleistung berufen, wer sich durch die Hilfeleistung der Gefahr einer Strafverfolgung aussetzen würde?**

(1) Nach einer **Mindermeinung** (SK/StGB-*Rudolphi/Stein*, § 323 c Rn 28) wird die Hilfeleistungspflicht durch eine drohende Strafverfolgung in keinem Falle ausgeschlossen.

Argument: Die allgemeine Hilfspflicht des § 323 c trifft jeden Bürger gleichermaßen, egal welche Lebensgeschichte er aufweist. Straftaten sind verwerflich und dürfen nicht zur Strafentlastung herangezogen werden.

(2) Nach der zutreffenden **herrschenden Meinung** (BGHSt 11, 353; 39, 164, 166; BGH GA 1956, 120, 121; BGH MDR 1982, 448; BGH NStZ 1997, 127; *Fischer*, § 323 c Rn 7; S/S-*Cramer/Sternberg-Lieben*, § 323 c Rn 23; *Ulsenheimer*, GA 1972, 1, 13 ff) kann sich ein Täter nur dann auf eine Gefährdung berufen, wenn die Straftat in keinem Zusammenhang mit dem Unglücksfall steht.

Argument: Die oben unter (1) dargestellte Meinung würde den Täter bei sehr schweren Strafdrohungen zu sehr verpflichten. Nur wenn die Gefahrenlage vom Täter selbst (schuldhaft) herbeigeführt wurde, kann von ihm trotz eigenen Strafrisikos ebenso viel verlangt werden wie von jedem anderen Bürger, nämlich die uneingeschränkte Hilfeleistung.

Zur Vertiefung: Geppert, Jura 2005, 39 ff; Joecks, St-K, § 323 c Rn 22 ff.

593 A befürchtete eine Strafverfolgung gerade wegen der Herbeiführung des Unglücksfalles, bei dem er nicht geholfen hat. Es ist unstrittig, dass der Verursacher des Unglücks die Gefahr der Strafverfolgung wegen dieser Unfallherbeiführung hinzunehmen hat. Die Furcht, wegen der früher begangenen Tat (Gefährdung des B als § 315 c I Nr 1 a, III Nr 1, vgl oben *Rn 566*) belangt zu werden, ergibt sich aus dem Sachverhalt nicht. Außerdem würde dieser Umstand der Ablehnung der Unzumutbarkeit nicht entgegen-

27 BGHSt 3, 65; 6, 147; *Fischer*, § 323 c Rn 3; *Wessels/Hettinger*, BT1 Rn 1044.
28 BGHSt 2, 296, 298; NJW 1952, 394.

stehen, da man insoweit die gesamte Autofahrt als Einheit betrachten muss. Wenn aus dieser Autofahrt ein Unfall entsteht, muss der Unfallbeteiligte helfen, auch wenn er sich dadurch der Gefahr strafrechtlicher Verfolgungsmaßnahmen aussetzt. Dem A war die Hilfeleistung also zumutbar.

b) Subjektiver Tatbestand

A handelte vorsätzlich, insbesondere erkannte er die Erforderlichkeit einer Hilfeleistung.

7. § 316 I

A hat vorsätzlich ein Fahrzeug im Straßenverkehr geführt, obwohl er infolge des **594** Genusses alkoholischer Getränke nicht in der Lage war, das Fahrzeug sicher zu führen.

8. Konkurrenzen

Fraglich ist zunächst das Konkurrenzverhältnis zwischen § 222 und § 323 c. Für die **595** Subsidiarität des § 323 c könnte sprechen, dass die beiden Straftatbestände dasselbe Ziel des Lebensschutzes verfolgen. Andererseits ist zu bedenken, dass die Herbeiführung des Todes im Falle des § 222 nur fahrlässig erfolgt, bei § 323 c aber Vorsatz erforderlich ist. Nur die Annahme von Idealkonkurrenz bringt das zusätzliche Unrecht des Vorsatzdeliktes zum Ausdruck[29].

Problematisch ist des Weiteren das Konkurrenzverhältnis zwischen § 142 I Nr 2 und § 323 c.

Nach einer Ansicht stehen § 142 I Nr 2 und § 323 c in Tatmehrheit, da es zwischen einem Begehungsdelikt (§ 142) und einem (echten) Unterlassungsdelikt (§ 323 c) an der für § 52 erforderlichen Identität der Ausführungshandlung fehlt[30].

Nach überzeugender anderer Ansicht stehen § 142 I Nr 2 und § 323 c in Tateinheit[31], da sie durch dieselbe Handlung (das Weiterfahren) verwirklicht werden.

§ 142 I Nr 2 – § 52 – § 323 c einerseits und § 222 sowie § 316 I andererseits schützen jeweils unterschiedliche Rechtsgüter und stehen deshalb alle zueinander in Tateinheit, § 52.

9. Ergebnis für A im Tatkomplex D

A ist strafbar gem § 222 – § 52 – § 142 I Nr 2 – § 52 – § 323 c – § 52 – § 316 I.

29 S/S-*Cramer/Sternberg-Lieben,* § 323 c Rn 34/35.

30 S/S-*Cramer/Sternberg-Lieben,* § 142 Rn 91, S/S-*Stree/Sternberg-Lieben,* § 52 Rn 19; RGSt 68, 315, 317; BGHSt 6, 229, 230.

31 BGH GA 1956, 120; BGH NJW 1992, 584; *Fischer*, § 142 Rn 68.

10. Konkurrenzen zu den früheren Tatkomplexen

596 **Problem Nr 127: Verhältnis von § 315 c durch Herbeiführung des Unfalls zur Weiterfahrt nach dem Unfall**

(1) Nach **älterer Ansicht** (BGH VRS 9, 350, 353; OLG Köln DAR 1967, 139) ist die Tat des § 315 c zwar mit Herbeiführung der Gefahr vollendet, aber erst mit Abschluss der Fahrt beendet, sodass alle dabei verwirklichten Taten in Tateinheit stehen.

Argument: Die ganze Autofahrt ist nach natürlicher Betrachtungsweise ein einheitliches Geschehen.

(2) Nach der überzeugenden **herrschenden Ansicht** (BGHSt 21, 203; 23, 141, 144; *Hentschel*, Straßenverkehrsrecht, § 315 c Rn 61; *Wessels/Beulke*, AT Rn 779) beendet ein Verkehrsunfall die Dauerstraftat des Fahrens in fahruntüchtigem Zustand, sodass § 315 c in Tatmehrheit zu § 142 steht, der seinerseits wieder mit § 316 tateinheitlich zusammentreffen kann (BGH NStZ-RR 1999, 8). Dies gilt selbst dann, wenn der Fahrzeugführer seine Fahrt ohne Unterbrechung fortsetzt.

Argument: Ein Unfall ist für jeden Autofahrer ein so einschneidendes Erlebnis, dass ihm für die gesamte Fahrt eine Zäsurwirkung zukommt. Die Weiterfahrt basiert deshalb auf einem völlig neuen Entschluss.

Zur Vertiefung: Wessels/Beulke, AT Rn 779.

597 Angesichts der Zäsurwirkung eines Unfalls[32] im Laufe einer später fortgesetzten Fahrt ist es sachgerecht, von Tatmehrheit der Delikte, die bis zum Unfall verwirklicht worden sind, und denjenigen, die erst danach erfüllt worden sind, auszugehen.

A ist daher strafbar gem § 315 c I Nr 1 a, III Nr 1 (oben Tatkomplexe A und C) – § 53 – § 222 – § 52 – § 142 I Nr 2 – § 52 – § 323 c – § 52 – § 316 I (Tatkomplex D).

E. Das Fahrbahngehen (Strafbarkeit des A)

1. § 315 b I Nr 2, Nr 3

598 Durch das Gehen auf der zweispurigen Straße könnte sich A wegen eines gefährlichen Eingriffs in den Straßenverkehr strafbar gemacht haben.

a) Objektiver Tatbestand

In Betracht kommt die Tatvariante des Hindernisbereitens, § 315 b I Nr 2. Dies bezeichnet das Herbeiführen eines Vorgangs, der geeignet ist, durch körperliche Einwirkung den regelmäßigen Verkehr zu hemmen oder zu verzögern[33]. Danach wäre das Fahrbahngehen ein Hindernisbereiten.

Zumindest könnte man von einem ähnlichen, ebenso gefährlichen Eingriff iSv § 315 b I Nr 3 ausgehen.

---

32 Ähnlich verhält es sich, wenn die Trunkenheitsfahrt durch eine Alkoholkontrolle unterbrochen wird: OLG Hamm NVZ 2008, 532.

33 *Fischer*, § 315 b Rn 7 iVm § 315 Rn 9.

Beiden Alternativen ist aber gemeinsam, dass im Grundsatz nur Beeinträchtigungen durch einen verkehrsfremden Eingriff von außen erfasst werden. Vorschriftswidriges verkehrsinternes Verhalten ist grundsätzlich nur nach § 315 c strafbar, da dieser Tatbestand einen abschließenden Katalog (die „Sieben Todsünden im Straßenverkehr") enthält. Hier war A als Fußgänger aber selbst Verkehrsteilnehmer.

Allerdings ist für § 315 b I Nr 3 anerkannt, dass auch verkehrsinterne Vorgänge verkehrsfremden Eingriffen gleichgestellt werden können, wenn sie der Sache nach einen verkehrsfremden Eingriff darstellen, wie zB absichtliches Bremsen, um einen Auffahrunfall zu provozieren[34]. Diese Grundsätze der ausnahmsweisen Gleichstellung verkehrsinterner Vorgänge mit verkehrsexternen Eingriffen lassen sich auch auf Fußgänger übertragen[35]. Nach dem Schutzzweck der Norm sind allerdings gewisse Einschränkungen zu machen: Der verkehrsfremde Vorgang muss besonders gefährlich sein, dh es ist erforderlich, dass eine Einwirkung von einigem Gewicht vorliegt. Subjektiv muss es dem Täter gerade darauf ankommen, einen Verkehrsvorgang zu einem Eingriff zu pervertieren[36]. Hier kam es A zwar auf die Schaffung eines Hindernisses an, sodass er einen verkehrsfremden Zweck verfolgte.

Fraglich ist allerdings, ob die von A vorgenommene Einwirkung auf den Verkehr bereits die Schwelle von erheblichem Gewicht überschritten hatte. Als Indiz für die Gefährlichkeit kann die tatsächlich eingetretene Gefahrenlage gewertet werden. Eine besondere Gefahr ist zB anzunehmen, wenn feststeht, dass es zu besonders gefährlichen Situationen dadurch gekommen ist, dass die beteiligten Fahrzeuglenker oder andere Autofahrer längere Zeit hinter dem Täter herfahren mussten. A trug einen Rucksack mit Reflektoren, sodass er gut zu sehen war. Wenn der Autofahrer R den A erst in letzter Sekunde wahrgenommen hat, lässt dies sogar darauf schließen, dass R selbst sich möglicherweise verkehrsordnungswidrig verhalten hat und bei vorsichtigerer Fahrweise den A früher gesehen hätte. A gefährdete sich als Fußgänger vor allem selbst. Eine Einwirkung von erheblichem Gewicht ist daher abzulehnen. Somit scheidet eine Strafbarkeit gem § 315 b I Nr 2, Nr 3 aus.

Ferner fehlte es A an der besonderen Absicht, die Sicherheit des Straßenverkehrs durch eine Pervertierung eines Verkehrsvorgangs zu beeinträchtigen. Vielmehr wollte A nur die Autofahrer veranlassen, um ihn herumzufahren.

b) Ergebnis

A ist nicht gem § 315 b I Nr 2, Nr 3 strafbar.

2. § 240 I, II

a) Objektiver Tatbestand

A müsste den R durch Gewalt oder durch Drohung mit einem empfindlichen Übel zu einem Verhalten genötigt haben. In Betracht kommt hier zunächst der Einsatz von Gewalt. **599**

34 *Fischer*, § 315 b Rn 9.
35 BGHSt 41, 231, 239.
36 Zur Vertiefung: *Geppert*, JK 5 zu § 315 b; *Meurer*, BA 1996, 161.

600 **Problem Nr 128: Genügt das bloße Blockieren der Fahrbahn für die Annahme von Gewalt iSd § 240 I?**

(1) Nach der **Rechtsprechung des BVerfG** (BVerfGE 92, 1, 18; vgl auch BVerfG JuS 2002, 707 ff) ist Gewalt iSv § 240 I eine erhebliche körperliche Kraftentfaltung oder ein physisch wirkender Zwang. Bloß psychisch wirkender Zwang genügt hingegen für die Bejahung der Strafbarkeit gem § 240 I nicht. Für Sitzdemonstrationen und Verkehrsbehinderungen auf einer Fahrbahn bedeutet dies, dass zumindest für die Fahrer in der ersten Reihe nur ein psychisches Hindernis besteht, da sie die Blockade durchbrechen könnten.

(2) Nach der **neueren Ansicht des BGH** kann zwar bei einer Fahrbahnblockierung durch Menschen, durch die Autofahrer zum Anhalten veranlasst werden, zumindest bzgl der Fahrzeuge in der ersten Reihe keine Gewalt mehr bejaht werden (anders die frühere Rechtsprechung, vgl BGHSt 23, 46, 54 [„Laepple-Urteil"]; vgl auch BGH StV 2002, 360 f). Hingegen bestehen keine Bedenken, bzgl der Fahrzeuge in der zweiten Reihe sogar von einem physischen Zwang auszugehen, weil diese Fahrzeuge tatsächlich nicht weiterfahren können (BGHSt 41, 182; krit hierzu *Sinn*, NJW 2002, 1024 ff). Im Falle eines „Fahrbahngehers" handelt es sich jedoch nur um einen für § 240 I nicht ausreichenden psychischen Zwang (BGHSt 41, 231; vgl auch OLG Karlsruhe NJW 2003, 1263). Die Autofahrer könnten jederzeit ausweichen oder das Hindernis umfahren, sodass es nicht zu einer unüberwindbaren Blockade kommt.

(3) Im **Schrifttum** wird der Gewaltbegriff bei § 240 I bis heute vielfach weiter ausgelegt und es wird generell ein **körperlich wirkender Zwang** als ausreichend erachtet (vgl *Wessels/Hettinger*, BT1 Rn 383). Das bloße Behindern des Verkehrsflusses durch „Fahrbahngeher" wird aber nur in Ausnahmefällen als körperlicher Zwang empfunden.

Zur Vertiefung: Wessels/Hettinger, BT1 Rn 383 ff; Geppert, Jura 2006, 31, 33; Swoboda, JuS 2008, 862; *Zöller, GA 2004, 147.*

601 Die vom Fahrbahngeher A ausgeübte Zwangswirkung auf die anderen Verkehrsteilnehmer war angesichts der leichten Ausweichmöglichkeit nur rein psychischer Natur. Somit scheidet hier nach allen Ansichten die Annahme von Gewalt iSd § 240 I aus.

Theoretisch denkbar erscheint auch eine Drohung mit einem empfindlichen Übel[37]. Drohung iSd § 240 I ist das auf Einschüchterung des Opfers gerichtete Inaussichtstellen eines zukünftigen Übels, auf dessen Eintritt der Drohende sich Einfluss zuschreibt[38]. Übel ist jeder Nachteil, jede Einbuße an Werten. Empfindlich ist ein Übel, wenn mit ihm eine erhebliche Werteinbuße verbunden und der drohende Verlust bei objektiver Beurteilung unter Berücksichtigung der persönlichen Verhältnisse des Betroffenen geeignet ist, einen besonnenen Menschen zu dem mit der Drohung erstrebten Verhalten zu bestimmen[39]. Für den R stellte das Überrollen eines menschlichen Körpers (nämlich den des A) ein empfindliches Übel dar. Als weiteres empfindliches Übel kommt die Bestrafung nach dem Überrollen in Betracht. Diese Übel werden jedoch nicht von A in Aussicht gestellt, weil er davon ausgeht, dass die Fahrzeugführer ihn nicht überfahren, sondern ihm allenfalls ausweichen werden.

37 Vgl insoweit *Herzberg*, JuS 1997, 1067; *Krey*, NStZ 1995, 543 Fn 17; *Lackner/Kühl*, § 240 Rn 12–14.
38 *Wessels/Hettinger*, BT1 Rn 402.
39 *Wessels/Hettinger*, BT1 Rn 404.

b) Ergebnis

A ist nicht gem § 240 I, II strafbar.

3. Ergebnis für A im Tatkomplex E

A ist straflos.

F. Gesamtergebnis des materiell-rechtlichen Gutachtens

A: § 315 c I Nr 1 a, III Nr 1 602
– § 53 –
§ 222 – 52 – § 142 I Nr 2 – § 52 – § 323 c – § 52 – § 316 I
B: §§ 315 b I Nr 1, II, III, 22, 23 I Alt 1 iVm § 315 III Nr 1 a – § 52 – §§ 224 I Nr 2, II, 22, 23 I Alt 2, 25 I Alt 2 – § 52 – § 303 I Alt 2

Teil II. (prozessualer Teil)

1. Unfallgeschehen und „Unfallflucht" als eine Tat im prozessualen Sinn?

Fraglich ist, ob das Verlassen der Unfallstelle noch zur selben Tat im prozessualen 603
Sinne gehört. In diesem Fall genügte ein Hinweis des Richters gem § 265 I, II StPO auf Veränderung des rechtlichen Gesichtspunktes. Sollte es sich bei der „Unfallflucht" dagegen um eine neue Tat handeln, wäre eine Nachtragsanklage gem § 266 StPO erforderlich.

Als Tat im prozessualen Sinne versteht man das gesamte Verhalten des Beschuldigten, soweit es mit dem in Anklage, Eröffnungsbeschluss oder Urteil bezeichneten geschichtlichen Vorkommnis nach der Auffassung des Lebens einen einheitlichen Vorgang bildet[40]. In der Regel werden in Idealkonkurrenz stehende Delikte auch eine Tat im prozessualen Sinne bilden, Realkonkurrenz deutet dagegen eher auf mehrere Taten im prozessualen Sinne hin.

Hier führt die Zäsurwirkung des Unfalls, verbunden mit dem erneuten Tatentschluss des Wegfahrens, zur Annahme von Realkonkurrenz, was mehrere Taten im prozessualen Sinne nahelegt. Dennoch hat die Rechtsprechung[41] eine Tat im prozessualen Sinne angenommen, da eine Trennung als „unnatürliche Aufspaltung eines einheitlichen Lebensvorgangs empfunden" würde. Folglich reicht insoweit ein Hinweis des Richters auf Veränderung des rechtlichen Gesichtspunktes gem § 265 I StPO, um auch das Herbeiführen des Unfalles mit in den Prozess einzubeziehen. Eine Nachtragsanklage ist nicht erforderlich.

Zur Vertiefung: Beulke, StPO Rn 512 ff.

---

40 *Beulke*, StPO Rn 513.
41 BGHSt 23, 141, 147.

2. Beweismittelarten im Strafprozess

604 Die StPO kennt folgende Beweismittelarten:

Persönliche Beweismittel:
- Zeugenbeweis und
- Sachverständigenbeweis

Sachliche Beweismittel:
- Urkundsbeweis und
- Augenscheinsbeweis

Kein Beweismittel im eigentlichen Sinne ist die Einlassung des Angeklagten bzw der Mitangeklagten (vgl Wortlaut von § 244 I StPO, wonach die Beweisaufnahme der Vernehmung des Angeklagten nachfolgt). Ihnen kommt eine Sonderrolle zu. Man spricht insoweit von einem Beweismittel im weiteren Sinne. Weitere Beweismittel sind in der StPO nicht vorgesehen (sog numerus clausus der Beweismittel).

Dieser numerus clausus der Beweismittel betrifft aber nur den sog Strengbeweis, der zum Nachweis der Schuld und der Frage der Rechtsfolgen eingreift. Davon zu unterscheiden ist das Freibeweisverfahren, das für die Schuld- und Rechtsfolgenfrage bis zur Eröffnung des Hauptverfahrens und während des gesamten Verfahrens hinsichtlich der Klärung prozessualer Fragen gilt.

Zur Vertiefung: Beulke, StPO Rn 179 ff.

3. Zeugnisverweigerungsrecht des Angehörigen eines Beschuldigten in einem einheitlichen Verfahren gegen Dritte

a) Belehrungspflicht

605 Gemäß § 52 III 1 StPO muss der Richter die E vor ihrer Vernehmung auf ein Zeugnisverweigerungsrecht hinweisen, wenn sich dieses aus § 52 I Nr 2 StPO ergibt. Richtet sich ein einheitliches Verfahren gegen mehrere Mitbeschuldigte und steht der Zeuge auch nur zu einem von ihnen in einem Angehörigenverhältnis nach § 52 StPO, so ist er zur Verweigerung des Zeugnisses hinsichtlich aller Beschuldigten berechtigt, sofern der Sachverhalt, zu dem er aussagen soll, auch seinen Angehörigen betrifft[42]. Der Zeuge kann nämlich nur einheitlich aussagen, sodass sich sein Zeugnisverweigerungsrecht einheitlich auswirkt. Ferner besteht auch hier die Gefahr von Falschaussagen und der „Familienfrieden" wird tangiert. Diese Überlegungen betreffen auch den Fall, dass das Verfahren gegen den Angehörigen abgetrennt worden ist. Es reicht also aus, wenn die Verfahren auch nur vorübergehend verbunden waren[43].

Ob auch im Falle eines verstorbenen Mitbeschuldigten § 52 I Nr 2 StPO für dessen Angehörige weiterhin bestehen bleibt, ist streitig.

42 BGHSt 34, 215, 216.
43 BGHSt 38, 96, 98.

Problem Nr 129: Steht dem Angehörigen eines verstorbenen Beschuldigten im Prozess gegen Mitbeschuldigte ein Zeugnisverweigerungsrecht zu?

(1) Nach der neueren Rspr des **BGH** (BGHSt 38, 96, 101; BGH NJW 1993, 2326) entfällt das Zeugnisverweigerungsrecht nach rechtskräftigem Freispruch oder rechtskräftiger Verurteilung des Mitbeschuldigten (und Angehörigen). Ebenso wird entschieden, wenn der „Angehörigen-Mitbeschuldigte" verstorben ist (BGH NStZ 1992, 291).

Argument: Da jetzt keine Strafverfolgung gegen den Angehörigen mehr droht, ist der Sinn des Zeugnisverweigerungsrechts entfallen.

(2) Nach überzeugender Ansicht in der **Literatur** (*Beulke*, StPO Rn 192; SK/StGB-*Rogall*, Vor § 133 Rn 189) und in der **früheren Rechtsprechung** (BGHSt 34, 215, 216) besteht das Zeugnisverweigerungsrecht auch noch, wenn der Angehörige zur Zeit der Zeugenvernehmung verstorben oder das gegen ihn betriebene Strafverfahren bereits rechtskräftig abgeschlossen ist.

Argument: Die oben unter (1) dargestellte Lösung des BGH erscheint nicht sachgerecht, denn das Interesse am Schutz des innerfamiliären Friedens kann auch nach dem Tode eines Angehörigen bzw nach dessen rechtskräftiger Aburteilung so ausgeprägt sein, dass es uU das Interesse an der Durchführung des Strafverfahrens überwiegt.

Zur Vertiefung: Beulke, StPO Rn 192.

Zwar droht Y keine Strafverfolgung mehr. Gleichwohl kann E auch nach dem Tod des Y noch in einen Gewissenskonflikt geraten, sofern sie im Falle einer wahren Aussage ihren verstorbenen Mann postum „schlecht machen" müsste. Vor solchen Gewissenskonflikten will § 52 StPO, der einen umfassenden Schutz der Familie im Auge hat, bewahren. Nach überzeugender Ansicht, die allerdings von der neueren Rechtsprechung nicht geteilt wird, steht der E also ein Zeugnisverweigerungsrecht zur Seite, auf das man sie hinzuweisen hat.

b) Beweisverwertungsverbot

Fraglich ist, ob aus dem Fehlen der hier geforderten (*s o Rn 605*) Belehrung der E über **606**
ihr Zeugnisverweigerungsrecht ein Beweisverwertungsverbot hinsichtlich ihrer Aussage resultiert.

Nach überzeugender Ansicht ist die Frage, ob aus einem – nicht direkt aus der Verfassung abgeleiteten – Beweiserhebungsverbot ein Beweisverwertungsverbot folgt, anhand des Schutzzweckes der jeweils verletzten Beweiserhebungsnorm zu beantworten[44].

Gegenüber E wurde die Belehrungspflicht aus § 52 III StPO verletzt. Aus dem Schutzzweck der Norm („schonende Rücksicht auf die Familienbande"[45]) ergibt sich die Unverwertbarkeit der so gewonnenen Aussage[46].

44 Zum Problem der Ermittlung von Beweisverwertungsverboten s o Fall 3, Problem Nr 30, Rn 149. Folgt man der Ansicht des BGH, nach der schon kein Zeugnisverweigerungsrecht besteht, hat die unterlassene Belehrung natürlich keinerlei Konsequenzen.

45 BGHSt GrS 11, 213, 216.

46 Vgl BGHSt 14, 159, 160.

Zwar erfährt das Beweisverwertungsverbot der unterbliebenen Zeugenbelehrung eine wesentliche Einschränkung insoweit, als es nur dann gilt, wenn das Fehlen der Belehrung für die Aussage des Zeugen ursächlich war. Steht nämlich fest, dass der Zeuge sein Aussageverweigerungsrecht gekannt hat und auch bei Belehrung ausgesagt hätte, so entfällt das Verwertungsverbot, da die Zeugenaussage dann nicht auf der unterlassenen Belehrung beruhte und das auf die Zeugenaussage gestützte Urteil keinen Verstoß gegen § 52 III StPO darstellt[47]. Anhaltspunkte dafür, dass E ihr Zeugnisverweigerungsrecht gekannt hat, sind jedoch nicht ersichtlich.

Schließlich ist das aus einer Verletzung des § 52 III StPO resultierende Beweisverwertungsverbot auch nach Ansicht der Rechtsprechung – im Gegensatz zur Verletzung des § 136 I 2 StPO[48] – nicht davon abhängig, dass der verteidigte Angeklagte in der Hauptverhandlung einer Verwertung widerspricht[49].

4. Auskunftsverweigerungsrecht des § 55 I StPO

607 Gemäß § 55 I StPO kann jeder Zeuge die Auskunft auf solche Fragen verweigern, deren Beantwortung ihn selbst oder einen Angehörigen der Gefahr aussetzen würde, strafrechtlich (oder wegen einer Ordnungswidrigkeit) belangt zu werden. Hierüber ist er zu belehren (§ 55 II StPO). Die Belehrungspflicht gilt auch für die StA und die Polizei (§§ 161 a I 2, 163 a V StPO).

Die Konsequenzen der Nichtbelehrung des Zeugen gem § 55 I StPO für den Beschuldigten sind umstritten.

Problem Nr 130: Führt die Verletzung der Belehrungspflicht über das Auskunftsverweigerungsrecht des § 55 I StPO zu einem Beweisverwertungsverbot?

(1) Bei der Verletzung dieser Belehrungspflicht bejaht eine **starke Mindermeinung** (*Gössel*, StVR S 218; *Jäger*, GA 2008, 473, 487; *Roxin*, StPO § 24 Rn 26) ein Verwertungsverbot.

Argument: Der § 55 I StPO schützt auch das Interesse des Angeklagten an einer konfliktfreien, wahrheitsgemäßen Zeugenaussage.

(2) Demgegenüber verneint die **herrschende Meinung** (BGHSt 11, 213, 218; *Beulke*, StPO Rn 464; HK-*Lemke*, § 55 Rn 10; *M-G*, § 55 Rn 17; *Meurer*, StPO § 32 IV 2 c; *Ranft*, StPO § 23 Rn 504) zutreffend ein Beweisverwertungsverbot.

Argument: Da § 55 I StPO allein den Zeugen vor einer Selbstbelastung oder einer solchen naher Angehöriger schützen will, ist der Rechtskreis des Angeklagten durch die Verletzung der Belehrungspflicht nicht berührt („Rechtskreistheorie").

Zur Vertiefung: Beulke, StPO Rn 464; Rössner, StPO 18. Problem S 84 ff.

Läge der Grund für die Belehrungspflicht des § 55 StPO im Interessen des Angeklagten in einer wahrheitsgetreuen und frei von Konflikten getroffenen Aussage des Zeugen, spräche alles für ein Beweisverwertungsverbot zugunsten des Beschuldigten. Vor-

47 BGHSt 38, 214, 225.
48 Siehe oben Fall 3, Problem Nr 31, Rn 151.
49 BGHSt 45, 203, 205.

zugswürdig erscheint es aber, den Schutz des § 55 StPO nur der Aussageperson zu gewähren. Der Zeuge soll sich in keine Zwangslage manövrieren müssen. Wird er darüber nicht belehrt, so kann das für den Beschuldigten kein Beweisverwertungsverbot zur Folge haben. Diese Position wird heute zumeist mit der Beschreibung „Rechtskreistheorie" belegt. Im Ergebnis kann also trotz Verletzung der Belehrungspflicht die Aussage des B gegenüber K zulasten des A verwertet werden.

5. Fehlen der Belehrung gem § 136 I 2 StPO im Verfahren gegen Dritte

Die gem §§ 163 a III, 136 I 2 StPO erforderliche Beschuldigtenbelehrung ist unterblie- 608
ben. Das hat nach heute unbestrittener Ansicht für die Aussage des B ein Verwertungsverbot zur Folge, sodass eine Verurteilung des B hierauf nicht gestützt werden kann[50].

Fraglich ist, ob für die Verurteilung des B die Aussage des G herangezogen werden kann (und umgekehrt für die Verurteilung des G die Aussage des B).

Für den Fall, dass die Verfahren noch nicht miteinander verbunden wurden, hat die Rechtsprechung[51] eine Verwertung mit der Begründung zugelassen, die gegenüber dem einen Mitbeschuldigten unterlassene Belehrung berühre nicht den Rechtskreis des anderen Mitbeschuldigten. Bei einer gegenüber mehreren Beschuldigten unterlassenen Belehrung hat dies jedoch im Fall der Verbindung die missliche Konsequenz, dass die Aussagen sozusagen „über Kreuz" verwertet werden können. Deshalb spricht sich eine andere Ansicht[52] gegen eine Verwertbarkeit aus. Die Rechtsfrage ist derzeit noch ungeklärt.

Zur Vertiefung: Beulke, StPO Rn 468.

Definitionen zum Auswendiglernen

Unfall	iSv **§ 142** ist jedes für zumindest einen der Beteiligten plötzliche, mit dem Straßenverkehr und seinen Gefahren ursächlich zusammenhängende Ereignis, das einen nicht völlig belanglosen Personen- oder Sachschaden zur Folge hat (*Wessels/Hettinger, BT1 Rn 1004*).
Unglücksfall	iSv **§ 315 III Nr 1** und **§ 323 c** ist jedes (plötzlich eintretende) Ereignis, das die unmittelbare Gefahr eines erheblichen Schadens für andere Menschen oder fremde Sachen von bedeutendem Wert hervorruft (*Wessels/Hettinger, BT1 Rn 1044*).
Hindernisbereiten	iSv **§ 315 b I Nr 2** bedeutet das Herbeiführen eines Vorgangs, der geeignet ist, durch körperliche Einwirkung den regelmäßigen Verkehr zu hemmen oder zu verzögern (*Fischer, § 315 b Rn 7 iVm § 315 Rn 9*).
Ähnliche, ebenso gefährliche Eingriffe in den Straßenverkehr	**iSv § 315 b I Nr 3** sind verkehrsfremde Eingriffe, die von außen her die Sicherheit des Straßenverkehrs beeinträchtigen (*Wessels/Hettinger, BT1 Rn 979*).

50 BGHSt 38, 214 ff.
51 BayObLG NJW 1994, 1296; BGH StV 1995, 231; zustimmend *Beulke*, StPO Rn 468.
52 *Dencker*, StV 1995, 231; *Roxin*, StPO § 24 Rn 26.

Fahruntüchtigkeit	iSv **§ 316** liegt vor, wenn der Fahrzeugführer nicht fähig ist, ein Fahrzeug über eine längere Strecke sicher zu führen (*Wessels/Hettinger, BT1 Rn 986*).

Weitere einschlägige Musterklausuren

Zum Problem der alkoholbedingten Fahruntüchtigkeit:
Baier, JA-Übungsblätter 2005, 37; *Beulke,* Klausurenkurs II [7] Rn 191; *Ellbogen/Richter*, JuS 2002, 1192; *Goeckenjan,* JuS 2008, 702; *Golla/Meindl*, JuS 1984, 873; *Gössel*, [15] S 243; *Herzberg/Putzke*, JuS 2008, 884; *Meurer/Kahle/Dietmeier*, [6] S 103; *Ranft*, in: *Coester-Waltjen* ua (Hrsg), Examensklausurenkurs II, S 61; *Reinbacher*, Jura 2007, 382; *Reinbacher*, in: *Coester-Waltjen* ua (Hrsg), Zwischenprüfung, S 26; *Trüg*, JA 2002, 214

Zum Problem der Beeinträchtigung des Straßenverkehrs durch einen „ähnlichen, ebenso gefährlichen Eingriff" iSv § 315 b I Nr 3:
Dreher, JuS 2007, 459; *Eisele*, JA 2003, 40; *Fahl*, JuS 2003, 472; *Meurer/Kahle/Dietmeier*, [6] S 103; *Noak/Sengbusch*, Jura 2005, 494; *Pape,* Jura 2007, 147; *Radtke/Schwer*, JuS 2003, 580; *Ranft*, in: *Coester-Waltjen* ua (Hrsg), Examensklausurenkurs II, S 61; *Sonnen/Mitto/Nugel,* Fälle [15] S 136; *Trüg*, JA 2002, 214; *Walter/Uhl,* JA-Übungsblätter 2009, 31.

Zum Problem: Konkretheit der Gefahr bei § 315 b I
Goeckenjan, JuS 2008, 702

Zum Problem: Gehören tatbeteiligte Mitfahrer zu dem durch § 315 c geschützten Personenkreis?:
Beulke, Klausurenkurs II [7] Rn 191; *Chowdhury/Meier/Schröder,* [10] S 258; *Ellbogen/Richter*, JuS 2002, 1192; *Gössel*, [7] S 124; *Graul*, JuS 1992, 321; *Kudlich,* JA 2008, 703; *Niehaus*, Ad Legendum 2008, 117; *Peterek/Ingelfinger*, StudZR 2005, 431; *Seier*, JA 1990, 202; *Sternberg-Lieben*, JuS 1998, 428; *Trüg*, JA 2002, 214; *Wolters*, [3] S 59

Zum Problem: Notwendiges Ausmaß der Gefährdung des Beifahrers im Rahmen des § 315 c:
Baier, JA 2000, 300; *Beulke,* Klausurenkurs II [7] Rn 191; *Bindzus/Ludwig*, JuS 1998, 1123; *Chowdhury/Meier/Schröder,* [10] S 258; *Ellbogen/Richter*, JuS 2002, 1192; *Graul*, JuS 1992, 321; *Kudlich,* JA 2008, 703; *Momberg*, Jura 1983, 482; *Strauß*, [20] S 141; *Wittig*, in: *Coester-Waltjen* ua (Hrsg), Examensklausurenkurs I, S 45

Zum Problem der Einwilligung des Gefährdeten bei § 315 c:
Baier, JA 2000, 300; *Beulke,* Klausurenkurs II [7] Rn 191; *Chowdhury/Meier/Schröder,* [10] S 258; *Ellbogen/Richter*, JuS 2002, 1192; *Gössel*, [7] S 124; *Graul*, JuS 1992, 321; *Niehaus*, Ad Legendum 2008, 117; *Otto*, [E2] S 164; *Peterek/Ingelfinger*, StudZR 2005, 431; *Rudolphi*, [15] S 177; *Walter/Uhl,* JA-Übungsblätter 2009, 31; *Wolters*, [3] S 59

Zum Problem des rechtmäßigen Alternativverhaltens:
Baumann/Arzt/Weber, [14] S 80; [15] S 85; *Kienapfel*, S 145 ff; *Merten*, [14] S 43; *Rudolphi*, [14] S 166

Zum Problem der Garantenstellung bei vorangegangenem pflichtgemäßen Tun:
Baumann/Arzt/Weber, [9] S 45, [24] S 151; *Bernsmann*, JA 1991, 126; *Beulke*, Klausurenkurs I [6] Rn 225; *Bühler*, Jura 1989, 651; *Dannecker*, Jura 1988, 657; *Ellbogen/Richter*, JuS 2002, 1192; *Esser,* Jura 2004, 273; *Freund*, JuS 1990, 213; *Geppert*, Jura 2002, 278; *Grebing*, Jura 1980, 91; *Kelker*, Jura 1996, 89; *Meurer/Kahle/Dietmeier*, [4] S 49; *Mitsch*, JuS 1987, 726; *Noak*, in: *Coester-Waltjen* ua (Hrsg), Zwischenprüfung, S 20; *Rudolphi*, [3] S 24; *Seier*, JA 1990, 202; *Sternberg-Lieben*, Jura 1996, 544; *Weber*, JuS 1988, 885

Zum Problem: Kann sich auf die Unzumutbarkeit der Hilfeleistung berufen, wer sich durch die Hilfeleistung der Gefahr einer Strafverfolgung aussetzen würde?
Kett-Straub/Linke, JuS 2008, 717; *Vogel/Fad,* JuS 2002, 786

Zum Problem: Verhältnis von § 315 c durch Herbeiführung des Unfalls zur Weiterfahrt nach dem Unfall:
(unbekannt), JA-Übungsblätter 1981, 15; *Niehaus*, Ad Legendum 2008, 117; *Reinbacher*, Jura 2007, 382; *Tiedemann*, [1] S 165

Zum Problem des Gewaltbegriffes:
Böse/Keiser, JuS 2005, 440; *Britz*, JuS 1997, 146; *Britz/Müller-Dietz*, Jura 1997, 313; *Gössel*, [1] S 33; *Gropp/Küpper/Mitsch*, [11] S 203; *Hartmann*, JA 1998, 946; *Ingelfinger*, JuS 1998, 531; *Krahl*, JuS 2003, 1187; *Krüger/Steinhilper*, Jura 1981, 660; *Meurer/Dietmeier*, Jura 1999, 643; *Niederle*, [19] S 68; *Rosenau/Witteck*, Jura 2002, 781; *Rudolphi*, [5] S 52; *Rüping/Kamp*, JuS 1976, 660; *Samson*, St 1 [11] S 63; *Schott*, Jura 2001, 854; *Wittig*, in: *Coester-Waltjen* ua (Hrsg), Examensklausurenkurs I, S 45

Zum Problem des Beweisverwertungsverbotes bei unterbliebener Zeugenbelehrung:
Frisch/Murmann, JuS 1999, 1196

Zum Problem: Steht dem Angehörigen eines verstorbenen Beschuldigten im Prozess gegen Mitbeschuldigte ein Zeugnisverweigerungsrecht zu?
Vogel, Jura 1996, 265

Zum Problem: Führt die Verletzung der Belehrungspflicht über das Auskunftsverweigerungsrecht des § 55 I StPO zu einem Beweisverwertungsverbot?
Berg, in: *Coester-Waltjen* ua (Hrsg), Examensklausurenkurs I, S 56; *Eisenberg*, Jura 1987, 265

Zum Problem des Zeugnisverweigerungsrechts eines Angehörigen im Prozess gegen Mitbeschuldigte:
Hillenkamp, JuS 2001, 159

Fall 13

Warmer Abriss

I.

609 Der alleinstehende Industrielle I bewohnt ein ihm allein gehörendes Waldhaus. Dieses Anwesen ist rundherum von Wald umgeben, der samt und sonders im Eigentum des I steht. Als die Geschäfte des I schlecht laufen, kommt ihm die Versicherung seines Waldhauses gegen Brandgefahr in den Sinn, die er vor einiger Zeit abgeschlossen hat. Da er der einzige Bewohner des Gebäudes ist und ihm das Haus ohnehin zu groß erscheint, beschließt er, den Versicherungsfall „künstlich" herbeizuführen. Er weiht seinen Freund F, der Mitglied der freiwilligen Feuerwehr ist, in seinen Plan ein und bittet ihn, „freundschaftshalber" beim Anzünden mitzuwirken. F ist begeistert, kann er doch so seine pyromanischen Triebe ausleben.

I und F entleeren je einen Benzinkanister im Erdgeschoss des Hauses, und F, der „Experte", setzt das Benzin in Flammen. Blitzschnell breitet sich das Feuer aus und erfasst das gesamte Gebäude. Aufgrund des heftigen Windes beschränkt sich der Brand allerdings nicht auf das Haus, sondern greift – wie von I und F vorausgesehen – auf den nahen Wald über, sodass sich ein regelrechter Waldbrand entwickelt. Ein Übergreifen auf fremde Wälder und die Gefährdung von Menschenleben ist aber von vornherein ausgeschlossen und von I und F auch nicht ernsthaft erwogen worden. Die von F alarmierte Feuerwehr kann nach mehrstündiger Arbeit den Brand eindämmen.

F erhält für seinen selbstlosen Einsatz bei den Löscharbeiten höchstes Lob aus den Reihen der Feuerwehrzunft. Hocherfreut gibt F dem I auch noch einige Tipps für eine unverdächtige Schadensmeldung gegenüber der Versicherung. Plangemäß meldet I seiner Versicherung den Brand und bekommt daraufhin den Schaden in Höhe von 100 000 € erstattet.

I ist beeindruckt von der Problemlosigkeit des Feuerlegens. Er will sich dieser Methode daher auch bedienen, um Rache an seinem verhassten Geschäftspartner E zu üben, der den I vor kurzem hereingelegt hat. Wieder gewinnt er F für seinen Plan, der bei dem zu erwartenden Feuerwehreinsatz erneut Meriten erlangen möchte und daher gerne mitmacht. Beide haben es auf die nagelneue Villa des E abgesehen. An einem Abend, an dem, wie sie aus eigentlich „sicherer Quelle" wissen, niemand in der Villa zugegen sein soll, begeben sie sich dorthin, brechen in das Innere des Hauses ein und vergewissern sich nochmals, dass sich niemand im Gebäude befindet, indem sie alle Räume der Villa absuchen. Nur einen der vielen Kellerräume übersehen sie dabei. Gerade dort hatte sich aber an diesem Tag der Wohnungslose W mit Zustimmung des Hauseigentümers E ein Nachtlager bereitet. I und F schütten nunmehr – damit das Feuer nicht so schnell gesehen wird – in einem fensterlosen und mit Gerümpel vollgestellten Kellerraum Benzin über einige dort liegende alte Lattenroste. Die eiserne Tür zwischen Keller und Wohntrakt haben sie offen stehen gesehen. F und I gehen davon aus, dass sich das Feuer von dem Lattenrost aus über weiteres Gerümpel und die Holztreppe im Flur im gesamten Haus ausbreiten wird. Als F ein Feuerzeug betätigt, kommt es aber unglücklicherweise bereits aufgrund des Kontakts der Flamme mit Benzindämpfen zu einer Explosion. Dabei wird der I getötet. F kann sich trotz eines Schocks ins Freie retten, wobei er in Panik die Eisentür zum Treppenhaus hinter sich zuschlägt.

Wie erwartet fangen die Lattenroste und das Gerümpel an zu brennen. Es entsteht wegen der geschlossenen Hausbauweise eine starke Rauchentwicklung im Keller. Wie durch ein Wunder geht aber das Feuer von allein wieder aus, ohne die Eisentür zum Treppenhaus oder die hölzerne Kellertreppe beeinträchtigt zu haben. Lediglich die Kellerwände aus Beton müssen aufgrund der Rußentwicklung abgewaschen werden.

Durch die starke Rauchentwicklung aufgeschreckt verliert der Wohnungslose W im Keller die Orientierung und stirbt an einer Rauchvergiftung.

Wie hat sich F strafbar gemacht?

II.

1. Wann darf Untersuchungshaft verhängt werden?
2. Wer ist für den Erlass eines Haftbefehls zuständig?
3. A ist vor der Großen Strafkammer angeklagt. Während der Hauptverhandlung erscheinen die Belastungsmomente gegen den Angeklagten immer erdrückender. Der Strafkammervorsitzende möchte deshalb einen Haftbefehl gegen den Angeklagten erlassen. Zwar ist er sich insoweit der Zustimmung eines Beisitzers sicher, der andere Beisitzer sowie die beiden Schöffen scheinen hingegen eher abgeneigt. Kann der Gerichtsvorsitzende die Frage des Erlasses eines Haftbefehls auf den nächsten Tag verschieben, an dem keine Hauptverhandlung stattfindet, und dann nur unter Mitwirkung der drei Berufsrichter entscheiden?
4. Das Gericht erlässt gegen A einen Haftbefehl, der sofort vollzogen wird. Was kann A gegen den Haftbefehl unternehmen?

Gedankliche Strukturierung des Falles (Kurzlösung)

610 **Teil I. (materiell-rechtlicher Teil)**

A. Das Waldhaus des I (Strafbarkeit des F)

1. § 306 I Nr 1 Alt 1 (Waldhaus) (–), Nr 5 Alt 1 (Wald) (–)
- a) Objektiver Tatbestand (+)
  - Nr 1 Alt 1 (Gebäude) (+)
  - Nr 5 Alt 1 (Wälder) (+)
  - Inbrandsetzung (+)
  - Zerstörung durch Brandlegung (+)
- b) Subjektiver Tatbestand (+)
- c) Rechtswidrigkeit (–)
  - Einwilligung (+)
- d) Ergebnis

2. § 306 a I Nr 1 Alt 1 (Waldhaus) (–)

Problem Nr 131: Entwidmung eines Gebäudes durch Inbrandsetzen seitens des Alleineigentümers (Rn 613)

3. § 306 a II iVm § 306 I Nr 1 Alt 1 (–), 5 Alt 1 (–)
- konkrete Gefahr einer Gesundheitsschädigung (–)

4. § 306 b II Nr 2 (–)

5. § 306 f I Nr 3 Alt 1 (–)
- Rechtswidrigkeit (–) (Einwilligung)

6. § 306 f II iVm I Nr 3 Alt 1 (–)
- Tatbestand (+)
- Rechtswidrigkeit (–) (Einwilligung)

7. § 303 I Alt 2 (Waldhaus; Wald) (–)
- Rechtswidrigkeit (–) (Einwilligung)

8. § 305 I (Waldhaus) (–)
- Rechtswidrigkeit (–) (Einwilligung)

9. § 265 I (+)
- a) Objektiver Tatbestand (+)
- b) Subjektiver Tatbestand (+)
- c) Rechtswidrigkeit und Schuld (+)
- d) Ergebnis

10. §§ 263 I, 25 II (ggü der Versicherung, zulasten der Versicherung, zugunsten des I) (–)
- a) Objektiver Tatbestand (–)
  - gemeinsamer Tatplan (+)
  - gemeinsame Tatausführung (–)
- b) Ergebnis

11. §§ 263 I, 27 (ggü der Versicherung, zulasten der Versicherung, zugunsten des I) (+)
- a) Objektiver Tatbestand (+)
  - vorsätzliche rechtswidrige Haupttat (+)
  - Beihilfehandlung (+)
- b) Subjektiver Tatbestand (+)
  - Vorsatz bzgl vorsätzlicher rechtswidriger Haupttat (+)
  - Vorsatz bzgl Beihilfehandlung (+)
- c) Strafzumessung, § 263 III 1, 2 Nr 2 (+), Nr 5 (+)
  - Nr 2 (Vermögensverlust großen Ausmaßes) (+)
  - Nr 5 (Vortäuschen eines Versicherungsfalles) (+)

12. Konkurrenzen

13. Ergebnis für F im Tatkomplex A
F ist strafbar gem §§ 263 I, III 1, 2 Nr 2, Nr 5, 27.

B. Die Villa des E (Strafbarkeit des F)

1. § 222 bzgl I (–)
- a) Tatbestandsmäßigkeit (–)
  - objektive Zurechnung (–)
- b) Ergebnis

2. § 222 bzgl W (+)

3. § 306 I Nr 1 (–)
- fremdes Gebäude (+)
- Inbrandsetzen (–)
- durch Brandlegung ganz oder teilweise zerstören (–)

4. §§ 306 I Nr 1 (+), Nr 3 (–), Nr 6 (–), 22, 23 I Alt 1 (+)
- a) Vorprüfung (+)
- b) Tatentschluss (+)
  - Nr 1 (Gebäude) (+)
  - Nr 3 (Warenlager/-vorräte) (–)
  - Nr 6 (land-, ernährungs-, forstwirtschaftliche Erzeugnisse) (–)
- c) Unmittelbares Ansetzen (+)
- d) Rechtswidrigkeit und Schuld (+)
- e) Rücktritt (–)

5. §§ 306 a I Nr 1, 22, 23 I Alt 1 (+)
- a) Vorprüfung (+)
- b) Tatentschluss (+)

Problem Nr 132: Teleologische Reduktion des Tatbestandes bei § 306 a I (Rn 627)

- c) Unmittelbares Ansetzen (+)

6. §§ 306 a II, 22, 23 I Alt 1 iVm § 306 I Nr 1 (–)
- a) Vorprüfung (+)
- b) Tatentschluss (–)

7. §§ 306 b I, 22, 23 I Alt 1 (+)
- a) Vorprüfung (+)

Problem Nr 133: Ist bei § 306 b I bzw bei § 306 c ein erfolgsqualifizierter Versuch möglich? (Rn 631)

- b) Tatentschluss bzgl Grunddelikt (+)
- c) Unmittelbares Ansetzen bzgl Grunddelikt (+)

d) Qualifizierende Folge (+)
e) Spezifischer Gefahrzusammenhang (+)
- Schutzzweck bzgl Eintritt des Todes bei I (–)
- Schutzzweck bzgl Eintritt des Todes bei W (+)

f) Fahrlässigkeit bzgl schwerer Folge (+)
g) Ergebnis

8. §§ 306 b II Nr 1, 22, 23 I Alt 1 (–)
a) Vorprüfung (+)
b) Tatentschluss (–)
- Vorsatz bzgl Todesgefahr eines anderen Menschen (–)

9. §§ 306 c, 22, 23 I Alt 1 (+)
a) Vorprüfung (+)
b) Tatentschluss bzgl Grunddelikt (+)
c) Unmittelbares Ansetzen bzgl Grunddelikt (+)
d) Qualifizierende Folge (+)
e) Spezifischer Gefahrzusammenhang (+)
f) Leichtfertigkeit bzgl schwerer Folge (+)

10. § 306 f (–)

11. § 308 I (–)
a) Objektiver Tatbestand (+)
b) Subjektiver Tatbestand (–)
- Vorsatz bzgl Herbeiführung einer Explosion (–)

12. § 308 I, V (–)
- Vorsatz bzgl Herbeiführung einer Explosion (–)

13. § 308 I, VI (+)

14. § 303 I Alt 1 (Lattenroste, Gerümpel; Wände; Eingangstür) (+)
- Lattenroste, Gerümpel (+)
- Wände (–), da keine Substanzverletzung
- Eingangstür (+/–)

15. § 303 I Alt 1 bzw Alt 2, III, 22, 23 I Alt 2 (Rest der Villa) (+)

16. §§ 305 I, II, 22, 23 I Alt 2 (Villa) (+)

17. § 123 I Alt 1 (Villa) (+)

18. Konkurrenzen

19. Ergebnis für F im Tatkomplex B
F hat sich gem §§ 306 c, 22, 23 I Alt 1 – § 52 – § 308 I, VI – § 52 – § 222 – § 52 – § 303 I Alt 1 – § 52 – § 123 I Alt 1 strafbar gemacht.

C. Gesamtkonkurrenzen

D. Gesamtergebnis des materiellrechtlichen Gutachtens

Tatkomplex A:	§§ 263 I, III 1, 2 Nr 2, Nr 5, 27 – § 53 –
Tatkomplex B:	§§ 306 c, 22, 23 I Alt 1 – § 52 – § 308 I, VI – § 52 – § 222 – § 52 – § 303 I Alt 1 – § 52 – § 123 I Alt 1

Teil II. (prozessualer Teil)

1. **Voraussetzungen der Untersuchungshaft**
2. **Zuständigkeit für Erlass eines Haftbefehls**
3. **Entscheidung über den Haftbefehl außerhalb der Hauptverhandlung, §§ 30 II, 76 I 2 GVG**
4. **Rechtsmittel gegen einen Haftbefehl**

Problem Nr 134: Überblick über die Systematik der Brandstiftungsdelikte (§§ 306–306 f) (Rn 642)

Ausführliche Lösung von Fall 13

Teil I. (materiell-rechtlicher Teil)

A. Das Waldhaus des I (Strafbarkeit des F)

1. § 306 I Nr 1 Alt 1 (Waldhaus), Nr 5 Alt 1 (Wald)

611 *Zur Neufassung der §§ 306 ff siehe vor allem folgende Übersichtsaufsätze: Cantzler, JA 1999, 474; Geppert, Jura 1998, 597; Radtke, ZStW 110 [1998], 848; Rengier, JuS 1998, 397; Sinn, Jura 2001, 803, Wrage, JuS 2003, 985 und Wolters, JR 1998, 271 jeweils mwN sowie das Schaubild über die Systematik der Brandstiftungsdelikte unten Rn 642.*

Dadurch, dass F das Waldhaus des I anzündete, könnte er sich gem § 306 I strafbar gemacht haben.

a) Objektiver Tatbestand

F müsste eines oder mehrere der in § 306 I genannten Objekte in Brand gesetzt oder durch Brandlegung ganz oder teilweise zerstört haben.

Ein Gebäude iSd § 306 I Nr 1 Alt 1 ist ein mit dem Erdboden verbundenes, mit Wänden und Dach versehenes Bauwerk. Das Waldhaus des I war ein – für F fremdes – Gebäude in diesem Sinne.

Wälder iSd § 306 I Nr 5 Alt 1 umfassen das auf einer Bodenfläche wachsende Holz und den Waldboden mit dem diesen bedeckenden Gras, Moos, Laub und Strauchwerk[1]. Der nahegelegene Wald zählte zu den – für F fremden – Wäldern im genannten Sinn.

In Brand gesetzt ist eine Sache, wenn sie vom Feuer in einer Weise erfasst ist, die ein Fortbrennen aus eigener Kraft, dh ohne Fortwirken des Zündstoffs, ermöglicht[2]. F hat sowohl das Gebäude als auch den Wald in Brand gesetzt.

Eine Brandlegung ist gegeben, wenn die zerstörende oder gefährdende Wirkung des Brandmittels eintritt[3]. Mit Brennen des Hauses war diese Vorform des Inbrandsetzens auch erfüllt. Hinzukommen muss allerdings bei dieser Tatbestandsalternative die gänzliche oder teilweise Zerstörung eines Schutzgegenstandes durch die Brandlegung. Ein Objekt ist ganz zerstört iSv § 306 I, wenn es vernichtet ist oder seine bestimmungsgemäße Brauchbarkeit vollständig verloren hat, teilweise zerstört, wenn einzelne für den bestimmungsgemäßen Gebrauch des Objekts wesentliche Teile unbrauchbar geworden sind[4]. Hier sind zumindest wesentliche Teile des Gebäudes und des Waldes zerstört worden.

1 BGHSt 31, 83, 84.
2 BGHSt 36, 221, 222; *Wessels/Hettinger*, BT1 Rn 957.
3 *Wessels/Hettinger*, BT1 Rn 958.
4 BGH StV 2003, 27; *Wessels/Hettinger*, BT1 Rn 958.

b) Subjektiver Tatbestand

F handelte vorsätzlich. Das betrifft auch die Brandlegung als Vorform des Inbrandsetzens[5]. Insbesondere hat er vorausgesehen und billigend in Kauf genommen, dass die Flammen auf den nahen Wald übergreifen können.

c) Rechtswidrigkeit

Als Rechtfertigungsgrund kommt eine Einwilligung in Betracht[6]. Bei § 306 I handelt es sich um einen speziellen Fall eines Sachbeschädigungsdelikts[7], bei dem eine Einwilligung des dispositionsbefugten Eigentümers möglich ist[8]. I war hier Alleineigentümer des Waldhauses und hat spätestens durch sein Mitwirken konkludent die (zulässige und wirksame) Einwilligung in die Brandlegung des Hauses gegeben, sodass das Handeln des F diesbezüglich gerechtfertigt ist. I war auch Alleineigentümer des Waldes, sodass auch in dieser Hinsicht von einer rechtfertigenden Einwilligung des I auszugehen ist.

d) Ergebnis

Eine Strafbarkeit gem § 306 I Nr 1 Alt 1, Nr 5 Alt 1 entfällt.

2. § 306 a I Nr 1 Alt 1 (Waldhaus)

F könnte mit dem Waldhaus ein Gebäude in Brand gesetzt haben. Das Waldhaus war ein Gebäude. Zusätzlich zur Gebäudeeigenschaft des Waldhauses ist nach dem Gesetzeswortlaut erforderlich, dass dieses der Wohnung von Menschen dient. Abgestellt wird dabei auf die bloße Tatsache des Dienens im Zeitpunkt der Tat[9]. Fraglich ist, ob I als Eigentümer die Funktion des Hauses dahingehend beeinflussen konnte, dass er ihm die für § 306 a I vorgeschriebene Nutzungsfunktion entzog. 612

Problem Nr 131: Entwidmung eines Gebäudes durch Inbrandsetzen seitens des Alleineigentümers 613

Anerkannt ist, dass durch das Inbrandsetzen einer Räumlichkeit durch den einzigen *Bewohner* das Dienen zur Wohnung tatsächlich wieder aufgehoben werden kann. Es findet also durch den Eigentümer eine konkludente Entwidmung statt (BGHSt 10, 208, 215; BGH JR 1999, 205, 207 m Anm *Wolters*; BGH StV 2001, 57, m Anm *Geppert*, JK 02, StGB § 306 a/2 sowie *Schröder/Holthoff-Pförtner*, JA 2002, 367 ff; BGH StV 2005, 391: Entwidmung durch mehrere; BGH NStZ-RR 2005, 76 m Bespr *Kudlich*, JuS 2005, 473: Entwidmung durch berechtigten unmittelbaren Fremdbesitzer; BGH NStZ 2008, 99 m abl Anm *Radtke*: Entwidmung bei geplanter Neuerrichtung /Renovierung bzw Differenzierung nach Teilen der Räumlichkeiten).

Zur Vertiefung: Wessels/Hettinger, BT1 Rn 963.

---

5 *Joecks*-St-K, § 306 Rn 28 spricht insoweit von einem „gesetzlich geregelten Fall der Unwesentlichkeit einer Abweichung des vorgestellten vom tatsächlichen Kausalverlauf".

6 Vgl *Wessels/Beulke*, AT Rn 370 ff.

7 Nach BGH NJW 2001, 765 enthält § 306 I daneben ein Element der Gemeingefährlichkeit; hiergegen *Wolff*, JR 2002, 94 ff.

8 *Fischer*, § 306 Rn 20; NK-*Herzog*, § 306 Rn 29; *Wessels/Hettinger*, BT1 Rn 956; für eine Berücksichtigung auf Tatbestandsebene *Murmann*, Jura 2001, 258, 259.

9 *Fischer*, § 306 a Rn 4.

614 Indem I in das Inbrandsetzen durch F einwilligte, hat er als Alleinbewohner konkludent zum Ausdruck gebracht, dass das Waldhaus nicht mehr als Wohnung dienen sollte. Damit ist eine Entwidmung eingetreten, sodass das Waldhaus für F kein taugliches Tatobjekt mehr für die Verwirklichung des § 306 a I Nr 1 sein konnte.

[Anm: § 306 a I ist ein gemeingefährliches Delikt. Wer eine Entwidmung ablehnt, kann nicht über eine Einwilligung des I zur Straflosigkeit gelangen, da bezüglich § 306 a I gerade keine Dispositionsbefugnis besteht.]

3. § 306 a II iVm § 306 I Nr 1 Alt 1, Nr 5 Alt 1

615 F hat mit dem Waldhaus und dem darum liegenden Wald ein Gebäude iSd § 306 I Nr 1 Alt 1 und Wälder iSd § 306 I Nr 5 Alt 1 in Brand gesetzt sowie durch eine Brandlegung zum Teil zerstört. Der § 306 a II verweist nicht auf § 306 a I, sondern auf § 306 I. Deshalb ist eine Strafbarkeit gem § 306 a II trotz Ausschlusses des § 306 a I wegen der stattgefundenen Entwidmung theoretisch möglich[10]. Die Eigentumslage spielt hier keine Rolle, dh es kann sich um ein eigenes, fremdes oder herrenloses Tatobjekt handeln[11]. Indes mangelt es an einer konkreten Gefahr einer Gesundheitsschädigung für einen anderen Menschen, sodass § 306 a II hier nicht erfüllt ist.

4. § 306 b II Nr 2

616 Zwar kann es sich nach Ansicht der Rechtsprechung bei der anderen Straftat, die der Täter durch die Brandstiftung verdecken will, auch um den Betrug gegenüber der Versicherung handeln[12]. Der § 306 b II Nr 2 ist jedoch eine Qualifikation zu § 306 a. Da hier weder der Abs 1 noch der Abs 2 des § 306 a erfüllt ist, scheidet auch eine Strafbarkeit gem § 306 b II aus.

5. § 306 f I Nr 3 Alt 1

617 Bei § 306 f I handelt es sich um ein einwilligungsfähiges Eigentumsdelikt[13], sodass F in jedem Fall bezüglich der Herbeiführung einer Brandgefahr für den Wald gerechtfertigt ist. Der Nachbarwald, in dessen Inbrandsetzung I nicht einwilligen könnte, ist nicht in Brandgefahr gebracht worden.

6. § 306 f II iVm I Nr 3 Alt 1

Voraussetzung ist, dass eine der in § 306 f I Nr 1–4 bezeichneten Sachen in Brandgefahr gebracht wird. Auch bei § 306 f II spielt die Eigentumslage am Tatobjekt keine Rolle[14].

---

10 *Geppert*, Jura 1998, 597, 600.

11 BGH StV 2001, 16; *Wessels/Hettinger*, BT1 Rn 969.

12 BGHSt 45, 211 ff m zust Anm *Radke*, JR 2000, 425, 428; BGH NStZ-RR 2004, 366; BGH NStZ 2008, 571; für eine Ablehnung des § 306 b II Nr 2 in diesem Fall hingegen [teleologische Reduktion]: *Hecker*, GA 1999, 332; *Schlothauer*, StV 2000, 138 139; restriktiver auch *Fischer*, § 306 b Rn 9 a und b; *Lackner/Kühl*, § 306 b Rn 4; SK/StGB-*Wolters/Horn*, § 306 b Rn 12.

13 *Geppert*, Jura 1998, 597, 605.

14 *Rengier*, JuS 1998, 397, 399 f.

Bei § 306f II scheidet jedoch eine Strafbarkeit aufgrund einer wirksamen Einwilligung des I in die Gefährdung seiner eigenen Person aus.

7. § 303 I Alt 2 (Waldhaus; Wald)

§ 303 I Alt 2 ist wegen Einwilligung nicht erfüllt, würde aber ohnehin gegenüber den spezielleren §§ 306 ff zurücktreten[15]. **618**

8. § 305 I (Waldhaus)

Eine Strafbarkeit entfällt, da F aufgrund der Einwilligung nicht rechtswidrig handelte.

9. § 265 I

Im Anzünden des Waldhauses könnte auch ein Versicherungsmissbrauch liegen. **619**

a) Objektiver Tatbestand

F hat eine gegen Untergang bzw Beschädigung versicherte Sache (Waldhaus) beschädigt bzw zerstört.

b) Subjektiver Tatbestand

Bzgl der Beschädigung der Sache sowie der für die Sache bestehenden Versicherung handelte er mit Wissen und Wollen. Zudem müsste er mit der Absicht gehandelt haben, sich oder einem Dritten Leistungen aus der Versicherung zu verschaffen. F wollte dem I die Versicherungsleistung zugute kommen lassen. Hierbei reicht ein zielgerichtetes Wollen für das Merkmal der Absicht aus[16]. Es genügt daher, wenn das Täterhandeln den Zweck hat, jemandem die Versicherungsleistung zukommen zu lassen. Auf eine betrügerische Absicht und die Rechtswidrigkeit der Versicherungsleistung kommt es nach der Neufassung durch das 6. StrRG nicht mehr an.

c) Rechtswidrigkeit und Schuld

F handelte rechtswidrig und schuldhaft.

d) Ergebnis

F hat sich gem § 265 I strafbar gemacht.

10. §§ 263 I, 25 II (gegenüber der Versicherung, zulasten der Versicherung, zugunsten des I)

Dadurch, dass F den I beriet, wie er sich gegenüber der Versicherung zu verhalten habe, könnte er sich wegen eines Betruges strafbar gemacht haben. **620**

---

15 *Fischer*, § 306 Rn 24.
16 *Fischer*, § 265 Rn 9.

a) Objektiver Tatbestand

F selbst hat gegenüber der Versicherung keine Täuschung begangen. In Betracht kommt aber, dass er sich eine Täuschungshandlung des I zurechnen lassen muss, weil F und I Mittäter sind, § 25 II.

Der verstorbene I könnte einen Betrug gegenüber der Versicherung begangen haben. I hat durch Geltendmachung seines Brandschadens bei der Versicherung diese über einen in Wahrheit nicht bestehenden Anspruch getäuscht, woraufhin die Versicherung dem kausalen Irrtum unterlag, zur Auszahlung der Versicherungssumme verpflichtet zu sein. Dies führte ursächlich zur Vermögensverfügung in Form der Auszahlung und korrespondierend auch zu einem stoffgleichen Vermögensschaden bei der Versicherung. I handelte vorsätzlich und in der Absicht rechtswidriger stoffgleicher (eigener) Bereicherung. Schließlich war sein Verhalten auch rechtswidrig.

F hat an dem Betrug des I mitgewirkt, indem er dem I noch einige Tipps für eine unverdächtige Schadensmeldung gegenüber der Versicherung gegeben hat. Dies ist ein positives Tun. Es führt zur Haftung als Mittäter, § 25 II, wenn zusätzlich zu dem hier gegebenen gemeinsamen Tatplan auch eine gemeinsame Tatausführung vorliegt.

Fraglich ist somit, ob I und F den Tatbestand gemeinsam verwirklicht haben, oder ob sich der Tatbeitrag des F in einer Teilnahmehandlung erschöpfte[17].

Nach der subjektiven Theorie kommt es darauf an, ob F die Tat als eigene wollte bzw ob er den Willen zur Tatherrschaft hatte. Nach der materiell-objektiven Theorie ist auf die objektive Tatherrschaft, dh auf das „In-den-Händen-halten" des Tatgeschehens, abzustellen. Hier kommen beide Ansichten zum selben Ergebnis: F ist nicht Mittäter, sondern allenfalls Teilnehmer, da er weder den Täterwillen hatte – er wollte dem I nur bei dessen lukrativem Geschäft behilflich sein – noch Tatherrschaft über das Geschehen ausübte, da der Beitrag des F mit Anfertigung und Übergabe des Brandberichts an den I beendet war. Nur I kam also im Tatzeitpunkt die Entscheidung darüber zu, ob und wann er den Schaden melden würde. Tatherrschaft hatte somit allein I. Dies spricht gegen eine Mittäterschaft.

Fraglich ist allerdings, wie die Mitwirkung des F einzustufen wäre, wenn ihn ein Unterlassensvorwurf träfe. Möglicherweise kam ihm auf Grund seines pflichtwidrigen Vorverhaltens bei der Brandlegung (er verwirklichte täterschaftlich § 265, *s o Rn 619*) eine Garantenstellung aus Ingerenz zu.

Streit[18] besteht nun darüber, ob nicht bereits das Bestehen einer solchen Garantenstellung ihn immer zum Täter werden lässt. Im Rahmen der Dogmatik der Unterlassungsdelikte wird dies von einem Teil der Lehre vertreten.

Dieser Streit hat auch Konsequenzen für die Abgrenzung von Mittäterschaft und Beihilfe im Rahmen des positiven Tuns. Wenn schon der nur unterlassende, den Erfolgseintritt nicht hindernde Garant immer Täter ist, so muss erst recht derjenige Garant Täter sein, der dem Haupttäter zusätzlich durch aktives Tun behilflich ist[19]. Das hätte zur Folge, dass F bei Bestehen einer Garantenpflicht nur Täter sein könnte; auf die übrigen Abgrenzungskriterien käme es dann nicht mehr an.

---

17 Siehe oben Fall 7, Problem Nr 63, Rn 285.
18 Siehe oben Fall 3, Problem Nr 27, Rn 139.
19 In diesem Sinne *Herzberg*, Täterschaft, S 83 f.

Würde man dieser Ansicht folgen, würde jedoch die Figur der Beihilfe für einen ganzen Bereich unanwendbar, nämlich immer dann, wenn der Beteiligte gleichzeitig Garant ist. Kriminalpolitisch ist diese Ansicht bedenklich, da kein Anreiz für den Garanten mehr bestünde, sich einer aktiven Förderungsmaßnahme zu enthalten bzw sich auf geringfügige Hilfsmaßnahmen zu beschränken, da er ja von vornherein schon Täter wäre, unabhängig von seinem späteren Verhalten. Dies zeigt, dass bereits der Ausgangspunkt dieser Ansicht nicht richtig sein kann, wonach der nicht hindernde Garant immer Täter ist. Es gibt keinen Grund, die Abgrenzung im Unterlassensbereich anders vorzunehmen als sonst, da die §§ 25 ff ganz allgemein für jedes menschliche Verhalten die Differenzierung zwischen Täterschaft und Teilnahme vorsehen, sodass man sich hiermit in Widerspruch begäbe, wenn man dies für einen Teilbereich ganz leugnete. Auch lassen sich die Abgrenzungskriterien sehr wohl im Unterlassensbereich anwenden, da der unterlassende Garant sowohl mit Täter- als auch mit Gehilfenwillen von einem Eingreifen absehen kann. Eine richtig verstandene Tatherrschaft kann zwischen aktivem Täter und dem Garanten unterschiedlich verteilt sein, da der unterlassende Garant nur dann Nebenfigur ist, wenn die maßgebliche Entschließung zur Tatausführung und die Beherrschung des Geschehens beim aktiven Täter liegen.

Gefolgt wird daher der überzeugenden herrschenden Meinung: Es ist auf die allgemeinen Abgrenzungskriterien abzustellen. Damit wird auch unbedeutend, ob hier bei F überhaupt eine Garantenpflicht angenommen werden muss. Mangels aktiver Tatherrschaft ist er keinesfalls Mittäter.

b) Ergebnis

F ist nicht gem §§ 263 I, 25 II strafbar.

11. §§ 263 I, 27 (gegenüber der Versicherung, zulasten der Versicherung, zugunsten des I)

F könnte aber eine Beihilfe zum Betrug des I geleistet haben. **621**

a) Objektiver Tatbestand

Eine vorsätzliche rechtswidrige Haupttat ist gegeben (*s o Rn 620*).

Durch seine Tipps für eine unverdächtige Schadensmeldung hat F dem I objektiv Hilfe zu dessen Versicherungsbetrug geleistet.

b) Subjektiver Tatbestand

F handelte sowohl bezüglich der vorsätzlichen rechtswidrigen Haupttat als auch hinsichtlich der Beihilfehandlung vorsätzlich.

c) Strafzumessung, § 263 III 1, 2 Nr 2, Nr 5

Fraglich ist, ob eine mögliche Verwirklichung von Regelbeispielen durch I Auswirkungen auf die Strafbarkeit des F hat.

I könnte die Regelbeispiele des § 263 III 1, 2 Nr 2 und/oder Nr 5 verwirklicht haben.

Wo bei § 263 III 1, 2 Nr 2 die Grenze für einen „Vermögensverlust großen Ausmaßes" verläuft, ist derzeit noch ungeklärt. Ein Schaden von 50 000 € genügt nicht[20]. Eine bloße Vermögensgefährdung in Höhe von ca. 170 000 € reicht ebenfalls nicht aus[21]. Hier hat I 100 000 € erhalten und es ist davon auszugehen, dass dieser Betrag auch dem Verlust der Versicherung entspricht. Bei einem somit verwirklichten Schaden von 100 000 € wird man von einem Vermögensverlust großen Ausmaßes ausgehen können[22]. I hat das Regelbeispiel der Nr 2 erfüllt.

Im Rahmen des § 263 III 1, 2 Nr 5 kommt es darauf an, ob der Vortäuschung eines Versicherungsfalles die Inbrandsetzung einer Sache von „bedeutendem Wert" vorangegangen ist. Geht man davon aus, dass in Angleichung an die §§ 305 a, 307 ff, 315 ff die Grenze bei 750–1300 € liegt[23], so ist dieser Wert hier überschritten. I hat also als Haupttäter auch das Regelbeispiel Nr 5 erfüllt.

Fraglich ist, wie sich die Verwirklichung der Regelbeispiele Nr 2 und Nr 5 auf den Teilnehmer F auswirkt[24]. Eine allgemeine Zurechnung im Sinne einer Akzessorietät kommt mangels Tatbestandsqualität der Regelbeispiele nicht in Betracht. Es muss vielmehr für jeden Teilnehmer selbstständig im Sinne einer Gesamtabwägung festgestellt werden, ob ein besonders schwerer Fall vorliegt[25]. Vorstellbar erscheint eine Analogie zur Regelung des § 28 II, wenn man die Regelbeispiele als den persönlichen Merkmalen ähnlich ansieht, sodass im Einzelfall für den Gehilfen zB die Straferschwerung abzulehnen ist, weil er das Regelbeispiel des Haupttäters nicht teilt (und umgekehrt). Dies kann allerdings nur bei subjektiven Regelbeispielsmerkmalen der Fall sein. Bei den Regelbeispielen des Vermögensverlustes großen Ausmaßes (Nr 2) und der Vortäuschung eines Versicherungsfalles (Nr 5) handelt es sich hingegen um objektive Regelbeispielsmerkmale. Hier kann die Gesamtabwägung beim Gehilfen bereits dann zur Bejahung des Regelbeispiels führen, wenn er einen objektiven Beitrag zur Verwirklichung des Regelbeispiels leistet und sich sein Vorsatz auch darauf bezieht[26]. Dem F war sehr wohl bewusst, dass seine Tipps einen großen Vermögensverlust bewirken würden und bei einem Versicherungsbetrug eingesetzt werden sollten. Indem F diese Tipps gab, hat er daher einen objektiven Beitrag zur Verwirklichung dieser Regelbeispiele geleistet. Dies hat er auch in seinen Willen aufgenommen. Deshalb ist F wegen Beihilfe zu einem Betrug in einem besonders schweren Fall strafbar.

12. Konkurrenzen

622 Im Tatkomplex A hat sich F gem § 265 I und §§ 263 I, III 1, 2 Nr 2, Nr 5, 27 strafbar gemacht. § 265 I enthält eine Subsidiaritätsklausel gegenüber § 263 I, die aber nur eingreift, wenn es sich um „die Tat" handelt. Nach Ansicht der Rechtsprechung[27] bestand zwischen § 265 aF und dem sich anschließenden Versicherungsbetrug Realkonkur-

---

20 BGHSt 48, 360 m Bespr *Krüger*, wistra 2005, 247.
21 BGHSt 48, 354 m zust Bespr *Rotsch*, ZStW 117 [2005], 577.
22 Für eine Grenze bei 50 000 € wohl BGHSt 48, 360; zweifelnd insoweit *Fischer*, § 263 Rn 122; *Wessels/Hillenkamp*, BT2 Rn 591.
23 Für 750 €: *Wessels/Hettinger*, BT1 Rn 982; für nicht unter 1300 €: *Fischer*, § 315 Rn 16 a.
24 Vgl auch oben Fall 9, Rn 421.
25 *Fischer*, § 46 Rn 105.
26 Vgl BGH wistra 2001, 105 f.
27 BGHSt 11, 398.

renz. Man könnte der Ansicht sein, dass dasselbe auch für die Neufassung des § 265 gilt, mit der Folge, dass es sich bzgl des Versicherungsbetrugs nicht um „die" Tat iSd § 265 I handelt und damit die Subsidiarität des neu gefassten § 265 I nicht eingreifen kann.

Dies würde jedoch zu einer ungerechten Doppelbestrafung führen[28]. Der Versicherungsmissbrauch und der nachfolgende Betrug müssen deshalb zu einer Bewertungseinheit verbunden werden. Es liegt eine Konstellation vor, die der tatbestandlichen Handlungseinheit[29] vergleichbar ist. Deshalb greift insoweit doch die Subsidiaritätsklausel des § 265 I ein[30].

Zu demselben Ergebnis, wenn auch mit einer ganz anderen Begründung, gelangt die neuere Rechtsprechung. Sie versteht unter „der Tat" iSv § 265 I die Tat im prozessualen Sinne (§ 264 I StPO). Da es sich bei dem Versicherungsmissbrauch iSv § 265 I und dem Betrug gegenüber der Versicherung durch Geltendmachung des Brandschadens um einen Lebenssachverhalt handele, der nicht auseinandergerissen werden dürfe, müsse hier – trotz materiellrechtlicher Realkonkurrenz – von einer einheitlichen Tat im prozessualen Sinne[31] und dementsprechend auch iSv § 265 I ausgegangen werden[32].

Daher ist § 265 I hier gegenüber §§ 263 I, III 1, 2 Nr 2, Nr 5, 27 subsidiär.

13. Ergebnis für F im Tatkomplex A

F ist strafbar gem §§ 263 I, III 1, 2 Nr 2, Nr 5, 27.

B. Die Villa des E (Strafbarkeit des F)

1. § 222 bzgl I

Indem F das Feuerzeug betätigte und I durch die darauf folgende Explosion zu Tode **623**
kam, könnte sich F gem § 222 strafbar gemacht haben.

a) Tatbestandsmäßigkeit

Der Tod des I geht auf eine kausale Handlung des F zurück. Das Ausschütten von Benzin und das nachfolgende Betätigen des Feuerzeuges in einem Wohnhaus stellt ein objektiv sorgfaltswidriges Verhalten dar. Angesichts der Gefährlichkeit dieses Vorgehens muss immer mit tödlichen Unfällen gerechnet werden, sodass auch die Tötung von Menschen objektiv vorhersehbar war.

Zweifelhaft ist jedoch, ob der Tod hier wirklich das Werk des F, diesem also zuzurechnen ist. Nach der Lehre von der objektiven Zurechnung ist ein Erfolg objektiv zurechenbar, wenn der Täter eine rechtlich relevante Gefahr geschaffen hat, die sich im tatbestandsmäßigen Erfolg realisiert[33]. Die Schaffung der rechtlich relevanten Gefahr

28 So schon zur alten Fassung: S/S-*Lenckner*, [22. Aufl] § 265 Rn 16.
29 Vgl *Wessels/Beulke*, AT Rn 760 ff.
30 *Fischer*, § 265 Rn 17; *Lackner/Kühl*, § 265 Rn 6; *Mitsch*, ZStW 111 [1999], 65, 118; *Wessels/Hillenkamp*, BT2 Rn 652, 663.
31 Ausführlich zu diesem Begriff *Beulke*, StPO Rn 512 ff.
32 So BGHSt 45, 211, 212.
33 *Wessels/Beulke*, AT Rn 179.

liegt hier im Ausschütten des Benzins und dem späteren Entfachen der Flamme. Insoweit kannte aber I sein Risiko (er war selbst an dem Manöver beteiligt), sodass man hier in dem Verhalten des F nur eine Mitwirkung an der Selbstgefährdung des I sehen könnte[34].

Zwar kann – wie sich aus § 216 I ergibt – in vorsätzliche Tötungshandlungen grundsätzlich nicht eingewilligt werden. Deshalb bleibt eine fahrlässige Tötung trotz der Einwilligung des Opfers in die Fremdgefährdung strafbar. Im Gegensatz dazu ist hingegen eine Selbstgefährdung schrankenlos möglich, sodass auch die Mitwirkung an fremder Selbstgefährdung straffrei bleibt, selbst wenn sie letztendlich für die Todesherbeiführung mitursächlich wird. Die Abgrenzung zwischen beiden Alternativen richtet sich nach den Kriterien der Tatherrschaft. Da F das Feuerzeug betätigte, liegt auf den ersten Blick eine einverständliche Fremdgefährdung nahe, die zur Strafbarkeit gem § 222 führt. F und I haben jedoch das Benzin gemeinsam ausgeschüttet. Deshalb kann es nicht darauf ankommen, wer das Feuerzeug benutzte. Bereits durch das Vergießen des Benzins entstand die Lebensgefahr, die I bewusst auf sich genommen hat. Es hing nur vom Zufall ab, ob I oder F (zB durch Reibung etc) das Feuer entfachte. Der Tatbeitrag des F ist somit trotz des Umstandes, dass uU keiner von beiden das eigene Risiko genau durchdacht hat, als Mitwirkung an fremder Selbstgefährdung einzustufen. Folglich schuf F keine rechtlich relevante Gefahr für das Leben des I. Die objektive Zurechnung ist nicht gegeben *(Gegenteil ebenso gut vertretbar).*

b) Ergebnis

F hat sich bzgl I nicht nach § 222 strafbar gemacht.

2. § 222 bzgl W

624 Es könnte jedoch eine fahrlässige Tötung hinsichtlich des ebenfalls zu Tode gekommenen W gegeben sein.

Bezüglich W sind die Voraussetzungen des § 222 erfüllt. Der Tod eines im Haus campierenden Wohnungslosen durch die Brandlegung war objektiv und subjektiv vorhersehbar und vermeidbar.

3. § 306 I Nr 1

Indem F das Feuerzeug betätigte und dadurch die Explosion auslöste, könnte er sich gem § 306 I Nr 1 strafbar gemacht haben.

F müsste die Villa des E – ein für ihn fremdes Gebäude iSd § 306 I Nr 1 – in Brand gesetzt haben. Für ein Inbrandsetzen eines Gebäudes genügt die Inbrandsetzung eines für dessen bestimmungsgemäßen Gebrauch wesentlichen Bestandteils[35]. Zumindest müssen Gebäudeteile wie Fußböden, Treppen, Türen etc in Brand gesetzt werden; hingegen genügt das Brennen des Zündstoffs oder von Inventar nicht[36]. Hier ist von der Villa

34 Siehe oben Fall 8, Problem Nr 73, Rn 342.
35 *Wessels/Hettinger*, BT1 Rn 957.
36 BGHSt 48, 14, 20 m Anm *Radtke*, NStZ 2003, 432; BGH StV 2004, 208; für § 306 a I vgl BGH NStZ 2008, 519.

des E kein (wesentlicher) Gebäudeteil in Brand gesetzt worden. Lattenrost und Gerümpel gehören lediglich zum Inventar.

F könnte das Gebäude durch Brandlegung ganz oder teilweise zerstört haben. Es sind jedoch allenfalls die Kellerwände in Mitleidenschaft gezogen worden. Der Rußfilm ließ sich von den ansonsten unversehrten Betonwänden unproblematisch abwaschen, sodass keine Zerstörung welcher Art auch immer eingetreten ist.

4. §§ 306 I Nr 1, Nr 3, Nr 6, 22, 23 I Alt 1

a) Vorprüfung

Die Brandstiftung wurde nicht vollendet. Der Versuch ist strafbar gem §§ 306 I, 23 I Alt 1. **625**

b) Tatentschluss

F müsste den Entschluss gefasst haben, eines oder mehrere der in § 306 I aufgeführten Objekte in Brand zu setzen bzw durch Brandlegung ganz oder teilweise zu zerstören.

F wollte, dass sich das von ihm geplante Feuer über die gesamte dem E gehörende Villa – ein für F fremdes Gebäude iSd § 306 I Nr 1 – ausbreitete. Dies erschien aufgrund des umherliegenden Gerümpels auch nicht unmöglich. F handelte vorsätzlich und hatte daher Tatentschluss bzgl des Inbrandsetzens.

Dasselbe gilt bzgl der Brandlegung mit teilweiser Zerstörung des Hauses.

Es sind keine Anhaltspunkte dafür ersichtlich, dass es sich bei den Lattenrosten und dem Gerümpel um Warenvorräte iSd § 306 I Nr 3 handelte.

Ebenso kann davon ausgegangen werden, dass sich auch keine land-, ernährungs- oder forstwirtschaftlichen Erzeugnisse iSd § 306 I Nr 6 unter dem Gerümpel befanden.

c) Unmittelbares Ansetzen

Spätestens mit dem Entzünden des Benzins hat F unmittelbar angesetzt.

d) Rechtswidrigkeit und Schuld

F handelte rechtswidrig und schuldhaft.

e) Rücktritt

Ein Rücktritt des F ist nicht erkennbar.

5. §§ 306 a I Nr 1, 22, 23 I Alt 1

a) Vorprüfung

Da F das Haus weder in Brand gesetzt noch durch Brandlegung ganz oder teilweise zerstört hat (*s o Rn 624*), wurde die schwere Brandstiftung nicht vollendet. Der Versuch ist strafbar gem §§ 306 a I, 23 I Alt 1. **626**

b) Tatentschluss

F war bewusst, dass es sich bei der Villa um ein Gebäude handelte, welches der Wohnung von Menschen diente.

Problematisch ist, ob der Tatentschluss des F entfällt, weil er sich vorher vergewisserte, ob noch jemand im Hause anwesend war. Zwar braucht grundsätzlich im Zeitpunkt der Tat niemand im Hause zu sein, damit das Merkmal des „Dienens" erfüllt ist. Es stellt sich aber die Frage, ob § 306 a I verneint werden muss, wenn mit Sicherheit keine Menschen im Gebäude anwesend sind.

627 **Problem Nr 132: Teleologische Reduktion des Tatbestandes bei § 306 a I**

(1) Nach einer **strengen Auslegung** (*Rengier*, JuS 1998, 397, 399; *ders*, BT2 § 40 Rn 20) ist eine teleologische Reduktion auch in dem Fall, dass sich der Täter vor Inbrandsetzen des Hauses darüber Gewissheit verschafft, dass sich niemand im Haus aufhält, nicht möglich.

Argument: Sonst würde das abstrakte Gefährdungsdelikt unzulässigerweise in ein konkretes Gefährdungsdelikt umgewandelt.

(2) Auch nach **Ansicht der Rechtsprechung** kann die abstrakte Gefährdung in der Regel nicht dadurch ausgeschlossen werden, dass sich der Täter über die Abwesenheit von Menschen Gewissheit verschafft (BGH JR 1999, 205 m Anm *Wolters*). Allerdings wird eine Ausnahme bei kleinen, insbesondere einräumigen Hütten oder Häuschen gemacht, bei denen auf einen Blick übersehbar ist, dass sich Menschen dort nicht aufhalten können (BGHSt 26, 121, 123 f). Bei größeren Gebäuden kann der nicht zu widerlegende Einwand des Täters, er habe sich vor der Tat vergewissert, dass niemand anwesend sei, nur zur Strafmilderung nach § 306 a III führen (BT-Drucks. 13/8587, S 47).

(3) Nach überzeugender Ansicht der **herrschenden Lehre** (*Wessels/Hettinger*, BT1 Rn 968) ist eine teleologische Reduktion sachgerecht.

Argument: Wegen der hohen Strafdrohung muss § 306 a I restriktiv interpretiert werden. Der Sinn und Zweck des § 306 a I ist nicht erfüllt, wenn eine Gefährdung von Menschenleben absolut ausgeschlossen ist. Dies ist der Fall, wenn sich der Täter objektiv durch lückenlose Maßnahmen vergewissert hat, dass eine Gefährdung mit Sicherheit nicht eintreten kann.

Zur Vertiefung: Wessels/Hettinger, BT1 Rn 968.

628 Eine solche teleologische Reduktion kommt zwar angesichts der hohen Strafdrohung des § 306 a I Nr 1 durchaus in Betracht, aufgrund der offensichtlichen Größe der Villa (viele Kellerräume) muss sie jedoch hier ausscheiden. Wie die Vorgänge zeigen, konnte das Gebäude gerade nicht so durchsucht werden, dass jede Gefährdung von Menschenleben ausgeschlossen war. Die typische Gefährlichkeit des Inbrandsetzens eines Gebäudes hat sich also sehr wohl realisiert, was von F auch bewusst so in Kauf genommen wurde.

Auch hinsichtlich des Inbrandsetzens und der Brandlegung mit ganzer oder teilweiser Zerstörung des Gebäudes hatte F einen Tatentschluss gefasst.

c) Unmittelbares Ansetzen

Spätestens mit dem Entzünden des Benzins hat F iSd § 22 unmittelbar zur Tat angesetzt.

6. §§ 306 a II, 22, 23 I Alt 1 iVm § 306 I Nr 1

a) Vorprüfung

Die schwere Brandstiftung wurde nicht vollendet. Der Versuch ist strafbar gem §§ 306 a I, II, 23 I Alt 1. **629**

b) Tatentschluss

Zwar wurde ein Vorsatz bzgl des Inbrandsetzens eines Gebäudes bejaht (*s o Rn 625*), hingegen fehlte der Vorsatz bzgl einer konkreten Gefährdung eines anderen Menschen. Ein derartiger Vorsatz ist jedoch erforderlich, weil § 306 a II kein erfolgsqualifiziertes Delikt ist[37], wie sich insbesondere auch aus § 306 d I Var 3 ergibt.

Einen Versuch des § 306 d I würde ich nicht ansprechen. Andernfalls besteht nämlich die Gefahr, dass der Prüfer aufgrund der Überschrift der Vorschrift („Fahrlässige Brandstiftung") fälschlicherweise davon ausgeht, man hielte generell den Versuch eines fahrlässigen Delikts für möglich. Zwar enthält § 306 d I Var 3 eine Vorsatz-Fahrlässigkeitskombination, für die § 11 II gelten würde, es fehlt aber eindeutig an der Versuchsstrafbarkeit (Vergehen, Versuch nicht für strafbar erklärt).

7. §§ 306 b I, 22, 23 I Alt 1

Zum Aufbau des erfolgsqualifizierten Delikts s o Fall 9, Problem Nr 85, Rn 403. **630**

a) Vorprüfung

Die Gesundheitsschädigung resultiert weder aus einer vollendeten Brandstiftung iSd § 306 noch aus einer vollendeten schweren Brandstiftung iSd § 306 a. Mithin kann es auch nicht zu einer Vollendung einer besonders schweren Brandstiftung iSd § 306 b gekommen sein.

Es kommt ein strafbarer Versuch gem §§ 306 b I, 23 I Alt 1 in Betracht. Bei § 306 b I handelt es sich nach der Neufassung des 6. StrRG um ein erfolgsqualifiziertes Delikt[38]. Fraglich ist, ob der Versuch eines erfolgsqualifizierten Delikts überhaupt möglich ist.

Hier kommt die Konstellation des versuchten Grunddelikts mit eingetretenem Qualifikationserfolg in Betracht. Während zum Teil ein erfolgsqualifizierter Versuch nur bei vorsätzlicher Herbeiführung der schweren Folge für möglich gehalten wird, wollen andere unabhängig von der Struktur des Delikts einen solchen Versuch als strafbar ansehen. Zutreffenderweise ist aber danach zu differenzieren, ob die schwere Folge an die Tathandlung oder an den Taterfolg anknüpft. Nur so wird dem Gedanken Rechung getragen, dass sich die besondere Gefährlichkeit des Grunddelikts bereits im Eintritt der schweren Folge verwirklicht hat. Zugleich werden aber Systemwidrigkeiten insoweit vermieden, als eine Strafbarkeit trotz ausbleibender Vollendung des Grunddelikts dort angenommen wird, wo die schwere Folge gerade an den Erfolg des Grunddelikts anknüpft[39]. Fraglich ist nun, welche Struktur § 306 b I bzw § 306 c aufweist, also ob die Todesfolge an die Tathandlung oder an den Taterfolg anknüpft.

---

37 *Fischer*, § 306 a Rn 10.
38 *Wessels/Hettinger*, BT1 Rn 971.
39 Siehe oben Fall 9, Problem Nr 86, Rn 405.

631 **Problem Nr 133: Ist bei § 306 b I bzw bei § 306 c ein erfolgsqualifizierter Versuch möglich?**

(1) Einer **Mindermeinung** (*Bussmann,* GA 1999, 21, 33; *Küpper,* ZStW 111 [1999], 785, 794 f; *Puppe,* AT1 § 13 Rn 10 f, 47 ff, § 14 Rn 6; *Roxin,* AT2 § 29 Rn 337) zufolge knüpft die schwere Folge an den Taterfolg an.

Argument: Das Gefahrenpotenzial des Grunddelikts liegt nicht in der Handlung, sondern in der erfolgreichen Brandlegung bzw in der Zerstörung des Tatobjekts.

Der Begriff „Brandstiftung" in § 306 c ist lediglich ein Hinweis auf die vorausgehenden Tatbestände und soll nicht dazu führen, dass der Versuch der Brandstiftung für die Verursachung der Gesundheitsschädigung bzw Todesfolge ausreicht.

(2) Die **hM** (BGHSt 7, 33, 39; *Fischer,* § 306 c Rn 5; *Kreß,* NJW 1998, 640 ; *Schmidt/Priebe,* BT1 Rn 541; SK/StGB-*Wolters/Horn,* § 306 c Rn 6; S/S-Heine, § 306c Rn 9) sieht dagegen die Tathandlung als relevanten Anknüpfungspunkt für die schwere Folge des § 306 b I bzw § 306 c an.

Argument: Im Gegensatz zur alten Gesetzeslage spricht § 306 c nicht mehr von „Brand", sondern von „Brandlegung", ebenso wie § 306 b I. Der Gesetzgeber wollte damit klarstellen, dass für diese erfolgsqualifizierten Delikte die Tathandlung ausreichend ist. Die Handlung des Brandlegens kann zudem deliktstypische Gefahren in sich bergen, die bereits zum Tode des Opfers führen können.

Bei § 306 b I wird bzgl des qualifizierenden Erfolges an die Tathandlung angeknüpft. Dies wird durch die neue Tatalternative der „Brandlegung" unmissverständlich klargestellt. Nach der herrschenden und überzeugenden Ansicht[40] ist deshalb der Versuch des § 306 b I in der Form des sog erfolgsqualifizierten Versuches möglich.

b) Tatentschluss bzgl Grunddelikt

F handelte bzgl der Verwirklichung des Grunddelikts gem § 306 I Nr 1 und § 306 a I Nr 1 vorsätzlich (*s o Rn 625 f*).

c) Unmittelbares Ansetzen bzgl Grunddelikt

F hat durch das Ausschütten des Benzins und das Hervorholen des Feuerzeugs unmittelbar zur Inbrandsetzung und zur Brandlegung iSv §§ 306 I Nr 1, 306 a I Nr 1 angesetzt.

d) Qualifizierende Folge

Die schwere Folge (schwere Gesundheitsschädigung eines anderen Menschen, § 306 b I) ist mit dem Tod von I und W eingetreten.

e) Spezifischer Gefahrzusammenhang

Mit dem Eintritt der schweren Folge müsste sich das der (schweren) Brandstiftung eigentümliche Risiko verwirklicht haben.

Zwar ist der I infolge der Brandlegung (Explosion) und damit infolge der durch die Brandlegung geschaffenen tatbestandsspezifischen Gefährdung ums Leben gekom-

40 *Kress/Weisser*, JA 2006, 115; *Rengier*, JuS 1998, 397, 400; 117; aA *Puppe*, AT1 § 13 Rn 14.

men. Die schwere Gesundheitsschädigung eines (Mit-)Täters fällt jedoch nicht in den Schutzbereich der Norm[41]. Der Täter kann nicht gleichzeitig Adressat und Schutzobjekt eines Straftatbestandes sein. Andernfalls würde sich im Ergebnis sein eigener Schutz zu seinen Ungunsten auswirken. Wer sich als Tatbeteiligter freiwillig und sehenden Auges in das Unternehmen einer Brandlegung begibt, hat selbst die Risiken solcher Verhaltensweisen zu tragen. Dies ist ein allgemeiner Grundsatz, der es rechtfertigt, den Erfolg dem Täter nicht zuzurechnen[42]. Auf den Tod des I kann daher nicht abgestellt werden.

Zusätzlich ist jedoch W getötet und somit auch schwer an seiner Gesundheit geschädigt worden. W wird vom Schutz des § 306 b I erfasst.

Durch den Tod des W infolge der Rauchentwicklung hat sich genau das durch die Brandlegung geschaffene Risiko realisiert, sodass der spezifische Gefahrzusammenhang gegeben ist.

f) Fahrlässigkeit bzgl schwerer Folge

Der Tod des W war sowohl objektiv als auch subjektiv vorhersehbar und vermeidbar.

g) Ergebnis

F ist strafbar gem §§ 306 b I, 22, 23 I Alt 1.

8. §§ 306 b II Nr 1, 22, 23 I Alt 1

a) Vorprüfung

Die besonders schwere Brandstiftung wurde nicht vollendet (*s o Rn 630*). Der Versuch **632**
ist strafbar gem §§ 306 b II, 23 I Alt 1.

b) Tatentschluss

Hinsichtlich der Verwirklichung des Grunddelikts des § 306 a I Nr 1 handelte F vorsätzlich.

Bei § 306 b II Nr 1 handelt es sich nicht um ein erfolgsqualifiziertes Delikt, sondern um eine echte Qualifikation, sodass sich der Vorsatz auch auf die Herbeiführung der konkreten Todesgefahr erstrecken muss[43]. F handelte aber nicht vorsätzlich bzgl einer Todesgefahr für einen anderen Menschen. Vielmehr hat er sich bemüht, gerade diese zu verhindern. Eine Strafbarkeit nach §§ 306 b II Nr 1, 22, 23 I Alt 1 scheidet daher aus.

---

41 S/S-*Cramer*, [22. Aufl] § 307 aF Rn 6.

42 Vgl *Geppert*, Jura 1998, 597, 603; *Rengier*, JuS 1998, 397, 400; *Wessels/Beulke*, AT Rn 185 ff; für § 306 a II so auch BayObLG NJW 1999, 3570.

43 BGH NJW 1999, 3131.

9. §§ 306 c, 22, 23 I Alt 1

a) Vorprüfung

633 Der Grundtatbestand wurde nicht vollendet. Deshalb liegt auch keine Vollendung des erfolgsqualifizierten Delikts vor. Der Versuch ist strafbar gem §§ 306 c, 23 I Alt 1.

b) Tatentschluss bzgl Grunddelikt

F handelte bzgl der Brandstiftung (§ 306 I Nr 1) sowie der schweren Brandstiftung (§ 306 a I Nr 1) vorsätzlich.

c) Unmittelbares Ansetzen bzgl Grunddelikt

F hat durch das Ausschütten des Benzins und das Hervorholen des Feuerzeugs unmittelbar zur Inbrandsetzung und zur Brandlegung iSv §§ 306 I Nr 1, 306 a I Nr 1 angesetzt.

d) Qualifizierende Folge

Mit dem Tod des W ist die schwere Folge eingetreten.

e) Spezifischer Gefahrzusammenhang

Mit dem Eintritt der schweren Folge müsste sich das der (schweren) Brandstiftung eigentümliche Risiko verwirklicht haben. Auf I kann nicht abgestellt werden (vgl oben *Rn 630*). Vielmehr ist Anknüpfungspunkt wieder W. Dieser ist infolge der durch die Tathandlung geschaffenen spezifischen Gefahrenlage ums Leben gekommen, sodass ein spezifischer Gefahrzusammenhang besteht.

f) Leichtfertigkeit bzgl schwerer Folge

Indem F beim Rundgang einen Kellerraum ausließ, hat er leichtfertig gehandelt. Der Eintritt des Erfolges war auch objektiv und subjektiv vorhersehbar und vermeidbar.

10. § 306 f

Aus dem Sachverhalt ergeben sich keine Anhaltspunkte dafür, dass eine der in § 306 I f Nr 1–4 genannten Sachen in Brandgefahr gebracht wurde.

11. § 308 I

634 Durch das Betätigen des Feuerzeuges könnte sich F auch wegen Herbeiführung einer Sprengstoffexplosion strafbar gemacht haben.

a) Objektiver Tatbestand

F müsste – anders als durch Freisetzen von Kernenergie, namentlich durch Sprengstoff, – eine Explosion herbeigeführt und dadurch Leib oder Leben eines anderen Menschen oder fremde Sachen von bedeutendem Wert gefährdet haben.

Explosion bezeichnet die plötzliche Auslösung von Druckwellen außergewöhnlicher Beschleunigung durch einen Stoff, der bei Entzündung zu einer plötzlichen Ausdehnung von Flüssigkeiten oder Gasen und dadurch zu einer Sprengwirkung führt[44]. Darunter fallen alle Mittel, die geeignet sind, die Wirkung einer Explosion herbeizuführen, etwa auch Gas(gemische)[45]. Folglich handelt es sich bei der Explosion durch die Benzindämpfe um eine solche iSd § 308.

I ist bei der Explosion ums Leben gekommen. Allerdings fällt er auch hier wieder nicht in den Schutzbereich der Norm, sodass nur auf W abzustellen ist. Zwar ist W erst durch die Rauchentwicklung und nicht infolge der eigentlichen Explosion gestorben; es reicht jedoch aus, dass infolge der vom Täter herbeigeführten Explosion kausal und zurechenbar ein Mensch in konkrete Gefahr geraten ist.

Darüber hinaus ist eine konkrete Gefährdung der Villa des E – einer für F fremden Sache von bedeutendem Wert – eingetreten.

b) Subjektiver Tatbestand

Fraglich ist, ob F bzgl der Herbeiführung einer Explosion vorsätzlich handelte. Man könnte der Gleichsetzung der Brandstiftung mit der Brandlegung in § 306 I die allgemeine Wertung entnehmen, dass es im Falle der Zerstörung von Gebäuden durch Brände eine unwesentliche Abweichung des vorgestellten vom tatsächlichen Kausalverlauf[46] darstellt, wenn das Haus nicht durch eine Inbrandsetzung, sondern bereits aufgrund einer Explosion des Brandmittels zerstört wird. Bei Zugrundelegung dieser Ansicht wäre bei F Vorsatz bzgl § 308 zu bejahen, obwohl er an die Herbeiführung der Explosion nicht dachte. Diese Lösung ist jedoch abzulehnen, denn der Begriff der Explosion umschreibt das ganz konkrete Phänomen der plötzlichen Volumenvergrößerung (Druckwelle) im Zuge eines einzigen chemischen oder physikalischen Vorgangs. Wer hingegen will, dass das Gebäude „abbrennt", plant eine andere Art der Zerstörung. Es ist deshalb im Vorsatz der Brandstiftung zwar auch der Vorsatz bzgl einer Brandlegung enthalten, nicht aber der Vorsatz bzgl der Herbeiführung einer Explosion. Aufgrund dieser wesentlichen Abweichung vom vorgestellten Kausalverlauf fehlt F der Vorsatz für § 308[47].

12. § 308 I, V

Bei § 308 I iVm V handelt es sich um eine Vorsatz-Fahrlässigkeits-Kombination, ebenso wie bei § 315 c I iVm III Nr 1 (vgl oben Fall 12, Rn 566).

Die Explosion muss vorsätzlich herbeigeführt werden, die Gefahr für Leben oder Sachen fahrlässig.

F hat fahrlässig eine Gefahr für Leib und Leben sowie für Sachen von bedeutendem Wert verursacht, ihm fehlte aber der Vorsatz bzgl der Herbeiführung der Explosion, sodass eine Strafbarkeit gem § 308 I, V ausscheidet.

---

44 RGSt 67, 37.
45 *Fischer*, § 308 Rn 3; *Lackner/Kühl*, § 308 Rn 2; S/S-*Cramer*, [22. Aufl] § 311 aF Rn 5.
46 Vgl *Wessels/Beulke*, AT Rn 258 ff.
47 Ebenso *Schenkewitz*, JA 2001, 400, 405.

13. § 308 I, VI

F hat eine Explosion herbeigeführt und dadurch Leib und Leben eines anderen Menschen sowie Sachen von bedeutendem Wert gefährdet.

Die Explosion und die Gefährdung waren objektiv und subjektiv vorhersehbar und vermeidbar.

Es ist also sowohl bzgl der Explosion als auch bzgl der Gefahrherbeiführung Fahrlässigkeit zu bejahen.

14. § 303 I Alt 1 (Lattenroste, Gerümpel; Wände; Eingangstür)

635 Eine Beschädigung iSv § 303 I Alt 1 ist gegeben, wenn der Täter auf die Sache als solche in einer Weise körperlich eingewirkt hat, dass ihre Unversehrtheit oder bestimmungsgemäße Brauchbarkeit mehr als nur unerheblich beeinträchtigt und im Vergleich zu ihrer bisherigen Beschaffenheit nachteilig verändert worden ist. F hat die Lattenroste sowie das Gerümpel – für ihn fremde bewegliche Sachen – beschädigt.

Die Wände konnten durch einfaches Abwaschen des Rußes leicht gereinigt werden. Ihre Substanz wurde nicht verletzt. Hinsichtlich der Wände scheidet eine Beschädigung somit aus[48].

Dem Sachverhalt ist nicht eindeutig zu entnehmen, ob die Eingangstür durch das „Einbrechen" beschädigt wurde. Ein Einbrechen muss jedoch nicht notwendigerweise mit einer substanzverletzenden Öffnung der dem Zutritt entgegenstehenden Umschließung verbunden sein. Dies ist zB iRd Auslegung des § 243 I Nr 1 anerkannt[49].

Da F auch vorsätzlich gehandelt hat, hat er sich zumindest bzgl der Lattenroste und des Gerümpels gem § 303 I strafbar gemacht.

15. §§ 303 I Alt 1 bzw Alt 2, III, 22, 23 I Alt 2 (Rest der Villa)

F hat versucht, den Rest der Villa – eine für ihn fremde Sache – zu beschädigen bzw zu zerstören.

16. §§ 305 I, II, 22, 23 I Alt 2 (Villa)

636 F hat versucht, die Villa – ein Gebäude iSd § 305 I, welches in fremdem Eigentum stand – ganz bzw teilweise zu zerstören.

17. § 123 I Alt 1 (Villa)

F ist in die Villa des E – eine Wohnung sowie ein befriedetes Besitztum iSd § 123 I – widerrechtlich eingedrungen.

48 Siehe oben Fall 3, Problem Nr 28, Rn 145.
49 *Wessels/Hillenkamp*, BT2 Rn 215.

18. Konkurrenzen

§§ 305 I, II, 22, 23 I Alt 2 und §§ 303 I, III, 22, 23 I Alt 2 werden von den §§ 306 I Nr 1, 22, 23 I Alt 1 wegen Spezialität verdrängt[50]. **637**

§§ 306 I Nr 1, 22, 23 I Alt 1 treten im Wege der Spezialität hinter die §§ 306 a I Nr 1, 22, 23 I Alt 1 zurück[51] (*Idealkonkurrenz ebenfalls vertretbar*)[52].

§§ 306 a I Nr 1, 22, 23 I Alt 1 werden wiederum im Wege der Spezialität verdrängt von den §§ 306 b I, 22, 23 I Alt 1[53].

§§ 306 b I, 22, 23 I Alt 1 werden verdrängt durch die spezielleren §§ 306 c, 22, 23 I Alt 1[54].

§§ 306 c, 22, 23 I Alt 1 stehen mit § 303 I Alt 1 in Idealkonkurrenz, weil nur so deutlich wird, dass das Unrecht der Sachbeschädigung vollendet ist.

Mit § 308 I, VI stehen die §§ 306 c, 22, 23 I Alt 1 in Tateinheit (§ 52), da in Ansatz gebracht werden muss, dass die Explosion zu einem Brand führen sollte[55].

§ 222 steht zu den §§ 306 c, 22, 23 I Alt 1 in Idealkonkurrenz. Nur so kann zum Ausdruck kommen, dass der Versuch des erfolgsqualifizierten Delikts hier in der Form des erfolgsqualifizierten Versuchs (Erfüllung des § 222) bejaht wurde (*Gesetzeskonkurrenz ist ebenfalls vertretbar*).

§ 123 I Alt 1 als Dauerdelikt ist hier begangen worden, um die Brandstiftung zu ermöglichen, es besteht deshalb Tateinheit[56].

19. Ergebnis für F im Tatkomplex B

F hat sich demnach gem §§ 306 c, 22, 23 I Alt 1 – § 52 – § 308 I, VI – § 52 – § 222 – § 52 – § 303 I Alt 1– § 52 – § 123 I Alt 1 strafbar gemacht.

C. Gesamtkonkurrenzen

Die in den Tatkomplexen A und B verwirklichten Delikte sind jeweils völlig selbstständige Handlungen, sodass sie zueinander in Realkonkurrenz (§ 53) stehen.

D. Gesamtergebnis des materiell-rechtlichen Gutachtens

Tatkomplex A: §§ 263 I, III 1, 2 Nr 2, Nr 5, 27
– § 53 –
Tatkomplex B: §§ 306 c, 22, 23 I Alt 1 – § 52 – § 308 I, VI – § 52 – § 222 – § 52 – § 303 I Alt 1 – § 52 – § 123 I Alt 1

50 *Fischer*, § 306 Rn 24.
51 BGH StV 2001, 232.
52 Dafür *Duttge*, Jura 2006, 16; *Krey/M. Heinrich*, BT1 Rn 767.
53 *Fischer*, § 306 b Rn 14.
54 *Fischer*, § 306 c Rn 2.
55 *Fischer*, § 308 Rn 12.
56 Vgl *Wessels/Beulke*, AT Rn 779.

Teil II. (prozessualer Teil)

1. Voraussetzungen der Untersuchungshaft

638 Der Erlass eines Haftbefehls, der in jedem Verfahrensstadium zulässig ist, setzt gem § 112 I 1 StPO voraus:
- einen dringenden Tatverdacht und
- einen Haftgrund.

Ferner darf die Untersuchungshaft zu der Bedeutung der Sache und der zu erwartenden Strafe bzw Maßregel nicht außer Verhältnis stehen.

Ein dringender Tatverdacht besteht, wenn nach dem aktuellen Stand der Ermittlungen der Beschuldigte mit hoher Wahrscheinlichkeit Täter oder Teilnehmer einer strafbaren Handlung ist[57].

Folgende vier Haftgründe kommen in Betracht:
- Flucht oder Fluchtgefahr, § 112 II Nr 1, Nr 2 StPO
- Verdunkelungsgefahr, § 112 II Nr 3 StPO
- Verdacht eines Kapitaldelikts, § 112 III StPO
- Wiederholungsgefahr, § 112 a StPO.

Zur Vertiefung: Beulke, StPO Rn 209 ff; Hellmann, StPO Rn 217 ff.

2. Zuständigkeit für Erlass eines Haftbefehls

639 Für den Erlass des Haftbefehls ist während des Ermittlungsverfahrens (also vor Erhebung der öffentlichen Klage durch Einreichung der Anklageschrift [§ 170 I StPO]) der Ermittlungsrichter beim AG zuständig (§ 125 I StPO).

Nach Erhebung der öffentlichen Klage liegt die Zuständigkeit für den Erlass eines Haftbefehls idR bei dem Gericht, das mit der Sache befasst ist, wenn Revision eingelegt ist, bei dem Gericht, dessen Urteil angefochten ist (§ 125 II StPO). Gem § 125 II 2 StPO kann in dringenden Fällen auch der Vorsitzende des Gerichts den Haftbefehl erlassen.

Zur Vertiefung: Beulke, StPO Rn 220.

3. Entscheidung über den Haftbefehl außerhalb der Hauptverhandlung, §§ 30 II, 76 I 2 GVG

640 Innerhalb der Hauptverhandlung müssten die Schöffen mitentscheiden (§ 76 I 1 GVG), sodass die Mehrheit wohl gegen den Erlass eines Haftbefehls stimmen wird. Bei Entscheidungen außerhalb der Hauptverhandlung wirken die Schöffen hingegen nicht mit (§ 76 I 2 GVG), sodass der Vorsitzende im Zusammenwirken mit dem einen Beisitzer nunmehr den anderen Beisitzer überstimmen könnte.

57 Siehe oben Fall 7, Rn 335.

Nach einer Ansicht[58] ist über den Erlass des Haftbefehls immer außerhalb der Hauptverhandlung zu entscheiden mit der Folge, dass die Entscheidung ohne Beteiligung der Schöffen erfolgt. Jedenfalls sollen bei jeder Unterbrechung der Hauptverhandlung Entscheidungen wie zB Beschlagnahme- und Durchsuchungsanordnungen sowie Entscheidungen über die Untersuchungshaft ohne die Schöffen gefällt werden können[59].

Richtiger Ansicht nach darf die Gerichtsbesetzung nicht zur freien Disposition des Gerichts stehen. Vielmehr muss die Entscheidung im Regelfall innerhalb der Hauptverhandlung getroffen werden, es sei denn, zwingende Gründe wie Eilbedürftigkeit etc bedingen die Entscheidung außerhalb der Hauptverhandlung[60]. Hier spricht der Aspekt der Eilbedürftigkeit sogar eher für eine Entscheidung innerhalb der Hauptverhandlung. Der Strafkammervorsitzende muss also die Schöffen bei der Entscheidungsfindung über den Erlass des Haftbefehls miteinbeziehen.

Zur Vertiefung: Beulke, StPO Rn 45.

4. Rechtsmittel gegen einen Haftbefehl

G hat die Möglichkeit, Beschwerde gem § 304 I StPO einzulegen. Bleibt sie erfolglos, **641** steht ihm die weitere Beschwerde nach § 310 I StPO offen. G kann auch Haftprüfung gem § 117 I StPO beantragen. Über die Haftprüfung entscheidet hier gem § 126 II 1 StPO die Strafkammer selbst, über die Beschwerde gem § 121 I Nr 2 GVG (auch in Bayern) das OLG (Devolutiveffekt). Wählt er den Weg der Haftprüfung, wird die Beschwerde unzulässig, § 117 II 1 StPO.

Zur Vertiefung: Beulke, StPO Rn 223ff.

Definitionen zum Auswendiglernen

In Brand gesetzt	iSv **§ 306 I** ist eine Sache, wenn sie vom Feuer in einer Weise erfasst ist, die ein Fortbrennen aus eigener Kraft, dh ohne Fortwirken des Zündstoffs, ermöglicht. Für das Inbrandsetzen eines Gebäudes genügt die Inbrandsetzung eines für dessen bestimmungsgemäßen Gebrauch wesentlichen Bestandteils (*Wessels/Hettinger, BT1 Rn 957*).
Gebäude	iSd **§§ 306 ff** ist ein mit dem Erdboden verbundenes, mit Wänden und Dach versehenes Bauwerk (*Wessels/Hettinger, BT1 Rn 959*).
Wälder	iSd **§§ 306 ff** umfassen das auf einer Bodenfläche wachsende Holz und den Waldboden mit dem diesen bedeckenden Gras, Moos, Laub und Strauchwerk (*BGHSt 31, 83, 84*).

58 HansOLG Hamburg NJW 1998, 2988 [diese Auslegung wird für verfassungskonform erklärt durch BVerfG NJW 1998, 2962]; OLG Hamm StV 1998, 388; *Bertram*, NJW 1998, 2934; *Foth*, NStZ 1998, 421; differenzierend LR-*Hilger*, § 125 Rn 16 a.

59 *M-G*, § 30 GVG Rn 3.

60 Vgl BGHSt 43, 91 m Anm *Dehn*, NStZ 1997, 607; OLG Köln NJW 1998, 2989; *Kunisch*, StV 1998, 687; *Schlothauer*, StV 1998, 144; *Katholnigg*, § 30 Rn 3; für eine ausnahmslose Mitwirkungspflicht der Schöffen bei Haftentscheidungen nach Eröffnung der Hauptverhandlung *Sowada*, NStZ 2001, 169.

Brandlegung	iSv **§ 306 I** bezeichnet den Eintritt der zerstörenden oder gefährdenden Wirkung des Brandmittels (*Wessels/Hettinger, BT1 Rn 958*).
Ganz zerstört	ist ein Objekt iSv **§ 306 I** dann, wenn es vernichtet ist oder es seine bestimmungsgemäße Brauchbarkeit vollständig verloren hat (*Wessels/Hettinger, BT1 Rn 958*).
Teilweise zerstört	ist ein Objekt iSv **§ 306 I** dann, wenn einzelne, für den bestimmungsgemäßen Gebrauch des Objekts wesentliche Teile unbrauchbar geworden sind (*Wessels/Hettinger, BT1 Rn 958*).
Explosion	iSv **§ 308 I** bezeichnet die plötzliche Auslösung von Druckwellen außergewöhnlicher Beschleunigung durch einen Stoff, der bei Entzündung zu einer plötzlichen Ausdehnung von Flüssigkeiten oder Gasen und dadurch zu einer Sprengwirkung führt (*RGSt 67, 37*).

Weitere einschlägige Musterklausuren

Zum Problem der Entwidmung eines Gebäudes durch Inbrandsetzen seitens des Alleineigentümers:
Noak/Collin, Jura 2006, 544; *Prütting/Stern/Wiedemann*, [20] S 233; *Saal*, Jura 1995, 427; *Wagner*, [14] S 147

Zum Problem der teleologischen Reduktion des Tatbestandes bei § 306 a I:
Bindzus/Ludwig, JuS 1998, 1123; *Gropp/Küpper/Mitsch*, [11] S 203; *Hecker*, Jura 1999, 197; *Hillenkamp*, JuS 1997, 821 (zu § 306 aF); *Kudlich*, JA 2008, 703; *Saal*, Jura 1995, 427 (zu § 306 aF); *Seier*, JA 1992, 206 (zu § 306 aF); *Wagner*, [14] S 147; *Weißer/Kreß*, JA 2003, 857

Zum Problem: Ist bei § 306b I bzw bei § 306 c ein erfolgsqualifizierter Versuch möglich?
Hardtung, JuS 2008, 632

Zum Problem der Einbeziehung fremder Sachen in § 306 a II:
Rudolphi, [13] S 148; *Schenkewitz*, JA 2001, 400

Zum Problem der konkreten Gefahr einer Gesundheitsschädigung iRd § 306 a II:
Murmann, Jura 2001, 258; *Reinbacher*, Jura 2007, 382

Zu weiteren Problemen der Brandstiftungsdelikte:
Chionos/Raymond, StudZR 2008, 527; *Engelhart/Burchard* in: *Coester-Waltjen* ua (Hrsg), Examensklausurenkurs III, S 56; *Kress/Weisser*, JA 2006, 115; *Noak/Collin*, Jura 2006, 544; *Preis/Prütting/Sachs/Weigend*, [20], S 318; *Priebe*, Fälle, [3] S 31; *Reinbacher*, Jura 2007, 382

Zum Problem des Verhältnisses von Versicherungsmissbrauch und Betrug:
Schenkewitz, JA 2001, 400

Zum Problem: Voraussetzungen der Untersuchungshaft:
Holland/Hoffmann, Jura 2003, 568; *Schmitt*, Jura 1986, 492

Problem Nr 134: Überblick über die Systematik der Brandstiftungsdelikte (§§ 306–306 f) 642

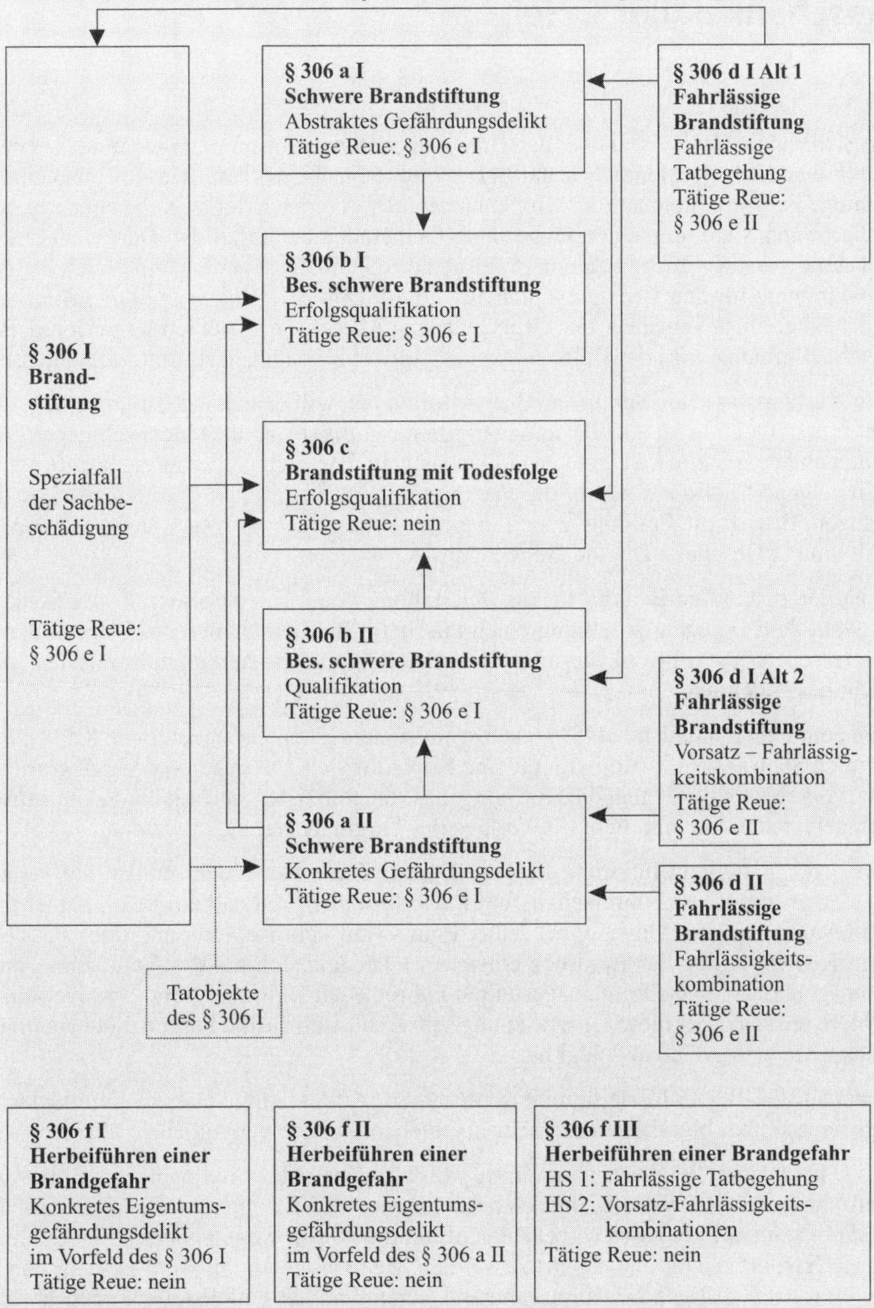

Zur Vertiefung: Wessels/Hettinger, BT1 Rn 953.

Fall 14

Geschenke aller Orten

I.

643 Im Stadtrat der Stadt P soll über den Erlass eines Bebauungsplans abgestimmt werden, durch den die bisher landwirtschaftlich genutzte Fläche des Landwirts A zu Bauland würde. Die Sache steht auf der Kippe. Daher setzt A einen Brief an seinen ehemaligen Schulfreund S auf, der schon lange Jahre Gemeinderatsmitglied ist. Darin lädt er ihn auf seine – des A – Kosten zu einem Besuch des Spielkasinos ein, wenn er sich bei der Abstimmung für den Bebauungsplan ausspricht. Den Brief steckt er in den Briefkasten. Infolge eines Versehens der Deutschen Post AG geht der Brief jedoch verloren. Bei der Abstimmung wird der Bebauungsplan – obwohl S dagegen stimmt – beschlossen.

Als A erfährt, wie sein Schulfreund abgestimmt hat, will er sich rächen. Er schickt der Ehefrau des S anonym eine Packung vergifteter Pralinen, die ihr Magenschmerzen bereiten und dem S einen Schrecken einjagen sollen. Um nicht aufzufallen, beauftragt er seine eigene Ehefrau B damit, die Packung mit den vergifteten Pralinen zur Post zu bringen. B wirft die Pralinen jedoch in einen Abfalleimer, weil sie glaubt, es handele sich um ein Geschenk an eine Geliebte des A.

C ist der zuständige Beamte für die Ausstellung von Führerscheinen in der Stadt P. Er stellt dem D gegen Bezahlung einen falschen – auf den Namen des D lautenden – Führerschein aus, obwohl dieser die Führerscheinprüfung bereits zum zweiten Mal nicht bestanden hat.

Von dem Führerschein macht D zunächst auf seinem alten, nur undeutliche Kopien liefernden Schwarz-Weiß-Kopiergerät eine Kopie für sich, die er bei Verkehrskontrollen usw vorzeigen will. Er hegt die Hoffnung, dass die Polizisten sich mit der Kopie zufrieden geben und von ihm nicht die Vorlage des Originals verlangen werden.

Desgleichen stellt D für seine Ehefrau E eine Kopie her, indem er den auf seinen Namen ausgestellten Führerschein, ein Passbild seiner Frau und ein Stück Papier mit dem Namen und der Unterschrift seiner Frau so auf dem Kopierer anordnet, dass bei dem Kopiervorgang der Eindruck entsteht, es handele sich um die Kopie eines ordnungsgemäß auf seine Frau ausgestellten Führerscheins. Er übergibt die Kopie seiner Frau E, die sich über diese Überraschung sehr freut, weil sie die Fahrprüfung ebenfalls noch nicht erfolgreich abgelegt hat.

Am nächsten Tag will E damit in ihrem Auto zur Arbeit fahren. Dabei verunglückt sie schwer. Sie liegt blutüberströmt, aber noch lebend im Straßengraben.

Als D kurz darauf, begleitet von seiner zwölfjährigen Tochter T, die, in die Lektüre der Zeitschrift „Bravo“ vertieft, um sich herum nichts wahrzunehmen scheint, die Unfallstelle in seinem Pkw passiert, beschleicht ihn die Angst, wegen unerlaubten Führens eines Kraftfahrzeuges eingesperrt zu werden, wenn er anhält und hilft. Er fährt daher, den Tod der E billigend in Kauf nehmend, schnell an der Unfallstelle vorbei. E wird kurz danach bewusstlos. Als D etwa einen Kilometer zurückgelegt hat, droht ihm die auf dem Beifahrersitz sitzende T, die mit einem Auge wider Erwarten doch den Unfall wahrgenommen hat, damit, zur Polizei zu gehen, wenn er nicht augenblicklich umkehrt. Reuig fährt D zurück und eilt seiner Frau zur Hilfe, die daraufhin gerettet wird.

Wie haben sich A, B, C, D und E strafbar gemacht? Evtl erforderliche Strafanträge sind gestellt.

II.

1. A wird wegen des oben geschilderten Geschehens, nachdem der Brief wieder aufgetaucht ist, von der Staatsanwaltschaft angeklagt und von der Großen Strafkammer nach ausführlicher Würdigung der Beweismittel zu einer geringfügigen Geldstrafe verurteilt. Das Gericht hat in ihm den Briefschreiber gesehen, obwohl A dies stets bestritten und von einer Fälschung gesprochen hatte.
   A möchte das Urteil daraufhin überprüfen lassen, ob er oder ein anderer den Brief geschrieben hat. Geht das?
2. Aufgrund welcher Vorschrift konnte die Staatsanwaltschaft die Sache (Frage II. 1) vor die Große Strafkammer bringen?
3. Die Staatsanwaltschaft hat gegen D wegen der Sache mit dem Kopieren der Führerscheine Strafbefehl wegen Urkundenfälschung beantragt, der antragsgemäß erlassen wurde. Welche Möglichkeiten hat D, sich dagegen zu wehren?

Gedankliche Strukturierung des Falles (Kurzlösung)

644 **Teil I. (materiell-rechtlicher Teil)**

A. Die Gemeinderatssitzung (Strafbarkeit des A)

1. § 108 e I (+)
a) Objektiver Tatbestand (+)
- Abstimmung in einer Volksvertretung der Gemeinde (+)
- „Kauf" einer Stimme (+)
- „Unternehmen" des Stimmenkaufs (+)

b) Subjektiver Tatbestand (+)
c) Rechtswidrigkeit und Schuld (+)
d) Ergebnis

2. § 333 I (–)
- Amtsträger (–)
- Vorteilsanbietung (–)

3. § 334 I iVm III (–)
- Amtsträger (–)

4. Ergebnis für A im Tatkomplex A
A hat sich gem § 108 e I strafbar gemacht.

B. Die vergifteten Pralinen

I. Strafbarkeit der B

1. § 242 I (–)
- fremde bewegliche Sache (+)
- Wegnahme (–)

2. § 246 I (–)
- Zueignung (–)

3. §§ 223 I, II, 22, 23 I Alt 2 (–)
- Vorprüfung (+)
- Tatentschluss (–)

4. § 303 I Alt 2 (–)
a) Tatbestand (+)
b) Rechtswidrigkeit (+)
aa) Nothilfe, § 32 I, II Alt 2 (–)
bb) Notstandshilfe, § 228 S 1 BGB (–)

Problem Nr 135: Fehlen des subjektiven Rechtfertigungselements (Rn 652)

c) Ergebnis

5. §§ 303 I Alt 2, III, 22, 23 I Alt 2 (+)
- Strafantragserfordernis, § 303 c (+)

6. Ergebnis für B im Tatkomplex B
B hat sich gem §§ 303 I Alt 2, II, 22, 23 I Alt 2 strafbar gemacht.

II. Strafbarkeit des A

1. §§ 223 I, 25 I Alt 2 (–)

2. §§ 223 I, II, 22, 23 I Alt 2, 25 I Alt 2 (+)
a) Vorprüfung (+)
b) Tatentschluss (+)
c) Unmittelbares Ansetzen (+)
d) Rechtswidrigkeit und Schuld (+)
e) Ergebnis

3. §§ 224 I Nr 1 (–), Nr 3 (+), Nr 5 (–), II, 22, 23 I Alt 2, 25 I Alt 2 (+)
a) Tatentschluss (+)
- Nr 1 (Beibringung von Gift) (–)

Problem Nr 136: Muss bei § 224 I Nr 1 das Gift oder der beigebrachte gesundheitsschädliche Stoff geeignet sein, zumindest eine schwere Körperverletzung iSd § 226 I zu bewirken? (Rn 656)

- Nr 3 (hinterlistiger Überfall) (+)
- Nr 5 (lebensgefährdende Behandlung) (–)

b) Unmittelbares Ansetzen (+)

4. Konkurrenzen

5. Ergebnis für A im Tatkomplex B
A hat sich gem §§ 224 I Nr 3, II, 22, 23 I Alt 2, 25 I Alt 2 strafbar gemacht.

C. Ausstellen des „falschen" Führerscheins

I. Strafbarkeit des C

1. § 267 I Var 1 (–)
- Urkunde (+)
- „unecht" (–)

2. § 348 I (–)
a) Objektiver Tatbestand (–)
- Amtsträger iSd § 11 I Nr 2 a (+)
- öffentliche Urkunde iSd §§ 271, 348 (+)
- erhebliche Tatsache zu öffentlichem Glauben beurkundet (–)

b) Ergebnis

3. § 276 I Nr 2 (–)
a) Objektiver Tatbestand (–)
- unechter/verfälschter amtlicher Ausweis (–)

b) Ergebnis

4. § 331 I Var 3 (+)
a) Objektiver Tatbestand (+)
- Amtsträger (+)
- Diensthandlung (+)
- Vorteil angenommen (+)

Problem Nr 137: Die Systematik der Amtsdelikte (§§ 331 – 334) (Rn 662)

b) Subjektiver Tatbestand (+)
c) Rechtswidrigkeit und Schuld (+)

5. § 332 I 1 Var 3 (+)
a) Objektiver Tatbestand (+)
- „pflichtwidrige" Diensthandlung (+)

b) Subjektiver Tatbestand (+)

6. Konkurrenzen

7. Ergebnis für C im Tatkomplex C
C ist strafbar gem § 332 I 1 Var 3.

II. Strafbarkeit des D

1. § 271 I (–)

2. § 276 I Nr 2 (–)
- falsche Beurkundung (–)

3. §§ 348 I, 26 (–)
- vorsätzliche, rechtswidrige Haupttat (–)

4. § 333 I Var 3 (+)

5. § 334 I Var 3 (+)

6. §§ 332 I, 26 (–)

7. Konkurrenzen

8. Ergebnis für D im Tatkomplex C
D hat sich gem § 334 I Var 3 strafbar gemacht.

D. Das Vervielfältigen

I. Strafbarkeit des D

1. § 267 I Var 1 (Herstellen der Kopie des Führerscheins für sich selbst) (–)
- unechte Urkunde (–)

2. § 268 I Nr 1 Var 1 (Herstellen der Kopie des Führerscheins für sich selbst) (–)

3. § 267 I Var 1 (Kopie für E) (–)
- Urkunde (–)

4. Ergebnis für D im Tatkomplex D
D ist straflos.

II. Strafbarkeit der E

1. §§ 267, 25 II (–)

2. Ergebnis für E im Tatkomplex D
E ist straflos.

E. Der Autounfall

I. Strafbarkeit der E

1. §§ 267 I Var 3, II, 22, 23 I Alt 2 (–)
- Vorprüfung (+)
- Tatentschluss (–)

2. § 21 I Nr 1 StVG (+)

3. § 315 c I Nr 2 (–)

4. Ergebnis für E im Tatkomplex E
E ist strafbar gem § 21 I Nr 1 StVG.

II. Strafbarkeit des D

1. §§ 212 I, 22, 23 I Alt 1, 13 I (+)
a) Vorprüfung (+)
b) Tatentschluss (+)
- dolus eventualis bzgl Tod der E (+)
- Vorsatz bzgl Garantenstellung, § 13 I (+)

c) Unmittelbares Ansetzen (+)

Problem Nr 138: Versuchsbeginn beim Unterlassungsdelikt (Rn 679)

d) Rechtswidrigkeit (+)
e) Schuld (+)
- Zumutbarkeit normgemäßen Verhaltens (+)

f) Rücktritt gem § 24 I 1 Alt 2 (–)
- Rücktritt vom beendeten Versuch (+)
- Freiwilligkeit (–)

g) Ergebnis

2. §§ 211, 22, 23 I Alt 1, 13 I (+)
a) Vorprüfung (+)
b) Tatentschluss (+)
- Verdeckungsabsicht bzgl § 21 I Nr 1 StVG (+)

Problem Nr 139: Steht die Annahme eines nur bedingten Tötungsvorsatzes der Verdeckungsabsicht entgegen? (Rn 682)

Problem Nr 140: Schließt die Begehung durch Unterlassen die Verdeckungsabsicht bei § 211 aus? (Rn 684)

- sonstige niedrige Beweggründe (+)

c) Unmittelbares Ansetzen (+)
d) Rücktritt gem § 24 I 1 Alt 2 (–)

3. § 221 I Nr 2 (+)

4. §§ 221 I Nr 2, III, 22, 23 I Alt 1 (+)

5. §§ 223 I, 13 I (+)

6. §§ 224 I Nr 5, 13 I (+)

7. § 323 c (+)

8. § 21 I Nr 1 StVG (+)

9. § 21 I Nr 2 StVG (–)

10. §§ 21 I Nr 1 StVG, 27 (+)

11. Konkurrenzen

12. Ergebnis für D im Tatkomplex E
D hat sich gem §§ 211, 22, 23 I Alt 1, 13 I – § 52 – §§ 224 I Nr 5, 13 I – § 52 – § 21 I Nr 1 StVG – § 52 – §§ 21 I Nr 1 StVG, 27 strafbar gemacht.

F. Gesamtkonkurrenzen

G. Gesamtergebnis des materiell-rechtlichen Gutachtens

A: Tatkomplex A: § 108 e I
– § 53 –
Tatkomplex B: §§ 224 I Nr 3, II, 22, 23 I Alt 2, 25 I Alt 2
B: Tatkomplex B: §§ 303 I Alt 2, II, 22, 23 I Alt 2
C: Tatkomplex C: § 332 I Var 3
D: Tatkomplex C: § 334 I Var 3
– § 53 –
Tatkomplex E: §§ 211, 22, 23 I Alt 1, 13 I – § 52 – §§ 224 I Nr 5, 13 I – § 52 – § 21 I Nr 1 StVG – § 52 – §§ 21 I Nr 1 StVG, 27
E: Tatkomplex E: § 21 I Nr 1 StVG

Teil II. (prozessualer Teil)

1. Statthaftigkeit der Revision

2. Das Problem der sog „beweglichen Zuständigkeit“

3. Das Strafbefehlsverfahren

Ausführliche Lösung von Fall 14

Teil I. (materiell-rechtlicher Teil)

A. Die Gemeinderatssitzung (Strafbarkeit des A)

1. § 108 e I

645 Dadurch, dass A einen Brief an seinen Schulfreund S geschrieben und in den Briefkasten geworfen hat, könnte er sich wegen einer Abgeordnetenbestechung gem § 108 e I strafbar gemacht haben.

a) Objektiver Tatbestand

A müsste es unternommen haben, für eine Abstimmung in einer Volksvertretung der Gemeinde eine Stimme zu kaufen.

Anders als bei den §§ 107–108 c geht es nicht um Wahlen zu den genannten Volksvertretungen, sondern um Wahlen und Abstimmungen innerhalb bereits gewählter Gremien. Bei der Abstimmung über den Bebauungsplan handelte es sich um eine solche, den Regeln der jeweiligen Gemeindeordnung folgende Abstimmung. Der Gemeinderat ist eine Volksvertretung, ein von den Gemeindebürgern zur Vertretung ihrer Interessen gewähltes Gremium („Stadtparlament").

Bei Gemeinderäten ist allerdings zu beachten, dass es sich bei der jeweiligen Abstimmung uU nur um eine rein kommunale Verwaltungstätigkeit handeln kann. Dann scheidet die Abgeordnetenbestechung – wie mittelbar aus der Erwähnung der Parlamente zu folgern ist – ihrem Gesetzeszweck nach aus. Nur wenn ein legislativer Akt im Raum steht, greift die Strafbarkeit ein[1]. Da der Bebauungsplan als Satzung erlassen wird (§ 10 I BauGB), ist er der legislativen Tätigkeit des Gemeinderats zuzuordnen.

„Kaufen" ist nicht im Sinne des Kaufrechts, sondern bildlich zu verstehen. Entscheidend ist, ob der Anschein der Käuflichkeit erweckt wird[2]. Darunter fällt nicht nur das Anbieten von Geld als Gegenleistung für ein bestimmtes (künftiges) Abstimmungsverhalten, sondern uU auch die Einladung zum Abendessen. Nur immaterielle Gegenleistungen scheiden aus. Bei Sachgeschenken und anderen (materiellen) Vorteilen ist jedoch sorgfältig zu prüfen, ob sie nicht unter dem Gesichtspunkt der Sozialadäquanz aus dem Tatbestand herausfallen. Auslegungshilfen bieten hier die Mittel-Zweck-Relation[3], die Verhältnismäßigkeit sowie die Art und Höhe der Gegenleistung. Sozial übliche Minimalien erwecken nicht den „bösen Schein" der Käuflichkeit. Davon kann hier aber keine Rede sein. Wer sich im Spielkasino aushalten lässt, gibt damit – angesichts der dort zu erwartenden nicht unbeträchtlichen Verluste – seine Käuflichkeit zu erkennen. Bei § 108 e I handelt es sich um ein sog (echtes) Unternehmensdelikt. Nach der Legaldefinition in § 11 I Nr 6 fallen unter das Unternehmen einer Tat deren Ver-

---

1 *Fischer*, § 108 e Rn 3; S/S-*Eser*, § 108 e Rn 6.
2 S/S-*Eser*, § 108 e Rn 8.
3 Vgl *Fischer*, § 108 e Rn 4.

such und die Vollendung. Zum Erfolgseintritt ist es hier nicht gekommen, weil der Brief nie beim Empfänger ankam und deshalb auch keinerlei Auswirkungen auf das Abstimmungsverhalten des S haben konnte.

Entscheidend ist daher, ob A bereits versucht hat, eine Stimme zu kaufen oder ob es sich nur um eine – auch unter dem Gesichtspunkt des Unternehmens straflose – bloße Vorbereitungshandlung handelte. Legt man die gängigen Kriterien der Abgrenzung zwischen strafloser Vorbereitungshandlung und strafbarem Versuch zu Grunde[4], war hier mit dem Abschicken (Einwurf) des Briefes der Bereich der straflosen bloßen Vorbereitungshandlung wegen der Gefährdung des Rechtsguts und vor allem, weil es sich bereits um die eigentliche Tatbestandshandlung handelte, überschritten. Ob der Brief sein Ziel erreichte, hing nur noch vom Zufall ab.

Damit hat es A unternommen, für eine Abstimmung in einer Gemeinde eine Stimme zu kaufen.

b) Subjektiver Tatbestand

A handelte vorsätzlich.

c) Rechtswidrigkeit und Schuld

A handelte rechtswidrig und schuldhaft.

d) Ergebnis

A hat sich gem § 108 e I strafbar gemacht.

2. § 333 I

A könnte einem Amtsträger für die Dienstausübung einen Vorteil angeboten haben. 646

Gem § 11 I Nr 2 c ist Amtsträger, wer dazu bestellt ist, bei einer Behörde oder sonstigen Stelle, oder in deren Auftrag Aufgaben der öffentlichen Verwaltung unbeschadet der zur Aufgabenerfüllung gewählten Organisationsform wahrzunehmen. Gemeinderäte sind in Ausübung ihrer legislativen Tätigkeit jedoch nicht Amtsträger in diesem Sinne, da sie insoweit keine Aufgaben der öffentlichen Verwaltung wahrnehmen[5].

[Beachte: In Bayern sind sog berufsmäßige Gemeinderatsmitglieder nach Art 41 I BayGO Beamte auf Zeit; pauschal für Amtsträgerqualität von Gemeinderäten jedoch LG Krefeld NJW 1994, 2036, 2037 – aA deshalb ebenfalls vertretbar.]

Im Übrigen ist der tatbestandliche Erfolg – Anbieten eines Vorteils für eine Diensthandlung – nicht eingetreten, weil der Brief nie angekommen ist.

3. § 334 I iVm III

A könnte einem Amtsträger einen Vorteil als Gegenleistung für eine künftige pflichtwidrige Diensthandlung angeboten haben. 647

---

4 Siehe oben Fall 3, Problem Nr 18, Rn 109.
5 S/S-*Eser*, § 11 Rn 23.

Jedoch sind Gemeinderatsmitglieder – wie A auch weiß – in rein legislativer Funktion keine Amtsträger iSd Vorschrift *(s o Rn 646; aA vertretbar, dann käme es für die Strafbarkeit gem § 334 I iVm III darauf an, ob es sich bei einem positiven Votum um eine pflichtwidrige Handlung handeln würde. Das kann dem Sachverhalt nicht entnommen werden.).*

4. Ergebnis für A im Tatkomplex A

A hat sich nur gem § 108 e I strafbar gemacht.

B. Die vergifteten Pralinen

I. Strafbarkeit der B

1. § 242 I

648 Indem B die Pralinen in den Papierkorb warf, könnte sie sich wegen Diebstahls strafbar gemacht haben.

B war aber nach Übergabe der Schachtel (Allein-)Gewahrsamsinhaberin, sodass eine Wegnahme iS des § 242 I schon mangels Gewahrsamsbruchs ausscheidet.

2. § 246 I

649 B könnte sich die für sie fremde bewegliche Sache zugeeignet haben. Zueignung iSd § 246 I bedeutet, dass der Täter die Sache mit einer objektiv erkennbaren Betätigung des Zueignungswillens seinem Vermögen einverleibt, dass er sich also als Eigentümer geriert[6]. B wollte sich die Pralinen nicht einmal nur vorübergehend aneignen. Das (sofortige) Wegwerfen manifestiert deshalb keinen Zueignungswillen.

Hinweis: Da beide Delikte – anders als bei der Verwendung fremder Sachen vor dem Wegwerfen für eigene Zwecke – auf den ersten Blick ausscheiden, ist ihre Prüfung (an dieser Stelle oder im Anschluss an § 303 I Alt 2) entbehrlich.

3. §§ 223 I, II, 22, 23 I Alt 2

650 Zu einer vollendeten Körperverletzung ist es nicht gekommen. Eine versuchte Körperverletzung, die zwar nach §§ 223 II, 23 I Alt 2 strafbar ist, ist ebenfalls zu verneinen, da B mangels Kenntnis vom Inhalt der Pralinen ersichtlich der Körperverletzungsvorsatz und somit der Tatentschluss fehlte.

4. § 303 I Alt 2

651 Indem B die Pralinenpackung in den Abfalleimer warf, könnte sie sich wegen Sachbeschädigung gem § 303 I Alt 2 strafbar gemacht haben.

---

6 Siehe oben Fall 4, Problem Nr 36, Rn 167.

a) Tatbestand

B hat die Pralinenpackung, eine für sie fremde Sache (das Eigentum liegt bis zur Annahme des Übereignungsangebots durch den Empfänger beim Absender), in den Abfall geworfen, mithin zerstört – wobei die endgültige Zerstörung durch Verunreinigung oä uU auch erst durch Zeitablauf eingetreten sein kann. B handelte vorsätzlich.

b) Rechtswidrigkeit

aa) Nothilfe, § 32 I, II Alt 2

In Betracht kommt eine Rechtfertigung durch Nothilfe gem § 32 I, II Alt 2.

Zwar war ein Angriff des A auf die Gesundheit der Ehefrau des S gegeben. Dieser war jedoch – da sich das Päckchen noch bei B befand – nicht gegenwärtig, sodass Nothilfe ausscheidet.

Hinweis: Da sich das Erfordernis der Gegenwärtigkeit des Angriffs und die Frage, ob zu dem Versuch der gefährlichen Körperverletzung bereits unmittelbar angesetzt ist, nicht unbedingt decken (selbst wenn A – in seiner Rolle als mittelbarer Täter – bereits unmittelbar angesetzt hätte, müsste der Angriff noch nicht „gegenwärtig" sein), erscheint es naheliegend, dass jedenfalls dann keine Gegenwärtigkeit besteht, wenn der Tatmittler selbst noch nicht unmittelbar angesetzt hat.

bb) Notstandshilfe, § 228 S 1 BGB

Hinweis: § 228 S 1 BGB geht als lex specialis § 904 S 1 BGB und § 34 StGB vor und ist deshalb vorrangig zu prüfen.

B könnte durch eine (defensive) Notstandshilfe iSd § 228 S 1 BGB gerechtfertigt sein.

B hat eine fremde Sache beschädigt und dadurch objektiv Schaden von einem anderen, der Ehefrau des S, abgewendet. Die Beschädigung war auch zur Abwendung der Gefahr erforderlich. Die Rückgabe des Päckchens an A hätte die Gefahr nicht abgewendet, sondern neu entstehen lassen, weil A das Päckchen selbst zur Post hätte bringen oder einem anderen Boten übergeben können.

Schließlich steht der eingetretene Schaden (Verlust des Eigentums an der Pralinenpackung) auch nicht außer Verhältnis zu der Gefahr für die Gesundheit der Ehefrau des S.

Fraglich ist jedoch, ob der Rechtfertigungsgrund eingreift, obwohl B weder in Kenntnis der Umstände handelte, aus denen sich die Merkmale der Rechtfertigung ergeben, noch gar eine – darüber hinausgehende – „Rettungsabsicht" hatte.

Problem Nr 135: Fehlen des subjektiven Rechtfertigungselements 652

Handelt der Täter in Unkenntnis seiner Rechtfertigungslage, so scheidet eine Rechtfertigung seiner Tat aus, weil nur die volle Kongruenz der objektiven und subjektiven Rechtfertigungsvoraussetzungen den Unrechtsausschluss bewirkt. Umstritten ist dabei jedoch, ob wegen Versuchs oder wegen Vollendung bestraft werden soll.

(1) Ein **Teil der Literatur** und die **Rechtsprechung** (RGSt 62, 138; BGHSt 2, 111, 114 für den Notstand; BGHSt 3, 194; BGH NStZ 2005, 332, 334; *B. Heinrich*, AT1 Rn 392; *Köhler*, AT S 323; *Zieschang*, AT S 62) schließen hier das Vorliegen einer „Verteidigung" gänzlich aus und kommen zur Strafbarkeit aus dem **vollendeten Delikt**.

Argument: Eine „Verteidigung" iSd § 32 II bzw eine Rechtfertigungssituation iS anderer Rechtfertigungsgründe kann schon begrifflich nicht mehr vorliegen, wenn der Täter der Rechtsordnung nicht zum Durchbruch verhelfen will. Dem Rechtsbewährungsprinzip genügt dann auch nicht mehr, dass objektiv ein von der Rechtsordnung geduldeter Erfolg eingetreten ist. Vielmehr dürfen für das Eingreifen eines Rechtfertigungsgrundes Erfolgs- und Handlungsunrecht nicht gegeben sein. Derjenige, der sich in Angriffsabsicht bzw ohne Kenntnis von der Gefahr gegen das Recht wendet und so einen Taterfolg herbeiführt, kann nur aus dem vollendeten Delikt strafbar sein. Dafür spricht auch die Umkehrung der Regelung des Tatbestandsirrtums nach § 16 I. Tatbestandsmerkmale, die der Täter nicht kennt, dürfen ihm danach nicht zur Last gelegt werden. Umgekehrt können ihn dann auch nicht Tatsachen iRd Rechtfertigung entlasten, die zwar objektiv zu seinen Gunsten vorlägen, ihm aber unbekannt sind.

(2) Gegen diese Vollendungslösung wendet sich die überzeugende **hM in der Literatur** (*Gropp*, AT § 6 Rn 32; *Klesczewski,* AT Rn 302; *Jäger*, AT Rn 129; *Jakobs*, AT Abschn 11 Rn 22; *Jescheck/Weigend*, § 31 IV 2; *Lackner/Kühl*, § 22 Rn 16; LK-*Rönnau,* Vor § 32 Rn 90; *Prittwitz*, Jura 1984, 74, 77 f; *Roxin*, AT1 § 14 Rn 104; *Wessels/Beulke*, AT Rn 279; speziell für § 218 a BGHSt 38, 144, 155).

Argument: Die Rechtsprechung erkennt zwar den Unterschied zwischen Handlungs- und Erfolgsunrecht und verneint dann korrekt eine Rechtfertigung, führt diesen Ansatz aber nicht konsequent zu Ende. Liegt nur Handlungsunrecht des Täters vor und wird der Erfolg gleichzeitig von der Rechtsordnung gebilligt, so ist ein typischer Fall des Versuchs gegeben, nämlich der **Unterfall des aus rechtlichen Gründen untauglichen Versuchs**. Das Rechtsbewährungsinteresse und die Berufung auf den Begriff der „Verteidigung" in § 32 II bzw die Rechtfertigungssituation iS anderer Rechtfertigungsgründe schließen nur eine Rechtfertigung aus, gebieten aber nicht gleichzeitig, aus der vollendeten Tat zu bestrafen. Auch genügt eine Versuchsstrafbarkeit zur angemessenen Sanktionierung der Tat. Die wenigen Strafbarkeitslücken, die nach dem Gesetz für einige Vergehen bestehen, bei denen der Versuch nicht mit Strafe bedroht ist, sind als gesetzgeberische Entscheidung hinzunehmen. Dort ist die Strafwürdigkeit des Verhaltens eben verneint worden.

Zur Vertiefung: Wessels/Beulke, AT Rn 278 ff; Beulke, Klausurenkurs I [9] Rn 307; Hillenkamp, AT 4. Problem S 23 ff.

Zwar spricht sich die hA in der Rechtsprechung bei Fehlen des subjektiven Rechtfertigungselements für eine Strafbarkeit wegen vollendeter Tat aus. Dem ist jedoch nicht zu folgen, weil bei objektivem Vorliegen eines Rechtfertigungsgrundes das Erfolgsunrecht fehlt und lediglich das Handlungsunrecht bestehen bleibt. Das ist eine typische Versuchskonstellation, nämlich der Unterfall des aus rechtlichen Gründen untauglichen Versuchs.

c) Ergebnis

Der überzeugenden „Versuchslösung" folgend kann B also nicht wegen vollendeter Sachbeschädigung gem § 303 I Alt 2 bestraft werden.

5. §§ 303 I Alt 2, III, 22, 23 I Alt 2

653 Mit dem zuvor Gesagten hat sich B bei ihrem Handeln in Unkenntnis der objektiven Rechtfertigung – angesichts der auch zu bejahenden Schuld – eines Versuchs des § 303 I Alt 2 strafbar gemacht. Der gem § 303 c erforderliche Strafantrag ist gestellt.

6. Ergebnis für B im Tatkomplex B

B hat sich gem §§ 303 I Alt 2, III, 22, 23 I Alt 2 strafbar gemacht.

II. Strafbarkeit des A

1. §§ 223 I, 25 I Alt 2

Dadurch, dass A seiner Ehefrau B die vergifteten Pralinen übergab, könnte er sich wegen einer Körperverletzung in mittelbarer Täterschaft strafbar gemacht haben. **654**

Der Taterfolg der Körperverletzung ist jedoch nicht eingetreten.

2. §§ 223 I, II, 22, 23 I Alt 2, 25 I Alt 2

a) Vorprüfung

Der Verletzungserfolg ist nicht eingetreten. Der Versuch der Körperverletzung ist gem §§ 223 II, 12 II strafbar.

b) Tatentschluss

Körperliche Misshandlung ist eine üble und unangemessene Behandlung, die das körperliche Wohlbefinden nicht unerheblich beeinträchtigt[7]; eine Gesundheitsschädigung ist das Hervorrufen oder Steigern eines vom Normalzustand der körperlichen Funktionen des Opfers nachteilig abweichenden krankhaften Zustandes körperlicher oder seelischer Art[8].

A hatte bei seinem Tätigwerden beide Varianten ins Auge gefasst. Neben konkreten Vergiftungserscheinungen sollte das körperliche Wohlbefinden der S durch die schmerzhafte Magenverstimmung beeinträchtigt werden. Zwar wollte A selbst die Ehefrau des S nicht am Körper verletzen. Er wollte aber seine Ehefrau B als gutgläubiges Werkzeug einsetzen, sodass A den Vorsatz hatte, eine Körperverletzung durch einen anderen nach §§ 223 I, 25 I Alt 2 zu begehen.

c) Unmittelbares Ansetzen

A müsste zur Körperverletzung unmittelbar angesetzt haben. Dazu ist erforderlich, dass der Täter subjektiv die Schwelle zum „Jetzt-geht-es-los" überschritten und objektiv dergestalt zur tatbestandsmäßigen Angriffshandlung angesetzt hat, dass das Geschehen bei ungestörtem Fortgang ohne weitere wesentliche Zwischenschritte unmittelbar in die Tatbestandsverwirklichung einmündet, mit der Folge, dass – aus Sicht des Täters – das Angriffsobjekt konkret gefährdet erscheint[9].

Hier sollte die vorsatzlos handelnde B das Paket auf den Weg bringen. Umstritten ist, wann der mittelbare Täter die Schwelle zwischen Vorbereitungshandlung und Versuch überschreitet[10].

---

7 *Wessels/Hettinger,* BT1 Rn 255.
8 *Wessels/Hettinger*, BT1 Rn 257; BGHSt 36, 1, 6; 43, 346.
9 *Wessels/Beulke*, AT Rn 601; vgl o Fall 3, Problem Nr 18, Rn 109.
10 Siehe oben Fall 5, Problem Nr 48, Rn 213.

Nach der überzeugenden herrschenden Meinung ist der Beginn der Versuchsstrafbarkeit allein nach dem Verhalten des Hintermannes zu bestimmen. „Jetzt geht es los" meint in diesem Fall das „Aus-der-Hand-Geben" des Kausalverlaufs, wenn der Hintermann sich jeder Einwirkungsmöglichkeit auf den Tatmittler begibt. Hier hat sich A dieser Möglichkeiten der weiteren Kontrolle des Kausalverlaufs in dem Moment begeben, als er B mit dem Paket aus seinem Herrschaftsbereich entließ. Die Rechtsgutsverletzung konnte er dann nicht mehr verhindern. Das Rechtsgut war somit nach der Vorstellung des Täters gefährdet. Ein unmittelbares Ansetzen ist zu bejahen.

d) Rechtswidrigkeit und Schuld

A handelte rechtswidrig und schuldhaft.

e) Ergebnis

Der Versuch einer einfachen Körperverletzung in mittelbarer Täterschaft ist also gegeben.

3. §§ 224 I Nr 1, Nr 3, Nr 5, II, 22, 23 I Alt 2, 25 I Alt 2

a) Tatentschluss

655 Fraglich ist, ob A auch den Vorsatz hatte, eine gefährliche Körperverletzung in mittelbarer Täterschaft durch Beibringung von Gift oder von anderen gesundheitsschädlichen Stoffen zu begehen, §§ 224 I Nr 1, 25 I Alt 2.

Vor dem 6. StrRG wurde als Gift jeder organische oder anorganische Stoff erfasst, der unter bestimmten (Einnahme-)Bedingungen durch chemische oder chemisch-physikalische Wirkung die Gesundheit zu „zerstören" geeignet ist[11]. Nunmehr genügt nach dem Wortlaut des § 224 I Nr 1, dass die Körperverletzung durch Gift oder einen anderen „gesundheitsschädlichen" Stoff begangen wird. Gift ist ein spezielles Beispiel gesundheitsschädlicher Stoffe[12]. Die vom Gesetzgeber gewählte Formulierung gesundheits„schädlich" spricht dagegen, nach wie vor von dem Stoff eine gesundheits„zerstörerische" Wirkung zu verlangen. Damit ist das notwendige Ausmaß der drohenden Verletzungen unklar geworden.

656 **Problem Nr 136: Muss bei § 224 I Nr 1 das Gift oder der beigebrachte gesundheitsschädliche Stoff geeignet sein, zumindest eine schwere Körperverletzung iSd § 226 I zu bewirken?**

(1) Nach **einer Ansicht** (*Küper,* BT S 71; *Stree,* Jura 1980, 281, 286; *Wessels/Hettinger,* BT1 Rn 267) muss nur die Eignung zur Herbeiführung „erheblicher" Gesundheitsschädigungen gegeben sein.

Argument: Gerade die Neufassung des Tatbestandes gegenüber § 229 aF zeigt, dass gesundheitszerstörende Folgen nicht mehr erforderlich sind. Auch schon vor dem 6. StrRG wurde von Vielen für ausreichend erachtet, „dass wesentliche körperliche Fähigkeiten völlig oder

11 *Wessels/Hettinger*, BT1 Rn 263.
12 *Wessels/Hettinger*, BT1 Rn 263.

mindestens in erheblichem Umfang aufgehoben werden". Dies wurde etwa bei einer Schädigung der Atmungs-, Bewegungs- oder Verdauungstätigkeit des Körpers bejaht (*Dreher/Tröndle*, 47. Aufl 1995, § 229 Rn 7).

(2) Nach **anderer Ansicht** (SK/StGB-*Horn/Wolters,* § 224 Rn 8; *Wolters,* JuS 1998, 582) muss die Eignung zur Herbeiführung von Gesundheitsschäden iSd § 226 I vorliegen.

Argument: Alle Tatmodalitäten des § 224 I müssen ihrer Art nach besonders „gefährlich" sein. Dass eine „Eignung zur Gesundheitszerstörung" nun nicht mehr geschriebene Voraussetzung ist, ändert nichts daran, dass nur solche Körperverletzungserfolge die hohe Strafdrohung verdienen, die nach Art und Gewicht den Verletzungsfolgen der schweren Körperverletzung gleichkommen (*Wolters,* JuS 1998, 582, 583).

Hinweis: Oft erübrigt sich eine Entscheidung zwischen diesen Meinungen, da im Gegensatz zur Auseinandersetzung iRd § 229 aF die Differenzierung zwischen nur „erheblicher" und „schwerer" Körperverletzung ähnlich § 226 wenig ergiebig sein wird.

Zur Vertiefung: Wessels/Hettinger, BT1 Rn 267; Wallschläger, JA 2002, 390 ff.

Trotz des weiten Gesetzeswortlautes wird angesichts der hohen Strafdrohung des § 224 I Nr 1 von allen Ansichten zumindest gefordert, dass das Gift geeignet ist, erhebliche Gesundheitsschädigungen herbeizuführen. Das ist hier zu verneinen. Bloße Übelkeit, Durchfall oder Magenkrämpfe sind zwar krankhafte körperliche Zustände, jedoch nur von vorübergehender Natur und ohne Folgeschäden für den davon Betroffenen. Im Ergebnis ist ein Tatentschluss des A bzgl einer Giftbeibringung daher nicht gegeben (*aA vertretbar*). **657**

Möglicherweise hatte A aber den Vorsatz, eine Körperverletzung in mittelbarer Täterschaft mittels eines hinterlistigen Überfalles zu begehen, §§ 224 I Nr 3, 25 I Alt 2. Ein Überfall ist jeder unerwartete und plötzliche Angriff auf einen Ahnungslosen. Hinterlist ist das planmäßig berechnende Verbergen der wahren Absicht, um dem Opfer eine Abwehr zu erschweren[13]. Hier hat A planmäßig berechnend die Ehefrau des S durch das vorsatzlos handelnde Werkzeug B mit einem Geschenk zum Genuss der vergifteten Pralinen verleiten wollen und damit beabsichtigt, ihr Misstrauen auszuschalten. Auch wäre das Gift in den Süßigkeiten für den Empfänger unerwartet gewesen. Der Vorsatz bzgl eines hinterlistigen Überfalls ist zu bejahen.

Schließlich könnte A Vorsatz hinsichtlich einer Körperverletzung in mittelbarer Täterschaft mittels einer das Leben gefährdenden Behandlung gehabt haben, §§ 224 I Nr 5, 25 I Alt 2. Die Einnahme des Giftes sollte jedoch nur zu Übelkeit und nicht zu einer Lebensgefährdung führen. Die §§ 224 I Nr 5, II, 22, 23 I Alt 2, 25 I Alt 2 scheiden daher aus.

b) Unmittelbares Ansetzen

Durch das Entlassen des Tatmittlers (B) aus dem Herrschaftsbereich des A hat dieser unmittelbar zur Tatbestandsverwirklichung angesetzt (*s o Rn 654*).

---

13 BGH GA 1989, 132; *Wessels/Hettinger*, BT1 Rn 279.

4. Konkurrenzen

§§ 224 I Nr 3, II, 22, 23 I Alt 2, 25 I Alt 2 sind leges speciales zu §§ 223 I, 22, 23 I Alt 2, 25 I Alt 2.

5. Ergebnis für A im Tatkomplex B

A hat sich gem §§ 224 I Nr 3, II, 22, 23 I Alt 2, 25 I Alt 2 strafbar gemacht.

C. Ausstellen des „falschen" Führerscheins

I. Strafbarkeit des C

1. § 267 I Var 1

658 Durch das Ausstellen des falschen Führerscheins könnte C eine Urkundenfälschung in Form der Herstellung einer unechten Urkunde begangen haben.

Der Führerschein ist eine zum Beweis (der Fahrerlaubnis) im Rechtsverkehr geeignete und bestimmte verkörperte Gedankenerklärung, die den Aussteller erkennen lässt, mithin eine Urkunde.

Fraglich ist jedoch, ob der auf den Namen des D ausgestellte Führerschein eine echte Urkunde darstellt. Zweifel an der Echtheit der Urkunde könnten sich insbesondere daraus ergeben, dass C und D kollusiv zusammenwirkten und C den Führerschein mangels bestandender Fahrprüfung nicht ausstellen hätte dürfen. Andererseits war D der für die Erteilung zuständige Beamte und handelte auch im Rahmen seiner Zuständigkeit. Allein durch kollusives Zusammenwirken wird ein Verwaltungsakt, wie zB ein Führerschein, nicht nichtig, sondern lediglich rechtswidrig und damit aufhebbar. Ohne Rücknahme bleibt er aber bestehen und von ihm ging auch ein entsprechender Rechtsschein aus, zB bei Verkehrskontrollen. Der auf den Namen des D ausgestellte Führerschein war somit echt. Als wahren Aussteller ließ er den C erkennen. Durch die inhaltliche Lüge wurde der Führerschein nicht unecht. Urkundenfälschung scheidet deshalb aus.

2. § 348 I

659 C könnte als Amtsträger, der zur Aufnahme öffentlicher Urkunden befugt ist, innerhalb seiner Zuständigkeit eine rechtlich erhebliche Tatsache falsch beurkundet haben.

a) Objektiver Tatbestand

C war als Beamter Amtsträger iSd § 11 I Nr 2 a.

Öffentliche Urkunden sind solche, die von einer öffentlichen Behörde oder von einer mit öffentlichem Glauben versehenen Person innerhalb ihrer sachlichen Zuständigkeit in der vorgeschriebenen Form aufgenommen sind[14].

Der Führerschein erfüllt die genannten Kriterien und ist damit eine öffentliche Urkunde. Die öffentliche Beweiskraft des Führerscheins erstreckt sich zB auf den Um-

14 *Wessels/Hettinger*, BT1 Rn 905.

stand, dass ein entsprechender Verwaltungsakt auf Erteilung einer Fahrerlaubnis überhaupt ergangen ist, sowie auf den Nachweis, dass der augenblickliche Besitzer mit der im Führerschein bezeichneten Person identisch ist[15]. Der für die Erteilung der Fahrerlaubnis vorbereitende und rein tatsächliche Akt der Ablegung der Fahrprüfung nimmt hingegen nicht am öffentlichen Glauben der Urkunde teil. Der Führerschein bekundet nur für und gegen jedermann, dass er von der zuständigen Stelle ausgestellt wurde, nicht aber, dass die entsprechenden Prüfungen auch wirklich erfolgreich absolviert worden sind[16]. Auch wenn C seine Amtspflichten verletzt hat, bedeutet dies somit noch nicht, dass der von ihm ausgestellte Führerschein etwas Falsches zu öffentlichem Glauben beurkundet[17].

b) Ergebnis

C hat damit den objektiven Tatbestand des § 348 I nicht erfüllt.

3. § 276 I Nr 2

C könnte einem anderen einen amtlichen Ausweis, der eine falsche Beurkundung der in den §§ 271 und 348 bezeichneten Art enthält, in der Absicht verschafft haben, dessen Gebrauch zur Täuschung im Rechtsverkehr zu ermöglichen. 660

a) Objektiver Tatbestand

Ein amtlicher Ausweis ist eine solche Urkunde, die von einer – deutschen oder ausländischen – Behörde oder sonstigen Stelle, die Aufgaben der öffentlichen Verwaltung wahrnimmt, ausgestellt ist, um die Identität einer Person oder ihre persönlichen Verhältnisse nachzuweisen[18]. Der Führerschein ist ein amtlicher Ausweis in diesem Sinne.

C müsste dem D diesen verschafft haben. Hierunter versteht man jedes „In-Besitz-Bringen“[19]. Die Übergabe gegen Bezahlung erfüllt diese Bedingung.

Der Führerschein war nicht unecht und nicht verfälscht und er enthielt auch – wie oben (*Rn 659*) ersichtlich wurde – keine falsche Beurkundung der in §§ 271, 348 bezeichneten Art.

b) Ergebnis

C ist nicht gem § 276 I Nr 2 strafbar.

4. § 331 I Var 3

C könnte als Amtsträger für die Dienstausübung einen Vorteil für sich angenommen haben. 661

a) Objektiver Tatbestand

C war Amtsträger (*s o Rn 659*).

---

15 BGHSt 25, 95, 96.
16 BayObLG VRS 15, 278, 280; OLG Hamm NStZ 1988, 26; vgl auch *Wessels/Hettinger*, BT1 Rn 912.
17 Vgl auch OLG Zweibrücken NJW 2004, 2912; *Lackner/Kühl*, § 348 Rn 8.
18 *Fischer*, § 275 Rn 2 iVm § 273 Rn 2.
19 *Fischer*, § 276 Rn 4.

Er müsste bei Dienstausübung gehandelt haben, dh die Tat muss sich auf Handlungen beziehen, durch die ein Amtsträger die ihm übertragenen Aufgaben wahrnimmt[20]. Das Ausstellen von Führerscheinen ist eine Diensthandlung in diesem Sinne.

Darüber hinaus müsste C einen Vorteil für die Dienstausübung angenommen haben. Unter Vorteil ist jede Leistung zu verstehen, auf die der Amtsträger keinen Anspruch hat und die seine wirtschaftliche, rechtliche oder auch nur persönliche Lage objektiv verbessert[21]. Die Annahme von Geld für die Dienstausübung ist ein Vorteil im genannten Sinn.

Fraglich ist, ob eine Unrechtsvereinbarung erforderlich ist. Die Geldannahme für die Dienstausübung entsprach einer zwischen C und D getroffenen sog „Unrechtsvereinbarung". Eine solche war nach dem alten Recht erforderlich. 1997 hat der Gesetzgeber für die §§ 331, 333 I die Voraussetzung, dass ein Vorteil als Gegenleistung für eine Diensthandlung gewährt werden muss, gelockert. Nunmehr ist eine Vorteilsannahme bereits dann zu bejahen, wenn der Vorteil für die Dienstausübung gefordert oder angenommen wird oder der Täter sich den Vorteil für sie versprechen lässt. Es muss zwar noch ein Bezug zwischen Vorteilsannahme und Diensthandlung bestehen („für. . ."), jedoch ist keine hinreichend bestimmte Handlung erforderlich, sodass eine „echte" Unrechtsvereinbarung an und für sich nicht nachgewiesen werden muss[22]. Hier ist aber sogar von einer „echten" Unrechtsvereinbarung im herkömmlichen Sinn auszugehen.

662 **Problem Nr 137: Die Systematik der Amtsdelikte (§§ 331–334)**

	Strafbarkeit des Nehmers	**Strafbarkeit des Gebers**
pflichtgemäße Diensthandlung	§ 331 (Vorteilsannahme) bei Abs 1 keine „echte" Unrechtsvereinbarung erforderlich	§ 333 (Vorteilsgewährung) bei Abs 1 keine „echte" Unrechtsvereinbarung erforderlich
pflichtwidrige Diensthandlung	§ 332 (Bestechlichkeit) [Qualifikation zu § 331] Unrechtsvereinbarung erforderlich	§ 334 (Bestechung) [Qualifikation zu § 333] Unrechtsvereinbarung erforderlich

Zur Vertiefung: Wessels/Hettinger, BT1 Rn 1097ff.

b) Subjektiver Tatbestand

663 C handelte vorsätzlich.

c) Rechtswidrigkeit und Schuld

C handelte rechtswidrig und schuldhaft.

20 *Fischer*, § 331 Rn 6.
21 BGH NJW 2008, 3580.
22 *Wessels/Hettinger*, BT1 Rn 1100.

5. § 332 I 1 Var 3

a) Objektiver Tatbestand

Möglicherweise greift die Qualifikation des § 332 I 1 Var 3 aufgrund der Pflichtwidrigkeit der Dienshandlung ein. Pflichtwidrig ist eine Diensthandlung, wenn dem Täter durch Rechtssatz, Dienstvorschrift oder Anordnung die Entschließung über Vornahme oder Unterlassung einer Diensthandlung und über die Art der Vornahme vorgeschrieben ist und er hiervon abweicht[23]. **664**

C durfte dem D keine Fahrerlaubnis ausstellen, da dieser die Fahrprüfung nicht bestanden hatte. Die Diensthandlung war also pflichtwidrig.

Dass die für § 332 I 1 erforderliche Unrechtsvereinbarung[24] getroffen worden ist, wurde bereits festgestellt (*s o Rn 661*).

b) Subjektiver Tatbetstand

C handelte vorsätzlich.

6. Konkurrenzen

§ 332 I 1 Var 3 ist lex specialis zu § 331 I Var 3[25]. **665**

7. Ergebnis für C im Tatkomplex C

C ist strafbar gem § 332 I 1 Var 3.

II. Strafbarkeit des D

1. § 271 I

Indem D trotz seines Scheiterns in der Fahrprüfung den C zur Ausstellung des Führerscheins veranlasste, könnte er sich gem § 271 I strafbar gemacht haben. **666**
D könnte bewirkt haben, dass Tatsachen, welche für Rechte oder Rechtsverhältnisse von Erheblichkeit sind, in öffentlichen Urkunden als geschehen beurkundet werden, während sie überhaupt nicht oder in anderer Weise geschehen sind.

Der Führerschein beurkundet zum einen nicht zu öffentlichem Glauben, dass die Fahrprüfung (erfolgreich) abgelegt wurde (*s o Rn 659*). Darüber hinaus hat D die Falschbeurkundung nicht „bewirkt", da C selbst bösgläubig war und damit nicht als Werkzeug des D diente[26].

§ 271 I ist für den Teilnehmer an § 348 I schon tatbestandlich nicht einschlägig, sondern pönalisiert ausschließlich den Fall der mittelbaren Täterschaft (Krey/M. Heinrich, BT1 Rn 736; nach S/S-Cramer/Heine, § 271 Rn 31 besteht hingegen „Gesetzeskonkurrenz").

23 *Fischer*, § 332 Rn 7.
24 BGH NStZ 2005, 214.
25 Vgl nur *Fischer*, § 332 Rn 1; *Lackner/Kühl*, § 331 Rn 20.
26 *Fischer*, § 271 Rn 12.

2. § 276 I Nr 2

667 D hat den Führerschein – einen amtlichen Ausweis – gegen Bezahlung in seinen Besitz gebracht und ihn sich damit verschafft. Der Führerschein enthält aber keine falsche Beurkundung der in §§ 271 I, 348 I bezeichneten Art (*s o Rn 660; aA vertretbar*).

Eine Strafbarkeit gem § 276 I Nr 2 ist zu verneinen.

3. §§ 348 I, 26

668 Eine Anstiftung zu § 348 scheitert bereits daran, dass keine vorsätzliche rechtswidrige Haupttat gegeben ist (*s o Rn 659*).

4. § 333 I Var 3

669 D hat C die Ausstellung des Führerscheins bezahlt, also „für" die Dienstausübung einen Vorteil gewährt. Er handelte vorsätzlich. Er hat sich folglich gem § 333 I Var 3 strafbar gemacht.

5. § 334 I Var 3

670 D hat C, einem Amtsträger, einen Vorteil dafür gewährt, dass er eine pflichtwidrige Diensthandlung vornimmt bzw bereits vorgenommen hat. Er handelte vorsätzlich.

6. §§ 332 I, 26

671 § 334 bildet das spiegelbildliche Gegenstück zu § 332 (*s o Rn 662*). Daraus folgt, dass der Vorteilsgeber nur aus dieser Vorschrift und nicht auch wegen Anstiftung zur Bestechlichkeit zu bestrafen ist[27].

Eine solche Formulierung lässt in vertretbarer Weise dahinstehen, ob Anstiftung oder Beihilfe schon tatbestandlich oder erst auf der Konkurrenzebene ausscheiden.

7. Konkurrenzen

672 § 334 I Var 3 ist lex specialis zu § 333 I Var 3.

8. Ergebnis für D im Tatkomplex C

D hat sich gem § 334 I Var 3 strafbar gemacht.

D. Das Vervielfältigen

I. Strafbarkeit des D

1. § 267 I Var 1 (Herstellen der Kopie des Führerscheins für sich selbst)

27 *Wessels/Hettinger*, BT1 Rn 1121.

Indem D den von C für ihn, D, ausgestellten Führerschein fotokopierte, könnte er sich wegen Urkundenfälschung strafbar gemacht haben. Dazu müsste D zur Täuschung im Rechtsverkehr eine unechte Urkunde hergestellt haben. Dies kann jedoch schon deshalb nicht angenommen werden, weil die Kopiervorlage selbst echt war (*s o Rn 658*). Durch den Kopiervorgang wird weder das Original unecht, noch entsteht (regelmäßig) überhaupt eine Urkunde, da eine Fotokopie ihren Aussteller nicht erkennen lässt[28]. **673**

2. § 268 I Nr 1 Var 1 (Herstellen der Kopie des Führerscheins für sich selbst)

Durch das Kopieren des Führerscheins könnte sich D wegen § 268 I Nr 1 Var 1 strafbar gemacht haben, indem er eine unechte technische Aufzeichnung hergestellt hat.

Nach der Legaldefinition des § 268 II muss die technische Aufzeichnung durch ein technisches Gerät ganz oder zum Teil selbständig bewirkt werden. Eine Kopie entsteht jedoch nicht nach dem Prinzip der Automation, sondern auf den Knopfdruck des Bedieners, so dass keine technische Aufzeichnung vorliegt[29].

Eine Strafbarkeit nach § 268 I Nr 1 Var 1 scheidet aus.

3. § 267 I Var 1, Var 3 (Kopie für E)

Indem D eine Fotokopie des Führerscheins mit einem Passbild der Ehefrau und deren Unterschrift fertigte, könnte er sich wegen Urkundenfälschung strafbar gemacht haben. **674**

Durch das Übereinanderlegen der Papierschnipsel und des Passbildes entstand der falsche Eindruck, C habe einen Führerschein auf die E ausgestellt. Wenn ein solcher Erklärungsinhalt schriftlich fixiert worden wäre, so läge eine Urkundenfälschung vor, da dieses Papier den C als Aussteller erkennen ließe, während in Wirklichkeit der D der Aussteller wäre. Durch das bloße Übereinanderlegen der Papierschnipsel und des Passbildes ist jedoch zunächst keine Urkunde entstanden, weil die auf dem Fotokopierer liegende Vorlage nicht geeignet war, im Rechtsverkehr als Beweis zu dienen. Die Schnipsel sind nur locker zusammengefügt und fallen sofort auseinander („Collage“[30]).

Durch das spätere Fotokopieren dieser Collage kann D keine unechte Urkunde hergestellt haben, weil Fotokopien generell – jedenfalls soweit sie wie hier nur als solche und nicht als Urschrift verwendet werden sollen – keine Urkundenqualität besitzen (*s o Rn 673*).

---

28 OLG Düsseldorf StV 2001, 237; *Fischer*, § 267 Rn 12 b; *Wessels/Hettinger*, BT1 Rn 811.

29 BGHSt 24, 140, 142; *Fischer*, § 268 Rn 7.

30 Dazu BGH NStZ 2003, 543 m Anm *Geppert*, JK 3/04, StGB § 267/31; OLG Dresden wistra 2001, 360. Nach BayObLG NJW 1992, 3311 m Anm *Keller*, JR 1993, 299 und m Anm *Mitsch*, NStZ 1994, 88 sowie OLG Düsseldorf NJW 2001, 167 soll dasselbe gelten, wenn die Schnipsel sogar zusammengeklebt wurden, ihre Herkunft als Schnipsel aber erkennbar bleibt; grundsätzlich gegen § 267: *Geppert*, Jura 1990, 271, 273; *Keller*, JR 1993, 300.

Auch die Erwägung, dass nach hA[31] das Gebrauchmachen von einer unechten Urkunde zu bejahen ist, wenn die Fotokopie einer unechten Urkunde vorgelegt wird, führt hier nicht zur Strafbarkeit wegen Urkundenfälschung, weil bereits die Fotokopiervorlage keine (unechte) Urkunde darstellt.

4. Ergebnis für D im Tatkomplex D

D ist straflos.

II. Strafbarkeit der E

1. §§ 267, 25 II

675 Für eine in Mittäterschaft begangene Urkundenfälschung fehlt es schon an einer strafbaren Handlung. Im Übrigen fehlt es aber auch an jeder Form des Zusammenwirkens, da E von alledem erst im Nachhinein erfahren hat.

2. Ergebnis für E im Tatkomplex D

E ist straflos.

E. Der Autounfall

I. Strafbarkeit der E

1. §§ 267 I Var 3, II, 22, 23 I Alt 2

676 E könnte sich dadurch, dass sie – im Besitz der Fotokopie des unredlicherweise von C ausgestellten Führerscheins – ein Auto fuhr, wegen versuchten Gebrauchmachens von einer unechten Urkunde strafbar gemacht haben.

Das Delikt wurde nicht vollendet. Der Versuch ist strafbar gem §§ 267 II, 23 I Alt 2.

Es ist bereits festgestellt worden, dass die Benutzung der Fotokopie der Collage kein Gebrauchmachen von einer unechten Urkunde darstellt (*s o Rn 673*). Folglich fehlt E der Vorsatz bzgl der Verwirklichung des § 267 I Var 3.

2. § 21 I Nr 1 StVG

677 E hat ein Kfz geführt, obwohl sie die dazu erforderliche Fahrerlaubnis nicht besaß. Dies geschah vorsätzlich.

3. § 315 c I Nr 2

E hat keine der aufgelisteten „Sieben Todsünden“ begangen.

31 BGH StV 2001, 624; OLG Düsseldorf JR 2001, 82 m Anm *Wohlers; Fischer*, § 267 Rn 12b, 24.

4. Ergebnis für E im Tatkomplex E

Wegen der Autofahrt ist E strafbar gem § 21 I Nr 1 StVG.

II. Strafbarkeit des D

1. §§ 212 I, 22, 23 I Alt 1, 13 I

Indem D, ohne der schwer verletzten Ehefrau E zu helfen, den Unfallort passierte, könnte er sich wegen versuchten Totschlags durch Unterlassen strafbar gemacht haben. **678**

a) Vorprüfung

Der Tötungserfolg ist nicht eingetreten. E lebt noch. Der versuchte Totschlag ist strafbar gem §§ 212 I, 23 I Alt 1.

b) Tatentschluss

D nahm den Tod seiner Frau mit dolus eventualis („billigend") in Kauf, als er die Unfallstelle passierte. D wollte die Rettung unterlassen. Nach seiner Meinung wäre das Unterlassen auch für den Eintritt des Todeserfolges kausal geworden. Er glaubt den Erfolgseintritt verhindern zu können.

Sein Vorsatz müsste sich auch auf die aus § 13 I folgende sog „Garantenstellung" bezogen haben. Als solche kommt hier zunächst eine Garantenstellung aus Ingerenz in Betracht. Das pflichtwidrige Vorverhalten des D bestand in der Übergabe des „falschen Führerscheins". Damit wurde zwar die Gefahr, dass E ein Auto führen und verunglücken würde, nicht erst geschaffen, aber doch erhöht. Jedenfalls liegt eine Garantenstellung aus „Familie" (Ehe) vor, kraft derer D rechtlich dafür einzustehen verpflichtet war, dass der E kein Schaden an Leben und Gesundheit entsteht (§ 1353 I 2 BGB).

Nach einer anderen, nicht an den klassischen vier Fallgruppen (Familie, Vertrag, Gefahrengemeinschaft, Ingerenz) orientierten Einteilung nach der Art der Pflicht (Beschützer- oder Überwachungsgarant[32]) war D Beschützergarant.

Diese Tatsache hat D in sein Wissen und Wollen aufgenommen, mithin handelte er vorsätzlich.

c) Unmittelbares Ansetzen

D müsste unmittelbar zur Tatbestandsverwirklichung iSd § 22 angesetzt haben. Bei den Unterlassungsdelikten ist strittig, wann das Stadium der straflosen Vorbereitungshandlung überschritten wird.

Problem Nr 138: Versuchsbeginn beim Unterlassungsdelikt **679**

(1) Nach einer **Mindermeinung im Schrifttum** (ua *Herzberg*, MDR 1973, 89; *Schröder*, JuS 1962, 81) soll es schon genügen, wenn der Täter die **erste Rettungsmöglichkeit** verstreichen lässt.

32 *Wessels/Beulke*, AT Rn 716.

Argument: Zum Schutz des gefährdeten Rechtsguts ist schon die erste Chance zur Rettung zu nutzen. Der Garant kann idR auch nicht sicher sein, ob sich ihm später noch weitere Chancen bieten werden. Außerdem entspricht es dem Sinn der Garantenstellung, dem Täter schon ab dem Zeitpunkt der Pflichtentstehung ein Eingreifen zu gebieten. Schon der Entschluss des Täters zuzulassen, dass sich die Gefahr zum Erfolg entwickelt, entspricht dem Gedanken des „Jetzt-geht-es-los" beim Begehungsdelikt. Auch dort wird nach dem Überschreiten dieser Schwelle nicht verlangt, dass der Täter den Erfolgseintritt selbst abwartet. Schließlich bestehen für spätere Ansatzzeitpunkte kriminalpolitische Bedenken. Der Rechtsgüterschutz könnte zu spät einsetzen. Das Bestehen einer Eingriffspflicht an sich muss daher genügen.

(2) Die extreme **Gegenmeinung** (*Kaufmann*, S 210 ff; *Welzel*, S 221) lässt den Versuch erst beginnen, wenn der Täter die aus seiner Sicht **letzte Rettungsmöglichkeit** verstreichen lässt.

Argument: Die Rechtsordnung verlangt nur die rechtzeitige Erfolgsabwendung. Deswegen muss auch die Rettung im letzten Augenblick genügen. Der Garant hat nach der Rechtsordnung die Wahl zwischen den ihm zur Verfügung stehenden Rettungszeitpunkten. Erst im letzten Moment kann man wirklich von einer Gebotenheit der Rettung sprechen.

(3) Es empfiehlt sich, mit der **hM** (BGHSt 38, 356; 40, 257, 268; *Kudlich*, JA-Übungsblätter 2008, 601; *Wessels/Beulke*, AT Rn 741 f) auch beim Unterlassungsdelikt die **Regelungen zum unmittelbaren Ansetzen beim Begehungsdelikt** anzuwenden. Demnach ist der Zeitpunkt ausschlaggebend, in dem für das geschützte Rechtsgut eine unmittelbare Gefahr entsteht. Entscheidend ist, ob aus der Sicht des Täters die Gefahr schon in ein akutes Stadium eingetreten ist, bzw ob der Täter in diesem Zeitpunkt den Geschehensablauf und somit auch jegliche Rettungsmöglichkeiten aus der Hand gibt. Unter Umständen kann damit der Versuch schon mit dem Verstreichenlassen der ersten Rettungsmöglichkeit beginnen, soweit jedes Versäumnis das Risiko für das geschützte Rechtsgut weiter erhöht.

Argument: Wenn nur das Entstehen der Garantenpflicht ausschlaggebend ist – so oben Meinung (1) –, dann ist eine sinnvolle Unterscheidung zwischen Vorbereitungsstadium und Versuch nicht mehr möglich. Auch knüpft die Mehrzahl der Garantenpflichten an ständige Umstände – etwa die enge persönliche Lebensgemeinschaft oder die Beherrschung einer ständigen Gefahrenquelle – an. Somit wäre jeder dieser Garanten potentieller Unterlassungstäter, sollte ein Rechtsgut einem Risiko aus diesem Bereich ausgesetzt werden. Auch käme eine derartige Ausdehnung der Strafbarkeit schon der Gesinnungsstrafbarkeit nahe.

Der oben unter (2) geschilderte Ansatz setzt hingegen das Opfer zu großen Gefahren aus. Die Garantenpflicht gebietet nicht nur die Erfolgsabwendung selbst, sondern der Garant soll möglichst schon verhindern, dass das Rechtsgut überhaupt erhöhten Risiken ausgesetzt wird.

Ausschlaggebend ist deshalb allein die Gebotenheit der Rettungshandlung, womit dem Rechtsgüterschutz genügt wird. Gleichzeitig erlaubt die unter (3) dargestellte Lösung auch eine sinnvolle Anwendung der Rücktrittsmöglichkeiten nach § 24 I, parallel zu ihrer Verwendung beim Begehungsdelikt. Zudem wird klargestellt, dass der Garant nicht nur den Erfolgseintritt zu verhindern verpflichtet ist, sondern auch schon für eine schnelle Gefahrenminderung Verantwortung trägt.

Zur Vertiefung: Wessels/Beulke, AT Rn 741 f; Beulke, Klausurenkurs I [9] Rn 315; Hillenkamp, AT 14. Problem S 84 ff.

680 Nur wenn man auf das Verstreichenlassen der letzten Rettungsmöglichkeit abstellt, liegt hier noch kein Versuch vor. Gegen diese Ansicht spricht jedoch, dass damit Versuch und Vollendung praktisch zusammenfallen würden. Hingegen ist nach der Ansicht, die auf das Verstreichenlassen der ersten Rettungsmöglichkeit (hier: Vorbeifahren an der E) abstellt, das Versuchsstadium erreicht. Gleiches gilt nach den Kriterien der aus Gründen eines effektiven Rechtsgüterschutzes überzeugenden herrschenden Meinung, die eine Versuchsstrafbarkeit bejaht, wenn durch das Unterlassen der tatbestandliche Erfolgseintritt näher rückt, insbes der Unterlassende die Möglichkeit des rettenden Eingreifens aus der Hand gibt[33]. Da sich der Zustand der E nach dem Vorbeifahren verschlechterte, hat sich die Gefahr für das betroffene Rechtsgut durch das Verstreichenlassen einer Rettungsmöglichkeit erkennbar erhöht.

d) Rechtswidrigkeit

D handelte rechtswidrig.

e) Schuld

Im Hinblick auf die „Entsprechungsklausel" des § 13 I aE stimmen Rechtsprechung und Lehre darin überein, auch bei den unechten Unterlassungsdelikten stets die „Zumutbarkeit normgemäßen Verhaltens" zu prüfen[34]. Trotz der Angst vor Verfolgung wegen Fahrens ohne Fahrerlaubnis (Bagatelle) war es dem D zuzumuten, seine Frau vor dem möglichen Tod zu retten.

f) Rücktritt gem § 24 I 1 Alt 2

Möglicherweise greift der persönliche Strafaufhebungsgrund des Rücktritts vom Versuch nach § 24 I 1 Alt 1 ein.

Zunächst ist fraglich, ob ein unbeendeter oder beendeter Versuch vorliegt. Da der Rücktritt bei den unechten Unterlassungsdelikten stets in einer erfolgabwendenden Tätigkeit liegen muss, ist die Unterscheidung zwischen unbeendetem und beendetem Versuch nach Meinung Vieler[35] entbehrlich.

Nach richtiger Ansicht[36] ist zwar eine Unterscheidung erforderlich; jedoch lässt sich die bei den Begehungsdelikten übliche Formel auf den Versuch eines unechten Unterlassungsdeliktes nicht übertragen. Es ist vielmehr darauf abzustellen, ob der Erfolg noch durch die Vornahme der ursprünglich gebotenen Handlung abzuwenden ist – dann: unbeendet – oder die Nachholung der ursprünglich gebotenen Rettungshandlung nicht mehr ausreicht, vielmehr andere Handlungen erforderlich sind – dann: beendet. Nachdem sich der Zustand der E nach dem Vorbeifahren verschlechtert hatte (Bewusstlosigkeit), war eine Nachholung der ursprünglich gebotenen Rettungshandlung nicht mehr ausreichend. Vielmehr musste D nunmehr andere Rettungshandlungen vornehmen. Der Versuch war damit beendet.

Bei einem beendeten Versuch muss der Täter die Tatvollendung verhindern, um Straffreiheit zu erlangen, § 24 I 1 Alt 2. Hier ist D zurückgefahren und seiner Frau zu Hilfe geeilt. Damit hat D die Vollendung der Tat verhindert.

33 *Wessels/Beulke*, AT Rn 741 f.
34 Vgl *Wessels/Beulke*, AT Rn 739.
35 Nachweise bei *Wessels/Beulke*, AT Rn 744.
36 *Wessels/Beulke*, AT Rn 743 f.

D müsste zudem freiwillig die Tatvollendung verhindert haben[37]. Bei strikter Anwendung der Frank'schen Formel könnte man zu dem Schluss kommen, dass die Umkehr des D freiwillig erfolgte. Immerhin hätte der D weiterfahren können, wenn er noch gewollt hätte. Die hM stellt heute jedoch zu Recht darauf ab, ob der Rücktritt auf autonomen (dann freiwillig) oder auf heteronomen (dann unfreiwillig) Motiven beruht. Bei Zugrundelegung dieser Ansicht ist hier von einem fremdgesetzten (heteronomen) Motiv auszugehen: Zwar müssen die Motive keineswegs verdienstlich sein – Angst vor Strafe reicht – aber der Beweggrund kam nicht aus D selbst heraus, sondern wurde ihm von T durch die Drohung, zur Polizei zu gehen, aufgezwungen.

Der Rücktritt war damit unfreiwillig und nicht strafbefreiend iSd § 24 I 1 Alt 2.

g) Ergebnis

D ist strafbar gem §§ 212 I, 22, 23 I Alt 1, 13 I.

2. §§ 211, 22, 23 I Alt 1, 13 I

a) Vorprüfung

681 Das Delikt wurde nicht vollendet (*s o Rn 678*). Der versuchte Mord ist strafbar gem §§ 211, 23 I Alt 1.

b) Tatentschluss

D könnte geplant haben, einen Menschen in der Absicht zu töten, eine andere Straftat (§ 21 I Nr 1 StVG) zu verdecken. Fraglich ist jedoch, ob Verdeckungsabsicht angenommen werden kann, obwohl D lediglich mit bedingtem Tötungsvorsatz handelte.

682 **Problem Nr 139: Steht die Annahme eines nur bedingten Tötungsvorsatzes der Verdeckungsabsicht entgegen?**

(1) Die **frühere Rechtsprechung** hat ein solches Zusammentreffen zwar nicht wegen des Gegensatzes „Absicht"/„Vorsatz" – ein solcher besteht wegen der unterschiedlichen Bezugspunkte (Absicht hinsichtlich der weiteren Straftat, Vorsatz hinsichtlich der Tötung) nicht – sondern dadurch weitgehend ausgeschlossen, dass sie verlangte, es müsse nicht nur der gesamte Tötungsvorgang, sondern speziell der Todeserfolg Mittel zur Ermöglichung oder Verdeckung einer Straftat sein (BGH bei *Holtz*, MDR 1980, 629).

(2) Diese im **Schrifttum** schon lange bekämpfte Auffassung (etwa *Geilen*, Lackner-FS, S 572 f; *Schall*, JuS 1990, 623, 624) hat die Rechtsprechung inzwischen aufgegeben (BGHSt 39, 159 m Bespr *Graul*, JR 1993, 510; *Jung*, JuS 1993, 873; *Schroeder*, JuS 1994, 294; BGH, NStZ 1996, 81 m Bespr *Fischer*, NStZ, 1996, 416; BGH NStZ 2004, 495). Bedingter Vorsatz und die Absicht, eine andere Straftat zu verdecken, schließen sich danach nur dann aus, wenn das Verdeckungsziel nach der Vorstellung des Täters *nur* durch eine erfolgreiche Tötungshandlung zu erreichen ist (S/S-*Eser*, § 211 Rn 35).

Zur Vertiefung: Wessels/Hettinger, BT1 Rn 125, 127; Otto, Jura 2003, 612, 620f.

37 Siehe oben Fall 4, Problem Nr 39, Rn 175; zum Rücktritt vom Versuch eines unechten Unterlassungsdeliktes vgl auch BGH NJW 2002, 3719 f.

Verdeckungsabsicht und dolus eventualis sind nur dann miteinander unvereinbar, wenn der Ausnahmefall vorliegt, dass das Verdeckungsziel nach der Vorstellung des Täters nur durch eine erfolgreiche Tötungshandlung zu erreichen ist. Davon kann hier nicht ausgegangen werden: Das von D begangene Delikt des Fahrens ohne Führerschein, § 21 I Nr 1 StVG, wäre auch dann „verdeckt" worden, wenn E am Leben geblieben wäre. Ihr Tod war nicht Mittel zur Verdeckung, sondern wurde von D nur als Folge einer Verdeckungshandlung in Kauf genommen. **683**

Die Annahme von Verdeckungsabsicht ist somit durch den nur bedingten Tötungsvorsatz des D nicht ausgeschlossen.

Schließlich könnte die Verdeckungsabsicht zu verneinen sein, wenn eine Tatbegehung durch Unterlassen generell gegen das Vorliegen von Verdeckungsabsicht sprechen würde.

Problem Nr 140: Schließt die Begehung durch Unterlassen die Verdeckungsabsicht bei § 211 aus? **684**

(1) Einer Mindermeinung (*Grünwald*, H. Mayer-FS, S 281, 291) zufolge kann Mord in Verdeckungsabsicht nur durch positives Tun begangen werden.

Argument: Einen final auf den Erfolg gerichteten Willen kann es bei der Unterlassung generell nicht geben.

(2) Auch die **frühere Rechtsprechung** hat zT (BGHSt 7, 287, 290) einen Verdeckungsmord durch Unterlassen abgelehnt.

Argument: Für das „Verdecken" ist mehr erforderlich als das bloße „Nichtaufdecken", nämlich ein „Zudecken" wie zB das Unkenntlichmachen von Tatspuren. Der Unwertgehalt der passiven Entdeckungsvereitelung erreicht nicht den Verwerflichkeitsgrad der aktiven Verdeckung.

(3) Einer **dritten Meinung** zufolge (*Freund*, NStZ 2004, 126; *Samson*, St 1 S 38 f; *Theile*, JuS 2006, 112; in diese Richtung auch *Arzt*, Roxin-FS, S 854, 857) scheitert die Annahme eines Verdeckungsmordes durch Unterlassen an der Entsprechungsklausel des § 13 I.

Argument: Die Gebotsnorm würde von dem Garanten nicht nur die Rettung, sondern auch eine aktive „Aufdeckungshandlung" verlangen, die Verbotsnorm „Töte nicht, um eine Straftat zu verdecken" würde zu „Wende den Tod ab, selbst wenn dadurch eine Straftat aufgedeckt wird" (*Freund/Schaumann*, JuS 1995, 801, 805). Dies steht im Widerspruch zum nemo-tenetur-Grundsatz.

(4) Nach **heute ganz herrschender** und überzeugender **Ansicht** kann ein Verdeckungsmord auch durch Unterlassen verwirklicht werden (BGH JR 2004, 77 m Anm *Stein*; *Krey/M. Heinrich*, BT1 Rn 77c; S/S-*Eser*, § 211 Rn 35; im Prinzip auch *Grünewald*, GA 2005, 502).

Argument: Von einer Erfolgsvorstellung kann man auch zum Unterlassen motiviert werden. Der Gesetzeswortlaut gibt keinen Anhaltspunkt für eine Ausklammerung des Unterlassens. Die Differenzierung zwischen „Verdecken" im Sinne eines „Zudeckens" und bloßem „Nichtaufdecken" ist reine Wortklauberei und kriminalpolitisch verfehlt.

Zur Vertiefung: SK/StGB-Horn, § 211 Rn 68 f.

685 Eine Mindermeinung lässt mit unterschiedlicher Begründung ein Unterlassen in keinem Fall ausreichen. Die Rechtsprechung hat diese Ansicht früher mit dem Argument vertreten, ein bloßes „Nichtaufdecken" sei noch kein „Zudecken", weil der Unwertgehalt der passiven Entdeckungsvereitelung nicht den Verwerflichkeitsgrad der aktiven Verdeckung erreichen könne. Andere kommen unter Hinweis auf die Entsprechungsklausel des § 13 StGB und einen drohende Durchbrechung des nemo-tenetur-Grundsatzes zum gleichen Ergebnis. Diese Ansätze sind jedoch insgesamt nicht überzeugend. Eine Differenzierung zwischen Verdecken als aktivem Vorgang und Nichtaufdecken als bloßer Passivität ist weder sprachlich noch kriminologisch geboten. D hat hier also zur Verdeckung einer Straftat gehandelt (*aA vertretbar*).

D könnte auch aus sonstigen niedrigen Beweggründen getötet haben wollen. Als sonstige niedrige Beweggründe kommen alle Tatantriebe in Betracht, die nach allgemeiner rechtlich-sittlicher Wertung auf tiefster Stufe stehen, durch hemmungslose Eigensucht bestimmt und deshalb besonders verachtenswert sind[38]. Niedrige Beweggründe sind wegen des übersteigerten Eigennutzes, der sich aus dem Bagatellcharakter der zu verbergenden Straftat ergibt, zu bejahen. Dieser Eigennutz steht auf sittlich niedrigster Stufe und ist besonders verwerflich (*aA vertretbar*).

c) Unmittelbares Ansetzen

Indem D an der E vorbeifuhr und damit eine gebotene Rettungshandlung unterließ, hat er iSd § 22 unmittelbar zur Tatbegehung angesetzt.

d) Rücktritt gem § 24 I 1 Alt 2

D ist nicht strafbefreiend iSd § 24 I 1 Alt 2 vom versuchten Mord durch Unterlassen zurückgetreten (*s o Rn 680*).

3. § 221 I Nr 2

686 E war aufgrund ihrer Verletzungen eine hilflose Person, der D aufgrund seiner engen Nähebeziehung (Ehemann) zum Beistand verpflichtet war. Diese Person hat er im Stich gelassen, indem er sich räumlich vom Unfallort entfernte und Beistandshandlungen damit unterließ.

D handelte vorsätzlich.

4. §§ 221 I Nr 2, III, 22, 23 I Alt 1

Da D den Tod seiner Ehefrau für möglich hielt, liegt auch ein Versuch des erfolgsqualifizierten Delikts des § 221 I Nr 2, III vor.

5. §§ 223 I, 13 I

687 E war schon (durch den Unfall) verletzt. Jede weitere Verschlechterung, die durch das Eingreifen eines abwendungspflichtigen Garanten hätte vermieden werden können,

38 *Wessels/Hettinger*, BT1 Rn 95; für einen Verzicht auf dieses Mordmerkmal de lege ferenda *Kargl*, StraFo 2001, 365.

stellt jedoch eine weitere Körperverletzung seitens des Garanten dar. Das Delikt ist vollendet, ein Rücktritt vom vollendeten Delikt nicht möglich.

6. §§ 224 I Nr 5, 13 I

Die Verletzungen der E waren konkret lebensgefährlich. D hat sich daher gem §§ 224 I Nr 5, 13 I strafbar gemacht.

7. § 323 c

Das (echte) Unterlassungsdelikt hat D ebenfalls erfüllt.

8. § 21 I Nr 1 StVG

D hat ein Kfz geführt, obwohl er die dazu erforderliche Fahrerlaubnis nicht hatte. **688**

9. § 21 I Nr 2 StVG

E ist mit ihrem eigenen Auto gefahren. D war nicht Halter des von E geführten Kfz.

10. §§ 21 I Nr 1 StVG, 27

D hat der E zu ihrer Tat gem § 21 I Nr 1 StVG (*s o Rn 677*) durch Herstellung der Führerscheinkopie Beihilfe geleistet.

11. Konkurrenzen

§§ 211, 22, 23 I Alt 1, 13 I gehen §§ 212, 22, 23 I Alt 1, 13 I als leges speciales vor. **689**

§ 221 I Nr 2 und §§ 221 I Nr 2, III, 22, 23 I Alt 1 treten hinter §§ 211, 22, 23 I Alt 1, 13 I zurück[39] (*vertretbar auch Idealkonkurrenz zwischen § 221 I Nr 2 und §§ 211, 22, 23 I Alt 1, 13 I, um klarzustellen, dass das Gefährdungsdelikt sogar vollendet wurde*).

§§ 211, 22, 23 I Alt 1, 13 I sind leges speciales zu § 323 c.

§§ 224 I Nr 5, 13 I sind leges speciales zu §§ 223 I, 13 I.

§§ 211, 22, 23 I Alt 1, 13 I stehen nach heute ganz hA in Idealkonkurrenz zu den mitverwirklichten Körperverletzungsdelikten, da eine allgemeine Verurteilung wegen des versuchten Mordes nicht zum Ausdruck brächte, dass die Körperverletzung bereits vollendet ist[40].

Das Dauerdelikt § 21 I Nr 1 StVG steht zu den §§ 211, 22, 23 I Alt 1, 13 I – § 52 – §§ 224 I Nr 5, 13 I in Idealkonkurrenz, § 52.

Die Beihilfe zu § 21 I Nr 1 StVG ist gegenüber der täterschaftlich begangenen Tat nach § 21 I Nr 1 StVG eine völlig selbstständige Handlung. Diese überschneidet sich jedoch zeitlich zumindest teilweise mit den restlichen Delikten, die ihrerseits ganz andere Rechtsgüter schützen. Es ist deshalb auch insoweit von Idealkonkurrenz auszugehen.

---

39 *Lackner/Kühl*, § 221 Rn 9.
40 BGHSt 44, 196 m zust Anm *Satzger*, JR 1999, 203; *Wessels/Beulke*, AT Rn 787.

12. Ergebnis für D im Tatkomplex E

D hat sich gem §§ 211, 22, 23 I Alt 1, 13 I – § 52 – §§ 224 I Nr 5, 13 I – § 52 – § 21 I Nr 1 StVG – § 52 – §§ 21 I Nr 1 StVG, 27 strafbar gemacht.

F. Gesamtkonkurrenzen

690 A hat die in den Tatkomplexen A und B verwirklichten Delikte durch völlig selbstständige Handlungen begangen. Sie stehen daher in Realkonkurrenz zueinander, § 53.

Dasselbe gilt bzgl der von D in den Tatkomplexen C und E verwirklichten Delikte.

G. Gesamtergebnis des materiell-rechtlichen Gutachtens

A: Tatkomplex A: § 108 e I
– § 53 –
Tatkomplex B: §§ 224 I Nr 3, II, 22, 23 I Alt 2, 25 I Alt 2

B: Tatkomplex B: §§ 303 I Alt 2, III, 22, 23 I Alt 2

C: Tatkomplex C: § 332 I 1 Var 3

D: Tatkomplex C: § 334 I Var 3
– § 53 –
Tatkomplex E: §§ 211, 22, 23 I Alt 1, 13 I – § 52 – §§ 224 I Nr 5, 13 I – § 52 – § 21 I Nr 1 StVG – § 52 – §§ 21 I Nr 1 StVG, 27

E: Tatkomplex E: § 21 I Nr 1 StVG

Teil II. (prozessualer Teil)

1. Statthaftigkeit der Revision

691 Gegen das Urteil der Großen Strafkammer ist lediglich die Revision statthaft, § 333 StPO. Während die Berufung (zulässig gegen Urteile des Strafrichters und des Schöffengerichts, § 312 StPO) eine zweite Tatsacheninstanz eröffnet, sind in der Revisionsinstanz Tatsachenfeststellungen von der Überprüfung ausgeschlossen (gem § 337 I StPO kann die Revision nur darauf gestützt werden, dass das Urteil auf einer Verletzung des Gesetzes beruht). Hier handelt es sich aber um eine Tatsachenfeststellung. A kann das Urteil daher nicht daraufhin überprüfen lassen, ob er oder ein anderer den Brief geschrieben hat.

Zur Vertiefung: Beulke, StPO Rn 559.

2. Das Problem der sog „beweglichen Zuständigkeit“

692 Eine Katalogtat nach § 74 II GVG kommt nicht in Betracht. Auch ist nicht anzunehmen, dass in dem Einzelfall eine höhere Freiheitsstrafe als vier Jahre „zu erwarten“ war, § 74 I 2 GVG. Aufgrund der §§ 24 I Nr 3 iVm 74 I 2 aE GVG konnte die StA hier jedoch wegen der „besonderen Bedeutung“ des Falls Anklage zum Landgericht erheben, wodurch dem A nunmehr eine zweite Tatsacheninstanz abgeschnitten ist (*s o Frage 1 Rn 691*).

Zur Vertiefung: Beulke, StPO Rn 45.

3. Das Strafbefehlsverfahren

Gegen den erlassenen Strafbefehl kann D innerhalb von zwei Wochen nach Zustellung schriftlich oder zu Protokoll der Geschäftsstelle Einspruch einlegen, § 410 I 1 StPO. Eine andere Möglichkeit hat D nicht. Soweit kein Einspruch eingelegt wird, steht der Strafbefehl einem rechtskräftigen Urteil gleich, § 410 III StPO, dh es finden dann keine Rechtsmittel mehr dagegen statt. Ist der Einspruch rechtzeitig eingelegt und auch sonst zulässig, so wird ein Termin zur Hauptverhandlung anberaumt, § 411 I 2 StPO. Der Strafbefehlsantrag der StA übernimmt dann die Funktion der Anklageschrift, der erlassene Strafbefehl fungiert als Eröffnungsbeschluss. Das anschließende Hauptverfahren folgt – mit gewissen Einschränkungen, die sich aus §§ 411 II 2 iVm 420 I–III StPO ergeben – den allgemeinen Vorschriften. Gegen das Urteil sind die normalen Rechtsmittel gegen amtsgerichtliche Urteile, Berufung und (Sprung-)Revision, gegeben. **693**

Zur Vertiefung: Beulke, StPO Rn 526–528.

Definitionen zum Auswendiglernen

Amtsträger	ist gem **§ 11 I Nr 2 c**, wer dazu bestellt ist, bei einer Behörde oder sonstigen Stelle oder in deren Auftrag Aufgaben der öffentlichen Verwaltung unbeschadet der zur Aufgabenerfüllung gewählten Organisationsform wahrzunehmen (*vgl Gesetzestext; Wessels/Hettinger, BT1 Rn 1105*).
Gift	iSd **§ 224 I Nr 1 Alt 1** ist ein organischer oder anorganischer Stoff, der unter bestimmten Bedingungen (etwa Einatmen, Aufnahme über die Haut) durch chemische oder chemisch-physikalische Wirkung geeignet ist, eine erhebliche Gesundheitsschädigung herbeizuführen (*Wessels/Hettinger, BT1 Rn 263, 267*).
Amtlicher Ausweis	iSd **§§ 273, 275, 276** ist eine solche Urkunde, die von einer – deutschen oder ausländischen – Behörde oder sonstigen Stelle, die Aufgaben der öffentlichen Verwaltung wahrnimmt, ausgestellt ist, um die Identität einer Person oder ihre persönlichen Verhältnisse zu beweisen (*Fischer, § 275 Rn 2 iVm § 273 Rn 2*).
Verschaffen	iSd **§ 276** ist jedes „In-Besitz-Bringen" (*Fischer § 276 Rn 4*).
In Dienstausübung	iSd **§§ 331 ff** handelt der Täter, wenn sich seine Tat auf Handlungen bezieht, durch die er als Amtsträger die ihm übertragenen Aufgaben wahrnimmt (*vgl Fischer, § 331 Rn 6*).
Vorteil	iSd **§§ 331 ff** ist jede Leistung, auf die der Täter keinen Anspruch hat und die seine wirtschaftliche, rechtliche oder auch nur persönliche Lage objektiv verbessert (*BGH NJW 2008, 3580*).
Pflichtwidrig	ist eine Diensthandlung iSd **§§ 332, 334**, wenn dem Täter durch Rechtssatz, Dienstvorschrift oder Anordnung die Entschließung über Vornahme oder Unterlassung einer Diensthandlung und über die Art der Vornahme vorgeschrieben ist und er hiervon abweicht (*Fischer, § 332 Rn 7*).

Weitere einschlägige Musterklausuren

Zum Problem der Bestechungsdelikte:
Eisele/Freudenberg, Jura 2005, 204

Zum Problem des Fehlens des subjektiven Rechtfertigungselements:
Beulke, Klausurenkurs I [9] Rn 300; *Ebert*, Fälle, [5] S 82, [8] S 129; *Fahl*, Jura 2003, 60; *Frister*, [2] S 25; *Gropp/Küpper/Mitsch*, [3] S 47; *B. Heinrich*, Jura 1997, 366; *Hilgendorf*, [8] S 49; *Joerden*, JuS 1996, 622; *Kretschmer*, Jura 1998, 244; *Laubenthal/Baier*, JA 1993, 101; *Mitsch*, JA 1999, 388; *Putzke*, Jura 2009, 147; *Roxin/Schünemann/Haffke*, [2] S 47; *Rudolphi*, [9] S 101, [13] S 148, [14] S 166; *Samson*, St 1 [33] S 164; *Valerius*, [10] S 148

Zum Problem des Versuchsbeginns beim Unterlassungsdelikt:
Baumann/Arzt/Weber, [21] S 124; *Beulke*, Klausurenkurs I [9] Rn 300; *Ebert*, Fälle, [14] 207; *Frisch/Murmann*, JuS 1999, 1196; *Frister*, [1] S 1; *Gropp/Küpper/Mitsch*, [2] S 25; *Hanft*, JuS 2005, 1010; *Meurer/Kahle/Dietmeier*, [7] S 137; *Oelmüller/Peters*, [2] S 39; *Reinbacher*, in: *Coester-Waltjen* ua (Hrsg), Zwischenprüfung, S 26; *Rudolphi*, [6] S 65; *Tiedemann*, [10] S 229; *Weber*, JuS 1988, 885

Zum Problem: Muss bei § 224 I Nr 1 das Gift oder der beigebrachte gesundheitsschädliche Stoff geeignet sein, zumindest eine schwere Körperverletzung iSd § 226 I zu bewirken?
Edlbauer, Jura 2007, 941; *Jahn*, JA 2002, 560

Zum Problem: Hinterlistiger Überfall iSd § 224 I Nr 3 durch Giftbeibringung?
Jahn, JA 2002, 560

Zum Problem einer Fotokopie/einer „Collage“ als „Urkunde“:
Baumann/Bühler, JuS 1989, 49; *Dedy*, Jura 2002, 137; *Eisele*, Jura 2002, 59; *Gropp/Küpper/Mitsch*, [10] S 189; *Hackling*, JuS 1993, 398; *Hefendehl*, Jura 1992, 374; *v. Lewinski*, JuS 2005, 718; *Niederle*, [16] S 58; *Park*, JuS 1999, 887; *Prütting/Stern/Wiedemann*, [18] S 205; *Radtke*, JuS 1995, 236; *Rotsch/Nolte/Peifer/Weitemeyer*, [24] 374; *Tiemann*, JuS 1994, 138

Zum Problem: Steht die Annahme eines nur bedingten Tötungsvorsatzes der Verdeckungsabsicht entgegen?
Fricker, StudZR 2005, 309; *Gössel*, [14] S 229; *Hauf*, JuS 1995, 524; *Heger*, JuS 2008, 859; *Hinderer*, JA-Übungsblätter 2009, 25; *Kett-Straub/Linke*, JuS 2008, 717; *Miehe*, JuS 1996, 1000; *Mitsch*, JA 1997, 655; *Samson*, St 1 [8] S 33; *Theile*, Jura 2007, 463; *Walter/Schneider*, JA 2008, 262

Zum Problem: Schließt die Begehung durch Unterlassen die Verdeckungsabsicht bei § 211 aus?
Bott/Kühn, Jura 2009, 72; *Freund/Schaumann*, JuS 1995, 801; *Fricker*, StudZR 2005, 309; *Heger*, JuS 2008, 859; *Hinderer*, JA-Übungsblätter 2009, 25; *Kasiske*, JA 2007, 509; *Reinbacher*, in: *Coester-Waltjen* ua (Hrsg), Zwischenprüfung, S 26; *Samson*, St 1 [8] S 33; *Tiedemann*, [1] S 165

Fall 15

Widerstand ist zwecklos

I.

Die am Staatsexamen gescheiterten ehemaligen Jurastudenten Arno Armleuchter (A) **694**
und Tim Taugenichts (T) sind auf dem Weg zu einem Altstadtbummel. Dazu steigen sie in das Taxi des Rudi Raser (R). Während der Fahrt bespricht sich Arno flüsternd mit Tim und beide kommen überein, dass sie die günstige Gelegenheit nutzen wollen, um den Rudi gewaltsam seiner Tageseinnahmen zu „erleichtern“. Am Ziel angekommen steuert der Taxifahrer zielsicher an den Straßenrand, schaltet bei laufendem Motor in den Leerlauf, stellt den Fuß auf die Bremse und verlangt unmittelbar danach von den beiden Fahrgästen den Fahrpreis. Um Rudi nicht misstrauisch zu machen, bezahlt Arno den Fahrpreis. Gerade in dem Augenblick, in dem Rudi das Geld in seine Geldbörse steckt, zückt Tim eine dicke kubanische Zigarre, hält sie dem Rudi in den Nacken und schreit: „Keine Bewegung, sonst drück' ich ab.“. Tim geht in diesem Zeitpunkt davon aus, dass weder er noch Arno eine Waffe oder ein sonstiges gefährliches Werkzeug mit sich führen. Tatsächlich hat aber Arno – von Tim unbemerkt – ein Springmesser griffbereit in seiner Jacke, an das er sich auch während dieses Geschehens erinnert und das er auch einsetzen möchte, falls der Trick mit der Zigarre nicht funktionieren sollte. Arno reißt Rudi die Geldbörse aus der Hand und steckt sie ein. Daraufhin verlassen Arno und Tim fluchtartig das Taxi, woraufhin Rudi, der den Schwindel mit der Zigarre mittlerweile bemerkt hat, die Verfolgung aufnimmt. In der Hektik fällt dem voraus laufenden Arno das in seiner Jacke heimlich mitgeführte Messer auf die Straße. Der hinterherlaufende Tim sieht das Springmesser und steckt es für alle Fälle ein. Dabei denkt er auch daran, mittels des Messers notfalls die Beute zu sichern. Tim und Arno gelingt es durch einen gewagten Sprung über den Zaun den Rudi endgültig abzuhängen.

Ein paar Tage später begibt sich Tim mit seinem Pkw zu seiner Stammkneipe „Wespennest“ und gönnt sich über den Abend verteilt zwei Maß (1 Maß = 1 Liter) Bier. Als er gerade zur Heimkehr aufbrechen will, bemerkt dies der Gastwirt Willi Witzig (W). Er glaubt, dass der ihm seit langem gut bekannte und jetzt dem Ausgang zustrebende Tim zu betrunken ist, um noch fahren zu können und will ihn daran durch Wegnahme des Schlüssels hindern. Tim erkennt sofort, was Willi vorhat und umklammert seinen Autoschlüssel. Nur mit viel Kraftaufwand gelingt es dem körperlich überlegenen Willi letztlich doch, den Schlüssel an sich zu reißen. Tim, der davon überzeugt ist, sehr wohl noch fahren zu können, will sich nunmehr jedoch seinen Schlüssel zurückerobern. Er holt mit seiner Faust aus, um den Wirt ins Gesicht zu schlagen. Dieser kann sich zwar noch ducken, allerdings trifft Tim den Linkshänder Willi an der linken Hand und bricht ihm dabei den Zeigefinger.

Im Nachhinein kann nicht mehr genau geklärt werden, wie hoch Tims Blutalkoholkonzentration war. Sie lag zwischen 0,7 und 1,2‰. Den Autoschlüssel wirft Willi, wie bereits von Anfang an geplant, dem Tim, der abends zu Fuß nach Hause gegangen ist, am nächsten Morgen in den Briefkasten. Der Zeigefinger des Wirtes bleibt aufgrund des komplizierten Bruches auf Dauer steif.

Im Rahmen der Ermittlungen wegen des Überfalls auf Rudi wird schnell klar, dass Arno zu den Hauptverdächtigen zählt. Auf Antrag der Staatsanwaltschaft erlässt der zuständige Ermittlungsrichter einen Haftbefehl gegen Arno und der Polizeikommissar Karl Klug (K) erhält den Auftrag, den Arno, der im Hause seiner Mutter wohnt, festzunehmen. Gerade als Karl an der Haustür der Familie Armleuchter klingelt, fährt ein Auto auf das Grundstück und parkt vor der geschlossenen Garagentür. Am Steuer des Wagens sitzt Bernd Armleuchter (B), der eineiige Zwillingsbruder des Arno. Karl, der Bernd mit dessen Bruder Arno verwechselt, tritt hinter den geparkten Wagen und will nunmehr den vermeintlichen Arno festnehmen. Obwohl Bernd noch niemals in seinem Leben eine strafbare Handlung begangen hat, bekommt er es angesichts des uniformierten Polizeibeamten mit der Angst zu tun und möchte der erkennbar bevorstehenden Festnahme entfliehen. Er legt deshalb den Rückwärtsgang ein, gibt Gas und fährt ungebremst auf Karl zu, der immer noch auf dem Grundstück der Mutter steht. Bevor er letzteren erreicht, besinnt er sich allerdings eines besseren und bringt den Wagen durch eine Vollbremsung wenige Zentimeter vor dem Polizeikommissar zum Stehen. Dabei hatte Bernd niemals die Absicht, Karl zu verletzen. Vielmehr ging er fest davon aus, dass der sehr sportlich wirkende Kommissar rechtzeitig zur Seite springen würde, ohne sich eine Verletzung zuzuziehen. Bernd lässt sich nun anstandslos festnehmen. Nachdem Karl seinen Irrtum erkannt hat, lässt er Bernd sofort wieder frei.

Wie haben sich Arno, Tim, Bernd und Willi strafbar gemacht? Nebenstrafrecht ist nicht zu prüfen.

II.

Im weiteren Verlauf der Ermittlungen wird eine Durchsuchung der Wohnung des Tim angeordnet und durchgeführt. Tim ist empört. Die Voraussetzungen für die Durchsuchung hätten nicht vorgelegen. Hat Tim Möglichkeiten, die Durchsuchungsanordnung gerichtlich überprüfen zu lassen, wenn diese

- von der Staatsanwaltschaft bzw deren Ermittlungsbeamten angeordnet wurde, ohne dass ein Durchsuchungsbefehl beantragt worden war und ohne Gefahr im Verzug anzunehmen,
- vom Ermittlungsrichter beim Amtsgericht angeordnet wurde, ohne dass ein hinreichender Tatverdacht gegen Tim vorgelegen hätte?

Welcher Richter hat ggf zu entscheiden (inklusive weiterer Anfechtungsmöglichkeiten)? Welche Erfolgsaussichten wird ein solches Vorgehen haben?

Gedankliche Strukturierung des Falles (Kurzlösung)

Teil I (materiell-rechtlicher Teil)

A. Im Taxi

I. Strafbarkeit des T

1. §§ 249 I, 25 II (+)

a) Objektiver Tatbestand (+)
- Gewalt (–)
- Drohung mit gegenwärtiger Gefahr für Leib oder Leben (+)
- bewegliche Sache (+)
- Wegnahme, § 25 II (+)

b) Subjektiver Tatbestand (+)
- Vorsatz (+)
- Zueignungsabsicht (+)

c) Rechtswidrigkeit und Schuld (+)

d) Ergebnis

2. Schwerer Raub gem §§ 250 I Nr 1 a Alt 1 (–), Nr 1 b (–), Nr 2 (–), 25 II (–)

a) § 250 I Nr 1 a Alt 1 (–)

aa) Springmesser bei A (–)
- Waffe (+)
- Vorsatz (–)

bb) Springmesser bei T (–)
- Beisichführen (–)

Problem Nr 141: Erfüllung eines Qualifikationstatbestandes nach Vollendung (Rn 698)

b) § 250 I Nr 1 b (–)
- sonstiges Werkzeug oder Mittel (–)

Problem Nr 142: Restriktive Auslegung des § 250 I Nr 1 b (Rn 701)

c) § 250 I Nr 2 (–)
- Bande (–)

d) Ergebnis

3. § 316 a I (+)

a) Objektiver Tatbestand (+)
- Angriff auf Leib, Leben oder Entschlussfreiheit (+)
- Führer eines Kraftfahrzeugs (+)
- Ausnutzung der besonderen Verhältnisse des Straßenverkehrs (+)

Problem Nr 143: Wann werden die besonderen Verhältnisse des Straßenverkehrs ausgenutzt? (Rn 704)

b) Subjektiver Tatbestand (+)
- Vorsatz (+)
- Begehungsabsicht (+)

c) Rechtswidrigkeit und Schuld (+)

d) Ergebnis

4. §§ 253, 255, 25 II (+/–)

5. § 240 I (+) 695
- aber verdrängt

6. § 241 I (+)
- aber verdrängt

7. §§ 242 I, 25 II (+)
- aber verdrängt

8. §§ 246 I, 25 II (+)
- aber subsidiär

9. § 239 a I (–)

10. § 252 (–)

11. §§ 252, 22, 23 I Alt 1 (–)

12. Konkurrenzen

13. Ergebnis für T im Tatkomplex A
§§ 249 I, 25 II – 52 – § 316 a I

II. Strafbarkeit des A

1. §§ 249 I, 250 I Nr 1 a Alt 1, 25 II (+)

2. §§ 316 a I, 25 II (+)

3. §§ 240 I, 25 II (+)
- aber verdrängt

4. §§ 241 I, 25 II (+)
- aber verdrängt

5. § 242 I (+)
- aber verdrängt

6. § 246 I (+)
- aber subsidiär

7. Ergebnis für A im Tatkomplex A
§§ 250 I Nr 1 a Alt 2, 25 II – § 52 – §§ 316 a I, 25 II

B. Im „Wespennest"

I. Strafbarkeit des W

1. § 240 I (–)

a) Objektiver Tatbestand (+)

b) Subjektiver Tatbestand (+)

c) Rechtswidrigkeit (–)

aa) Notwehr, § 32 (–)
- notwehrfähiges Rechtsgut (–)

Problem Nr 144: Ist Notwehr zugunsten von Allgemeinrechtsgütern zulässig? (Rn 709)

bb) Festnahmerecht, § 127 I StPO (–)
- „betroffen auf frischer Tat" (–)

cc) Notstand, § 34 (+)
- Notstandslage, in dubio pro reo (+)

Problem Nr 145: Ist Notstand zugunsten von Allgemeinrechtsgütern zulässig? (Rn 711)

- Notstandshandlung (+)
- subjektives Rechtfertigungselement (+)

2. § 249 I (–)
Zueignungsabsicht (–)

3. §§ 253, 255 (–)
a) Objektiver Tatbestand (–)
- Gewalt gegen eine Person (+/–)

Problem Nr 146: Reicht vis absoluta für § 253 aus? (Rn 714)

- Nötigung (+)
- Vermögensverfügung (–)

b) Ergebnis

4. § 242 I (–)

5. § 246 I (–)

6. Ergebnis für W im Tatkomplex B
straflos

II. Strafbarkeit des T

1. §§ 223 I, 226 I Nr 2 (–)
a) Objektiver Grundtatbestand (+)
b) Subjektiver Grundtatbestand (+)
c) Qualifizierende Folge (+)

Problem Nr 147: Wann ist ein Körperglied wichtig iSv § 226 I Nr 2? (Rn 715)

d) Objektive Fahrlässigkeit (+)
e) Spezifischer Gefahrzusammenhang (+)
f) Rechtswidrigkeit (–)
aa) Besitzkehr, § 859 II BGB (+)
- zweimalige Anwendung von in dubio pro reo

bb) Notwehr, § 32 (+)
cc) Notstand, § 34 (–)
g) Ergebnis

2. §§ 240 I, III, 22, 23 I Alt 2 (–)

3. Ergebnis für T im Tatkomplex B
straflos

C. Vor der Wohnung der Mutter des A (Strafbarkeit des B)

1. §§ 212 I, 211, 22, 23 I Alt 1 (–)
- Vorsatz (–)

2. §§ 223 I, 224 I Nr 2 (+) und 5 (+), II, 22, 23 I Alt 2 (–)

3. § 113 I (+)
a) Objektiver Tatbestand (+)
- Vollstreckungsbeamter (+)
- bei Vornahme einer Vollstreckungshandlung (+)
- Widerstandleisten mit Gewalt oder Drohung mit Gewalt (–)

b) Subjektiver Tatbestand (+)
c) Objektive Bedingung der Strafbarkeit (+)

Problem Nr 148: Rechtsnatur des § 113 III (Rn 719)

- rechtmäßige Diensthandlung (+)

Problem Nr 149: Rechtmäßigkeitsbegriff des § 113 (Rn 721)

d) Rechtswidrigkeit und Schuld (+)
e) Strafzumessung, § 113 II 2 Nr 1 (–)
- Waffe (–)

Problem Nr 150: Fällt ein gefährliches Werkzeug unter den Waffenbegriff des § 113 II 2 Nr 1? (Rn 723)

f) Ergebnis

4. §§ 240 I, III, 22, 23 I Alt 2 (–)

5. § 315 b I Nr 3 (–)
- öffentlicher Straßenverkehr (–)

6. Ergebnis für B im Tatkomplex C
§ 113 I

D. Gesamtergebnis des materiellrechtlichen Gutachtens

T: §§ 249 I, 25 II – § 52 – § 316 a I
A: §§ 250 I Nr 1 a, 25 II – § 52 – §§ 316 a I, 25 II
B: § 113 I
W: straflos

Teil II (prozessualer Teil)

A. Staatsanwaltschaftlich angeordnete Durchsuchung

I. Zulässigkeit eines Rechtsbehelfs (+)

1. Statthafter Rechtsbehelf (+)

Problem Nr 151: Statthafter Rechtsbehelf bei Zwangsmaßnahmen (Rn 725)

2. Rechtsschutzbedürfnis (+)

Problem Nr 152: Fallgruppen des besonderen Rechtsschutzbedürfnisses nach Erledigung der Maßnahme (Rn 727)

3. Ergebnis

II. Begründetheit (+)

III. Ergebnis

B. Richterlich angeordnete Durchsuchung

I. Zulässigkeit eines Rechtsbehelfs (+)

II. Begründetheit (–)

Ausführliche Lösung von Fall 15

Teil I (materiell-rechtlicher Teil)

A. Im Taxi

I. Strafbarkeit des T

1. §§ 249 I, 25 II

Indem T dem R eine dicke kubanische Zigarre in den Nacken drückte und A dem R das Geld aus der Hand riss und beide mit dem Geld flohen sind, könnte sich T gem §§ 249 I, 25 II strafbar gemacht haben. **696**

a) Objektiver Tatbestand

T müsste Gewalt gegen eine Person angewandt oder dem R mit einer gegenwärtigen Gefahr für Leib oder Leben gedroht haben.

Gewalt bedeutet physisch wirkender Zwang[1]. Mit den Worten „Keine Bewegung, sonst drück' ich ab" werden bei R zwar Angstreaktionen ausgelöst, diese sind aber lediglich psychischer und nicht körperlicher Natur. Für eine Gewaltanwendung reicht das nicht aus. Allerdings stellt T dem R mit diesem Befehl ein gegenwärtiges empfindliches Übel in Aussicht. Er droht dem Taxifahrer mit einer gegenwärtigen Gefahr für Leib oder Leben. Diese Drohung sollte nach Vorstellung des T das Erlangen des Geldes ermöglichen (Finalzusammenhang).

Des Weiteren ist eine Wegnahme der fremden beweglichen Sachen (hier der Geldscheine) erforderlich. Wie die Wegnahme im Raubtatbestand auszulegen ist, wird unterschiedlich beurteilt. Während die Rspr auf das äußere Erscheinungsbild abstellt, das sich als Nehmen (dann Raub) oder als ein Geben (dann Erpressung) darstellen kann, grenzt die Literatur danach ab, ob eine „unfreiwillige" Wegnahme vorliegt (dann Raub) oder ob auf Seiten des Opfers eine Vermögensverfügung erkennbar ist (dann Erpressung)[2]. Das Entreißen der Geldscheine, die für A fremde bewegliche Sachen darstellen, kann sowohl wegen des darin liegenden äußerlich erkennbaren Akts des „Nehmens" als auch wegen des Fehlens jedweder Verfügungsmöglichkeit seitens des Opfers (also wegen des Nichtvorliegens einer Vermögensverfügung) als Wegnahmehandlung iSd § 249 eingestuft werden.

T selbst hat jedoch das Geld nicht weggenommen, sondern A. Es fragt sich deshalb, ob dem T die Handlung des A zugerechnet werden kann. In Betracht kommt eine Zurechnung über § 25 II StGB. Dazu müssten T und A Mittäter gewesen sein. Mittäterschaft verlangt einen gemeinsamen Tatplan und eine gemeinsame Tatausführung[3]. Im Taxi besprachen sich die beiden flüsternd, den R gewaltsam seiner Tageseinnahmen zu er-

1 *Fischer,* § 240 Rn 8.
2 Vgl o Fall 9 Rn 411 Problem Nr 88.
3 *Wessels/Beulke*, AT Rn 526.

leichtern. Bei der Tatausführung wurde der Weg der Arbeitsteilung gewählt. T drohte, A vollzog die Wegnahme. Beide hatten Tatherrschaft und beide waren am Taterfolg gleichermaßen interessiert. Es lag somit ein gemeinsamer Tatplan und eine gemeinsame Tatausführung iSd Mittäterschaft vor. Die Wegnahme des Geldes ist T daher zuzurechnen.

b) Subjektiver Tatbestand

T handelte vorsätzlich und in der Absicht, sich das Geld rechtswidrig zuzueignen.

c) Rechtswidrigkeit und Schuld

Er handelte auch rechtswidrig und schuldhaft.

d) Ergebnis

T hat sich gem §§ 249 I strafbar gemacht.

2. Schwerer Raub gem §§ 250 I Nr 1 a Alt 1, Nr 1 b, Nr 2, 25 II

697 Aufgrund der Tatsache, dass ein Springmesser in der Jacke des A steckte und T eine kubanische Zigarre verwendete, könnte T sich sogar wegen schweren Raubes strafbar gemacht haben.

a) § 250 I Nr 1 a Alt 1

aa) Springmesser bei A

Während der Wegnahme befand sich das Springmesser in der Jackentasche des A. Ein Springmesser ist ein Gegenstand, der nach Art seiner Anfertigung geeignet und nach allgemeiner Verkehrsauffassung dazu bestimmt ist, durch seinen üblichen Gebrauch Menschen zu verletzen[4], und damit eine Waffe iSv § 250 I Nr 1 a. Nach dem Gesetzeswortlaut genügt es, wenn einer der Mittäter die Waffe bei sich führt.

Dem T war jedoch während der Taxifahrt nicht bewusst, dass sich in der Jackentasche des A ein Springmesser befand. Bzgl des Beisichführens einer Waffe während der Wegnahme fehlte ihm somit der Vorsatz.

bb) Springmesser bei T

Allerdings könnte T durch das Aufheben des Springmessers während der Flucht die Qualifikation des § 250 I Nr 1 a Alt 1 erfüllt haben. Jetzt brachte er die Waffe selbst an sich und dies auch mit entsprechendem Vorsatz. Zu berücksichtigen ist jedoch, dass in dem Zeitpunkt, in dem T das Messer aufhob, der Raub bereits vollendet war. Ein Beisichführen nach Beendigung der Tat reicht unstreitig nicht für die Erfüllung einer Qualifikation aus. Allerdings war T gerade auf der Flucht und befand sich noch in unmittelbarer Nähe des Tatorts. Die Beute war noch nicht hinreichend gesichert, so dass eine Beendigung der Tat ausscheidet[5]. Fraglich ist aber, ob in der Phase zwischen Vollendung und Beendigung noch die Erfüllung von Qualifikationsmerkmalen möglich ist.

---

4 *Wessels/Hillenkamp,* BT2 Rn 255.
5 *Fischer,* § 249 Rn 16.

Problem Nr 141: Erfüllung eines Qualifikationstatbestandes nach Vollendung, aber vor Beendigung 698

(1) Die **Rspr** (BGHSt 20, 194, 197; BGH NStZ 1998, 354; BGH NStZ 2007, 332, 334 m abl Anm *Kudlich,* JZ 2007, 381; OLG Frankfurt StV 2006, 467, 477) und ein **Teil der Lit** (S/S-*Eser* § 250 Rn 10) wollen es ausreichen lassen, wenn der Qualifikationstatbestand erst nach Vollendung, aber noch vor Beendigung erfüllt wird. Speziell für § 250 wird jedoch gefordert, dass der Täter zusätzlich Beutesicherungsabsicht aufweisen muss (BGH NStZ 2009, 36).

Argument: Ausschlaggebend für die Begehung einer Qualifikation ist, dass deren Tatbestandsmerkmale während des Tathergangs erfüllt werden. Zum Tathergang zählt aber nicht nur die Verwirklichung des Grundtatbestandes, sondern auch die Phase zwischen Vollendung und Beendigung.

Es besteht kein Unterschied hinsichtlich der Gefährlichkeit eines Täters, welcher eine Waffe bereits während der Tatbestandsverwirklichung bei sich führt, und eines anderen Täters, der sie erst später in einem unmittelbaren zeitlichen und räumlichen Zusammenhang aufnimmt.

(2) Die **hL** (MK-*Sander* § 250 Rn 35; SK/StGB-*Günther* § 250 Rn 12; *Wessels/Hillenkamp,* BT2 Rn 256 iVm 342 a iVm 355) verlangt dagegen zu Recht, dass der Qualifikationstatbestand vor Vollendung der Tat verwirklicht wird.

Argument: Die Zeitspanne zwischen Vollendung und Beendigung ist zu unbestimmt, um hier qualifizierenden Merkmalen noch eine strafschärfende Wirkung zukommen zu lassen.

Für diese Lösung spricht auch die Systematik des Gesetzes, denn Fallkonstellationen der vorliegenden Art sollen von § 252 aufgefangen werden, der bei der Gegenansicht de facto überflüssig wäre.

Zur Vertiefung: Wessels/Hillenkamp, BT2 Rn 256 iVm 342 a.

Insbesondere nach Ansicht der Rechtsprechung wird eine solche Erfüllung des Quali- 699
fikationsmerkmals nach Vollendung, aber vor Beendigung der Tat für ausreichend gehalten. Dafür spricht, dass die Gefährlichkeit des T schließlich gleich groß ist, unabhängig davon, ob er das Springmesser schon vor oder erst nach der Wegnahme des Geldes ergreift. Dem hält die herrschende Ansicht jedoch die Systematik der Straftatbestände der §§ 249, 250, 252 entgegen. Der Einsatz des qualifizierenden Nötigungsmittels wird durch § 252 (räuberischer Diebstahl) erfasst. Ferner ist der Zeitraum zwischen Vollendung und Beendigung zu unbestimmt, um hier qualifizierenden Merkmalen noch eine strafschärfende Wirkung zukommen zu lassen. Diese Argumente überzeugen. Das qualifizierende Merkmal kann nicht erst nach Vollendung und vor Beendigung des Raubes verwirklicht werden.

Eine Strafbarkeit des T gem § 250 I Nr 1 scheidet also auch im Hinblick auf das spätere Aufheben des Springmessers aus.

b) § 250 I Nr 1 b

In Betracht kommt des Weiteren die Verwirklichung von § 250 I Nr 1 b, indem T dem 700
R die kubanische Zigarre in den Nacken drückte. Die Zigarre verwendete der ehemalige Jurastudent, um den Taxifahrer an einer Gegenwehr zu hindern. Damit führte er einen beweglichen Gegenstand mit sich, den man auch als „Werkzeug“ bezeichnen könnte und mit dessen Hilfe er einen möglichen Widerstand des R brechen wollte.

Zweifelhaft erscheint aber, wie man es zu werten hat, dass von der Zigarre offensichtlich keinerlei Gefahrenpotential ausgeht.

701 **Problem Nr 142: Restriktive Auslegung des § 250 I Nr 1 b**

(1) Die **Rspr** (BGH NStZ 2007, 332; StV 2008, 520; NStZ 2009, 95; noch zu § 250 I Nr 2 aF: BGHSt 38, 116 [Plastikrohr]; BGH NStZ 1997, 184 [Labello]; NStZ-RR 1996, 356; NStZ 1998, 38) und die **hL** (MK-*Sander* § 250 Rn 45; S/S-*Eser* § 244 Rn 13; *Wessels/Hillenkamp*, BT2 Rn 344 a) wollen zu Recht solche Gegenstände vom Tatbestand des § 250 I Nr 1 b ausnehmen, die aus der Sicht eines objektiven Beobachters schon nach dem äußeren Erscheinungsbild offensichtlich ungefährlich sind.

Argument: Angesichts des Umstandes, dass gefährliche Gegenstände bereits von § 250 I Nr 1 a erfasst werden, deuten zwar sowohl der Wortlaut als auch der systematische Zusammenhang darauf hin, dass § 250 I Nr 1 b gerade die Ungefährlichkeit des Werkzeugs voraussetzt. Insbesondere können auch Scheinwaffen (zB Spielzeugpistolen) darunter subsumiert werden. Bedient sich der Täter aber keiner Scheinwaffe, sondern eines ganz offensichtlich ungefährlichen Gegenstands (zB Labellostift), so steht die damit verbundene Täuschung und nicht etwa die Zwangswirkung beim Opfer derart im Vordergrund, dass eine Anwendung des § 250 I Nr 1 b den Sinn und Zweck der Vorschrift verfehlen würde.

Des Weiteren stellt § 250 I Nr 1 b einen Fremdkörper dar. Während § 250 I Nr 1 a auf die Gefährlichkeit abstellt, setzt § 250 I Nr 1 b gerade die Ungefährlichkeit voraus. Grund für das erhöhte Strafmaß kann daher nur das beim Opfer ausgelöste Zwangsempfinden darstellen. Dieser Unwertgehalt wird aber schon vom Grundtatbestand § 249 I erfasst. Zwar können aufgrund des eindeutigen Wortlauts der Vorschrift und des Willens des Gesetzgebers „echte" Scheinwaffen nicht aus dem Anwendungsbereich des § 250 I Nr 1 b ausgeklammert werden, wohl aber, wird dadurch ansonsten eine restriktive Interpretation der Norm nicht verboten.

Der Gesetzgeber hat bei der Neuregelung des § 250 I Nr 1 b ausdrücklich auf die entsprechende restriktive Rechtsprechung zu der alten Fassung des § 250 I Nr 1 b Bezug genommen.

(2) Ein Teil der **Lit** (*Fischer*, § 250 Rn 11 ff) lehnt diese teleologische Reduktion ab.

Argument: Die Abgrenzung von „ungefährlichen" und „offensichtlich ungefährlichen" Gegenständen ist nicht eindeutig möglich.

Zudem ist eine derartige teleologische Reduktion weder mit dem Wortlaut der Vorschrift noch mit der Systematik der § 250 I Nr 1 a und § 250 I Nr 1 b vereinbar. Letztere Vorschrift stellt gerade auf die beim Opfer erzeugte Zwangswirkung ab.

Die Täuschung prägt gerade das Wesen einer Scheinwaffe. Eine Unterscheidung zwischen den Fällen, in denen der Täter eine Spielzeugpistole mit sich führt und in denen der Täter eine Zigarre oder ähnliche Gegenstände benutzt, vermag nicht zu überzeugen.

Zur Vertiefung: Wessels/Hillenkamp, BT2 Rn 344 ff.

702 Unter Hinweis auf den Wortlaut der Norm, die offensichtlich allein am Empfängerhorizont orientiert ist, könnte trotz des objektiv völlig ungefährlichen Charakters einer Zigarre ein schwerer Raub bejaht werden. Auch die Systematik des Gesetzes, also der Vergleich zu § 250 I Nr 1 a, bei dem es allein auf die objektive Gefährlichkeit des eingesetzten Gegenstandes ankommt, spricht für dieses Ergebnis. T hätte auf der Grundlage dieser strikten Auslegung durch den Zigarreneinsatz ein sonstiges Werkzeug iSv § 250 I Nr 1 b bei sich geführt, um den Raub zu ermöglichen. Sachgerechter erscheint es hingegen, Gegenstände aus dem Tatbestand des § 250 I Nr 1 b auszuklammern, die

nach dem äußeren Erscheinungsbild offensichtlich ungefährlich sind. Bei solchen Gegenständen (zB Labellostift, hier: Zigarre) ist weniger die Beschaffenheit des Gegenstandes, sondern vielmehr die Täuschungshandlung des Täters das entscheidende Moment, das beim Opfer ein Bedrohungsgefühl bewirkt. Insbesondere wegen des hohen Strafrahmens wäre die Annahme des Qualifikationstatbestandes verfehlt. Des Weiteren hat der Gesetzgeber bei der Neuregelung der Vorschrift auf die bisherige restriktive Rechtsprechung zu § 250 I Nr 2 aF, die bei solchen Gegenständen, die ihre Ungefährlichkeit quasi auf die Stirn geschrieben tragen, den schweren Raub schon immer abgelehnt hat, ausdrücklich Bezug genommen. Der Einsatz der kubanischen Zigarre durch T erfüllt also nicht die Voraussetzungen des § 250 I Nr 1 b. Eine Strafbarkeit gem § 250 I Nr 1 b scheidet aus.

c) § 250 I Nr 2

Ein Bandenraub gem § 250 I Nr 2 scheitert schon daran, dass eine Bande drei Personen voraussetzt, T und A allerdings nur zu zweit sind.

d) Ergebnis

Eine Strafbarkeit des T gem § 250 I Nr 1 a Alt 1, Nr 1 b, Nr 2 scheidet somit aus.

3. § 316 a I

Indem T dem R im Taxi mit dem Erschießen drohte, um damit die Wegnahme des Geldes zu ermöglichen, könnte er sich gem § 316 a I strafbar gemacht haben. **703**

a) Objektiver Tatbestand

T müsste einen Angriff auf Leib, Leben oder Entschlussfreiheit des Rudi verübt haben. Ein Angriff iSv § 316 a I ist jede feindselige Handlung gegen den Fahrzeugführer bzw den Mitfahrer[6]. Der ehemalige Jurastudent drohte, R zu erschießen, wenn er nicht stillhalten würde. Damit verübte er einen Angriff auf die Entschlussfreiheit des R.

Des Weiteren müsste R Führer eines Kraftfahrzeuges gewesen sein. Kraftfahrzeugführer ist derjenige, der das Fahrzeug in Bewegung setzt, es in Bewegung hält oder allgemein mit dem Betrieb des Fahrzeugs und/oder mit der Bewältigung von Verkehrsvorgängen beschäftigt ist[7]. Taugliches Opfer ist daher jedenfalls derjenige, der ein Kraftfahrzeug gerade im Verkehr bewegt oder einen verkehrsbedingten Halt, zB an einer Ampel einlegen muss. R hielt jedoch nicht verkehrsbedingt an, vielmehr stoppte er, um seine beiden Fahrgäste aussteigen zu lassen und den Fahrpreis zu kassieren. Fraglich ist nun, ob er zu diesem Zeitpunkt Kraftfahrzeugführer war. Dies hängt davon ab, ob R noch mit der Bewältigung von Verkehrsvorgängen beschäftigt war. Der Taxifahrer hielt zwar an, der Motor lief allerdings noch. R war noch mit der Beherrschung des Kraftfahrzeugs beschäftigt und daher Kfz-Führer.

Darüber hinaus ist es erforderlich, dass T für seinen Angriff auf die Entschlussfreiheit des R die besonderen Verhältnisse des Straßenverkehrs ausnutzte.

6 S/S-*Cramer/Sternberg-Lieben,* § 316 a Rn 3.
7 BGHSt 49, 8, 14.

704 **Problem Nr 143: Ausnutzung der besonderen Verhältnisse des Straßenverkehrs**

(1) Nach **früherer Rechtsprechung** wurde dieses Tatbestandsmerkmal sehr weit gefasst. Jegliche Erschwerung der Flucht- und Verteidigungsmöglichkeiten, aber auch die „Vereinzelung" des Opfers, indem dieses zB an einen abgelegenen Ort verbracht wurde, reichten hierfür aus (BGHSt 5, 280, 282; 13, 27, 30; 18, 170; 24, 170, 176; 33, 367, 381). Selbst wenn sich das Opfer bereits außerhalb des Fahrzeugs befand, konnte § 316 a noch erfüllt werden (BGHSt 15, 322, 324).

(2) In der **neueren Rechtsprechung** wird § 316 a sehr viel restriktiver ausgelegt. Wegen der hohen Strafandrohung wird bei der Auslegung des Tatbestandsmerkmals „Ausnutzung der besonderen Verhältnisse des Straßenverkehrs" im ganz besonderen Maße auf den Sinn und Zweck der Vorschrift abgestellt. Kfz-Führer erfahren gerade deswegen einen besonderen Schutz, weil sie durch die Benutzung des Fahrzeugs in ihren Abwehr- und Schutzmöglichkeiten stark eingeschränkt sind. Eine Beeinträchtigung allein aufgrund der räumlichen Enge des Wagens kann den hohen Strafrahmen nicht legitimieren. Maßgeblich ist somit, ob der Kfz-Führer mit der Bewältigung von Betriebs- oder Verkehrsvorgängen befasst ist. Unproblematisch ist diese Voraussetzung während der Fahrt und bei einem verkehrsbedingten Halt (zB an einer roten Ampel) erfüllt, da in beiden Fällen der Fahrer auf das Verkehrsgeschehen konzentriert bleibt. Bei einem Halt aus anderen Gründen (wie zB das Kassieren des Fahrpreises durch den Taxifahrer) sind die jeweiligen Umstände des Einzelfalls zu beachten (BGHSt 49, 8, 14 f). Mit dem Verkehrsgeschehen ist der Fahrer zumeist dann nicht mehr beschäftigt, wenn der Motor ausgeschaltet ist. Ähnliches gilt bei zwar laufendem Motor, aber angezogener Handbremse und ohne eingelegten Gang (BGHSt 50, 169, 173).

Zur Vertiefung: Wessels/Hillenkamp, BT2 Rn 384 ff.

705 Für die Frage, ob T die besonderen Verhältnisse des Straßenverkehrs ausnutzte, kommt es darauf an, ob R derart mit dem fließenden Verkehr beschäftigt war, dass seine Abwehr- und Fluchtmöglichkeiten eingeschränkt waren. Eine Einschränkung lediglich durch die räumliche Enge des Taxis reicht nicht aus. Sie ergibt sich nämlich nicht speziell aus den Straßenverkehrsverhältnissen. Während der Fahrt und eines verkehrsbedingten Halts sind diese Voraussetzungen erfüllt. Problematisch sind die Fälle, in denen nicht verkehrsbedingt angehalten wird. Dann kommt es darauf an, inwieweit der Fahrer noch mit den Verkehrsvorgängen beschäftigt war und somit seine Abwehr- und Fluchtmöglichkeiten eingeschränkt waren. Da R das Fahrzeug anhielt, um den Fahrpreis abzukassieren, handelt es sich nicht um einen verkehrsbedingten Halt. Das Getriebe befand sich im Leerlauf, die Handbremse war noch nicht angezogen[8] und R betätigte das Bremspedal, und er war somit neben dem Kassieren auch mit Verkehrsvorgängen beschäftigt. Dies nutzte T aus. Der objektive Tatbestand des § 316 a ist somit erfüllt (*Gegenteil vertretbar*).

Das Problem der restriktiveren Handhabung des § 316 a wurde hier (Rn 704) vorrangig am Merkmal der „Ausnutzung der besonderen Verhältnisse des Straßenverkehrs" erörtert. Es wäre selbstverständlich auch zulässig gewesen, die einschlägigen Grundüberlegungen beim Tatbestandsmerkmal „Führer" eines Kraftfahrzeuges (o Rn 703) anzustellen. Der Leser wird die Überschneidungen der Argumente bemerkt haben. Auch die BGH-Rechtsprechung schwankt insoweit.

8 Bei angezogener Handbremse vgl BGHSt 50, 169, 173.

b) Subjektiver Tatbestand

T handelte mit Wissen und Wollen, also vorsätzlich. Des Weiteren handelte er in der Absicht, einen Raub zu begehen.

c) Rechtswidrigkeit

Rechtswidrigkeit und Schuld sind gegeben.

d) Ergebnis

T ist gem § 316 a I strafbar.

4. §§ 253, 255

Möglicherweise hat T auch eine räuberische Erpressung in Mittäterschaft begangen. **706**
Schließlich drohte er R mit einer gegenwärtigen Gefahr für Leib oder Leben und schädigte ihn durch die Wegnahme des Geldes in seinem Vermögen. Es ist jedoch bereits hervorgehoben worden, dass hier keine Vermögensverfügung erkennbar ist, so dass nach herrschender Ansicht[9] der objektive Tatbestand des § 253 entfällt. Aber auch nach Ansicht der Rechtsprechung scheidet § 253 als subsidiäres Delikt aus, da hier die Raubstrafbarkeit eingreift.

5. § 240 I

Der Tatbestand des § 240 I ist zwar erfüllt, tritt aber hinter § 249 I als lex specialis zurück.

6. § 241 I

T drohte R mit einem Verbrechen, als er vorgab, ihn zu erschießen. Der Jurastudent handelte dabei vorsätzlich, rechtswidrig und schuldhaft. Allerdings geht § 241 in § 240 auf, der seinerseits gegenüber § 249 zurücktritt[10].

7. §§ 242 I, 25 II

Der Tatbestand von §§ 242 I, 25 II ist zwar erfüllt. §§ 249 I, 25 II verdrängen diesen Straftatbestand aber im Wege der Spezialität.

8. §§ 246 I, 25 II

Der Tatbestand ist zwar erfüllt, aber gem § 246 I aE gegenüber §§ 249 I, 25 II subsidiär.

9. § 239 a I

T könnte sich durch seine Drohung auch gem § 239 a I Alt 2 strafbar gemacht haben. Eine Entführung scheidet vorliegend mangels Veränderung des Aufenthaltsortes aus.

9 Vgl o Fall 9 Problem Nr 86 Rn 405.
10 *Fischer*, § 241 Rn 7; S/S-*Eser*, § 241 Rn 16.

Fraglich ist jedoch, ob sich T des Taxifahrers bemächtigte. Erpresserischer Menschenraub ist ein zweiaktiges Delikt. Für eine Bemächtigung muss eine gewisse Stabilisierung der Lage zustande gekommen sein, so dass die Bemächtigungslage gegenüber der Nötigung eine eigenständige Bedeutung erlangt[11]. T bedrohte R lediglich für wenige Sekunden mit der Zigarre. Außer der Beherrschungssituation, die sich aus der Drohung ergibt, ist für R keine weitere Drucksituation entstanden, die aus einer stabilen Bemächtigungslage resultiert. T hat sich nicht des R bemächtigt.

10. § 252

Ein räuberischer Diebstahl kommt nicht in Betracht, weil T nach Begehung des Diebstahls weder Gewalt angewandt noch eine Drohung ausgesprochen hat.

11. §§ 252, 22, 23 I Alt 1

Die Tat ist nicht vollendet. Der Versuch ist gem § 23 I Alt 1 strafbar. T hatte zwar Vorsatz, Gewalt anzuwenden bzw mit gegenwärtiger Gefahr für Leib oder Leben zu drohen, wenn er auf frischer Tat betroffen wird. Des Weiteren wollte er sich auch im Besitz der Beute erhalten. Allerdings wurde T auf der Flucht nicht aufgehalten, so dass er keinerlei Handlungen vornahm, die in irgendeiner Weise mit der Tatbestandsverwirklichung in Verbindung standen. Ein unmittelbares Ansetzen zur Tat scheidet aus.

12. Konkurrenzen

Die von T durch ein und dieselbe Handlung erfüllten Straftatbestände des Raubes und des räuberischen Angriffs auf Kraftfahrer schützen unterschiedliche Rechtsgüter (Vermögen einerseits und Entschlussfreiheit des Führers eines Kraftfahrzeuges oder eines Mitfahrers andererseits). Es ist deshalb von Idealkonkurrenz beider Delikte auszugehen.

13. Ergebnis für T im Tatkomplex A

T ist gem §§ 249 I, 25 II – § 52 – § 316 a I strafbar.

II. Strafbarkeit des A

1. §§ 249 I, 250 I Nr 1 a Alt 1, 25 II

707 Indem A dem R das Geld aus der Hand riss, während T dem R mit dem Erschießen drohte, könnte sich A eines Raubes in Mittäterschaft strafbar gemacht haben.

T wandte ein qualifiziertes Nötigungsmittel an (*s o Rn 696*). Als Mittäter ist A diese Handlung gem § 25 II zuzurechnen (*s o Rn 696*). Er selbst nahm dem R das Geld weg und führte ein Springmesser, dh eine Waffe *(s o Rn 697)* bei sich.

A handelte vorsätzlich, rechtswidrig und schuldhaft.

---

11 Vgl Fall 1 Problem Nr 2 Rn 9.

2. §§ 316 a I, 25 II

A führte den Angriff auf die Entschlussfreiheit des R zwar nicht selbst aus, allerdings ist ihm die Handlung des T gem § 25 II zuzurechnen.

A handelte vorsätzlich, mit der Absicht einen Raub zu begehen, sowie rechtswidrig und schuldhaft.

3. §§ 240 I, 25 II

Der Tatbestand ist zwar erfüllt, wird aber von §§ 249 I, 25 II als lex specialis verdrängt.

4. §§ 241 I, 25 II

Die Drohung des T mit einem Verbrechen gegen R ist dem A gem § 25 II zuzurechnen. A handelte vorsätzlich, rechtswidrig und schuldhaft. Der Tatbestand wird jedoch verdrängt (*s o Rn 706*).

5. § 242 I

Der Tatbestand ist zwar erfüllt, wird aber von §§ 249 I, 25 II im Wege der Spezialität verdrängt.

6. § 246 I

Der Tatbestand ist gegenüber § 249 I subsidiär.

7. Ergebnis für A im Tatkomplex A

A ist gem §§ 250 I Nr 1 a Alt 2, 25 II – § 52 – §§ 316 a I, 25 II strafbar.

Hier noch einige ***Anmerkungen zum Aufbau.*** *Der Fall birgt deshalb ganz besondere Schwierigkeiten, weil die unterschiedliche Gestaltung des Tatablaufs (A hat das Messer während der Wegnahme, T erst auf der Flucht) und die unterschiedliche Bewusstseinslage (bis zur Tatvollendung weiß T nichts vom Messer) nahelegen, zwei Tatkomplexe zu bilden (A: Ansichnehmen des Geldes/B: Auf der Flucht). Dadurch übersieht man weniger leicht die verschiedenen Zurechnungsprobleme. Andererseits sollte man einen Tatverlauf vom Stadium der Vorbereitung bis zu dem der Beendigung möglichst nicht in extra (historische) Tatkomplexe aufteilen. Zwar wird davon gerade in Fällen des Vorsatzwechsels eine Ausnahme zugelassen (Beulke, Klausurenkurs I Rn 38), es besteht aber bei Aufspaltungen immer die Gefahr, dass der Gesamtzusammenhang aus dem Blickwinkel gerät. Von meinen Studenten haben viele derjenigen, die in zwei Schritten vorgegangen sind, gerade das Problem übersehen, dass es sich um einen einheitlichen Raub handelt, bei dem T das Qualifikationsmerkmal erst nach Tatvollendung, vor Tatbeendigung erfüllt hat. Bei Abwägung von pro und contra habe ich mich also für den „Einheitsaufbau" entschieden. Selbstverständlich wäre auch der zweiaktige Aufbau zulässig, bei dem abschließend festgestellt werden müsste, dass es sich insgesamt für T und für A doch nur um eine Tatbestandsverwirklichung handelt.*

Zusätzlich war noch zweifelhaft, mit welchem Tatbeteiligten begonnen werden sollte. Für A spricht, dass er das Springmesser bei sich führt, für T, dass er mit der Zigarre droht. Hier gibt es keinen Vorrang. Leichter darstellen lässt sich die Problematik mE, indem man auch hier mit dem beginnt, der jedenfalls das zuerst geprüfte Tatbestandsmerkmal verwirklicht. Wer – wie ich – mit der Drohung iSv § 249 I beginnt, zieht deshalb besser die Strafbarkeit des T vor. Selbstverständlich dürften auch beide Tatbeteiligten zusammen geprüft werden.

B. Im „Wespennest"

I. Strafbarkeit des W

1. § 240 I

708 Durch das Entreißen des Autoschlüssels könnte sich W einer Nötigung schuldig gemacht haben.

a) Objektiver Tatbestand

W müsste Gewalt, dh körperlich wirkenden Zwang angewendet haben. Das Ausnutzen eines Überraschungsmoments reicht hierfür nicht aus[12]. Allerdings umklammerte T seinen Autoschlüssel fest in der Hand, weshalb W ihn nur mit viel Kraftaufwand entreißen konnte. T verspürte dies als physisch wirkenden Zwang. W wendete somit Gewalt an.

Dadurch nötigte er den ehemaligen Jurastudenten die Wegnahme des Schlüssels zu dulden.

b) Subjektiver Tatbestand

W handelte vorsätzlich.

c) Rechtswidrigkeit

Des Weiteren müsste das Handeln des Wirtes rechtswidrig gewesen sein. § 240 ist ein ergänzungsbedürftiger Tatbestand, dh die Rechtswidrigkeit wird nicht durch die Tatbestandsmäßigkeit indiziert, vielmehr muss diese positiv festgestellt werden[13]. Gem § 240 II ist die Nötigung rechtswidrig, wenn die Zweck-Mittel-Relation verwerflich ist. Dies ist aber in jedem Fall ausgeschlossen, wenn W's Handeln gerechtfertigt war[14].

aa) Notwehr, § 32

In Betracht kommt eine Rechtfertigung durch Notwehr gem § 32. Dazu muss ein Angriff auf ein notwehrfähiges Rechtsgut vorliegen. Indem T den Anschein erweckte, betrunken Autofahren zu wollen, kommt hier ein Angriff auf das Rechtsgut „Sicherheit des Straßenverkehrs" in Betracht. Fraglich ist jedoch, ob dieses Gut notwehrfähig ist. Bei der Sicherheit des Straßenverkehrs handelt es sich nämlich nicht um ein Individualinteresse, sondern um ein Rechtsgut der Allgemeinheit.

---

12 *Fischer,* § 249 Rn 4 b.
13 *Wessels/Hettinger,* BT1 Rn 422 f.
14 *Wessels/Hettinger,* BT1 Rn 425.

Problem Nr 144: Ist Notwehr zugunsten von Allgemeinrechtsgütern zulässig? 709

Ein Nothilferecht zugunsten des Staates wird zugestanden, soweit Individualrechtsgüter des Staates betroffen sind, dh Rechtsgüter, die dem Staat als Fiskus zustehen, zB Eigentum (*Jescheck/Weigend,* AT S 340; S/S-*Lenckner/Perron* § 32 Rn 6). Die Verteidigung von Allgemeinrechtsgütern, wie zB der öffentlichen Ordnung, obliegt dagegen grds den Staatsorganen, so dass ein Notwehrrecht ausscheidet (BGHSt 5, 238, 247; BGH VRS 40, 104, 107; BGH NJW 1961, 1783; BGH NJW 1975, 1161; LK-*Rönnau/Hohn,* § 32 Rn 79; MK-*Erb,* § 32 Rn 93; *Roxin,* AT1 § 15 VI Rn 37). Das Notwehrrecht geht nämlich davon aus, dass der Nothelfer die gleiche Rechtspersönlichkeit besitzt wie der Träger des angegriffenen Rechtsguts. Des Weiteren spricht § 32 von einem „anderen" und deutet damit auf eine interpersonale Beziehung hin. Eine Ausnahme wird lediglich in den Fällen evidenter Bestandbedrohung gemacht (ablehnend insoweit *Jescheck/Weigend* AT § 32 II 1 b; LK-*Rönnau,* § 32 Rn 80*; Roxin* AT1 § 15 VI Rn 41; SK/StGB-*Günther* § 32 Rn 54; zust: RGSt 63, 215, 220).

Zur Vertiefung: S/S-Lenckner/Perron, § 32 Rn 8f.

Der Schutz solcher Rechtsgüter obliegt aber nicht dem Einzelnen, sondern dem Staat. 710 Der Wortlaut des § 32 spricht von einem „anderen" und deutet damit auf eine interpersonale Beziehung hin. Die Sicherheit des Straßenverkehrs[15] als Allgemeinrechtsgut ist kein notwehrfähiges Rechtsgut. Notwehr scheidet mithin aus.

bb) Festnahmerecht, § 127 I StPO

Möglicherweise ist Ws Handeln durch das Festnahmerecht gem § 127 I StPO gedeckt. Dazu müsste T auf frischer Tat betroffen worden sein. Es ist zwar umstritten, ob der Festgenommene tatsächlich eine Straftat begangen haben muss oder ob ein dringender Tatverdacht diesbezüglich ausreicht[16]. T wollte jedoch zunächst nur die Kneipe verlassen. Er hat noch nicht einmal sein Fahrzeug erreicht, geschweige denn dieses in Bewegung gesetzt. Es liegt somit weder eine strafbare Handlung noch ein dringender Tatverdacht vor. § 127 I StPO scheidet daher aus.

cc) Notstand, § 34

Für eine Rechtfertigung gem § 34 muss zunächst eine Notstandlage, dh eine gegenwärtige Gefahr für ein notstandsfähiges Rechtsgut vorliegen. T war im Begriff, alkoholisiert Auto zu fahren. In Betracht kommt somit eine gegenwärtige Gefahr für die Sicherheit des Straßenverkehrs.

Problem Nr 145: Ist Notstand zugunsten von Allgemeinrechtsgütern zulässig? 711

(1) Ein Notstandsrecht für Individualrechtsgüter des Staates besteht ebenso wie ein Notwehrrecht.

(2) Ob ein Notstandsrecht auch zugunsten von Rechtsgütern der Allgemeinheit besteht, ist umstritten:

15 BGH VRS 40, 104, 107.
16 Vgl o Fall 8 Problem Nr 84 Rn 391.

(a) Die **Rspr** (OLG Düsseldorf NJW 1970, 674; OLG Koblenz NJW 1963, 1991) und die **hL** (HK-GS-*Duttge,* § 34 Rn 5; *Jescheck/Weigend,* AT § 33 IV 2 a; MK-*Erb,* § 34 Rn 57; *Roxin,* AT1 § 16 Rn 13; S/S-*Lenckner/Perron,* § 34 Rn 10) gehen davon aus, dass eine Notstandshandlung zugunsten eines Rechtsguts der Allgemeinheit zulässig ist. Allerdings sind hier enge Grenzen zu setzen: ein Notstandrecht besteht nur im äußersten Notfall.

Argument: Anders als in § 32 ist der Begriff „von einem anderen" in § 34 dahingehend auszulegen, dass hierdurch nur eine Abgrenzung zu Rechtsgütern des Täters vorgenommen werden soll. Wenn staatliche Stellen ausnahmsweise nicht in der Lage sind, den Schutz des Rechtsguts zu gewährleisten, erscheint es sachgerecht, die Gefahrenabwehr von einem Privaten durchführen zu lassen.

(b) Eine **Mindermeinung in der Lit** (*Arzt,* Rehberg-FS, S 29 ff; SK/StGB-*Günther* § 34 Rn 23 f) lehnt dagegen ein Notstandsrecht zugunsten von Rechtsgütern der Allgemeinheit ab.

Argument: Die Gleichordnung der Bürger verbietet es, einem Bürger ein Sonderopfer zum Wohle der Allgemeinheit aufzuerlegen. Vielmehr ist hier ein hoheitlicher Eingriff seitens des Staates nötig.

Zur Vertiefung: S/S-Lenckner/Perron, § 34 Rn 10 f.

712 Im Gegensatz zur Notwehr ist eine Notstandshilfe auch zugunsten eines Rechtsgutes der Allgemeinheit möglich, so dass die Sicherheit des Straßenverkehrs durchaus iRv § 34 verteidigt werden kann.

Fraglich ist jedoch, ob hierfür tatsächlich eine Gefahr vorlag. Dies wäre nur der Fall, wenn T fahruntüchtig war[17]. Insoweit ließ sich aber im Nachhinein nicht mehr genau feststellen, wie hoch seine BAK war. Sie lag zwischen 0,7 und 1,2‰.

Ab 1,1‰ wäre T absolut fahruntüchtig. Ihm wäre dann kein Gegenbeweis dahingehend möglich gewesen, dass er doch in der Lage gewesen wäre, ein Fahrzeug sicher zu führen. Bei einem Promillewert ab 0,3 besteht dagegen nur eine relative Fahruntüchtigkeit. Zusätzlich zu der festgestellten BAK müssen noch Ausfallerscheinungen, wie zB Schwanken, Stolpern etc hinzutreten, die Ts Unfähigkeit, ein Fahrzeug sicher führen zu können, belegen. Solche sind im vorliegenden Fall nicht ersichtlich, so dass T bei der Annahme eines Wertes zwischen 0,7 und 1,1‰ durchaus als fahrtüchtig gegolten hätte.

Der Umstand, dass T mit einem Blutalkoholgehalt von mehr als 0,5‰ mit Sicherheit eine Ordnungswidrigkeit gem § 24 a StVG begangen hätte, spielt hier keine Rolle. Dies hat mit der Fahrtüchtigkeit iSv § 316 nichts zu tun. Eine Rechtfertigung in Form der Staatsnothilfe zur Unterbindung von Ordnungswidrigkeiten durch Dritte kommt mangels überragender Rechtsgüter, die es zu schützen gälte, von vornherein nicht in Betracht.

Von welchem Promillewert (0,7 oder 1,2) ist im vorliegenden Fall nun auszugehen? Nach dem Grundsatz in dubio pro reo ist dem Tatvorwurf bei einem unaufklärbaren Sachverhalt stets die für den Angeklagten günstigste Sachverhaltsgestaltung zugrunde zu legen. Hier geht es um die Strafbarkeit des W für das Entreißen des Autoschlüssels. In dubio pro reo ist daher davon auszugehen, dass T mit einem Promillewert von 1,1

17 Vgl o Fall 12 Problem Nr 118 Rn 558.

oder darüber fahruntüchtig war. Es lag somit eine Gefahr für die Sicherheit des Straßenverkehrs vor.

Des Weiteren muss die Gefahr für das Rechtsgut gegenwärtig sein. Das bedeutet, dass bei natürlicher Weiterentwicklung der Dinge der Eintritt eines Schadens sicher oder höchstwahrscheinlich ist, falls nicht alsbald Abwehrmaßnahmen ergriffen werden[18]. Der präventive Begriff der gegenwärtigen Gefahr iSv § 34 ist weiter als der des – oben für den vorliegenden Fall verworfenen (*Rn 710*) – dringenden Tatverdachts iSv § 127 I StPO. T war gerade dabei die Kneipe zu verlassen und er strebte bereits dem Ausgang zu. Als nächstes wäre T in sein Auto gestiegen und losgefahren. Die Gefahr ist somit gegenwärtig. Eine Notstandlage ist damit gegeben.

Die Notstandshandlung muss erforderlich und angemessen sein. Erforderlich ist sie, wenn kein milderes, gleich wirksames Mittel zur Verfügung stand. Hätte W zunächst die Polizei gerufen, wäre T zwischenzeitlich losgefahren. Die Wegnahme des Schlüssels war somit erforderlich. Des Weiteren überwiegt die Sicherheit des Straßenverkehrs wesentlich über die kurzfristige Beeinträchtigung der Willensentschließungsfreiheit des T[19]. Die Wegnahme war auch angemessen.

W hatte Kenntnis von der Notstandslage und handelte in der Absicht, die Gefahr für die Straßenverkehrssicherheit abzuwehren.

W ist somit gem § 34 gerechtfertigt. Sein Handeln ist damit auch nicht rechtswidrig iSv § 240 II.

d) Ergebnis

W ist nicht gem § 240 I strafbar.

2. § 249 I

Durch das Entreißen des Schlüssels könnte W einen Raub begangen haben. Das Entrei- **713**
ßen stellt Gewalt dar. Indem W dem T den Schlüssel aus der Hand riss und ihn einsteckte, nahm er diesen weg.

W handelte auch vorsätzlich. Allerdings hatte er von Anfang an vor, den Schlüssel am nächsten Morgen zurückzugeben. Er hatte somit keinen Enteignungsvorsatz und damit keine Absicht, sich den Autoschlüssel rechtswidrig zuzueignen.

3. §§ 253, 255

W könnte sich gem §§ 253, 255 strafbar gemacht haben.

a) Objektiver Tatbestand

W muss Gewalt gegen eine Person angewandt haben. In Betracht kommt hier das Entreißen des Schlüssels, was körperlich wirkenden Zwang darstellt. Allerdings handelt es sich hierbei um die Erscheinungsform der vis absoluta.

18 *Wessels/Beulke*, AT Rn 328.
19 OLG Koblenz NJW 1963, 1991.

714 **Problem Nr 146: Reicht vis absoluta für § 253 aus?**

(1) Die **Rspr** geht davon aus, dass § 249 lex specialis zu §§ 253, 255 ist *(s o Fall 9 Problem Nr 86 Rn 405)*. Eine Vermögensverfügung wird für die räuberische Erpressung nicht verlangt. Als Gewalt iSv §§ 253, 255 kommt daher auch vis absoluta in Betracht (*Lüderssen*, GA 1968, 257, 262; SK/StGB-*Günther*, § 255 Rn 4).

(2) Die **Lit** *(s o Fall 9 Problem Nr 86 Rn 405)* sieht dagegen Raub und räuberische Erpressung als zwei eigenständige Delikte an, die in einem Exklusivitätsverhältnis stehen. Für § 253 verlangt sie daher als ungeschriebenes Tatbestandsmerkmal eine Vermögensverfügung. Vis absoluta, die den Willen des Opfers nicht nur beugt, sondern jegliche Willensbildung bzw -entfaltung verhindert, scheidet daher iRv §§ 253, 255 aus (*Fischer,* § 253 Rn 5; MK-*Sander,* § 253 Rn 8; *Wessels/Hillenkamp,* BT2 Rn 707).

Zur Vertiefung: Wessels/Hillenkamp, BT2 Rn 707 ff.

Fraglich ist, ob vis absoluta iRv §§ 253, 255 überhaupt denkbar ist. Dies hängt von der Einordnung der Erpressung ab. Während die Rspr §§ 253, 255 als lex generalis zu § 249 einstuft und daher keine Vermögensverfügung verlangt, sieht die hL Raub und Erpressung, ähnlich wie § 242 und § 263 in einem Exklusivitätsverhältnis. §§ 253, 255 ist im Gegensatz zu § 249 ein Selbstschädigungsdelikt und beinhaltet daher das ungeschriebene Tatbestandsmerkmal der Vermögensverfügung. Eine Vermögensverfügung ist aber nicht möglich, wenn vis absoluta angewandt wird, weil hier nicht nur der Wille gebeugt, sondern jegliche Willensbildung ausgeschaltet wird. Würde man die räuberische Erpressung als lex generalis zu § 249 ansehen, würde der Tatbestand des Raubes jegliche eigenständige Bedeutung verlieren. Des Weiteren ist eine Parallelität der § 249 und §§ 253, 255 zu § 242 und § 263 zu erkennen. Bei Letzterem wird auch eine Vermögensverfügung gefordert. Der hL ist somit zu folgen. Damit lässt aber die Anwendung von vis absoluta den Tatbestand der §§ 253, 255 entfallen. Da W mit vis absoluta auf T eingewirkt hat, entfällt im vorliegenden Fall im Rahmen des § 253 die zu fordernde Vermögensverfügung.

b) Ergebnis

W ist nicht nach §§ 253, 255 strafbar.

4. § 242 I

W erfüllt zwar den objektiven Tatbestand des Diebstahls, allerdings fehlt ihm die Zueignungsabsicht (*s o Rn 713*).

5. § 246 I

Wegen des fehlenden Enteignungsvorsatzes (*s o Rn 713*) hat sich W den Schlüssel nicht zugeeignet.

6. Ergebnis für W im Tatkomplex B

W ist straflos.

II. Strafbarkeit des T

1. §§ 223 I, 226 I Nr 2

a) Objektiver Grundtatbestand

T brach dem W den Finger. Er verletzte den Wirt somit am Körper und schädigte ihn in seiner Gesundheit.

b) Subjektiver Grundtatbestand

Fraglich ist, ob T vorsätzlich handelte. Schließlich wollte er W ins Gesicht schlagen und nicht dessen Hand verletzen. Allerdings hätte ein Schlag ins Gesicht ebenfalls eine Körperverletzung bewirkt. T irrte sich lediglich über den Kausalverlauf. Dass sich W duckt und T ihn an einer anderen Stelle trifft, liegt nicht außerhalb jeder Lebenswahrscheinlichkeit; die Abweichung ist daher unbeachtlich. T handelte vorsätzlich.

c) Qualifizierende Folge

Aufgrund der dauernden Versteifung des linken Zeigefingers kommt auch eine schwere Körperverletzung iSv § 226 I Nr 2 in Betracht. Dafür müsste W ein wichtiges Glied verloren haben oder dieses dauernd nicht mehr gebrauchen können. Fraglich ist, ob der linke Zeigefinger diesen Tatbestandsvoraussetzungen genügt.

Grundsätzlich ist dieser Finger erforderlich, um zusammen mit dem Daumen Greifbewegungen auszuführen. Versteift er auf Dauer, ist diese Funktion nicht mehr möglich. Der sog „Pinzettengriff" ist für die menschliche Geschicklichkeit von ganz besonderer Bedeutung. Ohne Zeigefinger kommt es beim Greifen, Arbeiten und Halten zu erheblichen Einschränkungen. Dass der Zeigefinger noch zum Zeigen verwendet werden kann, bleibt angesichts der überragenden Bedeutung dieses Fingers zum Greifen, außer Betracht[20]. Grds stellt der Zeigefinger somit ein wichtiges Glied dar[21]. Problematisch erscheint jedoch, dass der linke und nicht der rechte Zeigefinger betroffen ist. Die Mehrheit der Bevölkerung ist Rechtshänder und die linke Hand für den täglichen Gebrauch nicht so wichtig.

Die Kenntnis dieser Rspr, dass ein Zeigefinger an sich ein wichtiges Glied darstellt, wird von Studenten nicht vorausgesetzt. Vielmehr kommt es auf die jeweilige Argumentation an. Das oben Gesagte stellt ein Beispiel hierfür dar.

Fraglich ist, auf welchen Bezugspunkt für die Wichtigkeit iSv § 226 abzustellen ist.

Problem Nr 147: Wann ist ein Körperglied wichtig iSv § 226 I Nr 2? 715

(1) Die **frühere Rspr** (RGSt 6, 346, 347; 64, 201, 202) sowie ein **Teil der Lit** (*Kindhäuser,* BT1 § 10 Rn 25; NK-*Paeffgen* § 226 Rn 27; *Wessels/Hettinger,* BT1 [31. Aufl] Rn 289; so wohl auch *Jesse,* NStZ 2008, 605) bestimmen die Wichtigkeit anhand einer generellen Bedeutung für einen „jeden normalen Menschen".

Argument: § 226 spricht von einem wichtigen Glied „des" Körpers. Darin kommt eine generalisierende Betrachtungsweise zum Ausdruck. Andernfalls würde § 226 von einem wichtigen

20 *Fischer,* § 226 Rn 8; BGH StV 2007, 353 f.
21 *Dallinger,* MDR 1953, 596, 597 f; NK-*Paeffgen,* § 226 Rn 29; einschränkend BGH NJW 1991, 990.

Glied „ihres" Körpers, also Glied der verletzten Person, sprechen. Eine individualisierende Betrachtungsweise würde zudem zu einer Vielfalt an Fallgestaltungen führen, die angesichts der hohen Strafandrohung mit dem Bestimmtheitsgrundsatz nicht mehr vereinbar wäre. Individuelle Umstände des Opfers können über § 46 II Berücksichtigung finden.

(2) Eine **Mindermeinung in der Lit** (*Eisele,* BT1 Rn 335; *Lackner/Kühl* § 226 Rn 3; *Maurach/Schroeder/Maiwald,* BT1 § 9 Rn 21; *Rengier,* BT2 § 15 Rn 11; S/S-*Stree* § 226 Rn 2) will dagegen alle individuellen körperlichen und sozialen Verhältnisse des Opfers für die Beurteilung der Wichtigkeit eines Gliedes heranziehen, wie zB den Verlust der Beweglichkeit des kleinen Fingers beim Pianisten.

Argument: Werden die sozialen Verhältnisse des Opfers außer Betracht gelassen, wird übersehen, dass der Verlust eines Gliedes, das aus zB beruflichen Gründen sehr wichtig ist, das Opfer genauso schwer treffen kann wie eine Beeinträchtigung aufgrund der individuellen körperlichen Verfassung.

(3) Zutreffend differenziert die **neuere Rspr** (BGHSt 51, 252 m zust Anm *Hardtung,* NStZ 2007, 702; *Jahn,* JuS 2007, 866; *Bosch,* JA 2007, 818) und ein **Teil der Lit** (LK-*Hirsch* § 226 Rn 15; MK-*Hardtung* § 226 Rn 27; SK/StGB-*Horn/Wolters* § 226 Rn 10; *Wessels/Hettinger,* BT1 Rn 289) wie folgt: Individuelle soziale Verhältnisse (wie zB die Bedeutsamkeit eines Körpergliedes für den Beruf oder ein Hobby) sind nicht zu berücksichtigen, während die individuelle körperliche Verfassung (zB Vorschädigung) von Bedeutung ist.

Argument: Geschütztes Rechtsgut der §§ 223 ff ist die körperliche Integrität des Opfers und nicht etwa dessen soziales Umfeld. Letzteres kann daher auch bei der Auslegung des Tatbestandsmerkmals „wichtig" keine Rolle spielen.

Allein auf die generelle Bedeutung des Gliedes abzustellen, ist aber eine zu enge und nicht mehr zeitgemäße Auslegung. Sie widerspricht dem heutigen Verständnis, dass Menschen von unterschiedlicher körperlicher Integrität gleichberechtigt zusammenleben (Art. 3 III 2 GG). Zudem ist § 226 ein *konkretes* Verletzungsdelikt, so dass für die Beurteilung der Wichtigkeit auf die individuellen Besonderheiten des Opfers zu achten ist.

Zur Vertiefung: Wessels/Hettinger, BT1 Rn 289.

Angesichts der Tatsache, dass nach heutigem Verständnis Menschen von unterschiedlicher körperlicher Integrität gleichberechtigt zusammenleben, kann die individuelle Verfassung des Opfers iRv § 226 I Nr 2 berücksichtigt werden. Da aber die §§ 223 ff nur die „körperliche" Unversehrtheit schützen, müssen im Übrigen soziale Verhältnisse, wie zB der Beruf des Opfers außer Betracht bleiben. Dass W Linkshänder ist, gehört nicht nur zu seinen sozialen Bezügen, sondern betrifft seine körperliche Verfassung und kann somit bei der Beurteilung der Wichtigkeit iSv § 226 I Nr 2 Beachtung finden.

Der Zeigefinger von W stellt daher ein wichtiges Glied dar. Durch die Versteifung ist es dauerhaft nicht mehr zu gebrauchen.

d) Objektive Fahrlässigkeit

T muss bzgl der schweren Folge eine objektive Fahrlässigkeit vorwerfbar sein. Dass ein Schlag auf einen Menschen zu einem Bruch dessen Fingers und dieser Bruch zu einer Versteifung des Gelenks führen kann, ist objektiv vorhersehbar. Durch den Schlag hat T zudem die im Verkehr erforderliche Sorgfalt außer Betracht gelassen. Er handelte objektiv fahrlässig.

e) Spezifischer Gefahrzusammenhang

Im Eintritt der Tatfolge muss sich eine der vorsätzlichen Körperverletzung innewohnende tatbestandsspezifische Gefahr niederschlagen. Diese zusätzliche innere Verbindung wird allgemein wegen der besonders hohen Strafandrohung des erfolgsqualifizierten Delikts des § 226 I Nr 2 gefordert. Führt man gegen eine andere Person einen Schlag aus, beinhaltet dies das Risiko, dass ein Knochen bricht. Gerade bei Brüchen in der Nähe von Gelenken besteht dabei immer die Gefahr, dass dieses versteift. Der spezifische Gefahrzusammenhang ist damit erfüllt.

f) Rechtswidrigkeit

Möglicherweise war T aber in seinem Handeln gerechtfertigt.

aa) Besitzkehr, § 859 II BGB

Da sich T gegen die Wegnahme des Schlüssel durch W wehrte, kommt eine Rechtferti- **716**
gung gem § 859 II BGB in Betracht. Problematisch ist jedoch das Merkmal der verbotenen Eigenmacht. Verbotene Eigenmacht ist gem § 858 I BGB die Besitzentziehung oder Besitzstörung ohne gesetzliche Gestattung. Durch die Wegnahme des Schlüssels wurde T der Besitz entzogen. Möglicherweise war W dieses Verhalten aber gesetzlich gestattet. Im Rahmen der Strafbarkeit des T wurde festgestellt, dass das Verhalten des W wegen Notstands (§ 34) gerechtfertigt ist. Das spricht dagegen, nunmehr dem T gem § 859 II BGB ein „Gegenrecht" einzuräumen. Andererseits ist zu berücksichtigen, dass W nur deshalb gerechtfertigt ist, weil in dubio pro reo davon auszugehen ist, dass T fahruntüchtig war *(s o Rn 712f)*.

Vorliegend ist nun aber nicht die Strafbarkeit des W, sondern die des T zu beurteilen. Auch zu seinen Gunsten ist der Grundsatz in dubio pro reo anzuwenden. Da nicht mehr festgestellt werden kann, wie hoch die BAK von T war, ist im Rahmen der Strafbarkeit des T deshalb (sozusagen in Umkehrung zur Lösung bei W) davon auszugehen, dass der Promillewert bei 0,7 und nicht bei 1,2 lag. Unter diesen Voraussetzungen war T fahrtüchtig.

Dass die Erfüllung eines Ordnungswidrigkeitentatbestandes gem § 24 a StVG (Fahren mit mehr als 0,5‰ Blutalkoholgehalt) nicht mittels rechtfertigenden Notstands unterbunden werden darf, ist bereits hervorgehoben worden (*s o Rn 712*).

Unter der Prämisse der Fahrtüchtigkeit des T ist im Rahmen der Prüfung seiner Strafbarkeit von keiner Gefahr für die Sicherheit des öffentlichen Straßenverkehrs auszugehen. Dementsprechend stand W gegenüber T kein Notstandsrecht zu. Dies bedeutet dann für T, dass W ihm gegenüber keine gesetzliche Gestattung für die Besitzentziehung an dem Schlüssel hatte und damit verbotene Eigenmacht ausübte.

Des Weiteren wurde der Wirt von T auf frischer Tat betroffen. T durfte sich daher der Wegnahme mit Gewalt erwehren, die allerdings nicht über das erforderliche Maß hinausgehen durfte[22]. Der ursprünglich geplante Schlag ins Gesicht wäre ebenso wie ein Schlag gegen die Hand angesichts der körperlichen Überlegenheit des W noch erforderlich gewesen, hinsichtlich der Versteifung des Zeigefingers erscheint das hingegen

22 Palandt-*Bassenge* § 859 Rn 2.

zweifelhaft. Ausschlaggebend muss insoweit sein, dass diese Folge unerwünscht, vom Vorsatz also nicht erfasst war. Aufgrund der Rechtsnatur des § 859 II BGB als Selbsthilferecht ist lediglich die Erforderlichkeit und die Gebotenheit der Abwehr*handlung* relevant. Etwaige Risiken, wie hier die lediglich fahrlässig herbeigeführte Folge der Versteifung des Fingers, gehen zu Lasten desjenigen, der die verbotene Eigenmacht ausübt. Eine Gesamtabwägung der Rechtsgüter findet wie bei Notwehrrechten nicht statt. T ist folglich gerechtfertigt[23].

bb) Notwehr, § 32

717 In Betracht kommt zudem ein Notwehrrecht gem § 32. Dazu müsste ein rechtswidriger, gegenwärtiger Angriff auf ein Rechtsgut vorliegen. Ein Angriff ist jede durch menschliches Verhalten drohende Verletzung rechtlich geschützter Güter oder Interessen[24]. Durch die Wegnahme des Autoschlüssels seitens des W liegt ein Angriff auf Ts Eigentum vor. Fraglich ist allenfalls, ob dieser noch gegenwärtig ist, also ob der Angriff unmittelbar bevorstand oder bereits begonnen hat und noch fortdauert[25]. Schließlich hat W den Schlüssel bereits weggenommen. Andererseits steht T dem Wirt immer noch gegenüber. Damit verbleibt dem T jederzeit die Chance, sich den Schlüssel zurückzuholen, so dass der Angriff noch nicht vollständig abgeschlossen ist[26]. Gegenwärtigkeit ist damit gegeben.

Problematisch ist nun – wie bei der Selbsthilfe – das Merkmal der Rechtswidrigkeit. Zwar kann W nicht bestraft werden, weil zu seinen Gunsten ein rechtfertigender Notstand nach § 34 eingreift. Diese Bewertung gilt jedoch nur für die Strafbarkeit des W. Im Rahmen der Strafbarkeit des T ist hingegen nach dem Grundsatz in dubio pro reo umgekehrt von der Fahrtüchtigkeit des T auszugehen. Der Angriff ist mithin rechtswidrig (*s o Rn 718*).

Der Schlag als Notwehrhandlung richtet sich gegen den Angreifer W; er war aus der ex-ante-Sicht geeignet und erforderlich, den Angriff abzuwehren. Zweifel an der Gebotenheit ergeben sich nicht. T ist auch gem § 32 gerechtfertigt.

cc) Notstand, § 34

§ 34 scheitert im Rahmen der Güterabwägung, weil das gerettete Rechtsgut (Besitz am Schlüssel) keinesfalls stärker ins Gewicht fällt als das aufgeopferte Rechtsgut (körperliche Unversehrtheit des W).

Besonders streitig erweist sich die Frage der Konkurrenz zwischen den Rechtfertigungsgründen des § 859 II BGB und § 32. Zum Teil wird das Recht zur Besitzkehr als lex specialis zum strafrechtlichen Notwehrrecht eingestuft[27] *(vieles spricht für diese Lösung), andere gehen von einem kumulativen Eingreifen aus*[28]*. Eine dritte Ansicht lässt § 32 den Vortritt, da § 859 nur eine Unterform der Notwehr darstellt*[29]*. Im Rah-*

23 Palandt-*Bassenge* § 859 Rn 2; Soergel-*Stadler,* § 859 Rn 6; Staudinger-*Bund* § 859 Rn 9.
24 *Wessels/Beulke,* AT Rn 325.
25 *Wessels/Beulke,* AT Rn 328.
26 *Wessels/Beulke,* AT Rn 328.
27 *Thiel*, Die Konkurrenz von Rechtfertigungsgründen, S 269.
28 LK-*Hirsch*, [11. Aufl] Vor § 32 Rn 68.
29 *Hellmann*, Die Anwendbarkeit der zivilrechtlichen Rechtfertigungsgründe im Strafrecht, S 144 ff.

men einer Klausurlösung würde ich diese Frage aber dahingestellt sein lassen, weil T jedenfalls nach einer der beiden Vorschriften gerechtfertigt ist (so iE auch Gierhake, JA-Übungsblätter 2008, 435; zum Problem der Kumulation von Rechtfertigungsgründen s Wessels/Beulke, AT Rn 287; Beulke, Klausurenkurs I Rn 68).

g) Ergebnis

T ist nicht gem §§ 223 I, 226 I Nr 2 strafbar.

Sehr aufmerksame Leser werden bemerkt haben, dass ich im Aufbau nicht nur die Regel, Grundtatbestand und Qualifikation getrennt zu prüfen, (s Beulke, Klausurenkurs I Rn 54) missachtet habe, sondern dass ich auch von dem sonst vorgeschlagenen Prüfungsmodell des erfolgsqualifizierten Delikt (s o Fall 9 Rn 403) abgewichen bin. Dies erfolgte nur, um den Leser (im Ernstfall dem Korrektor) zu zeigen, dass auch das Problem des wichtigen Gliedes beherrscht wird. Aufbauvorschläge sind eben keine Gesetze, sondern nur Anregungen. Selbstverständlich könnten Sie auch den sonst vorgeschlagenen Weg gehen und dann das Problem der schweren Folge des § 226 weglassen, weil zuvor schon die Rechtswidrigkeit des Verhaltens verneint wird. Ein Hilfsgutachten zur Erörterung der Problematik des § 226 wäre nicht zulässig (Beulke, Klausurenkurs I Rn 21).

2. §§ 240 I, III, 22, 23 I Alt 2

T könnte sich einer versuchten Nötigung strafbar gemacht haben.

Ihm ist es nicht gelungen, W den Schlüssel wieder wegzunehmen und ihn somit zu einem Dulden zu nötigen. Die Tat ist nicht vollendet. Der Versuch ist gem §§ 240 III, 23 I Alt 2 strafbar.

T hatte Vorsatz, den W durch einen Schlag ins Gesicht, somit durch Gewalt, zur Duldung der Wegnahme zu nötigen. Mit dem Ausholen zum Schlag setzte er zum Versuch unmittelbar an. Allerdings ist er gem § 859 II BGB und § 32 gerechtfertigt (*s o Rn 718f*).

T ist nicht gem §§ 240 I, III, 22, 23 I Alt 2 strafbar.

3. Ergebnis für T im Tatkomplex B

T ist straflos.

C. Vor der Wohnung der Mutter des A (Strafbarkeit des B)

1. §§ 212 I, 211, 22, 23 I Alt 1

B ging davon aus, dass K rechtzeitig zur Seite springen würde. Er hatte somit keinen Tötungsvorsatz.

2. §§ 223 I, 224 I Nr 2 und 5, II, 22, 23 I Alt 2

Auch ein Körperverletzungsvorsatz scheidet aus, weil K aufgrund des Sprunges unverletzt bleiben sollte.

3. § 113 I

a) Objektiver Tatbestand

718 K ist als Polizeikommissar ein Vollstreckungsbeamter iSv § 113 I. Des Weiteren müsste K gerade eine Vollstreckungshandlung vorgenommen haben. Eine Vollstreckungshandlung ist eine gezielte hoheitliche Maßnahme zur Regelung eines konkreten Einzelfalls[30]. Die Vollstreckung des Haftbefehls ist hierfür ausreichend. Die Vollstreckungshandlung muss darüber hinaus bereits begonnen haben oder unmittelbar bevorstehen[31]. K trat hinter das geparkte Kfz und wollte B gerade festnehmen. Er war somit im Begriff, den Haftbefehl zu vollziehen.

Fraglich ist jedoch, ob B bereits mit Gewalt oder aber durch Drohung mit Gewalt Widerstand geleistet hat. B fuhr zwar mit dem Auto auf K zu, bremste aber im letzten Augenblick ab. Ein Widerstandleisten ist jedes Unternehmen, den Amtsträger durch ein Vorgehen zur Unterlassung der Vollstreckungshandlung zu nötigen oder diese zu erschweren. Zu einem Nötigungserfolg muss es nicht kommen. Es handelt sich um ein sog unechtes Unternehmensdelikt, bei dem die Versuchstrafbarkeit mit der Vollendung gleich gesetzt ist[32]. Das rasante Zufahren auf K reicht für ein solches Unternehmen aus. Dass es nicht zu einem Zusammenstoß gekommen ist, ist dabei unbeachtlich.

b) Subjektiver Tatbestand

B handelte vorsätzlich.

c) Objektive Bedingung der Strafbarkeit

Möglicherweise ist die Strafbarkeit aber nach § 113 III 1 ausgeschlossen, wenn die Diensthandlung des K rechtswidrig war.

Die Rechtsnatur des § 113 III ist umstritten.

719 **Problem Nr 148: Rechtsnatur des § 113 III**

(1) Ein **Teil der Lit** (*Kindhäuser,* BTI § 36 Rn 44; *Naucke,* Dreher-FS S 459, 471; S/S-*Eser* § 113 Rn 19, 20) will die Rechtmäßigkeit der Diensthandlung dem objektiven Tatbestand zuordnen.

Argument: Aufgabe des Tatbestandes ist es gerade, das typische Unrecht einer Tat hervorzuheben. Bzgl rechtswidriger Diensthandlungen besteht keine gesetzliche Duldungspflicht des Betroffenen. Dahingehend will § 113 I auch keinen Schutz bieten, so dass die Rechtmäßigkeit der Diensthandlung von ausschlaggebender Bedeutung ist.

(2) Zum **Teil** (*Dreher,* Schröder-GS, S 359; *ders,* JR 1984, 401; *Lackner/Kühl* § 113 Rn 18; LK-*Bubnoff* 113 Rn 23; MK-*Bosch* § 113 Rn 30; *Paeffgen* JZ 1979, 516, 521) wird § 113 III als besonderer Rechtfertigungsgrund angesehen.

Argument: Das Unrecht des § 113 besteht allein im Widerstandleisten gegen eine Vollstreckungshandlung. Die Rechtswidrigkeit der Diensthandlung hebt dieses Unrecht nur aus-

---

30 *Fischer,* § 113 Rn 7.
31 *Wessels/Hettinger,* BT1 Rn 626.
32 *Paeffgen*-NK § 113 Rn 19.

nahmsweise auf. Damit zeigt sich eine Parallelität zum Verhältnis zwischen einer Verbotsnorm und einem Erlaubnissatz.

(3) Die **hL** (KG NJW 1972, 781; BGHSt 21, 334, 365; *Hohmann/Sander,* BT II § 26 Rn 21; *Wessels/Hettinger,* BT1 Rn 633) stuft die Rechtmäßigkeit der Diensthandlung als objektive Bedingung der Strafbarkeit ein.

Argument: § 113 III enthält – im Gegensatz zu Parallelvorschriften wie § 22 WStG – nicht die Formulierung „handelt nicht rechtswidrig", sondern „ist nicht ... strafbar".

Ein Irrtum über die Rechtmäßigkeit der Diensthandlung wird abweichend von den allgemeinen Regeln über einen Erlaubnistatbestandsirrtum in § 113 III 2, IV geregelt. Dies deutet darauf hin, dass der Gesetzgeber § 113 III 1 nicht der Ebene der Rechtswidrigkeit zuordnen wollte.

Zur Vertiefung: Wessels/Hettinger, BT1 Rn 633.

Angesichts der besonderen Irrtumsregelung in § 113 III 2, IV und des Wortlauts des **720**
§ 113 III, der nicht von „nicht rechtswidrig", sondern von „nicht strafbar" spricht, ist davon auszugehen, dass es sich bei der Rechtmäßigkeit der Diensthandlung lediglich um eine objektive Bedingung der Strafbarkeit handelt.

Diese objektive Bedingung ist aber nur erfüllt, wenn es sich um eine rechtmäßige Diensthandlung handelte. Das ist hier zweifelhaft. K hatte zwar einen Haftbefehl für A, nicht jedoch für B. Aufgrund der Personenverwechslung wollte K also den Falschen festnehmen. Fraglich ist, ob dies für eine Rechtswidrigkeit iSv § 113 ausreicht. Das hängt davon ab, wie dieser Begriff auszulegen ist.

Problem Nr 149: Rechtmäßigkeitsbegriff des § 113 III **721**

(1) Im Schrifttum (*Krey/Heinrich,* BT1 Rn 507 ff; *Lüke,* FS-A.-Kaufmann, S 565, 567 f; *Meyer,* NJW 1972, 1845) wird zum Teil auf die verwaltungsrechtliche Wirksamkeit des Vollstreckungsaktes abgestellt. Danach ist eine Diensthandlung nur dann rechtwidrig, wenn sie dem Verwaltungsrecht entsprechend nichtig wäre (§ 44 I VwVfG). Ein lediglich rechtswidriger, aber aufhebbarer Verwaltungsakt ist dagegen nicht ausreichend.

Argument: Aus der Systematik des § 113 folgt, dass diese Vorschrift einen möglichst weitgehenden Schutz der Vollstreckungsbeamten erreichen will. Wenn der Bürger schon verwaltungsrechtlich zur Duldung eines rechtwidrigen Verwaltungsaktes verpflichtet ist, muss dies im Wege des Wertungsgleichklangs auch für das Strafrecht gelten.

(2) Ein **Teil der Lit** (MK-*Bosch,* § 113 Rn 34; *Niehaus/Achelpöhler,* StV 2008, 71; *Ostendorf,* JZ 1981, 165, 172) will zwischen der zu vollstreckenden Maßnahme und dem Vollzug unterscheiden. Ausschlaggebend für die Beurteilung der Rechtswidrigkeit einer Diensthandlung kann nur letzterer sein. Die rechtlichen Regelungen über den Vollzug sehen im Verwaltungsrecht zumeist kein Irrtumsprivileg vor (abgesehen von den dort vorgesehenen Beurteilungs- und Ermessensspielräumen). Entsprechend muss dann die strafrechtliche Wertung ausfallen.

Argument: Andernfalls würde dem Bürger unzulässigerweise das Risiko einer Falschbeurteilung auferlegt werden. Dies kann nur dort zulässig sein, wo die jeweiligen Fachgesetze, wie zB § 80 VwGO, dies ausdrücklich zulassen. Auf der anderen Seite wird aber auch berücksichtigt, dass die Vollstreckungsbeamten zum Teil Prognoseentscheidungen treffen müssen, die sich nachträglich als falsch herausstellen können.

(3) Die **Rspr** (BVerfG NVwZ 2007, 1180; BGHSt 21, 334, 361 ff) und die ganz **hL** gehen zutreffend von einem strafrechtlichen Rechtmäßigkeitsbegriff aus. Es kommt nicht auf eine materielle, sondern auf eine formelle Rechtmäßigkeit an. Ausschlaggebend ist, ob die
- sachliche und örtliche Zuständigkeit,
- die wesentlichen Förmlichkeiten und
- bei der Prüfung der materiellen Voraussetzungen das pflichtgemäße Ermessen eingehalten wurden.

Argument: Vollstreckungsbeamte müssen häufig schnelle Entscheidungen treffen, ohne vorher eine genaue Prüfung der materiellen Voraussetzungen vornehmen zu können. Würde man nun im Falle einer falschen Beurteilung eine Rechtswidrigkeit iSv § 113 III annehmen, würde der Beamte mit einem Risiko belastet werden, dass zu einer Einschränkung seiner Entscheidungskraft führen könnte.

Zur Vertiefung: Wessels/Hettinger, BT1 Rn 635 ff.

722 Aufgrund der Tatsache, dass Vollstreckungsbeamte häufig schnelle Entscheidungen treffen müssen, ohne zuvor eine umfangreiche materielle Rechtmäßigkeitsprüfung vornehmen zu können und ihnen nicht das Risiko einer Falschbeurteilung obliegen soll, ist von einem strafrechtlichen Rechtmäßigkeitsbegriff auszugehen. Für die Rechtmäßigkeit iSv § 113 III kommt es nur darauf an, ob die sachliche und örtliche Zuständigkeit sowie wesentlichen Förmlichkeiten und das pflichtgemäße Ermessen eingehalten wurden. Diese Kriterien werden vorliegend erfüllt. Der Fehler liegt in einer Verwechslung der zu verhaftenden Person. K unterlag einem Tatsachenirrtum. Angesichts des ähnlichen Aussehens von B und A, erfolgte diese Verwechslung seitens des K noch nicht einmal fahrlässig[33]. Die Diensthandlung war somit rechtmäßig.

d) Rechtswidrigkeit und Schuld

B handelte rechtswidrig und schuldhaft.

e) Strafzumessung, § 113 II 2 Nr 1

Möglicherweise verwirklichte B auch das Regelbeispiel des Beisichführens einer Waffe, § 113 II 2 Nr 1. Er fuhr mit seinem Pkw auf K zu. Ein Auto ist allerdings weder primär noch typischerweise dazu bestimmt, Menschen zu verletzen. Es handelt sich somit um keine Waffe ieS der §§ 224 I Nr 2, 244 I Nr 1a Alt 1, 250 I Nr 1a Alt 1. Andererseits nutzte B das Fahrzeug, um K zur Seite springen zu lassen. Dabei können sowohl bei einem Sprung des Kommissars als auch bei einem Zusammenstoß mit dem Pkw erhebliche Verletzungen auftreten. Es handelt sich somit jedenfalls um ein gefährliches Werkzeug. Überraschenderweise bezieht sich das Regelbeispiel des § 113 II 2 Nr 2 nur auf das Beisichführen einer Waffe, während das Beisichführen eines gefährlichen Werkzeugs nicht erfasst ist. Das Regelbeispiel des § 113 II 2 Nr 2 könnte also nur eingreifen, wenn der Waffenbegriff im Rahmen des Straftatbestandes des Widerstandes gegen Vollstreckungsbeamte anders ausgelegt würde als bei den oben aufgelisteten anderen Straftatbeständen, er also hier nicht nur Waffen ieS, sondern auch gefährliche Werkzeuge mit umfasst.

33 MK-*Bosch*, § 113 Rn 51; *Fischer*, § 113 Rn 18; Prot. V/2923.

Problem Nr 150: Fällt ein gefährliches Werkzeug unter den Waffenbegriff des § 113 II 2 Nr 2? 723

(1) Die **frühere Rspr** (BGHSt 26, 176) bejahte eine extensive Auslegung des § 113 II 2 Nr 1, die zu den Waffen auch „gefährliche Werkzeuge" zählte.

Argument: Der Begriff der Waffe ist in § 113 nicht technisch zu verstehen. Sinn und Zweck der Norm ist es, besonders gefährliche Tatausführungen schärfer zu sanktionieren.

Es ist zudem kein sachlicher Grund erkennbar, warum der Gesetzgeber den Begriff „Waffe" in § 113 genauso verstehen will wie in den §§ 127, 250, 244 und damit gefährliche Werkzeuge aus dem Regelbeispiel ausnimmt.

(2) Das **BVerfG** (BVerfG NJW 2008, 3627 m Bespr *v.Heintschel-Heinegg*, JA 2009, 68 und m abl Anm *Simon,* NStZ 2009, 84) hat nun zu Recht entschieden, dass ein gefährliches Werkzeug nicht von § 113 II 2 Nr 1 erfasst wird.

Argument: Im allgemeinen Sprachgebrauch sind Waffen lediglich Gegenstände, deren primäre oder zumindest typische Zweckbestimmung im Angriff oder in der Abwehr anderer liegt. Würde man alle gefährlichen Gegenstände unter diesen Begriff fassen, wäre dieser konturenlos.

Wie die §§ 127, 244, 250 zeigen, ist die „Waffe" vom Tatbestandsmerkmal des „gefährlichen Werkzeugs" zu unterscheiden. Dass der Gesetzgeber in § 113 II einer anderen Interpretation den Vortritt lassen wollte, ist nicht ersichtlich. Würde man dennoch andere gefährliche Werkzeuge unter den Waffenbegriff subsumieren, läge darin ein Verstoß gegen Art 103 II GG.

Zur Vertiefung: Wessels/Hettinger, BT1 Rn 288.

Während die frühere Rspr mit der Begründung, dass § 113 II 2 Nr 2 besonders gefähr- 724 liche Tatausführungen sanktionieren will, gefährliche Werkzeuge unter den Waffenbegriff fasste, ist richtigerweise zu berücksichtigen, dass auch im alltäglichen Sprachgebrauch zwischen diesen beiden Begriffen unterschieden wird. Eine iS der früher herrschenden Rspr und Lehre verstandene Auslegung verstößt somit, worauf auch das Bundesverfassungsgericht hingewiesen hat, gegen Art 103 II GG . Mit der Benutzung des Autos als Tatmittel verwendete B also zwar ein gefährliches Werkzeug, nicht jedoch eine „Waffe", so dass das Regelbeispiel des § 113 II 2 Nr 2 ausscheidet.

f) Ergebnis

B ist gem § 113 I strafbar.

4. §§ 240 I, III, 22, 23 I Alt 2

Der Tatbestand der versuchten Nötigung wird durch § 113 I als lex specialis verdrängt.

5. § 315 b I Nr 3

B und K befanden sich auf dem Privatgrundstück der Mutter des ersteren. Auch während des Zufahrens wurde dieses nicht verlassen. Es handelt sich somit nicht um einen öffentlichen Straßenverkehr. § 315 b I ist nicht erfüllt.

6. Ergebnis für B im Tatkomplex C

B ist gem § 113 I strafbar.

D. Gesamtergebnis des materiellrechtlichen Gutachtens

T: §§ 249 I, 25 II – § 52 – § 316 a I
A: §§ 250 I Nr 1 a Alt 2, 25 II – § 52 – §§ 316a I, 25 II
B: § 113 I
W: straflos

Teil II (prozessualer Teil)

Es geht um den Rechtsschutz gegen Zwangsmaßnahmen im Ermittlungsverfahren.

A. Staatsanwaltschaftlich angeordnete Durchsuchung

I. Zulässigkeit eines Rechtsbehelfs

1. Statthafter Rechtsbehelf

Die Staatsanwaltschaft bzw deren Ermittlungsbeamte führten eine Anordnung iSv § 102 StPO durch. Eine richterliche Anordnung iSv § 105 StPO lag nicht vor. Da hier die Staatsanwaltschaft bzw deren Ermittlungsbeamten die Durchsuchung angeordnet haben, könnte man möglicherweise an einen Justizverwaltungsakt denken, gegen den gem § 23 EGGVG vor dem OLG vorzugehen wäre. Andererseits kommt auch ein Rechtsbehelf gem § 98 II 2 StPO in Betracht. Wenn ein Richter entschieden hätte, läge hingegen eine Beschwerde gem § 304 StPO nahe. Damit ist also das inzwischen einer generellen Neuordnung zugeführte Problem des Rechtsschutzes gegen Zwangsmaßnahmen im Ermittlungsverfahren angesprochen.

725 **Problem Nr 151: Statthafter Rechtsbehelf bei Zwangsmaßnahmen**

(1) Nach der **früheren Rspr** (BGHSt 37, 79, 82; OLG Karlsruhe NStZ 1992, 97) wurde die Statthaftigkeit der Rechtsbehelfe bei Zwangsmaßnahmen höchst unterschiedlich beurteilt. Teils hatte der Ermittlungsrichter am Amtsgericht zu entscheiden, teils das Beschwerdegericht am Landgericht, teils das OLG und teils gab es überhaupt keinen Rechtsbehelf. Diese Unübersichtlichkeit und Rechtswegspaltung ist durch ein Machtwort des BVerfG (BVerfGE 96, 44) für verfassungswidrig erklärt worden.

(2) Heute halten **Rspr** (BVerfG wistra 2008, 463; BGHSt 28, 57, 58; 44, 265, 270) und **hL** (*Beulke,* StPO Rn 323 ff; *Engländer,* Strafprozessrecht Rn 169) folgende Rechtsbehelfe für statthaft:

- Gegen die Maßnahme als solche
  - bei Anordnung durch den Richter: § 304 StPO
  - bei Anordnung durch die Polizei oder Staatsanwaltschaft: § 98 II 2 StPO direkt oder analog
- Gegen die Art und Weise der Durchführung
  - bei Anordnung durch den Richter: § 98 II 2 StPO direkt oder analog
  - bei Anordnung durch Polizei oder Staatsanwaltschaft: § 98 II 2 direkt oder analog.

Da gegen Entscheidungen des Ermittlungsrichters beim Amtsgericht (§ 98 II 2 StPO) Beschwerde gem § 304 StPO an das Landgericht eingelegt werden kann, wird nach dieser neuen Lösung die letzte Entscheidungskompetenz über die Rechtmäßigkeit von Zwangsmaßnahmen im Ermittlungsverfahren immer dem **Landgericht** zugewiesen (abgesehen von einigen Sonderfällen, die der Student nicht auswendig wissen muss).

Argument: Art 19 IV GG verlangt eine möglichst wirksame gerichtliche Kontrolle und eine transparente Rechtslage. Auch der neu eingefügte § 101 VI StPO weist daraufhin, dass der Gesetzgeber die Überprüfung durch den sachnäheren Richter als effektiver ansieht.

Zur Vertiefung: Beulke, StPO Rn 321 ff; Kühne, Strafprozessrecht, Rn 553 ff; Laser, NStZ 2001, 120 ff; Rössner, StPO 12. Problem S 55 ff.

Da T gegen eine Durchsuchung vorgehen möchte, die von der Staatsanwaltschaft bzw deren Ermittlungsbeamten ohne Einschaltung des Ermittlungsrichters angeordnet worden ist, steht ihm in Ausfluss des grundgesetzlich garantierten Rechtsschutzes (Art 19 IV GG) der Rechtsbehelf des § 98 II 2 StPO analog zur Verfügung[34]. **726**

T kann also beim Ermittlungsrichter die richterliche Entscheidung beantragen, § 98 II 2 StPO. Sollte der (Amts-) Richter seinem Antrag nicht stattgeben, steht ihm gegen diese Entscheidung das Beschwerderecht aus § 304 StPO an das Landgericht (große Strafkammer § 76 I 1 iVm § 73 I GVG) zur Seite.

2. Rechtsschutzbedürfnis

Problematisch erscheint allerdings noch, dass sich die Durchsuchung durch den Vollzug erledigt hat. T begehrt nicht die Aufhebung der Maßnahme, sondern die Feststellung der Rechtswidrigkeit. Gem Art 19 IV GG ist aber ein effektiver Rechtsschutz erforderlich. Gerade bei Zwangsmaßnahmen nach der StPO hat der Betroffene häufig keine Kenntnis von der Maßnahme bzw ist gerichtlicher Rechtsschutz trotz Kenntnis nicht mehr rechtzeitig zu erreichen. Dennoch muss dem Betroffenen diese Möglichkeit offen bleiben, ggf in Form eines nachträglichen Rechtschutzes. Allerdings ist hierfür ein besonderes Rechtsschutzinteresse erforderlich.

Problem Nr 152: Fallgruppen des besonderen Rechtsschutzbedürfnisses nach Erledigung der Maßnahme **727**

In der jüngsten Rspr sind folgende Fallgruppen anerkannt:

(1) Tiefgreifende Grundrechtseingriffe

(2) Wiederholungsgefahr

(3) Rehabilitationsinteresse

(4) Geltendmachung von Amtshaftungsansprüchen

Zur Vertiefung: Beulke, StPO Rn 327.

34 Ständige Rspr seit BGHSt 28, 57, 58.

Vorliegend wird die Wohnung des T ohne Durchsuchungsbefehl und ohne das Vorliegen von Gefahr im Verzug durchsucht. Gem Art 13 II GG wäre für einen Eingriff in dieses Grundrecht grds ein Richtervorbehalt vorgesehen. Das zeigt, dass die Wohnung als stark geschützter Bereich gilt. Eine Durchsuchung ohne einen Durchsuchungsbefehl stellt damit einen tiefgreifenden Grundrechtseingriff dar[35].
Das besondere Rechtschutzbedürfnis liegt somit vor.

3. Ergebnis

Der Rechtsbehelf ist zulässig.

II. Begründetheit

728 Gem § 105 I StPO muss die Durchsuchung durch einen Richter angeordnet werden. Dies ist nicht erfolgt. Bei Gefahr im Verzug wären auch die Staatsanwaltschaft oder ihre Ermittlungspersonen berechtigt. Allerdings lag eine solche Gefahr gerade nicht vor. Die Durchsuchung ist somit formell rechtswidrig.

III. Ergebnis

Der Rechtsbehelf nach § 98 II 2 StPO analog ist zulässig und begründet.

B. Richterlich angeordnete Durchsuchung

I. Zulässigkeit eines Rechtsbehelfs

729 Bei einer vom Richter angeordneten Zwangsmaßnahme besteht nach neuerer Rspr[36] auch gegen eine erledigte Maßnahme die Möglichkeit der Beschwerde gem § 304 StPO. Zu beachten ist, dass es dann nur noch um die Feststellung der Rechtswidrigkeit gehen kann und dass diese Feststellung ein besonderes Rechtsschutzinteresse erfordert. Dieses wird in Fällen tiefgreifender Eingriffe in Grundrechte wie das der Unverletzlichkeit der Wohnung gem Art 13 GG immer bejaht (*s o Rn 725*).

Da hier die Durchsuchung durch den Ermittlungsrichter beim Amtsgericht angeordnet worden ist, entscheidet über die Beschwerde das Landgericht, und zwar die große Strafkammer, § 76 I 1 iVm § 73 I GVG[37].

II. Begründetheit

730 Bzgl der materiellen Rechtmäßigkeit bzw Rechtswidrigkeit der Hausdurchsuchung iSv § 102 I StPO trägt T nur vor, dass kein „hinreichender" Tatverdacht vorliegt. Gesetzt den Fall, dies trifft zu und alle übrigen Voraussetzungen des § 102 StPO sind erfüllt, ist nur noch zu klären, welchen Verdachtsgrad dieses Zwangsmittel tatsächlich verlangt. Mit „verdächtig" iSv § 102 StPO könnte der Tatverdacht gemeint sein, der erreicht sein muss, um das Ermittlungsverfahren überhaupt einzuleiten (§ 160 I StPO).

---

35 BVerfGE 96, 27, 40; vgl auch BVerfG wistra 2008, 463.
36 BVerfGE 96, 27; BVerfG wistra 2008, 463; BGHSt 44, 265.
37 Vgl *Beulke*, StPO Rn 48.

Dafür ist nur die „Möglichkeit der Tatbegehung“ erforderlich. Der „hinreichende“ Tatverdacht erfordert hingegen sehr viel mehr, nämlich die „Wahrscheinlichkeit, dass der Beschuldigte die jeweilige strafbare Handlung begangen hat und verurteilt wird“[38]. Eine solche Prognose kann erst zum Abschluss des Ermittlungsverfahrens erstellt werden. Der „hinreichende“ Tatverdacht ist dementsprechend erst die Voraussetzung für die Erhebung der Anklage und den Erlass des Eröffnungsbeschlusses, §§ 170 I, 203 StPO. Zwar werden auch im Ermittlungsverfahren bei einzelnen Zwangsmitteln besondere Verdachtsgrade gefordert, insbes bei der Untersuchungshaft, die gem § 112 I StPO nur bei „dringendem“ Tatverdacht verhängt werden darf, die Wohnungsdurchsuchung enthält hingegen keine derartige Sonderregelung. Nach der Systematik der Strafprozessordnung sind eben – jenseits von Ausnahmeregelungen – alle Zwangsmittel bereits dann zulässig, wenn das Ermittlungsverfahren überhaupt durchgeführt werden darf. Da die Zwangsmittel eingesetzt werden, um den Anfangsverdacht ggf zu konkretisieren und die Entscheidung überhaupt erst zu ermöglichen, ob Anklage erhoben werden muss, erschiene eine andere Auslegung auch systemwidrig. Die Pflicht, im Falle der Wohnungsdurchsuchung erstrangig den Ermittlungsrichter einzuschalten (§ 105 I StPO), gewährt dem Beschuldigten einen ausreichenden Schutz seiner grundrechtlich gesicherten Privatsphäre. T hat also Unrecht, wenn er für den Erlass des Durchsuchungsbeschlusses gem § 102 StPO einen „hinreichenden“ Tatverdacht (also einen Anklageverdacht) verlangt.

In beiden Fallgruppen wäre somit die Einlegung eines Rechtsbehelfs zulässig. Im Falle der polizeilichen Durchsuchung (Fall I) wäre die Anrufung des Ermittlungsrichters auch erfolgreich, im Falle der richterlichen Durchsuchungsanordnung (Fall II) wäre hingegen einer Beschwerde mit der bisher gewählten Begründung kein Erfolg beschieden.

Zur Vertiefung: Beulke, StPO Rn 321 ff; Kühne, Strafprozessrecht, Rn 553ff; Rössner, StPO 12. Problem S 55ff.

Definitionen zum Auswendiglernen

Angriff	iSv **§ 316 a I** ist jede Einwirkung auf eines der genannten Rechtsgüter in feindseliger Absicht *(Wessels/Hillenkamp, BT2 Rn 383).*
Kraftfahrzeugführer	iSv **§ 316 a I** ist, wer das Fahrzeug in Bewegung setzt, es in Bewegung hält oder allgemein mit dem Betrieb des Fahrzeugs und/oder mit der Bewältigung von Verkehrsvorgängen beschäftigt ist (*BGHSt 49, 8, 14; Wessels/Hillenkamp, BT2 Rn 383 b).*
Ausnutzen der besonderen Verhältnisse des Straßenverkehrs	iSv **§ 316 a I** liegt vor, wenn der Täter die typischen Situationen und Gefahrenlagen des Kraftfahrzeugverkehrs in den Dienst seines Vorhabens stellt *(Wessels/Hillenkamp, BT2 Rn 385).*
Glied	**iSv § 226 Nr 2** ist ein Körperteil, der eine in sich abgeschlossene Existenz mit besonderer Funktion im Gesamtorganismus hat (*Wessels/Hettinger, BT1 Rn 288*).

38 OLG Saarbrücken NStZ-RR 2009, 88; *Beulke,* StPO Rn 114, 319.

Vollstreckungshandlung	iSv **§ 113 I** ist jede Tätigkeit der dazu berufenen Organe, die zur Regelung eines Einzelfalls auf die Vollziehung der in § 113 I genannten Rechtsnormen und Hoheitsakte gerichtet ist *(Wessels/Hettinger, BT1 Rn 624).*
Bei Vornahme	iSv **§ 113 I** bedeutet, dass die Vollstreckungshandlung bereits begonnen haben oder unmittelbar bevorstehen muss *(Wessels/Hettinger, BT1 Rn 626).*
Widerstandleisten	iSv **§ 113 I** ist jede aktive Tätigkeit, die die Durchführung der Vollstreckungsmaßnahme verhindern oder erschweren soll *(Wessels/Hettinger, BT1 Rn 628).*
Tätlicher Angriff	iSv **§ 113 a I** ist jede in feindseliger Absicht unmittelbar auf den Körper des Betroffenen zielende Einwirkung ohne Rücksicht auf den Erfolg *(Wessels/Hettinger, BT1 Rn 630).*

Weitere einschlägige Musterklausuren

Zum Problem: Restriktive Auslegung des § 250 I Nr 1b
Jahn, JuS 2007, 583; *Schwabe,* BT2 [6] S 96, [8] S 124; *Zieschang*, JuS 1999, 49

Zum Problem: Ausnutzung der besonderen Verhältnisse des Straßenverkehr
Kett-Straub/Stief, JuS 2008, 236; *Otto,* Jura 2008, 954; *Priebe,* [9] S 125

Zum Problem: Erfüllung eines Qualifikationstatbestandes nach Vollendung, aber vor Beendigung
Sternberg-Lieben, JuS 1996, 136; *Hohmann,* JuS 1994, 860; *Käßner/Seibert,* JuS 2006, 810; *Samson,* St2 [12] S 118

Zum Problem: Ist Notwehr zugunsten von Allgemeinrechtsgütern zulässig?
Otto, Jura 2008, 954

Zum Problem: Wichtigkeit des Gliedes iSv § 226 I Nr 2
Rengier/Jesse, JuS 2008, 42 ff

Zum Problem: § 859 II als Rechtfetigungsgrund
Schwind/Franke/Winter, [1. Hausarbeit] S 5

Zum Problem: Rechtmäßigkeitsbegriff iSv § 113 III
Sonnen/Mitto/Nugel, Fälle [17] S 152

Zum Problem: Fällt ein gefährliches Werkzeug unter den Waffenbegriff des § 113 II 2 Nr 2?
Priebe, [1] S 1

Zum Problem: Rechtsbehelfe gegen Zwangsmaßnahmen
Grebing, Jura 1982, 214; *Hellmann,* Fallsammlung [3] S 72; *Keiser*, JA 2001, 662; *Tiedemann/Vogel*, JuS 1988, 295

Zum Problem: Rechtsschutzbedürfnisses nach Erledigung der Maßnahme
Nelles, JuS 1987, 51

2. Kapitel

Zur Wiederholung und Vertiefung

I. Behandelte Problemschwerpunkte – geordnet nach der Gesetzessystematik

Große Schrift / gerade/grau unterlegt: vorliegender Klausurenkurs (KK III) **731**

Kleine Schrift / kursiv: Klausurenkurs I (KK I) oder Klausurenkurs II (KK II)

Zu §	Problem Nr	Problematik	Vorgeschlagene Lösung	Ausführliche Erörterung in Fall Nr Rn
Vor § 1	*3*	*Objektive Zurechnung, wenn der Täter glaubt, den Erfolg schon durch einen ersten Akt erreicht zu haben, während erst der zweite Teilakt den Erfolg bewirkt*	*Objektive Zurechnung ist gegeben.*	*KK I Fall 1 Rn 111*
Vor § 1	*6*	*Erfolgsherbeiführung durch ganz atypischen Kausalverlauf*	*Objektiver Tatbestand entfällt, da keine objektive Zurechnung stattfindet.*	*KK I Fall 2 Rn 124*
Vor § 1	*7*	*Kausalität iSv § 35 I 2*	*Notstandsausschluss nur bei nicht sozialadäquatem Vorverhalten.*	*KK I Fall 2 Rn 131*
Vor § 1	4	Wegfall der objektiven Zurechnung wegen eigenverantwortlichen Dazwischentretens eines Dritten?	Grds ja, es gibt aber viele Ausnahmen.	KK III Fall 1 Rn 32
Vor § 1	73	Teilnahme an einer Selbstgefährdung und eigenverantwortliche Fremdgefährdung	Abgrenzung nach Tatherrschaftskriterien	KK III Fall 8 Rn 342
Vor § 1	74	Überlagert die Garantenstellung das Prinzip der Eigenverantwortlichkeit?	Nein.	KK III Fall 8 Rn 348
Vor § 1	75	Der Maßstab für die Eigenverantwortlichkeit	Einwilligungsfähigkeit des (späteren) Opfers (hat es nach seiner geistigen und sittlichen Reife Wesen, Tragweite und Auswirkungen des Eingriffs voll erfasst?)	KK III Fall 8 Rn 352

Zu §	Problem Nr	Problematik	Vorgeschlagene Lösung	Ausführliche Erörterung in Fall Nr Rn
Vor § 1	*40* 85	Aufbauschema erfolgsqualifiziertes Delikt	Siehe Schaubild.	*KK II Fall 7 Rn 200* KK III Fall 9 Rn 403
Vor § 1	116	Voraussetzungen der „Wahlfeststellung"	Alle Beweismöglichkeiten ausgeschöpft. Andere Handlungen sicher ausgeschlossen. Keine eindeutige Tatsachengrundlage durch in dubio pro reo. Rechtsethische und psychologische Vergleichbarkeit der Tatbestände.	KK III Fall 11 Rn 553
Vor § 1	124	Maßstab des rechtmäßigen Alternativverhaltens bei Unfällen während einer Trunkenheitsfahrt	Es ist auf das Fahren in nüchternem Zustand abzustellen.	KK III Fall 12 Rn 581
§ 13	*30* 125	Garantenstellung aus vorangegangenem rechtmäßigen/pflichtgemäßen Tun	Im Regelfall keine Garantenpflicht, anders aber bei Sonderrisiken wie zB im Straßenverkehr.	*KK I Fall 6 Rn 244* KK III Fall 12 Rn 587
§ 13	*34*	*Abgrenzung positives Tun – Unterlassen*	*Schwerpunkttheorie.*	*KK II Fall 5 Rn 148*
§ 13	114	Garantenstellung aus Ingerenz aufgrund eines Benennens einer Person als Zeuge und Pflicht zum Einschreiten gegen die Falschaussage des anderen?	Nur bei Pflichtwidrigkeit des Vorverhaltens gerade bzgl Falschaussage. Pflichten des Unterlassenden enden, wo ein fremder Verantwortungsbereich beginnt.	KK III Fall 11 Rn 548
§ 16	*4*	*Dolus generalis? (im Vollendungszeitpunkt fehlt Vorsatz, da Täter von früherer Vollendung ausgeht)*	*Kein dolus generalis, aber: Bei unwesentlicher Abweichung vom vorgestellten Kausalverlauf wird Vollendung zugerechnet.*	*KK I Fall 1 Rn 112*

Zu §	Problem Nr	Problematik	Vorgeschlagene Lösung	Ausführliche Erörterung in Fall Nr Rn
§ 16	*31* 7	Erlaubnistatbestandsirrtum	Vorsatzschuld entfällt – es kann uU wegen fahrlässiger Tatbegehung bestraft werden.	*KK I Fall 7 Rn 256* KK III Fall 1 Rn 45
§ 16 § 17	*19* 35	Irrtum über die Rechtswidrigkeit der Zueignung iSv § 242 (Abgrenzung von Tatbestands- und Verbotsirrtum)	Irrtum über normatives Tatbestandsmerkmal. Irrtum innerhalb der Parallelwertung in der Laiensphäre: Tatbestandsirrtum, § 16. Irrtum außerhalb der Parallelwertung: Subsumtionsirrtum, § 17.	*KK II Fall 3 Rn 83* KK III Fall 4 Rn 160
§ 16	*17* 62	Aberratio ictus	Versuch am anvisierten Objekt in Tateinheit mit vollendetem fahrlässigen Delikt bzgl des getroffenen Objekts.	*KK I Fall 3 Rn 169* KK III Fall 6 Rn 271
§ 16	*12* 60	Error in objecto vel persona beim Täter (Irrtum über das Handlungsobjekt)	Tatbestandliche Gleichwertigkeit vorgestelltes – angegriffenes Objekt (–): Tatbestandsirrtum, § 16. Tatbestandliche Gleichwertigkeit (+): Vollendungsvorsatz.	*KK I Fall 3 Rn 153* KK III Fall 6 Rn 266
§ 16	2 72	Abgrenzung dolus eventualis – bewusste Fahrlässigkeit	• Dolus eventualis: Der Täter nimmt die Möglichkeit der Rechtsverletzung ernst (Wissenselement) und findet sich mit ihr ab (Willenselement). • Bewusste Fahrlässigkeit: Der Täter hofft auf das Ausbleiben des Erfolgs.	*KK I Fall 1 Rn 107* KK III Fall 8 Rn 339
§§ 16, 17	*33*	*Doppelirrtum*	*Es greifen die Regeln des Erlaubnisgrenzirrtums ein.*	*KK I Fall 7 Rn 270*

Zu §	Problem Nr	Problematik	Vorgeschlagene Lösung	Ausführliche Erörterung in Fall Nr Rn
§§ 16, 26	*15*	*Error in objecto vel persona (beim Täter) – Auswirkungen auf den Anstifter*	*Irrtum ist auch für Anstifter unbeachtlich (Anstiftervorsatz wird bejaht).*	*KK I Fall 3 Rn 162*
§ 17	*32*	*Verbotsirrtum*	*Geregelt in § 17:* • *direkter Verbotsirrtum (Erlaubnisnormirrtum)* • *indirekter Verbotsirrtum (Erlaubnisgrenzirrtum).*	*KK I Fall 7 Rn 264*
Vor § 20	*50*	*Vorsätzliche actio libera in causa, alic*	*Schuldausnahmemodell.*	*KK I Fall 11 Rn 409*
Vor § 20	*51*	*Fahrlässige actio libera in causa*	*Zumeist entbehrlich.*	*KK I Fall 11 Rn 421*
§ 22	*18* *1* 18	Abgrenzung Vorbereitungshandlung – Versuch	Gemischt subjektiv-objektive Theorie (aus Sicht des Täters): • unmittelbar letzter Teilakt der eigentlichen Tatbestandsverwirklichung • Rechtsgutsgefährdung	*KK I Fall 4 Rn 178* *KK II Fall 1 Rn 5* KK III Fall 3 Rn 109
§ 22	19	Abgrenzung zwischen Vorbereitung und Versuch bei Beginn der Verwirklichung eines Regelbeispiels	Abhängig vom konkreten Einzelfall und dem jeweiligen Regelbeispiel.	KK III Fall 3 Rn 111
§ 22	*39* 138	Versuchsbeginn beim Unterlassungsdelikt	Regelungen zum unmittelbaren Ansetzen beim Begehungsdelikt entsprechend anzuwenden. Entscheidend ist der Zeitpunkt, in dem aus Tätersicht für geschütztes Rechtsgut unmittelbare Gefahr entsteht.	*KK I Fall 9 Rn 315* KK III Fall 14 Rn 679

Zu §	**Problem Nr**	**Problematik**	**Vorgeschlagene Lösung**	**Ausführliche Erörterung in Fall Nr Rn**
§ 22	*41* 86	Versuch des erfolgsqualifizierten Delikts	Versuch der Erfolgsqualifikation möglich. Erfolgsqualifizierter Versuch möglich, wenn qualifizierender Erfolg mit Tathandlung verknüpft ist; nicht möglich, wenn er auf Erfolg des Grunddelikts aufbaut.	*KK II Fall 7 Rn 202* KK III Fall 9 Rn 405
§§ 22, 25	*46* *48*	*Versuchsbeginn bei Mittäterschaft*	*Gesamtlösung.*	*KK I Fall 11 Rn 380* *KK II Fall 8 Rn 238*
§§ 22, 25	*49*	*Versuchsbeginn bei vermeintlicher Mittäterschaft*	*Vermeintlicher Mittäter ist nur Alleintäter. Er muss selbst zum Versuch angesetzt haben.*	*KK II Fall 8 Rn 240*
§§ 22, 25	*23* *27* 48	Versuchsbeginn bei mittelbarer Täterschaft	Versuch beginnt, wenn der Hintermann das von ihm in Gang gesetzte Geschehen aus der Hand gegeben hat.	*KK I Fall 4 Rn 194* *KK II Fall 4 Rn 115* KK III Fall 5 Rn 213
§ 24	*20*	*Rücktritt gem § 24 II bei mehreren Beteiligten*	*§ 24 II, Teilnehmer muss Vollendung verhindern.*	*KK I Fall 4 Rn 184*
§ 24	*21*	*Freiwilligkeit iSv § 24 bei Angst vor Strafe*	*Freiwilligkeit ist gegeben.*	*KK I Fall 4 Rn 186*
§ 24	*24*	*Rücktritt im Vorbereitungsstadium*	*Mitwirkungshandlung darf sich nicht mehr ausgewirkt haben (§ 24 II analog).*	*KK I Fall 4 Rn 197*
§ 24	*40*	*Strafbarkeit des Täters bei Irrtum über die Wirksamkeit des bereits Getanen (Rücktritt trotz Erfolgseintritts?)*	*Vollendungsstrafbarkeit – Rücktritt ist ausgeschlossen.*	*KK I Fall 9 Rn 319*

Zu §	Problem Nr	Problematik	Vorgeschlagene Lösung	Ausführliche Erörterung in Fall Nr Rn
§ 24	*42*	*Ist ein Rücktritt noch möglich, wenn der Täter sein außertatbestandliches Ziel bereits erreicht hat?*	*Ja.*	*KK I Fall 10 Rn 333*
§ 24	*43*	*Muss der Täter die Tat endgültig aufgeben wollen?*	*Das Abstandnehmen von der konkreten Tat ist ausreichend.*	*KK I Fall 10 Rn 336*
§ 24	*44*	*Muss der Täter das Optimum tun, um die Vollendung zu vermeiden?*	*Nein.*	*KK I Fall 10 Rn 344*
§ 24	37	Ist „tätige Reue" analogiefähig?	Tätige Reue ist nur möglich, wo sie ausdrücklich gesetzlich vorgesehen ist.	KK III Fall 4 Rn 169
§ 24	*41* 38	Rücktritt bei mehraktigem Geschehen	Gesamtbetrachtungslehre (Rücktrittshorizont im Moment der letzten Ausführungshandlung).	*KK I Fall 9 Rn 323* KK III Fall 4 Rn 173
§ 24	*19* 39	Freiwilligkeit beim Rücktritt, § 24	• Freiwilligkeit: autonome Motive • Unfreiwilligkeit: heteronome Motive	*KK I Fall 4 Rn 180* KK III Fall 4 Rn 175
§ 24	40	Rücktritt bei wertlosen Gegenständen	Kein freiwilliger Rücktritt.	KK III Fall 4 Rn 180
§ 24	87	Rücktritt vom erfolgsqualifizierten Versuch (hier: § 251)	Möglich.	KK III Fall 9 Rn 407
§ 25	*22*	*Fallgruppen der mittelbaren Täterschaft*	*Defizite auf der Ebene* *• des Tatbestandes* *• der Rechtswidrigkeit* *• der Schuld,* *ferner Sonderfälle:* *• organisatorischer Machtapparat*	*KK I Fall 4 Rn 192*

Zu §	**Problem Nr**	**Problematik**	**Vorgeschlagene Lösung**	**Ausführliche Erörterung in Fall Nr Rn**
§ 25 *§ 26*	*36*	*Fehlgeschlagene Anstiftung: Vermeintlicher Täter ist gutgläubig, so dass objektiv mittelbare Täterschaft vorliegt*	*Versuchte Anstiftung zum vorgestellten Delikt.*	*KK I Fall 8 Rn 297*
§ 25	*51*	*Mittelbare Täterschaft durch ein absichtslos-doloses Werkzeug*	*Möglich.*	*KK II Fall 9 Rn 267*
§ 25	*45* *47*	*Mittäterschaft bei Tatbeitrag im Vorbereitungsstadium*	*Funktionelle Tatherrschaftstheorie.*	*KK I Fall 11 Rn 378* *KK II Fall 8 Rn 236*
§ 25	14	Ist mittelbare Täterschaft auch möglich, wenn der Vordermann in einem vermeidbaren Verbotsirrtum handelt?	Ja.	KK III Fall 2 Rn 88
§ 25	*6* 27	Abgrenzung Täterschaft – Teilnahme bei Beteiligung an einem Begehungsdelikt durch Unterlassen	Anhand Tatherrschaftslehre.	*KK II Fall 1 Rn 29* KK III Fall 3 Rn 139
§ 25 § 26	*35* 47 und 49	Vermeintliche mittelbare Täterschaft: unmittelbar Handelnder ist bösgläubig, Hintermann hält ihn für gutgläubig	Anstiftung zum vollendeten Delikt (fehlender Anstiftervorsatz wird nach Plus-Minus-Verhältnis unterstellt).	*KK I Fall 8 Rn 284, 288* KK III Fall 5 Rn 210 und 216
§ 25	*13* *4* 63	Abgrenzung Täterschaft – Teilnahme bei Beteiligung an einem Begehungsdelikt durch positives Tun	Tatherrschaftslehre.	*KK I Fall 3 Rn 159* *KK II Fall 1 Rn 20* KK III Fall 7 Rn 285

Zu §	Problem Nr	Problematik	Vorgeschlagene Lösung	Ausführliche Erörterung in Fall Nr Rn
§ 26	*14* 15	Wie ist der Begriff des „Bestimmens" iSv § 26 auszulegen?	Hervorrufen des Tatentschlusses durch eine Willensbeeinflussung im Wege des offenen geistigen Kontakts.	*KK I Fall 3 Rn 161* KK III Fall 2 Rn 90
§ 26	66	Anstiftung durch Unterlassen	Nicht möglich, da es an psychischer Einflussnahme iSv § 26 fehlt.	KK III Fall 7 Rn 299
§ 26	92	Agent provocateur	Straflos, wenn er Rechtsgutsverletzung nicht eintreten lassen will.	KK III Fall 9 Rn 451
§ 26	105	„Hochstiftung" bzw „Aufstiftung"	Wegen Anstiftung strafbar, wenn durch Beeinflussung des Täters der Unwertgehalt der Tat wesentlich gesteigert wird.	KK III Fall 10 Rn 503
§ 26	113	Anstiftung bei vorsatzloser uneidlicher Falschaussage der vermeintlich bösgläubigen Beweisperson	Mangels vorsätzlicher rechtswidriger Haupttat nicht möglich.	KK III Fall 11 Rn 538
§ 27	*47*	*Kausalität der Beihilfe*	*Kausalbeziehung ist nicht erforderlich.*	*KK I Fall 11 Rn 389*
§ 27	29	Strafbarkeit einer neutralen Beihilfehandlung	Straflos, wenn es sich um sozialadäquate Verhaltensweisen handelt, da dann objektiver Tatbestand des § 27 nicht erfüllt.	KK III Fall 3 Rn 146 b
§ 28	*16* *5* 16	Wie ist das Verhältnis von § 212 zu § 211? Ist § 28 I oder II oder § 29 anwendbar?	Qualifikation; § 29 ist anwendbar.	*KK I Fall 3 Rn 165* *KK II Fall 1 Rn 24* KK III Fall 2 Rn 100

Zu §	Problem Nr	Problematik	Vorgeschlagene Lösung	Ausführliche Erörterung in Fall Nr Rn
Vor § 32	76	Das Züchtigungsrecht von Erziehungsberechtigten	Tatbestandslösung (Problem der Züchtigungshandlungen bei § 223 auf Tatbestandsebene in Prüfung des Merkmals „körperliche Misshandlung" im Unterpunkt „Angemessenheit" behandeln).	KK III Fall 8 Rn 356
§ 32	*26*	*Notwehreinschränkung bei verschuldeter Notwehrlage*	*Gebotenheit iSv § 32 I kann entfallen, Schutzwehr geht vor Trutzwehr.*	*KK I Fall 5 Rn 213*
§ 32	*28*	*Einfluss von Art 2 II a EMRK auf § 32*	*Art 2 II a EMRK bindet nur staatliche Organe.*	*KK I Fall 6 Rn 232*
§ 32	*29*	*Notwehreinschränkung beim Schutz geringwertiger Sachgüter*	*Zumindest schwere Körperverletzungen sowie Tötungen sind nicht geboten iSv § 32 I.*	*KK I Fall 6 Rn 234*
§ 32	9	Kann ein nach § 218 a I iVm § 219 II 2 nicht tatbestandsmäßiger Schwangerschaftsabbruch rechtswidrig iSd Rechtswidrigkeit eines Angriffs nach § 32 sein?	Ja, wegen Unvereinbarkeit des Schwangerschaftsabbruchs mit Art 2 II GG.	KK III Fall 2 Rn 64
§ 32	10	Wegfall der Gebotenheit der Nothilfe, wenn der Kindsvater einen nach § 218 a I straflosen Schwangerschaftsabbruch zwangsweise verhindert?	Ja, sonst Widerspruch zu Grundgedanken des § 218 a I.	KK III Fall 2 Rn 66
§ 32	*37* 135	Fehlen des subjektiven Rechtfertigungselements (bei Vorsatzdelikten)	Strafbarkeit wegen Versuchs.	*KK I Fall 9 Rn 307* KK III Fall 14 Rn 652
§ 32	144	Ist Notwehr zugunsten von Allgemeinrechtsgütern zulässig?	Nur bzgl Individualrechtsgütern des Fiskus, nicht aber bzgl Allgemeinrechtsgütern.	KK III Fall 15 Rn 709

Zu §	Problem Nr	Problematik	Vorgeschlagene Lösung	Ausführliche Erörterung in Fall Nr Rn
§ 33	*27*	*Extensiver Notwehrexzess, § 33 (Überschreitung der Notwehr nach Abschluss des Angriffs)*	*§ 33 greift ein.*	*KK I Fall 5 Rn 222*
§ 33	*48*	*Bewusste Notwehrüberschreitung bei § 33*	*§ 33 ist nicht ausgeschlossen.*	*KK I Fall 11 Rn 398*
§ 33	*49*	*Scheidet eine Anwendung von § 33 aus, wenn der Täter die Notwehrlage provoziert hat?*	*§ 33 ist nicht ausgeschlossen (anders im Falle der Absichtsprovokation).*	*KK I Fall 11 Rn 400*
§ 34	*9*	*Welche Interessen sind im Rahmen des rechtfertigenden Notstandes (zB § 34) auf der Opferseite in die Abwägung einzubeziehen?*	*Es ist stets auf das Interesse abzustellen, dessen Schutz der gerade geprüfte Tatbestand bezweckt.*	*KK I Fall 2 Rn 134*
§ 34	145	Ist Notstand zugunsten von Allgemeinrechtsgütern zulässig?	Ja, aber nur im äußersten Notfall.	KK III Fall 15 Rn 711
§ 35	*8*	*Verschuldete Herbeiführung der Gefahrenlage iSv § 35 I 2 bei Gefährdung Angehöriger bzw nahestehender Personen?*	*Da der Motivationsdruck durch eigenes Verschulden eher noch verstärkt wird, scheitert Notstand nicht an § 35 I 2.*	*KK I Fall 2 Rn 132*
Vor § 52	*25* 70	Fortsetzungszusammenhang	Wird nicht mehr anerkannt, Taten stehen in Realkonkurrenz, § 53.	*KK I Fall 4 Rn 199* KK III Fall 7 Rn 327
§ 113	148	Rechtsnatur des § 113 III?	Objektive Bedingung der Strafbarkeit.	KK III Fall 15 Rn 719
§ 113	149	Rechtmäßigkeitsbegriff des § 113 III?	Strafrechtlicher Rechtmäßigkeitsbegriff: sachliche und örtliche Zuständigkeit, wesentliche Förmlichkeiten und pflichtgemäßes Ermessen.	KK III Fall 15 Rn 721
§ 113	150	Fällt ein gefährliches Werkzeug unter den Waffenbegriff des § 113 II 2 Nr 2?	Nein.	KK III Fall 15 Rn 723

Zu §	Problem Nr	Problematik	Vorgeschlagene Lösung	Ausführliche Erörterung in Fall Nr Rn
§ 123	*23* 25	Grenzen eines generellen Zutrittsrechts bei § 123	Äußeres Erscheinungsbild weicht so vom gestatteten Eintreten ab, dass mit Einverständnis des Hausrechtsinhabers billigerweise nicht zu rechnen ist.	*KK II Fall 4 Rn 100* KK III Fall 3 Rn 131
§ 142	94	Wie ist der Begriff des „Unfallorts" iSv § 142 I auszulegen?	Restriktiv auslegen: der Bereich, der mit dem Unfallgeschehen in einem räumlichen und zeitlichen Zusammenhang steht; feststellungsbereite Personen müssen an diesem Ort noch ohne weiteres zu erwarten sein.	KK III Fall 9 Rn 464
§ 142	95	Wann muss der Vorsatz für das Entfernen iSv § 142 vorliegen?	Der Täter muss den Vorsatz zu dem Zeitpunkt, zu dem er sich vom Unfallort entfernt, haben.	KK III Fall 9 Rn 466
§ 142	96	Unvorsätzliches Entfernen als „berechtigtes oder entschuldigtes Entfernen" iSd § 142 II Nr 2	§ 142 II Nr 2 ist auf den sich unvorsätzlich oder unwillentlich entfernenden Täter nicht anwendbar.	KK III Fall 9 Rn 469
§ 145 d	106	Aufbauschen einer tatsächlich begangenen rechtswidrigen Tat als Vortäuschen iSd § 145 d?	Nein, wenn eine tatsächlich rechtswidrige Tat vorliegt, ist § 145 d nicht anwendbar.	KK III Fall 10 Rn 510
§ 153 § 154	110	Wann ist eine Aussage „falsch" iSd §§ 153, 154 I?	Objektive Aussagetheorie (Aussage ist falsch, wenn der Inhalt der Äußerung nicht mit dem wirklichen Geschehen übereinstimmt).	KK III Fall 11 Rn 520
§ 160	111	Verleitung einer vermeintlich gutgläubigen Beweisperson zur Falschaussage	Nur Versuch des § 160.	KK III Fall 11 Rn 531
§ 160	112	Verleitung einer vermeintlich bösgläubigen Beweisperson zur Falschaussage	Nur versuchte Anstiftung zur Falschaussage, da Hintermann die Aussageperson für bösgläubig hält, hat er selbst nur Teilnehmervorsatz und keinen für § 160 erforderlichen Tätervorsatz.	KK III Fall 11 Rn 536

Zu §	Problem Nr	Problematik	Vorgeschlagene Lösung	Ausführliche Erörterung in Fall Nr Rn
§§ 185 ff	*12*	*Abgrenzung Tatsachenbehauptung – Werturteil bei §§ 185 ff*	*Tatsachen:* • *konkrete Vorgänge/Zustände der Vergangenheit/Gegenwart, die wahrnehmbar in die Wirklichkeit getreten und deshalb dem Beweis zugänglich sind.* *Werturteile:* • *subjektive Meinungen, die nicht von Tatsachen belegt werden.*	*KK II Fall 2 Rn 54*
§ 185	*13*	*Beleidigung von Personengemeinschaften – Beleidigung unter einer Kollektivbezeichnung*	*Beleidigung in beiden Fallgruppen möglich.*	*KK II Fall 2 Rn 57*
§§ 185 ff	*11* 61	Die Systematik der Beleidigungsdelikte (§§ 185–187)	Siehe Schaubild.	*KK II Fall 2 Rn 52* KK III Fall 6 Rn 268
§ 186	*15*	*Behandlung der Nichterweislichkeit der Wahrheit der ehrenrührigen Tatsache iRd § 186*	*Objektive Bedingung der Strafbarkeit.*	*KK II Fall 2 Rn 63*
§ 193	*14*	*§ 193 bei Meinungsäußerungen*	*Außer bei Formalbeleidigung grundsätzlich anwendbar.*	*KK II Fall 2 Rn 59*
§ 211	*34*	*Verlangt Heimtücke einen verwerflichen Vertrauensbruch?*	*Nein, es genügt die Ausnutzung der Arg- und Wehrlosigkeit in feindseliger Willensrichtung.*	*KK I Fall 8 Rn 278*
§ 211	*3*	*Allgemeine Verwerflichkeitsprüfung bei Mord*	*Nein, weder positive noch negative Typenkorrektur.*	*KK II Fall 1 Rn 15*
§ 211	139 9	Steht die Annahme eines nur bedingten Tötungsvorsatzes der Verdeckungsabsicht entgegen?	Nein, außer wenn das Verdeckensziel nach der Vorstellung des Täters nur durch eine erfolgreiche Tötungshandlung zu erreichen ist.	KK III Fall 14 Rn 682

Zu §	Problem Nr	Problematik	Vorgeschlagene Lösung	Ausführliche Erörterung in Fall Nr Rn
§ 211	140	Schließt die Begehung durch Unterlassen die Verdeckungsabsicht aus?	Nein.	KK III Fall 14 Rn 684
§ 212	*5*	*Verhältnis Totschlag – Körperverletzung*	*Körperverletzung ist nur Durchgangsstadium.*	*KK I Fall 1 Rn 116*
§ 218	*2*	*Vollendeter Schwangerschaftsabbruch durch Tötung des Kindes nach fehlgeschlagener Abtötung der Leibesfrucht?*	*Nein: vollendetes Tötungsdelikt + versuchter Schwangerschaftsabbruch.*	*KK II Fall 1 Rn 10*
§ 221	104	„Versetzen" in eine hilflose Lage iSv § 221 I Nr 1	Es genügen Tatformen ohne räumliche Veränderung.	KK III Fall 10 Rn 498
§ 223	11	Schließt ein de lege artis durchgeführter ärztlicher Eingriff bereits den Tatbestand des § 223 aus oder kommt nur eine Rechtfertigung in Betracht?	Rechtfertigung	KK III Fall 2 Rn 75
§ 224	*38*	*Können unbewegliche Gegenstände gefährliche Werkzeuge iSv § 224 I Nr 2 sein?*	*Ja.*	*KK I Fall 9 Rn 311*
§ 224	*7*	*Körperteile als gefährliche Werkzeuge*	*Nein.*	*KK II Fall 2 Rn 39*
§ 224	1	Setzt eine „das Leben gefährdende Behandlung" iSv § 224 I Nr 5 eine konkrete oder nur eine abstrakte Lebensgefährdung voraus?	Abstrakte Gefährdung genügt.	KK III Fall 1 Rn 6
§ 224	136	Muss bei § 224 I Nr 1 das Gift oder der beigebrachte gesundheitsschädliche Stoff geeignet sein, zumindest eine schwere Körperverletzung iSd § 226 I zu bewirken?	Ja.	KK III Fall 14 Rn 656

Zu §	Problem Nr	Problematik	Vorgeschlagene Lösung	Ausführliche Erörterung in Fall Nr Rn
§ 226	147	Wann ist ein Körperglied wichtig iSv § 226 I Nr 2?	Individuelle soziale Verhältnisse sind nicht zu berücksichtigen, während die individuelle körperliche Verfassung von Bedeutung ist.	KK III Fall 15 Rn 715
§ 227	*42* 5	Knüpft § 227 an den Körperverletzungserfolg oder an die Körperverletzungshandlung an?	Bei vollendeter vorsätzlicher Körperverletzung genügt tatbestandsspezifischer Unmittelbarkeitszusammenhang zwischen Verletzungshandlung und Todesfolge.	*KK II Fall 7 Rn 204* KK III Fall 1 Rn 35
§ 231	3	Zurechnung des Erfolges einer Schlägerei (§ 231), der nach Verlassen der Schlägerei eintritt	Ja; entscheidend ist nur, dass sich der Täter überhaupt an der Schlägerei beteiligt hat.	KK III Fall 1 Rn 25
§ 231	6	Kann demjenigen, der sich erst nach Eintritt der schweren Folge an einer Schlägerei beteiligt, die schwere Folge zugerechnet werden?	Ja.	KK III Fall 1 Rn 41
§ 239 b	2	Restriktive Auslegung des § 239 b im Zwei-Personen Verhältnis	Täter muss durch das Sich-Bemächtigen geschaffene Lage zu qualifizierter Nötigung ausnutzen (Zweiaktigkeit des Geschehens).	KK III Fall 1 Rn 9
§ 240	*8*	*Der strafrechtliche Gewaltbegriff*	*Körperlich wirkender Zwang durch (un-)mittelbare Einwirkung auf einen anderen, die nach Vorstellung des Täters dazu bestimmt und geeignet ist, tatsächlich geleisteten/erwarteten Widerstand zu überwinden/unmöglich zu machen.*	*KK II Fall 2 Rn 42*
§ 240 *§ 253*	*52*	*Drohung mit einem Unterlassen*	*Ist Androhung eines empfindlichen Übels.*	*KK II Fall 9 Rn 274*
§ 240	128	Genügt das bloße Blockieren der Fahrbahn für die Annahme von Gewalt iSd § 240 I?	Nein.	KK III Fall 12 Rn 600

Zu §	Problem Nr	Problematik	Vorgeschlagene Lösung	Ausführliche Erörterung in Fall Nr Rn
§ 242	*9*	*Enteignung – Aneignung*	*Aneignung:* • *mind vorübergehendes Einverleiben der Sache selbst/ des verkörperten Sachwertes in Vermögen des Täters/eines Dritten.* *Enteignung:* • *endgültige Ausschließung/ Verdrängung des Eigentümers aus wirtschaftlicher Position.*	*KK II Fall 2 Rn 44*
§ 242	*21*	*Eigen- oder Drittzueignungsabsicht, wenn der Täter die Sache weiterverschenken will*	*Eigenzueignungsabsicht, wenn der Schenker sich wie Eigentümer geriert.*	*KK II Fall 4 Rn 95*
§ 242	*30*	*Übereignung von Benzin an Selbstbedienungstankstellen*	*Übereignung an Kasse oder Übereignung unter Eigentumsvorbehalt beim Einfüllen.*	*KK II Fall 5 Rn 132*
§ 242	*31*	*Vorliegen eines (unbedingten) tatbestandsausschließenden Einverständnisses beim Tanken an einer Selbstbedienungstankstelle*	*Unbedingtes tatbestandsausschließendes Einverständnis.*	*KK II Fall 5 Rn 134*
§ 242 *§ 246*	*33*	*Zueignung durch Lesen eines Taschenbuchs*	*Nein.*	*KK II Fall 5 Rn 142*
§ 242	*20* 22	Gewahrsamsbegründung in fremder Gewahrsamssphäre	Bei kleineren Gegenständen genügt für Gewahrsamswechsel Verbringen in Gewahrsamsenklave.	*KK II Fall 4 Rn 93* KK III Fall 3 Rn 122
§ 242	*17* 23	Beobachtete Wegnahme	Vollendete Wegnahme, da Diebstahl kein „heimliches Delikt" ist.	*KK II Fall 3 Rn 79* KK III Fall 3 Rn 124
§ 242 § 246	*32* 24	Objekt der Zueignung bei §§ 242 I, 246 I	Sache selbst (Substanztheorie) oder der in ihr verkörperte Sachwert (Sachwerttheorie).	*KK II Fall 5 Rn 140* KK III Fall 3 Rn 126

Zu §	Problem Nr	Problematik	Vorgeschlagene Lösung	Ausführliche Erörterung in Fall Nr Rn
§ 242 § 263	*35* 26	Abgrenzung von Betrug und Diebstahl beim Passieren der Kasse in SB-Märkten	Kein Verfügungsbewusstsein der Kassiererin bzgl versteckter Waren. Es kommt nur Diebstahl in Betracht.	*KK II Fall 6 Rn 161* KK III Fall 3 Rn 133
§ 242	*18* 34	Rechtswidrigkeit der Zueignung bei fälligem Anspruch auf die Geldsumme	Zueignung nur dann nicht rechtswidrig, wenn fälliger, einredefreier Anspruch auf Übereignung gerade dieser Sache besteht (Stückschulden: (+); Gattungs- und Geldschulden: erst nach Konkretisierung).	*KK II Fall 3 Rn 81* KK III Fall 4 Rn 158
§ 242 § 263	57	Schließen sich Wegnahme und Verfügung aus?	Ja.	KK III Fall 6 Rn 249
§ 242	77	Der Sachwertbegriff iRd § 242: „lucrum ex re“ oder „lucrum ex negotio cum re“?	Restriktiver Sachwertbegriff: nur lucrum ex re.	KK III Fall 8 Rn 360
§ 242	78	Gewahrsamsbruch an aus Geldautomaten erlangtem Bargeld?	Nein, sofern der Geldautomat ordnungsgemäß in Betrieb genommen wurde.	KK III Fall 8 Rn 367
§ 242	93	Enteignungsvorsatz bei Rückführungswillen	Rückführungswille und Enteignungsvorsatz schließen sich aus.	KK III Fall 9 Rn 458
§ 243	*22*	*Warenanhänger als besondere Schutzvorrichtung iSd § 243 I 2 Nr 2?*	*Nein.*	*KK II Fall 4 Rn 97*
§ 243	20	Versuch eines Regelbeispiels (am Beispiel des § 243)	Nicht möglich.	KK III Fall 3 Rn 113
§ 243	41	„Bezieht“ sich die Tat bei § 243 auf eine geringwertige Sache, wenn der Täter eine wertvolle Sache stehlen will und dann eine billige mitnimmt?	Ja, da spätere Objekt- und Vorsatzwechsel unbeachtlich.	KK III Fall 4 Rn 185

Zu §	Problem Nr	Problematik	Vorgeschlagene Lösung	Ausführliche Erörterung in Fall Nr Rn
§ 243	43	Konkurrenzverhältnis zwischen Diebstahl in einem besonders schweren Fall und Hausfriedensbruch (bzw Sachbeschädigung)	Konsumtion.	KK III Fall 4 Rn 191
§ 243	89	Erfasst § 243 I 1, 2 Nr 1 den „Wohnungseinbruchsdiebstahl"?	Nein, dieser fällt allein unter § 244 I Nr 3.	KK III Fall 9 Rn 420
§ 244	21	Gefährliches Werkzeug iSv § 244 I Nr 1 a	Werkzeug kann seiner allgemeinen Eignung nach erhebliche Körperverletzungen bewirken und diese Wirkung soll notfalls auch ausgenutzt werden.	KK III Fall 3 Rn 116
§ 244	42	Waffeneigenschaft geladener Schreckschusspistolen	Nein, wenn Einsatz nicht so körpernah erfolgen soll, dass die Möglichkeit der Herbeiführung erheblicher Verletzungen besteht.	KK III Fall 4 Rn 188
§ 244	91	Diebstahl nur unter „Mitwirkung" eines Bandenmitglieds iSv § 244 I Nr 2?	Es müssen nicht mind 2 Bandenmitglieder örtlich und zeitlich zusammen den Diebstahl begehen. Es reicht aus, wenn ein Bandenmitglied als Täter und ein anderes Bandenmitglied in irgendeiner Weise zusammenwirken.	KK III Fall 9 Rn 438
§ 246	36	Zueignungshandlung iSv § 246 I	Jede Manifestation des Zueignungswillens, aus dem ein objektiver Beobachter auf Zueignungsvorsatz schließen kann.	KK III Fall 4 Rn 167
§ 246	*25* 69	Erneute Zueignung einer durch ein mit Zueignungsabsicht begangenes Vermögensdelikt erlangten Sache	Konkurrenzlösung.	*KK II Fall 4 Rn 108* KK III Fall 7 Rn 321

Zu §	Problem Nr	Problematik	Vorgeschlagene Lösung	Ausführliche Erörterung in Fall Nr Rn
§ 246	79	Übereignung des vom Geldautomaten ausgegebenen Geldes durch die Bank an den unbefugten Kartenbenutzer nach § 929 S 1 BGB?	Eine Übereignung liegt vor, wenn der Automat ordnungsgemäß bedient worden ist.	KK III Fall 8 Rn 370
§ 249 § 253 § 255	*10* 88	Abgrenzung Raub – räuberische Erpressung/Erforderlichkeit einer Vermögensverfügung iRd §§ 253, 255	Erpressung erfordert Vermögensverfügung des Genötigten.	*KK II Fall 2 Rn 47* KK III Fall 9 Rn 411
§ 250	142	Restriktive Auslegung des § 250 I Nr 1 b	Vom Tatbestand des § 250 I Nr 1 b sind solche Gegenstände auszunehmen, die aus der Sicht eines objektiven Beobachters bereits nach dem äußeren Erscheinungsbild offensichtlich ungefährlich sind.	KK III Fall 15 Rn 701
§ 250	141	Erfüllung eines Qualifikationstatbestandes nach Vollendung, aber vor Beendigung des Grunddelikts?	Nein, ein Qualifikationstatbestand muss vor Vollendung der Tat verwirklicht werden, sonst würde der Wille des Gesetzgebers umgangen.	KK III Fall 15 Rn 698
§ 252	90	Zuvorkommen des Betroffenwerdens iSv § 252 durch Einsatz von Gewalt	Es wird auch auf frischer Tat „betroffen", wer dem Bemerktwerden zuvorkommt.	KK III Fall 9 Rn 430
§ 253	146	Reicht vis absoluta für § 253 aus?	Nein. Es ist vis compulsiva erforderlich.	KK III Fall 15 Rn 714
§ 257	*50* 64	Abgrenzung zwischen sukzessiver Beihilfe und Begünstigung	Sukzessive Beihilfe möglich. Abgrenzung nach Intention des Täters.	*KK II Fall 9 Rn 257* KK III Fall 7 Rn 288
§ 259	*38*	*Vortat eines „anderen" iSv § 259 trotz Teilnahme an der Vortat?*	*Ja.*	*KK II Fall 6 Rn 183*

Zu §	Problem Nr	Problematik	Vorgeschlagene Lösung	Ausführliche Erörterung in Fall Nr Rn
§ 259	*39*	*Ersatzhehlerei*	*Straflos.*	*KK II Fall 6 Rn 185*
§ 259	65	Überschneidung von Hehlerei, § 259, mit der Beihilfe zur Vortat	Vortat muss vollendet sein, ehe Hehlereihandlung erfolgt.	KK III Fall 7 Rn 293
§ 259	67	Vollendungszeitpunkt bei der Absatzhilfe	Es genügt jede Tätigkeit, die geeignet ist, den Vortäter bei Bemühungen die Beute wirtschaftlich zu verwerten, zu unterstützen. Konkrete Unterstützung muss nicht zum Absatzerfolg führen.	KK III Fall 7 Rn 307
§ 259	68	Kommt als Dritter iSd § 259 I auch der Vortäter in Betracht?	Nein.	KK III Fall 7 Rn 309
§ 263	*26* 56	Der sog „Dreiecksbetrug“	„Lagertheorie“ (mehr als faktische Einwirkungsmöglichkeit, weniger als rechtliche Befugnis).	*KK II Fall 4 Rn 113* KK III Fall 6 Rn 246
§ 263	*36*	*Vermögensschaden beim Eingehungs- und beim Erfüllungsbetrug*	*Eingehungsbetrug:* • *Vergleich der beiderseitigen Vertragsverpflichtungen.* *Erfüllungsbetrug:* • *Vergleich geschuldete – tatsächlich erbrachte Leistung.*	*KK II Fall 6 Rn 171*
§ 263	*16* 45	Täuschungshandlung und Aufklärungspflicht bei nachträglich eingetretener Leistungsunfähigkeit iRv Austauschverträgen	Keine Aufklärungspflicht.	*KK II Fall 3 Rn 72* KK III Fall 5 Rn 202
§ 263	46	Irrtum im Rahmen des § 263 bei Zweifeln des Getäuschten	Zweifel schließen Irrtum aus, wenn sie auf konkreten Anhaltspunkten beruhen.	KK III Fall 5 Rn 205

Zu §	Problem Nr	Problematik	Vorgeschlagene Lösung	Ausführliche Erörterung in Fall Nr Rn
§ 263	50	Lehre vom subjektiven Schadenseinschlag	Fallgruppen: Nötigung zu vermögensschädigenden Maßnahmen; Persönliche Verarmung; Fehlende Verwendungsmöglichkeit.	KK III Fall 5 Rn 220
§ 263	51	Übertragbarkeit der Grundsätze des Bettelbetrugs auf Austauschverträge	Nein.	KK III Fall 5 Rn 222
§ 263	*37* 52	Strafrechtlicher Vermögensbegriff	Juristisch-ökonomischer Vermögensbegriff.	*KK II Fall 6 Rn 179* KK III Fall 5 Rn 232
§ 263	53	Ist ein Vertrag, der die Erbringung von Telefonsex gegen Entgelt zum Inhalt hat, sittenwidrig iSd § 138 I BGB?	Nein.	KK III Fall 5 Rn 235
§ 263	54	Aufwendung von Arbeitsleistung zu sittenwidrigen Zwecken	Ist Schaden iSd juristisch-ökonomischen Vermögensbegriffs.	KK III Fall 5 Rn 238
§ 263	58	Gutgläubiger Erwerb als Vermögensschaden?	„Modifizierte Makeltheorie" (Keine generelle Bemakelung des gutgläubig erworbenen Eigentums, aber Schaden im Einzelfall möglich).	KK III Fall 6 Rn 252
§ 263	59	Der so genannte Prozessbetrug	Fallgruppe des § 263, bei der geringere Anforderungen an das „Näheverhältnis" zwischen Verfügendem (Richter) und Geschädigtem (Prozesspartei) zu stellen sind.	KK III Fall 6 Rn 258
§ 263 a	80	„Unbefugte" Verwendung von Daten iSd § 263 a I Var 3	Betrugsspezifische Auslegung.	KK III Fall 8 Rn 373

Zu §	Problem Nr	Problematik	Vorgeschlagene Lösung	Ausführliche Erörterung in Fall Nr Rn
§ 263 a	81	Umfasst die Beeinflussung eines Datenverarbeitungsvorganges iSd § 263 a I auch das Ingangsetzen eines solchen Vorganges?	Ja.	KK III Fall 8 Rn 375
§ 263 a	82	Ist bei einem Überschreiten der Befugnis zur Abhebung durch den berechtigten Karteninhaber ein täuschungsäquivalentes Verhalten gegeben?	Ja, nur das entspricht dem Schutzgedanken des § 263 a.	KK III Fall 8 Rn 386
§ 266	101	Vermögensbetreuungspflicht als Voraussetzung des Missbrauchstatbestandes	Auch Missbrauchstatbestand setzt die Verletzung einer Vermögensbetreuungspflicht voraus.	KK III Fall 10 Rn 481
§ 266	102	Vermögensbetreuungspflicht (allgemeiner Umfang)	Fremdnützige Hauptpflicht mit hinreichender Selbstständigkeit.	KK III Fall 10 Rn 483
§ 266	103	Treuepflicht iSd § 266 I bei Mietkaution hinsichtlich Wohnraummiete	Ja.	KK III Fall 10 Rn 485
§ 266 b	83	§ 266 b bei vertragswidriger Abhebung von Bargeld bei einer fremden Bank durch den berechtigten Karteninhaber?	Nein, EC-Karten sind keine Scheckkarten iSd § 266 b.	KK III Fall 8 Rn 388
§ 267	*28* 12	Anforderungen an das Verfälschen von Urkunden iSv § 267 I Var 2	Verfälschung ist jede Veränderung der Beweisrichtung und des gedanklichen Inhalts einer echten Urkunde, sodass diese nach dem Eingriff etwas anderes zum Ausdruck bringt als vorher (also nicht bloßer Unterfall der Herstellung einer unechten Urkunde).	*KK II Fall 4 Rn 121* KK III Fall 2 Rn 81

Zu §	Problem Nr	Problematik	Vorgeschlagene Lösung	Ausführliche Erörterung in Fall Nr Rn
§ 267	*29* 13	Konkurrenzverhältnis zwischen Herstellen bzw Verfälschen und Gebrauchmachen bei § 267	Von vornherein bestimmter Gebrauch des Falsifikats geplant und dann realisiert: nur auf den Gebrauch abzustellen. Verwendung nur in allgemeinen Umrissen geplant: späterer Gebrauch ist neue selbstständige Straftat, die zum vorausgegangenen Fälschungsakt in Tatmehrheit steht.	*KK II Fall 4 Rn 123* KK III Fall 2 Rn 83
§ 303	*1*	*Tiere als Sachen im Sinne des Strafrechts*	*IE unstreitig zu bejahen.*	*KK I Fall 1 Rn 104*
§ 303	*10* *24*	*Sachbeschädigung durch Brauchbarkeitsminderung*	*Kombinierte Substanzverletzungs- und Funktionsvereitelungstheorie.*	*KK I Fall 2 Rn 144* *KK II Fall 4 Rn 104*
§ 303	28	Sachbeschädigung ohne Substanzveränderung oder Brauchbarkeitsminderung	Nicht möglich.	KK III Fall 3 Rn 145
§ 304	*11*	*„Zum öffentlichen Nutzen dienen" iSv § 304 I*	*Erforderlich ist „Unmittelbarkeit". Dass Dritter den Gebrauch des Gegenstandes durch das Publikum ermöglichen muss, steht nicht entgegen.*	*KK I Fall 2 Rn 147*
§§ 306 ff	134	Die Systematik der Brandstiftungsdelikte (§§ 306–306 f)	Schaubild.	KK III Fall 13 Rn 642
§ 306 a	131	Entwidmung eines Gebäudes durch Inbrandsetzung seitens des Alleineigentümers	Konkludente Entwidmung möglich.	KK III Fall 13 Rn 613
§ 306 a	132	Teleologische Reduktion des Tatbestandes bei § 306 a I, wenn sich mit Sicherheit keine Menschen im Gebäude aufhalten	Ja (keine schwere Brandstiftung, wenn Gefahr für Menschen sicher ausgeschlossen ist).	KK III Fall 13 Rn 627
§ 306 b § 306 c	133	Ist bei § 306b I bzw bei § 306 c ein erfolgsqualifizierter Versuch möglich?	Ja.	KK III Fall 13 Rn 631

Zu §	Problem Nr	Problematik	Vorgeschlagene Lösung	Ausführliche Erörterung in Fall Nr Rn
§ 315 b	119	Beeinträchtigung des Straßenverkehrs durch einen „ähnlichen, ebenso gefährlichen Eingriff" iSv § 315 b I Nr 3	Verkehrsverstoß unter bewusster Zweckentfremdung des Fahrzeugs (verkehrsfremder Eingriff).	KK III Fall 12 Rn 560
§ 315 b	123	Konkretheit der Gefahr bei § 315 b I	„Beinahe-Unfall" bzw. hochgradige Existenzkrise für geschütztes Rechtsgut.	KK III Fall 12 Rn 574
§ 315 c	*44* 120	Notwendiges Ausmaß der Gefährdung des Beifahrers iRd § 315 c	„Beinahe-Unfall", bei dem guter Ausgang bei lebensnaher objektiver Betrachtung nur noch vom Zufall abhängt.	*KK II Fall 7 Rn 214* KK III Fall 12 Rn 562
§ 315 c	*45* 121	Gehören tatbeteiligte Mitfahrer zu dem durch § 315 c geschützten Personenkreis?	Tatbeteiligte Mitfahrer (Anstifter oder Gehilfen) nicht geschützt.	*KK II Fall 7 Rn 216* KK III Fall 12 Rn 564
§ 315 c	*46* 122	Einwilligung in die Gefährdung des Straßenverkehrs durch das gefährdete Opfer	Keine Einwilligung möglich, da Dispositionsbefugnis fehlt.	*KK II Fall 7 Rn 219* KK III Fall 12 Rn 567
§ 315 c	127	Verhältnis von § 315 c durch Herbeiführung des Unfalls zur Weiterfahrt nach dem Unfall	Tatmehrheit der Delikte vor und nach dem Unfall, wegen Zäsurwirkung des Unfalls.	KK III Fall 12 Rn 596
§ 316	*43* 118	Alkoholbedingte Fahruntüchtigkeit	• Relative Fahruntüchtigkeit: ab ca 0,3 ‰ zuzüglich Ausfallerscheinungen. • Absolute Fahruntüchtigkeit: ab 1,1 ‰.	*KK II Fall 7 Rn 209* KK III Fall 12 Rn 558
§ 316 a	143	Wann werden die besonderen Verhältnisse des Straßenverkehrs ausgenutzt?	Der Kfz-Führer ist so mit der Bewältigung von Betriebs- oder Verkehrsvorgän-	KK III Fall 15 Rn 704

Zu §	Problem Nr	Problematik	Vorgeschlagene Lösung	Ausführliche Erörterung in Fall Nr Rn
			gen befasst, dass er in seinen Abwehr- und Schutzmöglichkeiten stark eingeschränkt ist.	
§ 323 c	126	Kann sich auf die Unzumutbarkeit der Hilfeleistung berufen, wer sich durch die Hilfeleistung der Gefahr einer Strafverfolgung aussetzen würde?	Nur dann, wenn Straftat in keinem Zusammenhang mit dem Unglücksfall steht.	KK III Fall 12 Rn 592
§§ 331 ff	137	Die Systematik der Amtsdelikte (§§ 331–334)	Schaubild.	KK III Fall 14 Rn 662
§ 24 StPO	8	StPO: Rückgriff auf die Befangenheitsregelung des § 24 II StPO bei Zurückverweisung gem § 354 II StPO	Ja, weil aus Sicht eines verständigen durchschnittlichen Angeklagten die frühere Urteilsfällung befürchten lässt, der Richter werde nicht mehr unbefangen entscheiden.	KK III Fall 1 Rn 57
§ 52 StPO	129	StPO: Steht dem Angehörigen eines verstorbenen Beschuldigten im Prozess gegen Mitbeschuldigten ein Zeugnisverweigerungsrecht zu?	Ja.	KK III Fall 12 Rn 605
§ 55 StPO	130	StPO: Führt die Verletzung der Belehrungspflicht über das Auskunftsverweigerungsrecht des § 55 I StPO zu einem Beweisverwertungsverbot für den Beschuldigten?	Nein.	KK III Fall 12 Rn 607
§ 96 StPO	97	StPO: Systematik der Bedingungen, von denen die Behörde die Sperrung von Gewährsperson für das gerichtliche Verfahren abhängig machen kann („Stufentheorie")	Äußere Einschränkungen bei Vernehmung des VE vor Gericht. Kommissarische Vernehmung. Verzicht auf Vernehmung des V-Mannes und Verlesung der polizeilichen Vernehmungsprotokolle, uU auch Einsatz von Video.	KK III Fall 9 Rn 474

Zu §	Problem Nr	Problematik	Vorgeschlagene Lösung	Ausführliche Erörterung in Fall Nr Rn
§ 98 StPO	151	Statthafter Rechtsbehelf bei Zwangsmaßnahmen?	§ 98 II 2 analog, Ausnahme: richterliche Anordnung als solche wird angefochten, dann § 304 StPO.	KK III Fall 15 Rn 725
§ 98 StPO	152	Besonderes Rechtsschutzbedürfnis nach Erledigung einer Maßnahme	Fallgruppen: (1) Tiefgreifende Grundrechtseingriffe (2) Wiederholungsgefahr (3) Rehabilitationsinteresse (4) Geltendmachung von Amtshaftungsansprüchen	KK III Fall 15 Rn 727
§ 127 StPO	84	StPO: Setzt § 127 I 1 StPO eine tatsächlich begangene Straftat voraus?	Ja.	KK III Fall 8 Rn 391
§ 136 StPO	30	StPO: Wie werden Beweisverwertung ermittelt?	Verstoß gegen gesetzliche Vorschriften: Schutzzweck der Norm. Verwertungsverbot direkt aus Grundrechten: Abwägungslehre.	KK III Fall 3 Rn 149
§ 136 StPO	31	StPO: Folgen des Verstoßes gegen Belehrungspflicht gem § 136 I 2 StPO	Einlassung unverwertbar, soweit nicht von Kenntnis des Beschuldigten von Aussageverweigerungsrecht auszugehen.	KK III Fall 3 Rn 151
§ 136 StPO	32	StPO: Vernehmungsbegriff	Formeller Vernehmungsbegriff (Befragung, die von einem Staatsorgan in amtlicher Funktion mit dem Ziel der Gewinnung einer Aussage durchgeführt wird).	KK III Fall 3 Rn 153
§ 136 StPO	33	StPO: analoge Anwendung des § 136 StPO bei Mithören eines initiierten privaten Telefongesprächs?	Ja, Beweisverwertungsverbot.	KK III Fall 3 Rn 154
§ 136 StPO	71	StPO: Wie wird die Beschuldigtenstellung einer Person begründet?	Tatverdacht + Willensakt der Strafverfolgungsbehörde (auch konkludent).	KK III Fall 7 Rn 331
§ 137 StPO	55	StPO: Die Rechtsstellung des Strafverteidigers und seine Wahrheitspflicht	Organ der Rechtspflege. Darf Beschuldigten nicht zu Lüge anstiften.	KK III Fall 5 Rn 241

Zu §	Problem Nr	Problematik	Vorgeschlagene Lösung	Ausführliche Erörterung in Fall Nr Rn
§ 152 StPO	17	StPO: Inwieweit sind Polizei/ Staatsanwaltschaft bei privater Kenntniserlangung von einer Straftat zur Erforschung und Verfolgung der Tat verpflichtet?	Abwägung im Einzelfall (Intensität der Verknüpfung mit der Privatsphäre; Schwere der Tat; Grad der Gefährdung der Allgemeinheit).	KK III Fall 2 Rn 104
§ 153 StPO	107	StPO: Voraussetzungen einer Einstellung des Verfahrens nach § 153 StPO	vgl Gesetzeswortlaut.	KK III Fall 10 Rn 514
§ 153 StPO	109	StPO: Umfang der beschränkten Rechtskraft des Beschlusses nach § 153 II StPO	Analoge Anwendung der §§ 174 II, 211 StPO, 45 III 4, 47 III JGG.	KK III Fall 10 Rn 516
§ 153 a StPO	108	StPO: Voraussetzungen einer Einstellung des Verfahrens nach § 153 a StPO	vgl Gesetzeswortlaut.	KK III Fall 10 Rn 515
§ 163 StPO	98	StPO: Zulässigkeit des V-Mann-Einsatzes	Hinreichende gesetzliche Legitimation durch Befugnisnorm des § 163 I 1 StPO.	KK III Fall 9 Rn 475
§ 163	100	StPO: Grenzen des Lockspitzeleinsatzes von V-Männern und Konsequenzen ihrer Überschreitung	Einsatz nur gegen Personen, gegen die bereits Verdacht iSv § 152, 160 StPO besteht. Strafzumessungslösung.	KK III Fall 9 Rn 477
§ 244 StPO	115	StPO: Die Zulässigkeit des Einsatzes eines Lügendetektors als Beweismittel	Unzulässiges bzw ungeeignetes Beweismittel.	KK III Fall 11 Rn 552
§ 250 StPO	99	StPO: Die Zulässigkeit der Heranziehung des Zeugen vom Hörensagen und deren Grenzen	Vernehmung des Zeugen vom Hörensagen zulässig. Grenzen: § 244 II StPO.	KK III Fall 9 Rn 476
§ 252 StPO	44	StPO: Beinhaltet § 252 StPO auch für eine richterliche Vernehmung ein Beweisverwertungsverbot?	Ja, zwischen richterlicher und nichtrichterlicher Vernehmung besteht kein „Qualitäts"-Unterschied.	KK III Fall 4 Rn 197
§ 264 StPO	117	StPO: Der prozessuale Tatbegriff bei Alternativität von Handlungsabläufen	Kein einheitlicher Lebensvorgang iSv § 264 StPO.	KK III Fall 11 Rn 554

II. Definitionen – geordnet nach der Gesetzessystematik

Die folgende Tabelle ist eine Zusammenstellung wichtiger Definitionen, die in den Übungsfällen in diesem Klausurenkurs (KK III) und/oder dem Klausurenkurs für Anfänger (KK I) sowie für Fortgeschrittene (KK II) vorkommen. 732

Ausführliche Definitionssammlung ua bei:

Fahl/Winkler,	Definitionen Strafrecht, 2. Aufl 2008
Joecks,	Strafgesetzbuch – Studienkommentar, 8. Aufl 2009
Küper,	Strafrecht Besonderer Teil, Definitionen und Erläuterungen, 7. Aufl 2008
Schroth,	Strafrecht Besonderer Teil, 4. Aufl 2006

§	Begriff	Definition	Leitfall in KK I /	in KK II /	in KK III
Vor § 1	**Kausal**	iSd Strafrechts ist jede Bedingung für einen Erfolg, die nicht hinweggedacht werden kann, ohne dass der Erfolg in seiner konkreten Gestalt entfiele (conditio sine qua non = sog Äquivalenztheorie, *Wessels/Beulke, AT Rn 156*).	KK I Fall 2 Rn 122	KK II Fall 1 Rn 28	KK III Fall 3 Rn 138
Vor § 1	**Unterlassenskausalität**	ist gegeben, wenn die rechtlich erwartete Handlung nicht hinzugedacht werden kann, ohne dass der tatbestandsmäßige Erfolg mit an Sicherheit grenzender Wahrscheinlichkeit entfiele (*BGHSt 6, 1, 2; 37, 106, 126; Wessels/Beulke, AT Rn 711*).		KK II Fall 1 Rn 28	KK III Fall 3 Rn 138
Vor § 1	**Objektiv zurechenbar**	iSd Strafrechts ist ein Erfolg dann, wenn der Täter eine rechtlich relevante Gefahr geschaffen hat, die sich im tatbestandsmäßigen Erfolg realisiert (sog Grundformel, *Wessels/Beulke, AT Rn 179*).	KK I Fall 2 Rn 122	KK II Fall 7 Rn 193	KK III Fall 1 Rn 32
Vor § 1	**Abweichungen vom Kausalverlauf**	sind unwesentlich, wenn sie sich noch in den Grenzen des nach allgemeiner Lebenserfahrung Voraussehbaren halten und keine andere Bewertung der Tat rechtfertigen (*Wessels/Beulke, AT Rn 258*).		KK II Fall 7 Rn 193	
Vor § 1	**Natürliche Handlungseinheit**	liegt nach der Ansicht der Rspr vor, wenn mehrere im Wesentlichen gleichartige Verhaltensweisen von einem einheitlichen Willen getragen werden und aufgrund ihres räumlich-zeitlichen Zusammenhangs derart eng miteinander verbunden sind, dass das gesamte Tätigwerden objektiv auch für einen Dritten bei natürlichen Betrachtungsweisen als ein einheitliches,			KK III Fall 3 Rn 147

§	Begriff	Definition	Leitfall in KK I	in KK II	in KK III
		zusammengehöriges Tun erscheint (*BGHSt 10, 230; vgl Wessels/Beulke, AT Rn 764*).			
§ 11	**Amtsträger**	ist gem § 11 I Nr 2 c, wer dazu bestellt ist, bei einer Behörde oder sonstigen Stelle, oder in deren Auftrag Aufgaben der öffentlichen Verwaltung unbeschadet der zur Aufgabenerfüllung gewählten Organisationsform wahrzunehmen (*vgl Gesetzestext; Wessels/Hettinger, BT1 Rn 1096*).			KK III Fall 14 Rn 646
§ 16	**Vorsatz**	iSd § 16 ist der Wille zur Verwirklichung eines Straftatbestandes in Kenntnis aller seiner objektiven Tatumstände bzw verkürzt: Wissen und Wollen der Tatbestandsverwirklichung (*Wessels/Beulke, AT Rn 203*).	KK I Fall 1 Rn 106		KK III Fall 1 Rn 4
§ 16	**Tatbestandsirrtum**	iSv § 16 I 1 liegt vor, wenn der Täter bei Begehung der Tat einen Umstand nicht kennt, der zum gesetzlichen Tatbestand (dh zu den vorsatzbezogenen Merkmalen des objektiven Unrechtstatbestandes) gehört (*vgl Gesetzestext; Wessels/Beulke, AT Rn 244, 455, 823*).		KK II Fall 3 Rn 83	KK III Fall 4 Rn 160
§ 16	**aberratio ictus**	(Fehlgehen der Tat) ist ein Sachverhalt, bei dem der Täter seinen Angriff auf ein bestimmtes, von ihm individualisiertes Tatobjekt lenkt, dieser Angriff jedoch fehlgeht und ein anderes Objekt trifft, das der Täter nicht anvisiert hatte und gar nicht verletzen wollte (*Wessels/Beulke, AT Rn 250*).	KK I Fall 3 Rn 169		KK III Fall 6 Rn 265
§ 16	**error in objecto vel persona**	(Irrtum über das Handlungsobjekt) ist eine Fehlvorstellung, die sich auf die Identität oder sonstige Eigenschaften des Tatobjekts oder der betreffenden Person bezieht (*Wessels/Beulke, AT Rn 247*).	KK I Fall 3 Rn 153		KK III Fall 6 Rn 265
§ 16	**Erlaubnistatbestandsirrtum**	ist gegeben, wenn sich der Täter über die sachlichen Voraussetzungen eines anerkannten Rechtfertigungsgrundes irrt, dh irrig Umstände für gegeben hält, die im Falle ihres wirklichen Gegebenseins die Tat rechtfertigen würden (*Wessels/Beulke, AT Rn 467*).	KK I Fall 7 Rn 256		KK III Fall 1 Rn 44

§	Begriff	Definition	Leitfall in KK I	in KK II	in KK III
§ 17	**Verbotsirrtum**	iSv § 17 liegt vor, wenn dem Täter bei Begehung der Tat die Einsicht fehlt, Unrecht zu tun (*vgl Gesetzestext; Wessels/Beulke, AT Rn 456, 461*).	KK I Fall 7 Rn 264		KK III Fall 4 Rn 160
§ 17	**Subsumtionsirrtum**	ist gegeben, wenn der Täter irrig glaubt, ein Merkmal, das er seinem Wesen nach kennt, falle nicht unter die gesetzliche Begriffsbestimmung (*vgl Wessels/Beulke, AT Rn 242*).		KK II Fall 3 Rn 83	KK III Fall 4 Rn 160
§ 22	**Unmittelbares Ansetzen**	als objektives Unrechtselement des Versuchs ist gegeben, wenn der Täter objektiv Handlungen vornimmt, die unmittelbar ohne wesentliche Zwischenakte in die Tatbestandsverwirklichung einmünden sollen, und er subjektiv die Schwelle zum „Jetzt-geht's-los" überschreitet (*Wessels/Beulke, AT Rn 601*).		KK II Fall 1 Rn 5	KK III Fall 3 Rn 109
§ 24	**Fehlgeschlagen**	ist der Versuch einer Straftat in erster Linie dann, wenn die zu ihrer Ausführung vorgenommenen Handlungen ihr Ziel nicht erreicht haben und der Täter erkannt hat, dass er mit den ihm zur Verfügung stehenden Mitteln den tatbestandlichen Erfolg entweder gar nicht mehr oder zumindest nicht ohne zeitlich relevante Zäsur herbeiführen kann (*Wessels/Beulke, AT Rn 628*).	KK I Fall 4 Rn 179		KK III Fall 3 Rn 112
§ 24	**Aufgeben**	der Tat iSd § 24 bedeutet, von der weiteren Realisierung des Entschlusses, den gesetzlichen Tatbestand zu verwirklichen, aufgrund eines entsprechenden „Gegenentschlusses" Abstand zu nehmen (*Wessels/Beulke, AT Rn 641*).	KK I Fall 10 Rn 336		
§ 24	**Freiwillig**	ist ein Rücktritt vom Versuch iSd § 24, wenn er nicht durch zwingende Hinderungsgründe veranlasst wird, sondern der eigenen autonomen Entscheidung des Täters entspringt (*Wessels/Beulke, AT Rn 651*).	KK I Fall 10 Rn 338		KK III Fall 4 Rn 175
§ 24	**Unfreiwillig**	ist ein Rücktritt vom Versuch iSd § 24, wenn er durch heteronome Gründe veranlasst wird, nämlich durch Hinderungsgründe, die vom Willen des Täters unabhängig sind, unüberwindliche Hemmungen in ihm auslösen			KK III Fall 4 Rn 175

§	Begriff	Definition	Leitfall in KK I	in KK II	in KK III
		oder die Sachlage zu seinen Ungunsten so wesentlich verändern, dass er die damit verbundenen Risiken oder Nachteile nicht mehr für tragbar hält oder sie nicht in Kauf nehmen will (*Wessels/Beulke, AT Rn 652*).			
§ 25	**Tatherrschaft**	bedeutet das vom Vorsatz umfasste In-den-Händen-Halten des tatbestandsmäßigen Geschehensablaufs (*Wessels/Beulke, AT Rn 512*).	KK I Fall 3 Rn 159	KK II Fall 1 Rn 20	KK III Fall 7 Rn 285
§ 25	**Mittäterschaft**	iSv § 25 II ist die gemeinschaftliche Begehung einer Straftat durch bewusstes und gewolltes Zusammenwirken (*Wessels/Beulke, AT Rn 524*). Erforderlich sind also ein gemeinsamer Tatplan und eine gemeinsame Tatausführung.	KK I Fall 3 Rn 158	KK II Fall 1 Rn 19	KK III Fall 7 Rn 285
§ 25	**Mittelbarer Täter**	iSv § 25 I Alt 2 ist, wer die Straftat durch einen anderen begeht (*vgl Gesetzestext*).	KK I Fall 4 Rn 192		KK III Fall 5 Rn 209
§ 26	**Anstifter**	ist gem § 26, wer vorsätzlich einen anderen zu dessen vorsätzlich begangener rechtswidriger Tat bestimmt (*vgl Gesetzestext*).	KK I Fall 3 Rn 161	KK II Fall 1 Rn 8	KK III Fall 2 Rn 89
§ 26	**Bestimmen**	iSd § 26 bedeutet Hervorrufen des Tatentschlusses durch eine Willensbeeinflussung im Wege des offenen geistigen Kontakts (*Wessels/Beulke, AT Rn 568*).	KK I Fall 3 Rn 161	KK II Fall 1 Rn 8	KK III Fall 2 Rn 90
§ 26	**Omnimodo facturus**	ist ein zur konkreten Tat schon fest Entschlossener, der nicht mehr angestiftet werden kann (*Wessels/Beulke, AT Rn 569*).	KK I Fall 4 Rn 189	KK II Fall 1 Rn 22	KK III Fall 10 Rn 502
§ 27	**Gehilfe**	ist gem § 27, wer vorsätzlich einem anderen zu dessen vorsätzlich begangener rechtswidriger Tat Hilfe leistet (*vgl Gesetzestext*).	KK I Fall 4 Rn 189	KK II Fall 1 Rn 31	KK III Fall 3 Rn 141
§ 27	**Hilfeleisten**	iSv § 27 liegt in jedem Tatbeitrag, der die Haupttat ermöglicht oder erleichtert oder die vom Täter begangene Rechtsgutverletzung verstärkt (*Wessels/Beulke, AT Rn 582*).	KK I Fall 4 Rn 189	KK II Fall 1 Rn 31	KK III Fall 3 Rn 141
§ 32	**Angriff**	iSv § 32 ist jede durch menschliches Verhalten drohende Verletzung rechtlich geschützter Güter oder Interessen (*Wessels/Beulke, AT Rn 325*).	KK I Fall 5 Rn 207	KK II Fall 2 Rn 64	KK III Fall 1 Rn 27

§	Begriff	Definition	Leitfall in KK I /	in KK II /	in KK III
§ 32	**Gegenwärtig**	iSv § 32 ist der Angriff, der unmittelbar bevorsteht, begonnen hat oder noch fortdauert (*Wessels/Beulke, AT Rn 328*).	KK I Fall 5 Rn 207	KK II Fall 2 Rn 64	KK III Fall 1 Rn 27
§ 32	**Rechtswidrig**	iSv § 32 ist jeder Angriff, der den Bewertungsnormen des Rechts objektiv zuwiderläuft und nicht durch einen Erlaubnissatz gedeckt ist (*Wessels/Beulke, AT Rn 331*).		KK II Fall 2 Rn 64	KK III Fall 1 Rn 27
§ 32	**Erforderlich**	iSv § 32 ist die Verteidigungshandlung, die zur Angriffsabwehr geeignet ist, dh die grundsätzlich dazu in der Lage ist, den Angriff entweder ganz zu beenden oder ihm wenigstens ein Hindernis in den Weg zu stellen, und die das mildeste zur Verfügung stehende Gegenmittel darstellt (*Wessels/Beulke, AT Rn 335*).	KK I Fall 5 Rn 207		KK III Fall 1 Rn 27
§ 34	**Notstandslage**	iSv § 34 ist eine gegenwärtige Gefahr für Leben, Leib, Freiheit, Ehre, Eigentum oder ein anderes Rechtsgut, die nicht anders abgewendet werden kann als durch Einwirkung auf ebenfalls rechtlich anerkannte Interessen (*Wessels/Beulke, AT Rn 299*).	KK I Fall 2 Rn 128	KK II Fall 2 Rn 64	KK III Fall 2 Rn 67
§ 34	**Gegenwärtige Gefahr**	iSv § 34 ist ein Zustand, dessen Weiterentwicklung den Eintritt oder die Intensivierung eines Schadens ernstlich befürchten lässt, sofern nicht alsbald Abwehrmaßnahmen ergriffen werden (*Wessels/Beulke, AT Rn 303*).	KK I Fall 2 Rn 128	KK II Fall 2 Rn 64	KK III Fall 2 Rn 67
§ 34	**Erforderlich**	iSv § 34 ist, was zur Abwehr der Gefahr geeignet ist und unter Berücksichtigung aller ex ante erkennbaren Umstände aus der Sicht eines sachkundigen objektiven Betrachters als der sicherste Weg zur Erhaltung des gefährdeten Gutes erscheint und was zugleich das relativ mildeste Mittel darstellt (*Wessels/Beulke, AT Rn 308*).	KK I Fall 2 Rn 128		KK III Fall 2 Rn 67
§ 113	**Vollstreckungshandlung**	iSv § 113 I ist jede Tätigkeit der dazu berufenen Organe, die zur Regelung eines Einzelfalls auf die Vollziehung der in § 113 I genannten Rechtsnormen und Hoheitsakte gerichtet ist (*Wessels/Hettinger, BT1 Rn 624*).			KK III Fall 15 Rn 720

§	Begriff	Definition	Leitfall in KK I	in KK II	in KK III
§ 113	**Bei Vornahme**	iSv § 113 I bedeutet, dass die Vollstreckungshandlung bereits begonnen haben oder unmittelbar bevorstehen muss (*Wessels/Hettinger, BT1 Rn 626*).			KK III Fall 15 Rn 720
§ 113	**Widerstandleisten**	iSv § 113 I ist jede aktive Tätigkeit, die die Durchführung der Vollstreckungsmaßnahme verhindern oder erschweren soll (*Wessels/Hettinger, BT1 Rn 628*).			KK III Fall 15 Rn 720
§ 113	**Tätlicher Angriff**	iSv § 113 I ist jede in feindseliger Absicht unmittelbar auf den Körper des Betroffenen zielende Einwirkung ohne Rücksicht auf den Erfolg (*Wessels/Hettinger, BT1 Rn 630*).			KK III Fall 15 Rn 720
§ 123	**Wohnung**	iSv § 123 I ist der Inbegriff der Räumlichkeiten, die einzelnen oder mehreren Personen als Unterkunft dienen oder zur Benutzung freistehen, einschließlich der zugehörigen Nebenräume wie Treppen, Keller, Wasch- und Trockenräume (*Wessels/Hettinger, BT1 Rn 579*).			KK III Fall 4 Rn 177
§ 123 § 243	**Geschäftsräume**	iSv §§ 123 I, 243 I Nr 1 sind Räumlichkeiten, die bestimmungsgemäß für gewerbliche, geschäftliche, berufliche, künstlerische oder wissenschaftliche Zwecke verwendet werden (*Wessels/Hettinger, BT1 Rn 580; Wessels/Hillenkamp, BT2 Rn 214*).		KK II Fall 4 Rn 99	KK III Fall 3 Rn 118
§ 123	**Befriedetes Besitztum**	iSv § 123 I ist ein Grundstück, das durch zusammenhängende, nicht unbedingt lückenlose Schutzwehren in äußerlich erkennbarer Weise gegen das willkürliche Betreten durch andere gesichert ist (*Wessels/Hettinger, BT1 Rn 582*).	KK I Fall 4 Rn 182		KK III Fall 3 Rn 118
§ 123	**Eindringen**	iSv § 123 I ist das Betreten gegen den ausdrücklich erklärten oder mutmaßlichen Willen des Berechtigten (*Wessels/Hettinger, BT1 Rn 584 f*).	KK I Fall 4 Rn 182	KK II Fall 4 Rn 99	KK III Fall 3 Rn 118
§ 125	**Landfriedensbruch**	iSv § 125 I Nr 1 Alt 1 begeht, wer sich an Gewalttätigkeiten gegen Menschen oder Sachen, die aus einer Menschenmenge heraus in einer öffentlichen Sicherheit gefährdenden Weise mit			KK III Fall 1 Rn 21

§	Begriff	Definition	Leitfall in KK I	in KK II	in KK III
		vereinten Kräften begangen werden, als Täter oder Teilnehmer beteiligt (*vgl Gesetzeswortlaut*).			
§ 125	**Menschenmenge**	iSv § 125 ist eine größere, nicht sofort überschaubare Anzahl von Personen, bei der es auf das Hinzukommen oder Weggehen eines Einzelnen nicht mehr ankommt (*Wessels/Hettinger, BT1 Rn 604*).			KK III Fall 1 Rn 21
§ 130	**Aufstacheln**	iSv § 130 I Nr 1 ist die Erzeugung einer gesteigerten, über die bloße Ablehnung und Verachtung hinausgehenden feindseligen Haltung (*vgl BGHSt 40, 97, 102*).			KK III Fall 1 Rn 20
§ 142	**Unfall**	iSv § 142 I ist jedes plötzliche, mit dem Straßenverkehr und seinen Gefahren ursächlich zusammenhängende Ereignis, das einen nicht völlig belanglosen Personen- oder Sachschaden zur Folge hat (*Wessels/Hettinger, BT1 Rn 1004*).	KK I Fall 6 Rn 247		KK III Fall 12 Rn 589
§ 145 d	**Vortäuschen**	iSv § 145 d I ist das Erregen oder Verstärken des Verdachts einer rechtswidrigen Tat durch (auch konkludente) Tatsachenbehauptung, durch das Schaffen einer verdachtserregenden Beweislage oder Selbstbezichtigung (*Wessels/Hettinger, BT1 Rn 706*).			KK III Fall 10 Rn 509
§ 145 d	**Täuschungshandlung**	iSv § 145 d II Nr 1 ist gegeben, wenn der Tatverdacht auf Unbeteiligte gelenkt wird oder die Strafverfolgungsorgane durch konkrete Falschangaben zu unnützen Maßnahmen in die falsche Richtung veranlasst werden sollen (*Wessels/Hettinger, BT1 Rn 713*).			KK III Fall 10 Rn 509
§§ 153 ff	**Aussage**	iSv §§ 153 ff ist im Falle der Zeugenaussage die Wiedergabe von äußeren oder inneren Tatsachen, dh von konkreten Vorgängen oder Zuständen der Vergangenheit oder Gegenwart, die wahrnehmbar in die Wirklichkeit getreten und infolgedessen dem Beweis zugänglich sind (*Wessels/Hettinger, BT1 Rn 746 iVm 492*).			KK III Fall 11 Rn 519

§	Begriff	Definition	Leitfall in KK I	in KK II	in KK III
§§ 153 ff	**„Falsch“**	iSd §§ 153 ff ist eine Aussage, wenn sie mit der Wirklichkeit nicht übereinstimmt (so die objektive Theorie, *Wessels/Hettinger, BT1 Rn 742*).			KK III Fall 11 Rn 520
§ 154	**Falsch schwören**	iSv § 154 meint das Beschwören einer falschen Aussage (*Wessels/Hettinger, BT1 Rn 756*).			KK III Fall 11 Rn 522
§ 160	**Verleiten**	iSv§ 160 I meint ein Einwirken auf die Beweisperson in der Hinsicht, dass diese etwas aussagt, was sie selbst für richtig hält (*Wessels/Hettinger, BT1 Rn 785*).			KK III Fall 11 Rn 530
§ 164	**Verdächtigen eines anderen**	iSv § 160 I bedeutet, dass ein Verdacht auf eine bestimmte Person gelenkt oder ein bereits bestehender Verdacht verstärkt wird (*Wessels/Hettinger, BT1 Rn 692*).			KK III Fall 10 Rn 507
§ 185	**Beleidigen**	iSd § 185 ist die Kundgabe von Missachtung oder Nichtachtung (*Wessels/Hettinger, BT1 Rn 508*).	KK I Fall 7 Rn 266	KK II Fall 2 Rn 56	KK III Fall 6 Rn 265
§§ 185 ff	**Ehrenrührig**	iSv §§ 185 ff ist eine Tatsache, wenn sie geeignet ist, den Betroffenen verächtlich zu machen oder ihn in der öffentlichen Meinung herabzuwürdigen (*Wessels/Hettinger, BT1 Rn 493*).		KK II Fall 2 Rn 61	
§§ 185 ff	**Tatsachen**	iSv §§ 185 ff sind konkrete Vorgänge oder Zustände der Vergangenheit oder Gegenwart, die wahrnehmbar in die Wirklichkeit getreten und infolgedessen dem Beweis zugänglich sind (*Wessels/Hettinger, BT1 Rn 492*).		KK II Fall 2 Rn 54	
§ 185	**Werturteile**	iSv § § 185 sind lediglich subjektive Meinungen, die nicht von Tatsachen belegt werden (*Wessels/Hettinger, BT1 Rn 504*).		KK II Fall 2 Rn 54	
§ 186	**Öffentlich**	iSv § 186 Alt 2 ist eine Behauptung, wenn sie unabhängig von der Öffentlichkeit des fraglichen Ortes von einem größeren, individuell nicht begrenzten und durch nähere Beziehung nicht verbundenen Personenkreis unmittelbar wahrgenommen werden kann (*S/S-Lenckner, § 186 Rn 19*).		KK II Fall 2 Rn 65	

§	Begriff	Definition	Leitfall in KK I	/ in KK II	/ in KK III
§ 202 a	**Berechtigter**	iSv § 202 a ist idR die speichernde Stelle sowie ein Dritter, wenn der Berechtigte dem Dritten die Daten zugänglich gemacht hat (*S/S-Lenckner, § 202 a Rn 6*).			KK III Fall 8 Rn 365
§ 202 a	**Besonders gesichert gegen unberechtigten Zugriff**	iSv § 202 a sind Daten, wenn Vorkehrungen getroffen sind, die geeignet und subjektiv nach dem Willen des Berechtigten dazu bestimmt sind, den Zugriff auf die Daten auszuschließen oder wenigstens nicht unerheblich zu erschweren (*S/S-Lenckner, § 202 a Rn 7*).			KK III Fall 8 Rn 365
§ 202 a § 303 a	**Daten**	iSv § 202 a sind nur solche Informationen, die elektronisch, magnetisch oder sonst nicht unmittelbar wahrnehmbar gespeichert oder übermittelt werden (*vgl Gesetzeswortlaut § 202 a II*).		KK II Fall 4 Rn 105	KK III Fall 8 Rn 363
§ 202 a	**Nicht bestimmt**	iSv § 202 a für den Täter sind Daten, wenn sie ihm nach dem Willen des Berechtigten im Zeitpunkt der Tathandlung nicht zur Verfügung stehen sollen (*S/S-Lenckner, § 202 a Rn 6*).			KK III Fall 8 Rn 365
§ 202 a	**Verschafft**	iSv § 202 a sind Daten zunächst, wenn der Täter bzw der Dritte durch optische bzw akustische Wahrnehmung von ihnen tatsächlich Kenntnis genommen hat, ferner ohne vorherige Kenntnisnahme aber auch dann, wenn der Täter den (körperlichen) Datenträger in seine oder des Dritten Verfügungsgewalt bringt oder wenn er die Daten auf einem solchen fixiert. Die Tathandlung muss unter Überwindung der Zugangssicherung erfolgen (*S/S-Lenckner, § 202 a Rn 10*).			KK III Fall 8 Rn 365
§ 211	**Habgier**	iSv § 211 ist ein ungezügeltes und rücksichtsloses Streben nach Gewinn um jeden Preis, gleichgültig, ob es dabei um einen Vermögenszuwachs oder um die Vermeidung von Aufwendungen als unmittelbare Folge der Tötungshandlung geht (*Wessels/Hettinger, BT1 Rn 94 b*).	KK I Fall 8 Rn 280	KK II Fall 1 Rn 14	KK III Fall 2 Rn 93

§	Begriff	Definition	Leitfall in KK I	in KK II	in KK III
§ 211	**Sonstige niedrige Beweg-gründe**	iSv § 211 sind alle Tatantriebe, die nach allgemeiner rechtlich-sittlicher Wertung auf tiefster Stufe stehen, durch hemmungslose Eigensucht bestimmt und deshalb besonders verachtenswert sind (*Wessels/Hettinger, BT1 Rn 95*).	KK I Fall 1 Rn 114	KK II Fall 1 Rn 14	KK III Fall 2 Rn 93
§ 211	**Heimtücke**	iSv § 211 ist die bewusste Ausnutzung der Arg- und Wehrlosigkeit des Opfers in feindlicher Willensrichtung (*Wessels/Hettinger, BT1 Rn 107*).	KK I Fall 1 Rn 114	KK II Fall 1 Rn 14	KK III Fall 2 Rn 93
§ 211	**Arglos**	iSv § 211 ist, wer sich im Zeitpunkt der Tat keines tätlichen Angriffs auf seine körperliche Unversehrtheit oder sein Leben versieht (*Wessels/Hettinger, BT1 Rn 110*).	KK I Fall 1 Rn 114	KK II Fall 1 Rn 14	KK III Fall 2 Rn 93
§ 211	**Wehrlos**	iSv § 211 ist, wer infolge seiner Arglosigkeit zur Verteidigung außerstande oder in seiner Verteidigung stark eingeschränkt ist (*Wessels/Hettinger, BT1 Rn 112*).	KK I Fall 1 Rn 114	KK II Fall 1 Rn 14	KK III Fall 2 Rn 93
§ 211	**Ausnutzen**	der Arg- und Wehrlosigkeit iSv § 211 ist gegeben, wenn der Täter die von ihm herbeigeführte oder vorgefundene Lage der Arg- und Wehrlosigkeit im Wege des listigen, hinterhältigen oder planmäßig berechnenden Vorgehens bewusst zu einem Überraschungsangriff benutzt und das Opfer so daran hindert, sich zu verteidigen, zu fliehen, Hilfe herbeizurufen, dem Anschlag auf sein Leben in sonstiger Form zu begegnen oder dessen Durchführung wenigstens zu erschweren (*Wessels/Hettinger, BT1 Rn 114*).		KK II Fall 1 Rn 14	KK III Fall 2 Rn 93
§ 211	**Grausam**	iSv § 211 tötet, wer dem Opfer im Rahmen der Tötungshandlung aus gefühlloser, unbarmherziger Gesinnung durch Dauer, Stärke oder Wiederholung der Schmerzverursachung besonders schwere Qualen körperlicher oder seelischer Art zufügt (*Wessels/Hettinger, BT1 Rn 102*).		KK II Fall 1 Rn 14	KK III Fall 2 Rn 93

§	Begriff	Definition	Leitfall in KK I /	in KK II /	in KK III
§ 218	**Abbrechen der Schwangerschaft**	iSv § 218 I ist die Vornahme eines Eingriffs, der die Abtötung der Leibesfrucht bezweckt oder in Kauf nimmt. Der Taterfolg liegt im Absterben der Leibesfrucht (*Wessels/Hettinger, BT1 Rn 225*).		KK II Fall 1 Rn 3	KK III Fall 2 Rn 61
§ 218	**Nidation**	bedeutet Abschluss der Einnistung des befruchteten Eies in der Gebärmutter (*Gesetzeswortlaut § 218 I 2; Wessels/Hettinger, BT1 Rn 219*).			KK III Fall 2 Rn 73
§ 221	**In eine hilflose Lage versetzt**	iSv § 221 I Nr 1 wird ein Mensch, wenn er unter dem bestimmenden Einfluss des Täters in eine Situation gebracht wird, in der er sich ohne fremde Hilfe nicht gegen Gefahren für sein Leben oder seine Gesundheit schützen kann und er solcher Hilfe entbehrt (*Wessels/Hettinger, BT1 Rn 199*).		KK II Fall 5 Rn 152	KK III Fall 1 Rn 48
§ 221	**Im-Stich-Lassen**	iSv § 221 I Nr 2 liegt vor, wenn der Beistandspflichtige sich der Beistandsleistung vorsätzlich (nicht unbedingt durch räumliches Verlassen) entzieht, obwohl er dazu in der Lage wäre (*Wessels/Hettinger, BT1 Rn 202*).		KK II Fall 5 Rn 153	
§ 223 § 229	**Körperliche Misshandlung**	iSv § 223 I Alt 1 ist jede substanzverletzende Einwirkung auf den Körper des Opfers sowie jede üble, unangemessene Behandlung, durch die das körperliche Wohlbefinden oder die körperliche Unversehrtheit mehr als nur unerheblich beeinträchtigt wird (*Wessels/Hettinger, BT1 Rn 255*).	KK I Fall 2 Rn 133	KK II Fall 7 Rn 220	KK III Fall 1 Rn 4
§ 223 § 229	**Gesundheitsschädigung**	iSv § 223 I Alt 2 ist das Hervorrufen, Steigern oder Aufrechterhalten eines vom Normalzustand der körperlichen Funktionen des Opfers nachteilig abweichenden krankhaften Zustandes körperlicher oder seelischer Art (*vgl Wessels/Hettinger, BT1 Rn 257*).	KK I Fall 2 Rn 133	KK II Fall 7 Rn 220	KK III Fall 1 Rn 4
§ 224	**Gift**	iSv § 224 I Nr 1 Alt 1 ist ein organischer oder anorganischer Stoff, der unter bestimmten Bedingungen (etwa Einatmen, Aufnahme über die Haut) durch chemische oder chemisch-physikalische Wirkung geeignet ist, zumindest eine erhebliche Gesundheitsschädigung zu bewirken (*Wessels/Hettinger, BT1 Rn 263, 267*).	KK I Fall 9 Rn 321		KK III Fall 14 Rn 655

§	Begriff	Definition	Leitfall in KK I	in KK II	in KK III
§ 224	**Andere gesundheitsschädliche Stoffe**	iSv § 224 I Nr 1 Alt 2 sind solche Substanzen, die die Gesundheit zu schädigen geeignet sind und die mechanisch oder thermisch wirken [im Gegensatz zu den Giften iSd 1. Alt, die chemisch oder chemisch-physikalisch wirken] sowie krankheitserregende Mikroorganismen (*Wessels/Hettinger, BT1 Rn 264*).	KK I Fall 5 Rn 215		
§ 224	**Beigebracht**	ist das Gift oder der andere gesundheitsschädliche Stoff iSv § 224 I Nr 1, wenn der Täter das Gift/den Stoff derart mit dem Körper des Opfers in Verbindung gebracht hat, dass es/er seine gesundheitsschädigende Wirkung entfalten kann (*Wessels/Hettinger, BT1 Rn 265*).	KK I Fall 9 Rn 321		
§ 224 § 243 § 244 § 250 § 113 § 1 WaffenG	**Waffe**	iSv § 224 I Nr 2 Alt 1, § 243 I 1, 2 Nr 7, § 244 I Nr 1 a § 250 I Nr 1 a bzw § 113 III 2 Nr 1 ist ein gebrauchsfertiges Werkzeug, das nach Art seiner Anfertigung nicht nur geeignet, sondern auch allgemein dazu bestimmt ist, Menschen durch seine mechanische oder chemische Wirkung körperlich zu verletzen, sog Waffe im technischen Sinn (*Wessels/Hettinger, BT1 Rn 273*).	KK I Fall 8 Rn 281; Fall 11 Rn 371		KK III Fall 15 Rn 697
§ 224	**Gefährliches Werkzeug**	iSd § 224 I Nr 2 Alt 2 ist jeder – nach bisher hM bewegliche – Gegenstand, der nach seiner objektiven Beschaffenheit und der Art seiner Verwendung im konkreten Fall geeignet ist, erhebliche Verletzungen zuzufügen (*vgl Wessels/Hettinger, BT1 Rn 275*).	KK I Fall 2 Rn 136	KK II Fall 1 Rn 17	KK III Fall 1 Rn 5
§ 224	**Hinterlistig**	iSd § 224 I Nr 3 ist ein Überfall, wenn der Täter seine wahre Absicht planmäßig berechnend verdeckt, um gerade dadurch dem Angegriffenen die Abwehr zu erschweren (*Wessels/Hettinger, BT1 Rn 279*).	KK I Fall 8 Rn 281	KK II Fall 1 Rn 17	KK III Fall 1 Rn 5
§ 224	**Überfall**	iSd § 224 I Nr 3 ist jeder plötzliche, unerwartete Angriff auf einen Ahnungslosen (*Wessels/Hettinger, BT1 Rn 279*).	KK I Fall 8 Rn 281	KK II Fall 1 Rn 17	KK III Fall 1 Rn 5

§	Begriff	Definition	Leitfall in KK I	/ in KK II	/ in KK III
§ 224	**Mit einem anderen Beteiligten gemeinschaftlich**	iSd § 224 I Nr 4 verlangt, dass bei der Körperverletzung mindestens zwei Personen unmittelbar am Tatort als Angreifer einverständlich zusammenwirken, sei es in Form der Mittäterschaft, sei es in Form von Täterschaft und Teilnahme (*Wessels/Hettinger, BT1 Rn 281*).	KK I Fall 11 Rn 415	KK II Fall 1 Rn 17	KK III Fall 1 Rn 16
§ 224	**Eine das Leben gefährdende Behandlung**	iSv § 224 I Nr 5 liegt vor, wenn die Verletzungshandlung den konkreten Umständen nach objektiv geeignet ist, das Leben des Opfers in Gefahr zu bringen; die tatsächlich erlittene Verletzung braucht dabei nicht lebensgefährlich zu sein (*Wessels/Hettinger, BT1 Rn 282*).	KK I Fall 9 Rn 304	KK II Fall 1 Rn 17	KK III Fall 1 Rn 6
§ 225	**Quälen**	iSv § 225 I ist das Zufügen länger dauernder oder sich wiederholender Schmerzen oder Leiden körperlicher oder seelischer Art (*Wessels/Hettinger, BT1 Rn 313*).		KK II Fall 1 Rn 18	
§ 225	**Roh**	iSv § 225 I ist eine Misshandlung, die einer gefühllosen, fremde Leiden missachtenden Gesinnung entspringt und sich in Handlungsfolgen von erheblichem Gewicht für das körperliche Wohlbefinden des Opfers äußert (*Wessels/Hettinger, BT1 Rn 313*).		KK II Fall 1 Rn 18	
§ 225	**Böswillig**	iSd § 225 I handelt, wer die ihm obliegende Sorgfaltspflicht aus besonders verwerflichen Gründen verletzt, wie etwa aus Hass, Bosheit, Geiz oder rücksichtslosem Egoismus (*Wessels/Hettinger, BT1 Rn 313*).		KK II Fall 1 Rn 18	
§ 226	**Glied**	iSv § 226 Nr 2 ist ein Körperteil, der eine in sich abgeschlossene Existenz mit besonderer Funktion im Gesamtorganismus hat (*Wessels/Hettinger, BT1 Rn 288*).			KK III Fall 15 Rn 715
§ 226	**Lähmung**	iSv § 226 I Nr 3 bedeutet eine erhebliche Beeinträchtigung (zumindest) eines Körperteils, die sich auf die Bewegungsfähigkeit des ganzen Körpers nachteilig auswirkt (*Wessels/Hettinger, BT1 Rn 294*).			KK III Fall 10 Rn 496

§	Begriff	Definition	Leitfall in KK I / in KK II / in KK III
§ 226	**Geistige Krankheit**	iSv § 226 I Nr 3 meint alle krankhaft seelischen Störungen (*Wessels/Hettinger, BT1 Rn 294*).	KK II Fall 5 Rn 151
§ 226	**Geistige Behinderung**	iSv § 226 I Nr 3 ist jede nicht nur unerhebliche und nicht nur vorübergehende Störung der Gehirntätigkeit (*S/S-Stree, § 226 Rn 7*).	KK II Fall 5 Rn 151
§ 228	**Sittenwidrigkeit**	einer Körperverletzung iSv § 228 liegt vor, wenn sie dem Anstandsgefühl aller billig und gerecht Denkenden widerspricht, wobei es vor allem auf die Beweggründe und die Ziele der Beteiligten sowie auf die angewandten Mittel und die Art der Verletzung ankommt (*Wessels/Beulke, AT Rn 377*).	KK III Fall 2 Rn 76
§ 231	**Schlägerei**	iSv § 231 ist ein mit gegenseitigen Körperverletzungen verbundener Streit, an dem mindestens drei Personen aktiv mitwirken (*Wessels/Hettinger, BT1 Rn 345*).	KK III Fall 1 Rn 19
§ 231	**Angriff mehrerer**	iSd § 231 bezeichnet eine feindselige unmittelbar auf den Körper eines anderen abzielende Einwirkung durch mindestens zwei Personen (*Wessels/Hettinger, BT1 Rn 347*).	KK III Fall 1 Rn 19
§ 231	**Beteiligt**	an der Schlägerei iSv § 231 ist, wer am Tatort anwesend ist und durch physische oder psychische Mitwirkung an den gegen andere gerichteten Tätlichkeiten teilnimmt (*Wessels/Hettinger, BT1 Rn 349*).	KK III Fall 1 Rn 19
§ 239	**Einsperren**	iSv § 239 ist das Verhindern des Verlassen eines Raumes durch äußere Vorrichtungen oder sonstige Vorkehrungen (*Wessels/Hettinger, BT1 Rn 372*).	KK III Fall 2 Rn 63
§ 239 b	**Entführen**	iSv § 239 b als Vorstufe des Sich-Bemächtigens unterwirft das Opfer einer Veränderung seines Aufenthaltsortes mit der Wirkung, dass es der Herrschaftsgewalt des Täters ausgeliefert ist (*Wessels/Hettinger, BT1 Rn 454*).	KK III Fall 1 Rn 8
§ 239 b	**Sich-Bemächtigen**	iSv § 239 b bedeutet, einen anderen zwecks Benutzung als Geisel physisch in seine Gewalt zu bringen (*Wessels/Hettinger, BT1 Rn 454*).	KK III Fall 1 Rn 8

§	Begriff	Definition	Leitfall in KK I	in KK II	in KK III
§ 240 § 253	**Drohen**	iSd § 240 ist das auf Einschüchterung des Opfers gerichtete Inaussichtstellen eines zukünftigen Übels, auf dessen Eintritt der Drohende sich Einfluss zuschreibt (*Wessels/Hettinger, BT1 Rn 402*).		KK II Fall 9 Rn 273	KK III Fall 1 Rn 12
§ 240 § 253	**Empfindliches Übel**	iSd §§ 240, 253 ist ein Nachteil von solcher Erheblichkeit, dass seine Ankündigung geeignet erscheint, den Bedrohten iSd Täterverlangens zu motivieren (*Wessels/Hettinger, BT1 Rn 411*).		KK II Fall 9 Rn 273	KK III Fall 1 Rn 12
§ 240	**Gewalt**	iSd § 240 I ist der körperlich wirkende Zwang durch die Entfaltung von Kraft oder durch eine physische Einwirkung sonstiger Art, die nach ihrer Zielrichtung, Intensität und Wirkungsweise dazu bestimmt und geeignet ist, die Freiheit der Willensentschließung oder Willensbetätigung eines anderen aufzuheben oder zu beeinträchtigen (*vgl BGHSt 41, 182, 183; Wessels/Hettinger, BT1 Rn 383*).		KK II Fall 2 Rn 49	KK III Fall 1 Rn 12 und Fall 12 Rn 600
§ 240	**Nötigen**	iSv § 240 I heißt, dem Betroffenen ein seinem Willen widerstrebendes Verhalten (Handeln, Dulden oder Unterlassen) aufzuzwingen (*Wessels/Hettinger, BT1 Rn 380*).		KK II Fall 2 Rn 49	KK III Fall 1 Rn 12
§ 240 § 253	**Verwerflich**	iSd §§ 240 II, 253 II ist, was sozial unerträglich und wegen seines grob anstößigen Charakters sozial-ethisch in besonderem Maße zu missbilligen ist (*Wessels/Hettinger, BT1 Rn 426*). Es können das (Nötigungs-)Mittel, der Zweck und/oder die Zweck-Mittel-Relation als verwerflich einzustufen sein.		KK II Fall 9 Rn 275	
§§ 242 ff § 303 § 306	**Fremd**	iSv §§ 242 ff, 303, 306 ist eine Sache, wenn sie im (Allein-, Mit- oder Gesamthands-) Eigentum eines anderen steht, also weder herrenlos iSd §§ 958 ff BGB ist noch ausschließlich dem Täter selbst gehört (*Wessels/Hillenkamp, BT2 Rn 68*).	KK I Fall 1 Rn 105		KK III Fall 2 Rn 72
§§ 242 ff § 303	**Sachen**	iSd §§ 242 ff, 303 sind alle körperlichen Gegenstände ohne Rücksicht auf ihren wirtschaftlichen Wert (*Wessels/Hillenkamp, BT2 Rn 15, 63*).	KK I Fall 1 Rn 103	KK II Fall 2 Rn 41	KK III Fall 3 Rn 108

§	Begriff	Definition	Leitfall in KK I	in KK II	in KK III
§§ 242 ff	**Wegnahme**	iSd §§ 242 ff ist der Bruch fremden Allein- oder Mitgewahrsams und die Begründung neuen, nicht notwendig, aber regelmäßig eigenen Gewahrsams (*Wessels/Hillenkamp, BT2 Rn 71*).	KK I Fall 1 Rn 109	KK II Fall 2 Rn 41	KK III Fall 3 Rn 121
§§ 242 ff	**Gewahrsam**	iSd §§ 242 ff ist die tatsächliche Sachherrschaft eines Menschen über eine Sache, die von einem natürlichen Herrschaftswillen getragen und deren Reichweite von der Verkehrsauffassung bestimmt wird (vgl *Wessels/Hillenkamp, BT2 Rn 71 mit der Forderung nach verstärkter Einbeziehung sozial-normativer Komponenten*).	KK I Fall 1 Rn 109	KK II Fall 2 Rn 41	KK III Fall 3 Rn 121
§§ 242 ff	**Gewahrsamsbruch**	iSd §§ 242 ff liegt vor, wenn die Sachherrschaft des bisherigen Gewahrsaminhabers gegen seinen Willen oder zumindest ohne sein Einverständnis aufgehoben wird (*Wessels/Hillenkamp, BT2 Rn 103 ff*).		KK II Fall 2 Rn 41	
§§ 242 ff	**Zueignungsabsicht**	iSd §§ 242 ff ist die Absicht, sich oder einem Dritten die fremde Sache oder den in ihr verkörperten Sachwert anzueignen, gepaart mit dem Vorsatz, den Eigentümer zu enteignen (*vgl Wessels/Hillenkamp, BT2 Rn 136 ff*).		KK II Fall 2 Rn 43	KK III Fall 3 Rn 125
§§ 242 ff	**Aneignung**	iSd §§ 242 ff ist das – wenn auch nur vorübergehende – Einverleiben der fremden Sache selbst oder des in ihr verkörperten Sachwertes in das Vermögen des Täters oder eines Dritten (*vgl Wessels/Hillenkamp, BT2 Rn 136 ff*).		KK II Fall 2 Rn 44	
§§ 242 ff	**Enteignung**	iSd §§ 242 ff bedeutet die endgültige Ausschließung bzw Verdrängung des Eigentümers aus seiner wirtschaftlichen Position. Sie muss auf Dauer angelegt sein (*vgl Wessels/Hillenkamp, BT2 Rn 136, 142*).		KK II Fall 2 Rn 44	KK III Fall 3 Rn 125; Fall 8 Rn 359; Fall 9 Rn 458
§ 243	**Gebäude**	iSv § 243 I 1, 2 Nr 1 ist ein durch Wände und Dach begrenztes, mit dem Erdboden fest verbundenes Bauwerk, das den Eintritt von Menschen gestattet und Unbefugte fernhalten soll (*Wessels/Hillenkamp, BT2 Rn 214*).			KK III Fall 7 Rn 280

§	Begriff	Definition	Leitfall in KK I	/ in KK II	/ in KK III
§ 243	**Umschlossener Raum**	iSv § 243 I 1, 2 Nr 1 ist jedes Raumgebilde, das (zumindest auch) zum Betreten durch Menschen bestimmt und mit Vorrichtungen versehen ist, die das Eindringen von Unbefugten abwehren sollen und tatsächlich ein Hindernis bilden, das ein solches Eindringen nicht unerheblich erschwert (*Wessels/Hillenkamp, BT2 Rn 213*).			KK III Fall 7 Rn 280
§ 243 § 244	**Einbrechen**	iSv §§ 243 I 2 Nr 1, 244 I Nr 3 ist das gewaltsame, nicht notwendig substanzverletzende Öffnen einer dem Zutritt entgegenstehenden Umschließung (*Wessels/Hillenkamp, BT2 Rn 215*).	KK I Fall 4 Rn 182	KK II Fall 8 Rn 229	KK III Fall 3 Rn 110
§ 243 § 244	**Einsteigen**	iSv §§ 243 I 2 Nr 1, 244 I Nr 3 ist jedes Hineingelangen in ein Gebäude oder einen umschlossenen Raum durch eine zum ordnungsgemäßen Eintritt nicht bestimmte Öffnung unter Überwindung von Hindernissen oder Schwierigkeiten, die sich aus der Eigenart des Gebäudes oder der Umfriedung des umschlossenen Raums ergeben (*Wessels/Hillenkamp, BT2 Rn 216*).	KK I Fall 4 Rn 182	KK II Fall 8 Rn 229	KK III Fall 4 Rn 181
§ 243	**Falscher Schlüssel**	iSv § 243 I 2 Nr 1 ist jeder Schlüssel, der zur Tatzeit vom Berechtigten nicht oder nicht mehr zum Öffnen des betreffenden Verschlusses bestimmt ist (*Wessels/Hillenkamp, BT2 Rn 217*).		KK II Fall 8 Rn 229	KK III Fall 7 Rn 280
§ 243	**Anderes Werkzeug**	iSv § 243 I 2 Nr 1 ist ein solches beliebiger Art, welches vom Täter in einer Weise angewandt wird, dass der Mechanismus des Verschlusses ordnungswidrig in Bewegung gesetzt wird (*Wessels/Hillenkamp, BT2 Rn 219*).		KK II Fall 8 Rn 229	
§ 243	**Behältnis**	iSv § 243 I 2 Nr 2 ist ein zur Aufnahme von Sachen dienendes und sie umschließendes Raumgebilde, das nicht dazu bestimmt ist, von Menschen betreten zu werden (*Wessels/Hillenkamp, BT2 Rn 225*).		KK II Fall 8 Rn 229	

§	Begriff	Definition	Leitfall in KK I	in KK II	in KK III
§ 243	**Schutzvorrichtungen**	iSv § 243 I 2 Nr 2 sind alle Vorkehrungen und technischen Mittel, die dazu bestimmt und geeignet sind, Sachen gegen Entwendung zu schützen, den ungehinderten Zugriff auf sie auszuschließen und ihre Wegnahme mindestens zu erschweren (*Wessels/Hillenkamp, BT2 Rn 226*).		KK II Fall 4 Rn 96	
§ 243 § 260 § 263	**Gewerbsmäßig**	iSv § 243 I 2 Nr 3, § 260 I Nr 1, § 263 III Nr 1 handelt, wer sich aus der wiederholten Tatbegehung eine fortlaufende Einnahmequelle von einigem Umfang und einer gewissen Dauer verschaffen will (*Wessels/Hillenkamp, BT2 Rn 230*).	KK I Fall 11 Rn 368		KK III Fall 5 Rn 236
§ 243	**Allgemein zugänglich**	iSv § 243 I 2 Nr 5 ist eine Sammlung, wenn sie nicht lediglich einem begrenzten Kreis von Benutzern offen steht (*Wessels/Hillenkamp, BT2 Rn 232, 42*).		KK II Fall 8 Rn 229	
§ 243	**Von Bedeutung für die Kunst**	iSv § 243 I 2 Nr 5 ist eine Sache, wenn ihr Verlust eine spürbare Einbuße für diese Disziplin darstellen würde (*Fischer, § 243 Rn 20*).		KK II Fall 8 Rn 229	
§ 243 § 248 a	**Gering**	iSv §§ 243 II, 248 a ist der Wert der Sache, wenn er nach der allgemeinen Verkehrsauffassung für den Gewinn wie für den Verlust als unerheblich anzusehen ist; dies wird derzeit bei einem Wert von etwa 50 € angenommen (*Wessels/Hillenkamp, BT2 Rn 242, 310 f*).		KK II Fall 4 Rn 98	KK III Fall 3 Rn 114
§ 244	**Gefährlich**	sind mitgeführte Gegenstände iSv § 244 I Nr 1 a, wenn zu ihrer allgemeinen Eignung, erhebliche Körperverletzungen zu bewirken, hinzutritt, dass diese Wirkung bei Umsetzung des inneren Verwendungsvorbehaltes auch eintritt, das Werkzeug also „notfalls" eingesetzt wird (*Wessels/Hillenkamp, BT2 Rn 262 b*).			KK III Fall 3 Rn 116
§ 244	**Beisichführen**	einer Waffe (oder eines gefährlichen Werkzeuges) iSd § 244 I Nr 1 a bedeutet, diese irgendwann zwischen Versuchsbeginn und Vollendung bewusst gebrauchsbereit bei sich zu haben (*Joecks, St-K, § 244 Rn 14*).			KK III Fall 4 Rn 187

§	Begriff	Definition	Leitfall in KK I	/ in KK II	/ in KK III
§ 244 § 244 a	**Bande**	iSv § 244 I Nr 1 a und § 244 a I ist der Zusammenschluss von mindestens drei Personen, die sich mit dem Willen verbunden haben, künftig für eine gewisse Dauer mehrere selbstständige, im Einzelnen noch ungewisse Straftaten des im Gesetz genannten Deliktstyps zu begehen. Ein „gefestigter Bandenwille“ oder ein „Tätigwerden in einem übergeordneten Bandeninteresse“ ist nicht erforderlich (*BGHSt GrS 46, 321 ff*).	KK I Fall 11 Rn 369		KK III Fall 9 Rn 437
§ 244	**Wohnungen**	iSv § 244 I Nr 3 sind umschlossene Räume, die als Mittelpunkt des privaten Lebens Selbstentfaltung, -entlastung und vertrauliche Kommunikation gewährleisten (*Wessels/Hillenkamp, BT2 Rn 267*).		KK II Fall 8 Rn 229	KK III Fall 3 Rn 117
§ 246	**Zueignung**	iSv § 246 ist die Manifestation des Zueignungswillens (*Wessels/Hillenkamp, BT2 Rn 280*).		KK II Fall 3 Rn 85	
§ 246	**Anvertraut**	iSd § 246 II sind solche Sachen, deren Gewahrsam der Täter vom Eigentümer oder einem Dritten mit der Verpflichtung erlangt hat, sie zu einem bestimmten Zeck zu verwenden, aufzubewahren oder auch nur zurückzugeben (*Wessels/Hillenkamp, BT2 Rn 295*).			KK III Fall 6 Rn 255
§ 248 b	**Gebrauchsanmaßung**	iSv § 248 b ist die nur vorübergehende Nutzung einer fremden Sache mit dem Ziel, sie dem Eigentümer nach der Nutzung zurückzugeben (*vgl Wessels/Hillenkamp, BT2 Rn 143*).		KK II Fall 2 Rn 44	
§ 249	**Gewalt gegen eine Person**	iSv § 249 I ist die Ausübung körperlich wirkenden Zwanges durch eine unmittelbare oder mittelbare Einwirkung auf einen anderen, die nach der Vorstellung des Täters dazu bestimmt und geeignet ist, einen tatsächlich geleisteten oder erwarteten Widerstand zu überwinden oder unmöglich zu machen (*Wessels/Hillenkamp, BT2 Rn 319*).		KK II Fall 2 Rn 43	KK III Fall 9 Rn 406

§	Begriff	Definition	Leitfall in KK I /	in KK II /	in KK III
§ 249	**Vis absoluta**	iSv § 249 I ist das Ausschalten der Willensbildung oder das Unmöglichmachen der Willensbetätigung durch Gewalt (*Wessels/Hettinger, BT1 Rn 396*).		KK II Fall 2 Rn 46	
§ 249	**Vis compulsiva**	iSv § 249 I ist das Hervorrufen eines bestimmten Willensentschlusses durch Gewalt (*vgl Wessels/Hettinger, BT1 Rn 396*).		KK II Fall 2 Rn 46	
§ 250	**Für die Gefahr einer schweren Gesundheitsschädigung**	iSv § 250 I Nr 1 c ist erforderlich, aber auch ausreichend, dass das Opfer in eine ernste langwierige Krankheit verfällt oder seine Arbeitskraft erheblich beeinträchtigt wird (*vgl Wessels/Hillenkamp, BT2 Rn 347*).			KK III Fall 9 Rn 432
§ 250	**Schwere körperliche Misshandlung**	iSv § 250 II Nr 3 a setzt vorsätzlich herbeigeführte schwere Gesundheitsschädigungen iSv § 250 I Nr 1 c oder neben einer nicht unerheblichen Beeinträchtigung der Körperintegrität besonders rohe Misshandlungen voraus (*Wessels/Hettinger, BT2 Rn 352*).			KK III Fall 9 Rn 432
§ 252	**Auf frischer Tat betroffen**	iSv § 252 ist der Täter dann, wenn er bei der Ausführung alsbald nach Vollendung der Wegnahme am Tatort oder in dessen unmittelbarer Nähe von einem anderen wahrgenommen, bemerkt oder schlicht angetroffen wird (*Wessels/Hillenkamp, BT2 Rn 364*).		KK II Fall 9 Rn 266	KK III Fall 9 Rn 430
§ 253	**Vermögensverfügung**	iSv § 253 [Tatbestandsvoraussetzung nach hL] umfasst jedes bewusste und willensgetragene Verhalten des Genötigten, das bei diesem selbst oder bei einem Dritten unmittelbar zu einer Vermögensminderung im wirtschaftlichen Sinne führt (*Wessels/Hillenkamp, BT2 Rn 713*).		KK II Fall 2 Rn 46	KK III Fall 9 Rn 412
§ 257	**Hilfeleisten**	iSd § 257 I stellt eine Handlung dar, die objektiv geeignet und subjektiv darauf gerichtet ist, die durch die Vortat erlangten oder entstandenen Vorteile gegen Entziehung zugunsten des Verletzten zu sichern (*Wessels/Hillenkamp, BT2 Rn 806 ff*).		KK II Fall 6 Rn 188	KK III Fall 7 Rn 305

§	Begriff	Definition	Leitfall in KK I	in KK II	in KK III
§ 258	**Vereitelungshandlung**	iSv § 258 I ist ein Verhalten, das nach seiner Zielsetzung darauf gerichtet ist, die Realisierung des in § 258 I umschriebenen Ahndungs- oder Anordnungsrechts durch eine Besserstellung des Vortäters ganz oder teilweise zu verhindern (*Wessels/Hettinger, BT1 Rn 724*).			KK III Fall 11 Rn 523
§ 259	**Absetzen**	iSv § 259 I bedeutet das selbstständige Unterstützen eines anderen beim entgeltlichen Weiterverschieben der bemakelten Sache an Dritte (*Wessels/Hillenkamp, BT2 Rn 863, 868*).			KK III Fall 7 Rn 306
§ 259	**Absetzen helfen**	iSv § 259 I bedeutet jede weisungsabhängige, unselbstständige Unterstützung, die vom Vortäter bei dessen Absatzbemühungen gewährt wird (*Wessels/Hillenkamp, BT2 Rn 863*).			KK III Fall 7 Rn 306
§ 259	**Sichverschaffen**	iSv § 259 I bedeutet die bewusste und gewollte Übernahme der tatsächlichen Verfügungsgewalt zu eigenen Zwecken im Wege des abgeleiteten Erwerbs und des einverständlichen Zusammenwirkens mit dem Vortäter oder dem sonstigen Vorbesitzer (*Wessels/Hillenkamp, BT2 Rn 848*).		KK II Fall 6 Rn 186	KK III Fall 7 Rn 294
§ 263	**Täuschungshandlung**	iSv § 263 ist das Vorspiegeln falscher Tatsachen oder die Entstellung oder Unterdrückung wahrer Tatsachen (*krit: Wessels/Hillenkamp, BT2 Rn 493*).		KK II Fall 3 Rn 70	KK III Fall 5 Rn 200
§ 263	**Tatsachen**	iSd § 263 sind konkrete Vorgänge oder Zustände der Vergangenheit oder Gegenwart, die dem Beweis zugänglich sind (*Wessels/Hillenkamp, BT2 Rn 494*).		KK II Fall 3 Rn 70	
§ 263	**Irrtum**	iSv § 263 ist jede unrichtige, der Wirklichkeit nicht entsprechende Vorstellung über Tatsachen (*Wessels/Hillenkamp, BT2 Rn 508*).		KK II Fall 4 Rn 106	KK III Fall 5 Rn 204
§ 263	**Vermögensverfügung**	iSv § 263 umfasst jedes freiwillige tatsächliche Handeln, Dulden oder Unterlassen des Getäuschten, das bei diesem selbst oder bei einem Dritten unmittelbar zu einer Vermögensminderung im wirtschaftlichen Sinne führt (*Wessels/Hillenkamp, BT2 Rn 514*).		KK II Fall 4 Rn 112	KK III Fall 5 Rn 206

§	Begriff	Definition	Leitfall in KK I	in KK II	in KK III
§ 263	**Vermögensschaden**	iSv § 263 bezeichnet eine nachteilige Vermögensdifferenz, die nicht durch ein unmittelbar aus der Vermögensverfügung fließendes Äquivalent wirtschaftlich voll ausgeglichen wird (*Wessels/Hillenkamp, BT2 Rn 538*).		KK II Fall 6 Rn 171	KK III Fall 5 Rn 206
§ 263	**Vermögen**	iSd § 263 umfasst nach dem **wirtschaftlichen Vermögensbegriff** alle geldwerten Güter einer Person (*Wessels/Hillenkamp*, BT2 Rn 531).		KK II Fall 6 Rn 179	KK III Fall 5 Rn 232
§ 263	**Vermögen**	iSd § 263 umfasst nach der **juristisch-ökonomischen Vermittlungslehre** alle Güter und Positionen, denen ein wirtschaftlicher Wert beizumessen ist und die mangels ausdrücklicher rechtlicher Missbilligung unter dem Schutz der Rechtsordnung stehen (*Wessels/Hillenkamp, BT2 Rn 532, 535*).		KK II Fall 6 Rn 179	KK III Fall 5 Rn 232
§ 263	**Bereicherungsabsicht**	iSd § 263 ist gegeben, wenn es dem Täter auf die Erlangung eines rechtswidrigen Vermögensvorteils ankommt, mag dieser Vorteil von ihm auch nur als Mittel zu einem anderweitigen Zweck und damit als Zwischenziel erstrebt werden (*Wessels/Hillenkamp, BT2 Rn 579*).		KK II Fall 6 Rn 172	KK III Fall 5 Rn 206
§ 263	**Rechtswidrig**	ist der erstrebte Vermögensvorteil iSd § 263, wenn auf ihn kein rechtlich begründeter Anspruch besteht (*Wessels/Hillenkamp, BT2 Rn 581*).		KK II Fall 6 Rn 172	KK III Fall 5 Rn 206
§ 263	**Stoffgleichheit**	der beabsichtigten rechtswidrigen Bereicherung iRd § 263 liegt vor, wenn der Täter den rechtswidrigen Vermögensvorteil in der Weise erstrebt, dass er unmittelbar zulasten des geschädigten Vermögens geht und damit die Kehrseite des Schadens bildet (*Wessels/Hillenkamp, BT2 Rn 585*).		KK II Fall 6 Rn 172	KK III Fall 5 Rn 206
§ 263 a	**Unbefugte Verwendung**	von Daten iSv § 263 a I Var 3 setzt nach der herrschenden **betrugsspezifischen Auslegung** Täuschungsäquivalenz voraus: Sie ist gegeben, wenn die Verwendung der Daten gegenüber einer Person Täuschungscharakter hätte (*Wessels/Hillenkamp, BT2 Rn 609*).			KK III Fall 8 Rn 373 und Fall 8 Rn 385

§	Begriff	Definition	Leitfall in KK I / in KK II / in KK III		
§ 263 a	**Beeinflusst**	iSv § 263 a I wird das Ergebnis eines Datenverarbeitungsvorgangs, wenn eine der im Gesetz genannten Tathandlungen in den Verarbeitungsvorgang des Computers Eingang findet, seinen Ablauf irgendwie mitbestimmt und eine Vermögensdisposition auslöst. Dass der Datenverarbeitungsvorgang bereits in Gang befindlich ist, setzt dessen Ergebnisbeeinflussung nicht voraus (*Wessels/Hillenkamp, BT2 Rn 602*).			KK III Fall 8 Rn 374
§ 265	**Versichert**	iSd § 265 ist eine Sache, wenn über sie ein Versicherungsvertrag abgeschlossen und förmlich zustande gekommen ist, mag er auch anfechtbar oder nach § 51 III VVG nichtig sein (*Wessels/Hillenkamp, BT2 Rn 653*).		KK II Fall 8 Rn 227	
§ 265	**Beiseiteschaffen**	iSv § 265 ist jede Handlung, durch die ein Gegenstand räumlich so entfernt oder verborgen wird, dass der Versicherungsfall als eingetreten gilt (*Wessels/Hillenkamp, BT2 Rn 654*).		KK II Fall 8 Rn 227	
§ 266	**Missbrauchshandlung**	iSv § 266 I Alt 1 ist gegeben, wenn der Täter im Rahmen seines rechtsverbindlichen Könnens die Grenzen des im Innenverhältnis einzuhaltenden rechtlichen Dürfens bewusst überschreitet (*Wessels/Hillenkamp, BT2 Rn 753*).			KK III Fall 10 Rn 480
§ 266	**Verfügungsbefugnis**	iSv § 266 I Alt 1 ist eine Rechtstellung, die den Täter nach außen in den Stand setzt, Vermögensrechte eines anderen wirksam zu ändern, zu übertragen oder aufzuheben (*S/S-Lenckner/Perron, § 266 Rn 4*).			KK III Fall 10 Rn 480
§ 266	**Verpflichtungsbefugnis**	iSv § 266 I Alt 1 ist eine Rechtsstellung, die den Täter nach außen in den Stand setzt, einen anderen mit Verbindlichkeiten zu belasten (*S/S-Lenckner/Perron, § 266 Rn 4*).			KK III Fall 10 Rn 480

§	Begriff	Definition	Leitfall in KK I	in KK II	in KK III
§ 266	**Vermögensbetreuungspflicht**	iSv § 266 I ist die Pflicht zur Wahrnehmung fremder Vermögensinteressen, welche den typischen und wesentlichen Inhalt des rechtlich begründeten oder faktisch bestehenden Treueverhältnisses bildet, also dessen Hauptgegenstand und nicht eine bloße Nebenpflicht ist (*Wessels/Hettinger, BT1 Rn 769*).		KK II Fall 6 Rn 169	KK III Fall 10 Rn 483
§ 266	**Verletzung der Vermögensbetreuungspflicht**	iSv § 266 I Alt 2 ist jedes Handeln oder Unterlassen, das im Widerspruch zur Treuepflicht steht (*Wessels/Hillenkamp, BT2 Rn 769*).			KK III Fall 10 Rn 486
§§ 267 ff	**Urkunde**	iSd materiellen Strafrechts ist jede verkörperte Gedankenerklärung, die zum Beweis im Rechtsverkehr geeignet und bestimmt ist und die ihren Aussteller erkennen lässt (*Wessels/Hettinger, BT1 Rn 790*).		KK II Fall 4 Rn 102	KK III Fall 2 Rn 80
§§ 267 ff	**Zusammengesetzte Urkunde**	iSd materiellen Strafrechts ist eine verkörperte Gedankenerklärung, die mit ihrem Bezugsobjekt räumlich fest (= nicht notwendig untrennbar) zu einer Beweismitteleinheit derart verbunden ist, dass beide zusammen einen einheitlichen Beweis- und Erklärungsinhalt in sich vereinigen (*Wessels/Hettinger, BT1 Rn 816*).		KK II Fall 4 Rn 120	
§ 267	**Aussteller einer Urkunde**	iSv § 267 I ist nicht, wer die Urkunde körperlich hergestellt hat, sondern derjenige, dem das urkundlich Erklärte im Rechtsverkehr zugerechnet wird und von dem die Erklärung in diesem Sinne geistig herrührt, weil er sich zu ihr als Urheber bekennt (*sog Geistigkeitstheorie; Wessels/Hettinger, BT1 Rn 801*).		KK II Fall 4 Rn 120	KK III Fall 8 Rn 362
§ 267	**Unecht**	ist eine Urkunde iSv § 267 I, wenn sie nicht von demjenigen herrührt, der aus ihr als Aussteller („Erklärender") hervorgeht (*Wessels/Hettinger, BT1 Rn 821*).		KK II Fall 4 Rn 120	KK III Fall 6 Rn 260
§ 267	**Herstellen**	einer unechten Urkunde iSv § 267 I Var 1 liegt vor, wenn eine Identitätstäuschung über den wahren Aussteller bewirkt werden soll, dh ein Handeln			

§	Begriff	Definition	Leitfall in KK I	in KK II	in KK III
		zum Zwecke der Herbeiführung oder Aufrechterhaltung eines Irrtums über die Person des wirklichen Ausstellers (*Wessels/Hettinger, BT1 Rn 821*).		KK II Fall 4 Rn 122	KK III Fall 6 Rn 260
§ 267	**Verfälschen**	einer Urkunde iSv § 267 I Var 2 ist jede Veränderung der Beweisrichtung und des gedanklichen Inhalts einer echten Urkunde, sodass diese nach dem Eingriff etwas anderes zum Ausdruck bringt als vorher (*Wessels/Hettinger, BT1 Rn 842*).		KK II Fall 4 Rn 121	KK III Fall 2 Rn 81
§ 267	**Gebrauchmachen**	einer Urkunde iSv § 267 I Var 3 ist gegeben, wenn die Urkunde selbst und nicht nur ihre schlichte Abschrift oder Ablichtung dem zu Täuschenden in der Weise zugänglich gemacht wird, dass er die Möglichkeit zur Kenntnisnahme hat (*Wessels/Hettinger, BT1 Rn 851*).		KK II Fall 4 Rn 122	KK III Fall 2 Rn 81
§ 268 § 274	**Technische Aufzeichnung**	iSv §§ 268, 274 I Nr 1 ist in § 268 II gesetzlich definiert. Unter einer „Darstellung" im dort genannten Sinn ist nach jetzt hM nur eine Aufzeichnung zu verstehen, bei der die geräteautonom produzierte Information in einem selbstständig verkörperten, vom Gerät abtrennbaren Stück enthalten ist (*vgl Gesetzestext [§ 268 II]; Wessels/Hettinger, BT1 Rn 862*).			KK III Fall 8 Rn 362
§ 268	**Unecht**	iSv § 268 ist eine technische Aufzeichnung, wenn sie überhaupt nicht oder nicht so, wie sie vorliegt, das Ergebnis eines in seiner Selbsttätigkeit von Störungshandlungen unbeeinflussten Aufzeichnungsvorganges ist, obwohl sie diesen Anschein erweckt (*Wessels/Hettinger, BT1 Rn 871*).			KK III Fall 8 Rn 380
§ 271	**Öffentliche Urkunde**	(§ 415 I ZPO) ist eine Urkunde, die von einer öffentlichen Behörde innerhalb der Grenzen ihrer Amtsbefugnisse oder von einer mit öffentlichen Glauben ausgestatteten Person innerhalb des ihr zugewiesenen Geschäftskreises in der ihr vorgeschriebenen Form aufgenommen wurde (*Fischer, § 275 Rn 2 iVm § 273 Rn 2*).			KK III Fall 6 Rn 262

§	Begriff	Definition	Leitfall in KK I	in KK II	in KK III
§ 273 § 275 § 276	**Amtlicher Ausweis**	iSd §§ 273, 275, 276 ist eine solche Urkunde, die von einer – deutschen oder ausländischen – Behörde oder sonstigen Stelle, die Aufgaben der öffentlichen Verwaltung wahrnimmt, ausgestellt ist, um die Identität einer Person oder ihre persönlichen Verhältnisse zu beweisen (*Fischer, § 275 Rn 2 iVm § 273 Rn 2*).			KK III Fall 14 Rn 660
§ 274	**Nicht gehören**	iSv § 274 I Nr 1 bedeutet, dass außer dem Täter auch andere dazu befugt sind, die Urkunde/technische Aufzeichnung zum Beweis im Rechtsverkehr zu gebrauchen (*vgl Wessels/Hettinger, BT1 Rn 889*).		KK II Fall 4 Rn 125	KK III Fall 2 Rn 84
§ 274	**Beschädigen**	iSv § 274 I Nr 1 bedeutet eine derartige Veränderung der Urkunde, dass sie in ihrem Wert als Beweismittel beeinträchtigt ist (*Wessels/Hettinger, BT1 Rn 892*).		KK II Fall 4 Rn 125	KK III Fall 8 Rn 381
§ 274	**Unterdrücken**	iSv § 274 I Nr 1 ist jede Handlung, durch die dem Beweisführungsberechtigten die Benutzung des Beweismittels dauernd oder zeitweilig entzogen oder vorenthalten wird (*Wessels/Hettinger, BT1 Rn 893*).		KK II Fall 4 Rn 125	KK III Fall 8 Rn 362
§ 274	**Vernichten**	iSv § 274 I Nr 1 bedeutet die völlige Beseitigung der beweiserheblichen Substanz einer Urkunde (*Wessels/Hettinger, BT1 Rn 891*).		KK II Fall 4 Rn 125	KK III Fall 6 Rn 261
§ 276	**Verschaffen**	iSd § 276 ist jedes „In-Besitz-Bringen" (*Fischer, § 276 Rn 4*).			KK III Fall 14 Rn 660
§ 281	**Ausweispapier**	iSv § 281 I ist ein Papier, das dem Nachweis der Identität oder der persönlichen Verhältnisse dienen soll und von einer hoheitlichen Stelle ausgestellt ist (*S/S-Cramer/Heine, § 281 Rn 3*).			KK III Fall 8 Rn 382
§ 289	**Wegnahme**	iSd § 289 I setzt keinen Gewahrsamsbruch, sondern nur die räumliche Entfernung der Sache aus dem tatsächlichen Macht- und Zugriffsbereich des Rechtsinhabers voraus (*Wessels/Hillenkamp, BT2 Rn 442*).		KK II Fall 3 Rn 77	

§	Begriff	Definition	Leitfall in KK I	in KK II	in KK III
§ 303	**Beschädigt**	iSv § 303 I ist eine Sache, wenn der Täter auf die Sache als solche in einer Weise körperlich eingewirkt hat, dass ihre Unversehrtheit oder bestimmungsgemäße Brauchbarkeit mehr als nur unerheblich beeinträchtigt und im Vergleich zu ihrer bisherigen Beschaffenheit nachteilig verändert worden ist (*Wessels/Hillenkamp, BT2 Rn 29*).	KK I Fall 1 Rn 105	KK II Fall 4 Rn 105	KK III Fall 3 Rn 144
§ 303	**Zerstört**	iSv § 303 I ist eine Sache, wenn sie aufgrund der erfolgten Einwirkung in ihrer Existenz vernichtet oder so wesentlich beschädigt ist, dass sie ihre bestimmungsgemäße Brauchbarkeit völlig verloren hat (*Wessels/Hillenkamp, BT2 Rn 31*).	KK I Fall 1 Rn 105		KK III Fall 7 Rn 323
§ 304	**Gegenstände, die zum öffentlichen Nutzen dienen**	iSv § 304 I sind solche, die im Rahmen ihrer Zweckbestimmung der Allgemeinheit unmittelbar zugute kommen, sei es in Form des Gebrauchs oder in anderer Weise (*Wessels/Hillenkamp, BT2 Rn 44*).	KK I Fall 2 Rn 146		
§ 306	**Brandlegung**	iSv § 306 I bezeichnet den Eintritt der zerstörenden oder gefährdenden Wirkung des Brandmittels (*Wessels/Hettinger, BT1 Rn 958*).			KK III Fall 13 Rn 611
§ 306	**In Brand gesetzt**	iSv § 306 I ist eine Sache, wenn sie vom Feuer in einer Weise erfasst wird, die ein Fortbrennen aus eigner Kraft, dh ohne Fortwirken des Zündstoffs, ermöglicht. Für das Inbrandsetzen eines Gebäudes genügt die Inbrandsetzung eines für dessen bestimmungsgemäßen Gebrauchs wesentlichen Bestandteils (*Wessels/Hettinger, BT1 Rn 957*).			KK III Fall 13 Rn 611
§ 306	**Ganz zerstört**	ist ein Objekt iSv § 306 I dann, wenn es vernichtet ist oder es seine bestimmungsgemäße Brauchbarkeit vollständig verloren hat (*Wessels/Hettinger, BT1 Rn 958*).			KK III Fall 13 Rn 611
§ 306	**Teilweise zerstört**	ist ein Objekt iSv § 306 I dann, wenn einzelne, für den bestimmungsgemäßen Gebrauch des Objekts wesentliche Teile unbrauchbar geworden sind (*Wessels/Hettinger, BT1 Rn 958*).			KK III Fall 13 Rn 611

§	Begriff	Definition	Leitfall in KK I	/ in KK II	/ in KK III
§§ 306 ff	**Gebäude**	iSd §§ 306 ff ist ein mit dem Erdboden fest verbundenes, mit Wänden und Dach versehenes Bauwerk (*Wessels/Hettinger, BT1 Rn 959*).			KK III Fall 13 Rn 611
§§ 306 ff	**Wälder**	iSd §§ 306 ff umfassen das auf einer Bodenfläche wachsende Holz und den Waldboden mit diesen bedeckenden Gras, Moos, Laub und Strauchwerk (*BGHSt 31, 83*).			KK III Fall 13 Rn 611
§ 308	**Explosion**	iSv § 308 I bezeichnet die plötzliche Auslösung von Druckwellen außergewöhnlicher Beschleunigung durch einen Stoff, der bei Entzündung zu einer plötzlichen Ausdehnung von Flüssigkeiten oder Gasen und dadurch zu einer Sprengwirkung führt (*RGSt 67, 37*).			KK III Fall 13 Rn 634
§ 315 ff	**Öffentlich**	iSd Verkehrstrafrecht (§§ 315 ff) sind neben den dem allgemeinen Straßenverkehr gewidmeten Straßen, Wegen und Plätzen auch solche Verkehrsflächen, die jedermann oder allgemein bestimmten Gruppen von Verkehrsteilnehmern (zB Rad- oder Fußwegen) oder vorübergehend zur Benutzung offen stehen (*Wessels/Hettinger, BT1 Rn 978*).			KK III Fall 8 Rn 344
§ 315 § 323 c	**Unglücksfall**	iSv § 315 und § 323 c ist jedes plötzlich eintretende Ereignis, das die unmittelbare Gefahr eines erheblichen Schadens für andere Menschen oder fremde Sachen von bedeutendem Wert hervorruft (*Wessels/Hettinger, BT1 Rn 1044*).	KK I Fall 6 Rn 248	KK II Fall 7 Rn 206	KK III Fall 10 Rn 500
§ 315 b	**Hindernisbereiten**	iSv § 315 b I Nr 2 bedeutet das Herbeiführen eines Vorgangs, der geeignet ist, durch körperliche Einwirkung den regelmäßigen Verkehr zu hemmen oder zu verzögern (*Fischer, § 315 b Rn 7 iVm § 315 b Rn 9*).			KK III Fall 12 Rn 598
§ 315 b	**Ähnliche, ebenso gefährliche Eingriffe in den Straßenverkehr**	iSv § 315 b I Nr 3 sind verkehrsfremde Eingriffe, die von außen her die Sicherheit des Straßenverkehrs beeinträchtigen (*Wessels/Hettinger, BT1 Rn 979*).			KK III Fall 12 Rn 560

§	Begriff	Definition	Leitfall in KK I	in KK II	in KK III
§ 315 c	**Konkrete Gefährdung**	iSd § 315 c I bezeichnet eine nach der Lebenserfahrung im Einzelfall zu beurteilende naheliegende Gefahr, bei der das Ausbleiben eines Verletzungsschadens weitgehend vom Zufall abhängt (*Wessels/Hettinger, BT1 Rn 990*).		KK II Fall 7 Rn 213	KK III Fall 12 Rn 562
§ 316	**Fahruntüchtigkeit**	iSv § 316 liegt vor, wenn der Fahrzeugführer nicht fähig ist, sein Fahrzeug über eine längere Strecke sicher zu führen (*Wessels/Hettinger, BT1 Rn 986*).		KK II Fall 7 Rn 208	KK III Fall 12 Rn 557
§ 316 a	**Angriff**	iSv § 316a I ist jede Einwirkung auf eines der genannten Rechtsgüter in feindseliger Absicht (*Wessels/Hillenkamp, BT2 Rn 383*).			KK III Fall 15 Rn 701
§ 316 a	**Kraftfahrzeugführer**	iSv § 316 a I ist, wer das Fahrzeug in Bewegung setzt, es in Bewegung hält oder allgemein mit dem Betrieb des Fahrzeugs und/oder mit der Bewältigung von Verkehrsvorgängen beschäftigt ist (*BGHSt 49, 8, 14; Wessels/Hillenkamp, BT2 Rn 383 b*).			KK III Fall 15 Rn 701
§ 316 a	**Ausnutzen der Verhältnisse des Straßenverkehrs**	wenn der Täter die typischen Situationen und Gefahrenlagen des Kraftfahrzeugverkehrs in den Dienst seines Vorhabens stellt (*Wessels/Hillenkamp BT2 Rn 385*).			KK III Fall 15 Rn 702
§§ 331 ff	**In Dienstausübung**	iSd §§ 331 ff handelt der Täter, wenn sich seine Tat auf Handlungen bezieht, durch die er als Amtsträger die ihm übertragenen Aufgaben wahrnimmt (*Fischer, § 331 Rn 6*).			KK III Fall 14 Rn 661
§§ 331 ff	**Vorteil**	ist jede Leistung, auf die der Täter keinen Anspruch hat und die seine wirtschaftliche, rechtliche oder auch nur persönliche Lage objektiv verbessert (*BGH NJW 2008, 3580*).			KK III Fall 14 Rn 661
§ 332 § 334	**Pflichtwidrig**	ist eine Diensthandlung iSd §§ 332, 334, wenn dem Täter durch Rechtssatz, Dienstvorschrift oder Anordnung die Entschließung über Vornahme oder Unterlassung einer Diensthandlung und über die Art der Vornahme vorgeschrieben ist und er hiervon abweicht (*Fischer, § 332 Rn 7*).			KK III Fall 14 Rn 664

§	Begriff	Definition	Leitfall in KK I / in KK II / in KK III
§ 29 BtMG	**Handeltreiben**	iSv § 29 BtMG ist jedes eigennützige Bemühen, das darauf gerichtet ist, den Umsatz von Betäubungsmitteln zu ermöglichen oder zu fördern (*Weber, BtMG § 29 Rn 82*).	KK III Fall 5 Rn 230
§ 29 BtMG	**Veräußern**	iSv § 29 BtMG ist das Abgeben von Betäubungsmitteln aufgrund entgeltlicher rechtsgeschäftlicher Vereinbarung, wobei auf Seiten des Veräußerers kein Eigennutz gegeben sein darf (*Weber, § 29 Rn 424, 430*).	KK III Fall 5 Rn 230
§ 264 StPO	**Tat im prozessualen Sinn**	ist das gesamte Verhalten des Beschuldigten, soweit es mit dem in Anklage, Eröffnungsbeschluss oder Urteil bezeichneten geschichtlichen Vorkommnis nach der Auffassung des Lebens einen einheitlichen Vorgang bildet (*Beulke, StPO Rn 513*).	KK III Fall 11 Rn 554

III. Aufbau der Falllösung

Die folgenden Schemata entsprechen inhaltlich denen im Lehrbuch *Wessels/Beulke*, 733
Strafrecht AT, 38. Aufl, Rn 871 ff. Sie spiegeln die dort und auch im vorliegenden Buch vertretene Auffassung eines optimalen Aufbaus wider, die selbstverständlich in dem einen oder anderen Detail nicht unangefochten bleiben wird, die aber der Ansicht der weit überwiegenden Mehrheit aller Prüfer entsprechen dürfte. Die Aufbaumuster sind gegenüber dem Lehrbuch zusätzlich vereinfacht worden, damit sie der Student für den Ernstfall der Klausur leichter auswendig lernen kann. Diese Lösungsraster muss aber wirklich jeder jederzeit präsent haben.

Vollendetes Begehungsdelikt	**Versuchtes Delikt**
	Vorprüfung
	• Keine Tatvollendung • Strafbarkeit des Versuchs
a) Tatbestandsmäßigkeit	
aa) Objektiver Tatbestand • Erfolgseintritt *(entfällt bei Tätigkeitsdelikten)* • Tathandlung • Besondere Tätermerkmale *(zB Amtsträger)* • Kausalität • Objektive Zurechnung bb) Subjektiver Tatbestand • Vorsatz bzgl aller Merkmale des objektiven Tatbestandes • Sonstige subjektive TB-Merkmale	aa) Subjektiver Tatbestand (Tatentschluss) • Vorsatz bzgl aller Merkmale, die sonst im objektiven TB geprüft werden, zB – *Tötungshandlung* – *Tatherrschaft* – *Garantenstellung* • Sonstige subjektive TB-Merkmale, zB – *Zueignungsabsicht* bb) Objektiver Tatbestand (unmittelbares Ansetzen) Abgrenzung zur Vorbereitungshandlung

cc) Tatbestandsannex: Objektive Bedingungen der Strafbarkeit *(zB Rauschtat bei § 323 a)*

b) Rechtswidrigkeit	
• Einwilligung/mutmaßliche Einwilligung • Notwehr/-hilfe, § 32 • Erlaubte Selbsthilfe, §§ 229, 562 b I, 859, 1029 BGB • Zivilrechtlicher Notstand, §§ 228, 904 BGB • Allgemeiner rechtfertigender Notstand, § 34, § 16 OWiG • Wahrnehmung berechtigter Interessen, § 193 • Züchtigungsrecht/Erziehungsrecht • Festnahmerecht, § 127 I StPO • Amtsbefugnisse, Dienstrecht, besondere Rechtspflichten von Amtsträgern • Politisches Widerstandsrecht, Art 20 IV GG	} dto

Fortsetzung

Vollendetes Begehungsdelikt	Versuchtes Delikt
c) Schuld	
• Schuldfähigkeit • Vorsatzschuld *(kein Erlaubnistatbestandsirrtum)* • Unrechtsbewusstsein *(kein unvermeidbarer Verbotsirrtum)* • Entschuldigungsgründe – Entschuldigender Notstand, § 35 – Notwehrexzess, § 33 • Spezielle Schuldmerkmale *(zB Böswilligkeit in § 225 I)*	dto
d) Persönliche Strafausschließungs- oder Strafaufhebungsgründe	
insbes – § 257 III – § 258 V, VI	insbes – Rücktritt gem § 24 I, II
e) Strafzumessung	
• Vermeidbarer Verbotsirrtum • Regelbeispiele	dto
f) Strafverfolgungsvoraussetzungen (insbes Strafantrag) oder -hindernisse	
insbes – § 194 (Beleidigung) – § 230 (Körperverletzung) – § 248 a (geringer Wert bei Diebstahl etc) – § 303 c (Sachbeschädigung)	insbes • § 230 (Körperverletzung) • § 248 a (geringer Wert bei Diebstahl etc) • § 303 c (Sachbeschädigung)

Unechtes Unterlassungsdelikt | **Fahrlässiges Begehungsdelikt** 734

Vorprüfung

- Tun oder Unterlassen

a) Tatbestandsmäßigkeit

Unechtes Unterlassungsdelikt

aa) Objektiver Tatbestand
- Eintritt des tatbestandlichen Erfolges
- Nichtvornahme der gebotenen Handlung trotz physisch-realer Abwehrmöglichkeit
- Kausalität
- Garantenstellung, insbes aus
  - rechtlicher Verpflichtung
  - enger Lebens- und Gefahrgemeinschaft
  - freiwilliger Übernahme von Schutz- und Beistandspflichten
  - Ingerenz
- Entsprechungsklausel, § 13
- Objektive Zurechnung (inklusive Garantenstellung begründender Umstände)

bb) Subjektiver Tatbestand
- Vorsatz bzgl aller Merkmale des objektiven Tatbestandes
- Sonstige subjektive TB-Merkmale (zB Zueignungsabsicht)

cc) Tatbestandsannex: Objektive Bedingungen der Strafbarkeit (*zB Rauschtat bei § 323 a*)

Fahrlässiges Begehungsdelikt

aa) Erfolgseintritt

bb) Kausalität

cc) Objektive Sorgfaltspflichtverletzung bei objektiver Vorhersehbarkeit des Erfolgs und des wesentlichen Kausalverlaufs

dd) Objektive Zurechnung, insbes
- Pflichtwidrigkeitszusammenhang (Vermeidbarkeit?)
- Schutzzweckzusammenhang
- Eigenverantwortlichkeitsprinzip

ee) Tatbestandsannex: Objektive Bedingungen der Strafbarkeit (*zB Rauschtat bei § 323 a*)

b) Rechtswidrigkeit

- Allgemeine Rechtfertigungsgründe wie beim vorsätzlichen Begehungsdelikt
- **Zusätzlich**: rechtfertigende Pflichtenkollision

c) Schuld

Unechtes Unterlassungsdelikt

- Schuldfähigkeit
- Vorsatzschuld *(kein Erlaubnistatbestandsirrtum)*
- Unrechtsbewusstsein *(kein unvermeidbarer Verbotsirrtum, insbes bzgl Bestehen und Umfang der Garantenpflicht)*
- Entschuldigungsgründe
  - Entschuldigender Notstand, § 35
  - Notwehrexzess, § 33
  - **Zusätzlich:** Unzumutbarkeit normgemäßen Verhaltens
- Spezielle Schuldmerkmale (*zB Böswilligkeit in § 225 I*)

Fahrlässiges Begehungsdelikt

- Schuldfähigkeit
- Subjektive Sorgfaltspflichtverletzung
- Möglichkeit der Unrechtseinsicht *(potenzielles Unrechtsbewusstsein)*
- Entschuldigungsgründe
  - Entschuldigender Notstand, § 35
  - Notwehrexzess, § 33
  - **Zusätzlich**: Unzumutbarkeit normgemäßen Verhaltens
- Spezielle Schuldmerkmale *(zB Rücksichtslosigkeit in § 315 c I Nr 1 iVm III Nr 2)*

Fortsetzung

Unechtes Unterlassungsdelikt	Fahrlässiges Begehungsdelikt
d) Persönliche Strafausschließungs- oder Strafaufhebungsgründe	
insbes – § 257 III – § 258 V, VI	– zB § 161 II
e) Strafzumessung	
• Vermeidbarer Verbotsirrtum • Regelbeispiele	• Vermeidbarer Verbotsirrtum
f) Strafverfolgungsvoraussetzungen (insbes Strafantrag) oder -hindernisse	
– § 194 (Beleidigung) – § 248 a (geringer Wert bei Diebstahl etc) – § 303 c (Sachbeschädigung) – § 230 (Körperverletzung)	– § 230 (Körperverletzung)

Mittäterschaft	**Mittelbare Täterschaft**

735

a) Tatbestandsmäßigkeit

Mittäterschaft	Mittelbare Täterschaft
aa) Objektiver Tatbestand	aa) Objektiver Tatbestand
• Besondere Tätermerkmale *(zB § 331 I: Amtsträger)*	• Besondere Tätermerkmale *(zB § 331 I: Amtsträger)*
• keine eigenhändige Verwirklichung aller Tatbestandsmerkmale	• Keine eigenhändige Verwirklichung aller Tatbestandsmerkmale
• Zurechnung gem § 25 II (funktionelle Tatherrschaft)	• Zurechnung gem § 25 I Alt 2 (Wissens- oder Willensherrschaft) Werkzeugeigenschaft wegen eines Defektes des Tatmittlers:
– Gemeinsamer Tatplan	– im objektiven Tatbestand
– Gemeinsame Tatausführung *(hier: Abgrenzung zur Teilnahme: Tatherrschaftstheorie in Abgrenzung zur subjektiven Theorie)*	– im subjektiven Tatbestand
	– in der Rechtswidrigkeit
	– in der Schuld
	– Sonderfall: Organisationsherrschaft
bb) Subjektiver Tatbestand	bb) Subjektiver Tatbestand
• Vorsatz bzgl der Merkmale des objektiven TB *(inklusive Tatherrschaft)*	• Vorsatz bzgl aller Merkmale des objektiven TB *(inklusive Tatherrschaft)*
• Sonstige subjektive TB-Merkmale *(zB Zueignungsabsicht)*	• Sonstige subjektive TB-Merkmale *(zB Zueignungsabsicht)*

cc) Tatbestandsannex: Objektive Bedingungen der Strafbarkeit (*zB Tod bei § 231*)

b) Tatbestandsverschiebung nach § 28 II

c) Rechtswidrigkeit

Mittäterschaft	Mittelbare Täterschaft
• Einwilligung/mutmaßliche Einwilligung • Notwehr/-hilfe, § 32 • Erlaubte Selbsthilfe, §§ 229, 562 b I, 859, 1029 BGB • Zivilrechtlicher Notstand, §§ 228, 904 BGB • Allgemeiner rechtfertigender Notstand, § 34, § 16 OWiG • Rechtfertigende Pflichtenkollision • Wahrnehmung berechtigter Interessen, § 193 • Züchtigungsrecht/Erziehungsrecht • Festnahmerecht, § 127 I StPO • Amtsbefugnisse, Dienstrecht, besondere Rechtspflichten von Amtsträgern • Politisches Widerstandsrecht, Art 20 IV GG	dto

Fortsetzung

Mittäterschaft	Mittelbare Täterschaft
d) Schuld	
• Schuldfähigkeit • Vorsatzschuld *(kein Erlaubnistatbestandsirrtum)* • Unrechtsbewusstsein *(kein unvermeidbarer Verbotsirrtum)* • Entschuldigungsgründe – Entschuldigender Notstand, § 35 – Notwehrexzess, § 33 • Spezielle Schuldmerkmale *(zB Böswilligkeit in § 225 I)*	dto
e) Persönliche Strafausschließungs- oder Strafaufhebungsgründe	
insbes – § 257 III – § 258 V, VI	dto
f) Strafzumessung	
• vermeidbarer Verbotsirrtum • Regelbeispiele dto	dto
g) Strafverfolgungsvoraussetzungen (insbes Strafantrag) oder -hindernisse	
insbes – § 194 (Beleidigung) – § 230 (Körperverletzung) – § 248 a (geringer Wert beim Diebstahl etc) – § 303 c (Sachbeschädigung)	dto

Anstiftung	Beihilfe

736

a) Tatbestandsmäßigkeit

Anstiftung	Beihilfe
aa) Objektiver Tatbestand • Teilnahmefähige Haupttat – Objektiv tatbestandsmäßig – Vorsätzlich – Rechtswidrig • Anstiftungs- bzw Beihilfehandlung (*hier Abgrenzung zur Täterschaft*) – Anstiftung: Hervorrufen des Tatentschlusses – Beihilfe: Förderung der Haupttat bb) Subjektiver Tatbestand (= doppelter Anstifter- oder Gehilfenvorsatz) • Vorsatz bzgl der vollendeten, vorsätzlichen, rechtswidrigen Haupttat • Vorsatz bzgl der Anstifter- bzw Beihilfehandlung cc) Tatbestandsannex: Objektive Bedingungen der Strafbarkeit	dto

b) Tatbestandsverschiebung nach § 28 II

c) Rechtswidrigkeit

Anstiftung	Beihilfe
• Einwilligung/mutmaßliche Einwilligung • Notwehr/-hilfe, § 32 • Erlaubte Selbsthilfe, §§ 229, 562 b I, 859, 1029 BGB • Zivilrechtlicher Notstand, §§ 228, 904 BGB • Allgemeiner rechtfertigender Notstand, § 34, § 16 OWiG • Rechtfertigende Pflichtenkollision • Wahrnehmung berechtigter Interessen, § 193 • Züchtigungsrecht/Erziehungsrecht • Festnahmerecht, § 127 I StPO • Amtsbefugnisse, Dienstrecht, besondere Rechtspflichten von Amtsträgern • Politisches Widerstandsrecht, Art 20 IV GG	dto

d) Schuld

Anstiftung	Beihilfe
• Schuldfähigkeit • Vorsatzschuld (*kein Erlaubnistatbestandsirrtum*) • Unrechtsbewusstsein (*kein unvermeidbarer Verbotsirrtum*) • Entschuldigungsgründe • Entschuldigender Notstand, § 35 • Notwehrexzess, § 33 • Spezielle Schuldmerkmale (*zB Böswilligkeit in § 225 I*)	dto

Fortsetzung

Anstiftung	**Beihilfe**
e) Persönliche Strafausschließungs- oder Strafaufhebungsgründe	
insbes – § 257 III – § 258 V, VI – § 24 II	dto
f) Strafzumessung	
• Vermeidbarer Verbotsirrtum • Regelbeispiele • **Zusätzlich:** § 28 I – Fehlen eines besonderen persönlichen Merkmals beim Teilnehmer	dto
g) Strafverfolgungsvoraussetzungen (insbes Strafantrag) oder -hindernisse	
insbes – § 194 (Beleidigung) – § 230 (Körperverletzung) – § 248 a (geringer Wert bei Diebstahl etc) – § 303 c (Sachbeschädigung)	dto

Versuchte Anstiftung (§ 30 I) 737

Der Aufbau des Versuchs einer Anstiftung entspricht dem **Versuchsaufbau**, o Rn 733

Anstiftung zum Versuch

Der Aufbau der Anstiftung zum Versuch entspricht der **Teilnahmeprüfung**, o Rn 736

Vorprüfung

- Nichtvorliegen einer erfolgreichen Anstiftung
- Verbrechenscharakter der Haupttat (nach Vorstellung des Anstifters, str)

a) Tatbestandsmäßigkeit

Versuchte Anstiftung:

aa) Subjektiver Tatbestand (= Tatentschluss)
- Vorsatz bzgl einer vollendeten, vorsätzlichen, rechtswidrigen Haupttat mit Verbrechenscharakter
- Vorsatz bzgl der Anstiftungshandlung

bb) Objektiver Tatbestand
Unmittelbares Ansetzen iSd § 22 (Einwirkung auf den Anzustiftenden)

Anstiftung zum Versuch:

aa) Objektiver Tatbestand
- Teilnahmefähige (versuchte) Haupttat, dazu gehört insbes (idR bereits vorher beim Täter geprüft):
  - Keine Tatvollendung
  - Strafbarkeit des Versuchs
  - Tatentschluss bzgl der vollendeten, vorsätzlichen, rechtswidrigen Haupttat
  - Unmittelbares Ansetzen durch den Täter
  - Rechtswidrigkeit der versuchten Haupttat
- Anstiftungshandlung

bb) Subjektiver Tatbestand (= doppelter Anstiftervorsatz)
- Vorsatz bzgl der vollendeten, vorsätzlichen, rechtswidrigen Haupttat
- Vorsatz bzgl der Anstiftungshandlung

cc) Tatbestandsannex: Objektive Bedingungen der Strafbarkeit

b) Tatbestandsverschiebung nach § 28 II

c) Rechtswidrigkeit

- Einwilligung/mutmaßliche Einwilligung
- Notwehr/-hilfe, § 32
- Erlaubte Selbsthilfe, §§ 229, 562 b I, 859, 1029 BGB
- Zivilrechtlicher Notstand, §§ 228, 904 BGB
- Allgemeiner rechtfertigender Notstand, § 34, § 16 OWiG
- Rechtfertigende Pflichtenkollision
- Wahrnehmung berechtigter Interessen, § 193

} dto

Fortsetzung

Versuchte Anstiftung (§ 30 I)	Anstiftung zum Versuch
• Züchtigungsrecht/Erziehungsrecht • Festnahmerecht, § 127 StPO • Amtsbefugnisse, Dienstrecht, besondere Rechtspflichten von Amtsträgern • Politisches Widerstandsrecht, Art 20 IV GG	dto
d) Schuld	
• Schuldfähigkeit • Vorsatzschuld *(kein Erlaubnistatbestandsirrtum)* • Unrechtsbewusstsein *(kein unvermeidbarer Verbotsirrtum)* • Entschuldigungsgründe – Entschuldigender Notstand, § 35 – Notwehrexzess, § 33 • Spezielle Schuldmerkmale (*zB Böswilligkeit in § 225 I*)	dto
e) Persönliche Strafausschließungs- oder Strafaufhebungsgründe	
insbes • § 31 I Nr 1	insbes • § 24 II • § 258 V, VI
f) Strafzumessung	
• Vermeidbarer Verbotsirrtum • Regelbeispiele • **Zusätzlich:** § 28 I – Fehlen eines besonderen persönlichen Merkmals beim Teilnehmer	dto
g) Strafverfolgungsvoraussetzungen (insbes Strafantrag oder -hindernisse)	
	insbes • § 230 (Körperverletzung) • § 248 a (geringer Wert bei Diebstahl etc) • § 303 c (Sachbeschädigung)

IV. Überblick über die wichtigsten Falllösungsbücher und Anleitungsaufsätze 738

Arzt	Die Strafrechtsklausur, 7. Aufl 2006
Barton/Jost (Hrsg)	Anwaltsorientierung im rechtswissenschaftlichen Studium, Fälle und Lösungen in Ausbildung und Prüfung, 2002
Baumann/Arzt/Weber	Strafrechtsfälle und Lösungen, 6. Aufl 1986
Beulke	Klausurenkurs im Strafrecht I, 4. Aufl 2008
Beulke	Klausurenkurs im Strafrecht II, 2007
Chowdhury/Meier/Schröder	Standardfälle Strafrecht für Fortgeschrittene, 2007
Coester-Waltjen ua (Hrsg)	Examensklausurenkurs, 1. Aufl 2000
Coester-Waltjen ua (Hrsg)	Examensklausurenkurs, 2. Aufl 2004
Coester-Waltjen ua (Hrsg)	Examensklausurenkurs, 3. Aufl 2008
Coester-Waltjen ua (Hrsg)	Zwischenprüfung, 2004
Dencker	30 Klausuren aus dem Strafrecht, 3. Aufl 1994
Dietrich	Jura 1998, 142
Ebert	Strafrecht, Allgemeiner Teil: 16 Fälle mit Lösungen, 2003
Fahse/Hansen	Übungen für Anfänger im Zivil- und Strafrecht: Eine Anleitung zur Anfertigung von Klausuren und Hausarbeiten, 9. Aufl 2000
Fezer	Strafprozessrecht, Juristischer Studienkurs, 2. Aufl 1995
Freund	JuS 1997, 235, 331
Frister	Die strafrechtliche Klausur, 1998
Geilen	Jura 1979, 536
Geppert	Jura 2002, 278
Gössel	Strafrecht mit Anleitungen zur Fallbearbeitung und zur Subsumtion, 8. Aufl 2001
Gropp/Küpper/Mitsch	Fallsammlung zum Strafrecht. Juristische Examensklausuren, 2003
Haft	Strafrecht Fallrepetitorium zum Allgemeinen und Besonderen Teil, 5. Aufl 2004
Hardtung	JuS 1996, 610, 706, 807
v. Heintschel-Heinegg	Prüfungstraining Strafrecht, Bd 1 und 2, 1992
Hellmann	Fallsammlung zum Strafprozessrecht, 3. Aufl 2008
Herzberg	JuS 1990, 728, 810
Herzberg	JuS 1996, 377
Hilgendorf	Fallsammlung zum Strafrecht, 5. Aufl 2008
Jahn	JA 2000, 852 und JA 2002, 481
Jescheck	Fälle und Lösungen, 3. Aufl 1996
Kern/Langer	Anleitung zur Bearbeitung von Strafrechtsfällen, 8. Aufl 1985
Kienapfel	Strafrechtsfälle, 9. Aufl 1989
Kindhäuser	Strafrechtsrepetitorium, Besonderer Teil I, 2. Aufl 2003
Kleinbauer/Schröder/Voigt	Standardfälle Strafrecht für Anfänger, Band 1, 2007
Kosman	Wie schreibe ich juristische Hausarbeiten?, 2. Aufl 1997
Kudlich	Prüfe dein Wissen, Rechtsfälle in Frage und Antwort, Strafrecht, Allgemeiner Teil, 2. Aufl 2006; Besonderer Teil I, Vermögensdelikte, 2. Aufl 2007; Besonderer Teil II, Delikte gegen die Person und die Allgemeinheit, 2004
Kudlich	JuS 2002, 1071
Lagondy	Gesetzestexte suchen, verstehen und in der Klausur anwenden, 2008
Langer	Meurer-GS 2003, S 23

Marxen	Kompaktkurs Strafrecht, Allgemeiner Teil, 2003
Marxen	Kompaktkurs Strafrecht, Besonderer Teil, 2004
Merten	20 Standardfälle Strafrecht: Zur gezielten Vorbereitung auf die Übung für Anfänger, 2000
Meurer/Kahle/Dietmeier	Übungskriminalität für Einsteiger, 2000
Möllers	JuS 2001, L 65 und 81
Niederle	20 Standardfälle Strafrecht: Zur gezielten Vorbereitung auf die Übung für Fortgeschrittene, 2. Aufl 2003
Oelmüller/Peters	Die erste Strafrechtshausarbeit, 5. Aufl 2007
Otto	Übungen im Strafrecht, 6. Aufl 2005
Priebe	Fälle zum Strafrecht – mit prozessualen Zusatzfragen, 2. Aufl 2005
Petersen	Jura 2002, 105
Preis/Prütting/Sachs/Weigend	Die Examensklausur, 3. Aufl 2008
Prütting/Stern/Wiedemann	Die Examensklausur, 2. Aufl 2000
Puppe	JA 1989, 345
Putzke	Juristische Arbeiten erfolgreich schreiben, 2007
Rotsch/Nolte/Peifer/Weitemeyer	Die Klausur im Ersten Staatsexamen, 2003
Roxin/Achenbach	Prüfe dein Wissen, Rechtsfälle in Frage und Antwort, Strafprozessrecht, 16. Aufl 2006
Roxin/Schünemann/Haffke	Strafrechtliche Klausurenlehre, 4. Aufl 1982
Rudolphi	Fälle zum Strafrecht AT, 5. Aufl 2000
Samson	Strafrecht I, 7. Aufl 1988; Strafrecht II, 5. Aufl 1985
Scheffler	Jura 1994, 549
Schimmel	Juristische Klausuren und Hausarbeiten richtig formulieren, 7. Aufl 2008
Schlehofer	JuS 1992, 572, 659
Schmidt	JuS 2003, 649
Schmidt	Strafrecht, Allgemeiner Teil, Grundlagen der Strafbarkeit, Methodik der Fallbearbeitung, 8. Aufl 2009
Scholz/Wohlers	Klausuren und Hausarbeiten im Strafrecht, 3. Aufl 2003
Schroeder	JuS 1984, 699
Schroeder/Meindl	Fallrepetitorium zum Strafverfahrensrecht, 4. Aufl 2004
Schwabe	Lernen mit Fällen, Strafrecht BT1 Nichtvermögensdelikte 3. Aufl 2006; Strafrecht BT 2, Vermögensdelikte, 4. Aufl 2007
Schwind/Franke/Winter	Übungen im Strafrecht für Anfänger, 5. Aufl 2000
Schwind/Nawratil H./Nawratil G.	Strafrecht leicht gemacht, Der Strafrechtsschein, 15. Aufl 2008
Seelmann	Grundfälle zu den Eigentums- und Vermögensdelikten, 1988
Seher	Jura 2001, 814
Seier/Jörgens	JA-Übungsblätter 1980, 49, 103 und 154
Steinberg	Angewandte juristische Methodenlehre für Anfänger, 2006
Strauß	Strafrecht, Fälle und Lösungen, 3. Aufl 1998
Tiedemann	Die Anfängerübung im Strafrecht, 4. Aufl 1999
Valerius	Einführung in den Gutachtenstil, 3. Aufl 2009
Wagner	Fälle zum Strafrecht BT, 4. Aufl 1998
Walter	Kleine Stilkunde für Juristen, 2002
Wank	Die Auslegung von Gesetzen, 3. Aufl 2005
Wolters	Fälle mit Lösungen für Fortgeschrittene im Strafrecht, 2. Aufl 2006

Besonders gute Argumentations- und Formulierungshilfen zu einzelnen Problemen erhält man ferner ua bei:

Engländer	Examens-Repetitorium Strafprozessrecht, 3. Aufl 2007
Eser/Burkhardt	Juristischer Studienkurs, Strafrecht I, II, 4. Aufl 1992, Strafrecht IV, 4. Aufl 1983
Heinrich B.	Strafrecht Allgemeiner Teil I + II, 2005
Hillenkamp	32 Probleme aus dem Strafrecht AT, 12. Aufl 2006
Hillenkamp	40 Probleme aus dem Strafrecht BT, 10. Aufl 2004
Jäger	Examens-Repetitorium, Strafrecht Allgemeiner Teil, 3. Aufl 2007
Jäger	Examens-Repetitorium, Strafrecht Besonderer Teil, 3. Aufl 2009
Joecks	Studienkommentar StGB, 8. Aufl 2009
Kindhäuser	Strafgesetzbuch, Lehr- und Praxiskommentar, 3. Aufl 2006
Krey	Deutsches Strafrecht Allgemeiner Teil Band 1, 3. Aufl 2008
Krey	Deutsches Strafrecht Allgemeiner Teil Band 2, 3. Aufl 2008
Krey/Heinrich, M.	Strafrecht Besonderer Teil Band 1, 14. Aufl 2008
Krey/Hellmann	Strafrecht Besonderer Teil Band 2, 15. Aufl 2008
Küper	Strafrecht Besonderer Teil. Definitionen mit Erläuterungen, 7. Aufl 2008
Rössner	30 Probleme aus dem Strafprozessrecht, 2. Aufl 2007
Zieschang	Strafrecht Allgemeiner Teil, 2005

V. Examensklausuren und Hausarbeiten in Zeitschriften (Auswahl)

739

Zeitschrift	Jahrgang	Seite	Autor	Thema
JuS	1969	372 ff	*Roxin* *Schünemann*	umfangreiche Überlegung des Bearbeiters als Hinweis zur Lösung der Klausur; Betrug (Abgrenzung zum Diebstahl in mittelbarer Täterschaft; Näheverhältnis); Diebstahl (Übereignung und Gewahrsam bei Bargeldzahlung)
JuS	1977	179 ff	*Schall*	Hehlerei (Sichverschaffen durch Annahme eines Pfandscheins; Notwendigkeit eines Absatzerfolges bei Absatzhilfe); Unterschlagung (wiederholte Zueignung)
JA-Übungsblätter	1977	13 ff	*Schmidt*	Straftaten nach UWG; räuberische Erpressung (Notwendigkeit einer Vermögensverfügung)
JA-Übungsblätter	1978	33 ff	*Schmidt*	Unterschlagung (Fremdheit von Schuldscheinen [§ 952 BGB]; Sachwertzueignung); Betrug (gutgläubiger Erwerb als Schaden); Abgrenzung Betrug/Diebstahl
Jura	1979	39 ff	*Rudolphi*	Abgrenzung Tun/Unterlassen; Anstiftung (Vorsatzprobleme, Teilnahmetheorien); Tötung auf Verlangen (Tatbestandsmäßigkeit des Abbruchs nicht bewilligter Heilbehandlung durch den Arzt; Bewertung der Tat, wenn Täter objektiv gegebenes Tötungsverlangen nicht kennt)
JA-Übungsblätter	1979	161 ff	*Seier*	Dreiecksbetrug; Abgrenzung Betrug/Diebstahl; Hehlerei (Notwendigkeit der Erlangung der tatsächlichen Verfügungsgewalt beim Ankaufen)
JuS	1980	210 ff	*Dencker*	Fahrlässigkeitsdelikte (Risikoerhöhung) StPO: Beweisverwertungsverbot bei Vernehmung in vorgefundenem Defektzustand iSd § 136 a I, II; Wahlfeststellung Verkehrsdelikt/Vollrausch bei in dubio pro reo
Jura	1980	91 ff	*Grebing*	§ 244 I Nr 1 bei Dienstwaffe; Rücktritt (Abgrenzung beendeter/unbeendeter Versuch); Rechtfertigung durch § 127 StPO bei bloßem Tatverdacht; Erlaubnistatbestandsirrtum; Garantenstellung aus Ingerenz bei pflichtgemäßem Vorverhalten
Jura	1980	204 ff	*Geppert*	Unfallflucht (beifahrender Halter als Unfallbeteiligter); Prozessbetrug im Strafverfahren; Vortäuschen einer Straftat (analoge Anwendung des Angehörigenprivilegs des § 258 VI) StPO: Tat im prozessualen Sinn (Nachtragsanklage/Veränderung des rechtlichen Gesichtspunktes)

Zeitschrift	**Jahrgang**	**Seite**	**Autor**	**Thema**
Jura	1980	479 ff	*Paeffgen*	Urkundenfälschung (Urkundenbegriff; Verfälschung durch den Aussteller); Bestechlichkeit (Pflichtwidrigkeit der Diensthandlung); Mittäterschaft
JA-Übungsblätter	1981	15, 43 ff	*[unbekannt]*	Mord (Verdeckungsabsicht durch Unterlassen); Konkurrenzen (ua Fortsetzung der Trunkenheitsfahrt nach Unfall) StPO: ne bis in idem (Tat im prozessualen Sinn)
JA-Übungsblätter	1981	86 ff	*Pieper* *Krüger*	Brandstiftung (Zurechnung einer Tötung, wenn sich Täter vorher versichert hat, dass niemand im Gebäude ist; erfolgsqualifizierter Versuch; tätige Reue; Abgrenzung Täterschaft/Teilnahme bei Unterlassung von Löschmaßnahmen)
Jura	1981	24 ff	*Tiedemann*	Urkundenunterdrückung (Vorlagepflicht des Eigentümers); Parteiverrat (Pflichtwidrigkeit der Doppelvertretung); Strafvereitelung (Rechtfertigungsgrund: berufliches Handeln); Vorsatzerfordernis bei unrichtiger Tatsachenangabe durch den Rechtsanwalt StPO: Beschlagnahme- und Beweisverwertungsverbote
JuS	1982	679 ff	*Franke*	Garantenstellung; Fahrlässigkeitsdelikte (Fürsorgepflicht des Arbeitgebers); Betrug; Nötigung; Ausstellen/Gebrauch unrichtiger Gesundheitszeugnisse
JuS	1983	377 ff	*Bottke*	Abgrenzung straflose Teilnahme an Selbsttötung/Fremdtötung; unterlassene Hilfeleistung (Selbsttötung als Unglücksfall); §§ 218 ff
JA-Übungsblätter	1983	203 ff	*Breuer*	§ 242: Rechtswidrigkeit der Zueignung bei Verpächterpfandrecht; Irrtum bzgl Rechtswidrigkeit der Zueignung
Jura	1983	267 ff	*Eisenberg*	„unvorsätzliches" Entfernen vom Unfallort = entschuldigtes Entfernen iSd § 142 II Nr 2; Inverkehrbringen als echt iSd § 147 bei bösgläubigem Geldempfänger; § 323 c als rechtswidrige Tat iSd § 323 a
Jura	1983	102 ff	*Gülzow*	räuberische Erpressung (Gewaltbegriff); Unterlassungsdelikte; Beleidigung (Unwahrheit als Tatbestandsmerkmal oder -annex)
JuS	1983	126 ff	*Gülzow*	Verkehrsdelikte; alic und Fahrlässigkeit; Vollrausch (nicht erwiesene verminderte Schuldfähigkeit)

Zeitschrift	**Jahrgang**	**Seite**	**Autor**	**Thema**
Jura	1983	206 ff	*Küper*	räuberische Erpressung (Abgrenzung Gewaltanwendung/Drohung); Abgrenzung Raub/Erpressung; mutmaßliche Einwilligung; Nötigungsnotstand StPO: „Vorhalt" iSd § 253 StPO als Urkundenbeweis
JuS	1983	699 ff	*Meier* *Momberg*	angemessene Wartezeit iSd § 142 I Nr 2; Bestechlichkeit, Bestechung; Abgrenzung Täterschaft/Teilnahme
Jura	1983	482 ff	*Momberg*	Vermögensdelikte (Betrug; Diebstahl; räuberischer Diebstahl; Erpressung; Begünstigung); sukzessive Mittäterschaft bei Mittäterexzess; Verkehrsdelikte
Jura	1983	658 ff	*Schmitt*	Verwahrungsbruch; Strafbarkeit des Verteidigers nach § 258 StPO: Vernehmung von Verhörpersonen; Akteneinsichtsrecht nach § 147 StPO
JuS	1983	865 ff	*Welp*	Beleidigung (Unwahrheit der Tatsache als Tatbestandsmerkmal oder -annex); §§ 185 ff durch Unterlassen; Rechtfertigung durch § 193; falsche Verdächtigung (Angabe erfundener Beobachtungen zur Stützung eines tatsächlichen Verdachtes)
JuS	1984	873 ff	*Golla* *Meindl*	Verkehrsdelikte: Strafbarkeit von Geisterfahrern; Verhältnis § 315 b – § 315 c; relative Fahruntüchtigkeit; Aussagedelikte
JuS	1984	369 ff	*Herzberg*	Unterschlagung (Zueignung); Abgrenzung Fremdschädigung in mittelbarer Täterschaft/Teilnahme an Selbstschädigung; Wirksamkeitsanforderungen an tatbestandsausschließendes Einverständnis
JA-Übungsblätter	1984	89 ff	*Krüger*	Verstrickungs-/Siegelbruch; veruntreuende Unterschlagung; Verwahrungsbruch; Pfandkehr; Zwangsvollstreckungsvereitelung; Nachteilszufügungsabsicht bei § 274 I Nr 1
Jura	1984	322 ff	*Neher*	Brandstiftung; Versuch des erfolgsqualifizierten Delikts; Abgrenzung Selbst-/Fremdgefährdung; Versicherungsbetrug §§ 306 ff aF StPO: Verwertungsmöglichkeit von Schadensmeldungen des Versicherungsnehmers im Strafprozess
JuS	1984	205 ff	*Seier*	Verletzung von Privatgeheimnissen (Einordnung des Merkmals „unbefugt"); Anstiftervorsatz bei vermutetem Erlaubnistatbestandsirrtum des Angestifteten; Strafvereitelung (Tatbestandsmäßigkeit der Beihilfe zum tatbestandslosen Selbstschutz)

Zeit-schrift	**Jahr-gang**	**Seite**	**Autor**	**Thema**
Jura	1984	655 ff	*Tiedemann* *Dannecker*	Eigentumsdelikte: Dereliktion; mutmaßliche Einwilligung; § 203: Strafverfolgungsinteresse als Rechtfertigungsgrund StPO: Aussagepflicht und § 203 StGB
JuS	1985	893 ff	*Burkhardt*	Abgrenzung Täterschaft/Teilnahme; Hehlerei (zeitliches Zusammentreffen von Vortat und Übertragungsakt); Dreiecksbetrug
Jura	1985	542 ff	*Geppert*	räuberischer Diebstahl („Betroffensein" ohne tatsächliche Wahrnehmung); Freiheitsberaubung (Schutz der potenziellen Fortbewegungsfreiheit); Begünstigung (Restitutionsvereitelung bei Rückveräußerung der Sache an den Berechtigten); Unterschlagung durch Rückveräußerung an den Berechtigten
Jura	1985	49 ff	*Herzberg* *Seier*	Abheben von Geld mittels fremder Bankkarte
JuS	1985	395 ff	*Küpper*	Abgrenzung Tötungs-/Abtreibungsdelikte; Hervorrufen einer Frühgeburt als Körperverletzung der Schwangeren; Körperverletzungsvorsatz als Element des Tötungsvorsatzes; Sittenwidrigkeit der Einwilligung; Sperrwirkung des milderen Gesetzes bci „folgenreichem" Rücktritt von § 216; Abgrenzung Fremdschädigung/Teilnahme an Selbstschädigung
JuS	1985	297 ff	*Lilie* *Teyssen*	Beteiligung an einer Schlägerei (Einordnung der schweren Folge im Deliktsaufbau); Abgrenzung bedingter Vorsatz/bewusste Fahrlässigkeit; Erlaubnistatbestandsirrtum; Abgrenzung beendeter/unbeendeter Versuch
JA-Übungs-blätter	1985	58 ff	*Müller*	Brandstiftung (Scheune als Räumlichkeit iSv § 306 Nr 3 aF); Abgrenzung Vorsatz/Fahrlässigkeit; Versicherungsbetrug (Repräsentantenhaftung); Zumutbarkeit bei Unterlassungsdelikt StPO: selbständiges Sicherungsverfahren
JA-Übungs-blätter	1985	180 ff	*Müller*	Gefangenenbefreiung (Strafbarkeit des Gefangenen als Anstifter); Zurechnung, wenn „Mittäter" statt vorgesehener Selbstschädigung Fremdschädigung begeht
Jura	1985	384 ff	*Otto* *Labsch*	Betrug (Vermögensbegriff); Urkundenfälschung; Untreue (Vermögenswahrnehmungspflicht) StPO: Tonbandaufnahme als Beweismittel; Verwertbarkeit heimlich hergestellter Aufnahmen

Zeitschrift	**Jahrgang**	**Seite**	**Autor**	**Thema**
Jura	1985	269 ff	*Schmitt*	Freiheitsberaubung (Beachtlichkeit einer erschlichenen Einwilligung); Entziehung Minderjähriger StPO: Zeugnisfähigkeit eines Kindes; Qualifikation einer Tonbandaufnahme als Beweismittel (Augenschein/Urkunde analog)
JuS	1985	798 ff	*Schultz* *Richter*	Abgrenzung Raub/Erpressung; Erlaubnistatbestandsirrtum; mittelbare Täterschaft kraft überlegenen Wissens
JuS	1985	129 ff	*Tenckhoff* *Arloth*	Abgrenzung Raub/Erpressung; Enteignungsvorsatz; Gefangenenbefreiung (Abgrenzung Täterschaft/ Teilnahme bei mittelbarer „Förderung des Entweichens"); Gefangenenmeuterei
Jura	1985	97 ff	*Ulsenheimer*	Betrug (Irrtumserregung); Urkundenfälschung (Echtheit, Urheberschaft) StPO: gemeinschaftliche Verteidigung mehrerer Beschuldigter; Rechtsmittel
JuS	1986	795 ff	*Eisenberg*	Strafbarkeit des untauglichen Versuchs durch Unterlassen; Abgrenzung Gewaltanwendung/Drohung bei räuberischer Erpressung; sukzessive Beteiligung; strafrechtliche Beurteilung des Tankens ohne zu zahlen: Diebstahl (Wegnahme), Betrug, Unterschlagung (Fremdheit); Irrtum über strafausschließende Gründe StPO: Verwertung eines polizeilichen Protokolls in der Hauptverhandlung
Jura	1986	102 ff	*Herzberg*	Betrug (Täuschung); Hausfriedensbruch (Eindringen durch Unterlassen); Erschleichen von Leistungen (durch Unterlassen); Diebstahl (Gewahrsam an in öffentlichen Verkehrsmitteln verlorenen Sachen)
JuS	1986	547 ff	*Sieber*	Kausalität/objektive Zurechnung; Betrug bei Täuschung als Mittel der Drohung im Rahmen des § 253; Kettenanstiftung zur Falschaussage; räuberische Erpressung (gegenwärtige Gefahr); rechtliche Handlungseinheit; Strafvereitelung durch Unterlassen (Garantenstellung des Verteidigers)
Jura	1987	265 ff	*Eisenberg*	Rücktritt; Beihilfe durch Unterlassen; Beihilfe nach Vollendung der Haupttat; Strafvereitelung im Amt (Irrtum über Strafausschließungsgrund); Bestechlichkeit im Amt (Vorsatz bzgl der Pflichtwidrigkeit) StPO: Beweisverwertungsverbot bei unterlassener Belehrung nach § 55 II

Zeit-schrift	Jahr-gang	Seite	Autor	Thema
Jura	1987	102 ff	*Geppert*	Betrug (Vermögensverfügung/-schaden bei Vereitelung einer Pfändung); Vollstreckungsvereitelung (Notwendigkeit zivilrechtlicher Wirksamkeit der Veräußerung, §§ 136, 135 BGB); Verstrikungsbruch (Wirksamkeit der Verstrickung: ZPO); Pfandkehr (Wegnahmebegriff)
JuS	1987	473 ff	*Hohmann*	Bestechlichkeit im Amt (Diensthandlungsbegriff); Verletzung von Privatgeheimnissen; unbefugte Datenübermittlung
JuS	1987	306 ff	*Kaufmann*	Versicherungsbetrug (Täterschaft eines Dritten, wenn Auszahlung im Verhältnis zum Versicherten rechtmäßig, „wahrer wirtschaftlich Versicherter", Repräsentantenhaftung bei Sicherungsübereignung) StPO: Entscheidung über Beweisanträge
JuS	1987	386 ff	*Kruse*	Erlaubnistatbestandsirrtum; aberratio ictus des Teilnehmers; Nichtanzeige geplanter Straftaten (Ausschluss der Anzeigepflicht wegen Beteiligung)
JuS	1987	726 ff	*Mitsch*	Erlaubnistatbestandsirrtum; Unterlassungsdelikte (Garantenstellung)
JA-Übungsblätter	1987	105 ff	*Pfeiffer*	subjektive Tendenz in § 244 bzgl waffenmäßiger Verwendung des Werkzeugs; Erfordernis des tatsächlichen Diebstahls des vom Behältnis gesicherten Gegenstandes in § 243 I 2 Nr 2; Gewahrsamsbegriff; räuberischer Diebstahl (betroffen werden); Rücktritt bei mehreren Tatbeteiligten; Konkurrenzen StPO: Verfahrenseinstellung; Beschränkung der Strafverfolgung
Jura	1988	657 ff	*Dannecker*	Abgrenzung Tun/Unterlassen; Fahrlässigkeitsdelikte (Vorhersehbarkeit des Kausalverlaufs); Garantenstellung aus Versicherungsvertrag/Sachherrschaft/ehelicher Lebensgemeinschaft/Bruchteilsgemeinschaft StPO: Abgrenzung dienstliche/außerdienstliche Kenntniserlangung; Erforschungspflicht bei außerdienstlicher Kenntniserlangung
Jura	1988	201 ff	*Füllkrug*	Raub mit Todesfolge (bedingter Vorsatz als mögliche Schuldform); § 239 a (Tatbestandsmäßigkeit des einverständlichen Handelns von Täter und „Geisel")

Zeitschrift	Jahrgang	Seite	Autor	Thema
Jura	1988	320 ff	*Füllkrug*	schwerer Raub (Beisichführen eines Werkzeuges); Raub mit Todesfolge (Schuldform); Abgrenzung Täterschaft/Teilnahme; Zurechenbarkeit qualifizierender Folgen gegenüber dem Teilnehmer StPO: Beweisverwertungsverbot wegen Verstoß gegen Belehrungspflicht des § 136 I 2
JuS	1988	386 ff	*Günther*	Kausalität; objektive Zurechnung (unechte Wahlfeststellung, Fahrlässigkeitshaftung bei bloßer Mitwirkung an rechtsgutgefährdender Handlung); Unterlassungsdelikt (Kausalität, Risikoerhöhung)
Jura	1988	203 ff	*Mitsch*	falsche Verdächtigung (Rechtfertigung durch Einwilligung); Einwilligung (Auswirkung von Irrtümern)
JuS	1988	468 ff	*Mitsch*	unmittelbares Ansetzen; Unterlassungsdelikte (Ingerenz: Anknüpfung an früheres pflichtwidriges Verhalten bei erfolgsnäherem pflichtgemäßem Verhalten)
Jura	1988	44 ff	*Otto*	gefährliche Körperverletzung (abstrakte oder konkrete Lebensgefahr); Kausalität; objektive Zurechnung; Beurteilung der Entwendung einer ec-Karte und folgender Geldabhebung am Automaten StPO: Beweisverwertungsverbot bei durch rechtswidriges Verhalten einer Privatperson erlangtem Beweismittel
Jura	1988	91 ff	*Schmitt*	objektive Zurechnung (Zurechnungszusammenhang, Schutzzweck der Norm); Körperverletzung (Embryo als Tatobjekt; Strafbarkeit der eigenmächtigen Fortsetzung lebensverlängernder ärztlicher Maßnahmen); passive Sterbehilfe StPO: Zuständigkeit; Beschlagnahme
JuS	1988	295 ff	*Tiedemann* *Vogel*	Urkundendelikte (Abgrenzung Beweiszeichen/Kennzeichen); Hehlerei (an gefälschten/vernichteten Urkunden: rechtswidrige Besitzlage durch Beeinträchtigung des Beweisführungsrechts); Garantenstellung (Pflicht des Betriebsinhabers zur Verhinderung von Straftaten der Angestellten); Abgrenzung Täterschaft/Teilnahme bei Unterlassen StPO: Beschlagnahme; beweisrechtliche Problematik fortgesetzter Serienstraftaten (Beschleunigungsgrundsatz, § 154 a)
JuS	1988	885 ff	*Weber*	Unterlassungsdelikte (unmittelbares Ansetzen, Garantenstellung bei rechtmäßigem Vorverhalten); Rechtfertigungsgründe

Zeitschrift	Jahrgang	Seite	Autor	Thema
Jura	1989	41 ff	*Eisenberg*	Handeln im Affekt; Abgrenzung Vorsatz/Fahrlässigkeit; Ermessen bzgl Strafrahmen bei Strafmilderung nach § 21 und minder schwerem Fall; Mord (Verdeckungsabsicht bei gerechtfertigter Vortat); erfolgsqualifizierter Versuch; Zumutbarkeit in § 323 c
JA	1989	160 ff	*Eisenberg* *Müller*	Urkundendelikte (Unechtheit bei Zeichnen mit fremdem Namen – Zusammenhang mit zivilrechtlicher Stellvertretung); Abgrenzung untauglicher Versuch/Wahndelikt; (Scheckkarten-)Betrug (Schaden; unmittelbares Ansetzen)
Jura	1989	646 ff	*Krehl*	Widerstand gegen Vollstreckungsbeamte (Aufsicht im Strafvollzug als Vollstreckungstätigkeit); räuberische Erpressung (Erfordernis einer Vermögensverfügung)
JuS	1989	992 ff	*Meier*	Raub mit Todesfolge (Unmittelbarkeitserfordernis zwischen qualifizierender Folge und Grunddelikt); Unterlassungsdelikte (Garantenstellung des Bankbetreibers); § 323 c (Zumutbarkeit)
Jura	1989	485 ff	*Mitsch*	vorsätzliche alic (Beurteilung der Verwechslung des Opfers: error in persona oder aberratio ictus; alic-Täter als Werkzeug im Rahmen mittelbarer Täterschaft; Versuchsbeginn; Möglichkeit des Rücktritts)
JuS	1989	649 ff	*Schild*	Hausfriedensbruch (unterschiedlicher Wille mehrerer Hausrechtsinhaber), Nötigung (Gewaltbegriff, Nötigungserfolg); Vorsatz/objektive Zurechnung
Jura	1990	313 ff	*Berz*	Abgrenzung Mittäterschaft/Beihilfe (Abgrenzungskriterien; Anforderungen an den Tatbeitrag); Rücktritt bei mehreren Tatbeteiligten StPO: Zeugenvernehmung eines Tatbeteiligten nach Abtrennung des Verfahrens
JuS	1990	120 ff	*Eisenberg* *Müller*	Amtsdelikte; Rechtfertigung heimlicher Tonaufnahmen bei Erpressung (durch Notwehr: Gegenwärtigkeit eines erpresserischen Angriffs; spätere Strafverfolgung als Abwehr des Angriffs; durch Notstand: Beweissicherung zur Durchsetzung zivilrechtlicher Interessen); Nötigung (Verwerflichkeit) StPO: Verwertbarkeit unbefugt hergestellter Tonbandaufnahmen von Privaten
JA	1990	79 ff	*Kohlmann*	Raub mit Todesfolge (Verhältnis Leichtfertigkeit/bedingter Vorsatz); Verleitung zur Falschaussage/Anstiftung zum Meineid (irrige Annahme der Gutgläubigkeit der Beweisperson)

Zeit-schrift	Jahr-gang	Seite	Autor	Thema
JuS	1990	396 ff	*Kuhlen*	Vortäuschen einer Straftat (Strafausschluss durch § 258 VI analog; keine Subsidiarität, wenn Täter aus dem schwereren Delikt tatsächlich nicht bestraft werden kann); falsche Verdächtigung (Abgrenzung zur straflosen Selbstbegünstigung; Möglichkeit einer rechtfertigenden Einwilligung; Strafbarkeit der Teilnahme des Verdächtigten)
JuS	1990	745 ff	*Rönnau* *Nebendahl*	mittelbare Täterschaft (Versuchsbeginn); Auswirkung des error in persona des Haupttäters auf den Anstifter; Rücktritt (Anforderungen an Verhinderung der Tatvollendung)
JA	1990	27 ff	*Samson* *Riettiens*	Meineid (Rechtfertigung wegen drohenden Fehlurteils); Verleitung zur Falschaussage/Anstiftung zum Meineid (irrige Annahme der Gutgläubigkeit der Beweisperson)
JuS	1990	654 ff	*Schulz*	Betrug (Vermögensschaden bei möglicherweise ungedecktem Scheck; Kompensationskraft eines Schecks)
JA	1990	125 ff	*Weber*	Erpressung (Erfordernis einer Vermögensverfügung; Ausschluss des Betruges, wenn Täuschung zur Drohung im Rahmen der Erpressung erfolgt); Geldabhebung am Automaten mittels fremder Codekarte; falsche Verdächtigung (Straflosigkeit, wenn Angeklagter durch Leugnen seiner Tat Falschaussage eines Zeugen indiziert); Hehlerei (Kenntnis von der Vortat erst nach Gewahrsamserlangung)
Jura	1990	599 ff	*Werner*	Erpressung (Vermögensverfügung; Abgrenzung zum Raub); Strafvereitelung durch Unterlassen (Garantenstellung aus Ingerenz wegen Ermöglichung der Vortat)
JA	1991	126 ff	*Bernsmann*	Körperverletzung (ärztlicher Eingriff; Spritze als gefährliches Werkzeug; Durchführung einer vom Patienten nicht gewollten Blutuntersuchung); Unterlassungsdelikte (Garantenstellung: Unterrichtungspflicht des Blutspenders bei erst nach Blutspende bekannt gewordener HIV-Infektion); unterlassene Hilfeleistung (Unglücksfall schon vor Schadenseintritt); Rechtfertigungsgründe
Jura	1991	266 ff	*Bottke*	Betrug (Kausalität zwischen Irrtum und Vermögensverfügung); Garantenstellung (Pflicht des Dienstvorgesetzten zur Verhinderung von Straftaten des Untergebenen)

Zeitschrift	Jahrgang	Seite	Autor	Thema
JuS	1991	221 ff	*Freund Bergmann*	Betrug (Vermögensbegriff); Untreue (Vermögensbetreuungspflicht; Ganovenuntreue); Hehlerei (Erfordernis des Absatzerfolges bei Absatzhilfe; unmittelbares Ansetzen) StPO: Beweisverwertungsverbot bei fehlender Belehrung des Beschuldigten
JuS-Lernbogen	1991	L 85	*Hecker*	vorsätzliche alic (error in persona)
Jura	1991	142 ff	*Meier*	Erpressung (Vermögensbegriff; Irrtum über die Rechtswidrigkeit des erstrebten Vermögensvorteils); Computerdelikte (§§ 303 a, 303 b, 263 a, 268, 269, 202 a); Untreue (Erfordernis einer Vermögensbetreuungspflicht beim Missbrauchstatbestand)
JuS	1991	938 ff	*Rengier*	Möglichkeit des Versuchs erfolgsqualifizierter Delikte; mittelbare Täterschaft (Irrtum über qualifizierende Tatmerkmale: „Mörder hinter dem Totschläger"); Verhältnis Mord/Totschlag (Anwendbarkeit des § 28 II); Rücktritt (Anforderungen an Vollendungsverhinderung; Freiwilligkeit) StPO: Beschlagnahmeverbot aus Art 5 I 2 GG
Jura	1991	40 ff	*Runte Werner*	Betrug (Täuschung durch Falschaussage/falsche Beweismittel im Zivilprozess; Vermögensverfügung durch Urteil); Urkundendelikte (Vaterschaftsfeststellungsurteil als öffentliche Urkunde)
JuS-Lernbogen	1991	L 92	*Seier*	Rechtfertigungsgründe: Delegation des Vollzugs von Strafverfolgungsmaßnahmen auf Privatpersonen; Verhältnis § 127 I -Notstandshilfe zugunsten der Rechtspflege
JA	1991	197 ff	*Weber*	Schwarzfahren: Betrug; Erschleichen von Leistungen (Begriff des Erschleichens; Konkurrenzen: ratio der Subsidiaritätsklausel); Strafantrag (zur Stellung berechtigte Personen) StPO: Möglichkeit des Strafbefehlsverfahrens; Einstellungsmöglichkeiten
JuS	1991	576 ff	*Werner*	Hehlerei (Erfordernis des Absatzerfolges für vollendetes Absetzen); Diebstahl (Gewahrsamsbegriff); Rechtfertigungsgründe (Irrtümer)
Jura	1992	491 ff	*Bernsmann*	Hehlerei (Notwendigkeit eines Absatzerfolges); Anforderungen an Beihilfehandlung; Rücktritt (fehlgeschlagener Versuch); Betrug (Vermögensbegriff); Rückveräußerungsfälle

Zeitschrift	Jahrgang	Seite	Autor	Thema
JuS	1992	765 ff	*Bottke*	Verbotsirrtum (Vermeidbarkeit); mittelbare Täterschaft bei vermeidbarem Verbotsirrtum; Täterschaftsformen StPO: Beweisverwertungsverbot, Zeugnisverweigerungsrecht, das erst nach Vernehmung entsteht
Jura	1992	154 ff	*Füllkrug*	Falschbeurkundung im Amt (Kfz-Brief als öffentliche Urkunde); Betrug (Vermögensgefährdung als Vermögensschaden; Vermögensbegriff)
JuS	1992	321 ff	*Graul*	Gefährdung des Straßenverkehrs: Anforderungen an konkrete Gefährdung des Beifahrers; Anknüpfungspunkt des Fahrlässigkeitsvorwurfs; Rechtfertigung durch Einwilligung des Beifahrers; Tatbeteiligter als taugliches Gefährdungsobjekt; Mitverantwortlichkeit des Beifahrers
Jura	1992	374 ff	*Hefendehl*	Urkundenfälschung (Fotokopie als Urkunde); Beihilfe (Straflosigkeit trotz Erfolgsverursachung, Abwägung Rechtsgüterschutz/Handlungsfreiheit); Geldfälschung (Inverkehrbringen als echt bei bösgläubigem Mittelsmann); aberratio ictus
JuS	1992	131 ff	*Jung*	Doping; Sittenwidrigkeit der Einwilligung (Anknüpfungspunkt der Sittenwidrigkeit: Körperverletzungshandlung oder Handlungszweck)
JuS	1992	48 ff	*König*	rechtfertigender Notstand; Festnahmerechte nach § 127 StPO
Jura	1992	324 ff	*Mürbe*	Strafbarkeit der Fälschung von Code-Kundenkarten; Diebstahl (Warenentnahme aus Warenautomat durch bestimmungswidrigen Gebrauch); Rücktritt vom Versuch (Einzelakttheorie/Gesamtbetrachtung); Tankstellenbetrug
JuS	1992	854 ff	*Mürbe*	Kaufhausdiebstahl; mittelbare Täterschaft StPO: beschränkter Einspruch im Strafbefehlsverfahren (Kollision von Teilrechtskraft und Prozesshindernis)
JuS	1992	486 ff	*Reineke*	Verunreinigung eines Gewässers (Tatbestandsausschluss bei Bagatelldelikten); rechtfertigender Notstand; Unterlassungsdelikte (Garantenstellung von Behörden hinsichtlich der Einhaltung von Gesetzen, Garantenpflicht bei Ermessensentscheidungen)
JA	1992	206 ff	*Seier*	schwere Brandstiftung (Tatbestandsausschluss, wenn sich Täter davon überzeugt, dass Gebäude menschenleer ist); sittenwidrige Einwilligung (Anwendbarkeit auf Eigentumsdelikte); Erlaubnistatbestandsirrtum

Zeit-schrift	Jahr-gang	Seite	Autor	Thema
Jura	1993	451 ff	*Bohnert*	Mauerschützenproblematik: Art 315 EGStGB (Anwendung des StGB auf DDR-Taten); § 18 GrenzG DDR als Rechtfertigungsgrund (überpositives Recht)
JuS	1993	398 ff	*Hackling*	Urkundenfälschung (Fotokopie einer Urkunde); Strafbarkeit der Manipulation von Parkuhren StPO: Umfang des Beweisverwertungsverbotes nach § 252
JuS	1993	222 ff	*Mitsch*	Freiheitsberaubung (Schlafender als Tatobjekt); Konkurrenzen (Klammerwirkung bei Nichtverfolgbarkeit des verklammernden Deliktes)
Jura	1993	487 ff	*Ranft*	Erpressung (Notwendigkeit einer Vermögensverfügung); Betrug (Vermögensbegriff: Verstoß gegen „Ganovenabrede" als Vermögensschaden); agent provocateur StPO: Lockspitzeleinsatz als Verfahrenshindernis; Sperrerklärung für Lockspitzel; Verwertbarkeit von Beweissurrogaten bei Sperrung des Lockspitzels
JuS	1994	769 ff	*Hillenkamp*	Erpressung (Drohen mit Unterlassen); Betrug (Verhältnis Betrug/Erpressung, wenn Täuschung zur Drohung dient); Nötigung (Verwerflichkeit bei Präventivnotwehr); Abgrenzung Vorsatz/Fahrlässigkeit; Einschränkung des Notwehrrechts
JuS	1994	860 ff	*Hohmann*	aberratio ictus; Raub mit Todesfolge (Eintritt der qualifizierenden Folge zwischen Vollendung und Beendigung); Abgrenzung Raub/Erpressung
Jura	1994	96 ff	*Otto*	objektive Zurechenbarkeit; schwere Körperverletzung (Zurechnung fehlgeschlagener Rettungshandlungen); Verunreinigung eines Gewässers (Rechtfertigung durch wirksame, aber rechtswidrige Genehmigung) StPO: Klageerzwingungsverfahren
Jura	1994	153 ff	*Saal*	alic; Vollrausch (erforderlicher Grad des Rausches)
JuS	1994	948 ff	*Stoffers*	Mord (Heimtücke); Rücktritt vom Versuch bei mehreren Tatbeteiligten; Vorbereitung eines hochverräterischen Unternehmens (Tatbestandsmäßigkeit terroristischer Aktivitäten der RAF); Abgrenzung Mittäterschaft/Beihilfe; Zurechnung von Mordmerkmalen an den Mittäter; aberratio ictus; Erlaubnistatbestandsirrtum
JuS	1994	138 ff	*Tiemann*	Kreditbetrug (Anwendbarkeit bei Kredit einer Privatperson für noch zu gründenden Betrieb); Urkundenfälschung (Fotokopie als Urkunde)

Zeit-schrift	Jahr-gang	Seite	Autor	Thema
JuS	1995	135 ff	*Hohmann*	Mord (Heimtücke); vorsätzliche alic; Abgrenzung Täterschaft/Teilnahme beim Unterlassungsdelikt; psychische Beihilfe; Verhältnis Mord/Totschlag und § 28 StPO: Beweisverwertungsverbot bei Verstoß gegen Belehrungspflicht des § 136 I 2
JuS	1995	321 ff	*Ingelfinger*	Anstiftung (Veranlassung eines zum Grunddelikt Entschlossenen zur Begehung einer Qualifikation); § 127 I StPO (Rechtfertigung von Körperverletzungen); Erlaubnistatbestandsirrtum iVm umgekehrtem Erlaubnisirrtum; Abgrenzung Tun/Unterlassen
JuS	1995	711 ff	*Kuhlen* *Roth*	Anstiftung (einschränkende Auslegung des „Bestimmens"); Einwilligung (Rechtfertigung des eingetretenen Erfolges bei Einwilligung in riskantes Verhalten); Fahrlässigkeitsdelikte (objektive Zurechnung); Beteiligung an einer Schlägerei (Täterschaft des Verletzten; für Beteiligung erforderlicher Tatbeitrag); Vorsatz (Abweichung vom Kausalverlauf); Notwehr (Einschränkung des Notwehrrechts)
Jura	1996	38 ff	*Bohnert*	alic (Entschuldigung durch nicht beim Sich-Betrinken, sondern erst bei der Rauschtat vorliegende Gründe); Verkehrsdelikte
JuS	1996	622 ff	*Joerden*	Rechtfertigung (Aggressiv- und Defensivnotstand; Nichterkennen der objektiv gegebenen Voraussetzungen eines Rechtfertigungsgrundes; Erlaubnistatbestandsirrtum) StPO: Ausschluss eines Rechtsanwalts wegen Parteiverrats
Jura	1996	205 ff	*Küper*	Unterschlagung (Zueignungsbegriff; Tatbestandslösung/Konkurrenzlösung bei Gleichzeitigkeitsfällen; Anforderungen an Mittäterschaft); Urkundenfälschung (Verfälschen durch den Aussteller nach Ende seiner Dispositionsbefugnis); Hehlerei (Abgrenzung Absetzen/Drittverschaffung; Erfordernis einer abgeschlossenen Vortat)
JuS	1996	136 ff	*Sternberg-Lieben*	Abgrenzung von Raub/Erpressung; räuberische Erpressung (Beachtlichkeit von Erschwerungsgründen zwischen Vollendung und Beendigung der Tat); Anstiftung (Möglichkeit der „Anstiftung" des zum Grunddelikt Entschlossenen)
Jura	1996	544 ff	*Sternberg-Lieben*	Vortäuschen einer Straftat (Aufbauschen einer Straftat als Vortäuschen); Begünstigung (Tatbestandsmäßigkeit beim Rückkauf gestohlener Sachen)

Zeitschrift	Jahrgang	Seite	Autor	Thema
JuS	1996	904 ff	*Tag*	Beachtlichkeit des durch Täuschung erzielten Einverständnisses; Urkundendelikte (Tatbestandsmerkmale); Erpressung (Erfordernis einer Vermögensverfügung) StPO: prozessuale Behandlung eines Verhaltens, das neben anderen Delikten ein Antrags- und Privatklagedelikt verwirklicht, wenn kein Strafantrag gestellt ist
JuS	1996	816 ff	*Thoss*	Diebstahl (Zueignungsabsicht: Problematik des „Pseudoboten"; Schutz des Sacheigentums oder des Sachwertes; Alternativität von Diebstahl/Betrug)
Jura	1996	265 ff	*Vogel*	Betrug (gutgläubiger Erwerb als Schaden); Anwendung des StGB auf Auslandstaten; Urkundendelikte (Anmontieren falscher Kfz-Kennzeichen) StPO: Zeugnisverweigerungsrecht von Angehörigen nach dem Tod des verwandten Beschuldigten im Verfahren gegen Mitbeschuldigte
JuS	1997	146 ff	*Britz*	Erpressung (Gewaltbegriff); teleologische Reduktion der §§ 239 a, 239 b im Verhältnis zu §§ 253 ff; Abgrenzung Täterschaft/Teilnahme; unmittelbares Ansetzen bei Mittäterschaft (Gesamtlösung auch bei nur vermeintlichem Mittäter) StPO: Beweisverwertungsverbot wegen unterlassener Belehrung und versagter Verteidigerbefragung
Jura	1997	313 ff	*Britz* *Müller-Dietz*	Erpressung (Gewaltbegriff; Abgrenzung Raub/Erpressung); erpresserischer Menschenraub (Tatbestandslösung/Konkurrenzlösung/teleologische Reduktion bei Zwei-Personen-Verhältnis)
JuS	1997	821 ff	*Hillenkamp*	Erpressung (Abgrenzung Drohung durch Unterlassen/durch Tun); Nötigung (Verwerflichkeit); Ehrdelikte (dogmatische Einordnung der „beleidigungsfreien Sphäre" im engsten Lebenskreis); tätige Reue (Anwendbarkeit auf § 303 und § 306 f); Herbeiführen einer Brandgefahr (Rücktritt vom Versuch der Brandstiftung nach vollendeter Brandgefährdung eines anderen Objekts) StPO: Belehrungspflichten gegenüber Partnern einer nichtehelichen Lebensgemeinschaft
JA-Übungsblätter	1997	204 ff	*Krey* *Fischer*	objektive Zurechenbarkeit; Körperverletzung mit Todesfolge (Unmittelbarkeitserfordernis zwischen Todeseintritt und Körperverletzungshandlung bzw -erfolg bei unvernünftiger Panikreaktion); Fahrlässigkeitsdelikte (Pflichtwidrigkeitszusammenhang)

Zeitschrift	Jahrgang	Seite	Autor	Thema
Jura	1997	152 ff	*Kunz*	Diebstahl (Enteignungsvorsatz); Betrug (Vermögensbegriff); Hehlerei (Täterschaft eines an der Vortat Beteiligten; abgeleiteter Erwerb bei Betrug; Erfordernis des Absatzerfolges; unmittelbares Ansetzen bei Absatzhilfe)
JA-Übungsblätter	1997	124 ff	*Sternberg-Lieben*	Untreue (Tatbestandsmerkmale des Missbrauchs- und Treubruchstatbestands); Formen des Vermögensschadens bei Betrug/Untreue
JuS	1998	1123 ff	*Bindzus Ludwig*	§ 222 (objektive Zurechnung bei eigenverantwortlicher Selbstgefährdung), Brandstiftungsdelikte (Konkurrenzen); § 265; § 315 c I Nr 1 a (Beifahrer als Tatobjekt, konkrete Gefährdung, alic)
JuS	1998	237 ff	*Britz Müller-Dietz*	Gefangenenbefreiung (Gefangenenbegriff, geschütztes Rechtsgut, Nötigungsnotstand); Körperverletzung: Notwehrrecht oder Duldungspflicht auch gegenüber rechtskräftigen Fehlentscheidungen; Strafvereitelung im Amt (bloße Unterstützungshandlung); Bestechung, Bestechlichkeit
JA-Übungsblätter	1998	946 ff	*Hartmann*	Erpressung (Drohung mit Unterlassen – Rechtspflicht zum Handeln vorausgesetzt?; Verhältnis von Drohung und Täuschung iSv § 263; Gewaltbegriff); erpresserischer Menschenraub und Geiselnahme („stabile Bemächtigungslage"), Falschaussage (Nötigungsnotstand: Meineid aus Angst vor Rache), Wechselrecht
JuS	1998	531 ff	*Ingelfinger*	Raub (Rückzug Tatbeteiligter ⇒ objektive Zurechnung/Weiterwirken der Beiträge im Erfolg), §§ 239 a, 239 b (Anwendbarkeit bei Zwei-Personen-Verhältnissen), räuberische Erpressung (Vermögensverfügung, Dreieckserpressung); Raub in mittelbarer Täterschaft (Wegnahmebegriff, Verhältnis Erpressungs- und Wegnahmedelikt)
Jura	1998	244 ff	*Kretschmer*	§ 32 (Fehlen des subjektiven Rechtfertigungselements ⇒ Vollendungs- oder Versuchslösung); § 231 (objektive Bedingung der Strafbarkeit – zumindest ursächlicher Zusammenhang zur Folge; Beteiligung nach endgültigem Ausscheiden und vor Eintritt der Folge; Beteiligung nur durch Zurufe bzw Anfeuern)

Zeit-schrift	Jahr-gang	Seite	Autor	Thema
JuS	1998	814 ff	*Marquardt* *von Danwitz*	Diebstahl (Gewahrsamsbegründung; vollendetes Regelbeispiel bei versuchtem Grunddelikt; Mittäterschaft bei Tatbeiträgen allein im Vorbereitungsstadium); Mord in Mittäterschaft (Zurechnung bei alternativ wirksamen Tatbeiträgen); Straffreiheit, obgleich Beteiligte den ursprünglich gemeinsamen Deliktsplan ins Versuchsstadium führen (§ 24 II: „Bemühen") bzw ihn vollenden (Zurechnung)?
JuS	1998	428 ff	*Sternberg-Lieben*	§ 229: „einverständliche Fremdgefährdung"; Verkehrsdelikte: § 315 c (geschütztes Tatobjekt: Tatauto, Beifahrer?), § 316, § 142 (Unfallbeteiligte); Urkundendelikte (Echtheit einer Urkunde); Betrug/Erpressung (Vermögensbegriff: Schadensersatzanspruch als Vermögensposition)
JuS	1999	465 ff	*Bernbeck*	Diebstahl (Eigentumserwerb nach BGB, Mitgewahrsam), Betrug (Irrtumserregung durch Vorlage eines Inhaberpapiers durch den Nichtberechtigten), Verhältnis Diebstahl – Betrug; Hehlerei (Ersatzhehlerei, Mitverzehr = „Verschaffen")
JA-Übungsblätter	1999	859 ff	*Cantzler*	Geldfälschungsdelikte (§§ 146, 147); Geldwäsche (§ 261); § 242 (Irrtümer über die Rechtswidrigkeit der Zueignung); § 258; Aussagedelikte (§§ 154, 160: Abweichung vom Kausalverlauf), Wahlfeststellung; unmittelbares Ansetzen bei mittelbarer Täterschaft
JuS	1999	1196 ff	*Frisch* *Murmann*	§ 227 (Ursächlichkeit und Unmittelbarkeit der Todesfolge bei Eingreifen eines Dritten; Todesbegriff/Todeszeitpunkt); versuchter Totschlag durch Unterlassen (Zeitpunkt des unmittelbaren Ansetzens); Rücktritt vom untauglichen Versuch (§ 24 I 2); § 221 I, III (versuchte Aussetzung mit Todesfolge), § 323 c (Erforderlichkeit – maßgebliche Perspektive; tätige Reue) StPO: Beweisverwertungsverbot bei fehlender Belehrung (§ 252, § 52 III – Vernehmungsbegriff); Ersatz der Zeugenaussage durch Verlesung (§ 250 S 2)
JuS	1999	562 ff	*Graul*	Raub (Zueignungsabsicht bei beabsichtigter Rückgabe), Erpressung (Notwendigkeit einer Vermögensverfügung; stoffgleiche Bereicherung, wenn erlangte Sache nur Druckmittel für Lösegeldforderung sein soll; Schaden bei Zahlung eines Lösegeldes), Betrug (Täuschung über die Verwirklichung eines Übels ⇒ Verhältnis zur Erpressung; Freiwilligkeit der Vermögensverfügung; (un)bewusste Selbstschädigung); fahrlässige Tötung durch Überlassen einer Pistole (objektive Zurechenbarkeit)

Zeitschrift	Jahrgang	Seite	Autor	Thema
Jura	1999	197 ff	*Hecker*	Brandstiftungsdelikte: § 306 a, d („Inbrandsetzen" durch Unterlassen des Löschens), § 164 (Absichtsbegriff), § 153 (Anwendbarkeit, wenn Aussage prozessual nicht verwertbar ist wegen fehlender Belehrung); § 258 (Vereitelung durch Verzögerung der Verfolgung bzw Bestrafung); § 239 (U-Haft wegen unterlassener Aufklärung bei Polizei – mittelbare Täterschaft)
Jura	1999	424 ff	*Meier* *Loer*	Betrug gegenüber Gericht zulasten eines Dritten (Vermögensverfügung durch nachteiliges Urteil wegen Rechtskrafterstreckung und Interventionswirkung; Näheverhältnis zwischen Prozessgericht und Streithelfer); Betrug des Zedenten zu lasten des Zessionars (Näheverhältnis zwischen Schuldner und Zessionar; Täuschung durch Nichtinformieren über Abtretung, schuldrechtliche Abtretungsprobleme)
JuS	1999	372 ff	*Mitsch*	Vermögensdelikte: § 246, § 259 (Notwendigkeit des Erfolges für das „Absetzen"; Vortäter = „Dritter"), § 257 (Vorteilsbegriff), § 263; Teilnahmelehre (mittelbarer Angriff auf eigene Rechtsgüter, Abgrenzung Anstiftung zum Versuch – versuchte Anstiftung); § 247 (Antragserfordernis bei Irrtum über die Person des Opfers)
JA-Übungsblätter	1999	388 ff	*Mitsch*	§ 242 (Enteignungsvorsatz bei Rückgabewillen); § 253 (Vermögensnachteil, wenn Lösegeld für eine entwendete Sache gezahlt wird); § 257 („Hilfeleistung" – Bezug zu den Vortat-Vorteilen?), § 259 („Absatzhilfe" bei Rückverkauf an den Eigentümer?); § 123 (mutmaßliche Einwilligung, §§ 32, 34: Fehlen des subjektiven Rechtfertigungselements)
Jura	1999	480 ff	*Otto* *Petersen*	versuchte räuberische Erpressung in Mittäterschaft (Versuchsbeginn: Gesamt- oder Einzellösung, Problem bei nur vermeintlichem Mittäter); § 251 („durch den Raub"), § 32 (anwendbar auf Hoheitsträger oder Verdrängung durch das PAG?; Absichtsprovokation) StPO: § 252: Verbot der Vernehmung von Verhörspersonen; Vernehmungsbegriff – Befragung durch verdeckten Ermittler
JuS	1999	887 ff	*Park*	§ 267 (Urkundenqualität von Fotokopien); § 246 (Manifestation der Zueignung – mehrdeutige Handlungen; Eigentümer = Beteiligter?, geschütztes Rechtsgut); § 259 (abgeschlossene Vortat erforderlich?; Hehler = Eigentümer ⇒ untauglicher Versuch); § 249 (Fußballsitten als Fall der tatbe-

Zeitschrift	Jahrgang	Seite	Autor	Thema
				stands-ausschließenden Sozialadäquanz; Aneignungsabsicht); § 185 (Sozialadäquanz bei Beschimpfung im Fußballstadion)
JuS	1999	159 ff	*Regge* *Rose* *Steffens*	§ 263 (Submissionsbetrug, insbes Schaden bei Kartellabsprachen) und § 298 (wettbewerbsbeschränkende Absprachen) sowie deren Konkurrenz; § 266 (Abgrenzung von Missbrauchs- und Treubruchstatbestand bei kollusivem Zusammenwirken); §§ 331, 332, 334 (Bestechungstatbestände); § 133, § 274 I Nr 1
JuS	2000	465 ff	*Ambos*	Totschlag: § 27 GrenzG der DDR als Rechtfertigungsgrund (Radbruch'sche Formel), Befehlsnotstand (§ 35), § 5 WStG (Handeln auf Befehl), Erlaubnisirrtum; Verhältnis zwischen Grenzposten (Mittäterschaft, psychische Beihilfe)
Jura Sonderheft	2000	51 ff	*Arloth*	unbefugtes Benutzen einer fremden Codekarte: §§ 263 a, 246, 242 (auch: §§ 268, 266 b, 274, 303 a, 202 a); § 253 (Irrtum über Rechtswidrigkeit der Bereicherung); § 259 (einvernehmliches Zusammenwirken mit dem Vortäter); § 222 und § 315 c (alic) StPO: Mithören von Telefongesprächen: Beweiserhebungsverbote (§§ 100 a, 100 b, 163 a, Verstoß gegen das faire Verfahren) und Beweisverwertungsverbote (§ 252)
JA-Übungsblätter	2000	300 ff	*Baier*	§ 248 b (Überschreitung der Gebrauchsberechtigung); § 315 c (konkrete Gefährdung, taugliches Tatobjekt); § 221 („Versetzen" – Veränderung des Aufenthaltsortes nicht mehr erforderlich; „Im-Stich-Lassen" – räumliche Trennung nicht mehr erforderlich); § 225, § 171 (Verletzung der Fürsorgepflicht); § 323 c (omissio libera in causa)
Jura Sonderheft	2000	56 ff	*Berg*	Anwendbarkeit des dt. Strafrechts (§ 7); Körperverletzung mit Todesfolge (Tun/Unterlassen bei Abbruch von Rettungshandlungen; gefahrspezifischer Zurechnungszusammenhang); Aussetzung mit Todesfolge („Versetzen"– Veränderung des Aufenthaltsortes nicht mehr erforderlich; „Im-Stich-Lassen" – Garantenstellung); § 323 c (Erforderlichkeit) StPO: Beweisverwertungsverbote bei Zeugen vom Hörensagen (§ 252 iVm § 55, Rechtskreistheorie); sachliche Zuständigkeit des AG bzw der Kammern des LG (GVG)

Zeit-schrift	Jahr-gang	Seite	Autor	Thema
Jura	2000	486 ff	*v. Danwitz*	Totschlag durch Unterlassen (Garantenstellung aus eheähnlicher Gemeinschaft und aus Ingerenz); § 323 c („Unglücksfall"); Abgrenzung von Tun und Unterlassen (Verhindern von Rettungshandlungen); Anstiftung zum Unterlassensdelikt (Strafmilderung nach § 28 I?)
Jura	2000	204 ff	*Graul*	§ 244 I Nr 1 a („Beisichführen" – Verwendungsabsicht erforderlich?); § 249 (Finalzusammenhang zwischen Gewaltanwendung und Wegnahme; Benutzen einer fremden Codekarte: Einverständnis der Bank zum Geldziehen?; Wegnahmebegriff in Abgrenzung zu § 242); §§ 253, 255 (Vermögensverfügung und das Verhältnis zu § 249; Unmittelbarkeitserfordernis und Vergleich mit § 263); § 263 a („unbefugte Verwendung")
JuS	2000	677 ff	*Maier*	§ 266 (kollusives Zusammenwirken), Bestechungsdelikte (alte und neue Fassung, zeitliche Geltung der Tatbestände, evtl Handlungseinheit; Merkmal „als Gegenleistung"); Beihilfe zur Vorteilsannahme und -gewährung (Verhältnis § 331 – § 333)
Jura Sonder-heft	2000	67 ff	*Murmann*	§ 263 (Vermögensbegriff: sittenwidrige Geschäfte erfasst?, Einordnung von Telefonsex?); § 253 („empfindliches Übel"); Beihilfe durch äußerlich neutrale Handlungen; Rücktritt vom vorläufig fehlgeschlagenen Versuch (Einzelaktstheorie/Gesamtbetrachtungslösung)
JA-Übungs-blätter	2000	671 ff	*Thoss*	§ 263 (durch Unterlassen: Garanten- bzw Aufklärungspflicht bei Buchungsirrtümern der Bank – aus Girovertrag oder § 242 BGB); § 263 a („unbefugtes Verwenden" – ec-Bedingungen maßgeblich?); § 266 b („Vertrauensmissbrauch" durch abredewidriges Einsetzen der Scheckkarte; Kundenkarte = Kreditkarte?); § 242, § 246 („fremd")
Jura	2000	533 ff	*Tiedemann Waßmer*	§ 265 a („Erschleichen" bei Schwarzfahrt und Bestechung des Kontrolleurs); § 263 a (Benutzen einer fremden Codekarte = „unbefugte Verwendung"?); § 263 (durch Einfordern einer Versicherungsleistung, Versicherungsnehmer/Repräsentantenstellung); §§ 265, 266, 266 b; Gleichheitssatz (Art 3); Doppelbestrafung (Art 103 III)
Jura Sonder-heft	2000	45 ff	*Wittig*	§ 315 c (taugliches Tatobjekt; Abgrenzung bedingter Vorsatz/bewusste Fahrlässigkeit; „rücksichtslos"); § 222 (Schutzbereich; Zumutbarkeit normgemäßen Verhaltens); § 229 (eigenverantwortliche Selbstgefährdung/einverständliche Fremdgefährdung: Abgrenzung, Einordnung und Behandlung sowie Teilnahmeprobleme); psychische Beihilfe; § 240 (Gewaltbegriff)

Zeitschrift	Jahrgang	Seite	Autor	Thema
JuS	2001	47 ff	*Fahl*	§ 242 (Auswirkung des Vorsatzwechsels [nur geringwertige Sache mitgenommen] auf § 243 II und Verfolgbarkeit wegen § 248 a); § 240 (durch behindernde/bedrängende Fahrweise); § 315 b, c, § 316 (BAK-Werte); § 239 (§ 81 a StPO als Rechtfertigungsgrund; Verabreichung von Brechmitteln durch Polizei; „Irrtumsprivileg" von Amtsträgern) StPO: Beweisverwertungsverbot für durch Brechmittel gewonnene Beweise (Abwägungslehre)
Jura	2001	472 ff	*Hantschel*	StPO: verdeckte Videoaufzeichnung; Abgrenzung repressiver – präventiver polizeilicher Handlungsspielraum; Doppelfunktionalität von polizeilichen Maßnahmen; Rechtsgrundlagen verdeckter Videoüberwachung; Anordnungs-und Durchführungsvoraussetzungen; „Wohnungs"-Begriff
JuS	2001	1095 ff	*Hellmann* *Beckemper*	§ 242 (Gewahrsam an verlorenen Sachen); § 263 a (Missbrauch eines Telekommunikationsnetzes; Auslegung von „unbefugt"); § 265 a (Telefonieren vom Anschluss eines Dritten = „Erschleichen"?); §§ 267 ff; § 263 (Dreiecksbetrug: erforderliches Verhältnis zwischen Kreditkartenaussteller und Vertragsunternehmen, Stoffgleichheit)
JuS	2001	159 ff	*Hillenkamp*	§§ 223, 224 (freiverantwortliche Selbstgefährdung – einverständliche Fremdgefährdung; Einwilligung – Sittenwidrigkeit von gewalttätigen Ritualen); § 221 („Versetzen" und „Im-Stich-Lassen"; Einschränkung des Notwehrrechts bei Provokation und Irrtum des Angreifers; Züchtigungsrecht nach Neufassung des § 1631 II BGB; Gastwirt als Garant, § 13) StPO: Abgrenzung Beschuldigten-/Zeugenvernehmung bei Mitbeschuldigten; Folge unterlassener Zeugenbelehrung
JuS	2001	780 ff	*Jerouschek* *Kölbel*	§ 242 und § 263 a (durch Benutzung einer fremden ec-Karte und manipulierter Münzen am Spielautomaten, Auslegung von „unbefugt"); § 266 b („Missbrauch", tauglicher Täter); § 265 a („Leistung" eines Spielautomaten) § 246 (mehrfache Zueignung); §§ 146, 147; §§ 267, 274 (Geldstück = Urkunde?)
Jura	2001	554 ff	*Jordan*	§ 263 (schadensgleiche Vermögensgefährdung); § 266 (tatbestandsausschließendes Einverständnis); § 253 (Verwirkung des Vermögensschutzes durch rechtlich missbilligtes Opferverhalten); Bestechungsdelikte

Zeitschrift	**Jahrgang**	**Seite**	**Autor**	**Thema**
JA	2001	662 ff	*Keiser*	StPO: Rechtsschutzmöglichkeiten im Ermittlungsverfahren
Jura	2001	258 ff	*Murmann*	§§ 306 ff: Tatbestandsmerkmale im Einzelnen, insbes Gesundheitsschädigung von Komplizen und Feuerwehr („Retterunfälle“) iRd § 306 a II; Brandstifter als mittelbarer Täter kraft überlegenen Wissens gegenüber dem Brandleger; §§ 212, 211
Jura	2001	335 ff	*Schmitz*	§§ 288, 289 (Wegnahmebegriff, hier „Wegnahme“ durch Mieter bei Vermieterpfandrecht); § 274 (Pfandsiegel = Urkunde); § 136 II (Siegelbruch); § 263 a (Auslegung von „unbefugt“, hier Überziehung eines Dispokredits)
JA-Übungsblätter	2001	951 ff	*Thoss*	§ 216 (Arzt als Garant; Bedeutung der Patientenautonomie; Täterschaft aufgrund von Giftbeschaffung?); § 212 (indirekte Sterbehilfe durch Erhöhung der Schmerzmitteldosis); § 323 c (Suizid = „Unglücksfall“?)
Jura	2002	854 ff	*Burger* *Peglau*	Probleme des Betrugstatbestandes (Vermögensgefährdung, Stoffgleichheit, Regelbeispiele eines besonders schweren Falles); Hehlerei; Geldwäsche durch den Strafverteidiger
Jura	2002	59 ff	*Eisele*	§ 266 (Vermögensbetreuungspflicht gegenüber Dritten); § 263 (schadensgleiche Vermögensgefährdung; Erbaussicht als Vermögenswert; Näheverhältnis im Dreiecksbetrug); §§ 274, 267 (Collage oder Fotokopie = Urkunde?; Täuschung über Vertretungsmacht ⇒ unecht?)
Jura	2002	632 ff	*Fad*	Datendelikte, Untreue, Vermögensschaden in Form der Vermögensgefährdung, Betrug, Stoffgleichheit, Vermögensschaden bei sittenwidrigen und verbotenen Geschäften, Aussagedelikte, Rechtsbeugung durch zögerliche Sachbehandlung StPO: absolute – relative Revisionsgründe, Ausschluss des Angeklagten aus der Hauptverhandlung, Nichtbelehrung bei Vernehmung durch Polizeibeamten; Beweislast für Verfahrensverstöße
Jura	2002	493 ff	*Kinzig* *Luczak*	Abgrenzung Mittäterschaft/Beihilfe; Versuchsbeginn; Rücktritt bei Beteiligung mehrerer; Rücktritt im Vorbereitungsstadium; Hehlerei; Absatzerfolg bei Mitwirken zum Absatz?; Betrug (Abgrenzung zum Diebstahl); Raub (gefährliches Werkzeug) StPO: Auswirkungen des rechtsstaatswidrigen Tätigwerdens eines Verdeckten Ermittlers

Zeitschrift	Jahrgang	Seite	Autor	Thema
JuS	2002	1071 ff	*Kudlich*	allg. Tipps zur Klausurlösung; nemo-tenetur-Grundsatz; error in persona beim Versuch, Unmittelbarkeitserfordernis, Rose-Rosahl-Problematik; Systematik der Brandstiftungsdelikte; Ziele des 6. StrRG StPO: Strafbefehl und Strafklageverbrauch; Rücknahme des Strafbefehls
JA	2002	415	*Momsen* *Moldenhauer*	StPO: Absprachen im Strafprozess aus revisionsrechtlicher Sicht
Jura	2002	568 ff	*Morgenstern*	Tanken, ohne zu bezahlen; Widerstand gegen Vollstreckungsbeamte, Irrtumsregelung des § 113 IV; Körperverletzung mit Todesfolge; Zurechenbarkeit des Erfolges trotz Dazwischentretens eines deliktisch handelnden Dritten StPO: Verwertungsverbot bei Verstoß gegen §§ 136 I, 163 a IV StPO
JuS	2002	887 ff	*Rotsch*	Täterschaft/Teilnahme (mittelbare Täterschaft kraft organisatorischen Machtapparats); Rücktritt; bedingter Vorsatz bei Rücktrittsvorbehalt; Rücktritt bei außertatbestandlicher Zielerreichung; Rücktritt bei mehreren Beteiligten; antizipierter Rücktritt
JA-Übungsblätter	2002	777 ff	*Schultze*	Versuch eines Regelbeispiels; § 246 bei wiederholter Zueignung; Probleme des Hehlereitatbestandes; § 160 bei vorsätzlicher Falschaussage
JuS	2002	576 ff	*Sternberg-Lieben* *Sternberg-Lieben*	§ 265 a („Erschleichen“); Vermögensdelikte (§§ 246, 253, 259, 261); Rechtfertigungsgründe (Festhalten durch U-Bahn-Kontrolleure): § 127 StPO, § 229 BGB (Bagatellforderung); § 35 (Zumutbarkeit bei Gefahrverursachung durch die nahe stehende Person)
Jura	2002	708 ff	*Tiedemann* *Walter*	Täterschaft des Unternehmensinhabers; Nötigungsnotstand; Anstifter- und Gehilfenvorsatz; § 263 (Vermögensverfügung, Vermögensschaden); Konkurrenzen StPO: prozessualer Tatbegriff bei Serienstraftaten
JA-Übungsblätter	2002	214 ff	*Trüg*	§ 315 b, c (Autosurfen = verkehrsfremder Eingriff?; Tatauto und Autosurfer vom Schutzzweck erfasst?); § 229 (eigenverantwortliche Selbstgefährdung – einverständliche Fremdgefährdung, Sittenwidrigkeit der Einwilligung zum Autosurfen); § 113 (Gewaltbegriff)

Zeitschrift	Jahrgang	Seite	Autor	Thema
Jura	2002	415 ff	*Walter*	§ 123 (generelle Zutrittserlaubnis); § 142 (Vollendung der Wegnahme bei Beobachtung; Ausschluss des Rücktritts bei vermeintlicher Vollendung?); § 267 (Strichcode = Beweiszeichen; zusammengesetzte Urkunde); § 303 (Beschädigung durch Funktionsbeeinträchtigung oder durch Bekleben [Zustandsveränderung]?); § 263 (Verfügungsbewusstsein der Kassiererin); § 223 (Erlaubnistatbestandsirrtum); § 249 (Zusammenhang zwischen Wegnahme und Gewalt)
Jura	2003	205 ff	*Berz* *Saal*	Notwehrprovokation; alic; „Aufstiftung" (Anstiftung zur Übersteigerung des Tatentschlusses); Abgrenzung Vorsatz – Fahrlässigkeit (Hemmschwellentheorie)
Jura	2003	855 ff	*Börner*	Drittzueignung; Rückveräußerung an den Eigentümer; vermeintlich rechtswidrige Zueignung
JuS	2003	1087 ff	*Dannecker*	Anstiftung (omnimodo facturus) und physische Beihilfe; Körperverletzungsdelikte mit Qualifikationen; § 113 StPO: Privatklagedelikte; Beweisverwertungsverbot wegen Unterbindung der Verteidigerkonsultation
JA-Übungsblätter	2003	40 ff	*Eisele*	Straßenverkehrsdelikte; Aussagedelikte; Rechtfertigungsgründe; Kausalität und objektive Zurechnung
Jura	2003	60 ff	*Fahl*	Vorsatz bei äußerst gefährlichen Gewalthandlungen; Hemmschwellentheorie; Eifersucht als niedriger Beweggrund; Gegensatztheorie; Rechtfertigung beim Fahrlässigkeitsdelikt; subjektives Rechtfertigungselement bei Fahrlässigkeit; Notwehrexzess; strafrechtlicher Sachbegriff; Abgrenzung dolus eventualis und bewusste Fahrlässigkeit
JuS	2003	472 ff	*Fahl*	§ 240 (Nötigung auf der Autobahn); § 315; § 315 c (Überholvorgänge); § 315 b; § 142
JuS	2003	774 ff	*Gaede*	Täterschaft und Teilnahme; Vermögensdelikte (§§ 242 ff, Bandenbegriff); Aussagedelikte (§ 186) StPO: Relative Revisionsgründe (Verwertungsverbot wegen Verstoßes gegen § 57, Beruhensfrage)
Jura	2003	496 ff	*Gleß*	§ 263 (Vermögensschaden bei sittenwidrigen Rechtsgeschäften); gefährliches Werkzeug iSd § 244 I Nr 1 a; § 253 (Vermögensschaden durch Weggabe erschwindelter Gegenstände); § 259 (Einverständlichkeit der Übertragung der Verfügungsmacht) StPO: Beschlagnahme von Digitalphotos

Zeitschrift	Jahrgang	Seite	Autor	Thema
JuS	2003	880 ff	*Herzberg Scheinfeld*	Versuch der Tötung auf Verlangen; Nothilfe, § 32; Interessenabwägung iRd § 34; Zumutbarkeit bei § 35; objektive Zurechnung; § 224 I Nr 4 („gemeinschaftlich"); Reichweite des § 303 I (Beschädigen durch Verstecken von Sachen?); Täterschaft/Teilnahme (Abgrenzung); Urkundenunterdrückung (§ 274 I Nr 1); § 185 (Beleidigung im engen Familienkreis)
JuS	2003	157 ff	*Hillenkamp*	Versuchte Beteiligung; abergläubischer Versuch; § 263 (Abgrenzungsfragen und Tatbestandsprobleme); §§ 242, 244 (Waffen); § 252; § 255 StPO: Rechtliche Stellung und Organisation der StA und ihre Bindung an die Präjudizien
Jura	2003	711 ff	*Jeßberger*	Strafbarkeit von Folterhandlungen (VN-Folterkonvention, EMRK); Aussageerpressung; Nötigung; Notwehrbefugnis von Amtsträgern; Gebotenheit der Notwehrhandlung
JuS	2003	243 ff	*Kudlich*	Abgrenzung Tatbestands- und Verbotsirrtum bei einem außerstrafrechtlichen Rechtsirrtum; § 242
JuS	2003	681 ff	*Kühl Schramm*	Rücktritt vom Versuch; (Erfolgs-)Qualifizierung in der Beendigungsphase; Raub und Erpressung einschließlich ihrer Qualifikationen
JA-Übungsblätter	2003	218 ff	*Rackow*	Versuchsbeginn bei mittelbarer Täterschaft; Tötungsdelikte; Suizidbeteiligung
JuS	2003	580 ff	*Radtke Schwer*	Straßenverkehrsdelikte (§ 315 c – Trunkenheit im Straßenverkehr; § 315 b I Nr 3 – Bestimmung des Schutzbereichs); Körperverletzung (Anwendung der Rspr zu ärztlichen Heileingriffen auf medizinisches Hilfspersonal; Rechtfertigung des rettenden Eingriffs bei Suizidenten, insbes § 34 iVm Bundesärztekammergutachten über die Notkompetenz von Rettungsassistenten); § 29 I BtMG; Verbotsirrtum
JuS	2003	998 ff	*Rönnau Hohn*	Vermögensdelikte, va § 266 I Var 2 (Vermögensnachteil durch ungünstigen Vertragsschluss); §§ 331, 332 I (Anforderungen an die Unrechtsvereinbarung, Verhältnis zu § 299 I); § 223 bei ärztlichen Heileingriffen (Zurechnung/eigenmächtige Heileingriffe, Einwilligung)
JuS	2003	263 ff	*Samson*	Vermögensdelikte (§§ 242, 248 b, 253)
JA-Übungsblätter	2003	857 ff	*Weißer Kreß*	Abgrenzung Täterschaft – Teilnahme; Mitwirkung im Vorbereitungsstadium; Versuchsbeginn bei Mittäterschaft; Fehlen des subjektiven Rechtfertigungselementes; Brandstiftungsdelikte (§§ 306 ff), teleologische Reduktion des § 306 a

Zeitschrift	Jahrgang	Seite	Autor	Thema
JuS	2003	985 ff	*Wrage*	Tatbestandsvoraussetzungen §§ 306 ff; Konkurrenzverhältnis § 306 – § 306 a – § 306 b; Unmittelbarkeitszusammenhang zwischen Grunddelikt und schwerer Folge
Jura	2003	637 ff	*Zöller*	Computerbetrug; Kreditkartenmissbrauch; Geldautomat; Vermögensschaden; Hehlerei
JuS	2004	56 ff	*Baier*	Urkundsdelikte; Sachbeschädigung; Betrug; Strafvereitelung; Beeinträchtigung von Unfallverhütungsmitteln; Amtsanmaßung; Störung öffentlicher Betriebe
Jura	2004	640 ff	*Bohnert*	Indiskretions- und Beleidigungsdelikte; Rechtfertigungsgründe bei § 203 StGB; Sozialdatenschutz; Normenkonflikt bei der Rechtfertigung von Indiskretionsdelikten: Grundrecht auf informationelle Selbstbestimmung gegen Anspruch auf rechtliches Gehör?
JuS	2004	140 ff	*Kerner* *Trüg*	Probleme des Betrugstatbestandes
JA-Übungsblätter	2004	39 ff	*Laubenthal*	Körperverletzungsdelikte; Beteiligung an einer Schlägerei; Notwehr; Notwehrprovokation; Anstiftung
JuS	2004	323 ff	*Mitsch*	Qualifikationslos – doloses Werkzeug; Lehre von den Pflichtdelikten; § 244 I Nr 3: Zum Ausführungszusammenhang; Vereiteln der Zwangsvollstreckung § 288; Pfandkehr, § 289: Wegnahmebegriff
JuS	2004	607 ff	*Rotsch*	§ 267: Unterscheidung Kennzeichen/Beweiszeichen; Urkundenfälschung bei zusammengesetzten Urkunden; Abgrenzung Diebstahl/Betrug in SB-Läden; „neutrale“ Beihilfe; Diebstahl durch Austausch von Gegenständen; Abgrenzung Tun/Unterlassen
Jura	2004	64 ff	*Safferling*	Mittäterschaft; Rücktritt vom Versuch; erfolgsqualifizierter Versuch einer Körperverletzung mit Todesfolge StPO: Beweiserhebungs- und -verwertungsverbote
JA-Übungsblätter	2004	378 ff	*Thoss*	Stufen des Raubunrechts; Werkzeugbegriff; Kfz-Kennzeichenmissbrauch; Schwarzfahrt mit dem Firmenwagen; Beleidigung durch schlüssiges Verhalten
JuS	2005	440 ff	*Böse* *Keiser*	Gewaltbegriff; Erfordernis der Vermögensverfügung bei §§ 253, 255; Legalitätsprinzip; Opportunitätsprinzip; Rücknahme des Strafantrags

Zeitschrift	Jahrgang	Seite	Autor	Thema
StudZR	2005	309 ff	*Fricker*	Abgrenzung Selbstschädigung und Fremdschädigung; Einwilligung in lebensgefährliche Körperverletzung; Verdeckungsabsicht bei Begehung durch Unterlassen iRd § 211 StGB; Bedingter Tötungsvorsatz beim unechten Unterlassungsdelikt; Bestechungsdelikte
JuS	2005	1010 ff	*Hanft*	Unmittelbares Ansetzen beim Versuch des vermeintlichen Mittäters; versuchtes Unterlassungsdelikt; Rücktritt und anderweitige Erfolgsabwendung
JuS	2005	245 ff	*Hölck* *Hohn*	Untreue und Betrug; Schadensbestimmung; Raub; Räuberischer Angriff auf Kraftfahrer
Jura	2005	877 ff	*Hussels*	Tatbestandsfragen zu § 244; Probleme um § 26, Aufstiftung; Mordmerkmale im Rahmen von § 28; aberratio ictus und error in persona
Jura	2005	635 ff	*Müller*	Zurechnung; erfolgsqualifizierter Versuch; Notwehrprovokation; Mittäterschaft; Nötigungsnotstand
Jura	2005	494 ff	*Noak* *Sengbusch*	Abgrenzung Raub – räuberische Erpressung; Zueignung; Straßenverkehrsdelikte; StPO: Beweisverbote § 252 StPO
JuS	2005	47 ff	*Sternberg-Lieben* *Sternberg-Lieben*	dolus antecedens; Fahrlässigkeit; Unterlassen; Körperverletzungs- und Tötungsdelikte; Erpressung; gemeingefährliche Vergiftung; Nichtanzeige geplanter Straftaten
Jura	2005	128 ff	*Thoss*	Unmittelbares Ansetzen; schwere Körperverletzung; erforderliche und gebotene Verteidigung bei der Notwehr; Unrechtserfolg der fahrlässigen Tötung; eigenverantwortliche Selbstgefährdung; Abgrenzung Mittäterschaft – Verbrechensverabredung
JuS	2005	620 ff	*Weißer*	Gefährliches Werkzeug beim Diebstahl; Bandendiebstahl; Täterschaft und Teilnahme
Jura	2006	943 ff	*Ambos* *Rackow*	Notwehr des Festnehmenden gegen den Festzunehmenden; Notwehr durch Polizeibeamte; Erlaubnistatbestandsirrtum; "Präventivfolter" zur Rettung Unschuldiger; Verbotene Vernehmungsmethoden StPO: Festnahmerecht § 127 StPO; Verstoß gegen § 136 a StPO
Jura	2006	627 ff	*Ellbogen*	StPO: Gefahr im Verzug; Wechsel des Sitzungsstaatsanwalts; Beweisverbote; Ablehnung eines Beweisantrages wegen Prozessverschleppung; zeugenmäßige Vernehmung eines erkennenden Richters; Nichterteilung des letzten Wortes; Entscheidung des Revisionsgerichtes

Zeitschrift	Jahrgang	Seite	Autor	Thema
JuS	2006	54 ff	*Hardtung*	Strafvereitelung durch Einlegen von Revision; Strafvereitelungserfolg; erlaubtes Verteidigerhandeln; objektive Zurechnung des Strafvereitelungserfolges
JA-Übungsblätter	2006	351 ff	*Helmrich*	Raub; räuberische Erpressung; inhaltliche Anforderungen an Opferverhalten; Mittäterschaft; Erlaubnistatbestandsirrtum
JuS	2006	810 ff	*Käßner* *Seibert*	Abgrenzung Selbst-/Fremdgefährdung; Sittenwidrigkeit der Einwilligung; Erlaubnistatbestandsirrtum; Vermögensbegriff; Qualifikation zwischen Vollendung und Beendigung; Irrtum über den Kausalverlauf; Einschränkung der Mordmerkmale; bedingter Anstiftervorsatz; Verhältnis Mord und Totschlag
Jura	2006	219 ff	*Kretschmer*	Abgrenzung Raub/räuberische Erpressung; 239a StGB im Zwei-Personenverhältnis; Erfolgloses Abpressen der Beute; Versuchte Erpressung, Betrug, Hehlerei, Geldwäsche; Schweigegelderpressung; Unbefugte Verwendung von Daten
JuS	2006	431 ff	*von Lewinski*	Rücktritt bei Denkzettelfällen; Minder schwerer Fall der gefährlichen Körperverletzung (§ 224 StGB)
JA	2006	509 ff	*Mitsch*	Pflichtenkollision; objektive Zurechnung (erlaubtes Risiko; Schutzzweck)
Jura	2006	381 ff	*Mitsch*	Uneidliche Falschaussage und Meineid; Aussagenotstand (§ 157 StGB) und Aussageberichtigung (§ 158 StGB); Freiheitsdelikte; Tatbestand der Strafvereitelung StPO: Beschlagnahmeverbot (§ 97 I Nr 1 StPO); Verlesbarkeit von Vernehmungsprotokollen (§ 253 StPO)
JuS	2006	251 ff	*Morgenstern*	Unterschlagung; Üble Nachrede; aberratio ictus; Notwehr; Freiheitsberaubung mit Todesfolge
Jura	2006	466 ff	*Ranft*	Jugendverfehlung, Altersstufen, Jugendgerichtshilfe, Gesamtwürdigung der Persönlichkeit, Inverkehrbringen von Falschgeld, akustische Überwachung StPO: Unterschiede zwischen Gerichtshilfe und Jugendgerichtshilfe
JuS	2006	241 ff	*Seier* *Löhr*	Insolvenzdelikte; Untreue; faktische Geschäftsführung; Verständnis des Merkmals „Täter"; Treuepflicht iSd § 266 StGB als besonderes persönliches Merkmal iSd § 28 StGB

Zeit-schrift	**Jahr-gang**	**Seite**	**Autor**	**Thema**
JuS	2006	723 ff	*Steffan*	Abgrenzung Eingehungs- und Erfüllungsbetrug; Dreiecksbetrug; Anknüpfungspunkt des Vermögensschadens iRd § 263 StGB; Haltereigenschaft des Autohändlers; grobe Verkehrswidrigkeit iSd § 315c I Nr 2 StGB
JuS	2006	628 ff	*Zorn*	Vermögensschaden bei bewusster Selbstschädigung; Beginn der Verjährungsfrist
Jura	2007	553 ff	*Basak*	Urkundenfälschung; Betrug; Begriff des Wertpapiers iSd § 264 I Nr.1 StGB; Kapitalanlagebetrug; Untreue
JuS	2007	255 ff	*Brüning*	Einschränkung des Notwehrrechts bei engen familiären Beziehungen; Angriff schuldlos handelnder Personen bei Notwehr; Erlaubnistatbestandsirrtum; Notwehrexzess gem § 33 StGB; objektive Zurechnung (Eigenverantwortliche Selbstgefährdung)
JuS	2007	459 ff	*Dreher*	Bewusste Zweckentfremdung bei bloßem Gefährdungsvorsatz iRd § 315 b I Nr 3; Abgrenzung untauglicher Versuch zu Wahndelikt; Wahrnehmung berechtigter Interessen (§ 193 StGB); Hinreichende Verkörperung der Gedankenerklärung iRd § 267 StGB; Beweiseignung iSd § 267 StGB, wenn Beweis auch anderweitig geführt werden kann
JuS	2007	742 ff	*Kühl*	Freiheitsberaubung; Rechtfertigungsgründe; Erlaubnisirrtum; Nötigungsnotstand; mittelbare Täterschaft; Versuchte Erfolgsqualifizierung; Erfolgsqualifizierter Versuch
JA	2007	604 ff	*Jäger*	Abgrenzung von Verfügung und Wegnahme bei § 253 StGB; Erfordernis einer Vermögensverfügung bei § 253 StGB; Vermögensbegriff; Verhältnis von § 240 zu § 113 StGB; Widerstand gegen Vollstreckungsbeamte (§ 113 StGB)
JuS	2007	555 ff	*Mitsch*	Raub; Unterschlagung; Agent provocateur; Anvertrauen zu rechtswidrigen Zwecken iRd § 246 StGB; Gewalt durch Wegnahme bei § 249 I StGB; Vermögensschaden trotz Verlustausgleich
JuS	2007	146 ff	*Norouzi*	Eigenverantwortliche Selbstgefährdung in „mittelbarer Täterschaft"; Tatbestandsmäßigkeit des kunstgerecht ausgeführten Heileingriffs; Erlaubnistatbestandsirrtum; Vorsatz zur mittelbaren Täterschaft als Anstiftervorsatz StPO: Verwertungsverbot für Aussagen, die gegen die Geheimhaltungspflicht des § 203 StGB verstoßen Rückrechnung bei BAK-Berechnung; Anwendung des § 21 StGB bei selbstverschuldeter Trunkenheit

Zeit-schrift	Jahr-gang	Seite	Autor	Thema
Jura	2007	224 ff	*Swoboda*	Verfassungsrechtliche Rechtfertigungsgründe iRd § 185 StGB; Notwehrexzess; Nötigungsnotstand; Notwendigkeit einer Vermögensverfügung iRd §§ 253, 255 StGB; actio libera in causa StPO: Zeugnisverweigerungsrecht nach § 52 StPO bei nichtehelicher Lebensgemeinschaft und Verlöbnis
Jura	2007	463 ff	*Theile*	Tötung durch Unterlassen und Verdeckungsabsicht; Auswirkung der Bösgläubigkeit des Vordermannes auf die Strafbarkeit des Hintermannes StPO: Anwendbarkeit des § 153 StGB bei prozessualen Fehlern
JA	2007	354 ff	*Wolter*	Zurechenbarkeit des Erfolgs des beendeten Versuchs bei Mittäterschaft; Abweichung vom Kausalverlauf; erfolgsqualifizierter Versuch des § 227 StGB
JuS	2008	810 ff	*Ambos/ Rackow*	Sachwertbegriff iSd § 242 StGB; Begriff der zusammengesetzten Urkunde iSd § 267 StGB; Voraussetzung des Enteignungserfolges; Preisgabe „geheimen Wissens" als Vermögensverfügung iSd § 253 StGB; Verhältnis des Genötigten zum Vermögen des Geschädigten bei der Dreieckserpressung
JuS	2008	623 ff	*Hardtung*	Entschuldigungsumstandsirrtum (§ 35 II StGB); Feuer als gefährlicher Stoff; Abstrakte oder konkrete Lebensgefährlichkeit bei § 224 I Nr 5 StGB; Abweichende Vorstellung vom Kausalverlauf
JuS	2008	859 ff	*Heger*	mittelbare Täterschaft, erfolgsqualifizierter Versuch, error in persona, unmittelbares Ansetzen beim unechten Unterlassungsdelikt, Verdeckungsabsicht bei Unterlassen, actio libera in causa, error in persona im Rahmen der actio libera in causa, Auswirkungen des error in persona des Vordermanns auf den Anstifter
JuS	2008	430 ff	*Hoffmann-Holland*	Freiwilligkeit der tätigen Reue trotz Weiterverfolgung rechtswidriger Absichten; Gegenwärtigkeit der angedrohten Gefahr im Sinne einer Dauergefahr; Gesundheitsschädigung durch geisitge bzw. seelische Beeinträchtigungen; Abgrenzung von Warnung und Drohung iRd § 240 StGB; Kriterien der Wissentlichkeit; Abgrenzung Drohung und Täuschung; Versuch eines Regelbeispiels

Zeit-schrift	Jahr-gang	Seite	Autor	Thema
JuS	2008	717 ff	*Kett-Straub* *Linke*	Objektive Zurechnung (Schutzzweckzusammenhang); Gefahrverwirklichungszusammenhang iSd § 227 StGB; Verdeckungsmord durch Unterlassen; Hindernisbereiten durch Unterlassen iSd § 315 b Nr 2; Ende der Garantenpflicht unter Ehepaaren; Geheimhaltungsbedürftige Tatsachen iSd § 353 b I StGB; Frage als Mittel zur Anstiftung; Rechtfertigung durch § 193 StGB
Jura	2008	792 ff	*Kipp/Kummer*	Wegnahme von Pfandflaschen; Sachwertbegriff iRd § 242 StGB; Enteignungsvorsatz bei Rückführungswillen; Körperverletzung durch ärztlichen Heileingriff; tatbestandsausschließendes Einverständnis oder Rechtfertigung bei de lege artis durchgeführten ärztlichen Eingriffen; Erlaubnistatbestandsirrtum
JA	2008	703 ff	*Kudlich*	teleologische Reduktion des Tatbestandes bei § 306 a I StGB; Zurechnung des unmittelbaren Ansetzens bei vermeintlicher Mittäterschaft; Notwendiges Ausmaß der Gefährdung des Beifahrers iRd § 315 c StGB; sind tatbeteiligte Mitfahrer vom geschützten Personenkreis des § 315 c erfasst StPO: Negative Beweiskraft des Hauptverhandlungsprotokolls (§ 274 StPO)
Jura	2008	625 ff	*Morgenstern*	Freiverantwortlichkeit der Selbstötung; Abgrenzung Raub von räuberischer Erpressung; Abgrenzung Täterschaft – Teilnahme bei Nichtmitwirken an der Tatbestandsverwirklichung StPO: Brechmitteleinsatz zur Exkorporation iSd § 81 a StPO
Jura	2008	954 ff	*Otto*	Räuberischer Angriff auf Kraftfahrer, Rechtfertigung der Festnahme eines Straftäters, Garantenstellung zur Abwendung vorsätzlich durch Tun herbeigeführter Erfolge, Ausschluss aus der Hauptverhandlung
Jura	2008	382 ff	*Safferling* *Simon*	Leichenteile als fremde bewegliche Sachen iSd § 242 StGB; Aneignungsmöglichkeit von Leichenteilen; gefährliches Werkzeug iSd § 244 I Nr 1 a StGB; Störung der Totenruhe; Abgrenzung Täterschaft – Teilnahme bei Nichtmitwirken an der Tatbestandsverwirklichung; Diebstahl unter „Mitwirkung" eines Bandenmitgliedes iSv § 244 I Nr 2; Geldwäsche

Zeit-schrift	**Jahr-gang**	**Seite**	**Autor**	**Thema**
JA	2008	31 ff	*Seibert*	Gewahrsamsbegriff iRd § 242 StGB; „auf frischer Tat betroffen" iSd § 252 StGB; Vorraussetzungen der Mittäterschaft; Rechtmäßigkeitsbegriff iRd § 113 StGB; Vorraussetzungen der echten Wahlfeststellung StPO: Rechtfertigung des Beamten bei rechtswidriger, aber verbindlicher Weisung
JA	2008	605 ff	*Wolter*	Abgrenzung Raub – räuberische Erpressung; Abgrenzung Vorbereitungshandlung – unmittelbares Ansetzen; Ausnutzen der besonderen Verhältnisse des Straßenverkehrs iSd § 316 a StGB; Unmittelbarkeitszusammenhang iRd § 227 StGB StPO: Verwendung von Zufallsfunden zu Beweiszwecken
Jura	2009	234 ff	*Fahl*	Abgrenzung Diebstahl und Betrug bei Selbstbedienungstankstellen; objektive Zurechnung bei Selbstgefährdung; Notstand und Rettungsfolter; Urkundenfälschung: Abgrenzung Herstellen und Verfälschen bei Kfz-Kennzeichen; Konkurrenzen; Erlaubnistatbestandsirrtum; § 239 b StGB; Verwerflichkeit bei § 240 StGB; Züchtigungsrecht
Jura	2009	147 ff	*Putzke*	Hausfriedensbruch; Einverständnis; Sachbeschädigung; error in obiecto; subjektives Rechtfertigungselement; Diebstahl; Strafantrag; Verletztenbegriff
JA	2009	31 ff	*Walter/Uhl*	Urkundenbegriff für § 267, Begriff des „Unterdrückens" und Nachteilsabsicht für § 274, Tatobjekt des § 304, Sachbeschädigung durch Auslösen bestimmungsgemäßer Funktion, Einwilligung und Gefährdung eines Teilnehmers für § 315 c, Abtransport eines Bewusstlosen als „berechtigtes Entfernen" nach § 142

Stichwortverzeichnis

Verwiesen ist jeweils auf die Randnummer.